ISABELLE DE CHARRIERE

BELLE DE ZUYLEN

ŒUVRES COMPLETES

III

1981

G. A. VAN OORSCHOT, EDITEUR, AMSTERDAM

EDITIONS SLATKINE, GENEVE

Texte établi et annoté par Jean-Daniel Candaux,
Simone et Pierre H. Dubois, avec la collaboration de
C. P. Courtney et Michel Gilot.

ISABELLE DE CHARRIERE/BELLE DE ZUYLEN

CORRESPONDANCE

III

1787–mars 1793

INTRODUCTION

S'il avait fallu donner un nom à ce troisième tome de la Correspondance d'Isabelle de Charrière, on aurait pu l'intituler: 'Musique et Politique'.

Au sortir de trois années d'intense production romanesque, couronnées par l'indéniable succès de *Caliste*, Isabelle se détourne en effet des romans (le seul qu'elle ébauche entre 1786 et 1793, *Henriette et Richard*, reste inachevé) et fait de la musique son passe-temps favori. A Paris, où elle séjourne jusqu'en septembre 1787, elle joue, prend des leçons de composition et publie neuf sonates 'pour le clavecin ou piano forté'. De retour au Pontet, elle fait de la musique de chambre et organise de petits concerts. En 1789 paraissent presque simultanément un recueil d'airs et de romances avec accompagnement de clavecin, qu'elle a fait graver à Paris, et six menuets pour quatuor à cordes, imprimés aux Pays-Bas par les soins de son frère de Zuylen.

Mais ses ambitions ne s'arrêtent pas là. Sous l'égide et la férule du maître Nicola Zingarelli, un Napolitain venu passer deux étés à Colombier (1790 et 1791), Isabelle entreprend de composer des opéras, ou plus exactement de mettre en musique des livrets d'opéras. Elle en choisit deux pour commencer, l'un du célèbre Métastase (*L'Olympiade*), l'autre de sa propre invention. Car depuis *L'Incognito*, qu'elle avait écrit en 1784, Isabelle est devenue une librettiste infatigable. A l'instigation du Genevois Pierre Prevost, jeune helléniste (et futur philosophe) rencontré à Paris, elle a transposé en vers lyriques et adapté à la scène française *Les Phéniciennes* d'Euripide. L'Antiquité classique lui fournit aussi les thèmes de *Pénélope* et de *Polyphème* qu'elle met successivement en œuvre – et son 'cher Cyclope' lui tient tellement à cœur que c'est lui dont elle décide d'écrire la musique avec l'aide de Zingarelli, en 1790. Viennent ensuite un opéra comique, *Les Femmes*, dont l'intrigue est nouvelle, puis un drame tiré de *Zadig*, le fameux conte philosophique de Voltaire. La série s'achève, en février 1792, par un 'petit opéra' qui reste à identifier.

Composant pour son propre amusement, Isabelle entend néanmoins promouvoir ses productions lyriques. Elle s'efforce de trouver des compositeurs qui acceptent d'écrire la musique des opéras dont elle n'a fait que le livret, elle cherche à les faire représenter dans les capitales et, puisque l'Italie est la patrie de l'opéra, elle songe même à les faire traduire en italien. Sa correspondance avec Chambrier d'Oleyres, l'obligeant ministre de Prusse à Turin, révèle la multiplicité et la hardiesse de ses démarches: Mozart lui-même fut sollicité. Mais cette belle persévérance sera mal récompensée: Zingarelli excepté, Isabelle n'essuiera que des refus et aucun de ses opéras ne sera jamais joué.

Tandis qu'Isabelle de Charrière consacre ainsi le meilleur de ses forces à une production sans lendemain, l'Europe entre dans l'ère des révolutions. Renfermée dans sa 'tanière' du Pontet, à l'abri de la neutralité helvétique, Isabelle a beau n'être qu'une spectatrice éloignée, l'actualité politique devient bientôt trop préoccupante pour ne pas faire irruption dans sa vie et dans son œuvre. Ce sont d'abord les troubles des Pays-Bas (1787) qui lui mettent la plume à la main, puis sa verve est excitée par les grands événements qui, en France, ébranlent l'une des plus vieilles monarchies du monde. En février 1793, suite aux sollicitations du chancelier même de la Principauté, Isabelle interviendra pour la première fois dans les affaires neuchâteloises. A l'exception de quelques épîtres en vers et d'une salve d'épigrammes, Isabelle exprime ses idées politiques en prose, dans de brefs pamphlets, presque tous composés d'arrache-pied, en quelques jours, voire en quelques heures, et qui se pressent en publications successives avant de former un recueil. Hostile à l'Ancien Régime, Isabelle de Charrière sera comme tant d'autres horrifiée par la Terreur et les excès du Jacobinisme, mais n'en reniera pas pour autant son idéal 'républicain' de liberté et d'égalité politiques.

Bien qu'elle soit désormais en pleine possession de ses moyens, Isabelle continue de faire lire ses ouvrages par ses proches et de rechercher (sinon de suivre) leurs avis. Son mari, Charles-Emmanuel de Charrière, joue souvent ce rôle de conseiller littéraire; Claude de Salgas, qui se fatigue, le remplit moins volontiers que naguère. En ces années si productives, c'est Pierre-Alexandre Du Peyrou, un ami de longue date et de toute solidité, qui devient son principal censeur. Dans la lancée de sa correspondance, parfois quotidienne, avec ce fidèle admirateur de Rousseau, Isabelle se dépensera elle aussi pour la défense posthume de Jean-Jacques et on la verra coup sur coup publier deux petits écrits en réfutation des *Lettres sur Rousseau* de Germaine Necker de Staël (qu'elle ne connaît pas encore), intervenir en faveur de Du Peyrou dans la querelle de libraires que suscite la publication des *Confessions*, présenter enfin, mais sans succès, au concours de l'Académie Française un vibrant *Eloge de Jean-Jacques Rousseau*.

A vrai dire, ce n'est pas seulement avec le vieux Du Peyrou que l'on dispute littérature et politique. Isabelle a trouvé en effet un nouvel interlocuteur de taille en la personne du jeune Benjamin Constant (le propre neveu de Constant d'Hermenches), rencontré à Paris en 1787, reçu bientôt, et choyé, au Pontet. Une dizaine d'années après avoir mis fin à l'insolite commerce épistolaire qu'elle avait entretenu si longtemps avec l'oncle (qui était de vingt ans son aîné), Isabelle amorce avec le neveu (qui est de vingt-cinq ans son cadet) une correspondance plus extraordinaire encore, qui s'ouvre en fanfare par des épîtres de vingt pages et qui se continuera au travers d'innombrables incidents jusqu'à la mort d'Isabelle en décembre 1805. Considérée à juste titre depuis Sainte-Beuve (c'est-à-dire depuis près d'un siècle et demi) comme l'un des monuments de la littérature épistolaire, cette correspondance dont on possède les deux côtés mais dont beaucoup de pièces ont été détruites ou perdues, est publiée ici pour la première fois chronologiquement et intégralement.

Les années que le présent tome recouvre sont pour Isabelle une période d'épanouissement et voient naître deux des trois grandes amitiés féminines qui vont marquer les quinze dernières années de son existence d'une empreinte incomparable. En février 1790, Isabelle de Charrière, qui a 50 ans cette année-là, fait la connaissance de Caroline de Chambrier, qui en a 22 et qui épouse au printemps suivant le fils d'un magistrat neuchâtelois, Alphonse de Sandoz-Rollin. Nature paisible, épouse heureuse, mère exemplaire, cette jeune aristocrate neuchâteloise inspire à Isabelle une tendresse où se mêle un rien de sensualité, une admiration qui s'exprime souvent avec ferveur, une amitié profonde que la mort seule dénouera. Henriette L'Hardy, qu'Isabelle découvre l'année suivante, a le même âge que Caroline, mais un tout autre caractère. Avec cette jeune fille impulsive, primesautière jusqu'à la naïveté, quelquefois maladroite, mais constamment dévouée et reconnaissante, Isabelle de Charrière retrouve son rôle de mentor. L'engagement d'Henriette au service de la comtesse de Dönhoff, épouse morganatique du roi de Prusse Frédéric-Guillaume II à Berlin, la disgrâce subite de cette favorite, sa retraite imprévue dans la principauté de Neuchâtel, son accouchement en plein hiver sont autant d'épisodes qui confèrent à cette correspondance, surabondante et largement préservée, la vivacité, le *suspens* et le piquant des fictions romanesques.

D'autres connaissances familières apparaissent naturellement dans ce troisième tome: le 'grand Chaillet', vieil habitué du Pontet, 'Muson' soit Marianne Moula remplaçant sa sœur Susette mariée en Angleterre, les demoiselles Du Pasquier, le jeune collégien Charles de Chaillet, le pasteur Berthoud qui va prendre le relais du pasteur Chaillet. S'y ajoutent quelques étrangers en séjour: Suzanne Tulleken, qui s'installe à Colombier en 1789, Luise von Madeweiss, qui enthousiasme Isabelle de Charrière par ses dons de cantatrice, et bientôt les premiers émigrés français dont la cohorte remplira le prochain volume.

Au delà des frontières resserrées de la Principauté, Isabelle de Charrière conserve ses fréquentes et solides relations avec sa famille hollandaise. Son frère cadet Vincent, sa belle-sœur Johann-Catharina (née Fagel) sont à cette époque ses principaux correspondants. On voit d'autre part les amis qu'Isabelle s'est faits à Paris durant son long séjour de 1786–1787 rester en contact avec elle et lui rendre des services. A côté des lettres de Brueys d'Aigaliers, du Dr DelaRoche, de Madeleine Delessert, de Démeunier, de Marie-Anne Saurin, on trouvera ici quelques missives, jusqu'à présent non identifiées, du marquis et de la marquise de Serent, ces vieux et fidèles amis des Charrière.

Ce volume, comme les précédents, est le résultat d'une longue et intense collaboration. Simone et Pierre H. Dubois ont établi le texte et rédigé les notes de la correspondance échangée entre Isabelle de Charrière et ses parents et amis néerlandais. Cecil P. Courtney a fourni une transcription dactylographique des lettres de Benjamin Constant à Isabelle de Charrière. Michel Gilot a rédigé de nombreuses notes sur la langue et le style de la correspondance, ainsi que quelques notes historiques, toutes ces notes étant signées de ses initiales (MG).

L'ensemble du volume, préparé par Jean-Daniel Candaux, a eu pour réviseurs Simone et Pierre H. Dubois. Les premières épreuves ont été corrigées par Jean-Daniel Candaux et à ce stade, par souci d'exactitude, presque toutes les lettres qui composent ce troisième tome, y compris celles de Benjamin Constant, ont été collationnées de nouveau sur les manuscrits originaux. Les secondes épreuves ont été relues par Martine Thoraval.

Il nous reste l'agréable devoir de remercier respectueusement tous ceux qui nous ont prêté leur concours dans l'élaboration de ce volume. Nous les nommons ici dans l'ordre alphabétique, en citant les institutions d'abord, les particuliers ensuite.

Algemeen Rijksarchief, La Haye; Algemeen Rijksarchief (Rijksarchief voor de Centrale regeringsarchieven tot 1795), La Haye; Archives anciennes de la Ville de Neuchâtel; Archives bourgeoises de La Neuveville; Archives cantonales vaudoises, Lausanne; Archives d'Etat de Neuchâtel; Archives de France, Paris; Archives de l'ancien évêché de Bâle, Porrentruy; Archives départementales de la Corrèze, Tulle; Archives départementales de la Loire-Atlantique, Nantes; Archives départementales de la Vienne, Poitiers; Archives départementales du Doubs, Besançon; Archives du Gard, Nîmes; Archives départementales du Rhône, Lyon; Archives fédérales, Berne; Archives municipales de Lyon; Biblioteca Nazionale Braidense, Milan; Bibliothèque cantonale et universitaire, Lausanne; Bibliothèque municipale, Besançon; Bibliothèque publique de la Ville de Neuchâtel; Bibliothèque publique et universitaire, Genève; Burgerbibliothek, Berne; Centraal Bureau voor Genealogie, La Haye; Civico Museo Bibliografico Musicale, Bologne; Conservatorio di musica 'S. Pietro a Majella', Naples; Deutsches Volksliedarchiv, Fribourg-en-Brisgau; Geheimes Staatsarchiv Preussischer Kulturbesitz, Berlin; Harrowby Mss Trust, Sandon Hall, Stafford; Hoge Raad van Adel, La Haye; Iconografisch Bureau, La Haye; Koninklijke Bibliotheek, La Haye; Koninklijk Huisarchief, La Haye; Landesarchiv, Berlin; Niedersächsisches Staatsarchiv, Wolfenbüttel; Rijksarchiefdienst (Centraal register van particuliere archieven), La Haye; Rijksarchief in de provincie Utrecht, Utrecht; Rijksarchief in Gelderland, Arnhem; Royal Commission on Historical Manuscripts, Londres; Staatsarchiv des Kantons Bern, Berne; Stadtarchiv Berlin; Stadtarchiv Biel; Stadtarchiv Braunschweig; Stadtarchiv Frankfurt am Main; Stadtarchiv Rapperswil; Zentralbibliothek, Zurich.

Prof. Alberto Basso, Turin; Claude de Bosset, Neuchâtel; Guy de Chambrier, Peseux; comte L. de Charbonnières; Dr. Olivier Clottu, Saint-Blaise; Silvio Corsini, Lausanne; Georges de Coulon, Genève; Prof. Patricia Craddock, Sylacauga, Alabama; Michel Depoisier, Lausanne; Dr. E. Drouot, Nîmes; Mercedes Ferrero Viale, Turin; Dr. Garzmann, Braunschweig; Prof. Jean Gaulmier, Paris; Martin Germann, Zurich; Prof. Edouard Guitton, Rennes; Etienne Hofmann, Lausanne; Béatrice Jasinski, Cambridge, Mass.; Jean-Pierre Jelmini, Neuchâtel; Prof. Kurt Kloecke, Tubingue; Prof. Angus Martin, Macquarie University; Guy de Meuron, Bâle; Prof. Pierluigi Petrobelli, Londres; Georges Py, Colombier; Dr. Lukas Richter, Berlin; Yves de Rougemont, Areuse; Jacques Rychner, Neuchâtel; Alfred Schnegg, Neuchâtel; S. S. B. Taylor, St. Andrews; Maurice de Tribolet, Neuchâtel; E. R. Wilkinson, Carlisle; Charles Wirz, Genève; Dr. C. H. E. de Wit, Oirsbeek.

Nous remercions également tous nos co-équipiers pour leurs aide bienveillante, et plus particulièrement le professeur Marius Flothuis, d'Amsterdam, qui nous a fait bénéficier de sa science musicologique. Enfin, nous tenons à exprimer de nouveau à M. Jean Courvoisier, Archiviste d'Etat de Neuchâtel, notre immense gratitude pour les renseignements extrêmement nombreux et toujours infiniment précieux qu'il a bien voulu nous communiquer: l'annotation de ce volume beaucoup plus 'neuchâtelois' que les précédents lui doit plus que nous ne saurions le dire.

1787

Janvier–août: Isabelle de Charrière et son mari prolongent leur séjour à Paris, fréquentant notamment les Delessert, les Suard, J.-S. Bailly, Bigot de Sainte-Croix, Comeyras, le médecin Daniel DelaRoche, J.-N. Démeunier, Mme de Frénilly, la famille Pourrat, et surtout Mme Saurin qui tient salon le mercredi. Isabelle s'adonne presque exclusivement à la musique. Au cours de l'année, elle commence à écrire une 'tragédie lyrique' *Les Phéniciennes*, dont elle soumet le texte à la critique de Suard.

22 février: première séance à Versailles de l'Assemblée des Notables, convoquée par Calonne pour remédier à l'état des finances publiques, mais qui se séparera le 25 mai sans avoir rempli sa tâche.

Avant le 6 mars: Isabelle rencontre pour la première fois Benjamin Constant (20 ans), qui fait alors sa cour à la jeune et riche Jenny Pourrat.

Mars ou avril: publication chez Prault à Paris de *Caliste ou suite des Lettres écrites de Lausanne*.

1 juin: les Charrière assistent à la réception de Rulhière à l'Académie française.

Juin: atmosphère de guerre civile en Hollande.

16 juin: à La Haye, le frère aîné d'Isabelle, Willem, tire son épée contre le patriote Jan Anthony d'Averhoult. Le duel qui aurait dû régler l'affaire n'a pas lieu.

25 juin–mi-septembre: escapade de Benjamin Constant en Angleterre et en Ecosse, jalonnée par les longues épîtres qu'il adresse à Isabelle.

10 juillet: le pasteur Henri-David de Chaillet est nommé suffragant à Neuchâtel; ses relations avec les Charrière vont se distendre.

Dès septembre: les Charrière sont de retour à Colombier. Désormais et jusqu'à la fin de sa vie, Isabelle ne quittera quasiment plus le Pontet.

Septembre–novembre: désordres dans le régiment Van Tuyll dont Vincent, le frère cadet d'Isabelle, est lieutenant-colonel.

20 septembre: la Prusse vient au secours du Stathouder avec une armée de 20.000 hommes.

Automne–hiver: Isabelle compose un petit opéra sur le thème de *Pénélope*.

3–4 octobre: à son retour d'Angleterre, Benjamin Constant en route pour Lausanne s'arrête deux jours à Colombier.

10 octobre: capitulation des patriotes néerlandais, qui se réfugient nombreux en France.

29 octobre: mutinerie des officiers du régiment suisse au service des Provinces-Unies commandé par Juste de Constant (le père de Benjamin), amorçant une interminable succession de procès militaires qui vont ruiner le père et perturber le fils.

17 novembre: Edit de tolérance en faveur des protestants français.

18 novembre: Benjamin Constant quitte Lausanne pour Colombier, mais se querelle en chemin avec François du Plessis-Gouret. Un duel est fixé au lendemain, puis renvoyé au 24, à Vaumarcus, mais Du Plessis-Gouret ne s'y présente pas. Constant revient à Lausanne pour conter son aventure.

Décembre: profondément affectée par les nouvelles de son pays, Isabelle se met à écrire, sur l'actualité politique néerlandaise et française, une série de petits pamphlets qui sont imprimés successivement par Jérémie Witel, aux Verrières, et qui formeront l'année suivante le recueil des *Observations et conjectures politiques*.

Vers le 10 ou 12 décembre: arrivée de Benjamin Constant au Pontet pour un séjour de deux mois environ, entrecoupé par une cure chez le médecin Deleschaut à Neuchâtel du 19 décembre au 2 janvier 1788.

18 décembre: Louis XVI s'engage à convoquer les Etats-Généraux dans un délai de cinq ans.

20 décembre: Isabelle reçoit de Witel les deux premiers numéros imprimés des *Observations et conjectures politiques*.

1788

Janvier–mars: Isabelle poursuit la publication des 17 numéros de ses *Observations et conjectures politiques*.

8 janvier: duel, sans victime, de Benjamin Constant et de François du Plessis-Gouret aux abords de Colombier.

27 janvier: compte rendu de *Caliste* dans le *Journal de Paris*.

Fin janvier–février: séjour de Susette Cooper-Moula au Pontet.

Vers le 12 ou 15 février: retour de Benjamin Constant à Lausanne.

18 février: en route pour la cour de Brunswick, où l'attend une place de chambellan, Benjamin Constant fait étape à Colombier.

23 février: compte rendu de *Caliste*, par Comeyras, dans le *Mercure de France*.

Printemps: Isabelle poursuit la rédaction de sa 'tragédie lyrique' *Les Phéniciennes*.

5 avril: compte rendu de *Caliste* dans le *Journal de Lausanne*.

10 avril: le libraire parisien Philippe Denné est incarcéré à la Bastille pour avoir débité la réimpression faite sous le titre de *Bien-né* de six des pamphlets des *Observations et conjectures politiques*.

Mi-avril: Isabelle décide de participer au concours ouvert par l'Académie de Besançon sur ce sujet: 'Le génie est-il au-dessus de toutes les règles?'; mais son mémoire n'obtiendra pas le prix.

Juin: la sœur d'Isabelle, Mitie de Perponcher, est nommé dame d'honneur de la princesse Frederique-*Louise*-Wilhelmine, fille de Guillaume V d'Orange.

28 juin: date de la dédicace des *Phéniciennes* au Genevois Pierre Prevost, traducteur d'Euripide.

Début juillet: Isabelle prend à son service Henriette Monachon (22 ans), de Grandson, qui restera sa femme de chambre jusqu'à fin 1800.

31 juillet: Jacques-Louis Du Pasquier est nommé suffragant dans la paroisse de Colombier-Auvernier et va devenir l'un des habitués du Pontet.

Août: Charles-Emmanuel de Charrière, en séjour à Lausanne, rencontre plusieurs fois Dudley Ryder, futur comte Harrowby, fils de son ancien ami et correspondant Nathaniel Ryder.

8 août: l'ouverture des Etats-Généraux est fixée au 1er mai 1789.

Vers le 20 août: ayant achevé une comédie intitulée *Attendez revenez*, Isabelle en envoie le texte à ses amis de Paris pour la faire jouer au Théâtre des Variétés; mais leurs démarches échoueront.

23–24 août: Isabelle lit *Les Phéniciennes* à Chambrier d'Oleyres qui passe l'été dans son château de Cormondrèche.

25 août: démission de Loménie de Brienne. Jacques Necker, rappelé au ministère, est chargé pour la seconde fois des finances de la France.

13–14 septembre: Benjamin Constant et son oncle Samuel de Constant arrivent à La Haye pour s'occuper du procès de leur père et frère Juste de Constant.

Septembre–octobre: *Les Phéniciennes* sont imprimées, par les soins du prote Spineux, sur les presses de la Société Typographique de Neuchâtel.

28 septembre: publication à Paris de l'anonyme *Lettre d'un voyageur françois* qui attaque avec vivacité certains passages des *Observations et conjectures politiques*.

7–8 octobre: le général et patriote vénézuélien Miranda, de passage à Neuchâtel, rend visite aux Charrière.

Mi-octobre: Isabelle se met à écrire une nouvelle comédie, *La Femme sensible*, qui deviendra *Comment la nommera-t-on?*

Vers le 20 octobre: visite de Dudley Ryder au Pontet.

Début novembre: avec l'aide de Chambrier d'Oleyres, Isabelle se met à la recherche d'un compositeur qui mette en musique *Les Phéniciennes*. Des démarches sont faites auprès de Mozart, de Giuseppe Sarti. Isabelle songe aussi à Cimarosa, à Graun. Aucun d'eux ne donnera suite à l'invitation.

1789

Début janvier: on répète à Genève la comédie *Attendez revenez* en vue de sa représentation.

Janvier: Isabelle fait graver à Paris un recueil d'*Airs et romances avec accompagnement de clavecin*.

11 février: des *Stances* d'Isabelle sont publiées anonymement en tête du *Journal de Paris*, par les soins de Madeleine Delessert.

Mars: cherchant toujours un compositeur pour mettre en musique *Les Phéniciennes*, Isabelle engage des démarches auprès de l'organiste d'Yverdon Gaspard Ghiotti, puis renonce à lui.

Avril–mai: les événements de France poussent Isabelle à rédiger successivement six *Lettres d'un évêque françois à la nation*, qui seront publiées par Fauche-Borel, à Neuchâtel, en autant de brochures.

5 mai: ouverture des Etats-Généraux à Versailles.

8 mai: mariage à Brunswick de Benjamin Constant avec Wilhelmine von Cramm.

Mi-mai: Agathe de Leveville, une Française venue en Suisse pour sa santé, devient l'hôte des Charrière au Pontet.

Juin: séjour de Charles-Emmanuel de Charrière à Genève.

17 juin: aux Etats-Généraux, les députés du Tiers-Etat se constituent en Assemblée nationale et élisent J.-S. Bailly à la présidence.

Juillet–août: séjour de Benjamin Constant et de sa jeune femme dans le Pays de Vaud.

11 juillet: renvoi de Necker.

14 juillet: insurrection du peuple de Paris, prise de la Bastille.

15–16 juillet: Necker est rappelé au ministère, Bailly nommé maire de Paris, La Fayette commandant en chef de la garde nationale. Début de l'émigration.

Fin juillet: brève visite de Benjamin Constant, sans sa femme, au Pontet.

4 août: abolition des droits féodaux en France ('nuit du 4 août').

6 août: Isabelle confie à Benjamin Constant le soin de faire imprimer à Lausanne sa *Courte réplique à une longue réponse*, où, sous couleur de les défendre, elle persifle les *Lettres sur les ouvrages et le caractère de J. J. Rousseau* de Germaine Necker de Staël.

18 août: décès d'Agathe de Leveville au Pontet.

22 août: visite au Pontet de Chambrier d'Oleyres, qui passe l'été à Cormondrèche.

24 août: Isabelle trouve enfin, en la personne de Nicolas Zingarelli, un compositeur qui accepte de venir l'aider à mettre en musique ses opéras. L'arrivée du *maestro*, annoncée pour la fin de septembre, sera cependant différée d'une année.

25 août: l'Académie Française met au concours l'éloge de Jean-Jacques Rousseau pour le prix d'éloquence de 1790. Isabelle y participera.

26 août: Benjamin Constant renonce à trouver un éditeur à Lausanne pour la *Courte réplique* et renvoie l'ouvrage à Isabelle, qui le fera imprimer à Paris par Buisson.

Autour de septembre: le neveu d'Isabelle, Arend Jacob Diederik de Perponcher, séjourne au Pontet.

5–6 septembre: le peuple envahit le château de Versailles et ramène de force à Paris Louis XVI et la famille royale.

Début novembre: Isabelle écrit une série d'épigrammes sur les récents événements de France et en fait imprimer sept sur un feuillet volant qu'elle distribue à ses amis: ce sont les *Epigrammes de la Mouche du coche*. Elle fait corriger d'autre part par Du Peyrou une Epître en vers à Brissot de Warville.

3–4 décembre: Fauche-Borel imprime à Neuchâtel la *Plainte et défense de Thérèse Le Vasseur* qu'Isabelle vient d'écrire.

Décembre: Isabelle aide Du Peyrou dans sa recherche de portraits destinés à illustrer l'édition complète et authentique des *Confessions* de Jean-Jacques Rousseau que va publier Fauche-Borel. Elle rédige d'autre part l'Avis du Libraire et la dédicace de Fauche-Borel à Du Peyrou qui paraîtront en tête de la seconde partie des *Confessions*.

19 décembre: émission en France de 400 millions d'assignats, garantis sur les biens nationalisés du clergé.

Fin décembre: pour soutenir son ami Du Peyrou dans le différend qui l'oppose à Pierre Moultou et aux libraires-imprimeurs genevois Barde & Manget, Isabelle rédige ses *Eclaircissemens relatifs à la publication des Confessions de Rousseau*.

1790

Janvier–février: Isabelle poursuit sa recherche de portraits pour illustrer les *Confessions* de Rousseau et écrit notamment à Gibbon pour obtenir celui de Mme de Warens.

5 janvier: les *Eclaircissemens relatifs à la publication des Confessions de Rousseau* sortent des presses de Fauche-Borel.

Février: Isabelle se lie d'amitié, pour la vie, avec Caroline de Chambrier, dont les parents demeurent au château d'Auvernier.

13 mars: Isabelle compose un 'quatuor religieux'.

Dès avril: Isabelle écrit le livret d'un nouvel opéra, *Polyphème* ou *Le Cyclope*.

Fin avril: installation à Colombier des Estièvre de Trémauville, des émigrés français avec lesquels les Charrière se lieront.

Autour du 20 mai: voyage de Charles-Emmanuel de Charrière à Genève.

Fin mai: par le truchement du baron Brueys d'Aigaliers, Isabelle fait parvenir au secrétaire de l'Académie française, pour le concours d'éloquence, un *Eloge de Jean-Jacques Rousseau* qu'elle a écrit d'un trait au milieu du mois. Mme de Staël y participe également, mais le prix ne sera pas attribué cette année-là.

12 juillet: constitution civile du clergé.

14 juillet: fête de la Fédération au Champ-de-Mars, qui se renouvellera en 1791 et 1792.

19 juillet: mariage simultané des deux sœurs Susette et Lisette Du Pasquier, de Colombier, jeunes voisines et amies d'Isabelle. Susette épouse son cousin germain Jacques-Louis Du Pasquier, récemment nommé chapelain du roi de Prusse, et part ensuite avec lui pour Berlin. Le couple va rester en relations épistolaires avec Isabelle.

Début septembre: arrivée longtemps différée de Zingarelli au Pontet. Sous sa direction, Isabelle commence par mettre en musique *L'Olympiade* de Métastase, puis elle en fait autant pour son propre opéra *Polyphème*.

4 septembre: démission de Jacques Necker, qui va quitter définitivement Paris pour se retirer en Suisse.

Automne: Isabelle fait imprimer son *Eloge de Jean-Jacques Rousseau* à Paris, chez Jean Grégoire, par les soins de Brueys d'Aigaliers.

Octobre: Mitie de Perponcher devient grande-maîtresse de la maison de la princesse Louise d'Orange, qui épouse le 14 octobre le prince héritier Charles-Georges-Auguste de Brunswick-Wolfenbüttel.

23 octobre: Isabelle achève sous la direction de Zingarelli la composition d'un opéra comique intitulé *Les Femmes*.

Novembre: nouveau voyage de Charles-Emmanuel de Charrière à Genève.

Fin novembre: Zingarelli quitte Colombier pour l'Italie. Après son départ, Isabelle se remet à la composition de la musique de *L'Olympiade*.

Début décembre: l'opéra comique *Les Femmes* est expédié à Paris pour être soumis au chanteur Laïs en vue de sa représentation aux Italiens. Isabelle entreprend de composer un nouvel opéra dont le sujet est tiré du *Zadig* de Voltaire et dont elle soumet progressivement le texte à la critique de Du Peyrou.

1791

Fin janvier: publication à Paris de l'*Eloge de Jean-Jacques Rousseau*.

5 février: mort à l'âge de 39 ans de Rose-Augustine de Pourtalès-de-Luze, l'une des femmes les plus en vue de Neuchâtel.

21 mars: mariage de Caroline de Chambrier avec Alphonse de Sandoz-Rollin, secrétaire du Conseil d'Etat et futur conseiller d'Etat neuchâtelois.

6 avril: projet d'une adaptation de *Zadig* par Zingarelli pour le Teatro Regio de Turin.

Mi-mai: publication à Neuchâtel, chez Fauche-Borel, du conte à résonance politique *Aiglonette et Insinuante ou la souplesse*, dont Isabelle enverra un exemplaire à Marie-Antoinette.

Fin mai: visite au Pontet de Suzanne Tulleken (34 ans), fille d'un échevin de Middelbourg, désireuse de s'établir en Suisse.

Juin: l'opéra comique *Les Femmes* est définitivement refusé à Paris. Isabelle continue néanmoins à travailler à *Zadig*.

20–22 juin: fuite de Louis XVI, qui est arrêté avec sa famille à Varennes.

Eté: second et plus bref séjour de Zingarelli au Pontet.

11 juillet: translation des cendres de Voltaire au Panthéon.

Début août: à travers Caroline de Sandoz-Rollin, Isabelle fait la connaissance d'Henriette L'Hardy, d'Auvernier, âgée alors de 23 ans.

30 août: départ d'Henriette L'Hardy pour Berlin, où la comtesse de Dönhoff, épouse morganatique du roi de Prusse Frédéric-Guillaume II, l'a engagée en qualité de dame de compagnie. Isabelle reste en correspondance avec elle et lui prodigue ses conseils.

11 septembre: sermon réactionnaire de Jonas de Gélieu, le nouveau pasteur de Colombier.

13 septembre: Louis XVI accepte la Constitution votée par l'Assemblée nationale.

15 septembre: Suzanne Tulleken s'installe provisoirement au Pontet. Deux mois plus tard, ayant trouvé à se loger à sa convenance, elle s'établit définitivement dans le village de Colombier.

30 septembre: dernière séance de l'Assemblée nationale (constituante). La nouvelle Assemblée nationale (législative) se réunit dès le lendemain.

Début décembre: après avoir passé trois semaines à Lausanne à liquider les biens de son père, Benjamin Constant fait étape au Pontet avant de regagner Brunswick.

1792

Mi-janvier: Isabelle achève l'opéra *Zadig*.

2 février: naissance du premier des sept enfants de Caroline de Sandoz-Rollin.

9 février: décret nationalisant en France les biens des émigrés.

Février: Isabelle entreprend la rédaction d'un nouveau roman, *Henriette et Richard*, auquel elle travaille sans relâche jusqu'en été.

Vers le 25 février: Marianne Moula s'installe au Pontet pour un séjour de six semaines environ.

2 avril: Henriette Monachon, la femme de chambre d'Isabelle, accouche à Auvernier d'un garçon qui sera baptisé Prosper et dont le père restera inconnu. Isabelle prend sa défense.

5 avril: départ de Charles-Emmanuel de Charrière pour Paris.

7 avril: après avoir apporté d'ultimes retouches à son opéra *Zadig*, Isabelle en rédige elle-même la critique.

20 avril: la France déclare la guerre à l'Autriche, puis à la Prusse.

20 mai: retour de Charles-Emmanuel de Charrière au Pontet.

30 mai: tombée en disgrâce, la comtesse de Dönhoff, qui est enceinte pour la seconde fois des œuvres de Frédéric-Guillaume II, quitte la cour de Berlin pour se retirer en Suisse avec Henriette L'Hardy.

13 juin: installation de Mme de Dönhoff et d'Henriette L'Hardy à Auvernier.

16 juin: visite au Pontet de Mme de Dönhoff qui passe la soirée avec les Charrière, Marianne Moula et le grand Chaillet.

Vers le 10 juillet: Mme de Dönhoff loue au-dessus de Colombier la belle maison de Cottendart, qui avait appartenu à Lord Wemyss, mais qu'elle quittera au bout d'un mois pour aller s'installer dans l'ancienne abbaye neuchâteloise de Fontaine-André.

Mi-juillet: Isabelle achève la troisième partie d'*Henriette et Richard* et songe à faire imprimer la première partie à Paris, sans attendre davantage.

Début août: Isabelle fait la connaissance de Luise von Madeweiss, épouse d'un diplomate prussien, qui l'émerveille par ses dons de cantatrice.

9 août: Charles-Emmanuel de Charrière se rend à Berne pour y recevoir à son passage le marquis de Serent chargé de conduire les fils du comte d'Artois de Turin à Coblence.

10 août: massacre du régiment des Gardes suisses aux Tuileries, où périt notamment Georges de Montmollin, connu d'Isabelle pour ses talents de violoniste et récemment fiancé à la jeune Julie Estièvre de Trémauville.

13 août: Louis XVI est transféré au Temple avec sa famille.

Septembre: durant tout le mois, Isabelle est immobilisée par la maladie et ne peut écrire aucune lettre de sa main.

Mi-septembre: aux approches de l'automne, Mme de Dönhoff, toujours accompagnée d'Henriette L'Hardy, prend à Neuchâtel un logement que lui procure Antoine Courant au Faubourg du Lac.

20 septembre: bataille de Valmy, où les Français tiennent en échec la puissante armée prussienne. A Paris, l'Assemblée nationale législative est remplacée par la Convention nationale.

21 septembre: décret abolissant la royauté en France.

2 octobre: Isabelle envoie à Jean-François de Chambrier un air qu'elle a composé pour le *Demetrio* de Métastase.

6 novembre: victoire de Jemappes, qui livre aux Français les Pays-Bas autrichiens.

Vers le 10 novembre: Mme de Dönhoff s'installe à la Grande Rochette qu'elle a louée à l'hoirie de Bosset. Isabelle de Charrière continue à prodiguer ses conseils à Henriette L'Hardy.

Décembre: le nouveau pasteur de Bôle, Frédéric Berthoud-Maunoir, devient l'un des habitués du Pontet.

15 décembre: plantation à Colombier d'un arbre de la liberté, qui sera abattu sans protestations le 4 janvier suivant.

Janvier–février: Isabelle compose un dernier petit opéra (*Junon?*).

4 janvier: Mme de Dönhoff donne naissance à une fille, Julie-Wilhelmine de Brandebourg.

11 janvier: Benjamin Constant fait la connaissance de Charlotte de Hardenberg, baronne de Marenholtz, qui deviendra sa seconde épouse le 5 juin 1808.

17 janvier: Louis XVI est condamné à mort par la Convention nationale.

21 janvier: Louis XVI est guillotiné.

1 février: la France déclare la guerre au roi d'Angleterre et au prince d'Orange. Dumouriez occupe Breda et plusieurs autres places des Pays-Bas.

12–13 février: à la demande du chancelier de Tribolet, Isabelle compose en 48 heures la *Lettre d'un François et réponse d'un Suisse* (soit *Lettres trouvées dans la neige*, I et II), que Barthélemy Spineux imprime à Neuchâtel, en 48 heures également.

25 février: Isabelle adresse une 'missive' à Garat, ministre de la Justice à Paris.

Mars: ayant perdu tout espoir de rentrer en faveur auprès du roi de Prusse, Mme de Dönhoff envisage de voyager en Italie ou de s'établir en Suisse allemande. Elle se décide finalement à louer au landammann de Zoug, Franz Josef Andermatt, une maison dans le village de Baar.

5 ou 6 mars: publication de la *Suite de la correspondance d'un François et d'un Suisse* (soit *Lettres trouvées dans la neige*, III et IV).

7 mars: la France déclare la guerre à l'Espagne. Formation de la première coalition contre la France révolutionnaire.

12 mars: début de l'insurrection royaliste en Vendée.

18 mars: défaite du général Dumouriez à Neerwinden. Les Français évacuent les Pays-Bas.

28 ou 29 mars: publication de la *Seconde suite de la correspondance d'un Suisse et d'un François* (soit *Lettres trouvées dans la neige*, V, VI et VII).

30 mars: à Brunswick, Benjamin Constant obtient de sa femme Wilhelmine von Cramm un acte de séparation de biens.

Fin mars: Mme de Dönhoff, toujours accompagnée d'Henriette L'Hardy, quitte Neuchâtel pour Baar.

Benjamin Constant: en 1792

Silhouette de Benjamin Constant, par Marianne Moula, 1792 (collection René
Le Grand Roy, Genève).

Il y a dans le monde, sans que le monde sen doute, un grave auteur allemand[1] qui observe avec beaucoup de sagesse, a l'occasion d'une gouttière qu'un soldat fondit pour en faire des balles, que l'ouvrier qui l'avoit posée ne se doutoit point qu'elle tueroit quelqu'um de ses descendans. Cest ainsi Madame (car c'est comme cela qu'il faut commencer pour donner a ses phrases toute l'Emphase philosophique) c'est ainsi dis je que lorsque tous les jours de la semaine derniere je prenois tranquillement du thé en parlant raison avec vous je ne me doutois pas que je ferois avec toute ma raison une Enorme sottise, que l'Ennui réveillant en moi l'amour me feroit perdre la tête, & qu'au lieu de partir pour Bois le Duc[2] je partirais pour l'Angleterre presque sans argent & absolument sans but. c'est cependant ce qui est arrivé de la facon la plus singuliere. Samedi dernier[3] a sept heures mon conducteur & moi nous partimes dans une petite chaise qui nous cahota si bien que nous n'eumes pas fait une demie lieue que nous ne pouvions plus y tenir, & que nous fumes obligés de revenir sur nos pas. a neuf, de retour a Paris, il se mit a chercher un autre véhicule pour nous trainer en Hollande, & moi, qui me proposois de vous faire ma cour encore ce soir là puisque nous ne partions que le lendemain, je m'en retournai chez moi,[4] pour y chercher un habit que j'avois oublié. je trouvai sur ma table la réponse sèche & froide de la prudente Jenny.[5] cette lettre, le regret sourd de la quitter, le dépit d'avoir manqué cette affaire, le souvenir de quelques conversations attendrissantes que nous avions eues ensemble, me jettèrent dans une mélancolie sombre. en fouillant dans d'autres papiers je trouvai une autre lettre d'une de mes parentes[6] qui en me parlant de mon père me peignoit son mécontentement de ce que je n'avois point d'état, ses inquiétudes sur l'avenir, & me rappelloit ses soins pour mon bonheur & l'interet qu'il y mettoit. je me représentai moi pauvre diable aiant manqué dans tous mes projets, plus ennuié, plus malheureux, plus fatigué que jamais de ma triste vie. je me figurai ce pauvre père trompé dans toutes ses Espérances, n'aiant pour consolation dans sa vieillesse qu'un homme aux yeux duquel a vingt ans[7] tout étoit décoloré, sans activité sans energie sans désirs aiant le morne silence de la passion concentrée[8] sans se livrer aux élans de l'espérance qui nous raniment & nous donnent de nouvelles forces. jetois abattu. je souffrois. je pleurois. si j'avois eu la mon consolant opium c'eut été le bon moment pour achever en l'honneur de l'ennui le sacrifice manqué par l'amour. une idée folle me vint. je me dis partons vivons seul ne faisons plus le malheur d'un père ni l'ennui de personne. ma tête étoit montée.[9] je ramasse a la hâte trois chemises & quelques bas; & je pars, sans autre habit veste culotte ou mouchoir que ceux que j'avois sur moi. il étoit minuit. j'allois vers un de mes amis dans un hôtel. je m'y fis donner un lit. j'y dormis d'un sommeil pesant, d'un sommeil affreux jusqu'a onze heures. l'image de Melle P. embellie par le désespoir me poursuivoit partout. je me leve. un sellier qui demeuroit vis a vis me loue une chaise. je fais demander des chevaux pour Amiens. je m'enferme dans ma chaise. je pars avec mes trois chemises &c une paire de pantouffles (car je n'avois point de souliers avec moi) & trente & un louis en poche. je vais ventre a terre. en vingt heures je fais soixante & neuf lieues. j'arrive a Calais, je m'embarque, j'arrive a Douvres & je me reveille comme d'un songe.

Mon père irrité, mes amis confondus, les indifférens clabaudans a qui mieux mieux, moi seul avec quinze guinées sans domestique sans habits, sans chemises, sans recommandations, voilà ma situation Madame au moment ou je vous écris: & je n'ai de ma vie été moins inquiet. d'abord pour mon père je lui ai écrit.[10] je lui ai fait deux propositions très raisonnables. l'une de me marier tout de suite. je suis las de cette vie vagabonde. je veux avoir un Etre a qui je tienne & qui tienne a moi, & avec qui j'ai d'autres rapports que ceux de la sociabilité passagère & de l'obeissance implicite. de la jeunesse une figure décente, une fortune aisée, assez d'esprit pour ne pas dire des bêtises sans le savoir, assez de conduite pour ne pas faire des sottises comme moi en sachant bien qu'on en fait, une naissance & une éducation qui navilisse pas ses enfans & qui ne me fasse pas épouser toute une famille de Cazenove[11] ou gens tels qu'eux, c'est tout ce que je demande. ma seconde proposition est qu'il me donne a présent une portion de quinze ou vingt mille francs plus ou moins du bien de ma mère:[12] & qu'il me laisse aller m'établir en Amérique. en cinq ans je serai naturalisé. jaurai une patrie des interets une carrière des concytoyens. accoutumé de bonne heure a l'étude & a la méditation, possédant parfaitement la langue du pays, animé par un but fixe & une ambition reglée, jeune & peut être plus avancé qu'un autre a mon age, riche d'ailleurs très riche pour ce pays là voila bien des avantages. peu m'importe qu'elle des deux propositions il voudra choisir mais l'une des deux est indispensable. Vivre sans patrie & sans femme j'aime autant vivre sans chemise & sans argent comme je le fais actuellement.

Je pars dans l'instant pour Londres. jy ai deux ou trois amis entr'autres un[13] a qui j'ai prêté beaucoup d'argent en Suisse & qui j'espère me rendra le même service ici. si je reste en Angleterre comptez que j'irai voir le Banc de Mrs Calista a Bath.[14] aimez moi malgré mes folies. je suis un bon Diable au fond. excusez moi près de Mr de Charrière. ne vous inquiétez absolument pas de ma situation. moi je men amuse comme si c'etoit celle d'un autre. je ris pendant des heures de cette complication d'extravagance, & quand je me regarde dans le miroir je me dis non pas ah! James Boswell![15] mais ah Benjamin Benjamin Constant! ma famille me gronderoit bien d'avoir oublié le de & le Rebecque. mais je les vendrais a présent three pence a piece.[16] adieu madame.

Constant.

ce 26 Juin 1787.
Douvres.

Répondez moi quelques mots je vous prie. j'espère que je pourrai encore afford to pay[17] le port de vos lettres. adressez les comme ci dessous mot a mot.

H. B. Constant, Esq:
London.
to be left at the post office
till called for.[18]

588. *De sa belle-sœur Johanna Catharina van Tuyll van Serooskerken-Fagel, 5 juillet 1787*

Il est midi et jour de poste et je reçois votre lettre, vite vite j'essaye d'y repondre pour vous l'envoyer encor aujourd'hui. je vous remercie de l'intéret que vous prenez à nous, nous nous portons bien dieu merci, il s'est passé de vilains momens[1]. Il faudroit se voir pour tout rapporter, enfin l'intérieur est tranquille, mais le pays est dans une grande fermentation. je suis comme vous, ma famille m'intéresse plus que ma patrie, et quoique je ne sois pas emportée, je ne suis pas non plus tout a fait indifférente, et je prévois très bien qu'il n'y aura pas moyen d'oublier le rôle qu'ont joué certaines personnes, et qu'il restera entre plusieurs un refroidissement et éloignement pour la vie. il n'est plus possible d'etre P.[2] de bonne foi ce me semble. Adieu. Si vous partez bientot je vous accompagne de mes vœux et pensées, et je suis presque fachée de vous savoir prete à partir, quoique je n'aye pas profité de votre voisinage.[3] j'ai reçu avec joye votre buste,[4] mais je n'ose ouvrir la Caisse depeur d'accident, parce qu'il devra habiter Z. et qu'il ne faut l'ouvrir qu'au lieu de sa destination. Ecrivez moi un mot je vous en suplie quand vous serez arrivée chez vous. Adieu ma très chére Amie.

ce 5 Juillet.

Petit Pierre[5] ne console t'il pas au milieu des adversités? demandez à votre Mari. Mlle Sowden[6] dont je crois vous avoir parlé, qui est ici pour quelques mois, le lit avec moi et le goute autant que moi. Il est encor trop peu connu.

A Madame/Madame de Charrière/née de Tuyll/chez Messieurs
Girardot et/Haller/à *Paris*

589. *De Benjamin Constant, 22 juillet 1787*

Chesterford[1] ce 22 Juillet 1787.

Vous aurez bien deviné Madame au ton de ma derniere lettre[2] que
mon séjour a Patterdale etoit une plaisanterie. mais ce qui n'en est pas une,
c'est la situation ou je suis actuellement, dans une petite cabane, dans un
petit village, avec un chien & deux chemises. j'ai recu des lettres de mon
père qui me presse de revenir & je le rejoindrai dans peu. mais je suis
déterminé a voir le peuple des campagnes ce que je ne pourrai pas faire
si je voiageois dans une chaise de poste. je voiage donc a pied & a travers
champs. je donnerais non pas dix Louis car il ne m'en resteroit guères,
mais beaucoup, un sourire de Melle Pourras, pour n'etre pas habitué a mes
maudites Lunettes.[3] cela me donne un air etrange, & l'étonnement
repugne a l'intimité du moment qui est la seule que je désire. on est si
occupé a me regarder qu'on ne se donne pas la peine de me repondre cela
va pourtant tant bien que mal. en trois jours j'ai fait 90 milles.[4] j'ecris le
soir une petite lettre a mon père,[5] & je travaille a un Roman[6] que je vous
montrerai. j'en ai d'ecrites & de corrigées cinquante pages in 8°. je vous
le dédierai si je l'imprime. j'ai Rencontré a Londres votre médecin,[7] je l'ai
trouvé bien aimable, mais je ne suis pas bon juge, & je me recuse, car nous
n'avons parlé que de vous. Ecrivez moi toujours a Londres. on m'envoie
les lettres a la poste de quelque grande ville par laquelle je passe.

Jai balancé comment je voiagerois. je voulois prendre un costume plus
commun, mais mes lunettes ont été un obstacle. elles et mon habit qui
est beaucoup trop gentleman-like me donnent l'air d'un broken gentleman,[8] ce qui me nuit on ne peut pas plus. le peuple aime ses égaux, mais
il hait la pauvreté, & il hait les nobles. ainsi quand il voit un gentleman
qui a l'air pauvre il l'insulte, ou il le fuit. mon seul échappatoire c'est de passer, sans le dire, pour quelque journey man[9] qui s'en retourne de Londres
ou il a depensé son argent a la boutique de son maitre. je pars ordinairement a sept heures. je vais au taux de 4 milles par heures,[10] jusqu'a neuf.
je déjeune. a dix & demie je repars jusqu'a deux ou trois. je dine mal &
très bon marché. je pars a cinq. a sept je prends du thé ou quelquefois par
économie ou pour me lier avec quelque voiageur qui va du même coté
un ou deux verres de Brandy. je marche jusqu'a neuf. je me couche a
minuit assez fatigué. je dépense cinq a six chelings par jour. ce qui augmente Beaucoup ma dépense c'est que je n'aime pas assez le peuple pour
vouloir coucher avec lui, & qu'on me fait surtout dans les villages paier

pour la chambre & pour la distinction. je crois que je gouterai un peu mieux le repos, le luxe, les Bons lits, les voitures, & l'intimité. jamais homme ne se donna tant de peine pour obtenir un peu de plaisir. vous croirez que c'est une exageration. mais quand je suis bien fatigué, que j'ai du linge bien sale ce qui m'arrive quelquefois & me fait plus de peine que tout autre chose, qu'une Bonne pluie me perce de tout coté, je me dis, ah que je vais être heureux cet automne, avec du linge Blanc, une voiture, & un habit sec & propre.

Je reponds de mon père. il sera faché contre moi & de mon équipée quoiqu'il m'assure l'avoir pardonnée mais je suis déterminé a devenir son ami en dépit de lui. je serai si gai, si libre & si franc qu'il faudra bien qu'il rie & qu'il m'aime.

En général mon voiage m'a fait un grand bien ou plutot dix grands Biens. en premier lieu je me sers moi tout seul, ce qui ne m'etoit jamais arrivé. Secondement j'ai vu qu'on pouvoit vivre pour Rien. je puis a Londres aller tous les jours au spectacle, Bien diner, souper, déjeuner, etre bien vetu pour douze Louis par mois.[11] troisièmement j'ai été convaincu qu'il ne falloit pour être heureux quand on a un peu vu le monde que du repos.

je vous souhaite tous les Bonheurs, & mets le mien dans votre indulgence. demain je serai a Methwold[12] un tout petit village entre ceci & Lynn,[13] & en dela de Newmarket[14] dont Chesterford d'ou je vous écris ce soir n'est qu'a cinq lieues. Adieu Madame. ajoutez a ma lettre tous mes sentimens pour vous & vous la rendrez bien longue

Constant.

A Madame/Madame de Chariere de Zoel,/Chez Messieurs Girardot/& Haller, Banquiers[15]/Rue Vivienne N⁰ 25./a Paris.

590. *De sa belle-sœur Johanna Catharina van Tuyll van Serooskerken-Fagel, 24 juillet 1787*

J'accepte et je sollicite tout ce qui vient de votre plume, ma chére Amie, je suis en peine de savoir si l'aimable Cécile épousera le jeune Lord,[1] ou si vous lui avez donné un mari plus digne d'elle, mais je sais que vous ne voulez pas peindre des perfections, parceque cela n'est pas dans le vrai, et que vous ne croyez pas aux mariages parfaitement assortis. quoiqu'il en soit, il faut un sort à cette Cécile que vous avez su nous rendre si intéressante, et vous m'obligerez en m'envoyant non l'extrait mais le livre. J'ai fait venir de genève les lettres de Lausanne, mais si la suite ne se vend pas séparément, il n'y aura pas de mal à avoir deux fois la premiere partie. je m'informerai du journal de Paris[2] et je suis sure qu'on pourra le trouver ici, j'y chercherai les articles que vous me nommez. Enfin je demande la petite histoire[3] qui a intéressé particulierement M. de Charriere. vous saurez bien trouver le moyen de vous faire rembourser par Mr Haller[4] pour mon compte. vos lettres et toutes les lectures agréables sont autant de momens pris sur l'ennemi, ou sur les choses désagréables qui n'occupent que trop notre tems. Je ne saurois dire à quel point je vous retrouve dans votre derniere, ni Combien cela me fait plaisir. Je me suis amusée à relire de vos lettres, et l'idée que toute cette amitié que vous m'aviez témoignée avec tant de bonté, étoit pour ainsi dire annullée ou du moins interrompue ou sans suite, ou sans effet par votre long silence, étoit affligeante. Enfin je vois que vous n'êtes pas perdue pour moi, et j'en ai de la joye dans l'ame. vous savez que je ne suis jamais loin de vous, et que vous me trouvez fort aisément. Je ne crois pas que votre frere ait reçu de votre Musique,[5] il en a entendu jouer des pieces à Mlle Bentinck.[6]

Il n'est pas possible que je ne vous aye parlé et plus d'une fois de la personne qui lit avec moi Petit Pierre, et qui s'appelle Mlle Sowden. je vous ai dit autrefois qu'elle étoit gouvernante des Enfans de ma belle sœur, et même que je lui trouvois des rapports avec vous, non dans l'extérieur, mais dans une certaine manière de voir et de juger hardie et originale. Elle a beaucoup d'esprit, de raison et d'instruction. Son Pere étoit ministre à Rotterd{m} et il lui a donné une très bonne éducation. Je ne connois point de femme dans notre pays qui soit plus habile, plus adroite, qui ait un sens plus droit et un meilleur jugement. elle a appris à mes nièces à coudre parfaitement en linge, elle a accompagné ma belle sœur[7] à Pyrmont et l'a soignée et assistée jusqu'au dernier moment, Ensuite elle a eu soin de la maison et du ménage, et des enfans, et ce n'est que depuis une année qu'elle s'est retirée en angleterre ou elle demeure avec une de ses amies à Bath: comme elle est toujours fort attachée à notre famille, elle a profité d'une occasion pour nous venir voir, et à notre grand regret elle repart Samedi prochain. elle vous connoit par ce que je lui ai raconté de vous, et par ce que je lui ai lu de vos lettres qui l'intéressent beaucoup. c'est une personne que vous aimeriez ou du moins que vous estimeriez et approuveriez surement. elle ne ressemble pas à la plupart des femmes, elle est d'une Activité et d'une utilité qui font plaisir à voir. Avec cela elle a l'humeur excellente, elle est gaye, et elle a de très bonnes manieres et est de mise par tout. aprésent me ferez-vous le plaisir de me dire que vous la connoissez un peu, que vous m'en croyez, et que vous vous rappellez de m'avoir entendu parler d'elle? votre frere fait grand cas d'elle, Me de Perponcher et Me d'athlone aussi, et Mr de Salgas, qui lui écrit de tems en tems et avec qui elle a fait un voyage en Angleterre, du vivant de Me Fagel.[8]

je voudrois que vous eussiez la complaisance pour vous-même de lire ce petit pierre tant vanté. Il ne suppose autre chose sinon que la Bible est la parole de Dieu, et alors tout coule de source. Si vous admettez cette seule Suposition, vous n'aurez pas de peine à le suivre dans toutes ses conséquences, mais j'avoue que si vous doutez de cette premisse, il faudroit reprendre de plus haut et ce seroit une affaire que je ne prendrai pas sur moi aprésent de vous conseiller. je veux seulement vous rapporter la conclusion de son livre, dont vous ne pourrez rejetter la vérité. c'est qu'avec la croyance de la bonté infinie de Dieu, il n'y a point de mal durable, et qu'au contraire, sans cette croyance, il n'y a point de vrai bonheur.

M^c de Perponcher a passé quelques jours à la haye tant pour ses affaires particulieres que pour nous voir. je crois qu'elle est partie pour l'allemagne ou elle se propose de passer l'hiver. elle a beaucoup engraissé à amerongen, mais sa santé n'étoit pas parfaitement bonne. elle va assister aux couches de sa fille.[9] Avez-vous appris la mort de Clossius?[10] il étoit allé diner chez M^c du Chasteler et il y est mort d'une apoplexie. je vous accorde volontiers qu'il ne vient jamais rien de court de notre Pays, les affaires trainent en longueur aussi bien que les Ecrits, et souvent cela ne m'impatiente pas peu. adieu ma chére Amie. bonjour M^r de charriere. je vous embrasse tous les deux.

ce 24 Juilliet.

Il faut encor que je vous dise que les lettres de la P.[11] étoient écrites en hollandois et que peut etre elles ont été mal traduites. je n'ai pu voir qu'elles fussent mal écrites.

591. *De L. Kornaker, 24 août 1787*

Madame!

Comme vous me traitez! je le merite bien, vous ne pouvez pas etre si indignée contre moi que je le suis moimême je ne me connois pas moimême, cette foiblesse ce malheureux penchant de ne pouvoir pas voir souffrir quelqun sans l'aider m'a exposé à ne pas penser à moimême à manquer essentiellement a une Personne qui est la Sincerité meme – je vous le repete Madame je suis dans la plus grande peine et sans Mr Mezger[1] le seul ami qui ne mabandonne pas, je serais perdu il veut me secourir il me tiendra parole, j'ai beaucoup de chagrin, mais votre lettre du jeudi le soir m'a donné le dernier coup je me deteste moi meme je pleure et cela me soulage, au nom de Dieu ne mecrivez plus je tremble davance – J'ai parlé à Mr Detall[2] j'ai promis de le payer aussitot que je pourrois je veux etre damné si je ne tiendra pas ma parole oui Madame j'ai encore un cœur je sens mes torts je veux les reparer; vis à vis de vous je ne pourrois jamais – oubliez moi – chassez moi de votre memoire soyez heureuse – pardonnez moi imitez Dieu Sa Clemence (Barmherzigkeit) est de toutes ces qualités la plus consolante pour les humains, au moins aujourdhui je vous en impose pas tout ce que je vous dit vient du fond de mon ame – encore unfois oubliez moi – je vous souhaite un bon voyage soyez heureuse vous le meritez adieu Madame votre tres h. Serv

L. Kornaker

Paris ce 24 aoust *1787*

P.S Vous me demandez vos mouchoirs j'en ai plus de vous ni de mon[r] on m'a tout volé & je manque de tout cest la verité pure.

592. *De Benjamin Constant, 29 août–11 septembre 1787*

Westmoreland
Patterdale[1] le 29 aout 1787.

Il y a environ cent mille ans, Madame, que je n'ai recu de vos lettres, & a peu près cinquante mille que je ne vous ai écrit. j'ai tant couru a pied, a cheval, & de toutes les manieres que je n'ai pu que penser a vous. je me trouve très mal de ce régime & je veux me remettre a une nourriture moins creuse. jespère trouver de vos lettres a Londres, ou je serai le 6 ou 7 du mois prochain: & je ne desespere pas de vous voir a Colombier dans environ six semaines: cent lieues de plus ou de moins ne sont Rien pour moi. je me porte beaucoup mieux que je ne me suis jamais porté: jai une espèce de cheval qui me porte aussi très bien, quoiqu'il soit vieux & usé. je fais quarante a cinquante milles par jour. je me couche de bonne heure, je me leve de bonne heure, & je n'ai rien a regretter que le plaisir de me plaindre & la dignité de la langueur.

Vous avez tort de douter de l'existence de Patterdale. il est très vrai que ma lettre datée d'ici etoit une plaisanterie. mais il est aussi très vrai que Patterdale est une petite *town*, dans le Westmoreland & qu'après un mois de course en Angleterre en Ecosse du nord au sud & du sud au nord, dans les plaines du Norfolk, & dans les montagnes du Clackmannan,[2] je suis aujourdhui & depuis deux jours ici avec mon chien, mon cheval, & toutes vos lettres, non pas chez le curé, mais a l'auberge. je pars demain & je couche a Keswick[3] a 24 miles dici ou je verrai une sorte de peintre, de guide, d'auteur, de poete, denthousiaste, de je ne sai quoi,[4] qui me mettra au fait de ce que je n'ai pas vu pour que de retour, je puisse mentir comme un autre & donner a mes mensonges un air de famille. j'ai grifonné une description[5] bien longue, parce que je n'ai pas eu le tems de labreger, de Patterdale. je vous la garantis vraie dans la moitié de ses points, car je ne sais pas, come je n'ai pas eu la patience ni le tems de la relire, ou jai pu etre entrainé par la manie Racontante. lisez jugez & croiez ce que vous pourrez & puis offrez a Dieu votre incrédulité, qui vaut mille fois mieux que la credulité d'un autre.

J'ai quitté l'idée d'un Roman en forme. je suis trop Bavard de mon naturel. tous ces gens qui vouloient parler a ma place m'impatientoient. j'aime a parler moi même surtout quand vous m'écoutez. j'ai substitué a ce Roman des Lettres intitulées: *Lettres Ecrites de Patterdale a Paris dans lété de 1787 adressées a Mᵉ de C. de Z.*[6] cela ne m'oblige a Rien. il y aura une demie intrigue que je quitterai ou Reprendrai a mon gré, mais je vous demande & a Monsieur de Charriere, qui jespère n'a pas oublié son fol ami, le plus grand secret. je veux voir ce qu'on dira & ce qu'on ne dira pas car je m'attens plus au chatiment de l'obscurité qu'a l'honneur de la critique. je n'ai encore écrit que deux lettres. mais comme j'écris sans style, sans maniere, sans mesure & sans Reveil[7] jecris a trait de plume & je ne dis pas *ne reclamez pas mon* indulgence *quand mon* amitié *vous est acquise* ni *je me dois*, & *je vous dois*, & *je leur dois*, &c &c. il est v[ra]i[1)] que je ne couche pas avec le secretaire du commis d'un ambassadeur,[8] que je n'ai point d'amant qui distribue a déjeuner, que je ne dis pas mon aumonier & que je n'ai pas de fille qui promette de faire *oublier* mes vices. je vais me coucher. je finirai ma lettre a Keswick. Bon soir Madame. plus de Rage de dents je vous prie. serais je en colere contre les Pourras – je suis Bien Bête. j'ai ajouté ceci a Lancaster[9] en relisant mon Bavardage.

a 18 milles de Patterdale   Ambleside[10] le 31.

Je suis resté jusqu'au 30 a Patterdale. je n'ai point encore été a Keswyck. je ny serai que ce soir & j'en partirai demain matin pour continuer tout de Bon ma Route que les lacs du Westmoreland & du Cumberland ont interrompue. je viens dessuier une Espèce de Tempete, sur le Windermeere, un lac le plus grand de tous ceux de ce pays ci, a deux milles de ce village. j'ai eu envie de me noier, l'eau étoit si noire & si profonde que la certitude dun prompt repos me tentoit Beaucoup. mais j'etois avec deux matelots qui m'auroient repeché & je ne veux pas me noier comme je me suis Empoisonné pour Rien. Je commence a ne pas trop savoir ce que je deviendrai. jai a peine six Louis: le cheval loué m'en coutera trois. je ne veux plus prendre d'argent a Londres chez le Banquier de mon pere. mes amis n'y sont point. I'll just trust to fate.[11] je vendrai si quelque heureuse avanture ne me fait Rencontrer quelque Bonne ame ma montre & tout ce qui pourra me procurer de quoi vivre & jirai comme Goldsmith avec une viole ou une orgue sur mon dos de Londres en Suisse.[12] je me Refugierai a Colombier & de là jecrirai je parlementerai & je me marierai puis après tous ces rai, je dirai comme Panglos fessé & pendu tout est bien[13] –

a 14 milles d'Ambleside   Kendal[14] 1er sept.

Cest une singuliere lettre que celle ci Madame – je ne sai trop quand elle sera finie – mais je vous écris & je ne me lasse pas de ce plaisir là comme des autres – me voici a 30 miles de Keswyck ou j'ai vu mon homme – jai 22 miles de plus a faire & je vous ecrirai de Lancaster. La Description de Patterdale est dans mon Portemanteau[15] – & je ne puis le defaire – je vous l'enverrai de Manchester ou je coucherai demain – je vais a grandes journées par Economie & par impatience – on se fatigue de se fatiguer comme de se Reposer Madame – pour varier ma Lettre je vous envoie mon Epitaphe – si vous n'entendez pas parler de moi dici a un mois, faites mettre une pierre sous quatre tilleuls qui sont entre le Desert & la Chabliere[16] & faites y graver l'Inscription suivante – elle est en mauvais vers & je vous prie de ne la montrer a personne tant que je serai en vie – On pardonne bien des choses a un mort & l'on ne pardonne Rien aux vivans –

En memoire
d'Henri Benj. de Constant Rebecque
Né a Lausanne en Suisse
le 25 Nov.[17] 1767.
Mort a   , dans le comté
de   ,
en Angleterre,
Le   Septembre 1787.

Dun Batiment Fragile Imprudent Conducteur
Sur des Flots Inconnus je Bravois la Tempète
La Foudre grondoit sur ma Tête
Et je l'Ecoutois sans Terreur.
Mon Vaisseau s'est Brisé: ma Carrière est Finie.
J'ai quitté sans Regret ma Languissante vie:
Jai cessé de souffrir en cessant d'exister.
Au sein même du Port j'avois prévu l'Orage
Mais Entrainé loin du Rivage
A la Fureur des vents Je n'ai pu Résister.
Jai prédit l'instant du naufrage,
Je l'ai prédit sans pouvoir [l'é]carter.[2)]
Un autre plus prudent auroit su l'Eviter.
J'ai su mourir avec courage
Sans me plaindre & sans me vanter

Pas tout a fait sans me vanter pourtant, Madame, voiez l'Epitaphe.

a 22 milles de Kendal, Lancaster même jour.

Mes plans d'Amérique Madame sont plus combinés que jamais. Si je ne me marie ni ne me pends cet hyver je pars au printems – j'ai parlé a plusieurs personnes au fait, & je compte aller serieusement chez mr Adams[18] avant de quitter Londres prendre encore de nouvelles informations – & si le Démon de la contrainte & de la defiance[19] ne veut pas quitter mon pauvre Désert je lui céderai la place – jemprunterai d'une de mes parentes[20] qui ma deja preté souvent & qui m'offre encore davantage, (ce n'est pas Me de Severy –) huit mille francs si elle les a, & je me fais farmer Dans la Virginie – n'est il pas plaisant que je parle de huit mille francs quand je n'ai pas six sols a moi dans le monde –

> Sur mon grabat je celebrois Glycere
> Le jus Divin d'un vin mousseux ou Grec
> Buvant de l'eau dans un vieux Pot a Biere

Je cite tout de Travers[21] mais une de vos aimables qualités est d'entendre, tout Bien de quelque maniere quon parle – je defigure encore cette phrase,[22] & c'est bien dommage – si vous vous Rappellez son auteur, c'est ma meilleure amie & la plus aimable Femme que je connoisse –. Si je ne me rappellois votre amour pour la médisance je me mettrois a la louer – pardon Madame revenons a nos moutons – c'est a dire a notre prochain que nous croquons comme des Loups.

Je relis ma lettre Madame après souper & je suis honteux de toutes les fautes de style & de Francais. mais souvenez vous que je n'ecris pas sur un Bureau Bien propre & bien verd, pour ou aupres d'une jolie femme ou d'une femme autrefois jolie,[23] mais en courant non pas la poste mais les grands chemins, en faisant cinquante deux milles comme aujourdhui sur un malheureux cheval, avec un mal de tête effroiable, & n'aiant autour de moi que des êtres Etranges & Etrangers, qui sont pis que des amis & presque que des Parens. Si j'avois pourtant epousé Melle Pourrat, j'aurois ma tete sur ses genoux, sur ses jolies mains. & j'oublierais mes maux – que je suis Bête – Melle Pourrat seroit sur les genoux de Sainte Croix II,[24] &c &c &c &c &c & ma tête seroit cent fois plus malade –

a 12 milles de Lancaster Garstang[25] le 2.

a propos de Ste Croix II, parlons de Ste Croix I. qu'esce que ce Mr de Segur qu'il Remplace[26] – ce n'est pas le Ministre de la guerre[27] puisque cela le separe de sa Belle[28] – qui esce donc – vous êtes cruellement Brève dans vos nouvelles Madame – vous savez pourtant combien je minteresse a ces jeunes & jolis amans –

Chorley[29] 24 milles de Garstang même jour

Cette lettre est une conversation Madame – je m'interromps pour diner & je reprends ma lettre – Henri IV ecrivoit a sa maitresse – Ma der-

niere pensée sera pour Dieu & l'avant derniere pour vous[30] – moi qui ne
suis pas Henri IV, & qui ai le malheur mais nen dites rien de ne pas trop
croire en Dieu je vous dis avec vérité ma première pensée est pour mon
cheval & la seconde est pour vous ou pour parler avec Dignité mesure
& mouvement – pour donner du trait a ma pensée & pour avoir le mérite
de rendre obscure une idée qui ne l'est pas je vous dirai comme si jetois
sur un des fauteuils de Mc Suard[31] ou dans la chaire du Lycée[32] – ma premiere occupation est un devoir – la seconde est un plaisir, la nature bienfaisante compense ainsi l'une par l'autre & me dedommage du premier
instant par l'instant qui lui succède – il ne faut pas vous facher de la préference que je donne a mon cheval – sans lui je ne saurais comment aller
a Colombier – c'est la meilleure Bête que je connoisse & jen connois
pourtant Beaucoup – je remonte sur ma Bête – adieu Madame – au
revoir a 12 miles d'ici – je n'ai plus mal a la tête – & j'ai déjà fait 33 miles
aujourdhui – vous ne vous attendiez pas que je vous lasserois de mes Balivernes de 300 lieues de vous comme dans votre chambre – c'est votre
faute – je ne sais quel roi (c'etoit un singulier Roi c'etoit presqu'un
homme) disoit à je ne sais qui – si je connoissois un plus honnête homme
que vous je ne vous choisirois pas – & moi je vous dis si je connoissois
quelquun de plus aimable de plus indulgent de plus *Bon* que *l'intéressant*
auteur de Caliste, je ne vous ecrirois pas si longuement – Savez vous Bien
Madame (pardon si je continue) que je suis en Lancashire au milieu des
Lancashire witches[33] qui sont les plus jolies femmes de l'Angleterre & par
conséquent du monde – jen vois une qui fait tomber ma plume & tourner ma tête –

   a 12 milles de Chorley Bolton[34] même jour
  J'ai été hier Madame (cest de Disley★ que je vous ecris le 3 & non de
Bolton le 2, javois daté ma lettre comme vous voiez comptant vous écrire
mais mille choses men ont empeché) le plus malheureux des hommes. j'ai
vu tant de Belles femmes & de si Belles femmes que je ne sais ou me mettre. C'est un supplice pour un homme qui veut etre sage – Je suis enfin
sorti du Lancashire grace au ciel & encore plus a mon cheval – sans lui
je serais mort sous le faix de la Beauté – hier a Bolton ou j'ai eu le malheur
de coucher, la fille de chambre etoit si jolie mais si jolie que ma sagesse
a pensé Broncher – la sienne a le pied peu sur – Dieu sait ce qui seroit
arrivé – je me serais caché a la Trappe comme le Moclès de Crebillon chez
les Bonzes – mais je ne crois pas que mon Almaide ou Alméide[36] car je
ne sais trop comme elle s'appelle eut imité mon exemple – je nai grace
encore au ciel au Tems & a la nature pas ce danger a craindre ici – la
Nymphe qui me sert est si Laide que – Dieu que celle de Bolton etoit jolie.

★ Disley est a 25 milles de Bolton, dans le Cheshire.[35]

Je comptois fermer ma Lettre aujourdhui Madame. Mais comme l'instant dc la crise n'est pas arrivé je l'attendrai [   ][3) pas faché. je compare ces gens qui pensent sentent, (quand ils sentent) parlent & agissent toujours de même, a des aveugles qui voient tout noir, & qui crient contre ceux qui ne sont pas aveugles comme eux & qui voient tantot noir, tantot Blanc, tantot Rose, & tantot verd.

Hills over Hills & Rocks o'er Rocks arise.[37]

Je crois voir votre disappointment Madame en voiant les feuilles se succéder avec cette terrible fecondité. dans le Westmoreland j'etois a peu près dans votre cas. je voiois les montagnes s'elever l'une sur l'autre & je desesperois den voir la fin. Consolez vous pourtant Madame. je vous jure que celle ci est la dernière & comme dit noblement Fellamar a Tom Jones a garder mon serment j'engage mon honneur.[38]

a 15 milles de Leister Harborough[39]

Tout va bien mal, Madame, je ne suis qu'a 28 milles de l'endroit ou je dois trouver ma ressource – j'avois prié l'homme[40] de m'écrire ici pour me faire savoir s'il est chez lui – je n'ai point Recu de Reponse – s'il ny est pas tout est a veau-leau, & je ne sais que faire – tant va la cruche a l'eau – plut au ciel que je pusse dire comme Basile[41] – je voulois écrire a mon pere, je ne sais que lui dire dans cette desagréable incertitude – Je suis obligé de coucher Ici pour mon cheval – je ne passerai pas la nuit la plus tranquille – mais demain tout sera su peut ètre tout dit & la petite pierre aura lieu[42] –

Voici encore des vers Madame vous souffrez plus que moi des momens de Low spirits[43] qui me prennent, c'est en continuation de l'Epitaphe.

Si je n'avois a Regretter
que les plaisirs du monde ou le cœur d'une amie
Je quitterois ces Biens auteurs de tant de maux
En Benissant – l'heure – cherie
qui vient me rendre le repos.
Mais d'un père adoré la déchirante image
Me suit au delà du Tombeau.
De ce père accablé par l'age
J'ai doublé le pesant fardeau
Et moins son fils que son Bourreau
J'ai repandu sur sa tête Blanchie
Tous les maux que le ciel vengeur
Dans son implacable furie
Envoie au criminel que poursuit sa Rigueur.
Etre inconnu, qu'on peint si Redoutable,

Grand Dieu, s'il en est un dans ce triste univers,
Demeure informe & miserable,
De méchans & de sots, de fous & de pervers,   (cheville)
Je ne puis oublier les maux que j'ai soufferts.
Mais si sensible a ma priere
Veillant sur mon malheureux pere,
Tu verses sur ses jours le calme & le Bonheur,
Si par ma mort ta haine est assouvie,
Je puis te pardonner les Tourmens de ma vie
Et bénir mon persécuteur.

Un peu de souper et Beaucoup de vin Madame m'ont redonné du courage. je retracte mes méchans vers. je demande pardon a Dieu du fond & a vous de la forme. Soiez tous deux indulgens, plus indulgens je vous en prie que le Dieu d'Israel, & de Juda. Cette lettre ou j'ai versé toutes mes sensations comme elles me sont venues est une image de mon esprit. vous voiez comme dans ma pauvre tête le haut, le bas, la gaité, la tristesse, le desespoir, la folie, se succèdent, se melent, se croisent. jai eu a tout prendre d'assez bons momens, mais bien compensés par de Bien mauvais. jen compte une douzaine ou j'ai plus souffert que le criminel qu'on va pendre. le premier etoit sur le vaisseau, commencant a être malade, abandonné de tout le monde, faible & sans secours. un autre etoit dans mes courses a pied, le jour après ma lettre de Newmarket,[44] entre ce village & Brandon un autre petit village du Norfolk. un orage affreux me surprit, le vent la pluie la grèle me firent perdre mon chemin. pas un arbre, pas une maison, pas un Buisson, un Brouillard affreux, & pour achever le tableau, après avoir erré une heure, j'arrivai sous une potence d'ou pendoient deux malheureux executés quelques jours ou peut etre quelques heures avant dont les pieds touchoient presque ma tête, & dont les corps agités par le vent produisoient une espèce de sifflement lugubre dans l'air. je ne crois pas avoir jamais eprouvé de sensation plus horrible. avez vous lu, (sans doute) le Count Fathom, de Smollet? l'émotion de Ferdinand dans le coupegorge du Bois,[45] qu'on regarde comme le plus beau morceau de prose anglaise qui existe, ne pouvoit pas surpasser la mienne.

Eh! n'esce pas assez de me peindre ce qu'il sent sans me dire encore ce qu'il a senti! voilà pourtant la quinzième page infolio[46] que je commence. S'il en étoit de ma correspondance avec vous comme de ma correspondance avec dautres ou le premier pas coute Beaucoup & les autres toujours moins je ne m'arreterais plus, car je suis Bien eloigné du premier pas. mais je finirai parce que j'ai pitié de ceux que j'aime, & la pitié fait en leur faveur ce que fait l'indifférence pour ceux que je n'aime pas.

encore Harborough le 6.

> The Dawn is overcast, the morning lours,
> And Heavily in clouds Brings on the Day,
> The great, th'important day, Big with the fate
> Of Cato & Rome.[47]

Je n'ai plus que 28 milles a faire & dans quelques heures je ne serai plus Inquiet. mais vraiment l'incertitude est désagreable. je suis a plus de 80 milles de Londres & n'ai pas une connoissance dans toute cette partie de l'Angleterre excepté cette ressource. Si elle n'y est pas, comment faire. Si elle y est cest un des meilleurs amis de mon pere, & je suis hors d'embarras.

31 milles de Harborough.   Wadno près d'Oundle[48] le 7.

Je suis chez mon homme Madame. il n'y est pas mais on l'attend pour diner & il sera surement Ici ce soir[49] – ainsi Madame quelque soit mon sort je suis hors d'embarras plus ou moins de dix a cinquante Louis –

18 milles de Wadno Kimbolton[50] le 11.

Un long silence a succedé a mon Bavardage. Je resuis[51] en Route & je me hate de fermer ma lettre. puisque je Resuis en Route vous devinez Bien que je resuis riche. Riche ou pauvre je regarde votre amitié comme le plus grand des biens & finis pour ne pas en abuser.

H.B. Constant de R.

593. *De Benjamin Constant, entre le 4 et le 8 octobre 1787*

Beau Soleil[1] le 4 8bre 1787.

Enfin m'y voici. je comptois vous écrire Beaucoup sur mes nouveaux amis, parens, &c, mais on me donne une commission pour vous, Madame, & je n'ai qu'un demi quart d'heure a moi. mon oncle,[2] sachant que Mr de Salgas doit venir *enfin* chercher sa femme, voudroit que vous vinssiez avec lui.[3] vous trouveriez dit il une famille toute disposée a vous aimer a vous admirer, & ce qui vaut mieux le plus Beau pays du monde. Beausoleil est Bien petit mais si vous venez avec Mr de Salgas je vous demande la préference sur mon oncle je le lui ai deja declaré. ce n'est qu'une petite course, & si vous voulez madmettre pour votre Chevalier Errant, nous Retournerons ensemble a Colombier.

Secondement mon oncle qui *se prete* avec tendresse a tous les vœux de ma Tante voudroit savoir un jour avant sil est possible celui de l'arrivée de Mr de Salgas pour qu'elle fut prête a partir tout de suite & sans effort – voilà mes commissions – je suis Bête comme une cruche Etrusque aujourdhui – je finis en ne vous disant pas tout ce que se souhaite[1)] pense

&c &c &c. n'es ce pas une fin spirituelle. voici l'ariette de l'Equité pour votre opera.[4] / A l'austere Equité/un peu de volupté/fort Bien se sacrifie/mais un throne est si grand/que l'homme en y grimpant/ s'oublie//N'en soiez pas surpris/ce Sceptre est d'un haut prix/pour un cœur magnanime/Il ne sait ce qu'il fait/et le plus noir forfait/lui parait légitime/quand l'espoir seduisant/de l'éclat d'un haut Rang/l'anime.

A Madame/Madame de Charriere/de Zoel/a Colombier/près de Neufchatel.

594. *A son frère Vincent, 25 novembre 1787*

Que je vous plains mon cher Vincent! quoi un corps ou vous servez depuis l'age de 16 ans, qui porte votre nom![1] Ces Cavaliers dont on avoit toujours eu tant de soint & dont l'honneur etoit pour ainsi dire le votre & celui de mon oncle. C'est une chose affreuse. Si le repentir etoit egal à la faute, s'il etoit bien evident qu'ils n'ont pu resister à la force et à l'exemple je ne sai ce que vous pouriez faire mais j'avoue que dans ce moment je desire que vous les quitiez & que vous ayez le moins de liens possibles dans ce vilain paijs où l'on n'a fait si long tems que des sottises & où aujourdhui on fait tant d'horreurs.[2] Et votre femme si on pouvoit la tirer de là seroit-il impossible d'esperer son retablissement? La saison est bien mauvaise pour les voyages mais la distraction est un remede si puissant pour tous les maux auxquels les chagrins ont eu part. Je ne leur en connois point d'autres. La raison ni le medecin n'y peuvent rien, il faut fraper les yeux & les oreilles d'objets nouveaux qui forcent l'imagination à quiter la veille[1)] triste route battue & l'ame à eprouver de nouvelles sensations. Elle paroit irresolue à force de moderation & de discretion mais dans le fond je lui crois des preferences aussi decidées qu'à une autre · forcez la de dire ce qu'elle desireroit & qu'elle espece de distraction lui seroit propre. L'air est bon dans le Brabant, il y a des plaisirs à Bruxelles. La Suisse est trop eloignée dans ce moment-ci vu la saison & sa foiblesse · faites la penser à tout & rendez lui un peu de ressort à force de bonne volonté pour elle. Ce sont nos lettres plutot que les votres qui ont été arretées car M. de Charriere croit fermement vous avoir repondu. Dans la lettre que vous ecrivites alors il n'etoit question que de la mort de ma Tante de Lockhorst[3] & en parlant de son testament vous sembliez même nous annoncer une seconde lettre qui nous[2)] en aprendroit la teneur (nous[3)] l'avons sue par Mlle Tardieu[4] Je n'ecrivis point parce que je n'avois rien à dire que j'ignorois vos sentimens votre position que je n'aurois pu vous parler librement sans risquer de vous compromettre ni esperer de vous une reponse franche &detaillée. Dans ce moment-là je n'etois plus patriote je n'etois que revoltée de la phrenesie de tout le monde & affligée des maux qui menaçoient tout le paijs. Je m'en occupois peu & desirois de n'y point penser du tout. J'ecrivis pourtant à mon frere ou plutot à sa femme[5] après l'affaire entre lui & Daverhoult[6] dont les gazettes m'avoient instruite. Je les plaignois de tout mon cœur. A present j'ignore s'ils sentent la maniere de triompher de leur parti avec la douleur & la honte & la crainte qu'ils doivent avoir Si oui je les plains, si non, je n'ai rien à leur dire. Le triomphe de l'autre parti n'auroit été ni plus moderé ni d'une moins facheuse consequence c'est tout ce qui me console.

Ecrivez moi tout de suite après la reception de cette lettre je saurai que mes lettres vous parviennent & je vous ecrirai avec plus de detail. Longtems avant la lettre qui annonçoit la mort de M^c de Lockhorst vous m'en aviez ecrit une[7] qui me pressoit de renouer notre correspondance · je vous repondis sur le champ & cependant je ne receus plus de vos nouvelles. J'avois ecrit pourtant avec tout le menagement possible sur les afaires publiques & si on a arrêté ma lettre[4)] je ne comprens pas pourquoi.

Je suis bien aise que du moins[5)] vos enfans se portent bien[6)]. Que faites vous de votre fils ainé.[8] Il est tems de penser un peu à son instruction. Je voudrois que tout simplement on l'elevat en france. La Hollande n'est plus une patrie, & si vous avez montré peu de gout pour le stadthouderat vos enfans s'en ressentiront plus ou moins toute leur vie. La famille Coehorn[9] etoit peu aimée de la maison d'Orange · j'ai vu a Strasbourg le baron de Coehorn qui ayant eu à se plaindre en hollande etoit entré au service de france avec honneur & avantage c'etoit un homme d'esprit un galant homme très consideré, j'ai été bien fachée qu'il soit mort dans la force de l'age car il me paroissoit estimable et heureux. Outre un grade avancé dans un regiment de dragons il avoit sous M. de Coigny[10] je ne sai quelle inspection sur tous les dragons de france. On pretend que le Roi[7)] va donner aux protestans un etat civil en france ou même l'exercice[8)] libre de leur Religion.[11] Si cela est que d'emigrans! Je compte dabord toutes les familles françoises refugiées.

Adieu si je puis vous être bonne à quelque chose comptez sur moi.

a Colombier Ce 25 Nov. 1787

Vous dites après avoir parlé de M. de Salm[12] & des disputes avec son corps. *Ils ont voulu nous massacrer* Qui? Je me flatte pour l'honneur de notre nation & de l'espece humaine[9)] que les Utrechois au moins n'etoient pas devenus des assassins & avoient quelque respect pour le fils de mon Pere. *Nous sortimes d'Utrecht dites vous ne pouvant resister à la force.* Quelle force?

De grace[10)] quand vous devriez y sacrifier la moitié d'une nuit ecrivez moi avec quelque detail.

A Monsieur/Monsieur le baron Vincent/de Tuyll de Serooskerken/Lieutenant Collonel dans le/Régiment de Tuyll Cavalerie/ A *Bois le Duc*

595. *De Joseph Deleschaut, 18 décembre 1787*

Madame
Je suis au désespoir de ne pouvoir decoucher cette nuit comme je le souhaiterois, puisque ma presence pouroit vous tranquiliser; sur la santé de Monsieur Constant.[1] Avant que de partir je lui ai laissé une direction: en la suivant, ma presence est inutile, et demain j'aurai l'honneur de le voir come je l'ai promis
J'ai l'honneur d'être, tres respectueusement Madame Votre très humble et très obéïssant serviteur
                                              De L'eschaux
Neuchâtel 18 Xbre 1787

A Madame/Madame de Charier/à *Colombier*

596. *A Jérémie Vuitel dit Witel, 20 décembre 1787*

J'ai receu Monsieur, les deux petites feuilles.[1] Elles sont très bien imprimées. Il eut falu *considerations* & non *consideration*.[2] Quant aux negligences dans la ponctuation je crois ne les devoir attribuer qu'à moi même excepté qu'au N° 2 page 1) 10 ligne 7 je ne puis croire qu'après *Brunswick* il n'y eut pas un point & après cela un grand *S*.[3] Je tacherai d'être attentive à l'avenir & je vous prie de vouloir l'être aussi. Je compte sur votre regularité pour les 3 Louis[4] & pour tout le reste & de mon coté je ferai ce que je pourai pour que les feuilles aillent vite & soyent interressantes J'ai vu à Paris en dernier lieu la fureur qu'on a pour les nouveautés. Souvent les plus plattes chose se devoroient les 3 ou 4 premiers jours.
J'ai receu un jour trop tard votre paquet sans doute parce qu'on ne l'avoit pas porté au bureau où j'envoyai.
Quant à la maniere d'envoyer les feuilles à leur adresse cela me paroit bien
Je suis Monsieur votre très humble servante
                                              Tuyll de Charriere

Ce jeudi 20ᵉ Dec. 1787

a Monsieur/Monsieur J.²⁾ Witel, Libraire³⁾/Imprimeur/*aux Verrieres/Suisses*[5]

Triste jouet de la tempête, j'ai volé d'erreur en erreur, vingt hyvers ont blanchi ma tête, mille excès ont flètri mon cœur, j'ai paié quelques jours de fête, par des mois entiers de malheur. aujourdhui, que, dans ma patrie, je pourrois, obscur, ignoré, attendre l'instant désiré, qui doit finir ma triste vie, seduit par de fausses lueurs, par le vain appat des grandeurs, par une frivole espérance, je renonce a mon indolence, & vais trainer mon existence, dans le vil troupeau des flatteurs, entre la crainte & l'arrogance, loin des lieux chers a mon enfance, & des amis dont l'indulgence, daigna sourire a mes erreurs.[1]

––––––––––

Il faut que je m'ennuie bien pour faire des vers, & c'est par esprit de vengeance que je vous les envoie. j'ai pourtant on ne peut pas mieux dormi & suis on ne peut pas plus content de mon Esculape. je suis si bien qu'il me prend envie de partir pour Colombier aujourdhui, & Brunswick[1] demain. je resisterai pourtant pour achever ma guérison.

Je suis on ne peut plus reconnoissant de l'interet que vous semblez mettre a ce que les atomes organisés qui composent ma frèle machine ne se séparent pas de si tôt. je n'ai pas moi même trop envie de hater leur divorce parce que je crois quelquefois en vous parlant ou vous écrivant que ce monde n'est pas le pire des mondes.

Flore[2] me regarde écrire & voudroit bien que je m'etendis sur ses regrets mais j'ai assez des miens & ne suis point disposé a être son interprète. je sais que l'indépendant Jaman n'y pense plus. il se promene sur votre table & vous regarde avec la fierté dun senateur.

Voudriez vous me renvoier mon poème epique sur les Duplessis[3] & les gazettes puis que vous daignez m'offrir de m'en donner communication. si vous voulez pourtant les tenir secretes, je n'ai point de préten[2] bien decidées sur elles. comme il vous plaira.

j'ecris au lit, je ne suis point accoutumé a cette attitude, je ne sais si vous pourrez me lire, & je finis sans repeter ce que vous savez.

A Madame/Madame de Charrière/a Colombier

Je me porte bien Madame, & je me trouve bien bête de na pas oser vous aller voir. Mais je resiste comme vous l'ordonnez. Mon Esculape a tout plein d'attentions pour moi. je vous remercie du Poème epique & puis vous assurer que si ma tête n'est pas blanche elle sera bientot chauve. Messieurs vos messagers étant dans ma Chambre & semblant m'attendre avec impatience je finis.   BC.

toutes mes douleurs sont entierement passées. mille Choses a Monsieur & Mesdemoiselles de Charriere.

j'attens qu'on m'apporte de la cire & je continue. je lis Retif de la Bretonne[1] qui enseigne aux femmes a coucher avec leurs maris la premiere nuit des noces, & qui pour prévenir les libertés qu'elles pourroient permettre, & pour les empêcher de tomber dans l'indécence, entre dans des détails très intéressans & décrit toutes les attitudes, & tous les mouvemens a adopter ou a rejetter. toutes ces lecons sont supposées debitées publiquement par une femme très comme il faut dans un *Lycée des mœurs*[2] voilà ce qu'on appelle du génie, & on dit que Voltaire n'avoit que de l'esprit & d'Alembert & Fontenelle du jargon. grand bien leur fasse.

Il n'y a pas une phrase dans ma lettre –

599. *De Benjamin Constant, 22(?) décembre 1787*

Cest precisement parce que Retif écrit pour Caton[1] que je suis si retif a l'admirer. ma delicate sagesse n'aime l'indécence que lorsquelle mène a quelque chose. & lorsque Rétif m'aura dit 20 fois que les Epoux par une ardeur trop peu moderée effraioient souvent mal a propos leurs chastes epouses par un spectacle & des objets auxquels leur vue etoit peu accoutumée, qu'une nouvelle mariée, pour conserver l'affection de son mari, ne doit rien accorder qu'au devoir, dans la plus profonde obscurité, en refusant tout au tact & aux yeux, je me dirai voilà un fou bien dégoutant, qu'on devroit bien enfermer avec Ezechiel qui mangeoit de..... par ordre de Dieu,[2] & les fous de Bicetre, qui en mangent parce qu'ils sont fous. & quand on me dira, l'original R. de la B., le bouillant Rétif, &c, je penserai c'est un siecle bien malheureux que celui ou on prend la saleté pour du génie, la crapule pour de l'originalité, & des excrémens pour des fleurs!

quelle Diatribe, Bon Dieu.

Trève à Rétif. votre nuit, Madame, ma fait bien de la peine; la mienne a été moins bonne que hier parce que j'avois dormi hier depuis 9 heures jusqua midi. du reste tout va bien.

Imaginez Madame que je fais des feuilles. les votres,[3] par leur brieveté m'encouragent. il faut que je m'arrange si je parviens a en faire une vingtaine avec un libraire, je lui paierai ce qu'il pourra perdre par l'impression des 3 premieres, s'il continue a perdre, basta,[4] adieu les feuilles, s'il y trouve son compte il continuera a ses frais, a condition qu'il m'enverra cinq exemplaires de chacune a Brunswick,

> Mais pour vendre la peau de l'ours,
> il faut l'avoir couché par terre.[5]

Il est une heure, & je finis: presque point de phrases.

HBC.

600. De Benjamin Constant, 23(?) décembre 1787

Si j'avois scu Madame qu'il n'y avoit qu'a vous critiquer pour vous faire écrire, je m'y serois mis depuis longtems de toutes mes forces. ainsi comptez depuis ce moment que vous avez un motif & un ennemi de plus. & un ennemi! ah Madame, disciple de Suard, du pesant Marmontel, du mordant Condorcet, de l'appreté la Harpe, ma plume doit se ressentir de l'éducation que j'ai recue, & si je ne suis pas un monstre marin, je suis au moins un monstre littéraire. l'un vaut bien l'autre.

Mᶜ la M. de N.[1] m'a fait rire. je me félicite dêtre né dans le siècle de la philosophie & de la Raison. c'est une plaisante idée que se faire l'ambassadrice de la Religion Catholique & je nc prendrai pas beaucoup qu'elle ne leut pas eue.

Puisque Mʳ de Charrière a Rétif, c.a.d. les cinquante ou soixante premiers volumes des Contemporaines,[2] je le prie beaucoup de m'en envoier plusieurs tomes par Crousaz[3] que j'envoie pour cet effet. nous n'avons a Neufchatel que les C. du commun. je ne demande pas mieux que de melever & d'avoir affaire a des C. d'un plus haut parage. s'il vouloit m'en envoier aussi tous les jours quelques volumes (car on dévore du Rétif) par votre ambassadrice ordinaire,[4] il me la rendroit plus chère, & ma retraite en purifiant mon sang, me formeroit l'esprit & le Cœur.

Ma 1ᵉʳᵉ feuille est presque achevée. je ne vais pas vite, mais c'est que je ne vais point. je vous l'enverrai si elle est faite demain.

Jai fait partir la votre ou plutot je l'ai cachetée. je la ferai partir ce soir. il y a une faute de grammaire que je n'ai pas remarqué hier, & que je n'ai jamais pu corriger aujourdhui, qui cependant en est bien une.

Ce *fut* la nécessité, la cabale une populace ameutée qui *l'établirent* le singulier *fut* ne va pas avec *établirent* pluriel. cependant je n'y vois pas de remede.[5]

je m'humilie comme le Cordonnier d'Appelle[6] & finis.

HBC

601. De Benjamin Constant, 24 décembre 1787

Comment êtes vous aujourdhui, Madame? Cela m'intéresse beaucoup plus que ma triste & ridicule existence. hier javois mal a la gorge aujourdhui j'ai mal a la gorge. qu'y faire? il faut souffrir, & puis encore souffrir. Dieu nous traite a sa mode, il faut le laisser faire.

Votre derniere feuille[1] m'a fait un bien grand plaisir, beaucoup plus que les 3 autres, peut être parce que jetois plus au courant du sujet. je n'ai pas remarqué le sans cesse & importunité dont vous parlez.[2] il ne m'a pas choqué, parce que je crois que l'on peut reclamer sans cesse, & ne pas don-

ner a ses reclamations cet air impérieux, plein de morgue & d'une insolence froide & précieuse, qui caractérise les representations parlementaires & qui les fait paraître importunes. cependant il vaut mieux, a présent
que j'ai eu le loisir dy réfléchir changer cette expression, parce que la
nuance est si fine qu'elle a lair imaginaire & recherchée. il y a une négligence que je n'ai pas osé corriger parce qu'elle est sujette a discussion
& que d'ailleurs je n'avois d'autorité que sur les points & virgules.

en parlant des Protestans: il falloit leur promettre qu'ils *auront* n'est pas
aussi Francois que qu'ils *auroient*[3] · puisque votre feuille vous revient
avant de s'elancer dans le monde vous pourrez vous conformer ou ne pas
vous conformer a cette observation comme il vous plaira.

Ma premiere feuille n'est point achevée. mon mal de gorge m'empêche de cracher mes idées & elles m'etouffent.

je suis très piqué du Cynique.[4] vingt ans de sagesse & de retenue, de
renoncement & de continence, de privations et de jeunes, de desirs vain-
cus & de passions reprimées n'ont donc pu me mettre a l'abri de vos inju-
rieux soupcons!

Mr Duplessis est retrouvé. il s'etoit caché près de Morges[5] & la nouvelle
de mon départ la rendu a sa famille & a ses amis.

Mille vœux pour votre santé. Si vous envoiez en ville ce soir ou
demain, un mot je vous prie.

HBC

Lundi.

602. *De Benjamin Constant, 27 (?) décembre 1787*

Ainsi qu'ordonnez, ferai, noble Dame. votre feuille[1] revisiterai & cor-
rigerai ce qu'ignorance ou legereté auront commis. ensuite la dite feuille
ferai partir pour immortalité & admiration, non sans regret de ne pas
l'accompagner, moi chétif.

La poste de France arrive a huit heures, & repart a dix. j'aurai tout le
tems de mettre tous les auroient & d'effacer tous les auront. quant au plaisir que vous me promettez pour ce soir je suis un peu faché que vous
m'ordonniez d'en faire une peine. mais vous serez obéïe.

Le D[r] de St Malo,[2] vous ne le connaissez pas, grand Dieu! oh honte littéraire, philosophique, & critique! & le Duel du Dr Akacia, & le lapin au
trou de belette, & le centre de la terre, & le vetement de poix, & l'attrac-
tion de Vénus physique, & les Patagons aux cervelles dissequées, & l'exaltation par l'opium! O ignorance fatale & aveuglement malencontreux.
si maintenant n'en savez plus, plus n'en dirai · ignorez & rougissez.

je n'ai pu hier que recevoir, & non renvoyer les C.[3] je ne suis pas un
Hercule & il me faut du tems pour les expédier. en voici cinq que je vous

remets aujourdhui, en me recommandant a Mr de Charriere pour la suite. c'est drole après avoir dit tant de mal de Rétif. mais il a un but, & il y va assez simplement. c'est ce qui m'y attache. il met trop d'importance aux petites choses. on croiroit quand il vous parle du bonheur conjugal & de la dignité d'un mari que ce sont des choses on ne peut pas plus serieuses, & qui doivent nous occuper éternellement, pauvres petits insectes. qu'es ce que le bonheur ou la dignité? plus je vis & plus je vois que tout n'est rien. il faut savoir souffrir & rire ne serait ce que du bout des levres.

ce n'est pas du bout des levres que je désire (& que je le dis) de me retrouver a Colombier le 2 de Janvier.

HBC

603. *A son frère Vincent, 28 décembre 1787*

Votre lettre[1] mon cher frere ne laisse rien à desirer non plus que votre conduite. Je trouve dans la situation où vous etiez à Utrecht une complication unique de choses facheuses, & embarassantes. Telle doit être la position de tout homme d'honneur &[1)] sensé au milieu des fous & des mechans, il ne va avec personne & il est la victime de tout le monde. A Bois le Duc votre bon sens & votre fermeté ont pourtant été sentis & ont eu tout le succès que vous en pouviez attendre. Je plains mon oncle.[2] Faites lui parvenir ainsi qu'à ma Tante l'assurance de mon respect & du vif interet qu'ils n'ont cessé de m'inspirer. Le silence ne prouve pas l'oubli, et l'on se tait quand on ne sait ce qu'il convient de dire aussi bien que quand on ne pense point. Je ne puis imaginer ce que tout ceci deviendra ni ce qu'il vous conviendra de faire

Procurez vous, si vous le pouvez par quelqu'un de vos amis à qui vous ne direz pas que c'est moi qui vous en parle, (& lui il ne dira pas que c'est pour vous qu'il les cherche) procurez vous dis-je de petites feuilles,[3] dont on m'a parlé, & dont une est intitulée Lettre d'un negociant d'Amsterdam à son ami à paris, une autre, considerations sur le rappel du Duc de Brunswick &c une autre, Reflexions sur la generosité & les Princes; elles sont numerottées ce qui fait croire que l'on pretend les continuer. Si – l'on que j'entens c'est vous[2)] – l'on avoit des vues sages & des projets raisonnables à proposer il ne seroit peut être pas dificile de faire revoir le langage & le stile & il se trouveroit des amis qui s'ils aprouvoient les idées les feroient publier. Encore une fois ne me nommez pas, & qu'on ne vous nomme pas, mais je serois bien aise que vous lussiez & qu'on lut & que tout le monde pensat & qu'on se tirat un peu heureusement de cet abominable cahos. Et ... ecrivez moi.

Je suis bien aise que ma belle sœur soit un peu mieux. Votre fils tel que vous me le peignez meritoit une autre patrie.

J'ai eu pour lui un petit moment un romanesque projet. Le Ch[r] Paulet[4] originaire d'Irlande, eleve à Paris[3)] je ne sai combien 80 ou 100 ou plus d'enfans de militaires: sans distinction de Religion. C'est la plus admirable des institutions. Ils se gouvernent & s'instruisent l'un l'autre. Ils savent de tout, il y en a de musiciens, d'autres qui peignent, des artisans des artistes, des mathematiciens des ingenieurs; ils aprennent le latin l'allemand &c. Personne ne les voit sans attendrissement, personne n'en revient que dans l'entousiasme Il commença par un enfant de soldat qu'il avoit trouvé sous un arbre mourant de faim & de froid. Au bout de quelques mois[4)] cet enfant en indique un autre aussi miserable que lui[5)] au Chev. Paulet qui n'etoit pas riche alors. Apresent il a 60 mille £[6)] de rentes dont il en depense 3 mille pour lui. Beaucoup de jeunes gens sont deja sortis de là & servent avec honneur surtout dans des regimens d'artillerie. Un jeune homme de vingt ans l'alla prier de le prendre il y a quelque tems. Je les ai rencontrés à paris. Ils s'alloient baigner. Un petit homme de 10 à 12 ans commandoit ce jour là & menoit la troupe. Il n'y pas de si grand Seigneur à qui deux ou trois ans de cette education ne fut salutaire mais on dit que le *gratis* lui seroit reproché. J'en suis fachée.

Tuyll notre cousin n'a pas été elevé comme cela! Quelle absence totale de toute idée d'ordre de retenue de bienseance! Mais cette fois cela me paroit une desertion[5] & l'on ne peut pas plus servir avec lui qu'avec vos Cavaliers. A sa place j'irois me rehabiliter contre les Turcs[6] · peut-être ne faudra t'il là qu'un courage personnel, mais[7)] encore faudroit-il qu'il fut constant & il n'auroit que des boutades. Cela fait mal au cœur.

Les propositions qu'on vous faisoit de la part ...[7] etoient bien honnêtes aussi! Bon Dieu quelles gens!

Ce 28 Dec. 1787

604. *A Jean-Baptiste-Antoine Suard, 29 décembre 1787*

à Colombier ce 29 Dec. *1787.*

Je vous remercie Monsieur de tout mon cœur. J'avois voulu que le second acte[1] fut de repos, qu'on n'y entendit que le Chœur & la lugubre resignation de Jocaste. Cependant j'essayerai de faire la scene d'Antigone & de Polinice. & si vous me trouvez un compositeur je refaçonnerai les vers au gré de la[1)] musique. Quant au recit de Phenix, il me paroit vrayment[2)] Lyrique & il me semble qu'il ne tiendra qu'au compositeur qu'il ne soit point froid. Si au Printems Vogel[2] n'avoit rien à faire & qu'il voulut venir, il me semble que nous pourions faire un assez bon opera, mais puisque vous ne le connoissez point du tout Monsieur il seroit trop indiscret de vous prier de lui en parler. Tout au plus vous demanderois-je au cas que le hazard vous le fasse rencontrer, de voir quel homme c'est, ce qu'on pouroit lui proposer & en attendre. Pour me consoler de cette absence d'un secours dont je tirerois ce me semble un si grand parti, je fais un petit[3] opera ou intermede[4] presque tout de chant sans presque de[5] recitatif[3]; j'imagine en même tems les vers, les airs,[6] les chœurs, les accompagnemens tout, & si je continue à avoir de la patience & du courage j'espere que je n'aurai besoin que de quelques corrections & de quelques jours de secours d'un compositeur pour les parties des instrumens a vent[7] dont je ne connois point du tout la portée & pas assez l'effet. Je vous remercie du vœu que vous avez formé un petit instant d'être mon compositeur, moi qui ne vois rien au dessus de cet art là je le voudrois bien aussi & pouvoir faire pour vous de Colombier le paradis terrestre mais la literature & Paris se plaindroient horriblement. Et Madame Saurin[4] que j'aime tant que diroit-elle? Je vous reïtere Monsieur toute ma reconnoisance

A Monsieur/Monsieur Suard/De l'academie Françoise

605. *De son frère Vincent, 11 janvier 1788*

j'ai été d'un conseil de guerre, ou l'on a condamné 3 malfaiteurs, dans le pillage arrivé içi.[1] On continue toujours a en condamner d'autres. je crois que bientot une seconde Execution aura Lieu. car ces trois premiers ont été executé selon Leur Sentence le 24 du mois De decembre. On dit que l'on forme un Plan pour l'augmentation et l'ameilleration de L'Armée. Dieu sait ce que ce sera. Vous sauréz que mr Le Coll: de Capellen[2] est mort a Utrecht apres avoir été assés Longtems a Wesel et malade, et mal Traité a ce qu'on dit. sa femme a je crois 7 Enfans, et va se retirer en france. Mon Oncle, et ma Tante vivottent. Ces pauvres, et honetes Gens ont une fin de vie affreuse. Mon Oncle qui voudroit sauver son neveu[3] qui l'a tant mordu qui lui a tant couté, pousse sa bonhomie trop loing. Il ỹ a Longtems qu'il auroit pu obtenir pour lui sa demission en guardant sa Compagnie. mais non on veut une Dispensation. garder son Rang. Comp: et gages de haut officier. C'est absurde · de quel droit demandai je au Coll. lorsqu'il fut içi. demandéz vous une Dispensation de service, estce *par infirmité de Corps*: sachés que c'est une grace qu'on n'accorde qu'a de vieux militaires cassés pr fatigue de La guerre. vous, dis je, n'etes pas vraiment dans ce cas La · Apresent je m'imagine que Le Bon General voiant La fermeté du Corps d'officiers se chagrine de ce qu'il n'a pas accepté La premiere offre pour son cher neveu, qui a mal agi avec lui tout a fait et cela a cause d'une Servante, een noodhulp[4] qui etoit dans La maison du general. La meme qu'il a preferé a nous, en La suivant, et nous quittant. Je parie que ce mot d'hollandois Vous fera rire si vous le comprenés je pourois vous en conter cent histoires les unes plus sottes que les autres mais j'aurois honte de vous faire paier pour cela du port et je ne ferois que me rapeller des sottises. Mais si vous en voulés une pr Lettre des plus risibles vous n'avés qu'a dire.

adieu ma tres chere sœur. faites lire cette lettre a Monsʳ de C... elle est pour lui comme pour vous quand a toutes les nouvelles. il a entierenᵗ oublié que je lui ai dis dans une de mes lettres que si les Affaires n'etoient pas arrangées dan 8 ans (il ÿ en a je crois 5 decoulées) a mon gré dans ce pais çi, je voulois en sortir et lui ai demandé alors s'il connoissoit La Normandie et La Guienne. Il m'a repondu qu'il avoit été dans La derniere province. mais il m'a deconseillé alors de m'expatrier · il m'a exposé Le contre. qu'il ÿ avoit, je m'en souviens comme si j'avois sa lettre sous les yeux. Sa lettre alors etoit trop juste, et trop sage, pour ne pas avoir fait son Effet sur moi. Mais j'ai encor 3 ans a reflechir. Si enfin La necessité pour ainsi dire ne devra pas faire Emporter La balance. Je le salue Le plus amicalemᵗ possible.

Bois le duc le 11 janvier 1788

et vous prie de faire bien des honetetés de ma part a Mesdemoiselles Louise et H. Sœur

Il faut ajouter a ceçi que je suis brouillé avec La france · leur conduite du Commencemᵗ jusqu'a La fin[5] me deplait Totalement. il faudra chercher un autre Asile si le cas existe. je vous prie faites lire a monsieur de Chariere que je paie Esactement les Interest a madame de perponcher.[6] et que je le suplie de m'envoyer copie de notre dernier decompte Ensemble. j'ai une dispute La dessus avec mʳ Kol

le Collonel de Salis[7] des guardes Suisses a êté fait adjudant du Prince d'orange et mʳˢ Adolph de Regteren[7] Coll: Famars[7] et un jeune Lynden de Hoeflaken.[7]

La relation de L'ecole gratis a Paris m'a fait bien plaisir et m'a donné La meme Envie qu'a vous. mais l'execution en est impossible Pauvres Enfans hollandois, que deviendréz vous. Compagnon de commerce en Angleterre? et officier de mer ou bien de genie. Voila tout ce que je sais mais a quelle Ecole apprendréz vous? et sous les yeux de qui?

a Madame/Madame de Charriere/a *Colombier*/pres de Neufchatel/en Suisse

606. *De Benjamin Constant, 18 février 1788*

Madame,

Je partis hier de Lausanne pour venir vous faire mes adieux. mais je suis si malade, si mal fagotté, si triste & si laid que je vous conseille de ne pas me recevoir. l'échauffement, l'ennui, & l'affaiblissement que mon séjour a Paris a laissé dans toute ma machine, après m'avoir tourmenté de tems en tems, se sont fixés dans ma tête & dans ma gorge. un mal de tête affreux m'empêche de me coiffer. un rhume m'empêche de parler. une dartre qui s'est repandue sur mon visage me fait beaucoup souffrir & ne m'embellit pas. je suis indigne de vous voir, & je crois qu'il vaut mieux m'en tenir a vous assurer de loin de mon respect, de mon attachement & de mes regrets. La sotte avanture[1] dont vous parlez dans votre derniere lettre ma forcé a des courses & causé des insomnies, & des inquiétudes qui m'ont enflammé le sang. un voiage de deux cent & tant de lieues[2] ne me remettra pas mais il machévéra c'est la même Chose. je vous fais des adieux & des adieux éternels. demain, arrivé a Berne, j'enverrai a Mr de Charriere un billet pour les 50 Louis que mon père a promis de paier dans les Commencemens de l'année prochaine, avec les interets au cinq pour 100. je le supplie de les accepter, non pour lui mais pour moi – en les acceptant ce sera me prouver qu'il n'est pas mécontent de mes procédés, en les refusant ce seroit me traiter comme un enfant ou pis.

Si vous avez pourtant beaucoup de taffetas d'angleterre, pour cacher la moitié de mon visage je paraitrai. sinon Madame, adieu, ne m'oubliez pas.

B.C.

a Madame/Madame de Charriere.

607. *De Benjamin Constant, 21 février 1788*

Bâle

Je n'ai que le tems de vous dire quelques mots, car je ne couche point ici, comme je croyois. Les chemins sont affreux, le vent froid, moi triste, plus aujourdhui qu'hier, comme je l'etois plus hier qu'avant hier, comme je le serai plus demain qu'aujourdhui. il est difficile & pénible de vous quitter pour un jour, & chaque jour est une peine ajoutée aux précédentes. je me suis si doucement accoutumé a la societé de vos feuilles, de votre pianofortè,[1] (quoiqu'il m'ennuiât quelques fois) de tout ce qui vous entoure, j'ai si bien contracté l'habitude de passer mes soirées aupres de vous, de souper avec la bonne Melle Louise, que tout cet assemblage de choses paisibles & gaies me manque & que tous les charmes d'un mauvais tems, d'une mauvaise chaise de poste, et d'exécrables chemins, ne peuvent me consoler de vous avoir quittée. je vous dois beaucoup physiquement & moralement. j'ai un rhume affreux, seulement d'avoir été bien enfermé dans ma chaise: jugez de ce que j'aurois souffert si, comme le vouloient mes parens allarmés sur ma chasteté, & plus en peine de ma continence que de ma vie, j'etois parti au milieu de mes remèdes. je vous dois donc surement la santé, & probablement la vie. je vous dois bien plu[s][1] puisque cette vie qui est une si triste chose la plupart du tems, quoiqu'en dise Mr Chaillet,[2] vous l'avez rendue douce & que vous m'avez consolé pendant deux mois du malheur d'etre, d'etre en société, & d'etre en société avec les Marin, Guenille, & Co.[3] je recompte ainsi dans ma chaise ce que je vous dois, parce que ce m'est un grand plaisir de vous devoir tant de toutes manieres. tant que vous vivrez, tant que je vivrai, je me dirai toujours, dans quelque situation que je me trouve, Il y a un Colombier dans le monde. avant de vous connoitre je me disois, si on me tourmente trop je me tuerai: a present je me dis, si on me rend la vie trop dure j'ai une retraite a Colombier.

que fait Mistriss[4]? esce que je l'aime encore? vous savez que ce n'est que pour vous en vous par vous & a cause de vous que je l'aime. je lui sais gré d'avoir su vous faire passer quelques momens agréables. je l'aime detre une ressource pour vous a Colombier. mais si elle est saucy,[5] avec vous

then she may go a packing to England again.[6]

Adieu tout mon intêret alors car ce n'est pas de l'amitié! vous m'avez appris a apprécier les mots.

Je lis en route un Roman que j'avois déjà lu, & dont je vous avois parlé. il est de l'auteur de Wilh. Ahrend.[7] il me fait le plus grand plaisir, & je me dépite de tems en tems de ne pas le lire avec vous.

Adieu vous qui êtes meilleure que vous ne croiez (jembrasserais Me de Montrond[8] sur les deux joues pour cette expression). je vous écrirai de Durlach[9] après demain ou de Manheim Dimanche.

HBC

Si vous m'écriviez a Brunswick, poste restante, je serai là avant qu'une lettre écrite même immédiatement après que vous aurez recu celleci, puisse y arriver.

dites je vous prie mille choses a Mr de Charriére. je crains toujours de le fatiguer en le remerciant sa manière d'obliger est si unie & si inmanie-rée[10] qu'on croit toujours qu'il est tout simple d'abuser de ses bontés.

A Madame/Madame Tuyll de Charriere/a Colombier/près de Neuf-chatel.

608. *De Benjamin Constant, 23 février 1788*

Un Essieu cassé au beau millieu d'une Rue, me force a rester ici,[1] &

m'obligera peutêtre a y coucher. j'en profite. le grand papier sur lequel je vous écris me rappelle la longue lettre[2] que je vous écrivois en revenant d'Ecosse, & dont vous avez recu les trois quarts. que je suis aujourdhui dans une situation différente! Alors je voiageois seul, libre comme l'air, a l'abri des persécutions & des conseils, incertain à la vérité si je serois en vie deux jours après, mais sûr, si je vivois, de vous revoir, de retrouver en vous l'indulgente amie qui m'avoit consolé, qui avoit répandu sur ma pénible maniere d'etre un charme qui l'adoucissoit. j'avois passé trois mois, seul, [sans] voir l'humeur, l'avarice, & l'amitié, qu'on devroit plutôt [appe]ler la haine, se relevant tour a tour pour me tourmenter. [A] présent, faible de corps & d'esprit, esclave de Père, de Pare[ns], de Princes, Dieu sait de qui!, je vais chercher un maitre des ennemis, des envieux, & qui pis est des ennuyeux a deux cent cinquante lieues de chez moi: de chez moi ne seroit rien mais de chez vous, de chez vous ou j'ai passé deux mois si paisibles, si heureux, malgré les deux ou trois petits nuages qui s elevoient & se dissipoient tous les jours. j'y avois trouvé le repos, la santé, le Bonheur. le repos & le Bonheur sont partis, la santé, quoiqu'affaiblie par cet exécrable & sot voiage, me reste encore. mais c'est de tous vos dons celui dont je fais le moins de Cas: c'est peu de chose que la santé avec l'ennui, & je donnerois dix ans de santé a Brunswick pour un an, de maladie a Colombier.

Il vient d'arriver une fille Francoise qu'un Anglois traine après lui dans une Chaise de poste avec trois chiens, & la fille & ses trois bêtes, l'une en chantant les autres en aboiant font un train du Diable. l'Anglois est là bien tranquille a la fenêtre, sans paraitre se soucier de sa belle, qui vient le pincer a ce que je crois ou lui faire quelque niche a laquelle son amant répond galamment par un f-- prononcé bien a l'anglaise. ah petit mâtin lui dit elle! & elle recommence ses chansons. cette conversation est si forte & si soutenue que je demanderai bientot une autre Chambre s'ils ne se taisent pas pour mieux s'occuper. Heaven knows I do not envy their pleasures, but I wish they would leave my ennui alone! damn them.[3]

Je lis toujours mon Roman[4]: il y a une Ulrique qui dans son genre est presqu'aussi intéressante que Caliste. vous savez que c'est beaucoup dire; le style est très energique: mais il y a une profusion de figures a l'alleman[de] qui font de la peine quelquefois. j'ai été faché de voir qu'une lettre etoit [un]e flamme qui allumait la raison & éteignoit l'amour: & qu'Ulrique [s'étoi]t vue toutes ses joyes mangées en une nuit par un renard. si c'e[toit d]es oyes encore passe. mais cela est bien réparé par la force et la verité [des] caractères & des détails.

Adieu Madame. mille & mille choses à l'excellente Melle Louise, a Mr de Charriere, & a Melle Henriette. mais surtout pensez bien a moi, je ne vous demande pas de penser bien de moi, mais pensez a moi. J'ai besoin a deux cent lieues de vous que vous ne m'oubliez pas.

Adieu, charmant Barbet.[5] Adieu, vous qui m'avez consolé, vous qui êtes encore pour moi un port ou j'espère me réfugier une fois. s'il faut une tempête pour qu'on y consente, puisse la tempête venir & briser tous mes mats & déchirer toutes mes voiles.

HBC

Rastadt le 23.

Je vous ai écrit de Basle. a-t-on mis ma lettre a la poste? vous est elle parvenue?

609. *De Benjamin Constant, 25 février 1788*

Darmstadt[1] le 25.

Du Thé devant moi, Flore a mes pieds, la plume en main pour vous écrire, me revoila comme en Angleterre, & celui qui ne peindroit que mon attitude, me peindroit le même qualors! mais Combien mes sentimens, mes espérances, & mes alentours sont changés! a force de voir des hommes libres, & heureux, je croiois pouvoir le devenir: l'insouciance & la solitude de tout un Eté m'avoit redonné un peu de forces. je n'étois plus epuisé par l'humeur des autres & par la mienne. deux mois passés a Beausoleil, trop malade en général, quoique pas de manière a en souffrir, pour qu'on put s'attendre a beaucoup d'activité de ma part, trop retiré pour qu'on me tourmentât souvent, me disant toutes les semaines, je monterai a cheval & j'irai a Colombier j'avois goûté le repos: deux mois ensuite passés près de vous j'avois deviné vos idées, & vous aviez deviné les miennes: j'avois été sans inquiétudes, sans passions violentes, sans humeur & sans amertume. La dureté, la continuité d'insolence & de despotisme a laquelle j'ai été exposé, la fureur & les grincemens de dents de toute cette – – – – parce que j'étois heureux un instant, ont laissé en moi une impression d'indignation & de tristesse qui se joint au regret de vous quitter, & ces deux sentimens, dont l'un est aussi humiliant que l'autre est pénible, augmentent & se renouvellent a chaque instant. je vous l'écrivois de Basle, je serai chaque jour plus abattu & plus triste: & cela est vrai. je me vois l'esclave & le jouet de tous ceux qui devroient être (non pas mes amis, Dieu me préserve de profaner ce nom en désirant même qu'ils le fussent) mais mes défenseurs, seulement par égard & par décence. malade, mourant, je reste chez la seule amie que j'aie au monde, & la douceur de souffrir près d'elle & loin deux ils me l'envient. des injures, des insultes, des reproches. si j'étois parti faible, au milieu de l'hyver, je serois mort a vingt lieues de Colombier. jai attendu que je pus[1)] sans danger faire un long voiage que je n'entreprenois que par obéissance & contre lequel si j'avois été le fils dénaturé qu'on m'accuse d'etre, j'aurois a vingt ans, pu faire des objections. j'ai voulu conserver a ce pere l'ombre d'un fils qu'il povait[2] aimer. Vous avez vu Madame ce qu'on m'écrivoit.[2] Je sais que je suis injuste, mais je suis si loin de vous que je ne puis plus voir avec calme & avec indifférence les injustices des autres. quand je suis auprès de vous, je ne pense point aux autres & ils me paraissent très supportables: quand je suis loin de vous je pense a vous & je suis forcé de m'occuper d'eux, or la Comparaison n'est pas a leur avantage.

Je relis ma lettre & je meurs de peur de vous ennuier · il y a tant de tristesse & d'humeur & de jérémiades que vous en aurez un *surfeit*[3] & peut-être renoncerez vous a un correspondant de mon espèce. je vous conjure a genoux de me supporter: ne plus vous être rien qu'une connoissance indifférente seroit bien[3] que les persécutions des sottes gens qui font le sujet de cette sotte lettre. aussi faut il avouer qu'il est bien sot a moi de tant vous en occuper. dans une lettre a vous pourquoi nommer Cerbere[4] et les Furies? mais j'ai des momens d'humeur & d'indignation qui ne me laissent pas le choix de les contenir. Je repète tous les jours plus sincérement le vœu qui terminoit ma derniere lettre: & j'attends la tempête comme un autre le port.

A propos Madame, j'ai pensé au moyen de vous écrire de la Cour ou je vais tout ce que je croirais intéressant ou tout ce que j'aurai envie de vous dire. c'est a l'aide de vos petites feuilles.[5] je prendrai le no de la page, de la ligne & du mot, ou quelquefois de la lettre, quand le mot ne se trouvera pas dans une de vos feuilles. ainsi quand il y en aura trois ce sera la page, la ligne & le mot, quand il y en aura quatre, le quatrieme sera la lettre. cela pourra vous donner plus de peine que cela ne vaudra. mais cela ne prendra que trois ou quatre lignes tout au plus. je vous prouverai ce que mes lettres ne doivent pas vous avoir fait soupconner jusqu'ici, & ce qui m'est très difficile quand je vous écris, que je sais être court. si cependant cela vous fatigue écrivez moi seulement plus de N[os].

Adieu madame. a genoux je vous demande votre amitié & en me relevant une petite lettre a poste restante. en vous écrivant je me suis calmé. votre Idée l'Idée de l'interet que vous prenez a moi a dissipé toute ma tristesse. Adieu, mille fois bonne, mille fois chere, mille fois aimée.

HBC

610. *De Benjamin Constant, 2–7 mars 1788*

[   ]

We'll dwell in silent happiness & love,
   & careless, wait till age, *disgust* or death,[1]
Mais ou est elle cette fille imparadisante?[2] j'ai beau chercher le Paradis n'est pas de ce monde.

53

Extrait de la gazette de Brunswick.

Les Etats d'Hollande ont *cédé* aux *magnanimes* représentations du Stathouder, & accordé une *amnistie générale*.[3] On n'a excepté *que* 1ᵗ Tous les régens, membres, & administrateurs de la justice qui ont *séduit* par des *promesses* ou *effrayé* par des menaces: 2ᵗ ceux qui ont eu des correspondances *non permises unerlaubte*: 3ᵗ ceux qui ont *attiré* des Troupes *étrangères*, ou *abusé* du nom du *Souverain*: 4ᵗ Ceux qui ont *effrayé* la nation par la *fausse nouvelle* d'une *attaque* de la Part du Roi de Prusse: 5ᵗ ceux qui ont *eu part* au traité de 1786: 6ᵗ ceux qui ont *guidé* les mécontens & *eu part* a l'assemblée de 1787: 7ᵗ ceux qui, tant régens que Bourgeois, ont *participé* a l'expulsion des magistrats: 8ᵗ les chefs, commandans & secrétaires des Corps Francs: 9ᵗ ceux qui ont *menacé indécemment* les magistrats: 10ᵗ ceux qui ont voulu rompre les digues nonobstant l'ordre du magistrat: 11ᵗ ceux qui ont *résisté* aux magistrats: 12ᵗ ceux qui se sont emparés des Portes: 13ᵗ tous les ministres & Ecclésiastiques qui ont suivi les Corps Francs, ou *participé a l'opposition* des soi disant Patriotes: (*pflicht Vergessene Prediger*): 14ᵗ les Directeurs, & Ecrivains des Gazettes historiques, Patriotiques, &c &c &c. 15ᵗ tous ceux qui se sont rendus coupables de meurtres, de *violences ouvertes*, ou *d'autres excès graves*.

Jai retranché toutes les Epithètes & la piece a perdu dans me traduction beaucoup de beautés originales. quelle superbe amnistie! il n'y a pas un stathoudérien qui n'y soit compris. quel beau supplément a la générosité & aux Princes.[4] cela me rappelle un Pseaume[5] ou on cèlebre tous les hauts faits du Dieu Juif. Il a tué tels & tels dit on: car sa divine bonté dure a perpetuité. Il a noyé Pharaon & son armée: car sa Divine bonté dure a perpetuité. Il a frappé d'Egypte les premiers nés. Car sa divine bonté &c &c. Monseigneur le Stathouder est un peu Juif.

3 au soir.

Il y a précisément quinze jours Madame qu'a cette heure ci, a dix heures & dix minutes, nous étions assis près du feu, dans la cuisine, Rose derriere nous, qui se levoit de tems en tems pour mettre sur le feu de petits morceaux de Bois quelle cassoit a mesure, & nous parlions de l'affinité qu'il y a entre l'esprit & la folie. nous étions heureux, du moins moi. Il y a une espèce de plaisir a prévoir l'instant d'une séparation qui nous est pénible. cette idée toute cruelle qu'elle est donne du prix a tous les Instans. Chacun de ceux dont nous jouissons est autant d'arraché au sort, & on eprouve une sorte de frémissement & d'agitation physique & morale qu'il seroit également faux d'appeler un plaisir sans peine ou une peine sans plaisir. Je ne sais si je fais du galimathias, vous en jugerez, mais je crois m'entendre.

Jai été présenté ce matin plus particulièrement a toutes les personnes a qui j'avois été présenté hier en courant. j'ai été très bien recu. je croirais presque qu'ils s'ennuient,

Si l'on pouvoit s'ennuyer a la Cour.[6]

(le 4)

Jai pris un logement aujourdhui, & je veux lui donner un agrément & un charme de plus en y relisant vos Lettres & en vous y écrivant. j'esperais recevoir une de vos lettres aujourdhui, mais les infames chemins que le Ciel a destiné a me tourmenter & a me vexer de toute facon ont arreté le porteur, de votre Lettre, j'espère, & il n'arrivera que demain matin. pour m'en dédommager je relis donc vos anciennes Lettres & je vous écris. Vous êtes la seule personne a qui je n'écrive pas pour lui donner de mes nouvelles mais pour lui parler. je vous écris comme si vous m'entendiez. je ne pense pas du tout a la necessité ni au moment d'envoyer ma lettre. je l'ai parfaitement oublié hier par exemple. je ne songe qu'a m'occuper de vous, & de moi avec vous. Je crois que si l'on me disoit que vous ne liriez ma Lettre que dans un an je vous en ecrirois tout de même tantot quelques lignes tantot quelques pages, & presqu'avec le même plaisir. la seule différence qu'il y auroit, ce seroit qu'en finissant de vous écrire, je craindrois que ma Lettre ne fut une vieille guenille peu intéressante au bout de l'année. mais hors de la je vous écrirois aussi fleissig[7] qu'a présent. Vous êtes si bien faite pour le Bonheur de vos amis que l'on a, lorsquon vous a bien connu & qu'on vous a quittée plus de plaisir en pensant a vous que de peine en vous regrettant. mais ce n'est qu'en vous écrivant qu'on a ce plaisir: penser a vous dans de grandes assemblées est fort pénible & fort désobligeant pour les autres. aussi j'ai pris le parti d'avoir toujours une lettre commencée, que je continue, sans ordre, & ou je verse, jusqu'au jour du courier, tout ce que j'ai besoin de vous dire, tantot une demi phrase, tantot une longue dissertation, n'importe: pourvu que j'ecrive a celle avec qui j'ai été si heureux pendant deux courts mois c'est assez.

J'ai le plus joli appartement du monde. j'ai une chambre pour recevoir ceux qui viendront faire leur cour au Gentilhomme de Son Altesse,[8] j'ai un petit Boudoir a l'allemande, ou l'on ne voit pas clair, mais cela est quelquefois très heureux, j'ai une très jolie chambre pour écrire, & un clavecin, mauvais, mais sur lequel je joue continuellement depuis *pour vous j'ai soupiré je voulus* &c jusqu'a *a l'amant le plus tendre*,[9] dont j'ai parfaitement oublié l'air en me souvenant parfaitement des paroles.

J'ai un Bureau[1)] (je suis si accoutumé aux titres que j'avois écrit Baron) ou j'ai fait un arrangement qui me fait un plaisir extrême. dans quelques uns des tiroirs, j'ai mis toutes les parties & introductions de mes grands & magnifiques ouvrages: dans l'un de deux autres, j'ai mis toutes vos lettres tous vos billets, & tous ceux de mon Ami d'Ecosse.[10] Il s'y est aussi fourré & je vous en demande pardon, trois billets de ma Belle Genevoise, de Brusselles[11] : j'ai longtems hésité mais enfin cédé. Cette femme m'aimoit vraiment, m'aimoit vivement, & c'est la seule femme qui ne m'ait pas fait acheter ses faveurs par bien des peines. je ne l'aime plus, mais je lui en saurai éternellement bon gré. Or ou mettre ses billets ? Surement pas dans l'autre tiroir, avec les oncles, cousins, cousines & tout le reste de l'Enragée Boutique. Il a donc bien fallu les mettre au Paradis, puisque je ne pouvois les mettre en Enfer, & qu'il n'y avoit point de Purgatoire. mais si vous les voiez modestement roulés & couverts d'une humble poussiere, se tapir en tremblant dans les recoins obscurs de ce bienheureux tiroir, pendant que vous billets s'y pavanent & s'y étendent, vous pardonneriez aux monumens d'un amour passé d'avoir usurpé une place en si bonne compagnie.

le 5.

Point de Lettres de vous, Madame. j'avois bien prévu en calculant que je ne pouvois pas en recevoir avant vendredi,[12] mais ce calcul ne m'arrangeoit pas, & j'ai eprouvé un nouveau depit en apprenant ce que je savois déjà. en revanche, jen ai recu une de mon pauvre père qui est bien tendre & bien triste. votre conseil a produit un très bon effet & ma Lettre a été fort bien recüe. Les affaires de mon pere vont tres mal,[13] a ce qu'il dit ; il est bien sur que dans notre infame & exécrable Aristocracie, que Dieu confonde (je lui en saurais bien bon gré) on ne peut avoir longtems raison contre les Ours nos Despotes.[14] je n'ai jamais douté que la haine & l'acharnement de tant de puissans misérables ne finit par perdre mon père. Si jamais je rencontre l'ours May, fils de l'ane May,[15] hors de sa taniere, & dans un endroit tiers, ou je serai un homme, & lui moins qu'un homme, je me promets bien que je le ferai repentir de ses ourseries. ce n'est pas tout de calomnier, il faut encore savoir tuer ceux qu'on calomnie.

le 6

Jai été hier d'office a une redoute,[16] ou je me suis passablement ennuyé. toute la Cour y alloit, il a bien fallu y aller. pendant sept mortelles heures, enveloppé dans mon Domino, un masque sur le nés, & un beau chapeau avec une belle cocarde sur la Tête, je me suis assis, étendu, chauffé, promené. vous ne tanze pâ ? Monsieur le Baron. Non Madame. der Herr Kammerjunker Danzen nicht. Nein, Eure Excellenz.[17] Votre Altesse Serenissime a beaucoup dansé, Votre Altesse Serenissime aime beaucoup la danse, Votre Altesse Sérénissime dansera-t-elle encore ? Votre Altesse Serenissime est infatigable. a une heure a peu près je pris une indigestion d'ennui, & je m'en allai avant les autres. mon Estomac est beaucoup plus faible que je ne croiois. mais en doublant peu a peu les doses il faut espérer qu'il se fortifiera.

Que faites vous actuellement Madame? il est six heures & un quart. je vois la petite Judith qui monte & qui vous demande, Madame prend elle du thé dans sa chambre? vous êtes devant votre clavecin, a chercher une modulation, ou devant votre table, couverte d'un cahos littéraire, a écrire une de vos feuilles. vous descendez le long de votre petit escalier tournant, vous jettez un regard sur ma chambre, vous pensez un peu a moi. vous entrez. Madame Cooper, bien passive, & Mlle Moula bien affectée, vous parlent de la Princesse Auguste[18] ou des chagrins de Miss Goldworthy.[19] vous n'y prenez pas un grand intêret: vous parlez de vos feuilles ou de votre Pénélope,[20] Mr de Charriere caresse Jament, ou lit la gazette, & Mlle Louise dit: mais! mais! mais! moi je reviens d'un grand diné & je ne sai que diable faire. je pourrois bien vous écrire: mais ce seroit abuser de votre patience & de celle du papier. ma Lettre si je n'y prens garde deviendra un volume. heureusement que la Poste part demain. j'espere aussi que demain au soir ou après demain matin, elle m'apportera une de vos lettres. pour a présent il n'y a plus de calcul qui tienne & petit Persée doit paraitre ou ce sera la faute de celle qui le porte. charmant petit Persée,[21] tu me procureras un moment bien agréable. aussi je t'en témoignerai ma reconnoissance. J'ouvrirai avec tout le soin possible la Lettre que tu fermes, pour ne pas defigurer ton joli visage. Si cette Lettre pouvoit être aussi longue que ce bavardage ci. mais cest ce qu'elle se gardera bien d'etre; Madame de Charriere a des operas, des feuilles, des Calistes, a faire, & un pauvre Diable a deux cent lieues d'elle ne peut manquer d'etre oublié. quand elle recevra ceci, jamais elle ne pensera a m'écrire aussi longuement. elle attendra le jour du Courier, elle prendra une feuille, écrira trois pages, a lignes bien larges, & l'adresse sur la quatrième. je vous fais reparation avec bien du plaisir & de la reconnoissance.[2]

le 7

Adieu Madame, je ferme ma lettre, Puissent tous les bonheurs vous suivre! puisse votre santé être on ne peut pas meilleure! puissent toutes les modulations se présenter a vous assez tot pour ne pas vous fatiguer, & assez tard pour que vous aiez du plaisir en les trouvant! Puissent tous les souverains de l'Europe, (vous n'écrivez du moins jusquici, a ce que je crois que pour l'Europe, & pour les nations favorisées) puissent dis-je les souverains de L'Europe s'éclairer en lisant vos feuilles, & se conformer en partie a vos sages vues! (je dis en partie parce que pour les dedommager d'etre Rois & Princes, il faut bien leur laisser l'exercice de leur pouvoir & la jouissance de quelques unes de leurs fantai[3]– –

Une Lettre de vous, Dieu – ou le sort – ou plutot ni Dieu ni le sort, que diable ont ils a faire dans notre correspondance? mais l'amitié soit bénie! comme la poste part dans une ou deux heures, je n'ai pas le tems d'y répondre, mais je vous en remercie. quant au conte de Melle Moular, j'en ai ri. mais je n'ai pas pardonné a la Jeremisante[22] Donzelle. pardonner, cetoit bon a Colombier. j'etois près de vous, je me souciois bien de tous ces clabaudages, j'etois Jean qui rit – je suis Jean qui pleure & Jean qui pleure ne pardonne pas. j'ai écrit a Melle Marin de Basle, & d'ici deux petitissimes Lettres[23] & je lui ai dit en lui donnant mon adresse que j'esperois qu'elle m'écriroit ici. c'est tout ce que je puis faire. le ton de sa premiere Lettre me guidera pour mes reponses. quant a mon oncle qui a eu sa part dans ces clabauderies, je lui ai aussi écrit un bref billet[24] de Rastadt, d'ou je vous écrivis aussi. je le remercie dans ce billet des amitiés qu'il ma faites &c &c & j'ajoute, *les Inquiétudes même que vous avez eues sur mon sejour a Colombier quoiqu'absolument sans fondement n'en etoient pas moins flatteuses puisquelles prouvoient l'intêret que vous daignez prendre a moi.* voilà a peu près ma phrase, du moins quant au sens. j'en ai ri bien de mauvaise humeur en l'écrivant.

Une Chose qui me fait plaisir c'est de voir que nous avons pour nous dédommager de ne plus nous voir recours aux mêmes consolations, cequi prouve les mêmes besoins. si vous lisez les marges de mes Grecs,[25] je lis & conserve les adresses même des petits billets adressés chez mon Esculape.[26]

Une chose m'a fait rire dans votre lettre. je la copie sans commentaire. Si c'est une naiveté, je l'aime · si une raillerie je la comprens. *Vous interessez ici tout le monde & M. de Ch. vous fait ses complimens.*

Adieu Madame. votre Lettre m'a mis in very good & high spirits.[27] puisse la mienne vous rendre le même service. mille choses a tout le monde, mais cent mille a l'excellente Melle Louise.

je recommence une nouvelle Lettre qui partira le 11 ou le 14. Je suis toujours en compte ouvert de cette maniere avec vous. c'est pour moi le seul moien de supporter notre Eloignement.	Adresse a Monsieur Monsieur le Baron de Constant Gentilhomme a la cour de S.A.S. Monseigneur Le Duc Régnant a Brunswick.[4)]

Je ne crois point qu'il y ait besoin de prudence. ne logeant point a la Cour je nenvoye mes lettres que par de Crousaz. d'ailleurs je suis presque sur qu'elles ne sont pas ouvertes. repondez comme j'écris sans gêne & sans crainte.

Vous n'appellerez pas cette Lettre une aimable *petite* Lettre.

N'oubliez pas que j'attends beaucoup de vos feuilles. je nai que jusquau N° 10. il doit y en avoir cinq ou six d'imprimés depuis.[28] le port n'est rien. je suis obligé de vous le dire parce que vous auriez encore la timidité & la défiance (je leur donnerois volontiers une epithète) de ne pas men envoyer.

Vous voiez par tout ceci que je reve & que je subtilise pour tacher de rattraper les plaisirs passés. c'est tout comme vous. j'aime a vous ressembler. je me trouve moins seul. aussi je m'accroche aux plus petites ressemblances.

Flore a soutenu le voiage on ne peut pas mieux. elle n'a point encore accouché. mais son terme avance. dites le a Jaman. je garderai celui de ses petits qui ressemblera le plus a ce digne chien & je ne negligerai rien pour lui donner la noble insolence de son père.

611. *De Benjamin Constant, 9–14 mars 1788*

Ce 9 Mars.

Flore a accouché avant hier au soir de cinq petits, dont un ressemble à Jament, a l'exception des taches noires de cet illustre chien sur le dos, que son fils n'a pas. il est tout blanc, & n'a de noir que les deux oreilles. je l'ai appelé Jament du nom de son pere, & je lui destine the most liberal education.

Si vous aviez compté Madame, depuis le 2 Janvier, au dix huit Février, vous auriez trouvé 47 poudres,[1] ce qui etoit en effet le nombre des miennes. je vous aurai dit 40 & quelques & vous aurez entendu 40. je n'ai pas le mérite de vous avoir menti même pour rester auprès de vous, ce qui est pourtant l'espèce de mensonge que je me serais pardonné le plus volontiers. mais je ne pourrais rien vous déguiser: & je crois pouvoir Vous promettre que ces petites ruses, & ces insupportables échappatoires qui gatent toute amitié & qui détruisent toute confiance n'existeront jamais entre nous.

Quant aux feuilles volantes, c'est encore un mésentendu.[2] Je vous ai dit, je vous destine, & vous aurez compris je vous laisse 10 ou 12 petites feuilles. cétoit des petites feuilles de papier de poste qui m'avoient paru si mignonnes que je ne voulois vous écrire que sur elles pendant mon voiage. je n'ai pu en courant ouvrir ma cassete & je vous ai écrit sur du papier tout commun, de tristes & lamentables Epitres. je suis aujourdhui d'une pesanteur insupportable, & qui vous le sera encore plus qu'a moi.

Je crois Madame que ce sont les éloges que Vous aimez dans ceux que Vous n'aimez pas, & que Vous ne Vous souciez de la sympathie que dans ceux que Vous aimez. M^c de Luze,[3] lorsquelle vous louailloit[4] si piètrement, & que lorsque Vous lui demandiez lequel de 4 airs elle aimoit le mieux elle vous répondoit tous les quatre, ce n'etoit pas de la simpathie & vous etiez pleased.[5] je crois que Vous ne faites pas assez de cas des indifférens pour vouloir leur faire sentir le merite de ce que vous faites ou la vérité de Vos opinions: que cependant de voir dans l'esprit de quelqu'un un sentiment faux, ridicule ou inconséquent vous choque; & que Vous aimez la louange parce que n'aiant ni assez de patience pour voir tranquillement les autres absurdiser tout a leur aise, ni assez de zèle pour avoir du plaisir a chercher a les convaincre, la louange seule peut vous laisser toute Entière a votre paresse, & en même tems ne vous inspire pas ce dégout & ce mepris que la contradiction ou l'antisimpathie[6] vous fait eprouver. voila une explication alambiquée d'un fait assez simple.

Je vous prie de m'envoyer le livre de Mr Necker[7] par les chariots de Poste, Berne, Basle, Francfort & Cassel. il n'y a rien de plus aisé. cela me coutera peutetre un peu de port mais comme j'ai beaucoup plus envie que mes remarques sur cet ouvrage paraissent bientot que je ne désire un louis dans ma bourse, je Vous prie instamment de me l'envoyer. si j'avois votre talent, je Vous dirois: faites brocher le livre de Mr Necker, mettez l'entre deux poids pendent deux heures, déchirez la Couverture, & envoyez la moi: je la considérerai bien des deux cotés, je jugerai le livre, & j'imprimerai.

Mais comme je ne l'ai pas, je vous supplie de m'envoyer Vulgairement tout l'ouvrage. l'idée que Vous me donnez de prendre occasion desquisser mes propres idées me parait excellente. si vous vouliez donc faire partir le Necker tout de suite vous me feriez le plus grand plaisir. dans six mois, il ne sera plus tems au lieu qu'a présent mes observations pourront faire quelque sensation.

On continue toujours ici a me traiter assez bien. je dine presque tous les jours ou a la Cour régnante ou a l'une des deux autres cours.[8] du reste je ne m'amuse ni ne m'ennuie. j'ai fait connoissance aujourdhui 10 avec quelques gens de Lettres, & je compte profiter de leurs Bibliothèques beaucoup plus que de leur conversation. les allemands sont lourds en raisonnant, en plaisantant, en sattendrissant, en se divertissant, en sennuiant. leur vivacité ressemble aux courbettes des chevaux de Carosse de la Duchesse, they are ever puffing & blowing when they laugh[9], & ils croient qu'il faut être hors d'haleine pour etre gay, & hors d'equilibre pour etre poli.

J'ai été voir ce matin un professeur de langue Francoise Boutemy[10] Francois d'origine & encore plus de caractere. Vous êtes parent de Mr Constant d'Avranches, je lai beaucoup connu. *Mr C. d'Hermenches vous voulez dire.* non non d'Avranches: je connois ce nom comme mes poches. *Il n'y a point de C. d'Avranches.* mon Dieu monsieur je ne connois rien d'autre que Mr C. d'Avranches. il étoit collonel aux gardes Suisses en Hollande & a passé en France. *justement c'étoit mon oncle M^r d'Hermenches.* non d'Avranches, ou d'Arvanches, j'en suis sur. mon Dieu jai vécu avec lui. il y avoit un V. dans son nom. il portoit un bandeau.[11] c'est comme si c'étoit hier. d'Avranches est une terre pres de Palpigny, près de Vevay.[12] je me souviens qu'il m'en parloit quelquefois. c'etoit un homme de bien

de l'esprit que Mr C. d'Avranches. il écrivoit comme un ange. *Il écrivoit…..*
beaucoup. Beaucoup & bien. il me montroit ses ouvrages. c'étoit d'une
force! Les Liaisons dangereuses par exemple! *Les Liaisons Dangereuses! ne*
sont pas de lui! & de qui donc? de Mr de Laclos? *Oui Monsieur.* Erreur
Monsieur Erreur! il n'y a point de Mr de Laclos, c'etoit un nom que M[r]
d'Avranches avoit pris pour se cacher. *Mais Monsieur j'ai diné moi avec M[r]*
de Laclos Erreur vous dis je Monsieur, mon Dieu on reconnoit le style de
M[r] d'Avranches a chaque page. *Mais Monsieur!* Il peut y avoir un Chevalier de Laclos au monde mais les Liaisons dangereuses sont de M[r]
d'Avranches! quelle force! quelle vigueur! quelle chaleur! *Mais Monsieur*
j'ai vu a Paris Mr de Laclos & toute la société qui lui avoit vu faire son Roman
& je vous assure….. Monsieur je ne doute pas de ce que Vous me dites mais
les Liaisons dangereuses ne sont point de Mr de Laclos: il n'y a que quelques jours que l'on la prouvé dans je ne sais quel journal. & elles sont de
M[r] d'Avranches, cela se voit, cela est visible, clair comme le jour, mon
Dieu je ne m'y suis pas trompé une minute…….. La Capitale a beaucoup
changé depuis que je n'y ai eté Monsieur? *Oui Monsieur elle a eu cette har-*
diesse (heureusement l'homme parloit & ne mecoutoit pas.) Les Boulevards ont été batis, il y a cent caffés sur celui des Italiens, il n'y en avoit
que deux de mon tems, les Italiens n'etoient pas batis. Il n'y avoit aucun
théâtre il y en a quatre a présent les Danseurs du Roi nicolet les Varietés.[13]
les Varietés sont au palays Roial – Aux Boulevards M[r] aux Boulevards –
On les a transportées… on y avoit pensé Monsieur mais cela n'a pas eu lieu.
Monsieur je viens de Paris & j'ai été aux Varietés au Palais Roial. ce sera
quelqu'autre spectacle Monsieur mais les Varietés sont aux Boulevards
– *mais Monsieur j'ai vu* quelqu'autre spectacle M[r] surement mon Dieu j'ai
des correspondances a Paris, je sais mon Paris par cœur il y a vingt ans
que je n'y ai été mais je n'ignore aucun des changemens qu'on a faits · Il
faut bien se consoler d'etre a Brunswick – je ne dirai pas cela tout haut
mais vous êtes Etranger Monsieur &c &c &c &c &c.

Ce qui me fit rire ce fut une explication qu'il donna a un Anglois en
Pension chez lui d'une expression. Il y a eu une mascarade a Berlin ou
quelques personnes se sont plu a représenter Sapho & ses amantes. l'idée
etoit gaye. dans une relation en Francois envoyée manuscrite et copiée
avidement par les Brunswickois comme venant de Berlin, il y avoit les
noms des personnages réels & a coté les noms des caractères entr'autres
il y avoit je ne sais combien de Fraüleins qui représentoient des filles de
l'Isle de Naxos: & par une elegante Francisation de ce nom il y avoit Fraü-
lein telles filles de Nax. l'Anglois demanda a son Boutemy ce que c'etoit
que des filles de Nax. Ma foi dit le Professeur après avoir pensé, je n'en
sais rien – ce sera quelque costume – les allemands ont des noms si Baro-
ques pour tout ce qu'ils empruntent de nous – oui oui je me rappelle a
présent un habillement de vierges qui s'appeloit Nax ou quelque chose
comme cela

Jai passé mon après diné a faire des Visites, & j'avois passé ma matinée a acheter, angliser,[14] arranger, essayer un cheval. c'est le seul plaisir couteux que je veuille me permettre: encore ai je contrived[15] de le rendre aussi peu couteux que possible: mon cheval qui nest pas mauvais pourtant ne me coute que dix louis.

Pour en revenir a mes Visites, l'exactitude allemande m'a bien tristement diverti. je dis tristement parce que c'est comme cela qu'on se divertit dans ce pays. Il y a a la cour un grand & rède jeune homme, Gentilhomme de la Chambre comme moi qui, selon l'humeur froide et inhospitalière des Brunswickois, m'avoit fait une belle révérence & laissé dans mon coin, sans se soucier de moi ce que je trouve assez naturel. une petite Dame d'honneur de la Duchesse, parente de ce froid Monsieur, m'ayant pris tout a coup très vivement sous sa protection lui recommanda de me faire faire des connoissances, & de me présenter partout ou il croiroit que je pourrois m'amuser. voila que le Monsieur depuis quatre jours vient tous les jours a quatre heures & demie chez moi, me dit, Monsieur il nous faut faire des Visites, & chapeau bas, l'epée au coté, le pauvre homme me mène dans cinq ou six maisons, ou nous ne sommes d'ordinaire point reçus, grelottant, & glissant a chaque pas, car il continue toujours le matin a néger, & le reste du jour a geler a pierre fendre. a six heures & demie il me remène jusqu'a ma porte & me dit Monsieur j'aurai l'honneur de fenir vous prendre temain a quatre heures & temie. il n'y manque pas, & nous recommencons le lendemain nos froides & silencieuses expéditions.

Je recois une de vos lettres & j'y repons article par article.

Vous savez combien j'aime les détails même des indifférens & vous me demandez si votre *heural*[16] me fatigue. cette question est sans exageration la chose la plus extraordinaire que je aiez dite, pensée ou écrite de votre vie elle mériteroit un long sermon, & une plus longue Bouderie. mais je suis trop paresseux pour prêcher par lettres, & trop égoiste pour vous bouder, si jetois plus près de vous, vous n'en seriez pas quitte a si bon marché, & il y a outre cette hérésie absurde, bien d'autres choses qui mériteroient un chatiment exemplaire. Vous êtes comme mon oncle, dont j'ai recu en même tems que votre lettre, une lettre bien aigre douce, bien ironique, bien sentimentale, a laquelle j'ai répondu par une lettre[17] de deux pages, très sérieuse, très honnête, & très propre a me mettre avec lui sur le pied décent & poli qui convient entre des gens qui ne saiment qu'a leur corps défendant, pour ne pas être ou ne pas paraitre l'un insensible & un peu ingrat, l'autre entrainé par son humeur acariatre. Vous êtes dis je comme mon oncle. il ne veut jamais croire que je l'aime: j'ai eu beau le lui dire pendant deux grands mois de la maniere la moins naturelle & la plus empruntée deux fois par jour: il n'en veut rien croire. Vous venez me faire semblant de croire que votre maniere d'écrire m'ennuie. Vous

Page de la lettre de Benjamin Constant des 9–14 mars 1788 (Bibliothèque publique de la Ville de Neuchâtel).

& mon oncle, mon oncle & Vous, vous mériteriez que je vous répon-
disse: vous avez raison. cequi me fache le plus c'est que je crois que c'est
par air. d'abord quant a mon oncle j'en suis très sur. il fait des phrases sur
mon insensibilité. *vous avez la bonté*, me dit-il, *de me faire des remercimens*
& des complimens: ce n'etoit pas ce que je souhaitois de vous: nous aurions bien
voulu pouvoir vous inspirer un peu d'amitié parceque nous en avons beaucoup
pour vous: mais Vous n'etes point obligé de nous la rendre: tout de même nous
vous aimerons parceque vous êtes aimable: tout de même nous nous intéresserons
tendrement a Vous parceque vous êtes intéressant: je suis seulement faché que
Vous Vous soiez cru obligé de nous faire des remercimens: vous vous êtes donné
la un moment d'ennui qui aura ajouté a Votre fatigue: vous aurez maudit les
Parens & l'opinion des devoirs: je vous prie de ne pas nous en rendre responsable:
nous sommes bien loin d'exiger & d'attendre rien. avouez que voilà une agréable & amicale correspondance. c'est uniquement pour avoir quelque
chose a dire, & un canevas sur lequel broder. passe encore. mon oncle &
moi nous aimerions assez a nous aimer, & comme nous ne le pouvons
pas tout simplement & tout uniment, nous voulons au moins avoir l'air
de nous quereller comme si nous nous aimions. nous suppléons a la tendresse par les Bouderies & les pointilleries des amans: & comme a 16 ans
je disois je me tue donc je m'amuse, mon oncle et moi nous disons, nous
nous faisons d'amers reporches, les reproches sont quelquefois tendres,
les notres ne le sont pas, mais ils pourroient l'etre, donc nous nous aimons
très tendrement.

Mais Vous Madame, vous qui n'avez pas besoin de tordre le col a de
pauvres argumens pour croire a notre amitié, pourquoi me dire *si mes*
longs & minutieux détails vous ennuient? Vous êtes drole avec vos minuties:
c'est dommage que Vos lettres ne soient pas des resumés de l'histoire
Romaine, & que dans ces lettres vous parliez de vous. que n'abrégez vous
la Vie d'Alexandre & de César. cela seroit amusant et point minutieux.

le 12 a midi.

J'arrive d'une promenade a cheval ou j'ai cru cent fois me casser le cou.
il gele toujours plus fort, & toutes les Rues sont des mers de glace. mon
cheval qui avoit peur d'avancer sautoit & se cabroit, tout en glissant a chaque pas, & pour comble de malheur, j'ai eu toute la ville a traverser.
Brunswick est un cercle, presqu'aussi exact qu'on pourroit en tracer un
sur du papier: & moi qui ne connois pas trop les rues & qui ai toujours
la fureur de ne pas demander le chemin, jai erré ce matin au moins une
heure & demie dans la ville sur ces rues glacées, & je ne me suis approché
de chez moi qu'en tournoyant. depuis les remparts dont j'avois fait le tour
voilà comme jai été chez moi. le cheval est bon au reste & me servira
beaucoup cet été. Il est un peu vif, mais point ombrageux, & je connois
tant de Bêtes ombrageuses & point vives que ce contraste me prévient
en faveur de la mienne plus que je ne saurois dire.

Je suis bien aise pour vous que Vous soiez raccomodée avec Mistriss.[18] pour vous dis je & savez vous pour quoi? je me le suis demandé en vous l'écrivant, & je me suis repondu je ne m'intéresse que très peu a Mistriss pour elle même, je vous en demande mille pardons: je m'intéresse beaucoup a tous les sentimens que vous eprouvez: or comme je mets plus d'importance a ce que vous aiez la 1000ᵉ partie d'un plaisir de plus qu'a ce que Mistriss en ait mille tout entiers, ce n'est que pour Vous que je me réjouis de ce raccommodement quoique persuadé que Vous y perdiez très peu & quelle y perdoit beaucoup. quant a l'ascendant & a la colere, Mʳ Chaillet a raison, mais Mᵉ Cooper a tort. que quelqu'un de bien vif soit faché de vous sacrifier quelque chose qu'il aime beaucoup, que je regrette le quinze,[19] & vous brusque, vous temoigne de l'humeur, & m'irrite de cet ascendant, je le comprens. mais cette froide fierté de Mᵉ Cooper, a quelque chose de sec, d'etroit, de vain, & selon moi d'inexcusable. on[1)] pourroit & on devroit bien me repondre vous êtes orfevre Mʳ Josse.[20]

Flore vient vers moi, pendant que je vous écris, me leche, & me caresse de mille manières: c'est peutetre pour Jament, en tout cas dites le lui. ses petits sont beaux, j'en garde deux.

a 2 heures.

Jarrive de chez Son Excellence Mʳ Le grand maréchal de la cour, conseiller privé, & principal ministre, Le Baron de Münchausen,[21] qui m'a remis ma Patente de Gentilhomme de la Chambre; demain je serai proclamé en cour, & toutes mes ambitions Brunswickoises seront gratifiées. Vous me demandez si le manque du chauffepied que je voulois prendre a causé mon rhume: absolument pas. ce n'étoit qu'un rhume de cerveau & uniquement causé par l'impression de l'air après deux mois de retraite. je suis faché parce que ces chauffepieds etoient a Vous de n'en avoir pas pris un: mais du reste il m'auroit été parfaitement inutile. a propos de ce qui est a vous, la petite caffetiere est en extremement bon Etat.

Je puis très bien me figurer comment & pourquoi vous avez perdu le dernier feuillet sur lequel etoit la derniere page du 3ᵉ Nᵒ, c'est que ce dernier feuillet n'y etoit point & n'y fut jamais.[22] il n'etoit pas dans lexemplaire réimprimé que j'ai pris avec moi & vous ai renvoyé ni dans aucun de ceux que W.[23] vous a envoyé lui même avant mon Départ. ce Sʳ J. W. est un insolent coquin. je suis en colere beaucoup contre lui, un peu contre Vous, de ce qu'il ose & de ce que vous vous laissez barbétiser[24] a ce point. c'est une usurpation de mes droits & si je parviens dans ce pays a quelque crédit vous verrez bientot Brunswick contre Verrieres. a propos de Witel vous avez une plaisante prudence. dans une page Vous mettez B… & Jé. W. &c. dans l'autre vous mettez J. Witel. vous évitez de vous. signer,[25] & vous mettez en marge: ne m'écrivez plus Tuyll de Ch. tout au long. Votre prudence vous ressemble, & j'aime votre prudence parce qu'elle Vous ressemble. quant a votre adresse, je mettrai a Mc Charriere née de Zuyll ou Zeule mandez moi comme on l'ecrit car avec cet A.E.I.O.U. de Charriere[26] cela a un air si singulier & puis je ne sai pas si l'autre Charriere[27] ne sappelle pas aussi A.E.I.O.U. elle a assez d'activité pour parcourir tout l'alphabet. & vous sentez quel superbe effet pour moi & un peu pour vous feroient mes lettres entre ses mains.

l'histoire de Rastadt & de l'anglois & ses quatre bêtes, soit cinq betes en tout, est finie. je ne l'ai plus revu: mais je ne doute pas que sa belle ne le pince, qu'il ne jure, & que ses chiens n'aboient encore. au moment ou vous m'écriviez samedi 1er mars a 7 heures j'etois a 17 lieues de Brunswick, en chaise ouverte, dans d'affreux chemins, & au lieu de commencer agréablement la journée il pleuvoit, & j'etois mouillé & outré. mandez moi si mes conjectures sur ce que Vous faisiez une après dinée,[28] (je ne sais plus laquelle) n'ont pas été plus justes.

Vous faites tort a mon père si c'est lui que Vous entendez par les autorités qui pressoient si absurdément mon voiage. voici le commencement de la lettre dont je vous parlois Vendredi dernier. *Vous avez tres bien fait mon cher ami de bien Vous rétablir avant de commencer un si long voiage que Vous n'aurez pas fait avec la rapidité que Vous me marquiez; j'espere que vous êtes arrivé heureusement &c* &c.

Votre explication sur lespoir que j'ai de revenir a Colombier etoit inutile. J'ai cet espoir tout autant que vous, plus peut etre, & certainement je le desire aussi Vivement. il ne falloit donc point commenter le mot d'espoir. le texte valoit beaucoup mieux tout seul.

le 13 a minuit.

J'arrive de la Cour ou jai eu la plus singuliere distraction qui ait jamais eu lieu. javois été depuis dix heures du matin en staat,[29] tout galonné, toujours la tête & les epaules en mouvement: & Barbet de cour etoit plus fatigué de ses grands tours que jamais Barbet de Colombier ne l'a été, même quand l'Académie est venue assister a quelque représentation. Je fis la partie d'un des Princes cadets,[30] qui jouait!!! et causait!!! & je m'ennuyais suffisamment. au milieu de la partie j'oubliai parfaitement que j'étais a Brunswick ou plutot que Vous n'y étiez pas: je me dis je reverrai cette personne (ce qu'il y a de drole c'est que je ne pensais pas directement a Vous, par Votre nom, mais que je n'avois que l'idée Vague d'une personne avec qui j'aimais a être, & avec laquelle je me dédommagerais de la contrainte & de la fatigue de la cour.) cette idée se fortifia, je supportais paisiblement l'ennui du jeu, l'ennui du souper, & j'attendois avec toute l'impatience imaginable le moment ou je rejoindrais la personne indéterminée que je désirais si vivement. tout d'un coup, je me demandai, mais qui est donc cette personne, je repassai toutes mes con naissances ici, & il se trouva que cette amie qui devoit me consoler, avec qui I was to unbosom & unburthen myself,[31] le même soir etoit vous, a deux cent cinquante lieues de l'endroit de mon exil. je m'etois si fortement persuadé que je ne pouvois manquer de Vous retrouver au sortir de la Cour, que j'eus toute la peine du monde a me rapprivoiser avec l'idée de notre séparation & de l'immense distance ou nous étions l'un de l'autre.

cette espèce de distraction me prend quelquefois, quand je me dis, jaurai un moment bien ennuyeux, ou je me trouverai dans un petit embarras, ou jeprouverai une sensation désagréable je me réponds: j'ai une personne avec qui je m'en consolerai bien vite: & puis il se trouve que je suis a un bout du monde & que Vous êtes a l'autre. Bon soir madame a demain.

le 14 Matin.

Je suis obligé de scrape together[32] tous les petits morceaux de papier déchiré qui se trouvent dans ma Chambre, parce que je n'ai plus de feuilles entieres & que la poste partant dans une petite demie heure je n'ai pas le tems d'attendre. en recevant votre Lettre du 3 j'ai pensé que Vous aurez été plus de 12 jours sans en recevoir aucune de moi. cette idée me tourmente. c'etoit bien bête a moi pendant mon Voiage de me laisser aller a une platte mauvaise humeur, & de déchirer toutes les lettres que je commencais: & encore a présent je voudrais qu'une partie de cette Lettre ci fut partie avant ce courier. elle auroit pu s'en aller Lundi & vous l'auriez eu 4 jours plutot. je suis tout a fait en colère contre moi. cela m'aura privé de Vos Lettres & m'en privera encore pendant plus de quinze jours. jamais Imbécille ne fut plus dupe de son humeur & de la faiblesse avec laquelle il s'y livre. Ma lettre est partie le 7: vous l'aurez le 18: vous ne me repondrez que le 19 & je n'aurai de vos nouvelles que le 30, tout au plutot. il y a encore quinze mortels jours. Si pourtant vous aviez été assez bonne pour m'écrire de vous même, si une Lettre de vous venoit rompre cette eternité, de silence que j'ai mérité, oh c'est alors que je vous aurai cent fois plus d'obligation que pour les plus grands services cest alors que je vous regarderai comme une compensation cent fois supérieure a toutes mes peines. J'ai souvent remarqué cette défiance triste & humble, mais songez qu'elle détruit toute jouissance. Les relations qui existent entre nous sont bien différentes des relations d'un Père a un fils. mais pensez pourtant que ce qui a mis tant de froid entre mon pere qui m'aime beaucoup & moi qui voudrois pour beaucoup aussi le voir tranquille & content de moi, c'est une défiance moins humble, moins touchante, moins amicale, mais de la même espèce que la Votre. comment pouvez vous penser que vous serez une fois sans quelque, sans beaucoup de prix, sans un prix sans bornes pour moi? vous êtes aussi cruelle que déraisonnable: & si vous conserviez longtems cette défiance que j'appellerai plus injurieuse qu'humble, votre amitié, a laquelle je ne voudrais pas renoncer pour la vie & tous

les bonheurs de la vie, deviendroit pour tous les deux une source de chagrins.

Vous me diriez, eh bien que me diriez vous? au nom de Dieu, n'aiez
plus de ces réticences. si elles sont senties, elles sont bien cruelles & humi-
liantes pour moi, & si ce n'est qu'un ornemement oratoire, il est un peu
cruel de faire briller votre éloquence a deux cent cinquante lieues aux
dépens de quinze jours dangoisse & de mécontentement de ma part. si
dans votre premiere lettre vous ne me dites pas ce que cette défiance a
été dans celle ci sur le point de vous faire dire, je lirai aussi distinctement
que si vous me l'écriviez, je n'ai aucune confiance en Vous, & regarde
l'intêret que je prens a vous comme une faiblesse. je ne vous estime pas
assez pour vous dire voilà mes doutes expliquez les. je vous traite comme
ces gens dont je ne veux rien apprendre par ce que je me suis interessée
a eux & que je sai que je ne pourrais rien en apprendre de bon. la seule
différence qu'il y ait entre Vous & le sieur Cornacker, c'est qu'il est
demasqué. je ne puis plus m'aveugler sur lui je voudrois encore m'aveugler sur vous.[33] [   ]

612. *De Benjamin Constant, 14–17 mars 1788*

[   ]
Vous aurez ri de cette distraction qui m'a fait croire une fois que je vous
retrouverais en sortant de la Cour. elle ne dure pas toujours aussi longtems, mais elle me reprend assez fréquemment. ce soir en jouant au Lotto
j'ai pensé a vous comme vous le croyez bien. votre idée s'est apprivoisée
amalgamée pour mieux dire avec la chambre ou nous étions, & en me
deshabillant il y a un moment je me demandai: mais qui ai je donc trouvé
si aimable ce soir chez la Duchesse? & après un moment il se trouva que
c'etoit vous. c'est ainsi qu'a 250 lieues de moi Vous contribuez a mon bonheur sans vous en douter sans le Vouloir. mille & mille pardons encore
une fois de ma Vilaine lettre: mais Voiez y pourtant combien Vous me
faites de peine par cette défiance continuelle. pensez a ce que les reproches
vagues & répetés entrainent de gène, de picoteries, de peines de toute
espèce. c'est comme cela que mon pere & moi nous ne sommes jamais
bien. & c'est aussi je crois de là que viennent beaucoup de mauvais ména-
ges. on se reproche vaguement un tort indétérminé on s'accoutume a se
le reprocher: on ne sait qu'y répondre & ces reproches séparent & eloi-
gnent plus de maris de leurs femmes & de femmes de leurs maris que de
beaucoup plus grands torts ne pourroient faire. vous, Madame, devriez
vous avoir avec moi ce ton Vulgaire & si affligeant pour moi? je vous
conjure de me dire quels petits mistères vous me reprochez. je conviendrai de tout ce qu'il y aura de vrai, & je ne vous fatiguerai pas d'une longue

justification sur ce qu'il y aura de faux. je vous dirai vous vous êtes trompée, & j'ose espérer que vous me croirez. mais que votre premiere lettre, je vous en supplie, me désigne de quoi vous m'accusez. je ne puis laisser tomber ceci: & si vous vous refusez a ce que je vous demande vous m'imposerez dans mes lettres, dans ma conduite, dans l'amitié que je vous témoignerai, dans ce que je pourrai attendre de vous, dans toute notre maniere d'etre ensemble enfin, une contrainte continuelle qui si vous me regardez encore comme vous avez paru le faire vous sera aussi désagréable qu'a moi. bonsoir, Madame.

le 16 matin

Je ne vous ai rien écrit hier, parce que j'ai été tout le jour dehors, le matin a Cheval, le soir dans le monde. je reviens a vous avec plaisir, pour me souvenir de Colombier & pour oublier Brunswick. c'est après demain seulement que Vous recevrez ma premiere Lettre. j'attens ce jour avec impatience, & toujours en me reprochant bien vivement de ne vous avoir rien écrit plutot. je n'imaginois pas quelle monstrueuse lacune l'omission de deux couriers faisoit a 250 lieues l'un de l'autre. si vous avez voulu vous avez pu vous venger bien cruellement. avant le 3, si vous ne m'avez pas écrit avant la réception de ma lettre, je n'ai rien a espérer de vous. je vous avouerai que je trouve bien un peu dur que vous aiez passé tout d'un coup du charmant *heural* a une correspondance ordinaire: & que vous ne commenciez vos Lettres qu'en recevant les miennes, & pour les faire partir tout de suite. si nous nous mettons a attendre mutuellement que des Lettres qui restent douze jours en chemin arrivent pour nous y répondre, ce sera une triste & mince consolation pour moi que de recevoir une fois tous les mois des Lettres de trois pages, pendant que j'espérois en recevoir de six au moins toutes les semaines. vous devriez bien me traiter aussi charitablement que le public. vous lui avez écrit quinze fois en douze semaines[1], & vous ne voulez m'écrire que 12 fois par an. comme je me suis fait une loi de répondre a tout ce que vous me dites ou me demandez, (loi que j'espère que vous voudrez bien adopter aussi) je relis vos lettres sans ordre & répondrai a chaque article comme il se présente. ma très honorée tante de Chandieu Weuillens[2] aura dans peu de mes nouvelles, car je compte lui écrire bientot, & raisonnablement si je puis. de ma Tante de Chandieu je passe a mon atmosphère.[3] *vous ne pouvez rien cacher de votre esprit sans y perdre* me dites vous: & qu'esce que j'y perdrai, je vous en prie? j'espère ne jamais passer pour un imbécille; mais du reste que m'importe que l'on dise *il avoir beaucoup de l'esprit* ou *il afoir metiokrement de l'esprit*? croiez vous qu'en ne paraissant pas un aigle je paraitrai beaucoup au dessous de tous les oisons d'alentour? croiez vous quen me montrant autant aigle que je puis jen sois beaucoup plus recherché par ces oisons? croiez vous enfin que l'opinion que j'ai de moi même depende beaucoup de celle que l'on aura de moi a la Cour? je vous l'ai dit il y a longtems, je ne veux point faire sensation, je veux végétailler décemment. cependant je vous dirai bien en confidence que je ne suis pas parvenu a un atmosphere bien imposant. il y a quelques jours que la Duchesse[4] en parlant du service de Gentilhomme de la Chambre qui ne consiste qu'a faire asseoir les gens selon leur rang, dans l'absence du grand Maréchal, dit a mon grand étonnement & scandale: ce sera bien drole de voir Constant faire son service. que diable y aura-t-il donc de si drôle?

J'ai gardé l'article Toboso[5] pour le dernier pour y repondre un peu au long. je ne vous demande pas les contes qu'on vous a fait sur la Dulcinée. elle m'intéresse trop peu pour cela. que sa colere vienne dun prétendu amour dont on m'accusoit, que m'importe? ses expressions etoient indécentes, ses reproches déplacés, son style insolent, voilà ce que je sai. la cause ne me fait rien. si a toutes les folies qu'on lui contera elle me fait des algarades semblables, je ne demanderai plus pourquoi, mais je romprai net. sil n'y avoit pourtant que de l'impertinence & du mauvais sens, de l'amertume, de l'humeur & tout ce qu'entraine après elle l'amitié pedagogale[6] d'une vieille fille piegrièche, je souffrirai peutêtre toutes ces Boutades avec égard patience & mépris. mais il y a une partie de sa conduite qui est ou d'une bétise inexcusable, ou d'une méchanceté noire: & je ne puis la pardonner. Elle sait combien je vous suis attaché, & elle a meme quelquefois, pour paraitre sentimentale, voulu singer la jalousie. qu'elle vous écrive pour s'éclaircir sur un conte absurde qu'elle a la platitude de croire, soit. quelle m'écrive une Lettre bien grossiere & bien embrouillée, passe. mais que pour se justifier, elle vous réponde par une seconde Lettre ou elle vous dit de moi pis que pendre, ou elle m'accuse d'avoir peu mérité qu'on m'accorde de la confiance, ou elle m'attribue les traverses & les chagrins de mon pere, ou elle me peint comme ingrat, & toute sorte d'autre chose, je ne vois qu'une folle ou une megere qui en fasse autant. je relis le commencement de mon chapitre sur Dulcinea Sancho pança. quand je dis que m'importe, & que je parais ne pas m'intéresser a ce que vous m'en dites, ce n'est pas que cela ne m'intéresse point, mais c'est que rien ne pourra changer mon opinion sur, ni ma conduite avec, elle. mais ce que vous m'en dites m'intéresse & parce que vous me le dites, & parce que vous y prenez part, & parce que cela me touche de près & au bonheur de mon pere.

le 17 matin.

Cette Diable de poste qui part a onze heures me déroute entierement. Je profite de quelques minutes que j'ai avant l'heure pour Vous dire en courant plusieurs choses. premierement: je vous ai écrit deux lettres avant celle-ci, l'une du 2 au 7, l'autre du 9 au 14. l'une en trois feuilles de papier de poste; l'autre en deux feuilles, une demi feuille, & un chiffon de papier.

Mandez moi bien exactement si vous les avez recues in statu quo.[7] il me prend de tems en tems des inquiétudes & d'autres fois des hardiesses sans savoir pourquoi. je suis hardi parce que j'ai eu peur hier, & je serai timide demain parce que je suis hardi aujourdhui. quant a la prudence il n'en est plus question. les N^os sont une lanternerie[8] eternelle. & la prudence entre vous & moi seroit un péché contre Nature. je vous ai déjà dit que ne demeurant point a la cour, je ne devois rien craindre qu'a la poste, & a la poste ils auroient bien a faire d'ouvrir tout ce qui leur vient. secondement, qui esce qui fait si bien les silhouettes dans vos environs? Melle Moular. eh bien priez la de faire la votre & envoiez la moi.[9] Imaginez que j'ai voulu 20 fois vous demander ce plaisir de bouche, & que je n'ai jamais osé! Vous ne sauriez concevoir combien vous me ferez de plaisir. quand j'irai a Paris, God knows when,[10] vous permettrez a Houdon de me donner un de vos Bustes, mais pour la silhouette tout de suite, ne me refusez pas je vous en prie. troisiemement, mes appointemens sont de 66 Louis & demi, 'tis not too much,[11] mais je ne demande pas davantage. avec 115 de mon pere, 181 Louis en tout doivent me suffire je suis logé avec draps & tout ce qu'il faut pour 10 Louis & nourri pour 14. quatrièmement j'ai repris mes petits Grecs[12] qui grossissent a vue d'œil. quand ils seront arrivés a grandeur naturelle, je les envoie dans le monde to shift for themselves.[13] jai tout plein de ressources, mais comme je vous le disais Vendredi,[14] je n'en fais que peu d'usage. suivant votre conseil je compte prendre une heure avec un professeur ici pour relire tous mes classiques. c'est un plaisir de faire quelque chose dutile que vous avez conseillé. Adieu Madame. mille & mille choses a tous ceux qui veulent bien penser au Diable Blanc.[15] le petit Jament est superbe, voilà pour Melle Louise. les sapins de ce pays ci sont tortus, petits & vilains. je ne conseille pas a Melle Henriette denvoyer jamais de traineau en prendre ici. Adieu Madame. Barbet le plus aimé qui fut jamais au monde, Adieu

HBC.

613. *De Benjamin Constant, 19–21 mars 1788*

Brunswick ce 19 Mars 1788

Que béni soit l'instant ou mon aimable Barbet est né! que béni soit celui ou je l'ai connu! que bénie soit la beauté perfide qui m'a fait passer deux mois a Colombier & quinze jours chez Mr de Leschaux![1] Le Courier qui arrive ordinairement le Mardi n'est arrivé qu'aujourdhui[2] & en ne recevant point de Lettres de vous hier, je m'étois resigné & j'attendois Vendredi avec crainte & impatience. jugez de mon plaisir quand a mon réveil mon fidèle de Crousaz m'a présenté le petit Persée.[3]

Il y a un bien mauvais raisonnement dans cette lettre dont je vous remercie si vivement & je ne sais si ce raisonnement ne mériteroit pas que j'étouffâs ma reconnoissance. *dans quelques semaines, dans peu de jours peut-être, vous aurez des habitudes & des occupations avec lesquelles vous vous passerez très bien de ces fréquentes lettres.* quesce, sil vous plait, que cela veut dire? *aussi longtems que vous aurez des Visites a faire, des devoirs de societé a remplir, des terreins a sonder, des arrangemens a prendre, vous aurez besoin de mes Lettres, parce que vous n'aurez pas d'interet assez vif pour que vous m'oubliez : mais quand Vous aurez fait toutes Vos Visites, que vous n'aurez plus rien a faire, que Votre curiosité, si vous en avez, sera rassasiée jusqu'au degout, que vous saurez d'avance ce qu'on Vous dira, & que votre journée de demain sera la sœur & la jumelle la plus ressemblante de l'ennuyeuse journée d'aujourdhui, oh! alors je ne vous écrirai plus si souvent, parce que les vifs plaisirs de votre maniere de Vivre Vous tiendront lieu de mon amitié.* Barbet Barbet vous êtes bien aimable, & je vous aime bien tendrement : mais Vous raisonnez bien mal, & vos raisonnemens me font de la peine pour vous & pour moi.

Dites moi, un peu, singuliere & charmante Personne, ou tend cette modestie! croiez vous reillement que j'ai tant de penchant a la confiance & a l'ingratitude qu'au bout de trois ou quatre semaines je me sois formé quelque douce habitude avec quelque Fraulein allemande ou quelque Hof Dame,[4] qui me tienne lieu de vous & de votre amitié? Croiez vous que tant de douceur de bonté de charme – je ne puis exprimer autrement ce que vous avez pour moi soit aisément remplacé & aisément oublié? croiez vous que quand même je ne serois point susceptible d'amitié, quand ce seroit sans reconnoissance & sans tendresse que je pense a notre séjour de deux mois ensemble, a cette espèce de sympathie qui nous unissoit, a l'intêret que vous preniez a moi malade, maussade, abandonné, exilé, persécuté, je sois assez bète pour ne pas regretter cette intelligence mutuelle de nos pensées qui circuloit pour ainsi dire de vous a moi & de moi a Vous? Esce un air esce un ton, esce pour me dire quelque chose? je suis porté a le croire. entre beaucoup d'amis, les reproches & les doutes reviennent a mes *Eh bien! Madame?* c'est pour relever la conversation qui tombe : mais en avons nous besoin? croiez, Madame, que rien ne me fera moins regretter ni moins désirer votre amitié, & notre reunion : (voilà une sotte et singuliere phrase : mais vous la comprenez ; & je vous demande pardon du croiez Madame, & de l'équivoque.) rien ne me fera oublier combien j'ai été heureux près de vous : je ne formerai jamais d'habitude qui vous rende moins chère, & jamais occupation quelconque ne me tiendra lieu de vous. c'est pour la derniere fois que je l'ecris parce que me justifier m'afflige. j'ai un grand plaisir a Vous dire je vous aime : mais j'ai encore plus de peine a imaginer que Vous en doutez : désormais toutes les pages ou vous vous livrerez a cette défiance & a cette modestie d'acquit,[5] je les regarderai comme blanches : & je me dirai : Me de Charriere m'aime encor assez pour me faire savoir qu'elle ne m'a pas oublié entièrement: & pour cela elle a proprement plié une feuille de Papier blanc & l'a cacheté du Petit Persée. je lui en suis bien obligé. mais je suis bien faché qu'elle n'ait rien eu a m'écrire & que du papier blanc soit la marque de souvenir qu'elle ait cru devoir m'envoier.

le 20 de Mars & le 19ᵉ jour
de mon ennuyeuse résidence
dans cet ennuyeux pays.

a 10 heures du matin

Je travaille a mes petits Grecs de toutes mes forces, & je les trouve, quelques médiocres qu'ils soient beaucoup meilleure compagnie que les gros allemands qui m'environnent. mais ce ne sont plus les petits Grecs que Vous connoissez. c'est un tout autre plan, un autre point de vue, d'autres objets a considérer. ce que vous avez lu n'etoit qu'une traduction faite a la hâte pour plaire a mon père, & que je n'avois jamais revue, lors quil voulut a toute force la faire imprimer. ce que je fais sera une histoire de la civilisation graduelle des Grecs, par les Colonies Egyptiennes, &c, &c, depuis les premieres traditions que nous avons sur la Grèce, jusqu'a la destruction de Troie, & une comparaison des mœurs des Grecs, avec les mœurs des Celtes, des Germains, des Ecossois, des Scandinaves, &c &c. Vous sentez que vos critiques sur les phrases enchevetrées me seroient un peu inutiles: mais je vous enverrai des demi feuilles bien serrées de mes Grecs actuels, lors qu'ils seront un peu plus avancés & je vous demanderai les critiques les plus severes. vous garderez ces demi feuilles, parce que vous aurez ainsi plus present & plus net l'ensemble de tout l'ouvrage, & vous ne m'enverrez que les remarques. je suis très orgueilleux que Mʳ Chaillet s'intéresse a quelque chose que je fais, & cet orgueil me rendra peut être moins docile mais non pas moins reconnoissant. pourrez vous m'envoyer le Necker.[6] cela me feroit un bien grand plaisir. mais si cela étoit bien difficile & que cela vous donnât bien de la peine, ou que cela ne vous plût pas, j'y renoncerois avec regret, mais sans murmurer.

Comme je m'occupe souvent, souvent de vous, & que je rappelle tout ce qui m'a uni a vous, & tout ce qui a eté un lien de plus entre vous & moi, je pense aussi souvent a des feuilles. dans ces feuilles est un certain crepin Sabot.[7] en parlant de ce Crépin Sabot, je me souviens que l'auteur & moi avons disputé sur la question de la signature du Roi; je soutenois que le Roi ne signoit point, l'auteur qu'il signoit: je n'avois point de preuves & je me tus.

«On remarque que c'est depuis Charles IX que les sécrétaires d'Etat ont «signé pour le Roi. ce prince étoit fort vif dans ses passions, & Villeroi «lui ayant présenté plusieurs fois des depêches a signer dans le tems qu'il «vouloit aller jouer a la paume; signez, mon pere, lui dit-il, signez pour

«moi. Eh bien mon maitre, reprit Villeroi, puisque vous me le com-
«mandez, je signerai.

Hénaut. Charles IX. derniere page.[8]

Dans la republication, cette anecdote pourroit je crois servir a quelque chose, & tout le passage *quesce qu'il vous en coutera presque rien*[9] &c pourroit en recevoir beaucoup plus de force. j'attends avec impatience les 13, 14, 15, 16, & 17 N^s.

le 21.

Je puis vous jurer quen vous supposant au milieu de Neufchatel, dans une grande assemblée, chez Madame du Peyroux, jouant au tricette,[10] ou dans une assemblée de savans Lausannois, au samedi de Madame de Charriere de Bavoie, Vous n'aurez pas une adequate Idea de l'ennui de cette ville. Il y a quelque chose de si morne dans son aspect même, quelque chose de si froid dans ses habitans, quelque chose de si languissant dans leur intercourse together, quelque chose de si unsociable, dans leur maniere de se Voir; ils n'ont ni intrigues de Cour, ni intrigues de cœur, ni intrigues de libertinage: il y a des femmes de la Cour qui couchent avec leurs Laquais: il y a des street walkers qui sont a l'usage des soldats & des Gentilhommes de la Cour qui en veulent: il y a bien encore des filles entretenues que les Anglois entr'autres logent, nourissent & habillent pour aller tuer le tems. mais toute cette tuerie de tems est si maussade: c'est avec tant de peine qu'on parvient a le tuer tout a fait: & il a des momens d'agonie si pénibles pour son bourreau! Il y a bien aussi tous les quinze jours un opéra Italien[11] ou trois acteurs, & trois actrices dont l'une est borgne & a une jambe de bois nous jouent des Farces auxquelles personne ne comprend rien (car il n'y a pas deux personnes qui sachent l'Italien ici) Il y a aussi des remparts ou il y a un pied de boue, des fossés ou les égouts de la ville se déchargent des deux cotés, des sentinelles, a chaque pas, & on peut s'y promener & y enfoncer a cheval jusqu'a mijambe. Il y a aussi des Anglois qui s'enivrent & qui jouent au Pharaon.

a propos de Pharaon, j'y ai joué deux fois: j'ai perdu peu de chose mais je crains de m'y laisser entrainer & pour prévenir toute séduction je vous envoie un engagement solemnel de ne plus jouer aucun jeu de hazard ni de commerce entr'hommes dici a cinq ans. Vous verrez tout ce que j'y atteste & tout ce que j'y prens a témoin de ma résolution. un Engagement ou je consens a perdre votre amitié si je le romps. je ne le violerai surement pas.[12]

Je relis ma Lettre & dans la seconde page je vois un *de toutes mes forces* a propos de mes Grecs qui n'est malheureusement pas tout a fait vrai. j'y travaille mais ce n'est pas de toutes mes forces, c'est languissamment.

[   ]

Ma chere Sœur Quelque courtes que puissent etre vos lettres, elles ne m'en font pas moins un plaisir extreme, J'ÿ succe toujours tout ce qui peut m'ÿ etre bon, et utile.

pour commencer par votre premiere demande touchant Le Coll.[1] je dois vous rapeller que les officiers sous mes ordres içi m'avoient declaré, qu'ils ne pouvoient pas etre sous ses ordres apres qu'il avoit abandonné ses Esq: et ses officiers volontairement dans des momens fort critiques,[1)] et qu'il ne s'en etoit plus melé du tout. que dapres cela j'ecrivis au gen. de T. ...[2] leur intention et ÿ ajoutai qu'ils n'avoient pas tord dans ce cas. Le general me repondit a cela d'un Ton fort haut et mecontent. Quelque semaines plus Tard, c'etoit a la fin de Decembᵣ le gen... me fit dire que selon toute aparence Le Coll. ne viendroit pas joindre les Esquadrons a Bois Leduc; trois ou 4 jours plus tard celui çi se montra chéz moi le dernier de Decembᵣ voulant prendre le Comᵈᵗ des Esquadrons. nous eumes du pourparler ensemble, Ce meme soir. j'etois malade, Le Lendemain matin les officiers me presenterent Leur declaratoir[3] signé, j'ÿ mis aprouvé pᵣ moi, et mon nom. je fis priér le Coll. de se rendre chez moi, il vint. je lui montrai la papier signé, il n'avoit aucun ordre du prince, ni de marque de congé a produire. 2 officiers presenterent Le Declaratoir au gouverneur.[4] il ÿ allat apres et demandat de pouvoir s'en retourner a La haye. Cela lui fut accordé, il partit moitié malcontent, moitié embarassé mais d'un air gaillard forcé. Enfin cela fait peu a l'affaire. Tout autre gouverneur auroit commencé La Veille pᵣ mettre Le Coll. aux arrets. puisqu'il avoit été absent 3 mois et demi sans congé. Notre declaratoir fut envoié au Prince. j'en envoiai une Copie au Chef.[5] Celui çi se montra dabord fort mecontent et m'ecrivit des lettres desagreables. je lui repondis avec politesse et avec sang froid. en conseillant a plusieurs reprises comme je l'avois deja fait pendant deux mois de suite qu'on tachat de procurer au Coll − − une Demission honorable, et de plus profitable en lui faisant faire quelqu' accord. si cela se pouvoit pour sa compagnie. On envisagea ces conseils comme interest personnel de ma part, c'etoit dautant plus injuste que Le Coll... lui meme m'avoit demandé conseil comment s'en tirer. lorsqu'il etoit absent. se sentant coupable, et croiant meme a ce qu'il m'avoit ecrit quon lui avoit deja oté la compagnie, disant qu'il restoit dans l'idée de quitter le regiment &c − −

Les Esquadrons a Utrecht du meme regiment eurent Le vent de notre declaratoir, et en presenterent un au chef signé de Tous les officiers visant au meme but. il etoit plus fort et plus compliqué que le notre. et choqua davantage; Le gen − − de T. me soupsonna d'en avoir êté La cause, ayant comme il me le fit sentir tres injustement envoié notre declaratoir a Utrecht pour agacer les 2 autres Esquadrons. je ne l'avois pas envoié ni fait envoier. J'ecrivis a madame de Varel,[6] que je savois etre melée dans l'affaire de son frere et au general de T.... que je serois au desespoir de voir que cette affaire fut poussé plus loing, que j'en augurois toutes sortes d'inconveniens facheux pour le Coll... qu'il ỷ avoit bien des choses a dire sur sa conduite en general. et particuliere quand a notre Regiment. que l'on devroit eviter un eclat. qu'aucun officier ne voudroit plus etre commandé p^r lui apres le passé. que l'auditeur militair lui auroit fait une affaire fort serieuse quand a son abandon sans congé, qu'on appelloit deserter. que j'avois paré cela, mais que je ne repondois plus de rien, si l'on vouloit p^r force le remettre en pied. et en fonction au Regim^t. Cela ne fit aucun effect que celui d'aigrir davantage cette famille contre moi.

Le Coll. etoit allé a Utrecht au lieu d'aller a la haije ou il n'osoit pas se presenter. Mr de Rhoon[7] parloit pour lui · Milord qui l'avoit deja renié quelques semaines plus tot aussi bien que madame de Varel firent tout pour le proteger. et adoucir le prince. Le general de T... palliat ses fautes. Le prince nous envoiat le 12 Janvier un Ordre ou il dit qu'il trouve que L'absence seule du Coll sans congé n'est pas de nature a lui refuser le Comandement du Regim^t mais que S'il avoit fait autres choses a Utrecht ou après, ou avant p^r quoi les officiers croient ne pas pouvoir etre comandés p^{r}lui, ils devront lui presenter Leurs plaintes &c · nous delaijames quelque tems. nous ne savions pas comment faire. trouver de nouvelles accusations etoit aisé mais pas assés genereux. nous repondimes en justifiant notre conduite du 1 janvier. que pour le reste, aux demandes de son altesse nous declarions tous n'etre pas juges competans sur La conduite qu'il auroit pu avoir tenue a Utrecht avant, ou après que nous ne nous melions que de fautes de Service particulierem^t celle que nous avions allegué et que nous ne nous presentions en rien comme Accusateurs du Coll... et que quand au Com^d du regim^t nous attendrions La decission du Prince. Cette reponse fut encor prise de mauvaise part p^r la famille · on auroit du mettre, que puisque le prince passoit son absence sans congé, on n'avoit plus rien a dire au sujet du Coll... et qu'on se soumettroit a ce que son altesse trouveroit bon. Le premier article n'etoit pas vrai. le second n'etoit pas notre Intention donc cela n'avoit pas pu etre dit. Je recus alors des lettres encor plus fortes et plus seches du general. celui çi demandat un Conseil de guerre a Utrecht. il fut accordé, on examinat le Declaratoir des officiers d'Utrecht. on les entendit. et lorsqu'on voulut aller plus loing. le gen... recusat le conseil de guerre prete[ndant][2)] qu'il n'etoit pas tout a fait dans les formes. Doe raakte het spul hoe langer hoe meer in de war.[8] des gens du metier. conseillerent un accomodem^t et ce que j'avois conseillé depuis 3 mois mais on ne vouloit pas en entendre parler. je fus le 11 de mars a la haije. le prince me parlat de cette affaire, je repondis qu'elle etoit fort desagreable, mais que je demandrois ma demission s'il revenoit pour nous commander que pour le reste je ne lui ferois aucun tort. Le prince me dit que L'affaire seroit examinée, et qu'il seroit juste, je dis que j'avois taché de me soustraire pᵣ raison de parantage dans cette derniere reponse comme son altesse le savoit mais que cela n'avoit pas pu se faire. &c... je partis sans lui rien demander pour ou contre. je fis visite a madame de Varel on me recut sechement. mais assés poliment. J'ecrivis au general de T... apres avoir reçu une lettre de lui sur sa maniere d'envisager et de juger notre derniere reponse, j'etois las de sa maniere d'en agir avec moi, et pour cette raison je dressai une lettre polie mais vraie, quand a cette affaire. je partis pour Utrecht. Je fus reçu fort froidemᵗ, le premier jour se passa sans parler de rien. le second on me fit prier de venir. on me reprocha ou plutot Le gen... me demanda raison du contenu de ma lettre. je lui repondis fermement. quand a toute sa maniere d'en agir envers moi, que sa conduite la dedans m'avoit fait ecrire, principalemᵗ parceque je ne voulois pas etre soupçonné de personne au monde. quand on ne savoit pas les faits, ou qu'on vouloit s'eforcer d'ignorer les fautes d'un autre et jetter les Torts sur moi, et mes officiers &c[3] notre conversation fut longue, elle commença vivement et elle finit doucement. Le general ne me pria pas a Diner de 10 jours que je fus a Utrecht. A mon depart je pris congé de lui, il fut plus traitable et me dis des choses flatteuses quand a mon service, et ma maniere d'en avoir agi avec ses Esquadrons. mais rien de plus · je partis sans savoir aucune decission, et je l'ignore jusqua ce moment. Toute l'Armée condamne le Coll... nous en savons davantage, mais cela reste secret, depuis hier je suis de retour a ma garnison.

Nos gens sont encor aux arrets et seront partagés en 3 classes. Les plus coupables resteront pour etre jugés. les moins coupables seront renvoiés et chassés. les Inocens remis en fonction. voila je crois la decision qui paroitra dans peu. toutes les pieces ont eté envoié d'un Conseil de guerre diçi a un plus haut a la haije · d'autres regimens Coupables içi seront licentiés ou cassés selon toute aparence.

Ma femme se porte beaucoup mieux a force de regime. je l'ai conduite a Tiel[9] chéz son pere pour quelques jours avec son Ainé. il n'a que 6 ans et demi, j'ecrirai au Chevalier Paulet quand je serai sur de vouloir eduquer mon Petit pour Le metier de la guerre. si je mÿ resous ce ne sera que pour Le genie ou il ÿ a toujours moÿen de S'occuper agreablemᵗ et d'etre utile partout. adieu ma chere Sœur. faites moi de tems en tems des demandes, ou des questions sur ce que vous voudriéz savoir et aidéz moi toujours de vos Conseils. A monsieur de Charriere mille amitiés de ma part. S.V:P: je ferai le compte, dans peu. mais il ne m'envoit pas une copie de mon memoire de decompte dernier comme je le lui ai demandé.

Boisleduc
ce 31 mars 1788

je crois pouvoir remarquer que Mil…[10] joue un vilain role dans l'affaire du Coll… et quil tache de me faire du tort, on m'en a prevenu. Mon frere m'est fort attaché et le tient fortement en vue. je suis pret a faire examiner ma conduite si l'on en a le moindre doute

615. *De Benjamin Constant, 4–5 avril 1788*

[   ]
de son mari, la dispensent de lui tenir compagnie. Elle ne prend pas soin de sa maison c'est sa belle sœur · il prend peu de part a ses succès, & point à ses plaisirs. sa reputation seroit a l'abri: elle est d'un age au dessus du mien. Nous pourrions être heureux a Paris, a Londres, partout en dépit du sort. la vie est si courte pourquoi hésiter! oui. mais si elle mouroit que deviendrais je? qu'importe? je souffrirais mais j'aurais été heureux & si je ne savais souffrir je mourrais. & si je mourrais avant elle? que deviendroit elle? retourneroit elle dans sa famille non? vivrait elle seule a me regretter? je l'aurais réduite a pleurer toujours sur moi, a n'avoir plus d'ami! Mon roman se dissipa, je m'agitai, je me tourmentai, je revins a mon ancienne & repetée conclusion, que le sort ou le Diable nous a faits, je m'endormis, j'eus toutes sortes de rêves pénibles, & je me réveillai dans l'état qui vous procura cette platte petite Lettre de ce matin. Il est deux heures. Bonsoir. Je vous aime autant que jamais homme a aimé & vous a aimée. je voudrois vous voir dans votre lit rouge, me tendant la main. je voudrois m'être retourné une fois de plus pour vous voir une fois de plus en partant. Adieu ange qui valez bien mieux que les anges dont on nous parle. adieu. puissiez vous etre bien bien heureuse. je voudrais savoir si vous ne souffrez pas dans ce moment. Bonsoir.

le 5 matin a
10 heures.
Je ne veux pas relire les 5 pages ci dessus. j'ai un souvenir confus de ce qu'elles contiennent & un pressentiment confus que je les effacerais si je les relisois. je ne veux ni les effacer ni les relire. je veux copier une dédicace qui faisoit le commencement de quelques lettres sur l'histoire[1] auxquelles je travaille très languissamment, mais que si je les finis je vous dédierai. Voici le commencement de la premiere de ces Lettres adressées a vous.

«A celle qui a créé Caliste, & qui lui ressemble, a celle qui réunit l'esprit «au sentiment, & la vivacité des gouts a la douceur du caractère, a celle «qu'on peut méconnoitre, mais qu'on ne peut oublier quand on la con- «nue, a celle qui n'est jamais injuste quoiqu'elle soit souvent inegale, a la «plus spirituelle & pourtant a la plus simple & a la plus sensible des fem- «mes, a la plus tendre, a la plus vraie, & a la plus constante des amies, salut «& bonheur.[1)]

«La Lecture de la plupart des historiens des différens siècles & des dif-
«férens pays, m'a laissé un nombre d'idées confuses, d'appercus vagues,
«de résultats imparfaits. Je voudrois les développer & les mettre en ordre.
«je voudrois savoir enfin ce que je pense & ce que je dois penser de
«l'homme, de ses facultés, du degré de bonheur qu'il peut atteindre & de
«l'influence qu'ont sur lui les circonstances & les Institutions.

«Mais pour cet effet, il faut parcourir une bien longue, souvent bien
«monotone, & quelquefois bien degoutante carriere. la parcourir seul
«seroit bien triste. voir tant de crimes, tant de sottises, tant de faux calculs,
«tant d'importance mise a de petites choses, tant d'avilissement dans les
«uns, tant de charlatanerie dans les autres, voir l'homme forcant toujours
«la nature, croyant toujours qu'il ne peut exister sans avoir un masque &
«sans jouer un role, & choisissant dordinaire de tous les masques celui qui
«lui pèse, & de tous les roles celui qui le défigure le plus, c'est un Spectacle
«bien humiliant: pour le supporter, il faut avoir un ami qui nous accom-
«pagne & nous console, qui nous fasse oublier la longueur & l'uniformité
«de la route que nous parcourons ensemble, qui, par Son Esprit, par son
«caractère, & surtout par cette sympathie si rare & si desirable, qui nous
«fait toujours comprendre les Idées même que nous croions fausses, nous
«prouve que, malgré toutes nos erreurs & tous nos maux, nous pouvons
«cependant dans une Inaction reflechissante, & en nous rendant pour
«ainsi dire simples & indifférens spectateurs de notre propre existence,
«attendre sans impatience dans le calme et l'obscurité, le moment plus ou
«moins eloigné du repos & du néant.

«C'est vous Madame qui m'accompagnerez dans mon long pelerinage.
«cest avec vous que je veux contempler les mœurs des hommes & les
«revolutions des Empires. C'est a vous que je dois lhommage de mes
«recherches puisque c'est vous qui m'avez rendu le courage nécessaire
«pour les Entreprendre. vous m'avez fait connoitre les deux plus doux
«sentimens du cœur humain, la reconnoissance & l'amitié. Vous m'avez
«soutenu sous le fardeau de la mélancolie & du dégout. vous avez repeu-
«plé de désirs & d'espérance un monde qui depuis longtems n'etoit pour
«moi qu'un desert. d'autres me vantoient avec emphase des devoirs fri-
«voles & des plaisirs bruians: & ils m'avoient dégoutés des plaisirs & des
«devoirs: Vous m'avez ramené aux uns; vous m'avez fait retrouver les
«autres, sans tout ce froid étalage de lieux communs austères ou relachés,
«qu'on répete tour a tour selon que les circonstances & les interets exigent
«d'hypocrisie ou permettent de vanité.

«C'est donc a vous Madame &c &c.»

Je ne copie pas le reste qui n'est plus sur vous mais sur lhistoire & les
historiens. si je parviens a finir, je vous enverrai la 1ère Lettre. je gagne
beaucoup en m'adressant a vous: vous éclaircissez mes idées, vous allégez
mon travail, & vous simplifiez mon style. je voudrois que vous me dissiez

si vous trouvez de l'emphase a toute la derniere phrase depuis *d'autres me vantoient* & jusqu'a *permettent de vanité*. je trouve l'idée vraie. on voit mille échos moraux & immoraux tour a tour qui ne sont que des échos, & qui n'ont jamais pensé ni pour ni contre les principes qu'ils admettent & rejettent. Me Pourtalez,[2] je la cite comme premiere, non comme principale ou comme seule, quand elle me disoit; *jespère que mes fils feront des sottises* étoit exactement dans ce cas là. ne trouvez vous pas que ces échos méritent qu'on leur donne sur les doigts? je vous quitte pour quelques heures & je reviendrai ensuite a vous.

le 5 a 9 heures
du soir.

pour un Courtisan je viens de faire une etrange chose. je savais que c'étoit aujo͞urdhui le jour de naissance du Duc de Brunswick-Bevern,[3] cousin de mon maitre, il y a gala[4] a la Cour, & je n'y suis pas. j'ai cru que pour avoir un jour de repit il falloit être assez maladroit pour lignorer, & faire demain des excuses & la description d'un Désespoir. c'est ce que je ferai. au fond c'est que je puis faire de plus honnête. si j'etois a la Cour je ne serois pas ici. si je n'étois pas ici je ne vous écrirois pas. si je ne vous écrivois pas, jaurois de l'humeur. si j'avois de l'humeur, je vous comparerois les Etres qui végetent a la Cour. si je vous comparois les Etres qui végétent à la Cour, je les trouverai bien insupportables. si je les trouvais bien insupportables jaurois l'air de m'ennuier. si j'avois l'air de m'ennuier, ils me trouveroient très unhöflich.[5] s'ils me trouvoient tres unhöflich, nous nous trouverions réciproquement très desagréables. il vaut mieux ne nous pas voir & en être désolé.

Quand vous dites du mal du voiage de Brunswick & de la distance qui nous sépare, je suis toujours pret a renchérir sur ce que vous dites. je suis souvent tout étonné dêtre a deux cent cinquante lieues de vous, & je me figure quelquefois que cela n'est pas trop possible. Mais soyons justes. Nous avons été bien heureux pendant deux moins,[2)] pendant plus même, car pendant les 15 jours Léchau, nous n'étions pas extrêmement a plaindre. au moins, moi, javois tant de plaisir a recevoir de vos billets tous les matins que je voudrois volontiers rêtre a l'échauder,[6] pourvu que je fus a une lieue de vous, & que vous m'écrivissiez deux fois par jour. Sans ce Voiage que seroit-il arrivé? je serais venu vous voir pendant deux, trois, quatre jours: je serais tombé malade chez vous ou chez moi. je serais retourné certainement a Beausoleil. nous n'aurions pas eu deux mois de continuel *intercourse*,[7] sans interruption. nous n'aurions jamais fait aussi intime & parfaite connoissance. Cent fois trois ou quatre jours entremelés de semaines [   ]

[   ]

toujours pour un mensonge prémédité. car mentir est mentir & défiance est défiance en petit comme en grand & malgré les distinctions. Si l'on entrevoyoit au moins dans cette personne le désir de ne pas rester dans cette défiance continuelle, & qu'en vous racontant ce qui l'a engagé a vous soupçonner d'un mystère, on remarqua dans son ton ou sa maniere seulement la disposition a être juste, ce qui dans un amie ne devroit pas être un grand effort, on pourroit concevoir quelqu'espérance. mais quand lorsque vous l'avez conjuré de la manière la plus pressante de vous expliquer ses raisons de défiance, elle vous les présente non comme des conjectures mais comme des faits, lorsqu'on voit qu'il faut se résigner a être méconnu & mésentendu & soupçonné, qu'il faut glisser sur une injustice aussi amère, lorsqu'on se rappelle que cette personne est la même qui vous écrivoit *ne glissons pas*, on est bien excusable si l'on se plaint, & si l'on gémit de ce que la meilleure des amies est si durement & cruellement inconséquente.

Pardon Madame je vous attriste, & je ne devrois pas le faire. votre parti est pris, ainsi tout est inutile. si j'en avois la force je vous l'avoue, je vous dirois, rompons toute correspondance aussi bien ne serons nous que de plus en plus génés, je sens que je ne puis vous écrire avec la persuasion que parce que je ne sais quels misérables vous ont trompée sur de petites ou de grandes choses, vous vous défierez, vous êtes resolue a vous défier sans cesse de moi. mais cette force je ne l'ai pas. l'idée m'en est affreuse. il faut souffrir & vous écrire. mais ne vous attendez plus ni a de la gaité ni a des lettres qui vous amusent. vous l'avez tarie la source du peu de gaité qui me restoit. si je ne vous avois pas connue, je serois resté résigné a être ennuyé & indifférent toute ma vie. je ne le puis plus. il faut vous aimer parce que vous êtes bonne & aimable: mais cette amitié est devenue grace a cette défiance dont vous parlez si légerement & si gayement dans votre derniere lettre, le plus amer des sentimens. car aussi l'espérance de vivre près de vous est détruite par celle de vous délivrer de cette misérable défiance. j'ai tout tout perdu & vous en plaisantez. Je vous jure que je suis au désespoir mais dans le désespoir ou l'on est quand on a perdu une liaison bien précieuse. je ne sais ce que je dis ni ce que je fais. Mon air & mes mouvemens violens viennent d'effrayer de Crousaz, a qui je viens de demander pardon de l'avoir maltraité. Il m'a regardé avec étonnement & ne comprend pas pourquoi, moi qui étois si calme ce matin je pleure a présent, & je suis comme fou, sans aucune circonstance intermédiaire. je voulois éviter ce cruel sujet. je vous demande pardon a vous aussi, mais je ne puis. tous les autres sujets ne me sont rien. Je vais faire une longue promenade & me calmer si je puis.

a neuf heures du soir.

La promenade la Cour & l'ennui sont trois Calmans très efficaces. je reviens plus tranquille & pas moins triste que ce matin. je ne veux pas dire un mot sur le sujet des six pages précédentes. seulement dans la réponse que vous daignerez peutetre y faire dites moi si cette défiance est un mal incurable ou si je puis espérer que vous en reviendrez une fois. un oui ou un non s'il vous plait & ne tergiversez pas. parlons a présent de quelque autre chose, mais bien etranger a vous & a moi: je tremble de revenir a mes plaintes. si vous saviez combien elles m'agitent & combien je souffre, aulieu de rechercher toutes les circonstances qui peuvent colorer votre défiance, vous me plaindriez & ne vous feriez pas un divertissement de mes angoisses, & vous me croiriez.

Votre protégé[1] m'intéresse vivement. Je ne crois pas que le Duc fasse quelque chose au monde a ma recommandation. les ministres encore moins. ma froideur & la solitude totale ou je vis ne m'ont pas encore laissé former une liaison, & je suis avec tout le monde comme le premier jour de mon arrivée. la solitude totale dis je, car vous pensez bien que de diner ou de souper quelquefois a la Cour n'est pas une societé ni un acheminement a l'intimité. du reste je ne vois plus du tout les Anglais que je voiois d'abord: & quant aux gens qui peutêtre seroient disposés a me faire quelques honnetetés plus particulières qu'une réverence a la Cour & un diner tous les 3 mois, je me suis livré a une paresse mélancolique qui m'empêche de faire des visites & quand j'en fais de parler. en tout je suis, (je ne sais si vous ne croirez pas que je vous trompe pour mes menus plaisirs) très malheureux. mais enfin la vie se passe. & mourir après s'etre amusé ou s'etre ennuyé dix ou vingt ans c'est la même chose. il y a déja 44 jours que je suis ici, & 57 que je ne vous ai pas vue. quand il y en aura 114 ce sera toujours le double de gagné, & le tiers d'une année will have been crept through.[2] que font a propos vos pauvres petits orangers que vous vouliez planter? l'avez vous fait? sont ils venus? vivent ils encore? je ne veux pas en planter moi. je ne veux rien voir fleurir près de moi. je veux que tout ce qui m'environne soit triste, languissant, fané;

    & like me blasted at the prime of age
    I must like me pine, & fade away, & die.[3]

Me voici bien loin de votre protégé, mais j'y reviens. j'en parlerai donc au Duc. il peut se trouver dans un moment de bonté ou d'accessibilité, & faire quelque chose pour ce garçon qui le mérite vraiment. je ne l'espère pas, mais cela est possible. il revient Jeudi prochain le 17. j'écris si lentement qu'il est minuit. je vais dormir. aimez moi un peu, & ne me déchirez pas par cette cruelle & obstinée défiance. je vous jure que vous seule me rendez plus malheureux que tout le reste du monde ne pourroit le faire. dormez mieux que moi & réveillez vous plus contente.

B.C.

Javois été si *low spirited*[4] tout hier que je comptois selon lordre physique de ma triste & pitoyable machine sur de plus *high spirits*[5] aujourdhui. ma règle ma manqué. je vous écrirai pourtant comme je pourrai. vous me demandez pardon (vous pardon) dêtre entrée dans mon chagrin, avec vivacité. hé mon Dieu! de quoi vous remercieraije si vous vous faites un reproche de cela. Je me suis fait une règle d'excuser mon père, envers & contre tous, comme vous de ne jamais vous plaindre de .... quoique dans un moment de dépit qui nest que trop juste vous disiez, *la tranquillité & le flegme* &c.[6] Jai par conséquent voulu l'excuser même avec vous, & ce qui n'étoit que le remplissage d'un devoir vous l'avez pris pour un reproche. Mon père de son coté a repris son ton Despotique. quand on maltraite les vieillards, ils se plaignent & se soumettent, si je pouvois come mon digne cousin[7] brusquer, jurer, m'en aller, mon père souffriroit, se plaindroit, se tairoit & se laisseroit conduire. j'en ai eu plusieurs momens d'expérience. mais je ne puis ni ne veux de cet Empire. je souffrirai, mon père sera malheureux mais pas par ma faute. je suis fait pour l'etre moi, ainsi je ne me plains pas; j'ai bientot ving un an. si je vis encore 30 ou 50 ans c'est le bout du monde. j'ai tant souffert dans les 8 années qui viennent de se passer, je ne puis guere souffrir d'avantage. qu'on me maltraite, qu'on me méconnoisse qu'on me calomnie, cela n'empêchera pas mon corps de pourrir bien tranquillement dans mon cercueil. je deviendrai peutêtre fou. il n'y aura ni grand-perte ni grand-mal. recevrai je une lettre de vous demain? c'est a dire m'avez vous écrit le 3? je ne sai si vous vous appercevrez du *melancholic ramble*[8] de cette lettre je vais d'une idée a l'autre sans savoir pourquoi. jen ai été etonné en relisant seulement ce que je vous écrivis hier soir. toutes mes idées sont noires, tristes, insipides & inanimées. la transition n'est pas difficile. un mot pourroit tout dissiper, un mot pourroit me rendre votre idée consolante & bienfaisante que vous avez détruite a force de défiance. mais vous ne voudrez pas le dire ce mot. je me soumets.

Jai frémi de rage a la conduite de Witel,[9] & gémi sur l'inconcevable & incomparable indifférence de .....[10] je ne la comprends pas. car il vous est attaché. cependant je la comprens mieux que votre défiance envers moi. son indifférence est naturelle, & inherente a son caractère. votre défiance est raisonnée, vous la justifiez, vous vous y complaisez, & c'est volontairement c'est de sang froid que vous faites mon malheur.

comme elle est changée notre correspondance, & tant que vous ne daignerez pas me laisser espérer que vous ne me punirez pas toujours des crimes que vous avez vus commettre avant de me connaître, elle ne reprendra pas ses charmes. cependant vous m'aimez. je le sais. chaque mot de vos lettres me le prouve mais ni toutes ces preuves, ni votre gaité, ni votre esprit ne me consoleront de ne pouvoir dissiper ce nuage qui doit toujours obscurcir mes actions & leur donner a vos yeux une apparence équivoque.

la derniere version de vos vers[11] est la meilleure je crois mais je n'aime pas *le bras ferme & sur*: ces deux epithètes reunies me paraissent prosaïques. au reste je ne suis ni en état de juger des vers, ni de vous mander mon jugement. j'écris deux mots & puis je m'arrête. mes idées se perdent. je ne sais que penser a vous & au rêve dont vous m'avez si cruellement tiré.

J'espère que Melle Louise est mieux, dites lui bien des choses de ma part. vous êtes bien bonne de maccorder ma demande. j'attens avec bien de l'impatience la silouette ou le portrait ou le quelque chose qui vous ressemble.

Je n'ai pas la force de vous répondre sur ce que vous me dites de l'atmosphère & de l'esprit. que m'importe ce quon pensera de moi? je ne me donne pas la peine de me faire un atmosphère.[12] l'ennui, la tristesse & le silence mentourent d'un nuage qui remplit mon but. vous m'avez dit dans une lettre, plaignez vous: mais ce n'est pas ma faute. je me plains & ne vous reproche rien.[1)]

Adieu. vous que j'aime autant que je vous aimais, mais qui avez détruit la douceur que je trouvais a vous aimer & qui m'avez arraché les pauvres restes de bonheur qui me rendoient la vie supportable.

617. *De Benjamin Constant, 25–28 avril 1788*

Your silhouette has not given me a better opinion of Miss Moular's skill than her conversation of her sense. she has indeed made you look like a Dutch fat countrywife & indeed she might have done better. I know few profils more expressive than yours, & when you smile, there reigns, I used to gaze at it upon the wall with pleasure when we were together, such a happy mixture of sweetness & vivacity as it is impossible for a person of any feeling or delicacy to mistake & disfigure to the degree Miss M. has done.

26th

I have been interrupted yesterday, on account of horses to change, buy & sell, which take up now an amazing deal of my time. I could not get home time enough to shut my letter & send it; so you will be & I am very sorry for it ten days without a Letter. I hope to have one of yours on Tuesday.[1] This will go away on Monday next 28th. I have been invited at Court neither today nor yesterday, which is not astonishing, although it denotes in the Duke a degree of coldness not very favorable to my father's sanguine hopes. I am for my part little surprised & little concerned about it. I have neither that gaiety which amuses; nor that timidity which flatters, what the Devil Could make them fond of me. except with two or three people with whom I may talk & joke upon the weather or some such thing, I never talk to any body. visits I make none. I walk a great deal, read the history of Germany, read Greek, play much upon the harpsichord, ride half the day, try new horses, make & unmake bargains, do never touch a card, nor a girl, am often low spirited, but upon the whole, t'is well. je tiens a quelque chose, quand cette chose ne seroit qu'une cour, c'est quelque chose. & it quiets my father & pleases him. 'tis well.

have I told you already how satisfied I am with your rehabilitation of poor mistaken & mishandel'd (I do not know whether this is German or English) Calista? I like it much. only I do not think It is forcible enough, & the great consideration which induced you to write it is but hinted at. you might have explained a little more explicitly what l'auteur a laissé dans le vague, & proved more fully the importance of that vague, & the lustre it gives, the charm it spreads over the action.

27th après soup.

Je quitte l'anglais pour vous parler plus & plus vite. Ma santé dont vous me demandez des nouvelles est médiocre. Mes yeux s'en vont. J'écris peu le soir & avec peine. je me Couche de bonne heure. ils se remettront peutetre. si non je vais vous chercher a Colombier, & si vous ne voulez ou ne pouvez pas m'avoir, je me casse la tête.

Je me suis mis de mauvaise humeur contre moimême aujourdhui pour une mistake de Caractere si egregious[2] que vous me renierez. Il y a ici une petite femme[3] grosse ronde rouge qui a deux enfans quelle baise éternellement. elle sautille autour d'eux comme un moineau, au poids près. on la trouve a cause de cette belle passion insupportable. je me dis il y a quelques jours que je jouois au whist avec elle, cette passion en vaut bien une autre, & c'est toujours quelque chose d'aimer comme ça. aujourdhui japprens que cette petite feme est pis qu'un Diable, déteste son mari & ses enfans, bat les uns, maltraite l'autre, & est notorious pour cette affectation dont personne n'est la Dupe. & puis soiez bon. quelque bête. en y bien repensant je ne doute pas que ce ne soit la Princesse Erlangoise[4] qui ait refroidi a mon égard les bonnes gens de Brunswick. Elle est très tracassière la bonne Dame, connue pour cela depuis la Mer Baltique a la Méditerranée, & pour ainsi dire chassée d'ici par son frere a cause de ses tracasseries. Malgré cela ils sont décemment ensemble & s'ecrivent. elle aura mandé, l'Abbesse[5] me dit un jour j'ai écrit a ma sœur que nous vous avions, defiez vous du jeune Constant, c'est une langue de Vipère, &c. & comme la défiance n'exige pas beaucoup d'esprit, & ne donne pas beaucoup de peine, on se défie de moi. je l'ai remarqué dans plusieurs petits cas. au reste je ne vois presque personne. Mon Cheval & mes projets de chevaux m'amusent & me tiennent lieu des anes. ce sont d'excellentes betes que les Chevaux, je leur veux tant tant de bien. Ils sont si bonne compagnie. a propos, le Général que je n'avois pas bien nommé s'appelle *Rätze*.[6]

Il est dix heures & demie. je pars pour une auction de chevaux, si je peux vendre le mien & en avoir un plus fort j'en serois bien aise. ma lettre part pour vous. j'aimerois mieux ce but là, mais enfin.

Adieu. je vous aime, vous regrette, je baiserai le petit Persée[7] quand il paraitra. je voudrois être auprès de vous. l'année 1789 peutetre. Adieu. ce 28.

618. *De Benjamin Constant, 9 juin 1788*

ce 9 Juin 1788.

Je vous écris au lit après huit jours de petite fievre bilieuse qui m'a donné des maux de tête exécrables. je n'ai pas voulu vous faire écrire par de Crousaz & parce que je ne voulois pas vous inquiéter & parce que sa lettre vous eut été inutile en tant qu'inlisible. j'ai commencé plus d'une fois des lettres a vous, mais mes yeux & ma main se refusoient. aussi encore aujourdhui je profite dun intervalle de sueur a sueur pour vous dire bonjour Isabelle comment va-t-il. quant a la Cour je n'en sai mot depuis le Roi.[1] j'avois été malade avant: je me levai pour S.M. & passai la nuit sur pied pour faire cõme les autres ma révérencc a 4 heures au Roi partant. je m'en revins a cinq plus malade que jamais. & depuis je suis occupé a suer & a prendre du thé au Citron. vous demandez ce que jai produit deffet a la Cour: je m'y suis fait quatre Ennemis entrautres deux A.S.[2] par de sottes plaisanteries dans des momens de mauvaise humeur. je m'y suis fait 7 a 8 amis mais de jeunes filles, une bonne & aimable femme, voilà tout. les circonstances ont changé mon gout. a Paris je cherchois tous les gens d'un certain age parce que je les trouvois instruits & aimables: ici les vieux sont ignorans comme les jeunes & rèdes de plus.

je me suis jetté sur la jeunesse, & quoiqu'on dise je ne parle presque plus a des femmes de plus de 30 ans. au fond quand j'y pense tout ceci est indigne de vous & de moi. medire un peu, bailler beaucoup, se faire parci parlà des ennemis, s'attacher parci parlà quelques jeunes filles, se voir faner dans l'indolence & l'obscurité, voir jour apres jour & semaine après semaine passer Kammerjuncker & quoi encore Kammerjuncker, quelle occupation. enfin vous êtes au fait. Virginibus puerisq: Canto.[3]

vous je vous aime je voudrois être près de vous moi mon fidele de Crousas, & surtout mon tout aimable Jament qui a plus desprit que tout B.[4] ensemble, le modele des chiens & des amis. mon cheval Turc après avoir jetté deux fois mon Domestique parterre & s'etre couché une fois dans l'eau avec moi a passé dans d'autres mains. j'y ai gagné un louis, mais de Crousaz a failli être tué.

vous ai je dit que j'avois lu lextrait Commère, dans l'Esprit des Journaux.[5] nous n'avons aucun autre journal Francois. Adieu Isab. je tembrasse & sens tous les jours plus qu'il n'y a pas d'Isabelle ici. c'est un role que les doubles ne jouent pas. adieu.[1)]

A Madame/Madame de Charriere née/de Tuyll/a Colombier/près de Neufchatel/en *Suisse*.

619. *De son frère Vincent, 9 juin 1788*

ce 9 juin 1788

J'ai recu ma chere Sœur votre lettre datée le 3 du mois de May.[1] J'ÿ vois que votre santé est bonne, et que vous penséz quelquefois a moi avec cet interest d'une Sœur, et d'une bonne amie, qui fait tant plaisir. Je vous ecris de mon Joli Coelhorst dont je n'ai pas agrandi La maison d'apres vos conseils. J'ai seulement reparé les fenetres mis deux cheminées, et rendu close toute La maison. depuis 14 mois que je n'ÿ ai pu mettre les pieds, j'ai trouvé beaucoup avancé mes plantages mes arbres fruitiers et je vois avec plaisir, et peine, douse belles vaches, qui ne mangent mes paturages que pour etre vendues en automne au boucher. Je suis seul dans ce moment çi. j'ai quitté ma femme et mes 3 Enfans La semaine passée a Kermestijn La campagne de m[r] Pagniet, ce bon veillard ne peut se passer de sa fille ainée, il a perdu la memoire entierement, sa santé est encor bonne, mais il doit etre soigné a vue. La sœur cadette a ma femme[2] s'est mariée il ÿ a un an. et elle vient d'accoucher.

Je pense tous les jours a mon ainé. il se fait sept ans ce mois çi. Et je voudrois lui trouver un brave homme qui eut bon soin de lui, et de son Instruction. je puis dire que l'on peut faire de lui tout ce qu'on veut. Il est docile, sage et d'un Excellent caractere. mais nous le trouvons trop jeune pour l'Envoier hors de nos yeux. mes occupations de regiment, et de guarnison ne me permettent pas de rester longtems a un meme Endroit. sans cela je lui aprandrois ce dont je suis capable. Je me suis informé d'une Ecole a Neuwit[3] pres de Coblentz qu'on dit etre une des meilleures institutions pour l'education les mœurs et les talens. qui soit connue dans ces Environs Les deux années d'intervalles m'inquiettent le plus. Il est impossible de trouver dans nos provinces un homme tel qu'il faudroit pour un Enfant qui comme vous le dites doit aprendre le françois, et surtout l'accent qu'il faut. Cet hiver je lui ferai apprendre la musique a fond en commençant par lui faire jouer du clavecin savoir basse continue. Ce que vous remarquéz a ce sujet La est bien juste. un homme excellant en Talens, et surtout en Musique, est vu, et recherché par tout. on lui pardonne meme des defauts des ignorances, des negligences d'education.

Mon sort est indecis autant qu'il peut l'etre. L'affaire du Collonel n'est pas avancée. c'est a dire Le Credit de sa famille la tient en suspens. il paroit vouloir une reparation des officiers des 2 Esquadrons qui apres notre declaratoir a Bois le duc en ont presenté un qu'on Explique deshonorant pour le Coll. Le Conseil de guerre qui a examiné ce declaratoir et les raisons que les Officiers de ces 2 Esquadrons avoient, a envoié les pieces au prince. sans avoir pu faire aucune decision a cause que le Coll.. a refusé de sister[1] a ce conseil de guerre qu'il disoit n'etre pas composé de haut officiers, devant qui il etoit obligé de comparoitre. On dit que si ces pieces etoient examinées selon les regles du service, et decidées rigoureusement il seroit cassé.

Les officiers de ces 2 Esquadrons tiennent bon et ne serviront pas sous lui. ni moi, ni un Capitaine des deux Esquad[s] sous mes Ordres non plus. Le Coll… ne veut pas quitter le regiment en demandant sa demission. Le general de Tuyll m'a dit qu'il vouloit une reparation des 2 Esquadrons ci dessus et revenir servir et commander le regiment. En attendant toute L'armée le condamne quand a ses fautes de service. et tout autre que lui auroit pour le moins reçu sa demission. Le general de Tuyll se tue de me dire qu'il n'est pas partial, que je l'en soupsonne a tort. pendent qu'il m'a repeté plus d'une fois. Neef het kan wel weezen, dat Neef frits in veele saaken ongelyk heeft. maar ik wil het liefst niet weeten.[4] Si un pareil argument pouvoit aller en droit, dan hadden er de romeynen so veel moyte niet voor behoeven te neemen.[5] Le pis est que je n'ÿ voit pas de milieu ni d'accomodement, celui qu'on a proposé au general il ÿ a quelque tems a eté refusé. et Le Coll… sans avoir La moindre envie de commander Le regiment Laat syn vrienden maar voor hem tobben[6] et ne veut pas plier en rien.

Si donc par force de credit Le prince renvoit le Coll.. au regiment, je quitte. cela est decidé, et arretté. *que faire alors? Vous me dites, que perdéz vous si vous renoncéz a ce pais la, et a votre metier dans ce pais La? une triste patrie & un plus glorieux service*, vous avéz raison, je n'ai rien qui m'attache si fort içi. ma[2] femme auroit de La peine a quitter ses parens et ses Amis – mais elle est raisonnable. mes Enfans pouroient etre placés içi aisement un dans La regence. et un dans le service de mer ou bien dans Le genie. dans un pais Etranger on ne trouve pas ce me semble La protection qui ne couteroit rien içi. de ses parens de ces amis et du prince. Il est vrai que je pourois quitter ce pais sans perdre de vue La fortune de mes Enfans dans ce pais çi.

'J'ai vu les papiers a Zuylen qui prouvent La noblesse de notre famille *des l'an 1329*.[7]'

je ne m'etois pas flatté de l'interest que monsieur Chaillet avoit pris pour moi Lorsque j'ai eu le plaisir de faire sa connoissance. j'ÿ suis bien sensible je vous assure. Si jamais La france faisoit La guerre a ce pais çi pouroit on servir contre sa patrie qu'on auroit quitté a sa 41 Année?

Je vous felicite beaucoup d'avoir eu mademoiselle Moula chez vous. voila une personne qui m'a bien interressée. Je la souhaite heureuse de tout mon Cœur. Ma femme a pris les larmes aux yeux lorsque je lui ai lu l'article de votre lettre pour elle. Elle fait un cas de vous inexprimable. et se rapelle bien souvent Les amitiés et les soins pour elle de ceux de votre maison. elle me demande chaque fois si je n'ai pas reçu des nouvelles de m^r de Chariere et de mademoiselle Louise sans oublier sa Sœur. je vai vous repondre a vos demandes.

Il faut savoir que c'est tout le papier que je possede. Je dessine encor, mais je ne sais pas assés les regles pour bien reussir. mon gout pour les tableaux est le meme. J'ai vendu plusieurs pieces mediocres pour en achetter d'autres de meilleurs maitres. j'ai fait l'emplette d'un joli G. Terburg.[8] Une femme qui peigne son Enfant. Cela est vivant, en troq il me coute 500 florins. j'ai un joli P: Potter.[9] mais pas de La premiere Classe. il m'a couté cent ducats. j'ai deux jolis poelenburg[10] et plusieurs autres jolis tableaux. ma connoissance pour les tableaux de l'ecole flamande a beaucoup augmentée sans me vanter.

Delvaux se porte bien encor. ma femme et d'autres bons amis ne l'ont pas perdue de vue. elle a un accident aux yeux, ou pour mieux dire sa vue s'affoiblit beaucoup. Je lui ferai moi meme savoir ce que vous me marquéz de lui dire.

Les Enfans de Mr de Singendonck[11] sont parsemés p^r La famille et chez La mere qui demeure a Utrecht. Madame de Wit est morte a Bruxelles.[12] Le General de Tuyll et ma tante belle sont Les Heritiers. sa dame de Compagnie a eu *150,000 florins* Le fils cadet[13] de madame de Heez et Leende. Maarsen, et Termeer. Les Enfans de Mr de Wit[12] 20,000 florins. Monsieur Otto de Lynden[14] est mort, il a fait heritiere Mademoiselle de Rheede. fille de l'Envoié. Mademoiselle d'Averhoult[15] a suivi son neveu a Reims en Champagne. madame d'Amerongen Marchalk[16] est morte. mad: de Capellen[17] demeure chez lui, et ma Sœur de Perponcher est placée chez La princesse Sophie.[18] adieu ma chere Sœur. mon papier est remplis.

Mille amitiés a m^r de Charriere et mesdemoiselles vos Sœurs. je vous demande une reponse, et vos Conseils.

a Madame/Madame de Charierre/Nee Baronne de Tuyll/de Serooskerken/a Colombier/pres de Neufchatel en Suisse

620. *De Suzanne dite Susette Cooper-Moula, été 1788*

[   ]
furent on ne peut pas plus tendres, plus amicales; firent mille caresses à
la petite, les P: Ainées[1] vont faire un voyage avec le R & la R[2] a Cheltenham[3] ou le R. va boire des eaux, il a eté fort incomodé je ne les ai point
vu depuis qu'elles ont quitté Londres, tout le monde dans cette maison
excepté moi, attrape quelque chose pour soi ou les siens, le frere de mlle
Planta vient d'obtenir par le credit qu'elle a une place de 300 pieces dans
la tresorerie[4], & le frere de celle qui ma succédé, vient dêtre fait major[5]
par le R. voilà coment va le monde, il y en a a qui tout reussit & d'autres
qui ne peuvent rien faire. Nous avons passé une charmante soirée il y a
quinze jours chez mlle Finch[6] dont nous vous avons parlé comme remplie desprit & de talents elle nous a montré toutes ses peintures & ses desseins, & nous avons tant et plus causé peinture sculpture
[   ]
lettres de Lausanne à mlle Finch elle se faisoit une fete de les lire; un mr
Pictet[7] dont je vous ai parlé a qui j'avois pretté les lettres de mrs Henley
& qui s'est procuré celles de L: m'a ecrit hier dans les transports de son
admiration pour vos ouvrages. *Mrs Henley dit il avoit fait germer chez lui
quelques idées dont il imaginoit que la tranquilité de la campagne lui permettroit
de tirer parti. Mais après y avoir reflechi, après avoir lû surtout les lettres de Lausanne. J'ai senti combien il etoit dangereux de pretendre se mettre à coté de Mme
de Ch:, et rentrant sagement dans ma sphere, je me suis contenté de faire de ses
interressantes productions mes compagnons assidus: Elles ne mont pas quitté dans
mes promenades & plus je les ai lues plus je les ai meditées, plus j'ai trouvé de raison
de les admirer.* Quand m[r] P: seroit depourvu de tout merite il faudroit bien
que je l'aimasse puis qu'il a celui de savoir vous apprecier. Veuillez ma
chere Madame envoyer cette petite lettre à ma Tante,[8] il y a longtemps
que nous voulions lui ecrire, que je voulois vous ecrire, mais ni lame ni
le corps n'etoient pas trop en train, ma sœur a de la bile par dessus les yeux,
je viens de la faire consulter le Dr Turton.[9]
[   ]
le pourrez vous voulez bien nous envoyer [   ] mieux vos aises.
Je vous embrasse et je vous [   ]

621. *A son frère Vincent, 28 juin 1788*

L'impartialité *ik wil het liefst niet weeten*[1] est impayable & m'a bien fait
rire. Il n'est pas besoin de vous dire tenez bon: vous etes incapable de faire
autrement. Malheur aux pattes mouillées, aux girouettes &c: elles ne sont
ni redoutées ni aimées! Si les *tobbende* pour *neef Frits*[2] l'emportent & que

vous quitiez le service (ce qui est sinonyme) il me semble, tout bien considéré, tout, c'est-à dire[1) 1e Votre femme, 2e vos enfans, 3e le danger d'une guerre contre la Hollande,[3] 4e votre amitié pour quelques parens, votre gout pour le joli Coelhorst les belles prairies hollandoises &c) Il me semble donc tout bien considéré qu'il faudroit attendre quelque tems à vous determiner & voir si on vous offre, soit *een plaats in 't eerste lid*,[4] soit quelque charge relative à la republique non à la province. Si oui & que cela vous plaise & que le paijs ne soit pas devenu à cracher contre, de servilité, vous restez. Si non mais que vos occupations de cultivateur pere & mari vous sufisent vous restez. Si non & non Vous vous faites une autre patrie.

Dabord après le service quité il me semble que vous devriez faire un tour en Allemagne ne fut-ce que pour voir vous même Neuwied, en Angleterre pour n'être point suspect[5] (et vous veriez Me Cooper[6] & la pension de M. Chauvet[7] à Kinsington) enfin en France où vous vous feriez presenter non en qualité d'etranger comme les voyageurs, mais comme gentilhomme en 14 cent,[8] ou point du tout encore, si cette demarche denotroit trop un projet d'etablissement. Vous[2) veriez le Chev. Paulet & son etabl.ment Alors vous sonderiez le terrein. Si tous vos officiers de Tuyll quitent en même tems que vous, vous pouriez demander à lever un regiment en France dont vous seriez collonel proprietaire, & dans vos capitulations[3) vous pouriez mettre bien expressement que votre regiment tant qu'il seroit possedé par un Hollandois ne serviroit point contre la Hollande. Peut-être vous accorderoit-on que tant[4) qu'un de vos decendans seroit au service de france il seroit preferé à tout autre pour avoir le regiment. Cela deviendroit très joli alors & très honnorable, & seroit comme est de fait au moins si non de droit le regiment de Courten Valaissen en France, le Reg.t Carteri Valaisan[5) en Piemont, & Reding Lucernois, je pense, en Espagne.[9]

Je conviens de deux choses, l'une qu'en preferant à certains egards ma nation à *toute autre*, oui à toute autre (& je saurois bien dire pourquoi) je n'aime point du tout mon paijs. Un sol humide, un *republique* asservie me deplaisent à l'excès: l'autre que je suis prevenue pour la france Ik wil haar defecten wel weeten, en ik weet ze wel en de Natie haar swakken en ondeugden weet ik ook wel,[10] & malgré cela j'avoue ma partialité. C'est leur langue que je parle le mieux c'est leur livres que je connois le mieux c'est avec eux que je suis le plus à mon aise; C'est leur heroïsme quand ils en ont qui me seduit le plus ..... vous voyez qu'il faut se defier de mes conseils. A propos. Il me semble que les deux nations[11] ont fait des leurs dans l'affaire du Chasseur du Comte de St Priest[12] (que je connois par parenthèse pour l'avoir vu plusieurs fois en Angleterre chez la Princesse de Masseran[13]) Alors il me parut avoir la figure un peu lourde & l'esprit delié.[6) Le Comte devoit garder ses gens à l'hotel ou près de l'hotel. Le grand Baillif ou d'autres devoient veiller à ce qu'on ne l'insultat pas &

qu'on ne demandat pas de *l'orange*[14] à des François. Le Comte ne devoient pas demander la punition de ceux qui n'avoient *pu* empecher les insultes, & leur hautes puissances auroient du ne pas repeter vingt fois que le memoire leur etoit parvenu d'une maniere inusitée. Un ambassadeur de france est-il obligé de savoir les formes? Quelqu'un peut-il avoir un grand respect pour ces hauts & puissans serviteurs de la maison d'Orange? Le respect pour les formes & la lenteur est une des choses qui m'impatientent le plus chez les Hollandois. Je crois que si on tiroit par la manche un bourguemaitre d'Amsterdam pour l'avertir que l'hotel-de-ville brule, il protesteroit contre la forme de l'avertissement avant que d'ordonner d'eteindre le feu.

't is[7)] te sterk. 't is te schielyk.[15] Combien de fois ne vous ai-je pas entendu prononcer mal à propos!

à l'apui de la fin de ma premiere page de la possibilité d'avoir un R^t de famille en france je dirai qu'il y en avoit un comme cela Suedois. Il est vrai qu'on vient de le donner à un homme d'une autre famille[8)] suedoise qui plaisoit à la Reine[16] mais on a beaucoup crié, il reviendra sans doute à la premiere[9)] famille; le jeune homme a été obligé de quiter pour quel que tems du moins la Cour & la france: enfin ce que je voulois dire est prouvé malgré cet evenement qui a été regardé comme une injustice. Eh bien un pareil regiment vaudroit bien les protections des parens en Hollande. Il y a beaucoup de Tuyll à present La branche Frits, la branche Hees, la branche Zuylen & la branche Vincent. Cela peut[10)] servir direz vous comme cela peut nuire. Il est vrai que lorsqu'il n'y avoit que nous & mes cousins & cousins il n'y a eu rien de moins favorisé que notre famille; L'argent[11)] de M^c de Hees[17] a fait tout le relief des autres. & vous vous avez votre merite. Il est vrai que no[tre] Pere etoit d'une indolence & d'une inambition remarquables. Quand je pense qu'il n'auroit tenu qu'à lui de faire epouser à Ditie soit M^c d'Athlone soit M^c du Chateler le sang me bout un peu. Ensuite je songe à l'enchainement necessaire de toutes choses, & mon sang se remet à couler tranquilement.   Voila donc ma sœur à la cour par une suite de cette fatalité o[u][12)] predestination inevitable. Cela me divertit. Je[13)] me flatte qu'elle demeure chez elle cependant & baille à son aise la grasse matinée. Le soir si elle est comme autrefois rien n'est mieux pour une elegante & spirituelle hof Dame.[18] Je me flatte que cela mariera Belle[19] comme il faut. J'aimerois assez qu'elle devint Greffiere Fagel.

J'ai cru que vous vous moqueriez de mes *carosses du Roi*[20] ignorant peut-être que c'est le signe des preuves faites[14)] de la noblesse reconnue deja en 14 Cent. mais vous ne vous etes pas moqué.

Le Testament de M^c de Wit est etrange. preferer à vous un petit garçon inconnu! Je vous avois toujours destiné Maarsen & Termeer. Au reste cela est de cette famille. Je voyois ma Tante & mes cousines sortir d'une timide apathie pour dire *ik wil maar eens dit of dat doen*[21] & elles faisoient une chose bisarre. *maar eens*[22] etoit le motif & le signal de toutes les grandes resolutions. Ik wil maar eens mijn geselschap Juffrouw ryk maaken.[23] Et l'on procede au testament.

Nous avons receu de communicatie. Maar er niet voor bedanckt.[24] Pauvre Cyntie d'Averhoult![25] Je voudrois la revoir & la plaindre.

Votre fils n'aprendroit pas le francois à Neuwied mais peu importe, s'il s'etablit en Hollande. Je suis bien aise que vous ayez adopté mes idées sur la musique. J'en fais de charmante, soit dit en me vantant. Ce que j'aime à faire. Mille amitiés à votre femme. 3 enfans dites vous je n'en savois que deux sont-ce trois garçons?[26]

J'ai un pauvre petit tableau de Bot[27] acheté 15 £ 7 gulden.

Ce 28 Juin.

A Monsieur/Monsieur le Baron Vincent/de Tuyll de Serooskerken/Lieutenant Collonel de Cavalerie/A *Utrecht*

622. *A son frère Vincent, 10 juillet 1788*

Je ne sai mon cher frere si vous aprouverez mon zele & si vous aimerez le hazard qui l'a secondé, ou si vous trouverez l'un et l'autre lastig, overtollig, overdadig[1] &c vous voyez que je sai encore joliment d'epithetes desobligeantes: je me flate que vous ne les[1)] trouverez pas *gepast*[2] pour moi. car il n'y a rien du tout de fait.[2)] L'autre jour seule après diner à table Verdan,[3] afneenende,[3)4] je dis à propos de son fils à lui (petit illegitime fort bien soigné) «mon frere m'ecrit que son fils ainé est un charmant «enfant & qu'il voudroit bien avoir quelqu'un qui en prit grand soin & «lui montrat un peu de francois» – *Verdan* «Madame il y a à Peseux[5] un «jeune homme orphelin joli de figure doux gay ecrivant très passable-«ment qui aimoit une fille qui s'en est laissé courtiser pendant trois ou «quatre ans & qui vient de lui declarer que ses parens l'ont promise à un «autre. Il veut quiter le pays. On a voulu le placer à Paris dans une maison «de commerce cette place à manqué. Il est à Neuchatel en attendant qu'on «lui en trouve une autre.» *Moi.* «Eh bien Verdan pourrois-je le voir?» – «Oui Madame je lui ferai dire de venir vous parler.»

Il vient. – Monsieur Bon jour asseyez vous. Il etoit tremblant quoique je fusse bien prevenante. Asseyez vous. Vous voudriez quiter ce pays. Moi j'ai un neveu de 7 ans un joli enfant. Sa mere une excellente Dame. Voulez[4)] que je vous propose à mon frere pour avoir soin de son fils pendant[5)] deux ans ou environ? Que faudroit-il faire Madame? – l'habiller coucher dans sa chambre le mener promener. Assister à ses leçons lui montrer un[6)] l'ortographe, & tout en lisant avec lui vous aprendriez vous même un peu d'histoire & de geographie.

Oui Madame si vous voulez & si mes parens veulent.

Vour mangeriez avec mon frere & ma belle sœur quand le petit garçon y mangeroit. C'est comme cela que je l'entens. et combien voudriez vous de gage? – Combien Madame[7)] me voudroit-on donner & combien devrois-je demander? – Voyons. Je calcule 18 à 20 Louis. J'ecrirai Monsieur si vous voulez. Oui Madame mais je suis chez des parens negocians, & je fais ma quinzaine d'essai. – Eh bien il faudroit les engager à prolonger l'essai jusqu'à ce que j'eusse une reponse.   Nous nous sommes quités. La grand mere m'aporta hier la lettre ci jointe[6] qui est comme vous le verez du meilleur enfant du monde.

Il a 19 ans. Un teint qui annonce des mœurs bien pures de *toute* maniere. Sans doute l'amour l'aura maintenu sage et sain; il est sans rancune contre sa maitresse mais non insensible comme vous voyez car son village lui est insuportable & il voudroit aller fort loin d'ici. Il a quelque fortune, des terres des vignes & il appartient aux plus notables de l'endroit. S'il reste ou il est on paye 4 ans d'aprentissage à 15 Louis par an. Un bon accent il ne l'a assurement pas. Mais un bon joli garçon il l'est. Il a dit a Verdan qu'il aimoit les enfans & qu'il en soigneroit un très volontiers. Peut-être au reste votre femme ne seroit-elle pas tranquile de savoir son fils entre les mains d'un enfant de 19 ans. Mais en l'avertissant *Là il faut l'eloigner de l'eau. Là du feu.* Là des chevaux des ailes d'un moulin &c &c

Voyez. C'est beaucoup mieux qu'un domestique d'Utrecht, mieux qu'une bonne. Ce seroit pour un peu de tems [   ][8)] qu'on ne fut extremement content. Voyez & repondez moi tout de suite. Vous payeriez le voyage qu'il feroit avec grande economie. Il seroit charmé d'aprendre voila une bonne chose, mais dans tout ceci il n'y a rien d'admirable. d'uitmuntent,[7] rien qui entrainc la volonté.

Adieu. La grand Mere & le petit fils desirent une promte reponse.

Ce 10 Juillet 1788.

Il est trop jeune seroit la plus obligeante maniere de repondre si vous le refusez, celle que j'aimerois mieux a raporter. Il s'apelle Watel.[8] Comme un jeune officier aux gardes suisses plein d'esprit & très distingué par ses talens. J'ignore s'ils sont parens. Il y a ici comme en Ecosse des noms qui regnent par tout un district.

Watel l'officier[9] est parti d'ici pour la Haye il y a trois jours. Il demeure avec Sandoz[9)10] celui que votre femme appelloit *onze* de Hollandse Sandoz.[11] De Hollandse Watel is de Geestigste Neuchatelois van mijn kennis:[12] mais bisarre à proportion. Si vous le rencontriez à la Haye il faudroit lui dire un petit mot d'honneteté. Il est aussi honnête homme que malin et spirituel jeune homme. Neef diroit mon oncle, hy is, hy is … aardig. Wat ik so noemen zou … aardig.[13]

Verdan à qui qui[10] lu ma[11] lettre m'a dit Monsieur de Tuyll l'aimeroit a cause de sa franchise de sa gayté & de sa vivacité. Madame la vu fort timide mais au bout de quelques jours il seroit dans son naturel & c'est un autre garçon. J'ai repondu, Verdan. Je dirai vos propres paroles à mon frere.

A Monsieur/Monsieur le Baron Vincent/de Tuyll. Lieutenant Col. de Cavalerie/A Utrecht.

623. De Benjamin Constant, 28 juillet 1788

Brunswick ce 28 Juillet 1788.

Je ne vous ecris que quelques mots parce que je suis résolu a bacler des lettres a Mes de Nassau & de Chandieu, a Mlle Marin, & a mon oncle.[1] c'est une corvée que je suis determiné a executer jusqu'au bout, pour être ensuite entièrement a vous & a moi. Ma raison pour vous écrire a présent ce petit bout de lettre, c'est d'abord pour vous dire que je suis mieux en corps & en ame, & ensuite pour vous prier de tirer sur moi pour les 10 Louis & demi qui sont échus le premier d'Aout. je ne sai comment vous les envoyer d'ici, n'ayant trouvé aucun banquier en correspondance avec Neufchatel. jai oublié deux fois dans mes deux dernieres lettres de vous parler de cela. je vais a présent me mettre aux travaux epistolaires. ceci en sont les plaisirs. Adieu.

A Madame/Madame de Charriere née/de Tuyll/a Colombier/près de Neufchatel/en *Suisse*.

624. A son frère Vincent, 8 août 1788

Vous m'avez très vite repondu & cette afaire est en regle. Parlons de celle qui ne l'est pas encore & qui vous occupe desagreablement.

Hier je receus la visite d'un officier qui n'est pas je crois un homme de beaucoup d'esprit mais qui ne laisse pas d'avoir du sens & de l'experience aquise en partie à ses depens & par des etourderies. Il a des relations avec la Hollande, nous parlâmes de la Hollande du desordre qui y a regné de ce qu'on m'avoit raporté de deux jeunes van der Hoop,[1] de l'affaire de M. Constant[2] & enfin de la votre. Je ne dis que ce qui est de notorieté publique & je tachai de prendre garde a ce que je disois. Je fus un peu surprise & même en colere de m'entendre dire qu'on croyoit que vous aviez tort; je repondis cependant avec moderation & l'on ne voyoit pas je pense que le cœur & les artères me battoient,[1] de sorte qu'on me repliqua, & je pris sur moi d'ecouter & enfin je fus ebranlée. Voici à quoi se redui-soient[2] les argumens. Quelle qu'eut été la conduite c'est à dire la dispa-rition du collonel (car je n'ai parlé que de cela) il faloit commencer par lui rendre le commandement & ne point paroitre s'être ligué avec les autres officiers, quite à le denoncer ensuite & à quiter le regiment si on vous laissoit un chef à qui vous ne voulussiez pas obeir. En tems de guerre disoit-on un chef pouroit s'absenter soit après des ordres secrets, soit par libertinage, n'importe ses motifs, il revient, quel desordre si on refusoit de lui obeir! à quel chef obéiroit sa troupe? s'en peut-elle nommer un elle même? Non, ils dependent tous d'un chef superieur, c'est à lui à les juger & ils ne doivent pas[3] se juger les uns les autres, l'inferieur ne peut pas juger celui auquel il a été subordoñé. Un homme de tête si ses officiers refusoient de lui obeir sans un jugement préalable les feroient mettre aux arrets &c. Voila ce qu'on me dit, on ajouta que M. Constant avoient mis ses officiers dans leur tort en donnant lieu à une désobeissance ouverte & notoire qui ne pouroit etre aprouvée sans que la discipline militaire ne fut mise trop en danger. Je n'ai pas soutenu alors mon opinion, j'ai dit qu'il pouvoit y avoir dans toute cette afaire des details que j'ignorasse, mais que si cela n'etoit pas[4] il se pouvoit bien que vous eussiez suivi[5] l'equité natu-relle qui veut que tout le monde remplisse son devoir, & qui delie l'infe-rieur de ses engagemens, quand le superieur[6] ne remplit pas les siens, plu-tot[7] que la regle militaire qui lie le chef & le subalterne au souverain à la nation, & veut que l'on obeïsse même à un mauvais chef, & que l'on execute des ordres insensés, tant qu'on n'est pas dechargé de ses obliga-tions. J'ai dit aussi que je vous ecrirois: que vous aviez trop d'esprit & de raison pour ne pas reculer quelqu'avancé que vous fussiez dans un che-min que vous croiriez n'être pas le bon chemin. J'avouai que pour moi j'avois cru jusqu'ici que vous faisiez le mieux du monde & qu'on[8] venoit dc[9] m'en faire douter. ...... C'est assez. Pensez y. Il est bien vrai qu'un soldat qui deserte le plus absurde des capitaines n'en est pas moins puni, parceque le pacte n'est pas entr'eux deux,[10] mais entr'eux & l'etat. Suposé que venant[11] à considerer la chose sous ce point de vue vous en jugeassiez autrement que vous n'avez encore fait, il me semble qu'il faudroit noble-ment & franchement le dire, & ensuite vous quiteriez soit le service soit seulement le regiment, ou bien[12] vous resteriez, comme vous le jugerez à propos.

Ce qui me fait imaginer que ces argumens ci pouroient faire impres-sion sur vous c'est que je pense qu'on ne les aura pas employés & qu'on en aura[13] employé d'autres qui loin d'être concluans ont du vous affer-mir dans votre indignation, & vous roidir dans votre resolution. Tels sont toutes les vaines excuses, toutes les fades indulgences, toutes les conside-ration de parenté, d'interet personel, d'amour du repos de la paix de l'harmonie. C'est votre Cousin – qu'importe · cela le rend-il un meilleur chef?[14] Vous fachez toute sa famille —— C'est contre lui qu'elle devroit se facher & si elle se fache injustement contre moi je m'en console sans peine.

On croira, que votre interet Vous fait agir —— La crainte d'une interpretation odieuse ne changera jamais rien à ma conduite, il me sufit de la pureté de mes motifs & de la conviction qu'en ont ceux qui me connoissent. Il me semble que voila ce qu'on vous dit & ce que vous repondez, & cependant il se pouroit que vous eussiez tort, dans une conduite toute noble ferme franche juste parce que vous n'auriez pas assez consideré[15] la base de l'ordre militaire.[16]

Adieu. Il seroit superflu de vous dire combien je m'interresse à vous. Vous ne voyez bien.[17]

Ce 8 Aout 1788.

625. *De son mari, 18 août 1788*

Mr Ryder[1] chés qui j'ai diné et à qui j'ai lu la lettre de Mr de la Roche[2] ne connoit aucun ours à mener; je l'ai prié de ne pas oublier Mr de la Roche dans l'occasion; Il se propose de partir dans peu de jours pour faire une grande tournée qui le menera à Colombier. Mes Chevaux sont arretés pour Jeudi[3]; j'espere d'etre a Colombier vendredi pour diner; il ne faut pas diner plus tard qu'à l'ordinaire pour m'attendre, mais si je ne suis pas arrivé me garder quelque chose de vos restes. Je dinerai demain a Montrion, Mr Tissot[4] est venu m'en prier tres honnetement. J'ecris ce soir de peur d'avoir des empechemens demain matin. J'ai vendu votre boete[5] à Mercier[6] pour £ 105 de france de plus que Mr Ervare[7] n'en ofroit et Mercier ne me paie que l'or; il va la fondre; vous voiés que je n'avois pas tord de dire qu'il ne faloit pas vendre ces choses la à Neuchatel. J'ai été hier à Mex sur un Charriot de rencontre. pas un Cheval ni une Voiture a louer. Je suis allé à pied de Mex à Penthaz.[8] il faisoit très chaud; je crois que c'est de la que me vient une bètise extreme un vuide de tête que je n'ai pas pu surmonter hier ni aujourdhui.

Je ne repons pas a Henriette parce que je n'ai plus de papier, et que je serai moi même dabord a Colombier

Je ne comprens pas le Couronnement de Mr Necker[9]; est ce un discours sur un sujet donné? sont ce ses opinions religieuses?

ce lundi au soir

a Madame/a Madame de Charriere/par *yverdun*/a *Colombier*

98

J'ai été bien honteux Madame des reproches que vous avés eu à faire à la copie que je vous ai envoyée de vos Phéniciennes,[1] je croyois avoir pris assés de précautions pour qu'il ne s'y glissât pas trop de fautes, mais le desir que j'eus de profiter d'une occasion sure & prompte pour vous la faire parvenir m'engagea à presser le copiste & ne me laissa pas le tems de revoir son ouvrage avec le soin que j'y aurois mis s'il me fut resté plus longtems entre les mains – cependant cétoit le rendre inutile que de ne pas lui donner toute la perfection qu'il pouvoit avoir – Je vous en demande donc mille & mille pardons en vous renvoyant ainsi que vous le demandés tout ce que j'ai pu rassembler de vos variantes dont j'ai grand peur qu'il ne se soit perdu quelqu'une quand la pièce est sortie de mes mains pour aller chés Madᵉ Saurin[2] – Je n'ai rien à dire à la résolution que vous avés prise de faire imprimer votre poëme[3] si ce n'est que je crains que cela ne vous coûte bien de la peine & des fraix, mais je sens que ces considérations ne doivent pas vous retenir si vous avés réellement lieu de croire que par ce moyen vous réussirés à le faire mettre en musique, & à dire le vrai les *knowing ones*[4] de ce pays se trompent si souvent que je ne serois pas surpris qu'ils eussent très mal prophétisé dans cette affaire – Quand je vous vois aller en avant avec tant de courage je suis fort tenté d'espérer que vous viendrés à bout de votre entreprise malgré toutes les raisons bonnes ou mauvaises par lesquelles on a voulu vous en détourner & dont je serai un peu honteux d'avoir été sottement lécho.

J'ai reçu il y a quelques jours le petit paquet que vous m'avés addressé au sujet duquel je suis fâché d'avoir à vous dire *Attendés* Madame *prenés patience;*[5] Mʳ Suard est en campagne & doit en revenir incessamment, je n'ai pas voulu le lui envoyer de peur d'accident, ni rien faire auprès de Messʳˢ des Variétés[6] avant d'avoir sa permission & son avis sur la manière de m'y prendre pour être plus sur de réussir & pour empêcher qu'on ne me renvoye aux Calendes grecques – Pendant cet intervalle Madˡᵉ Delessert[7] a lu votre pièce, qui a paru lui faire grand plaisir, elle trouve que c'est dommage de la donner aux Variétés & il est vrai qu'il y a beaucoup de choses fines & spirituelles qui ne seront peut être pas bien senties à ce Thèatre, mais je n'ai pas pu lui expliquer les raisons que vous aviés de ne pas la donner aux François – Je n'ai aucune nouvelle encore de ces Messieurs, quoique l'on m'avoit promis que j'aurois au moins très incessamment l'opinion par écrit de Madˡᵉ Joly[8] qui a reçu la pièce, en attendant celle des Professeurs qui ne viendra pas si tôt.

Madame Delessert a effrayé tout son monde par une violente attaque de pleurésie qui la prit avant hier matin, mais deux saignées qu'on lui fit coup sur coup & un vésicatoire qui fut appliqué bientôt après la débarrassèrent & le mal s'en est allé presque aussi vite qu'il étoit venu; il ne lui reste qu'un peu de toux qui j'espère ne tardera pas à se dissiper. Quant à sa fille toutes les personnes qui la connoissent me demandent ainsi que vous pourquoi elle ne se marie pas, il semble que son célibat pèse à tout le monde; il n'y a qu'elle même à qui il paroisse ne pas peser du tout, & cependant elle est dans un age ou beaucoup d'autres s'impatienteroient, à moins qu'elles n'eussent formé le plan de renoncer au mariage, ce qui n'est surement pas son projet. On seroit porté à croire en la voyant que son choix est tout fait, qu'elle est sure de le faire réussir & qu'elle attend seulement quelque circonstance favorable pour le faire connoitre. mais qui peut en être l'objet, & pourquoi ne se montre-t-il pas, c'est ce que je ne m'aviserai pas de décider

Pendant que vous êtes tranquillement occupée Madame à faire des comédies à Colombier, il se passe ici des scènes[9] qui ont prodigieusement fixé l'attention, même de spectateurs très éloignés & qui surement ne doivent pas être sans intérêt pour vous, jusques au dénouement que peut être ne prévoit on guères jusquà présent. J'ai une grande confiance en Mr Necker, en sa droiture, en son habileté, en sa tête calme & froide, en sa fermeté, mais je me défie infiniment de l'enthousiasme des François qui leur fait concevoir des espérances absurdes rélativement à leur liberté politique, je me défie de leur égoisme & sur tout de leur amour propre qui lorsqu'il s'agira de s'assembler (si tant est qu'ils y soyent appelés) & de délibérer sur les changemens à faire à leur Gouvernement fera prendre à chacun son intérêt particulier pour l'intérêt général & son opinion dans des choses sur lesquelles à peine aura-t-il pu acquérir quelque notion vague, pour la règle infaillible d'après laquelle on doit établir une nouvelle constitution. J'entends tenir à bien des gens des propos qui tendent à faire croire qu'ils comptent voir à cette occasion non pas une réforme plus ou moins complette des abus de leur Gouvernement mais un changement total de Gouvernement, ils voyent déjà l'autorité du Roi comme beaucoup plus limitée que celle du Roi d'angleterre; ils se figurent les Etats Généraux comme réprésentant parfaitement la nation & comme tenant les rênes de l'autorité, établissans un Conseil permanent, déterminans eux mêmes le retour périodique de leurs assemblées &c. Ils disent que si jusquà présent les Anglois seuls ont eu un Gouvernement qui ait paru raisonnable c'est qu'au pays des aveugles les borgnes sont Rois & ils croyent déjà voir de leurs deux yeux; ils savent qu'il a fallu des siècles à l'angleterre pour établir sa constitution actuelle & ils ne doutent pas qu'ils ne viennent à bout en peu de semaines d'en établir une infiniment meilleure. Toutes ces questions tiennent de près au problème du rétablissement des finances, & j'ai bien peur que la manière de les traiter n'embrouille les affaires plus que jamais

Pardonnés Madame je vous prie tout ce verbiage & recevés les assu-

rances du parfait dévouement avec lequel je suis pour la vie Madame
Votre très humble & très obeiss^t Serviteur

D. DelaRoche

Paris le 4e sept^{re} 1788

627. *De Benjamin Constant, 8 septembre 1788*

le 8 matin a 9 heures

Encore une nuit qui ne reviendra plus! Encore une foule de sensations
eprouvées pour la premiere & pour la derniere fois! l'interet que nous
mettons a notre bonheur est au fond bien ridicule. au lieu de nous occuper a nous preparer des momens qui ordinairement sont bien moins
agréables que nous n'espérions par des ans de peine, nous devrions nous
occuper a dépeindre les differentes parties de notre vie.

cest la réaction du passé & de l'avenir sur le présent qui fait le malheur.
dans ce moment je ne souffre point. que m'importe ce que j'ai souffert
il y a deux heures, ou ce que je souffrirai demain? ce que j'ai souffert n'est
plus, ce que je souffrirai n'est pas, & je m'inquiète, je me tourmente, je
me crève, pour ces deux néans là. quel sot calcul..... quel sot déraisonne-
ment métaphysique direz vous?

Jai été interrompu par une visite qui ma laissé de l'inquiétude. hier
Dimanche il y eut grande Cour. je fus a Linden,[1] & cela fut remarqué.
tout le monde en parle. J'ai peur que le Duc ne s'en offense. il m'a tant
recommandé le secret. mais il auroit aussi du recommander aux oisifs de
ne pas s'occuper de mes mouvemens. je n'ai qu'un seul confident ici qui
en sache quelque chose. si d'autres veulent epier, inventer, exagérer, esce
ma faute. Je ne sai qu'y faire.

mes affaires de finance sembrouillent Diablement. le mois prochain est
l'époque ou quelques uns de mes payemens commencent. mais le mois
prochain je saurai ou est mon pere, & je serai mort ou marié. vous repondez moi[1)] je vous prie. vous ne sauriez croire combien j'ai besoin de support pour ne pas succomber a cette complication d'inquiétudes. je combats, & je réussis mais c'est avec bien de la peine.

o for 300 L. a year, my Minna[2] & a cottage. mon projet d'Amerique
me reste toujours. j'ai devant moi un extrait des political Essays concern-
ing the present state of the British Empire.[3]

pour s'établir en Caroline un homme a pour le moins besoin de 353 £.
5sh. 6s. les dépenses annuelles tout compris sont de 66 £. le rapport de la
premiere année de 67. on a donc de quoi vivre.

en supposant le colon riche de 500 £. & agrandissant son établissement
a proportion, les depenses annuelles seront de 82 £. le rapport de 131, par
conséquent 49 £ de profit clair, plus du 10 pour 100.

en le supposant riche de 750 £. & le tout augmenté en raison de cet accroissement de fortune, le revenu excedera la depense, la nourriture du possesseur non comprise, de 185 £.

en lui accordant 1000 £. le revenu total sera de 308 £, & l'excedent de la recette toujours la nourriture non y comprise de 242 £.

en calculant d'après ma fortune, ou les debris de 3000, 4, peutetre 8, a 9000 £. ne vaut il pas mieux vivre en Caroline que mendier ici. & elle y viendroit avec moi.

Adieu Barbet, cheri, aime moi un peu, aime beaucoup ma Wilhelmine qui le merite. plus je la connois plus je l'aime, plus je lui trouve de qualités aimables & sures, plus je sens qu'il n'est ni bonheur ni repos ni vie sans elle. si mon pere.... God have mercy then upon our souls!

Oui cela seroit doux, si, ma santé un peu remise, sur, par une experience de quelques annees, que ma Minna est heureuse par moi, ma fortune en ordre, l'habitude du travail reprise & cette mélancolie dont je me ressens encore a tous les momens, entierement dissipée, j'allois métablir & devenir Cytoyen & libre dans un pays naissant, dans un des plus beaux climats du monde. l'angleterre seroit un autre plan excellent pour moi, accoutumé aux mœurs, a la langue, aux plaisirs & aux Idées des anglois. mais ces mœurs, cette langue, ces plaisirs ces Idées sont trop etrangeres a ma bonne amie. elle ne s'en plaindroit pas, mais elle en souffriroit. je serois distrait par mille interêts, par mille de ces plaisirs (que j'ai goutés, & que Je comprends sans les regretter) dont les femmes sont exclues, je serois distrait du soin de son bonheur; son silence ne me cacheroit pas ce qu'elle sentiroit: je ne pourrois pourtant faire autrement que tous mes amis, je voudrois peutetre réparer ma négligence par des egards, & une cruelle expérience dont je suis bien faché que vous soiez la victime m'a trop prouvé que des egards ne suffisent pas.

Je vous remercie des conseils Leschaudiens.[4] ma santé est faible plutot que mauvaise. je ne souffre pas, mais le moindre excès, en veilles, surtout en vin, me met a la mort. il y a quelques jours que le vin du Rhin a pensé menvoyer dans l'autre monde. outrecela mon sang est échauffé effroyablement. j'ai des Dartres sur les Bras & les mains & la moindre écorchure s'enflamme tout de suite. mon humeur comme cela est tout simple se ressent beaucoup de ces variations. je suis quelquefois mélancolique a devenir fol. d'autrefois mieux, jamais gay, ni même sans tristesse pendant une demie heure. si vous voyez comme Minna me console, me supporte, me plaint, me calme, vous l'aimeriez. vous l'aimez deja n'esce pas? Il y aura bientot un an que j'arrivai a pied a huit heures du soir a Colombier le 3 octobre 1787. j'avois de jolis momens qui m'attendois[2)] sans que je le susse. cher bon Barbet. combien je te dois & combien je t'aime. tu me le rends, tu nes ni injuste ni ingrat. avant mon Amérique je te reverrai · adieu pour ce moment ci. a ce soir après le jeu dans une grande assemblée.

Je ne m'attendois pas quand je vous disois adieu que je ne vous récrirois que presque ruiné, incertain s'il me reste un sol au monde, si le nom que je porte n'est pas flétri, si je pourrois offrir a ma Wilhelmine autre chose que l'Opprobre & la misère. Le Duc a recu des lettres de Hollande. On ignore ou est mon pere,[5] avant que la sentence fut prononcée il est parti, on l'a cherché pour la lui communiquer, & on ne l'a pas trouvé. il faut qu'il y ait eu des choses horribles pour l'engager a cette inconcevable démarche. Dieu sait ou il est & quelle résolution il a pris. d'un autre coté tout est a vau-leau en France. les Bontems[6] chez qui malgré mes plus instantes prières on a placé 50 000 francs feront surement Banqueroute, mes rentes viagères sont suspendues: J'avois tant supplié qu'on laissât en Angleterre une somme dont je pouvois disposer plus facilement que de ces infames terres que l'on ne peut vendre. & ces terres avec les dettes qu'a mon pere, si quelquévénement facheux donne l'alarme, il faudra les ven-dre incessamment & a perte: & cette Harpie[7] qui gouverne tout! je ne pourrai toffrir Minna que la pauvreté & la dépendance. si nous subsistons ce ne sera que graces a la faveur passagère de quelque prince qui pourra nous outrager ou nous abandonner a tout moment. chaque jouissance sera le prix de lavilissement, & cette idée qui me rendoit si orgueilleux, j'ai tiré ma Minna de l'esclavage sera changée en un sentiment continuel que je m'y suis mis moimême & que Je lui ai oté tous les moiens d'en sor-tir · Il y a dans ce moment ci treize heures que j'avois mes bras autour delle & que je ne pensois qu'au bonheur dont je me croiois certain. je la reverrai demain, mais le sentiment que j'eprouverai sera bien différent. ou est mon pere, au nom de Dieu, ou peut-il être? quelle lubie, quel déses-poir, je m'y perds. planter tout là sans dire mot a personne. vous s'il vous plait n'en parlez pas. boñe nuit.

628. *A son frère Vincent, début octobre 1788*

Je suis extremement aise mon cher frere que la desagreable affaire qui vous occupoit soit finie & arrangée. Vous ne paroissez pas mecontent de la franchise[1] avec laquelle je vous ai dit ce que l'on m'en avoit fait penser, cependant si dans votre cœur vous m'en avez blamée considerez je vous prie qu'après vous avoir si decidement approuvé je me croyois obligée de vous faire part des observations qui avoient ebranlé mon premier sen-timent. Entre M. F de Tuyll & vous je croirai toujours & tout le monde croira[2] que vous avez raison & qu'il a tort. d'un coté une très mauvaise tête de l'autre coté une très bonne, voila dequoi faire pencher prodigi-eusement la balance: il etoit dailleurs bien evident que d'un des deux cotés il y avoit eu une très mauvaise conduite que de l'autre il y en avoit eu

une très courageuse très juste très motivée, & nul doute ne m'etoit venu
sur la sagesse la prudence & la regularité de cette conduite (je veux dire[3]
sa conformité aux regles.) On les fit naitre chez moi, par esprit de chi-
canne peut-être, car l'homme qui me les donna m'avoit[4] contredit auparavant, me contredit après, me contredit si longtems & si lourdement
qu'on admiroit ma patience à l'ecouter, mais enfin le doute naquit &
m'inquieta, j'etois effrayée dailleurs par l'afaire de M. Constant où l'on
disoit qu'il s'etoit donné l'avantage dans une mauvaise cause en faisant
tomber les officiers de son regiment dans l'insubordination.[1] Je crus alors
qu'il etoit possible, non que vous eussiez eu le moindre tort pour le fond,
mais que vous eussiez manqué aux formes, ce qui auroit été[5] plus par-
donnable que jamais dans un tems d'anarchie & de confusion où il etoit
dificile de savoir à qui s'addresser pour obtenir qu'un tort fut redressé &
où les superieurs embarrassés, étourdis, oublioient leurs fonctions & per-
doient leur autorité. Que risquois-je de vous dire mes considerations &
mes craintes. Je vous les dis avec ma franchise & ma vivacité ordinaires.
Je souhaite & j'espere que vous ne m'en avez pas su mauvais gré, même
dans le *innerste*[2] de votre cœur.   Ecrivez moi un peu a present pour mon
plaisir, pourvu que ce soit aussi pour le votre, l'etat des choses, Ce que
fait & dit mon oncle, ce que devient le Collonel &c. Vous voila ce me
semble bien rattaché où vous etes. Si vous y etes passablement bien, c'est
tant mieux. Qui est-ce qu'on vous a donné à la place de M. de Tuyll? car
il est remplacé puisqu'il n'y a point eu d'avancement.

L'affaire de M. Constant a pris une singuliere tournure. A en juger par
la sentence il faut qu'il l'ait bien gatée par ses factums.[3] On dit cette sentence trop douce pour tout le monde cependant elle m'a paru rigoureuse
& etrange ence quelle condamne un homme[6] auquel on laisse sa place
à des demarches qui lui rendent desormais ses fonctions impossibles à
remplir. C'est du moins comme cela que cela se presente à mon esprit. Sa
conduite à lui est encore plus bisarre que le reste. Son fils[4] ne savoit rien
de positif la derniere fois qu'il m'a ecrit · avant hier Verdan receut une
lettre de son domestique qui lui disoit qu'il avoit quité Brunswick[5] & que
je ne devois pas être en peine si j'etois quelque tems sans recevoir de ses
nouvelles. Il est impossible de deviner où cela aboutira. Je plains le fils qui
tout etrange qu'on le trouve aussi a trop d'esprit, une intelligence trop
distinguée, pour n'interresser pas beaucoup. Adieu mon cher frere.

629. *De Pierre Prevost, 7 octobre 1788*

Madame
Je reçois par Mr de Chambrier[1] votre jolie & trop obligeante lettre
imprimée à mon adresse.[2] Je serois trop embarrassé d'y répondre pour

songer à le faire. Ce qui me touche le plus dans tout cet aimable procédé, c'est l'amitié qui vous en a fait naitre la pensée: A cet égard seulement, je ne suis pas en arrière. Pour tout le reste, vous voudrez bien suppléer à tout ce que je ne vous dis point & croire que je n'en suis pas moins sensible à vos éloges quoique leur effect soit de rendre ma reconnoissance muette.

Vous aurez probablement reçû mon *magnétisme*.[3] J'y ai joint *par apostille* une espèce d'*errata* ou de *supplément* que je ferai suivre par occasion. Je m'occupe toujours de physique spéculative & si les circonstances m'offroient ici une chaire dans ce genre, je crois que je la rechercherois. Marié,[4] on devient plus attentif aux vues d'établissement. D'un côté la fixité du séjour, de l'autre la nécessité d'augmenter & d'assurer ses rentes sont de nouveaux motifs ajoutés à d'autres & qui font trébucher la balance.

Pour vous, madame, j'espere que vos succès littéraires en se multipliant, multiplieront les ouvrages qui les produisent. Votre *Calliste* qui a eû dans l'espace d'un an plusieurs éditions (je crois même traductions)[5] répond de la fortune de ses sœurs cadettes. Les *Phéniciennes* sont d'un autre genre & par cela même que c'est une tragédie *lyrique* il est à desirer qu'elle soit jouée & *chantée* pour qu'on la juge. Il me semble que si j'etois compositeur, je croirois faire à coup sûr ma réputation en entreprenant cet ouvrage, mais tous ces Messieurs en *uck* & en *ni* qui partagent à Paris les suffrages[6] se dirigent par des principes qui pourroient bien n'être ni ceux d'Euripide, ni les vôtres. Il n'en est pas moins vrai que mon *poëte favori*, comme vous l'appelez,[7] vous a beaucoup d'obligations & que ses vers me paroissent fort doux dans votre bouche. J'ai beaucoup aimé la manière dont vous avez présenté en raccourci la scène VI. du 1^r acte qui fait partie de la feuille que vous m'avez envoyée. Et justement dans cette scène je trouve deux vers qui sont presque les mieux rendus & dont en votre présence je dois un peu me faire l'application

  Semblable au courtisan qui n'ose en liberté
  Ni louer, ni blâmer, je courbois ma fierté.[8]

C'est, à ce qui me semble, une expression juste pleine de noblesse & d'une heureuse simplicité.

Je souhaiterois, toute crainte de flatter à part, que vous n'abandonnassiez pas Euripide. C'est une riche veine & Racine ne l'a pas épuisée. Il reste selon moi un fort beau caractère à mettre au théatre & que Racine ne me paroit pas avoir heureusement saisi. C'est celui de l'*Oreste* d'Euripide.[9] Ce caractère est d'une sensibilité profonde, il offre des traits nouveaux, & qui pourroient rapprocher la scène françoise de l'heureuse & admirable simplicité du théâtre grec. Je trouve que la nature, quand on l'observe, offre moins d'élans et de convulsions que les françois ne lui en prêtent. Il semblent dédaigner trop ce qui est doux, (en exceptant l'amour seul dont on a épuisé pour ainsi dire les formes). Au reste je raisonne & je converse par écrit comme s'il étoit onze heures du soir & que je fusse à l'hôtel marigny[10] car je n'ai pas la prétention de vouloir déterminer votre choix, si vous entreprenez une tragédie. Je vous offre des réflexions qui peuvent par hazard rencontrer les vôtres.

Ma femme à qui j'avois dit que vous m'annonciez *le divorce de l'hymen avec les muses*[11] (je ne parle pas de celles des vers mais de la prose le plus simple) étoit fâchée de penser que par vôtre arrêt elle étoit condamnée à me priver d'une partie considérable de mes plaisirs. Votre lettre (épître) l'a tranquillisée & comme elle partage tous mes sentimens, elle en a éprouvé un très-vif & très-agréable en y voyant l'expression de l'estime & de l'amitié d'une personne dont les ouvrages lui étoient chers sans qu'elle en connût l'auteur.

J'ai l'honneur d'être avec les sentimens les plus distingués & la plus sincère amitié, (*abstraction faite* du respect &c NB. Les petits développemens délicats) Madame Votre très humble & tres obéissant serviteur

Prevost

Cologny[12] près Genève, ce 7ᵉ 8ᵇʳᵉ 1788.

630. *Charles-Emmanuel et Isabelle de Charrière à Sebastian Francisco de Miranda, 8 octobre 1788*

Monsieur

Les deux villages Catholiques de ce pais sont Cressier et Landeron.[1]

Le Commerce de Neuchatel consiste dans des Manufactures d'Indiennes ou toiles peintes. qui s'envoient en france malgré les prohibitions, en Allemagne, en Italie, en Amerique.

Dans les montagnes il se fait beaucoup de montres pour tous les pais de l'Europe; on en envoie même en Turquie, et les habitans de ces montagnes ont de leurs Compatriotes partout jusqu'à Constatinople.[1)]

On fait aussi dans nos montagnes beaucoup de dentelles de fil et de soie dont l'exportation est considerable.

Le sol produit du vin qui se consome dans le pais même et dans les Cantons de Berne de Soleure et de Fribourg.

On fait aussi dans nos montagnes plus de fromages qu'il n'en faut pour la consoṁation du pais; on vend un peu de Betail

Il entre beaucoup d'argent dans Neuchatel par un genre de Commerce qui n'apartient point au Pais. Mʳ Pourtalez[2] est un des plus grands Negotiants de l'Europe en marchandises des Indes qu'il achete a Londres, à Ostende, &c &c et quil revend a d'autres negotiants sans jamais faire entrer ses marchandises à Neuchatel.

D'un autre coté ce pais ne produit pas a beaucoup près le blez necessaire à sa consomation et il le tire de la franche Comté et du Canton de Berne lorsque la sortie en est permise; on en fait aussi venir d'Allemagne. La Ville de Neuchatel entretient un grenier public et des négotiants font des speculations particulieres.

On fait peu de toiles dans ce pais; [de] sorte que tout ce qui se raporte à l'habillement, au luxe &c se tire de l'étranger.

Voilà Monsieur ce que j'ai pu vous barbouiller a la hate sur ces differens objets; si je parviens à acquerir des informations plus precises, je vous en ferai part; Je vous enverrai aujourdhui si vous restés à Neuchatel, une lettre pour mad^{elle} de Ribaupierre.[3] J'ai l'honneur d'etre, Monsieur, Votre très humble et très obeissant serviteur

Charriere

Colombier le 8. 8bre 1788.

Monsieur le Comte de Miranda trouvera sur la route de Moudon à Vevay un joli petit Lac très poissonneux, rempli surtout des meilleures ecrevisses, & qui s'apellé le Lac de Bré.[4] Un peu plus loin on trouve Chêbres, apellé autrefois Chabiraska à ce que m'a dit M. Muller l'historien de la Suisse.[5] Le[2] Cte R.....sky,[6] (je ne sais pas ecrire son nom) frere de l'envoyé de Russie en Suede[3][7] disoit que la vue à Chêbres etoit trop belle que la tête lui en tournoit, & qu'il y deviendroit fou. Il y a près de là une vieille tour[8] qui a je ne sai quoi de remarquable: je ne l'ai pas vue. Si M. le Comte de Miranda s'arrête à Chebres & qu'il veuille voir Madame la Baillive May[9] femme digne & respectable excellente *agriculteur*,[10] j'ose dire qu'il n'aura qu'à me nommer, il sera receu comme il le merite. Elle lui dira qu'elle a essayé de vivre ailleurs qu'à Chêbres mais qu'elle ne la pas pu. Tout lui paroissoit triste & monotone en comparaison de l'aspect auquel elle etoit accoutumée. C'est au dessous de Chêbres sur la route de Vevay à Lausanne que se trouve à St Saphorin la colonne Romaine.[11] Un voyageur curieux ne doit pas manquer d'entrer dans la tour de Glerolles.[12] Il montera & vera le[4] Lac & le pays avec un plaisir infini si le tems est clair. Ce seroit la peine d'attendre à Chebres un beau jour & surtout une belle soirée.

a Monsieur/Monsieur le Comte/de Miranda/au faucon[13]/a Neuchatel

---

631. *De Barthélemy Spineux, 22 octobre 1788*

Neuchatel, ce 22 8bre 1788.

Madame.

J'ai remis à l'ouvrier convalescent & foible, l'écu en votre nom. Il vous remercie de tout son cœur, & moi aussi. Dieu vous conserve, Madame, & toutes les personnes qui vous ressemblent, pour l'humanité souffrante. Si je me suis quelquefois trompé dans les corrections ou changemens, Madame (qui ont été passablement nombreux), c'est parce que je me suis presque toujours vu obligé de les faire avec précipitation pour ne pas manquer la Messagere ou les exprès: mais en eussiez-vous fait le double & le triple, je vous prie encore une fois, Madame, de croire que je ne me serais ni rebuté ni *ennuyé*. Eprouvez-le par ce qui reste à faire. Tout est imprimé[1] depuis hier, & la demi-feuille & le carton se sechent. Donnez-moi vos ordres, Madame, car je ne veux pas vous embarrasser peut-être en vous envoyant le tout en une masse. Toujours flatté de les recevoir, ce sera avec un grand plaisir, & toute l'exactitude dont je suis capable, que je m'efforcerai de les remplir. J'ai l'honneur d'être avec respect & con-sidération, Madame, Votre très-obeïssant serviteur,

Spineux

632. *A son frère Vincent, 27 octobre 1788*

Ce 27 Oct. 1788.

Nos reponses[1] mon cher frere et nos questions se sont croisées. Vous avez vu que j'etois bien aise que vous eussiez terminé cette afaire je dirai outre cela plus plus distinctement que je vous *aprouve* à cause sur tout du soupçon que vous evitiez par là, d'avoir songé à votre interet. Quoique nos juges dans ces occasions là soient[1)] pour la plus part fort eloignés d'être irreprochables nous ne pouvons souffrir qu'ils ayent dequoi nous accuser je[2)] dis *accuser*, car là se borne le procès onn'est ni condamné ni absous, & on reste sous cette desagreable intention[2] de procès, auprès du public. La reputation est quelque fois *onder hand tasting*.[3] Je dis ceci pour me divertir d'un mot hollandois.[3)] Vous avez donc très bien fait. Le Collonel est heureux de s'en être tiré comme cela. Tant mieux aussi, au bout du compte. Une fois qu'il auroit été puni comme il le meritoit vous auriez dit, il m'en fache pourtant, il etoit foible il n'etoit pas mechant gaté dès[4)] son enfance, malheureux dans son mariage, ayant avec une mauvaise tête d'ardentes passions jamais il n'a bien su ce que c'etoit que devoir, regle stricte, & il auroit été aussi indulgent envers les autres qu'envers lui même.   Voila une bonne chose qu'à fait Reede[4] de vous avoir aidé là dedans, & mon frere ainé vous a bien conseillé.

Un mot sur votre fils. N'attendez pas de moi un gouverneur pour lui. L'homme dont nous serions contens est un Phenix il se trouveroit si difi-cilement que je puis dire qu'il nese trouvera point. Voici ce que je vous conseille: songez bienàce que vous voulez que soit votre fils. Officier ou autre chose, hollandois ou autre chose, homme solidement instruit, ou aimable homme & cela decidé songez aux moyens: l'education publique malgré tous ses inconveniens est preferable a beaucoup d'egards si l'on veut du savoir & du caractere. Ayez un but & pour l'atteindre passez par dessus les dangers car il y ena partout & les educations incertaines & vacillantes sont je crois les pires detoutes.

Que dit-on[5)] du 20ste penning?[5] J'ai eu ici le Cte de Miranda[6] noble Mexicain qui etoit à la haye lors de l'afaire de M. de St P.[7] Selon ce qu'il m'a dit cet ambassadeur est inexcusable. Il n'est pas très impartial à la verité. Je n'ai pu deviner quel est l'homme que vous indiquez par[6)] des lettres initiales. Qu'est-ce[7)] ma sœur fait de sa fille Belle? Agrim[8] est-il marié? Que dit-on de M. Constant? Il y a une fort bonne pension à Kensington près de Londres. J'ecrirai à M. de Salgas de vous envoyer ce qu'on a publié du Chev. Paulet & de ses eleves.

J'ai[8)] deja ecrit dans ce moment à M. de Salgas & je lui envoye un chiffon de papier[9] que j'ai ecrit pour me divertir & qui vous parviendra avec le journal.

A Monsieur/Monsieur le Baron Vincent/de Tuyll de Serooskerken/Lieutenant Collonel de Cavalerie/A *Utrecht*

M. de Tuyll au Chevalier Paulet.

Monsieur je suis gentilhomme & lieutenant Collonel je voudrois feindre la misere &[9)] vous envoyer mon fils pour être eleve dans votre admirable institution, je ne le peux pas; cette education gratuite lui seroit reprochée, mais voulez vous le placer dans une maison voisine de la votre lui donner des maitres veiller[10)] sur[11)] ses mœurs &[12)] sa santé & permettre qu'il se baigne avec vos eleves qu'il[13)] fasse des armes & de la musique avec eux? Vous pouvez juger quelle seroit ma reconnoissance. Il a   ans, il a eu la petite verole il est sain bon & docile, il sait lire & ecrire en Hollandois, à quel age voulez vous que je vous[14)] le mene?

633. *A son frère Vincent, 5 ou 12 novembre 1788*

Quand j'ai ou crois avoir quelque chose à dire[1)] à quelqu'un qui m'interresse je n'attens pas les reponses comme vous le voyez mon cher Vincent. Le Grand Chaillet a été ici pendant quelques jours, nous avons parlé de vous & de votre affaire. Il a trouvé votre conduite vis à vis du Colonel si non parfaitement reguliere du moins très naturelle. Si vos superieurs avoient [fait][2)] leur devoir, d'autres que vous auroient pris connoissance de sa desertion, personne de s'en[3)] mettant en peine il etoit fort naturel que vous & vos officiers vous debarassiez[4] d'un chef qui avoit cessé de l'être par sa seule volonté & dans un moment critique: enfin il ne vous blame pas de ce que vous fites alors & vous aprouve de ce que vous avez fait depuis en ne poussant pas l'afaire à toute riguer, & cela à cause du soupçon d'interet personnel qu'il faloit prevenir ou detruire.   Nous avons parlé aussi de votre fils il doute que le Chev. Paulet voulut consentir à ce que j'avois imaginé, mais nous trouvions mille moyens de le joindre à cette education gratuite sans quelle fut gratuite pour lui. Faire un present en livres, en cartes geographiques, ou bien prenant le Chev. Paulet par ses bonnes intentions mêmes, lui dire, si vous acceptez telle somme en me renvoyant mon enfant vous pourez vous donner un ou deux eleves de plus; c'est comme si me joignant à vous pour un[5] très petite part je fondois une ou deux places dans votre excellente institution. M. Chaillet trouvoit qu'à mettre votre fils avec les autres & precisement comme eux, même habit même table l'avantage etoit beaucoup plus grand parce que l'egalité l'habitude & le sentiment de l'egalité est le fondement de l'équité & même de l'honneteté & du bonheur. J'ai eu ici un un[6] Allemand de Dillenburg[1] je l'ai questionné sur les institutions de son paijs; il m'a dit qu'il y avoit un très bon college à Herborn[1], un autre à Idstein[1], un[7] excellente pension à Neuwiet, (vous m'en avez parlé) mais que les mœurs etoient en grand danger dans ces endroits là à moins qu'un jeune homme n'eut un surveillant, une espece de precepteur bien honnête homme. Comme tout est à bon marché dans ce pays là peut-être y pouroit-on trouver l'homme dont on auroit besoin sans que cette éducation[8] devint fort chere. Il m'a dit qu'il etoit impossible de ne rien aprendre dans ces colleges, tant l'aplication y est severement exigée.[9]   Ce seroit bien la même chose en Angleterre & il n'y a rien que je preferasse à Eaton avec un precepteur (si ce n'est M. Paulet) mais je crois qu'il en couteroit horriblement. A Eaton où il y a quelque centaines d'ecoliers d'excellens maitres l'emulation doit être très grande & l'instruction y est parfaite.

Neuchatel, car vous croyez bien que j'ai pensé à Neuchatel, seroit très cher aussi. Il s'y etablit de très bons colleges, mais la quantité d'etrangers qui y sont attirés par diferentes causes, & le commerce & le luxe de quelques familles que le commerce enrichit y rendent la vie très chere. Reste l'Ecosse ou je pense qu'on pouroit placer un enfant chez quelque ministre de village. La vie y est simple, les mœurs honnêtes le clergé fort instruit. Si je voulois[10] que mon fils fut Hollandois dans ce moment-ci, je le ferois un peu allemand ou anglois; il seroit à l'unisson du parti qui domine; si ce parti me deplaisoit trop je le ferois un peu françois afin qu'il put l'être un jour tout à fait. Il est bien sur que chez nous la liberté est sur le soir, & qu'en france elle est à son aurore.   Il y a à Brunswick un Monsieur Emperius[2] professeur homme de beaucoup d'esprit & de merite qui sait outre l'allemand & les langues savantes le françois & l'anglois peut-être prendroit-il chez lui un enfant bien né & aimable, si vous le vouliez je pourois le lui proposer; il feroit peut-être donner les premieres instructions par un maitre ordinaire mais diner souper se promener avec un homme comme celui là est une instruction continuelle & devient une education distinguée. A present j'ai fini mon cher frere. Avec un homme de votre dicernement on ne doit pas conseiller mais seulement offrir des idées &[11)] faire penser a toutes les choses parmi les quelles il faut choisir. M. Chaillet le ministre neglige singulierement ses enfans, soit paresse soit irresolution il ne decide sur rien par raport à eux. Son impatience avec son fils[3] le rend un fort mauvais maitre pour les choses qu'il entend le mieux; heureusement M. de Charriere lui enseigne l'algebre après lui avoir très bien apris l'arithmetique sans quoi le pauvre garçon sauroit lire & rien de plus. il faut avouer qu'ayant la tête bonne pour le calcul il l'a fort dure pour le latin. Mon ecriture est horrible dans ce moment parceque ma main est presque gelée. Je ne sens pas ma plume tant j'ai froid.

Ce Mercredi je ne sai le quantieme Novembre 1788

Mille amitiés à ma belle sœur.[12)]

A Monsieur/Monsieur le Baron Vincent/de Tuyll de Serooskerken/Lieutenant Colonel de Cavalerie/A *Utrecht*

634. *A Jean-Pierre de Chambrier d'Oleyres, autour du 5 novembre 1788*

Je me flatte Monsieur que la[1)] fin de mes Pheniciennes vous est parvenue. J'ai ecrit à Spineux de vous l'envoyer au sortir de la presse. Si M. Prevost avoit les premiers droits aux Pheniciennes manuscrites, vous les aviez aux Pheniciennes imprimées. Je les envoye aujourdhui à Mosart[1] chez l'archevêque de Saltsburg.[2] Je voudrois les envoyer à Sarti que je croyois à St Petersbourg. M. le Cte de Miranda Noble Mexicain[3] m'a bien dit qu'il etoit allé faire un tour à Athenes[4] d'après ses conseils & parce qu'on y trouve des debris de l'ancienne musique Grecque, mais les Turcs[5] pouroient lui avoir fait[2)] rebrousser chemin. S'il se presente un[3)] occasion pour Turin ou pour paris il me[4)] semble que je pourois faire prier un ministre soit de l'imperatrice soit de l'empereur de faire parvenir les Pheniciennes à M. Stahl[6] secretaire d'ambassade de l'empereur à Peterbourg. Dans le premier cas ce seroit à vous Monsieur que je prendrois la liberté de m'adresser & je vous enverois la piece. Vous m'avez accoutumée à vos bontés de maniere à m'inspirer une confiance qui si je n'y prenois garder[5)] pouroit devenir indiscretion. Quant à Cimarosa & Paesiello[7] tout habiles qu'ils sont nous ne leur dirons rien: L'un n'entend pas le françois l'autre est trop accoutumé aux pieces comiques.

635. A Jean-Pierre de Chambrier d'Oleyres, 7 novembre 1788

a Colombier ce 7ᵉ nov. 1788

J'avois commencé à vous ecrire Monsieur avant d'avoir receu votre lettre, comme vous le verrez par le chiffon ci joint[1] J'aurois pu continuer au lieu de recommencer mais vous vous[1)] seriez impatienté en lisant ce sproposito,[2] où parlant de toutes les mêmes choses dont vous me faites l'honneur de me parler je ne repons neanmoins à rien. Cela ce seroit eclairci au bas de la page mais s'impatienter du haut d'une page jusqu'au bas c'est beaucoup trop & vous meritez bien de ma part que je vous epargne ce desagrement. M. Prevost[3] m'a ecrit ainsi qu'à vous, mais pas bien vivement ni avec bien de l'engouement. C'est dommage que vous ne l'ayez pas vu. Il est aussi singulier qu'interressant. Certainement il a beaucoup de savoir de discernement & de tact, mais il semble toucher du bout du doigt toute chose & n'empoigner jamais rien. Un melange de modestie de subtilité d'irresolution fait qu'il met toujours la restriction et[2)] le doute avec l'assertion. Il avance & recule presqu'à la fois. Mon Dieu que cela etoit plaisant vis a vis d'un avocat françois volubile & tranchant qui saisissant tantot le oui, tantot[3)] le non, de M. Prevost, n'etoit jamais au point juste & croyoit toujours entendre ce qu'il ne disoit pas. Monsieur Prevost aideroit donc très bien a apercevoir & assez mal à juger. Il voulut que je fisse le jugement sur[4)] l'Electre d'Euripide à la suite de sa traduction,[4] et peu content de ce que j'avois ecrit d'abord & ne voulant pas pourtant que je le jettasse au feu il me mit dans un tel etat de peine & d'impatience que tout en corrigeant & recrivant je pleurois sans qu'il le vit. Tout ceci est entre nous je vous en prie. J'estime & j'aime Mons. Prevost. Il est d'une bonne foi & d'une delicatesse rares, il est bon, doux, sensible; c'est grand dommage qu'il se soit marié ce qui sied toujours assez peu à un homme de lettres & ce qui lui donnera particulierement à lui, cent petites entraves qui reduiront ses demarches & ses resolutions à des fractions infiniment petites; Voila moins ce que je crains.

Parlons un peu Monsieur de vos protegées, les heureuses Pheniciennes (heureuses en ce que vous les protegez.) Vous pouvez les envoyer où il vous plaira je vous en serai très obligée & je ne doute pas qu'avec le secours de de M. de ....pouf[5] (Je n'ai pas votre lettre devant moi d'où je puisse copier son nom) je ne doute pas que Cimarosa ne put les entendre. Si Sarti est à Petersboug on pouroit lui en parler aussi. Sarti est un très habile homme. J'enverai à Geneve deux emplaires des Pheniciennes pour vous être envoyées, car je voudrois bien que vous en gardassiez un, &

peut être voudriez vous bien en envoyer deux à Petersbourg dont l'un à M. Stahl Chanoine de Spire attaché à l'ambassade de l'Empereur. Si quelqu'un pouvoit me dire où es Graun[6] (en suposant que c'est Graun qui a fait la mort de Jesus.) je lui en enverrois aussi un exemplaire Et tout cela n'est point un mauvais procedé pour Mosart car outre qu'il ne fera peut-être point du tout cette musique je lui ai dit, ce que j'ai eu l'honneur de vous dire, que je cherchois Sarti & Graun pour leur faire connoitre les Pheniciennes ainsi qu'à lui. Tout ce que vous dites de votre ancien Colegue, de sa position auprès de sa souveraine, du gout de cette souveraine & de la position de Cimarosa me fait penser que ce pourra[5] bien être[6] lui qui tentera le premier cette entreprise. Vraiment elle n'est pas petite. Il faudrait pour bien faire que dans beaucoup d'endroits on ne fit que notter la declamation d'un bon acteur, & les Chœurs qui ne sont pas uniquement en lieux communs comme a l'ordinaire demanderoient une grande perfection. Si deux musiciens pouvoient être très bons amis j'aimerois à les voir travailler de concert,[7] l'un faire les morceaux d'ensemble, l'autre le recitatif & le chant,[8] comme je ne sai qui faisoit les figures & les animaux dans les paysages de Van de Velden.[7] Enfin voila les Pheniciennes bien protegées bien recommandées, qu'elles fassent leur chemin, lasciamo le andar[8] &c Je fais comme M. Prevost j'efface avec mon doigt cet *&c* qui me paroit un peu vain: il ne faut pas compter si absolument sur le *buon viaggio*. Nous avons parlé de cette souveraine qui aime l'ancienne Grece & ne dedaigne pas même la Grece degenerée · cela me rapelle son ministre en Suede[9] dont M. de Miranda m'a assuré qu'il n'intriguoit point du tout & que c'etoit un très galant homme. C'est sur les intrigues des Ministres d'un grand Roi qu'il racontoit de bonnes histoires, un soit disant Chirurgien espionnant jusqu'aux cuisines à Philadelphie &c; il en poura faire autant à Londres à present.[10] Ce Comte de Miranda est un homme extraordinaire. Sa soif de connoitre (ou pour mieux dire ce qu'elle lui a fait faire),[9] sa vivacité, sa prodigieuse memoire me le faisoient ecouter avec un extreme plaisir. Il y a des gens qu'il fatigue mais moi au bout de deux jours j'aurois voulu le garder encore deux fois aussi longtems. Il vient de Petersbourg il venoit de Constantinople; il a demeuré chez Washington;[11] il a vu le Comte d'olavidès recevoir sa sentence.[12] Je suis fachée de ne lui avoir pas demandé s'il avoit vu M. Bernouilli.[13] a propos n'oubliez pas, vous qui avez la main si bonne, n'oubliez pas[10] le pauvre Girardet[14] qui meurt presque de faim (à la lettre de faim, il a été très malade de pur besoin) dans la glorieuse & toujours triomphe[11] armée de ...... on me dit hier que malgré 8 Louis que lui avoient envoyés ses parens il ne savoit que devenir, comment subsister. Voila la lettre qui me previent en sa faveur, & celle qu'il m'ecrivit en suite pour me remercier d'une bonne volonté qui a été jusqu'ici bien sterile car M. Constant à qui j'ecrivis d'en parler au Duc de Brunswic[15] ne le put pas alors & n'y aura peut être pas songé depuis, ou s'il a pensé & parlé il n'a rien obtenu.

Adieu Monsieur recevez mes remeciemens[12] de tout ce que vous voulez bien faire pour moi. Le constant interet que vous me montrez me touche & me flatte, & je vous le rens de tout mon cœur.

T. de Charriere

636. *A Jean-Pierre de Chambrier d'Oleyres, 6 décembre 1788*

a Colombier ce 6 Dec. 1788

Les Pheniciennes cheminent vers leur protecteur & soutenues par sa protection elles pouront faire heureusement le voyage de Russie. Cimarosa en vaut deux s'il est aussi brillant dans le Chœurs aussi fort pour l'harmonie que ceux de sa nation tous ceux qu'on admire[1] ne manquent jamais de l'être pour l'agrement du chant. Ce Van de Velde en musique fera lui même ses figures & il n'y aura que plus d'ensemble dans le tableau. Je vous remercie Monsieur de cette heureuse idée comme de vos autres bontés. Vous aprendrez de moi le sort des Pheniciennes auprès de Mosart, moi de vous la fortune qu'elles feront auprès de M. de Josapoff[1] & auprès de Cimarosa. Tout ce qui entretiendra notre correspondance me fera un vrai plaisir & je tacherai de n'être pas trop indiscrete.

Il me paroit bien sur que le C.te de Miranda est ce qu'il dit être & dans ce sens là il n'est pas un aventurier. Mais je crois qu'il s'est un peu sauvé d'Espagne[2] : il hait l'inquisition & le despotisme & avoit dit & peut-être fait ce qu'il faloit pour les redouter. a l'entendre on ne doute pas qu'il n'ait été hardi & imprudent dans ses discours, & peut-être ne dit-il pas tout cependant. mais moi je le croirai un honnête homme jusqu'à ce que je sache le contraire. Il est vif fougueux même, plaisant, instruit, s'interressant à tout & n'oubliant & ne dedaignant rien. J'ai vu des gens qu'il fatigue plus qu'il ne les amuse, mais j'ai la tête assez bonne pour n'être pas aisement fatiguée, dailleurs je suis payée pour être indulgente envers ceux qui parlent quelque fois trop & avec trop de de[2] feu.[3] Si l'on venoit a me fatiguer je dirois ce n'est qu'un rendu. on trouve aussi qu'il parle trop du despotisme de la superstition &c mais ce qui est lieux comuns pour nous est tout autre chose pour ceux qui qui[3] en ont été les victimes & qui craignent de l'être encore. De quoi veut-on que parle un miserable prisonnier si ce n'est de l'horreur de sa prison ? s'il ennuye par là ceux qui le vont voir il est un peu dur de le lui reprocher. M. de Miranda[4] declame donc[5] contre ce qui l'a chagriné en Espagne, & il ne declame guere moins pour l'Imperatrice de Russie. On[6] trouve son enthousiasme excessif. Je ne sai si on a tort ou raison ne connoissant pas Catherine. Le Comte n'a point l'air d'un homme qu'elle auroit très particulierement favorisé, mais

bien d'un homme qui auroit été très flaté du bon accueil qu'elle lui a fait.
Cela seroit bien un peu badaut, mais qu'y faire? Peu de têtes tiennent contre les cajoleries des grands. A propos de grands & de cajoleries j'ai lu ces
jours ci avec un extreme plaisir les lettres du Roi de Prusse à Voltaire.[4]
On peut bien à la rigueur ne faire que parcourir celles qu'il ecrivoit etant
Prince Royal, & on ne lit qu'une fois la plupart de ses vers, mais on lit
& relit tout[7] le reste. Si vous n'avez pas encore fait cette lecture je vous
en promets Monsieur un très grand plaisir. Pour ce qui est du poëte &
de ses lettres, c'est de la gentillesse d'esprit[8] de la grace de la malice de la
rancune de la puerile vanité de la bassesse de la hardiesse tellement melées
qu'on aime & hait qu'on admire & meprise, qu'on s'indigne & qu'on rit
tour à tour & presqu'à la fois. J'aime mieux le Lion malgré ses griffes
quelquefois cruelles que le rat, comme il s'apelle lui même ou l'aspic
comme l'apelle le Lion. Je suis si vaine pour mon sexe des lettres de la
markgrave de Bareith[5] que je les lis à tout le monde. Je n'ai jamais rien
vu d'une femme qui prouve aussi completement que nous pouvons être
tout ce que sont les hommes. On dit que Sapho l'avoit prouvé quant à
la poesie, la markgrave le prouve quant au grand & bon esprit, c'est donc
un procès jugé. Je crois que les Hesse, les Br.[9] les W.[10] &c &c tant ceux
qui vivent que ceux qui sont morts auroient pu se passer d'être dans ce
recueil, & que M^{rs} de segur de Broglie de Maillebois[6] aimeroient autant
que sa Majesté n'eut pas fait mention de m^{rs} leurs peres[11] mais que dites
vous de l'*intrepide philosophie* du banderet ostervald?[7] que dites vous du
Roi qui dit[8] que vouloir[12] faire a Neuchatel un conseiller d'Etat sans
l'aprobation du sinode seroit[13] se compromettre inutilement? Est-ce
ignorance est-ce une mauvaise defaite?[9]   Puisque Voltaire ne cesse
d'importuner Frederik pour le[14] *gentilhomme* de Morival camarade du
Chevalier de la Barre[10] (car ce philosophe est fou des titres) moi je puis
bien vous importuner encore un peu pour le pauvre Girardet. Je ne vous
dirai pas tantot que son oncle est chevalier de Malte tantot qu'il est Chevalier de St Louis, mais je vous dirai que le Capitaine Begeling[11] du val
de St Imier, l'a *vu* le printemps dernier presque perclus & marchant aux
bequilles, je vous dirai de plus qu'il *ecrit* en *allemand*, en *ecriture allemande*:
j'ai fait venir sa tante,[12] je l'ai questionnée expressement, distinctement,
elle a afirmé ce que j'ai l'honneur de vous dire. Je vous envoye la lettre
qu'elle me donna & qui m'a fait pleurer. Si, mal gueri de ce qu'il a souffert
l'hiver dernier il a un rude hiver à suporter je ne pense pas qu'au Printems
il puisse encore importuner personne Son adresse etoit[15] n'a guere *officier
dans le bataillon suisse à Magdebourg*[13] Si le bataillon a marché ceux à qui
vous aurez la bonté d'ecrire sauront sans doute où le trouver, priez les de
ne pas perdre de tems s'ils font tant que de vouloir faire quelque bien à
ce malheureux jeune homme; car autrement leur bienveillance n'aura
qu'un mort pour objet. Si tout de bon on fait la guerre & que le Duc[16]

de Brunswick commande l'armée *de Girardet*[17] je me hazarderai à lui ecrire. Au bout du compte ces messieurs là peuvent lire une lettre comme nous autres & suposé[18] qu'ils dedaignent celles que je leur ecrirai je ne m'en soucierai point du tout. Je me suis aprochée de leurs personnes sacrées hier & avant hier en lisant leurs lettres & si j'avois eu quelque petite badauderie elle se seroit passée. Il n'echappe que deux ou trois petits mots de grand Seigneur au Roi de Prusse, dans tout le cours d'une longue correspondance; c'est quand il parle de Mlle Poisson[14] & quand il veut que le Docteur Tronchin & non le Prince Ferdinand malade, fasse le voyage[15]: mais le Docteur ne bougea pas. Mais je suis folle! ou vous ne m'entendrez pas faute d'avoir encore lu ces lettres ou vous savez ce qu'elles contiennent beaucoup mieux que moi. Soyez indulgent Monsieur autant que vous etes bon obligeant & mille autre choses que je n'ose dire de peur de me donner un faux air de flaterie. Je vous salue très humblement.

T de Charriere

Personne n'ayant besoin ici de la lettre de Girardet il sera inutile de me la renvoyer.[19] L'encre d'ailleurs en est si blanche que dans peu de jours on ne poura plus la lire.[20]

637. *De Benjamin Constant, 12–14 décembre 1788*

[   ]
telle fut par exemple la cause de mon silence a la question répétée au moins cinquante fois, sur l'arrivée des lettres parties a différens jours. cette question étoit bien intéressante pour l'arrangement de notre correspondance, mais elle n'avoit aucune liaison avec les sentiments qui m'occupoient en vous écrivant & comme c'etoit un fait isolé, je l'oubliais toujours. pour ne pas l'oublier encore une fois je vous dirai que la lettre que vous m'avez écrite Lundi 1er est arrivée Vendredi 12, & dans la suite je vous manderai l'epoque de l'arrivée de celles du mardi & samedi, a mesure que je l'observerai. Bonsoir.

ce 13.

Je ne sai si vous avez raison de m'accuser de manquer de franchise. au moins saije qu'avec personne je ne lai été (franc) autant qu'avec vous. vous me direz que c'est une preuve que la franchise ne m'est pas naturelle ou que mon education m'a accoutumé a la défiance et a la mauvaise foi. Je crois encore que vous vous trompez. Je suis très défiant cela est vrai, mais en même tems très franc, je dis ordinairement ce que je pense & sur les choses & sur les gens. depuis quelque tems je me contiens, mais il m'est

& je le sens tous les jours impossible detre faux. je crois que ce que vous avez pris pour misteriosité[1] chez moi etoit hauteur. car la hauteur fait si je ne me trompe une très grande partie de mon Caractère: & la prétention de tout savoir, comme celle de me conseiller, me révolte malgré moi. vous rappellez vous, quand Mc Chambrier[2] invita Mr de Charrière & le chargea de m'inviter pour une partie de quinze:[3] vous m'écrivites de votre lit au mien un joli billet pour me dire que vous vous attendiez a etre preferée a cette partie, ayant ma promesse. eh bien! je vous aimais beaucoup, je vous aurais sacrifié beaucoup plus, mais l'idée que vous vous attendiez a ce sacrifice me fit presque désirer de tromper votre attente. de la même maniere je déteste un aveu que l'on exige, auquel on croit avoir un droit. avec Minna même, je me suis surpris gardant sur les choses les plus indifférentes un ridicule silence, qui venoit de ce que je ne pouvois a mes propres yeux me plier a lui rendre compte de quelque chose. je ne le lui ai pas avoué, & elle ne s'en est certainement pas appercue, car jai vite réparé ma faute. mais ce sentiment & lintention avoient existé. c'est un malheureux caractere, qui se modifiera entre les mains de ma Wilhelmine, d'autant plus aisément quelle ne le connoit pas en entier, que par conséquent je serai engagé a me vaincre pour lui epargner de désagréables surprises, enfin, qu'elle ne formera point de plan pour me corriger & ne blessera par conséquent pas mon sot amour propre.

ce 14.

un très gros rhume dont, pour me servir du Dialecte Bronsvicois je *jouis* depuis hier & que j'ai *gagné* avant hier au soir fait que je me réveille ce matin avec un si grand mal de tête qu'il me *sera force* d'abreger ma lettre, plus que je ne comptois. je la continue pourtant, lentement parceque je ne puis écrire longtems de suite: mais j'ai encore cinq cent choses a vous dire, & comme je ne vous écrirai plus cette année je voudrois vous les dire toutes a présent. quand une fois mon mémoire[4] sera fait, notre correspondance recommençera avec son abondance & sa fécondité première. jusqu'alors je ne puis me livrer a vous comme je le voudrois. vous me demandez de quoi parler dans vos Lettres, de tout, excepté de mon pere & de son affaire actuelle. c'est le seul article defendu. vous ne pouvez rien me dire ladessus d'important, & tout ce que je m'en diriez me seroit désagréable. ce n'est pas a Colombier que vous pouvez juger d'une affaire qui se décide a la Haye, & votre sentiment ne peut être d'aucune conséquence. ainsi n'en parlez jamais, je vous prie instamment; de mon coté je ne vous en ennuyerai pas. du reste, je lirai toujours avec plaisir tout ce que vous m'écrirez sur vous, sur moi, sur les choses qui vous occupent ou vous frappent: votre esprit, lamitié que j'ai pour vous, me rendront toujours ces détails chers. je ne sai si je vous parle un langage inintelligible. j'en ai peur. vous ne croyez pas aux amitiés partagées, ni a la reconnois-

sance, vous avez tort. au moins sens je le contraire. je puis très bien aimer
mon pere, m'occuper de lui, & oublier pendant que je travaille a sa
défense, tous les autres intérets qui me touchent, aimer ma Minna, &
quand je suis près delle ne penser qu'a toutes ses Qualités aimables & esti-
mables & au bonheur paisible qui mattend, vous aimer, & lorsque je vous
écris me retracer vivement & tendrement les momens que nous avons
passé ensemble, admirer votre esprit, cherir votre sensibilité, pardonner
votre inégalité & votre inconséquence, & penser que quoique vous ne
soiez faite ni pour jouir d'un bonheur de plusieurs jours ni pour le donner,
vous l'etes pour inspirer les sentimens les plus vifs, & pour gouter & procurer les jouissances les plus délicieuses. je vais plus loin, je puis aimer mon
oncle,[5] malgré ses amitiés collectives, ses nous nous aimons, son humeur,
&c, & pardonner a celui qui defend mon pere, souvent par des moiens
faibles & gauches, mais avec les meilleures intentions, Laure, le Catéchisme de morale,[6] sa seconde femme,[7] &c.

Vous m'avez fait le plus grand plaisir & je crois que vous avez bien fait
pour vous cõe pour moi, en ne publiant pas nos différends. ne donnons
pas cette petite jouissance a ceux qui ont envié & ridiculisé notre liaison.
ces différends n'existent plus jespere, au moins ne tiendra-t-il pas a moi
que jusqu'a leur souvenir soit effacé. leurs causes ne reparaîtront [   ]

638. *De Georges Chaillet-de Mézerac, 14 décembre 1788*

Lyon 14 Décembre 1788

J'ai cherché & je ne puis deviner Madame, le motif particulier de la
satisfaction que vous avés eue à notre causerie & j'espère que vous me
l'ecrirés, car je me creuse l'esprit en vaines conjectures.

J'ai eu moi beaucoup de plaisir à Vous revoir, à me retrouver le matin
au point du Jour dans Votre Chambre. Je vous remercie de l'accueil que
vous m'avés fait & je regrette maintenant bien davantage d'Etre confiné
a Lyon pendant que vous êtes à Colombier. Il est en vérité facheux d'etre
toujours entrainé par des motifs pécuniaires & de ne pouvoir jamais suivre son gout & sa Volonté.

Mr Constant me paroit un étrange homme, cependant puisque ses lettres vous amuseunt c'est égal, mais quoique je ne le connoisse que par
Vous je crois que je ne l'aime pas & je serois disposé à le juger sévérement.

On n'a point encore Icy les Lettres du Roy de Prusse, je suis impatient
de les Lire, je présume qu'elles font partie de ses œuvres posthumes,[1] que
j'ai vû sur une annonce de Genève & je pense que la Markgrave de
Bareith est aussi dans le même ouvrage.[2] Il est a souhaiter qu'il n'y ait rien
qui nous en interdise la lecture dans ce pays.

Adieu Madame, souvenés vous de grace de la promesse que vous m'avés faite de me donner quelques fois de Vos nouvelles.

quand paroitra Votre discours académique[3] je suis impatient de le voir.

Madame/Madame de Charriere née/Baronne de Tuyll/A Colombier/*par Yverdon en Suisse*

639. *De Charles de Chaillet, 1789*

vendredy matin

Madame

Voudriez-vous avoir la bonté de m'envoyer l'histoire de Jeannette Raimond,[1] afin que je puisse en tirer une copie. Cette petite histoire a tellement fermenté dans mon imagination, que je desire fort de la posséder; & certes, je ne trouve pas qu'il soit déraisonable ou étrange de se soucier d'une histoire tout à la fois belle & bien écrite. Cette vertu sans aprêt me semble bien plus aimable que la grossière, romanesque & sauvage vertu de quelque Lucrèce. Je me représente Jeannette Raimond sage & habile come Minerve, belle & gracieuse come Vénus sans avoir la jalousie de l'une & la p.........[2] de l'autre: enfin je ne vois en elle qu'une femme tellement accomplie, qu'aucun homme ne mérite l'honneur de lui plaire: mais enfin, puisqu'il faut qu'elle soit grande dame & non pas petite servante pour que sa vertu anime la nature d'une douce lumière, je desire qu'elle se marie à quelques Seigneur noble, riche, puissant, vertueux, sçavant sans le paroître, adoré de ses vassaux, & son très humble & empressé serviteur, come j'ai l'honneur, Madame, d'être le votre

Charles Chaillet.

a Madame/Madame de Charrière/à *Colombier.*

640. *A son frère Vincent, 9 janvier 1789*

Qui ne seroit contente mon cher frere d'une lettre aimable & pleine de sens telle que celle que j'ai receue de vous? Sans doute vous avez raison, *van de kat uyt de boom te gaan zien.*[1] Ces proverbes Hollandois me font un certain plaisir que je ne saurois rendre. Je fus toute vaine l'autre jour de savoir encor dire à M. Hœuft[2] à l'egard de son pere: on diroit en hollande *hy is gesond van harte.*[3] Ce pere est impotent. Le fils qui la accompagné dans ce pays & qui est retourné dans le sien m'a paru aimable & sensé: sa phisionomie est noble & ouverte. Il est fils de M. de Heemstede.

Si vous le rencontrez arrangez vous sur ce que je viens de vous dire. Il est notre parent. Vous avez donc bien fait d'aller à la haye. Vous faites bien aussi de vous en tenir avec les sœurs, neveux & nieces du colonel[4] aux civilités d'usage & de les laisser après cela suivre leurs bonnes ou mauvaises impressions. M^e d'Athlone reviendra. Quant à Me Bentinck je ne puis rien dire. Son fils Jean[5] est un petit animal qui finasse & se croit fin. Vous etes heureux qu'il vous favorise de son couroux. Je m'imagine que sa femme est une mediocre petite personne. Agrim[6] n'est pas un aigle non plus, à moins qu'il ne le soit devenu ce qui n'arrive guere. On nait Aigle ou autre chose & on reste la spirituelle ou la sotte bête que l'on est. a propos je vous prie de lire les œuvres posthumes du Roi de Prusse,[7] non ses vers, ils sont trop mauvais, mais toute sa prose. Pour en revenir à vous & à nos cousins & cousines je vous dirai que devant écrire à M^e d'Athlone sur la mariage de son fils je me propose de lui envoyer un petit billet[8] pour elle seule où je lui parlerai de vous, mais je vous assure que ce sera sans vous compromettre. Je lui dirai que personne, pas même un[1)] Roi n'a le privilege de faire des sottises impunement qu'il faut s'en prendre à son frere même non à ceux qui se sont ressentis d'une conduite qui blessoit toutes les notions d'honneur & de devoir, que je pensois que l'arrangement fait etoit venu de la part même du Colonel & de sa famille; je lui rapellerai l'amitié[2)] que mon pere a[3)] montré à ses freres à ses sœurs à elle depuis leur enfance à tous; je suis bien sure de lui faire impression: en passant je ferai entendre que l'on perd en negligeant ma belle sœur pour le moins autant qu'on lui fait perdre & qu'avec le bon esprit qu'elle a, elle ne manquera jamais d'amis.   Vrayment elle a eu bien raison de ne pas uniquement & exclusivement *s'en Tuyller*. C'est ma bonne Tante la generale qui m'avoit fait sentir le ridicule de cette prodigieuse prevention pour la famille de son epoux. Je savois moi par experience qu'on pouvoit s'ennuyer au milieu de 6 ou 8 Tuyll comme ailleurs. Je suis touchée de sa maladie. Je voudrois que ceux que j'ai connus & avec qui j'ai vecu restassent dans ce monde aussi longtems que moi. La perte de mon pere de ma mere de mon frere Ditie est encore recente pour moi qui ai tous les inconveniens d'un[4)] très forte memoire en même tems que ses avantages. Croiriez vous que tout ce que j'ai vu & entendu se represente quelquefois à moi comme une lanterne magique sans que je puisse chasser une idée que par une autre tout aussi vive. à la bonne heure pour les choses interressantes. mais dans ce moment à propos de ceque je vous en dis tous les cochers de mon pere les werkmeiden[9] &c me reviennent. Cela est d'un fatigant insuportable. A propos n'oubliez pas de parler de moi à Delvaux. Si je pouvois lui faire encore une fois plaisir par quelque chose cela m'en feroit un très sensible. Quelle parle & je m'empresserai. J'ai ecrit à Me de Renswoude[10] pour avoir une recette contre la surdité que je voulois donner au grand Chaillet. Elle m'a repondu fort honnêtement & m'a mandé que Zieglaar avoit perdu la memoire: & que lui & sa femme[11] avoient perdu par son depart d'Utrecht des soins & des secours. Je lui ai repondu que je vous l'ecrirois afin que vous y supleassiez si cela etoit necessaire.   Vous habitez un sot paijs. Ces amendes avec lesquelles on rachette des crimes qui ont fait condamner au bannissement tiennent des tems de barbarie & de grossiereté.[5] Cela fait pleurer & rire. Ce sont les gazettes qui m'en ont instruite. Je voudrois que le Roi de Prusse vecut & qu'il put dire ce qu'il pense de ceux qui nous gouvernent à present comme de ceux qui nous ont gouvernés autrefois & de presque toutes les puissances l'Empereur, le Roi de Suede, le Roi de france le ministère Anglois, la nation Angloise &c. bien des gens doivent enrager d'être ainsi jugés par une maitresse tête. Je n'ai pas encore tout lu.   Quest-ce qu'Athlone Rhoon Henry Bentinck[12] sont allés faire à Brunswick? Constant m'a mandé les avoir vus. Je me suis rapellée votre sejour à Brunswick, le babil qui regnoit à la Cour & votre Chien qui vous aportoit du papier, daar je het noodig hadt.[13] Peut-on avoir une plus platte memoire!   Je ne suis pas si platte sur tous les points. J'ai fait de beaux vers dans[6] une tragedie Lyrique[14] que j'ai [envoyé à][7] un grand compositeur à Petersboug. J'ai fait une pet[ite com]edie[7] qu'on va jouer à Geneve. M. de Salgas l'a desiré. Le titre est: *Attendez, revenez, ou les delais cruels.*[15] Elle est interressante & plaisante & si simple qu'il n'y a pas une antithese ni une exclamation. Les comediens l'aprennent & ils la joueront quand ce grand froid sera passé.   Vive à present nos moulins à vent. On ne peut pas moudre dans ce paijs. A Geneve il y a eu un incendie[16] qu'il a falu eteindre avec de l'eau chaude. Grace aux servantes on en est venu à bout mais la terreur a été grande C'etoit dans les rues basses à un troisieme etage. Si le feu s'etoit mis à ces domes dont vous devez vous souvenir c'eut été affreux. a Neuchatel[8] On a donné a diner hier à deux cent pauvres pour un louis & un quart 30 £ de france. A Geneve on a fait des charités prodigieuses. Le Pr. Edouard d'Angl.[17] a donné tout son bois c'est la premiere bonne chose qu'il ait faite depuis qu'il y est.   Vous etiez bien bon de taire le nom de M. de Rosendael.[18] C'est la lie de l'ecume, & cela sur tous les points. Menteur poltron injuste &c la collection de ses[9] vices est considerable. Qui est Mlle Stondinger?[19] Me de Spaan[20] est-elle a Utrecht?   Pardon de ce cahos; mes questions & en general tout ce que je dis houd aan malkander als droog sant.[21] Dites à Ma belle sœur que Mlles de Penthaz sont assez bien, & se souviennent d'elle avec estime & interet.   Je vous enverai la copie de mon billet à Lady Athlone, afin que vous n'ayez aucune sorte d'inquietude.

l[10] J'entre parfaitemens dans ce que vous dites de votre fils, mais je ne trouve pas votre raisonnemens sur les gouverneurs aussi raisonnable que le reste. Il s'en formera, dites vous, sur le modele de M. Paulet. Je repons: ce seroient des maitres de pension qui pouroient songer à l'imiter & non des precepteurs particuliers avec lesquels sa conduite n'a rien de commun, mais il ne se formera pas non plus des pensions sur le modele de son institution 1ᵉ parcequ'une pension où l'on paye est tout autre chose qu'une education donnée gratuitement & où celui qui la donne est le bienfaiteur de ses eleves & n'a de compte à rendre à personne les parens ne songeant pas à rien exiger de lui mais 2¹¹⁾ uniquement à le remercier d'un bienfait sans prix comme sans exemple. 2ᵉ parceque certaines choses dependent uniquement de l'esprit & du cœur de celui qui les fait & ne pouroient être imitée que par un homme qui seroit son semblable en tout points, or personne n'a son semblable en tout points, & les gens d'un grand merite n'on¹²⁾ gueres même d'àpeuprès semblables. Pourquoi les Rois d'Angleterre de Suede de france de Naples d'Espagne n'imitent-ils pas Frederik 2. Ne gouvernent-ils pas par eux mêmes ne gagnent-ils pas des batailles à la tête de leurs troupes & d'officiers formés par eux mêmes? Dat zou tog wel aangenaam & roemwaardig zyn. Maar zy zyn'er niet toe geschapen.²²

Adieu ci vai¹³⁾ me coucher ce 9ᵉ Janvier 1789.

A Monsieur/Monsieur le Baron Vincent/Maximilien de Tuyll de/Serooskerken Lieutenant Colonel/de Cavalerie/A *Utrecht*

641. *A Dudley Ryder, futur comte Harrowby, 12 janvier 1789*

a Colombier ce 12ᵉ Janvier 1789

J'aurois bien envie de vous louer aussi, car en verité Monsieur vos lettres ont un extreme agrement, mais peut-être n'ecririez vous plus craignant d'avoir l'air de chercher des louanges: je me contraindrai donc sur ce point mais sur ce seul point & je vous dirai dailleurs tout ce qui m'est¹⁾ venu ou me viendra à la tête.

Dabord il faut que je vous explique ce qui s'est passé à l'egard de M. de Montguyon.¹ Son frere m'a ecrit qu'on avoit receu mon billet que vous aviez eu la bonté de remettre mais que votre addresse s'etoit perdue chez le portier & qu'actuellement on vous cherchoit avec un grand desir de vous trouver & de vous voir & de vous montrer que ma recommandation n'etoit indiferente à personne dans leur maison. Je n'ai pas douté qu'on ne trouvat vos traces soit chez votre ambassadeur² ou chez M. Perregaux³; il faut qu'on s'y soit mal pris ou que le guignon qui avoit commencé à ce²⁾ meler de cette affaire ait continué ses malices. J'en suis très³⁾ fachée pour ces Messieurs & un peu aussi pour vous qui ne pouviez aller ni⁴⁾ dejeuner⁵⁾ ni diner à la comedie & qui auriez trouvé dans cette maison⁶⁾ des echantillons de plusieurs classes de paris. J'y ai vu M. de Marcieux⁴ qui joue un role en Dauphiné & dont la famille est alliée à celle de Bayard, j'y ai un vu⁷⁾ un Vilain Bourboulon⁵ qui peu après fit banqueroute; j'y ai vu des gens qui jouent la comedie avec Mᵉˢ de Matalembert⁶ & qui valent à ce qu'on dit les meilleurs acteurs des meilleurs théatres. Si vous retournez à Paris: je vous prie d'aller chez M. de Montguyon. Lui même est le banquier le moins banquier du monde & son frere très bonhomme n'est pas sans une sorte d'elegance car il entretient une laide & insolente actrice⁷ de l'opera.

J'ai bien ri de la divinité du Controle.⁸ Les femmes me sont toujours de quelque chose. Je m'en moque malgré moi plus que des hommes, quand je trouve de quoi me moquer ou plutot quand elles me frapent d'une certaine maniere⁸⁾ & je les admire aussi avec plus⁹⁾ de transport quand elles me paroissent le meriter. Par exemple les lettres de la Margrave de Bareith que j'ai trouvées dans les œuvres de Voltaire⁹ m'ont fait un plaisir infini. Lisez les, vous y trouverez une justesse une precision une elegance une proportion entre les diferentes parties du recit qui vous charmeront; après¹⁰⁾ cela on ne doutera plus que les femmes ne puissent avoir l'esprit aussi bien fait que les hommes. Que cela soit plus rare, à la bonne heure, mais cela est possible puisqu'on le voit. Ce sont pourtant des batailles & des dispositions de guerre qu'elle raconte. Ces lettres m'ont etonnée. On voit depuis longtems des femmes qui font des details plaisans ou touchans mais cette maniere juste egale rapide de saisir & de rendre les objets je ne l'avois point vue encore à ce qu'il me semble. Je trouve que la Margrave ecrit bien mieux que son frere dont je lis pourtant aussi les lettres & les memoires avec un grand plaisir. Pour ses vers,¹⁰ si vers ils sont, il n'y a pas moyen d'en lire plus d'une vingtaine de suite. Il est assez egal que son Palladium¹¹ soit licentieux ou decent on ne le lira pas. Hier je voulus lire quelque chose d'une certaine comedie¹² à Mʳ de Ch. & à M. Chaillet. On m'imposa silence.   A propos je vous remercie d'avoir pensé à ce pauvre *soyent* qu'il falut expulser & je vous admire de retenir si bien des vers pris à la volée.¹¹⁾ Si je m'etois souvenue du vers de Voltaire, (mais je ne sai pas mon Voltaire comme mon Racine) *soyent* seroit resté. Le hazard fit tomber entre mes mains, il y a quelques jours, des elemens de poesie¹³ ou *soyent* etoit attaqué & defendu. Nos poetes actuels l'admettent sans façon, Racine ne l'a jamais employé. En fait de vers on ne sauroit être trop dificile & les entraves produiront plus de beautés qu'elles n'en detruiront car à force de tourner & de retourner & la pensée & l'expression & toutes les expressions possibles il nait souvent une pensée nouvelle. On me reproche¹²⁾ de ne penser qu'a mesure que je parle, ce defaut même prouve que parler peut faire penser, que¹³⁾ l'expression qu'on trouve ou qu'on cherche peut amener ou modifier¹⁴⁾ la pensée.   La musique amene des paroles & quelques nottes m'ont fait faire une longue Romance¹⁴ que je voudrois bien oser vous envoyer mais je vous ai vu une petite aversion pour les chansons que je veux respecter & je n'ecrirai tout au plus qu'un ou deux couplets.

(1)

Lise aimoit le beau Clitandre
Mais Clitandre aimoit Doris.
D'un amour sincere & tendre
Des froideurs etoient le prix.

(2)

C'est en vain qu'on offre à Lise
Un Epoux riche & bien fait,
De l'ingrat qui la meprise
Aucun soin ne la distrait.

Le soin de placer toujours (en faveur de la musique) la césure à la 3ᵉ silabe a rendu cette bagatelle bien plus dificile à faire qu'on ne le croiroit dabord. Les Pheniciennes sont allé trouver Cimarosa à Petersboug & Mosart à Saltzbourg. Ce dernier à qui j'ai ecrit ne s'est pas donné la peine de me repondre.

Voulez vous dans un moment ou vous n'aurez pas trop[15] d'occupation me faire un plaisir? c'est d'aller voir Mᵉ Cooper[15] Lambs conduit street Nᵒ 75. Vous verez une des meilleures & des plus interressantes femmes qui soyent au monde. Elle a un faux air d'un ange qui vous plaira. Quelqu'un disoit si un ange etoit obligé de venir sur la terre il prendroit la phisionomie de Mˡˡᵉ Moula[16] (that was)[16] pour ne pas trop degenerer. Ce n'est pas qu'elle soit très jolie. Enfin vous verez. J'ai receu une lettre d'elle avant hier: elle est fort affectée de l'etat du Roi qu'elle avoit vu très bien portant & très good natur'd[17] 10 ou 12 jours avant sa maladie. Sa sœur, pour l'amour de la quelle je vous demandai si des possesseurs de tableaux n'auroient pas bien la complaisance d'en preter à une jeune personne remplie de talens & très soigneuse; cette sœur peint 5 ou 6 heures tous les jours & fait de grands progrès. On lui a preté un paysage de Gainsborough, on lui en a promis un du Poussin[18] En un mot la voila en train à ce que j'espere de devenir un veritable peintre. Vous devez aimer cela vous qui en seriez un si vous le vouliez & que vous ne vous souciassiez pas d'être un homme du monde & un homme d'etat; mais les brochets mangent les petits poissons qui souvent les valent bien. Si vous les laissez manger cependant vous ne les dedaignez pas · ainsi vous verez avec quelque plaisir auprès d'une sœur très bonne & très aimable, & femme & mere, une autre sœur qui chante bien & qui ayant dessiné & decoupé par pur talent & sans maitre, commence a peindre avec aplication, à ma priere[17] très instante. Vous[18] ne le croirez[19] pas peut-être mais votre visite sera une faveur & un encouragement. J'admire sans cesse la repartition de l'orgueil aussi absurde que l'est dans beaucoup de pays la repartition des impots. Non seulement l'orgueil est mal reparti entre les hommes, mais souvent il l'est mal dans un même individu.★ Ceci n'est pas pour vous assurement en[21] qui je n'ai jamais vu une particule d'orgueil deplacé, c'est une reflection generale que le sujet a amenée. Mais quoi qu'il en soit de mes reflections generales, il n'est pas douteux qu'un moment d'attention & d'interet de *votre* part pour une etrangere & son talent ne la flatte ne l'encourage, ne lui fasse plaisir. Il me semble en verité que je vous vois hausser les epaules mais si malgré cela vous allez un jour ou l'autre vous *me* ferez grand plaisir. & si jamais vous m'envoyez quelque petit Anglois à encourager, après avoir eprouvé la même surprise que vous je ferai ce que vous me comanderez. Vous trouvez je pense que cette, unexpected & unprovoqu'd, lettre[19] est deja bien longue mais je n'ai pas fini; je m'amuse moi, à vous entretenir, & ce n'est qu'une demie indiscretion puisque je ne demande point de reponse & que je serai contente pourvu que vous continuiez à ecrire de tems en tems à M. de Ch. or une insignifiante lettre qui n'exige pas de reponse peut se lire[22] comme tant d'autres insignifiantes choses.   Si vous avez lu les très signifians Memoires du Roi de Prusse[20] vous aurez vu que Lord Bute etoit sa bête d'aversion. Il lui reproche d'avoir corrompu les membres du parlement pour rendre le Roi despotique, & il s'etend là dessus comme si Lord Bute avoit le premier acheté des voix sans se souvenir du mot de M. Walpole raporté[23] par lui même; *tout*[24] *homme a son prix.* Le Roi exagere donc[25] le tort de Lord Bute mais peut-être n'exagere t'il pas le mal que fait à la nation & au caractere national cette habitude d'acheter & de se vendre. En voyant l'autre jour dans une gazette la liste des revenus du Roi & dabord le milion que vous lui donnez je me souvins du Roi de Prusse & de ce qu'il dit: «Comme il employe a acheter des voix le milion que «la nation lui donne il ne lui reste pour sa depense que ce qu'il tire de ses «etats d'Allemagne» et je pensai si on exigeoit du Pr. de Galles ou de tout autre tuteur qu'on donneroit au roi pour ses affaires privées de rendre un compte exact, detaillé avec la même bonne foi & les mêmes ceremonies qu'on exige d'un tuteur donné a des mineurs ou a des gens en demence, quest-ce que cela produiroit? Et la motion qui en seroit faite par un jeune homme, par M. Ryder par exemple avec l'intention bien marquée, & romanesque peut-être mais noble & courageuse de faire[26] cesser tou d'un coup ces achats de sufrage ou de les rendre au moins très dificiles, qu'est-ce que[27] produiroit-elle[28] pour la reputation du jeune homme, & pour sa cariere politique? Je ne me repondis pas, mais je me promis de vous

★ Je veux dire que souvent on ne sent pas l'importance qu'on a tandis qu'on se croit à d'autres egards une importance qu'on n'a pas.[20]

125

dire mes questions.

M. de Charriere me charge de vous dire que votre lettre lui a fait grand plaisir & qu'il ne tardera pas à vous ecrire.

De violentes migraines & autres choses de ce vilain genre m'ont fait garder la chambre fort longtems & pour plus de comodité & de chaleur je suis souvent restée dans mon lit toute la journée; là j'ai quelque fois pleuré de pitié[29] au recit de l'exteme mise[30] & des divers accidens produit par le froid, & d'autrefois fois j'ai pleuré d'attendrissement[31] des actes de bonté et de generosité qu'on m'a conté. Sans pleurer, cependant, j'ai été bien aise d'aprendre que le prince Edouard avoit donné tout son bois. c'est bien plus que de l'argent car le lac gelé & les chemins bouchés interceptoient toutes les provisions. Adieu Monsieur j'aurois bien[32] du vous ecrire avec une meilleure plume, mais je suis si chiche du present que vous m'avez fait que je ne reforme que les invalides tout a fait hors d'etat de servir.

642. *A Jean-Pierre de Chambrier d'Oleyres, 13 janvier 1789*

Monsieur

Le pauvre Girardet est deja tout encouragé & ranimé par l'espoir d'être l'objet de votre protection, mais il avoit si mal aux yeux quand il ecrivit la lettre où j'ai vu l'expression de ce sentiment qu'a peine pouvoit-il ecrire. Il raporte des accidens plus sinistres les uns que les autres, causés par le froid. Le courier d'Hambourg venoit d'arriver avec ses lettres tout gelé sur son cheval. On peut dire de ce pauvre homme qu'il a fait son metier encore après sa mort. Je pourois vous raconter aussi des evenemens fort tristes & de fort beaux traits d'humanité. Il m'en est venu de Paris de neuchatel de geneve, mais il ne faut pas aller sur les brisées des gazettes, des journaux, de vos parens, qui surement vous apprennent ces choses là: & je me bornerai à une seule anecdote. Les servantes de Geneve ont chaufé & porté de l'eau chaude[1] avec tant d'activité à une maison qui bruloit que l'incendie a été eteint sans que la maison ait même été entierement consumée. C'etoit aux rues basses, vous connoissez ces grands Domes de bois. On a été & avec raison dans un effroi epouvantable. Encore une toute petit anecdote. Un de nos vignerons, enfoncé & resté sans connoissance dans la neige près d'Iverdun a été decouvert par un chien qui a amené du monde à son secours. Dans la maison où il fut porté il vit une femme qui n'avoit pas encore repris[2] ses sens. Elle avoit été secourue par le même Chien. En voilà assez & nous pouvons dire un petit mot de Frederik. Vrayment non, l'Empereur[1] ne sera pas content. mais pourquoi notre monarque dit-il à l'autre qu'il l'aime. Il savoit deja cette joye de sa goutte crue une maladie mortelle & cette armée envoyée, pour

profiter bien vite de son decès. L'interet d'etat ne sauve point ce mensonge. Il pouvoit ne point parler d'amitié personnelle, d'inclination &c
& travailler tout de même à la paix. Le mensonge non necessaire, & la
noblesse d'ame ne peuvent quoique je fasse se mettre ensemble dans ma
tête. J'en suis bien fachée car j'aimerois à admirer des ames grandes &
nobles & je vois de petites vilaines menteries venir sans cesse comme par
malice, mettre obstacle à mon plaisir.   Il y a bien je crois un recueil
imprimé à part des lettres entre Voltaire & le Roi,[2] je ne l'ai pas encore
vu, mais quant au Palladium il paroit la tête levée dans une edition faite
en suisse des œuvres postumes.[3] J'ai voulu le lire, mais helas, il n'y a pas
moyen. Peu importe qu'il soit licentieux on ne le lira pas. Ce ne sont pas
des vers ce n'est pas du françois. C'est je ne sai quoi de barbare. on en peut
dire autant d'une comedie rimée & d'une autre qui[3)] l'est pas rimée.[4]
Quant aux recits des guerres & des negociations il me semble qu'on ne
peut assez les admirer. Quelles lecons les gueriers les Rois les Ministres
n'y trouveront-il[4)] pas? C'est une chose bien nouvelle qu'un Roi qui joue
le role de la posterité auprès de ses contemporains encore en vie.   Je
doute que l'Imperatrice soit contente des doleances sur Pierre 3. Et que
dira Lord Bute? Pour Louis XVI il prendra le parti de ne pas lire. Pauvre
Roi on ne lui parle que de ses vertus & on ne songe qu'à se mettre à l'abri
de son autorité & de sa foiblesse. Les Brunswick seront contens de sa
majesté & peut-être quelques anhalt & le Wirtemberg de Monbeliard.[5]
J'avoue que je n'ai pas tout lu bien exactement il y a tant de noms de gens
& de lieux villes, villages, rivieres &c que je ne me flatterois pas de rien
retenir; je cherche certaines gens & certaines choses.

   Je vous suis extremement obligée, Monsieur, du soin que vous avez
continué de prendre de mes Pheniciennes. Tout va le mieux du monde
pour elles. J'ai receu avant hier une lettre de M. Stahl qui me les demande,
& precisement, grace à vos soins il les aura des mains de M. Bernouilli.[6]
Il m'offre ses services auprès de Cimarosa & precisement c'est celui[5)]
auquel vous vouliez qu'on s'adressat. outre cela il me parle de Martini[7]
qui est aussi à Petersbourg & qui a eu de grandes succès à Vienne mais
dans un genre qui n'est pas je crois ce qu'il nous faudroit. A Vienne M.
Stahl connoit Salieri[8] & croit que les Pheniciennes ne seroient pas mal
entre ses mains. Si nous pouvions les y faire tomber j'en[6)] serois bien aise.
Il y a certainement de beaux morceaux dans Tarare[9] & il sait le francois
parfaitement. Pour Mosart qu'il connoit aussi il ne trouve pas son genie
assez reglé par le gout & l'experience. Sarti est en Crimée où sous les
auspices du Prince Potemkine[10] il veut acheter des Cirassiennes[7)] & des
Georgiennes pour leur aprendre à chanter & les substituer à petersbourg
aux Italiennes qui sont fort cheres & qu'on ne peut garder longtems. Ce
seront donc des actrices esclaves ou de main morte, je crains que cela ne[8)]
gesticule mal.   Voila une platte pagnoterie,[11] mais serieusement je

m'imagine que les talens ont besoin de liberté & presque de libertinage. Au reste ces actrices seront toujours assez bonnes pour être mises en scene avec[9)] un soprano Italien, & l'assortiment sera aussi parfait que possible. Pour en revenir à Sarti on lui envera si je veux les Pheniciennes en Crimée, ce sera presque les faire retourner dans leur pays. J'ai dit à M. Stahl que je m'en remettois à lui; que vous m'aviez inspiré de la preference pour Cimarosa mais que si on pouvoit faire connoitre mon opera à d'autres habiles gens ce seroit un bien. Voila ou nous en sommes. On jouera un de ces jours à Geneve la petite comedie qui a eu le bonheur de vous plaire.[12]   J'ai l'honneur d'être Monsieur avec tous les sentimens que vous me connoisez pour vous. Votre très humble & très obeissante servante

Tuyll de Charriere

Ce 13ᵉ Janv. 1789

a Monsieur/Monsieur le Baron de Chambrier/Ministre de sa Majesté/Prusienne/a *Turin*

643. *De Madeleine Delessert, 28 janvier 1789*

28 Janvier. 1789.

Je suis amoureuse de la Romance de *Lise*[1] Madame, et je voudrois beaucoup que Piccini,[2] ou Toméoni[3] (qui a composé de charmantes romances) ou Zingarelli,[4] y fissent un air, mais je n'ai aucune liaison avec ces Messieurs, je me suis donc contentée de l'envoyer au Journal,[5] il me semble que depuis quelques temps on y insère moins de vers, et je crains que ses imbécilles rédacteurs n'aient pas l'esprit de faire une exception en faveur des vôtres... Enfin *Lise* au moins sera dans votre recueil Madame, j'ai pris pour ce recueil un *faux air* de Maternité, dont je vous demande pardon et vous prie de n'etre point jalouse,

Je le chantai l'autre jour tout entier à un fort bon musicien, qui en fut très content, et il ne trouva que quelques nottes de basse à changer; Je fus fière de ses éloges tout comme s'il m'en revenoit quelque gloire, ainsi Madame veuillez bien ne plus me faire des excuses du peu de peine que j'y prends, puisque je prétends bien jouir de ses succès. Il se grave dans ce moment[6] et j'espère d'ici a huit jours, pouvoir vous envoyer, Madame, une épreuve, sur laquelle vous ferez vos corrections et remarques. Je remplirai avec d'autant plus de plaisir vos intentions pour le payement, que j'ai appris, que cette jeune personne[7] étoit née dans l'aisance, que sa famille a éprouvé des revers de fortune, et qu'à présent c'est par sa Gravure qu'elle entretient son père agé.

Je viens dans cet instant de copier et d'envoyer au Journal vos stances[8]
Madame, j'aime beaucoup les trois premieres, il me semble seulement
que Toinon, Fanchon, sont des noms un peu surranés et qu'on ne leur
addresse plus guère ni bouquets ni Madrigaux, Je voudrois dire plutôt
    En a t'elle un Doris, Eglé, Philis
    à qui toujours on prèche la tendrèsse.
les trois dernieres stances me paroissent un peu obscures et ce bandeau
de l'amour qui n'est pas de *linon*...... Enfin je prefère beaucoup les trois
premières. –

Ce n'est pas pour rien et je ne m'étonne pas Madame que vous ayez
des Migraines, Vous avez fait une prodigieuse quantité de choses depuis
quelques mois... un opéra, *deux* Comédies.[9] – M^r De Laroche dès qu'il a
recû votre permission de ne plus garder le secret a eû la complaisance, de
me pretter, *Comment la nommera t'on.* Je l'ai luë avec grand plaisir, et j'imagine que vous avez dû beaucoup vous amuser en la composant, le personnage de M^dme d'Ervieux est plaisant, et vous avez fait jouer aux beaux
arts un si joli role dans la piece! la *Rose* auroit surement produit de l'effet,
La Comtesse est charmante et vous lui faites faire des observations sur le
parti que les femmes peuvent tirer des talens, qui m'ont particulierement
intéressée. – J'aurois crains que sur la scène, le moyen du billet, n'eut parû
trop romanesque, et les caractères du Comte et de M^dme de Tréville, pas
assez marqués ni soutenus. – Je me réjouis d'apprendre qu'*attendez, revenez,* a été joué à Genève[10]; si elle réussit, je pense qu'il seroit possible
qu'elle fut reçuë ici au nouveau Théâtre,[11] où l'on se propose de donner
des petites pieces Françoises. – Je veux vous prier de revenir d'une erreur
Madame c'est de croire, que vous puissiez me degouter de la musique,
je vous assure, que je me suis souvent félicitée d'etre un peu musicienne,
depuis qu'elle me donne un titre pour etre employée par vous. Si vous
etiez ici ma musique y gagneroit surement beaucoup, dabord elle y seroit
un peu à l'employ, et ce seroit alors qu'il me seroit facile d'avoir quelques
fois des petites conférences musicales, comme celles dont vous parlez. Il
me manque absolument dans notre sociéé, quelques personnes qui
aiment assez la musique, pour mettre ces sortes de choses en train. Je
deteste les Grands Concerts et je trouve que rien n'est plus ridicule, que
d'inviter les gens à venir vous écouter...... et j'ai une telle horreur pour
cette exposition de talens que je donne dans un autre extrème qui a son
inconvénient, c'est que je ne fais jamais de musique que pour moi, ou
maman, et que je tremble et vais tout de travers quand il m'arrive d'avoir
quelques auditeurs. – J'espère Madame, que vous croyez qu'il auroit été
difficile, que je ne fusse pas très sensible, à l'aimable prevention qui vous
a dictée, quelques lignes de votre dernière lettre.

Je felicite Melle. Moula, d'avoir pû profiter de votre conseil, Je trouve
aussi, que rien n'est plus maussade, que la médiocrité en talens, mais à

moins de dispositions naturelles, bien extraordinaires, on ne peut parvenir à une certaine supériorité sans y consacrer un temps trop considérable, les artistes y donnent toute leur vie, et ce n'est pas trop... il ne reste donc qu'un parti, c'est de se borner à un genre facile, et de tacher au moins d'y reussir, ... moi je n'aspire qu'à savoir bien dessiner, je copie de grandes têtes, des Bosses,[12] quelquefois d'après nature, et je pense que c'est une partie de l'art, qui forme le coup d'œil, et ne peut etre inutile.

...Je crois cependant que lors même, qu'on ne devroit pas dans toute sa vie, atteindre même au médiocre, le temps que les jeunes personnes consacrent, à l'acquisition des talens, n'est pas sans avantages. ... on ne peut plus craindre qu'elles s'imaginent etre de petits prodiges, parcequ'elles manient un crayon, et déchiffrent des nottes, puisqu'à présent rien n'est si universel que la pretention, aux talens, et que ce n'est plus que la supériorité qui distingue; ... et je trouve très *heureux*, et *nécessaire*, (au moins je l'ai éprouvé par moi), que les jeunes personnes, depuis 17 ans jusqu'à ..... je ne sais pas quand, encore ... mènent une vie extrèmement occupée, même précipitée .... et ce genre d'occupation [   ]

644. *A François-Nicolas-Eugène Droz, 22 février 1789*

Monsieur

J'ose vous demander une petite faveur c'est de vouloir bien me renvoyer le discours ayant pour devise *Fuerunt & erunt*. qui a concouru pour le prix de l'academie de Besançon.[1] Vous ne douterez pas que ce ne soit le mien quand vous verez mon cachet mon ecriture & ma signature. Si je croyois qu'il put y avoir le moindre doute je demanderois le temoignage de M. Chaillet qui l'a vu ecrire, de M. le ministre du Paquier[2] qui a eu la bonté de le copier, mais cela seroit superflu, & pourquoi reclameroit-on comme sien[1)] un discours qui n'a pas été couronné si c'etoit celui d'un autre? Mon motif pour le demander c'est que m'etant extremement pressée, parceque je n'avois songé à ecrire que le 12 ou 13 avril, je n'ai point de copie lisible de ce discours & que je voudrois le conserver, non qu'il soit ou que je le trouve bon d'un bout à l'autre, tant s'en faut, mais parceque j'en aime le morceau sur l'architecture & quelques autres periodes.   Je me flatte qu'on vera dans les journaux le discours couronné[3]: je ne doute pas qu'il ne soit très bon & comme la question est interressante, un bon discours sur cette question le sera necessairement beaucoup.

J'ai l'honneur d'être Monsieur Votre très humble & très obeissante servante,

Tuyll de Charriere

à Colombier ce 22 Fevr. *1789*

P.S. Dans le discours que je prens la liberté de redemander, il y a *fictice*, pour *fictive*. Voila encore une preuve qu'il est bien de moi, car on ne s'attribue pas les fautes d'autrui.

Franco Pontarlier/a Monsieur/Monsieur Droz de Villars/Conseiller au parlement &/Secretaire de l'academie/a *Besançon*

645. *A Jean-Pierre de Chambrier d'Oleyres, 30 mars 1789*

Vous avez fait, Monsieur, tout ce que je pouvois desirer & tout ce qu'il etoit possible de faire pour le pauvre Girardet. Je ne veux plus vous en remercier parceque vous avez contenté votre propre bonté en travaillant à soulager l'infortune & à mettre[1] le talent à portée de trouver sa place. Il ne nous reste qu'à souhaiter un heureux succès à vos genereux & bienfaisans efforts. Quant aux Pheniciennes je vous remercierai toujours de ce que vous avez fait pour elles. Bien des gens disent qu'il faudroit les donner aussi à Salieri. Je crois qu'il est à Vienne. S'il se presentoit une occasion à vous ou à moi nous pourions encore faire cette petite tentative en leur faveur. Il ne seroit je pense besoin ni de soliciter ni même d'ecrire. Si ce travail le tente il l'entreprendra; on dit qu'il sait très bien le françois. Je vous suis très obligée de vous être souvenu de mon desir d'avoir un musicien, & je ne doute pas que je ne fusse très contente de Ghiotti.[1] Voudriez vous avoir la bonté de lui demander ce qu'il demanderoit de salaire, & comment il lui conviendroit de s'arranger; c'est-à dire s'il s'engageroit plus volontiers pour un an, ou pour six mois, ou pour un mois seulement; s'il compteroit pour quelque chose la liberté que je lui laisserois de donner des leçons dans les environs, ou s'il voudroit ne faire de la musique qu'avec moi & chez moi, & employer son loisir à se promener & à composer, enfin pour derniere question voudriez vous lui demander quand il[2] lui conviendroit de venir. Pendant que vous prendriez ces informations je verois ce que c'est que l'organiste[2] qu'on attend a Neuchatel pour[3] Paques & s'il peut s'engager à venir à Colombier une fois par semaine Je demanderai aussi à M. Gailliard,[3] chef de la musique de Neuchatel ce qu'il pense que je devrois donner à Flath[4] musicien allemand, que j'ai eu trois ou quatre fois pendant l'hiver & qui m'a ecrit en partant de Neuchatel, où il a joué au concert, que si je le voulois il viendroit de Manheim, deux ou trois mois avant que les concerts de Neuchatel recommencent & passeroit ce tems là chez moi. Il joue bien du Clavessin & entend passablement la composition. Quand vous m'aurez fait la grace de me repondre je pourai comparer les pretentions de Ghiotti & des deux allemands, je saurai aussi comment les Etats generaux se proposent de traiter les finances,[5] rentes viageres &c &c & tout de suite je me deciderai.

Je serai fort aise de voir l'histoire du Roi de Prusse[6] refutée comentée &c. J'aime la verité. Pourquoi a t'on retranché quelque chose de ce que ce grand homme a voulu dire de ses camarades princes & Rois, des philosophes ses camarades aussi en incredulité & en inconsequence reflechie & calculée, car il faut avouer qu'eux & lui s'exceptoient en toute occasion des regles d'équité de moderation de tolerance qu'ils etablissoient pour les autres. Je me serois bien passée de ses vers moi, mais j'aurois voulu ne rien perdre de ses jugemens surtout dans les choses où il n'avoit nul interet. Ce qui m'indispose un peu contre lui en le lisant c'est le cas extreme qu'il paroit faire de l'esprit & surtout de son esprit. Il se joue avec dureté de tous les objets qui fournissent matiere a un mot qu'il trouve plaisant. a cet egard je le trouve comme un enfant & comme un enfant sans bonté qui tire pour s'amuser un chat par la queue un chien par l'oreille; Il apelle *Tiresias* son ancien serviteur Catt quand il est aveugle.[7] Il se moque de ces Philosophes qu'il accable de vers de commissions, dont le fade encens ne l'ennuye jamais. Il garde exactement copie de ses plus mediocres lettres.[4)] A la fin de la lecture de cette correspondance j'avois comme une indigestion d'esprit de phrases, de plaisanteries.[5)] Le marquis d'argens[8] qui amoit[6)] le Roi qui aimoit sa femme qui etoit incredule sans ostentation & seulement parcequ'il ne croyoit pas, etoit le seul de tous ces gens là que je pusse encore souffrir. Pour d'Alembert[9] il m'etoit devenu insuportable. Il seroit plaisant que le prince Henri fit aussi son histoire[10] & la publiat de son vivant. Peut-être est-il allé tout exprès à paris pour se faire ecrire en bon françois. Aura t'il pris M. de Rhulieres,[11] ou bien le Chev. de Florian[12] pour arranger ses phrases, ou même ses actions? car pour les amateurs de phrases il faut souvent arranger les faits de maniere qu'ils soient beaux, sonores, coulans piquans, anthitéques.[7)] L'orgueil du heros, la vanité de l'ecrivain ne laisseront qu'un bien petit role a jouer à la pauvre verité. Il faudra que ce soit elle qui cede dans toutes les disputes. En attendant M. de Mirabeau[13] nous a un peu mis au fait. Je ne pense pas qu'il me soit permis de vous parler de son livre ainsi je me tais, je dirai seulement qu'à l'avenir il faudra du courage pour ouvrir sa porte à un François. M. de Mirabeau fait peur des françois d'esprit & M. de Sanois[14] des françois sans esprit. On est bien faché contre lui à Neuchatel & plus faché que son sot petit livre ne le merite. La moitié de sa mauvaise humeur est dirigée contre moi qu'il n'a jamais vue mais cela ne me fait rien du tout. Les autres[8)] seroient peut-être comme moi sans la duperie qu'ils ont eues de l'accueillir beaucoup. *Tout fait nombre* disent quelques unes de vos dames quand elles voyent un etranger. Votre pays[15] est d'une sociabilité incroyable.

Je n'ai pas encore vu le jeune Anacharsis.[16] On a commencé par le louer avec extase · à present il me semble qu'on se refroidit un peu. M. Chaillet a lu dans un extrait ce qu'il dit d'Homere & lui qui sait Homere par cœur le trouve très mal aprecié. Comme je viens de lire l'Iliade de M. Bitaubé[17] je pourai en juger un peu. on veut que je[9)] lise aussi l'odyssée mais j'ai eu toute ma vie une antipathie pour le prudent Ulysse qui me fait renvoyer d'un jour à l'autre. J'ai lu le 2ᵉ volume de Du Paty[18] par pur hazard. Ce sont aussi de jolies phrases; quand la verité n'est pas aussi propre que la fiction a être joliment dite tant pis pour elle. Qu'importe la verité & l'Italie à ces gens là pourvu que leur coterie les trouve de charmans ecrivains! Jusqu'ici j'ai trouvé que les auteurs de voyage peignoient fort bien le païs qu'on ne connoit pas. J'etois fort contente de l'Italie de M. Grosley[19] jusqu'à ce que j'en fusse venue à sa Hollande,[20] alors tout me devint suspect. M. de Charriere achette tous les livres de voyages mais je n'en lis presque point. Les uns mentent les autres ennuyent.   J'ai parcouru ces jours passés les *Recherches sur l'Amerique septentrionale par un Citoyen de la Virginie*.[21] Si vous ne l'avez pas lu Monsieur je vous le recomande. Il refute fort bien ce me semble les exagerations & les bevues des Raynal Mably[22] &c mais je ne sai pas s'il n'exagere pas lui même un peu le merite du general Washington. M. de Miranda sans lui rien refuser du coté du desinterressement du courage & du sang froid le peignoit comme tellement insensible que si d'autres ames ne l'eussent animé il n'eut presque rien fait.

A propos, Monsieur, qu'avez vous pensé de cette petite revolution de Geneve,[23] si subite si entiere si inattendue? M. de Salgas ecrit que les phisionomies ont changé depuis les lettres qu'on a receu de la cour de france mais qu'il ne transpire rien de leur contenu. Il nous envoye d'assez jolies & mechantes chansons negatives[24] je pense que vous les avez sans quoi je vous les envErois. Cette petite republique est vrayment bien etrange. Je l'aimois beaucoup une fois mais cela m'a passé. La politique des republiques comme celle des cours ne doit pas être vue de prés si l'on veut prendre plaisir à ceux qui la manient. Quand on est jeune & un peu romanesque on veut voir le monde · ensuite on se tient volontiers renfermé dans sa taniere & la plus petite la plus inaccessible est la meilleure Ce n'est pas qu'on ne s'y ennuye quelque fois mais l'ennui ne paroit pas le plus grand des maux, & on ferme les yeux à tout spectacle plutot que de s'exposer à les avoir blessés d'un spectacle facheux. Voila ma profession de foi & de conduite. Ce n'est ni ne doit être encore de si tot là votre mais peut-être la sera-ce un jour. Alors je serai bien aise pourtant que Cormondreche ne soit qu'à une demie lieue de cette taniere ci, suposé que je vive, & l'habite encore. En attendant je fais toujours de la musique pour des paroles ou des paroles pour de la musique. Si je croyois que vos Italiens pussent s'amuser à chanter du[10)] françois je vous envErois des paroles, dont ils me rendroient peut-être plus contente que je n'ai pu m'en rendre contente moi même. Il y a surtout une petite romance qui meriteroit une meilleure musique que celle que je lui ai donnée.

1ʳ couplet

Lise aimoit le beau clitandre
Mais Clitandre aimoit Doris.
D'un amour sincere & tendre
Des froideurs etoient le prix.

2ᵉ

C'est en vain qu'on offre à Lise
Un epoux riche & bien fait
De l'ingrat qui la meprise
Aucun soin ne la distrait. &c

Elle[11)] est assez jolie & la cesure est bien toujours placée de même ce qui est favorable à la composition, mais les couplets sont un peu courts & il y en a dix. Cela deplairoit à un Italien non sans raison mais j'en suis fâchée. Adieu Monsieur. Veuillez pardonner à mon loisir & au plaisir que j'ai à m'entretenir avec vous ce long bavardage, et agréez mes très humbles salutations avec les assurances très sincères de mon attachement.

T. de Ch.

Ce 30ᵉ Mars 1789.

646. *A son frère Vincent, 9 avril 1789*

Je vous felicite mon cher frere de votre retablissement & je m'en etois deja bien felicitée moi même quand ma[1)] belle sœur m'en a instruite en même tems que de votre maladie.[1] Si vous aprenez que je lui ai fait part de votre lettre ne craignez aucune indiscretion; je ne lui ai fait part que de ce que vous lui auriez dit vous même de la sensibilité que vous aviez pour les efforts qu'elle & moi avions fait pour la reconciliation. Comme je lui avois dit auparavant les craintes que j'avois que je n'eusse nui au lieu de servir, faché au lieu d'obliger, j'ai été bien aise qu'elle sut comment vous m'aviez rassurée, & j'avois encore une autre raison pour desirer quelle sut vos sentimens, qui seroit trop longue & inutile à detailler. L'article des confiscations & tout le reste de votre lettre a eté tout pour moi. Continuez à vous bien porter, à être, & à vous trouver heureux. Je suis très aise que vous soyez content de votre Col. Cᵈᵃⁿᵗ.[2] Je serois pourtant[2)] charmée de vous voir faire un bel & glorieux avancement & qui fut bien independant de l'afaire avec Tuyll. N'est-il pas bien desoeuvré & sa famille si fort en credit ne pouroit-elle pas lui faire avoir quelque commandement de Heusden[3] ou autre endroit[3)] pareil[4)] ou bien quelque chose à la cour. àpresent qu'il ne vous comande plus & que dans la paix qui s'est faite il a montré son ancien bon cœur je le plains.

Je fais mon compliment de condoleance à Me votre femme.[4] Elle doit être plus attendrie qu'afligée car souhaiter une longue vieilesse à ses parens ou à soi même c'est souhaiter des maux une foible triste & dependante existence.   Je vous remercie pour Delvaux. Peu de gens m'ont temoigné autant de zele & d'amitié, peu de gens aussi ont une probité aussi[5] intacte un desinterressement aussi parfait que cette digne fille. Je voudrois l'avoir auprès de moi si cela etoit possible.

Vous faites extremement bien d'avoir des tableaux Mon pere qui les aimoit autant que vous & moi pouvons les aimer s'est tenu rigueur là dessus d'une maniere qui m'a mise en colere bien des fois. L'architecture & les tableaux etoient ses gouts favoris mais il ne se permettoit de batir qu'en petit & pour les autres, & quant aux[6] tableaux il ne se les permettoit point du tout. Je voudrois qu'il put voir les votres surtout le joli potter.[7]5 Moi qui suis pourtant bien la fille de mon pere pour ces deux[8] gouts je me rabats sur la musique avec moins d'une certaine d'une certaine[9] espece de jouissance parce que j'entens raremens executer ma musique[10] au lieu que vous considerez tous les jours[11] vos tableaux, mais avec plus d'une autre sorte de plaisir, avec un plaisir plus actif & plus remplissant les journées parce que je compose & que vous ne peignez pas. Mais vous avez autre chose à faire. Tout est donc bien dans ce partage de la musique & de la peinture entre vous & moi.

Je suis bien aise que ma Tante vive, fachée qu'elle soufre. Il n'y a pas trop de mal que Mlle de Tuyll[6] ait refusé M. van Breugel[7] certaines familles tombent au-dessous d'elle mêmes par des mariages.

M. de Charriere se porte bien a quelques maux de tête près. Il dine aujourdhui à Neuchatel chez M. du Peyroux.

Après vous avoir procuré tout le detail de l'ecole Paulet je me les[12] suis procurés à moi même & j'ai été encore plus enchantée qu'auparavant. Mais je n'avois pas les gants de mon projet pour votre fils comme je croyois les avoir.8 Des gens de la cour lui ont donné leurs enfans à ce que j'ai vu. J'en suis bien aise, ils n'ont pas comme vous la raison de l'eloignement pour ne profiter pas d'une institution unique & admirable Bon soir. J'ai deja beaucoup ecrit aujourdhui & outre cela il est tems d'envoyer mes lettres à la poste.

Ce 9 avril 1789

A Monsieur/Monsieur le Baron Vincent/deTuyll/ Lieutenant Colonel de/Cavalerie/A *Utrecht*

Ce 22 avril 1789

Avant même que de repondre à la lettre que j'ai eu l'honneur de recevoir de vous avant hier, il faut, Monsieur, que je vous demande un petit
service c'est de me dire le nom du protecteur que vous avez voulu donner
au jeune Girardet afin qu'il puisse non l'importuner, c'est ce que je lui
ferai bien defendre mais se presenter à lui en passant a Berlin. J'ai vu (avant
hier aussi) une lettre de lui à ses parens il leur dit que son pied ne voulant
pas guerir & y soufrant toujours des douleurs très vives il avoit demandé
son congé & ne doutoit pas de l'obtenir. qu'au pis aller il reprendroit dans
ce paÿs ci son metier de notaire, & qu'un autre pis allér, au cas que son
pied put guerir, etoit d'aller redemander son poste ou un poste semblable,
qui[1] ne lui seroit pas refusé à ce que lui avoit dit le Duc de Brunswik lui
même. Mais, dit-il, je passerai par Berlin, le Roi est bon, peut-être me gardera t'il. Là dessus pour qu'il puisse se presenter un peu honnêtement &
pour faire comme vous[2] j'ecris à Berlin qu'on lui fasse tenir quatre
Louis,[3] & puisqu'il faut que je vous importune toujours je vous demande
un mot pour Girardet ou seulement une carte de visite avec laquelle il
puisse se presenter & dire je suis le protegé de ce genereux homme là.   Il
etoit fort en peine, le jeune homme de savoir de qui lui venoient quatre
Louis qui refusoient obstinement de dire leur origine quoique d'ailleurs
ils fussent les plus officieux, & les plus bienfaisans du monde. J'ai dit avec
fatuité que n'etant pas de moi ils étoient très assurement de vous. Ce n'est
pas, dit Girardet, pour remercier mon bienfaiteur que je voudrois decouvrir son nom. Il ne veut pas être remercié il ne le sera donc pas mais je
voudrois savoir qui m'a obligé avec tant de bonté & de delicatesse. Suposé
qu'il ne reste pas à Berlin & qui[4] revienne dans ce pays ci n'y a t'il point
quelque chose[5] Monsieur, qu'il put vous raporter? Poi[6] moi j'avoue que
s'il ne passe pas par la france, & comment y passeroit-il? je suis bien bête!
je me ferai aporter un petit libelle[7] dans lequel on dit que Berlin trouve
avec delice une ample vangeance.[1] L'image de M. Seguin ne vaut pas
grand chose à paris ou la boue proprement dite tache a tout[8] à tout jamais,
& où[9] l'autre tache aussi.[2] Il devoit[10] s'y connoitre etant un peu boue &
un peu taché. Le voila pourtant nommé ce miserable Mirabeau.[3] J'en suis
fachée pour la chose publique pour M. Necker & pour l'honneur du
Tiers. Au reste peut-être voudra t'il jouer le role d'honnête homme &
s'il le veut il le poura. J'abandonne assurement sa probité, & ne soutiens
pas son stile mais je trouve qu'il ecrit avec tout l'esprit possible. On ose
le dire quand il loue, voyez le portrait du Duc de Brunswick[4] & toutes
les observations sur lesquelles son jugement & même ses incertudes[11]
sont fondés. Mais la tête tourne à tous les françois dès qu'on leur aplaudit.[12] Quel pesans details alors de la part de ces gens si legers[13] si sautillans

si rapides! La lettre de Cte à M. de Caraman,[5] la lettre de M. de Limon au journal de paris[6] sont vraiment remarquables.

Je lisois des lettres de Voltaire il y a un instant · celui là ne devient jamais lourd mais il gambade longtems sur la même place quand il s'agit d'eloges receus & il ne s'en ecarte à la fin que pour se plaindre amerement des critiques. Cependant il est bien plaisant à voir lorsque dans sa jeunesse il veut captiver toutes sortes de sufrages, lorsqu'il loue delicatement pour se faire vanter, lorsqu'il fait[14] faire sa cour à l'auteur du Pour & du contre,[7] & que tout en cajolant ceux dont il craint la morsure,[15] il mord ceux qui l'ont mordu. Tout cela m'amuse extremement tandis que je ne puis plus le soufrir quand il loue continuellement le Roi de prusse[16] & qu'il dechire continuellement Maupertuis.[8] Mon Dieu Monsieur je vous demande pardon d'ecrire si horriblement mal oubliant la moitié d'une frase, repetant la même plusieurs fois. Il n'y a pas de femme de chambre qui ne fut honteuse d'une lettre aussi raturée interlignée & barbouillée. Je suis un peu malade mais ce n'est pas là une excuse. Venons à Ghiotti. L'organiste[9] n'est pas encore arivé mais quand il seroit bien sur qu'il ne me conviendroit pas ou qu'il ne pouroit venir de tems en tems à Colombier je ne vois pas que je pusse prendre Ghiotti il est trop cher non en considerant ce qu'il peut & doit ambitionner, mais en[17] considerant ce que je dois donner. A present ne me trouvez vous pas avare ou inconsequente & très semblable à ces gens qui desirant & demandant une chose tourmentant même leurs amis pour la leur procurer ne pensent pas du tout à ce qu'il faudroit de leur part pour l'obtenir & sont tout etonnés quand on le[18] leur dit? Il y en a tant de ces gens là & surtout parmi les femmes! Je rafole de cette etoffe disent-elles procurez moi une robe pareille & quand on la leur aporte avec le memoire on diroit à leur surprise à leurs hesitations qu'elles comptoient l'avoir pour rien. Voila pourquoi, je le dis en passant) je ne fais plus de commissions. He bien ce n'est pas precisement comme ces femmes là que je suis. Quand je demandois si vivement un compositeur je ne savois point du tout la composition je n'avois pas été à paris; j'y suis allée j'y ai fait beaucoup de depense quoique je vecusse comme dans une taniere mais j'ai été un peu volée par un musicien & par d'autres dailleurs · loin d'avoir la moindre economie ou le moindre savoir faire je paye toujours toute chose le double des autres. Vous jugez bien que quand les calculs sont faits & que chacun est etonné je suis un peu confuse: alors pour compenser je me jette dans les privations & il n'y en a presque point qui me coutent. Au lieu d'une maison reguliere & montée sagement j'aurois si j'etois seule tantot un tonneau assez semblable a celui de[19] Diogene tantot une demeure toute brillante & ou tout seroit par écuelle[10] & le hazard plutot qu'aucun gout ou degout produiroit les revolutions. Eh bien je suis donc je ne dirai pas dans les privations car je n'en sens aucune mais dans l'absence des depenses excepté (chose honteuse) les gravures & impressions de mes sublimes productions. Paris a diminué le besoin que j'avois d'un compositeur qui m'aprit son art, je n'ai plus besoin, quant à l'art, que d'être à portée d'un habile homme qui puisse avertir conseiller corriger, & Paris a augmenté mes scrupules sur une depense qui dans cette maison ne procureroit[20] du plaisir qu'à moi seule, ou plutot il m'a donné & du donner des scrupules que je n'avois pas auparavant & qui alors eussent été deplacés. Comme il ne faut pas les outrer cependant & que j'aurois grand besoin si non d'un compositeur pour m'enseigner au moins d'un musicicien[21] compositeur pour m'amuser je ne laisse pas de penser à me donner ce plaisir; mais ce que demande Ghiotti est trop, non à ce que je crois pour ce qu'il vaut mais pour ce que je puis ou dois. La Ville de Neuchatel n'en donne pas tant à son organiste. Mais, direz vous, vous seriez vous contentée[22] d'un homme bien mediocre? non, mais je ne me flattois guere que d'avoir un jeune homme qui n'auroit été chez moi qu'en attendant mieux ou un artiste veritable qui n'y fut resté qu'en Eté quand les grandes villes sont desertes & les spectacles presque morts. Voyons arriver l'organiste de Neuchatel · S'il est très habile & que je[23] puisse l'avoir l'un portant l'autre[11] à peu près[24] une fois dans quinze jours & Galliard autant il m'en coutera douze[25] Louis dans l'année; s'il ne me paroit pas habile ou s'il ne veut pas venir je prendrai la liberté de vous ecrire & si vous pouvez offrir ce même petit salaire[26] à Ghiotti sans en rougir pour[27] moi vous le ferez. Je l'aurai tous les jours ce qui sera beaucoup plus agreable mais aussi il sera logé nouri & blanchi &, j'ose le promettre, à tous egards très bien traité. S'il vouloit donner quelques leçons non à Neuchatel c'est trop loin mais à Colombier ou auvernier en un mot dans mon voisinage je n'y mettrois aucun obstacle. Encore une fois dans ce cas là j'aurai l'honneur de vous ecrire & jusques là, il ne faut rien offrir positivement. Eh pourquoi donc, direz vous, tout ce bavardage? C'est que je suis en train de causer c'est que je ne fais plus que dix meprises par page au lieu de vingt que j'en faisois avant d'avoir diné, ma tête etoit epuisée, c'est enfin que j'ai voulu que vous eussiez, dut-il vous en couter un peu d'ennui, ma justification entiere ma confession entiere & vous l'avez

Combien cet admirable & gentil Voltaire mentoit tous les jours de sa vie! Il me semble que c'est l'apanage de l'esprit qu'un peu de sceleratesse, & voici comment j'explique cela: avec de l'esprit c'est à dire de la vivacité dans les idées & les passions on se donne beaucoup de mouvement dans sa premiere jeunesse & ces mouvemens vifs sont pour la plupart des imprudences qui jettent dans des embaras dont on ne se tire qu'avec des tours d'adresse qui tournent en habitude & dont l'usage est un exercice de plus pour l'esprit.[28] Voila pourquoi peut-être des gens comme il faut[12] brillent plus rarement que d'autres dans cette cariere. Leurs parens leur honneur leur defendent & les imprudences & les ressources.[29]

après[30] avoir rempli mon papier d'une ecriture qui à la fin devenoit telle que vous aurez besoin d'un microscope pour la lire je veux encore monsieur vous faire mes très humbles salutations & excuses dans cette envelope. Dites moi de grace, en m'envoyant ce que je demande pour Girardet ce qui se borne à deux noms, le votre & celui de la personne à qui vous en avez ecrit, dites moi si vous avez pu lire tout mon grifonnage. Si vous dites; je ne sai si j'aurois pu, car ennuyé que j'etois, je n'ai pas voulu, Je penserai: Vous avez eu la plus grande raison du monde

La musique de Ghiotti me paroit aussi jolie qu'un aussi froid sujet & de pareilles rimes *femmes* & *ames* le comportent.

A Monsieur/Monsieur le Baron de/Chambrier/Ministre de sa Majesté/Prussienne/a *Turin*

648. *De Jeanne-Suzanne Magnin dite Marianne Marin, 5 juin 1789*

Madame

Vos bontés pour le jeune monsieur de Constant me font croire que vous ne me saurés point mauvais gré de la liberté que je prend de vous adresser un memoire[1] sur la malheureuse affaire de son pere · il importe au fils comme au pere que linjustice qu'on lui fait soit connue et dans le nombre des personne dont l'opinion interesse je sais que la votre madame et celle de monsieur de Charriere sont au premier rang · permettés madame que je vous demande la grace de le laisser lire a vos amis et a neufchatel.

J'ai lhonneur detre avec un profond respect Madame Votre tres humble et tres obeissante servente

M. Marin

Lausanne le 5 juin 1789.

649. *A Jean-Pierre de Chambrier d'Oleyres, 7 juin 1789*

Ce 7 Juin 1789

Je vous remercie, Monsieur,
                 C'est un mot qu'il faut toujours vous dire.
Non que vous l'exigiez, assurement ce n'est pas cela, mais il y a toujours lieu & on est toujours disposé à vous le dire. Moi du moins, je n'ai jamais manqué de sujet ni d'envie. Si j'ai tant tardé cette fois c'est que j'ai eu beaucoup de soi disant occupations & de très réels maux de tête. J'ai mis bien plus de diligence à faire usage de vos bienfaits & votre lettre à M. de

Hertsberg[1] receue à Colombier à 3 heure est partie à 6 pour Neuchatel & de là pour Magdebourg Ce seroit plaisant si ce petit Girardet devenoit quelque chose. Sans la longue histoire des ingrats qui est connue de chacun on pouroit se tenir assuré que vous auriez en lui un homme devoué pour toute sa vie.

A propos d'ingratitude & autres vilains cotés du cœur humain je pense que vous avez toute la suite de la correspondance de Voltaire. Il m'en manque encore quelques volumes qu'on a de Kell deja mais pas encore de Basle[2] où M. de Charriere a souscrit. Mais j'ai lu toutes les lettres à M. d'Argental à Thiriot à Maupertuis à tous les confreres en Apollon. Que de mensonges de flagorneries de turpitude de toute espece! que d'esprit aussi & de gentillesse & de legereté! Une des choses qui m'a le plus frapé c'est le peu de verve avec laquelle il composoit. Toujours pret à changer pour plaire davantage ou plus vite il n'avoit point de conception forte ni vive ni entiere de ses caracteres, ni de son[1)] sujet & il prostituoit ses tragedies à peu près comme ses louanges. Vraiment la connoissance intime qu'on acquiert de cet homme là ne va pas augmenter le respect du genre humain pour les lettres les gens de lettres & les philosophes.

Voici une petite nouvelle qu'on me dit hier elle doit venir de M. de Pierre l'ainé[3] · cependant ne la dites pas d'après moi je n'en suis pas assez sure, & elle pouroit être trop desagreable à M. du Peyrou.   On souscrit à paris pour une edition nouvelle de Rousseau dans laquelle doit entrer la 2e partie des confessions.[4] C'est Mercier[5] qui la fait cette edition, or Mercier a passé des heures dans la bibliotheque de M. du Peyrou & M. du Peyrou croit qu'il a copié les confessions. Mais les auroit-on laissé à l'abandon dans une bibliotheque, ou le dit Mercier auroit-il forcé une armoire ou un bureau? Je suis dans ce moment en correspondance avec Choppin[6] parce que son maitre a la goutte & j'ai ecrit à Choppin ce matin de demander ce qui en etoit si on le pouvoit demander sans indiscretion. On m'a dit que M. du Peyroux etoit furieux de l'aventure. M. Chaillet disoit hier que ces gens de l'edition annonçoient peut-être ce qu'ils ne pouvoient donner ce qu'ils n'avoient pas. Oh que d'especes de vilainies dans ce meilleur des mondes!

je ne suis pas parvenue encore à voir le Bergasse[7] ni le memoire La Motte.[8] J'etois à Paris quand on redoutoit le memoire quand Me la Motte fut renvoyée de l'hopital quand deux favorites de la Reine allèrent successivement en Angleterre & je ne crois point à l'entiere fausseté de ce libelle. On a donné un petit coup de patte à l'estimable Mirabeau dans une brochure[9] que je vous enverois si elle en valoit la peine; l'auteur a en horreur tous les negociateurs françois & on le voit & cela[2)] lui a fait dire du mal des ambassadeurs en general ce qui seroit très injuste si on eut songé aux individus mais l'espece a entrainé & les exceptions ne sont aparemment pas venues dans l'esprit, d'ailleurs les exceptions ne changent rien

SIX MENUETS

POUR

DEUX VIOLONS,

ALTO et BASSE.

DÉLIÉS

A MONSIEUR

LE BARON DE TUYLL

DE SEROOZKERKEN

SEIGNEUR DE ZUYLEN.

Par

SA SOER MADAME

DE CHARRIERE.

À LA HAYE ET À AMSTERDAM
Chez
B. HUMMEL ET FILS.

Page de titre des Six Menuets *(Château de Zuylen).*

aux opinions generales, & un bon despotte ne rend pas *bon* le despotisme.

Nous avons ici Mᵉ de Leveville[10] que des malheurs & beaucoup de sensibilité ont rendu à la fois aussi malade & aussi intéressante qu'on puisse l'être. Nous la soignons sans beaucoup d'espoir de la pouvoir sauver. Je crois que dans ce moment la petite pourtalès est mourante.[11] On est venu[3] chercher M. de Ch. pour traduire la direction jointe aux poudres de James[12] qu'on veut donner pour derniere tentative. La mort respecte aussi peu la fortune que la grandeur. Le Dauphin[13] & la fille de M. Pourtalès mourront peut-être en même tems.

Pourquoi donc tant d'ambition & d'avidité! Adieu Monsieur.

A Monsieur/Monsieur le Baron de Chambrier/Ministre de sa majesté le/Roi de Prusse à la Cour/de Turin/a *Turin*

650. *De Pierre-Alexandre Du Peyrou, autour du 3 août 1789*

[   ]
Ce n'est point la difficulté d'imprimer icy avec ou sans la censure un petit morceau,[1] qui determine nos imprimeurs, mais bien leur profit faute primo de jugement pour apprecier le merite de ce qu'ils impriment 2° faute de moyens d'en faire un prompt et grand debit. Votre objection sur Paris me paroit assés fondée, et si vous pouvés vous tirer sans fraix avec Lausanne, il faudra vous y tenir. Cependant pour la rapidité et la celebrité je regretterai toujours Paris.

[   ]
Je dis *quand* au lieu de *et* qu'il remplace très bien, et d'ailleurs il evite la repetition trop frapante de *et*.[1]

Les troupes[2] s'unissent bien aux bourgeois armés; mais les campagnes n'en sont pas pour celà garanties, et ce sont les campagnes qui auroient le plus besoin d'etre protegées

Adieu Madame j'ai bien mal à la tête et beaucoup d'inquietude; mais mes maux de tête ne sont pas aussi productifs que les votres.

651. *De Benjamin Constant, 4 août 1789*

Je vous écrirai peutêtre plus souvent que je n[e l'e]spérais.[1] en Idée je vous ecris continuellement. il n'y a que l'action de mettre la main a la plume qui me soit pénible & qui marrête. encore ne m'arrête-t-elle que quand il faut tourner la page. aussi jy renonce & je prens la précaution pour y perdre moins d'écrire depuis le plus haut qu'il m'est possible. J'ai été malade comme un Chien hier & les deux jours précédens. mais je vous proteste sans galimathias que cela ne me fait absolument rien. Je ne regretterai nullement la vie: pour la regretter il faudrait que je fusse fol. ma femme qui m'aime beaucoup perdra pourtant peu en me perdant. Je vivrai bien aussi longtems que mon Pere, avec qui, par parenthèse, Je suis le plus amicalement possible. pour vous, Je ne pourrais jamais vivre pour vous quand Je vivrai vie d'ho͞me. Je vois qu'on n'est fort heureux d'aucune maniere. Il est difficile que l'histoire de Hollande[1] ne me laisse des souvenirs douloureux. ma santé ne se remettra jamais complettement. mon esprit, que ma mobilité rendoit inhabile a de longs ouvrage est devenu doublement incapable par mes maladies & mes chagrins, de sorte que vivre longtems ne serait que souffrir physiquement & moralement de grands & de petits maux. Il n'y a pas le moindre faste[2] non plus que la moindre mélancolie dans ce que je vous dis: Je suis moins triste & plus résigné que Je ne le fus Jamais. un chagrin véritable que j'ai eu ces derniers jours, & qui m a affermi dans mon dégout de la vie, c'est ceci. vous souvenez[2] d'un Jeune Knecht dont, sur votre Canapé, dans votre antichambre, les derniers jours de 1787 ou les premiers de 1788 Je vous lus des lettres, qui vous firent plaisir? Eh bien ce Knecht a qui tout promettait une carrière active & une fortune aisée, qui avait de l'esprit, de l'instruction, du nerf, de la raison, ne s'est-il pas allé empêtrer dans cette chienne affaire socratique de Berne, & ne voilà-t-il pas qu'au moment que je veux lui ecrire j'apprens qu'il est banni, flétri, & ses Biens en discussion.[3] au diable les perspectives & les projets, au diable les conjectures & les joies qu'on a de l'avenir d'un Ami. m'avez vous vraiment soupçonné de méchanceté le jour que je passai deux heures a Colombier? vous aviez tort: je vous aime vous comprens & vous regrette. ne vous affligez pas pour moi. ecrivez moi. vous me faites plaisir. vous aurez souvent de mes demipages. B.C. ce 4 aout 1789.

A Madame/Madame de Charriere neé de/Tuyll/a Colombier/pres de Neufchatel/en Suisse.

652. A Benjamin Constant, 6 août 1789

Vous ne me dites pas que vous soyez assez bien pour faire imprimer &[1] corriger[2] l'epreuve d'une pauvre petite feuille[3] mais par votre lettre[1] je puis le suposer sans temerité ni indiscretion. Rendez moi ce petit service.[2] Ici[3] on veut que je paye pour me faire imprimer c'est bien assez qu'on ne me paye pas.

Je ne vous dis hier[4] de ceci hier[4] n'y pensant pas ou du moins ne m'etant resolue que tout à l'heure

Jeudi matin 6 aout 1789

Billet[5)] renvoyé par M. du Peyroux[5] avec le manuscrit une copie une lettre dont voici un lambeau[6]

J'enverai la copie à Buisson[7] à Paris il l'imprimera ou non comme il lui plaira. Je crains qu'à Paris[6)] on ne trouve pas cela assez ventre à terre[8] pour l'imprimer sans permission de Me de Staal.[7)]

653. De Philipp Stahl, 7 août 1789

St Petersbourg ce 7. août 1789.

Votre derniere lettre du 17 Juin m'est parvenu dans un tems, où peu de jours auparavant j'avois repondu à une autre du Mois d'avril qu'une femme inconnue m'avoit apportée de Votre part. La presente sera donc deja en chemin avant l'arrivée de celleci. à propos de lettres je dois Vous dire, que je suis franc de port de tout côté, de façon que vous ne devez pas vous inquieter sur cet article et m'écrire aussi souvent qu'il Vous plaira · Vous avez raison madame, ou il faut rester chanoine ou se marier tout vulgairement – mais dites moi je Vous en prie, d'où vient cette espèce de sensibilité dont a[1)] tant de peine à se defaire? d'où vient un certain je ne sais quoi, qui fait que Vous vous extasier pour tel ou tel objet pour telle ou telle chose? Vous pouvez être sure et m'en croire, Madame, qu'il n'y a pas de situation où l'on voye de plus près les hommes que dans celle où je me trouve à présent, Vous pouvez être persuadée encore, que la plupart du tems, je suis tenté de les meprisér ou plutot ils se presentent à moi sous un point de vue très peu favorable et malgré tout cela je ne puis pas me defaire de cette espèce de sensibilité. Plus que je rencontre de gens que je dois detester plus je soupire après ceux, qui ont des sentimens plus analogues à ma façon de penser et de cette maniere mon imagination se monte d'avantage et je guéris plus difficillement. Vous êtes bien bonne Madame d'avoir fait passer en revue, vos demoiselles à marier, ce n'est pas elles qui me tentent, c'est bien plus le plaisir d'être dans votre voisinage et de pouvoir jouir de votre charmante société. Je conviens aussi qu'un homme qui se marie a l'air un peu sot mais dites moi je Vous en prie quel air a l'homme qui reste garçon? – je ne connois rien de plus ridicule qu'un hagerstolz,[1] il se croit toujours jeune, en compte[2)] toujours aux plus belles filles et est la risée de son cercle – Il me semble qu'un vieux garçon, s'il n'est pas aussi ridicule qu'une vieille fille, lui ressemble tout de même à bien des égards. J'espère que votre protégé sera parti, je l'attends d'un jour à l'autre et j'en ai déjà prevenu quelques personnes qui pourront lui être utiles dites, seroit-il capable de remplacer notre pauvre Bernoully,[2] qui a été professeur en mathematiques dans quelque corps du genie? Je le voudrois parceque je sais qu'on cherche de tout côté des mathematiciens. Sa timidité je pense lui passera, et selon que Vous m'en avez parlez, cet homme doit être un bon professeur. La derniere lettre que je Vous ai écrite doit être singuliere, j'y ai beaucoup parlé de moi et à ce que je m'en souviens, beaucoup trop. Je l'ai écrite sur le soir où ordinairement je suis un peu melancholique ou sentimental –

Votre Calliste m'a fait plaisir – Elle ressemble un peu à Mlle rosette balletti[3] qui doit être dans ce moment à Paris, du moins y a t elle chanté l'hiver passé dans le concert spirituel – ces deux femmes ont a peu près les mêmes talens, mais calliste a les sentimens que j'ai supposés à Mlle Balletti. Voilà un grand mecompte!

Pardonnez ce griffonnage, le tems me manque pour écrire plus élegam̃ent – Je n'ai pas encore eu reponse de Krementschuk.[4] Adieu Madame aimez toujours votre beau lac[5] et votre superbe site de Colombier – et n'oubliez pas celui qui vous est attaché pour la vie

fs

A Madame/Madame de Charriere/née baronne de Tuyl/à Colombier/près de Neufchâtel en/Suisse

---

654. *A Benjamin Constant, 17–20 août 1789*

Vous ne me trouverez peut-être pas honnête de ne pas chercher à m'occuper plus longtems & plus à fond de l'affaire[1] dont vous etes occupé & dont vous avez tant de raisons d'être pour ainsi dire[1)] uniquement occupé, mais d'un autre coté, vous devez bien trouver aussi qu'il seroit[2)] un peu dur pour moi de ne voir que cela dans vos lettres. Si vous ne pouvez point du tout ecrire cela s'entend & je me soumets avec plus de regret encore pour votre santé qui ne le permet pas que pour mon plaisir. Mais si vous pouvez ecrire vous pourrez à l'avenir me parler d'autre chose. Qui sait si l'affaire Besenval[2] ne sera pas favorable à celleci on aura honte peut-être tandis qu'on veut[3)] soustraire à la condamnation un homme soupçonné des fautes les plus graves[4)] de s'acharner aux[5)] rigueurs dans une cause minime pour l'importance les consequences &c.

Si vous avez la force d'ecrire dites moi que vous vous attachez un peu à vous faire aimer. Ce seroit dégenerer des *Constant* d'une maniere bien avantageuse. Le seul procedé avec M. de Ch. qui n'est ni Ber.. ni of. sub.[3] prouve combien on peut negliger cette partie, & les impressions qui en peuvent resulter sont prouvées par celles que j'en ai receues mais je ne crois pas que ces impressions me rendent partiale & je vois bien l'injustice des adversaires.

M. de Ch. receut hier une lettre de M. de Serent[4] qui voudroit le voir à son passage en Suisse & qui tachera de prendre sa route par Neuchatel.

Je ne sai si c'est un secret · à bon compte n'en parlez pas. Si les jeunes princes devoient venir ici avec lui j'en aurois aussi peur que d'une femme avec
son mari & ferois des vœux pour qu'ils n'eussent pas même des chevaux
à faire[6] ferrer. Cependant pour un diner ou une collation passe. mais
j'aimerois mieux le Mis tout seul. C'est de spa qu'ils partent, & ils passeront
le M. Cenis.

Vous n'avez donc point les memoires secrets[5] selon toute aparence,
Car vous me les auriez envoyé.

La pauvre Me de Leveville s'impatientoit de voir que personne ni
aucune circomstance ne fit rien pour mon amusement, de ce que je ne
pouvois avoir ni Galliard ni Zingarelli[6] ni presque rien de ce que je pouvois desirer; elle etoit ingrate envers M. du Peyroux qui a fait imprimer
mes petits Evêques.[7] Je m'extasiois il y a quelques jours de ce que *Gino*[8]
avec sa Harpe avoit tout de suite consenti à souper ici à coucher au village.
La belle complaisance me dit Galliard il n'avoit peut-être pas 10 sols dans
sa poche. Adieu. Lundi.[7]

Mercredi

J'aprens qu'on ne demande rien pour m. de Besenval qu'un jugement
regulier Cela alloit bien sans dire, & si on le massacre ce ne sera pas de
l'aveu de ceux à qui l'on s'adresse. On sait[8] ici que[9] la femme d'un Neuchatelois françoise Me Perregaux[9] va arriver[10] & cela fait penser que l'on
craint à Paris de nouveaux troubles.[11]

La[12] place de M. Bailly[10] est delicate penible chaude à tous egards Je
m'amuse cõme un enfant a penser à son hotel à ses gens à son carrosse
au monde qu'il faut recevoir à manger, un homme de lettre qui avoit 2
ou 3 m.£ d.r.[11]

You are an odd sort of a man. I talk of your Mina, not a word in ans-
wer. of asses milk not a word. of a dying amaible woman,[12] not a single
word. And do you think I have so much vanity as to be persuaded my
letters are always agreable tho' never answered to, & when not a word
not a smile tells me my[13] thoughts my stories, my advices are welcome?
If you could not write at all I might fancy what would please & flatter
me but as you offer talking to me of what happened at amsterdam & of
what was ridiculously judged at Berne, my letters shrink with modest
defidence & make themselves as little as they can[14]

and even don't go of a Weddensday night[15] tho' they were ready long
before. Jeudi matin

A Monsieur/Monsieur de Constant Conseiller/de Legation & Gentilhomme de la Chambre/à la Cour de Brunswick/a beau soleil/près Lausanne[16]

Voila Monsieur la brochure[1] retrouveé. Je voudrois bien pouvoir vous en faire le *petit* cadeau mais je n'ai absolument que cet exemplaire. au reste si vous ne le rendez pas c'est egal: je n'en aurai plus voila tout. Même j'en pourai faire revenir par quelqu'un qui me voudra rendre ce service car je n'ai plus de commerce avec cet honnête Vitel[2] qui m'a trompée & desobligée en tout. Je me flatte que vous me viendrez dire du bien ou du mal ou tous deux de mes productions.

J'ai receu hier une lettre de Zingarelli[3] qui consent à venir, si rien d'imprevu ne s'y oppose, dans le courant du mois prochain. C'est un compositeur du premier merite & mon maitre & un honnête homme. jugez si je suis contente. Il ne s'ennuyera pas parce qu'il aime à lire qu'il sait le françois & le latin.

Vrayment je suis fort aise. & n'est-il pas raisonnable aussi que dans ces tems de troubles un artiste[4] vienne chez une femme passionnée pour son art? Vous aprouverez cela de toute maniere. Ghiotti[5] n'etoit pas à ce que je crois, sufisamment plus habile que je ne suis. J'ai l'honneur Monsieur de vous saluer très humblement. J'entens une bise qui cette fois nous mettra à l'abri de la pluye.

T. de Ch.

Ce mardi matin.

Je vais partir. mon Pere & moi allons en Hollande renouveller l'inégale lutte qui dure depuis un An.[1] Ma pauvre femme reste ici. Elle viendra me rejoindre en Hollande, Je ne sai quand. Si vous saviez combien je suis las de la vie, combien Je suis malheureux, & cela dure toujours & ne change pas. Il y a six mois Je me disais que ne suis je plus vieux de trois mois: Il y a trois mois, même souhait: aujourdhui même avec seulement moins d'espérance. ma fièvre est passée. Je vous renvoye votre manuscrit,[2] ne pouvant présider a la correction. Je n'ai trouvé aucun Libraire. Lacombe[3] est occupé a contrefaire tout ce qui parait sur la révolution. Je ne vous ai pas noṁée. peutetre aurais je réussi. adieu. je suis malheureux & malheureux serai. Votre traduction[4] n'est pas égale a l'original. refaites la. Adieu. Je vous aime. ecrivez moi a M^r &c &c chez M^r le B^n de Constant Villars[5] Colonel aux gardes suisses, a la Haye.

B. Soleil ce 26[1)] Aout 89.

A Madame/Madame de Charriere/née de Tuyll/a Colombier/près de Neufchatel.

657. *De Mme Lebousier Demello, 5 septembre 1789*

Paris le 5 7ᵇʳᵉ 1789

Je vous Suis Sensiblement obbligée Madame, davoir eu La bonté de m'instruire de toutes Les Circonstances des derniers moments de L'infortunée Mᵈᵉ de Leveville.[1] Sa destinée a eté bien affreuse. Ses maux Sont finis il est vrai, mais Combien Sa derniere heure auroit eté Cruelle si elle avoit eu moins de Courage et si elle n'avoit pas trouvée dans vous, Madame, tous Les Secours, tous Les Soins, toutes Les attentions du plus tendre interest, tant de bonté, tant dhumanité annoncent en vous une femme Superieure aux autres, et je rends grace au ciel davoir menagé a Mᵈᵉ de Leveville une amie tel que vous. je me croirois heureuse si des affaires vous ammenant en france me procuroient Lhonneur de vous voir, faire votre Connoissance vous parler de L'interessante et malheureuse Mᵈᵉ de Leveville, de ma reconnoissance et de tout ce que vous avez fait pour elle, Seroit pour moi Loccupation La plus douce.

Acceptez je vous prie, Madame, Lassurance des Sentiments et de Lattachement Le plus Sincere.

Lebousier DeMello

A Madame/Madame De Charriere, En Son/hotel a Colombier/Par *Neuchatel En Suisse*

658. *A Jean-Pierre de Chambrier d'Oleyres, 9 ou 16 septembre 1789*

Voila le *Celebre* Trenck[1] que je vous renvoye, Monsieur, avec bien des remerciemens. Quand il n'y auroit que sa bonne volonté pour mon païs natal je l'aimerois un peu. A Spa mon pere ne vouloit pas qu'il m'entretint de ses malheurs tant il me noircissoit l'imagination. Je n'ai pas encore oublié sa tête à demi chauve ses yeux un peu egarés & ses grands gestes. On voit qu'il se considere comme une curiosité bien remarquable. Tant mieux si cela le console de ses longs chagrins.

A propos de remarquable, On ecrit à M. du Peyrou que Mᵉ de Staal s'est rendue si assidue à l'assemblée nationale[2] y a fait tant de bruit de gestes de mines, a[1)] tant écrit de billets aux membres de l'assemblée, aprouvant conseillant &c que monsieur son pere[3] lui a dit d'opter entre cette salle & sa maison ne voulant plus qu'elle retournat à l'une si elle vouloit revenir dans l'autre.   On a la tête si pleine de politique dans ce moment que l'on ne peut s'empecher de considerer tous les objets sous leur point de vue politique. Hier à propos de la misere qui augmente dans ce pays ci de la cherté du bled, des fabriques menaçant ruine je m'etonnois que votre Roi[4] n'envoyat pas ici le gouverneur & je pensois si j'etois le Roi & surtout si je pouvois esperer de tirer quelque chose de plus du paÿs que les lots & quelques dixmes[5] je verois s'il me convient d'y attirer des etrangers de pourvoir à de nouveaux moyens de subsistance, de donner une asile aux arts qui soufrent dans les paÿs en fermentation; & peut-être que si jamais le partie du paÿs de Vaud qui m'avoisine se fachoit contre ses souverains je ne serois pas faché de les prendre sous mes très peu oppressives ailes.

Ce qui m'a donné tant de loisir pour la politique c'est une lettre de Zingarelli qui promet positivement de partir à la fin du mois, de sorte que je ne sai plus composer; j'attens du secours des leçons des corrections le plaisir d'entendre d'autre musique que la pauvre mienne. Hier mon des-œuvrement fut tel que je tricotai toute seule plus d'une heure. Je suis très contente. Si d'autres invitoient les peintres ou un peintre,[2] d'autres un architecte d'autres un sculpteur on veroit ici un nouveau pays, assez agreable. vous voyez Monsieur comment j'ai été conduite à jouer en imagination le role de Roi & je le joue à la maniere de *M. Josse* l'orfèvre.[6]

Venez être mon ministre le plutot que vous pourez je vous en prie. ensemble nous reglerons le sort de l'etat. Il ne seroit pas mal de venir diner car les après diné[7] sont bien courtes à present pour de si grandes operations.

Adieu Monsieur. Quoique je n'aye pas trop abusé aujourdhui de la permission de barbouiller que vous m'avez donnée avec tant d'indulgente bonté j'en sens le[3] prix dans ce moment même & elle me met à l'aise plus que je ne puis dire.

Ce mercredi matin.

A Monsieur/Monsieur le Baron de Chambrier/a *Cormondreche*

659. *A Dudley Ryder, futur comte Harrowby, 10 septembre 1789*

Jeudi septembre 1789

Je felicite, Monsieur, & vous & la portion de la chose publique dont vous etes chargé.[1] Je suis donc une maniere de petit prophete. J'en suis bien aise, mais si vous me le persuadiez tout-à fait je n'en aurois peut-être que moins de respect pour les grands prophetes. Des conjectures plus emphatiques, dirois-je & voila tout. Jusqu'à present j'ai prophetisé assez juste sur les affaires de la france. J'ai dit qu'on resisteroit tant qu'on pouroit à la reforme. J'ai dit les Stuarts ont-ils cedé en Angleterre? les Espagnols en Hollande? les Anglois en Amerique? N'at-il pas falu par-

tout arracher sa liberté des mains des opresseurs & l'ont-ils jamais donnée? Mais je n'etois pas decidée dans mes conjectures sur l'issue de la
dispute; elle dependoit à ce qui m'a semblé du parti que prendroient les
troupes. Elles ont pris celui de la nation. Après cela j'ai dit[1)] non pas on
brulera[2)] les chateaux, je n'y pensois pas du tout, mais bien on pillera &
on ne payera plus l'impot du sel ni du tabac. A present que predire? Je
crois que même l'Empereur tracassier[2] venant avec une armée ne remet-
troit pas sur pied la clique de sa sœur. Je craignois ces jours passés une banqueroute forcée. où il n'y a rien les creanciers perdent leurs droits. Depuis
le retour de l'harmonie entre M. Necker & l'assemblée mais surtout
depuis que M. de la Fayette[3] a dit à Mont martre; *il y a 8 cent mutins que
je passerai au fil de l'epée s'ils ne partent & ne vous laissent partir.* j'espere un
peu. Un dictateur seroit bien necessaire à cette france. Je craignois que M.
de la Fayette ne fut trop jeune & n'en imposat pas assez par des exploits
passés, brillans & decisifs. Je crois que j'aurois invité le Duc de Brunswick[4]
à venir prendre le commandement de toutes les troupes à condition qu'il
n'amenat pas un allemand ni allemande. Bref je predis que de dix ou vingt
ans on ne sera tranquile mais qu'on ne redeviendra pas esclaves. Que les
arts & les sciences auront receu un terrible echec que presque[3)] rien de
ce qui etoit de mise en prose, en vers, sur le théatre &c ne le sera plus. Les
grands auront perdu avec leurs vices l'honneur de leurs petites vertus; car
ne pouvant plus être insolens il n'y aura pas de merite à etre affable · enfin
ceux qui dans la conversation auront le même langage qu'autrefois
seront plus ridicules que s'ils reprenoient a la friperie des habits faits il y
a cinquante ans. Payera ton la dette de l'etat? oui si M. Necker vit & si
une guerre avec quelque puissance etrangere ne vient pas epuiser & le tresor royal & toutes les ressources.

N'ai-je pas fait avec dignité & sans une obscurité trop grande mon role
de prophete? Je me flatte Monsieur que vous ne serez pas absolument
mecontent.

Vous demandez si j'ai receu votre lettre de Buxton[5] oui assurement,
& la description de ce palais desert m'a fait la même impression que vous
receviez de la réalité. J'etois auprès de vous aux portes que vous vouliez
ouvrir & le cœur me battoit; mais nous n'avons point trouvé de princes
enchantés de princesses captives. on ne voit partout que des choses communes & naturelles ou *sous* naturelles. Si[4)] quelque chose m'etonne encore
c'est le vulgarisme[6] caché quelques fois par d'assez brillans dehors mais
qui se trouve au fond de tout.   Soyons juste pourtant envers le genre
humain. J'ai vu mourir là bas dans la chambre que vous avez occupée une
femme[7] bien aimable qui avoit le cœur noble l'esprit elevé & noblement
orné. Je l'ai eue 3 mois · sa douceur ni même sa politesse et l'elegance de
ses expressions ne l'ont pas quitée un instant. Elle savoit l'anglois l'italien
le latin, elle dessinoit, elle jouoit de la harpe. Elle avoit trente ans. Ses jam-

bes etoient deja froides, un talon lui faisoit mal, elle commençoit à mourir par là. Elle me dit c'est comme... mais je ne puis pas parler. – Je m'aprochai. C'est comme Achille. Souvent elle me renvoyoit. Ce jour là, le dernier elle me fit diner et prendre le thé auprès d'elle.

J'ai bien lu votre politique de Buxton, et ne l'ai point desaprouvée. Un homme temoignoit à une femme[5] beaucoup de regret de la mort de son mari – M. je vous assure qu'il etoit bien brutal.. – Ah madame si vous le prenez comme cela je vous avouerai que sa mort ne me fait du tout. J'en dis autant · si les Anglois sont contens je trouve tout à merveille.

A propos j'oubliois de predire que vous aurez du credit, que[6] vos honneurs iront en croissant ainsi que l'estime que vous obtiendrez & que dans les jours de votre puissance vous souvenant de celle qui vous l'a predite vous vous informerez de l'etrangere[8] qu'elle a envoyée dans la maison du roi de votre peuple. Alors trouvant qu'elle y a passé 9 penibles années, qu'elle y a inspiré la crainte de Dieu aux filles du Roi & que son mari[9] est un honnête homme vous lui donnerez une place parmi les salariés de la nation.[7]

660. De Benjamin Constant, 14 septembre 1789

Votre maniere mysterieuse d'écrire m'ennuie & me fatigue: je n'aime pas les Sybilles. Il faut parler clair ou se taire: d'autant plus que j ai a peine le tems de vous répondre & encore moins celui ou l'envie de vous deviner. Je n'ai rien a atténuer. Je sai que Mr May[1] est un gueux. je l'ai dit ici[2] a son Protecteur & je n'en partirai pas sans le lui avoir dit a lui même. la conduite de mon Père dans toutes ses parties a été légale, excepté lorsque la force ouverte la écarté d'ici. dans plusieurs points elle a été infiniment méritoire. si vous me disiez ce qu'on vous a raconté, je pourrois vous éclairer. Mais avec votre affectation de Briéveté que vous croiez si majestueuse, je ne puis rien vous dire. Surce je prie Dieu qu'il vous ait en sa sainte garde, & je vous prie instamment de bruler mes lettres comme j'ai avant mon départ de Suisse brulé les Votres.[3] je crois avoir le droit de l'exiger. c'est a vous a voir si vous voulez me conserver une raison d'inquiétude & me punir de ma confiance passée.

                                                                        B.C
ce 14 Sept. 1789.

661. A. Benjamin Constant, 23 septembre 1789

Faites moi la grace de me dire si vous etes bien ingrat & bien mauvais ou si vous n'etes qu'un peu fou. Il se pouroit même que ce ne fut qu'une folie passagere & en ce cas là je la comterois[1] pour peu de chose. Quest-ce qui m'obligeoit à vous detailler une chose dont je n'etois pas sure & qu'est-ce qui eut rendu ce detail preferable au conseil[2] que je vous donnois de vous adresser a des gens mieux informés que moi pour une chose dont on m'avoit dit qu'il pouvoit resulter les effets les plus facheux pour vortre famille & en particulier pour votre oncle?[1] Qu'il arrive desormais ce qui voudra. Je me repentirai aussi peu de la cessation de mes vains avertissemens que de l'interet qui me les faisoit prodiguer. Je vous envoye un morceau[3] d'une lettre ecrite au commencement d'aout.[2] Vos duretés diminuent un peu ma delicatesse. Ecrivez et signez tout du long que mes lettres sont *toutes* brulées je[4] brulerai *aussitot*[5] les votres. Vous me dites si fort par occasion que vous avez brulé les miennes que cela n'a l'air que d'une frase d'humeur.

I A E van Tuyll van Serooskerken de Charriere

Ce mercredi 23ᵉ septembre 1789

N'imaginant pas cette phrenesie je vous ai ecrit tout bonnement il y a quelques jours,[3] & je vous suis allé louant et recommandant à tout le monde. Si vous etes rentré dans votre bonsens avant la reception de ceci n'ayez aucune inquietude sur l'effet de cette rude & malhonête sortie je l'aurai oubliée plutot que vous.

Quant à ce qui n'est pas precisement *vous* je vous declare que sans *vous* je n'y eusse pas pris le plus petit interet que loin de repandre le memoire[4] je ne l'aurois pas lu, & si vous aviez à la fois la faculté & la volonté d'être juste vous m'avoueriez qu'on n'a vis à vis de *moi* aucun droit[6] à des prejugés favorables.

Si vous persistez dans votre humeur du 14, evitez mes parens; leur accueil vous generoit, & comme aucun d'eux ne me surpasse en loyauté ni en affectionate & generous feelings vous ne vous trouveriez pas mieux de leur societé que de la mienne. Il n'y auroit à gagner pour personne dans une liaison[7]

662. *A Benjamin Constant, 23 septembre 1789*

Desormais je croirai au Diable. Je quite mon clavessin après avoir ecrit sur mes[1] genoux ce que vous trouverez à la suite & au revers de votre lettre; je vai chercher dans ma chambre la lettre dont je voulois vous envoyer un lambeau je[2] separe l'article intended[1] de tout le reste · ensuite je separe en deux une feuille pour l'envelope; je veux reprendre le petit papier il n'y est[3] plus · je n'ai pas quité la chambre ni la table. Je cherche une heure je sonne je designe le chiffon à ma femme de chambre, elle cherche encore actuellement & aussi inutilement que moi.

Je vous disois donc,[4)] un des premiers jours d'aout que j'avois payé à Me du Paquier[2] l'interet de notre petite dette qu'il faloit laisser dormir ajoutant que je n'avois pas oublié combien je vous avois tourmenté pour prendre cet argent mais que je vous priois de mon *propre unique* mouvement de donner à M. de Ch. un autre billet en echange de celui que vous avez donné a paris etant mineur & en une[5)] forme bisarre, vous engageant a payer quand vous seriez en Hollande. Aujourdhui & puisque je ne puis retrouver le petit papier je ne vous nierai pas que M. de Ch. ne m'ait paru un peu surpris que vous eussiez quité le pays sans lui ecrire. Mais je n'ai aucune commission de vous dire cette surprise... Je ne sai même si c'est precisement de la surprise qu'il m'a temoigné ou s'il m'a dit *ne vous dit-il rien...*[6)]

Je vous demande la permission de garder quelques lettres ou billets tout à fait indiferens & de pure amitié ou plaisanterie · si vous la refusez & que vous[7)] repetiez l'ordre de bruler tout & la declaration que vous avez tout brulé vous serez obeï sur le champ. Ce qu'il y a de plaisant dans votre couroux c'est que c'etoit pour l'eviter que j'etois si laconique. Et qu'avois-je besoin moi d'etre *eclairée*! je n'ai jamais rien ecouté la dessus que pour vous dire ce que je croyois utile & vous vous etes toujours faché quand je me suis un peu etendue. Je croyois donc avoir trouvé la pie au nid[3] ecouter un long discours & ne vous dire qu'un mot.

J'ai effacé *toutes*[4] J'ai deja commencé le triage j'ai deja dechiré plusieurs lettres[8)] j'en ai trouvé une que je ne brulerai pas *aussitot* j'attendrai mais je l'envelopperai & cachetterai l'envelope ecrivant dessus ce qu'elle contient. En continuant à chercher le petit morceau de papier dont s'est emparé le Diable j'ai retrouvé une lettre[5] ecrite a peuprès dans le même tems. M. de Serent et ses eleves ont trouvé a Basle l'ordre d'aller par le Tyrol.

Je me dedis d'un sarcasme. M. de Villars est fort aimé. Vous verez du reste ce que pensois[9)] & pourquoi entr'autres raisons ma majestueuse ou plutot humble brieveté.

a Monsieur/Monsieur le Baron de Constant/Conseiller de legation &/Gentilhomme de la Chambre/du Duc regnant de Brunswick/Chez Monsieur le Baron de/Constant de Villars Lieutenant/Colonel aux gardes suisses/a *la Haye*

Jeudi matin

Je vous suis très obligée, Monsieur, mais c'est une commission que je prenois la liberté de vous donner · comment arrangerons nous cette afaire? Je n'ai pas encore ouvert les bouteilles & ne saurois dire laquelle je prefere. La couleur est pour l'une, le nom est pour l'autre. Il y en aura pour longtems car je ne[1] prens de liqueur que quand mon estomac m'en fournit un pretexte & je serai très avare de celles ci. autour de moi on prend de l'eau de cerise[1] que je ne puis pas suporter je puis donc me dispenser d'en ofrir. Quand j'en aurai pris je vous rendrai compte de mon jugement & de mon envie ou besoin. Je suis accoutumée à vos bontés & ce sera toujours un plaisir pour moi de vous être obligée. Vous avez eu l'autre jour[2] ma profession de foi sur bien des articles; je ne sai si vous remarquates le votre au milieu des epanchemens de ma mauvaise humeur. Si vous mettez quelque prix à mon opinion & à mes sentimens vous serez toujours content de ce que je pourai dire & je ne dis que ce que je pense.

Voudriez vous bien dire à M. de Charriere si vous avez actuellement à Turin l'Amfossi[3] dont je connois une ariette, ou quelque autre compositeur de cette force. Si oui, je vous enverai cette après diner un air Italien auquel je vous suplierai de faire faire, si cela se peut, des accompagnemens; des ornemens quelques changemens[2] même ne me deplairoient pas. J'en ferai faire aussi à Zingarelli[4] je serois curieuse de comparer les stiles. Vous payerez l'artiste & ce sera pour mon compte cette fois s'il vous plait. Nous avons oublié de parler de Ghiotti.[5] Voudriez vous bien lui dire quelque chose d'honnête pour moi. & que je le trouvois bien jeune, qu'il se seroit ennuyé, que les troubles de la france m'amenent Zingarelli… Je vous prie Monsieur de vouloir m'ecrire votre arivée

a Monsieur/Monsieur le Baron/de Chambrier/a *Cormondreche*

664. *A Rosalie de Constant, 24 septembre 1789*

Ce Jeudi 24 7bre 1789

N'auriez vous point, Mademoiselle, par quelque plaisanterie & sans le vouloir, faché contre moi M. votre Cousin.[1] J'en receus hier une lettre pleine de reproches, toute entiere de reproches, sans autre fondement que la brieveté d'un billet que je vous envoyai pour lui. Il est etrange de trouver mauvais qu'un billet soit court quand il n'etoit point necessaire qu'il fut long. Cela est etrange surtout de la part de quelqu'un qui souvent sur dix questions que je lui fais repond tout au plus à une, & qui m'a laissé quelque fois repeter dix fois la même question sans jamais me repondre, ou la même priere sans y satisfaire jamais. Je l'avertissois dans ce billet de s'informer d'une des circonstances du procès de M. son Pere afin de prevenir les suites qu'on m'avoit dit que cette circonstance pouvoit avoir pour sa famille. Voila tout & quoiqu'il apelle ma brieveté mysterieuse, & qu'il pense que je la trouve majestueuse, elle n'est pourtant que la brieveté toute simple d'une personne qui n'a aucun[1] motif, loin d'avoir la moindre obligation d'en dire davantage. J'aurois pu en effet raconter ce qu'on m'avoit dit mais comme je ne voulois pas nommer mes[2] auteurs & que je n'etois pas sure de leur exactitude j'ai mieux aimé ne dire que ce que j'ai dit. Je suis fachée pourtant aujourdhui de ma très iñocente brieveté car la lettre de votre cousin, que j'aime veritablement beaucoup, m'a fait de la peine. Je lui ai repondu hier[2] tout de suite[3] fort doucement à ce que je crois[4] & dans l'intervalle je lui avois ecrit, (ne soupçonnant pas qu'il put avoir la moindre mauvaise humeur) de mon ton ordinaire et fort amicalement.[3] Je pense que cette boutade ne durera pas & si vous pouvez l'abreger ou la detruire plus complettement, Mademoiselle, vous me ferez plaisir. Voulez vous lui envoyer le billet[4] qui renfermoit Celui qui l'a faché? voulez vous lui envoyer ceci?[5] Faites ce que vous croirez convenable. Peut-être aurois-je du en effet pour me mieux faire entendre dire à votre cousin qu'il ne sagissoit pas de l'afaire primitive, dans ce que je lui disois de demander, au sujet d'une personne que j'ai nommée, mais d'une recusation. Vous pouvez aussi reparer cette omission. On s'est toujours donné trop de peine en refutant auprès de moi ce que j'avois apris d'histoires fausses. Je ne suis ni juge ni public, je n'avois garde de rien accrediter qui fut desavantageux · il faloit donc se servir de mes avertissemens ailleurs qu'avec moi ou les laisser tomber. S'en facher est le plus bisarre parti que votre cousin put prendre. J'ai l'honneur Mademoiselle de vous saluer très humblement

T. de Ch.

Tout en ecrivant il m'est venu dans l'esprit qu'en repondant *doucement* à ce que je croyois j'ai pu repondre durement parceque je repondois dans un premier mouvement de suprise & de chagrin. Je renverai à la poste & on reprendra ma lettre en portant celleci. Je la garderai – jusqu'a ce que je voye qu'elle[5] tournure prend l'humeur de monsieur votre cousin. Celleci si vous voulez bien la lui envoyer servira en attendant de reponse à la sienne.[6]

Utrecht ce 1 Octob^r 89

Madame & très Chêre Tante!

Je vous fait bien mes remerciments pour les deux lettres[1] que vous avez eu la bonté de m'êcrire & qui mont fait beaucoup de plaisir; elles me sont parvenues toutes les deux depuis mon retour dans ce pays. Je n'ai pas reçu celles que vous me faites l'honneur de me dire de m'avoir adressées a Basle. Je suis bien faché de ce que vous vous êtes inquiétée a mon sujet a cause des papiers dont vous m'avez chargée, je n'en ai eu aucun désagrément pendant mon voyage; & je les remis a mon Oncle de Zuylen dabord en arrivant. Cela me feroit de la peine ma Chêre Tante si j'étois la cause que vous vous brouilliez avec M^{de} de Lessert;[2] je crois que que[1)] si cela n'avoit dépendu que d'elle, elle m'auroit bien procurée l'argent que je lui demandois; mais c'est a ces Messieurs que je m'en prend & j'avoue que je n'ai pu lire avec sang froid les soupçons qu'ils ont eu a mon égard. J'aurois bien désiré que le temps et ma bourse m'eussent permis de faire un plus long séjour a Paris que je n'ai pu faire. J'ai vu tout ce que j'ai pu dans les quatre jours que j'y ai été; & cela m'a donné grande envie d'y retourner pour voir tout ce que je n'ai point vu; & aussi pour voir plus a mon aise ce que j'ai vu. J'ai logé a l'hotel de Bourbon tout près de la place de notre Dame Victoire: Je ne puis pas dire ma Chêre Tante que j'ai trouvé Paris une belle ville. Londres est a mon avis infiniment plus beau mais il ÿ a quelques batiments a Paris qui surpassent surment en beauté ceux de Londres. la nouvelle Eglise de St Geneviéve[3] entrautres un bien magnifique édifice quand elle sera achevée. Mais vous serez surment le plus curieux de savoir ce que j'ai vu des Théatres a Paris. J'ai été une couple de fois a l'Opera: j'ai été beaucoup frappé de la grandeur de ce spectacle la premiére fois; on représentoit: Didon,[4] & la seconde Demophée[5] un nouvel opera dont la musique est très belle. Je ne puis pas dire que je préfererois a la longue les Operas qui ne sont composés que de Chant; je n'aime pas beaucoup les recitatifs; Vous me trouverez peut-être de mauvais gout Ma Chère Tante. Je n'ai jamais entendu de musique qui m'ait fait autant de plaisir que l'Orchestre au Theatre de Monsieur.[6] j'en ai été enchanté. J'ai vu réprésenter un bien joli Opera au Théatre de Monsieur; je suis faché que je ne puis pas m'en rappeller le nom; mais le sujet en étoit une troupe de Comédiens qui ont un Poëte & un maitre de musique &c parmi eux. un Acteur nommé Raphanelli[7] jouoit le rolle de Poëte admirablement bien selon mon Avis. J'ai trouvé de bien bons Acteurs aux Italiens;[8] le Theatre qui est le plus en vogue dans ce moment çi a ce qu'on m'a dit; mais il n'y en avoit pas un qui étoit beaucoup fréquenté lorsque je me suis trouvé a Paris. J'ai entendu chanter une demoi-

selle Renaud[9] aux Italiens dans Renaud d'Ast;[10] elle a la voix la plus
agréable que j'ai jamais entendu & je la préfére a celles que j'ai entendu
a Paris. J'ai été aussi aux Variétés un bien joli Théatre.[11]

Si le peuple êtoit moins misérable, et les Auberges meilleures en France
quelles ne le sont ce pays la seroit le plus agréable pour ỹ voyager que
tous les pays que j'ai vu. On ne peu pas juger surment d'une nation dans
quelques semaines. mais je puis dire que je ne connois point de nation
aussi aimable que les François; ils sont d'une politesse envers les étrangers
qui est bien agréable! surtout quand on voyage seul. le savoir vivre qu'on
rencontre presque parmi toutes les classes de gens en France fait beaucoup
de plaisir surtout quand on n'y est pas accoutu[mé   ]

666. *De Pierre-Alexandre Du Peyrou, autour du 5 octobre 1789*

[   ] que celui ci, cest [   ]
puisque l'on profiteroit sans scrupule des occasions touttes rares qu'elles
soient, mais comme on fouille aujourd'huy essentiellement tous les
papiers, je ne puis me résoudre à commettre persone en lui remettant un
paquet pareil au votre.[1] Le moyen le plus simple seroit à mon avis de
l'envoyer par la poste. Decidés cela d'ici à demain, et faites moi savoir
votre decision.

[   ]n un mot.
C'est l'ouvrage[2] d'un homme de beaucoup d'Esprit et qui l'a cultivé; mais
l'homme paroit quelque fois dans son costume social; et cela dans l'application des principes les plus vrais; par exemple, L'Eloge de la religion
chrétienne, et tout le bien qui en peut résulter pour la Société ou qui
même en a resulté, ne sera jamais contesté par un homme de bonne foi;
mais appliquer tout cela à la religion Chatolique[1)] et mettre les dogmes
à coté [   ]
mais detestable [   ] plustot reformer des préjugés, des abus utiles aux uns &c &c. alors l'unité de ce pouvoir devient la seule utile; je dis
plus je crois impossible de faire une bonne Constitution[3] liée entre touttes
ses parties, si plusieurs hommes y sont appelés. Il ne faut suivant moi
qu'une seule tête et une tête desinteressée pour produire un pareil
ouvrage. Je ne dis pas que cet ouvrage seroit parfait, mais il seroit bien
lié, et une fois adopté, ce seroit alors [   ]
soir et compte partir demain sil a l'occasion du Carosse qui doit amener
demain Mlle DuPeyroux;[4] Quil recevra de Mad[e] La g[le] Sandoz[5] trois
journaux de Paris et les N°s 86.87.89. et 90 du point du jour,[6] mais pour
la derniere fois.

Adieu Madame.

Je n'ai point eu de nouvelles particulieres de Paris, et ne sais des affaires que ce que les papiers publics en disent. M^r DeSaussure[7] avance dans sa convalescence

667. A Abraham Roulet, 5 novembre 1789

Vous avez comme on le voit Monsieur un correspondant intelligent & hardi, qui connoit les libraires & les imprimeurs *des bords du Gange*.[1] Voudriez vous lui envoyer ceci dès[1] ce soir. Outre qu'on s'amuse on peut se savoir quelque gré de tomber sur le corps de ces miserables qui brouillent, ameutent, pendent &c Vous me ferez un veritable plaisir de m'aider à les tourmenter en faisant aller à paris les epingles[2] dont je voudrois qu'ils sentissent la pointe

Recevez Monsieur mes très humbles salutations.

Tuyll de Charriere

Ce 5e Nov. très à la hâte.

a Monsieur/Monsieur Roulet/a *Neuchatel*

668. A Jean-Pierre de Chambrier d'Oleyres, 5–7 novembre 1789

Ce 5e nov. 1789

Je n'ai point trouvé que vous m'ecrivissiez si vite Monsieur car j'attendois impatiemment votre lettre. Celle de M. de Serent j'entens sa reponse à celle que vous lui avez portée etoit arrivée il y a deja quelques jours. Il se faisoit une fête de vous revoir Monsieur plus à son aise à Turin.[1]

Je vous remercie de vos details. Je m'amuse moi a faire des mechancetés. & d'autres choses moins mechantes. Voici le plus bonhommique[2] de mes derniers essais.[3] M. du Peyrou trouve la Clio plate & peut-être il a raison. Heureusement n'est-elle pas dans beaucoup d'exemplaires J'avois envie de louer aussi ce heros. Une autre fois je le louerai mieux peut-être. peut-être l'ai-je deja fait. Vous ne pourrez pas montrer ceci à ce que je presume[1] & c'est bien uniquement pour vous que je l'envoye. Je fais & de mon mieux pour faire chanter ma chanson. Mais à Lion on est trop faché contre les Dames de la Halle, peut-être l'est-on trop à paris contre M. de Breteuil & contre le pere des petits princes.[4] Vous me direz une fois s'il vous plait si vous n'etes pas pour le[2] plus petit, & quand il vous plaira que je brule votre lettre cela se fera religieusement & sur l'heure, car quoique je croye à la fatalité je suis une assez loyale personne.

Il nous est revenu une cargaison d'esprit de flagorneries de faussetés du Voltaire.[5] Que de gens seroient fachés de s'y voir qui auroient crus d'avance y etre bien traités! Nous verrons demain comment on est traité dans les confessions de Rousseau[6] que vous recevrez je pense en même tems que cette lettre.

J'ai ri de voir comment malgré le bouleversement chacun etoit resté auprès de sa chacune ou l'avoit retrouvée dans le pele mele que la revolution avoit causé. La D. le Vau... la peintre. Le Pr. la Ctesse Qu'ils ne se plaignent pas ils sont très bien tous. Pauvre Abbé il est seul aparemment & mal traité pour tous. Je ne tournerois pas la main pour l'un plutôt que l'autre. C'est de la canaille.[7]

Vermont[8] peut-être aussi etoit un bon enfant à dix ou 12 ans. Qu'est-ce que cela fait aujourdhui? Tout simple abbé qu'il est n'a til pu avoir une education comme celle qu'il a donnée ou qu'on l'accuse d'avoir donnée? La providence doit-elle faire pour les princes ce qu'elle doit[3)] pas faire pour les particuliers & quand elle ne[4)] fait pas tout au monde ont-ils par là une excuse que les autres n'ayent pas? Cela est bien étrange a penser, bien injuste à dire. Je vous admire de ne pas envoyer promener ceux qui le disent car vous etes bien eloigné d'une partialité pareille. J'ai ecrit à M. de serent ces derniers jours que ses eleves gagneroient à tout cela ne fut ce que de n'être pas si fort de leur pays que d'autres princes & que la plupart des françois. J'admire le *de mes passions*. Gouverneur & disciple jouent là tous deux un charmant role. Je vous suis très obligée de tous vos aimables details. Si vous voulez des epigrammes[9] dites je vous en prie. Je n'osai ici vous donner des vers par honte, mauvaise honte peut-être, ne sachant pas assez si cela vous amuseroit.

Voici l'une des epigrammes

Quelle felicité! que notre[5)] sort est beau

Depuis qu'un couple tout nouveau

Sur le trone monté doucement nous gouverne!

Notre Roi c'est Mirabeau

Notre Reine est la lanterne

Bon soir Monsieur Je vous salue humblement & cordialement & amicalement. vous prefererez cela j'espere à de plus grandes ceremonies de ma part que je vous prodiguerois pourtant plus qu'a tout autre si elles etoient la meilleure preuve & la mesure de l'estime & de la consideration.

T. de Ch.

Ce 7e Nov. M. Chaillet le ministre dinant hier ici ne trouva point ma Clio sans grace. Il m'est permis de choisir entre les diferens avis & vous jugez que je suis[6)] maintenant du sien.[7)]

Sammedi 7. 9bre

Jeudi soir, en recevant la petitte Epée à deux tranchans, je la fis passer à Mr Roulet avec le billet[1] à son addresse. Il etoit trop tard pour moi pour ecrire à Paris, car je n'Ecris pas le soir; mais si Mr Roulet a voulu ecrire, il en a eu le tems. je ne sais ce qu'il a fait. hier matin à la récéption du paquet Spineux,[2] il a été porté à son addresse, aprés lecture prise; mais j'ignore ce qui en a été décidé, et s'il a eté sous presse, ou chez le grand Chaillet.[3] Je n'ay point mis un *et*, le mot *faction* etant de trois sillabes comme *union*; En general tous les mots francais en *ion* ont cette terminaison en deux tems; Je m'appercois que j'ai dit *faction* au lieu de *fonction*,[4] mais la regle n'en est pas moins vraye, et même je la crois sans *exception*. Les Corrections sont bonnes, celle faite surtout aux deux vers

Au credit chancelant promet un apui sur;
à nous, de l'age d'or le bonheur simple et pur.[5]

Ces deux vers sont heureux par leur naturel en expression, et leur etendue en idées; je n'ai pas la pièce sous les yeux pour en juger chaque vers, mais l'ensemble m'a plû, et davantage à la seconde lecture, ou Copie envoyée à Spineux. Je pense que c'est à cause des Corrections. Vos titres font à merveille; je les aime comme joignant *l'utile à l'agreable*, car ils sont plaisans et indicatifs. J'enverrai demain les *Vandales*[6] n'ayant pû ecrire le jour que je les ai recûs. Ce petit bourdonnement de la mouche du coche est très agréable.

Si vous avés votre plan dans la tête, il est inutile certainement de l'avoir sur le papier. Je crois pourtant que trop de facilité est un mal, que trop de paresse l'est aussi, et que vous êtes atteinte de ces deux maux dont l'un complette l'autre. Car sans la paresse, vous corrigeriés avec facilité, et sans la facilité, vous auriés moins à corriger. Voyés par exemple le premier début de votre nouvelle Epitre.[7]

Dites Dites Brissot, me nierés vous encore &c
Assurément ce vers pour un début n'etoit pas heureux, sans compter que *nier* et[1)] de deux sillabes; cependant ce n'est pas ce vers que vous avés reprouvé; C'est le second, qui vous a engagé à faire mieux, et qui pourtant valoit mieux que le premier. vous avés donc bien fait de dire

Que devient, o Brissot, l'objet de ton Eloge &c
Ce début est plus vif, et plus poëtique, mais pensés qu'au quatrieme vers, vous changés de ton en disant, *Convenés que* &c, et qu'il faut continuer le tutoyement du début; Cela au reste est facile à corriger, un *ah!* vous tirera d'affaire, ou bien un *vas*.

Quand ses sages desseins &c *Ses sages* sont un peu durs.
Des torts d'autrui, du Ciel le rend seul responsable Peut on dire, *les torts du*

Ciel? Si cela peut se dire, je rendrais la pensée plus vigoureuse encore en disant. *Meme des torts du Ciel le rend* &c. *Trembler, risquer, Etre en peril*, ne peut pas rester. Les deux derniers disent la même chose, et le premier dit plus, et ce seroit au dernier à achever l'image. Pourquoi le pauvre Bailly est il Bailly tout court a coté du *brave* La Fayette? Vous dirés que le vers l'a voulu ainsi, et si vous le voulés aussi, il faudra bien que cela reste. Je n'ai pu dechiffrer les derniers vers à cause des corrections. quant au *planton Clouet*, je me rapelle bien le pauvre Clouet,[8] mais je ne sais comment il est devenu *planton*, ni même ce que c'est que *planton*.[9] Il me reste encore une observation à vous faire. Vous avés reuni sur la fin les deux héros du jour, et j'en ai été fort aise; je croyois dés le commencement que c'etoit votre intention, surtout a ces deux vers qui me plaisoient,

> Dont l'esprit vigilant, la courageuse main,
> Ecartent loin de vous et le glaive et la faim

qui caracterisent les deux héros chacun dans leurs fonctions; aussi Lisois-je, *que les bienfaiteurs même*, au lieu que *le bienfaiteur*, et tout alloit à merveille, car je disois *risquent* au lieu de *risque leur* honneur au lieu de *son* honneur *leurs* sages desseins au lieu de *ses*, mais j'ai ete arreté tout court au vers

> Des torts d'autrui, du Ciel le rend seul responsable

J'aurois bien pu dire

> Meme des torts du Ciel les rend seuls responsables,

mais cette diablesse de S. est venue à la traverse et c'est bien domage; Convenés en. *Mais que disje trembler!* Notés que vous n'avés pas parlé encore de trembler; Notés encore que ce mot n'est pas fait pour des héros. Enfin notés que je bavarde beaucoup trop pour un homme affairé par dessus les oreilles.[10]

Bonjour donc Madame.

Voici trois Gorsas.[11] Le Sr Fauche[12] à propos demande les Cent livres qui lui restent dus sur les Episcopales.[13] que faut il repondre.

670. *De Pierre-Alexandre Du Peyrou, 10 ou 17 novembre 1789*

Mardi soir pour Mercredi

Vous aurés trois gorsas. Choppin[1] a remis au Postillon votre lettre avec ordre de l'affranchir a Pontarlier pour Paris, car vous savés que le bureau d'icy n'affranchit point jusques là, et j'etois trop affairé pour ecrire a ce sujet. Je rendrai a Fauche à la prem^re occasion les Conditions sous lesquelles il sera payé des cent livres.

Je suis tenté de vous feliciter de votre dévoyement. En verité je tro-

querois volontiers mon rhume contre un pareil mal. ce rhume va pourtant mieux, graces au redoublement de regime, ou plustot au jeune
observé pendant deux jours. Si mon exemplaire[2] m'etoit rentré, je vous
l'enverrois pour corriger les balourdises qui vous ont frappé. Il faut qu'il
y en ait beaucoup plus que les trois que vous m'avés indiqués. mais en
attendant les autres je voudrois du moins connoitre le volume et la page
de ces trois. Mad^e De V....n est *Verdelin*.[3] La Vicomtesse de R......t est
Rouchechouart.[4] Voila les deux noms qui restoient à vous être indiqués. Je
vous renvoye aussi votre manuscrit celuy de L'Epitre.[5] Ma Declaration
du 27. 8bre a souffert bien des retards, et j'apprends enfin qu'elle sera inse-
rée dans le Mercure,[6] je crois, de Sammedi prochain, cela sera bien vieux.
Je serai obligé de lui donner une suite pour l'aparition du Volume des lettres[7] qu'on a fait marcher avec les Confessions et dont les Copies viennent
de moi, mais etoient destinées à Ledition faite à Geneve en 1782.

adieu Madame.

671. *De Jean-François Marmontel, 28 novembre 1789*

Pour répondre, Monsieur,[1] à la lettre que vous m'avez fait l'honneur
de m'écrire, il a fallu attendre et observer l'effet de la seconde partie des
memoires.[2] La sensation qu'elle a produite a été diverse, selon Les esprits
et les mœurs. mais en general nous sommes indulgents pour qui nous
donne du plaisir. rien n'est changé dans les intentions de l'academie; et
Rousseau est traité comme la madelaine: *remittuntur illi peccata multa, quia
dilexit multum*.[3]

jai l'honneur d'etre tres parfaitement, Monsieur, Votre tres humble et
tres obeissant serviteur

marmontel

ce 28 9bre 1789

a Monsieur/Monsieur Tuyll de Charriere/ a Colombier Près de Neu-
chatel/En Suisse/ a *Colombier*/par Neuchatel

672. *De sa belle-sœur Johanna Catharina van Tuyll van Serooskerken – Fagel,
fin novembre 1789*

[   ]
parler se sent d'une mauvaise éducation, je suis d'avis qu'il faut commencer par savoir sa propre langue, et je crois aussi qu'il faut savoir lire avant
d'apprendre les nottes, ainsi j'attendrai jusques là à donner un maitre de
musique à ma fille ainée[1] qui n'a que huit ans, et pour qui je ne trouve

pas encor le tems si précieux qu'on n'en puisse perdre. elle ne lit pas parfaitement ni vite, et c'est une application suffisante jusqu' apresent. elle ne tardera pas j'espére à passer outre, et peutetre que l'hiver ne se passera pas sans qu'elle puisse commencer la Musique, mais peu à peu, il faut ce me semble donner une petite habitude d'attention avant de demander une application réelle qui n'est propre qu'à un age un peu plus avancé. vous me faites rire par votre comparaison du reste de farine dont on fait des bollen,[2] je vois avec plaisir votre gayeté. je me rappelle toujours en passant devant cette campagne que vous aimez près de Breukelen,[3] que j'y ai été avec vous, vous aimeriez, ou je me trompe fort, la petite campagne de m[lle] Dedel,[4] dont la maison et tous les alentours sont arrangez avec gout et simplicité par la maitresse du lieu, on y respire la liberté et l'aisance, et la situation est agréable selon moi plus qu'aucune autre de ma connoissance. la maniere dont elle vit et dont on vit chez elle, est conforme au reste. je ne sais ce qu'on fera de Ter Meer, nous avons eu m[r] de T. et moi la même idée que vous, de convertir en champs ou en près tout le coté que vous décrivez si plaisamment et avec une bonne teinte de ridicule. je n'ai jamais eu le moindre tendre pour cette campagne là. En général la nature ici est si peu belle qu'il ne faut pas exclure à force d'art cequi peut etre naturel et agréable. nous n'avons que trop donné dans notre Pays à des Colifichets, des grottes, cequ'on n'a pu faire beau, on l'a fait riche, j'aime mieux le moindre bosquet, la moindre verdure, que tous ces berceaux et treillages. Avouez moi que vous ne critiquez les jardins anglois que parcequ'ils sont anglois, et que vous ne trouvez pas à redire que nous imitions les jardins François, qui sont aussi en honneur parmi nous, mais qui ont moins de vogue actuellement. Aimez-vous mieux l'exacte simétrie et la régularité *affectée* aussi, qu'un peu de négligence, sans art recherché? Est ceque la nature est jamais roide et compassée? pourquoi faut-il absolument que chez nous tout soit au cordeau et au ciseau? je vous sais gré d'avoir dit la verité aux François dans ces vers Flatteur aveugle-né &c.[5] je n'aime point leur Caractére. je voudrois que vous, et leurs ministres, c'est à dire m[r] Necker, et m[r] Bailli[6] (que je ne connois que par vous, et dont je n'ai jamais rien lu ni entendu) eussiez plus de crédit, et leur fissiez honte de leurs excès et de leur barbarie, je fais moins de cas je veux le croire des agrémens et des talens, que vous, mais je dis avec satisfaction, que chez nous les bonnes mœurs, dont vous faites cas aussi bien que moi sans doute, sont sur un meilleur pied, et qu'on estime encor la nation hollandoise pour sa probité, sa fidélité, et une certaine honnête fierté. Avec moins de vivacité on fait aussi bien chez nous qu'ailleurs, et on a des sentimens et de la conduite si on n'a du brillant. l'un vaut bien l'autre ce me semble. vous vous efforcez pour me complaire de me dire ma chére amie et adieu, mais je vous rens une parfaite liberté la dessus, et pourvu que vous me parliez à cœur ouvert et que j'y voye la moindre marque d'intérêt et d'affection selon que l'occasion le permet, je ne vous impose cette gêne non plus que celle de sourire par complaisance. je retire mes plaintes passées, puisque je suis contente aprésent et j'ai presque regret de vous avoir gênée dans vos expressions. je vois pourtant par là que vous êtes encor bonne pour moi comme vous l'avez toujours été. je ne connois pas tous les personnages françois que vous indiquez dans votre Epitre, mais il y a un nombre de vers énergiques et qui partent du cœur, et qui peignent un bon cœur et une belle ame.[7] votre chanson adressée aux dames de la Halle est fort drôle et jolie[7]. depuis que je sais que vous avez pris la peine d'écrire aussi pour votre Patrie, je trouve tout a fait bon que vous ecriviés pour la France, je serai charmée de connoitre les 3 lettres à mr C.B.[8] je repons sinon avec ordre du moins avec exactitude à chaque article des votres, la différence qu'il y a de vous à moi, c'est que vous ne faites du matin au soir que cequ'il vous plait de faire, et moi quand je fais ce que je veux, c'est aux dépens de ceque je dois souvent, et avec mille interruptions, et du train à mes oreilles. ma tête n'est pas à une seule chose longtems de suite. prenez donc mes lettres fort décousues comme elles sont avec indulgence. Adieu je vous estime et vous aime. je connois votre vivacité, et ne voudrois pas vous extorquer le moindre mot qui y fut contraire. votre frere qui n'a été de quelque tems à la Haye mais qui compte y retourner dans peu, a laissé vos menuets[9] entre les mains de Hummel[10] et en saura bientot des nouvelles. ne pouvez vous me procurer quelque écrit de mr Bailly par ou je puisse le connoitre. votre éloge de lui est magnifique. ne peut il faire aucun bien aprésent, ou quel bien fait il? je vous loue d'employer votre esprit pour le bien des hommes.

Trouvéz-vous qu'en France on écoute, on profite, on suive les bons avis, plus qu'ici? Pour le coup ma plume me commande de finir.

vous ne Connoissez pas les jardins françois, mais les Parterres, les platte bandes, n'en sont ils pas une partie principale. et en grand je les trouve rians et beaux comme à Chantilly; qui n'aimeroit l'allée de st Cloud ou on a la vue sur la seine et au delà sur les collines? mais quelle différence d'être renfermée entre deux rangées d'arbres sans rien voir à travers ni au delà!

a Madame/Madame de Charriere/à/Colombier/près de Neufchatel/en *Suisse*

673. *De Pierre-Alexandre Du Peyrou, 4 décembre 1789*

Vendredi 4. X[bre]

Vous avés bien raison d'etre opiniâtre; Cela nous a valu des rires délicieux, et jusqu'aux larmes. En recevant hier votre paquet,[1] j'en commence la lecture à basse messe; mes deux Cousines[2] etant à travailler près de mon lit, et babillant pendant que j'ecrivois. Je ris, et je recommence tout haut ma lecture. Il n'y a qu'une voix pour l'impression; je fais chercher Fauche, Je lui propose le pamphelet, et sur parole, il le prend, m'en promet une epreuve ce matin que j'attends pour corriger, car le brouillon est par ci par là difficile à déchiffrer; et même un mot s'y trouve omis que j'ai remplacé, celui d'*agraver*[3] qui devoit être en opposition avec celui *diminué* qui précéde. Je me suis aussi permis de mettre ma *patte* parmi vos jolis doigts, et de changer mes *bienfaits* en *bons procedés*,[4] et *le bienfaiteur* en *honnête et bon.*[5] Vous verrés cela j'espere des demain en beaux caracteres d'impression. Fauche part demain pour Besançon, et il emportera cela avec lui, mais je vous conseille d'envoyer un exemplaire ou deux a Paris pour ou à un Libraire, afin qu'il le réimprime[6] et le fasse courir dans la Capitale, ou certainement il prendra. Il est tems qu'on y rie un peû, et le morceau me paroit fait pour cela. Il est très plaisant, piquant, et moral.

Remerciés pour moi Mr De Charriere. Les fautes qu'il m'indique ne sont que des fautes tipographiques de son exemplaire[7] que je n'ai pas sous les yeux, collationnant sur un autre format qui a aussi ces fautes que je corrige à mesure qu'elles se presentent sans compter tant d'autres qui sont fautes d'omission bien volontaires. Mon article n'en est pas exempt comme on le verra lorsque l'edition de Fauche[8] paroitra, mais il faudra pour juger entre les deux textes les comparer sans cesse, car dans la totalité, ils se ressemblent beaucoup, et le fond est le même, mais les traits sont changés, et souvent l'image disparoit sous le pinceau du Copiste. L'epithete dont Mr De Ch. ne trouve pas le terme est *Jongleur.*[9] Je suis etonné qu'il ait oublié la fameuse lettre de R. à David Hume.[10]

J'ai repondu aux Barde et Manget que j'ai supposé par bonté, avoir imprimé sur une copie infidelle; et non sur le manuscrit. Point du tout ces gens viennent d'ecrire a fauche avec humeur que c'est sur le manuscrit même qu'ils ont imprimé,[11] et se sont ainsi enferrés d'eux mêmes sans s'en douter. Bonjour madame

Ce sont l[es nos] 8 et 9 de gorsas[12] qui manquent

a Madame/Madame De Charriére/ a Colombier

674. *A Jean-Pierre de Chambrier d'Oleyres, 12 décembre 1789*

Le petit Conte[1] n'est pas fait, n'est pas même commencé & moyennant cela je suis fort peu sure qu'il se fera, mais voici une petite chose[2] qui s'est faite depuis que j'ai eu l'honneur de vous ecrire & qui grace à M. Du Peyrou a été imprimée aussi tot qu'ecrite, de sorte que de ma tête elle a passé au public en quatre jours. J'ignore comment elle est receue à Paris mais je ne doute pas qu'elle soit bien receue de vous Monsieur ce qui est une bonne fortune precieuse pour moi. Vous en aimerez la simplicité, sinon bonhommique il y a pour cela un peu trop de rigoureuse justice, du moins ..... je ne trouve point de mot. Ce que j'en pense c'est qu'on y met les choses & les gens à leur place & à leur taux[3] tout simplement & tranquilement. M. du Peyrou à qui je craignois tant soit peu de deplaire avec mon M.N.O.P.[4] en a au contraire ri de bon cœur & a envoyé tout de suite à Fauche mon barbouillage ecrit, qu'il etoit le maitre de jetter au feu. Ne voilà t il pas de part & d'autre une belle loyauté.[5] Je vous enverai si je les retrouve ses declarations faisant partie d'un prospectus de Fauche, & qui paroitront ou paroissent dans le Mercure de France.[6] Il etoit si pressé qu'il ne m'a pas voulu employer pour revoir le stile avant l'impression, je lui aurois sauvé une ou deux frases qui ne vont pas trop bien. Je fais ce que je puis pour procurer à cette edition de Fauche des portraits interresssans. Mylord Marechal le M[l] de Luxembourg, Du Clos, M. de Malesherbes Me de Warens. J'ai envoyé le profil de MyLord Marechal à Moreau.[7] Je lui demande les trois suivans, & quant au dernier je suis en negociation avec ceux qui le peuvent donner. Auroit on par hazard à Turin un portrait de M. de Gouvon ou de son fils l'abbé[8] & un bon graveur pour les graver? J'aimerois à voir cette colection d'honnêtes gens dans un petit livre. Si M. du Peyrou n'etoit en quelque sorte éditeur son portrait figureroit très bien parmi les autres.

Ce que vous m'avez ecrit de M. d'Albaret[9] est extremement plaisant. Les observations de m. de la Grange[10] ne le sont pas moins, mais il ne faut pas qu'il quite l'observatoire.

Vous me parliez l'autre jour des circomstances qui avoient pu faire d'un des fugitifs ce qu'il est eh bien c'est ce que j'apelle l'inevitable destinée. Je vois que mes *epingles* sont connues. Gorsas[11] dit *sur & sous* amendemens ce qui ne signifie pas grand chose mais est pris de mes[l) *sur & sous Intendans*.[12]   J'ai vu aussi mes *richesses mortes* quelque part. &c. On ne peut recevoir plus indirectement les petits sons d'une petite tronpette de la renommée. N'importe je m'amuse & vous me demandez *tout* ce que j'ecris, c'est assez de gloire.

T. de Ch.

Ce 12 Dec. 1789

675. *De sa belle-sœur Johanna Catharina van Tuyll van Serooskerken – Fagel, mi-décembre 1789*

votre derniere lettre ma chere amie ne m'a plus trouvée à Utrecht, c'est à dire à Zuylen, mais elle m'a été envoyée à La Haye ou je suis depuis 10 ou 12 jours. on diroit que je vous écris de l'endroit du monde le moins civilisé à voir mes plumes, je n'en puis trouver de passable et je crains un peu d'entreprendre une reponse sous de si mauvais auspices, mais d'un autre coté c'est un moment favorable pour le loisir et la solitude, et tout bien consideré, je continuerai sauf à vous donner un peu plus de peine qu'à l'ordinaire. je me rappelle que j'écrivis un jour un billet à M[r]. Maclaine[1] de la main gauche, ayant été saignée à la droite, et je lui demandai après s'il n'avoit pas eu de peine a lire mon écriture et lui en dis la raison, oh non répondit il, il n'y a aucune différence pour votre Ecriture entre la main droite et la gauche, elle est toujours également inintelligible, et je n'avois rien remarqué d'extraordinaire.

J'ai lu vos lettres à un Noble Hollandois,[2] et j'y trouve beaucoup de vrai, je ne puis le nier, elles sont fort joliment écrites, et me font souhaiter la troisiéme que j'espére que vous me procurerez. tout ceque vous dites est clair, et vous vous entendez et vous faites entendre aux autres, cequi n'est pas toujours le cas des Politiques. je voudrois bien vous demander de m'envoyer le Conte de *Bien-né*,[3] ici on ne peut se procurer rien de ces choses-là, mais mon dessein n'est pas de vous donner le Public pour Lecteur, je craindrois trop de réveiller des mouvemens ou des inquiétudes, ou des mécontentemens, il vaut mieux laisser les esprits en repos, que de leur redonner matiere à penser, à retourner en arriere, cequi pourroit ramener des revolutions. je jouis avec quelques amis privilégiés des charmes de votre esprit et de vos méditations.   malheureusement le monde est ainsi fait que corriger ne va jamais sans bouleverser, et le mieux est l'ennemi du bien. je dis bien par comparaison avec ce qui seroit plus mauvais, notre Constitution n'est pas admirable. mais du moins nous jouissons de plusieurs avantages, et il vaut encor mieux paroitre moins conséquens, et réunir des contrariétés, que d'avoir exclu entierement certains biens. je ne sais si vous me comprenez aussi bien que je vous comprens. je m'explique. Nous aimons mieux le galimatias de notre Gouvernement que d'être privé de la liberté pour l'amour de la régularité extérieure. vous m'avouerez que ces Comtes d'Hollande met hunne Continueele beede,[4] regte Tyrannen waren. je crois qu'il y auroit plus d'inconvéniens à choisir dans la famille du stadhouder qu'à se tenir toujours à l'ainé, parceque cela feroit des brigues des cabales, qu'on ne seroit pas d'accord. plus on prévient chez nous les irrésolutions, mieux c'est ce me semble.   vous êtes bien une femme très spirituelle, avec de l'imagination, de l'invention, de bonnes vues, mais je ne sais si vous seriez un vrai homme d'Etat habile, par Exemple, votre France, ou en est-elle, Espérez-vous encor qu'elle se tirera bien pour elle du pas ou elle s'est engagée, ne devra t' elle pas rétablir plusieurs points abolis? ne redeviendra t'elle pas tout doucement ce qu'elle a été? prévoyez-vous une nouvelle Constitution à la longue? prévoyez vous une si grande et également durable réforme?

ma fille ainée a déja pris trois Leçons de nottes et de[1)] pour les doigts. on lui fait battre la mesure et on croit qu'elle marque de l'oreille. ses doigts ne sont pas heureusement Conformés, ils sont gros par les engelures et point agiles, mais je suis avec docilité votre avis sans vouloir m'arrêter aux obstacles apparens. J'ai copié de l'album de Perponcher vos jolis vers,[5] et surtout ceux de l'amitié que je trouve délicats et charmans. je crains que vous n'ayez oublié de m'envoyer les 14 Lettres,[6] les officiers Suisses sont retournés dans leurs garnisons et je ne les ai point reçues.

je dine tous les ans une fois avec le Comte de welderen,[7] et c'est le 7 Décembre à l'anniversaire de mon Pere, il me parle toujours de vous, et il a vu ma fille Cootie,[8] à qui il trouve beaucoup de ressemblance avec vous, il faut que je vous dise cela, et que c'est l'avis de plusieurs personnes. le général Elliott[9] est dans le Sud de la France, et rétabli de sa paralisie.   avez-vous lu les mémoires du Duc de St Simon,[10] vous ont elles amusé, et fait connoitre plus particulierement plusieurs personnes qu'on croyoit déja bien connoitre? Connoissez-vous un nouvel ouvrage tout a fait joli à en juger par le peu que j'en ai lu, qui s'appelle Lettres à Emilie sur la mythologie?[11] mais rare et impossible à se procurer ici. Adieu je veux vous intéresser toujours par quelques questions à me repondre. je vous dis ma finesse ne m'en faisant point honte. adieu je vous embrasse très tendrement.

---

676. *De Pierre-Alexandre Du Peyrou, 16 décembre 1789*

Mercredi 16. X[bre]

Je vous envoye Les n°s 27 et 28 de Gorsas, avec votre journal de Geneve. quelle honteuse et petite ruse que celle de cette lettre de Moultou[1] pour persuader qu'il n'a pas concourû à L'Edition des Confessions? Comme je n'ai point lu encore le vol. des Lettres[2] je ne sais de laquelle il sagit dans celle du fils, Si vous la connoissés, faites moi le plaisir de me l'indiquer.

La veritable et complette addresse de Theresse Le Vasseur est au Plessis-Belleville pres Damartin par Soissons

Fauche m'a apporté le journal de Lausanne, ou les Barde et Manget attaquent son éditon.[3] Il a voulu repousser l'attaque, et je lui ai fait son Thême en employant quelques uns des materiaux que vous avés rebuté avec raison pour moi. adieu Madame

Vendredi 18 X^bre

J'espére que votre fievre et votre chagrin à mon sujet auront passés. On m'a renvoyé hier de Berne ce qui etoit destiné pour la gazette comme etranger a L'objet de cette feuille et ne concernant qu'une contestation particuliere dont on a refusé dejà a Barde et Manget l'insertion de leur article. J'enverrai donc demain à Lausanne pour insérer le mien dans le journal[1] de cette ville; a moins d'un nouveau refus; et en ce cas il faudra prendre le parti de faire imprimer à part. Ne vous inquiettés pas de la suite. Il faut sans doute que le public connoisse à fond cette affaire, et c'est aussi mon dessein, en consignant dans un discours preliminaire,[2] placé à la tête de L'editon de Fauche, tous les faits qui me sont relatifs, et à mes Cooperateurs, ou adversaires, d'ou resultera la necessité pour moi de faire ce que j'ai fait, tout en eclaircissant ce qui regarde les Confessions memes. Je compte vous soumettre le tout quand j'aurai fait ce discours. Je vous prie de garder la feuille du journal de Geneve que vous m'avés communiqué. elle contient une lettre de Moultou fils,[3] avouée par lui, et lui seul etoit avec son pere a la remise des Confessions, et lui seul aussi s'avoue le dépositaire suppléant du premier. Celui ci avoit les lettres copiées chez moi pour l'edition de Geneve, et son fils en vendant les Confessions a livré ces memes lettres. Il se plaint de son propre ouvrage, et pourquoi si ce n'est pour mieux se cacher. Sur de confondre complettement ces miserables, comme vous avés raison de les appeler, je reste calme et tranquile, mais il faut que je vive assés pour cela, ou que vous me remplaciés. C'est de quoi je vous parlerai un jour en vous communiquant les pieces que jai en mains, et les eclaircissemens quelles exigent. Bonjour Madame
   Voici trois gorsas
   Vous avés des Connoissances à Genève a qui vous pourriés mander une partie des observations sur l'identité de Moultou fils, vendant le manuscrit de Rousseau avec les lettres du 3eme Vol., et ensuite reclamant dans le journal de Geneve contre l'impression d'une des lettres de son pere. je crois que ce seul trait de sa fausseté ou pusillanimité, bien connu suffira pour le present. Bonjour

678. *De Claude de Narbonne-Pelet de Salgas, 18 décembre 1789*

Therese LeVasseur a trouvé un fort bon défenseur. Je ne sais si elle le mérite. L'on ne voit rien dans la derniere partie des Confessions de Rousseau qui autorise à le croire, & il est bien difficile de justifier la conduite qu'elle a tenue depuis la mort de son mari. Vous qui plaidez si bien les causes douteuses ayez la bonté, Madame, de me dire ce qu'il faut penser du différend qui s'est elevé entre M^r Du Peyrou & *Messieurs* les Libraires Barde & Manget. L'idée avantageuse que j'ai de M^r Du Peyrou me fait voir avec peine que toutes les apparences de tort sont de son coté. Si vous défendez bien, vous attaquez mieux encore. *Intermissa diu rursus bella moves. parce precor, precor.*[1] Je ne repondrai point à vos plaisanteries; je dis *plaisanteries,* car quoi que vous me menaciez au commencement de votre Lettre que vous ne m'en ferez plus, elle en est toute pleine jusqu'à la fin, et celles-là je les entends & j'en ai ri. Quant à celle de l'incendie j'avoue que je n'y avois rien compris. J'avois oublié ma derniere Lettre à Mr de Charriere & la phrase qui la terminoit. Pendant les premiers jours qui la suivirent l'on ignora le motif de la convocation extraordinaire du Conseil, et quand il commença à percer dans le public il se trouva que c'etoit si peu de chose[2] que je ne pensai pas à écrire expres à Mr de Charriere pour lui dire ce que c'etoit. D'ailleurs j'attendois chaque courier une de ses Lettres, non par mon inebranlable *fidelité à ma regle de n'ecrire que lorsqu'on m'a repondu,* mais par ce que je n'avois pas imaginé que vous et lui missiez plus d'importance que moi au petit bout de nouvelle Genevoise que je lui avois marquée, et parce que je n'écris que le moins possible comme vous le savez depuis longtemps. C'est une mauvaise habitude dont je ne me deferai vraisemblablement pas, et c'est si peu l'effet d'un systeme & d'une marche compassée que je la condamne souvent moi-même. Si je ne craignois de me priver du plaisir de recevoir des nouvelles de quelques personnes que j'aime, il y a longtemps que j'aurois cessé d'écrire. Cela ne vous paroitroit ni bizarre ni étrange si vous saviez tout ce que j'ai dans la tête, & toutes les contrarietés qui se multiplient autour de moi & qui me font souvent soupirer après quelques mois de solitude.

Sur une proposition faite en deux Cents de donner la Bourgeoisie à 100 natifs & à 50 habitants, l'on a autorisé le Petit Conseil à les nommer.[3] L'on est fort partagé sur les avantages de cette opération qui a été suggerée par les Représentants. Bien des gens la jugent plus propre à amener de nouveaux troubles qu'à les prevenir. Il court ici une Lettre d'un jeune Ministre nommé Dumont à Mr Necker[4] dans laquelle il se plaint assez aigrement au nom des exilés de ce qu'il doit avoir écrit à Geneve que le Comte de Montmorin[5] ne mettoit aucune importance à la démarche qu'il avoit faite pour obtenir leur rehabilitation & que le Conseil pourroit faire à cet égard ce qu'il voudroit. Ce Dumont qui est actuellement à Paris prie Mr Necker de lui repondre categoriquement là dessus & de revenir aux dispositions qu'on lui connoissoit ci-devant en leur faveur. L'on ne sait pas encore si Mr Necker a répondu.

Le Prince Edouard[6] a fait ensevelir hier en pompe au Grand Saconex une comedienne[7] de 19 ans avec qui il vivoit presque constamment & qui est morte en couche d'un Enfant dont il se glorifie d'être le pere.

Mon respectueux attachement pour vous, Madame, est et sera toujours le meme.

C. de Salgas.

Geneve 18. Decembre 1789.

679. *De Bonne-Félicité-Marie de Montmorency-Luxembourg d'Olonne, marquise de Serent, 20 décembre 1789*

à Paris ce Dimanche.

Que de remerciemens ne vous doi-je pas madame des cartes que vous avés eu la bonté de m'envoyer; j'y ai cherché tout de suite Colombier, et je n'ay pu m'empecher de desirer ardament de pouvoir y habiter cette petite maison où il y a une si belle fontaine et un si charmant verger, mais j'aurois comme nos amis la difficultée de la Religion, la messe et tous les secours que la nôtre offre nous sont nécessaires en santé et en maladie; pourquoi en effet la tolérance,[1] cette qualitée si vantée ne gagne t'elle pas le Roi de Prusse et le Comté de neuchatel? je voudrois madame que vous entreprissiés de plaider sa cause, je suis persuadée qu'elle la gagneroit, vous voyé que je connois le pouvoir de l'éloquençe et surtout de la vôtre. j'ay dis à nos amis la lettre que vous aviés eu la bonté d'écrire au medecin de Payerne[2] et les differentes recherches que vous voulés bien faire pour eux dans le Païs; je voudrois les acquiter de la reconnoissance qu'ils vous doivent en vous trouvant icy un petit logement bien comode et à bon marché, je prie m^r De Charriere de m'en donner la commission et de me permettre de monter le ménage, affin que vō ne vous laissiés plus voler, pour satisfaire les envies de femme grosses; vō souvient il de cette extrême bonté de votre part? J'ay été remercier m^r et m^de Achar[3] de la peine qu'ils avoient pris de m'apporter la carte qu'avec tant d'amabilité vous avés pensé à m'envoyer; ils ont fait tous deux ma conquête, je ne sçai si c'est par le plaisir que j'ai eu de parler de vous avec eux, mais j'en ai rapportée une idée avantageuse; m^r Achard m'a paru avoir la bonté peinte sur la figure, et je croy qu'elle est dans son cœur; me suije trompée madame, j'en serois fâchée. m^de achar ma semblée inquiete des interets de geneve avec la france, j'espère qu'elle est actuellement tranquile · le plan de m^r neker a passé hier à l'Assemblée[4] et l'on a décrèté que 400 milions des Domaines ou des biens du clergé seroient vendus pō faire face aux engagemens. je n'ay plus de fluxion, mais quand le cœur n'est pas dans son assiete naturelle il est bien difficil que la santé ne s'en ressente pas. je veux[1)] pour la vôtre madame qui sont aussi tendres que sincères. mille complimens et remerciemens à m^r De Charriere.

a Madame/Madame De Charriere/à Colombier pres neuchatel/en
suisse

d.b. de neufchatel bonne pour la suisse

680. De Jean-Pierre de Chambrier d'Oleyres, 21 décembre 1789

Madame.

J'attendois impatiement le petit conte que vous aviés bien voulu
m'anoncer, j'imaginois deja que ce seroit une Allegorie Instructive pour
de Jeunes Princes, & il me sembloit que nuls sujets en fait de Princes
n'etoient plus propres que ceux dont il s'agit pour recevoir avec utilité
& profit les lecons de la verité sous quelle forme qu'elle se presentat à eux.
Au lieu du petit conte, Je recois une production qui porte tellement les
caractères de la realité qu'on croiroit en lisant cette *deffense de Th. le Vasseur*, que c'est elle, (non pas qui a pris la plume car je doutte qu'elle sache
ecrire), mais qui pour gagner des suffrages a sa cause a conté ses raisons
a son deffenseur en le priant de descendre a sa portée & de parler pour
elle comme si elle même parloit: Ses raisons en sont meilleures & on seroit
presque tenté de l'excuser d'après cette deffense, si les procedés connus
de cette femme du vivant de son epoux ne nuisoient a l'opinion du Juge
& à l'Interêt qu'on prendroit sans cela a sa cause. on attend icy avec
empressement la nouvelle edition des Confessions que Mr du Peyroux
anonce · J'ignore où on s'adresse & coment il faudroit faire pour se procurer cet ouvrage dès qu'il paroitra. Je voudrois fort pouvoir contribuer
a sa perfection par l'estampe du Comte ou de L'Abbé de Gouvon dont
Vous me parlés Madame, & que j'aurois pu Vous envoyer si les descendans de cette maison avoient agreé que ces estampes parussent dans les
confessions d'un de leurs anciens domestiques. Il y a Icy un portrait de
Mademoiselle de Breil petite fille du Comte, & depuis lors Comtesse de
Verrue,[1] qui repond a l'Idée seduisante que Rousseau en donne, Il figureroit a merveille dans son premier volume, mais coment obtenir une
gravure de ce portrait d'une Dame de la plus haute consideration a cette
cour, & dont les descendans ne consentiroient guères a un pareil usage
de cette estampe si elle devoit figurer avec celle de Madame de Warens.
J'ajouterai a cela qu'on ne lit Icy les confessions de J. J. qu'en s'en confes-
sant a son Confesseur, & la penitence infligée pour un tel peché n'est pas
legère, tout au moins promet on de n'y plus retomber, & d'avoir en horreur le livre & ce qu'il contient de contraire a la rigoureuse pureté des
mœurs. Voila qui exclut de ce livre les estampes de la famille *Solar.*[2] mais
si les ames scrupuleuses osent a peine convenir qu'elles l'ont lû, en revanche la plupart de ses lecteurs en dissertent a perte de vue depuis quelques
tems & J'ai eu le plaisir d'entendre discuter le genre de merite qui feroit

passer J. J. & ses œuvres a la posterité, dans une societé où se trouvoient plusieurs des heros de la vie d'Antoinette[3], (Je ne sais si ce petit libelle contre un grand personage vous sera connu) l'un de ces heros avoua avec une Ingenuité touchante & une candeur du premier age que *helas, si chacun des écoutans avoit a faire une confession aussi sincere que celle de Rousseau peut etre – oui peut être seroit elle encor moins Innocente!* et en disant cela il s'adressa a une très Inocente personne qui n'avoit pas lu la vie d'Antoinette & qui ne savoit pas même ce qu'etoit *un roué*. – Elle convint de la verité du propos & me rapella le vers de la fontaine

Je broutois de ce pré la largeur de ma langue.[4]

Nous avons Icy un Poete Italien L'Abbé Casti,[5] qui est rempli d'esprit & d'amenité, il a composé des contes dans le gout de Bocace qui sont extremement jolis & paroitront bientôt, sa verve a Improvisé au sujet des affaires de france les Vers que je joins Icy ne doutant pas que Vous n'entendiés assés l'Italien, pour en sentir l'agrement & la finesse. Un Poete francois, (M^r le Comte de Choiseul Meuse[6] Capitaine des gardes du P^ce de Condé) les a Imités d'abord en Vers dans sa langue & cette Imitation en rendant les pensées de l'original n'en a point rendu les graces poetiques, c'est le Jugement qu'on en porte Icy & vous pouvés l'Infirmer ou le confirmer avec conoissance de cause. Ce Mr de Choiseul est un vieux versificateur qui rime par habitude & qui ayant traduit en vers l'Aminte du Tasse & je crois le Pastorfido, a contracté une sorte de fadeur dont *ses Philis* se ressentent toujours un peu.

Les fugitifs Icy rendent assés generalement Justice au marquis de la Fayette au moins a son caractère, & a ses vues, il aime la gloire la celebrité & veut y parvenir en changeant la Constitution d'une maniere utile a la nation selon les uns; dangereuse selon les autres; mais tous se reunissent pour l'estimer peut etre en le haissant; on luy croit des vues ambitieuses plus qu'Interessees, & s'il vise au grand & meme dit on a l'epée de Connetable, c'est pour s'en servir a la deffense de cette Constitution si on venoit a l'attaquer, & si une guerre civile amenoit une guerre etrangère On va même Jusques a accorder au marquis des talens litteraires · quelqu'un a oui lire un ouvrage manuscrit de luy, c'est la vie ou l'Eloge du General Vashington,[7] ou il debute par se croire modestement au dessous des talens necessaires pour bien peindre un tel héros, & par dire qu'il n'a pour l'entreprendre que l'avantage de l'avoir admiré de plus près. On dit cet Eloge bien fait & dans le bon genre. La maison de Noailles toujours active & Intrigante s'est servi du credit du marquis qui luy est allié[8] pour moins paroitre dans le tableau des pensions; ou l'on s'attendoit a voir les noailles couchés pour de grosses sommes. Si Mr de la Fayette a servi ses parens dans cette occasion c'est peut-être pour s'être laissé Imposer & entrainer aux aparences, c'est un deffaut auquel on le dit sujet, & que Clio[9] ne luy passera pas.

J'ai lhoneur d'etre avec beaucoup de devoument Madame Votre très humble & tres obeissant serviteur

Chambrier d'Oleires

Turin le 21 décembre 1789.

681. *De Jean-Nicolas Démeunier, 24 décembre 1789*

Paris, 24. X^bre 1789.

Je suis confus, Madame, de ne vous avoir pas encore remerciée des deux écrits[1] que vous m'avez envoyés, et que j'ai lus avec un grand plaisir. Je ne puis même réparer ma faute, car chargé des fonctions de Président de l'Assemblée nationale[2] je n'ai pas un moment à moi. Je n'oublierai jamais tout ce que vous avez fait pour notre malheureuse amie,[3] et je ne cesserai de vous parler de ma reconnaissance, je vous prie de l'agréer, ainsi que le respectueux attachement avec le quel j'ai l'honneur d'être, Madame, votre très-humble et très-obeissant serviteur

Démeunier

682. *De Pierre-Alexandre Du Peyrou, 26 décembre 1789*

Sammedi 26. X^bre

En vous envoyant quatre Gorsas, je viens vous dire que votre lettre de jeudi soir sera gardée comme vous le souhaités, et comme elle l'eut été également sans cela; car elle respire la verve ou vous etiés en l'ecrivant. je n'ai plus rien à opposer contre cette ferme détérmination d'etre un veritable auteur. Il ne me reste donc qu'a savourer la douceur d'etre deffendu par vous[1] avec cent fois plus de talens que je ne puis en mettre à me déffendre moi même. Il est certain que le moment de la Toilette n'est pas propre a faire son apologie; mais cette apologie ne sera et ne doit etre que la narration toute simple des faits, du moins pour la plus grande partie du préliminaire,[2] et cette partie est à peû prés à sa fin quant du moins à son esquisse. Si J'avois deux jours pleins à donner à ce travail, il nen faudroit pas davantage. Il faut absolument que vous cherchiés à retrouver ce journal de Geneve, ou est la lettre de Moultou. Je vous l'ai renvoyé, et Mr Chaillet m'a dit que vous l'aviés inutilement cherché. Si vous ne l'avés donc pas retrouvé, tachés de vous le procurer de Geneve pour me l'envoyer quand je vous le demanderai, ou quand cela vous conviendra. Je vous envoye un imprimé de Moultou[3] que jai depuis plusieurs jours, et que je n'ai lu que hier, ayant pensé que c'etoit toujours celui de Barde

&c. Vous verrés ce qu'il dit de la falsification relevée par moi *d'une maniere outrageante*. Vous me le renverrés. Au reste je vois, par une couple de lettres de Geneve, de gens que je ne connois point, que le Moultou est apprécié malgré son apologie.

Pourquoi M^r De Ch. n'a t-il donc pas profité de tant de beaux jours pour faire ce qu'il avoit promis et venir recevoir son payement du chapeau? Bonjour Madame.

La poste n'est arrivée que hier, et je n'ai eu les paquets qu'a une heure

683. *D'André Gaillard, 30 décembre 1789(?)*

Ce mecredi matin

Madame

Je suis Bien faché de ne pouvoir aller vendredi vous rendre mes devoirs, etant obligé d'accompagner mon Epouse a Cressier[1] qui n'a pu y aller Le jour de noël acause du mauvais tems mais samedi sans faute j'aurois L'honneur de vous voir. en attendant permettez que je saisisse cette occasion de Renouvellement d'année, de Concert avec mon Epouse, pour vous prier d'agréér, et faire agreer a Monsieur et a Ces dames Les voeux sinceres que nous faisons pour la Continuation d'une parfaite santé ainsi que L'accomplissement de tous vos desirs et C'est dans Cette Esperance que je vous prie de me Croire tres Respectueusement Madame Votre tres humble et ob^t serviteur.

Galliard

P.S. faite moi Le plaisir de ne pas m'envoyer La voiture sil ne fait pas Bien mauvais tems, preferant aller a piéd

A Madame/Madame de Charriere,/a Collombier

684. *De Jean-Frédéric de Chaillet, autour du 30 décembre 1789*

Madame

J'ai executé votre Commission hier au soir. M^r Du Peyrou ne voulant point absolument paroitre, ni se meler la dedans,[1] m'a remis les deux premieres fueilles, quoique je lui en eusse demandé trois, comme il y avoit du monde, je n'ai pas pu insister, il doit vous envoyer le reste avec votre manuscrit aujourd'hui; le libraire lui etant egal, j'ai fait venir Spineux[2] à qui j'ai remis ce matin, ces deux fueilles, il m'a dit qu'il alloit consulter m^r fauche que cela regardoit,[3] pour voir s'il vouloit les imprimer, & qu'il croyoit que fauche les imprimeroit sur le champ pour son Compte; que les deux fueilles qu'il avoit n'en faisoit pas une d'impression, & qu'il vous prioit de lui envoyer le plustot possible de quoi faire la fueille entiere.

J'ai l'honneur d'etre trez parfaitement Madame Votre trez humble & trez obeissant serviteur

Chaillet.

a Madame/Madame de Charriere/*a Collombier*

685. *De Charles de Chaillet, 1790 environ*

Vendredy

Je viens de lire votre lettre à l'instant. Permettez moi d'y répondre un autre jour; aujourdhui je vais dans 24 minutes à Dombresson[1] pour m'amuser, et je n'ai que cet espace de tems pour m'habiller et dîner.

a Madame/Madame de Charriere/à Colombier.

686. *A Jean-Pierre de Chambrier d'Oleyres, 5 janvier 1790*

Cette fois Monsieur je ne puis pas dire que je n'aye pas commencé le petit conte,[1] mais le commencer est tout ce que j'ai fait. La tracasserie faite à M. du Peyrou est venue à la traverse. Je vous envoye la brochure[2] qu'elle a produite, encore toute mouillée. on pretend qu'elle va m'attirer des ennemis ardens & de desagreables reponses. J'aimerois autant que non, mais *à la garde* comme on dit à Neuchatel.[3] Je n'ai pu me resoudre à me cacher mieux que je ne l'ai fait, & m'etant signée quelque fois *la mouche du coche*, l'epigraphe[4] est presqu'une signature C'est donc par une sorte de pudeur & non par poltronnerie que je n'ai pas mis mon nom en toutes lettres, cependant je ne suis pas absolument sure qu'une reponse bien mordante ne me fasse rien. Je me flate un peu qu'on n'osera pas tant je me suis montrée courageuse & mechante. Cette fois ne prenant pas le masque d'une mad[lle1)] le vasseur j'ai ecrit de mon mieux. M. du Peyrou avoit trop negligé stile & diction dans ce qu'il avoit dit en hâte au public.

Il faut donc renoncer aux Solars grace à toutes les sottises de bigotterie & d'orgueil dont s'encroutent les pauvres hommes. Vrayment j'ai mon espece en horreur. Je ne vois que sottise & mechanceté. Voyez les complots & les assassinats toujours renaissans en france. Vos cagots vos toués[5] sont de sottes & vilaines bêtes, & il ne me plait pas seulement de rire de l'aveu ingenu que vous me racontez.   Voici une commission un peu baroque mais très bonhommique que[2)] je suis chargée de vous donner. Vous etes instamment prié Monsieur de vous informer de la fille du ruban,[6] accusée à tort par Rousseau après la mort de Me de Vercellis. Il faudroit savoir ou demeuroit cette Dame & si m. de la Roque ou les Lorenzy quelqu'un enfin de cette maison vit encore & ce que chacun est devenu. ou bien s'informer, je crois, dans la Tarentaise, si une fille nommée Marion qui servoit à Turin vers l'an 1725 est retournée dans son village. Relisez s'il vous plait Monsieur l'histoire du ruban volé, dans les premieres confessions & puis faites vos recherches. Si Marion vit, elle doit avoir près de 80 ans. On voudroit lui faire du bien; c'est un peu tard sans doute & je voudrois qu'on y eut pensé il y a 15 ans. c' etoit deja assez tard.

Le fade Choiseuil[7] a fait une miserable traduction d'une piece ingenieuse où il y a de la grace & de l'esprit mais dont la conception est si froide qu'on regrette la peine que le *versificateur* s'est donnée. Je suis trop misantrope pour dire *poete*. Il n'y a pas une idée poetique dans tous ces petits quatrains, & le moyen! une si pauvre allegorie peut-elle[3] inspirer autre chose que de froides subtilités?

Vous souvenez vous à propos de mauvais vers d'une chanson presqu'imbecile que je vous envoyai[8] Elle etoit faite pour un air que je voulois & n'osai vous envoyer mais il a été trouvé si joli par des professeurs & par les amateurs que le voilà. Il justifiera un peu l'imbecilité de vous avoir envoyé une chanson imbecile. On me dira qu'envoyer de la musique a Turin c'est envoyer de l'eau à la fontaine. N'importe Les ruisseaux passent leur vie à grossir les rivieres & on ne les en a pas encore repris.

Adieu Monsieur. Dès que la nouvelle edition des Confessions aura paru vous le saurez aussi tot & si vous voulez j'enverai un exemplaire à M. Galatin de Jeaussau[9] pour qu'il vous soit envoyé, ou bien au resident de sardaigne.[10]

J'ai dit *ce fade Choiseuil* mais n'est-ce pas lui qui a passé son epée au travers du corps d'un pauvre cocher de[4] fiacre.[11] Cela n'est point fade. J'en sais encore d'autres traits. Qu'il s'aille promener avec ses Philis soit en vers soit en prose.

Savez vous deja que M. du Paquier est Chapelain du Roi[12] avec deux mille £ de france sur la cassette du Roi en attendant plus. On lui a permis de faire le voyage de Hollande & de Neuchatel après quoi il s'en retournera à Berlin. Je ne suis pas etonnée qu'il ait si extremement plu. Une douceur elegante est repandue sur toute sa personne & sur toutes ses paroles.

Dites moi je vous prie si vous etes content des *eclaircissemens*. Vous savez combien j'estime votre sufrage & combien j'aimerois à payer toutes vos diverses complaisances de quelques instans d'amusement.

T. de Ch.

Ce 5e Janv. 1790

Je viens de brocher moi même ma brochure assez mal ce me semble.

687. De Pierre-Alexandre Du Peyrou, 5 janvier 1790

Mardi 5. Janv^r

Je vous envoiai hier deux Gorsas par Spineux sans pouvoir y joindre un mot, et cependant j'en avois le plus grand desir, mais mes heures sont si bien remplies qu'a peine trouvais je un quart d heure pour faire mon petit Diner.

Je crois comme vous qu'on ne vous repondra pas, ou ce sera tant pis pour le repondant. Les Libraires ne sont pas si sages, ils ont fait inserer dans le mercure du 26 X^{bre} leur declaration *finale*[1] tendante a villipender l'edition de Fauche. Je veux que celui ci leur mette un baillon, et pour cet effet qu'en reponse il envoye audit Mercure une couple de Citations de son edition à comparer avec celle des Barde.[2] Il faut pour cela que je lui fasse encore sa besogne pour du moins qu'elle porte coup. Jusqu'a present le Mercure n'a point fait mention de mon post scriptum du 22. 9bre qui etoit le morceau decisif pour Fauche.[3] Je soupconne a cela des manœuvres comme il y en a surement eû pour le Don des Genevois.[4]

Je suis aussi bien impatiant de voir les *Eclaircissemens* &c ils doivent etre prêts aujourd huy et seront sans doute bien revisés aprés avoir ete surveillés par deux maitres reviseurs. Quand je vous soumettrai mes *Eclaircissemens*, je me montrerai plus docile que vous, et nous aurons eu chacun raison. il y a 15 Jours que je n'ai pu donner un quart dheure a cette besogne dont la premiere partie est ebauchée, mais j'ai du tems puisque ce sera la derniere chose à imprimer.

Bonjour, Madame. Voici les N°s 20 et 21 de Gorsas.

Quand j'aurai fini la bastille[5] je vous la renverrai, mais il faut prendre patience

688. De Pierre-Alexandre Du Peyrou, 16 janvier 1790

Sammedi 16. Janv^r

Voici des plumes; je souhaite que rien ne vous empêche de vous en servir et que votre santé achève de se remettre. La soif que vous eprouviés me semble une indication de la nature qui à la suite de ce débordement de bile éxige beaucoup de lavages, et les Eaux de Selters[1] sont excellentes contre la bile.

Je me souviens trés bien de ce que vous me rappelés au sujet de mon semblable, mais il n'en est pas moins vrai que sans la tante, je n'aurois connu la nièce[2] que sur oui-dire, étant aussi eloigné que je le suis par caractére et par l'infirmité de mes oreilles à courir aprés de nouvelles

Connoissances. Cette nièce m'a mandé avoir vû la *déffense* de thérése leVasseur et regrette que cela ne soit pas plus répandû, cela étant aussi joli qu'il l'est. Je crois qu'elle sera à Lausanne au commencement du mois prochain.

La generalle[3] m'a renvoyé hier les trois derniers journaux, et m'a mandé que ceux de M. De Ch. arrivoient. Je n'ai point reçû les n°s 7. et 8, et je serai bien aise de les parcourir.

Vous avés oublié, ou vous ne la savés pas de m'envoyer l'addresse du redacteur.

Bonjour madame.

a Madame/Madame De Charriére/*a Colombier*

689. *A Jean-Pierre de Chambrier d'Oleyres, 27 janvier 1790*

Ce mercredi 29 Janv. 1790

Je souhaite pour *les lettres* que M^c de Vassy[1] ne soit jamais que la femme de *la lettre*,[2] & tous ceux qui ont lu *la lettre* & haïssent comme moi le précieux l'entortillé le sentimental deplacé formeront le même vœu que moi. Vraiment c'est une chose etrange que la peine qu'on prend pour cacher le sens que Dieu donne à la plupart des hommes & des femmes sous des paroles qui ne signifient rien. Le grand d'Espagne[3] est bien honnête dans son jugement de moi mais en verité si j'ai quelqu'originalité ce n'est je pense que celle de dire ce que je veux qu'on sache le plus clairement qu'il m'est possible. Je suis bien aise d'y avoir réussi à votre gré Monsieur & au sien dans le[1)] dernier bourdonnement de la mouche; j'ai[2)] fort à cœur qu'il donne[3)] de M. du Peyrou & de ses adversaires l'opinion que chacun d'eux merite.

J'avois bien pensé qu'il seroit fort dificile de retrouver Marion suposé même qu'elle vive encore, mais on m'a fait un devoir de vous prier de la chercher & je vous suis très obligée de la peine que vous voulez bien vous donner pour cela. Quant aux portraits[4] on grave MyLord Marechal & M. Du Clos. J'ai ecrit à M. Gibbon pour avoir celui de M^c de Warens dont il est possesseur,[5] & à M^c de Serent[6] pour qu'elle ait la bonté de faire dire à quelqu'un à paris où l'on pouroit trouver celui du M^c de Luxembourg · je ne lui ai pas dit nettement où on voudroit le placer mais seulement qu'il seroit dans un livre en bonne compagnie c'est à dire avec MyLord Marechal d'Ecosse. Si on apprend que c'est elle qui l'a indiqué elle poura dire que je ne l'avois pas plus instruite que cela. au reste Rousseau ayant receu de M. de Luxembourg lui même son portrait avec celui de la Marechale on pensera que c'est celui là qu'on a fait graver, & peut-

être l'auroit on pu mais une miniature est rarement très bonne & qui sait
ce que Therese[7] aura fait de ces petits bijoux de Rousseau? J'avois ecrit
à Paris de s'en informer mais on a cru que cela n'aboutiroit à rien & on
a mieux aimé je ne sai trop pourquoi laisser de coté ma cliente.

Je ne suis pas etonnée de l'oubli du comte de Favria.[8] La même chose
qui fait la destinée d'un homme n'est pour un autre qu'un evenement de
peu d'importance. Nous ne nous rapellons pas tous les domestiques que
nous avons pu voir dans la maison paternelle ni tout ce que nous avons
pu leur dire & si l'un d'eux quelques années après se trouve être un
homme considerable il peut bien se souvenir de nous sans que ce qu'il
en dira reveille aucune impression dans notre cerveau. Pour Marion si elle
vit elle se rapellera Rousseau. Mc Basile[9] si elle vivoit se le rapelleroit aussi
car les scenes que Rousseau a retracées relativement à elles ont eu une
egale[4)] importance pour elles & pour lui. J'avoue que je n'en suis pas
encore au bout de mes etonnemens sur cet etrange homme. Je l'admire
& me fache contre lui encore tous les jours à neuf. M. le Ministre Chaillet
a dit avec assez de justesse ce me semble qu'il aimoit les scenes, qu'il gros-
sissoit par plaisir les objets pour en faire un tableau frapant dont lui même
etoit un des personnages; temoin son Coriolan & son Roi des Volsques
auxquels sa retraite à Motier travers ne devoit[5)] pas[6)] naturellement le
faire penser.[10] M. du Peyrou se facheroit je crois s'il savoit ce que j'ose
vous dire; j'aurois beau crier c'est M. Chaillet c'est M. Chaillet je doute
que cela me pu sauver de son courroux.

Je savois la *grandesse* & j'en avois fait compliment à Me de Serent. On
m'avoit dit que la même faveur avoit été faite à M. de Choiseuil. Ce seroit
bien le cas à present de l'incognito pour lui & des bras étendus (ah Monseigneur!) pour M. Perregaux.[11] Mais je ne savois pas la detention du pauvre Cagliostro.[12] Ces sortes de predictions qu'il fait sont bonnes en ce
qu'elles aident à l'accomplissement *Tu es un monstre & je predis qu'on
t'assommera* pouroit bien faire assommer quelqu'un qui dailleurs ne seroit
pas fort aimable comme assurement la bastille[13] & le Chateau St Ange
ne le sont pas ni fort aimés.   Nous vivons dans un drole de tems. heureux ceux qui pouront vite se plier à tant de choses nouvelles les autres
seront antiques dans leurs propos & leurs pensées comme nous le serions
dans notre habillement si nous reprenions les parures de nos grands[7)]
peres & grands meres, ou plutot comme des gens qui voudroient diner
& souper à des heures où personne ne dine ni ne soupe & où il n'y a pas
un diner ni un souper de fait. Pour n'avoir pas ce[8)] hors de propos à craindre je prens les devans & vois deja partout la cour du Roi Petaut.
        «on n'a point de respect chacun y parle haut»,[14]
mais ce n'est pas tout on se partage dans mon imagination[9)] terres maisons[10)] meubles argent à peu près egalement & cela dure jusqu'a ce que
les causes irresistibles[10)] & imprevenables[15] d'inegalité, *force & finesse* la

fasse renaitre. Si j'etois Roi d'Espagne ou de Naples je ne disputerois pas pied à pied le terrein je prendrois mon parti & arrangerois vite mon Royaume le mieux & le moins opressivement possible, de maniere qu'on eut peu d'envie de tout bouleverser. Il y a un autre Roi[16] qui prevoyant sans doute que bientot les titres seront de peu de valeur les confere comme on se defait d'un vieux[11)] fond de boutique, vite vite & à tout venant. Je trouve le marchand plus sensé que les acheteurs.

Vous[12)] pouvez bien dire Monsieur, à M. le M[s] de Serent ma sollicitation auprès de M[e] sa femme Je ne doute pas qu'il ne l'apuyat s'il en etoit besoin. Mais cet appui viendroit un peu tard car nous voudrions les gravures pour le commencement ou le courant de mars. M. de Narbonne Fitzlar[17] est venu voir M. de Salgas & ses sœurs à Geneve. Cela m'a fait plaisir. Je suis je l'avoue tous les jours moins contente de ce que font mes semblables. Jamais ils ne se sont tant montrés dans leur naturel qu'aujourdhui & dans ce naturel je les trouve hideux & revoltans. Mon C.. disoit Voltaire est très naturel mais je ne laisse pas de porter des C.....s.[18] J'ai peur que les hommes ne soient tout C.l. Ne me haissez pas malgré ma misantropie & ayez la bonté de m'ecrire.   Vous trouverez à Colombier l'Eté prochain la famille de Tremouville.[19] Ils ont loué la maison de Mlles du Paquier.[20]

   a Monsieur/Monsieur le Baron de/Chambrier/Ministre de sa Majesté/prussienne à la Cour le Turin/a *Turin*

690. *D'Edward Gibbon, 30 janvier 1790*

   Mr Gibbon presente ses hommages respectueux à Madame de Charriere: Il obeiroit avec empressement à ses ordres, s'il avoit le droit de disposer du portrait de Madame de Warrens.[1] Ce portrait se trouve effectivement dans sa Bibliothéque; mais il n'y est qu'en depôt: la proprieté appartient toujours aux heritiers de feu Mr le Ministre de Bottens[2] (Madame de Montolieu, Mademoiselle de Bottens, et Mr le Conseiller de Polier,) et c'est à eux seuls que Madame de Charriere doit s'addresser. La publication peut être envisagée sous differens points de vue par les parens et les allies de Madame de Warrens, et cette affaire de famille est trop delicate pour qu'un étranger comme Mr Gibbon ose s'en mêler.

à Lausanne. ce 30 Janvier. 1790.

   A Madame/Madame Zwyll de Charriere/à Colombier/par Iverdon.

691. *A Benjamin Constant, 2 (?) février 1790*

J'ai eu de vos nouvelles par une lettre que M. DuPaquier[1] a ecrite à sa Cousine. C'etoit plus que d'avoir de vos nouvelles. vous aviez parlé de moi & j'ai su votre air votre ton & même une de vos frases la plus aimable du monde.

M. DuPaquier parle de l'affaire de M. votre pere à peu près comme Mlle votre Cousine[2] m'en a ecrit il y a un mois. Je verois peu d'inconvenient à cette dispute de nation à nation[3] sans les biens situés dans le Canton[1)]★ peut-être y aura t'on pourvu. suposé que non vous en devriez donner l'idée. Peut-être trouveroit-on un acheteur en Hollande même. mon riche ami Rendorp[4] par exemple, dont la parole, que l'achat & la vente ne tireroit à consequence qu'autant que vous le voudriez, seroit bien sure. Le D.[2)] la Ch.[5] devroient être mis tout-à l'heure sous son nom. Je m'exprime mal peut-être mais vous m'entendez de reste. J'ignore si les lettres sont ouvertes. Vous aurez entendu *l'apothéose* des altesses.[6] Que dites vous de la lenteur & de la froideur de mon pays. Il semble que mes compatriotes ayant en horreur tout ce qui se fait vivement. Ils croyent que ce sera toujours mal fait, & après coup s'il se trouve que c'est bien ils fremissent encore comme après un saut perilleux dont on ne se releve sain & sauf que par une sorte de miracle. S'il se presente une occasion de vous envoyer ceci aujourdhui je l'enverai, si non c'est pour samedi. Mardi[7] Fevrier.

Samedi

692. *A Caroline de Chambrier, 4 ou 11 février 1790*

Pardon mille fois ma chere & belle amie. C'est un mal entendu qui a fait mon tort & causé votre inquietude. Je n'ai point compris que vous attendissiez de mes nouvelles sur un mal qui paroissoit fini lorsque vous m'eutes tenu compagnie si doucement, si agreablement. Je m'en croyois quite alors, mais le lendemain je repris la migraine qui dura jusqu'à l'après diné. Depuis j'ai mal dormi le plus souvent & j'ai eu du mal aise mais pas au point de me trouver malade & hier j'etois assez bien pour sentir une vive joye en voyant la petite lettre bleue, ensuite vint la confusion & le regret quand je vis votre inquietude, & l'amitié même qu'elle prouvoit ne m'en consola pas. M. du Peyrou a du vous faire dire hier au soir que je me portois bien. Si j'ai[1)] pu le retenir un instant sans indiscretion je vous

★ Je n'ose plus laisser par prudence quoi que ce soit d'enigmatique. Si une prudence me rend obscure une autre prudence me fait oter l'obscurité.[3)]

aurois ecrit mais il etoit tems qu'il allat trouver &[2)] retrouver
son diner son gite & le reste.[1]

La messagere attend ma lettre & l'abrege par son impatience. Je vous
ecrirai aujourdhui pour aujourdhui ou pour demain moins laconique-
ment. Adieu aimez moi toujours bien vous ne sauriez semer en une terre
moins ingratte, quant au sentiment s'entend car je ne la vante pas dailleurs
comme produisant grand chose d'utile

Je vous embrasse.   Ce Jeudi.

T. de Ch.

a Mademoiselle/Mademoiselle Caroline/Chambrier/a *Neuchatel*

693. *A Caroline de Chambrier, 16 février 1790*

Tant mieux que le Madame vous eut un peu choqué. Moi je n'en avois
pas été precisement offensée. je me suis dit que c'est pour avoir plus vite
fait. Je le trouve expeditif & l'aime encore mieux que le soin de dire quelque chose de plus gracieux dès les premieres lignes. Mais rien est encore
plus court & vous croiriez-vous obligée à me dire autre chose que ce que
vous avez à me dire?

Je suis fort aise de n'avoir pas ri seule. Je me disois, si elle n'a nulle envie
de rire elle me trouvera bien sotte de m'être tant divertie de mes propres
folies mais j'ai esperé qu'il vous faudroit rire tout comme moi. Vrayment
ces trois personnages sont nés comme pour notre plaisir. Si vous aviez vu
cet Eté les deux nieces sortir & rentrer vingt fois d'auprès des hardes de
Me de Leveville[1] & de son aride Chambriere, avec tantot un chiffon tantôt un peigne, tantot un soulier; s'aplaudir de l'aquisition se disputer, un
peu, doucement à qui ne porteroit pas la charge; il y avoit de quoi rire
& pleurer. Trois ostervald H. E. & Ch.[2] en etoient avec un peu plus de
grace & non moins de serieuse badauderie. Que je suis heureuse que vous
ne ressembliez à rien de tout cela & que sans aucun effort d'imagination
je puisse vous considerer avec aplaudissement & plaisir. Au reste c'est partout comme parmi ces Dames & à Londres beaucoup de femmes passent
leurs matinées (la passoient au moins, il y a vingt ans) à courir les boutiques & les encans. Dieu les benisse! & nos deux ours aussi. J'apprens que
le Doyen[3] est encore tout aise que nous ayons causé si confidemment
dans cette chambre ou j'etois au lit pour une migraine. Je suis pourtant
un peu perfide mais il n'y a pas de mal puisque vous riez.

Venez donc me voir. Eh oui si j'avois un fils! mais je n'en ai point. Et
puis Dieu sait s'il ne seroit pas quelque sot · en ce cas je prefererois cent
fois la belle aux bleuettes à vous. car de rire avec vous, le moyen de se
le permettre & le moyen de s'en empecher.

A present que je suis vieille il n'y a pas moyen non plus de vous donner un portrait Il faudroit qu'on me flattât beaucoup ne fut-ce que pour compenser le silence & la non vie d'un portrait, Mlle Moula n'est pas assez habile & je suis encore trop vaine pour vouloir être sous une forme[1] desagreable dans vos mains mais je vous ferai venir mon buste si vous le voulez, & je ferai ensorte qu'une fois du moins, après ma mort, vous ayez de mes anciens portraits qui sont encore ressemblans. J'aurai soin de cela tout de suite; & si je puis vous aurez de moi avant qu'il soit longtems un certain petit crayon assez ressemblant & qui n'a jamais été jeune.

Je n'oublierai pas votre commission auprès de Mlle du Paquier.[4]

Je suis bien aise de la servante de M. T.P.P.[5] surtout pour lui.

Egayez un peu M. Galliard[6] dont le plus grand mal etoit de se croire malade. La realité y etoit bien dabord à un certain point mais l'imagination & le regime avoient tout augmenté.

Avez vous de la glace? En avalez vous? Je vous recommande à vous même comme quelqu'un que j'aime tendrement. Il y a longtems que je n'avois eu le plaisir d'admirer un ame toute blanche avec un esprit qui n'eut rien de foible de lent ni d'etroit. N'en dites rien a des gens qui[2] sans vous valoir valent beaucoup.

Adieu chere fille. & mieux que belle fille, je t'embrasse de tout mon cœur.

Ce mardi 16 Fevrier

Constant[3] voulut ma decoupure de la main de Mlle Moula. Il lui dit des injures pour toute reconnoissance quant il l'eut.[7] J'avois tout l'air d'une grosse Cabaretiere Flamande; je n'osai pas croire que cela ne me representat pas au naturel & j'envoyai la Cabaretiere a Brunswick.

a Mademoiselle/Mademoiselle Caroline/Chambrier/à *Neuchatel*

---

694. *A Jean-Pierre de Chambrier d'Oleyres, 19–20 février 1790*

Nous sommes parfaitement du même avis, Monsieur, sur Jean-Jaques. Au lieu d'entretenir la postérité de ses remords sur Marion, il auroit dû de son vivant la chercher et réparer sa faute. Il croit avoir pris chez l'Abbé Gaime[1] de vraies idées sur la vertu, et des sentimens vertueux, et cependant il ne cherche pas Marion qu'il auroit aisément retrouvée. Après la mort de Claude Anet[2] et la joie de posséder son habit noir il croit que les larmes que cette vilaine joie fait verser à Mme de Warens effacera de son cœur tout sentiment vil de convoitise et de sordide interet; cependant nous le voyons depuis un peu voleur, parfois, souvent menteur, et plus souvent ingrat. Il se fait les mêmes illusions en se rappelant le passé, qu'on a coutume de se faire sur le présent. Chaque époque de sa vie, ou pour mieux dire, chaque tableau à faire d'une époque ou d'un événement l'occupe tout entier: il ne songe qu'à le rendre plus beau ou plus hideux selon les cas; et dupe de sa propre éloquence il prend de ce qu'il peint la même impression qu'il n'avoit d'abord que cherché à en donner aux autres. Je vous remercie Monsieur, de votre complaisance à vous informer de Marion. C'etoit déja de ma part un pur acte de complaisance que cette éxertion[3] que je vous ai demandée de la votre, car j'étois bien persuadée que cela étoit fort inutile. A dire vrai, Mr du Peyrou est presqu'aussi étrange en ceci que Rousseau: c'etoit après la mort de celui-ci qu'il falloit vite chercher Marion, mais les idées viennent quand elles peuvent. A propos, je vous suplie de ne me pas hair à cause de mon fatalisme. Songez que j'ai été élevée dans le dogme de la prédestination absolue. En lisant à l'âge de 13 ou 14 ans l'histoire de mon pays,[4] dans la langue de mon pays que j'avois oubliée à Genève et que je n'ai jamais bien rapprise, je me trouvai fort embarassée entre Gomar et Arminius.[5] J'aimois mieux les Arminiens, mais les Gomaristes me paroissoient plus près de la raison. Depuis j'ai compris la chose un peu autrement qu'eux, mais je ne pouvois avoir la même répugnance que vous pour une opinion voisine, du Dogme enseigné dans toutes nos Eglises, et cru, s'il m'est permis de le dire, de toutes les nations dans tous les tems. Qu'est-ce que le Styx qui, lorsqu'on avoit juré par lui lioit Jupiter lui-même; Qu'est-ce que les Ordres du destin auquel aucune divinité ne pouvoit désobéir, si non la prédestination et la necessité? Je crois que les différentes opinions sur ce chapitre n'influent en rien sur notre conduite. Nous sommes prédestinés à réflechir, à délibérer, à choisir à nous repentir quand nous nous trouvons mal du choix que nous avons fait. Il est de notre nature, de fonder nos déterminations sur notre expérience, sur notre prévoyance et les idées de devoir, des craintes et des espérances pour un avenir, par delà cette vie; enfin notre sensibilité pour les sensations d'autrui entrent nécessairement dans le conseil qui se tient en nous quand il nous faut choisir entre telle ou telle démarche. Mais selon moi aucun de ces conseillers ne vient tout seul: il est amené par un enchaînement éternel de causes et d'effets, qui a commencé pour nous à notre naissance. Voila ma profession de foi sur ce point: je vous prie de ne point souffrir dans votre conseil intérieur où vous vous croyez plus libre de choisir entre les Opinions ou de les faire parler avec plus ou moins de force, je vous prie dis-je, de ne pas souffrir que ma Doctrine me rende odieuse à vous, jusqu'à ce qu'à vos yeux, elle m'ait rendu coupable.

J'avois une Tante[6] fort gomariste, dont la D^{lle} de Compagnie étoit Luthérienne et ne croyoit point en Gomar. Comment, disoit celle-ci, se fait-il qu'infidele toutes deux à nos principes, Mme de Tuyll ne se console pas d'une porcelaine cassée, et la pardonne si difficilement tandis que moi je prends mon parti et suis indulgente sur des malheurs et des maladresses beaucoup plus graves?

Je suis persuadée de l'amabilité de Mme de Vassy et n'ai jamais parlé que de sa lettre. Je ne connois pas Mme de Staël à qui je crois beaucoup d'esprit, mais d'un genre que je n'aime guères. Il y a toute apparence que je ne verrai ni l'une ni l'autre et à dire vrai je n'irois pas d'ici jusqu'à la porte de ma chambre pour les voir. J'ai vu assez de gens pour ma curiosité: si je voulois encore voir quelqu'un, il faudroit que ce fut pour l'agrément de ma vie et pour vivre toujours ou quelquesfois du moins avec ce quelqu'un.

Ma misantropie a été adoucie et interrompue depuis ma dernière Lettre par votre parente Caroline Chambrier. Je l'aime, et vraiment pour ne la pas aimer, il faudroit ne la pas connoitre ou ne savoir pas sentir ce qu'elle est, et ce qu'elle vaut. Si j'avois un fils je lui ferois bien la cour, comme je le lui ai dit à Elle-même. A présent je ne laisserai pas de la lui faire aussi, et je tâcherai de me conserver sa bienveillance qui est grande ainsi que la prévention qu'elle a pour moi. Vous ririez de la voir s'établir auprès de moi et y rester tranquille et presqu'immobile des heures, des jours, jusqu'à minuit, une heure, deux heures. Je ne sais ce qui peut me mériter cela, mais j'en jouis. Ma petite amie est spirituelle, franche, bonne, généreuse, quelle précieuse réunion des plus aimables qualités.

Pauvre Cagliostro! Ce que vous me dites m'etonne assez. Il m'a assuré, que jamais il ne se tueroit ne croyant pas qu'il fut permis de le faire et d'ailleurs ne s'en trouvant peut-être pas le courage. (c'est moi qui faisois ce dernier commentaire sur sa resolution) Il m'a dit aussi qu'il ne demanderoit pas mieux que de mourir sur un échafaud, à l'appui de qques vérités qu'il auroit soutenues et que cela valoit bien mieux que mourir comme un sot de maladie et dans son lit. Mourir pour mourir, pourquoi préféreroit-il de se tuer?[7] Je doute un peu de ses tentatives à cet égard, elles ne sont pas d'une ame commune et c'est là ma grande objection, car je sais bien que des propos ne signifient pas grand chose. Je ne crois pas qu'on brule ni qu'on roue à Rome · ainsi que craindroit-il de pire que la mort qu'on prétend qu'il veut se donner? Je voudrois savoir ce qu'on dit à Rome de sa Séraphine.[8] Elle s'est toujours dit une Dame Romaine. si elle ne l'est pas, elle et son mari seroient-ils allés à Rome où l'imposture ne pouvoit se soutenir un moment. Elle avoit pourtant bien plus l'air et les manieres d'une Danseuse que d'une Dame de bonne maison. Vous m'obligerez beaucoup Monsieur si vous voulez bien continuer à me parler de cet homme pour qui j'ai de l'affection, du foible et de la reconnoissance: Charlatan ou Prince, peu importe, il étoit sensible et souvent aimable, il a eu pitié de moi dans un moment où j'étois à plaindre[1)] Quant à l'illumination peut être étoit-il sa propre dupe. Il me dit un jour: Si on vous parloit d'agents surnaturels? – Je n'y croirois pas. – Si on rendoit visible sensible leur influence? – Je n'en croirois pas mes sens. Il ne m'a jamais répondu sur ce ton.

Ce Samedi 21 Fevrier 1790

C'est hier Monsieur que j'eus l'honneur de vous ecrire. Je viens de placer quelques lignes entre des lignes selon ma coutume d'aller barbouillant mes lettres quand j'ecris à un homme aussi indulgent que vous.

J'ai lu le memoires de M. de Choiseuil[9] quelle enfance de desavouer ce qui porte un caractere d'originalité aussi marqué!

Vrayment à l'avenir si nous ne voulons pas qu'on publie des sottises de nous il faut n'en point faire car depuis le sceptre jusqu'a la houlette il me semble que tout est connu[2] que tout s'ecrit & s'imprime. Souvent ce n'est pas trop la peine d'imprimer mais ces choses se lisent si facilement qu'on les lit comme on ecoute un bavardage de comeres. Et ce comerage imprimé à cela de comode c'est qu'on ferme le livre quand on veut, qu'on le prend dans sa chambre, qu'on n'est obligé ni de repondre ni de sourire ni d'aplaudir.

Me de Choiseuil[10] doit être aimable, je voudrois que ses vertus eussent eu un autre mari; des vertus aux quelles leur objet ne nous permet pas de sympathiser paroissent presque un peu ridicules Je leur demande bien pardon & à vous aussi si ce mot vous deplait. Je ne voudrois choquer ni vous ni les vertus que je mets avec vous en même cathegorie sans risquer de leur deplaire par là

Recevez monsieur mes salutations très humbles

T. de Ch

Si vous vouliez bien m'envoyer quelque jour (cela n'est point pressé du tout) l'air d'amphossi[11] *a voi torno sponde amate*[12] vous m'obligeriez extremement.[3]

a Monsieur/Monsieur le Baron de/Chambrier/Ministre de sa majesté le/Roi de Prusse/a *Turin*

695. *De sa belle-sœur Johanna Catharina van Tuyll van Serooskerken–Fagel,*
     fin février–début mars 1790

Je reçus avanthier le paquet contenant les eclaircissemens sur Rousseau[1] &c et hier votre lettre me fut remise en main propre comme vous le souhaitiez par m^r du Pasquier[2]. je suis si prête à recevoir les gens qui viennent de votre part, que je n'imagine presque pas d'occasion ou je les renvoyasse; que je sois au milieu du désordre, comme il m'arrive ordinairement d'y vivre, c'est à dire au milieu des affaires d'écriture, de dessein des enfans, dans une chambre dérangée, il n'importe, je crois que ceux que vous m'envoyez sont des gens essentiels et qu'ils ne se formaliseront, ne verront pas même tout ce désordre et qu'ils seront occupés de vous et pour le moment de moi. je m'étois d'abord mise la veille à lire vos papiers imprimés, et quoique je ne susse rien de m[r] du Peyrou[3] ni des autres, je fus pourtant au fait, et j'admirai, comme j'admire toujours, votre plume, votre esprit droit et honnête, qui plaide toujours les bonnes Causes, et votre lettre prétendue de la vasseur,[4] m'amusa extrêmement. cequ'il y a d'heureux pour moi, c'est que je suis occupée à lire les nouvelles Confessions,[5] Ainsi rien de cequi y a rapport ne peut m'être indifférent ni étranger. or quoique je ne me croye point faite pour vous louer, ni vous pour vous soucier de mes éloges, en recevant de plus distingués, cependant comme vous avez la bonté de m'envoyer vos ouvrages, je veux me prévaloir du droit que j'ai comme un autre de vous dire l'impression très agréable qu'ils font sur moi. J'ai lu dans Rousseau une chose que je vous ai appliquée immédiatement, c'est que quelque Esprit qu'on ait, on n'écrit pourtant pas comme lui et vous (il dit peutetre on n'ecrit pas tres bien,) sans s'y etre formé par l'exercice, et ce que vous écrivez aujourd'hui est tellement supérieur à ce que vous ecriviez autrefois, que cela le prouve, quoique vous ayez toujours bien écrit. si vous prenez de la peine, elle est bien payée par le succès. votre pensée n'est jamais équivoque, et vous l'énoncez avec aisance et élégance si je m'y connois. je souhaiterois que vous entreprissiez de faire l'éloge de Rousseau,[6] et que je serois curieuse de la maniere dont vous le jugeriez! Ne trouvez-vous pas comme moi qu'en marquant la meilleure façon de penser, et la plus grande sensibilité, il se conduit pourtant souvent mal, et comme quelqu'un qui ne sentiroit pas comme il dit qu'il sent? son stile est si enchanteur et son éloquence si éblouissante, que je crois qu'il s'est ébloui et fait illusion à lui-même. les beaux parleurs ne sont pas ordinairement les gens qui se conduisent le mieux. on n'a pas souvent tous les talens à la fois. je vous avoue qu'il y a des tableaux dans son livre qui me revoltent, qu'a t'on besoin de savoir la maniere dont il a examiné et caressé ses maitresses? Il étoit très combustible, mais aussi que de choses charmantes il dit! En vérité je ne sais si je desire de posséder son ouvrage ou non, il me paroit dangereux pour de jeunes gens, qui peuvent une fois le trouver sous leur main. je sais que j'ai fermé et jetté le livre avec dégout, résolue à moitié de n'y plus revenir, et après l'avoir repris, charmée de plusieurs passages et d'un Portrait. vous croirez peutetre qu'en disant qu'il se conduit mal, j'aye en vue ses galanteries, je m'explique, je veux dire qu'il en *agit* mal. dans quelle classe faut-il placer cet homme extraordinaire, qui est quelquefois sublime et quelque fois sinon crapuleux, ten minste zeer gemeen.[7] J'ai reçu les 14 lettres,[8] et vous en suis très obligée.

En lisant les opinions religieuses de Necker,[9] j'ai trouvé que son stile étoit trop orné et trop riche et trop chargé, mais il y a de si belles idées que j'ai été charmée du livre. je crois qu'on goute ce livre à proportion qu'on est d'accord sur le principal avec l'auteur. je tacherai de vous envoyer un exemplaire de vos menuets[10] quand je saurai quelque occasion. je vous plains d'être toujours sujette aux migraines, les miennes sont beaucoup plus rares qu'autrefois, mais durent souvent plus d'un jour. la diéte et le repos sont les seuls remedes.

je vous enverrai un billet de Loterie quand on en commencera une nouvelle, on est à la derniere classe, et il est plus avantageux d'avoir toutes les chances. le receveur general est mort,[11] je crois que cela ne dérange point La Loterie.

Encor un mot de Rousseau, quand on le lit on ne pense qu'à lui, sa Thérése étoit trop au dessous de lui pour l'esprit pour l'éducation pour qu'elle put être son tout, comme il veut qu'elle le soit. J'aime son gout pour la campagne, Sur le tout j'aime cet homme. toutes ces lettres initiales dont je n'ai pas la clef m'impatientent. Adieu ma chére amie.

Je ne crois pas qu'on puisse apprendre à penser, c'est un don rare qu'on apporte en naissant, et on a beau avoir des mots dans la tête, cela ne produit rien ou guére dans quelques têtes, entr'autres dans la mienne, qui n'est pas une tête pensante, ni inventante, ceqi est la même chose selon moi, car je n'honore du nom de pensée que ce qui est *découverte* par soi-même, et non *reflection*, ce que tout le monde fait, sans que tout le monde puisse être appellé penseur. Me comprenez-vous, et êtes vous de mon avis? J'en appelle volontiers à vous.

696. *A Caroline de Chambrier, entre mars 1790 et février 1791*

Si une petite migraine ne s'etoit pas venue nicher derriere l'œuil gauche je serois bien aujourdhui. Deja avant hier au soir après une tempête generale dans la tête[1)] j'etois bien, et hier au soir je fus bien après la migraine à droite. Voila chere Caroline l'etat passé & present des choses. J'ai bien expié mon gros diner de l'autre jour par un jeune vigoureux m'etant mise au quina & à la fleur de tilleul pour toute nouriture.[2)] enfin hier a 5 heure je pris un peu de soupe. J'ai cru que le jeune & le quina feroit cesser la perte point du tout, cette nuit elle a été aussi abondante que jamais. Je me flatte que vous vous portez bien · que vous avez été charmante Dimanche je veux dire mardi. Je suis un peu imbecile n'ayant fait depuis vous que rêvasser tout en souffrant.

Je vous enverai demain matin le chapeau pour que vous le puissiez mettre au bal. Je ne sai quelle beauté a été fort admirée à Iverdun à une fête n'ayant pour parure qu'un pareil chapeau tandis que les autres têtes etoient des boutiques de modes. Il en sera autant de vous si vous faites au chapeau l'honneur de le mettre. Adieu. Vous m'avez laissé de bien doux souvenirs.

Ce Jeudi matin

a Mademoiselle/Mademoiselle Caroline/Chambrier/a *Neuchatel*

697. *De Bonne-Félicité-Marie de Montmorency-Luxembourg d'Olonne,marquise de Serent, mars 1790*

[   ]

ecartés le[1] bien vite, c'est lui, qui par un orgueil effrené et une présomption sans égal a anéantie ma malheureuse Patrie; on dit qu'il se meurt de Remords; j'en doute, il chercheroit à reparer les meaux qu'il nō a fait, et tous les jours il en comble la mesure; son Orgueil en effet doit être humilié, je croy que Voila sa vraie maladie, sa nullité en fait d'administration est démontrée par ses Opérations et Publiée par tout; C'est un furieux Contrepoid au bonheur dont il jouïroit d'avoir anéantie le Clergé, et presqu'anéantie la noblesse; j'espère qu'il en reste assés pō qu'elle puisse un jour renaître de ses cendres, mais ce sera peut être dans le tems où celle de m[r] necker seront au vent; il peut être sure que la Postérité ne les recueillera pas avec vénération. je suis en Colère contre moi même quand je pense à l'admiration dont j'étois pénétrée pō ses vertus en lisant ses Ouvrages, aux vœux que je formois pō qu'il revint au ministère et à la joie que j'ay ressentie lorsqu'il y est rentré! que nous soñes foibles dans nos vües! je croyois que c'étoit un ange tutélaire que le Ciel nō envoyoit, et il a été, pō le moins ange de ténèbre; il n'est surement ni votre ami madame ni celui de m[r] De Charriere, son cœur n'est pas fait pour les vôtres, aussi ai-je laissé carriere au mien sur son chapitre; mais faite moi voir si je me suis trompée, je respecte l'amitié quelque part qu'elle se place. vous voyé que malgré le véritable desir que j'ay de profiter de la vôtre je ne puis vous le mander positivement, c'est un état doublement pénible que l'incertitude quand il met Obstacle à ce qu'on desireroit, et ce que je desirerois le plus ce seroit de profiter de vos soins si touchant pour mon Cœur, et de vous embrasser aussi tendrement que vous mérités d'être aimée.

je relis souvent vos lettres qui sont charmantes et vois toujours avec reconnoissance ce petit plan du chemin d'Auvernier.

j'ai constament de bonnes nouvelles de m[r] De Serent. Acquités moi je vous prie madame des remerciemens que je dois a m[r] De Charrière de l'hospitalité qu'il veut bien m'offrir conjointement avec Vō; On nō menace en effet d'une secousse, on dit qu'on a fait venir un renfort de 20,000 hoñes[2] pour aider les Citoyens actifs à nō égorger; que voulés vous il faut bien se soumettre à sa destinée! quand j'ay bien peur, je me dis ce que feu le Roy de Prusse disoit à ses soldats: estce que vous pretendés vivre toujours?

Adieu madame vous serés présente à ma pensée jusqu'au moment où ce Citoyen actif entrera dans ma Chambre. je ne sçai pas dans quelle terre de la P^esse De montmorency[3] est le Portrait du m^al. elle a passé l'hiver en Province.

698. A. Jean-Pierre de Chambrier d'Oleyres, 13 mars 1790

Samedi ce 12 Mars 1790

MyLord Temple[1] n'est pas parfaitement exact & l'armenianisme etoit une secte aussi bien qu'un parti. aujourdhui nous avons des congregations armeniennes *Remonstrante*★[1] *kerken*[2] dont beaucoup de membres ne s'embarrassent point du tout de la politique. Je crois bien qu'on y conserve du ressentiment contre le stadthouderat mais pas plus que chez beaucoup de familles gomaristes. Vous avez bien raison Monsieur de dire que[2] vous pourez me tolerer. Vous ne pouriez même[3] pas faire autrement. La tolerance vient du cœur encore plus que des principes, & le votre n'est pas de la trempe de ceux des persecuteurs. Pour moi je dois être tolerante par systême, mais cela n'y feroit rien comme on l'a vu par les persecuteurs de Grotius.[3] Je le serai comme vous par sentiment excepté dans certains momens d'impatience ou l'esprit & le cœur sont chez moi bouleversés.

J'attens très impatiemment votre musique, et vous en suis bien obligée. La Romance me fera grand plaisir. Eh oui monsieur obtenez de la musique pour mes Pheniciennes du Prince Bolesinski.[4] Vous me ferez un extreme plaisir. Si mon opera n'est pas si doux que ceux de Quinaut[5] il n'est pas non plus si fade et je crois pouvoir dire sans me trop vanter, & aussi sans jurer gros que c'est le moins mal versifié le moins mauvais[4] des opera modernes. Dans quel[5] livre ai-je vu l'autre jour des reclamations contre les écourtemens qu'on fait subir au pauvre Racine pour le mettre en musique? Seroit-ce dans les memoires de Gretry.[6] Ils sont parci par là assez amusans ces memoires.[6] J'aime un certain[7] stile avec passion.   J'ai feuillété Le Marechal de Richelieu[7] Ce qui est bien vilain a l'air vrai J'entends les anecdotes.[8] Le stile les reflexions ont l'air d'être uniquement du redacteur & je ne sai quoi de haté de negligé de fautif d'inegal fait penser que cela a été redigé ou copié ou imprimé furtivement. J'avoue qu'il ne m'est plus possible ces dissertations[9] sur la bulle,

★ les 4 consonnes de suite m'ont donné bien de la peine

sur les parlemens sur la succession en Espagne. Outre que c'est trop vieux & trop rebattu nous sommes entrés dans un ordre ou desordre de choses trop diferent. C'est disserter sur la soupe quand il sagit de faire ou de manger la salade.

Je serai fort aise de lire la balance du Nord.[8] Caterine ne m'a jamais extremement eblouie. Je suis toujours fort touchée de Cagliostro. Ce n'est pas un mechant homme. S'il trompe ce n'est pas pour nuire, c'est pour s'occuper d'une maniere interressante & qui frape les yeux. Il est sensible & il fait souvent du bien. Quant à sa femme j'en ai pour de bonnes raisons la plus mauvaise opinion du monde. Feu[10] M. de Luternau[9] m'en a assez dit pour me la faire meprise complettement Si on l'en croit sur son mari on poura faire comme les juges qui ont cru Morel sur M. de Favras.[10] A propos l'horrible histoire! J'en ai été malade & j'en ai pris de l'horreur pour les françois & pour tous les peuples. Quant à la Cagliostro, recevant un jour une lettre de son mari elle la dechira & la brula[11] en presence de celui qui me l'a conté en disant: *que ne puis-je en faire autant de celui qui l'a ecrite!* Vous pouvez monsieur dire cela hautement comme une chose très vraye & tres sure car M. de Luternau etoit aussi incapable de mentir que moi. Il ne la trahit pas auprès de son mari mais quelques jours après on convint dans[12] la maison, (& je crois qu'il fut du nombre de ceux qui prirent ce parti) qu'on avertiroit Cagliotro que quelques uns des procedés de sa femme le decrieroient infailliblement[13] · il etoit question je crois[14] de presens qu'elle extorquoit. Le lendemain je le vis chagrin, changé pale. Il me dit qu'il etoit très malheureux. Il ne parloit pas à sa femme qui avoit les yeux très rouges. cela dura deux ou trois jours ensuite je la vis redoubler de cajoleries de flateries de bassesse; riant sans nulle envie de rire dès que son mari avoit l'air d'avoir voulu être plaisant & lui je le vis tout-a fait radourci.[15] Il disoit[16] à Luternau voyez vous quand elle feroit des choses peu convenables il faudroit lui pardonner. Elle s'ennuye · Jamais je n'ai été moins riche que dans ce moment & jamais je n'ai pu lui fournir moins de parure ni moins d'amusemens. Je l'allai voir à Passy dès qu'il fut sorti de la Bastille.[11] Il me toucha par un melange de sensibilité & de courage qui n'avoit rien d'étudié; Ce qu'avoit soufert sa femme me parut l'affecter plus que ses propres ennuis. Pour elle à un redoublement d'enbonpoint près je trouvai comme à strasbourg une commune & desagreable femme. C'est là que je vis Me de Flamarens[12] & la salmon,[13] & un Prêtre qui lui prechoit tout bas je ne sai quoi. Cette chambre ainsi composée reste dans ma tête comme un des plus plaisans tableaux que j'aye jamais vu.   Demandez à M. de serent je vous prie un jour que vous n'aurez rien de plus interressant à dire, quel peut avoir été un homme plutot petit que grand, plutot noir que blond, ni vieux ni jeune, croix de St Louis qui vint chez Cagliostro, que M. de Flamarens parut avoir attendu impatiemment & qu'elle receut avec joye & amitié.

J'ai entendu parler à Paris peu avantageusement des martinistes qui se rassembloient à Ermenonville.[14] La comunauté de femmes[17)] y etoit disoit-on établie. Il a eté question aussi je crois d'un mari mort un peu subitement. Le *si Peu Que Rien* est très plaisant & a bien fait rire M. Chaillet. Vos lettres Monsieur comme leur auteur réunissent bien des genres de merite.

A Monsieur/Monsieur le Baron de/Chambrier/Ministre de sa majesté/Prussienne auprès de sa/Majesté Sarde/*a Turin*

699. *A Caroline de Chambrier, 14–15 mars 1790*

Ce Dimanche

Bon jour la belle. Me voici un moment de loisir. Hier je fis d'un Duo profane un Quatuor Religieux.[1] M. Gaillard l'ecrivit & le soir nous le chantâmes avec Mlle Moula. Ensuite j'ai feuilleté dans mon lit le 4e Volume des Memoires de Richelieu qui ainsi que les precedens n'aprend pas grand chose sinon que toujours les femmes & les hommes ont été &[1)] sont de grandes coquines & de grands miserables. Jouissons des exceptions & puisque l'espece est comme cela à la bonne heure. Je voudrois bien oser dire je m'en fiche!   A propos de coquines je demandai hier au grand Chaillet s'il etoit vrai qu'il eut dit à Mlle Jacobel[2] &c Il me dit que non & que ce n'etoit pas à lui qu'elle avoit dit *je les battrois* Ils avoient regardé l'un & l'autre la comedie qu'on leur donnoit sans rien dire.   Je suis bien fachée que le grand Chaillet ait une dartre au croupion & qu'il soit sourd un peu; je l'aime il a de l'esprit de la douceur de l'instruction il n'ennuye ni ne s'ennuye & je n'ai jamais vu sa probité en defaut, ni un certain courage d'esprit sans ostentation qui apartient à un caractere noble.

Mlle du Paquier[3] est au Val de travers depuis hier & jusqu'à ce soir. Je ne sai ce quelle decidera sur les diferens Esculapes qu'elle pouroit consulter. Depuis le Dieu Neuhauss[4] jusqu'au Dieux Butini pere & fils[5] je lui ai dit tout ce que savois[2)] de mythologie Esculapienne. mais il faut quelle choisisse. Je ris de ces dieux mais les larmes me viennent à l'œuil quand je considere celle qui a besoin de leur secours. Souvent elle est livide. Avant hier elle eut encore une demi defaillance.

Lundi. Je me reveille comme je me suis couchée vous aimant de tout mon cœur. Je voudrois que vous vinsiez aujourd'hui, mais à moi n'appartient tant de palaisir. La Reine Caroline doit avoir de belles scenes à jouer avec la Princesse Charlotte[6] qui[3)] n'est pas mauvaise comedienne non plus.

Il me vient une idée pour vous. Cet Eté au Marais[7] aprenez le latin de M. Bersier.[8] Quand on le sait on le sait & cela sert toujours plus que cela ne nuit. Toutes les connaoissances vous sieront, parque vous etes spirituelle & naturelle. Noble en dedans & en dehors, & superieure aux femmes à leur manege, leurs festons pompons & à tout leur menu savoir faire, or quand on n'est pas propre à[4] une chose il faut s'arranger avec une autre[5] chose. Si le Mentor etoit moins babillard je craindrois pour lui les yeux de l'ecoliere. Mais quand on parle tant on ne regarde rien.

L'homme au masque de fer[9] paroit avoir été un frere de Louis 14 né quelques heures aprè lui.[6]

a Mademoiselle/Mademoiselle Caroline/Chambrier/a *Neuchatel*

700. *A Caroline de Chambrier, avril (?) 1790*

L'attente où l'on est de vous ici, ma belle, a toutes sortes de bons effets. D'abord une grande economie. Lundi je fis cuire un petit jambon Mardi on rotit un gros roti & je n'ai pas permis ni mardi ni hier qu'on touchat à l'un ni à l'autre. On a diné comme on a pu. Un autre bon effet c'est que je prens tous les jours des precautions contre la migraine du lendemain & avec tant de succès que depuis mardi passé quinze jours les deux cotés de ma tête on[1] été exempts de tout mal. Si le bonheur de vous posseder ne guerissoit pas complettement M. Sandoz[1] je lui vanterois ma recette. Une cueillere à caffé pleine d'*Exlexir de longue vie* tous les jours[2] & le matin avant l'aurore deux verres de thisanne, de mon ordonnance, faite de bois de reglisse, racine de patïence,[2] & sasse fras.[3] Quand il me viendra voir on lui donnera la recette de l'elexir. tout cela ne purge point ne fait point transpirer, ne produit, je crois qu'une circulation plus libre de la bile & du sang.

Aujourdhui avec ou sans vous il faudra bien que l'on mange, ma belle, je vous en avertis & vous salue & vous embrasse.

Vendredi matin

Je me souviens d'avoir ecrit *Vendredi* & c'est *jeudi* je crois qu'il faloit dire. C'est san doute l'impatience de vous voir qui m'a[3] paroitre le tems si long.[4]

a Mademoiselle/Mademoiselle Caroline/Chambrier/a *Neuchatel*

Madame

Je me flatte que vous aurés recu la musique anoncée, le voyageur a du la remettre a Mrs Borel & Roullet[1] & ceux cy vous l'envoyer. Je souhaite quelle vous plaise assés Madame pour me procurer de nouveaux ordres de votre part · en attendant que des circonstances propices Inspirent a quelque zélateur de la musique lyrique dans ces contrées le desir d'en donner une aux Pheniciennes dignes certainement de cette parure, Je voudrois être pour quelque chose dans cet ajustement ne fut ce que pour en suggerer l'idée a qui il conviendrait, & j'espère qu'il conviendra au Prince Belosinski de tenter l'entreprise dont le succès sera flatteur pour un protecteur aussi declaré du Lyrique. Si nous avons la guerre, & que je ne puisse pas faire sa conoissance publique puisque la Diplomatique[2] nous eloigneroit, ce seroit sous les auspices des muses que nous pourions nous raprocher en attendant la paix: mais j'espere encor que celle ci ne sera pas troublée malgré les apparences les plus menacantes: M. Chaillet a dit la dessus dans son Compliment du Jour de l'an au Chateau,[3] les choses les plus Justes & les plus convenables, avec son eloquence ordinaire. Il a peint très energiquement le sisteme de notre Cour[4] qui par de grands preparatifs militaires ne veille qu'a affermir le repos general de l'europe & son equilibre: Si les chimères orientales qui dominent toujours a Petersbourg, s'y opposent, on en viendra a cette fatale rupture, qu'on aprehende aujourdhuy. Il y a un Comte de Ferierres Sauveboeuf qui vient de publier ses voyages au Levant[5] & qui Indique les aneaux de la chaine par laquelle ces grands mouvemens de l'Europe remontent a la nomination de Mr de Choiseul Gouffier a l'ambassade de Constantinople qui deplut grandement a la Porte parce que cet auteur d'un Voyage Pittoresque de la Grece avoit publié dans sa preface ses voeux pour que l'Empire Turc fut detruit & la Grece libre.[6] Ce choix singulier pour la mission de Const^ple fut l'ouvrage de la Duchesse de Polignac.[7] Celle cy promène froidement son ennuy & son Insouciance de Rome a Venise, elle me paroit étrangère a tout ce qui s'est fait sous son nom & par elle même a son Inscû: on assure qu'elle a regretté souvent la tranquilité dont elle jouissoit avant que sa belle soeur la Comtesse Diane[8] l'eut presentée. Leur oncle le vieux marquis de Polignac[9] est icy auprès du Comte d'Artois, n'ayant jamais eprouvé d'altération dans son humeur, aucune ride ne sillone sa phisionomie a 73 ans. C'est lui qui aracha a force d'instance la promesse d'une place de surnumeraire a la Cour pour sa Nièce Diane, que sa laideur empêchoit de trouver un epoux, Il Interessa la commiseration de la Comtesse d'Artois pour la prendre a son service comme Dame de compagnie, a peine cette nièce fut elle a la Cour qu'elle devança en Intrigues tous les faiseurs & faiseuses de ce pays là, nul ne put lutter contre l'ascen-

dant de cette demoiselle, bientôt elle produisit[10] toutte sa famille, & la fit
combler de graces, rien ne luy parut Impossible, & sa belle sœur n'etoit
qu'un Instrument dans ses mains. Si vous lisés Madame, *la Gallerie* des
Etats Generaux & des dames celebres de france[11] – Vous Verrés parmi
les portraits de celles cy, celuy de la Comtesse Diane, qui est d'une verité
frappante a ce qu'on assure partout. On trouve ceux de Madame Necker
& de Madame de Stahl très ressemblants: Si celuy de la Princesse de Beau-
veau (sous le nom de Desdemona) l'est egalement, J'avoue que cette dame
me paroit meriter des homages de preference a touttes les autres dont le
portrait orne plus ou moins cette galerie. J'espere Madame que si cette
brochure vous tombe sous la main vous aimerés *Desdemona*. Le Prince
de Henin[12] en recoit les complimens parce que c'est sa Tante, il s'etonne
que sa femme ne soit pas dans cette gallerie parce que dit il *elle a quelque
reputation*, mais cela viendra, & nous la verons dans un nouveau volume.
Il me semble que (Sosthènes) le Prince de Bauveau[13] est un des heros de
cette galerie de gens a reputation, on y parle de son gout pour les Lettres
& *de son bon gout*, que J'osois vous citer une fois Madame & sur lequel
vous marquates d'avoir des doutes. Je suis persuadé qu'il auroit voulu voir
finir un certain petit roman Suisse[14] qu'il a lu avec tant d'Interêt comme
vous le savés Madame, & il me semble qu'il faudra pourtant que nous
sachions un Jour *si Meyer* sera aussi heureux qu'il merite de l'etre.

On a comencé le procès en forme de Cagliostro a Rome. Jamais secret
n'a été plus Impenetrablement gardé que celuy des accusations portées
contre cet homme & des Indices recueillis avec soin de tous cotés pour
les constater. On est parvenu a apaiser la rumeur publique, refroidir
l'Interêt general qu'Inspiroit cette affaire, arêter jusques aux propos
même les plus Indifferens, & cela sans autre moyen que ce secret Impe-
netrable qui a couvert touttes les demarches de la Congregation qui est
chargée d'examiner C. On est parvenu a le soustraire ainsi a l'attention publique qui ne se reveillera a Rome que pour entendre la decision de ce fameux procès. J'aurai l'honeur de vous la comuniquer dès que je la saurai.

Madame de Vassy est toujours a Genes & a Nice ou *sur la Corniche* qui
conduit de l'une a l'autre ville le long du rivage de la mer, On croit qu'elle
travaille a un ouvrage contre Mᵉ de Staal en faveur de la memoire de
Rousseau: mais si elle a ce dessein pour quoy attendre ou avoir attendu
jusques au moment ou la faveur publique abandonnerait Mʳ Necker sa
femme & sa fille, ce moment n'est pas eloigné: & il y aura peu de delicatesse a s'en prendre alors a Madᵉ de St. pour une vieille brochure[15]
presqu'oubliée, dans le tems ou l'on s'en prendra a son Pere a Paris de tous
les maux de la france.

Ja'ai lhoneur d'Etre avec un devoument respectueux Madame. votre
très humble & tres obeissant serviteur

Chambrier d'Oleires

Turin le 10 Avril 1790.

payerne le 10. avril 1790. à huit heures du soir

Madame

Vous aurez vu par ma lettre de jeudy, qu'avant de me decider à une consultation, je voulois un peu suivre à mon plan, parcequ'il n'y a point de danger dans le retard, parcequ'aussi je ne crois pas m'être trompé sur la nature des maux de mad^{lle} dupasquier.[1] vous auriés peutêtre été plus rassurée à cet égard, et en même tems plus satisfaite de moi, si j'étois entré dans tous les détails théoriques de cette maladie, mais cela m'auroit conduit à des longueurs que mon temps ne me permet point; mes occupations sont excessives depuis longtems, et voici 4 mois que mes chevaux ne détélent point. hier je fus à moudon, aujourd'hui à estavayer, et delà à avenche.[2] ce n'est qu'avant que de me coucher, et de très grand matin, que je puis répondre aux nombreuses lettres que je reçois. ne m'accusez donc point de négligence si je ne suis pas entré dans tous les détails qui auroient pu vous faire mieux appercevoir les choses. d'ailleurs je ne m'imaginois pas, quoique je connusses l'étendue de vos lumieres, que la médecine eût jamais fixé votre attention.

je vous réitérerai donc, madame, que c'est le manque d'oscilation, de Ressort, du canal alimentaire qui manque chez notre malade; et la constipation qui en est la suite, est la preuve non équivoque que la bile ne coule pas, de sorte qu'elle est stagnante dans la vésicule du fiel, et y acquiert plus de consistance que de coutume. d'un autre côté les viscères du bas ventre, manquant aussi de Ressort, les pores biliaires qui forment la substance du foye, n'opèrent pas la sécretion de la bile en quantité suffisante, le sang en est donc surchargé, et à la moindre cause qui peut donner lieu au plus léger spasme, la couleur jaune se manifeste plus ou moins. les digestions viciées depuis longtems, n'ont pu fournir un chyle conforme à l'oeconomie animal, toutes les humeurs ont donc du s'éloigner de leur état naturel. d'après tous ces faits, il est certain qu'on doit avoir en vue dans le traitement de mad^{lle} de donner une certaine commotion aux solides, d'attenuer les liquides,[3] de faire couler la bile, et de rétablir les digestions. assurément si mad^{lle} dupasquier eût été sous mes yeux, nous serions plus avancé, le commencement d'un tel traitement ne pouvoit que l'éprouver, je l'en avois prévenue, et c'est pour cela que je l'avois prié instamment de me donner de ses nouvelles dès la premiere semaine de ses remèdes. vous pensez bien que dans des cures de cette nature, on est dans le cas de changer de Remèdes, de les suspendre, d'en associer de nouveaux & &c suivant que les symptomes varient. il y a un vieil adage, qui dit, *si variant morbi variabimus artem.*[4] vous voyez de quel avantage il eût été, et pour cette chere malade, et pour moi, de suivre immédiatement sa cure. pour y suppléer un peu, il faut toutes les semaines me donner des nouvelles très en détail, et affranchir les lettres s.v.p.

je m'en tiens donc pour le moment aux directions de jeudi dernier. et si dans un mois ou 6 semaines nous nous décidons pour une consultation je préférerai à mérite égal, un médecin qui puisse voir la malade, et avec lequel je pourrai Raisonner. alors soit à genève, soit à Lausanne, je pourrai l'accompagner, en nous servant de ma chaise et de mes chevaux, ce qui diminuera et l'embarras, et les frais.

j'aimerois beaucoup, madame, pouvoir m'entretenir plus longtems avec vous, car jamais je ne pourrai vous dire à mon gré combien je tiens à vous, et vous peindre la vivacité de l'attachement respectueux avec lequel j'ai l'honneur d'être Madame Votre très humble et obs^t serviteur

Gerard. d.m^5

p.s. la glace dont vous me parliés dans votre précédente malgré son effet tonique, ne suffiroit pas en ce moment pour les indications à remplir dans l'état de mad^{lle}.

---

703. *A Jean-Pierre de Chambrier d'Oleyres, 17 avril 1790*

Ce 17 avril 1790

Oui Monsieur j'ai receu ce que vous avez eu la bonté de m'envoyer. *A voi torno* est un des airs du monde que j'aime le mieux.[1] Une parfaite unité d'intention, une simplicité imposante le caracterisent & me le rendent singulierement agreable. La Romance est très melodieuse elle est charmante & je m'en suis deja fait des amis. Bien obligé Monsieur de toutes vos bontés. Puisse t-il n'y avoir pas de nouvelles guerres! il y a deja tant de troubles! Je serai très aise que votre collegue il dilettante[1] nous fasse entendre mes Pheniciennes. Je ne sai si je vous ai jamais parlé du Cyclope[2] dont j'ai fait moimême la musique. Zingarelli la[2] revue, & il a fait du bien aux morceaux d'ensemble. S'il vient ici comme je l'espere & que ce petit intermede soit rendu vraiment passable j'aurai l'honneur de vous l'envoyer.

Les Turcs savent donc lire puisque le livre de M. de Choiseuil leur a deplu.   La politique est un singulier melange de petites causes produisant de grands effets, & de grands mouvemens ne produisant presque rien ou produisant des effets contraires à ceux qu'on vouloient obtenir. M. de Polignac ne se sera t'il pas trouvé bien heureux bien habile quand il eut placé sa laide niece à la cour, & elle ensuite[3] ne se sera t'elle pas fort[4] aplaudie! Sa belle sœur favorite, sa famille enrichie, la Reine subjuguée la cour à ses pieds, quelle adresse, & quel succès! Eh bien a quoi cela a t-il abouti? à errer tristement haïe & meprisée. D'un autre coté si quelque lignes ecrites par M. de Choiseul[5] peut-être pour arondir une periode ont fait tout ce qu'on leur attribue c'est la souris qui enfante une montagne.[3]

J'ai prié votre cousine Caroline de me procurer la galerie[4] dont vous me parlez & quelle a vue entre les mains d'un de vos parens. Elle la lui demandera. J'ai lu la lanterne magique[5] c'est plaisant mais outré & injuste. J'ai lu l'Abbé Sabatier.[6] Il est plein d'esprit & souvent il me paroit fort de raison. Si l'on ne savoit comment les choses alloient auparavant il y auroit de quoi crier & se desoler, mais Charybe valoit Scylla. C'est ma consolation je hausse les epaules, je plains les hommes mais il me semble que je les meprise encore davantage. Ah si le purgatoire de M. Ferd. Petit pierre[7] à quelque realité il nous faudra refaire là nos etudes & recevoir à neuf une grande education. Il y a du plus et du moins pourtant; peut-être même des exceptions. Je comprens tous les jours mieux les initiations d'autres fois, les illuminés d'aujourdhui. Il est fort naturel de vouloir être quelque chose de meilleur que la foule de ses semblables, de faire pour cela des efforts, d'imaginer des moyens, de se donner des camarades.

A propos M. du Paquier n'a apercu aucune marque singuliere d'illumination à Berlin.[8] En lui parlant de Mirabeau[9] on lui a dit que beaucoup de caracteres etoient singulierement bien tracés mais que la plupart des anecdotes etoient absolument fausses, & qu'il n'y avoit pas de laquais à Berlin qui ne fut mieux instruit à cet egard que Mirabeau ne paroit l'avoir été. Le Prince Henry[10] a dit que malgré tout le mal qu'il avoit dit de lui il regrettoit de ne l'avoir pas encore à sa table & de ne pas l'entendre causer. Il me semble que le feu Roi[11] disoit a peu près la même chose de Voltaire.

Le futur epoux d'orange & la princesse sa future[12] s'aiment d'amour. On en raconte des choses aimables & touchantes. M. du Paquier a encore gagné dans son voyage. Comme il est très modeste la petite couche d'assurance que ses succès lui ont donnée ne lui a fait que du bien. Je crois qu'il jouera un fort bon role, & que le Roi ne se repentira point de s'être attaché un homme de cette trempe, qui ne peut devenir ni intrigant ni arrogant tant de sa nature il est doux & honnête.

Je dis toujours pauvre Cagliostro! Je voudrois bien que pour toute punition on l'obligeat à donner le secret de ses goutes blanches & de ses goutes jaunes. Combien un peu des dernieres m'eut fait plaisir avant hier que j'avois une migraine enragée! Quelle horreur si on maltraite un homme dont on pouroit tirer le plus grand parti. Quand il seroit coupable que gagneroit-on par sa mort? Rien, & l'on peut gagner à ce qu'il vive.

J'ai bien du penchant à regarder M^c de Vassy d'après sa lettre[13] comme precieuse piegrieche, & rien de ce qu'elle fera en ce genre ne me surprendra. Il faut comme vous le dites Monsieur laisser aujourdhui en repos M. Necker & M^c & M^c de Stahl & aussi (selon moi) les lettres les Romans, les Meyer, les Cecile car la mode de tout ce qui n'est pas politique est passée ou interrompue & les hommes réels dementent toutes les vertus dont on voudroit parer les hommes fictifs. Le moyen de faire illusion dans ce moment? Qui pouroit croire à la candeur au desinterressement à la reconnoissance, à cette noblesse d'ame dont vous aimiez la peinture? Que ceux qui la sentent en eux se recherchent s'entretiennent ensemble s'ecrivent c'est ce qu'ils ont de mieux à faire à mon avis. Sur ce je[6] me recommande à vous Monsieur *gans, seer*, ou *zum schonste*.[14] N'est pas à peu près comme cela qu'on dit?

S'il me revient quelque zele literaire quelque meilleure opinion de mes semblables & que cette nouvelle verve produise quelque chose je vous traiterai vite en confrere innitié à qui on peut & doit tout dire. Vous n'avez pas de ma part le mistere mais bien l'ennui à redouter[7]

a Monsieur/Monsieur le Baron de/Chambrier. Ministre de/sa Majesté Prussienne auprès/ de la Cour de Turin/a *Turin*

704. *A son frère Vincent, 20 avril 1790*

Vous avez donc pris un parti & vous etes mis l'esprit en repos sur le chapitre de votre fils. J'en suis bien aise mon cher frere. Mais en revanche je suis fachée de la rechute que vous avez eue (il faloit dire *retour*) de votre mal de l'année passée. Il y a beaucoup de remedes à ce mal que surement vous connoissez. Racine de plante de fraises, graine de lin &c mais je crois qu'il y a aussi des preservatifs. Un regime un peu rafraichissant & adoucissant. Plus de fleurs de tilleul ou de bonhomme[1] que de caffé, & plus d'orgeat que de vin ou de liqueurs. Vous etes trop raisonnable trop maitre de vous pour ne pas vous abstenir & vous assujettir selonque vous trouverez que cela convient. Vivre ou mourir n'est pas une très grande affaire mais on peut sans être pusillanime vouloir se conserver pour une femme & des enfans en bas age. Je souhaite que vous viviez & sans souffrir.[1] Faites ce que vous pourrez pour que mon souhait s'accomplisse.

On a assez de malades ici, ou plutot dans nos environs, & quoique je ne sois pas plus sortie de ma tanniere qu'un herrisson ne sort de ses feuilles au cœur de l'hiver, la bise est venue jusqu'à moi & m'a oté la faculté de chanter ce qui est une privation très grande non pour les autres mais pour moi même. Car encore faut-il essayer ce qu'on fait chanter au Cyclope[2] amant de Galatée, aux bergers de son voisinage à David[3] &c. Je me flatte que la voix me reviendra avant que le compositeur Italien[4] que j'attens n'arrive. Il m'a donné des leçons à Paris, c'est un honnête & habile homme, à qui il convient autant de quiter une ville ou l'on crie plus qu'on ne chante qu'a moi de le recevoir. Je crois que nous ferons d'assez bonnes choses ensemble car il me paroit que j'ai du feu & de l'abondance dans ma composition & lui il a de la retenue & de l'art. Je serois assez sujette moi à mettre comme je ne sai quel peintre six doigts à une main, & peut-être[2] Zingarelli laisseroit[3]-il sa tête[4] principale sans expression suffisante. Pourquoi deux musiciens ne travailleroit[5]-ils pas ensemble comme jadis deux peintres Flamands ou Hollandois ont travaillé au même tableau?   J'ai souvent comparé votre liefheberij[5] & le mien. Au reste le votre seroit le mien si j'etois dans un pays à tableaux & maitresse d'y mettre de l'argent. Les tableaux que vous vous donnez sont plus beaux que ma musique n'est belle, mais ma musique m'occupe davantage à faire que vos tableaux ne vous occupent à regarder. Je varie je travaille. je fais des vers pour mes nottes & des nottes pour la poesie d'autrui. Entre Pergolese & Raphael qui choisirois-je qui voudrois-je être? je ne[5] n'en sai rien, mais toujours est-il sur que les arts sont la plus belle chose le plus doux assaisonement de la vie que je connoisse. C'est à la[6] botanique que s'est livré le grand Chaillet. Les mousses l'occupent depuis quelques mois. Toute garnison lui est bonne pourvu qu'il y ait des plantes autour de la place. La Corse valoit pour lui[7] le jardin d'Eden … Ah! je dis trop. Ce jardin eut fait les delices d'un botaniste passioné & Adam n'en a peut-être pas aussi bien senti le prix que n'eut fait le grand Chaillet. Je l'attens aujourdhui mais son herbier le rapellera au plutard demain à Neuchatel. Je ne connois pas d'homme plus heureux moins ambitieux plus philosophe pratique que lui. Une dartre le tourmente, il y voit un[8] preservatif à mille[9] autres maux: il est un peu sourd cela le sauve de questions & de[10] confidences importunes.   Il etoit de cette petite armée aux portes de paris[6] & il est fort bon a entendre là dessus.

Colombier va contenir de Paris tout ce qui en peut entrer dans ses maisons. Les habitans se serrent se pressent & font place à des Francois. Nous allons avoir M^r & Me de Tremauville,[7] nobles de Normandie & M. & Me de Monregard,[8] le[11] mari est directeur des postes sa[12] femme est mieux née que lui & a bien de l'esprit à ce qu'on dit. Je ne connois encore que les Tremauville. Je me laisserai un peu faire la cour si on veut me la faire & ne bougerai pas. Je m'ennuye trop par[13] tout ou je n'ai ni clavessin ni livre ni ecritoire, dailleurs j'ai assez souvent auprès de moi les plus aimables jeunes personnes du canton pour n'avoir nul besoin de courir après la societé. Peut-être me viendra t'il aussi des amis françois qui sont bien à tous egards la meilleure compagnie possible.

Adieu mon cher frere. Mille complimens à M^e votre femme & mille tendres respects à mon oncle la premiere fois que vous le verez. Si vous ou votre monsieur Suisse[9] voulez lire un livre charmant judicieux plein d'esprit modele de langage & de stile procurez vous *Nouveau voyage en Espagne*.[10]

Ce 20 avril 1790

A Monsieur/Monsieur le Baron Vincent/de Tuyll de Serooskerken/Lieutenant Collonel de Cavalerie/A *Utrecht*

705. *De Marie-Anne-Jeanne Saurin, 27 avril 1790*

a la rocheguion *par bonniere*,[1] ce mardy 27 avril 1790

il y a trois semaines que je suis ici, madame, et j'avois recu votre lettre du 10 mars dernier, plus de quinze jours avant de quitter paris. vous aurés appris par mr dupaquet[2] la visite qu'il a bien voulut me faire, et le plaisir que cette visite a parut faire à tous deux. j'aurois desiré qu'il eut pû, ce même jour où il me vint voir, passer la soirée chés moi. mais il avoit prit un autre engagement, et c'etoit mon dernier mercredy. lui même quittoit paris peu de jours après. je ne l'ai donc vu un moment, que pour le regretter, car dans ce moment, son heureuse phisionomie, et tous ces discours me plurent on ne sauroit davantage. aussi, ai-je trouvé très simple que le roy de prusse ait desiré de se l'attacher. ce n'est pas un des moindres avantages de la puissance, que celui de pouvoir s'environner des choses, et des personnes qui plaisent.

avant de quitter paris, j'ai lû à m^de de frénilly,[3] votre derniere, et déja très ancienne lettre. elle aime beaucoup tout ce qui vient de vous. la pauvre femme a été souffrante presque tout l'hiver. ce sont des maux d'estomach, des coliques, enfin tout ce qui rend la vie nécéssairement bien misérable. elle n'avoit pû voir mr bailly depuis long tems. elle saisira, et même provoquera l'occasion de lui parler de vous, si la chose lui est possible. mais elle le voit peu, et les grandes affaires dont il est sans cesse occupé,[4] ne permettent que des conversations bien abregées. vous avés raison de l'aimer toujours. la preuve qu'il mérite beaucoup se trouve démontrée, dans la sévérité avec laquelle on lui reproche la plus petites bagatelle. vous savés de reste, que la société ne fait grace de rien à ceux qui commandent, admiration, Estime, et respect. un jeune avocat, fort des amis de mr bailly, qui se nomme mr godard,[5] qui est fort beau, et que vous avés vu un moment chés moi, s'est distingué beaucoup dans tout ce qu'il a fait, rélativement aux affaires publiques. c'est lui qui a ecrit sur l'affaire des juifs.[6] sa pétition est excellente. quoi qu'il ait à peine 28 ans, la commune de paris vient de le nommer son président. il aura à vos yeux, comme aux miens, encore un autre mérite, c'est celui d'être proche parent de m^de de frénilly, à qui il est très attaché, et dont il est tendrement aimé. peu de jours avant de venir ici j'ai entendu lire (ce que l'on appelle le roman de m^de de stáal.)[7] quoi qu'il y ait un commencement, et une fin,

je trouve les evénemens trop brusques, et j'y trouve trop peu de développemens, pour qualifier ce petit ecrit du nom de roman. de tems en
tems il y a à la maniere de l'auteur, des réfléxions sur la société très spirituelles, et ce me semble heureusement exprimées. il y a a la fin une situation touchante, quoi que trop promptement amenée. en tout les eloges
données a ce petit ouvrage m'ont paru exagerées, comme cela doit être,
vû la place qu'ocupe m^{de} de stáal, sans compter que la vérité est rarement
la base des jugements que l'on porte dans la société. j'ajouterai que j'ai
entendu lire ce petit ouvrage en courant, ce qui peut faire que je l'aie mal
jugé. mais enfin, telle est l'impression qu'il m'a fait. m^{de} de stáal est grosse.[8]
si son pere, dont la santé est toujours dans le plus piteux etat, va aux eaux,
elle ne l'accompagnera point, ce qui me fâche beaucoup pour mr neker.
vous aurés appris la désorganisation du clergé, ainsi que le decret sur les
assignats.[9] le public paroit très favorable à ces deux opérations. les lettres
de l'eveque de blois, dont il est parlé dans les journaux,[10] sont adresséz aux
curéz de son diocese à qui, on m'a dit, qu'il déffendoit par ces lettres, de
donner l'absolution, aux réligieux, et religieuses qui quitteroient leur
communautés · de pareilles lettres ne sont pas des ecrits indifferents, et
peuvent faire beaucoup de mal. je serois bien trompée si ces lettres ne
vous déttachoient de l'Evèque de blois. pour moi, plus je lui connois
d'esprit, plus il me semble que sa conduitte est comdamnable. j'ai quitté
cette année paris un peu plutôt que de coutume. les conversations sur les
discutions de l'assemblée, sur leur décrets, m'avoient tellement fatiguée
à entendre, que j'en étois presque malade. je suis donc accourue ici, où j'ai
retrouvé mon excellent someil, bien different de celui de paris. l'intéret
des affaires publiques y est trop grand, et souvent l'aigreur que la dif-
fence[1)] des oppinions ocasione dans la société, n'est pas un petit inconvenient, et surtout n'est nulement agréable. de la tranquilité, quelques
lectures, et un bon air, valent donc beaucoup mieux, que ce que j'ai laissé
à paris. ne pouvant rien changer à tout ce qui se passe, j'ai obtenu de moi
une résignation entiere aux evénements présens, et futurs. cette résignation est, je crois, de premiere néccésité dans toute révolution, sans quoi
on seroit doublement tourmenté. la veille de mon départ, mr démeunier
étant venu causer avec moi, nous parlames beaucoup de vous. du
moment où il sera quitte de sa députation, il se propose d'aller voir la
suisse, et il espere que vous lui permettrés d'aller vous voir. je l'ai fort
assuré que vous le verriez avec plaisir. c'est un homme aussi estimable
qu'il est excellent. il vous[   ]^{2)}

un de nos fugitif, nommé le président tächere,[11] vient de mourir près
de neuchatel, où il avoit acquis une petite maison. le bruit a couru qu'il
s'etoit tué, L'avez vous entendu dire? je connoissois ce président. il étoit
desolé de la révolution. je ne puis croire pourtant, que son désespoir l'ait

poussé a quitter la vie, et surtout de cette maniere. j'ai laissé m^de achard au moment de retourner à genève. si vous pouvez lire l'extrait des mémoires de richelieu, dans le mercure du – 17 de ce mois,[12] je crois que cet extrait vous fera plaisir.

la pauvre m^de de montron,[13] est bien malheureuse de la révolution. la dénonciation de mr de la luserne,[14] lequel est parent de ses enfans, lui fera jetter les hauts cris. elle ne raisonne guere mieux que sa sœur[15] sur les affaires publiques. elle est gonflée de préjugéz

706. *A Caroline de Chambrier, entre mai et octobre 1790*

La porcelaine n'est point encore assez belle à mon gré. Je trouve quelque chose de brillant dans l'ensemble & d'elegant dans le dessein; mais la terre n'est pas assez fine le blanc n'en est point assez beau. Il est dificile que quelque chose me paroisse digne de vous être presenté. Servez vous en ma belle je vous le demande comme une faveur. Si elle se casse n'y ayez pas de regret. J'aurai de quoi la remplacer & ce me sera un grand plaisir de croire que quelque chose venant de moi est tous les jours sous vos yeux & entre vos mains.

Venez quand il vous plaira. vous coucherez où il vous plaira. Mon lit d'hiver est vacant à present que Mes Pury[1] sont parties. Votre billet est aimable comme vous. Je suis bien aise que Me P.[2] soit mieux son gendre m'en paroit fort soulagé. Que les anciennes amitiés tiennent bien dans les cœurs sensibles! Il me tarde de savoir des nouvelles de D.A.[3] Son regime ne seroit-il point de^1) nature à lui tendre trop ce je ne sai quoi qu'on appelle nerfs? Point de thé le soir point de soupe à diner. Si je souffrois comme lui j'essayerois de changer quelque chose à mon genre de vie.   Adieu.

Ce samedi à midi.

a Mademoiselle/Mademoiselle Caroline/Chambrier/a *Neuchatel*

707. *De Marie-Claude Estièvre de Trémauville, mai 1790*

Voila, madame, le taffetas d'angleterre que vous désiriez – je vous l'offre avec grand plaisir a condition cependant que vous n'en ferez aucun usage. il faut Eviter de vous couper les doigts mais si par malheur cela arrivoit, songez a la personne qui vous le donne, et croyez qu'elle sera contente de contribuer a votre guerison.

En qualité de medecin j'ai été fortement tentée de vous remettre moi même cet emplâtre – mais demander a entrer si matin chez vous, enverité cela ennuyroit de ma figure toute votre maison – vous auriez de l'indulgence, j'y compte a raison de votre penétration, et de la maniere dont vous savez-lire dans la phisionomie... mais ce n'est pas une raison pour persecuter les gens, ainsi je passerai franc sous vos fenêstres = je vais a neuchatel ou j'ai peu de chose a faire – je parts avec le desir de revenir a Colombier – il y a a parier que je ne serai pas si discrette au retour et que j'entrerai chez vous – je cédérai a un attrait tres grand qui m'empêchera d'arriver directement chez moi.

je vais me mettre, a la suitte d'un certain billet que vous avez ecrit; j'en conserverai précieusement un autre qui m'a fait bien du bien a Récévoir.. oui enverité je suis satisfaitte plus que je ne puis le dire = je crois bien que je suis *entendûe*! bien *voulûe* et sur terre *amie*. ce sont les mots propres que j'ai retenûs quoique le billet soit en poche bien caché – il est de fait que je me regarde moins etrangere dans ce monde depuis que je sais que vous prenés intéret a moi ainsi que votre famille – c'est un des malheurs de ma position de ne tenir quà une nombreuse Société – je puis rénoncer aux titres; aux agrements de la vie. mais non au bonheur d'interesser les personnes qui m'inspirent de la confiance:

G. T.

adieu, madame, je parts dans une demie heure si[   ]

708. *De Benjamin Constant, 11 mai 1790*

Je suis resté longtems sans vous répondre, bien malgré moi, mais je travaille si continuellement & si inutilement que j'ai a peine le tems de respirer, & que le peu de loisir que j'ai, je l'emploie a ne pas penser, ce qui depuis que je suis obligé de penser sans cesse a la même chose, est pour moi une Volupté. J'ai prié Mademoiselle Marin de vous envoier la Requête[1] que j'ai présentée il y a sept mois au Conseil d'Etat, vous y verrez les griefs que j'ai allégués contre les malheureux qui si gratuitement empoisonnent notre vie. malgré ces griefs, ils persistent a vouloir nous juger & c'est une question que vos Compatriotes n'ont pas encore eu le Courage de décider. trève de ce procès qui vous ennuye ce que je comprends & qui ne me fait aucun plaisir, pas même celui d'avoir raison, parce que je suis si rassasié de la force de mes preuves que j'ai repetées au moins douze cent fois depuis mon arrivée ici[2] que ces preuves me sont plus insupportables a moi même qu'a tout autre. Votre derniere lettre m'a fait grand plaisir, un plaisir melé d'amertume comme de raison, un plaisir qui fait dire a chaque mot c'est bien dommage. effectivement c'est bien dommage que le sort nous ait si entièrement & pour jamais séparés. Il y a entre nous un point de rapprochement qui auroit surmonté toutes les différences de gouts, de caprices, d'engouement qui auroient pu s'opposer a notre bonne intelligence. nous nous serions souvent séparés avec humeur, mais nous nous serions toujours réunis. c'est bien dommage que vous soiez malheureuse a Colombier, moi ici, vous malade moi ruiné, vous mécontente de l'indifférence, moi indigné contre la faiblesse, & si eloignés l'un de l'autre que nous ne pouvons mettre ni nos plaintes, ni nos mécontentemens ni nos dédommagemens ensemble. Enfin vous serez toujours le plus cher & le plus étrange de mes Souvenirs. Je suis heureux par ma femme, je ne puis désirer même de me rapprocher de vous en m'éloignant d'elle; mais je ne cesserai jamais de dire c'est bien dommage; votre idée me rend toujours un partie de la vivacité que m'ont oté les malheurs la faiblesse physique, & mon long commerce avec des gens dont je me défie. on ne peut pas me parler de vous sans que je me livre a une chaleur qui étonne ceux qui souvent ne m'en parlent que par désœuvrement, ou faute de savoir que me dire. a des soupers ou je ne dis pas un mot, si quelqu'un me parle de vous, je deviens tout autre. on dit que le Pretendant[3] abruti par les malheurs & le vin, ne se réveilloit de sa lethargie que pour parler des infortunes de sa famille.

Je vous envoie ce billet ci inclus pour Monsieur de Charriere. J'ai dit que je promettois de lui en paier le montant a la premiere Requisition, mais je dois lui avouer que je ne serai de toute cette année pas en état d'effectuer ce paiement. Lorsque vous me repondrez, adressez je vous prie a Bronsvic car je ne passerai plus toute la semaine ici: je présenterai encor une Requête, & je laisserai notre sort entre les mains de L.H.P.[4] qui s'en soucient assez peu. on avait parlé d'accommodement, mais je n'y vois aucun jour · enfin il faut souffrir & attendre. Ma santé soutient mieux cette inquiétude continuelle que je n'aurois cru. Je commence a avoir mal a la poitrine, mais je crois que c'est faute d'exercice plutot que toute autre chose. Avec une chevre, ma femme, Jamant,[5] & de longues promenades tout cela se remettra, & si cela ne se remet pas le mal n'est pas grand.

Adieu, certainement personne ne peut vous apprécier, vous aimer vous désirer plus que moi. Si par un hasard que je ne prévois pas je retourne Jamais en Suisse, je vous demanderai l'hospitalité. jusqu'alors je vous demande de ne pas vous laisser aller a des mouvemens dhumeur, qui nous privent du peu de plaisir que nous laisse notre séparation & de m'écrire. adieu.

ce 11 May 1790

A Madame/Madame de Charrière neé/de Tuyll,/ a Colombier/ près de Neufchatel,/*Suisse.*

a Paris le 13 Mai 1790.

Je ne serai pas deux fois de suite, Madame, dupe d'un faux calcul, & répréhensible par une crainte déplacée du blame. Les attentions srupuleuses de l'artiste à qui vous vous êtes adressée retarderont l'envoi de ma montre tant qu'il plaira aux variations de l'air & aux caprices du temps, mais je ne perdrai surement pas une minute à avoir l'honneur de vous témoigner combien je suis sensible à la bonté avec laquelle vous daignés vous en occuper, & ce ne sera pas lorsque vous ajoutés à mes obligations envers vous, par les détails où vous voulés bien entrer, que je craindrai de vous fatiguer par mes remercimens.

Votre horloger est bien honnette de se payer en partie du mérite qu'il me suppose & de regarder comme l'équivalent de quelques louis de plus la circonstance de travailler pour un membre de l'assemblée Nationale. Je suis bien heureux qu'il ne se soit pas avisé d'en faire faire l'évaluation en France, car il eut pu s'adresser de maniere à se croire au contraire en droit d'exiger un fort dédommagement. Il m'appartient sans doute de garder un juste milieu entre ces deux manieres de voir, & ce sera, Madame, en vous priant de lui faire dire que le soin qu'il met à perfectionner son ouvrage satisfait pleinement à ce qu'il croit devoir à ma qualité de Député, & que plus il me croit digne de ce titre & plus il approuvera que sans prétendre diminuer en rien l'obligation que je lui aurai, j'exige qu'il mette à la montre qu'il fait pour moi, le prix auquel il l'estimera. Ce n'est pas tout d'être Député, il faut etre juste. Je ne tenois à cent écus que parce que c'est un compte rond qui se presente plus aisement à l'esprit qu'un autre. Mais quand il n'est plus question que de tirer de sa bource, deux ou trois louis de plus ne donnent nul embaras, & ne prennent pas une seconde de temps. qu'il veuille donc bien taxcer la montre; plus il l'aura soignée croyant ne la faire qu'au prix de cent écus, & plus il doit être certain du plaisir que j'aurai à la payer tout ce qu'elle vaut.

En même temps que je recevois la lettre que vous m'avés fait l'honneur de m'écrire, on m'en remettoit une de mon frere,[1] celui qui va cherchant la femme qui dit vrai. Il faut qu'il ne l'ait pas trouvée dans son païs natal, car il en etoit parti pour rejoindre son Régiment deux mois avant l'expiration de son congé. mais à ce coup il doit être converti, car de deux Dames[2] qu'il connoissoit, l'une ne l'a pas trompé en l'assurant qu'elle l'aimeroit toujours & qu'elle le reverroit avec plaisir en tout temps, & il est bien sur que l'autre ne démentira jamais ce qu'elle pouvoit lui avoir dit de son coté. la premiere l'a pris à son passage & le retient chés elle depuis un mois avec toute sorte de bonté. elle n'a gueres que de 70 à 72 ans. Quant à la seconde, beaucoup plus jeune, extrêmement aimable &

niece de celle ci,...... gare l'experience, allés-vous dire; hélas! n'en soyés pas
en peine; il l'a trouvée morte en arrivant. Sa conviction auroit pu s'opercr
d'une maniere plus agréable ou moins désastreuse, & je crois qu'a sa place
je regretterois mon erreur. Je lui ecris aujourd'hui & je ne manquerai pas
de lui offrir un soulagement dans le souvenir flatteur dont vous voulés
bien l'honorer.

Veuillés, Madame, être convaincue de toute ma reconnoissance & du
respectueux attachement que je vous ai voué pour la vie.

710. *A Caroline de Chambrier, 17 mai 1790*

Lundi à 6 heure.

Très aimable fille je tacherai de ne vous ecrire qu'un très petit billet.
J'ai horriblement à faire. Ma seconde partie[1] est faite & va trouver tout-à
l'heure M. Chaillet. J'ai ecrit hier trois ou quatre pages de compositon &
transcrit en corrigeant onze pages. de 7 à 7 excepté que j'ai diné. Zingarelli
m'ecrit qu'il viendra à la fin de ce mois ou au commencement de l'autre.

Verdan[2] est arrivé à Geneve plutot un peu mieux que plus mal. Le voiturier l'a dit. M. de Ch. m'a ecrit de Rolles dans le même sens.

Ne me renvoyez pas la Princesse.[3] gardez la sur votre table non pour
la relire comme Roman mais pour revoir certains morceaux ecrits avec
un charme inexprimable & qui se fait encore mieux sentir la 2e fois que
la premiere parce qu'on est plus de sens froid.[4] La description de la cour
de Henri 2. le portrait de M. de Nemours, le larcin du portrait l'aveu, doivent être relu. Je vous enverai un de ces jours Zaïde.[5] Votre esprit ne peut
rester en friche sur rien, je ne veux pas qu'il y reste. Vous direz que je fais
bon marché de votre bonheur. Peut-être. Je vous traite comme je me suis
toujours traitée.

Vos pages sur la Princesse de Cleves valent autant de pages de la Princesse de Cleves. Je n'ai qu'un mot à vous dire là dessus[1)] Vous raisonnez
mal quand vous dites: il me semble que delivrée de quelques peines... je
suporterai fort bien tout autre chose. Le mal de tête qu'on a *eu* ne rend
pas longtems suportable le mal d'estomac qu'on *a*. Dailleurs l'etat actuel
est un etat d'attente, l'autre est pour toujours. Il me tarde à present de voir
D. A.[6] Je pourois vous parler jusqu'à demain mais il faut finir. Venez si
vous pouvez. Ce sera un grand plaisir & une grande recreation pour moi.
Je remercie M. G.[7] & vous de l'envoi de l'organiste.

a Mademoiselle/Mademoiselle/Caroline Chambrier/a *Neuchatel*

Ce 21 may 1790

Ah oui, oui, c'est bien dommage. C'est cent fois dommage tous les jours. Je ne me laisserai point aller à *des mouvemens d'humeur*, comptez y bien & s'il se peut n'en ayez point non plus. Mlle Marin m'a envoyé la requete. Je l'ai remerciée & lui ai dit que je la trouvois telle, qu'on n'auroit pu retrancher un mot ni en ajouter ni en changer un qu'elle n'y eut perdu. En effet clarté, precision, simplicité, sagesse de stile & consideration, tout ce qui fait la perfection y est. J'en ai été très contente. Il est malheureux que tout cela ne serve à rien.

M. de Ch. est à Geneve. Je vous renvoye le billet par deux raisons. Jamais M. de Ch. ne voudra qu'il soit question d'interets; il s'est expliqué là dessus avec vous & avec moi. 2° La datte n'est pas exacte. Vous avez voulu sans doute qu'elle se rencontrat avec l'echeance des interets; mais cela ne fait rien. Un acte quelque petit qu'il soit, un titre qu'on met entre les mains de quelqu'un doit être exact pour être valable. Quelqu'un qui^{1)} le verroit diroit: quoi c'est de la Haye du 15 Juin! M. Constant etoit [   ]^{2)} Moi, dailleurs assez peu pedante & même trop peu reguliere je le serois toujours infiniment pour ces choses là. Envoyez moi donc un autre billet où il ne soit pas fait mention d'interets & qui soit datté du jour où vous l'ecrirez.

Je n'ose presque pas vous dire ce que le desœuvrement & une enrouure longue,¹ qui m'empechoit de chanter à mon clavessin m'a fait faire. Vous vous moquerez de moi du moins jusqu'à ceque vous ayez vu la chose qui en verité n'est pas ridicule. C'est un Eloge de J. J. Rousseau.² Hors un seul mot, peut-être un mot, touchant la langue françoise il n'y a pas d'emphase³ du tout, rien d'academique. Ce n'est pas non plus decousu ni courant trop brusquement trop vite sur les objets. cela a eté fait dabord d'un trait^{3)} & tout le monde^{4)} fut fort content tout de suite^{5)} de la 1e partie mais moins de la seconde · je l'ai refaite en entier, d'un autre seul trait; on a applaudi. M. Chaillet me dit qu'il me donneroit le prix pour le seul debut de cette seconde partie, tant il le trouvoit beau, juste, eloquent. Alors j'ai copié la 3^{ieme} partie ne faisant que la corriger en l'ecrivant; elle n'a pas paru digne du réste & je l'ai refaite comme la seconde. on m'a prié d'y faire rentrer un morceau de celle que j'avois mise de coté je l'ai fait. La fin est extremement heureuse. Vous serez content. Il est venu chez M^r & Madame de Tremauville (Colombier est plein de françois) un pere de l'oratoire⁴ homme d'esprit & fort instruit. Il a dabord trouvé bien plaisant que je me fusse^{6)} avisée de faire un eloge de Rousseau & me regardoit là dessus d'un air railleur mais pas desobligeant qui me fit plutot plaisir que peine. Le lendemain je lui demandai par un billet s'il faloit necessairement ecrire sous un epigraphe de quel auteur on l'avoit prise. Il vint me repondre que non, & me pria de lui lire le discours. Je le fis. Il critiqua quelque mots. Il trouva dans un morceau trop d'une metaphysique dissertante. Il avoit raison, & je le sentois bien en le lisant. C'etoit la premiere fois que je le lisois de suite tout entier. J'ai retranché deux pages; j'ai changé les mots desaprouvés. & moyennant le pere Arnould a été d'avis comme M. Chaillet que si l'on n'avoit pas destiné le prix à un discours tout politique, ou tout declamatoire en faveur de la revolution, je l'aurois probablement. Nous verons. on le copie & je l'enverai au premier jour à M. Marmontel. L'epigraphe prise je ne sais où mais que j'ai trouvée dans un coin de ma tête est: *His words were musick.*

Je suis bien sure de ne l'avoir pas inventée. J'aurois presque eu envie d'ajouter *his thoughts celestial dreams*[5] mais outre que je ne sai si cela auroit été bien, une chose moitié copiée moitié imaginée auroit eu l'air d'un plagiat. Laissez moi vous dire encore une fois que je me flate que vous serez content. Pas un mot de *plume brulante*, de *feu du genie*, de *transports*, d'*embrasement*, point d'anthises[7)] de *peut-être* ceci *peut-être* cela · point de ces *Certes* si à la mode ni de *civisme*, ni de *liberté*. aucun froid pathos. ainsi consolez vous & pardonnez moi. Je m'ennuyois je n'avois rien à faire, vous ne repondiez pas, je n'osois vous ecrire de peur de vous importuner. On m'avoit ecrit que je devrois bien faire cet eloge & qu'on s'imaginoit que je le ferois mieux qu'une ou un[8)] autre. Enfin vogue l'Eloge.

Je vous dirai pour l'honneur des mercredis de Me Saurin[6] qu'on a su vous y regretter. on y a aussi regretté mes aparitions. M. de Comeyras[7] me la ecrit & que cet hiver on bâilloit souvent quand on ne jouoit pas. Je ris toutes les fois que je pense à ce monde assemblé pour avoir ou montrer de l'esprit & où nous en trouvâmes moi chez vous & vous chez moi qui n'y etions que par hazard, & venus de deux pays peu fameux pour cette production.

Mes[9)] jeunes amies sont sur le pied de me demander de vos nouvelles. Avez vous une lettre de M. Constant? me demandoit-on une ou deux fois la semaine. Enfin on ne me l'a plus demandé. Mais avant hier Mlle Chambrier entrant chez moi, je dis: J'ai une lettre de M. Constant. C'est heureux! me dit-elle. Je crus qu'elle se moquoit & je dis c'est du moins fort agreable · elle m'assura qu'elle ne se moquoit point du tout & me fit lui lire quelques lignes de la lettre.

Vous seriez etonné de cette personne là. Avec une negligence de paysanne dans sa contenance & toute son allure elle a bien la plus belle la plus noble tête qu'on puisse voir. Des yeux d'aigle. Le nez un peu long. Une belle bouche une belle peau.... La voilà qui

Samedi 22:[10)] ...Je n'en pus dire davantage elle sortoit de son lit & s'assit sur le mien. A present c'est mon lit rouge ma chambre ardente, que j'habite mais cet hiver je couchois dans votre lit, elle dans le petit lit que vous connoissez. Je ne l'avois que deux ou trois jours dans trois semaines et elle les allongeoit tellement, ne se couchant qu'a deux ou heure[11] au plutôt qu'elle me laissoit d'ordinaire avec quelqu' epouvantable migraine. Mais elle etoit si caressante & si aimable que je ne pouvois lui en savoir mauvais gré. C'est là une petite amie à qui je n'ai pas besoin de faire des *allowances*.[8] Elle entend tout & repond à tout. Elle a la tête bonne & le caractere ferme & noble. Si on me demandoit une femme pour un Roi ou pour son fils ainé, je la donnerois.

Hier après qu'elle fut partie j'eus le pere Arnould qui me presenta un abbé qu'on apelle le bel abbé.[9] Sans doute qu'il merite ce nom. Il faisoit si obscur que je ne pus en juger mais je le trouvai si sot si vulgaire si mal apris qu'il n'est pas dificile de voir dans quelle vue les belles Dames le recherchent. J'aimerois autant un beau laquais & mieux parcequ'il ne seroit pas de ma societé & ne me prieroit pas chez moi comme fit l'abbé de m'asseoir. J'attens Zingarelli au premier jour. On a donné son Antigone.[10] Les vers de Marmontel ont fait beaucoup de tort à sa musique.

Donnez moi vite de vos nouvelles. J'espere apprendre que le plaisir de vous promener avec votre femme & Jamant & loin de leurs Hautes Puissances a promtement remis votre santé.

Je comprens bien votre ennui d'avoir raison depuis si longtems à pure perte. N'eprouvant point de contradiction & cependant n'operant rien. ah mon Dieu! mon Dieu! quel monde. ce que vous faites[12] ressemble assez au suplice des Danaïdes. Leurs H.P. sont le tonneau percé ou sans fond.[13]

712. *A Caroline de Chambrier, 24 mai 1790*

Lundi

Belle Rodeuse bonjour.[1] Vrayment je vous aurois enlevée l'autre jour si j'avois été un homme & que je vous eusse rencontrée sur le chemin car vous etiez bien belle & vous aviez avec cela la plus comique mine du monde. Pauvre fille aurois-je dit elle n'a que cette seule robe trop large & un peu sale je l'habillerai elle sera toute contente & je la traiterai fort bien à tous egards. alors que m'auroient dit les yeux d'aigles? me serois-je laissé intimider ou aurois-je atendu pour changer de ton[1] que l'oiseau *aux serres cruelles*[2] eut planté ses ongles dans mon visage. Je ne sai pas trop comment l'aventure auroit fini.

L'histoire de mes soupers a fort bien fini. Hier M. Chaillet me dit qu'il croyoit que le pere[3] n'avoit pas été faché que je l'eusse[2] invité avant hier[3] a revenir. Aussitot j'ecrivis une carte. Nous etions dispensés du marquis,[4] le pere vint. On causa fort bien. Deja la veille M. Chaillet s'etoit fort accoutumé au religieux. Deux hommes instruits causant ensemble sont une des choses du monde les plus amusantes à mon gré, et sans me vanter trop je sai les mettre & les tenir en train, & aussi les ecouter, tandis qu'avec des gens qui m'ennuyent j'aime encore mieux que ce soyent eux que j'ennuye & je me mets quelquefois à parler comme une pie sachant bien que je ne suis ni entendue ni goutée qu'un peu de moi.

Voila 6 heure[5] qui sonne.[4] figurez vous que j'ai deja ecrit une grande lettre & que j'etois eveillée depuis une heure ou deux quand je m'y suis mise.

Quoique[5] *Rousseau soit assez loué* comme vous vous impatientiez qu'il le fut il n'est pas encore question pour moi de dormir un peu comme il faut.[6] Il me tarde beaucoup de vous revoir. J'ai été fachée de ne m'être pas tenue à la fenêtre pour vous voir repasser avant hier au soir. Je vous eus tout le jour dans l'esprit, vous voyant revenir de la porte pour m'embrasser encore une fois. Que j'aurois voulu vous pouvoir garder! La pauvre Mlle du Paquier[7] vint hier au prè[6] de moi pale comme la mort, je me flatai dabord que ce n'etoit que de lassitude & pour un moment, mais bientot ses yeux se fermerent & ce fut à grand peine qu'avec du vinaigre & de l'eau des carmes[8] je[7] pus l'empecher de s'evanouir tout à fait. J'en suis fort en peine. On ne fait pas pour elle ce qu'on devroit. Ses alentours[9] n'ont pas d'yeux ou pas de cœur ou pas de sens. Je vous assure que je la plains de me quiter & d'un autre coté je souhaite qu'elle parte vite; puisqu'on ne sait pas la soigner je n'ai d'espoir que dans le voyage. Je ne suis pas contente de l'epoux[10] mais entre nous je le suis encore moins de la mere. Celleci me console de la mediocrité de l'autre · ah bon Dieu [si] on ne vous aimoit que comme cela, je vous empecherai bien de vous marier. a propos il vous faut avviser à ma conduite pour vendredi. J'ai parlé à M. Galliard[8] de l'idée de faire de la musique avec m. S.[11] mais deux violons ne sufisent pas & qui leur joindrois-je. D.A. est un peu ennuyé[9] d'accompagner toujours les memes choses au bel archet je dis *bel archet*[12] Adieu belle. Je vous embrasse de tout mon cœur, & c'est un vrai cœur que le mien

a Mademoiselle/Mademoiselle Caroline/Chambrier/a *Neuchatel*

713. *De Pierre-Alexandre Du Peyrou, autour du 24 mai 1790*

à 2 heures

On apporte le paquet, et apres avoir fait transcrire sous més yeux la suite de l'épigraphe[1] tres lisible, (et si belle qu'il faut la garder fut elle de votre invention et meme à cause de cette invention qui deroutera les plus habiles anglicistes de Paris, s'ils veulent en chercher l'origine; quelle parenthese; j'acheve donc la phrase) que Jeannin[2] est apres à l'ajoutter sur la copie à expedier en meme tems, il rendra plus distinct le *devrés*.[3] C'est vous dire que le bulletin cacheté partira; mais j'ai envie de le coller au discours pour qu'il ne s'égare pas et mettre dessus en guise d'addresse l'epigraphe ou du moins son commencement.

Bonjour, madame. Je ris d'avance de l'embaras des Academiciens à deviner d'où cette epigraphe est tirée. On ne se doutera pas que vous n'avés rien voulû devoir à personne pas meme une Epigraphe.

> his words were musick
> his thoughts celestial dreams.

Eh! bien etes vous bien lûe?

A Madame/Madame de Charriere/*à Colombier*

714. *A Caroline de Chambrier, 26 mai 1790*

Ne dites point de mal de mon papier bleu; je l'aime. Ne peut-on quand on a du tems ecrire une grande lettre sur du papier bleu, sur du grand papier? Donnez en à D. A. Qu'il en donne à Dona l'empressée[1] & vous verez tous deux. Pour moi je n'ai pas eu du tems hier à cause du discours, ni ce matin parce que le discours etant parti j'ai dormi. Hier aussi j'avois trop longtems sinon dormi du moins rêvassé & c'est ce qui rendit ma lettre courte. Sa forme fut donc trompeuse & le papier bleu a receu des epithetes dures qu'il ne meritoit nullement.

M. de Ch. tout M. de Ch. & mari qu'il est a trouvé le discours fort eloquent & m'a encouragée à hazarder l'epigraphe entiere que j'avois dans la tête. Elle a tout l'air de vouloir être un vers & je ne savois pas si c'etoit un bon vers. Il en est surement peu de cette mesure

His words were musick, his thoughts celestial dreams.
Ses paroles etoient musique, ses pensées celestes rêves.

Cela peint si bien Rousseau & d'une maniere si analogue à celle dont je l'ai peint que vraiment il etoit facheux de s'en tenir à la moitié comme je l'avois fait. C'etoit un profil & ceci un portrait en face. J'ai trouvé dans une celebre ode de Dryden[2] un seul vers de onze sillybes[1)] comme est celui ci. Mais cette ode est lyrique & l'on se donne des licences dans cette sorte de poesies qui ne sont pas admises ailleurs. Eh bien ce seront deux frases de prose harmonieuse. M. du Peyrou a été de l'avis de M. de Ch. que quand on avoit pareille chose dans l'esprit il faloit l'employer, & lui qui a conservé contre les lettrés de paris une dent que lui avoit donné Rousseau, s'amuse de l'embaras où ils seront de deterrer la source de cette heureuse epigraphe. Il se fait une fête aussi de publier mon discours pour leur faire honte s'ils ne le couronnent pas. Il faut avouer pour l'excuse d'une certaine irascibilité & amertume de caractere que ou il n'y en a point il n'y a guere de zele & d'amitié. Vous souvenez vous combien vous me prites en amitié quand je me fachai contre C. de L.[3] qui avoit dit si bêtement & si grossierement qu'autant vaudroit donner à un enfant une carotte à succer que lui faire boire le lait d'une nourice qu'il ne toleroit pas? Nous pouvons mieux soufrir qu'on n'aime pas nos amis que nous ne pardonnons qu'on aime nos ennemis. Et cela n'est pas mechanceté. Ce sentiment est tout naturel je l'ai & je l'aime dans les autres. Je mangerai les yeux à quiconque auroit merité votre couroux.

Le pere Arnould m'a l'air d'avoir peu de fiel mais cependant de la vivacité & surement beaucoup de gaye malignité. Je lui avois fort vanté le grand Chaillet[4] Il fut fort aise de le rencontrer & en a été parfaitement content.   Venez ici je vous le ferai voir, Cet aimable pere.

Je vis hier Montmollin le beau.[5] Il etoit accablé de la chaleur il revenoit à pied de Neuchatel, & se reposa auprès de moi dans le petit jardin. Avant hier il m'accompagna un certain trio comme un ange. on entendoit son violon dans toute la maison.

Tous ces gens là dandinent par le village & demandent par desœuvrement de nouvelles de ceux qu'ils viennent de voir & qui dailleurs ne les interessent guere. Ma femme de Chambre s'en impatiente. Comment se porte votre maitresse? Comment se porte Me de Charriere?

J'ai mis coucher hier votre billet sur ma table a coté de moi. C'est là qu'il a dormi cette nuit. D.A. n'en feroit pas davantage. Lisez vous Zaÿde? Un plaisir qu'on aura avec D.A. c'est de le voir se former. Il n'est pas encore ce qu'il doit être. Il a mis a etudier le tems que d'autres employent à se mirer a prendre dans des livres d'agrement une maniere de parler agreable & elegante. Le monde & celle qu'il aime trouveront un dernier coup de rabot à donner. Trouver de l'etoffe, un fond excellent et sentir que l'etoffe s'embellira, qu'on poura soi même la broder & la lustrer n'est-ce pas reunir la jouissance & l'esperance? on aura du bonheur en realité & du plaisir en perspective. Je ne comprens rien au Don d'Espagne.[6]

Adieu très aimable.   J'attens des nouvelles de Mlle du Paquier ce soir. Elle doit avoir[2)] receu une longue lettre de moi ce matin. Je fis ma cour hier au soir à sa mere[7] qui vint prendre le thé ici. Elle ne sait pas que j'ai ecrit à sa fille: faites vous bien aise allez jusqu'à Vevay, voyez votre amie, revenez par Chebres. Vous ne quiterez pas votre paÿs sans avoir vu ses beautés. Si quelqu'un vous blame laissez dire. Vous aurez par devers vous les plus agreables souvenirs   Adieu belle et chere Caroline. Je vous embrasse tendrement.

Ce 26 May. 1790

L'Eloge sera à Paris le 29. Je ne sai quand ces Messieurs s'assemblent pour juger. On donne le prix le 25 aout mais on sait longtems à l'avance qui l'aura.

a Mademoiselle/Mademoiselle Caroline/Chambrier/a *Neuchatel*

715. *De Pierre-Alexandre Du Peyrou, 28 mai 1790*

Vendredi 28. Mai

Dès que vous me passez mon tic, il faut bien que je vous passe le votre, et l'effort n'est pas méritoire car le votre est plus joli que le mien, et vous va si bien que je crois à présent que c'est par jalousie que dans l'impuisance de vous imiter, je me suis avisé de vous quereller, ou plustôt de travailler à vous engager à prendre le mien. Restons donc tels que nous fit la nature, en croyant bonnement qu'elle a tout fait pour le mieux.

Le paquet[1] est parti pour Pontarlier et sera sammedi à Paris, mais Mad[e] Junet[2] me marque que Marmontel[3] sera bien obligé de decharger le registre par sa signature en recevant le paquet; que sa reception sera accusée à elle sur la feuille d'avis qui accompagne les depêches qu'elle recoit de Paris; qu'elle me l'accusera elle même, mais que c'est tout, et qu'elle ne pourra pas m'envoyer le reçu de Marmontel que je lui ai demandé, n'etant pas d'usage à la poste de remplir d'autres formalités que celles cy dessus. Je pense que cela suffira pour constater ce qu'il faut constater, mais j'ai regret que nous n'ayons pas pensé a faire remettre ce paquet par quelqu'un domicilié a Paris qui eut pris un reçu du Secretaire de L'academie. Sans doute vous vous etes assurée que vous etiez encore à tems pour concourir.

Je vous remets avec deux Gorsas[4] un des exemplaires[5] que Fauche m'a apporté brochés et dont tout au moins il vous en revient un. Vous verrez que vos decisions ont prévalû en beaucoup de choses. Bonjour Madame et Monsieur

716. *A Benjamin Constant, 29 mai–17 juin 1790*

Samedi[1)] 29 may.

Je vai ecrire un moment de provision[1] comme autrefois. Nous avons ici une nombreuse societé que je vois quelquefois le soir à nuit tombante. Tout le jour ils courent les bois les montagnes les grands chemins, leur troupe se grossit à mesure qu'ils vont. Il leur vient des renforts de Reuse que est comme une ruche de monde, & de Biès & de Neuchatel. vous jugez si je les suis ou les arete. Hier au soir j'en eus une division dans mon[2)] petit jardin. le reste etoit avec mes belles sœurs à la porte du grand. C'est là que se tiennent frequemment les grandes assemblées. Me de Tremauville a de l'esprit [(a)] & du sens en petite monnoye courante & de tous les jours. cela m'ennuye deja un peu. Il n'y a ni melodie dans sa voix ni elegance dans son ton. Sa fille[2] est jeune, pale sans idée mais elle est amoureuse c'est quelque chose & l'objet est un bel indolent qui joue du violon comme un ange, & qui a tous les talens possibles. Si les ressorts de cette elegante[4)] machine etoient moins foibles il en resulteroit les plus belles choses, mais quoique la musique soit son fort[5)] à peine lit-il les notes dans une seule clef; il peint[6)] joliment[3] · cependant[7)] je ne pense pas qu'il ait jamais dessiné une figure entiere. C'est sans remede car voyant combien on s'extasie de ce qu'il fait sans effort il commence à être glorieux de son etonnante paresse. Vrayment un violon dès qu'il le touche rend des sons *aussi doux qu'eclatans.* Je n'ai rien entendu de pareil. Il m'a dit qu'il avoit fait un tour de promenade avec vous à Neuchatel[8)]: il s'apelle de Montmollin, c'est un grand jeune homme avec une jolie petite tête brune · peut-être vous en souviendrez vous. L'abbé[4] me parut si beau hier que je lui pardonnai d'être un peu sot & même ne le trouvai plus sot. Il ne doit paroitre qu'au grand jour. La nuit où tous les chats sont gris, est defavorable aux uns autant qu'avantageuse aux autres, car la nuit on ne fait qu'entendre ce qui seroit bien meilleur[9)] à voir. [(b)]

Mon discours[6] arive aujourdhui à Paris. J'ai pris des mesures pour que M. Marmontel ne put pas feindre ne l'avoir pas receu. Je soupçonne beaucoup de petites ruses litteraires dans ce monde là. on n'a plus trouvé de *Therese le vasseur* chez les libraires à Paris[11)] il y a deja longtems & cependant il ne m'est pas revenu qu'on en ait beaucoup parlé. Les amis de m[e] de Staal[7] auroient-ils jetté au feu tout ce qu'on en avoit envoyé? Je m'imagine peut-être à tort que ma belle sœur vous l'aura fait lire. Cette folie a fort amusé le petit nombre de lecteurs à qui j'ai pris la peine de l'envoyer, & à Neuchatel elle a eu grande vogue. Elle ne coutoit qu'un batz à la verité ou deux tout au plus.

M. de Ch. m'a encouragé à mettre mon epigraphe tout du long.
His words were musick, his thoughts celestial dreams.
Je trouve dans Dryden[8]
A present Deity the vaulted roofs rebound
Ce sont aussi 11[12)] sylabes. En tout cas & si un seul exemple★ ne fait pas

(a) C'est tout au plus si l'on peut dire qu'elle ait de l'esprit. ce *17 Juin.*[3)]
(b) Je n'ai revu ni rentendu le chat. *17 Juin* mais je viens dans cette minute de l'inviter à souper avec le Cte d'Harcourt[5] & le Pere Arnould.[10)]

★ au reste il y a peut-être une infinité d'exemples. Je ne connois pas à fond un seul poete anglois et j'ai oublié le peu que j'ai lu dans ce genre.[13)] une autorité sufisante je ne dis pas *c'est un vers*. Si quelque jour la nouvelle edition des confessions vous parvient sachez qui l'avertissement du libraire est de moi, l'epitre à M. du Peyrou aussi de moi[9] (mais l'idée d'en faire une n'est pas de moi elle est bien de Louis Fauche-Borel) ensuite vous reconnoitrez bien encore quelques mots quelques phrases, mais vous garderez pour vous cette reconnoissance sans en dire un seul mot. Vous verez parmi ces choses là beaucoup d'autres choses qui ne sont pas de moi du tout. J'avois demandé à M^e de la[14] Pottrie[10] le portrait de Me de Warens pour le faire graver. – Je ne l'ai pas; je ne sai pas qui l'a. – on demande à Mlle de Bottens[11] – Il est entre les mains de M. Gibbon. J'ecris poliment et même flateusement a m. Gibbon.[15] Il me repond[12] – M. Gibbon est bien faché &c, le portrait apartient à la famille Polier, & M. Gibbon etranger ne peut se meler de ces choses là. Voyez comme tout cela est obligeant. on dit que M. Dennel[13] me fait l'honneur de me haïr. Je l'ai vu trois instans il y aplusieurs années. Les Lausannois ne m'ont pas pardonné mes lettres.

on pretend, je ne sai si c'est vrai, que les Severy ont receu un present de ce M. Masset qu'ils ont marié avec Mlle de Grancy.[14] Voila un agreable soupçon si la chose n'est pas vraye! Comment peut-ont souhaiter d'etendre ses connoissances, ses liaisons: on ne voit que vilainies![16] Mon envie de me resserrer, me renfermer, ne voir, quand je ne puis être avec quelqu'un que j'aime, qu'un peu de verdure & un peu de ciel augmente tous les jours. Les nouvelles de la France commencent à m'ennuyer beaucoup plus qu'elles ne m'interressent. Des nouvelles de societé ne m'amusent pas plus. J'aime à voir venir le grand chaillet qui raporte des plantes de ses promenades, caresse jamant, joue avec moi à la comete que je lui ai aprise[17] & rit comme un fou quand il finit par la comete & la met pour neuf.[15] Point de fiel point d'ambition point de bel esprit. Le lendemain il retourne auprès de sa mere & de son herbier. Je suis bien fachée qu'il s'en aille dans huit jours à sa garnison. (a) Mlle Du Paquier est très malade je l'ai forcée d'aller consulter m^rs Butini[16] à Geneve. Elle devoit se marier dans quinze jours. Je ne sai comment cela ira. Je la crois trop mal pour suporter les diferentes ceremonies du mariage. cependant comme on devoit la marier en même tems que sa sœur[17] si ce couple là ne veut pas attendre il se peut que l'autre soit obligé d'y passer. J'aurois bien souvent m^lle Chambrier si cela dependoit d'elle seule. mais il s'en faut de beaucoup qu'elle ne soit sa propre maitresse. J'attens Zingarelli & j'espere que la musique me tiendra lieu de tout ce qui me manque.★ J'avois besoin de n'en faire plus toute seule. Nous ferons Zingarelli & moi la musique de l'olimpiade[18] c'est aussi le poeme que Pergolese avoit choisi. Son opera[19]

★ J'ai un excellent piano anglois que j'ai mis dans la chambre à manger d'hiver. Mon ancien est toujours dans mon antichambre.[19]

manqua par la jalousie de ses rivaux enragés de sa reputation[20]: le notre
poura manquer faute de reputation. Des causes contraires pouront produire un effet semblable.

Ce mardi 1ᵉʳ Juin.

Vous recevez aujourdhui ou avez receu hier ma lettre. Nous verons
si vous repondrez dabord. Vous n'avez point repondu à un certain conseil[20] que je vous donnai au mois de Janvier.[21] Il n'y a pas de mal; la chose
si elle a pu se faire doit être tenue très secrette. J'ai trouvé plaisant que M.
Du Paquier vous ait vu precisement chez. M. Rendorp. Je suis un peu
fachée contre ce Chapelain. Il m'a paru jaloux de l'amitié que me temoignoit sa future. Ne l'ai-je pas meritée? Et quelle personne seroit-ce si elle
ne m'en temoignoit point! Il y a deux ans que je ne neglige pas[22] un seul
jour la moindre chose qui lui puisse être agreable, & quand on lui parle
de mon inegalité, chose bien réelle cependant, elle ne sait ce qu'on veut
dire. au reste si cette jalousie vient d'un veritable & vif attachement je lui
pardonne. Si d'amour propre & de sentiment de proprieté exclusive, sotte
& dure branche de l'egoïsme je ne lui[23] pardonne pas. Qu'il l'epouse &
l'emmene je ne voudrois pas être un objet de la plus petite contestation.
Il est doux elle est bonne, je me flate quelquefois qu'ils seront heureux.
Mʳˢ Butini ont apellé son mal bile devoyée & sang apauvri. Ils se flattent
que leurs remedes l'auront bientot retablie & qu'elle poura faire le
voyage[21] au mois d'aout. Dieu le veuille. Son petit voyage l'a très fort fatiguée. Elle s'est évanouie complettement sur l'escalier de Mᵉ Achard.
Avant hier, lendemain de son retour elle etoit pale comme la mort, le nez
bleu, les yeux eteins. Je la trouve bien malade, & dans un etat à ne devoir
être contrariée en rien. (a) Je me flate que vous aurez trouvé Mᵉ Constant[22]
bien portante. Jamant vous a t-il reconnu? son pere[23] a été tout triste pendant l'absence de M. de Charriere.

Mercredi. Vous ai-je deja dit que Verdan est chez de Crousaz.[24] Il lui
a ecrit venez chez moi. Vous y trouverez du repos & une vache ou une
chêvre ou une anesse. Ce que vous vous voudrez. Nous attendons
aujourdhui de ses nouvelles. Vous ai-je dit que Mᵉ Pourtalès[25] est très
malade, crachant toussant se condannant à ne point parler & cependant
ne pouvant vivre qu'entourée de monde. Sa maison est remplie elle y a
un amant elle y souffre une rivale. Sa vie est miserable mais la mort lui
fait peur.

(a) Il est parti il y a huit jours. *17 Juin.* Il y a ici un mouvement prodigieux
des françois qui ne m'amusant pas m'attriste. Chacun vient me raconter
des choses qui ne m'interressent pas. C'est un vuide mouvant & bruyant.
Zingarelli n'est pas encore arrivé. Mˡˡᵉ Chambrier qui passe quelques
jours à Auvernier vient me voir très souvent. 17 Juin.[18]

(a) Le mariage a été renvoyé par Mlle du Paquier. Ella a demandé au moins un mois de delai. Sa santé va beaucoup mieux. Les remedes de Mrs Butini pris très exactement ont eu plein succès. La couleur revient les yeux se raniment les forces renaissent. Voilà une fois les medecins bons à quelque chose. ce *17 Juin*.[24]

717. *De Marie-Claude Estièvre de Trémauville, entre juin 1790 et juillet 1791*

Si par hazard, madame, vous avez des lettres pour la poste j'en ferai partir sur les 5. heures pour moi et je mettrai les votres dans mon paquet.

Si Vous avez des commissions a faire venir de paris je fais partir une caisse dans peu de jours de la capitale pour Neuchatel

je ne vous ai pas menè m^{de} du gas[1] malgré la permission que vous m'en avés donnée parce que je n'ai pas eut le courage de sortir. j'ai eut des inqui-études sur la Santé de mon pere[2] – j'etois bête – et j'ai resté dans ma chambre la plus grande partie de la journée.   je renvoye les choses qu'on avoit bien voulu me prêter p^r les lits de mes hôtes: mille remerciements

a madame/madame de/Charierre

718. *De Benjamin Constant, 4 juin 1790*

ce 4 Juin 1790

J'ai malheureusement 4 lettres a écrire, ce matin, que je ne puis renvoier Sans cette nécessité, je consacrerais toute ma matinée a vous répondre, & a vous dire combien votre lettre m'a fait plaisir, & avec quel empresse-ment je recommence notre pauvre correspondance qui a été si interrom-pue, & qui m'est si chère. il n'y a que 2 êtres au monde dont je sois par-faitement content, vous, & ma femme. tous les autres, j'ai, non pas a me plaindre d'eux, mais a leur attribuer quelque partie de mes peines. vous deux au contraire j'ai a vous remercier de tout ce que je goute de bonheur. Je ne repondrai pas aujourdhui a votre lettre, Lundi prochain 7, j'aurai moins a faire, & je me donnerai le plaisir de la relire & d'y répondre en détail. cette fois ci, je vous parlerai de moi, autant que je le pourrai dans le peu de minutes que je puis vous donner. Je vous dirai qu'après un voiage de 4 jours & 4 nuits je suis arrivé ici,[1] oppressé de l'idée de notre misérable procès qui va de mal en pis, & tremblant de devoir repartir dans peu pour aller recommencer mes inutiles efforts. je serais heureux, sans cette cruelle affaire, mais elle m'agite, & m'accable tellement par sa con-tinuité que j'en ai presque tous les jours une petite fièvre & que je suis d'une faiblesse extrême, qui m'empêche de prendre de l'exercice, ce qui probablement me ferait du bien. je prends au lieu d'exercice le lait de chevre qui m'en fait un peu. mon séjour en Hollande avait attaqué ma poitrine, mais elle est remise. Si des inquiétudes morales sur presque tous les objets sans exception ne me tuoient pas, & surtout si je n'éprouvois a un point affreux, que je n'avoue qu'a peine a moi même, loin de l'avouer aux autres de sorte que je n'ai pas même la Consolation de me plaindre, une défiance presqu'universelle, je crois que ma santé & mes forces reviendraient. enfin, qu'elles reviennent ou non, je n'y attache que l'importance de ne pas souffrir. je sens plus que jamais le néant de tout, combien tout promet & rien ne tient, combien nos forces sont au dessus de notre destination, & combien cette disproportion doit nous rendre malheureux. cette idée que je trouve juste n'est pas de moi: elle est d'un Piémontois hom̃e d'Esprit dont j'ai fait la connoissance a la Haïe un Ch^{er} de Revel,[2] Envoié de Sardaigne. il prétend que Dieu, c.a.d. l'auteur de nous & de nos alentours est mort avant d'avoir fini son ouvrage, qu'il avoit les plus beaux & vastes projets du monde, & les plus grands moiens, qu'il avait déja mis en œuvre plusieurs des moiens, comme on élève des echaffauds pour bâtir, & qu'au milieu de son travail il est mort, que tout a présent se trouve fait dans un but qui n'existe plus, & que nous en particulier nous sentons destinés a quelque chose dont nous ne nous fesons aucune idée, nous sommes comme des montres ou il n'y auroit point de Cadran, & dont les rouages, doués d'intelligence, tourneroient jusqu' a ce qu'ils se fussent usés, sans savoir pourquoi, & se disant toujours, puisque je tourne j'ai donc un But. cette idée me parait la folie la plus spirituelle & la plus profonde que j'ai ouie, & bien préférable, aux folies Chrétiennes, Musulmannes ou philosophiques des premiers, sixième, & dix huitième siècles de notre Ere. Adieu · dans ma prochaine lettre nous rirons malgré nos maux de l'indignation que témoignent les Stathouders & les Princes de la Révolution francaise qu'ils appellent l'effet de la perversité inhérente a l'homme, Dieu les ait en aide. Adieu cher et spirituel Rouage qui avez le malheur d'être si fort au dessus de l'horloge dont vous faites partie & que vous dérangez. sans vanité c'est aussi un peu mon cas. adieu. Lundi je joindrai le billet tel que vous l'exigez. ne nous reverrons nous jamais comme en 1787 & 88.

a Madame/Madame de Charrière neé/de Tuyll, a Colombier/ Neufchatel/ en *Suisse*.

a Paris le 11 Juin 1790.

Je ne sais, Madame, quel esprit malin s'oppose à ce que je trouve du premier coup le meilleur parti à prendre. Ce que j'avois de mieux à faire étoit de vous envoyer le billet même de Mr de Marmontel, qui constate la reception de l'ouvrage[1] que vous lui avés adressé. au lieu de cela je me contente de vous copier une de ses phrases. heureusement il n'est point trop tard pour vous faire passer le billet même; & j'ai en conséquence l'honneur de vous l'adresser. Il me semble que ces mots, *le contenu* (du paquet) *sera remis à sa destination*, annoncent clairement que la piece est arrivée à temps, qu'elle sera lue, & qu'elle concourra pour un prix, qu'elle obtiendra surement, si l'Académie n'est point attaquée de la maladie courante & presque générale qui ne laisse voir la raison & la verité que dans les partis extrêmes & les principes les plus outrés. C'est une faveur dont je sens tout le prix & dont je vous supplie d'avance de vouloir bien agréer mes remercimens, que d'avoir la bonté de me promettre que je lirai votre éloge de Rousseau. Vous avés déja du voir, Madame, que je soupçonnois que votre paquet renfermoit une de vos productions, & qu'à ce titre seul j'avois le plus vif desir d'en connoitre le contenu. ce sujet que vous avés choisi ajoutera un nouvel interest au plaisir que j'aurai à vous lire. Rousseau est un des auteurs que j'ai etudié avec le plus d'attention. Il y a quatorze ans que je le lus deux fois de suite en entier, & j'ai chés moi un gros cahier de Reflexions que je fis alors sur chacun de ses différens écrits. J'ai acheté ici la collection complette de ses ouvrages, & la lecture que je me propose d'en faire lorsque je serai rendu à moi même sera un des emplois les plus chers & un des plus doux plaisirs de la liberté & de la retraite après les quelles je soupire. Rien ne peut me faire recueillir plus de fruit de cette lecture que d'y avoir été préparé par celle du jugement que vous avés porté de ce fameux écrivain, & c'est ce qui me porte à avoir l'honneur de vous prier d'accelerer le plus qu'il vous sera possible le moment où vous permettrés que je lise votre ouvrage, & de m'indiquer ce que j'aurai à faire pour me le procurer.

Mon frere[2] a quitté Perpignan pour aller rejoindre son Regiment. il me marque qu'autant il s'y rendoit avec plaisir autrefois, autant il s'en rapproche avec peine & inquiétude. Il a été témoin d'une insurrection terrible dans un des Regimens de la garnison de Perpignan; il n'ignore pas celles qui ont eu lieu dans d'autres corps, dans toute l'étendue du Royaume, & il craint la contagion de ces mauvais exemples, quoique le Reg^t d'Angoumois, où il sert, se soit maintenu jusqu'ici dans son ancienne discipline. Il ne me paroit pas qu'il ait cherché à faire en Roussillon de nouvelles expériences sur le caractere plus ou moins vrai des femmes.

ÉLOG·E

DE

JEAN-JACQUES ROUSSEAU,

Qui a concouru pour le prix de l'Académie Française.

His words were Musick his thoughts celestial dreams,

A PARIS,

Chez GRÉGOIRE, Libraire, rue du Coq
Saint-Honoré,

———

1 7 9 0.

*Page de titre de l'*Eloge de Jean-Jacques Rousseau.

Peut-être a-t-il trouvé que son propre sexe lui donnoit depuis quelque temps en france d'assés grands sujets de réflexion. Peut-être a-t-il enfin reconnu qu'ainsi que vous le dites avec tant de verité, les femmes non plus que les hommes ne se ressemblent point toutes, & que dans leur ensemble elles sont précisément ce qu'elles doivent être.

J'aurai beaucoup d'empressement à chercher Mc Chailas, ou Chailus[3] (car je n'ai pas bien pu m'assurer lequel des deux vous avés écrit) à mon passage à Lyon, & ce sera avec confiance si je puis me présenter à elle sous vos auspices. Je compte toujours en m'en retournant passer à Strasbourg, & traverser ensuite la Suisse pour me rendre à Lyon. Vous mettrés, Madame, le comble à vos bontés & à ma reconnoissance si vous ne désaprouvés pas que j'aille à Colombiers vous offrir en personne l'hommage de tous les sentimens que je vous ai voués.

Mr de Montmolin[4] me fit l'honneur de passer chés moi il y a trois jours. J'etois déja à l'assemblée. J'avois dit au Suisse de l'hotel d'Uzès[5] de le prier de laisser son adresse Il s'y refusa, & dit qu'il repasseroit de lendemain ou le surlendemain, qui étoit hyer. Ses affaires ne le lui ont vraisemblablement point permis. J'ai bien du regret de ne savoir où il loge; j'aurois eu l'honneur de le prevenir. Je sortirai plus tard ce matin, pour ne pas le manquer, si comme je l'imagine il me fait celui de repasser. Je ne fermerai cette lettre que lorsque je l'aurai vu, ou que j'aurai perdu l'espoir que ce puisse être aujourd'hui.

Je n'espere plus pouvoir voir aujourd'hui Mr de Montmolin. Je ne puis differer d'avantage à me rendre à l'assemblée. Je remets donc encore à vous parler de la montre, & je finis par vous renouveller l'hommage de tout mon respect & tout mon attachem^t.

720. *De sa belle-sœur Johanna Catharina van Tuyll van Serooskerken-Fagel, entre mi-juin et mi-juillet 1790*

J'admire votre courage et ardeur de travail, mais je n'admire pas moins vos facultés, je suis extrêmement curieuse et impatiente de voir ce nouvel ouvrage,[1] il fixera peutêtre ma façon de penser sur cet homme, qui n'est pas dans mon esprit ni dans mon cœur sur un pied établi. je ne suis pas décidée s'il est aimable ou non par exemple. je ne me rappelle point la source d'ou vous avez tiré votre Epigraphe,[2] je crois que vous en êtes l'auteur. Pour bien juger R.[3] il faut ce me semble avoir sous les yeux les premieres Confessions aussi bien que les dernieres, les dernieres lui sont plus avantageuses que les premieres; dans celles ci il se montre plus honnête homme, plus désintéressé, dans les autres il se montre quelquefois fripon et bas. Admirez-vous ou non sa franchise de dire tout ce qui se passe en lui? j'en étois assez tentée, mais on m'a presque persuadée qu'il y a plus d'impudence que de vertu, et qu'il vaudroit mieux cacher ses mauvais sentimens que de s'en faire honneur, ou du moins pas de honte. vous nous direz certainement des choses très agréables sur son stile et son heureux choix d'expressions. Enfin je me fais une fête de lire cet Eloge et je lui souhaite tout le sucés que vous pouvez desirer. je vous remercie d'employer le Portefeuille et le ruban.[4]

on me marque que vous avez tiré 40 fl. ou plutot le Lot et on me demande s'il faut employer cet argent à fournir pour la suite, J'ai cru bien faire en disant qu'oui, car il n'y avoit pas de tems à perdre, pensant qu'on ne seroit pas content d'un gain aussi petit que celui-ci. Ai-je bien fait?

ma précédente lettre qu'on attendoit à ceque je vois en guise de pot-pourri,[5] a bien mal repondu à cette attente, outre que ce n'est pas là mon talent, j'avois des choses sérieuses à vous marquer, et peutêtre que votre présence aiguise l'esprit et anime la gayeté, mais pour moi, loin de vous, et bornée au gros bon sens, autant que je puis l'atteindre, je ne sais point plaisanter agréablement. je dirois presque je n'ai pas assez de gayeté pour cela. l'utile dans un sens chasse l'agréable. je vous aime, je me souviens de vous, je lis avec plaisir ce qui vient de vous, voilà jusqu'ou va ma capacité. point au délà. J'ai oublié les Poëtes que j'ai lus. je crois que je ne serois bonne qu'à vous endormir, ou tout au plus à vous impatienter par ma pesanteur et mon engourdissement. le Prince de Galitzin[6] étoit ici samedi passé, il ouvrit plusieurs Livres, l'un étoit un alphabet, l'autre un dialogue d'enfans, l'autre un petit Catéchisme, enfin rien que des livres Elémen-taires, vous jugez qu'au beau milieu de cela, et à travers de mille puérilités journalieres, l'esprit proprement dit ne peut aussi que s'éteindre, et si jamais j'ai pu m'en croire un brin, ce n'est plus mon cas. dites donc à m[lle] Chambrier[7] qu'en qualité d'aigle je l'admire à une distance de moi, et qu'en qualité de paresseux je me recommande à son indulgence. Puisque mistriss Henley n'est point morte, ne seroit-il pas possible de savoir ce qu'elle devient, vous en saurez bien quelque chose comme de Cécile. voulez-vous qu'elle soit toujours dans cette désagréable situation vis à vis de son mari, ou qu'elle devienne une fois une personne digne de son approbation?

Adieu ma très chére amie. à votre tour vous vous taisez sur les menuets. les avez-vous reçus ou non? ajoutez hardiment *his thoughts celestial dreams*; car le tout sera de vous.

a Madame/Madame de Charriére/à Colombier/près de Neufcha-tel/*en Suisse*

721. *De Bonne-Félicité-Marie de Montmorency-Luxembourg d'Olonne, marquise de Serent, 7 juillet 1790*

A Paris ce 7

Vous êtes si bonnes pour moi madame qu'avant même de recevoir la
lettre que vous avez bien voulu m'ecrire, je ne doutois pas que vous ne
voulussiez bien partager le nouveau malheur qui m'accable, j'ai appris la
mort de mon pauvre frere[1] presqu'avant sa maladie, et j'ai le double regret
d'imaginer que l'on l'eu[1)] bien traité il auroit pu ne pas sucomber, la Providence me soutien dans cette cruelle circonstance comme dans toutes
les autres, ma santé est meilleur qu'elle ne devroit être, j'ai été passée quelques jours à Beauregard[2] et je compte y retourner la semaine prochaine.
Le triste Vêtement que je porte ne me permettant pas d'assister a la foe-
deration[3] qui se prépare et qui se célébrera mecredi 14. ne pouvant pas être
en personne à Colombier madame j'y suis souvent en esprit Je vous
remercie de vos aimables soins et vous parle de mes regrets de n'en pouvoir profiter. Si les Balons[4] étoient éfectivement des voitures dont ont
pu se servir j'aurois été déja vous faire une petite visite vous dire combien
la lettre qui a précédé la derniere que vous avez bien voulu m'écrire ma
touché par les details qu'elle renferme, il faut toute la force des circonstances dans lesquelles on se trouve pour ne pas profiter d'une hospitalitée
oferte avec autant de charmes et de Bontées, *mais un jour viendra*; cette
devise que m[r] de la harpe[5] avoit pris lorsqu'il trouvoit qu'on ne rendoit
pas justice a ses ouvrages, me plait beaucoup, un jour viendra donc ou
certainement j'irai vous dire combien je vous aime et combien je trouve
que vous méritez d'[être] aimée, j'ajoutte ces tendres sentimens a tous
ceux qui vous sont du.

722. *De Pierre-Alexandre Du Peyrou, 26 juillet 1790*

Lundi 26. Juillet.

Je comptois ce matin reponde à votre dernier envoi de manière à ne
pas vous faire une seconde fois supposer de l'humeur chez moi. Je crains
de ne pas reussir, mais en tout état de cause soyez bien sure qu'elle ne vous
regarde pas et que si jamais c'etoit vous qui m'en donniez, je vous le dirois
franchement. Il est possible que cette humeur de goute qui vagabonde
dans la masse du sang et ne se manifeste aux extremités que comme un
Eclair, influe sur mes idées; il est certain qu'elles sont souvent obscurcies,
et souvent sans pouvoir en determiner une cause raisonnable: Ce matin
pourtant, elle n'est que trop fondée, aussi ays-je l'ame bien inquiéte et

l'esprit bien triste. Immaginés que mon lait ne m'a été servi ce matin qu'une heure plus tard, et que la cause de ce retard est la disparution de la fille[1] qui a soin de cette partie, fille honnête, active et qui depuis maintes années qu'elle sert dans la maison sans reproche, ne s'est pas fait un malveuillant. On ne sait quand elle est sortie, ny ce qu'elle est devenue. J'ai bien peur qu'un chagrin secret ne l'ait conduit à quelque mouvement de désespoir. Choppin m'apprend que depuis quelques semaines, elle paroissoit avoir du chagrin. Il y a trois jours que Mlle DuPeyroux[2] s'etant baignée et cette fille l'ayant servi au bain me parla le lendemain d'un chagrin qu'elle luy avoit avoué ressentir sans s'ouvrir davantage, et j'avois resolu de lui parler à ce sujet la premiere fois que je la rencontrerois, et malheureusement je ne l'ai pas rencontré, et je me reproche presque de ne l'avoir pas mandée exprés.

Je vous prie Madame de garder pour vous ce que je vous mande au moins jusqua ce que cette affaire se soit eclaircie; Bonjour je vais écrire un mot a M[r] De Ch. pour lui apprendre que sur les quatre louis quil m'a envoyés pour l'indienne, il lui revient seize livres de france que je luy remettrai à la premiere entrevue. Vous trouverés trois Gorsas[3] dont un qui auroit du arriver plustot

723. *De Jean-Marc-Louis Favre, 31 juillet 1790*

Madame

Je suis bien glorieux que vous aïés daigné penser à moi[1]; et bien humilié de le mériter si peu. Je ne suis pas encore enterré, mais il y a longtems que je ne suis plus en vie. Je ne fais que vegeter et languir misérablement. J'ai perdu la mémoire, et la pensée seule me fatigue au dela de mes forces.

Vous pouvés, madame, mieux que je ne l'eusse jamais pu faire, exécuter ce que vous me demandés. J'ai bien peur que ce ne soit deja trop tard. L'inoculation a pris, et aucun remede ne pourra empêcher la fiévre.[2] Je crains même que si on en met trop en usage, que les accès ne soient plus dangereux. vous savés ce qu'ils ont produit en Hollande, en Brabant, en france, et à Genève. – J'espère encore que le bonheur réel dont on jouit, et qui met une si grande difference entre notre peuple et celui de tout le reste de l'Europe, mettra quelque obstacle à la contagion, et qu'on n'en viendra pas jusques à risquer le bien qu'on tient, pour n'attraper qu'un mieux chimérique.

J'ai l'honneur detre avec bien du respect, Madame, Votre très humble et trs obeissant serviteur

favre

Rolle le 31. juillet 1790.

ma femme[3] bien sensible à votre souvenir madame, vous présente ses obeissances tr humbles.

A Madame/Madame de Chariére née/ de Zeulen/A Colombier/par Yverdon.

724. A Jean-Pierre de Chambrier d'Oleyres, 26 août 1790

Je me flattois tous ces jours que vous viendriez me demander à diner ou du moins prendre le thé avec moi, & alors je vous aurois prié de bouche d'envoyer l'incluse[1] à Berlin quand vous ecririez à quelqu'ami[1)] pour que de là on l'envoye à Brunswic. J'ai ecrit plusieurs fois sans qu'on me reponde & je m'imagine que mes lettres ou les reponses sont arêtées ou s'egarent. Faute de vous voir je vous ecris, & vous demande ce service, cependant je voudrois bien avoir l'honneur de vous voir. Quelque fois il me semble que Cormondreche est aussi loin de moi que Turin, mais je regarde la carte ou me mets à la fenêtre & je vois que c'est pourtant fort diferent. Et Me de Cleves[2] vous ne voulez donc pas m'en rien dire? a propos d'amour & de Roman M. de Lally[3] est dit-on au genoux de Me Trevor.[4] J'espere que cela amusera un peu la belle ennuyée. on dit le Cte d'H.[5] aux pieds de Me C. de L...[6] Vous savez sans doute aussi bien que moi ce qu'ecrit le pauvre grand Chaillet. Il est grace au ciel sain et sauf. Vous avez dit du bien de Charles Chaillet qui l'a su & me l'est venu dire. Je vous remercie monsieur. Vous avez toutes les belles qualités du monde & pour unique defaut votre invisibilité.

T. de Ch.

Ce 26 aout.

On dit que l'academie ne veut point couronner d'eloge cette année.[7] Devinez ce qui me vient du Piemont? de Suse?[8] Deux merles.[9]

a Monsieur/Monsieur le Baron Chambrier/a *Cormondrèche*

725. De Gabriel-François de Brueys baron d'Aigaliers, 28 août 1790

A Paris le 28 Aoust 1790.

Je reçois à l'instant, Madame, la lettre que vous m'avés fait l'honneur de m'écrire le 24 de ce mois. Nos longues & continuelles séances me laissent bien peu de momens de libres & vous daignerés me pardonner si je ne reponds pas aussi longuement que je le devrois, & surtout que je le desirerois à tous les temoignages de bonté & de confiance que vous voulés bien me donner. Je vous supplie au moins d'être persuadée que les plus doux instans de mes courts loisirs, sont ceux que je puis employer à vous assurer de toute ma reconnoissance & de mon plus entier dévouement.

Je suis aussi sensible à la mention que vous voulés bien faire de moi dans votre avis à l'éditeur,[1] que je m'en tiens honoré. Je n'ai qu'une seule observation à vous faire sur l'impression de votre discours; c'est que je pense qu'elle vous otera le droit de concourir pour le prix de l'année prochaine. Si vous y renoncés je ne vois plus de difficulté. Les deux ou trois petites nottes,[2] *tant soit peu aristocrates*, que vous avés ajoutées, seront comme une amorce aux effrénés de ce parti, qui les raprochera d'un philosophe qu'ils accusent faussement de tous les maux dont ils se plaignent;[3] & les enragés du parti contraire sont trop aguerris, pour que ces nottes les détournent du plaisir qu'ils auront à voir louer un auteur, auquel ils sont bien tentés de se comparer, depuis qu'ils ont outré ses principes. heureux s'ils pouvoient, les uns & les autres, se rapprocher du point de verité & suivre à l'aide de votre discours la trace qui peut les y conduire.

Si vous vous déterminés à faire imprimer à Paris,[4] je serai enchanté que vous vouliés bien m'adresser vos ordres & vos instructions & je ne serois pas moins flatté de toutes les autres occasions que vous me fourniriés de vous etre utile & de vous convaincre toujours de plus en plus de mon respect & de mon inviolable attachement.

a Madame/Madame de Charriere./a Colombier./*Par Neuchatel. en Suisse.*

726. *A Benjamin Constant, 31 août 1790*

Ce mardi 30 août 1790.

Mon Dieu, que je suis fâchée que vous soyez faible et malade! J'aurais encore mieux aimé. non pas peut-être votre oubli total, mais un caprice de votre part, une boutade dont vous auriez pu revenir. Au nom de Dieu, revenez aussi de cet état de langueur que vous me peignez si bien et si tristement. Ne vous faites point de violence; seulement ménagez-vous, que votre nourriture soit saine et vos repas réguliers, n'étudiez pas mais lisez nonchalamment des romans et de l'histoire. Lisez de Thou,[1] lisez Tacite, ne vous embarrassez d'aucun système, ne vous alambiquez l'esprit sur rien, et peu à peu vous vous retrouverez capable de tout ce que vous voudrez exiger de vous.

Je suis bien maladroite si j'ai en effet mérité le reproche que vous me faites d'être dure quand vous êtes tendre, et tendre quand vous êtes dur, car j'ai exprimé le contraire de ma pensée et de mes impressions. Il se pourrait que j'aie été plus libre et plus franche quand je vous ai vu disposé comme autrefois, et plus réservée, plus cérémonieuse quand j'ai cru qu'il fallait vous ménager pour ne pas entièrement vous perdre. Ce que je puis vous assurer, c'est que je n'ai pas eu un seul sentiment ni mouvement de cœur qui fût dur à votre égard, depuis que je vous ai revu il y a treize mois.

Je fus très-blessée d'une certaine lettre de La Haye que je n'avais méritée en aucune façon. Je vous écrivis en conséquence, mais je gardai ma lettre. Vous m'avez écrit au nouvel-an: j'ai été transportée de plaisir. Vous m'avez encore écrit pour me dire : MADAME, *je vous aime moins que... et que...* je n'en doutais pas, mais je ne compris pas pourquoi vous me le disiez. Depuis, j'ai reçu encore une lettre *provisoire* de vous qui était fort douce, je crois y avoir répondu avec beaucoup d'amitié, car je n'avais pas autre chose au cœur. Depuis, j'ai encore écrit et encore. M. Chambrier[2] a envoyé ma dernière lettre par Francfort. Elle est en chemin. Voilà toute mon histoire. Je vous remercie de m'avoir dit (quoique bien brusquement) que vous aviez rendu sa visite à M. du Pasquier.[3] Ah sire! qu'il est difficile de parler franchement à votre majesté sans la fâcher un peu! et cependant quelle majesté pourrait mieux soutenir l'examen de la rigoureuse franchise que votre spirituelle, sensée et très-aimable majesté! Pourquoi repousse-t-elle mon pauvre mentorat[4] qui est si peu de chose, qui, venant de si loin, frappe si faiblement au but? Par exemple vous fâcherez-vous, sire, si je vous demande encore le billet que M. de Ch. m'avait chargé il y a quelques mois de vous demander? un billet en peu de mots pur et simple? Vous ne sauriez croire ce que je souffre quand il me semble que vous n'êtes pas en règle avec les gens que je vois. Ils ont beau ne rien dire; je les entends.

Si je trouve une occasion de vous envoyer cette lettre ce soir, je vous l'enverrai... Sinon elle partira samedi prochain,[5] jour où je dois voir arriver Zingarelli. Nous ferons ensemble la musique de l'*Olympiade* de Métastase dont j'ai déjà fait ou ébauché presque tous les airs. Avez-vous lu les *Eclaircissemens sur la publication des Confessions*, etc.? Je suis persuadée que vous en serez très-content. Fauche a eu soin de les répandre pour son intérêt...... Vous me demandez si j'ai renoncé à Cécile et aux voyages du fils de Lady Betty[6] avec l'amant de *Calixte*. Hélas! je n'ai point renoncé, mais où retrouver quelque enthousiasme, quelque persuasion que l'homme peut valoir quelque chose, que le mariage peut être un doux, tendre et fort lien, au lieu d'une raboteuse, pesante et pourtant fragile chaîne? L'imagination se dessèche en voyant tout ce qui est, ou bien on se croit fou quand on s'est ému quelques momens pour ce qu'on croyait qui pouvait être. Le temps d'une certaine simplicité romanesque de cœur s'est prolongé pour moi outre mesure, mais peut-il durer toujours et malgré la sécheresse de ma situation ? En fait de littérature, hors M. du Peyrou qui dicte presque tous les jours à son valet de chambre Chopin un billet pour moi et à qui j'écris aussi presque tous les jours, il n'y a personne que je puisse occuper un quart d'heure de suite de ce qui m'intéresserait le plus vivement. Quand il s'agirait d'un livre comme l'*Esprit des loix*, personne n'y prendrait garde qu'en passant. Le tritrille, l'impériale,[7] les nouvelles de France absorbent tout. Sur d'autres objets je n'aurais que le secours d'une jeune personne[8] qui voudrait tout faire pour moi mais qui ne peut pas seulement me venir voir, à pied, quand il lui plaît et qui, lorsqu'elle sera mariée, quoique plus maîtresse de ses actions, se trouvera encore moins libre, car son futur époux l'adore, et certainement elle ne voudra pas lui faire le chagrin de le quitter souvent; moi-même je ne voudrais pas le priver d'elle. Il l'aime trop, et depuis trop long-temps, et avec une délicatesse trop grande, pour qu'il faille lui faire le moindre chagrin; et il est cloué à Neuchâtel par un emploi le plus laborieux du monde; d'ailleurs les avoir ensemble serait ne rien avoir.

Je m'égare bien loin de ma réponse à votre question, mais enfin vous voyez qu'il n'y a pas dans ma manière de vivre de quoi se ranimer pour des chimères aimables. Je n'oserais presque plus compter sur un lecteur... Depuis longtemps vous ne m'avez pas témoigné la moindre curiosité; jamais vous ne m'avez dit un mot des *Phéniciennes* depuis qu'elles sont finies, depuis qu'il y a:

Le crime est glorieux
Quand il s'agit d'un diadème:
Respectons dans le reste et les lois et les Dieux.

. . . .

On y voit bien la mort on n'y voit pas la crainte
Et du trait meurtrier tel sent déjà l'atteinte
Dont la mourante main par un dernier effort
Décoche encore le trait qui doit venger sa mort.[9]

Je faisais pourtant ces vers dans l'espoir que vous m'en parleriez. Enfin j'ai pu me donner un musicien, un compositeur; bon artiste mais froid. C'est ce qu'il me faut, non pas pour m'amuser, mais pour faire de la très-bonne musique; car un grand génie musicien ferait sa propre musique et non pas les remplissages qu'il faut à la mienne. Oh! la drôle de chose que la prévention, que les noms et leur pouvoir! Votre cousine[10] n'approuve que ce qui vient d'un *ini*, d'un *ici*, d'un *iti*. Un petit air de chalumeau que j'avais fait pour Polyphême[11] et son rocher était charmant, vraiment charmant. Zingarelli, qui alors avait besoin d'argent et voulait faire quelque chose que je payasse et ne sentait rien, l'a un peu gâté; c'est comme cela gâté et devenu commun que votre cousine l'a trouvé bon, etc. Ah mon Dieu, mon Dieu! Et vous éprouvez les mêmes choses ou des choses semblables, on ne vous entend, ni ne vous répond, ni ne vous aide, ni ne vous encourage. Vous avez moins besoin que moi de secours; vous savez mieux que vous savez, et vous n'avez pas comme moi ces momens où je ne sais pas seulement si j'ai le sens commun; mais encore faudrait-il être connu et entendu. Si j'avais osé penser et dire: Il ne faut pas vous fixer loin de moi et en me comptant pour rien, car je vous suis nécessaire; comme on eût crié à la présomption, à la folie, surtout à l'égoïsme! Quoi! vous voudriez sacrifier un jeune homme, son établissement, sa fortune, sa gloire, à vous, au plaisir de le voir! La bonne Mlle Louise[12] dit quelquefois: Pour être comme vous étiez ici avec M. Constant, il fallait précisément qu'il fût malade: sans cela il se serait bien vite ennuyé, il aurait couru tous les jours à Neuchâtel, et je m'humilie à dire: Cela est vrai. On ne veut pas seulement que quelqu'un s'imagine qu'il pouvait être aimé et heureux, nécessaire et suffisant à un seul de ses semblables. Cette illusion douce et innocente, on a toujours soin de la prévenir ou de la détruire. Je vous écrirai bientôt une autre lettre et je tâcherai de faire partir celle-ci aujourd'hui.

727. De Pierre Prevost, 31 août 1790

Je pleure merlin ou merline autant que vous, Madame, & j'ai fait fort mauvaise mine à l'auteur de sa perte, malgré votre billet d'excuse. Celle du panier ne vaut rien. C'est dans cette voiture qu'ils sont venus de suze, & c'est par le conseil exprès du bon Arnaldi[1] que je l'ai préférée. Toute réflexion faite cependant je n'ai pas eû le courage de gronder trop rudement l'infortuné Pistolet. Dans l'alternative d'affliger l'affligé ou de punir le coupable, ayant à tirer au sort, j'ai préféré de me livrer à la clémence, & je me suis borné à lui laisser entrevoir tous les trésors d'Eldorado s'il pouvoit seulement m'apporter une plume de l'aile de ce merle ou de cette merlette qui peut-être le mènera loin s'il veut le ou la suivre. Votre plume (j'entends celle de merlin) ne m'a servi à rien. Tous les savans que j'ai consultés m'ont ri au nez pour toute réponse. Vanité des vanités, les savans la plume, tout cela aussi est une vanité. Le temps. Voilà le seul vrai savant qui nous instruira de notre sort & qui peut-être nous fournira de quoi l'améliorer. Le sergent Arnaldi est (ou doit être) à Anneci. Faut-il lui écrire? En attendant voici le résultat de la balance des comptes de vos deux voyageurs (trois en comptant Liaudet),[2] sans y comprendre néanmoins le compte de vente de l'absent, si par malheur il a été vendu par son tuteur, ce que j'ai peine à me persuader, sur tout après le procès verbal signé delharpe.

Deux merles payés à Mr Arnaldi 3 écus neufs.
Frais de route & récompense à Liaudet prix fait 7 petits écus.
Et au même par forme d'étrennes un petit écu en sus.
En tout 7 écus neufs, soit un louis & trois quarts.
 Vérifié & Controllé ce jour 31e aout 1790.
 par nous &c. P. P^t

P.S. Au reste le peu d'élévation du vol de votre merle ne prouve rien. Arnaldi m'a dit qu'ils voloient sur les toits du village de Chesne[3] (où il demeuroit comme y étant de piquet). Et il me disoit cela pour me prouver combien ils étoient apprivoisés, parcequ'ils revenoient très-vite à sa voix. – Tout cela n'empêche pas que Liaudet ne demeure puni, parceque je lui avois promis le double & même le triple d'étrenne, c'est-à-dire qu'il auroit eû 3^LL ou 6^LL de france en sus s'il m'eût apporté un bon ou un excellent certificat d'arrivée. Ainsi tout en usant de clémence & de miséricorde, je laisse néanmoins un libre cours à la justice. Et les Liaudets futurs sauront désormais qu'à la vérité on ne perd pas tout quand un des merles arrive, mais qu'on voit s'envoler une étrenne sur l'aile de l'autre. – Enfin si le votre est bien monsieur Merlin & non mademoiselle Merlinette, la réputation de l'honorable député sera inviolée aussi bien qu'inviolable, ce qui n'arrive pas à tous les députés.

L'histoire de Mr Zingarelli[4] me fait craindre que si Mr Merlin s'avance trop sur la frontière de France ou ne le prenne pour un aristocrate, surtout s'il se met à siffler au milieu du conseil général de la Commu[ne] à l'instant où on y lira le beau discours de Mr de la Harpe[5] qui commence par l'éloge de la liberté & finit par demander de l'argent au Comité de Constitution.

Puent de fu doit signifier *Point de feu*. Il veut dire peutêtre qu'il ne faut point de feu dans la chambre où on les laissera courir en liberté.

Un zach de gaz doit être une Cage garnie en dessus d'une tente de gase ou de toile. *Por pas qu'ils se mord*, pour qu'ils ne se tuent pas. – Vous voyez que j'ai médité mon auteur.

2^d P.S. Je crains d'avoir oublié de vous dire qu'il convient d'offrir au merle un plat ou assiette pleine d'eau où il puisse se baigner à son aise du moins de temps en temps.

Si vous voulez employer Arnaldi le plus simple seroit de lui écrire directement à Anneci, en le chargeant de toute l'opération. C'est je crois, le vrai moyen qu'elle réussisse. Et cette correspond^e vous amusera.

A Madame/Madame la baronne/ de Charrière/(par Neufchâtel)/à *Colombiers*

728. De Pierre-Alexandre Du Peyrou, 13 septembre 1790

Lundi 13.7[bre]

Je vois que j'ai donné à Gauche;[1] qu'en[1)] interpretant le sens de votre Billet par la nature de votre envoi; mais cela arrivera toujours lorsque vous barguignerés avec moi qui ne barguignant jamais avec vous m'attends à reciproque. Du reste soyez tranquile, j'ai collationné la copie;[2] mais je vous avertis que tant que vous ne ponctuerés pas vous même vos originaux, le copiste les copiera servilement.

Depuis que mes pieds se sont degagés, c'est ma tête qui souffre, et tous les jours libre en me levant elle s'engage s'embarrasse et devient douloureuse à mesure que le soleil s'eleve, et se dégage de meme vers son coucher. C'est plus qu'un mal de tête, et hier la migraine a eu tous ses caracteres jusqu'au vomissement. Je ne sais comment cela ira aujourd'huy

Bonjour Madame.

a Madame/Madame de Charriere/*a Colombier*

729. De Gabriel-François de Brueys baron d'Aigaliers, 16 septembre 1790

A Paris le 16.7[bre] 1790.

J'ai recu, Madame, le discours[1] auquel etoit joint votre petit billet, en datte du 8 de ce mois, & je reçois encore en ce moment votre Depeche du Samedi, 10, ainsi qu'il est écrit, mais c'est ou Vendredi 10 ou Samedi 11 que vous avés voulu dire. J'ai dis-je recu tout cela. Je ne répondrai qu'un mot aujourd'hui, & ce sera pour avoir l'honneur de vous dire que tous vos ordres seront exécutés. Je choisirai un libraire tel que je croirai vous convenir, je verrai son papier, ses caracteres, je lui donnerai le choix entre vos deux propositions. J'ai deja lu l'avant propos d'après la Copie. Il ne m'a pas paru y avoir de fautes, & cependant je le collationnerai sur l'original que j'ai reçu aujourd'hui; en un mot je m'efforcerai de justifier la confiance que vous avés bien voulu avoir en moi. Des que je serai d'accord avec le libraire je vous en donnerai avis, ainsi que du jour où l'ouvrage sera achevé d'imprimer. Je vous demanderai la permission de causer ce jour là plus longtemps avec vous, que je ne le puis aujourd'hui, où je n'ai plus que le loisir de vous assurer que plus vous me mettres à même de vous etre de quelque utilité & plus vous ajouterés à ma reconnoissance, & de vous prier de recevoir toujours avec la même bonté les assurances de mon respect & de mon inviolable attachement.

a Madame/Madame de Charriere./a Colombier./*Par Neuchatel./en Suisse.*

730. *De Benjamin Constant, 17 septembre 1790*

Vos deux lettres[1] m'ont fait grand plaisir ce dont je suis faché pour nous deux. car c'est la conformité de notre maniere de sentir qui est Cause de ce plaisir & cette conformité est Cause aussi que nous sommes très loin d'être heureux. oui certainement vous seriez nécessaire a mon Esprit, a mes Idées, a ce besoin que j'ai encor quelquefois de m'epancher dans le sein de quelqu'un qui me sente & me comprenne, 2 choses que je trouve séparement dans plusieurs personnes ici mais que je ne trouve réunies que chez vous. Si je pouvais m'astreindre a suivre un Régime ma santé se remettrait, mais l'impossibilité de m'y astreindre fait partie de ma mauvaise santé, de même que si je pouvais m'occuper de suite d'un ouvrage intéressant mon esprit reprendrait sa force mais cette impossibilité de me livrer a une occupation constante fait partie de la langueur de mon esprit. J'ai écrit il y a longtems au malheureux Knecht[2] Je passerai comme une ombre sur la terre entre le malheur & l'ennui & ma prédiction se vérifie. Je crains que vous ne puissiez lire ma main elle se deteriore tous les jours & c'est une des Raisons qui rendent ma Correspondance si inégale. quand je n'écris pas une lettre de suite & la ferme,[3] je ne l'envoie jamais parcequ'en la relisant je la trouve inlisible.[4] Si vous me dites que vous pouvez me lire je serai moins défiant sur mon griffonage & je vous écrirai plus. pour mieux c'est ce dont je ne puis répondre. je ne crois pas que mes douleurs soient *dartres rentrées*: on m'assure que c'est un simple & bon Rhumatisme. Il s'étoit jetté (je vous l'ai je crois déja mandé) sur mes yeux ce qui ne m'accommodoit absolument pas. je crois que je me livrerai a la Botanique ou a quelque science de fait. la Morale & la Politique sont trop vagues & les hommes trop plats & inconséquens. tout en prenant cette resolution je suis a faire un ouvrage politique[5] qui doit etre achevé en un mois pour de l'argent. Je me suis mis en tête qu'avec les restes de mon esprit je pourrais paier mes dettes & j'ai fait avec un libraire l'accord de lui faire un petit ouvrage d'environ 100 pages, (anonyme comme vous sentez bien) sur la Révolution du Brabant. il m'en donnera 50 louis. j'aime autant cela que de ne rien faire. l'ouvrage sera mauvais, mais se vendra a Cause du Titre. le Libraire n'y perdra pas. le Public, que m'importe. Je finis parce qu'il me faut m'habiller & que si je laissais me lettre ouverte je le relirais & la recommencerais & ne la finirais pas. bien obligé pour Thérèse le Vasseur[6] je vous aime bien. adieu. ce 17 sept. 1790.

Mardi a huit heure

N'ayant pu trouver une occasion pour faire partir ma lettre cette après diné il faut que je l'enrichisse d'une bonne petite frase. M. Morel[1] trouve fort mauvais qu'on ne recompense pas des gens qui depensent beaucoup d'argent & se donnent une peine infinie pour rendre des terres *incultes*. Je me suis jointe à lui de fort bonne grace & nous avons causé dans ce stile là avec justesse & elegance seulement une heure ou deux. Je me promettois toujours de vous en rendre compte. Les gens qui tuent volent pillent et *tout ça* ont[1)] aussi été un de nos objets de discussions. M. Morel est assez d'avis qu'on les pende *haut et court* & je ne m'y suis pas trop opposée. Quand on pense que dans ces municipalités de France un Morel seroit vraisemblablement un aigle; que l'oncle de l'esprit solide & de l'esprit subtil[2] seroit elu[2)] Maire ou quelque chose comme cela, il y a de quoi fremir.

Je voudrois bien que vous fussiez auprès de moi je vous dirois des folies. J'ai tant fait de musique tous ces jours que j'ai quelque besoin de me reposer. *Parla gli d'un periglio*[3] est ou sera bientot en chemin pour paris. Il me paroit[3)] aussi gay que les chats. Pergolese est pour moi plus qu'un demi Dieu. Bonsoir. Je vai pourtant tout bonnement à mon clavessin. Je suis redevenue avec vous plus gaye & plus mechante que je n'etois. Savez vous que vos petites lettres seroient charmantes même pour quelqu'un[4)] qui vous aimeroit moins? Je me suis recriée là dessus à table en lisant celle d'aujourdhui. On ne peut nier qu'il ne soit joli de bien écrire. a propos vous trouvez vous encore si desagreable? Prenez des pillules de glace cela passera.

a Mademoiselle/Mademoiselle Caroline/Chambrier/a *Neuchatel*

Quatre lettres tant grandes que petites.[5)]

732. *De Rosalie de Constant, 24 septembre 1790*

J'ai mille graces a vous rendre Madame de ce que vous m'avés fait connaitre Mr Zingarelli[1] il est aussi bon et aimable que grand compositeur, j'eus dabord grand peur en recevant votre lettre je croyais voir un grand musicien pour lequel il faudrait faire beaucoup de choses qui n'etaient pas en mon pouvoir vu le peu de ressources quil y a ici surtout dans cette saison mais dès quil eut passé quelques momens avec nous, nous n'eumes plus que du plaisir · il a lindulgence qu'ont toujours les talens superieurs

il a bien voulu me donner des directions m'encourager et m'ecrire deux
airs sur des paroles que je lui donnais qui me serviront de modele et que
je chante avec le plus grand plaisir · il n'a point desiré de faire des connaissances ici il n'est venu que pour vous son but etant rempli il ne desire
rien d'autre je n'ai donc pu lui etre d'aucune utilité malgré le desir que
j'en aurais eu · oseraije vous prier Madame de le remercier de sa complaisance et de son indulgence pour moi, il y a bien longtems que je resiste
au desir de vous demander quelquechose · jai oui parler de l'eloge de
Rousseau[2] de maniere a donner la plus grande envie de le voir a ceux qui
aiment Rousseau et qui sentent le prix de tout ce que vous ecrivés je voudrais bien que vous me crussiés digne de le lire et que vous voulussiés me
l'envoyer j'en serais tres reconnaissante · veuillés recevoir avec bonté ma
demande et mes respects

Rosalie Constant

chabliere[3] 24 Septembre

A Madame/Madame de Charriere/a Colombier/par Iverdun

733. *De Pierre Prevost, 9 octobre 1790*

Madame

Il me semble que nos discussions morales vont en divergeant, & que
ce n'est pas trop la peine de les ramener au but. Une seule phrase sera la
fin de mon plaidoyer. L'opération politique que je demande est un brévet
de stérilité pour ceux qui y aspirent & un brévet d'indulgence pour ceux
qui ne pèchent que par foiblesse. Après cela je vous abandonne tous vos
criminels masqués auxquels vous préférez avec raison les assassins sans
masque. Voulez-vous accepter *sauf rédaction* un traité de paix sur cette
base? sinon dictez vous-même les conditions. Cela sera plus vite fait que
l'affaire de Nootka[1] & coutera 5 millions sterling de moins de part &
d'autre.

Je vous remercie de vos indications, mais je ne veux pas me faire le Don
Quichotte de Mr Necker.[2] Je n'ai point manqué d'occasion de dire que
je rends hommage à sa vertu. Mais je ne veux pas écrire au Cour. de
l'Europe ni à d'autres journaux sur les détails de sa conduite, dont je me
contente d'avoir bonne opinion, sans avoir toutes les données nécessaires
pour réfuter la Calomnie. Il ne manque pas de gens d'esprit pour le défendre, s'il le juge convenable. Quant à moi me renfermant dans ma sphère,
j'ai dit en Deux-cent[3] que je voudrois qu'on lui fit un accueil extraordinaire pour le dédommager des injustes affronts qu'il a essuyés. mais il

me paroît qu'on se contentera des démarches déja faites, c'est-à-dire de la députation du Petit-Conseil & apparemment on a de bonnes raisons de ne rien faire de plus. Il vit à Copet où il attendra, je crois, le dénouement de nos affaires pour venir prendre possession de son appartement à Genève.[4]

Ces affaires s'embrouillent de plus en plus. Il est, je crois, question de quelque *coalition* entre les chefs de la bourgeoisie,[5] qui jusqu'ici ne sont pas d'accord, (j'entends les anciens & les nouveaux). Et cette opération, si elle a lieu, sera, je pense, d'une fort bonne politique & pourra nous sauver des extrémités malheureuses dont nous sommes menacés.

Je n'ai point vû made de Montron,[6] mais bien Mr Mounier[7] qui travaille avec activité à une réfutation du rapport de Mr Chabroud.[8] Cet ouvrage[9] va paroitre incessamment & fera sûrement sensation.

NB. Vous ne m'avez point renvoyé mon apostille de J. J. Rousseau.[10] C'etoient pourtant nos Conventions.

Je vous prie de conserver votre estime & votre amitié à V. t h. & t obt serv   P. Pt

Genève, ce 9e 8bre 1790

P.S. Et l'eau de cerises?

A Madame/Madame la baronne/de Charrière/à/*Colombiers*/(par Neufchâtel)

734. *De Gabriel-François de Brueys baron d'Aigaliers, 13 octobre 1790*

a Paris le 13. 8bre 1790.

Depuis la lettre que j'ai eu l'honneur de vous écrire ce matin de tres bonne heure, Madame, j'ai été chés Mr Grégoire.[1] J'y ai trouvé les dernieres feuilles,[2] & les ai corrigées chés lui. Il y avoit quelques fautes de plus qu'à la premiere; en petit nombre cependant. Je pense n'en avoir point laissé passer.

J'avois mal entendu. on imprime à 1000 exemplaires, 600 in 8° & 400 in 12, pour que le discours soit assorti aux diverses éditions de Rousseau.

Mr Grégoire se propose de vendre l'exemplaire 12 Sols. Je lui ai conseillé de faire annoncer l'ouvrage dans les principaux journaux. Il m'a renouvellé l'offre de la quantité d'exemplaires que vous voudriés vous reserver. Il vouloit même que j'en acceptasse quelques uns. Je l'ai prié de trouver bon que je lui en retinse[1)] dix, au prix qu'il y mettroit.

Je ne puis plus vous offrir le contreseing de Mr d'ogny[3] pour ceux que vous voudriés faire venir. Ce jeune homme, un des plus obligeans & des plus aimables que je connusse, est mort presque subitement, il y a quelques jours, emportant les regrets de tout ce qui le connoissoit. Il faudra donc se servir de l'autre moyen que vous m'indiquiés.

Me permettrés-vous, Madame, de vous dire que votre ouvrage me paroit excellent, & surtout en ce que vous l'avés degagé de tous lieux communs, & que les idées principales en sont aussi neuves qu'elles me paroissent justes & ingénieuses. Nous en parlerons plus au long une autrefois, je n'ai plus que le temps de vous renouveller mes remerciemens, & l'assurance de mon respect.

a Madame/Madame de Charriere./a Colombier./Par *Neuchatel./en Suisse.*

735. *De Bonne-Félicité-Marie de Montmorency-Luxembourg d'Olonne, marquise de Serent, 13 octobre 1790*

à Paris ce 13 8bre

Ne me dites point madame que vous ne m'ecrivez point parce que vous n'avez rien d'intéressant a me mander vous avez toujours a me parler de vous et c'est pour moi ce qu'il y a de plus interessant je parle sans cesse de vos offres aimables et de mes regrets de n'en avoir pu profiter, puis pour me consoler je fais des Châteaux en Espagne qui j'espere se realiseront un jour; on dit que les habitans de Copete[1] sont aussi embarassés de posseder leur seigneur Chatelain[2] que nous avons étés bien aise d'en etre débarassés qu'il a fait des tentatives pour etre recu a Genêve mais quelles n'ont pas eu un heureux succès,[3] c'est le la le cas de se féliciter d'avoir un grand caractère il n'en faut pas un moindre que le sien pour soutenir avec courage, des epreuves aussi cruelles pour l'Amour Propre, être Rejetté par une nation dont on paroissoit avoir conjuré la perte est chose simple, mais être rejetté par ses propres concytoyens c'est un peu plus facheux · au surplus cela ne nous touche pas car nous avons le cœur aussi dur pour lui que le sien l'a été pour l'ordre du clergé. ma Belle fille[4] est accouchée très heureusement d'une petite fille qu'en bonne grandmere je trouve fort gentille, vous avez bien raison madame de me souhaiter toutes les joies domestiques, ce sont les seules que l'on puisse avoir aujourd'hui, mais la providence me les a accordées et j'en jouis avec reconnoissance. je sais bon gré a l'Accademie puis qu'elle na pas aprouvée votre ouvrage de ne l'avoir pas désaprouvée on a pris si fort de travers la morale de l'auteur que vous y célébré qu'on en a tiré toutes nos inductions de malheurs quand on en pouvoit tirer d'heureuses. je sais bon gré aussi à nos francois de se faire chérir a Colombier si j'étois assez fortunée pour Etre du nombre je voudrois sans doutes voir beaucoup m^r de charriere mais je voudrois aussi beaucoup voir madame a qui j'ai voué un tendre attachement et tous les sentimens qu'elle mérite.

736. De Pierre-Alexandre Du Peyrou, 23 octobre 1790

Sammedi 23. 8bre

Il y avoit longtems et bien longtems que duroit notre silence. Je vous remercie de l'avoir rompû ; je sens bien le prix de cette suspension musicale pour me parler de finances, ce qui ne m'a pourtant pas empeché de dire à part moi du motif.[1] Je m'etois bien apperçû que tout intrigué de son diner à trouver bien plus que de sa compagne perdue, M^r de Ch. ne pretoit qu'un quart d'oreille à ce que je lui disois ; mais je ne me serois jamais immaginé la tournure qu'il vous a donné de ce sujet de Conversation. Il y a longtems que j'ai pris mon parti sur la banqueroute Française ; ce ne sera donc pas sur un cours de change plus ou moins favorable et qui ne m'intéresse que pour les modiques sommes en rentes que j'ai à tirer, que ma politique se *renbrunira*. J'ai parlé du Change comme d'une suite des assignats, comme J'ai parlé de ceux cy relativement aux moyens mis en œuvre pour les faire passer, et aux effets ruineux pour le Commerce et les manufactures qu'ils doivent entrainer, et cest la ce qui me rembrunit. J'ai dailleurs la tête pleine du rapport Chabroud,[2] de la procedure du Chatelet, ou presque chaque deposition caracterise le déposant. Je ne suis pas encore revenu de l'etonnement stupide ou m'a laissé celle de l'afayette[3] qui caracterise un lâche ou un complice, car elle n'est à la charge de personne, et cependant le deposant doit etre lhomme du Royaume le mieux instruit sur cette affaire ; par contre elle a plustot l'air d'etre faite à sa propre décharge. Et d'un de vos heros demasqué. et Bailli, qu'en faut il penser ? il laisse courir pendant 4 jours une lettre imprimée[4] comme à lui addressée, lettre abominable, dont l'objet est de soulever le peuple et de faire massacrer les personnes nommées dans cette lettre, comme auteurs d'une contrerevolution et du projet d'enlever le Roi pour le mener à Rouen, et renfermer lui Bailli dans une cage de fer. Les interessés l'avertissent et le sollicitent an desaveu d'avoir recu cette lettre, et ce n'est qu'au bout de 4 jours qu'il en publie le desaveu. J'en étois là quand on m'a apporté votre envoi de ce matin. Je suis fort aise qu'à travers les ronces et les Epines vous soyez enfin parvenue à votre objet, le finissement de l'opera,[5] le contentem^t de Zingarelli et l'esperance de la representation, mais comment avec tant de douceur de complaisance auriez vous echoué ? J'attends avec impatience l'œuvre de Gregoire.[6] Vous voyez que mon conseil étoit bon de s'addresser à Paris de préference à tout. Point de frais et prompt débit, deux articles capitaux.

Bonjour Madame. On vient de me dire que la Guerre anglaise est declarée.[7] Le Roi d'Espagne a fait une grande sotise de compter sur la France. Les Anglais font une grande injustice, mais en politique on aime mieux etre [   ][1)] que sot.

a Madame/Madame De Charriere/*a Colombier*

737. *De Pierre-Alexandre Du Peyrou, 27 octobre 1790*

Mercredi 27. 8bre

hier et lundi il m'a fallù passer la matinée entiere à dicter à jeannin; car pour n'avoir pas fait le voyage de hollande cette année, et l'avoir renvoyé à la prochaine, je me suis mis sans m'en douter, dans la necessité d'une correspondance immense composée de lettres, memoires, plans et instructions. il sagit d'un objet indépendant de ceux que je disois un jour desirer avoir terminé pour pouvoir me reposer. Celui cy vrayement étoit pourtant le plus important comme aussi le plus exigeant de soins et de negotiations, et je n'y avois pas pensé, mais une misère m'y ayant amené, a renouvellé avec plus de force que jamais des idées anciennes, et je m'y suis livré avec un tel acharnement que j'espere avant la fin de l'année avoir terminé, autant du moins que je puis terminer d'icy. Voila un grand préambule pour vous dire que si je n'ai pas repondu hier à votre billet de Lundi, c'est que j'etois sérieusement occupé.

Eh! non sans doute il ny avoit aucun tort dans le compte rendù lors même quil l'eut été comme je l'avois entendù. Je croyois n'avoir presenté le tableau[1)] d'une inquietude très comique, quoi que très naturelle quand l'heure de diner s'approche de n'etre pas sur de trouver à diner. Il y avoit bien encore quelque chose de plus, qui à mes yeux, du moins, pouvoit paroitre un petit tort, c'est une securité que rien n'ébranle, et que je suis faché de voir à mes amis; car il m'est demontré que la révolution francaise finira par une Cacade complette, passés le mot, il me paroit le plus propre au sujet. Il faudroit donc sauver à tems du naufrage ce qu'il est encore possible de sauver, et c'est le parti que j'ai pris, abandonnant le reste à son mauvais sort.

M[r] De Ch. m'a parlé de votre pièce[1] dont il est fort content. Je le crois, d'aprés lechantilon que vous m'en avés cité. Il n'y a peutetre pas de mal que vous eprouviés des contradictions. elles aguisent[2)] vos moyens, et tout finira pas sen trouver bien. J'admire avec quelle facilité vous quittés des heros[2] que vous aviez chanté, et que d'aprés vous, j'avois eù la bonhomie de croire tels. Je ne suis pas aussi aisé que vous, non que je ne leur pardonne de n'etre point des heros, mais je ne puis leur pardoner d'etre des scelerats.

Bonjour Madame

a Madame/Madame De Charriére/*à Colombier*

738. *De Charles de Chaillet, 31 octobre 1790*

Ce dimanche 31 octobre 1790.

Madame

Depuis que je suis à Neufchâtel, il s'est passé bien des choses; dont, si vous me le permettez, je vous en ferai un abrégé: d'abord du collège, de Touchon,[1] qui est la première cause de tout ce qui s'est fait à ce dit collège, de Montmollin,[2] de moi et des choses qui me regardent.

Le lendemain de mon arrivée à Neufchastel, j'ai donc été à 7 heure chez monsieur Perret[3] où je vais tous les jours excepté le jeudi et le dimanche. Monsieur Perret m'a bien reçu ainsi que Montmollin qui a fort bien su tirer parti de moi, et de même tous les jours; car comme assez souvent sans me vanter, mes règles sont bonnes, aussi-tôt donc que j'ai fais ma règle et trouvé mon nombre il le dit, et je le laisse faire; pensant; qu'il vaut mieux savoir que d'en avoir la gloire.

En sortant, c'est à dire à 8 heure, je me rends à la grande classe, comme nous l'appellons, qui est grande comme la galerie et peut-être un peu plus, mais ni vous ni moi ne voulons disputer là dessus, ainsi revenons au fait; les trois classes latines et les deux françoises s'y rendent le lundi matin, mais les autres jours de la semaine, il n'y a que les trois classes latines qui s'y rendent; le lundi donc, monsieur l'inspecteur Touchon nous adresses des exhortations, dont ni moi, ni peutêtre ou plutôt sûrement personne ne se souvient: il distribue les médailles de science a ceux qui ont le mieux guigné[4] sur leurs voisins aux thèmes et versions etcetera, et celles de sagesse à ceux qui ont le mieux sçus se déguiser, guigné leurs taches et fait des présens à leur maître, on fait la prière; et chacun s'en retourne dans ses classes *respectives* comme dit monsieur Touchon, et comme je dis, mais qui revient au même, particulières. Aprésent si j'ai bien su vous raconter cela vous en savez plus que beaucoup de mes parens. Et je réserve le reste à une autre fois: s'il plait à Dieu: comme disent et peut-être avec raison les païsans:

Il n'y a rien de bien important à dire du collège, touchant les quatre premiers jours, si non que Touchon[5] avant comme après a mérité vingt fois de perdre sa médaille. Mais il est fils d'Inspecteur. Montmollin fesant l'hipocrite, moi allant tout rondement et ainsi chacun selon son caractère.

Mais voici le 5me Mr Baillet[6] marque 4 malés[7] aux Meurons[8] pour lui avoir crié *Voyant, Voyant* par les rües, avoir écrit en grandes lettres sur la porte de la classe VOYANT; si c'avoit été moi je lui aurois dit, et avec raison, *Monsieur, vous me marquez ces malés à Tort.* Mais quant-à-eux ils n'eurent pas le courage de le dire, et cela même donna courage au brave Voyant qui alla en pleinte à Mr Touchon et menaça d'en parler à la comission. c'est pourquoi, mais ce que je vais vous reveler est un très grand secret que chacun sait, n'en dites rien à qui que ce soit. Nous nous assemblames de 7 à 8 du soir, pour nous accorder à tous répondre la même chose au cas qu'on vint à nous interroger séparément. mais je fis remarquer ainsi que Bertrand[9] à mes camarades que le Voyant malgré qu'il fit de son brave nous accuser, parce que cela étant saurois[10] que nous l'appellions Voyant. Ainsi finit notre assemblée nocturne. mais Touchon a rendu les armes à mr Baillet samedi soir. Touchon faisoit des sotises. Le Voyant lui marque un malé, Touchon dit à voix basse, je m'en ... mais je n'ose vous le dire tant c'est laid. Le Voyant l'entend et lui marque 4 malés, en lui disant de sortir, Touchon ne veut pas, et voilà notre sage, et la médaille, elle lui reste. Voilà à quoi en sont les affaires revenons en arrière.

Trait de sagesse de Touchon.

Son trait de sagesse estoit de voler des grives, mais on m'attend pour aller diner chez ma tante Tribolet.[11]

Je vous dis ceci à la fin afin que vous vous en souveniez mieux.

Montmollin m'offre un virgile avec des notes que j'amerai avoir, si je ne le tenois pas de lui. Me conseillez vous de l'accepter.

J'ai été chez ma tante Tribolet pour 2 raisons la premiere pour demander une place pour Verdent le jour des cuirassiers,[12] parce qu'il m'a semblé en avoir envie. la 2de pour demander à diner aujourd'hui pour ne pas aller chez Montmollin ç'a ma réussi.

bonjour saluez s'il vous plait tout le monde de ma part et donnez moi des nouvelles de mademoiselle Louïse

Je suis votre très humble et très obéissant serviteur

Charles Chaillet.

A Madame/Madame de Charrière/à Collombier

739. *D'Eusebia Jacoba Torck, baronne de Rosendaal-de Rode van Heeckeren, 2 novembre 1790*

Rosendael le 2 nov 1790

Je crains ma Chere Amie que le long intervale que j'ay mis entre la reception de votre lettre et ma reponse ne vous ait fait supposer qu'une longue absence a produit sur moi le meme effet que sur tant d'autres, et vous a effacée de mon souvenir; les apparances j'en conviens sont contre moi: cependant il est tres vrai que votre lettre[1] m'a surprise fort agreablement, et que j'ai été fort touchée de tout ce que vous me dites d'amical: vos consolations sont raisonnables,[2] elles partent d'un cœur sensible; j'espere que le tems me les fera gouter, alors je pourrai peut etre me laisser aller sans danger au plaisir de m'entretenir de ce que j'ay perdu; apresent je me fais un devoir de fixer toutes mes pensées sur ce qui me reste; je ne vous parlerai donc que d'objets propres a adoucir mes maux; votre amitié pour moi vous fait desirer des details, jugés si vous m'etes devenue etrangere, puisque je trouve du plaisir a vous entretenir de moi et des miens; ma fille ainée est heureuse, Elle a trouvée dans son mari ce qu'on peut raisonnablement desirer, ce qui contribue le plus essentiellement au bonheur de la vie; une grande tendresse qui se manifeste par les soins les plus assidus, sans ostentation, et par une constante application a prendre sur lui et pour lui autant qu'il est possible toutes les amertumes inevitables de la vie, et a lui en procurer les douceurs. Elle a une petite fille belle et aimable autant qu'on peut l'etre a son age; mes deux autres filles ne me donnent que du plaisir; mon fils cadet promet d'etre un honnete homme · si je n'etois pas sa mere j'ajouterois qu'il promet aussi d'etre aimable. l'ainé (comme vous le saurés peut etre) est sujet depuis sa tendre enfance a des accidens que jusqu'ici tout l'art de la medecine n'a pu surmonter; je nourris cependant quelqu'espoir, puisse un nouveau remède qu'on vient de m'indiquer, et dont on me promet beaucoup ne pas le tromper comme tant d'autres.

ma santé n'est pas bonne, je souffre depuis plusieurs semaines de douleurs rhumathiques dans les bras et dans les Epaules qui me privent quelquefois de la faculté de les mouvoir; avec cela des douleurs et une foiblesse d'entrailles qui me laissent rarement du relache, cependant je n'ay pas lieu de me plaindre je m'etonne souvent d'exister encore.   J'ai passée l'hyver a la campagne, ensorte que je n'ai pas vu m^r Constant,[3] ne doutés pas que votre recomandation ne m'eut fait rechercher l'occasion de le voir et de lui faire politesse pour peu que la chose eut été possible; l'affaire de son Pere est entierement suspendue, d'autres évènemens l'ont fait perdre de vue. de ce [   ]

740. *De sa belle-sœur Johanna Catharina van Tuyll van Serooskerken-Fagel,*
      2 novembre 1790

Ma chere amie je vous envoye une lettre de madame de Rosendael, et j'y ajoute quelques lignes pour vous dire que le N° de Loterie a tiré une petite Somme, que je la garderai jusqu'à ce que vous me disiez si vous trouvez bon que je me paye de ce que J'ai déboursé pour m[r] Du Peyrou qui monte a 37 ou 38 florins ou quelque chose de plus. J'ai actuellement m[lle] Dedel à loger, elle me prie de vous faire ses complimens. elle voudroit autant que moi se procurer votre Eloge de Rousseau, mais nous n'en savons pas le moyen, si vous pouviez nous l'indiquer, vous nous feriez plaisir. Adieu ma chere Amie. je vous embrasse de tout mon cœur.

a Madame/Madame de Charriere/à Colombier/près de Neufchatel/ *en Suisse.*

741. *De son mari, 12 novembre 1790*

Je ne puis pas encore vous parler de Mr Necker parceque je ne l'ai pas vu et que parmi ceux qui l'ont vu les uns l'ont trouvé maigre et abattu, les autres assés bien portant et gai. Il demeure a Copet. Je suis convenu avec Mr de Salgas qui ne lui a point encore fait de visite que nous irions le voir ensemble.

Vous m'aviés chargé de m'informer et de vous informer de ce qu'est devenue la robe Rousseau-Pictet. helas nous avons fait une sotise en croiant bien faire; voici l'histoire. Mr de Salgas avoit fait trouver l'Indienne chés Mr de Rochemont[1] sans qu'on sut de quelle part elle venoit; ils lui en ont parlé et ne pouvoient rien deviner; cependant ils ne vouloient pas s'en servir. Mr de Salgas a cru devoir en parler à Mr de Rochemont le plus raisonable de la maison et lui a dit ce qu'il il y avoit à dire. Mr de Rochemont a compris vos motifs et vous en a su gré Il n'en a pas eté de même de Mr Pictet[2] qui en a été fort offensé. Je ne sais pas si l'indienne a été rendue je m'en informerai. c'est en revenant hier matin de la Boissiere que Mr de Salgas m'a parlé de cela. Il ne vous a pas ecrit parce qu'il ne savoit coment ecrire. J'ai diné avec Mr de Rochemont qui m'a paru comme a l'ordinaire; je n'ai point été seul avec lui et il ne m'a parlé de rien.

Mad Achard partira mardi avec Mad. Diodati.[3] Elle est a Geneve depuis hier matin et nous irons ensemble coucher ce soir a Chatelaine. dimanche je dois diner a la Boissiere La famille de Montregard[4] paroit contente d'etre ici. la pauvre Mad Pourtalez[5] fait pitié à voir, surtout à la Comedie; Elle occupe le fauteuil de l'auditeur[6] qui a eu l'honneteté de le lui offrir. elle est la, dans une grosse redingotte et avec beaucoup de rouge sur les joues, le visage allongé, les yeux presque toujours fermés, entourée de sa cour avec qui l'on vient causer, tandis que c'est une chose convenue que personne ne lui parle et qu'elle ne parle à personne. rien n'est si triste à voir que le contraste qui resulte de tout cela. Au reste je n'ai senti aucune mauvaise odeur.

Les Banquiers de Geneve sont contents. Il y a beaucoup d'argent ici, et il y en a beaucoup a Paris; le commerce qui etoit mort depuis longtems commence a se ranimer. bonjour, je vais dejeuner. que fait le bon Jamant? Caressés le pour moi. Mes Complimens à Mr Zingarelli

ce vendredi

J'oubliois de vous dire que Mr Trembley Colladon l'ainé, le savant, s'est enchanté de Melle Betty de Ribaupierre et l'epouse dans quinze jours[7]

a Madame/Madame de Charriere/par *Yverdun*/a *Colombier*

---

742. *A Jean-Pierre de Chambrier d'Oleyres, 16 novembre 1790*

Je suis très reconnoissante Monsieur de ce que[1)] vous avez bien voulu vous souvenir de ma priere & de votre promesse. Je ne manquerai pas à la mienne, je serai ponctuelle toujours, & quelque fois medisante.

Me de Vassy[1] est arrivée; je ne sai du tout encore ce qu'on en dit à Neuchatel depuis qu'elle y est. Mais auparavant Me du Peyrou en disoit assez de mal comme aimaint trop l'autre sexe: dailleurs elle faisoit grand bruit de l'inconvenance qu'il y auroit pour elle à voir la fille d'un homme avec qui son mari etoit[2)] brouillé.[2] Voyez quelles infinies delicatesses de tous les genres! on joue passablement dans votre bonne ville & cela avec des François qui sont fort embarrassés de payer; tel qu'un petit comte fils de Duc & un autre petit seigneur fils des postes.[3] La mere de celui ci doit avoir dit tout ce qu'elle pensoit de bien des gens avec beaucoup de liberté & de gayté entr'autres de Me du Peyrou à qui un seigneur ci devant[3)] habitant le chanet[4] doit l'avoir redit. J'aurois voulu voir la Dame pendant ce compte rendu. Colombier a aussi ses anecdotes. Un très bel abbé[5] donne, non de la jalousie à un mari, qui je crois aimeroit assez que sa femme fit des folies qui le debarassassent d'elle, mais du chagrin à un beau pere, & infiniment de sujet de causer au public.   Je me tiens plus coi[6] que jamais dans ma taniere & je n'y reçois plus gueres que Me de Tremauville; encore vient-elle rarement. Vos parens sont retournés au Marais.[7] Mlle Caroline assista la veille de son depart à une repetition de notre opera,[8] commencé depuis votre depart, si je ne me trompe, & complettement fini. Il est comique & vrayment comique. Nous esperons le faire donner à Paris. J'ai ecrit pour cela à Laïs[9] & à M. le Baron d'aigalliers mon protecteur en belles lettres. & complaisant comme vous.[4)] Zingarelli compte le faire traduire & donner chez l'archiduc à Milan.[10] Qui sait s'il n'arrivera pas jusqu'à vous, je le souhaite & je me flatte que vous en seriez satisfait. Le poete & le musicien se sont bien querellés & ont fini par se bien entendre Il me paroit que cela ne ressemble à rien d'autre & que c'est très joli. Nous avons repris ces jours passés mon cher Cyclope[11] qui a enfin trouvé grace devant son correcteur. Il l'aimoit & grondoit contre lui. Je fis hier des vers pour une ariette à mettre à la place d'un des couplets de ma Romance, & il me semble que cet acte de deference a cimenté la paix. Si ce morceau là pouvoit se produire & réussir ce seroit une grande gloire pour moi, puisque c'est ma musique aussi bien que mes paroles. La belle chose que les arts! Combien ils amusent, & combien il font entre ceux qui les aiment un plus aimable lien que le jeu les projets d'ambition, de revolution, de contrerevolution! J'ai le plaisir d'oublier au sein des duo & des ariettes qu'il y ait une assemblée nationale, & des assignats, & un maury[12] & un mirabeau. Vous m'avez fait souvenir,[5] monsieur, mais[6] d'une maniere qui m'a infiniment plu & interressée, qu'il y avoit un Cte d'artois · Vrayment ce seroit un beau phenomène qu'un prince regagné à la vertu aux siences, au bonheur domestique par l'infortune & par ses enfans & leur gouverneur · M. de Serent auroit un merite, un[7] succès nouveau, aussi nouveau & inoui que satisfaisant. Ce n'est pas là de ces choses qui donnent une gloire brillante mais vous & moi nous saurions[8] apreicer l'excellent homme qui feroit un si grand bien

Zingarelli vous assure de son respect & vous remercie de votre obligeant souvenir. Il ne desire pas de faire d'opera en Italie si ce n'est à milan où il se doit à des amis à des protecteurs & à l'esperance d'obtenir quelque place fixe l'objet de son desir. Il aime l'Eglise plus que le théâtre & il aimeroit sur toute chose la retraite avec un revenu sufisant pour rendre le sort de sa mere[13] aussi doux que possible, & le sien propre tranquile & assuré. (Nous avons laissé reposer l'olimpiade.[14] grand merci de l'avis)[9]

Adieu, monsieur; je vous passerai de grand cœur vos distractions, mais je ne vous pardonnerois pas de m'oublier ni de me negliger. Prenez y bien garde & jusques là comptez sur les sentimens, sur l'attachement de votre très humble & très obeissante servante

T. de Ch.

Ce 16 Nov. 1790

Je ne finirai pas toujours aussi bellement, j'aime mieux des habitudes plus familieres.

Mlle Henriette Chambrier est venue ici parée de sa croix.[15] *Madame* il faloit dire.[10]

A Monsieur/Monsieur le Baron/Chambrier/Ministre de la cour de/Berlin/a *Turin*

743. *De son mari, 16 novembre 1790*

Madame Achard vient de partir (mardi 9½ heures) Et je me mets à vous ecrire a la hate. J'ai a faire une toilette complette et puis deux visites ou Commissions et je dois etre a midi à Chatelaine pour aller de la diner a Verny[1] chés Mad. Gallatin.[2] Je coucherai ce soir a Chatelaine; je n'ai pas pu le refuser a Melle Bontems.[3] Je donnerai ensuite deux ou trois jours à Mr de Salgas, Mad Pourtalez, des visites a Secheron et a la Boissiere, mon tailleur mon Chapelier &c. En passant je ferai visite a Mr Necker à Copet. Je m'arreterai une demi journée a Rolles ou je trouverai Mr Freuderich[4] avec qui je serai bien aise de causer et Melle de Ribaupierre l'Epouse et Mr Trembley. Je passerai aussi une journée a Lausanne auprcs dc M^r et Mad de Saussure.[5] Je dis tout cela non pas pour vous à qui cela ne fait rien mais pour m'excuser auprès de Mr Zingarelli que j'ai grande envie de revoir. J'ai grande envie aussi d'entendre votre opera,[6] duquel j'ai fort bonne Idée.   Si vous avés quelque chose a me dire vous pouvés m'ecrire en adressant mercredi a Lausanne, poste restante.

J'ai fait votre Commission a Mr de Salgas; je vous parlerai de tout cela. Adieu. Je souhaite fort de vous retrouver bien portante. Ma Santé n'est pas mauvaise. Je n'ai pas encore vu Mr Prevost.[7]

744. *A Benjamin Constant, 10 décembre 1790*

Ce 10 Dec. 1790

Je ne puis vous dire à quel point j'ai été aise en recevant votre lettre.[1] Depuis si longtems je disois j'en recevrai une lundi qui sera arrivée[2] samedi, & puis j'en recevrai une mercredi qui arrivera demain mardi! En lisant ce n'a pas été la même chose. Les larmes me sont venues aux yeux & j'ai frapé du pied d'impatience contre vos ennemis & contre le sort.[1)] Quelle opiniatre injustice, mechanceté, foiblesse, sottise! Tout cela me paroit reuni pour faire votre malheur. Mais ne croyez pas qu'il vous faille vous deplacer si vous ne le desirez pas vous même. Sans qu'on vous temoigne beaucoup d'affection il est pourtant impossible qu'on ne fut pas faché de vous perdre, qu'on ne sente pas que vous feriez du vuide, & qu'en un besoin Vous seriez fort bon à employer. outre cela on aime certainement M^e votre femme, ses parens doivent l'aimer les princesses[3] doivent être accoutumées à elles. on vous fera toujours un sort assez passable pour vous retenir. Vous ne chercherez donc pas fortune. De plus si vous la cherchiez vous la trouveriez. Ne vous decouragez donc pas & ayez soin de votre santé. Je vous dirois volontiers ecrivez moi pour vous ranimer pour vous divertir, mais ce seroit une absurdité car si cela pou-

voit faire ce bon effet vous vous en aviseriez de vous même. Je ne vous
dirai pas non plus les bagatelles que je pourois vous dire; elles ne vous
amusent pas puisque vous n'y repondez point & n'en demandez point.
Ce que vous voulez encore de notre pauvre correspondance c'est qu'elle
vous prouve mon[2)] souvenir mon attachement; eh bien, soyez en en[3)]
bien convaincu. Vous etes aussi present à mon imagination & aussi cher
à mon cœur que le jour que vous m'avez quitée.   Ma sœur m'etonne.
Elle est née avec de l'esprit un cœur noble & loyal, beaucoup d'inegalité
dans l'humeur, & un grand penchant à la raillerie. Elle a eu des chagrins
& des embaras, elle a été dans la necessité de prendre beaucoup sur
elle · sans doute elle a mis une fois pour toutes son thermomètre à la con-
gelation pour n'avoir plus à se contraindre en detail. Cela est sage peut-
être mais un peu triste. Moi je ne suis pas gelée & je vous embrasse tendrement.   Isabelle.
    Zingarelli[4)] est parti il y a quinze jour. Notre opera[4] doit être arrivé hier
à Paris. J'en fais un autre.[5]

745. *De Benjamin Constant, 10 décembre 1790*

Je relis actuellement les lettres de Voltaire: savez vous que ce Voltaire
que vous haissez étoit un bon homme au fond, prêtant, donnant, obligeant, fesant du bien sans cet amour propre que vous lui reprochez tant?
mais ce n'est pas de quoi il s'aigit. Il s'agit qu'en relisant sa correspondance,
j'ai pensé que j'etois une grande Bête & une très grande Bête de me priver
d'un grand plaisir parceque j'ai de grands chagrins & de ne plus vous
écrire, parceque des coquins me tourmentent. c'est a dire que parcequ'on
me fait beaucoup de mal je veux m'en faire encor plus & que parce que
j'ai beaucoup d'afflictions je veux renoncer a ce qui m'en consoleroit.
c'est être trop dupe. je mène ici[1] une platte vie, & ce qui est pis que plat,
je suis toujours un pié en l'air, ne sachant s'il ne me faudra pas retourner
a la haye[2] pour y repéter a des gens qui ne s'en soucient guères qu'ils sont
des faussaires & des scélérats. cette perspective m'empêche de jouir de ma
solitude & de mon repos les deux seuls biens qui me restent. elle m'a aussi
souvent empéché d'achever des Lettres que j'avais commencées pour
vous. ma table est couverte de ces fragmens qui ont toujours la longueur
d'une page, parce qu'alors je suis obligé de m'arrêter & quelque chienne
d'idée vient a la traverse, je jette ma lettre, & je ne la reprends plus. Dieu
sait si celle ci sera plus heureuse. je le désire de tout mon Cœur. je
m'occupe a présent a lire & a réfuter le livre de Burke[3] contre les Level-
lers[4] Francois. Il y a autant d'absurdités que de lignes dans ce fameux livre.
aussi a-t-il un plein succès dans toutes les sociétés anglaises & allemandes.
Il défend la Noblesse, & l'exclusion des sectaires & l'etablissement d'une

Religion dominante, & autres choses de cette Nature. j'ai déja beaucoup écrit sur cette apologie des abus, & si le maudit procès de mon Pere ne vient pas m'arracher a mon loisir, je pourrai bien pour la première fois de ma vie avoir fini un ouvrage. Mes Brabancons[5] se sont en allés en fumée, comme leurs modèles & les 50 Louis avec eux. le moment de l'interet & de la Curiosité a passé trop vite Vous ne me paraissez pas Democrate. je crois comme vous qu'on ne voit au fond que la fourbe & la fureur: mais j'aime mieux la fourbe & la fureur qui renversent les Chateaux forts, detruisent les titres & autres sottises de cette espèce, mettent sur un pied egal, toutes les reveries religieuses, que celles qui voudroient conserver & consacrer ces miserables avortons de la stupidité barbare des Juifs entée sur la férocité ignorante des Vandales. le genre humain est né sot & mené par des fripons, c'est la Regle: mais entre fripons & fripons je donne ma voix aux Mirabeaux & aux Barnaves[6] plutot quaux Sartine & aux Breteuil.[7] vous pourriez me rendre un service. si Madame Saurin Schabaham[8] vit & vous écrit encore, voudriez vous lui présenter mes respects & the like,[9] & lui dire que ses bontés m'ont toujours inspiré un vif désir de conserver quelques relations avec elle, & que si je ne m'étais pas flatté constamment de retourner a Paris, tant lors de mon voiage en Suisse que lors de mon séjour a la Haye, je lui aurois écrit: que maintenant qu'il y a plus de 3 ans d'ecoulés depuis mon équipée de Paris,[10] & que je ne prévois pas le moment d'y retourner de sitot au moins, je lui demande la permission de lui écrire. je ne veux pas faire une tentative epistolaire sans cette petite préparation. Je serais bien aise de revoir Paris, & je me repens fort quand j'y pense d'avoir fait un si sot usage, quand j'y etais, de mon tems, de mon argent, & de ma santé. j'etais, n'en déplaise a vos bontés, un sot personnage alors avec mes Pour-[11] mes Ctesse de Lin-[12] etc etc: je suis peutêtre aussi sot a présent, mais au moins Je ne me pique plus de veiller, de jouer, de me ruiner, & d'etre malade le jour des excès sans plaisir de la nuit, si une fois le hazard pouvoit nous réunir a l'Hotel de la Chine,[13] dut Schabaham qui au fond est bonne femme, & Me Suard qui est plus ridicule & n'est pas si bonne, nous ennuier quelquefois. que fait le bruiant Comméras?[14] il y a a Liège un Ste Croix,[15] serait ce pas notre Ste Croix des déjeuners, & du bal de Conjura-a-a-tion, & de Me Pouras, les delices du monde?

ma lettre est une assez platte & décousue lettre, mais mon esprit n'est pas moins plat ni moins décousu. la vie que je mène m'abrutit. Je deviens d'une Paresse inconcevable, & c'est a force de paresse que je passe d'une idée a l'autre. Je voudrais pouvoir me donner l'activité de Voltaire. si j'avois a choisir entr'elle & son génie, je choisirais la première. peut être y parviendraije quand je n'aurai plus ni Procès ni inquiétudes. aureste je m'accroche aux circonstances pour justifier mes défauts. quand on est actif on l'est dans tous les Etats, & quand on est aussi paresseux & décousu

que je le suis, on l'est aussi dans tous les Etats. adieu. répondez moi une
bonne longue lettre. envoiez moi du nectar, je vous envoie de la poussière, mais c'est tout ce qui j'ai. je suis tout poussière. comme il faut finir
par là, autant vautil commencer aussi par là.

ce 10 X^{bre1)}

[A] Madame/[Madame de] Charrière/[neé de Tuy]ll/[à] Colombier/
[près de Neufch]atel/en Suisse

746. *De Jean-Pierre de Chambrier d'Oleyres, 11 décembre 1790*

Madame.

Vous aurés peut être deja recu a l'heure qu'il est, un petit opera Italien[1]
que son auteur me donna il y a quelques tems, & qui a eu le plus grand
succès; Je ne suis plus digne de posseder un seul morceau de musique, a
plus forte raison un opera entier, & pour que celuy cy eut une destination
convenable, Il falloit absolument qu'il sortit de mes mains pour vous être
offert. Vous pourrés l'apreiter Madame, & juger si comme on le dit, il
contient des Idées *neuves* & *faciles* à retenir, ce qui fait les deux caracteres
de la bonne musique en Italie. Son auteur dont j'ai été Jadis le disciple
voulut absolument me faire agréger dans L'Academie des Philarmoni-
ques de Bologne[2] mais il en fut de cet honneur, comme de ceux qui cou-
ronent a plus Juste titre le merite litteraire, on se repose & on s'endort
même quelquefois sur le fauteuil academique – Le diplome de Philar-
monique a produit sans doute le meme effet sur moi, car dès lors j'ai renoncé a l'execution de la musique en conservant touttefois un gout &
même très vif pour cet art, surtout quand on sait l'unir intimement a la
Poesie, & qu'on est *Mélo-Drame*,[3] comme Vous. Je concois donc très bien
comment on peut s'enthousiasmer pour ces deux arts, qui se prêtent des
agremens mutuels, puisque separement ils en ont assés pour faire naitre
l'enthousiasme des amateurs, & je sens a merveilles la verité de ce que
vous me faittes la grace de me dire que les arts sont entre ceux qui les
aiment un plus aimable lien que les projets d'ambition, de revolution &
de Contrerevolution; – mais pour cet effet il faut aimer les arts, seulement pour le plaisir qu'ils procurent & non pour la gloire ou tout autre
espèce d'Interêt qu'on en espère. Gluk & Piccini ont divisé Paris[4] &
quoiqu'il n'y ait point eu de sang repandu pour leurs causes cependant
cette rivalité de secte musicale a occasioné des tracasseries de societé & des
animosités incroyables: elle tenoit même quelquefois a ces projets
d'ambition que vous proscrivés. Il y a plusieurs Aristocrates qui ont commencé par être Gluckistes pour plaire a la Reine,[5] & des Democrates

enragés ont fait leur coup d'essai dans le parti de l'opposition, en se rangeant du parti Picciniste sous l'etendard de Mr de Carraccioli,[6] lorsqu'il eut donné le signal de la resistence aux gouts de la reine par la reponse qu'il fit a S.M. qui luy demandait s'*il avoit vû Gluk? – Oui Madame, & J'aime mieux le voir que l'entendre.* On assure qu'elle fut humiliée de cette reponse & que L'Ambassadeur a recu plusieurs marques de son ressentiment. Dès lors on a comencé a desapprouver d'autres gouts publics de cette Princesse plus ou moins Innocens, & finalement on en est venu au point de dechainement qui a produit les grands evénemens que nous voyons. Le Vicomte de Mirabeau[7] soutenoit Icy en dernier lieu que La maison d'Autriche seroit plus glorieuse un jour de compter dans ses fastes une Princesse comme Marie Antoinette que d'avoir produit ses héros, puisque les heroines sont plus rares & que Marie Antoinette en est une. On pretend qu'elle soutient ses malheurs avec une fermeté admirable, qu'elle rejette les propositions seduisantes que Mr de la Fayette poussé a bout par le parti predominant, luy fait faire sous main & qu'elle engage le roy a y resister par L'espoir que l'excès du mal produira plus aisement le bien, que si on se pretoit a des partis mitoyens[8] comme ceux qui luy sont offerts.

Mr de Calonne qui habite Icy depuis un mois[9] dans une profonde retraitte, est deja premier ministre (*in partibus Infidelium*), de la france que son ouvrage tend a regénerer, & le parti aristocrate le considère comme tel, il est en attendant Chef du Conseil du Prince fugitif,[10] & occupé continuellement aux preparatifs de leurs vastes desseins. L'Excontrolleur general paroit avoir au supreme degré le talent des affaires *a la francoise*, & il n'est pas surprenant que malgré les reproches qu'on luy a fait, les crimes dont on l'a accusé meme, & le dechainement qui a occasioné & suivi sa retraitte a Londres, il ait conservé neanmoins un si grand nombre de partisans Zelés, tandis que Le Cardinal de Brienne[11] est meprisé de tous les partis et que L'estimable Necker en est presqu'oublié. Le roy de france conserve pour Mr de Calonne une predilection secrete qui vient de la meme cause, c'est de l'art avec lequel ce ministre sait mettre les calculs & les combinaisons les plus difficiles, a la portée la plus comune & persuader a ceux qu'il entretient de ses vues & de ses moyens, qu'il n'y a pas de moyens plus simples & de vues plus sages. Il persuade en se jouant, & il n'a peut être existé jamais de francois qui ait reuni une legéreté aussi agreable, a la profondeur qu'on doit luy supposer pour se confier a ses discours, & a ses ecrits, sur des matieres d'administration. Aussi ses partisans Icy qui en sont enthousiastes le croyent un homme d'Etat par excellence, tandis que tous les partis s'accordent a refuser a Mr Necker cette qualité. Mr de Serent est fort Indisposé. Il sort très peu & l'air de ce pays ne luy convient pas. Je ne sais coment il pouroit être remplacé dans l'Education de ses Jeunes Eleves, qui prosperent a tous egards par ses soins.

Ils ont Infiniment plus de conoissances a leur age que Le fils & le petit fils du Prince de Condé,[12] qui si les decrets de l'assemblee nationale aneantissent reellement les distinctions de rangs, se trouveront très naturellement placés au niveau de ce qu'il y a de plus comun. J'ai lhoneur d'etre avec un respect devoué Madame. votre très humble & tres obeissant serviteur.

Chambrier

Turin le 11 X^{bre} 1790

---

747. *De Benjamin Constant, 24 décembre 1790*

Bronsvic ce 24 X^{bre} 90.

J'ai recu votre courte epitre du 10[1] & vous en rends graces. vous en aurez recu hier ou en recevrez demain une[2] de moi, plus longue, & ensuite encor une qui est partie il y a 8 jours. je ne le suis par pour la Haïe, comme la date de ma lettre vous le prouvera. une lettre a mon pere,[3] contenant quelques représentations sur des démarches inconséquentes qui nous ont attiré de L.H.P.[4] une très défavorable resolution, m'a valu une réponse si décourageante, que j'ai voulu l'appaiser avant d'aller le joindre. je ne saurai l'effet de ma replique que mercredi prochain; en attendant je vegète ici, sur d'etre blamé quoiqu'il arrive, & m'étourdissant sur l'avenir. Cela vous plait a dire que si j'étois obligé de chercher fortune je la trouverais; rien n'est moins sur & plus improbable. Il ne faut pas se faire illusion, cette affaire ci me tue, j'en oublie tout ce que j'avais appris. je perds l'habitude & la force de travailler, je n'ai plus que des idées décousues, le latin me devient pénible a lire, écrire est un supplice pour moi. une vexation perpetuelle de près de trois ans a porté a ma tête comme a ma santé un Coup mortel dont je ne releverai jamais. mes plus belles années se passent: en vieillissant je deviendrai encor plus incapable d'attention, & chargé d'une femme qui a renoncé pour moi a une situation très agréable, je ne saurais ou donner de la tête si je perdais ma place ici. je veux croire que je ne cours aucun risque de ce Coté. je ne ferai pas une fortune bien brillante: mais je n'ai besoin que de 250 Louis de rente pour vivre. selon toute apparence j'aurai le double outre mes gages ici qui vont a 200 Louis de sorte que pour ma subsistence elle parait aussi assurée que peut l'etre quelque chose dans cette sottise qu'on appelle monde. plus on y pense & plus on est at a loss de deviner le cui bono de cette sottise.[5] je ne comprens ni le but, ni l'architecte ni le peintre ni les figures de cette Lanterne magique dont j'ai l'honneur de faire partie. le comprendrai je mieux quand j'aurai disparu de dessus la sphère étroite & obscure dans laquelle il plait a je ne sais quel invisible pouvoir de me faire danser bon gré mal gré? c'est ce que j'ignore mais j'ai peur qu'il n'en soit de ce secret comme de celui des Francs macons qui n'a de mérite qu'aux yeux des profanes. Je viens de lire les Mémoires de Noailles par Millot,[6] ouvrage écrit sagement, un peu longuement, mais pourtant d'une manière intéressante & philosophique. J'y ai vu que 24 000 000 d'Etres[7] ont beaucoup travaillé pour mettre a la tête de je ne sai combien de millions de leurs semblables, un Etre comme eux: J'ai vu qu'aucun de ces 24 millions d'Etres, ni l'Etre qui a été placé a la tête des autres millions, ni ces autres millions non plus, ne se sont trouvés plus heureux pour avoir réussi dans ce dessein. Louis 14 est mort détesté, humilié, ruiné, Philippe 5, mélancolique, & a peu près fou,[8] les subalternes n'ont pas mieux fini, & puis voilà a quoi aboutit une suite d'efforts, du sang répandu, des batailles sans nombre, des travaux de tout genre, & l'homme ne se met pas une fois pour toute en tête qu'il ne vaut pas la peine de se tourmenter aujourdhui quand on doit crever demain. Thomson, l'auteur des Saisons,[9] passait souvent des Jours entiers dans son lit, & quand on lui demandait pourquoi il ne se levoit pas, I see no motive to rise, Man,[10] répondoit il. ni moi non plus je ne vois de motif pour rien dans ce monde & je n'ai de gout pour rien. cependant si cette horrible & écrasante affaire ne pesoit pas sans cesse sur moi, je ne me plaindrois pas. l'uniformité de ma vie me tiendroit lieu d'amusemens. j'aime a faire aujourdhui ce que j'ai fait hier; a revoir les endroits que j'ai vu, a éprouver une suite de petites sensations assez indifférentes, mais dont la succession m'intéresse negativement comme quand j'entens commencer un air quelque plat qu'il soit je n'aime pas qu'il ne soit pas achevé. il y a bien une voix qui me dit, tis a great pity. mais quand j'analyse ce que veut dire cette voix, je trouve qu'elle est une sotte que ne sait ce qu'elle dit. quand même je serais conformé de manière a étudier & a connoitre la Vérité, quand même la Nature m'auroit donné des forces & des talens comme le Commun des hommes n'en a pas, puisque les Circonstances, la fortune, mes passions, mon Pere, ma santé s'opposent a l'exercice de ces facultés, elles se reduisent a zero. un moins un egal a rien. cent moins cent égal a rien. ce rien malheureux Jouet de toute sorte d'evenemens, n'oublira jamais quel heureux rien il etoit lorsque près d'Isabelle il se guérissoit de la V.[11] ce rien vous aimera toujours, vous embrasse tendrement, & vous prie de lui écrire. il a vu M^e votre sœur[12] aujourdhuy, & lui a parlé de vous. elle a semblé s'y intéresser & la surface de la glace s'est amollie. mais les Princesses sont survenues, & cette addition de sel & de salpêtre a produit une condensation quatre fois plus forte. adieu.

a Madame/Madame de Charrière neé de/Tuyll/a Colombier/près de Neufchatel/en *Suisse*.

Votre lettre Monsieur m'a fait infiniment de plaisir. L'anecdote du M^s Carraccioli est très plaisante. Je n'approuve pas extremement le mot ni comme bon ni comme à propos mais il ne laisse pas d'être plaisant, & il est encore & surtout très plaisant qu'il ait eu des consequences si serieuses. Au reste tant de causes ont pu concourir à un même effet qu'il est dificile de dire c'est ceci c'est cela qui l'a causé. Un ruisseau grossit la mer mais la mer seroit la mer sans ce Ruisseau. Toujours est-il vrai que l'amour propre des grands est une bien pointilleuse chose. A present on dit que la grande Dame[1] ne voudroit rien recevoir que de ceux de son nom, & que c'est en vain quant à sa reconnoissance qu'on se feroit pendre à Lyon à aix &c pour s'être concerté avec les fugitifs dont vous me parlez. Je souhaite à dire vrai que rien ne réussisse de ce qui arreteroit le torrent actuellement victorieux, non que je l'aime mieux que les montagnes qu'il mine que les forets qu'il abbat, mais voir tous les maux se renouveller en sens contraire me paroitroit encore plus facheux que la continuation du cours actuel des choses. Tout en[1)] sera je pense plus vite remis dans une etat suportable si les oppositions ne reussissent pas.[2)] Pour en revenir au m^s Carraccioli c'est dommage qu'on aime mieux facher les princes que les éclairer. Les risques sont egaux mais on y trouve un courage plus gay; il y faut moins de suite & on n'a besoin pour cela que d'esprit sans aucune application ni[3)] intention. cependant ces piquures ne font que du mal car ce n'est pas a de bons esprits qu'on les fait; elles ne ramenent à aucune reflexion sensée, elles aigrissent & c'est tout. Et ce Calonne ne le pendra-t-on point? je le deteste depuis que je me connois.[2] Lors des troubles en Bretagne il m'a paru le plus abominable des hommes. Mais comment ose t-on l'appeller un grand homme d'Etat? a quoi a t-il reussi? Qu'est-ce[4)] ses notables[3] ont amené? a t-il pu conserver sa place seulement cet habile homme? Quand il y parvint s'il en savoit tant que ne ramena-t-il[5)] les choses ou que ne les conserva-t-il[6)] sur un pied a pouvoir clopiner au moins encore quelque tems? Avec tant d'esprit pouvoit-il croire que la Reine ses favoris, le comte d'artois & lui-même pouroient impunement jetter l'argent & s'attirer l'indignation generale! Ah qu'il doit bien rire pour peu qu'il ait de sens commun de voir l'admiration d'un equipage qui se noye pour un pilotte qui a echoué le vaisseau mais qui tient tantot le gouvernail tantot une planche tantot une corde de bonne grace! Le beau merite que cela! & que c'est bien la peine de lui en tenir compte!

Quelque tems avant votre lettre, Monsieur j'ai receu vos bienfaits. Plusieurs[7)] airs du petit opera m'ont paru très jolis. Mlle Moula vient ici au premier jour, elle dechiffre & chante mieux que moi, nous jugerons & jouirons ensemble & avec une vive sensibilité pour vos obligeantes attentions.

Vous ai-je parlé de notre petit opera *Les femmes*. Il est à paris depuis le 15, & depuis le 23 il est entre les mains de l'acteur Laïs[4] qui l'a fort accueilli · Je vous en dirai des nouvelles avec empressement si elles sont bonnes. Vous etes trop solidement[8)] occupé pour devoir aimer la musique autrement que vous ne faites. Pour moi je l'aime comme la plus interressante de mes occupations

Avec la revolution Brabançonne a fini l'envie qu'avoit M. Constant[5] d'en entretenir le public. Il a laissé là son livre & il a bien fait. L'explication de ce qui n'est plus n'interresse guere.

J'ai de bonnes nouvelles de M. & de Me Paquier[6] ils me paroissent à tout prendre très contens de Berlin.

M. Perregot le collonel[7] est mort. Me Portalès[8] est si changée que l'autre jour Mlle Louise de Penthaz ne la reconnut point du tout, ne retrouvant rien de son ancien visage dans celui d'aujourdhui. Cependant il n'est pas decidé ce me semble qu'elle ne puisse vivre encore quelque tems. Elle ne se fait dit-on, à present, aucune illusion sur son etat. Elle s'attend à mourir. Quelque fois elle pleure. Ses impatiences sont dit-on finies. Elle ne veut plus qu'on lui parle de[9)] nouvelles ni d'amusemens. Est-ce douleur de devoir renoncer à ce qui l'amusoit est-ce desir de s'occuper d'une autre maniere d'exister? Je ne le sai pas.

On joue beaucoup à Neuchatel c'est tout le mal que j'en sai dans ce moment.

Adieu, Monsieur, recevez les assurances de la consideration & de l'attachement que je vous ai voués il y a longtems

T. de Ch.

Ce 27 Dec. 1790

A Monsieur/Monsieur le Baron de Chambrier/Ministre de sa majesté/Prussienne auprès de sa/Majesté Sarde/a *Turin*

749. *De Marie-Claude Estièvre de Trémauville, 1791–1792*

je suis malade comme un chien! je ne sais rien faire que de me coucher · je vous prie madame, de dire a mr de charierre que je ne puis pas joûer aux echets aujourd'huy – je n'ai pas le sens commun et je vais finir par me mettre dans mon lit =

voila une réponse a henri[1]: voyez ce que vous devriez dire a cela = je suivrai cette correspondance avec grand plaisir

Sans mon mal de tète la pluye, et le vent ne m'empêcheroient pas d'aller faire votre comette = je rénoncerais a ma triste philosophie, qui me fait plus de mal que de bien

a Madame/Madame de Charièrre

Hombourg pres de Frankfort sur
le mein, *2 Janv 1791*

Ma chere Amie, Il y a 22 ans que j'avois le delicieux plaisir de vous voir devant mon lit a loccasion de la naissance de Marie,[1] ne reluiront ils plus ces beaux jours, et ne vous reverrai-je j'amais?, j'aime toujours a men flatter · j'ai reçu votre lettre l'hiver non pas le printen passé, dans la chambre de mes filles malades de la rougole, Cristine[2] la eu facillement Belletje[2] fut en grand danger, pendant 12 nuit je ne dormis pas j'etois levée ou couchée avec mes habits, enfin les rougoles qui ne sortoit pas se montrerent, la maladie allat mal, et il lui a fallu des soins dont on ne se fait pas d'idée pour prevenir que la poitrine ne fut attaquée, j'avois un bon medecin, comme la femme de Chambre etoit malade et que la veuve de Klos[3] n'avoit point eu les rougoles, tout les soins nuit et jour tomberent sur moi – mes filles retablie je pris la fievre tierce, et apres six acces bien violent elle diminua, la belle saison arrive je me retablis · au bout de six semaines la fievre revint j'usqu'a trois fois, et sans lareter par du Quinquina elle me quitta je me remis peu a peu et me crus quitte de la faculté, mais je me trompois; Cristine tombe de deux escalier, le pied reste accroché elle se le demet, et même il y a du cassé dans la cheville, vous dépaindre mon état est innutile, le pied se remet, 4 semaines de soins d'inquietudes se passent, elle a un excelent Chirugien, et marche au bout de 4 semaines, et au bout de deux mois il n'en est plus question, mais les premiers jours on neglige de la saigné on la traitte mal, et j'ai à redouter des abset, le malheur étoit arrivé a Hombourg ou le Chirugie n'est pas bien traitté – Ma Santé Souffre de nouveaux et Cristine guerie le medecin deut reconmancer Ses remedes pour moi; enfin je me remet et me rends a Frankfort,[4] ou j'ai passé deux mois dans le Grand monde dans le beau monde, cette varieté ma fait du bien, nous avons apeupres tout vu et joui de la Société · Belle a été admirée on etoit enchanté d'elle – nous avons été 3 fois a la Cour[5] l'Imperatrice[6] et la Raine de naples[7] a été tres polie, la raine de Naples est extrémement aimable, nous avons fait des connoissances de toutes les Cours et avons été Contente de ce sejour, j'ai pris mes précoutions contre les accidens, et j'ai reussi. les medecin et Chirugien n'ont pas été des nautres, je suis revenue a Hombourg car j'ai quitté Hanau n'ayant plus besoin de voir mon medecin tous les jours · je n'aime pas Hanau.

a Hombourg j'ai eu la visite de Mr du Paquier,[8] qui ma fait grand plaisir Sa femme étoit resté a Frankfort.

Belletje est aussi aucuppé et engouée de musique qu'il est possible et elle a du talens s'applique infiniment, elle vous verrois avec bien du plaisir elle en meurt d'envie, mais ce d.... d'argent le Couronnement a donné des frais et 8 mois de malades – tous mes domestiques lont été et mon fils Jan[9] avoit une thou qui minquiettois souvent – il n'est donc pas surprenant que je ne vous ai plus ecris; apresent nous sommes tous assé bien portant j'ai eu un rhumatisme pendant 3 semaines mais sans fievre le principal est bien. Jan est a Brandenburg a la Academie, Mad de Perponcher ma écris une fois de Brunswic mais elle ne se porte pas absolument bien, les dernieres fatigues des noces [10] et le voyage lont derangée, j'attans de ses nouvelles avec impatiences

Si vous avez quelques jolie musique pas trop difficile pour le Clavesin et le Chant envoyé la a Belle, elle chante votre air l'amour est un enfant trompeur[11]

Ce 6 Janv

avant de fermer ma lettre je puis vous donner de bonnes nouvelles de Mad de Per qui mecrit quelle se porte mieux et sort – adieu ma chere amie mes amitiés a mons\' de Charriere

a/Madame/Madame de Charriere/nee de Tuyll/a *Colombier* pres *Neufchatel*/en *Suisse*

751. *A Caroline de Chambrier, 3 janvier 1791*

Quand je vous vois à votre amant
Donner quelque louange,
J'admire un fait assurement
Non moins heureux qu'etrange.

L'amour affuble d'un bandeau
Les yeux du sot vulgaire,
Mais vous Iris de son flambeau
Je crois qu'il vous éclaire.

Bien aveugler de si bons yeux,
Vrayment c'est trop pretendre;
Il faut, dit le plus fin des Dieux,
Tout autrement m'y prendre.

Qu'en son amant à la beauté
Se joigne une ame exquise
Que plus ses yeux ont de clarté
Plus elle en soit eprise.

Ce 3ᵉ Janvier de l'année 1791, belle année, où commencera[1] pour Caroline & Alphonse un bonheur inalterable à ce que j'espere.
savez vous pourquoi j'ai barbouillé ces lignes? J'ai les larmes aux yeux.

752. *A Isabelle de Charrière à Caroline de Chambrier, 4 janvier 1791*

Je me suis amusée hier ma belle à chanter la petite chanson & à l'enseigner à Mˡˡᵉ Moula ce qui n'etoit pas aisé parceque je changeois chaque fois
le dernier couplet. Pour le premier je le savois mieux l'ayant fait en lisant
votre dernier billet mais il m'etoit venu tant de lettres à ecrire que son
camarade s'etoit fait attendre jusqu'a hier. Voici comment je l'ai chanté
tout à l'heure en me reveillant

A bien fermer de si bons yeux
Comment oser pretendre!
Il faut, dit le plus fin des Dieux,
Tout autrement m'y prendre.

Oui pour Iris on trouvera
amant fait de maniere
Que mieux cette belle y vera
Plus il devra lui plaire.[1]

Choisissez, faites, defaites, mais de façon ou d'autre chantez à Don Alphonse ce que je pense de lui.
Vous m'avez donc trouvé bien mechante? Oh la bonne personne que
vous etes, vous! M'ayant dit que vous ne fermiez le billet à Zingarelli que
parcequ'il n'etoit point amusant vous me laissiez la permission de lire un
peu à travers & par le trou de la serrure; eh bien qu'ai-je lu? *Mᵉ de Ch.
dit: Il suivra sans le croire* &c. Ah! la petite hipocrite qui se recrie & s'indigne
& puis envoye la griffe du Diable par dessus les monts! Votre billet est
parti Jeudi dernier[1] seulement. J'ai voulu attendre que j'eusse une lettre
del Signor & quelque bonne nouvelle à lui dire. J'ai eu l'un et l'autre. Zingarelli me mande qu'il est arrivé heureusement à Milan & que son opera[2]
a ete fait en 9 jours. que pourtant il y a des morceaux d'ensemble assez
considerables & des recitatifs obligés. Il etoit fatigué. Cela n'est pas etonnant. C'est la mort de Cesar qu'il a mise en musique. D'un autre coté, *les
femmes* sont entre les mains de Laïs et du comité. C'est a dire le poëme · on

n'examinera la partition que lorsqu'on aura dit ce que l'on pensoit du poëme. Laïs a promis de faire tous ses efforts pour faire accepter & reussir. J'ai ecrit que quoiqu'on pensat du poeme je priois qu'on essayat la musique parce qu'il y avoit dans tout cela un ensemble qui pouvoit ramener les suffrages. C'est en effet ce que je trouve; musique & poesie se sont surveillés si bien qu'a[2] l'egard de l'accord & de l'unité peu de petites choses de ce genre valent nos *femmes*.

Je me flatte ma belle d'avoir bientot une lettre de vous en attendant la visite promise.

Aurez vous votre premiere annonce[3] Dimanche ou le Dimanche d'après?

Disons un mot encore de ma *mechanceté* Je conviens que soit pour fraper ou caresser ma main n'est pas *main morte*. Vous avez ri *bonnes gens.* Voila ce qui entretient dans la perversité quiconque vous aime & desire vous amuser autant que je le fais. Je vous assure que je rens bien justice à Zingarelli & pour tout dire je souhaite de tout mon cœur qu'il revienne; mais pour dire comme vous que tel qu'il est il me plaise, non je ne saurais. on disoit à une femme qui s'etonnoit que tel homme eut pu inspirer une passion: *Madame vous a t-il aimée?* Je dirois aussi a ceux qui me trouveroient trop peu enchantée de Zin: *Vous a t-il brutalisés?*

Ce qu'il y a de plaisant c'est l'admiration que cette brusquerie & cette malhonneteté inspiroit par tout à la ronde. *Il n'est point flateur,* disoit on, *c'est M^e de Ch. qui l'oblige c'est*[3] *d'elle qu'il peut attendre des services... eh bien c'est-elle qu'il contredit tout le jour.* J'en ai ri bien des fois, & suis venue à croire que s'il m'avoit battue on l'auroit tout-à fait canonisé.

Adieu mon très cher aigle. J'ai eu[4] des nouvelles de Me du Paquier[4] j'ai receu plusieurs lettres du Constant

J'ai beaucoup de choses à faire & un opera[5] sur le tapis. Je vous embrasse de toute mon ame.

Ce mardi a 10 heure gelant de froid dans mon lit à deux lieue de toute etincelle.

a Mademoiselle/Mademoiselle Caroline/Chambrier/a *Neuchatel*

---

753. *De Rosalie de Constant, 4 janvier 1791*

---

je crois avoir compris Madame la leçon que vous avés bien voulu me donner je la relis lorsquil me vient quelque idée a mon clavecin et je la soumets à la regle que vous m'avés donnée j'aime a vous avoir quelque obligation et a trouver quelque pretexte de m'adresser a vous, par exemple je voudrais savoir vous redire tout ce que j'ai entendu l'autre jour sur Caliste Si vous eussiés ecouté a la porte je crois que vous n'auriés plus

trouvé que M^de de Stael ait trop d'esprit ce n'est point avec une fausse chaleur ni avec des expressions recherchées qu'elle la louait c'etait avec un
sentiment vif et vrai jamais un roman une situation ne l'ont plus interessée, mais lui disait on cet homme n'est point interessant – les hommes
interessans sont rares c'est dans l'ame d'une femme qui aime que peut se
trouver la vraie delicatesse le desinteressement et l'heroisme* et qui sut
aimer comme Caliste! – mais pourquoi se marier pourquoi forcer son
cœur a deux parjures – les circonstances, la maniere dont la société est etablie..... d'ailleurs les faiblesses les vices memes sont dans la nature si on
veut la peindre il faut les placer dans le tableau surtout lorsquils sont
rachetés par un sentiment sublime et par des vertus, je vous rends bien
mal tout cela Madame croyés je vous en prie que cela fut dit avec bien
plus d'esprit et d'interet cela fut aussi beaucoup plus long, c'est une
femme bien etonnante, le sentiment qu'elle fait naitre est absolument different de celui que toute autre femme peut inspirer · ces mots douceur
graces modestie envie de plaire maintien usage du monde ne peuvent etre
employés en parlant d'elle mais on est entrainé subjugué par la force de
son genie il suit une route nouvelle c'est un feu qui vous eclaire qui vous
eblouit quelques fois mais qui ne peut vous laisser froid et tranquille, son
esprit est trop superieur pour faire valoir celui des autres et pour que personne puisse en avoir avec elle, lorsqu'elle est a quelque endroit la plus
part des gens deviennent spectateurs elle est seule sur la scene ou s'y
quelqu'un ose s'y placer un moment tout l'avantage du raisonnement et
de la dispute est de son coté et l'admiration quelle inspire fait qu'on lui
pardonne sa superiorité lorsmeme qu'on en est l'objet, elle demanda si
vous n'ecriviés plus Madame et comme elle aime mieux lire que chanter
elle s'affligea de ce qu'on lui dit que la musique occupait votre tems et
votre pensée, je lui ai entendu lire sa comedie des Sentimens Secrets,[1]
comme drame on pourrait peutetre la critiquer mais elle est ecrite delicieusement il y a des vers et des tirades charmantes des pensées et des situations nouvelles, nous avons lu aussi jeanne Gray[2] ce n'est point une bonne
piece mais c'est aussi l'ouvrage du Genie elles sont toutes deux l'ouvrage
de sa premiere jeunesse · sa tragedie de Montmorenci[3] quelle vient de
faire est bien superieure disent tous ceux qui l'ont entendue · a la beauté
de la poesie elle a joint des caracteres et une action vraiment Dramatique,
on est etonné de trouver chés cette femme singuliere une sorte de bonhomie et d'enfance[4] qui lui ote toute apparence de pedanterie · j'ai revu
aussi M^de la D^sse de Castries[5] qui m'a beaucoup parlé de Zingarelli elle n'a
point reçu de reponse de lui elle l'aime elle s'interesse a lui il allait souvent
essayer chés elle les morceaux de musique qu'il voulait donner au public

* l'histoire de leur cœur est celle de leur vie
vers de la comedie des Sentimens Secrets[1] de M^de de Stael

elle fait cas de sa composition mais elle ne croit pas que ce soit absolument la faute de Marmontel si Antigone[6] est tombé, je ne comprends pas Madame ce que vous me disiés de son habit ni pourquoi vous auriés voulu que sa parure fut plus brillante ne fautil pas toujours avoir l'air de ce quon est et pourquoi un musicien aurait il l'exterieur d'un financier, on sait que les arts et la fortune se trouvent rarement ensemble et si par hasard il[1] sont reunis l'un etoufe toujours l'autre · la nature a bien arrangé cela et avec plus de justice quil ne parait c'est dans la tete des artistes qu'elle a placé les jouissances et le bonheur ils n'ont pas besoin de ce bien etre phisique qui distrairait et apesantirait leur genie, votre opera est il arrivé heureusement Madame en entendrons nous parler? ce titre *les femmes* n'annonce point ce quil peut etre j'espere que vous n'en aurés pas dit du mal c'est d'après vous que vous les aurés peintes et tout cela tournera a leur gloire, il y a une jolie romance[7] dans les Sentimens Secrets M[de] de Stael ma demandé d'y faire un air, j'aurais bien une idée mais je n'ose m'y livrer, le rithme l'harmonie ces deux mots me persecutent il me semble quils sont toujours contre moi et quils se plaignent du tort que je leur fais si je pouvais voir quelques fois Zingarelli je pouvais[2] vous faire des questions peutetre viendraisje a bout de ce que je veux par exemple lorsque le theme d'un air se repete sur d'autres paroles et que la prosodie est blessée ne peuton sans faire tort au rithme donner une autre valeur aux memes nottes par exemple dans un mouvement a 3/8 si la premiere mesure est de 3 croches la seconde d'une noire et un point ne puisje pas au 3eme vers lorsque le meme passage revient placer differemment les 4 memes nottes en mettant dans la premiere mesure 1 noire et 1 croche et dans la seconde 1 noire et 1 croche · je compte sur votre bonté Madame il vous est si facile de m'aider que je me fais moins de scrupule de vous le demander veuillés recevoir mes excuses et mes respects

chabliere mardi 4 janvier

754. *A Benjamin Constant, 8 janvier 1791*

Ce 8e Janvier 1791

J'ai tout receu. Dabord une lettre[1] qui m'a presque fachée Il me sembloit qu'elle n'etoit ni de vous ni à moi. & j'aurois volontiers chargé quelque Cideville ou Albergotti[2] de repondre.[1] C'etoit bien superflu alors de me dire que vous lisiez les lettres de Voltaire, (on le voyoit bien au stile)[2] & c'est toujours bien inutile de me dire du bien de cet homme qui louoit, prêtoit, donnoit quand il avoit quelque service à demander quelque livre ou piece de theatre à faire applaudir & qui hors de là ne se mettoit en peine de personne qui n'aima jamais personne, pas même sa Chatelet,[3] & qui sut si aprement haïr & si cruellement dechirer ceux[3)] qui avoient le moins du monde egratigné son amour propre.

Roquet[4] aimable et joli & caressant est venu bientot prendre la place du disciple de Voltaire. Comme il a été reçeu! Comme Barbet a ri! comme il a passé sa patte sur le front de Roquet. Jamais Roquet n'a été accueilli de la sorte. Barbet auroit bien vite griffoné la reponse demandée qu'il auroit addressé *à Roquet chez le cousin de Roquet seigneur de Fantaisie* si heureusement des lettres très pressées n'eussent pris son temps. La reponse se faisoit à part soi; la nuit le soir en allant et venant en parlant à d'autres, seulement elle ne s'ecrivoit point mais on alloit l'ecrire quand une troisieme lettre[5] est venu dire que ce n'etoit pas en Hollande qui[4)] faloit envoyer ce qu'on ecriroit. Cette derniere lettre m'a touchée & occupée & m'occupe & me touche.

Mais avant d'en venir à ce qui vous etant personnel est vrayment interressant je vous demanderai pourquoi chercher sans cesse le *pourquoi* de notre existence? Puisque nous existons il faloit bien que nous existassions. Qui vous dit qu'il y ait dans tout cela un seul choix de fait, un seul acte de[5)] volonté vrayment libre? Nous sommes convenez en merveilleusement faits pour exister. Je viens de lire le courier de l'Europe.[6] Il y a eu en angleterre[6)] d'affreux ouragans comme jamais on n'en avoit vu & bien peu de gens ont peri. Un seul paquebot, & quelques matelots, que[7)] la foudre[8)] choisissoit ça & là loin les uns des autres. Dans la nouvelle Hollande[7] les transportés presque sans vetemens & sans nouriture vivent. Une femme s'est jettée deux fois le même jour dans la Tamise, & deux fois on l'a sauvée. Elle a été ramenée chez elle dans un fiacre. Elle etoit Espagnole c'est comme exprès qu'un homme qui entendoit l'espagnol s'est trouvé là pour savoir qui elle etoit et en pouvoir prendre soin. Laissons les pourquoi & admirons l'admirable concert de toutes choses pour faire que ce monde soit & dure. Et quant à la peine qu'on se donne pour presque rien il faut bien ou être comme le caillou ou comme l'huitre ou comme nous sommes. Le mouvement necessaire pour que nous ne vegetions pas absolument doit nous etre donné comme il l'est par des craintes ou des esperances, petites, trompeuses Vous me parlez de tout cela avec beaucoup d'esprit & montrer de l'esprit[9)] ne vous donne point de peine · autrement je vous dirois à quoi bon aussi se tourmenter pour discuter le à[10)] quoi bon de tout ce qu'on fait & de tout ce qu'on voit? Dieu n'a pas eu au bout du compte plus de peine à tout faire que vous n'en avez à écrire avec esprit, n'a pas eu besoin d'un autre à quoi bon; il a créé comme nous causons & il en resulte que nous sommes et causons. Que cela soit bien ou mal nous n'y pouvons rien, & ce n'est ce me semble que dans des momens de desespoir que ce *pourquoi?* tout inutile qu'il est nous convient a dire il soulage il exhale notre douleur. Hors de là existons tout doucement & de bonne grace.

Parlons de vous. Je suis fort aise que vous ne soyez pas parti par un temps & par des chemins horribles. Je ne dirai rien de la cause de ce delai. (Je me suis imposé un silence religieux sur tout ce qui peut venir de[11] cette personne[8] là,) mais l'effet m'est très agreable. Ce voyage même dans une plus belle saison me paroitroit facheux; dailleurs après tout ce que vous avez dit & ecrit je ne vois pas ce que vous pouvez de plus dans cette affaire. on a ce me semble travaillé sur l'equité & le bon sens autant qu'il etoit possible & je croirois à vue de pays[9] que ce sont desormais des juris-consultes qui doivent parler & ecrire faire valoir les loix les formes les usages.[12] Peut-être que le Hollandois seroit mieux entendu que le fran-çois de mes compatriotes. Enfin vous voila encore au coin de votre feu[13] ecoutant le mediocre air que l'on chante et desirant la continuation du chant pour eviter la surprise & le mal aise que donne une interruption. Vous voyez que je vous ai bien compris. Je vous comprenois bien aussi quand vous disiez que cette vie si longue de Voltaire passée devant vous très en detail et pourtant toute passée & finie, vous attristoit. J'ai eprouvé cela pour la 1ᵉ fois en lisant Sᵗ Evremont. Cet homme se faisant gay tou-jours malgré la vieillesse & n'ayant pu[14] s'empecher de mourir me donna une tristesse si grande que j'en ai conservé une antipathie pour les beaux esprits épicuriens. Sans sa grace extreme anacreon[10] ne trouveroit pas grace devant moi. Jamais je n'ai pu aimer beaucoup les Chaulieu Chapelle Bachaumont[11] tant cités & à mon gré pour si peu de chose. Quelquefois les Chroniques me font le même effet lugubre. Je me souviens qu'en lisant dans le siecle de Louis 14 ou dans le president Heynaut[12] un cata-logue de gens celebres tous ces morts mirent mon esprit en grand deuil. Cela m'a un peu passé depuis que je crains moins la mort pour moi même. Dans Millot[13] ce qui m'a frapé c'est la sottise des françois, la sottise des negociateurs des negociations, de ces soi disant graves affaires politiques diplomatiques où des catins, des complaisans, le hazard, quelque mal entendu ont toujours une part si grande. A propos de cela je conviens que j'ai eu de l'engouement pour Bailly & la Fayette. Je les veux[15] encore du bien. Quant à la Democratie & l'ariscratie,[16] les Democrates & les aris-tocrates je dirois volontiers le contraire de ce que dit un jour le Chirur-gien Cabanis.[14] Aimez vous mieux, lui disoit-on, qu'un bras soit cassé que démis? J'aime tout repondit-il. Moi, je n'aime rien. Tout cela est trop mechant, trop vilain, trop malheureux. Pour pardonner aux uns il faut que je songe aux autres. Que dites vous de Therese le vasseur erigée en heroïne interressante & respectable & à qui la nation donne à [vie 1200][17] £ de pension[15]? Je suis fort aise que vous payez vos dettes. Je trouve ce petit bien dans votre situation pardessus beaucoup d'autres situations, que si vous vous demandez pourquoi suis-je ici? vous avez quelque chose à vous repondre. Vous pouvez dire parceque j'y ai dequoi vivre à mon aise, parceque j'y aurai de quoi payer ce que je dois. La chêvre peut avoir un

plus ou moins beau pré à brouter, mais mieux vaut je crois un mediocre
pré & y être attaché que de brouter partout à l'aventure, esperant toujours
du thim & de la marjolaine & ne trouvant souvent qu'orties & chardons
ou se lassant même du thim & de la marjolaine & cherchant ce qui ne
croit nulle part.   Je ne suis pas de votre avis, du tout, relativement
à vous même. Vous vous plaigniez du *décousu* il y a trois ans comme
aujourdhui & peut-être avec plus de raison. La triste affaire a fixé vos
esprits errans. Vous vous etes accoutumé à vous occuper longtems d'une
même chose à la voir sous tous ses aspects, à la developper aux autres sans
luxe de stile avec clarté & simplicité. Vous avez appris ce que tot ou tard
il faut apprendre à menager l'amour propre d'autrui à regarder votre
esprit moins comme vous[18] donnant des privileges que comme vous
imposant des obligations, & devant se faire pardonner plutot que comme
faisant pardonner d'autres choses. outre cela vous vous etes fait beaucoup
[   ]

755. *De Marie-Claude Estièvre de Trémauville, entre mi-janvier et mi-février*
     1791

[   ]
la pluye m'a empêchée d'aller au biez – jai ecrit; la reponse est que vous
pouvez madame adresser trois ou quatre exemplaires que m^r de monregard[1] vous remettra aussi tot. je n'enverrai pas le billet parceque le
Secretaire[2] a paris ne feroit pas la commission; mais s'il est tems et que
vous vouliés bien en demander trois a mr gregoire[3] cela me fera grand
plaisir = Si vous voulez envoyer des lettres a la poste: a 5: heures j'enverrai a neuchatel.
        recevés mon hommage madame.

756. *A Jean-Pierre de Chambrier d'Oleyres, 19 janvier 1791*

[   ]
Il employe, je le vois, le verd & le sec, il fait fleche de tout bois, cet ex
ministre de moi detesté,[1] dans sa trompeuse ou puerile eloquence. Son
precieux *confortable* employé serieusement signifieroit qui *restaure* qui est
propre à *comforter* à *fortifier*. mais son usage ordinaire est de peindre le bien
être qu'on a eprouvé, ou qu'on eprouve, ou qu'une chose est propre à
faire eprouver dans les situations circomscrittes & momentanées de la vie.
Etre assis autour d'une table à thé en hiver auprès du feu en petite compagnie est *confortable*. S'il y a des allans & venans, du bruit, du lait repandu,
de la fumée on n'a point passé sa soirée *confortably* (confortablement) C'est

si bien à ce petit employ que le mot s'en tient qu'il ne se dit point pour
une partie de plaisir nombreuse pour un bal; pour quelque chose qui se
passe en plein air ou dans une grande salle. Il[1)] exclut bien toute idée
d'eparpillement mais il ne presente pas celle de l'accord dans ce[2)] qui est
compliqué & a beaucoup d'etendue. Jamais on n'a dit qu'un palais qu'une
grande ville fussent *confortablement* batis: qu'un concert fut *confor-*
tablement arrangé, qu'un feu d'artifice fut *confortablement* disposé; je vous
laisse à penser Monsieur si les anglois disent qu'une constitution soit ou
ne soit pas *confortable*? Dit-on de la machine de Marly[2] qu'elle soit bien
agencée, du telescope de Herschel qu'il soit bien *ajusté*? d'un discours de
Bossuet qu'il est bien *troussé*? a la bonne heure qu'on dise que dans toutes
les affaires M. de Calonne n'a fait que *manigancer* vilainement. *Confortable*
a un petit frere *snug* qui l'accompagne très souvent mais[3)] qui isole & renferme plus etroitement les objets que lui. Je crois que si j'etois la maitresse
du monde je ferois passer quelques années à M. de Calonne dans un
endroit où il seroit si non *confortably* du moins *very snug*. Son logement,
son diner, sa societé, tout seroit aussi *snug* que possible.   Pendant que
ma bile est en mouvement parlons un peu du bienfaiteur Vaudreuil.[3]
Celui qui peut énumerer aussi fademment & minutieusement ses bienfaits
peut aussi les exagerer; mais suposé qu'il ne les exagere pas il n'a pu trouver que de bien viles gens qui voulussent les recevoir, & ceux là etoient
des ingrats en herbe qu'il auroit du reconnoitre pour ce qu'ils etoient. Ici
le protecteur & le protegé me paroissent digne l'un de l'autre. Mais tout
de bon croyez vous qu'un protecteur *françois* fasse jamais *pour rien* de
grand frais[4)] en faveur d'un protegé? Ces messieurs ne sont magnifiques
qu'envers ceux qui servent leurs plaisirs & leur vanité. Ce sont alors des
domestiques mieux payés que d'autres parceque leurs services sont plus
precieux & que moins de gens sont capables d'en rendre de pareils: une
fois hors de service à quelle reconnoissance sont-ils tenus? L'ingratitude
dont on parle souvent comme de quelque chose de commun ne se fait
pourtant pas connoitre à tout le monde. Soit bonheur soit bêtise je n'ai
jamais eu à m'en plaindre; il me semble pourtant que j'ai quelque fois
cherché à servir mon prochain. Et vous Monsieur qui etes genereux &
officieux plus que personne je parierois bien que vous ne vous plaignez
pas des ingrats. Mais il y a des gens qui aprecient ce qu'ils font relativement aux[5)] autres & ce que[6)] font les autres relativement à eux de maniere
qu'ils ne trouvent que cela sur leur chemin. Les pauvres gens! ils sont assez
malheureux pour que je voulusse pouvoir les plaindre. Ce que j'en dis
n'est pas par affection pour M. de Champfort[4] qui n'y eut-il que son
remarquable orgueil & sa pedante fatuité seroit loin d'avoir fait ma conquête · Cependant il y a une petite circomstance qui justifieroit un peu
sa conduite avec les aristocrate depuis la revolution Il ne se cachoit pas
dans le tems qu'il vivoit avec eux de son aversion pour les distinctions

de naissance. Voici comment je le sai. La premiere fois que je le vis j'eus le bonheur de le surprendre très avantageusement. La seconde je ne pus m'empecher de le contrarier & de me moquer un peu de lui; alors il me reprit tous les eloges qu'il m'avoit donné. *Elle a eu de l'esprit*, disoit-il. Il y avoit de cela 3 semaines on lui fit la petite niche de mettre dans un paquet de livres qu'on lui renvoyoit les lettres Neuchateloises, & le 1ᵉʳ volume, le[7] seul qui eut paru, de celles de Lausanne. Ensuite on lui demanda s'il les avoit lues[8] & ce qu'il en pensoit; il les loua beaucoup & quand il eut tout dit on lui nomma l'auteur. Eh bien, dit-il, je ne me retracte pas; *Je pense très diferemment sur la noblesse & j'en fais profession*, mais du reste &c &c. C'est à lui que j'ai entendu[9] dire de M. de Narbonne [5] *Il a de l'esprit jusqu'à m'etonner moi! moi! moi!* Je ne lis guere M. de Condorcet[6] mais il me semble qu'il n'aduloit pas excessivement Frederik II. Mais quand cela seroit & qu'il s'en dedit ils ne font autre chose tous ces messieurs, & ce Frederik n'etoit-il pas homme de lettres aussi sur ce point autant pour le moins que sur les autres? Parloit-il *aux* gens & *des* gens de la même maniere? comment ecrivoit-il à Joseph[7] & comment a t-il parlé de lui?

Mᶫᶫᵉ Moula est ici. Elle a deja feuilleté *I raggiri*[8] & m'en fera entendre quelques airs. Il faut que je trouve le moyen de vous faire avoir une fois ou l'autre *Les femmes* ou du moins le poëme & quelques airs. Peut-être conviendra t-on autour de vous [si l'on se pique d'être sincere & de savoir mettre de coté les preventions] peut-être conviendra t-on qu'il n'est pas impossible de faire des vers françois qui ne rendent pas la bonne musique impossible. *Cependant* est un malheureux mot qu'il faut eviter. Je n'avois jamais songé à lui sous ce point de vue mais je pense qu'il se sera tenu à l'ecart sentant son indignité. Je ne me souviens point qu'il[10] soit entré dans mon petit opera. Parci par là les Italiens ont bien aussi leurs mots durs; & leurs frases, même leurs vers, leurs vers lyriques, peu agreables. Je me souviens d'un ariette[9] qui commence par

Doppo un tuo sguardo ingrata
Forse non partirei....

Ce premier vers est-il bien doux? Il faut beaucoup de soin je l'avoue quand on fait des vers en francois pour les chanter, mais n'importe. Ce n'est pas toujours ce qui est facile qui reussit le mieux. La dificulté tend l'esprit, & force l'industrie à s'aiguiser à se tourmenter pour[11] chercher des ressources. Voici le premier couplet de la chanson que chante une soubrette dans *les femmes*.[10] J'avois fait moimême l'air avant les paroles; dites moi de bonne foi je vous en prie si vous les trouvez dures.

Sur un malheur peu serieux
C'est trop verser de larmes.
Les pleurs nuiront à vos beaux yeux
Et terniront vos charmes.

> Perdant jadis un tendre amant,
> Plus beau que n'est le votre,
> Le seul remède à mon tourment
> Fut d'en reprendre un autre.

Je me suis donnée une licence dans le Chœur que j'ai[12] placé à la fin de la piece. Il n'y a que de rimes masculines excepté dans ce petit morceau à voix seule & encore vous verrez comment la rime feminine est exotiquement employée[13] [C'est trop petit je ne veux pas vous faire mal aux yeux]

> Femme tendre & fidelle
> Est un present des cieux
> Très rare & precieux.
>
> (Au parterre) L'avez vous? l'auriez vous?
> Seriez vous son epoux?
> Conservez la telle;
> N'ayez que pour elle
> Un cœur & des yeux.

Si cela plait d'autres en pouront faire autant & les *e* muets affadiront moins de frases musicales. Si les poetes avoient été un peu plus musiciens il y auroit eu quelques reproches de moins à faire aux opera françois. On s'occupe à Paris de mon petit ouvrage. M. d'aigalliers & M. de Ferriere,[11] tous deux deputés de la ci devant noblesse à l'assemblée nationale l'affectionnent & le protegent. M. d'aigalliers est allé plusieurs fois chez Laïs. On va copier les roles pour rendre l'essai de la musique plus facile & plus agreable · enfin j'espere que *ç'a ira*.[12] A present il me faut vous solliciter. Les artistes ont leurs *raggiri* comme l'amour, ou sont eux mêmes[14] des *raggiri* car je m'imagine qu'un *raggiro* est une girouette. Zingarelli me charge de vous prier de lui faire donner à composer pour Turin[15] le second opera de l'année 92. Dernierement il ne vouloit plus travailler pour le theatre en Italie. Il aura repris gout à ce travail en faisant *la mort de Cesar* à Milan. Selon ce qu'il m'ecrit il a autant de succès que le permettent la mauvaise voix de la prima donna, & le peu de talent du tenore. Trois morceaux de musique ont été redemandés à chaque representation. Je connois vos bontés pour cet honnête homme, j'ai mille fois eprouvé votre complaisance pour moi, ainsi je ne mets pas en doute que si la chose depend de vous Monsieur elle est comme obtenue.

Je voudrois bien vous envoyer l'Eologe[16] de Rousseau ne fut-ce qu'à cause des nottes & d'un petit avertissement de l'editeur. Si vous n'aviez pas deja lu le discours je rognerois les marges & vous l'enverois par la poste, mais dans ces tems *incertains* il ne[17] faut pas faire payer si cher un très petit plaisir.

Les recrues qui ont passé sous nos fenêtres ont un peu occupé pendant quelques jours. Les premieres etoient à pied. La seconde troupe[18] plus pressée sans doute & moins nombreuse etoit dans une voiture. Vous saurez mieux que moi qu'on n'a pas desiré quelles sejournassent à St Aubin, & qu'au premier abord on les a mal receues à Concise & à Iverdun mais qu'ensuite la politesse des Bernois a été grande.[13]

Me Portalès respire encore c'est tout ce qu'on peut dire. Même ceux qui la voyent doutent que ce soit elle qui respire. On la dit entierement meconnoissable Elle n'est pas seulement changée elle est autre. Je crois que ses regrets à la vie sont aussi finis.

M. du P.[14] n'avoit pas encore preché quand sa femme m'a ecrit dernierement. Je crains entre nous soit dit que la fantaisie du monarque pour des sermons françois ne soit passée.

M. Ostervald[15] est parti pour[19)] Paris dans une cariole qui n'a pu aller que jusqu'à Motiers. Là il a acheté une belle voiture de M. Bois de la Tour.[16] Il me semble qu'il doit être plaisant à voir à Paris. Puisse t-il en rapporter sa fortune & pas trop de choses avec!

Me Pury la colonelle[17] est très malade. Me de Vassy contre laquelle Me du Peyrou avoit prevenu le public tant qu'elle avoit pu commence a etre connue & à plaire. Adieu Monsieur recevez mes salutations très humbles & l'assurance de mon attachement qui accompagne toute la consideration que vous meritez

Ce 19e Janv. 1791[20)]   T. de Ch.

757. *De Gabriel-François de Brueys baron d'Aigaliers, 20 janvier 1791*

a Paris le 20 Janvier 1791

Vous me voyés, Madame, honteux & desesperé de n'avoir encore rien de nouveau à vous apprendre sur une chose qui eut du marcher d'elle même, au lieu de resister à tous nos efforts pour la faire avancer. Si quelque chose peut diminuer ma confusion & adoucir ma peine c'est que je ne pense pas qui que ce soit qui eut été chargé de vos interests, on eut[1)] pu obtenir plus de succès que je n'en ai eu, les circonstances seules ayant fait naitre les obstacles, & que d'un autre coté le retard qu'éprouve la reception de votre ouvrage n'est point une annonce de refus, tout me faisant esperer au contraire qu'il finira par être accueilli comme il le mérite, & que sa réussite au théatre vous dédommagera de l'incertitude où l'on vous tient depuis si long temps. Je passe au recit des faits.

Depuis que je n'ai eu l'honneur de vous écrire, j'ai vu lays[1] au moins vingt fois, soit chés lui soit au Magasin de l'opera où il est presque tous les jours en Comité. Je vai peut etre me repeter, mais n'importe. Nous étions convenus Lays & moi qu'il proposeroit au comité d'entendre la lecture de la piece. Je devois fournir un lecteur; j'eus beau chercher, je n'en trouvai point. l'abbé de lille[2] à qui je m'etois adressé ne put m'en indiquer aucun. Il se seroit offert; mais disoit-il & avec raison, il est presque aveugle. lays se chargea alors de lire lui même; je lui laissai le Manuscrit. tous les deux ou trois jours j'allois m'informer si la lecture avoit été faite. toujours mêmes réponces. Tantot c'etoit Kora[3] qu'on avoit repeté tantot quelque differend elevé entre le Comité & la Municipalité; & toujours assurances positives qu'aucune autre lecture n'avoit eu lieu. Ce fut ce que me dit encore avant hyer lays, en me donnant sa parole que votre ouvrage seroit le premier lu. Voici une autre formalité dont il m'a instruit; outre la lecture faite par le Comité, il faut un rapport d'un homme de lettres pour l'admission de quelque ouvrage que ce soit. Celui chargé des rapports des nouveaux opera est un Monsieur Vatteville[4] si je ne me trompe, lequel etoit autrefois chargé de l'article des spectacles dans les petites affiches. J'ai pris des précautions pour chercher à nous rendre ce Monsieur favorable, & avant deux ou trois jours je l'aurai vu moi même, ou lui aurai fait parler par quelqu'un qui ait quelque crédit auprès de lui. Voila où en sont les choses. la lecture & le rapport faits, & la piece agrée, comme je ne doute pas qu'elle ne le soit, j'ai prié lays, & il s'y est engagé, de faire de cet ouvrage comme s'il étoit sien, c'est a dire, de faire lui même copier les parties, de distribuer les roles, d'indiquer & de hater les premieres repetitions de la Musique en me faisant avertir des jours ou elles auroient lieu, & m'adressant les copistes pour le payement de leur travail. en ajoutant à ce peu de faits l'assurance de mettre toujours le même zele à vous servir, je vous aurai instruite de tout ce qu'il est en mon pouvoir de vous apprendre. Vous devés etre bien certaine que je ne vous laisserai rien ignorer de ce qui se passera de nouveau.

Il faut bien vous dire un mot de cette Kora qui s'est trouvée si mal à propos sur votre chemin. Je ne sais de qui sont les paroles. la Musique est d'un jeune homme nommé Méhul, qui a donné à la Comedie italienne Euphrosine,[5] qui a eu du succès. Il a été moins heureux dans Kora. la premiere representation fut donnée Mardi dernier. Je n'y etois pas, mais je sus dès le soir même qu'elle n'avoit pas réussi. on y trouvoit des longueurs, des reminiscences & en général peu de chant. Je fus avant hyer à la seconde representation. la salle étoit deserte. lays que j'avois vu le matin m'avoit prevenu qu'on avoit fait des retranchemens. Quelques personnes de bonne volonté crioient de temps en temps Bravo, mais l'ouvrage eut encore assés peu de succès. Je ne pourrois point trop en juger ne l'ayant vu que cette fois. en tout je trouve que c'est un opera comme bien d'autres, qu'on va voir quand on n'a rien de mieux à faire & qu'on oublie en remontant en voiture. Il y a d'assés belles décorations.[6]

Je mettrai après demain à la poste à votre adresse, sous le contreseing de l'assemblée & sans autre avertissement le premier volume d'un ouvrage en 2 tomes de Mr de Ferrieres[7] & le Vendredi suivant je vous adresserai également le second volume. C'est un hommage qu'il vous prie de vouloir bien agréer. l'abbé de lille qui l'a lu en est fort content.

Je ne repons pas à toutes les observations contenues dans votre derniere lettre[8] du 21 du mois dernier, mais vous pouvés etre sure que je les suivrai exactement lors des premieres répétitions de la Musique.

Toujours pressé par le temps, je ne puis non plus entrer dans quelque détail sur ce que vous avés éprouvé de quelques uns de M^{rs} de l'Academie Françoise; Ils ont peut etre entre eux de certaines conventions d'apres lesquelles ils portent leurs jugemens, & qu'il faudroit connoitre pour se les rendre favorables. c'est je pense un très petit malheur que de leur déplaire en corps

> Ces quarante illustres têtes
> Ne sont pas en grand crédit;
> Tous, à part ont de l'esprit,
> Mais ensemble, Ah! qu'ils sont bettes.[9]

Veuillés je vous en prie, Madame me donner de vos nouvelles, & recevoir toujours avec bonté l'hommage de mon respect & de mon attachement.

758. *De Benjamin Constant, 21 janvier 1791*

B.[1] ce 21. 1791

J'ai été très capot de voir s'écouler un mois[2] sans rien recevoir de vous. je compte aprésent recevoir plusieurs lettres de suite, & si je me trompe je serai très en colère & je me tairai. non certainement je ne pourrois être d'aucune utilité a mon Pere; mon voiage n'auroit fait que me mettre sur les dents[3] & le ruiner, cependant vous pouvez être sure que plusieurs bonnes ames me font un grand crime d'avoir obéi & d'etre resté ici. Marianne Dulcinée[4] ma écrit une belle lettre en style poétique & oratoire ou elle parle de cœurs déchirés & d'entrailles navrées & ou elle m'insinue plusieurs reproches excessivement amers tout en assurant qu'elle est loin de me rien reprocher. mon Père est plus juste & je suis de nouveau très bien avec lui. Je ne répondrai pas a Dulcinée, elle a besoin d'evacuer de grands mots; & je ne veux pas la troubler dans cette importante opération. oui, la Nature ou Dieu, s'il existe, ce dont je doute tous les Jours plus, Dieu ou la Nature ont tout fort bien arrangé dans ce monde pour la conservation de l'Espèce, mais assez mal pour le bonheur des Individus. il y a dans votre plaidoier en faveur de leurs arrangemens un faux foncier qui m'a fait rire. les terribles ouragans qui ont eu lieu n'ont dites vous couté la vie qu'a quelques matelots & fait périr qu'un seul paquebot. mais avouez que ce paquebot & ces matelots ont tout autant lieu de se plaindre que si la Nature entière avoit partagé leur sort. une Espagnole a été sauvée,

mais vingt mille femmes ont péri en différens tems, & *lescape*[5] miracu-
leuse de votre Espagnole ne prouve rien. tout est bien pour l'Espèce j'en
conviens: mais presque tout est mal pour les Individus & comme l'Espèce
est un Etre abstrait, & les Individus des Etres sensibles j'aimerois autant
tout autre arrangement que celuici. ce n'est pas comme me trouvant dans
des circonstances affligeantes que je me plains de la vie: je suis parvenu
a ce point de desabusement que je ne saurais que désirer si tout dépendait
de moi, & que je suis convaincu que je ne serais dans aucune situation plus
heureux que je ne le suis. cette Conviction & le sentiment profond &
constant de la briéveté de la vie me fait tomber le livre ou la plume, des
mains toutes les fois que j'étudie. les plaisirs du monde, la société, les amusemens bruyans, insipides etouffans ou monotones qu'on substitue a
d'autres plaisirs je ne dirai pas plus solides, mais plus faciles, me sont désagréables parce qu'ils ne parlent ni au cœur ni a l'Esprit. les plaisirs de
l'Esprit, les seuls que je goute, nont plus assez de charme pour moi pour
fixer mon attention: desorte que je passe ma vie dans une pénible &
inquiète paresse, avec le sentiment que je pourrais mieux emploier mon
tems, le regret vague de le voir s'ecouler a ne rien faire & la conviction
que tout ce que je ferais ne serviroit a rien & qu'au bout de 50 ans tout
revient au même. il y a dit Rétif,[6] dans le cœur de l'homme, une sorte
d'Espérance qui repand son coloris sur tous les objets, mais qui passe rarement la 25ᵉ année de notre vie. j'en aurai bientot 24 & il y en a longtems
que mon Espérance en a eu 25. bref, je ne suis, ne serai, ne puis être heureux. j'ai eu comme tout le monde mon tems d'illusion: il est passé. peut-
être un peu plus desprit que n'en ont quelques autres me rend plus insensible qu'eux aux dédommagemens que la société cette réunion sans but
d'etres sans interets reciproques parait offrir. peutetre aije le malheur de
sentir trop ce que tant d'écrivains ont repeté, en agissant comme s'ils n'en
croioient rien, que toutes nos poursuites, tous nos efforts, tout ce que
nous tentons fesons, changeons, ne sont que des jeux de quelques
momens & ne peuvent mener qu'a un anéantissement très prochain, que
par conséquent nous n'avons pas plus de motifs pour acquérir de la gloire
pour conquérir un Empire, ou pour faire un bon livre que nous n'en
avons pour faire une promenade ou une partie de whist, que le tems indépendant de nous va d'un pas égal, & nous entraine egalement, soit que
nous dormions ou veillions, agissions ou nous tenions dans une inaction
totale. cette vérité triviale & toujours oubliée est toujours présente a mon
esprit, & me rend presqu'insensible a tout. ne pouvant croire aux promesses sans preuves & mystérieuses d'une Religion absurde a beaucoup
d'égards, & ne voiant aucune présomption en faveur des espérances d'une
philosophie qui ne consiste qu'en mots, je ne vois ici que beaucoup de
peines inévitables, parcequ'elles tourmentent ceux que j'aime, ou ont sur
moi une influence physique, très peu de plaisirs, & fort insipides, parce-

que j'ai perdu pour jamais l'Espérance qui les embellit ou plutot les crée, & au bout de cela, plutot ou plutard le néant. ma lettre ne vous égaiera pas. mais je vous aime tendrement. la votre m'a fait le plus grand plaisir. écrivez moi vite. adieu il est minuit.

il faut absolument que dans peu nous passions encore 2 mois ensemble a Colombier. J'espère l'Eté de 1792 être en Suisse, sans ma femme qui est un peu dégoutée des Voiages, & je fixerai my headquarters[7] a Colombier. cela me reconciliera avec la vie. mais vous me trouverez bien changé.

a Madame/Madame de Charrière/née de Tuyll/a Colombier/près de Neufchatel/en Suisse/fco Francfort.

759. *A Benjamin Constant, 8–12 février 1791*

Ce 8ᵉ Fevr. 1791

J'ai lu votre lettre[1] avec plaisir douleur surprise & les larmes aux yeux. Si je ne repons pas à tout ce n'est pas que je ne sache tout par cœur. Je ne demande pas mieux que de vous écrire. ai-je jamais tardé longtems? n'ai-je pas été plutot longue & diffuse que seche ou trop laconique? Depuis le tems où je vous ecrivis cette lettre que vous m'avez remontrée ici je n'ai jamais eu un tort même au fond de mon cœur relativement à vous. S'il m'est arrivé de m'en plaindre ça été pour avoir au moins le plaisir d'en parler. Et depuis le petit moment que vous passates ici lorsque Mᵉ de Leveville y etoit mourante[2] j'ai bien compris que vous ne m'oublieriez nulle part ni jamais & qu'il ne faloit vous savoir mauvais gré de rien que vous pouriez dire ou faire.   Je tacherai d'avoir les lettres N.[3] pour vous les envoyer. Si vous ecrivez quelque chose pensez que vous ferez quelque bien ou quelque plaisir; Que par ci par là vous reprimerez un sentiment malveuillant, en attenuerez un douloureux, ferez couler quelque douce larmes et alors vous ne vous direz plus: *que cela reviendra au même*; en verité il faut sortir un peu de soi pour n'être pas trop malheureux comme il faut sortir de chez soi quand les maitres s'y boudent que les domestiques s'y querellent, que les cheminées fument & cetera. Certains livres sont comme des lettres ecrites à des camarades qu'on a en quelque lieu[1)] on ne sait pas où ni leurs noms,★ peut-être ne naitront-ils que dans 10 ou 20 ans mais ils sont ou seront car pourquoi un homme n'aurait-il personne qui lui ressemblat? Ecrivez à vos camarades. Vous savez qu'ils ont grand besoin qu'on leur dise de tems en tems un mot selon leur cœur. Peut-être seront-ils à quelque cour d'al.[4]

★ J'allois oublier dans cette notte que je ne voulois rien particulariser.[2)]

274

Ce 12ᵉ Fevrier.

Depuis que ma lettre est commencée il a fait extremement froid & j'ai été un peu malade. Pour ressource j'ai joué avec Me de Tremauville & M. de Ch. à la comète jeu renouvellé de mon enfance & qui m'amuse assez. Quand je ne suis pas distraite je joue assez bien, mais pour peu que je pense a autre chose je fais d'horribles bevues, je perds, je me fache, enfin cela ne m'ennuye pas.   Me Portalès[3)] ne souffre plus.[5] Quelque semaines avant sa mort elle a compris que la mort etoit inevitable. Son despotisme & son impatience ont fini aussitot & hors quelques instans de douleur tantot vive & tenant du desespoir tantot plus sourde et s'exhalant en larmes, elle s'est montrée resignée & courageuse. Je crains pourtant qu'elle n'ait manqué de caractere & de franchise jusqu'au bout. Que son testament[6] n'ait été suggeré par une femme artificieuse qui la subjuguoit, qu'elle n'ait oublié de pourvoir au sort de deux ou trois personnes qui ont tout souffert d'elle & pour elle, & tout cela en recommandant les pauvres en faisant des excuses à ses domestiques en remerciant tout le monde. Nous verrons. Il ne faut pas medire sur de simples soupçons. Le testament ne sera ouvert qu'au retour du mari. On n'a parlé que de cette femme pendant sa maladie & encore apresent. avec peu d'esprit & une beauté mediocre mais beaucoup de graces & de talens, & une grande fortune dont elle ne disposoit qu'a la derobée elle a occupé le public & sa societé intime pendant vingt ans & plus. Elle etoit si aimable avec les etrangers avec les survenans que ceux de sa maison qu'elle venoit de brusquer en etoient subjugués eux mêmes. Une pauvre parente,[7] vrai souffre douleur est comme de pierre depuis sa mort. En revanche un homme qu'elle cherissoit le charmant colonel sandoz[8] jouoit à la chambre deux heures après quelle fut expirée & s'est montré paré à son enterrement. Ses deux freres[9] dansoient au bal qu'elle etoit deja comme à l'agonie Vrayment on a vu dans cette occasion des choses extraordinaires ou du moins qui m'ont surprise moi qui suis encore neuve au monde quoique je sois dans la vie depuis fort longtems. Dans ce moment ma femme de chambre me dit que le peuple parle (comme moi sur des soupçons)[4)] du testament de Me Pourtalès & qu'on trouve bien mauvais qu'elle ait disposé de quelque chose. Son dernier sejour à Geneve a dit-on plus couté que toute sa dot & sa part du bien de ses pere & mere ne valoit. Si c'est en haine de Me Caroline de Luse sa belle sœur[10] que le public parle ainsi la croyant favorisée[5)] je lui en sai gré. Cette femme vaut a elle seule toute une cour corrompue. Elle est bien avec l'amant adoré de sa belle sœur qu'elle caressoit, servoit, trompoit, extorquoit Je ne sai pas si elle vient à bout de la pleurer. Je n'ai vu encore que deux femmes pleurer[6)] (des larmes) quand elles vouloient. La Pr. Gallitzin[11] & Me du Peyrou. C'est un joli don.

On a ici Burke[12] que je n'ai pas pu lire, Calonne[13] que je n'ai pas essayé de lire; Mounier[14] que j'ai lu avec assez d'interet. Un perruquier[15] creancier de M. de Mirabeau qu'il avoit non seulement coifé mais alimenté, a été deputé de franche comté pour voir s'il s'assembloit des troupes dans ce pays pour la contrerevolution. on l'avoit choisi parce qu'il connoissoit le terrein ayant longtems coifé des têtes Neuchaloises. Deja d'autres regardeurs[16] etoient venus mais ils avoient beau dire qu'on ne voyoit rien que l'armée s'il y en avoit une etoit etoit[7] invisible on a encore depeché le perruquier pour y regarder de plus près. Il disoit a quelqu'un: Quoique m^r de de[8] Mirabeau me doive beaucoup & ne songe pas à me payer je l'aime & je lui rendrois encore service. – Je n'en dirai pas autant je le traite dans ma pensée à l'egal de Marie Antoinette de M. de Calonne &c. La defiance des frontieres est dit-on partout comme à Pontarlier à Morteau[17] à Besançon. En ce cas là comment la contrerevolution seroit-elle[9] possible? Les aristocrates commencent à avouer que le peuple quoique mourant de faim ne se plaint pas & prefere tout au retour de l'ancien regime. A paris les ouvriers n'ont rien à faire les marchands ne vendent pas, les domestiques sont sur le pavé, mais ils ont quelque part à l'autorité ou ils esperent en avoir une. M^c de Lessert ecrit que ce sentiment flateur console tout le monde. on parle encore parci par là *des puissances: c'est la cause des Rois* dit-on emphatiquement. Il me semble alors que je vois quelqu'un s'affubler des habits de sa grand', grand', mere. *Les puissances* pouront bien n'avoir plus que leurs deux bras chacune pour toute force & *leur cause* ainsi soutenue que deviendra-t-elle? Adieu je ne tarderai pas à vous écrire. Je suis fachée de ce bouillon qui a jailli sur ma premiere feuille; quand il fait froid & qu'on ecrit dans son lit & qu'on y boit & mange son dejeuner les mal adresses ne sont pas surprenantes Vous aussi ecrivez moi, & aimez moi bien. Quoique de loin cela m'est fort doux.

760. *A Caroline de Chambrier, 15 février 1791*

Ce 15 Fevrier 1791

Dormez vous pour le tout[1] le monde ma belle ou ne dormez vous que pour moi? Quoiqu'il en soit si votre[2] sommeil est doux je n'ai garde de me plaindre. S'il ne l'est pas tachez d'en sortir. Je crois que vous etes trop paresseuse pour me contredire & que vous n'etes pas assez convaincue de la bonté de mes petits conseils pour les suivre. En ce cas là parlez d'autre chose. Je ne demande point du tout à vous gouverner. On le croiroit peut-être à la vivacité de mes expressions que je trouverai bien mauvais qu'on n'en tienne compte mais on se tromperoit entierement.   Il y a un an que vous n'etiez pas si silencieuse; ce n'est rien qu'un peu de silence mais quelque fois a se taire longtems on perd l'habitude de parler. J'ai souvent mes migraines mais suportables, & d'autres grands derangemens de santé mais[3] qui ne m'empechent pas de bien m'amuser à ma musique. Zingarelli vous a ecrit & à moi & à la petite Pettavel[1] & à M. de Ch.[2] & à Mlle Henriette,[3] & il est un tant soit peu fou, & je crois que tous ces si honnetes gens ont la tête un peu fêlée, & M. le ministre[4] n'a pas osé hier me dire absolument[4] que non. adieu.

a Mademoiselle/Mademoiselle Caroline/Chambrier/a *Neuchatel*

761. *De Piere-Alexandre Du Peyrou, 18–19 février 1791*

Vendredi soir 18 fev[r]

Je n'ai pù vous faire ce matin ma réponse à votre dernier billet, ayant passé cette matinée comme celle de hier à avaler des eaux ameres et purgatives dont un derangement precedent m'avoit fait un besoin absolù. Je n'ai personne à la haye a qui je puisse donner l'ordre que vous indiquez, et je n'ai point d'occasion ni d'ecrire dans ce pays ny de voir Fauche, mais il me semble qu'il seroit plus court et plus naturel de vous entendre avec lui, et de faire un revirement de vos creances mutuelles, puisqu'elles sont presque de la meme valeur f 25.9[s] a 15.[Btz] donant L.38.3.6 argent d'ici, et 52[LL] de f[cc] fais[t] L.36.8[s] egalement d'ici. La petite difference peut se retrouver sur quelques fournitures, et cette difference meme ne provenant que de la forte estimation du florin à 15 B[tz] Tandis qu'a la rigeur on ne devroit l'evaluer que 14 b[tz] arg[t] de Berne, ce qui reduiroit le florin à L 37.8.[s] de ce pais. Or cette difference vaudroit à peine le port de la lettre a ecrire pour cet objet.

J'enverrai tantot chez Fauche savoir sil a apporté de Paris l'Eloge de Rousseau. Il doit m'avoir empletté[1] Duclos,[2] mais qui n'arrivera qu'avec un ballot d'autres livres, ainsi en attendant que mon exemplaire m'arrive, si le votre est oisif je serai bien aise de l'avoir.

Je suis etonné que parmie vos essais du Burgmester Caas,[3] vous ne l'ayéz pas essayé en *fondüe*.[4] J'ai dans l'idée que ce seroit la meilleure manière de l'emploier; et comme je ne mange plus de fondues, cette idée reste à verifier.

Vous aurez joué bien de malheur, si après les pleins pouvoirs donnés à Laïs et le zelle de M[r] d'esgallier, les femmes[5] tardent à paroitre. Bonsoir Madame.

Sammedi matin

Je recois une lettre de M[r] De Ch. à laquelle je repondrai au premier jour, mais en attendant et pendant que j'y pense je lui demande de la part de Mad[e] De Montrond le renvoi de l'opinion de L'abbé Maury sur la constitution du Clergé,[6] supposé qu'il n'en ait plus besoin, et je le prie de

s'informer auprès de Mad^e De Tremauville du livre de Mad^e Gauthier[7]
auprès de qui je dois le reclamer.

a Madame/Madame De Charriere/*a Colombier*

762. *De Caroline de Chambrier, 23–25 février 1791(?)*

Vous pouvez être sure que je ne suis pour rien du tout dans les vapeurs
de Mme S:[1] elles existoient non pas avant que son fils pensat à se marier,
mais même avant que lui & moi existassions; je sais de personnes qui connoissent cette maison depuis toûjours que Mr Perrot[2] grand père d'al:[3]
disoit, qu'il passoit une partie de sa vie à tranquiliser tantot sa femme, tantot sa fille qui dans leurs vapeurs étoient sans cesse en doute sur leur amitié
réciproque; aussi bien que sur celle de leurs maris & ainsi de tous leurs
alantours: actuellement on accable al: un peu plus que les autres individus,
parce que, je crois qu'il est plus patient qu'eux & qu'il souffre sans se
plaindre. vous vous trompez en croyant que mon mariage est la cause ou
aumoins l'objet de ses maux, ce seroit pour elle un remède s'il y en avoit
pour ce mal; je ne me fais point illusion là dessus · une Lettre qu'elle
écrivit à ma mère pendant notre séjours au marais[4] me l'a prouvé. depuis
lors un jour, le seul, depuis 4 mois où ses vapeurs l'ayent un peu quittée
elle me fit dire par son fils qui venoit au marais, beaucoup de choses amicales tendres même. rien du tout ne m'empêcheroit d'aller la voir si je
croyois qu'il put y avoir quelque avantage à faire cette visite: je ne me
suis jamais arétée qu'aux fonds & presque point aux formes des choses.
Bon soir ma très chère Amie, je vous prie aumoins que jamais ces détails
concernants la maison S: ne soyent sûs que de vous; conséquemment ne
laissez pas trainer mes lettres qui en traitent. adieu je ne sais quand je pourois finir celle ci, je vais veiller ma Tante[5] & demain je serais obligée de
consacrer une couple d'heures au sommeil; vous savez que nous ne nous
passons pas facilement l'un de l'autre.

mercredi à 8 heures & demie du soir.

Votre bien né[6] m'a fait grand plaisir si j'avois été courtisan de S:M.
j'aurois sûrement fait ensorte que cette brochure fut lue de lui; je me
trompe, en disant courtisant, car personne n'est éloigné plus qu'eux de
laisser aprocher des malheureux qu'ils environnent ce qui pouroit leur
être réellement utile, eh bien je me suposerais donc zélée sujette & amie
de mon Roy.

Mme Tremauville a continué le jour qu'elle fut ici a me faire beaucoup
d'amitié une fois à l'assemblée je passois près du lieu où elle étoit elle me
prit la main & me la serra. je ne puis m'empêcher de croire que votre idée

sur son compte est fondée, & qu'il faut qu'en qualité de femme elle ait découvert quelque chose d'attrayant dans ma personne; je ne comprens pas d'ailleurs ce qui pouroit l'avoir faite passer si subitement d'une extrémité à l'autre.

Mlle Wagner[7] m'écrit qu'elle est fort sensible à votre souvenir.

Voulez vous bien dire à M[r] de C:[8] que le relieur[9] se recommande pour avoir toûjours son ouvrage de ce genre; je veux tâcher de faire en sorte qu'il quitte St Blaise & aille plutot s'établir du côté de Colombier où il risquera moins de manquer d'occupation; si vous voyez ce pauvre homme il exciteroit votre compassion; il est si miserable & si honnête hier en aportant ces livres il m'a fait tout le détail de ces tristes circonstances. il m'a demandé 23 piécettes je n'ai pas marchandé, il m'a dit qu'il ne gagnoit presque rien sur des livres de cette grosseur Bon jour Cher Enfant.

vendredi à midi

j'ai toûjours oublié ma petite brosse des dents chez vous, Henriette voudroit elle bien me la renvoyer.

763. D'Anne-Caroline Tronchin-Boissier, 26 février 1791

Vous avés trouvé le moyen madame de convertir l'intéret que je prennois à mlle Judith[1] en obligation réele, puis quelle m'a valut la charmante lettre que je recus de vous: je vous en aurois à l'instant témoigné ma sensible reconnoissance si mon tems n'avoit été tristement remplis alors, auprès de mlle Tronchin[2] dont létat étoit depuis longtems désespéré, il à été ensuite entremélé d'une prise d'arme[3] qui malgré le pouvoir de l'habitude à toujours celui démouvoir, et si je revenois plus en arriere je pourrois encore me justifier ayant été persécutée de maux de dents nerveux – c'est votre lettre madame qui m'appris que vous me mènagiés un plaisir en m'apprenant que léloge de Rousseau étoit de vous. jugés si les démarches m'ont coutés pour me le procurer, j'envoyois à la minute parcourir tous nos Libraires pas un seul exemplaire nulle part; enfin je vais penser et très à propos à Mr. de Salgas, si vous aviés eu la bonté de penser un peu plus à mon empréssement à le lire j'aurois un double remerciement à vous faire en le tenant de vous; il m'imposa l'a condition de le renvoyer bien vite attendu que diverses personnes le sollicitoit de le leur prêter, je me suis inscrite d'abord pour le relire, ensuite pour le procurer à mon Beau Pere[4] qui étoit bien tentés de juger d'avance madame combien la maniere de traiter le sujet lui sera supérieure, Rousseau n'a jamais été son Heros, et si vous lui en faites un tort madame vous lui rendrés justice sur sa maniere de vous apprécier, nous parlons assés souvent de vous ensembles pour ne pas quitter le ton de l'eloge, cela m'authorisera à vous dire avec une franchise sans reserve ce que je pourrois démêler du jugement qu'il en portèra. Je ne vous fatiguerai pas madame de tristes et ennuyeux déttails sur notre Politique, outre les complots du dehors, nous nous mèlons aussi de parfaite égalité, les natifs la reclament, les habitans y prétendent; les Paisans se joignent à eux, et si vous joignés à cela les conversations éternelles sur le mème texte, et une tête trop foible pour contenir tous les événements du siècle vous me pardonnerés surement madame de répondre si mal à vôtre lettre après avoir autant tardé à le faire: Je me flatte que vos succès à la comédie à l'opéra à l'academie vous distrayent agréablement de toutes les manœuvres Politiques, et que vous voudrés bien croire à la sincerité de mes sentiments dans toute leur etendue,

A Caroline Tronchin

Permètés moi madame de vous demander la grace de me donner quelques fois de vos nouvelles, et celle de me rappeller bien particulierement au souvenir de Mr. de Chaꝼieres, j'en conserve un bien reconnoissant des bontés de mademoiselle sa sœur, et de l'accueil dont vous daignates tous m'honorer à Colombier; j'ai souvent repensé madame à ce lit blanc qu'une sotte discrétion me fit refuser, les Pèches étoient très bonnes, je les savourent encore et je n'oublierai jamais tout ce que je dois au voyage de Paris, qui me rapprocha de vous – mad Gallatin[5] est très touchée de l'article de vôtre lettre pour elle madame elle veut être particulierment nommée dans celle ci et si je vous rendoit toutes les tendresses empréssées de la Boissiere je laisseroit encore échapper ce Courier.

Samedi à midi 26. Fevrier.

764. *A Caroline de Chambrier, 2 mars 1791*

Faites tenir ceci tout de suite ma belle je vous prie. sans les curiosités & indiscretions Irisiennes[1] je l'enverois tout droit. Je dis *tout de suite.*
Je n'ai plus mal à la tête mais à 11 heure du soir j'y avois encore mal. au reste on se fait à tout car je chantois & composois dans mon lit.

Babillarde Immortelle
Echo que t'ai-je fait?
Tais toi-tais-toi cruelle
Et garde mon secret.[2]

Cela vaut mieux direz vous que de gronder comme vous faisiez à 11 heure du matin. Au reste je me flatte que vous aurez pris ma mauvaise humeur pour ce qu'elle etoit…. je ne sais ce que je dis! *mauvaise humeur* est *mauvaise humeur*. Ne donnons pas dans le galimathias comme tant d'autres. Le nom de Z.³ a reveillé un grognon chat qui dormoit. J'ai bien pensé à vous ma belle hier & plus favorablement que je n'avois commencé. C'est assez ma coutume je plaide pour &¹⁾ contre, contre & pour ceux que j'aime. Après avoir un peu fait le procès d'une certaine apathie je me suis rapellée quantité de traits de bienveuillante activité. Après le: je l'aime comme cela. – & le: pour moi, quant à moi, vis a vis de moi je n'ai qu'à m'en louer – je me suis rapellée bien de sacrifices genereux de ce *moi*. Savez vous bien que vous ne devez vous etonner de rien de ce qu'on fait pour ses amis. Qu'est-ce que ma demande auprès de m. S. en comparaison de votre perseverance & patience dans la famille desunie de votre nourice?⁴ Adieu.

Venez quand vous voudrez ma belle. Adieu ce *mercredi matin*. Ecrivez moi un mot. La medaille⁵ est-elle donnée? Comment se porte Alphonse?²⁾

a Mademoiselle/Mademoiselle Caroline Chambrier/a *Neuchatel*.

Si Mademoiselle Chambrier n'etoit pas chez elle je prie qu'on lui porte ma lettre tout de suite.

765. *A Benjamin Constant, 3 mars 1791*

Ce 3ᵉ Mars¹⁾ 1791

Je comptois fermement sur une lettre par le courier de samedi ou celui de mardi.¹ Mais point. Il n'est rien venu. Ce ne seroit rien d'attendre mais je vous crois toujours quand vous tardez à ecrire ou malade ou faché contre moi, & ne pouvant faire des conjectures detaillées sur le mal que vous pouvez avoir je m'attache à cette seconde supposition & recapitule anxieusement la lettre à laquelle vous auriez pu repondre. Quand je n'y trouve rien du tout qui ait pu vous facher je pense que c'est faute de me la rapeller assez bien. Ce n'est pas là tant s'en faut une maniere douce de m'occuper de vous. Je voulus vous ecrire lundi il n'y eut pas moyen la migraine fut la plus forte. Fachée de devoir attendre à samedi j'aurois essayé du courier de mardi dont je ne sai pas s'il ne rejoint point à Berne ou à Soleure celui du lundi mais la migraine fut plus forte encore que la veille. Depuis quelque tems quand j'ai bien souffert un jour d'un coté de ma tête le lendemain c'est de l'autre. Le mal dura près de 48 heures. J'ai depuis quelques jours tant de mal aise, des battemens d'arteres si frequens dans les reins sous les côtes & partout que je me suis imaginée que tout alloit finir par un derangement total & mortel. Cependant les très bons intervalles que cela me laisse me font penser quelque fois que cela n'est pas si serieux. Mon sort, ma vie, me paroissent parfois bien singuliers mais à ce compte tout seroit singulier, & beaucoup de singulier devient le contraire de singulier. C'est du commun qui n'etonne que par de petites diferences aussi variées qu'il y a d'individus. Vous par exemple qu'on avoit fait galopper de connoissances en connoissances, d'ambition en ambition vous voila de bien bonne heure à l'ecurie[2] ne pouvant presque faire un pas même en imagination sans vous heurter contre un rattelier une crèche une chaine

Et tous ces princes vagabonds... & cette Reine de france Et ce Calonne, & ce Necker. a propos sa petite Republique reçoit de si fortes secousses que je pense qu'elle va s'ecrouler bientot. on ecrit de Paris que l'intention de la propagande est d'en faire le 2ᵉ tome d'avignon.[2] J'ai vu hier la copie de deux lettres l'une de M. Tronchin[3] Labat,[3] l'autre de je ne sai qui mais raisonnée & pertinente; je crois qu'elles disent vrai. on a fait partir une Mᵉ de Gaud,[4] qui a paru aux genevois un emissaire des Jacobins, un M. de Cambri[5] a jugé prudent de s'en aller aussi. M. Prevost m'a ecrit[6] montant la garde. La premiere tentative qui etoit un veritable assaut a été repoussée mais le dedans fermente & le dehors travaille avec activité.

Vous savez que M. de Rhulieres est mort.[7] On le dit empoisonné. Il avoit fait une relation du 5 & 6 oct.[8] et a eu l'imprudence de la lire. on dit que c'etoit un chef d'œuvre. Un soir il soupe avec du monde paroissant fort bien, se trouve mal après souper, se retire chez lui & meurt. Voila ce qu'on m'a dit mais on fait tant de contes! Je n'ai garde de rien demander à Mᵉ Saurin. La question même lui paroitroit dangereuse pour elle. Elle n'ose rien ecrire que des lieux communs lenitivement democrates. *M. Rhulieres est un mechant homme de moins. Nous n'aimons pas le dernier ecrit de M. Mounier... Un très honnête homme n'auroit pas pu se le permettre.* J'ai pris la liberté de contredire vigoureusement cette assertion. Enragés, brigands,[4] badauds, poltrons, voilà avec un petit nombre[5] d'honnêtes gens qui gemissent & attendent pour agir[6] qu'ils puissent faire quelque bien voila la nation françoise actuelle. Et cette bisarre[7] allemagne qu'est-ce qui s'y passe interieurement? Je vous avoue que j'en suis très curieuse. Que des troupes se laissent mener en alsace en Loraine soit mais que là elles ne disent pas adieu a Mʳˢ le[8] Caporaux sergens capitaine generaux se mettant a boire & à manger avec les françois pillant même la caisse militaire le peut-on esperer? Un melange de sagesse & de hazard avoit creé la subordination du grand au petit nombre. Un melange de vexations & de hazards ayant commencé à la detruire je ne puis imaginer comment on arretera la destruction. C'est bien le cas du filet si je ne me trompe

Une maille rompue emporta tout l'ouvrage.[9]

Ils essayent (ou en font semblant) de faire un autre filet plus doux plus large plus clair mais je doute qu'il tienne. je doute même qu'il s'acheve.

C'est assez parler de choses generales. Que faites vous, vous? Vous m'avez dit des choses si tendres si bien faites pour m'occuper & puis rien. Pourquoi cela? Songeriez vous à faire un voyage? Jamais Prince Pere famille public ne vous le pardonneroit; & si vous faisiez beaucoup de chagrin vous ne vous le pardonneriez pas vous même. Vous n'auriez qu'une personne à qui il seroit impossible de vous en vouloir intimement quoiqu'à l'exterieur il falut bien qu'elle vous blamat aussi, mais cette une personne n'est pas assez surtout contre votre propre blame que vous ne pouriez eviter.

J'ai ri de moi même ces jours ci a l'occasion de cette petite Judith ma protegée que j'envoye en Hollande. J'avois compté faire un grand effet sur elle en disant: faites esperer par vos caresses à vos parens que vous leur ferez quelque bien dans l'occasion car si vous n'aimez que vous il faut vous en garder le secret..... Vous vous etes defiée de tout le monde & de moi Vous voyez combien vous vous etes trompée; à present il faut[9] que votre experience & votre independance changent votre conduite comme vos idées[10] à cet egard & vous delivrent de la peine & de l'ennui de dissimuler. Dites tout ce que vous voulez; entre telle, telle, telle, chose vous etes parfaitement maitresse du choix..... Je croyois qu'elle entendroit au moins les lettres où je parlois si bien. Bon! elle est arrivée plus discrette silencieuse renfermée en elle même que je ne l'ai jamais vue. Je crois l'avoir abasourdie pour tout fruit de mon invitation a etre libre franche à se sentir en etat desormais de proteger elle même comme jusqu'à present il a falu qu'elle fut protegée. En revanche elle fait exactement ce que je lui dis, &[11] travaille assiduement à se mettre en etat de bien remplir la place que je lui ai procurée. Elle y sera très propre & je fais un très bon present à ceux à qui je la donne & cela sans faire du tout sur elle l'impression que j'aurois voulu. Elle ne m'a point du tout entendue mais elle m'obeit parfaitement. Et puis parlez au peuple de ses droits, de sa liberté! ce que vous en pourez esperer de mieux c'est qu'il obeisse servilement à vos impulsions Pour peu qu'il vous entendit il renverseroit vos propres plans, car de vous bien entendre & de concourir à quelque chose de sage avec connoissance de cause c'est impossible. Il faut non seulement avoir de l'esprit mais l'avoir exercé dès le berceau pour être capable de raisonnement.

Une Cora tirée[12] des Incas[10] a retardé la marche de *mes femmes*. Cette Cora n'a pas de succès et je la crois actuellement hors du chemin. Je fais comme je vous l'aurai dit deja, un autre ouvrage qui me paroit devenir fort bon. Hier j'ecrivis avec les nottes.

> Babillarde immortelle
> Echo! que t'ai-je fait?
> Tais toi, tais-toi cruelle,
> Et garde mon secret.

L'air etoit si joli que M. de Ch. aplaudit. Adieu. Que n'etes vous là pour critiquer l'ouvrage & faire amitié à l'auteur.

vendredy soir.

Vous m'avés fait un très grand plaisir ma Chere Madame en m'envoyant l'opera Italien,[1] apresent que j'ai un Clavecin, je m'exerce à lire de la musique nouvelle et cela m'amuse extremement.

J'ai eu aujourd'hui une grande Lettre de ma sœur[2] j'etois tentée de vous l'envoyer mais je me suis rapellée que vous n'êtes pas amateur comme moi des Epitres de ma sœur. vous me permetrés pourtant de vous trans-crire ce qui se raporte à vous.

Elle me felicite du plaisir que j'ai gouté dans le sejour que j'ai fait auprès de vous je souhaiterois, ditelle, la baguette des fées pour m'y transporter aussi avec tous les miens, et vous faire juge ainsi que ma chère Mad de Ch : de la figure et du caractere de mes deux fillettes par vos propres yeux je remercie mad de Ch. du fond de mon cœur de l'interret qu'elle prend à moi et des inquietudes que son amitié pour moi lui suggère sur ma susette je les ai anticipées aussi bien qu'elle et suis continuellement sur mes gardes; au reste depuis quelque tems susette est bien plus douce & trai-table, et avec sa sœur il y a bien moins de querelles. quand à la predilection de notre famille ils ne peûvent malgré qu'ils en ayent s'empêcher de faire attention à la cadette par l'affection et la tendresse qu'elle leur temoigne, surtout vis à vis de sa tante, cette pauvre petite en est folle et n'est contente que sur ses genoux &c &c...

je crains de vous ennuyer en continuant, ma sœur me parle beaucoup de melle deMont : et de son Epoux[3] elle les avoient eu la veille à souper, depuis la lettre qu'elle lui avoit ecri en lui disant la reponse de la Reine lors qu'elle m'eût nommée, elle ne lui a plus reparlé de rien et ma sœur n'a pas fait parroitre son petit mecontentement de s'être empressée de parler de moi à la R lors que ma sœur ne l'en avoit pas chargée et qu'au contraire il etoit convenu que ce seroit mr de Guifardiere qui en parle-roit; mais il parroit que même avant cette epoque melle Mont qui avoit confié son mariage à la R lui avoit parlé de sa cousine et par ce que lui a dit la P Royale[4] celle cy etoit instruite de la demarche de melle deMont : melle Gold :[5] à qui ma sœur a conté toute l'affaire s'est fachée contre la mont : et etoit blessée en son particulier qu'elle eut placée sa cousine[6] sans lui en avoir jamais parlé, celle cy a accepté avec joye elle part diton dans quelques semaines avec son Père qui l'accompagne; les P font plus que jamais des amitiés à ma sœur elle passa plusieurs tête à tête avec la P R les deux autres revinrent de Kew où elles etoient allées avec le Roi, elles desirerent voir mr Cooper qui etoit resté en bas auprès de ces dames, cau-serent avec lui, lui montrerent leurs desseins jouerent du clavecin chan-terent enfin furent on ne peut pas plus aimables –

melle de Mont: doit ettre mariée d'hier ma sœur devoit être une de ses accompagnantes à lEglise, la R fait autant de *fuss*[7] de ce mariage que si c'etoit une de ses fille les cadeaux lui pleuvent de toute part –

l'inquietude dont je ne pouvois me deffendre pendant ces huit jours d'incertitude ont influé sur ma santé plus que je ne l'aurois crû et depuis que je vous ai quitté je n'ai pas été bien j'avois perdu l'apetit et le someil et mon côté ne va mieux que depuis deux jours, j'ai pris de la Roubarbe et de la crême de tartre[8] qui je crois me feront du bien; je dessine avec mr sandoz[9] il est assés content de moi et moi beaucoup de lui nous dessinons chés mr marval à nous trois et avec ces messieurs la conversation ajoutte encore a l'agrement du dessein.

jai passé la soirée auprès de melle marval[10] mon dieu comme elle ressemble à son père elle conte tout comme lui, elle vous auroit fait mourir de rire en vous racontant de la famille Ostervald depuis l'heritage entr'autre de la petite Charlotte,[11] on croyoit les voir et les entendre.

mais j'oublie qu'il n'est point aussi plaisant de me lire et je finis mon grifonnage en me recomandant à votre souvenir et vous assurant de toute mon amitié.

m. moula

PS j'ai vû melle Chambrier[12] nous essayerons chacune de notre coté à faire ce que vous demandés

a Madame/Madame de charriere/*a Colombier*

767. *A son frère Vincent, 7 mars 1791*

Ne croyez pas mon cher frere, malgré mon trop[1] long silence que j'aye oublié ni vous ni votre lettre[1] ni les choses obligeantes que vous m'avez dites ni la chose tendre & flateuse que vous avez faite en vous procurant avec empressement mon portrait. Voici comment la chose est allée. On me demandoit instamment mon portrait je l'avois presque promis, je pensai à vous prier de faire faire une seconde copie[2] comme la votre par la même personne Mais une certaine repugnance à multiplier mon image & à m'occuper de ma figure me faisoit hesiter & me rendoit indolente. Il faloit me decider en vous ecrivant & demander ou ne demander pas; il m'en coutoit egalement car[2] aussi ne pas demander c'etoit manquer de complaisance & n'avoir pas un trop bon procedé. Delà un commencement de silence & vous savez comment les silences se prolongent, il en est du silence comme du babil; on se tait ou l'on parle encore parcequ'on s'est mis à se taire ou à parler.

Qu'est devenu le peintre? Dites moi seulement cela sur le chapitre du portrait.

Ah! que j'ai fait de musique depuis ma derniere lettre! J'ai eu pendant trois mois un compositeur Italien[3] fort bon artiste quoique pas fort chaud inventeur. Je voulois des leçons mais nos lecons degeneroient en vives querelles! La routine & l'art d'un coté l'ignorance & le talent de l'autre se[3)] faisoient une guerre affreuse. Joignez à cela que l'Italien est brusque[4)] & têtu et que la Hollandoise est impatiente & entêtée, Au demeurant tous deux les plus honnêtes gens du monde. Voici un echantillon que Mlle Chambrier a retenu & me rapelloit avant hier.

Madame! Votre imagination vous promene – Monsieur et vous, votre opiniatreté vous fixe. Cependant j'ai appris à la volée. M'etant mise à faire un opera[4] (le poeme) je le lui ai donné à mettre en musique, changeant les vers quand ils presentoient[5)] quelque dificulté au musicien, critiquant le musicien quand[6)] il n'exprimoit la pensée du poëte, faisant moimême quelques airs & le theme de quelques autres, & voila comment je me suis exercée & comment j'ai pris de l'habitude de la facilité & même des lumieres sur ce bel art. Notre[7)] petit ouvrage intitulé Les Femmes est à paris entre les mains du comité & des acteurs de l'opera. On le copie, l'examine, l'essaye. Tous les jours j'attens la nouvelle qu'il est receu & va être joué. car je ne doute pas qu'on le reçoive. Il est joli & d'un genre neuf quant au Drame, & quant à la musique elle est sinon très saillante du moins correcte, elegante, agreable, parfaitement d'accord avec les paroles, & outre cela ce merite continu[8)] il y a deux ou trois vrayment[9)] jolis morceaux de Zingarelli, & une chanson de moi qui plaira à tout le monde & que vous entendrez j'espere quelque jour dans les rues d'Utrecht op de Kermes[5] jouée par des Vieles organisées.[6] J'ai fait encore mieux que ça. J'ai fait le Cyclope[7] tiré d'Ovide ou plutot de Theocrite. C'est du moins son Idyle qui m'en donna la premiere idée. Tout le fond de la musique est de moi; Zingarelli n'a fait qu'arranger ajouter corriger. Notre travail nous a couté de vives scenes & des larmes mais enfin c'est un morceau frapant. Pas une notte parasyte. J'ai tourmenté le correcteur. Il l'a refait cinq fois. Il vaut un de vos meilleurs paysages, mais Italien plutot que Flamand. A present je fais, en attendant Zingarelli ou un autre correcteur & faiseur d'accompagnemens tout un opera en trois actes.[8] Le premier acte est fait, poesie & musique[10)] excepté quelques recitatifs que je chante bien dans mon lit mais que je ne sais pas notter ou du moins que je notte fort peniblement tandis que ces Messieurs ecrivent cela comme j'ecris une lettre. Le second acte est fait à demi quant aux vers, & j'ai toute la piece parfaitement dans la tête, jusqu'a la moindre decoration & au moindre pas de deux. C'est mon fort que les airs de danse. Excepté certains remplissage dont je n'ai pas le slag[9] tous les airs de Ballet des femmes sont de moi. Eh bien voila ce qui m'occupe, m'amuse, me divertit, m'attendrit. J'ai auprès de mon Clavessin tous les bergers dansans toutes les bergeres chantantes, les heros, les amans, tout au monde & la nature.[11)] Vous auriez eu un peu plutot la lettre de M. de Ch. si j'avois pu avant hier me depetrer de:

Babillarde immortelle,
Echo! que t'ai-je fait!
Tais toi, tais toi, cruelle,
Et garde mon secret.

Mais ces choses là une fois commencées me tourmentent la migraine la plus violente, ce qu'on me dit ce qu'on fait autour de moi, l'heure de dormir ou de manger ne m'arretent point & avant hier voulant vous ecrire il ne me fut pas possible d'oter ma pensée de dessus son objet. Je pense que vous etes tout de même tantot pour Coelhorst, tantot pour le tableau que vous voulez reparer, & puis aussi pour les devoirs de votre position, soit comme pere de famille soit comme citoyen armé.   Je suis très aise, à propos, que vous soyez reconcilié avec tout le monde.   La paix est bonne surtout avec d'honnetes gens qui pour n'être pas fort selon notre humeur ne laissent pas de meriter les uns notre estime les autres notre affection. On ne parle ici que politique, nous avons des aristocrates françois,[10] très bonnes gens. La Dame vient souvent me voir & jouer à la comete avec moi & souper & se laisser dire des folies car moi je me lasse bien vite de parler serieusement sur des sujets rebattus. Je ne sors point du tout, du tout. J'ai même[12)] trop d'affaires pour presser les gens de me venir voir. Ils sont les maitres. Viennent-ils je les reçois sans me deranger Les arts ne s'accomodent pas de la grande sociabilité, c'est pourquoi Dames & Messieurs y sont si mediocres. Adieu cher Vincent

Avez[13)] vous pu lire cet *adieu cher Vincent* si mignonnement ecrit? Mes yeux deviennent miscrocopiques.[14)] Je crois que c'est parce que j'ecris & lis & vis dans l'obscurité. Adieu. Dites *Bon jour* à ma belle sœur de ma part. Je souhaite qu'elle se porte bien & que les eaux se retirent sans faire trop de mal au pauvre Coelhorst.

Ce 7 Mars 1791

768. *De Pierre-Alexandre Du Peyrou, 22 mars 1791*

Mardi 22. Mars

Vous etiés hier bien aimable et bon enfant, en ecrivant votre billet qui en porte trois temoignages bien caracterisés; Le premier, d'avoir mis tant de prix à un envoy aussi naturel que le mien; le second, d'avoir pensé en voiant ce mauvais tems, au plaisir que me feroit l'envoi du 2eme acte de Zadig, au quel je vous prie de joinde le premier pour completter ce mien plaisir; Le 3eme, de vous etre tourmentée pour corriger une pretendue faute de Geographie qu'avec tout le respect que je porte à l'erudition de M. De Ch., je regarde comme la critique la plus vetilleuse qui lui soit jamais echapée, et qui puisse, je l'en défie, lui echaper jamais. on sait bien que les sources du Nil, un peu mieux connues aujourdhuy, ne l'etoient du tout point du temp de Zadig; mais est il ici question de ces sources? Que dit Zadig, que veut il, que peut il dire? qu'il a parcouru l'Egipte, en longeant les bords du Nil dans toute l'etendue de ce pays qu'arrose le Nil. Laissés donc subsister votre vers;[1] et, si quelqu'un, autre que M. De Ch. savisoit de repeter sa critique, vous et moi aurions beau jeu pour nous egayer à ses depens.

Bonjour Madame.

a Madame/Madame De Charriere/a Colombier

769. *D'Eusebia Jacoba Torck, baronne de Rosendaal-de Rode van Heeckeren,* *22 mars 1791*

J'espere Ma Chere Amie que ma lettre n'arrivera pas trop tard, et que Judith[1] ne sera pas encore partie; ce n'est pas a Zutphen[2] qu'Elle doit aborder comme cela etoit dabord arrangé, mais a Boisleduc oú Elle trouvera M[r] et Me de Rechteren[3] qui vont y passer deux ou trois mois, Elle est attendue avec beaucoup d'impatience, la petite[4] la nomme déja. les embaras qu'entraine necessairement un demenagement avec toute une famille m'ont empeché de repondre plutot a votre derniere lettre, vous nous avés entierement rassurés ma chere Amie, nous vous en remercions beaucoup. la Dame qui a si mal reussie dans le choix d'une fille d'Enfant, est de nouveau pourvue ensorte que je n'ay pu proposer votre Notton;[5] dans ce moment je ne connois personne a qui Elle put convenir mais s'il se presente quelque bonne occasion je ne l'oublierai pas. Je puis vous donner de bonnes nouvelles de Madame de Perponcher, plusieurs personnes qui l'ont vue a Brunswyk m'ont dit qu'Elle paroissoit s'y plaire, et que sa santé s'arrangoit fort bien de ce sejour. Sa fille Belle devient fort aimable, vous savés sans doute qu'Elle entre a la Cour comme dame d'honneur. Madame de Zuylen qui vous ecrit vous mettra mieux au fait que moi de tout ce qui peut vous intéresser. d'ailleurs il est si tard que je n'ay pas un moment a perdre pour envoyer ma lettre.

Je vous prie de me rappeller au souvenir de Monsieur de Charrieres, et d'etre persuadée de mon sincere attachement

La Haye le 22 mars 1791.

a Madame/Madame de Charrieres/a/*Colombier*

Jeudi soir 24 Mars

J'ai relu votre 1ʳ acte[1] d'ou vous avés fait disparoitre le Terrible *parlée*, et motivé ce voile levé d'astarté. Je ne suis pas aussi content de la manière dont vous justifiés ces palissades sautées par Zadig, et je crois qu'il ne faudroit rien en dire, afin qu'on n'y fasse pas attention. Quant a la rime de Loin et de point,[2] on sait bien qu'elle peut passer aux oreilles mais cela fera toujours un vilain effet aux yeux et à l'imagination, ces deux mots etant trop connus pour esquiver la censure des plus ignorans.

Je suis fort aise que vous ne soyez pas pressée pour la Copie parceque Jeannin est très occupé dans ce moment et le sera encore pendant quelque tems soit pour des Ecritures, soit pour des transvasages de vins. Cependant si vous etiés tant soit peu pressée Choppin pourroit venir à votre secours en donnant quelques momens a cette besogne et y mettant sa belle ecriture. Bonsoir Madame.

Pardonnés au scribe qui etoit chargé mais qui a oublié lEnvoi du Billet. Si Mʳ Du P.[3] pouvoit ignorer cet oubli je ne serois pas grondé
recevés mon respect madame

a Madame/Madame De Charriere/*a Colombier*

---

771. *De Benjamin Constant, printemps ou été 1791*

Vous me demandez une profession de foi, une déclaration de principes politiques. Ne peut-on s'entendre sur la liberté sans songer à la définir? Rien n'étant si difficile que de pareilles définitions, on est bien heureux quand on sent qu'elles sont superflues. Comme c'est à propos de nous autres nobles que vous y avez d'abord songé, c'est des privilégiés que je vous parlerai d'abord, et votre question, telle que vous finissez par l'établir, se résoudra chemin faisant, autant que je suis capable de la résoudre dans une lettre, sans une préalable méditation, et avec des dégoûts tels que je viens de vous les confier.

Le révolutionnaire a pu se dire en détruisant les avantages qui étaient propres au clergé et à la noblesse:

1° Cent hommes souffrent: un seul souffrira: donc j'ôte au genre humain quatre-vingt-dix-neuf centièmes de ses souffrances.

2° Ce dont je prive l'homme victime n'étant pas tout ce qu'il avait, lui laissera des regrets moins douloureux que ne le sont les totales privations de beaucoup de ceux à qui je le sacrifie: donc je soulage individuellement ceux que je soulage, plus que je ne fais souffrir ceux que je fais souffrir.

3° Si les regrets de l'homme victime sont excessifs et le portent à une conduite qui finisse par lui ôter ce que je voulais lui laisser, c'est un égoïste fou, dont les regrets, la ruine, la perte, doivent être comptés pour peu de chose.

Je ne vois, ainsi que vous, nulle force dans le premier de ces arguments, et suis parfaitement de votre avis à cet égard, mais il n'en est pas de même des deux autres. Je comprends fort bien comment tel homme les a, non-seulement faits et adoptés, mais s'est indigné de ce que d'autres ne les adoptaient pas. Revenons à notre question, et pour nous préserver de toute émotion qui pourrait nous donner le change, appliquons-la à des objets qui nous soient plus étrangers.

Je suppose qu'une mère avec un seul enfant, étant à l'abri d'un vent glacial, sous un toit, seul abri dont je puisse disposer, une autre mère, avec six enfants, vienne y chercher asile. Si les deux mères et les sept enfants peuvent s'abriter en même temps dans le même lieu, tout s'arrange sans peine. Mais je suppose que le défaut d'espace ou quelque autre raison m'oblige à opter entre les deux familles, renverrai-je la mère de l'unique enfant pour secourir la mère des six ? Non, et cela par la raison dont nous sommes convenus vous et moi, par la raison que le froid souffert par deux est aussi douloureux que le froid souffert par sept ou par cent, car le nombre n'y fait rien. Peut-être, au reste, que la possession produit chez moi une sorte d'idée de propriété, et que ma répugnance à déposséder celui qui possède entre pour quelque chose dans ma décision. Bref je *laisserai* les sept avoir froid plutôt que de *faire* que deux aient froid, et loin de me sentir dans l'obligation, à peine me croirai-je en droit de faire autrement.

A présent je me supposerai le père et le maître de six enfants presque nus, et d'un enfant plus vêtu que ne le sont les six autres ensemble; ôterai-je à cet enfant tout ce qui dans son habillement est de luxe pour en couvrir les autres six? Oui, et si dans son chagrin il se dépouille tout à fait, je le laisserai faire; mais c'est si peu le nombre qui dans cette occasion m'aura déterminé, que j'aurais tout de même ôté à six enfants ce dont ils pouvaient se passer pour le donner à un seul. Le *nombre* n'est compté que lorsqu'il se montre sous l'aspect de *la force*. Si dans une assemblée un pot de fleurs agréable à vingt personnes en incommode une seule, hésitera-t-on à l'emporter? Combien de sérieuses réflexions peuvent se tirer de ce puéril exemple? Que la personne incommodée jette les fleurs avec violence, elle se fera blâmer, peut-être haïr: Que son ami fasse précisément la même chose, on lui applaudira: Que ce soit quelqu'un qui soit connu pour ne pas l'aimer, on applaudira davantage: Que l'assemblée entière se réunisse pour la prompte expulsion des fleurs, elle se saura gré de ce mouvement de bienveillance. Pourquoi l'homme n'est-il guère capable que de sacrifices si petits qu'il y a quelque honte à les citer? Pourquoi nos meilleurs sentiments sont-ils si faibles, si tièdes, si aisément alarmés et détruits par le craintif égoïsme, tandis que la cupidité hardie et entreprenante ose tout, et ne craint ni les périls ni les remords?

772. De Pierre-Alexandre Du Peyrou, 1 avril 1791

Vendredi soir 1ᵉ Avril

Je suis fort content de votre plaisir sur le bel habit *Jeanninien*.[1] On travaille au reste de son equipement.

Votre second acte[2] a, il me semble, gagné quelque chose a être bardé en bandes de papier. Cependant voici quelques observations, puisqu'il est dit que j'en ferai toujours, quoique souvent à pure perte, et quelque fois assés ridiculement. En attendant que j'en vienne à la preuve, Ecoutés mes presentes observations.

un pauvre matelot seul *débris* d'un naufrage.

Je doute que le mot de debris puisse s'appliquer ici; du moins je ne conçois pas qu'un matelot puisse s'envisager sous l'idée d'un debris.

Zadig que j'ai cherché jusqu'aux *bouches* du Nil.

Il me paroit que cette expression dit tout l'opposé de ce que vous vouliés dire. un Babylonien peut aller jusqu'aux bouches du Nil sans mettre le pied en Egypte, et je crois que Cador pretend dire qu'il a parcouru l'Egypte cherchant Zadig. Puisquil paroit que vous avés renoncé aux *sources* du Nil par déference conjugale, ne pouriés vous pas du moins substituer le mot de *rives* a celuy de Bouches? *Rives* offre a l'immagination de quoi se promener à la poursuite de Zadig.

Falloit il se livrer aux foiblesses *D'amour*.

Ou je me trompe fort, ou il est indispensable de mettre l'article et de dire *de L'amour*, et certainement vous ne l'auriés pas omis, si votre vers eut pu le tolerer.

Après ces observations nouvelles, je reviens sur les precedentes. Vous avés raison; on doit dire reconquerai et non reconquererai. C'est une petite bestiaserie[3] de ma critique; mais je ne me rendrai pas si facilement sur le reste de ma critique, et vous trouverés toujours bien dur à chanter le *reconquerai* et puisque *racrocher*, mot aussi Parisien au moins que Neuchatelois, et qui ne déplareroit pas le reste de la tirade hircaniene,[4] vous déplait, vous avés le mot *rattraper*, encore celui de *retrouver*. Je sais bien que vous n'en ferés rien, et qu'en heroïne *Batave*, il vous faut absolument reconquerir.

Non ce n'etoit pas *ayant fini* ou *etant fini* que je vous conseillois de changer, c'etoit *Enfin* ou *à la fin*, et je ne pensai jamais à le *ayant cessé*. Dès que c'est une gaieté il faut bien se garder de la faire disparoitre.

Votre memoire vous sert à merveille, et je conçois que par *gaieté*, elle vous ait rapelée l'histoire de l'homme *au Clin*.[5] mais quoi que vous en disiés mare d'eau sera toujours un pleonasme, et si vous ne l'avés pas su plustot je pourrai me glorifier de vous avoir appris quelque chose. au reste il ne faut pas disputer des gouts et votre *ruisseau bourbeux* auquel vous tenés si tendrement me rapelle aussi à la memoire l'histoire d'une certaine femme qui se passionna pour un bain dans une marre bien puante, uniquement parce que son mari le lui avoit deffendu.

Vous habillés aussi bien que possible, lhistoire du Tournois; il restera toujours à demander pourquoi le Prince hircanien qui a fait publier ce tournois depuis sans doute qu'il sest rendu maitre de Babylone, aprés avoir si longtems differé par consequent ses noces, veut à la veille de ce tournois, les celebrer en impromptu dans un petit camp; et comment, depuis le tems quil est censé maitre de Babylone et de la personne d'astarté, il est possible qu'il ne l'ait apperçue qu'un instant, bien voilée, et sans avoir entendu le son de sa voix. mais enfin les autorités ne vous manqueront pas, je le sais, pour sauter à pieds joints sur ces deffauts de vraisemblance.

Vous avés pris à gauche ce que je vous ai dit sur l'Enigme. je vous trouvois trap scrupuleuse de craindre de parler de *subdivision*, avant d'avoir parlé de *division*, et je vous observois que *se prolonger avec plus d'etendue* etoit en lui même, et abstraction faite du vers suivant, une redondance peu enigmatique; car qui dit prolonger dit aussi occuper plus d'etendue, et en autres termes etendre son etendue. aureste il est hardi à vous de decider qu'un rayon de lumiere se divise mais ne se prolonge pas à l'infini. Pour moi à n'en juger que par mes yeux, j'aurois été tenté d'affirmer le contraire. je vois les rayons de tous les astres parvenir jusqu'a mon oeil, et je ne puis fixer les bornes possibles à leur prolongement dans un milieu libre et convenable; mais j'ai besoin de beaucoup d'instrumens pour m'assurer qu'un rayon est divisible à l'infini, et encore me paroit il fort hazardeux de l'assurer.

J'ai recu trop tard hier par Mad[e] de tremauvile vos additions au premier acte. vous pourrés me le renvoyer et je les y ferai joindre.

Bonsoir Madame. Si dicy a demain matin il survient quelque chose de nouveau je vous en ferai mention

773. *A Jean-Pierre de Chambrier d'Oleyres, 6 avril 1791*

[   ]

Que je vous admire, Monsieur, si vous avez lu tout d'une haleine ce que je viens d'écrire. Ecrire n'etoit rien mais je l'ai relu & vous ai plaint. Mon intention en commençant etoit de vous faire excuser mon silence en vous montrant Zadig bien digne d'interet; j'aurai, je le crains, obtenu plus que je ne voulois; vous aurez non seulement pardonné mon silence, vous l'aurez regretté. En effet que lui ai-je fait succeder? Une maniere d'article du journal de paris plus mal ecrit qu'à l'ordinaire. Soyez indulgent sur tous les points: pardonnez quand je me tais, pardonnez quand je vous ennuye. Si nous connoissions un vrai poete Italien nous pourions lui proposer de traduire Zadig & peut-être vous le donneroit-on pour le carnaval pro-chain. En ce cas là je pourois ne pas nuire à la musique que Zingarelli vous donnera. Cela seroit joli. Mais je ne sai si l'on fait des vers en Italie dans ce moment plus qu'en france. Le Tasse, l'Arioste, & même Metastase, le foible mais elegant & agreable Metastase sont je crois aussi peu remplacés que Racine Corneille & Quinaut. A propos n'oubliez pas je vous en prie les ouvrages d'une Dame[1] que vous m'avez promis; je suis très impatiente de les avoir. Cet à propos me conduit à un autre. Me de Vassy[2] a plu aux peu de gens qui l'ont vue à Neufchâtel comme une femme simple gaye d'un commerce facile & doux. Je ne sai si elle a quité ce paÿs ou si elle y est encore. M. Sandoz[3] est parti très regretté de la societé, de ses amis de ses parens & en particulier de sa nouvelle niece[4] pour qui il a beaucoup fait, hâtant les tardifs & inspirant son humeur facile & constante aux difi-cultueux. Il a satisfait tout le monde. J'ai eu l'avantage de le voir ici quel-ques momens Une affection qui nous etoit commune me l'a amené. Je l'ai trouvé très aimable, & je lui dois de m'avoir fort encouragée pour Zadig. Il a emporté les Pheniciennes qui avoient trouvé grace devant lui.

Si je puis retrouver aujourdhui le seul pauvre exemplaire que j'ai de l'eloge de Rousseau je vous l'enverai ce courier sinon au premier jour avec un billet que je voudrois ecrire à M. de Serent & quelques anecdotes du pays si j'en puis rassembler quelques unes. Tant que j'ai été à Babylone & dans ses environs j'ai laissé Neuchatel en paix si ce n'est M. du Perou qui est toujours mon aristarque severe, quelque fois le bien venu, mais pas toujours. c'est-a dire que je me defens quelquefois[1)] comme un tigre contre ses critiques. D'autres fois je les adopte avec la douceur d'un mou-ton. Il est bon et complaisant comme vous Monsieur c'est tout dire. à pre-sent Jeannin transcrit le Zadig griffoné. Je n'ai pas été cependant si sourde aux discours pendant que je griffonois que je n'aye entendu dire qu'on vous marioit.[5] Comme[2)] cela ne venoit que d'une bouche bavarde qui n'est pas même la renommée mais une petite comere privée je n'y ai pas fait grande attention & je ne vous dirai point avec qui c'etoit, quoique cependant je ne l'aye pas oublié du tout.   Surement vous savez les dispositions de Me Pourtalès. J'entens son[3)] testament.[6] quoique la dispo-sition d'ame avec laquelle elle a vu venir la mort soit[4)] bien aussi inter-ressante qu'aucun des legs qu'elle a fait. S'il y a quelque chose que vous ignoriez & desiriez savoir, Dites. M. le Col. Sandoz[7] a joué à son ordinaire avant & après la mort; il n'y paroissoit pas le jour même, ni à l'enterre-

293

ment où il etoit comme un autre & assez elegamment vetu. on le dit à present malade & triste. Est-ce la mort est-ce le jeu? Reproche t-il à l'une la perte d'une amie ou à l'autre la perte de son argent? Dieu me garde de pouvoir jamais vous le dire que sur oui dire. Il y a des cœurs qu'il ne faut pas sonder. On ne remueroit rien qui sentit bon. Mettons avec ces cœurs là ceux des Vaudreuils, Calonne[5] & compagnie & s'il y a quelques roses sur le haut du vase laissons les, n'y touchons pas. Le revers de la rose même que nous admirons se sentiroit deja de ce qu'elle couvre. Il n'y a pas un vil courtisan dans mon Zadig. aimez le & veuillez du bien à son auteur qui vous est très attaché.

Ce 6e avril 1791

774. De Jean-Pierre de Chambrier d'Oleyres, 14 avril 1791

Madame.

en lisant le plan du drame de Zadig, j'ai suivi avec beaucoup d'interêt la marche de cette pièce & j'ai vû en idée le grand effet dont elle seroit susceptible sur le theatre royal Icy – elle sembleroit faitte exprès pour y reussir pour peu que la Musique soutint le drame, & elle prêteroit surtout a tous les developemens d'aparat & de spectacle qu'on exige Icy: on pouroit même faire combattre le *Chevalier blanc*[1] sur le theatre, ou trentte chevaux peuvent aisement faire des evolutions. Le melange du comique avec le serieux dans le premier acte seroit a la verité une Inovation mais il y auroit bien de quoy la pardonner, & reconcilier le public avec une nouveauté qui seroit pour luy une source d'agrement, parce que la musique en seroit moins monotone d'un bout a l'autre Enfin si Zingarelli est agréé pour composer un Opera & que la Direction n'ait pas deja destiné un Drame a ce Compositeur Il pourroit demander celuy là, il n'y auroit plus qu'une bagatelle a aranger – c'est la traduction du Poeme en Italien Il y a Icy au moins douze poetes qui a la verité ne sont pas du premier talent, mais ils vaudroient surement mieux pour traduire que pour créer. L'Imagination leur manque, & heureusement celle de l'auteur de Zadig, leur eviteroit tout autre fraix que ceux qu'exigent l'art de traduire des vers d'une langue pauvre dans une langue riche; d'ailleurs les vers de ce Poeme sont coulans & faciles – puisqu'on a très bien traduit Icy le Rhadamiste du dur Crebillon,[2] ce seroit un jeu que de traduire les vers de Zadig. Je ne craindrois pour cette piece qu'une seule Infortune, si on la jouoit Icy sur le Grand Theatre – c'est qu'elle ne devint la victime de l'Impitoyable directeur *minutaire*. Comme tout est reglé Icy a la minutte, & que nous savons d'avance a quelques secondes près tout ce que nous avons a faire d'icy a un an, Il faut que l'Opera comence & finisse a l'heure precise & dans la premiere repetition, le Directeur *minutaire*, notte la durée exacte de chaque ariette, de chaque recitatif &c. afin que si tout l'opera surpasse les limites du tems destiné a sa representation on puisse a proportion en retrancher telle ou telle partie. L'auteur representeroit en vain que tout se lie dans sa piece, qu'il n'y a rien dehors dœuvre. Il faut necessairement subir la mutilation dut-on gater l'ouvrage. C'est alors qu'il faut se determiner a quelque sacrifice, heureux quand le minutaire ne coupe pas dans le vif. Voila Madame ce qu'il y auroit a craindre – mais on pouroit en courir les risques si Zingarelli est agréé & que vous vouliés que nous essayons Icy d'un traducteur Italien. Si je vais en Suisse je remporterai Icy avec votre permission une copie de l'aimable Zadig, au cas quil ne soit pas Imprimé, & je chercherai alors un poëte qui se charge de la traduction.

Made de Rosemberg[3] m'a envoyé deux de ses ouvrages, a la verité ce n'etoit pas précisement ceux que je desirois, j'aurois voulu son recueil de pièces fugitives ou il y a des choses charmantes & ce qu'elle m'envoye c'est un volume in quarto contenant la description de la campagne unique dans son genre du Senateur Quirini – de plus un autre in quarto. C'est une espèce de roman Intitulé *les Morlaques*, que je n'ai pas encor lu, car je viens de recevoir ces ouvrages, Je les porterai en Suisse pour que vous puissiés les lire & m'en dire votre Jugement.

Nous avons eu Icy Mr de Lalli Tollendal[4] & J'ai eu le plaisir de luy entendre lire ou plutot reciter sa Tragedie du Comte de Straffort, elle me paroit contenir des morceaux sublimes & de la plus grande force. le caractère bon & faible de Charles I y est bien soutenu, l'hypocrisie des puritains superieurement rendue & offrant bien des traits d'analogie avec celle des revolutionaires francois. Ils persecutoient aussi les Evêques & le Clergé devoué au trône. ces persecutions y sont decrites avec feu & il y a entr'autres ce vers[5] qu'on peut apliquer a ce qui se passe en france –

Des Prêtres lapidés des pavés de leurs temples

Il me semble que Mr de Lalli ne peut avoir fait une telle pièce pour son coup d'essai sans avoir beaucoup de genie – & on luy conteste a Paris cette qualité là. – La bienfaisante Princesse d'Henin,[6] le fait voyager a ses frais en Italie, ou le *spleen* le tourmente. Les Princesses Tantes[7] sont a *Lorette* en allant a rome; les municipalités sont coupables d'avoir retardé ce saint pelerinage, on ne peut avoir l'exterieur plus *Civique*, & cela auroit du leur concilier les suffrages municipaux.

J'ai lhoneur detre avec beaucoup de devoument Madame votre tres humble & tres ob. serviteur

Chambrier

Turin le 14 avril 1791.

Madame. –

Zadig ayant été recu & lu avec empressement, je dois vous rendre graces du plaisir que cette lecture m'a fait, celuy que j'eprouverois en voyant representer cette piéce seroit plus grand encor je l'avoue & vous pardoneriés Madame a la preference destinée au Zadig chantant sur le theatre si vous aviés eté temoin, de tout ce que la pompe du spectacle, & l'execution superieure de la musique, ajoutent icy d'agremens aux chefs d'œuvres de Metastase. ce Metastase sacrifioit beaucoup aux usages du Theatre Italien, il avoit la complaisance de faire deux airs pour tous les acteurs & outre la prima Donna, le Soprano, & le Tenor, Il y a encor de necessité une seconde Donna un second soprano, & une *Ultima parte*:[1] qui hurleroient dans les coulisses s'ils n'avoient pas deux grands airs pour chacun d'eux, quoiqu'a la verité personne ne les ecoute, mais ils perdroient leur reputation si on savoit a un bout de l'Italie, qu'ils n'ont chanté qu'un seul air dans un opera representé a l'autre bout de la peninsule. on crieroit a *l'Innovation*, & il en resulteroit les plus funestes Inconveniens. Je crains fort que les acteurs de l'opera de Zadig s'ils sont Italiens ne voulussent pas en passer par où la raison & l'Illusion théatrale l'exigeroient, & qu'ils n'exigeassent eux memes qu'on leur fit les airs qu'ils demanderoient de telle & telle maniere. Je fais examiner cependant ce Drame par des conoisseurs pour savoir d'abord quels changemens il faudroit y faire ou plutôt quels apendices on devroit y ajouter pour satisfaire *l'Usage* (ce roi de la scène du monde comme de celle du theatre Italien); ensuite pour pressentir coment les traducteurs de la poesie rendront dans leur langue, les vers faciles & coulans du francois.

J'espere Madame de pouvoir vous raporter des notions ladessus si je vas en Suisse ce qui est encor Incertain, ou vous en entretenir dans une autre lettre si je reste Icy. en attendant Mr de Serent a qui j'ai porté la pièce l'a garde depuis plusieurs jours & je vas la luy redemander. Il va rester presque seul Icy, de la multitude de ses compatriotes que la revolution nous avoient amenés, & que la Contrerevolution meditée fait refluer du coté de l'Allemagne[2] – Ils conservent toujours de l'espoir & de la bonne humeur. Il n'y a que le Club des Jacobins qui a proscrit le rire de ses seances, c'est luy qui a changé l'humeur & le caractère du Parisien. ce sont les 16 de la ligue.[3] Il y a deux siecles que le fanatisme religieux n'etoit ni plus sombre ni plus atroce que le fanatisme philos. & civique de nos jours. Cagliostro a trouvé quelques Juges tolerans & humains dans le tribunal qui l'a condamné, trois ont opiné pour une prison de trois ans, la pluralité la rendue perpetuelle,[4] quoique ce pauvre malheureux ne fut pas criminel d'Etat a ce qu'il paroit · Il subit pour ses visions & *son Bal angelique*, la meme peine que le Prince Chigi pour avoir voulu empoisoner le Cardinal Carandini⁵ – l'un n'est que Prince arabe & l'autre est Prince romain, les parens de celuy cy ont moderé sa sentence & l'autre a eté trahi par sa femme. On ne publiera pas les actes de son procès parce que l'Inquisition ne publie rien. & surtout par ce que le Bal angelique etoit frequenté dit on par d'eminens personages qu'on ne veut pas compromettre J'ai lhoneur d'etre avec un respect devoué. Madame votre tres humble obeissant ser^r

Chambrier

Turin le 18 mai 1791

776. *A Caroline de Sandoz-Rollin, 25 mai 1791*

Ce 25 may

J'ignorois vos maux de tête ma chere Enfant & je pensois que vous m'aviez un peu oubliée ce qui, avec un Alphonse, des amies, & le plaisir de posseder un petit terrein pour la premiere fois¹ me paroissoit en verité très naturel. Je pensois que vous me retrouveriez quand vous voudriez & en attendant je jouissois de votre bonheur.

J'avois deja mon bourdonnement quand vous futes ici & il m'etourdissoit & me capotisoit² deja. a force de remedes mal faits, je l'ai rendu plus angoissant. Tantot je m'echaudois, tantot je m'écorchois, tantot j'y oubliois toute un magazin de droguiste. C'est dans¹⁾ ce dernier etat de sottise que j'ai vrayment souffert, mais cela n'a pas duré longtems. Aujourdhui il y a encore bien certain vacarme en certaines occasions mais l'ouie est fine autant que jamais, & j'ai bien fait de la musique ces derniers jours.

Aiglonette est imprimée³ & Fauche la vend deja depuis huit jours; mais vous ne savez peut-être ce que c'est qu'Aiglonette. Je n'avois pas encore donné de nom à la Princesse quand je vous lus la moitié de son histoire. M. du Peyrou en est courocé. La fée *Insinuante* n'est point assez aristocrate. Me du Paquier est en effet accouchée d'un fils⁴ & très heureusement. Je n'en ai pas des nouvelles bien fraiches mais j'enverrai chez sa mere aujourdhui pour savoir si elle en a. Cette excellente Susette du Paquier me manque aujourdhui. Avec elle j'irois quelquefois dans mon petit jardin, elle seroit quelque fois auprès de mon clavessin. Excepté la Comete⁵ je ne fus jamais²⁾ si seule. Cela ne m'ennuye pas mais quelque fois cela me fatigue. je vis si entierement sur mon propre fond. N'importe je l'ai voulu & le veux comme cela. Point d'ennui au moins, ni de douleurs ni d'indignation ni d'impatience. Je vis comme à tout prendre il me convient mieux de vivre, & ne tenant à la vie que par des fils d'araignée.

La pauvre Henriette⁶ a passé quinze jours affreux à Granson; ne man-

geant ne dormant point, & au milieu de gens au desespoir. Elle s'est cal-
mée ici, auprès de moi & dans le train de ses occupations. On ne sait pas
encore comment cela finira. Les promesses de mariage sont positives, &
l'homme paroit aussi bien disposé qu'un malhonnête homme peut l'être
mais il est entouré d'une madame Carra[7] & compagnie qui valent encore
moins que lui. Tout ceci seroit à la fois plus affligeant & moins sans ressource si la fille valoit mieux qu'elle ne vaut mais c'est un composé
d'orgueil de vanité d'opiniatreté qui fait qu'on prend à elle un interet
mediocre. Excepté ses menagemens pour une certaine servante, qu'on
enfermeroit tout au moins pour jamais, si sa conduite etoit aprofondie,
je ne crois pas que la jeune fille ait dit un seul mot qui fut ce qu'on auroit
souhaité. Rien n'annonce de l'ame ni de la raison. Quant à l'intrigue elle
seroit très excusable si l'on ne voyoit aussi que la vanité en a été le grand
mobile Car a un vieux routier qu'opposera une fille qui n'avoit pas 15 ans
accomplis. Le mariage ne sera point une bonne chose, mais une[3)] assez
bonne chose pour cette fille & je pense qu'il ne poura pas lui manquer.
Pour quelqu'un qui auroit plus de sensibilité de raison & de courage on
aimeroit mieux une autre maniere de revenir sur l'eau mais je la crois
impossible pour elle. Je l'ai vue ici: elle me deplut à l'excès. Je vous donnerai des nouvelles de cette affaire. Adieu je vous[4)] conseille de ne jamais
laisser vos cheveux roulés un seul jour & de les faire peigner tous les
matins, non avec le peigne de buis à dens serrées mais avec un peigne
d'ecaille de mediocre finesse & quoiqu'il arrive point de capucins.[8] Adieu
cher aigle.

Je vois qu'il y a encore a repondre a plusieurs articles de votre petite
lettre. Vous etes bien laconique ou moi je suis bien verbeuse car vous touchez plus de cordes en deux petites pages & demi que je n'en fais vibrer
en trois beaucoup plus grandes.

Dabord puisque j'ai repris la plume disons encore un mot du peignage.
Je vous plaisantois l'autre jour un peu, & le moins lourdement que je pus
parce qu'ayant actuellement les petites bêtes vous pouviez bien aisement
ne pas trouver de quoi rire à la plaisanterie. a present je vous dirai qu'on
ne trouve pas à votre chevelure un air propre. Ce chignon partagé qui
se confond avec votre gros fichu, ces cheveux dont on ne sait s'ils sont
poudrés ou non, crepés ou enmelés ne paroissent pas assez propres. Faites
de mon avis ce que vous voudrez. Avec ou sans poudre avec ou sans p...
vous me serez egalement agreable. Il n'y a que ce qui vous donne des
maux de tête que je proscrive absolument.   M[c] C. de L.[9] a rendu de
grands soins à M. & à M[c] de S.[10] à Leuck où M. à été malade à la mort.
Je ne vois pas que dans ce cas particulier elle se montre une detestable
femme. Elle est isolée & ne veut pas vivre seule ce qui n'est point necessaire non plus ni même louable · que donc elle cherche à voir ces gens

ci c'est assez naturel. Je me rejouis avec les[5] anges du retour vertueux de
M^e Ch. M.[11] Je ne suis point pressée de r'avoir Zadig. avertissez moi avant
de l'envoyer. M. Chambrier m'a ecrit[6] que si on le[7] traduisoit pour les
theatres d'Italie il faudroit a ce qu'il craignoit des airs de plus pour les
chanteurs qui seroient de trop à la piece. Il ne pouvoit m'en dire encore
rien de plus, & M. de Serent à qui il l'avoit preté le gardoit depuis plusieurs
jours. aparemment il amusoit les petits princes.[12]   Adieu cette fois.

777. *A Jean-Pierre de Chambrier d'Oleyres, 27 mai 1791*
[   ]
    L'etrange crise que celle où se trouve tous les gouvernemens toutes les
religions du monde! Le St Pere doit ne pas savoir du tout où il en est. Je
pense Monsieur que vous aurez lu avec plaisir non seulement les memoires mais aussi le voyage en Italie de DuClos.[1] Je me souviens que vous
avez traité de fabuleux tous ceux qu'on a ecrit jusqu'a present. En voici
un à la fin qui est simplement ecrit & qui paroit veridique Je voudrois
bien que ce DuClos vecut encore. Je l'aime mieux que tous ceux auquels
on rend aujourdhui des honneurs Divins. Sans en excepter J. Jaques. Ce
Voltaire qu'on exhume, dont les femmes font toucher le corps à leurs
enfans[2] est à mourir de rire. C'est le pendant des Saints de la legende. Il
me semble que l'homme ne peut être que fou. Il tombe à droite ou à gauche comme on veut. Le seul equilibre est hors de sa nature: on ne peut
l'y faire rester un instant Voila assurement une grande excuse pour qui
le trompe, l'entraine, le subjugue. Les fanatiques Catoliques, les fanatiques
philosophes n'ont pas plus de tort les uns que les autres. L'humeur des
parisiens ne me paroit pas aussi changée qu'à vous. Je ne les ai pas trouvé
gays & je les ai trouvé feroces. Leurs farces du Carnaval etoient forcées
payées, degoutantes & sans gayté. Un chien tomboit-il d'une fenetre on
le poursuivoit on s'amusoit de ses hurlemens. on s'atroupoit autour d'un
fou & on le rendoit furieux. on courroit à la greve voir pendre ou rouer
son semblable. C'etoit deja un vilain peuple en verité.
    Voici une petite brochure[3] toute nouvelle. M. Du Peyrou plus aristo-
crate qu'un vrai aristocrate, s'en est presque faché. Me de Tremauville s'en
est amusée. Quand on trouveroit les principes detestables il y auroit
encore dequoi s'amuser de quelques petites choses assez droles sur les
princes & sur les courtisans.
    J'attens Zingarelli au premier jour. S'il passe à Turin je vous demande
vos bontés pour lui. Tous les airs, même de danse pour Zadig sont faits
ou ebauchés, il s'agit de finir, perfectionner, corriger; faire le remplissage,
le recitatif; nous aurons de la besogne & de l'amusement pour quelque
tems.
    Je viens d'avoir la visite d'une compatriote à moi. Mlle Tulleken[4] qui

a de l'esprit beaucoup, beaucoup. une finesse un apropos dans tout ce qu'elle dit qui surprendroit même chez toute autre qu'une Hollandoise. Elle m'a dit que mon paÿs etoit tranquile et florissant que le parti patriote sans être detruit ni reconcilié etoit sans mouvement sensible. Que la princesse d'orange etoit respectée, que les gazetiers suisses & françois mentoient quand ils peignoient la Compagnie des Indes, la banque, le commerce en si mauvais etat. J'en suis bien aise. Il n'y a rien de nouveau ici que je sache. Les Monregards sont à Reuse[5] je ne les vois pas. M[c] de Savines[6] est à Colombier je l'ai vue un moment. M. Rougemont[7] est allé voir Paris & Londres. M. le Col. Sandoz[8] y est allé promener sa tristesse[1)] & son ennui. on lui suppose des remords d'avoir trompé & traité assez mal une femme qui l'aimoit sincerement. Sa rivale est, à ce que l'on dit,[2)] belle & brillante & ne paroit regretter ni les morts ni les absens. On a des nouvelles de l'arrivée de M. Sandoz[9] à Madrid où il ne se porte pas trop bien. M[c] de Vassy habite une campagne auprès de Berne.

M. le Chap. du Roi de P. a deja un fils[10] mais point encore d'apointemens fixes qui le puissent nourir lui sa femme & l'enfant. Adieu Monsieur. recevez mes salutations très humbles. J'ai bien ri de ces voix qui hurleroient dans les coulisses si elles ne chantoient pas sur le theatre.[3)]

778. *A Caroline de Sandoz-Rollin, été 1791*

Les petits pelerins[1] sont arrivés hier a 7 heure. Figurez vous qu'ils avoient couché à Buttes, qu'ils venoient de Buttes par le Chasseron Bulet, saint Maurice,[1)] Onans, concice[2] &c. Encore s'etoient-ils[2)] egarés je ne sai où, &[3)] ils avoient arpenté la montagne. Ô quelle peinture Charles a faite de la montagne, de la vue qu'on y avoit, de la sensation qu'il eprouvoit. La beauté des objets le charme des sensations le forçoient le soir[4)] à être poete, comme le matin ils l'avoient forcé a être un petit saint incapable de *rancune de jalousie de tout sordide interet.* S'il avoit eu *des possessions sous ces nuages bleus blancs couleur de rose qu'il voyoit courir & se jouer il n'auroit pu les disputer à celui qui auroit voulu les lui prendre. ......D'implacables ennemis devroient monter ensemble sur le Chasseron; ils feroient la paix.* Il faut savoir que d'après ma direction on s'est trouvé[5)] au plus haut de la montagne lorsque la moitié seulement de l'orbite du soleil etoit vu[6)] au dessus de l'horison. Pour eux il a fait jour, le soleil s'est levé un quart d'heure, au moins, avant qu'il ne fut levé pour nous. Ils s'etoient mis en route à 2 heure. Quiter Buttes & ses delices n'etoit pas penible.[7)] Des draps qui piquoient & qui cependant laissoient percer la paille, un gros duvet pour couverture avoient rendu la nuit sufisamment longue. Le souper avoit consisté en de mauvais lard, & des pois dont la sauce empatoit la bouche;

mais tout cela etoit compensé par la sensation flatteuse qu'on faisoit à Buttes. La foule entouroit l'auberge (Bouchon)[3] ou les voyageurs etoient arrivés. Le souper commandé on se promene Un gros homme en bonnet de nuit & robe de chambre aborde Charles. *Bonjour M. l'anglois comment vous appellez vous? – Je ne suis pas anglois & je m'apelle .... – Moi j'ai habité Neufchalet;*[8] *je*[9] *m'appelle Monsieur l'inspecteur Leuba.*[4] Charles ne connoissant d'autre inspecteur que celui du college, pense, calcule; *avant M. Touchon c'etoit un tel; avant lui un tel; comment se peut-il Monsieur? ... Ah c'est Monsieur que j'etois inspecteur des égouts & latrines! Connoitriez*[10] *vous mon frere le maçon? – Je ne le connois pas – et mon frere l'ebeniste? – Non plus. – Et M*[lle] *Salquin*[5] *qui est ici pour quelques jours chez ses cousins qui en sont bien fiers? – Qui est donc M*[lle] *Salquin? – Son pere est tailleur.* Mlle Salquin s'est plus ou moins montrée au Monsieur de la Ville qui n'a pas trouvé qu'il y eut de quoi rendre si fiers M[rs] ses cousins.

Je vous conterois jusqu'à demain ma belle mais la messagere attend. Vous pouriez bien recevoir un second billet aujourdhui ou demain car je n'ai rien dit de Mlle L'Hardi[6] ni de Zadig[11]

Samedi matin.[12]

Les Pelerins ne sont point fatigués. L'un qui s'est couché de bonne heure ecrit depuis longtems. L'autre a deja dejeuné. Il est heure.

a Madame/Madame Alphonsine[7]/Sandoz/a *Neuchatel*

779. *A Jean-Pierre de Chambrier d'Oleyres, 10 juin 1791*

C. 10e Juin 1791

En verité cette cour, dont nous parlions, à force d'être serieuse est aussi trop plaisante.

J'isole exprès cette frase. Bien obligé Monsieur de tout ce que vous avez fait pour Zadig. Pour qui donc me prend M. de Serent quand il s'oppose à ce qu'on me dise la verité? suis-je une grande princesse? Suis-je un celebre auteur? Suis-je quelque personnage bien vain & bien sot? Je vous assure que loin d'être offensée des defauts qu'un connoisseur a[1] trouvés dans Zadig je suis flattée du merite qu'il lui trouve. Avant les Pheniciennes, faites il y a trois ans, je n'avois jamais imaginé que je pusse mettre en vers le plus petit Dialogue · à peine avois-je rimé quelque chansons, de sorte que mes pretentions sont de nouvelle datte & que ma vanité est très petite ainsi que ma gloire. Mais c'est peu d'être flattée je suis reconnoissante & je profiterai, si je puis, des avis qu'on a bien voulu me donner. Le plus dificile est d'abreger le recitatif. Que ne suis-je sure de pouvoir donner un recitatif de fabrique nouvelle quant à la musique! Les anciens qui nottoit[1] à ce qu'on dit les longues pieces d'Euripide & de Sophocle avoient certainement une maniere qui ne rendoit cela ni trop long ni trop monotone. Nous essayerons Zingarelli & moi. Vous verrez bientot Zingarelli. Je le recommande Monsieur à vos bontés ainsi qu'a celles de M. de Serent. Faites vous chanter quelques morceaux des femmes.[2] Si l'on pouvoit vous faire entendre ce Ciclope pour lequel nous avons pleuré pour lequel nous nous sommes presque battus & dont Zingarelli disoit quand on en ote une notte il semble qu'on arrache l'ame à M^c de Ch. Si on pouvoit vous le faire entendre avec un accompagnement convenable si un Haut bois ou une Clarinette vous jouoit l'air rival du rang[3] des Vaches je suis sure que vous auriez du plaisir. M. de Tussan[4] le jouoit hier, cet air là, dans notre jardin, il est joli, je l'ose dire il est joli.

Quant au Zadig à traduire je vous le livre entierement. Grand theatre petit theatre, n'importe. & s'il ne convient à rien, à personne, qu'on le laisse là. Missouf pourtant ne corromproit le cœur de personne. Elle est gaye mais point gaillarde, & Astarté est bien sage & bien noble. Enfin il faut se soumettre aux opinions aux usages aux manies. La revolte est inutile contre ces antiques autorités. Mais je vous prie dans *cet heroïque qui doit regner d'un bout à l'autre* compte-t-on le fade amour? Il est vrai que le galimathias inintelligible ne peut pas faire beaucoup plus de mal que de bien excepté pourtant qu'il rend l'esprit faux l'expression fade & embrouillée, le cœur même un veritable emphigouri.   L'autre jour m'amusant beaucoup de la pensée d'un Zadig Italien & inquiete de cet air de Cador que je ne voulois pas en francois quoique je l'eusse envoyé *varianté*[5] a Zingarelli je m'avisai (ne vous moquez pas trop de moi) de vouloir l'ecrire dans une langue que j'entens à peine & de la poetique de laquelle je ne me suis pas occupée un seul instant. De grace Dites moi si j'ai fait des vers ou non.

O che piacer! o che contento!
Veder il tanto caro amico
A questo trono grande, antico,
Dar nova gloria e maestà.

(a astarté)

Sero saresti, amante e sposa;
E (sin al ciel n'andrebbe il vanto)
Sul[2)] trono alla virtude a canto

Sul trono..)
(Il faut toujours que
je barbouille un peu!)

Vedrem' le grazie e la beltà.[6]

Je n'ai pas eté tout a fait aussi reservée que vous★ (mais aussi n'ai-je pas comme vous de très bonnes raisons de l'être.) J'ai mis à Aiglonette non une enveloppe mais deux bandes de papier en croix, comme on met à certains journaux, & sur une des bandes *à la Reine des François*. Cet envoi fait par la poste, en presence de quelques Aristocrates moderés[4)] nous a diverti; nous ne savions pas ce qui en arriveroit mais le pis qui put arriver etoit qu'il n'en arrivat rien. Nous envoyames ainsi deux Aiglonetes separées, afin que l'une put aller à la municipalité aux recherches au district, où l'on voudroit, & l'autre aux Tuileries.[8] Une personne à qui je l'avois envoyée sans lettre, sans lui dire de quelle part, a aussi fait une tentative de son coté pour qu'elle arrivat chez Aiglonette. Je saurai bientot si on a réussi.

Nous entendons aussi beaucoup parler contrevolution. On en[5)] joue la marche. (non encore la retraite) Des enfans font grand bruit. De paris des gens passablement au fait nous assurent que les efforts vont leur train mais que le mois de Juin se passera comme ceux de mars, avril, may, en efforts inutiles qui achevent d'epuiser les forces & l'argent du parti. J'entens fort bien ce que vous dites de la *nomement*[6)] souplesse,[9] & je trouve à present que ce mot peut deparer le conseil d'Insinuante mais je ne l'aurois su deviner d'avance. Je n'en ai moi ni trop ni assez de cette chose bonne en soi & son abus ne m'en est même guere connu chez les autres si ce n'est dans les livres[7)] En Hollande on n'a pas la souplesse des Alberoni,[10] ni à Neuchatel non plus à ce que je presume.[8)] S'il en est cela ne vient pas auprès de moi. J'ai & j'inspire & choisis[9)] plutot la rudesse.

A propos! où prenez vous je vous suplie qu'on me loue (excepté M. du Peyrou) jusqu'a me lasser? En verité il n'est est rien. Songez un peu à ceux qui m'approchent & qui peuvent lire un Zadig · M. Chaillet[11] n'a pas voulu encore se donner cette peine disant qu'il etoit trop occupé. M. de Charriere l'a lu et l'a trouvé assez bien. Caroline Alphonsine a ri & applaudi en le copiant pour son oncle d'Espagne,[12] Me de Vassy s'en est un moment amusée & Mlle Moula chante ce que j'en ai mis en musique Voila apeuprès tout ce qui arrivé de glorieux à Zadig. Et en general M. du Peyrou M. de Charriere M. Chaillet Zingarelli sont-ils gens à me flatter? Il y a plutot pour moi un inconvenient tout contraire · je m'occupe trop seule de ce que je fais

M. Chaillet trouve Aiglonette fort a son gré stile & morale mais il l'a dit à d'autres; à moi il m'a dit qu'il y avoit de jolies choses mais que cela na valoit pas *Bien Né*.[10)]

★ Il y a une periode qui plaira à M. de S. *Jusqu'à quand Prínces*[7] &c[3)]

J'ai bien tardé à vous repondre, ma chere Sœur, profitant en cela de la grande liberté que vous me laissiez, ou pour mieux dire en abusant. Ce n'est pas que dans mon cœur je ne fusse pressée de vous remercier de trois choses; votre obligeant & tendre souvenir, la connaissance de Mlle Tulleken & vos cadeaux, mais j'etois fort occupée d'un certain Opera[1] que je voulois qui fut fini pour les paroles & ebauché d'un bout à l'autre pour la musique avant l'arrivée d'un musicien Italien qui doit refaire la musique ou la corriger l'arranger l'achever selon qu'il sera plus ou moins content de ce que j'ai fait. Aujourdhui je vous remercierai bien mieux que je n'aurois fait les premiers jours après la visite de Mlle Tulleken non qu'elle soit mieux apreciée car il ne m'a pas falu beaucoup de tems pour lui trouver infiniment d'esprit & infiniment de grace de douceur & de finesse dans l'esprit, mais j'ai bu de votre thé plusieurs fois & l'ai trouvé excellent, les graines ont été semées & ont levé. Mes deux belles sœurs vous remercient de tout leur cœur des aimables[1) marques de souvenir que vous leur avez données. M. de Ch. ne regrette pas le tabac que[2) vous lui destiniez parce qu'il fume peu à present mais il faudra que vous lui envoyez aussi quelque chose un jour & moi même je vous indiquerai ce qui poura lui faire plaisir quand je l'aurai deviné. Il vous aime & vous estime & il a dit un peu tristement il n'y a donc que moi qui n'aye rien. Mais nous lui donnons du thé & du caffé il mangera des legumes & il n'est pas fort[3) à plaindre J'ai si bien lu votre lettre que les petits mots que vous aviez effacés par ci par là ont même été lus. Rien ne m'est resté etran-ger ni le caractere distinctif de chacun de vos fils[4) ni la ressemblance que vous vous plaisez à trouver à votre fille. Ni les charmes de votre maison de la ville, ni Coelhorst, ni l'heureux melange de tendresse & de vigilance que vous trouvez chez mon frere relativement à ses enfans. Je ne sai si l'on fait bien de tarder à montrer le latin à ceux à qui l'on veut l'apprendre un jour (et il faut l'apprendre tout au moins à tous les garçons.) L'etude des langues me semble moins precieuse encore par le but que l'on atteint que par le chemin qui y mene. Traduire des mots apprend à en bien saisir la signification, la valeur, la nuance de cette valeur. Faire des phrases nous force à eclaircir nos idées. Apprendre le latin ou le grec c'est se faire une logique une metaphysique intimes qui servent à tout et auxquelles rien ne suplée. J'ai chez moi dans ce moment[5) une femme[2] qui a de l'esprit, toutes sortes de talens, toute l'adresse possible dans les doigts & dans la tête aussi; car elle saisit tous les tons, tous les langages, elle a appris en moins de rien[6) d'oreille, l'anglois, parmi des Anglois; Eh bien tout[7) cela est si distinct[8) d'une certaine justesse d'esprit, d'une certaine precision dans les idées & dans les expressions que l'ayant engagée à ecrire les portraits de ses amies pour s'exercer & s'amuser je trouve à corriger à chaque ligne. Tantot c'est diffus, tantot c'est etranglé, tantot c'est incomplet, tantot une queue inutile se traine à la suite d'une phrase qui disoit tout. Vous me direz qu'il y a des gens chez qui le contraire se trouve naturellement & sans etude Cela est vrai. Mais ne comptez pas sur des phenomenes.   Vous vous souvenez sans doute de M. le Ministre Chaillet: il avoit un fils ainé desagreable enfant s'il en fut jamais & qui traité en consequence l'est devenu toujours plus jusqu'à ce que M. de Charriere ait developpé en lui un vrai talent pour le calcul & que je me sois mise en tête d'en faire quelque chose. Une loyauté parfaite une varicité intacte me touchoient en lui & effaçoient auprès de moi les desagremens de la figure de l'humeur & de l'elocution. J'ai obtenu qu'on l'envoyat au college nouvellement institué à Neuchatel & je l'ai tant conjuré qu'on ne put pas me[9] faire de[10] reproches de lui avoir fait perdre par là ses mœurs & sa santé que j'ai parfaitement sauvé l'un et l'autre quoiqu'il fut horriblement mal entouré pour cela. Depuis, son pere ayant[11] été fait Ministre de Neuchatel il est retourné dans la maison paternelle sans quiter pour cela les colleges. Il a fait[12] tantot bien tantot[13] mal; son pere a été quelquefois très mecontent & de très mauvaise humeur ainsi que ses regens mais enfin il a pris le dessus. Passablement bon latiniste, bon raisonneur, bon calculateur brave, vrai, sage, sain, le voila à seize ans un jeune homme de grande esperance pour tout œuil qui n'est pas prevenu car je crois que son pere n'est pas encore persuadé de la metamorphose · aussi faut-il avouer qu'il n'est pas aimable avec son pere il semble qu'il garde pour lui l'ecume de ses pensées comme s'il disoit Vous aviez si bien decidé que je serois un sot que pour Vous je ne me donnerai pas la peine d'être autre chose. Avec moi c'est different. Une ou deux fois la semaine il ne fait qu'un saut de Neuchatel ici. Le chaud le froid la pluye la nuit sombre ne sont comptés pour rien; & ici soit qu'il calcule avec M. de Ch. ou qu'il cause avec moi, soit qu'il devore un livre qu'il trouve sur ma table il est heureux.   Si par aventure vous voyez ma belle Sœur ou son mari[14] lisez lui le portrait historique que je viens de faire de mon eleve. Je voudrois l'aider à se placer. Etre notaire & arpenteur ici le conduiroit a quelque place de conseiller de ville ou de conseiller d'Etat. Il pouroit sur le chemin trouver une Mairie. Etre maire[15] revient a ce qu'on apelle chez nous *Marechalk*[3] mais les districts sont grands comme la main il est vrai que le maire[16] est a peuprès *schout*[4] en même tems. Tout cela est long & petit, & très peu lucratif · dailleurs il seroit bon de mettre son esprit un peu à l'air & son humeur hors de la maison paternelle. J'avois resolu d'ecrire à ma belle Sœur pour savoir si son neveu Fagel[17][5] n'auroit point à donner une place de commis dans quelque bureau où savoir bien compter, où entendre le françois, le latin, un peu d'allemand, fut necessaire & où la parfaite discretion eut du prix. Si vous la voyez avant que j'ecrive dites lui mon intention & mon desir. Je ferai une tentative semblable à Berlin. Ce que j'aimerois encore mieux si je n'avois qu'à dire ce seroit de mettre mon protegé garçon jardinier au jardin du Roi à paris. Il a le talent & le gout de l'agriculture & de la botanique de tout ce qui tient à l'histoire naturelle; & il vaut mieux avoir à faire à la nature qu'aux hommes & à leurs afaires. Mais paris peut effrayer dans ce moment une imagination maternelle.[18] Pardon ma chere Sœur voila de longs details sur une chose qui vous est bien etrangere mais ce sont vos enfans qui m'y ont conduite & vous y trouverez peut-être quelque chose pour vos enfans.

Dans cet instant Me de Luze[6] qui est chez mes belles sœurs m'a envoyé à lire un billet qu'elle a receu de Mlle Tulleken. Je l'ai fait prier par M. de Ch. de m'en faire present afin que je pusse vous l'envoyer. Rien n'est precieux selon moi comme ces petites choses qui echapent aux gens & qu'ils ne destinent pas à aller bien loin. J'aime mieux cela que les lettres directes & en forme. Il y a un phrase que vous ne pouvez [compren]dre[19] ne connoissant ni l'air de Zadig ni l'objet [ ]l elle[20] en fait l'application. Mais c'est egal le [ ][21] vous fera surement plaisir. J'ecrirai à Mlle T[u]lleken & je me flatte qu'elle me fera une seconde [lettre][22] plus longue que la premiere. J'ecrirai aussi [à mo]n[23] neveu de Perponcher,[24] avec le tems. J'ai prodigieusement de choses à faire & de lettres à ecrire.

Mon frere m'a dit ou ecrit qu'il revendoit quelquefois quelqu'un de[25] ses tableaux quand il en pouvoit aquerir un meilleur du même maitre. Demandez lui je vous prie s'il ne pouroit pas me remettre dans ce cas là le disgracié au prix qu'il a couté; je le lui renverrois peut-être aussi[26] quand il [ ] un[27] autre. Cela me seroit agreable surtout pour de petits tableaux n'ayant guere de place convenable pour de grands. J'ai deux mediocres petits tableaux au dessus de mon clavessin qui me font grand plaisir & me valent[28] tout un cabinet car c'est là que je passe ma vie. Mais varier ce cabinet & le rendre plus beau a peu de frais[29] seroit agreable. un petit Potter me feroit grand plaisir ou un petit Ruisdaal[7] ou un petit van Berchem.[8]   Adieu. Mille tendres respects à mon oncle. Mille tendresses à mon frere. J'embrasse vos enfans & Vous[30] recommande la santé de leur excellente Mere que j'embrasse aussi de tout mon cœur.
Ce 24 Juin 1791

A Madame/Madame la Baronne/de Tuyll née Pagniet/A *Utrecht*

781. *A Henriette l'Hardy, août 1791*

Ne pouvant dormir cette nuit & pensant à vous Mademoiselle, j'ai fait dans ma tête la liste[1] que je viens d'ecrire.[1] Si elle ne sert[2] pas du moins ne nuira-t-elle pas non plus.[3] De plus je me suis imaginée que c'etoit en[4] quelque sorte un devoir pour moi, vu votre confiance & notre position relativement l'une à l'autre, de vous donner les conseils qui se presentoient à mon esprit.

Je ne vous dirai point, ne soyez pas dedaigneuse comme on vous accuse de l'être; on l'est malgré soi & il n'y a que trop de quoi dedaigner dans la societé,[5] je ne dirai pas même, cachez votre dedain; cela viendra de soi même si cela peut venir mais je dirai quand vous serez à Berlin dessinez peignez; etudiez la perspective, copiez des paysages; les arts occupent encore plus agreablement & plus imperieusement que la lecture & si vous pouvez peindre seule quand Mad. D..[2] aura du monde ou près d'elle quand elle voudra vous avoir vous ne vous ennuyerez pas, vous aurez une petite existence à part & qui vous donnera autant de relief que de plaisir. Les femmes s'ennuyent de ne se voir l'une l'autre occupées qu'à des niaiseries.

Evitez tant que vous pourez la bisarrerie. Rien n'est plus indiferent en soi mais rien ne fait plus de tort que de faire les choses ordinaires de la vie autrement que les autres. on attire sur soi un essain de critiques. Les sots les mechans les desœuvrés font de nous leurs menus plaisirs. Je crois qu'une situation comme la votre a pu donner lieu a de petites bisarreries. Se promener beaucoup, point, de très bonne heure, se baigner longtems, souvent, tout cela est remarqué.

Je ne ferai aucune apologie de la liberté que je viens de prendre, car surement vous ne songerez pas à m'en savoir mauvais gré, et s'il me vient quelqu'autre chose à l'esprit je le dirai avec la même franchise. Il m'est revenu que Me du Paquier[3] se faisoit un peu de tort à Berlin par son excessive & repoussante froideur

a Mademoiselle/Mademoiselle L'Hardy

782. *A Henriette L'Hardy, 8, 15 ou 22 août 1791*

Je viens de causer avec mon Henriette[1] de Rosette Roi;[2] elle dit Mademoiselle que vous auriez un excellent sujet & que la jeune fille seroit au comble de la joye. Henriette voudroit que vous la vissiez bientot & que vous eussiez le tems, si elle vous plait, de lui faire apprendre à coifer. Elle est très bonne couturiere; adroite, promte, assidue, & n'ayant l'habitude de quiter son ouvrage pour rien que ce puisse être. Tachez d'aller demain au Bied vous l'y verrez & vous y verrez de son ouvrage.

Me Sandoz[3] est au marais[4] mais pour si peu de tems qu'elle me dit de lui addresser mes lettres à Neuchatel: j'etois si occupée de vous tout-à-l'heure que je n'ai pas pensé à vous le dire.

Si je puis vous être bonne à quelque chose pour un choix d'habits de blondes[5] de dentelles pour quoique ce puisse être disposez de moi. Me venir consulter sera me venir faire plaisir.

T. de Ch.

Lundi à 5 heures.

a Mademoiselle/Mademoiselle Henriette/L'hardy/ a *Auvernier*

---

783. *D'Henriette L'Hardy, 11, 18 ou 25 août 1791*

Jeudi a onze heures

Madame

Je fus hier parler a Rosette: Oui & non furent ses reponses elle eut un air si indiférent – je crains qu'elle n'ait si ce nest pas de léloignement au moins fort peu denvie de me suivre: les bontés que mademoiselle de Pentha[1] a pour elle l'engageront a lui parler ouvertement & promptement des propositions que je lui ai faites, & de la maniere de les voir – en attendant ne devraije point aller auprès de la sœur d'Henriette?[2] peut etre a-t-elle envie de se raprocher d'elle – elle est déstinée au même etat & cependant ne se soucierait point d'une place dans son pays · Lizette DP.[3] me dit cela hier avec de fort bones choses de la jeune fille.

Je voudrais que le mal que jai pensé & dit du menage du Bied[4] retomba dans ce moment sur ma tête je suis mal avec moi: M[r] surtout met dans ce qui me regarde un interret que jetais bien eloignée dattendre il a deja ecrit a francfort[5] pour me procurer une pension pendant le sejour que je serai obligée d'y faire; il s'est arrangé pour n'avoir d'autre compagnie que moi – Javais des sujets de mécontentement: j'en ai dans ce moment qui les effacent je voudrais faire une expiation de mes torts je voudrais qu'on me grondat · si vous vouliez Madame vous en doner la peine ce serait encor un sujet de reconnaissance joint a tout ce qui vous doit déja votre tres humble & obéissante servante   h l'hardy

a Madame/Madame de Charriere/a *Colombier*

---

784. *A Henriette L'Hardy, 29 août 1791*

Ce lundi 29 aout 1791

Vous me touchez encore plus que vous ne me flattez mademoiselle. Qu'il est doux de voir une personne telle que vous etes s'imaginer avoir besoin de moi. C'est une illusion mademoiselle un peu d'experience suffit quand on a votre esprit & votre penetration, mais n'importe, ce que je sais ce que je suis est à vos ordres: Le zele tiendra lieu de lumieres. Ecrivez, demandez, je vous repondrai avec empressement. M. Chambrier d'Oleyres que je vis hier me dit que si vous aviez envie ou besoin de parler à quelqu'un qui eut ame et esprit il vous conseilloit de vous adresser à une Ctesse de Solms[1] tante d'une Mlle Dönhof qu'il croit être la votre. Je le remerciai & l'assurai que vous seriez avertie encore avant votre depart.

Adieu je vous embrasse mille fois & vous souhaite pour demain du courage; ensuite du beau tems de bons gites de l'amusement... il n'y a rien d'agreable que je ne vous souhaite · à Frankfort ecrivez moi, a Berlin aussi & dites à votre amie[2] combien je l'aime. adieu

a Mademoiselle/Mademoiselle L'Hardy

785. *A Henriette L'Hardy, 15 septembre 1791*

Ce 15 sept. 1791

Votre jolie lettre de Francfort m'a fait un trés grand plaisir Mademoiselle. Je vous vois voyager conjugalement entend que[1)] silentieusement; Je vous vois dans votre auberge, je vous vois dans les magazins où vous glanez de loin sur la grande[2)] moissoneuse Morel,[1] je vous vois aussi chez M. Loé[2] où vous avez très, très bien fait d'aller, & j'y felicite vos compatriotes que M^rs les allemands ont deja fait hausser de prix à vos yeux. Ici vous n'en seriez pas tout-à fait si contente à votre egard; du moins des femmes qui ne laissent pas de clabauder un peu. J'ai voulu savoir si à St Aubin ou le clabaudage a tenu comme ailleurs ses petites assises, Mlle xx[3] celle qui vous a offert des lettres celle que Susette n'aime pas avoit mieux parlé que les autres, mais il m'a semblé que non & du moins ses petits étonnemens avoient été à l'unisson du reste. Continuez Mademoiselle à exciter l'envie car ce n'est que cela. L'une envie ce qui vous rendoit desirable, l'autre envie les agremens, l'aisance, le luxe dont on pense que vous jouirez de sorte que telle qui n'auroit pas souhaité cette place, qui peut-être même l'eut refusée pour elle même ou pour sa fille ou sa niece ne laisse pas d'être jalouse de vous. L'envie a un domaine beaucoup plus vaste que je ne le croyois autrefois. S'il vous etoit reservé d'obliger vos envieuses cela seroit assez joli. Il me semble que l'attente où l'on est de vous a deja servi votre amie & son mari.[4] & je ne doute pas que vous n'ayez bientot le plaisir de voir fixer leur sort d'une maniere agreable. Vous me direz comment vous les aurez trouvé; Comment ils sont envisagés, & surtout comment vous aurez été receue & d'eux & d'une autre personne & où vous demeurez & comment vous etes logée, & si vous voyez des tableaux & s'il y a aparence de pouvoir avoir un bon maitre. Deja vous avez des couleurs pour peindre en petit, que je suis contente de vous voir les gouts sans lesquels je trouve la vie si triste! Je donnerai incessament de vos nouvelles à Me Sandoz. Je me propose si elle passe quelque tems à Auvernier[5] de lui bien recommander Mlle votre sœur,[6] qui vint à l'eglise quelque jours après votre depart tellement en belle eplorée que mon Henriette[7] en eut pitié. Tachez de savoir si Mrs Perraut[8] n'ont pas exageré à leur cousin le secretaire d'etat le danger des lettres & la frequence de la violation de ce depot confié à la poste. Nous sommes bien incapables vous et moi d'abuser de la securité que nous aurions à cet egard mais il y a de petites choses que je vous demanderois si je croyois que les disant vous ne les disiez qu'a moi[3)] Par exemple notre cour d'orange excite ma curiosité. S'il n'est pas permis de parler des princes parlez du moins de ma sœur Me de Perponcher, de mon parent M. de Reede;[9] des Demoiselles de la princesse dont il y en a que je connois. Les courtisans ne sont pas des personnes sacrées, du moins que je sache.

Vous savez les heureuses couches de Me Lisette du Paquier:[10] je suppose que tout va bien, car je n'en entens plus parler. Il n'y a rien de nouveau ici à l'exception d'un sermon de M. de Gelieux[11] tout rempli d'eloges pour ses paroissiens de la classe superieure & de reproches pour les autres. Il a parlé de *crapule*, il est entré dans de grands details sur l'indelité[4)] avec laquelle travaillent les vignerons & autres ouvriers, si lens à l'ouvrage quand ils travaillent à la journée & si diligens quand c'est à *tache*. Il a traité de *crime* l'inospitalité envers les Monregards,[12] qu'il n'a pas tout à fait nommés mais peu s'en falloit. Enfin la vulgarité la vehemence & la partialité brilloient a qui mieux mieux dans cet etrange sermon. Il a produit un mecontentement extreme chez les maltraités, & a deplu à tous les gens de bon sens. Beaucoup de vos Auvernierois ne veulent plus disent-ils aller au sermon de ce[5)] pasteur. on a ecrit une lettre très satirique,[13] enfin c'est une vraye rumeur, & cependant l'homme est un bon homme à qui l'on ne peut supposer que de bonnes intentions, mais où l'esprit & le sens manquent les meilleures intentions ne produisent souvent que du mal.

Je pardonne fort à Rosette son peu d'etonnement. Etant enfant je ne fus surprise de rien à Versailles ni a paris si ce n'est des decoration de l'opera, & en Angleterre rien ne m'etonna que des Brebis à cornes. En revanche Amsterdam & son port m'ont etonnée toutes les fois que je les ai vu. Si quelque chose vient à etonner Rosette dites le moi. Un beau palais par exemple pourra bien surprendre un peu celle qui ne connoit que l'architecture de Colombier Boudry & Neuchatel.

On attend ici avec impatience le resultat de la conference de Pilnitz.[14] Le païs de Vaud occupe aussi. Mrs de Berne ont fait des actes de pouvoir arbitraire[15] qui ne pourront être justifiés que par la necessité bien connue & par le succès. Il me semble qu'on est tranquile dans ce païs-ci & que l'on y sent assez generalement les bienfaits d'un gouvernement très doux

& les affreux dangers d'un bouleversement, même d'une innovation. Plaise au ciel que cette impression reste gravée dans tous les cœurs[6] Les Clubistes[16] commencent a être en horreur partout & l'on semble s'être donné le mot en france pour ne les pas élire deputés à cette seconde legislature.[17] Si les etrangers ne se melent pas de la querelle & que les colonies ne desertent pas la cause commune la france peut encore être sauvée & ce pays ci rester comme il est.

J'ai ici ma compatriote Mlle Tulleken à qui rien ne manque qu'une meilleure santé. Son esprit & son caractere sont excellens. Charles Chaillet vient toujours me voir & je songe toujours à lui procurer hors de son paÿs une place qui l'occupant quelques années, acheve sans frais son education, & le rende heureux & susceptible[7] de bonheur. a-t-on à berlin un beau jardin de plantes?[8][18] Adieu Mademoiselle. S'il y a quelque chose dont vous veuilliez que je vous entretienne,[9] quelque chose que je puisse faire ou dire pour vous dans ce pays-ci vous n'avez qu'à parler. Defendez moi en revanche de dire ou faire ce qui pourroit avoir des inconveniens, & comptez sur le plus sincere & le plus vif interet de ma part.

T. de Ch.

786. *A Henriette L'Hardy, 27 septembre 1791*

Que je suis fachée Mademoiselle que cette lettre de moi que vous attendiez à la fin d'un ennuyeux jour[1] ne soit pas arrivée. Si j'avois su! si j'avois pu penser! on est quelque fois trop modeste comme on est d'autre fois trop vain, & l'on n'ose pas toujours croire que l'on put faire grand plaisir & compenser un grand ennui quand pourtant il se trouve que cela seroit ainsi. Du moins ai-je bien o[sé] penser que vous seriez bien aise de trouv[er mon] petit cachet & mon ecriture sur une envelop[pe] en arrivant à Berlin. C'est demain m'a dit Mlle Serjean[1] que vous y devez arriver. Puisse le terme du voyage offrir tout dabord des choses agreables à votre vue & à votre imagination. Ce que vous dites des gens d'argent & de commerce est je crois très vrai mais si vous trouviez à quelqu'autre Francfort rien que des courtisans puis à un autre rien que des gens de lettres &c &c &c je crois que successivement ils produiroient chez vous un degout tout pareil. a votre age on a le bonheur de croire que ce qu'on ne voit pas vaut un peu mieux que ce qu'on voit, & l'on va, l'on court, l'on cherche avec courage. avez vous lu *Rasselas*[2] de Johnson?[2] Mlle Moula à qui j'ai dit comment je jugeois Mlle M. de xx l'a défendue auprès de moi mais inutilement. Si vous etes applaudie il se trouvera qu'elle a été officieuse envers vous · si vous etes blamée elle aura dit quelques petits mots qui la tireront d'affaire avec[3] les detracteurs. Voila une politique aussi meprisable que commune. adieu. il est 9 heure & demi. J'ai promis que mon billet seroit à Auvernier[3] à 10 heure

Ce 27 sept. 1791

a Mademoiselle/Mademoiselle L'Hardy/a *Berlin*

787. *A Benjamin Constant, 6 octobre 1791*

Jeudi Ce *6*

Vous allez croire que je n'ai du tout plus le sens commun. Dans une lettre que je vous ecrivis hier par Yverdun je mis *samedi au soir*. & pour corriger cette bevue je mis sur l'enveloppe mercredi 4. or ce n'etoit ni samedi ni le 4. C'est bien vrai que je n'ai pas trop le sens commun. J'ai eu plusieurs vives émotions ces derniers jour qui en fait de sens commun m'ont mise plus bas qu'à l'ordinaire.

J'ai de l'impatience de vous savoir si près de moi sans[1)] vous en voir davantage, & vous n'etes pas homme à compenser cela par des lettres un peu causantes; vous avez fait vœu de n'ecrire qu'une page au plus. a la bonne heure. Je comprens que vous avez assez d'autres ecritures à faire & l'esprit trop occupé pour vouloir m'entretenir de balivernes; mais je ne laisse pas de regretter les balivernes, je voudrois savoir comment les tantes blondes[1] & les petites[2)] cousines[2] vous ont receu; Si Rosalie[3] a daigné s'informer d'une personne assez denuée de sens pour n'admirer point l'esprit de Me de Stael, & d'autres niaiseries pareilles. S'il venoit une nuit ou vous ne pussiez pas dormir & où vous ne voulussiez pas vous occuper songez un peu à contenter mon inocente fantaisie.

J'ai receu une lettre de Me Saurin & en lui repondant aussitot je lui ai parlé de vous. J'ai ecrit à Me de Rosendael dont j'avois receu une lettre (ainsi qu'une grande lettre[4] de Judith.) Me de Rosendael me disant que ma sœur alloit revenir j'ai supposé qu'elle la verroit & lui ai dit que vous etiez charmé de ma sœur & que vous parliez avec admiration de la Princesse hereditaire.[5]

Je suppose que vous ne negligerez pas Mlle Hollard.[6] Il faut faire sa cour tant qu'on le peut sans bassesse & sans nuire à personne.   On m'a dit que quelqu'un dont nous avons eu occasion de parler quelquefois est garde national à Gray.[7]

J'ai parcouru hier les lettres de M. Guingu[ené] sur Rousseau[8] & j'ai vu qu'il m'avoit fait l'honneur de copier, en delayant un peu, tant la petite brochure que vous avez emportée que l'eloge que vous n'avez pas lu. Plut au ciel qu'il ne se fit pas de pire brigandage!

Si vous alliez à Rolles vous pouriez demander l'eloge[9] à M. de salgas qui vous le pretera volontiers s'il ne l'a pas laissé à Geneve J'ai la vanité de vouloir que vous le lisiez

Adieu. il faut revenir quand cela vous sera possible. J'eus regret il y a quelque tems de ne vous avoir pas fait faire connoissance dans votre precedent voyage avec M. Fellenberg[10] conseiller à Berne, honnête homme & très instruit; trop froid pour être zelé mais assez[3)] ferme à ce que je crois, pour soutenir constamment une bonne cause. S'il arrivoit que vous eussiez quelque chose à faire à Berne allez le voir ou ecrivez lui.[4)] Depuis peu nous nous sommes souvenus l'un de l'autre, & nous sõmes donné des marques d'estime & de souvenir.

788. *D'Henriette L'Hardy, 24–27 octobre 1791*

Comencé le 24 Octobre fini & envoyé le 27

L'indolence n'est pas mon défaut. l'oubli de vos bontés l'est encor moins · coment n'ayje pas encor pu trouver le moment de vous ecrire madame? Jai donc aprésent cette vie si active qui d'auvernier me paraissait propre a remplir le vide que jy eprouvais? Il n'est pas encor comblé. je suis occupée d'autres choses que d'un bas d'une couture mais ces toilettes sans fin la connaissance quil a fallu faire avec les persones que la comtesse[1] recoit chez elle cela vaut il bien mieux · je ne veux pas encor le décider j'aime a croire cependant que le plus désagréable est passé je naurai plus a paraitre aux curieux regards de tous ces personages je n'entrevois rien de chagrinant pour la suite jaime mieux etre ici qu'a auvernier: ou est le pays ou tout soit au mieux? si je vous disais madame que je sais de reste qu'Eldorado est le seul & que persoñe ne peut y aller me feraisje du tort dans votre esprit? ici tout n'est pas le plus mal du monde ny eut il que cette boñe Comtesse un caractère si franc si droit · son humeur nest pas égal mais il n'est jamais penible m[d] DP[2] la disait impérieuse elle ne la conaissait pas encore · ce qu'on a pris pour de l'exigence n'est autre chose que l'impatience naturelle aux persones actives elle ne manque ny desprit ny de tact – aucune des raisons qui l'ont engagée a etre lepouse dun roi[3] sans être reine ne tourne a son desavantage j'en ai dit une a m[d] Sandoz l'autre je lai découverte depuis que je suis à Potzdam · le roi est aimé pour lui & lors qu'on le connait on en est pas surpris · depuis huit jours que je suis a Potzdam jai passé toutes les soirées avec sa majesté · la duchesse de courlande[4] a été ici les trois premiers de la semeine avec les dames & officiers de sa suite le roi a dit de jolies choses & en a fait arranger dautres pour eloigner l'ennui qui d'ordinaire suit ces grands persoñages. on a visité les chateaux de sans souci & de charlottenbourg jai vu la galerie de tableaux[5] dans ce dernier · dans le grand nombre je nai pas découvert un seul joli paysage & a quoi me servirait il d'en avoir quand les copieraije jai a peine le tems décrire quelques pages · toutes les matinées sont pour

la Comtesse · a deux heures elle va diner avec le roi dans un pavillon a
quelque distance de la maison d'habitation · javale bien vite le
mien · après je m'habille & ma toilette n'est jamais finie quand on vient
m'anoncer que le carosse m'attend · je reste au pavillon jusqu'a neuf heures a mon retour on me doñe a souper dans la chambre ou la Comtesse
se deshabille. cest la meilleure de la maison il faut la quitter quand elle
arrive ce nest jamais plus tard que 10 heures mes correspondances font
le dessert & les entremets de mon souper · je ne puis plus continuer a
écrire dans ma chambre elle est si froide si incomode & je nai pas le droit
de m'en plaindre celle des majestés nest ny meilleure ny plus elégante –
Emploi du tems au pavillon – on prend du thé a 5 heures · apres on fait
de la musique jusqua 7 · de 7 a 9 de la lecture le roi en est rarement content
il a tant lu tant entendu lire il est blasé sur tout les genres de lectures · les
romans surtout il les hait · nous avons fouillé dans nos chetives tête la
comtesse & moi pour trouver quelque chose qui fut serieux sans etre
froid amusant sans etre bagatelle · je nai pas attendu a cet heure de regretter vos conseils madame mais dans ce moment j'ai senti bien vivement
combien ils me manquaient · qui mieux que vous pourrait savoir ce qui
conviendrait vous connaissez toute chose & avez retenu ce qui est bon
– & ma perfide mémoire je crois quelle ne retient que ce qui est mauvais
elle na put m'indiquer quoi que ce soit de convenable – si javais pour
demain une lettre de vous madame · celles qu'on connait ont piqué la
curiosité de mes grands personages on s'informe quand je dois en recevoir si vous avez beaucoup de ces jolis couplet coñe ceux qu'on à déja
(cest l'amour est un enfant[6] &c la dessus je dis je ne sais – oui – Zadig
– Zadig tout un opera la musique aussi de m^d de Charriere & voila qu'on
voudrait l'avoir ici on ne parle on ne pense on ne fait que musique on
en a des magazins · hier on etait au fond de celui de cette demeure on joua
je ne sais quelle chose vieille coñe le [   ][1)] endormante come le pavot
dieu sait ce qu'on trouvera p[our] aujourdhui – Je reçus hier une lettre
de m^d DP avec des regrets de mon absence de l'humeur contre cette
grande ville[7] au milieu de laquelle elle reste isolée – les huit jours que jai
passé dans ce menage ont eté tout plaisir je les ai vu assez souvent pendant
le reste de mon sejour a Berlin & je me suis apperçue que S^t sans aimer
le monde serait cependant bien aise d'en voir quelques fois que a part la
maison de Boaton[8] elle est mécontente de tout ce qui serait a sa portée · de
cette insouciance resulte un abandon un dégout pour tout ce qui a raport
a la toilette aux soins de la persone elle ne shabille plus ou s'habille mal
sans que son mari le lui temoigne · j'ai découvert que cela lui faisait de
la peine jai hazardé quelques moralités sur ce sujet mais las elles sont si
gauches si peu faites pour produire quelques effet il n'en serait pas de
même des votre madame & sans quelle sut que j'ai découvert ses fautes
je j'ouyrai[2)] du bon effet des miennes – me pardonerez vous madame

d'ozer vous envoyer un pareil griffonage jespere encor cela de vos bontés pour votre reconnaissante servante

L'hardy

Joubliais que vous me demandez des nouvelles de Rosette[9] madame – elle a fini par trouver berlin assez joli – mais le changement dair & peut etre la bone chere qu'on fait chez sa majesté l'apesantissent elle dort trop & travaille trop peu

a Madame/Madame de Charriere/a Colombier/*pres Neuchatel en suisse*

789. *A Henriette L'Hardy, 15 novembre 1791*

Ce 15 nov. 1791

Il est donc bien vrai, bien sur que je vous puis faire plaisir en vous ecrivant. Là dessus je prens vite la plume mademoiselle. Votre lettre[1] arriva hier; vous n'en avez point eu de moi ce lendemain du jour où vous l'ecrivites, lorsque vous desiriez une; mais j'espere que celle que j'ecrivis Lundi ni celleci n'arriveront pas mal à propos.

Vous voulez que je vous indique des livres qui ne soient pas des Romans; des livres tels qu'après s'être amusé un instant a les lire on ne se reproche pas que cet instant ait été absolument perdu.

Je me suis amusée cette nuit à vous faire une liste de livres dans ma tête; & la voici. Je supposerai que vous n'avez pas lu ou que vous pouvez vous resoudre à relire.   Dabord je vous recommande mon cher, bien aimé, très honoré, respecté même[1)] l'ecrivain vrai, l'homme honnête Du Clos;[2] ses memoires surtout, mais aussi son voyage en Italie. Ne lisez pas le monotone libertin Duc de Richelieu mais bien quelques lettres qui sont à la fin de chaque volume.[3] Vous trouverez de libertines grandes Dames ecrivant comme des servantes de cabaret Vous trouvez Me du Chatelet la celebre Emilie ecrivant *elle même* bien diferemment de ce que la faisoit ecrire son amant Voltaire. Rien n'est si plat ni si absurde mais cela est plaisant à comparer avec les lettres soi disant de cette femme à Frederik 2e & d'autres belles choses qui etoient d'elle comme de moi. Vous verez l'ambitieuse & spirituelle Me de Tencin & l'aimable Me de Chateau neuf. Enfin vous vous amuserez j'en suis bien sure. Lisez d'un bout à l'autre Me de Staal;[4] non la fille de M. Necker, mais Mlle Launay attachée à Me du Maine. Il n'y a pas de femme qui ait ecrit avec plus d'esprit. Il y a d'elle des memoires & deux comedies.

Je vous recommande aussi un livre de M. de Rhulieres[5] intitulé je crois *Eclaircissemens relatifs à la revocation de l'edit de Nantes & à l'histoire des pro-*

testans en france. Cela est très bon. Toutes ces lectures là ont une sorte de raport La scene est en france. La fin du regne de Louis 14. la regence du Duc d'orleans, une partie du regne de Louis 15ᵉ voila ce qu'on y apprend à connoitre avec d'autant plus d'interet que ce sont ces epoques là qui ont amené tout ce que nous voyons arriver aujourdhui & cela si visiblement qu'on n'est plus etonné de rien quand on les a etudiées. mais après ces lecturcs ou entre deux lisez la vie de Goldoni[6] cela est naïf bonhommique, amusant. Gretry[7] à son imitation & pour gagner de l'argent a fait un gros livre de lui même ou il rend compte de tous ses petits operas. Le livre est trop gros, la vanité en²⁾ est trop puerile, mais pour qui aime à etudier les arts & les artistes il y a de l'interet Vous y trouverez un d'Hele[8] que jaime passionement

Faisons apresent un grand saut. Lisez le spectateur[9] mais en choisissant &³⁾ seulement deux ou trois discours de suite. Un autre saut & me voila à mon cher Plutarque. Ses hommes illustres peuvent & doivent se relire cent fois & à tout age cela n'est jamais trop revu & trop repensé. Si l'on avoit de Thou[10] toujours sur sa table & qu'on put choisir certains morceaux & les marquer je crois qu'on les reliroit souvent aussi. On y chercheroit tantot les Medicis; tantot les Caraffes puis un morceau de l'histoire d'hongrie; puis certains traits de la vie de Charles quint.

Quelle longue reponse je vous ai faite mademoiselle à propos d'un mot qui n'etoit pas même une question. Ne tremblerez vous pas de me parler de quelque chose voyant que je ne sai repondre que si fort à fond, & avec tant de prolixité? En tout cas que ma bonne intention vous fasse excuser ma mal adresse.

C'est bien me prendre par mon foible que de me parler de Zadig. Il n'est pas fini parce qu'il m'a falu refaire presque tout le 3ⁱᵉᵐᵉ acte dont les airs trop courts qui s'entremeloient au recit ne faisoient pas assez d'effet. Apres que Zingarelli & moi eumes vu cela en une sorte de repetition que nous fimes la veille de son depart je me suis amusée quelque tems à faire des cantiques[11] pour me reposer; mais il y a quinze jours que je me suis remise courageusement à l'ouvrage & j'ai refait tout ce qui n'etoit pas bien dans le poëme puis j'ai fait un air j'en ai ebauché un autre & avant hier ils ont parti pour milan pour se faire façonner & habiller d'un bel accompagnement Actuellement j'ai sur le metier un trio[12] d'*astarté Missouf & le Pr. d'Hircanie.* Cela m'amuse toujours & plus que je ne puis le dire. Si vous voulez le premier de mes cantiques fait pour Charles Chaillet je crois que Mᵉ du Paquier l'a; & M. de Castillon[13] s'il ne l'a pas jettée au feu doit avoir une chanson[14] qui appartient au petit opera *Les femmes.* Faites la lui demander. Elle commence: *sur un sujet peu serieux c'est trop verser de larmes.*⁴⁾ Je suis fachee qu'on ne chante que de l'Italien à l'opera de Berlin. Mon Polyphême avec ses chœurs ses ballets, & le spectacle qu'il demande seroit surement d'un grand effet. J'ose et puis bien le dire. Le peu approuvant Zingarelli qui ne s'admire jamais, qui me critique sans cesse est forcé d'applaudir à ce fruit[5] de nos querelles de nos veilles de nos pleurs. oui de nos pleurs. J'ai pleuré plus d'une fois en me disputant avec lui sur une croche ou un demi soupir. en soutenant un *ut* contre un *mi*.* Aussi rien de banal rien de trainant dans tout le Polypheme. J'ai inventé hardiment il a severement corrigé, & quand il a supléé il s'est élevé au dessus de lui même.

Je vous prie de me rendre en tableaux ce que je viens de vous donner de musique c'est-à dire de me parler de la galerie de Charlottenbourg aussi en detail que je vous ai parlé de Zadig & de Polyphême. Vous n'y avez pas vu de jolis païsages qu'y avez vous donc vu? Qu'est-ce qui vous y a frappé? Est-ce l'ecole Hollandoise ou flamande ou Italienne qui brille le plus. Ne pouriez vous dessiner & peindre le matin auprès de la Comtesse? Je suppose que je ne lisez pas toujours Il est plus amusant de voir peindre que de voir travailler. au reste on ne juge de si loin que bien imparfaitement. Les conjectures & suppositions sont même ridicules. J'avoue que quelque grand Roi que je fusse la plaisanterie d'être mal logé ne me divertiroit jamais & d'autant moins que je supposerois qu'elle ne divertit pas du tout mes alentours. On peut bien n'être pas sensible à l'iné-légance mais le moyen de ne pas sentir le froid & le chaud! A propos, M^e duPaquier vous a-t-elle fait lire Aiglonette?[15] J'ai dit ou insinué bien des choses à M^e duPaquier. Je lui demanderai des nouvelles de sa garderobe & la prierai d'user cet hyver une certaine robe de Perse qui lui vient de moi[7] & d'être bien propre avec, de maniere à donner bonne façon à cette vieillerie.

Vous voyez Mademoiselle que j'ai bien etudié votre lettre: C'est que vrayment vous m'interressez beaucoup & si je pouvois faire ressembler un peu pour vous un païs quelqu'onque à celui d'Eldorado je ne m'y epargnerois assurement pas. Je crois que le païs de la trop bonne chere n'est pas trop sain a Rosette mais on n'y peut rien pendant l'hyver. au printems il faudroit la purger lui donner des jus d'herbe du petit lait &c. Pour la regaillardir je lui achetai un grand Chale assez beau que je lui enverai par la premiere occasion.

Je sai peu de nouvelles · dailleurs je pense qu'on vous mande tout ce qui arrive d'un peu interressant dans cette contrée. A tout hasard il faut vous dire que le grand Pourtalès a vendu trois fois *Reuse*[16] si vilainement que c'est une honte. M. Bauvais[8] troisieme acheteur a si bien fait qu'il n'y a plus eu moyen de se dedire.

Mlle Borel Borel l'ainée[17] est enfin tout a fait morte. elle n'avoit jamais tout de bon vecu.

* Zingarelli disoit les larmes aux yeux: ce Cyclope me fera devenir fou. voici cinq fois que je l'ai refait.[6]

M. George Chaillet & sa femme ont passé trois semaines à Neuchatel ce qui fait que j'ai été tout ce tems sans voir le grand Chaillet,[18] & il m'en a faché car le meilleur, le plus doux, le plus content des hommes est fort agreable à voir. J'ai beau faire pour qu'il tache de guerir de sa surdité ce que je crois très faisable, il est si heureux il est si passionné de sa botanique il est si sage si raisonnable que ce n'est pas la peine pour lui que de se debarasser d'une petite incomodité. Je le vois[9] très content d'avoir quité le turbulent & desordonné service de france. Pour M. Perregaux[19] il remplit autrement son loisir; il joue c'est dommage. Un homme dont on dit du bien fait pourtant un mauvais personnage ou du moins bien inutile a la societé. Sa femme a eu des suites de couches[20] très facheuses. Elle est mieux

Adieu Mademoiselle on m'annonce M. & Me Sandoz qui vont venir diner avec moi. Il faut vite sortir de mon lit[10] pour les recevoir. Nous parlerons de vous je rendrai[11] à Me Sandoz la lettre que vous lui avez ecrite je lui ferai part de celle que j'ai receue – vous serez celebrée par des gens qui vous sont veritablement attachés.[12]

790. *De Marie-Anne-Jeanne Saurin, 30 novembre 1791*

paris, ce mercredy – 30 novembre 1791

Ce n'est point la poste qui a tort, madame, c'est moi qui, par differentes circonstances, ait tardé trop long tems à vous répondre. au moment où votre premiere lettre arrivat, mr godard[1] étoit déjà très malade, et le danger de sa maladie ayant augmenté, il nous fut enlevé en très peu de jours. cette mort m'a causé le plus sensible chagrin. j'aimois mr godard de tout mon cœur, et quoi que vû ses grandes occupations je le visse peu, son attachement dont j'etois sûre, étoit un doux lien pour moi. il emporte les regrets de tous ceux qui l'ont connu. c'est une perte pour le bien public, et bien plus grande encore pous ses amis! m^de suard lui étoit aussi très attachée. elle en a fait un petit eloge, qui a été inseré dans le journal de paris du 8 novembre.[2] si vous avés occasion de vous le procurer, je crois qu'il vous fera beaucoup de plaisir. mr godard y est peint d'une vérité qui enchante ceux qui l'ont aimé. c'est limage et le parfait modele de cet homme excellent; et si dignes de tous les regrets qu'il emporte. peu de jours après sa mort on m'a emmenée à la campagne, où je suis restée quinzes jours. je n'y ait pas été malade, mais pourtant je m'y suis mal portée, j'y ai eu des maux de tête, et une si profonde mélancolie, qu'il m'etoit impossible de rien faire autre chose que de m'y livrer. je n'ai donc pû vous y ecrire. je voulois d'ailleur faire chercher la petite brochure sur la suisse,[3] dont il est question dans votre premiere lettre. a cet egard nos recherches ont été vaines. bosange, ni buisson ne l'ont point, et gatay du palais royale[4] à qui j'ai parlé n'en a pas eu connoissance. j'ai bien vû deux ou trois fois mr démeunier,[5] depuis la récéption de votre premiere lettre, mais c'etoit avec du monde, et toujours en courant. je n'ai donc pû lui parler que de votre souvenir. il m'avoit promis qu'il viendroit entendre l'endroit de votre lettre que vous me disiez de lui lire. mais le département, et le directoire dont il est, ne lui laissent pas un moment. c'est un charme qu'une révolution, et que les affaires publiques, elles nous enlevent la plus grande partie des hommes qu'on aime, et que l'on desire de voir. vous aurez apprit la nommination d'un maire,[6] sur lequel assurément, nous n'avions point jetté les yeux. avant lui, j'en aurois choisi deux ou trois autres, mais puis qu'ainsi l'a voulu la commune, dieu en soit loué. notre ancien bon maire, que vous aimé tant, est a sa maison de chailliot.[7] m^de de frénilly a été dernierement l'y voir. il lui a paru gay, contend, et se porte amerveille. j'ai appris ces détails avec plaisir. il est a la veille de faire un voyage à rouen, où sa femme a des parens

vous me parlez de mr de champfort dans votre derniere lettre? ah! qu'il a fait un pauvre mémoire, ou satyre sur l'academie,[8] et dont il est dificile de deviner l'utilité. je vous dirai, qu'il n'est pas bien sur qu'il soit contend d'avoir fait ce mémoire. on y a fait deux réponses aussi bonnes qu'accablantes, et auquelles il n'a point répondu, et je sais bien pourquoi, c'est que je crois impossible d'y répondre. il m'est venu voir depuis mon retour. j'ai blâmé son ecrit, et lui ai dit. je le vois peu, et vous deviné que je m'en console. ce rien que je vous mande sur mr de champfort, je vous prie de ne le point répéter. il est toujours bon d'eviter toutes tracasseries, avec de pareils esprits. nous avons rit aussi bien que vous, du prospectus de mr de la harpe.[9] je ne crois pas que cette annonce lui attire beaucoup de souscripteurs.

L'intérêt de la littcrature n'est pas encore revenu, et je ne sais quand il reviendra. il y a cependant plusieurs nouveautées agréables, par exemple une comedie en cinq actes, dont le titre est: le *philinte de moliere*[10] c'est une continuation du misantrope, avec les mêmes personnages, les mêmes caracteres, et cet ouvrage est du mérite le plus distingué. il est d'un mr fabre d'eglantine. le nœud de la piece est conçu fortement, et d'une moralité admirable. elle est deplus jouée d'une maniere si parfaite, que limagination ne peut aller audelà. j'ai eté hier la voir jouer, et j'en ai été enchantée. L'auteur est jeune. il a donné aux varietés une jolie piece, l'été dernier, intitulée *L'intrigue epistolaire*, que je n'ai pas encore vue, et dont on dit le plus grand bien. ces délassements, que l'on peut prendre ici de tems en tems, reposent des eternelles conversations sur les affaires, lesquelles ne sont pas toujours satisfaisantes. j'ai été, et je suis bien consternée [   ]

Ce Jeudi 1ᵉʳ Dec[1]) 1791

Mˡˡᵉ Louise de Penthaz vient de me faire demander l'adresse de sa protegée Rosette.[1] Je lui fait dire que le courrier de Jeudi n'etoit pas le bon,
que dailleurs il valoit mieux vous adresser la depeche qu'a Rosette & que
je me chargeois très volontiers d'ecrire une petite lettre qui seroit le vehicule de la sienne.

Voila les circomstances Mademoiselle qui me mettent la plume à la
main un peu plutot que je n'avois cru & que vous ne vous y serez attendue
vu l'imense lettre que vous avec receue de moi tout recemment.

J'etois dailleurs impatiente de vous dire une petite chose, importante
comme rien & qu'il faut pourtant que vous sachiez. Cette parente[2] dont
vous m'avez vanté l'esprit tout en avouant son comerage parle de vous
ou[2]) du moins de votre parure de Berlin en vraye comere. Surement c'est
pour avoir le plaisir de parler de vous quelle etale votre garderobe aux
yeux du public & quelle vous peint rayonnante dans vos atours. Il est si
naturel de se vanter d'une niece comme vous que je lui pardonne de
grand cœur son bavardage mais je craindrois[3]) qu'il n'en rejaillit quelque
chose sur sur vous si cela continuoit de sorte que si vous pouvez y mettre[4])
un peu ordre ce seroit bien fait. La personne qui me l'a dit avoit repondu
à ceux de qui elle le tenoit: *Mˡˡᵉ L'Hardy n'a pas ecrit cela, j'en repons, j'en*
suis sure... J'ai confirmé & applaudi & nous nous sommes[5]) fait une histoire très vraisemblable de ces propos, au moyen de laquelle nous trouvions bien qu'il ne faloit les reprocher à personne *Mˡˡᵉ L'Hardy*, disions
nous, *veut & doit, dans ces commencemens surtout, ecrire de grands details à Mᵉ*
sa mere[3] *& à Mˡˡᵉ sa sœur* «plus les objets sont indiferens plus elle se
«permet de s'etendre, dailleurs la parure est un article interessant pour
«une personne de l'age de sa sœur; eh bien elle lui dit je porte telle robe
«& tel bonnet. Les tantes et cousines arrivent chez Mᵉ I.'Hardy – Quelles
«nouvelles avez vous? on raconte, ou l'on montre la lettre. Refuser de la
«montrer seroit desobliger ou faire soupçonner quelque chose de des-
«agreable. on lit donc on commente; ensuite (chacun dans sa societé)[6])
«on redit & l'on amplifie. Parmi les ecoutans il y a des badauds qui
«s'extasiés il y a des malveuillans qui voyent dans ce qu'on leur dit un
«texte de ridicule & les uns & les autres au sortir de la maison où l'on s'est
«entretenu de Mˡˡᵉ L'Hardy[7]) parlent d'après leur cœur soit badaut soit
«malveuillant.»

Voila, Mademoiselle, nos conjectures. Si vous les trouvez passablement
justes vous ecrirez à Mˡˡᵉ votre sœur qu'il faut garder pour elle tout l'article de l'habillement, qu'aussi bien vous[8]) n'ecrivez que pour elle et ses
menus plaisirs; ne voulant pas que dans le monde on croye que vous y

mettiez une importance qu'il est si loin de votre humeur de mettre à pareilles futilités. .... Mais moi ne parlé-je pas trop serieuscment d'une bagatelle? n'ai-je pas aussi l'air de mettre de l'importance à un caquet qui n'est rien qui ne peut avoir nulle suite, nul serieus inconvenient? Si cela est prenez vous[9] en à ma plume qui ne sait pas faire sourire mon papier comme je souris moimême en ecrivant ceci; prenez vous en aussi à la peur qu'on n'ouvre ma lettre car si je pouvois me resoudre à[10] vous dire mot à mot les platitudes[11] qu'on m'a dites, vous ririez & vous veriez bien qu'il n'y a qu'à rire de ce bavardage que cependant il ne seroit pas bon d'alimenter. Vous avez des jaloux & ces gens là très disposés à faire fleche de tout bois pour vous nuire releveroient les moindres *buchilles*[4] que vous leur fourniriez par inadvertance.　　Au reste je n'entens plus parler de veritables clabauderies. Mlle de xx[5] suposé qu'elle en ait faites se tait à present. Son honnête Don Quixotte ne dit plus rien; J'ai si bien tiré[12] cette affaire au clair[13] qu'elle s'est nettement[14] finie. Je me flatte que Me du Paquier n'en conserve plus de souvenir rancuneux. M^e sa mere[6] est opiniatre dans ses preventions comme personne mais je n'ai pas vu qu'elle lui ressemblat sur ce point. M. Bedaulx[7] m'est venu voir. Il m'a parlé de vous Mademoiselle & de M. & Me du Paquier avec toute sorte d'eloges. Il trouvoit bisarre qu'il n'eut point vu Me du Paquier ici & qu'il l'eut vue avec tant de plaisir à Berlin; il etoit touché de son merite, de l'accueil qu'il en avoit receu, il l'etoit aussi de la maniere dont elle avoit parlé de lui dans ses lettres & m'a priée de lui temoigner bien vivement sa reconnoissance. Je le lui ai promis; voudriez vous Mademoiselle acquiter ma promesse en attendant que je le fasse moi même. Mr Bedaulx m'a dit que bien des gens seroient charmés de faire connoissance avec Me du Paquier il m'a nommé une Mlle Cesar[8] fille d'un riche negociant c'est le seul nom que j'aye retenu.

Je me plaignois tout-à-l'heure de l'indiscretion de la poste. Qu'elle voulut mettre le né dans vos lettres à la bonne heure. on les doit supposer interressantes & on n'y trouvera rien qui n'honore ceux dont vous pourez parler mais les miennes on devroit les laisser en repos; j'en parlerois plus librement de Jean, Jaques, & Pierre auxquels le public ne prend aucun interet.

Les malades sont en grand nombre à Neuchatel mais la seule Me Raymond femme d'un maçon soi disant architecte, est morte;[9] encore n'est-ce pas tant, dit-on, la fievre qui regne qui l'a tuée que d'autres[15] anciens maux. Je suppose que vous savez ce que c'est que ces fievres dont vieux & jeunes sont frappés. La bile s'y joint au rhumatisme, & l'on parle de putridité de malignité, que sais-je! de tout ce que (la peste exceptée)

　　　　　　　le ciel en sa fureur
　　　　　Inventa pour punir les crimes de la terre.[10]
Me Cordier,[11] Julie[16] Chaillet,[12] Cecile Borel,[13] M. Meuron le marchand drapier,[14] ont tous été fort mal.

Notre bel abbé[15] est au lit très malade, très triste, très plaignant. C'est pour le coup un pur rhumatisme mais si bien conditionné qu'il ne peut remuer ni pied ni patte. M⁄e de Tremauville demenageant il a falu le porter chez M⁄e de Savine. Là quatre femmes & deux hommes s'empressent de la soigner & il trouve encore que mille choses lui manquent Le public se moque un peu de lui; moi je compatis à sa surprise de voir tant de vigueur & de beauté en si chetive soufrante & dependante condition; de se voir gisant comme un autre.

Voici une petite nouvelle qui m'a divertie. L'acte de vente de la Rochette[16] n'avoit point été fait & devoit se faire ces jours passés de maniere que M. Bauvais achettant en aparence la Rochette l'echangeoit contre Reuse. Cela sauve le lods. Point du tout. Comme l'*echange* en même tems qu'il sauve les lods ote le droit de retrait M. Chaillet Bosset[17] n'a pas voulu souscrire à cet arrangement. Les lods de Reuse seront par consequent payés, & ceux de la Rochette le seront aussi à moins que les Bosset ou M⁄e Chaillet usant de leur droit ne reprennent la Rochette. Cela n'est-il pas très juste & aussi très[17)]

1⁄e marge.
plaisant? Pourquoi les Pourtalès & les Bauvais ne payeroient-ils pas les lods. (Je n'en suis fachée que pour ce qu'il en doit entrer dans la poche du Perraut.[18]) Mais tout cela est d'autant plus curieux que le Pourtalès vouloit paroitre avoir vendu Reuse plus cher qu'il ne le vend, & l'on saura malgré qu'il en ait le prix au juste, car Bauvais peut bien simuler & dissimuler mais ne payera pas les lods un sol de plus qu'il ne faut. La ladrerie dupée est un fort bon petit spectacle.

2⁄e marge[18)]
Pourquoi direz vous M. Pourtalès vouloit-il paroitre recevoir de Reuse plus d'argent qu'il n'en reçoit? Parce que se voyant blamé de vendre il a cru que tout le public & sa belle mere[19] & ses enfans cederoient à la force de l'argument, c'est a dire[19)] la grandeur du profit, comme[20)] toutes les objections etoient detruites par le *sans dot* d'Harpagon.[20]

3⁄e marge.[21)]
Je pretens remplir encore cette marge de la même façon que les autres. Savez vous ce qui mettroit les Bosset en etat de retirer la Rochette? c'est que Bosset des gardes[21] vient d'epouser une Hollandoise,[22] un colosse ou du moins un paté[23] imbecile. Je la connois · ainsi vous pouvez me croire. On la connoit à Berlin où elle alla accabler de sa visite son mari[22)] l'envoyé de la republique M. de Heyden. Elle étoit veuve, M. Bosset[23)] etoit veuf. Elle est très riche il a des enfans. Ces deux personnages se sont epousés, & sont actuellement à Neuchatel. Si elle me venoit voir je me mettrois vite au lit.

4e marge.[24)]

Si Me de Stahl[24] vous amuse autant qu'elle m'a amusée, si son esprit &
son stile vous plaisent autant qu'à moi, je tacherai de vous procurer un
portrait quelle a fait de Me du Maine.[25] Il est en manuscrit entre les mains
d'une femme de mes amies. C'est ici que je finis Mademoiselle après avoir
fait tout le tour de mon papier. Adieu Candide & aimable fille. Adieu

T. de Ch.

P.S. Charles Chaillet se conduit à merveille. Je lui dis l'autre jour il y a six
semaines[25)] qu'il ne faloit plus *etudiailler* mais etudier, & cette distinction
a fait des miracles. Il a une probité rare & un fort bon esprit.[26)]

792. *A Caroline de Sandoz-Rollin, 5 décembre (?) 1791*

Lundi matin

Pardon dabord de cet horrible papier. Je n'en trouve point d'autre sur
ma table.

Constant arriva avanthier au soir. Mlle Tulleken vouloit que je fisse
tout ce que je pouvois pour vous avoir hier mais je sai que vous[1)] demarches ne se precipitent pas ainsi, & aujourdhui c'etoit un jour de Conseil[1]
& d'affaires & il se proposoit de partir cette après diné. Je suppose qu'il
ne partira que demain au plus tôt.[2)] voulez vous à tout hazard venir ce
soir & coucher à Auvernier où je crois que votre famille[2] est encore ou
venir demain diner ou après diner? J'aurois je l'avoue extremement envie
que vous le vissiez. Hier au soir il fut si plaisant que M. le M. Chaillet[3]
qui se piquoit de ne le pas admirer a ri aux larmes. A propos de paresse
& de belles phrases[3)] il dit *on a coutume de dire, une oisiveté honteuse, j'apelle
cela une turpe torpeur[4] & je dis de moi je suis torpe & turpe. Si je vous ecrivois
comme cela les Bernois ouvrant ma lettre croiroient que Torpe & Turpe sont deux
conjurés & ils repeteroient ce qu'ils disent tous les jours[4)] nous tenons le fil, nous
tenons le fil.* Propos, tournure, accent tout fut si comique que les plus graves se tenoient les cotés. Ma Compatriote[5] ne s'accoutume pourtant pas
ce me semble à ce polisson si extraordinaire. On l'a entendu danser cette
nuit avec un gros chien qu'il a pris pour compagnon de voyage. Adieu
chere Caroline. Bonjour digne Alphonse.

a Madame/Madame Caroline Alphonsine/Sandoz/a *Neuchatel*

Je suis tres contente pour le moment ma chere Madame, et nous jugeons a peu pres Babet[1] de la même maniere. Elle fait ce matin ce qui est de mon service avec beaucoup d'aisance, et d'un air de bonne humeur qui me fait un extreme plaisir. Je Vous suis bien obligé de lui avoir parlé de Mlles Du Pasquier.[2] Sans savoir que Vous aviez eu ce soin, je l'ai pris ce matin, et lui dis en deux mots, qu'epargner quelque peine a ces Dames, les obliger, c'etait faire ce qui au monde m'obligait le plus. Quant au Caffé elle en a trouvé une bonne Boete a sa Disposition, a la cuisine, ou j'ai dailleurs eu soin qu'elle eut tout ce qui pouvait lui etre necessaire. Je Vous promets qu'elle aura abondamment du Caffé. J'en ai bien des fois souhaité le gout a Suzette[3] ! Je serai bien aise que Babet voye de tems en tems Mlle Henriette[4] et de savoir par ce que Babet dira a Henriette si elle est contente de moi. Au cas qu'oui nous nous arrangerons comme Vous le pressentez. Bon jour Madame. Vous m'avez rendu peut-etre un grand service, et c'est de tout mon cœur que je Vous en remercie.

S. Tulleken.

à Madame/Madame De Charrière

Dimanche je ne sai le quantieme Dec. 1791

J'ai receu aujourdhui votre lettre Mademoiselle & au risque que vous trouviez un peu indiscret que l'on cause avec vous à cette distance[1)] comme si vous n'etiez encore qu'a auvernier je veux tout de suite vous repondre. Je suis parfaitement contente de ce que vous voulez bien me dire au sujet de Mlle de G.[1] Cela est bien, et noble, & genereux. Je prononcerois ma propre condamnation si je trouvois fort à redire à la maniere un peu promte avec la quelle vous prenez les impressions que vos amis & les circonstances vous donnent. En revenir est tout ce que nous pouvons faire & je trouve que nous qui allons plus vite & plus loin le mauvais chemin nous rebroussons aussi de meilleure grace & marchons alors fort bien dans un chemin plus beau à suivre. Nous avons à reparer & notre zele en redouble. M. de Ch. me disoit un jour que rien n'être[2)] mieux que d'avoir été offensée par moi qu'alors je servois avec une vivacité extreme. Il me semble qu'en cela nous nous ressemblons. Puissiez vous vous être[3)] moins tardive que moi a profiter de l'experience pour juger & agir sans precipitation! Ici n'etoit-ce pas moi qui vous avois aidée à vous precipiter? Et disons tout Mlle de G. n'etoit pas sans quelque tort. L'autre jour M. de Rougemont[2] & moi disant encore quelque mots sur ce chapitre je pris M. le M. Chaillet[3] pour juge. Il dit sans hesiter qu'à la place de Mlle de G. il ne vous auroit pas même nommée dans les lettres qu'il auroit ecrites.

Parlons de vos amis de Berlin. Combien on clabaudera si cela réussit! Vous trouvez que les parens maternels ont tort. C'est selon qu'ils elevent le petit garçon. Ce n'est pas tout que d'être sous la protection plus imediate. on peut être mieux elevé qu'à la cour & d'une maniere aussi qui donne moins d'eloignement à de grands freres dont l'aversion peut nuire & surtout mortifier beaucoup. Je suis trop loin de la scene pour pouvoir juger de cela sainement mais j'avoue que j'aurois autant aimé une autre vocation pour l'epoux de l'inflexible Susette.[4] Supposé qu'il puisse conserver sans repugnance reproche ni scrupule[4)] la pension & l'augmentation qui me paroissent *ad honores*[5] jusqu'àpresent ne pouvoit-il pas donner des leçons de litterature françoise,[5)] & avoir moyennant cela de quoi vivre honorablement. Je suppose dabord seulement 3 ecoliers à 2 Louis par mois. ce seroit 72 Louis en un an[6)] je suppose ensuite de la vogue, des princes, des étrangers, des femmes, douze écoliers à 4 Louis ou seulement 6 à 5 Louis, ce seroit 6 fois 30 Louis dans les seuls 6 mois d'hyver, & nulle facheuse dependance. Je garderai profondement le secret de l'autre idée; & même je suspendrai mon propre jugement.

Pourquoi dire du mal de votre figure? avec un pareil teint, une si belle foret de cheveux une taille haute & une demarche legere comment sans être ingratte soimême peut-on se plaindre qu'une figure reconnoit mal les soins qu'on prend d'elle? J'avoue que je n'aime pas ces pains de sucre que je vois sur quelques têtes & dont votre stature me semble devoir vous dispenser, mais une simple et pourtant elegante parure ne peut que vous aller très bien. Ne prenez pas d'humeur contre elle, et pour cet effet mettez à profit le tems où l'on vous coife pour lire un peu. Quant à votre habillement je parie qu'il est fait en moins de rien. Vous n'avez point d'epaule ni de hanche à masquer, à rembourer; vous n'etes pas d'une humeur à vouloir mettre vos pieds à la torture Eh bien une belle robe est aussi vite enfilée qu'une laide.

Je suis bien aise que mon catalogue[7)] de livres ne vous ait pas deplu. Vous repondez fort bien sur les tableaux & je m'en fierois parfaitement à votre jugement qui est tel que de bons yeux & un esprit qui ne se laisse pas prevenir par la reputation le donne. Je vous remercie de la protection que vous auriez envie de donner à Polypheme & à Zadig. Le premier est digne & le second le sera à ce que j'espere. Ma Muse par reconnoissance vous envoye ce soir un petit air de sa façon. on y pourroit faire sans doute[8)] un meilleur accompagnement que celui que j'ai indiqué, & cela sera aisé à la personne qui l'accompagnera[9)] soit du clavessin soit de la Harpe car le chant en est simple & pur. Cela poura remplir un petit

moment à ce que j'imagine. Aureste si vous devenez tout de bon passionnée de la musique vous ne vous mettrez plus guere en peine des paroles
d'un opera. J'avoue qu'une fois que ma pensée poëtique m'a inspiré une
modulation je pense si peu aux paroles que je les estropie de cent façons
en les chantant. Mon amour propre les abondonne si bien que j'aimerois
mieux qu'elle fussent cent fois plus betes & que mon air fut un peu plus
joli. *Le vœu sincere,*[10] *d'un cœur qui ne pouvoit mentir*[6] n'est pas quelque chose
de bien fin, mais cela m'est égal. la prosodie n'est[11] pas en contradiction
avec les nottes, point de sillabes dures, rien qui se heurte ni[12] s'etrangle
c'est tout ce qu'il m'en faut & pour n'avoir pas la peine de faire moi même
des platitudes douces & bien scandées j'ai dit souvent que je voudrois
avoir un poëte à moitié imbecile à mes gages.

J'ai receu aujourdhui une charmante lettre de Me du Paquier. Elle me
caresse & me gronde mais le premier m'est bien plus doux que l'autre ne
m'est cruel. En attendant que je lui reponde dites lui je vous en prie que
je consentirois qu'on me rapellat toutes mes plus[13] anciennes paroles &[14]
demarches dans lesquelles je n'aurois aucune espece de tort, comme c'est
ici absolument le cas. Quatre ans, cinq ans, dix ans qu'importe? Elle n'a
rien dit qu'il ne fut parfaitement innocent de dire à ceux à qui elle l'a dit
ou même à tout le monde. Faites lui remarquer aussi que le billet de M.
Rougemont n'etoit pas destiné à aller à Berlin. c'est à moi seule à qui on
l'ecrivoit. Il ne lui *permet* donc rien & n'a pas eu la presomption de croire
qu'elle se rapellat rien. C'est moi qui ai peut-être tort d'avoir envoyé[15]
ce billet. J'ai souvent la[16] passion indiscrette peut-être que d'honnetes
gens s'entendent & se voyent l'un l'autre jusqu'au fond du cœur.

Adieu Mademoiselle. Charles Chaillet portera demain vos douceurs à
Me Sandoz. Elle se porte bien. Charles Chaillet vint hier me voir par le
plus deplorable tems comme un petit heros d'amitié. Il ne fait pas des frases sentimentales celui là, mais il m'aime bien & affronte vent & neige
pour me voir quelques heures. adieu. Puissiez vous avoir des amis tels que
vous les meritez[17]

795. *A Jean-Pierre de Chambrier d'Oleyres, 31 décembre 1791*

Ce dernier jour de 1791

J'aurois Monsieur bien des excuses à vous faire si le silence d'une her-
mite comme moi n'etoit en effet un bienfait plutot qu'une offense. Quiconque n'a rien d'interressant à dire n'a pas grand tort de ne point parler.
J'avoue cependant que ce n'est pas par cette modeste consideration que
j'ai tardé à vous remercier de votre lettre & des diferentes promesses obli-

geantes qu'elle contient Je l'aurois même prevenue, trouvant que vous tardiez beaucoup à me donner de vos nouvelles, si je n'avois été très occupée; à ma maniere s'entend, ne faisant rien qu'on ne m'eut dispensé de faire, mais cela est egal; à force de s'agiter on oublie que c'est pour rien que l'on s'agite.

J'ai receu plusieurs lettres de Mlle L'Hardy auxquelles je me suis fait un devoir aussi bien qu'un plaisir de repondre promtement & amplement. Elle est dans une position singuliere passant toutes les soirées avec le Roi & la favorite.[1]

C'etoit du moins ainsi que l'on vivoit à Potsdam prenant le thé à cinq heure, faisant ensuite de la musique jusqu'à sept, & lisant haut jusqu'à neuf. Elle m'a temoigné qu'elle ne seroit pas fachée qu'on lui indiquat des livres, qui pussent amuser & ne fussent pas des Romans car le Monarque ne les peut plus souffrir. J'ai fait un un[1)] petit Catalogue selon mon gout & ma conscience mettant du Clos en tête. Sans les illuminés[2] ces soirées pouroient avoir de l'influence car un peu de conversation n'est pas desagreable à des gens pour qui elle est rare. Le Roi qui la voit revecoir de lettres, demande de qui elles sont et presqu'aussi ce qu'on lui mande. Oh le drole de saut,[2)] d'auvernier à Potzdam! A present on est à Berlin · la Ctesse doit être actuellement en couche.[3] C'est dit-on une excellente femme; franche désinteressée, riche dailleurs de son propre bien, & n'aimant ni le faste ni l'intrigue.

Voila donc une des[3)] occupations que j'ai eues; Mlle L'Hardy commençant sa carriere de cour. A present elle en sait surement plus que moi & la retraite où ces gens vivoient à la campagne ne pouvant plus être la même au chateau les livres & les lettres ne doivent plus avoir de prix. Un[4)] autre personne transplantée bien diferemment m'a aussi occupée c'est ma compatriote Mlle Tulleken qui vient de s'establir à Colombier après avoir passé chez moi quelques semaines. Elle a de l'esprit de l'instruction & une douceur angelique; elle meritoit bien qu'on s'occupat d'elle & de son sort. J'ai eu aussi[5)] M. Constant mais trop en passant à mon gré. Cette fois il a seduit dans un moment de gayté le sage Monsieur Chaillet,[4] & l'a fait rire aux larmes. Mais le pauvre Constant n'a pas souvent en lui même cette gayté qu'alors il communiquoit. Il a trop[6)] souffert dans l'affaire de son pere.[7)] Un prince d'orange foible, un conseil de guerre composé d'ennemis; des Bernois vis-à vis d'un homme du païs de vaud, il y en a là plus qu'il ne faut pour tuer la gayté la plus robuste. Deux choses m'ont fait plaisir pour M. Constant il est content de Brunswick comme d'un asile où il retrouve ce qui ailleurs s'est écorné de sa fortune, & il est extremement content de sa femme.

Voila pour les gens réels mais l'imaginaire Zadig m'a plus occupé que personne. Veuillez permettre que je vous occupe aussi un peu de lui. Il s'agit de remettre à Zingarelli ce dernier acte presqu'entierement refait depuis que M... j'ai oublié son nom eut la bonté d'examiner la piece. Sa juste critique & la besoin de la musique m'ont fait changer beaucoup de choses. J'ai mis dans les[8)] second acte une partie de ce qui etoit dans le troisieme & cela m'a donné de la marge pour plus de developemens, pour des morceaux de musique plus etendus. Ils sont tous ebauchés & M. Zingarelli les a tous excepté ce Duo que je vous prie de vouloir bien aussi lui donner. Je l'aurois envoyé à Milan si je n'avois craint de ne l'y plus trouver. Son opera[5] doit être actuellement donné & je pense que s'il n'est pas encore à Turin il est du moins deja en route. Il me reste à revoir le second acte où je retrancherai du recitatif tout ce que je pourai. Je suis enchantée de la disposition du public & de Me Todi[6] pour Zingarelli que je continue à recommander à vos graces... Dans ce moment je me rapelle *les Femmes* que M. de Serent avoit envie de voir. Je suis fachée de n'avoir pas ecrit à Zingarelli d'en apporter le brouillon à Turin. C'est trop tard à present. Si M. de Serent a la bonté de prendre encore quelqu'interet à ce que je puis faire de poesie ou de musique qu'il demande à Zingarelli de lui faire entendre quelques airs de Zadig:

Avois-je avec foiblesse &c.

Ah ce moment repare &c

Oh Reine de vous vors jamais l'œuil ne se lasse &c[9)]

Destin, obscur tyran, invisible pouvoir. &c.[7]

M. de Charriere a eu l'honneur d'ecrire à M. de Serent il y a quelques jours. Je suis fort[10)] touchée de l'attention qu'il a faite à notre silence. Le mien je l'ai deja dit me paroit presqu'un bienfait, une faveur, une chose dont on pouroit fort bien me remercier: on ne pense que politique, je pense quelque fois politique aussi mais de maniere à ne plaire à personne. Je n'espere pas tant que les vrais democrates, je ne m'afflige pas tant que leurs adversaires. Je ne m'indigne ni n'applaudis ni n'excuse comme l'on voudroit; Et si je parle musique au lieu de politique c'est un sproposito[8] qui ne peut que deplaire aussi. Je vous suplie Monsieur de me tenir parole pour le[11)] petit air de Farinelli.[9] J'en suis extremement curieuse. Quant au Werther de Pugnani[10] je l'attens beaucoup plus patiemment. Je connois Pugnani & l'ai admiré, mais c'est beaucoup s'il comprend & sent werther, le jouer avec son archet c'est une pretention un peu forte.

796. *A Caroline de Sandoz-Rollin, 7 janvier 1792*

Eh bien causons un peu plus à notre aise que je n'ai pu faire ce matin quand l'impatiente messagere attendoit mon billet.

J'ai une grande indulgence pour les defauts d'Henriette Monachon pour sa brusquerie, son impatience, l'exageration avec laquelle apre-cie, sent, exprime chaque chose, & cela non seulement parce qu'elle m'est dailleurs très agreable mais aussi parce qu'elle me ressemble dans toutes ces choses là & que je crois devoir expier avec elle ce que j'ai fait souffrir à d'autres par ces mêmes defauts plus inexcusables en moi qu'en elle vu la diference de nos educations. Mais cette indulgence ne m'empeche pas de la voir comme elle est; de souffrir & d'être quelque fois blessée, d'autres fois etonnée seulement qu'avec tant d'esprit elle ait si peu de sens, de prevoyance, & de capacité pour[1)] saisir une chose dans son ensemble prenant son parti sur ce qui est inevitable pour s'attacher aux ressources qui lui restent & qu'on lui offre.

Je crois qu'une requete à presenter & des formalités à observer lui feront renoncer à legitimer son enfant.[1] Elle voudroit que tout se passat comme si elle n'etoit pas grosse. Souvent elle desire d'être seule, bien loin, inconnue oubliée & elle ne pense pas que là aussi il faudroit accoucher & qu'on veroit là aussi en elle une fille grosse car lorsqu'on n'a point de mari à montrer ni à nommer on est une fille grosse. Je vois qu'elle met en même cathegorie d'ennemis & de malveuillans ceux qui disent: Hen-riette est grosse; & ceux qui disent: Elle peut l'être également de tel & tel & tel. C'est une libertine. Cependant elle sait si bien qu'elle est comme une tour que deja plusieurs fois elle a eu peur de porter deux enfans, de sorte qu'on peut aussi peu se meprendre sur son etat que sur le votre.[2] A coté d'un grand mal elle en sent vivement un petit & cela on ne le pouroit pardonner[2)] si son expression plaisante ou naïve n'en raccomodoit le sot enfantillage. *Je suis tout maux* disoit-elle hier au soir. Effectivement à force de pleurer & de ne presque pas dormir elle a de grands maux de tête & un gonflement considerable au né où le sang se porte ce qui est cause de ces frequente hemoragies que j'esperois arreter par une saignée. La saig-née[3)] n'a rien produit à cet egard; mais le mal n'est pas grave à ce que je crois. c'est moins de la tête que vient son sang que d'un engorgement de petits vaisseaux.[4)] Je voulois lui mettre deux sangsues au dessous de l'oreille; Elle ne veut pas. on diroit que je lui propose la plus grave ope-ration, & elle prefere des vessicatoires parce qu'elle ne les connoit pas. Si elles tirent un peu vigoureusement elle se croira perdue. Son attachement pour moi se fait à peine jour au travers de tant de sensations douloureuses – et comme je ne puis lui oter sa grossesse je crois qu'elle ne m'est dans ce moment obligée de quoi que ce soit. Ce n'est pas là ingratitude c'est incapacité[5)] d'imaginer les maux dont je la delivre par mes soins tandis qu'elle sent si fort ceux que je ne puis lui epargner.   Elle auroit besoin que quelqu'un lui parlat, mais non elle n'entendroit pas ou bien elle s'iroit jetter dans le Lac. Il vaut encore mieux qu'elle soit de mauvaise humeur une partie du jour & que je parvienne à force de soins à la rendre le reste du tems un peu plus gaye & plus contente. Si elle accouche heureusement et qu'elle reste dans un assez bon etat sans trop d'inquietude ni de chagrin elle vaudra beaucoup mieux qu'elle ne valoit avant cette sottise. Elle sera plus indulgente, moins decidée à ne suivre que sa tête, elle aura un peu plus de defiance d'elle même, outre cela j'espere[6] qu'elle se portera mieux.

Mlle Henriette a un visage d'une aune & Mlle Louise[3] a bien de la peine à concilier dans sa tête tous les diferens interets, prejugés, convenances, ressentimens, &c. Nous ne parlons de rien. Je suis aussi prevenante que je puis avec Mlle Louise mais je traite haut à la main[4] l'air prude & severe & retreci & redressé[7] de l'autre. Quand je compare seche[8] pruderie, habitude sale & egoiste, Cœur glacé,[9] precautions depravées, & grossesse c'est à grossesse que je donne la preference. Chasteté celeste qui coutat un peu mais ne parut pas couter seroit une plus belle chose sans doute mais elle est si rare! adieu.

Ce samedi 7 Janv. 1792

Servez vous d'autant plus des gobelets que s'ils se cassent je puis les remplacer. Vous me faites un sensible plaisir d'en faire usage. et je vous assure que je suis toute entiere à votre service & à vos ordres. Vous n'aurez nul besoin de moi lors de vos couches mais s'il etoit autrement toutes mes repugnances cederoient.[10]

a Madame/Madame Alphonsine/Sandoz/a *Neuchatel*

797. *A son frère Vincent, 16–19 janvier 1792*

Lundi 16 Janv. 1792

C'est par un[1] fort bonne raison mon cher Vincent que vous n'avez pas trouvé ma derniere lettre; elle est sans doute en la possession de ma belle sœur car elle etoit sa proprieté; elle lui etoit adressée. Si elle l'a jetée au feu elle a usé de son droit si non priez la de vous relire l'article des tableaux.

J'ai été fort touchée de celui que vous me faites de votre conduite avec mes anciennes pauvres lettres; de l'attachement, de l'indulgence, & bienveillance que vous leur temoignez. Je crains qu'elles ne meritent guere que[2] beau sort que vous leur avez fait mais n'importe je n'y vois que mieux un foible pour moi qui me plait & m'attendrit.

Pourquoi ne peut-on pas mettre ensemble dans une famille aussi heureusement composée que la notre d'êtres bien nés, les qualités, vues, reflexions experiences les uns des autres? J'aurois été plus prudente, vous moins reservé, & c'est prudence aussi d'être moins reservé car par une reserve extreme on se met bien à l'abri de l'indiscretion d'autrui mais aussi on se prive de toute[3)] l'experience qui n'est pas la notre on est reduit à soi seul pour moniteur & conseiller.   Ma pauvre femme de chambre est grosse.[1] Que ne m'a t-elle dit dans le tems les tentations ou seductions qu'elle eprouvoit! je l'aurois peut-être garantie; àpresent qu'elle refuse de dire qui est le pere de son enfant je lui applaudis car cela ne seroit bon à rien. Elle ne veut ou ne peut l'epouser; elle ne veut point de secours de lui. J'admire qu'au milieu de ses sanglots; au milieu de sa confiance sur tout le reste; & tandis que je la console & la soigne pour ainsi dire nuit & jour, il ne lui échappe pas un mot qui me conduise à former seulement la moindre conjecture! (Il est vrai que je ne demande rien.)[4)] Mais celle qui se tait si à propos s'est aussi tue mal à propos. Vous ne sauriez croire combien on se dechaine contr'elle & je pense aussi contre moi contre[5)] mon indulgence mais j'en impose assez pour qu'on n'ose me parler de rien, pas même d'elle, si ce n'est M. le M. Chaillet.   J'ai demandé à M. de Ch.[2] dès le premier jour que je l'ai su si j'etois la maitresse de me conduire comme je l'entendrois. *Oui* a été sa reponse. Je me le tiens pour dit & ne m'embarasse de rien de ce que les autres ni lui même après[6)] le *oui* en peuvent penser. Elle couche dans mon anti chambre la porte ouverte & comme elle est fort incommodée & fort triste nous nous servons l'une l'autre alternativement.   Vous ne la connoissez pas: je ne l'ai que depuis 3 ans & demi. Elle est pleine d'esprit, elle entend comprend prononce, s'exprime comme personne. J'ose le dire *personne*. Je n'ai jamais vu un talent naturel pour la parole aussi marqué; & elle joint à cette agreable qualité dela[7)] tête une agreable & bonne qualité du cœur je ne l'ai pas surprise à m'avoir jamais fait le plus petit mensonge. On la deteste assez universellement même parmi des gens qui devroient à peine savoir qu'elle existe & cela parce que je l'aime & que j'ai eu quelque fois la sottise de la louer & de dire que j'aime sa societé[8)] voilà ou le silence eut été bon & fort à sa place.[9)] Moi qui ne veux[10)] presque plus voir[11)] personne & n'aime que peu de gens, & ris de mon prochain plus souvent que je ne l'admire. Outre cela sa mine est trop assurée · elle a eu l'air trop independant & trop gay,[12)] son ton est trop decisif, moins par un effet de son orgueil que par une suite de[13)] cette prononciation nette de cette expression vive & juste qui la caracterisent, & sans être fort jolie elle etoit parée de peu de chose & se faisoit remarquer par sa demarche leste sa taille degagée[14)] & de fort belles dents.   Jugez comment tout cela lui est à present reproché & jugez combien une si grande mortification change une pareille fille. Elle a pourtant des momens de courage que j'exalte & choye de maniere à en faire quelque fois plus que des momens, je la fais rire aussi assez souvent, comme tout à l'heure, en lui racontant comment une Dame disoit l'autre jour que M. un tel avoit *revetu* des entrailles de Pere pour ses jeunes freres. Et de qui parloit-elle m'a dit Henriette? C'est M. de Merveilleux[3] lui ai-je dit qui est *si mal habillé*. Nous avons ri ensemble

& de cela & à propos de cela[15] de l'inutilité des belles[16] images dites en chaire à des gens qui presque tous les retiennent & comprennent comme la Dame en question.

Quoique Henriette Monachon soit bien inconnue en Hollande je ne dirois pas tout cela à un indiscret de peur qu'il n'en revient quelquechose à la fille que j'ai mise chez Mc De Rechteren

Henriette est ronde comme un tonneau mais avec cela je fais semblant de ne rien voir ni savoir au moyen de quoi je n'ai d'explication à faire à personne.   On la dit aussi hipocrite que je la crois sincere, & plus je parois trompée plus on la dit trompeuse à la bonne heure. quand cela seroit où en seroit l'inconvenient? Je jouirois[17] de mon erreur comme d'une verité car il est bien doux de pardonner la plus graciable des fautes en faveur des plus agreables qualités soit vrayes ou feintes & d'estimer malgré une foiblesse une personne qu'on aime & qui a besoin de nous. Fut-elle la plus grande des coquines je ne l'abandonnerois pas, il vaut donc bien mieux croire comme je le fais qu'elle n'est point du tout une coquine. Ce qu'il y a de plaisant c'est que pour tout ceci elle n'en est pas moins brusque ni moins opiniatre avec moi ni plus flatteuse; elle est pour l'humeur[18] comme elle etoit & que je mette une jolie robe ne lui pas[19] même devenu indiferent.

Milord[20] est bien plaisant, & les *Bet* & la *Mie*[4] font un tableau que vous avez peint à la *Teniers*.[5]   Je ne reçois pas de lettres de M^c d'Athlone & j'ai negligé de repondre à M^c[6] ou plutot j'ai tardé exprès. Quant à M^c d'Athlone je voudrois savoir sans cesse de ses nouvelles mais ses lettres m'attristent; il y a toujours des exagerations tantot d'une nature tantot d'une autre & des details si excessifs que quand ce n'est pas tous les jours qu'on s'ecrit rien n'est moins agreable Ce sont des chapitres traités à fond, à fond; c'est une fille, ou un fils, ou une maladie & vous savez qu'il faut bien du talens pour que ces tableaux isolés si, si, si, detaillés soient agreables. Ik val er in als een Eent in een byt en dan zegt me[21] myn alles, van haver tot gort. Ik weet daar niet op te antwoorden.[7] Voilà, je le dis en rougissant, encore une habitude que M^c d'Athlone a pu prendre de moi mais elle l'a outrée & en a abusé. Tout à l'heure je vous ai bien aussi dit beaucoup de choses d'une fille qui n'a rien d'interressant pour vous mais si je ne me fais pas illusion cela est different: desabusez moi sans façon supposez que je me trompe & je vous ferai grace à l'avenir d'une grossesse comme je consens que MyLady[22] me prive d'une entorse, torticoli, fête, frayeur, antipathie &c &c &c.   Dites moi de ses nouvelles, vous, & de celles de ses filles. Adieu je reprendrai le fil du discours une autre fois.

Jeudi 19e Janv.

J'ai lu avec beaucoup de plaisir dans votre lettre ce qui concerne vos enfans. Mais je voudrois quelque chose de plus, & sans entrer aujourdhui dans de grandes discussions je promets à l'ainé de mes neveux[8] qu'il aura dans 18 mois, le 1e Aout 1793[23)] une montre si je vis & qu'il lise & entende alors[24)] coulamment *Cornelius Nepos*.[9] Supposé que les affaires de france aillent bien elle sera d'or, sinon d'argent, mais enfin il aura une montre. On peut me dire mille choses, Soit, je ne dis rien mais seulement je promets une montre. S'il ne se soucie pas de la montre à la bonne heure.   Quoiqu'il en soit d'une montre & de Cornelius Nepos, je recommande à vous à lui à son precepteur à ma belle sœur à tout le monde la grammaire universelle faisant partie du monde primitif de Court de Gibelin.[10]   Le *parler* & le *penser* se tient de plus près que l'on ne pense & si c'est le *bien penser* qui produit le *bien parler*, celui-ci à son tour produit le *mieux penser*.   Qu'on y prenne garde on verra[25)] qu'en voulant exprimer clairement une idée on sent qu'elle est fausse supposé qu'elle le soit, & que[26)] si elle est juste elle s'eclaircit davantage & s'etablit mieux dans l'esprit, toutes[27)] operations qui ne se font point si l'on se contente de l'exprimer à peu près, grosso modo, & tant bien que mal.   C'est un Echeveau dont on aprend à connoitre le fil & dont on tire le fil à mesure qu'on le debrouille & le devide.   Pour vous delasser de la grammaire de Court de Gibelin lisez les memoires de du Clos[11] & son voyage en Italie. C'est une charmante lecture qui vous amusera[28)] certainement. Vous verez un esprit loyal & un peu brusque raconter[29)] vivement & avec indignation[30)] des iniquités, plaisamment des folies, & s'arreter de tems entems avec complaisance sur des traits de courage & de vertu, sur des hommes dignes d'estime.   Je recommande Du Clos à tout le monde comme La Fontaine recommandoit Habacuk.[12]   Ne l'ai je pas recommandé en quelque sorte à Frederik Guillaume Rex? Il a une favorite[13] à laquelle j'ai envoyé une compagne[14] qui est très favorisée de la favorite & passe beaucoup d'heures avec le Monarque. On lit haut: il est fort blasé sur les livres d'amusement & ne peut plus[31)] souffrir aucun Roman quelqu'onque.   On m'ecrit, on voudroit avoir ma memoire, & imaginer, se[32)] rapeller quelque lecture interressante.[33)] Je repons: *lisez Du Clos*. J'en ai indiqué quelques autres mais Du Clos est en tête.   Le saut n'est-il pas plaisant? D'un Village de ce pays cette jeune fille se trouve transportée à Berlin à Potsdam où tout de suite elle passe ses soirées en tiers avec le Roi. Elle est pleine d'esprit & d'elevation de caractere. On dit que la favorite a peu de credit en comparaison des illuminés;[15] s'il en etoit autrement la compagne pouroit jouer un très grand role. C'est vers la fin de l'Eté que j'ai fait cette drole d'affaire qui n'a pas mal fait jaser comme vous le croyez bien, contre le Chapelain du Roi[16] qui me l'a demandée contre moi qui l'ai envoyée & contre la demoiselle qui est allée. C'est elle qu'on a menagé le moins parce qu'elle etoit la plus foible des trois; mais elle va son chemin; elle est considerée où elle est et je ne desespere pas que même d'ici on ne la cajole & la sollicite. Cela ne manquera pas d'arriver si la faveur de Me Dönhoff continue.

Savez vous que M. Daverhoult[17] est actuellement president de l'assemblée nationale? Le decret le plus decisif qui ait été fait dans cette assemblée l'a été sur sa motion. C'est la declaration proposée au Roi & adoptée par le Roi qu'on attaqueroit les premiers[34)] si le 15 Janv. les rassemblemens le long du Rhin n'etoient pas dissipés.

Je crois quant aux tableaux vous avoir proposé de m'envoyer & me ceder à prix d'achat ceux que vous *afdankeriez*[18] Je serois encore plus pressée & plus passionnée de cela si je savois mieux ou les mettre & je medite là dessus un arrangement qui si je le *decrete* me fera vous recrire de nouveau sur ce sujet.   Adieu.   Je vous embrasse & votre femme & vos enfans. Mlle Tulleken se porte assez bien & me paroit passablement contente. Dites le à ma belle sœur & que sa lettre a fait grand plaisir.   Adieu mon cher frere.

T. de Ch.

Je[35)] vous prie d'assurer mon oncle de mes tendres respects. Qu'il fait bien de tenir lieu de Pere & de Mere à des enfans à qui leurs veritables auteurs n'ont donné que la naissance, sans bons exemples ni instruction!

798. *De Pierre-Alexandre Du Peyrou, 18 janvier 1792*

Mercredi 18 Janv[r]

Bien obligé de l'histoire de Zadig. J'y avois quelque titre et je suis bien aise que vous vous en soyés rappelé. Il est, à ce que je vois, et sans en être surpris Il est toujours un de vos enfans les plus Cheri que vous ne vous lassés point de ranger d'ajuster à son plus grand avantage. Je conçois que la pluspart des changemens dont vous me parlés ont leurs raisons suffisantes, et que les additions remplacent heureusement les soustractions. Il y a pourtant une chose qui me frape à present dans le compte que vous me rendés du 3eme acte[1] et qui ne m'avoit pas frapé jusques ici, sans que je puisse me souvenir si alors elle existait ou si en effet elle n'existe que dans la nouvelle disposition de ce 3eme acte. La voici. Comment dans ce 3eme acte qui renferme le moment des Combats, sauvés vous l'intervale de ces combats au vol fait à Zadig de ses armes pendant son someil? Cet intervale est d'une necessité absolue et demande même une certaine étendue, et je ne vois qu'un entre acte qui puisse y suffrire; mais alors de quoi remplir ce 3eme acte, ou du moins le dernier acte?

Faire pleurer et rire au même spectacle, n'estce pas tout quil faut, me demandés vous? Je reponds, aujourd'huy, oui; Jadis non; je ne sais pas qui a raison de Jadis ou d'aujourd'huy, cela dépend de l'humeur ou l'on se trouve quand elle n'est pas fortement decidée vers l'un ou l'autre de ces deux éxtrémes; car quand on n'est ni gai ni triste, il est assés égal de rire ou de pleurer.

Quel est donc cet Opera[2] de Zingarelli qui fait *fanatisme?* Je suppose que c'est un nouveau. Quoi qu'il en soit, j'en suis fort aise pour Zingarelli qui me paroit meriter des succés dans plus d'un genre.

Je ne sais si sa maxime est aussi juste que plaisante comme vous la trouvés, cela dépendroit de l'espèce de travail journalier qu'il recommande. Le germe du goût existe dans l'individu très inegalement sans doute; mais dans l'individu le plus favorisé, il ne se develope, et surtout ne se perfectionne que par le travail de comparaison, non entre ses propres productions qu'entre celles des grands maitres.[3]

Adieu Madame.

a Madame/Madame De Charrière/*a Colombier*

799. *A Henriette L'Hardy, 2–4 février 1792*

Ce 2ᵉ Fevrier 1792

Vous voulez plaisanter Mademoiselle quand vous parlez de *la permission* que j'ai donnée à Mᵉ du Paquier *de ne pas* vous montrer dans ma lettre l'article qui concerne les votres. C'est de vous le montrer que je je[1] lui avois donné la permission & j'ai cru beaucoup faire non que je[2] craignisse de vous facher mais parceque cela me paroissoit n'en valoir pas la peine & que c'etoit dailleurs un soin superflu. A peine est-ce un defaut que ce que je vous reproche & quand Mᵉ Sandoz & d'autres m'ont dit que vous ecriviez très bien, très agreablement, j'ai repondu que cela etoit vrai & n'ai pas fait la moindre restriction à mes eloges. Mais Mᵉ du Paquier m'a parlé de vos lettres avec plus d'etendue & un desir plus positif que je les admirasse avec elle c'est alors que j'ai parlé de ce petit defaut qui se seroit corrigé de soi même sans qu'on[3] ne vous en eut[4] rien dit. Une jeune personne bien spirituelle commence par montrer son esprit pour s'amuser & aussi pour s'assurer qu'elle l'a. Elle voit autour d'elle beaucoup de simplicité triviale, elle s'ennuye, elle crée des fleurs dont elle fait des bouquets & quelle place & jette ça et là avec plus de profusion que de choix; mais insensiblement elle devient plus dificile & dailleurs son estime pour de steriles fleurs diminue un peu, alors elle se sert de son esprit plus qu'elle ne l'etale et il en faut avoir soi même pour s'apercevoir du sien.★ Voila quelle eut été votre histoire Mademoiselle sans que je m'en fusse melée

★ Et cela même dans la converation[5] car le geste & le ton n'y font pas tant que l'on pense & les bleuettes ne sont partout que des bleuttes.[6]

335

le moins du monde; si ce que j'en ai dit hate un peu chez vous[7] le passage de la jeunesse à la maturité de l'esprit il n'y a pas de mal mais gardez vous de croire que vous ayez été ridicule un seul instant par un air de recherche & de pretention deplacée. Puisque nous sommes sur le chapitre de l'esprit j'ai envie de vous faire remarquer que la france a aussi eu à cet egard sa jeunesse[8] sa maturité & malheureusement son radotage, d'où elle sort par une renaissance dont nous ne savons pas encore quel sera l'effet. Voici ce que je veux dire:[9]

Balsac & Voiture[1] avoient infiniment d'esprit & n'ont rien fait de leur esprit que de le *montrer*, & pour le dire en passant[10] quoique ce ne soit plus la mode depuis longtems de les admirer je les admire toutes les fois que le hazard me met leurs lettres entre les mains.   Pascal devançant ses contemporains pour le discernement comme[11] pour le langage, tour à tour railleur, raisonneur, orateur a *employé* le plus beau le plus juste le plus vaste esprit dont jamais le ciel ait doué un homme. Bossuet & Fenelon ont été aussi simples que sublimes dans tous leurs ecrits. Fontenelle & la Mothe[2] & ensuite le Roi des beaux esprits, Voltaire, nous ont ramené à l'abus de l'esprit & on lisoit M. de Bouflers, M. de Luchet, Mrs de Chansenez & Rivarole, Me de Stael (Necker) & M. Guibert[3] au moment où la revolution a eclaté. J'ai conservé quant à moi un tel gout pour la maniere dont on ecrivoit au milieu de siecle passé qu'à Paris[12] mon Coifeur[13] m'aportant pour des papillottes le Roman comique[4] tout dechiré & par lambeaux je lus avec transport l'episode serieuse[5] qu'on y trouve & me desolai de na pas pouvoir la lire jusqu'a la fin.   Du clos a ecrit simplement & c'est entr'autres choses ce qui me passionne pour lui. Je trouverai le moyen[14] d'adresser tout au moins son voyage en Italie a M[e] la Ctesse Dönhoff, & j'espere pouvoir vous envoyer aussi les autres livres que je vous avois indiqués, Quel plaisir quand je boirai mon thé ou mon bouillon dans la tasse que vous m'annoncez de penser que peut-être dans le même instant[15] je contribue à votre amusement & à celui de la comtesse! Une petite chanson est trop legere; le vent peut la jetter dans le feu; je veux tenir sur la table je veux remplir une place & être tenue dans vos mains. Dites je vous prie à la Comtesse que je reçois la tasse avec reconnoissance & l'attens avec impatience mais qu'au risque de lui deplaire j'avoue que sa propre silouette m'eut fait plus de plaisir que celle du plus beau des Rois & même qu'une collection des silouettes de tous les pottentats de la terre.

Mon Dieu que Roi[16] avoit une bonne idée de vouloir confier le soin de sa Bibliotheque à M. du Paquier & que tout s'en trouveroit mieux & Chapelain & bibliotheque! La Bibliotheque auroit Du Clos, & Rhulieres, et la nouvelle edition de Plutarque[6] que M. de Charriere vient d'acheter & d'autres belles choses dont elle manque et M. du Paquier auroit une augmentation de pension dont il manque aussi, & de plus une agreable correspondance avec les gens de lettres les plus sensés de Paris qu'il seroit facile de lui indiquer. M^c Dönhoff ne pouroit-elle pas rapeller au Roi une idée qu'il ne paroit pas avoir rejettée mais seulement oubliée. Vous-même cherchant des livres pour amuser le Roi & la Ctesse ne pouriez pas dire: Si Du P. etoit chargé de les faire venir nous les aurions bientot. Je dirai ici en passant que j'ai été fachée d'apprendre que le Roi ne se souciat pas de la litterature Françoise. En fait de science les allemands les anglois valent bien les François & toute langue formée c'est à dire qui n'est pas du patois est bonne pour une dissertation Chimique, astronomique, &c &c mais j'ose dire que pour les ouvrages d'agrement l'allemand est aussi inferieur au françois que celui ci l'est à l'italien pour la poesie Lyrique. Ces mots composés dont l'allemagne est si vaine sont une richesse qui loin de parer surcharge & defigure des vers dont le premier merite est[17] fraper l'imagination & qui[18] de doivent pas élaborer[7] l'entendement, car lorsqu'on m'a fatiguée du soin de comprendre il n'est plus tems de me plaire ou de m'attendrir, & une enigme n'a jamais fait rire ni pleurer personne. Que tout ce qui veut chanter apprenne l'Italien que tout ce qui veut dire & faire des vers aprenne le françois; ne restera-t il pas aux allemands & aux Hollandois un champ assez vaste dans les sciences la morale & les *Wilhelmina arend* les *Herman und Ulrika*.[8] Mon Dieu que j'ai ri & pleuré en lisant cette premiere, quant à l'autre Roman j'en parle sur parole n'ayant pas encore su me le procurer. Le même auteur devroit ecrire à present Un marquis de la Ferté à Berlin & prendre ses renseignemens de vous.[19] Qu'il est drole cet homme[9] & que vous le peignez plaisamment. Ces françois sont inconcevables. On se souvient surement encore à Berlin des étranges scenes qu'ils y donnerent après la bataille de Rosbach & aujourdhui quelle demence! Ils vont gatant leur cause partout où il vont; ils detruisent la pitié ou la font tomber sur leur sottise. on voit que cette noblesse françoise n'est que vent, qu'elle n'est rien, qu'elle a passé, & que l'oubli a deja commencé pour elle.

Si l'Empereur vouloit reconquerir pour la noblesse le Royaume de france son premier soin devroit être de l'envoyer attendre au fond de la Hongrie le succès de ses armes car jamais des gentilshommes[20] françois n'obeiront comme il faut a des generaux allemands ni ne commanderont comme il faut a des soldats allemands. Lors de nos troubles en Hollande je me tuois de dire que des Hollandois & des françois ne feroient jamais rien ensemble et en effet quelques ingenieurs françois ayant fait je ne sai quoi pour retrancher Utrecht il ne furent pas plutot partis que mes compatriotes defirent tout l'ouvrage. Ces françois, disoient-ils, font les entendus mais n'entendent rien à rien. Ceux qui le disoient etoient l'ignorance même mais la prevention defavorable qu'inspire la rodomontade françoise n'en est que mieux prouvée Les françois se vantent de savoir même ce qu'ils savent, & dans mon pays on ne se vante que lorsqu'on ne sait pas. c'est ce qui nous trompe sur le compte de ces etrangers trop diferens de nous. Pour M. de la Ferté il justifie toute les preventions les plus outrées c'est la caricature du françois.

Je suis bien fachée Mademoiselle du rembrunissement que vous voyez dans l'humeur de notre amie.[10] Oh si l'on pouvoit lui oter tout souci relativement aux besoins d'une famille croissante? Le Roi sait-il qu'on a offert une place à Londres à M. du Paquier? Cet etat où ils sont ne peut durer. Dans un paÿs etranger il faut pour supléer à d'anciens amis, avoir des amusemens & pour oublier ses anciennes habitudes il faut de l'aisance avec laquelle on en essaye de nouvelles les unes après les autres. Privée de tout cela la vie est trop aride & l'on vit sans distraction dans les privations presentes & les possibilités de maux à venir. Vous m'etonnez en me disant que mon projet n'etoit pas de nature à se pouvoir realiser. Quelle petite depense que 2 ou trois Louis donné chaque mois pendant quatre ou cinq mois d'hiver! Si quelque grand Seigneur ou le Roi lui même envoyoit son fils chez M. du Paquier prendre une idée des auteurs Classiques françois je m'imagine que la même vanité qui preside maintenant aux fetes Berlinoises feroit courir à cette leçon.   Au reste je suis trop loin & vous en jugez certainement bien mieux que moi.

Puisque d'après mes avertissemens vous avez mis ordre aux details sur votre toilette & que vous prenez en si bonne part tout ce que je m'avise de vous dire j'ose vous recommander encore un autre objet de vigilance; il faut que de Berlin vous veilliez sur les esprits de votre famille & que vous prevenir les aparences d'un ridicule orgueil. Voici ce qui m'est revenu. De tout tems m'a t-on dit on donnoit au nouvel an deux bals à Auvernier l'un etoit composé de vignerons l'autre de proprietaires & il y avoit à celui ci de très riches messieurs L'Hardy qui dansoient bonnement avec tout ce qui etoit[21)] là. on me parla de ce bal peu de jours avant qu'il dut avoir lieu & l'on me dit Mlles Robert[11] que vous avez vu repasser ici la lessive en sont toujours & s'en font une grande fête. Huit jours après on me dit: Eh bien les distinctions offensantes s'introduisent partout Mlles Robert n'ont point été admises cette année[22)] au bal des gens comme il faut d'Auvernier & en sont très mortifiées. Peu de tems après quelqu'un me dit que c'etoit Mlle L'Hardy la cadette sœur[12] de Mlle Henriette L'H. qui avoit exclu les Robert du bal, vous jugez dit-on combien cela indispose & fait parler moins avantageusement qu'on ne le feroit si l'on n'etoit pas piqué.★ Voila ce que je me suis promise de vous dire. Dites à

★ Ce 4e Fevrier. Peut-être l'histoire n'est-elle pas exactement vraye mais vous ne risquez rien de le supposer, & les discours sont certains puisqu'ils me sont revenus. Oh donnez nous l'agreable & rare[23)] spectacle d'une personne admirée & courtisée qui reste & se montre superieure à tout puerile orgueil, à toute frivole vanité; dont le monde et ses pompes embelissent

votre sœur que les Princes françois eux mêmes se rendent ridicules aujourdhui quand ils n'admettent pas tout le monde auprès d'eux; que le tems des distinctions doit[25] passer à Auvernier comme ailleurs & à plus forte raison n'y doit pas commencer; qu'on vous affligeroit qu'on vous feroit tort en se donnant des travers odieux ou ridicules. Que votre place est très honorable tant que vous y etes parée de[26] l'estime personnelle mais qu'il vous la faut conserver toute entiere & qu'aucun ridicule qui puisse l'entamer[27] ne doit vous venir de votre païs. Ce sera traiter la chose plus severement qu'elle ne le merite mais j'ai remarqué qu'il faloit en dire trop à la plus part des gens pour que ce fut assez & reellement la vanité est une mauvaise herbe si feconde si opiniatre qu'on ne peut attaquer ses racines de trop de cotés ni becher la terre tout autour trop profondement.

Adièu Mademoiselle. Rosette ecrit qu'elle vous est tous les jours plus attachée & qu'elle est très heureuse à present. Je ne sai pas la moindre nouvelle interressante à moins que la mort de Mᶜ la Ch. Hugenin[13] très bonne femme ne puisse paroitre telle. Adieu amusez vous de la Ferté & de leurs semblables. Les infolio ne sont pas toujours ce que l'on pense temoin le suplement de Moreri fait par Bayle.[14]   Je suis très aise & très flattée du plaisir qu'a fait la petite chanson. Zadig s'acheve à Turin & je me flatte que vous l'entendrez quelque[28] jour.

P.S. Je Voyois l'autre jour dans un air faisant partie d'un receuil de pieces choisies, venu de berlin[15]

> Ich bin ein weyser man
> Ich bin ein laborant
> Ein schrek for die gezunden
> Ein Doctor for die Hunden...

Cela mit fin à une dispute sur la literature allemande qui etoit sur le tapis dans ce moment là entre M. Chaillet le ministre & moi. Il est bien sur que sur aucun theatre de boulevard, de foire, tant miserable & grossier fut-il,[29] on ne chanteroit de pareil vers.

2ᵉ P.S. Dites à Mˡˡᵉ votre sœur qu'il faut que l'on pare & honore sa place & non que l'on se pare d'une place quelle qu'elle soit

Je me flatte que vous n'avez pas oublié d'ecrire à Mˡˡᵉ de G.[16] N'y manquez pas. Que votre bon cœur & votre excellent esprit paroissent en toute occasion, & vous fassent une reputation solide[30]

—————

l'esprit & ne gatent pas le cœur Et de plus inspirez votre ame à votre famille.[24]

Par une bonne fortune toute particuliere le courrier d'Iverdun a[1] laissé votre lettre (en passant)[2] à Colombier & je l'ai eue deux jours plutot que je ne l'aurois eue s'il l'avoit portée à Neuchatel, j'en reçois deux jours plutot une aimable marque d'attention[3] de votre part Monsieur, & une excellente nouvelle qui me comble de joye relativement à Zingarelli. Tant mieux que les circomstances ayent cette fois favorisé[4] le talent; si souvent elles lui sont contraires, si souvent on échoue lorsqu'on meriteroit de réussir! Je suis extremement reconnoissante pour m. de Serent de ce qu'il a aussi pensé à moi, il se peut bien que je m'enhardisse à lui écrire. C'est à la lettre que je n'ose pas. Je n'ai ni fond ni forme à ma disposition; J'ecris le plus souvent comme un bourbeux torrent coule, il mene le cahos avec lui.

Surement Zingarelli m'envera quelque chose de son Annibal[1] si non je me recommande à vous, sans prejudice à l'air de Farinelli.[2] Moi je ne puis quiter Zadig comme vous le verrez monsieur par les deux chiffons que je vous supplie de vouloir bien encore faire tenir[5] à mon maitre. Vrayment ce Zadig m'occupant depuis près de 14 mois est comme un ami auquel je me suis accoutumée & auquel j'ai toujours quelque chose à dire. Il faut le laisser pourtant. J'ai un petit Roman[3] de commencé mais des scenes tristes & trop reelles m'ont distraite. Cette fille[4] que vous vites rire ici de si bon cœur ne fait depuis quelque tems que pleurer.... Une fois je pourai vous raconter des scenes bien extraordinaires mais c'est trop long à ecrire, je n'ajouterai pas: & trop peu interressant, car je crois qu'ainsi que moi vous mesurez votre interet sur le caractere & non sur le rang des personnages.

Mᶜ Sandoz votre cousine est accouchée avant hier d'une fille.[5] je ne puis dire heureusement. elle a trop souffert & on l'a crue en grand danger mais actuellement elle est bien. Son mari m'ecrit tous les jours. Il me dit: il me semble que nous sommes tous deux ressuscités.[6] (N'est-il pas plaisant que je ne sache comment écrire ce mot. Je crois ne l'avoir jamais écrit.) Mᶜ Huguenin sœur de feu le General sandoz[6] est morte. on dit quelle laisse sa maison[7] au fils de Mᶜ Bosset.

M. de Tremauville a fait une scene d'aristocratie si violente à la Chanoinesse du Peyrou[8] qu'elle sort de la chambre quand il vient & que chacun, excepté vos grands aristocrates, évite[7] son entretient.[8] Il me semble que l'hiver est morne cette année à Neuchatel. Un mʳ de la Ferté a un peu fait rire dernierement la cour de Berlin. Après avoir chanté ridiculement dans un concert, persuadé lui, que les contorsions qu'on faisoit[9] pour ne pas rire etoient des applaudissemens concentrés a[10] demandé au Roi de pouvoir chanter à quelque jour de là dans un autre concert cet air qui commence par: *Respectable etranger...* La favorite ne le vouloit pas, mais le Roi n'a pas voulu faire cette peine *au ridicule etranger.*   Je sais de fort bonne part que Mlle L'Hardy prend extremement bien & que les courtisans la courtisent. Elle ne me dit rien de pareil comme vous croyez bien mais elle paroit contente. De[11)] tous les livres que je lui avois indiqué[9] elle n'a trouvé que Plutarque, le Spectateur & la vie de Goldoni. point de Duclos, de Rhulieres, ni de memoires de m[e] de Staal. Tout cela manque egalement à la bibliotheque du Chateau & aux magazins des libraires.   Je tacherai d'en faire le cadeau tant à la comtesse qu'a sa compagne; il ne faudra pour cela qu'un moyen de les envoyer sans qu'il en coute[12)] un port enorme. Nous aurons ici un Cte Donhof[10] parent de la favorite qu'elle a chargé pour moi d'une tasse de porcelaine de Berlin sur lequel est la silouette du Roi. Je lui ai fait dire que je le remerciois mais que j'aurois encore mieux aimé la sienne. Il sera donc fort naturel de lui envoyer quelque chose aussi. Je serai fort heureuse si Mrs Perrot[11] ne disent pas que je vens de jeunes filles de la comté[12] pour des tasses de porcelaine. On n'a pas mal clabaudé sur cette petite affaire · à present c'est sur une autre où mon indulgence ne trouve pas beaucoup d'approbateurs.

Il est tems de finir ma lettre pour qu'elle aille vous remercier le plus vite possible. La votre est arrivée à 6 heure il en est huit actuellement.

Veuillez, Monsieur, dire à Zingarelli combien je suis rejouie de ses succès au théatre & ailleurs; celui qu'il a auprès de vous & de M. de Serent me paroit le plus interressant de tous. Qu'il aura fait une drole de mine en venant recevoir les applaudissemens du public! Je crois le voir les epaules touchant ses oreilles, ses coudes pointus en arriere, mais un joli sourire moitié honteux moitié content aura un peu raccomodé tout le reste.

Bon soir Monsieur, ayez autant de plaisir que de soin d'en donner aux autres c'est le vœu de votre devouée servante

T. de Ch.

à Colombier ce 4e Fevrier 1792.

Je crois vous avoir fait remarquer dans le moniteur M. D'averhoult mon cousin[13] issu de Germain; il a parlé à merveille l'autre jour sur[13)] la necessité de completter les troupes de ligne[14] & M. de Rochambeau l'a demandé avec M. DuMars & M. D'Obterre ou d'Aubeterre[14)] pour son aide[15)] de camp.[15] Cela m'a fait un certain plaisir. J'avoue qu'il n'est Hollandois qu'a demi. Ses ayeux etoient gentilshommes Champenois. N'importe cela me plait.

Pour qu'un bonheur pareil à celui d'aujourdhui m'arrive d'autrefois il n'y aura qu'à ajouter à l'adresse *par Yverdun.*[16)]

Bonne, chere, Caroline! Je l'aime de tout mon cœur. Quelle est raisonnable de vouloir se menager, n'avoir point de fantaisies ou ne les pas suivre. Elle se fera une provision de bien être & de jouissances pour l'avenir.

Quelque fois le mois de mars est fort beau il est possible qu'il ne se passe point sans que nous nous revoyons mais il faudroit s'arranger pour que ce ne fut pas pour des instans & que la fatigue n'en contrebalancea pas le plaisir. Quelle soit en attendant bien tranquile sur l'extreme plaisir que j'aurai à la revoir.

Dites lui, si elle est assez bien pour que de petites nouvelles l'amusent, que l'opera de Zingarelli[1] est allé *aux nues*. Je souligne ces mots comme l'a fait M. Chambrier. C'est aparemment l'expression à la mode. On l'a demandé & ses epaules, coudes, genoux, sont venus avec tous leurs angles pointus se presenter sur le theatre mais il a reçeu les applaudisemens[1)] fort modestement & avec une sorte de grandeur d'ame. L'on est fort content de lui.   Dites aussi à Caroline qu'un jeune Comte Dönhof[2] voyage & vient ici & m'aporte une tasse de la part de la Ctesse sur laquelle est la silouette du Roi.

La mere d'Henriette[3] apprenant l'etat de sa fille est accourue[2)] & ces deux personnes m'ont donné des scenes extremement touchantes que j'ai fait se terminer assez doucement. J'aurai bien des choses à raconter à Caroline quand je la reverrai & à vous aussi Monsieur qui etes trop humain pour dedaigner rien de ce[3)] qui concerne vos semblables. Vous pouvez dire *homo sum*[4] & de plus un excellent homme. Adieu Je vous embrasse tous deux aimable & excellens gens.

Ce mardi matin.

a Monsieur/Monsieur Alphonse/Sandoz/a *Neuchatel*

802. *D'un correspondant non identifié, mars–septembre 1792*

Madame!

Voila un tres long intervalle depuis la lettre que vous m'avez fait l'honneur d'ecrire jusqu'apresent. J'en ferois mes excuses, si mes lettres etoient ecrites par consideration pour vous; mais ne tendant qu'a ma propre utilité, je ne puis que d'en avoir du regret. J'en ai d'autant plus, parceque j'ai été assiduement distrait par mes occupations, une legere indisposition, et d'autres soins et devoirs, auxquels tout homme qui ne vit pas absolument retiré, est obligé; Tout cela m'empeche de me livrer entierement a l'etude de la langue Fr., pour laquelle vous avez eu la bonté de m'inspirer du gout. Vous me dites que je fais tant soit peu de progrès, je crains qu'ils ne soyent

bien peu; Il m'est impossible de m'y appliquer avec ce zele [   ]1)
Mais etant actuellement etabli assez solidement par ma charge, je puis m'ÿ
reposer; Peu a peu donc je neglige mes relations moins utiles; Si je le fis
brusquement, cela pourra me nuire, plus que ma retraite ne m'apporte-
roit du profit. – Tout ces raisonnemens (je le sens) ne valent pas un simple
exposé des faits. Le voici.

Je lis Corneille avec beaucoup de plaisir, mais ayant fini le 5me tome,
cette lecture a été interrompue par celle de quelques livres que vous
m'avez recommandés, et dont je n'ai pu faire l'acquisition que depuis peu
et avec beaucoup de peine. Ce sont les memoires de Mons. du Clos. – de
Made de Staal1 – ceux pour servir a l'histoire du cœur humain2 – les folies
nouvelles3 – le paysan parvenu4 que j'ai lu dans mes heures de loisir avec
[   ]2) trop vif pour en faire [   ]2)

Vous deciderez si tout ceci ne soyent d'echappades, que mon amour
propre me suggere pour cacher ma honte d'avoir fait si peu de progrès
– quant a moi je vous dirai sincerement que je me flatte encore de *vouloir*;
il est vrai qu'en travaillant j'ai commencé a sentir la difficulté de l'entreprise, mais pas assez pour desesperer de son succès – assez pour continuer
piano et vous prier fortissimo de vouloir toujours m'encourager. Pensez
que vous pourriez exiger de votre fermeté a avoir patience avec un disciple, que votre generosité vous a fait choisir.

Parlons apresent un peu Politique.

Je trouve que mon cœur et mon esprit ne sont pas bien d'accord sur
cela. Celui la m'entraine toujours vers le peuple, l'autre m'en de[   ]3)
qu'ils avoient le meme droit que moi, mais je regrettois de ne pas pouvoir
faire chorus avec eux; Cette idée m'attristoit parceque je m'ÿ retrouvois
en fait de Politique; et je sais très bien de m'avoir servi de ce moÿen chez
vous contre la Democratie; depuis ce tems j'ai trouvé cet argument
encore plus urgent.5 Je vous proteste qu'ÿ ayant reflechi j'ai trouvé la
cause du peuple Fr non seulement la meilleure vis a vis de leurs adversaires, mais aussi comme très salutaire pour tout le genre humain; Je fais
des vœux les plus ardent pour lui dans la crainte qu'en cas qu il aura le
dessous, toute l'Europe ne soit menacée d'un despotisme universel, et que
pour s'ÿ maintenir les despotes ne prennent des mesures toutes tendantes
a abrutir et [   ]4)

803. *A Jean-Pierre de Chambrier d'Oleyres, 1–3 mars 1792*

Ce 1r mars 1792

Je n'ai pas à repondre à moins qu'à deux grandes aimables interressantes
lettres de vous Monsieur qui etes toujours pour moi ce qu'il y a de plus

honnête & de plus obligeant au monde. Je vai repondre cahoteusement, c'est a dire que vous recevrez un cahos pour prix de deux tresors ou rien ne se confond où tout est clair & precis. J'en suis bien fachée mais on ne paye qu'avec ce qu'on a. Seulement je ne comprens rien au M. Bovet auquel vous voudriez que j'eusse envoyé les montres. Je l'aurois[1] fait s'il n'etoit pas mort ce pauvre Bovet[1] d'une chute qu'il fit la nuit de sa fenêtre dans la rue. L'ignorez vous, ou l'aviez vous oublié, ou existe t-il un autre Bovet qui fasse vos affaires? Je m'informai avant d'envoyer la boite à Me Achard s'il y avoit quelqu'un a qui je pusse la remettre à Neuchatel comme chargé par vous de ces sortes de choses. Je ne pus rien apprendre. Je vous remercie M. de vos soins qui surement auront leur effet. Ce n'est du tout pas ma faute si l'envoi ne s'est pas fait plutot ni n'est allé plus vite.

Le mot de l'abbé Maury[2] est fort plaisant. Quand on donna la garde de la bibliotheque du Roi à M. Bignon[3] prevot des marchands, M. d'Argenson[4] lui dit: je vous felicite mon cousin, c'est une bonne occasion pour apprendre à lire. M. de Sens[5] n'a donc pas profité de l'occasion de sa propre bibliotheque. Le drole de patriarche qu'il seroit! mais n'importe je voudrois qu'il y eut un patriarche en france & qu'on finit ainsi des querelles aussi funestes que ridicules. Votre predicateur est trop plaisant. on ne peut pousser la politesse plus loin ni mieux fêter le saint du jour. Ce sont des homelies[2] *Buffe* qui en carême prenent la place des *opere Buffe* du Carnaval. Mene-ton les jeunes princes s'egayer[3] à ces spectacles là, les plus bouffons & les plus gays de tous?

Je crois que le Comte Dönhof[6] que j'attens est plutot celui que vous avez vu enfant que l'autre. Je lui recomanderai d'aller à Turin quand je le verai & vous pourez le revoir. C'est sans doute parce que ces couches & cet enfant[7] ne vont pas très bien que je n'ai point de lettres de Mlle L'Hardy. Certaines choses sur les quelles les puissans ne peuvent rien devroient les faire souvenir de leur foiblesse essentielle & fonciere & inherente; Voila un marmot qu'on peut bien faire prince mais qu'on ne poura faire être en vie si la nature ou la providence en ont autrement ordonné.

J'avois ecrit il y a deux jours[4] trois grandes pages à M. de serent quand un peu d'eau est tombée sur ma lettre; je ne peux en écrire une autre avant le depart du courier mais si je le puis j'en ecrirai une[8] qui partira avec celleci & si cela n'etoit pas possible vous auriez la bonté Monsieur de m'excuser auprès de lui. Le froid tour à tour acre & humide que nous avons depuis quelque tems joint à de petites persecutions qu'on me fait en la personne d'une autre ont redoublé mes migraines &[5] l'une ne finit pas plutot qu'une autre recommence. Je dis cela des migraines je le pourois dire des persécutions. Les hommes sont en verité pour la plus part de sottes ou mechantes bêtes. Demain l'on danse à Neuchatel & l'on ne peut faire autrement à ce que l'on dit parcequ'il y a des Bernois & Fribourgeois d'invités, mais quel contraste que ce bal avec l'affreuse affliction où est plongée la famille de Rougemont dont la moitié des danseurs les Marval les Montmollin[6] sont parens très proches! Vous le saurez sans doute ce desastre par d'autres que moi cependant[7] à tout hazard je vous dirai qu'après des speculations qui avoient à ce qu'on a dit réussi le mieux du monde, M. Rougemont de Londres, l'ainé,[9] est tombé malade que son mal lui a laissé une etrangeté dans l'air le ton les propos aux yeux de bien des gens[8] qui avoisinoit[9] la demence, & que ses maux de tête lui ayant repris il s'est tué; que la maison Rougemont de Londres est fermée, qu'on tremble pour celle de Rougemont de paris,[10] que M. Rougemont le commissaire general[11] est parti pour l'angleterre avec son beau frere Petit Pierre.[12] J'ai su les maux de tête revenus par une lettre de Me Cooper, je sai la mort par d'autres lettres arrivées deux ou trois couriers après J'ignore ce qui a pu se passer entre deux & si c'est le desespoir ou le mal ou une frenesie qui ont chargé & tiré le pistolet avec lequel il s'est cassé la tête.

Avant de fermer ma lettre j'aurai l'honneur de vous dire ce que j'aurai appris.

Ce 3e mars.

La banqueroute est decidée mais on croit que les creanciers ne perdront pas le 20 pour cent. Ce sont 3 vaisseaux arrivés de la Chine chargés de soye ou[10] de soyeries (je ne sai lequel)[11] qui ont fait manquer à ce point une grande & belle speculation. Sans doute il n'y avoit pas lieu de s'attendre à une si promte arrivée de ces vaisseaux.

Un autre desastre qui vous touchera peut être encore plus, c'est que Charles Chambrier[13] est decidément fou. Il courut avant hier chez M. Liechtan puis chez M. Neuhauss[14] demandant du contrepoison & pretendant que son beau[12] père l'avoit empoisonné. Quand il vit ses cousins de Pierre & Bedaux[15] entrer chez M. Neuhaus, il se jeta par une fenêtre dans une petite cour, mais sans se faire de mal. On le releva, on le mena chez M. le colonel Chambrier,[16] où il a passé la nuit, & hier on l'a mené à Berne. Je pense que c'est plutot pour l'enfermer que pour le faire guerir car un degré de folie est habituel chez lui. Mon Dieu, quel sujet d'affliction pour son beaupère,[17] & après ce qu'il a déja vu de sa bellemère & de sa femme, quelle crainte ne doit-il pas avoir pour sa fille. Je voudrois que l'aristocratie ne se melat du moins pas des mariages & qu'un fils de Roi épousat une fille de paysan bien robuste & gaye, saine d'esprit & de corps, de preference à une descendante de Charlemagne. En Angleterre on est passablement raisonnable sur ce point. Je suis touchée de ceci, car voyant très peu M. Chambrier & plus sensible peut-être que tout autre à de petits travers qui sont l'antipode des miens, j'ai pourtant une grande estime pour ses talents, pour ses lumieres & pour des vertus que personne ne lui dispute & que rien ne peut venir à bout d'obscurcir.

Il se peut bien que politiquement parlant vous ayez raison, complettement raison, relativement aux Bernois. L'exemple de Venise prouve beaucoup, mais moi qui ne suis pas un etat je pardonnerois assez volontiers son erreur à l'auteur de la brochure.[18] Les loix de Licurgue etoient fort bonnes pour que Sparte restat Sparte mais qu'etoit Sparte? un assez triste sejour ou il n'etoit absolument question que de se battre. Les Ilotes y etoient les plus malheureux du monde & leurs maitres mal couchés, vetus, nourris, ne cultivant ni les arts ni les sciences ne me paroissent pas avoir été fort heureux. on en diroit peut-être autant de beaucoup d'institutions avec autant de raison, & l'univers même semble fait pour subsister plutot que pour qu'on y soit heureux. Cela est bien puisque cela est; ce n'est pas du moins à moi à y trouver à redire, Et je suis toute prete à dire à l'auteur sus-dit, si je le devine & le rencontre qu'il est un sot. Je ne suis pas aussi prete à dire aux Bernois qu'ils sont d'habiles gens. S'ils font bien c'est d'après une assez platte routine & je pense qu'ils se disent

Le moulin qui moulut moudra.

Notre Etat est une machine
Qui pour aller son droit chemin
N'a pas besoin qu'on examine
Le ressort qui la met en train.

Ce sont là des vers[19] presqu'aussi vieux que moi que je retrouve dans ma memoire.

Je n'ai toujours point de nouvelles de Mlle L'hardy. Je tremble pour sa petite altesse de Ratibor.[20]

J'ai parcouru tous ces jours les lettres que Mirabeau ecrivoit à Me de Monnier & à M. le Noir du Donjon de Vincennes.[21] C'est plutot une très curieuse qu'une très agreable lecture. Il y a de la monotonie dans ses elans d'amour & de ressentiment, &[13)] je ne sai quoi empeche qu'on ne soit persuadé de la verité de ce qu'il repete cent & cent fois, mais quant a de l'esprit, de la force dans le raisonnement & l'expression, une grande fertilité d'idées, que cependant je n'apellerai pas imagination, une grande flexibilité d'esprit qui pourtant n'est pas de la grace & de la douceur, voila ce que vous y trouverez certainement. on n'apprend pas là dedans à l'aimer mais bien à detester son pere[22] cet ami des Hommes qui n'aimoit que lui.

Nous avons ici des papiers à foison. Les Jacobiens[23] font rage. on les aprecie eux & leurs intentions mais on les craint & on ne leur oppose qu'une resistance momentanée qui jusqu'ici n'a rien produit. Quelques membres de l'assemblée se font estimer respecter mais c'est tout; les factieux de l'assemblée & des tribunes l'emportent. Mrs Vaublanc,[24] Miosset,[25] & autres qui faisoient les efforts les plus nobles pour une réunion fraternelle[26] qui auroit dejoué les Clubs se sont vus battus par les Merlin,[27] Basyre,[28] Royer,[29] Saladin,[30] Chabot[31] &c &c Canaille detestable.

on s'est battu au spectacle des Vaudevilles;[32] un garde national[14)] est mort de ses blessures;[33] mais heureusement Carra[34] y a été bien battu.

Il faut que je rende justice ici a une personne qu'à l'ordinaire je n'admire pas. C'est m[e] du Peyrou.[35] on devoit danser chez elle; la nouvelle du desastre de la famille Rougemont arrive, aussitot elle contremande ou renvoye, car je crois qu'ils etoient deja venus, musiciens & danseurs, & collation trouvant qu'un amusement bruyant & de cette espece etoit une sorte d'insulte pour la douleur des affligés. J'ai trouvé dans ce procedé de la sensibilité & du courage. J'aurai monsieur l'honneur de vous ecrire bientot ce que j'apprendrai d'interressant.[15)]

a Monsieur/Monsieur le baron de/Chambrier/Ministre de Sa Majesté/Prussienne/a *Turin*

804. *A Caroline de Sandoz-Rollin, 19 mars 1792*

Ce Lundi 19 mars 1792

Je vous avoue ma très chere Caroline que je suis extremement touchée d'une chose bien agreable pour moi que vous avez faite sans m'en rien dire. Sans attendre que je pusse nommer chez vous une *Isabelle* vous avez voulu en avoir une tout de suite; recevez mille remerciemens & benedictions de moi pour vous votre mari & votre enfant que je regarde comme ma filleule[1] sans prejudice de quelqu'autre dont s'il plait à la providence de le faire naitre & de me faire continuer de vivre je serai la mareine de très grand cœur. Second troisieme, quatrième, n'importe, je sens que les liens qui m'attachent à vous sont pour la vie & en tout tems je ne ne demanderai pas mieux que de les resserrer toujours plus.   Il faut rendre cette justice à Madame Pury[2] qu'elle me parla de la petite Isabelle avec grand plaisir. On ne savoit, dit-elle, autour de vous pourquoi ce nom mais elle l'avoit[1)] compris bien vite. Vous etes bien à ce quelle m'a dit, votre lait foisonne & la petite fille prospere & des creux vous reviennent aux joues qui marquent l'elevation de leurs alentours. J'aurois écouté longtems de semblables details sans songer à me lasser.

Henriette[3] est à auvernier depuis 10 jours. Je ne sai pas bien si ce n'est qu'après le 22 ou après le 29 qu'elle peut accoucher. Elle m'ecrit & je lui repons tous les jours · je lui ai fait donner tout ce qui pouvoit rendre son exil & son etat supportable mais elle ne laisse pas d'en souffrir extremement. Il y a ici un sursis de mic-mac domestique, mais des cuisines le mic-mac a un peu passé dans les apartemens[2)] de maitres. Mlle Tulleken m'a trouvé froide & trop peu confiante, & il est bien vrai, soit dit fort entre nous, qu'un certain melange de subtilité de romanesquerie & de mijorisme[4] s'est mis à m'impatienter beaucoup; mais je dois & elle merite &c &c &c vous devinez le reste & mes frases vous ennuyeroient à leur tour sans vous apprendre rien. Adieu chere Caroline, bon jour don Alphonse &[3] petite Isabelle. Je suis votre votre devouée à tous,

Isabelle

a Madame/Madame Alphonsine Sandoz/a *Neuchatel*

805. *A Jean-Pierre de Chambrier d'Oleyres, 23 mars 1792*

Enfin, enfin, j'ai ecrit à M. le M[s] de Serent & je prens la liberté, Monsieur, de vous envoyer ma lettre[1] pour quelle acquerre du prix en passant par vos mains.

Je me haterai de vous dire toutes les nouvelles que je sais. J'ai peu de loisir parceque j'attens Me de Tremauville. Elle a passé un assez long tems[1] dans les angoisses de l'incertitude Faut-il retourner en france ou n'y pas retourner? M. de Tremauville s'est decidé quant à lui. Il est parti avant hier, & je crois M[e] decidée à le suivre s'il ne revient pas mais sans ses enfans. M. de Monbarey[2] est plus embarassé dit-on que personne et sa devotte moitié[3] peste horriblement contre ces *gueux*, ces *va nuds pieds* ces *sans culottes* qui l'exilent la rapellent la menacent & la ruinent. Remarquez que les susdites expressions n'ont d'équivalant dans aucune langue[2] & appartiennent exclusivement au *plus poli* au *plus doux* au *plus genereux* de tous les peuples.

Les petits Pourtalès[4] ont joué les petits savoyards[5] a ravir à ce qu'on m'a dit & vos petites Demoiselles ont dansé comme à l'opera. Auguste Chambrier[6] s'est distingué par sa legereté & sa grace, il n'y avoit à redire qu'à ses deux mains qu'il pris enfin[3] le parti d'assujettir par des cordes. Que n'a t-elle des cordes la vertu ainsi que l'amour propre!

Alphonse & Caroline Sandoz m'ont fait la galanterie de donner mon nom à leur fille.[4] Ils ne m'en avoient rien dit & je l'ai su par hazard. après que je les ai remercié Caroline m'a ecrit: il n'etoit pas sur que nous eussions d'autres enfans & il ne faloit pas courir le risque de n'avoir pas une Isabelle dans notre famille.

Charles Chambrier est mieux, plus tranquile; on espere je crois que sa tête se remettra à un certain point ... Dans cet instant on me dit que non & qu'il est seulement moins furieux

On espere mais sans savoir rien de bien positif relativement aux affaires Rougemont. Mrs Ostervald[7] y sont pour une somme considerable & M[e] leur mere[8] si bisarre dailleurs ne se montre touchée[5] dans cette occasion que du chagrin de Mlles Rougemont qui vrayment font pitié à tout le monde.

J'ai receu une grande lettre de Mlle L'Hardy. Le petit enfant Royal[6] lors de son batême a été nommé Comte de Brandebourg.[9] Le Roi a donné une belle bague à Mlle L'Hardy qui m'ecrit tout Berlin le sait & s'occupe dans ce moment à conjecturer ce que vaut ce bijoux. *Oh le drole de pays que la cour!* dit-elle dans un autre endroit de sa lettre.

Vous savez sans doute que Mrs Rosset & la Motte sont condannés à 25 ans de prison à arbourg.[10] Les details qui me sont parvenus, me disposent[7] à croire que le jugement a été porté avec sangfroid &[8] sans une amere patialité.[9]

a la hâte ce 23e mars 1792.

a Monsieur/Monsieur le Baron/de Chambrier Ministre/de sa majesté Prussienne/a *Turin*

806. *A Caroline de Sandoz-Rollin, 3 avril 1792*

Ce mardi matin 3e avril 1792

Vous avez demandé, ma belle, à Mlle Moula si j'avois receu votre lettre, oui, receue, lue, relue, caressée, & en aimant tous les mots; je n'ai pas récrit tout de suite parceque j'etois inquiete & occupée, mais dans ce moment je me sens soulagée d'un grand fardeau. Henriette[1] qui avoit encore passé ici une grande partie du jour d'avant hier, qui m'avoit coifée & habillée & ne s'en etoit retournée à auvernier qu'à 6 heure & demi appuyée sur l'une ou l'autre des deux petites Lisettes,[2] est accouchée heureusement vingt-quatre[1] après d'un garçon qu'on m'a dit être fort gros & fort bien conformé. C'est tout ce que j'en sai, celle qui me l'a appris n'en sachant pas davantage. C'est l'une des Lisettes fille de la sage femme que j'envoyai à 6 heures voir ce qu'elle faisoit. Je dis à Mlle Moula: elle pourroit bien nous venir dire dans une demie heure qu'Henriette[2] est accouchée, – Eh pourquoi le pensez vous? – Je ne sai. Me de Tremauville ne la crut pas près de son terme. Une demi heure après Lisette revint dire: Henriette est accouchée. Elle l'avoit trouvée arrangée dans son lit & l'enfant arrangé de son coté & Me Ambos[3] auprès d'eux. Je viens d'envoyer du lait pour l'enfant, de l'eau de vaud & de la soupe aux grus[4] pour la mere, qui j'espere reviendra auprès de moi dans une quinzaine de jours. Il faut vous dire qu'excepté d'assez violens maux de reins elle se portoit passablement à l'approche de ses couches, qu'elle avoit engraissé, que l'espece de boufisure qu'elle avoit au visage etoit passée. Elle va j'en suis presque sure se porter mieux qu'auparavant: elle aura fait (avec peine & risque il est vrai)[3] un saut heureux de l'inquiete jeunesse à la[4] sage maturité. Homme, enfant; coquetterie, plaisir, regrets; honneur & honte elle sait ce que c'est que tout cela & ne sera ni une curieuse, triste, prude fille, ni une platte soucieuse malheureuse femme. Il lui resteroit encore ce qui seroit le pis de tout, à être libertine[5] & effrontée, mais je suis très persuadée[6] que cela n'arrivera pas. L'enfant restera ici au village, & le voyant pour ainsi dire tous les jours elle aura toujours sa faute devant les yeux en même tems qu'elle la reparera, & se montrera aussi bonne mere qu'elle a été une imprudente fille. Tout ceci s'est bien arrangé selon mon humeur. La faute, le deshonneur, n'ont point été palliés ni diminués par aucun mistere, mais des vertus seront offertes en sacrifice expiatoire, & desarmeront le public s'il est assez juste pour qu'il vaille la peine de le vouloir desarmer.

Demandez je vous prie à M. Alphonse s'il est besoin d'un parrein pour faire batiser un enfant.[5] Le batême en qualité de sacrement & dans sa nature religieuse ne demande surement ni parrein ni mareine de sorte que je pense que ma *mareineté* est plus qu'il n'en faut à la rigueur, mais je voudrois être sure qu'on ne me fera aucune objection la dessus. M. Pury[6] à fait dire au sautier[7] de ne se pas presenter.

Vous m'avez fait grand plaisir sans m'etonner le moins du monde en me disant combien votre mari est un excellent & aimable mari qui pour vous abandonne tout excepté ses devoirs. J'ose dire que j'etois sure de cela lorsque je l'eus vu une seule fois, & même avant la fin de sa visite. Vous vous souvenez bien que je n'ai mis aucune borne aux assurances que je vous ai données à cet égard & que seulement je vous ai bien exhortée à être aussi bonne que lui, à ne rien negliger à ne rien laisser au hazard de ce qui pouvoit le rendre heureux ou lui plaire. Votre mariage est le seul que j'aye jamais vu se conclure avec une satisfaction de mon cœur intime & entiere & parfaite.

Lisette Ambos qui a passé la nuit auprès d'Henriette est revenue. Henriette prit mal Dimanche à 9 heure du soir mais n'apella la sage femme que hier à 5 heure du matin. à 5 du soir elle etoit delivrée. Elle a beaucoup souffert mais sans donner un moment d'inquietude à la sage femme qui a été toujours seule avec elle, excepté sans doute le moment ou l'on a du lui demander le nom du Pere de l'enfant qu'elle n'aura pas dit j'en suis assurée, mais Lisette n'a entendu parler ni de Justiciers ni de Pere, elle a seulement vu & tenu un gros garçon qui boit & crie & regarde & fait d'autres choses comme s'il etoit là depuis du tems. Henriette eut mieux aimé une fille qui se fut appellée Isabelle comme la votre & auroit[7] pu etre protegée par elle, mais on lui annonçoit depuis si longtems un garçon que son parti en etoit pris dès avant sa naissance.

Ce n'est pas tout que votre fille soit coifée je voudrois que vous fussiez chaussée à votre gré. Voulez vous m'envoyer ce soir ou demain un soulier pour modele · dans 5 ou 6 semaines vous aurez une demi douzaine de paire de sabots chinois comme les miens legers & comodes, ou si l'on ne peut apporter les 12 souliers il en viendra dabord 4 & le reste après. Adieu très chere et très aimable Caroline je vous embrasse de tout mon cœur. J'embrasse aussi la petite fille & prens la même liberté avec monsieur son Pere. adieu.

Mardi à 10 heure.

A Madame/Madame Alphonsine Sandoz/a *Neuchatel*

807. *A Henriette L'Hardy, 5 avril 1792*

Jeudi 5ᵉ avril 1792 de bon matin

M. de Charriere vient de partir pour Paris avec M. le Maire de la côte.[1] Il ira chez M. le Ministre de Prusse[2] & selon[1)] les facilités plus ou moins grandes qu'il trouvera il sera envoyé à l'adresse de Mᵉ la Cᵗᵉˢˢᵉ Donhof, plus ou moins de Du clos & d'autres livres. Si ce n'est que le seul voyage en Italie de Du clos qui puisse partir j'espere que du moins il sera joliment relié & digne même par ses qualités exterieures de figurer sur la cheminée d'une belle & aimable Dame; si l'envoi est plus considerable peut-être fera-ton moins d'attention à la forme qu'au fond & je me flatte que la Comtesse ne laissera pas de[2)] vouloir choisir ce qui lui en plaira davantage & le tout ne sera-t-il pas comme à elle quand il sera à vous, & à vous Mademoiselle quand il sera à la Comtesse! Je souhaite que cette comission s'execute bien & promtement & qu'elle vous procure de l'amusement à toutes deux. Je suis impatiente aussi de recevoir ma tasse. ces petites choses semblent diminuer les distances & rapprocher les gens comme les païs. A propos, la bonne Rosette Roi va croire que je l'ai oubliée. Des envois ont été faits d'ici à Mᵉ du Paquier & sans doute aussi à vous mademoiselle & le Chale tout pret à partir tout ourlé & que j'ai eu toute une soirée sur mes epaules est resté. Ce n'est pas enverité Rosette que je vous aye oubliée mais je vis si renfermée il y a si peu de communication entre la famille du Paquier & moi que j'ai ignoré le depart de M. Charles[3] jusqu'à ce qu'il fut bien loin. Aureste la saison des Chale sera aussi bien loin quand le Chale auroit pu arriver, & avant qu'elle revienne il se presentera d'autres occasions .....

J'entens le pauvre Jamant demander à grand cris son maitre. N'ayant pas couché dans sa chambre il ne l'a pas vu partir, on ne peut lui dire qu'il compte revenir au plus tard dans 6 semaines. Pauvre animal! Il me fait une extreme pitié.

Mᵉ du Paquier n'est pas aussi heureuse que je le voudrois ou du moins ne me le paroit pas. Je me serois attendue de sa part à plus de force d'esprit

& j'aurois cru qu'aimant si peu la societé elle sauroit vivre heureuse avec son mari[4] & son enfant fut-ce au fond de la Siberie. Les pauvres humains sont remplis de contradictions, & l'on est tout rejoui quand on voit quelqu'un qui ainsi que vous Mademoiselle ayant[3] voulu distinctement une chose est contente en suite de l'avoir. Vous avez desiré un aliment pour votre activité, un objet pour votre capacité d'aimer, & de vous rendre utile & precieuse: La fortune ou la providence vous a donné tout cela & vous en jouissez. Puisse Mademoiselle, ce plaisir ce bonheur[4] vous être conservé! Puissent de justes, mutuelles apreciations & simpathies durer longtems! C'est mon ardent souhait; c'est aussi mon esperance.

J'espere que vous avez deja ecrit à Mlle de Gorgier.[5] Quand la plume ne va pas comme d'elle même il n'en faut pas moins qu'elle aille. on s'imagine qu'elle ira mal, mais point du tout, les plumes qu'on gouverne sont à la longue les seules qui aillent bien. Trop de gens, trop de femmes sur tout sont la dupe de leur paresse & voudroient ne rien faire que par soudaine[5] impulsion, & voilà pourquoi la perfection est si rare. on attend qu'on soit *en train* tandis qu'il ne tient qu'a nous de nous y mettre. Si une premiere lettre n'est pas bien il en faut ecrire une seconde, une troisieme. *Je ne recommence que pour faire plus mal*, disent beaucoup de gens; qu'en savent-ils? ont ils jamais bien obstinement recommencé? L'esprit est comme la main, comme le pied la jambe & l'on devient capable de penser de parler, d'ecrire,[6] comme de danser & de jouer du clavessin, à force d'exercice. Depuis quelque tems je recommande l'etude de la logique à toutes les femmes que je rencontre. Les emigrées m'ont surtout persuadé qu'il faloit s'être accoutumé à raisonner avec une stricte justesse pour ne pas deraisonner grossierement dès que la douleur ou le[7] desir, ou le ressentiment nous y invitent & que les circonstances[8] nous mettent dans une situation nouvelle & qui contrarie nos premieres habitudes.... Pardonnez la distraction qui m'a fait écrire si bisarrement. J'avois si bien mes emigrées dans l'esprit que j'oubliois où j'en etois de ce que je voulois dire d'elles. C'etoit deja l'année passée que j'allois recommandant des livres de logique comme la Fontaine recommandoit Habacuc ou Baruc.[6] Mlle Moula a été docile à mes exhortations et selon moi s'en trouve à merveille. Je n'ai[9] presque plus entendu[10] depuis six semaines qu'elle est avec moi des étonnemens sans raison, je ne vois plus des credulités sans motif suffisans de croire, on ne croit pas comprendre ce qui est obscur, & en revanche on comprend tout ce qui est clair. a present elle s'est mise à lire Locke. Puisse le bon sens devenir à la mode! ce sera la plus heureuse mode qui se soit jamais introduite chez les humains! Et vous si vous avez comme il me le semble[11] assez de logique naturelle pour vous passer de Wolf,[7] de du Marcet,[8] des ecrivains de port Royal[9] ne laissez pas d'exercer votre esprit & de le forcer[12] à tout ce qu'il faudra qu'il fasse; bientot vous le verrez docile & laborieux sans qu'il en soit moins vif & moins gay. Je vous repons que vous en serez contente, comme[13] on l'est d'un beau & bon cheval bien dressé, aussi obeissant que fort & agile.

Il y a un chapitre sur lequel je ne vous repons pas parce que je ne puis pas tout dire. Seulement je dirai qu'il ne me semble pas que personne juge défavorablement les intentions. Il y a des tâches trop fortes pour que personne les puisse parfaitement remplir, & cependant on exigeroit qu'elles fussent parfaitement remplies parce qu'il est infiniment facheux qu'elles ne le soyent pas. L'indulgence seroit juste & ne peut avoir lieu. J'ajoute que *laisser faire* est imputé surtout[14] en mal[15] comme *faire* & cela avec raison parce que l'effet est le même & si vous voulez à tort aussi, parce que personne, quand la tache est disproportionnée aux facultés humaines ne peut ni même ne doit essaycr de la faire seul.   Il y a un autre article dans votre lettre qui m'a fort interessé & sur lequel je ne dirai rien non plus pour le present.   J'ai bien souffert ces derniers tems j'ai essuyé des scenes facheuses, j'ai eu coup sur coup toutes sortes d'emotions · Henriette est pourtant heureusement accouchée il y a trois jours mais pendant sa grossesse de quels tourmens n'ai-je pas été temoin, que de larmes j'ai eu a essuyer nuit & jour! Quelques personnes *me prioient* de la renvoyer comme si c'etoit une complaisance à avoir une politesse à leur faire. Ils diroient bien qu'ils me *conseilloient* mais je n'apelle pas conseil ce qui n'est ni motivé ni raisonné. Les *bonnes* ou non bonnes Robert étoient au guet pour prendre sa place avec une admirable vigilance. Je crois tout ce que vous me faites la grace de me dire touchant[16] Mlle votre sœur & je viens d'apprendre si à fond ce que c'est que malice et bavardage que de longtems je ne serai la dupe de ces deux infernales causeuses là. Adieu mademoiselle ayez la bonté d'envoyer l'incluse[10] à Me du Paquier. Si vous etiez curieuse de savoir ce que les deux voyageurs vont faire à paris, rien que je sache que de voir de près ce dont ils jugent depuis longtems de loin.

A Mademoiselle/Mademoiselle l'Hardy/Chez M[e] la Comtesse Dönhof/a *Berlin*

808. *A Jean-Pierre de Chambrier d'Oleyres, 12–14 avril 1792*

Ce 12e avril 1792

J'ai receu quelques jours après votre lettre, dont, Monsieur, je vous remercie extremement, une lettre de M. de Serent longue, aimable, très obligeante à laquelle voici encore une petite reponse[1] que je ne me fais nul scrupule de vous addresser. Le cachet de la sienne, à moins qu'il n'employe une tête assez mal gravée & de la cire noire bien molle & coulante m'a l'air d'avoir été fondu & refait. Par qui? je ne puis le deviner.

Peut-être s'est on imaginé en suisse qu'elle pouvoit être de vos émeuteurs de Turin.[2] Le monde est aujourdhui un theatre surchargé d'acteurs qui tous veulent dire & faire quelque chose. C'est bien là qu'après la prima & seconda voce il y a eu cent mille autres & on n'en est jamais à l'ultima, car il s'en reproduit, comme les insectes volans qui peuplent l'air, par troupes inombrables.

Ma foi, comme il leur plaira. Je ne pretens pas passer tout mon tems à deplorer ces folies. Mrs Semonville[3] & compagnie n'ont pas le droit ni aussi le pouvoir de remuer sans cesse ma tête comme les paÿs dans lesquels ils s'introduisent.

Vous ne voulez pas savoir pourquoi les hommes me paroissent si foncierement mechans & sots. a la bonne heure je ne vous le dirai pas, mais c'est une chose bien fixée dans ma tête. La religion, l'etude, une vie douce exempte de rongeant besoins, & d'ennivrante prosperité ont apprivoisé quelques uns de ces farouches & stupides animaux mais la race n'en[1)] pas meilleure, & si les anges ont une menagerie je doute que nous y soyons.

Voila le Roi de Suede assassiné;[4] cette fois c'est par un gentilhomme. Le roi lui avoit fait grace de la vie, cela aggrave prodigieusement le crime qui en soi est deja bien odieux. Ce Roi passablement vicieux & dailleurs vain et colifichet ne laissoit pas de briller par une grande valeur personnelle.

Quant à Leopold[5] on assure que c'est une complication de devoyement, femme, maitresse, Diabolini qui l'a mis au tombeau, & que la haine Jacobine n'y est pour rien. A Rome & à Orviette on remue.[6] Dans le paÿs de Vaud on gemit, ici tout est fort tranquile Nos emigrés sont à Soleure[7] en devotion. quelques uns du moins. Je crois Me de Monbarey à Cressier.[8] Dailleurs rien au monde de nouveau.

Zingarelly tout pret à nous envoyer 16 Louis pour deux des montres qu'il a receues, je paye la troisieme, n'a trop su comment envoyer l'argent qu'il a chez lui[2)] Il propose une maniere qui si elle est adoptée par quelque negociant Neufchatelois arrange tout si non il me faudra vous prier Monsieur de vouloir bien recevoir cette somme à Turin & me la faire tenir ici par ceux qui font vos affaires. Ce sera la centieme mais non à ce que j'espère la derniere obligation que je vous aurai. Avant de fermer cette[3)] lettre je pourai peut-être savoir à quoi m'en tenir, & si cette fois je puis me passer de vous être importune.

Ce 14.

On n'a pu faire comme *Zin* l'entendoit mais je lui ecris d'envoyer tout uniment une lettre de change qu'on ne me payera pas en assignats comme il l'avoit cru mais en especes. Je me flatte qu'il entendra cela & que rien ne me forcera à avoir recours à vous Monsieur, qui déja avez tant fait pour moi.

L'on parle ici d'un evenement qui a du vous donner du chagrin. C'est la mort de M. Marcuard.[9] ne va-t-on pas supposer aussi du poison donné par la propagande!

M. de Serent voudroit que la raison eut aussi ses propagandistes, mon Dieu elle a en a[4] mais il[5] sement en terre qui aime mieux produire l'ivraye que le froment. Si j'osois je vous enverois[6] l'ami des patriotes[10] que j'receus hier. Regnaut de St Jean d'Angely, Cheron Benard ont signé chacun l'une des trois pièces qui composent la feuille. André Chenier publie & signe dans le journal de Paris[11] ce qu'on peut dire de plus fort contre les factieux qu'il nomme qu'il degrade dont il denonce la vie les opinions les anciens écrits &c &c ou plutôt c'est un De Pange[12] qui a joué ce dernier tour à Brissot & raproché ses anciennes professions de foi des nouvelles. Voila les semeurs de la raison, mais le champ infertile pour la bonne graine, c'est la mauvaise tête de l'homme.

Aujourdhui en dépit des mechans, des prudes des sots, des inclemens je fais batiser un enfant[13] dont le pere est inconnu à moi même & je reprens sa mere, cette femme de chambre que vous vites rire de si bon cœur avant qu'on l'eut rendue malheureuse. C'est le 14e jour depuis que je ne l'ai vue, c'est le 13e depuis que son enfant est né; elle n'a pas voulu attendre plus longtems à revenir auprès de sa maitresse qui est aujourdhui sa seule parente sa seule amie. Le petit garçon, plus robuste qu'aucun enfant de 13 jours, continuera a être elevé sans nourice & sera vu tous les jours de sa mere car nous le mettons tout uniment chez une femme du village. M. Alphonse Sandoz en a bien voulu être le parrein & je le fais representer par un vieux vigneron tandis qu'une petite fille la fille de la sage femme me represente. Voila Monsieur la nouvelle du jour dans ces quartiers. Que ne m'a t-on pas fait souffrir dans cette occasion…. mais je vous ai promis de ne pas vous le dire.

Henriette revient à pied d'Auvernier….. j'entens dans cet instant le chariot qui ramene le paravent, le lit, la bassignoire.[14]

Si vous n'etiez qu'un homme diplomatique[15] si vous n'etiez que l'homme de vos fonctions combien ne vous devrois je pas d'excuses de vous avoir entretenu dans mon attendrissement de niaiseries pareilles! Mais je connois votre cœur Monsieur & j'ose dire que je sai vous aprecier c'est pour cela que je vous estime, vous honore & vous suis sincerement attachée.

809. *A Caroline de Sandoz-Rollin, 14 avril 1792*

J'espere autant que je souhaite[1] d'avoir dans peu à vous feliciter de l'heureux succés de l'inoculation de votre enfant. Voila deux bonnets que nous avons tirés des manches & du collet d'un[2] robe que j'ai defaite parce que toute belle qu'elle etoit je ne m'en trouvois pas agreablement ou comodement habillée. M. de Charriere en aura un gilet,[3] M. Alphonse aussi. on raportera de paris des desseins pour broderie de gilets.

.... A propos l'autre jour je me souvins tout à coup d'avoir oublié vos souliers. J'en fus très fachée. Cela se reparera. J'ai eu tant affaire pour Henriette[1] la veritable, pour *Henriette & Richard* anecdote,[2] pour le petit Prosper, pour les commissions données à M. de Charriere dont la notte a été volée avec son porte feuille & qu'il m'a falu detailler à neuf, que je suis excusable peut-être. On avoit mis de coté, serré, votre soulier, le perdant de la[4] vue des yeux je l'ai tout à fait perdu de vue.

Muson[3] m'a presque boudée de ce que j'ai decidé de vous laisser le soin de mettre de la dentelle aux petits bonnets. J'ai ri de la bouderie esperant bien que vous ne bouderiez pas.   J'ecrirai à *Zin*[4] pour ce soir ou pour Lundi. Peut-être vous enverai-je ma lettre ouverte & vous ou Don Alphonse ou M. Gaillard[5] pourez ajouter ce que vous voudrez. Si quelque chose m'empeche d'ecrire aujourdhui c'est que j'aurois envie de joindre à ma lettre une ébauche d'ouverture pour Zadig que j'ai faite ces jours passés, & qui n'est pas entierement mise au net. *ebauche* & *net* semblent se contredire mais ne se contredisent pas. Un cannevas peut être *net* ou barbouillé en attendant la broderie. adieu ma belle. La messagere attend mon paquet.

Ce Samedi matin.

810. *A Caroline de Sandoz-Rollin, seconde moitié d'avril 1792*

Si fait, si fait; vous etes une petite paresseuse; sans cela n'auriez vous pas repris la lettre commencée? Pensez vous qu'une lettre de vous ne me feroit pas plaisir aujourdhui quand même le destin auroit ecrit dans ses livres que je vous verois demain? ou demain mon plaisir seroit-il diminué par la lettre receue aujourdhui? Dailleurs est-ce que je vous vois? Pour cela ce n'est pas votre faute & je serois même bien fachée si contre vent & marée vous me me vouliez donner le bonheur de vous voir, mais un pauvre petit billet auquel il y auroit toujours une promte reponse ne causeroit ce me semble nul ennui ni fatigue ni derangement à personne. Je[1] ne gronde pas au moins gardez vous de le penser, & même quand j'y pense bien je ne vous trouve point à redire. Un peu de paresse est le plus joli & le moins mal faisant des defauts. Je l'aime en ce qu'elle exclut l'esprit remuant & inquiet; elle est compagne de la douceur & le bonheur qui l'aime comme moi la mene d'ordinaire à sa suite.

Vous n'avez pas eu le plus petit tort envers Henriette.[1] J'en etois sure car elle etoit revenue de Neuchatel toute enchantée[2] de votre beauté de votre coifure & parloit avec un plaisir de vous & de ce que vous lui aviez

dit qui ne me permettoit pas le moindre doute sur l'impression que vous aviez faite sur elle. Cependant je lui ai dit votre delicat & aimable scrupule. Qu'il soit et demeure effacé. Henriette me prie de vous[3)] dire qu'elle ne desire pas plus qu'elle n'a fait jusqu'ici le moindre mistere ni menagement sur l'existence donnée à ce petit garcon.[2] Votre interet la touchera en tout tems & chaque mot qui le prouvera lui sera fort agreable. Elle etoit dailleurs avec des gens qui n'ignorent rien & qui l'aime. Vous avez donc très bien dit & fait. Je vous remercie des petits services que vous m'avez si promtement rendus.
Ce mardi.

a Madame/Madame Alphonzine[3]/Sandoz/a *Neuchatel*

811. A Henriette L'Hardy, 7–8 mai 1792

M. le Comte de Goltz[1] a repondu, à un billet que M. de Charriere avoit laissé chez lui, qu'il pouroit envoyer un *petit paquet*. Là dessus M. de Ch. se resigne à n'envoyer que le voyage en Italie de Duclos & se desole en suite de voir qu'à paris on ne relioit plus très bien, plus en veau mais seulement en Basanne. Je l'ai consolé hier sur ce point. Demain je lui écrirai que s'il est possible de faire le paquet plus gros il le fasse.

Vrayment *les Dieux* auxquels on s'adresse *la fortication* de la santé, & le retour eternel de l'*interressante accouchée* sont impayables. J'en ai ri aux larmes. Ah vrayment la traduction en allemand de pareilles pensées françoises doit être quelque chose de beau.   Je vous trouve heureuse Mademoiselle d'être rentrée comme au nid à Potsdam après avoir volé dans ces hautes mais nebuleuses régions de Berlin. Je vous vois avec la Comtesse & vos livres contentes toutes deux, tranquiles, amusées. Mon imagination se plait avec vous.   Ne vous plaignez pas des clefs enrouillées;[2] celle qui a servi vous a livré assez de tresors. Quoi lire pour la premiere fois ou avec quelqu'un qui lit pour la premiere fois Me de Sevigné! Quel charme! quelle source de plaisirs! Il ne me faut pas à moi une grande bibliotheque: avec Racine, Moliere & Don Quixotte j'ai assez de livres, & vous, vous avez ceux là & bien d'autres. Il n'y a guere que Marmontel parmi ceux que vous nommez dont je fasse peu de cas, Fontenelle n'est pas non plus mon favori mais il faut lire ou avoir lu ses mondes & ses Dialogues des morts.[3] Vous ne parlez pas de Fenelon cependant outre son Telemaque il y[1)] aussi des dialogues de morts, des contes, une existence de Dieu[4] qu'on ne peut trop priser; je ne nomme pas même tout ce que je voudrois ayant oublié les titres de quelques uns de ses écrits.[2)] Si la Comtesse n'a pas lu les memoires de Noailles redigés par Millot[5] c'est encore un chose à lire pour qui aime mieux la prose & l'histoire que la fable & les vers..... Il me vient dans l'esprit que je pourois donner quelques livres à Villardot[6] avec le Chale de Rosette. Je tacherai de savoir quand il part & de quoi il peut se charger quant à la quantité & qualité, poids & volume.

Il me tarde que vous ayez une reponse de Mlle de Gorgier.[7] Elle passa passa[3] l'autre jour en chaise decouverte avec l'une de Mesdemoiselles Rougemont, j'etois devant la maison avec Mlle Moula & pendant que Mlle R. parloit à ma compagne, sa compagne me regarda beaucoup & retourna souvent la tête quand la chaise se fut remise en marche & jusqu'à ce qu'elle fut au haut de la montée qui conduit au village. Je la saluai le plus poliment & gracieusement que je pus. Votre lettre etoit surement très bien & c'eut été un soin superflu & du tems perdu que de vouloir la r'écrire mais ne croyez jamais qu'on ne recommence que pour faire plus mal c'est la maxime des paresseux & elle ne doit être adoptée que par ceux qui ne pouvant jamais bien faire ne feroient pas mieux la vingtieme que la premiere fois. Oh! si vous demandiez à van Dick à tous ceux que vous admirez dans tous les genres combien ils ont recommencé de fois le même ouvrage je suis sure qu'il detruiroient chez vous jusqu'à la derniere trace d'un prejugé[4] si pernicieux.

J'ai ecrit fortement à M[e] Du Paquier[8] pour l'engager à faire sortir son esprit[5] de l'apathie ou je le trouve plongé, & cela coute que coute. Si elle ne veut pas se plier au monde il faut apprendre à s'en passer & pour cela lire, penser, dessiner, apprendre la musique. Elle n'est si vive & si obstinée dans toute dispute que parcequ'elle n'est point accoutumée à peser avec le moindre soin le pour & le contre d'une question... Affectez un jour un de ces petits mouvemens de colere dans lesquels on se fait tout pardonner parce qu'on n'a pas l'air de sentir la consequence de rien & alors dites lui – tu ressembleras de bien bonne heure à ta mere si toutes tes preventions se gravent[6] dans la tête comme sur de l'airain, que tu decides toujours & ne reflechisses jamais. – Ce seroit là la meilleure de toutes les leçons & la mieux sentie.

Adieu pour aujourdhui Mademoiselle peut-être j'engagerai Me Sandoz à joindre une lettre à la mienne, je sai quelle en a receu une de vous. Je vous suplie de compter sur l'interet aussi vif que sincere que vous ne cesserez jamais de m'inspirer.

Ce 7e may 1792.   T. de Ch.

Ce 8. may

Je reprens ma lettre pour vous parler un peu d'Henriette[9] en même tems que de Me du Paquier. où celleci a t-elle pris son aversion pour l'autre? Il faut qu'on se soit donné le soin de lui ecrire beaucoup de sottises & beaucoup de faussetés. Quand elle partit elle donna le nom d'Henriette à sa femme de Chambre qui s'apelloit Susette, & ce fut pour l'amour de mon Henriette et en memoire d'elle qu'elle choisit ce nom entre[7] mille autres. Henriette a certainement fait une imprudence une *faute* mais non commis un crime. Dailleurs je ne lui connoissois qu'un[8] *defaut* & celui là devoit diminuer ou disparoitre après la faute commise, & en effet je ne l'aperçois plus, c'etoit une fiere & opiniatre confiance en elle même. Je suis peu sensible à ce defaut là. Je le trouve naturel & très excusable chez une jeune personne qui ne s'est pas encore souvent [   ][9] qui ne sait pas combien les objets peuvent av[oir d'autres] faces que ceux[10] sous lesquels elle les a envisagés. [Les] opiniatres les vieux presomptueux sont necessairemen[t ceux] qui n'ont pas su voir leurs erreurs ni profiter de [l']experience, mais les jeunes ne doutant de rien, [n'écoutant] qu'eux trouvent grace entiere devant moi. Je fu[s surprise] quand je vis M^e Du P. choisir de preference pour la servir[11] un en[fant] très doux & très timide, je l'en plaisantai même. Pour moi qui ai un sentiment intime de l'egalité de tous les individus de même espece je ne desire point de trouver une obeissance aveugle & passive. Il n'y a pour moi ni grand seigneur que je respecte *parce* qu'il est grand seigneur ni polisson que je dedaigne *parce* qu'il est un polisson. Me du P. a trouvé Henriette impertinente[12] d'avoir[13] son avis et de le soutenir[14] contre moi mais il me plaît de voir & sentir[15] une personne à mes cotés, & non un automate ou une esclave. Si elle a raison contre moi c'est à moi à ceder, si j'ai raison j'espere la convaincre. Cela m'est plus aisé apresent qu'autrefois parce qu'elle a un sentiment très vif de l'erreur où elle est tombée & de l'utilité dont lui ont été mes soins & mes directions pour la lui rendre le moins facheuse que possible. Elle a beaucoup d'esprit, beaucoup de sens, un agrement extreme dans sa maniere de s'exprimer. C'est quelque chose que cela pour moi, & une docile sotte n'est pas du tout ce qui me convient. Mais savez vous qui est vraymaent une impertinente? c'est Julie du Paquier.[10] Vous en donner des preuves en detail seroit du bavardage & je ne vous en ennuyerai pas, mais je suis assez bête pour avoir eu plus d'une fois la bile en mouvement sur ce plat sujet. Au reste mon Henriette se porte assez bien & son enfant est à merveille.

à/Mademoiselle/Mademoiselle l'Hardy chez Madame la/Comtesse de Dönnhof/f^{co} Nuremberg/à Berlin.

812. *De Susette Du Pasquier, 9 mai 1792*

Ce 9 mai 1792

Je ne laisserai point partir Mr. de Boaton,[1] sans une petite lettre pr. vous, qu'il vous remettra à son passage à Colombier où il s'arrêterat; vous serez surement bien aise de faire sa coñoissance, lui a la plus grande envie

de vous voir, je vous prie de le recevoir come notre[1] meilleurs amis de
Berlin; combien il m'en coutera de les voir partir, j'avois toujours recours
en tout à cette maison, c'étoit la seule société que je visse sans gêne, et avec
plaisir, je perds plus dans ce voyage que sa propre famille; ils sont bienheureux ces gens je ne les vois pas partir sans envie, combien ils verront
de [per]sones que j'aime; leur voyage par la Suisse n'est décide que [depuis]
2 où 3 jours, j'avois compté vous écrire un peu au long [mais] je n'ai pas
pû, ayant été vers eux, pr. profiter des derniers momens qu'ils sont encore
ici, d'ailleurs cela m'ôte entièrement la force et le courage, et je ne puis
rien faire – il y a 4 jours que je vous ai écris, je suis mieux que je n'étois
alors, cela varie si fort d'un jour à l'autre, je crois d'ailleurs que mon plus
grand mal est des vapeurs – Il fait un tems superbe quel domage d'être
enfermé dans une ville ou on est étouffé par la poussière, et où on n'a pas
un pouce de terrein à soi, je regrette bien votre petit jardin, vous, et tous
les beaux momens que j'y ai passé, come il doit y faire beau dans ce
moment, come je serai contente si j'en avois un pareil. Quand est-ce que
je pourrois espèrer d'y retourner. adieu

Vous aurez par le porteur de cette petite [lettre tous les] détails que vous
voudrez, et sur notre compte, et sur tout autre; c'est domage qu[e vous
ne puissiez pas] questioner ainsi tous les jours[2]

je me serts toujours du joli sable d'ivoré[2] que vous m'aviez doné il y
a plusieurs anées, c'est domage que ma provision tire à sa fin

a Madame/Madame de Charrière/*a Colombier*

813. *A Benjamin Constant, 13 mai 1792*

Dimanche 13 may 1792

Je receus hier au soir votre lettre & n'en ai pas mieux dormi. Demain
je saurai si l'on peut negocier à Neuchatel la lettre de change que vous
dites & je vous le dirai après demain. Quant aux interets en voici le
compte

J'ai payé le 1er sept. 1788 l'interet de 25 Louis, faisant argent de
france £ 12"0"0

Le 1er fevr.	1789 l'interet de 12½ Louis		6"0"0
1er septembre 1789			6"0"0
1er fevr.	1790		6"0"0
1er sept.	1790		6"0"0
1er fevr.	1791		6"0"0
1er sept.	1791		6"0"0
Je viens de payer pour le 1er fevr. & le 1er sept. 1792			12"0"0
		En tout . .	60"0"0

Ce sont deux Louis & demi à ajouter soit aux 25, ou 12½ par consequent 27½ ou 15 tout juste; et cela[1)] est d'accord avec votre compte à ce que je vois, seulement j'ai joint l'interet de l'autre moitié du tout payé le 1ᵉʳ sept. 1788 aux interets de l'autre moitié. J'ai averti Mᵉ du Paquier[1] que je les payois pour la derniere fois & qu'elle seroit remboursée[2)] au 1ᵉʳ sept. ou avant; C'est à dire que j'ai chargé Mˡˡᵉ Louise de l'avertir ce qu'elle n'aura pas manqué de faire. Aureste ce seroit trop me vanter que de pretendre avoir toujours envoyé mon ecu de six francs le jour qu'il etoit du, mais je ne l'ai pourtant jamais fait trop attendre.

A present parlons de votre lettre.[2] Jamais il ne s'en est ecrit une plus triste. C'etoit donc dans un moment d'illusion que vous me parliez ici. En effet vous etiez deja en route & c'est avec des illusions que vous avez voyagé. Tant mieux au reste c'est autant de pris sur l'ennemi *Chagrin*, & il faloit au moins cela pour pouvoir traverser toute l'alemagne à cheval au cœur de l'hiver. Vous n'avez que trop raison dans la plupart des choses que vous dites mais je trouve que souvent aussi votre esprit se se[3)] paye de mots. Vous dites que vous meprisez l'opinion publique[3] parce que vous l'avez vue s'egarer.... Il n'y a *parce que* qui tienne; Vous ne meprisez pas, vous ne sauriez mepriser l'opinion publique. Si l'on apprend à dedaigner la louange on n'apprend jamais à ne plus craindre du tout le blame. Vous vous facheriez encore si l'on vous disoit[4)] de moi le mal que je ne merite pas qu'on en dise, & le blame juste ne vous seroit pas non plus tout-à fait indifferent. Lorsque parlant de quelques uns de vos parens on me dit l'autre jour: *ils n'aiment pas à payer dans cette famille*: le feu me monta au visage; vite je dis *peut-être* & je changeai de conversation. Votre incredulité & votre indiference sur la morale ne sont pas entieres non plus & je vous ai vu palir en me disant qu'un tailleur & je ne sai qui encore, à paris, n'etoient pas payés.   Au nom du ciel faites ensorte qu'ils le soyent si dans ces 5 derniers mois ils ne l'ont pas été. Mettez vous en regle avec vous même & les autres. On se fait quelque fois incredule sur la morale & la religion parcequ'il est plus comode de l'être & qu'on en vit un peu plus tranquile mais jamais on ne vit entierement tranquile, & du moins sur le premier point★il ne tient qu'à nous de n'avoir plus de semblables[6)] raisons de douter. Quand elles seront detruites & que nous serons des raisonneurs impartiaux doutons alors si nous pouvons; notre incroyance ne sera plus suspecte à nous ni aux autres, & les reproches du public ou de quelques[7)] individus cesseront ce qui sera certainement un bien car quoi qu'on en dise les reproches sont desagreables à entendre & même à soupçonner. Pour moi comme j'aime mieux voir toutes mes

★ Il y a du louche dans cette frase. Si nous n'avons pas d'interet a être incredules en morale nous n'en pouvons pas avoir à l'être en religion.[5)]

chaises apuyées par leur dossier contre la muraille & à une egale distance l'une de l'autre que de toute autre maniere, j'aimerai toujours mieux, toute autre raison de preference fut-elle detruite, voir un homme juste, qu'un homme injuste, un honnête homme qu'un scelerat, & mes propres actions reglées que desordonnées. Mais outre cela je ne puis guere & l'on ne peut guere manquer à ce qu'il est convenu d'apeller justice, regle, morale, sans que je souffre ou que d'autres souffrent & je n'aime ni à souffrir ni à voir souffrir ni à savoir ou supposer qu'on souffre.

Si vous viviez près de moi je dirois faites ceci & abstenez vous de cela pour me faire plaisir. Cet argument seroit court & je me flatte qu'il seroit éficace. Souffrez que je le dise, c'est un grand mal pour vous & pour moi que vous n'ayez pu vivre près de moi. Jamais je ne vous aurois laissé tomber dans cette cynique indiference, *turpe torpeur*.[4] Comme Candide disoit après toute sorte de raisonnemens *il faut cultiver notre jardin*[5] Je vous aurois dit[8)] il faut faire du bien quand nous pouvons, il faut tacher de ne nuire à personne, il faut amuser notre esprit. Vous m'auriez reprouvé le lendemain que nous n'avons ni cœur ni esprit, qu'il n'y a ni bien ni mal mais cela ne m'auroit pas empeché de vous redire la même chose & vous auriez fait du bien tout en disant qu'on n'en peut point faire, & quelque fois vous auriez ri & d'autres fois vous vous seriez attendri, comme le Marphurius de moliere[6] qui doutant de tout ne laissoit pas de sentir les coups de batons.   Si vous etes parti de Colombier bien triste vous ne me laissates pas plus gaye. Vous voulutes nous calomnier tous deux en disant que l'intimité ne nous convenoit pas, mais cela ne prît pas du tout chez moi, & je savois bien, j'etois du moins persuadée, que quelques jours passés ensemble nous auroient remis dans la vieille orniere où à quelques cahots près, causés par quelques pierres d'achoppement nous roulions de compagnie gayment & doucement

Au nom du ciel ne soyez pas avare! C'est la plus vilaine de toutes les folies. Les explications les pretextes n'y servent de rien. *Avare* c'est *avare*. L'habitude de refuser à soi et aux autres ce qui coute de l'argent, & de ne prodiguer l'argent qu'a l'espoir d'en gagner davantage, une fois prise survit à tous les motifs. Et que parlez vous d'independance? Pour aquerir un jour, & ce jour ne viendra peut-être pas pour nous, une independance de fortune qui peut nous laisser encore mille autres chaines, on se met à bon compte dans le plus servile assujettissement; on n'ose ni s'amuser ni être bon, ni même être toujours juste. Ce qu'il en coute est toujours ce qui se presente le premier à notre esprit. Dans mon enfance j'ai eu cette manie pendant 10 ou douze jours & je m'en souviendrai toute ma vie.   Les *habitudes physiques* qui *detruisent* sont plus faciles à corriger que les habitudes de l'ame & il faut absolument y renoncer parcequ'avant de detruire elles rendent malheureux.

Nous autres gens comme il faut, dites vous, nous mangeons nos semblables d'une autre classe[7] .... Je pretens bien ne manger personne. Un peu plus d'argent chez moi un peu moins chez d'autres fait des relations entre eux & moi qui leur conviennent autant qu'a moi. Si mes draps sont un peu plus fins, si ma tasse est[9] de porcelaine tandis que la leur est de fayance cela ne fait pas un degré de bonheur de plus ni de moins; nous troquons souvent même, & c'est ma femme de chambre[8] qui le plus souvent me force d'acheter une dentelle ou un ruban & refuse un ruban neuf pour m'en demander un vieux.

Cette pauvre fille etoit bien malheureuse quand vous l'avez vue & je ne l'ai sçu qu'après. Elle etoit grosse. Elle n'a pas voulu nommer le pere de son enfant ni lui rien demander, ni qu'il apprit rien d'elle. Je l'ai defendue contre toutes sortes d'odieuses suppositions, je l'ai consolée nuit et jour, je l'ai soignée, gardée, egayée, jusques un mois avant ses couches qu'elle est allée à auvernier à un quart de lieue d'ici & là quand elle ne me venoit pas voir & passer la journée auprès de moi elle recevoit tous les jours[10] une lettre de moi, & moi d'elle; Le treisieme jour de ses couches elle est revenue; on m'a apporté l'enfant dont j'etois mareine & que j'ai bien caressé. Il est au village sa mere le va voir tous les jours, nous lui faisons ensemble des habits, & la voyant quelque fois fort triste je me suis mise a lire à elle & à une petite fille que je fais travailler auprès d'elle les comedies de Moliere. Est-ce donc que je les mange quand je les nourris les caresse & les amuse; et elles doivent-elles me mordre & y a t-il apparence qu'elles me mordent? *Je vous ai Henriette*: lui disois-je avant hier. *Moi j'ai madame* me repondit-elle.

M. de Ch. revient de paris dans 8 jours. J'ecris un petit roman[9] dont j'ai envoyé le commencement à M. Suard & M. Suard sortant de son indolence ordinaire loue le roman, y critique quelques negligences & promet de le faire imprimer

814. *De Marie-Anne-Jeanne Saurin, 28 mai 1792*

a la *rocheguion par bonniere*, ce 28 may 1792

votre lettre[1] du -10 may, madame ne m'est arrivée à mantes[2] que le 26. la raison en est que mr de charriere l'ayant fait mettre chés moi à paris, on a un peu tardé à me la faire passer. mr de charriere avoit joint à votre lettre un mot de luy, dont je le remercie. je partage vivement et sincérement les regrets qu'il paroit avoir, de ne nous être point rencontrés, et j'espere que vous, et luy, en êtes bien persuadés. j'avois sû des nouvelles de son séjour à paris, plusieurs fois par m[de] hocquart, et m[de] pourat[3] toutes les deux m'ont parut très sensibles au plaissir de L'avoir retrouvé, et de le recevoir. m[de] pourat m'a ecrit le petit voyage que mr de charriere a fait à L'uciennes,[4] avec son ami, lequel a été enchanté de parcourir la riante montagne de marly, versailles... &c. – mr de comeyras[5] étoit le quatrieme, et m[de] pourat m'a parut extremement contente de L'employ des trois jours qu'elle a passé avec ses messieurs. ses filles sont aimables, et bonnes, je crois vous L'avoir marqué, et je ne doutte pas que le témoignage de mr de charriere ne se trouve sur cela conforme au mien. pendant que votre lettre du dix venoit à paris, une lettre de moy, que je vous ai ecrite de mantes, alloit vous chercher. cette lettre repondoit à une des votres, qui m'avoit été envoyée a la rocheguion. j'y entrois dans quelques détails sur mon etablissement provisoire à mantes, sur L'idée que j'avois eu d'essayer de cette petite ville. aujourd'huy tout cela est changé. je vous ecris de la rocheguion, que je suis venue retrouver, et avec toute sorte de plaissir. quelque languissant que soit un village, j'aime mieux la franche campagne, la vie paisible, la tranquilité que L'on y trouve, que les distractions de la province. ce petit déplacement m'a causé de L'embarras, et me coute un peu d'argent, mais j'y gagne d'avoir des idées arretées, et d'être guérie de la rèverie que j'avois depuis un ans, ou deux, de changer mon séjour de la roche – pour celui d'une petite ville. c'etoit assurément une grande erreur, et je m'applaudis fort d'en être délivrée.

m[de] suard,[6] en m'ecrivant, m'a aussi parlé de mr de charriere mais elle ne me dit rien de votre roman.[7] selon ce que vous me marquez, j'ai lieu de croire que mr suard en est contend. j'en saurai davantage à la fin de juin, tems où je compte aller à paris, s'il n'arrive rien qui m'en empêche. mr démeunier[8] aura été charmé de voir mr de charriere. il est si occupé que j'evite de lui ecrire, pour lui eviter le soin de me répondre, mais je n'en suis pas moins sûre de son amitié. assurément, si mr de charriere eut voyagé seul, il m'auroit donné une grande marque d'amitié en logeant dans ma petite maison. si la guerre, si nos affaires intérieures, si, si si, car les si, sont sans nombres, enfin je veux dire, que si quelqu'evénement heureux, amenoit un etat de choses satisfaisant, alors ne viendriez vous pas revoir paris? je me plais à me nourir de cette espérance, et je veux croire qu'elle ne sera pas sans réalité. je trouve que vous avez été crée, et mise au monde pour vivre à paris, et j'en veux aux circonstances qui vous ont fixé dans un lieu si eloigné de celui qui vous conviendroit à tous les egards. je n'ai pû lire dans votre lettre, le nom d'un homme que mr de charriere à rencontré avec plaissir, je ne sais où. seroit ce mr touret?[9] je n'ai jamais entendu parler de m[de] d'auger,[10] que m[de] trémauville a fait connoître à mr de charriere. ce que je vois avec satisfaction, c'est que mr de charriere est fort contend de son voyage, et cela ne pouvoit guere être autrement. je suis persuadée que ce qu'il a vû, et entendu, aura changé ou rectifié beaucoup de ses idées, rélativement aux affaires, et a la situation de la france. je conçois qu'il ait été peu à L'assemblée nationale, pour moi elle m'est insupportable. mais si vous etiés à paris, je ne doutte pas que

vous n'en fussiez très curieuse. le train, le chamaillis ne vous en dégou-
teroient point, et vous auriez à cet egard plus de curiosité, et de patience,
que je ne serois capable d'en avoir. vôtre tête a plus d'idées, plus de
moyens que la mienne pour s'interesser a toutes les discutions dont on
s'ocupe à L'assemblée. j'aurois dû dire tout simplement que votre tête
vaut beaucoup mieux que la miene, car cela est extremement vrai

je suis bien aise que mr de charriere ait conçu de L'estime pour mr
duport du tertre,[11] je ne le connois point, mais tout ce qui le connoit en
fait grand cas. je reviens a mr touret. je ne connoit point de tête meilleure
que la sienne. il me semble qu'il a une grande etendue dans les idées, et
toute la justesse d'esprit qu'il est possible. il est deplus très honnête
homme. sa figure au premier abord paroit commune, mais lors qu'on
cause avec lui, sa phisionomie attache, et plait beaucoup. dans le nombre
de ceux qui se sont distinguez à L'assemblée constituante, selon moi, il
est un des plus remaquable. mr de charriere a dû se trouver avec lui chés
m^de pourat.

m^de de trémauville est donc à paris. sur ce que vous m'en avez dit, je
serois charmée de la connoître. si je n'avois pas été absente, peutêtre mr
de charriere auroit pû me procurer ce plaissir. il y a tant de choiseuil, que
je ne devine point celui qui est de votre connoissance.[12] adieu, madame.
je me réjouis de savoir que votre santé soit bonne. je me porte bien aussi,
quoi que mes allers et venues, m'aient contrariée, et surtout l'incertitude
de mes résolutions. mais depuis que je me suis décidée pour la rocheguion
tout est bien. je dis mille et mille choses a mr de charriere. adressé moi
toujours vos lettres à paris

815. *A Caroline de Sandoz-Rollin, 11 juin 1792*

Ce 11e Juin 1792

Ecoutez bien. Je vous prie d'envoyer demain au soir à la poste & s'il
y a une lettre d'Allemagne franco Duderstadt[1] ou Nuremberg de me
l'envoyer aussi tot.... mais non j'enverai chez vous car votre exprès ne
pouroit retourner si tard à Neuchatel. Et pourquoi donc, penserez vous,
ne pas envoyer à la poste au lieu de chez moi & vouloir que ce soit moi
qui envoye? C'est parce que j'ai envie que vous sachiez s'il y a une lettre
car supposé qu'il n'y en ai point cela même est une confirmation d'une
nouvelle qui vous interressera & dont j'ai envie que vous & Don Alphonse soyez les premiers instruits à Neuchatel; c'est une galanterie que
je vous dois & que j'ai plaisir à vous faire. – Quoi l'absence d'une lettre
est la confirmation d'une nouvelle interressante? oui ma belle car surement Mlle L'H.[2] se dediroit si les choses avoient changé, si la Ctesse[3] s'etoit

laissé persuader, si ce qu'elle m'annonce très positivement n'a pas lieu. – Eh bien que vous annonce t-elle? – Que le lendemain du jour ou elle m'ecrit c'est à dire le 30ᵉ may, sa lettre etait du 29, la Cᵗᵉˢˢᵉ & elle partent pour la Suisse et qu'elles arriveront à Auvernier où sa sœur doit faire preparer la maison de M. de Bely[4] pour les recevoir. La resolution en avoit été prise la[1] veille; le Roi avoit inutilement tenté de retenir la Cᵗᵉˢˢᵉ en y employant Mˡˡᵉ L'h, à qui le reste du jour à passer & le lendemain jusqu'à 6 heure du soir qu'on devoit partir paroissoient des siecles. Elle recommande à moi la Cᵗᵉˢˢᵉ & elle même. En effet je crois bien que dans les premiers momens il n'y aura guere que moi qu'elles puissent ou veuillent voir. On ne s'empressera pas auprès d'une maitresse disgraciée, dailleurs celle qui etoit sauvage dans le bonheur le sera encore plus dans l'infortune & lorsque les habitans d'un pays etranger n'auront que de la curiosité & du dedain pour elle. au reste elle quite & n'est pas renvoyée. Je pense qu'une fois ici on aura recours à vous si l'on veut voir quelqu'un. Admirez le sort d'Henriette L'hardy qui en neuf mois quite auvernier[2] joue un role à Berlin vit avec le Roi comme avec un frere ou un oncle, devient le conseil, le tout de la favorite & l'aidant à s'oter de la cour revient avec elle dans son village.

J'ignore si on a dit à la sœur cadette pour qui il faloit preparer la maison, mais je suis d'avis de ne rien dire jusqu'à ce qu'une lettre ou le silence ait confirmé le depart. J'ai eu la sottise, car je crois que c'en est une, de craindre que Spandau[5] au lieu d'Auvernier ne put être le lieu de la retraite. Un sot gouverné par des coquins devient si vite un tyran Je ne vous dis pas cette fois d'ouvrir la lettre s'il y en a une mais dès mercredi matin vous en saurez le contenu.[3]

A Madame/Madame Alphonsine Sandoz/a *Neuchatel*

816. *A Henriette L'Hardy, 12 juin 1792*

Ce 12 Juin 1792

Je m'empresse de vous dire Mademoiselle que je ferai pour vous & pour la Comtesse tout ce qui sera en mon pouvoir.

Il vous tarde de savoir mon jugement sur sa conduite: le voici. Elle est non seulement belle, noble, courageuse mais de plus elle est sage si la Comtesse est incapable de s'en repentir suposé qu'il n'en resulte rien que d'être affranchie d'inquietantes[1] tracasseries, chagrins de cour, offensantes defiances, soupçons si facheux que ce n'est pas assez de les detruire, & qu'on voudroit qu'ils ne fussent pas nés. Sa courageuse resolution la delivre de tout cela, & lui donne le plaisir de sentir sa force; elle prouve à elle même & aux autres qu'il lui a falu moins de reflexions pour quiter sa place que pour la prendre. Quant aux bons effets qu'elle pouroit esperer de ce depart ils sont trop incertains pour que je voulusse voir dependre de là sa satisfaction. J'espere que l'aprobation de son propre cœur la consideration & le respect des honêtes gens lui sont plus precieux que faveur, hommages, credit car en ce cas elle attendra tranquilement l'evenement & si le Royaume reste en proye à de rusés fripons elle dira ce n'est pas ma faute et se consolera. Comptez sur moi l'une & l'autre.

T. de Ch.

817. *A Henriette L'Hardy, 15 juin 1792*

Je n'ai pas receu de nouvelles de Berlin. Si j'en reçois qui soyent arrivées hier, à[1] Neuchatel, vous le saurez bien vite Mademoiselle je m'empresserai toujours à donner à M^e la Comtesse toutes les petites satisfactions qui dependront de moi.

La Chanoinesse Chambrier[1] que je vis hier au soir etoit fort contente du tems qu'elle avoit passé avec la Comtesse. Voila que vous avez dans votre voisinage ma bien aimée Me Sandoz qui est aussi la votre j'espere que vous en tirerez parti ainsi que de Mlle Marval.[2] Il n'y a pas meilleure compagnie que cela, en femmes, dans le pays. J'ai vu M. le president Pury[3] qui etoit allé rendre ses devoirs & offrir ses services à la Comtesse.[2] Je pense qu'il a cru le devoir comme maire du lieu. Je ne sai si elle recevra dans les commencemens beaucoup d'autres visites. Les uns craindront d'importuner; d'autres de n'amuser pas; d'autres se sont mis sur le pied depuis que les étrangers ont abordés dans le païs plus qu'ils n'auroient voulu de ne les point aller voir les premiers. Ils rendent la visite parce qu'il le faut bien. Quand la Comtesse saura que c'est avec les emigrés qu'on s'est mis de la sorte sur le qui vive, elle ne le trouvera pas bien mauvais. S'il etoit venu une lettre du Roi ou des Ministres au gouvernement relativement à la Comtesse se seroit une autre affaire. Peut-être viendra t-elle mais jusques là on ne peut considerer la Comtesse que comme une simple etrangere. Engagez la à pousser l'heroïsme jusqu'au bout. Elle s'est mise, par honneur par delicatesse par un juste ressentiment en danger de perdre une place qui avoit de l'eclat & où les roses croissoient avec les epines, Il faut dans l'incertitude où elle est aujourdhui soutenir sa resolution avec un cœur de Reine pour la noble fermeté & de Democrate pour l'amour de l'egalité et l'intime persuasion que veritablement nous naissons tous egaux & qu'une fortune inconstante met seule des differences entre un Roi & un Laboureur, Entre une femme de qualité & une paysanne.

Je serois d'avis que la Comtesse instruisit la cour[3] de maniere ou d'autre de son sejour à Auvernier, dans les etats du Roi, quelle se procurat de l'argent des chevaux un cocher & un clavessin, avec cela on peut aller et venir même lorsqu'il pleut, envoyer chercher[4] quelqu'un qu'on voudroit voir & s'amuser quand on seroit chez soi & qu'on ne voudroit ni reflechir ni lire. Adieu Mademoiselle. Je ne doute pas que votre cœur n'eclaire votre esprit qui deja tout seul n'est pas peu clairvoyant & que vous ne soyez dans cette occasion très ingenieuse à faire trouver à la Comtesse le tems court & sa position suportable.

T. de Ch.

Ce Vendredi

Je n'ai pas[5] pensé à moi quand j'ai parlé de visites. J'en ferois cent s'il y alloit de l'utilité de quelqu'un & que ma santé me le permit. Il y a quatre ans[6] que je n'en ai point faites ni rendu[7] celles qu'on me faisoit, ni invité ni attiré du monde. On auroit quelque droit de trouver mauvais que j'en agisse autrement avec M^e la Comtesse Dönhoff qu'avec les Dames du pays & les étrangeres Hollandoises Francoises Angloises que le sort a amenées auprès de moi mais cela ne m'areteroit pas si la Ctesse m'apelloit auprès d'elle pour le moindre service que je pourois lui rendre, ou,[8] si un jour qu'il fera beau tems mes pieds me peuvent porter jusques là car il me convient encore moins d'aller en voiture que de me promener. Dites de tout cela Mademoiselle à la Comtesse ce que vous croirez convenable & engagez la à venir ici quand vous lui verez quelque velleïté à sortir.

Ne pas donner au Roi l'adresse d'un banquier m'a paru un peu romanesque · c'est cela ce me semble qu'il faudroit changer au plan de conduite.

a Mademoiselle/Mademoiselle l'Hardy/a Auvernier

818. *De Pierre-Alexandre Du Peyrou, 15 juin 1792*

Vendredi 15 Juin.

Les distractions de m^r de Charriere sont encore plus etonnantes que vous ne lés peignés. Ma Cousine lui renvoye fort tardivement les 6 premiers volumes d'homère avec une carte d'excuse et la demande des volumes suivans. Le lendemain elle recoit son paquet de la veille avec l'addresse retournée et y retrouve ces mêmes six premiers volumes. Il etoit encore ici quand on a parlé de l'arrivée des voyageuses[1] qui venoient de passer et que quelqu'un de la connoissance de m^{lle} l'Hardy avoit rencontrées. Il peut à la rigueur ne pas avoir entendû cette nouvelle quoique moi sourd à qui l'on n'addressoit pas la parole, je l'aye entendûe.

Je vous renvoye les deux feuilles de la Copie[2] très lisible et quoique content de la narration à une bagatelle près que je releverai tantot, je serois faché que la correspondance ne se renouat pas. La simple narration toute naturelle qu'on la rende, montre toujours l'auteur, et ne lui permet aucun écart, tandis que des lettres donnent à l'imagination tout son essor, et sont parées même de leur abandon, de leurs écarts de leurs negligences. Sans doute que Richard, ni Henriette ne pouvoient se produire vû leur age, leur inexperience, dans les differentes positions qu'exigent les circonstances; mais combien d'acteurs vous avés à faire agir ou plutot tenir la plume? Il faut sans doute conserver la vraisemblance dans les mœurs et lés caracteres, que tout soit interressant et bien écrit; mais dans les faits, il faut encore la verité réelle. Or il me semble voir deux passages pecher contre cette verité. Au debut de cette 3me partie, vous dites parlant de la seance royalale,[1] qu'elle *commence* à mettre &c. Mais vraiement la fermentation des tetes parisiennes etoit plus que commencée à cette époque. La seance royale[3] ne fit qu'en developer ou en manifester l'etendue.

Autre observation. Ceux ou plusieurs de ceux que vous cités à page 6 comme des hommes à fuir par le politique Giroud, n'avoient pas à cette époque, d'existence connüe et vous oubliés le fameux S^t huruge.[4] Enfin observation grammaticale. La phrase des deux premieres lignes de la page 4 me semble incorrecte, ou bien lache. Je supprimerois *il etoit*, et dirois, *parce que moins mesuré* &c. Je reviens à la forme epistolaire dont voici un des avantages oubliés parmi tous ceux cités ou qui vous sont personnels; L'auteur, pourvû qu'il soit de bonne foi, et sans une partialité trop marquée a plus de facilité de developer sans offenser, les partis, le pour et le contre de chaque systeme, d'en faire sortir le foible et le fort, et comme l'abbé dés Rois est la Minerve de vos heros, ce seroit son role de retablir l'équilibre entre des idées et des sentimens exagerés des deux cotés – Je ne savois pas malade le petit filleul.[5] Je souhaite son retour à la vie pour sa mere; car pour lui même, c'est tout au moins bien egal. car le mal qui l'attend sur le chemin de la vie est plus certain que le bien.

Bonjour madame. Dites moi quelque chose de m^d Donhoff.

819. *A Jean-Pierre de Chambrier d'Oleyres, 16 juin 1792*

Ce 16e Juin 1792

Samedi au soir, il y a huit jours,[1] on m'aporta en même tems que des papiers de france une lettre de Mlle L'hardy qui me disoit: nous partons pour Auvernier. La resolution en fut prise hier & s'executera demain. Cette lettre etoit du 29 may. Mon premier mouvement fut de vous ecrire

pour le mercredi suivant & en effet j'ecrivis mais j'avois joint à ma nouvelle des conjectures & l'expression[1] du desir de vous voir quiter des
affaires qu'on dit fort mal menées. Je trouvai ensuite que tout cela etoit
fou, indiscret, ridicule; j'ai dechiré la lettre. Lundi je receus une lettre de
Nuremberg où les voyageuses etoient arrivées & depuis mercredi dans
l'après dinée elles occupent[2] à Auvernier la maison de feu M. de
Bely.[2]   Vous imaginez bien[3] que dans[4] ces conjonctures les[5] curiosités Neuchateloises[6] ne sont pas assoupies[7] ni muettes non plus. Avant
hier Mlle L'hardy ne put quiter la Comtesse qui etoit malade & fatiguée;
hier elle passa une heure avec moi .... remplissez ces points comme
vous voudrez excepté par une disgrace, par un renvoi. L'on n'est point
renvoyée.   Quelques jours avant tout ceci j'ai vu un voyageur
homme d'esprit, homme de lettres, qui arrivoit tout droit de ★★[3] On y
regarde l'alliance faite avec la puissance si longtems ennemie[4] comme une
mesure desastreuse, le tresor comme en bonne partie dissipé, l'etat
comme menacé de ruine, & le favori[5] comme un fripon qui ensorcelle
complettement son maitre. Ce maitre ne lit rien pas même la gazette si
le favori & son conseil ne l'ont lu auparavant. c'est une obsession absolue.
L'homme de lettre dont je parle s'est exprimé à Neuchatel très franchement & c'est d'après ce qu'il avoit dit que je m'ingerois à desirer que vous
cessassiez d'être Diplomate.

Je ne sai si je verai la Comtesse. Je ne sors pas. Il faudroit que le besoin
d'un peu de societé me l'amenat. Nous etions en quelque relation. M. de
Goltz lui porte des livres que j'avois prié M. de Ch. d'acheter à paris. Il
se prepare (M. de Ch.)[8] à lui porter quelques uns des mêmes livres a
Auvernier puisque ce n'est plus à Berlin ni à Potsdam que M. de Goltz
la trouvera, mais sans doute M. de Charriere vera Mlle L'hardy & ne vera
pas de sitot[9] la Comtesse. Une autre chose à remarquer c'est que c'est[10]
elle & non pas le Cte Dönhoff qui se trouve avoir été destinée à venir dans
ce païs ci, desorte que rien ne va comme on s'y attendoit. La tasse que
m'envoyoit la Comtesse n'est arrivée que deux jours après elle. Son cousin me l'envoye d'Ulm en suabe & m'ecrit que les troubles actuels ne lui
permettent pas de venir me l'apporter. Les illuminés auroient bien du lui
dire gardez la tasse vous la porterez vous même, & M^e de Ch. l'aura plutot
que si vous en chargez votre cousin; & me dire à moi: dites à M. de Ch.
d'aporter de paris les livres que vous destinez à la Comtesse; bientot vous
le lui pourez donner en main propre tandis qu'on ne peut savoir quand
elle & M. de Goltz se trouveront dans les mêmes lieux.

En voila assez pour aujourdhui monsieur. Si vous desiriez de savoir
quelque chose de plus particulier & que cela se puisse dire je vous le dirai.
Je ne puis m'empecher de croire que la lettre retardée n'ait été ouverte.
Elle avoit été mise à la poste à Neuchatel & non à Colombier où l'on
oublie quelque fois de donner les lettres au postillon. Mlle L'hardy parle

du Roi comme etant souvent fort aimable dans la vie privée & dit que la Comtesse l'aime par dessus tout. Il seroit embarassant pour moi[11] de parler de lui avec elle. J'ai cru avouer en ne repondant pas. Si j'ai été cette fois ci tout de bon misterieuse c'est à cause de mes belles sœurs dont les parens amis ....

C'est par un mal entendu que m^r de Serent ecrit que m. de Ch. se propose d'aller à Turin. Il aura exprimé le desir de revoir M. de Serent de maniere à le faire croire un projet. Il vous est extremement obligé Monsieur de la promtitude & de l'exactitude avec lesquelles vous avez fait ce qu'il desiroit relativement à la lettre confiée. J'en ai receu une de M. de Serent en même tems que la votre. Il semble que les personnages marquans de l'Europe jouent aux quatre coins. Les freres du Roi de france sont à Coblence,[6] le Roi de Prusse viendra sur les bords du Rhin, Les Ducs d'angouleme & de Berry sont à Turin[7] & M^c la Comtesse Dönhof à Auvernier. Je voudrois que vous vinsiez à Cormondreche ce qui ne seroit pas si bisarre & qui tout interet propre à part[12] me paroitroit assez heureux.

Je ne suis point pressée d'avoir les airs de Zingarelli, mais ils me feront plaisir. Recevez monsieur mes salutations très humbles, & l'assurance très sincere que personne ne vous honore plus que moi.

a Monsieur/Monsieur le Baron de/Chambrier/ministre de sa Majesté/Prussienne./à *Turin*

820. *A Henriette L'Hardy, 17 juin 1792*

Ce 17 au matin

Il me tarde de savoir comment la Comtesse se trouve de sa sortie & du plaisir qu'elle a pu trouver à se voir regarder & ecouter avec un très grand interet. La soirée de hier a du avoir quelque chose de particulier pour elle en ce qu'elle se retrouvoit à peu près comme elle etoit il y a deux ou trois ans, entourée de gens qui n'etoient ni des adulateurs ni des ennemis & sur qui sa personne faisoit beaucoup plus d'impression que sa position par cela même qu'ils n'avoient rien à en esperer[1] ni à en esperer. Il n'est pas etonnant qu'elle se soit un peu livrée à ce renouvellement de liberté & j'etois bien aise qu'elle s'y livrat parce que j'etois absolument certaine que cela n'avoit nul inconvenient. Si je n'avois pas été sure de ceux qui se trouvoient avec moi croyez, Mademoiselle, que j'aurois bien su les eloigner & recevoir la Comtesse seule. Je l'aurois du & c'eut été une sorte de trahison de ma part de faire autrement car il alloit sans dire que la Comtesse venant dans la seule maison du paÿs (excepté votre famille) avec laquelle elle eut des relations y devoit trouver une sureté entière, & s'il eut falu se contraindre chez moi je devenois un desagrement au lieu d'être une ressource. Mlle Moula outre qu'elle n'a pas fait un ensemble de ce qu'a dit la Ctesse & ne la point raporté à telle ou telle manière de penser generale est parfaitement discrete. Elle me promit hier au soir de ne pas même nommer la Ctesse à ses amis de Neuchatel si elle etoit dans la necessité d'ecrire à quelqu'un d'eux. Pour Monsieur Chaillet[1] c'est l'homme le plus sur, le plus honnête homme que je connoisse. Je supposai hier au soir, en badinant, qu'on le questionneroit · Questionneur[2)] *Vous avez vu la Ctesse.* – M. Chaillet. *Oui.* – Questionneur *Comment est-elle? – Blonde, jolie, agreable, ni grande ni petite. – Qu'a-t-elle dit? – Je ne m'en souviens pas.* Dites je vous prie de sa part ou de la mienne à Mlle votre sœur qu'il ne regarde si attentivement en ecoutant que parce qu'il est un peu sourd... Voila une lettre de Me du Paquier. A peine lue[3)] je vous l'envoye Elle vous prouvera un sentiment bien vif.

821. *A Caroline de Sandoz-Rollin, 17 juin 1792*

Pour vous & Don Alphonse seuls, car j'ai defendu à Mlle Moula de seulement nommer la Ctesse si elle ecrit à Neuchatel

Je l'ai vue hier. Je la trouve très jolie malgré un fond de teint blanc terne & un peu jaunatre qui n'est pas celui de la santé & malgré des traces de petites verole que le rouge laissoit entrevoir. Les cheveux sont blonds comme d'un enfant; les yeux assez grands bleus, extrememement doux; le né joli, de fantaisie, un peu retroussé; les levres grosses la bouche grande les dens[1)] mediocres quelque chose de très joli pourtant dans les mouvemens de cette grande bouche.[1] Le visage assez large pour que cela previenne un air de grande maigreur. Un tout joli & piquant quoique la couleur soit fade & je ne sai quoi d'un joli enfant d'un joli polisson. Quant à la taille, agreable par la contenance & souple sans être belle. La main blanche & seche le bras mince & long. Voila la figure de la Comtesse, & je crois que tout repond à la figure. C'est la grace & la naïveté & l'aimable inconsideration d'un bon enfant. La tache qu'elle avoit etoit trop forte, et dans sa demarche derniere il y a du courage & beaucoup de bonnes volonté mais je crains qu'il n'y ait[2)] très peu de combinaisons. Sa compagne voit un peu plus loin & pas assez loin. Il m'a semblé avant hier dans la conversation que deux ou trois idées venant à se joindre & à se heurter il en resulte une difficulté à s'exprimer qui annonce la dificulté de penser, & cependant on agit d'après ce qui surnage dans ce cahos. Il semble que deux enfans ayent pris un parti heroïque ce qui ne surprend pas car on voit de l'elevation d'ame chez tous deux. Ce qu'il y a de facheux c'est qu'ils ont manqué d'humanité. Rosette Roi[2] a fait le voyage sur le siege. Elle a été mouillée jusqu'aux os tous les jours pendant bien des jours. Nulle precaution n'a été prise nulle compensation faite pas même celle qui n'eut couté que des mots. On ne lui a point dit qu'on fut faché, ni que cela ne se pouvoit faire autrement; on ne lui a pas dit pour la consoler qu'elle etoit en Suisse quand elle y a été, & c'est à Berne dans une boutique qu'elle l'a appris par hazard. Jusqu'a la frontiere passe en supposant toute fois que le secret eut quelqu'importance mais à Schaffause ne lui avoir[3] rien dit est monstrueux. Aussi l'affection est-elle comme on la merite; il me tarde qu'on ait oté cette fille de là. Mais me direz vous s'en trouve-telle mal? On ne peut encore trop le savoir. La fatigue des preparatifs lui redonna ses regles hors de tems. La pluye les fit passer elle fut très malade et souffrante, apresent elle est bien mais ce derangement la peut se reproduire & avoir de facheux effets. Hier elle pleuroit en[4] parlant & cachoit ses larmes. Jusques aux hommes du peuple sont indignés. Notre cocher n'en pouvoit revenir. Le beau pere de la jeune fille est desolé d'un pareil traitement. Et ces femmes aussi s'aviseront de haïr les aristocrates, de parler contre les vexations les abus de pouvoir! Qu'on se regarde un peu soi même avant que se meler de corriger les grands abus, ou seroit-on trop peu de chose pour meriter ses propres regards & notre propre conduite doit-elle aller comme elle poura tandis que nous sommes occupés d'affaires plus considerables? Malheur s'il en est ainsi à ceux qui dependent immediatement & reellement de nous! Nous ne ferons du bien qu'en gros & a des êtres imaginaires.

J'impose silence ici tant que je peux au blame que chacun a dans le cœur & je n'en dirai rien à Mlle L'hardy parcequ'il n'y a pas de justification à faire. J'y mettrois trop de fiel, elle croiroit à plus de rancune que cependant je n'en aurai. Si elles ont besoin de moi je ferai pour elles tout ce qui ne sera pas contraire à mes idées, principes, habitudes, de veracité de delicatesse &c &c &c. je l'ai promis.[5]

Si vous jugez à propos de dire à Mlle L'hardy tout ce que je viens de dire sur le voyage de Rosette vous le pouvez mais sur cela ni sur le reste pas un mot au public ni aux particuliers.

Je viens de recevoir une lettre de M[e] duPaquier · j'ai sujet de croire que M. de Pierre[3] doit son emploi à la Comtesse. Suposé qu'il le sache ou s'en doute sa conduite sera curieuse à observer. Adieu j'ai très chaud.

Ce Dimanche à midi.

822. *A Henriette L'Hardy, 18 ou 25 juin, 2 ou 9 juillet 1792*

On me permet de la[1] lire mais je ne veux la lire que quand vous l'aurez lue. Je vois assez Mademoiselle par le billet qui l'accompagne qu'elle vous sera agreable.

Venez je vous prie me voir dès que le tems le permettra. Nous repondrons vous & moi samedi

T. de Ch.

Ce lundi

J'ai receu la[1] lettre il n'y a pas deux minutes.
Sans l'orage je me flaterois de vous voir aujourdhui.

a Mademoiselle/Mademoiselle l'Hardy/a *Auvernier*

---

823. *A Henriette L'Hardy, 22 juin 1792*

Voici ce que j'enverrai si la Ctesse le desire[1] à M. Suard qui preside à la redaction du journal de paris.

Il n'est pas vrai qu'un explication que le Roi de Prusse auroit eue avec M. de Bichopswerder[1] ait obligé la Ctesse Dönhoff à quiter Potsdam ou Berlin, mais il est vrai que voyant avec chagrin les preparatifs d'une guere qu'elle craignoit qui ne fut funeste à sa patrie elle s'est eloignée des lieux où les plans s'en concertoient & qu'elle attend l'evenement[2] dans les etats que le Roi possede en Suisse.[3]

Et voici la lettre que j'ecrirois à M. Suard.

Monsieur
M[e] la Ctesse Dönhoff habite un village à un quart de lieue de chez moi. C'est moi qui ai placé auprès d'elle la jeune personne qui la amenée dans sa patrie dans son village auprès de ses Dieux penattes · j'ai donc outre l'interet personnel qu'elle m'inspire plusieurs motifs pour empecher qu'on n'ait sur son compte des idées fausses & d'injustes preventions & Vous me feriez grand plaisir de faire mettre[4] dans le journal de paris l'article ci-joint. J'ai l'honneur. &c &c

On[5] vient de me parler d'un article du journal de Paris[2] que je vous enverai quand je l'aurai.
En attendant & sur ce qu'on m'en a dit voici ce que j'ai imaginé d'ecrire.
On parle d'un ordre donné aux troupes Prussiennes de n'avancer pas. on parle d'un retour de faveur[6] pour M. de Hertberg.[3] Le Coquin de Beaumarchais est ministre.[4]
Attendez je vous prie l'article du journal en personne pour parler de ceci à la Comtesse.[7]

824. *A Henriette L'Hardy, 22 juin 1792*

Autre version pour l'article en question

. . . .

. . . Potsdam ou Berlin, mais il est vrai qu'elle est[1] allée attendre en suisse dans les etats du Roi l'evenenement[2] d'une guerre qui lui causoit de l'inquietude.

Ceci en dit moins & me paroit meilleur.

On peut mediter sur tout ceci jusqu'à Dimanche au soir que part le courier.

825. *A Henriette L'Hardy, 23 juin 1792*

L'article du journal de paris dont je vous parlai hier Mademoiselle n'est pas ce qu'on m'avoit dit & ce que j'y ai trouvé de non-conforme a l'exacte verité est si peu considerable que ce n'est pas la peine de le contredire.   Quant aux autres nouvelles touchant M. de Hertsberg & l'armée elles se trouvent pêle mêle avec des faussetés palpables & il n'y faut pas ajouter foi du tout. Je n'ai pu trouver non plus dans aucune des gazettes que j'ai vues la nomination de Beaumarchais au ministere de l'interieur.[1] on l'avoit dit à M. Chaillet[2] d'après des nouvelles particulieres qui peut-être ne sont pas exactes.

A propos j'ai été fachée que M. Chaillet n'ait pu faire sa cour à la Comtesse c'est un des hommes les plus surs dans la societé que je connoisse & comme il a beaucoup vu & beaucoup lu & sans partialité parce qu'il est sans passion & sans ambition je le trouve de très bonne compagnie. Il faut donc attendre. La comtesse recherchera le monde quand il lui conviendra d'en voir.

Je pense que Madame votre Mere aura conservé le billet qui constate la dette de Rosette[3] ou la votre Mademoiselle. Il devroit être entre mes[1] mains puisque c'est un engagement de M^c votre mere de me payer au bout d'un an ce que j'ai avancé pour habiller Rosette. Je ne sai par quelle negligence je ne l'ai pas demandé ou l'ai rendu lorsqu'il fut ecrit. Veuillez le demander afin qu'on ne l'oublie pas. Qui sait ou vous serez lors de l'echeance. Si Rosette a eu besoin de plus d'argent à Berlin que nous ne pensions il ne faudra me rembourser au mois de Juillet ou d'aout[2] qu'en partie. Vous n'aurez pas le tems de repondre en detail à tout ceci pour le present mais veuillez[3] me faire dire comment la Ctesse se porte.

Ce Samedi.

a Mademoiselle/Mademoiselle l'hardy/a Auvernier

Ce samedi

Ce que vous me dites Mademoiselle du chagrin vague de la Ctesse ne me surprend pas du tout. Elle m'a fait penser dabord à ces jeunes filles qu'un depit d'amour jette dans un couvent. Heureusement que la grille ne s'est pas fermée sans retour sur la Ctesse. Si elle est une femme au dessus du commun des femmes par un bon et solide esprit elle apprendra dans la retraite & par ses reflexions ce qu'elle n'eut jamais appris dans un palais & auprès d'un Roi: Elle apprendra à connoitre la vie, les hommes, son propre cœur & s'elevera au dessus du role de jolie femme, alors elle meritera de regner sur l'opinion du Roi suposé[1] qu'elle retourne auprès de lui & supposé qu'elle n'y retourne pas elle poura regretter assez peu cet empire toujours cherement payé. Si elle est comme la plupart des femmes il faut s'arranger avec Bich…[1]

Quant à Rosette je tacherai de vous en debarasser bientot. Je vous trouve mal servie par elle & je ne saurois dire que je la trouve heureusement placée. J'avoue que dès le premier instant des femmes faisant près de 3 cent lieues poussées[2] par un zele democratique avec une jeune fille cahotée sur le siege de leur carosse & tantot mouillée par la pluye tantot sechée par un soleil ardent m'ont paru fort extraordinaires. Comme la petite fille n'est point malade il ne faut qu'en rire & mettre cela au nombre des droles de choses qui prouvent que nous sommes de droles d'êtres. Si Rosette vous quite & que ses gages se trouvent avoir été payés à Berlin il n'est pas juste Mademoiselle que vous me remboursiez mes avances & je ne demanderai, dans ce cas là, le billet que M^e votre mere doit avoir entre les mains que pour voir la somme la datte & dechirer ensuite le papier. Je vous salue Mademoiselle tres humblement.

T. de Ch.

a Mademoiselle/Mademoiselle L'hardy/a *Auvernier*

827. *De son frère Vincent, 30 juin 1792*

Votre attendrissement ma Chere Sœur sur ce que je vous marque touchant les lettres que j'ai de vous me les font aimer et estimer bien davantage encore, elles ont le pouvoir chez moi de se faire relire souvent avec le meme plaisir.

En pensant a l'education de mes Enfans, je me rapelle la mienne, et je tache de trouver le moijen de prevenir vis a vis d'eux plusieurs non reussites a la meilleure intention de mes Parens, Mon fils ainé a commencé d'aprendre le Latin le lendemain de mon retour de Londres, c'etoit vers la fin du mois de fevrier que j'arrivai a Utrecht et que je trouvai votre lettre, il fera tous ses Efforts pour meriter Le 5 Aout 1793 La montre que vous vouléz bien lui promettre au cas qu'il lise et qu'il entende alors coulemment C: Nepos, Tout ce que vous remarquéz quand au parler et penser juste est de La derniere verité, et du dernier difficile surtout pour un hollandois qui doit, ou qui devroit pour cela connoitre egalement sa propre langue, et la françoise,   je vous remercie de m'avoir indiqué La grammaire de Gibelin, et les memoires de du Clos.

Pauvre fille que votre Henriette, mais qu'elle est heureuse de vous avoir pour maitresse, chez une autre elle seroit perdue Je ne conçois rien a son Histoire, etre enceinte, ne point vouloir de secours du Pere de l'Enfant qu'elle porte, ne pas vouloir se marier, et savoir se taire, tout cela est pour moi un Probleme intelligible,[1] peutetre qu'il ij a dans sa conduite beaucoup de vertu. dans ce cas singulier l'on ne peut que vous louer, et La plaindre, comptéz sur ma discretion, et mon silence, votre bon cœur vous a rendu ouverte et indulgente et ne seriés vous pas indulgente avec votre sensibilité? Surtout vis a vis d'une personne d'un caractere comme vous la depeignéz, pourquoi desaprove[2] t'on une bonne action qui n'a pour but que de La faire, et de recompense que le plaisir de L'avoir faite, on ne peut contenter tout le monde, et son Pere.

j'ai fais cet Hiver un Tour a Londres pour achetter des chevaux, j'en avois besoin moi meme de deux, j'en ai amené cinq, et vendu trois a mon retour, mon voiage a été en tout de cinq semaines, en allant par Hellevoet Sluys[1] a Harwich, et en revenant par gravesand[2] a Rotterdam avec mes chevaux, j'avois pour Compagnon un jeune officier de notre Regiment fils du çi devant Ecuier d'Utrecht.[3] j'ai été trouver van Effen[4] qui m'a beaucoup demandé de vos nouvelles, je l'ai trouvé fort peu changé, il demeure a Haknaij,[5] et ses deux filles sont a Londres chez leur tante, L'Ainée est La plus jolie creature que l'on puisse voir, elle est avec cela douce et aimable, Le Pere en est fou, il me disoit vat haar eens op, daar sit wat aan, is het niet een frissche deeren,[6] La pauvre fille rougissoit jusqu'au Blanc des yeux, pour le reste je n'ai vu que Londres et des Chevaux, j'ai suivi mon but, Le tems m'a êté favorable jusqu'a mon retour a Utrecht, le lendemain il avoit tellement changé que huit jours de suite il n'a fait que de La neige, et de la grele, Monsieur Le Baron van Notten[7] et madame La Baronne m'ont fait beaucoup d'honetetés, quelle elegance pour des Banquiers, quel Luxe dans une ville! on batit et on l'etend de jour en jour. je crois que pour finir Les dernieres années de sa vie avec Le plus d'agrement afin de ne manquer de rien, d'avoir de tout La quintaissance, et dissiper La melancolie, et les chagrins qu'on auroit acumulé, Le mieux seroit d'aller demeurer a six miles de Londres, j'ai beaucoup admiré ma femme qui n'a pas taché un moment de me detourner de cette petite Equipée, ce qui m'a faché c'est d'avoir manqué de voir mon ancien ami Jonhson[8] qui etoit allé faire un tour dans les parties meridionales de La france pour tacher de retablir sa santé, il ne pense pas comme moi puisqu'il quitte sa campagne qui etoit a une demie journée de La ville. il se peut bien que si ma santé etoit derangée je penserois comme lui. Au moment de mon arivée a Rotterdam, la marée etant basse nous devions jetter L'ancre mon Correspondant deja informé de l'arrivée du vaisseau rencontre mon frere qui se trouvoit par hazard ce jour la a Rotterdam, il lui dit savez vous monsieur que le Ceres vient d'arriver et que votre frere s'y trouve avec des Chevaux, mon frere court au quai, crie aux matelots pour demander s'il ij avoit un Hollandois a Bord, on lui repond qu'oui, on m'apelle et je vois mon frere vis a vis de moi, ce sont de ces cas imprevus qui sont sans prix, je lui envoie la chaloupe et nous dinames ensemble en attendant la marée. Ma guarnison est a Bommel[9] dans ce moment çi, apres avoir resté trois annees a Zutphen, j'ai fini mes Exercices, et j'attends l'ordre d'avancer vers les frontieres du Braband,[10] peut-etre qu'il n'en sera rien, en attendant il n'ij a pour notre armée aucune permission de Congés, et nos chevaux sont a l'ecurie, on a parlé de former un petit Camp, Le prince L a proposé, et les provinces delibereront vers le mois d'Aout la dessus, et dificulteront jusqu'au mois de Janvier, ces Extra coutent beaucoup et nous ruinnent. dans d'autres pais tout est arrangé pour cet Effet, ce n'est jamais a la Troupe qu'on s'ij prend pour paier Le surplus. Ma femme est grosse depuis quatre mois,[11] Elle m'a dit dat het een Engelsman zoude zijn,[12] sa santé a êté derangée dans les commencemens, L'air de la campagne lui fait beaucoup de bien, j'ai êté La voir il ij a quelques jours, ma Sœur deperponcher a beaucoup soufferte de violentes oppressions de poitrine, cela va mieux apresent. elle a achetté La Campagne de Gytenstyn[13] pres de Zuylen, et elle se promet beaucoup de L'air sain de ce quartier La. Sa fille Cotie[14] ij loge avec Mari et Enfans. Madame d'Ath.. fait beaucoup d'amitiés a ma femme pendant mon Absence, elle est a Amerongen apresent · sa santé est bonne, que vous dirai je de plus d'une personne qui avec Le meilleur Cœur du monde est extravagante dans tout ce qu'elle fait, comme dans tout ce qu'elle ecrit. L'on me marque de la Haije que mad: Denhof avec une autre dame de La Cour a êté envoiée hors du pais p^r Le Roi p^r raisons politiques, et que La premiere va accoucher en Suisse, Adieu ma chere Sœur faites bien des amitiés pour moi a mons: de Chariere, ecrivés moi quand vous ne saurez faire mieux et croiéz moi de t: m cœur votre tout affecioné frere. Bommel ce 30 juin 1792.

828. *A Henriette L'Hardy, 30 juin 1792 (?)*

Samedi à midi

Les lettres de Berlin arrivent[1] communement le mardi & le samedi, & je crois qu'on n'a le jeudi que celles qui ont été retardées & ne sont pas arrivées à Nuremberg au depart du courier venant de Brunswick & dailleurs.

Si la Ctesse ne reçoit pas de lettre ce soir samedi & qu'elle ne veuille pas courir les risques d'un long silence ne pouroit-elle écrire un billet que j'enverois à M^e duPaquier[1)] & que son mari[2] pouroit donner en main propre car autrement gare les ouvreurs & supprimeurs de lettres. et dans ce billet ne pouroit-elle pas dire qu'elle sent bien que c'etoit trop exiger qu'on renvoyat pour l'amour d'elle & sur sa simple accusation un serviteur[3] qu'on croit fidele & zélé que cependant vu ce qu'elle souffroit elle ne peut se repentir du parti qu'elle a pris, & qu'elle demande pour l'interet même du prince & de l'etat qu'on interroge les honnetes gens de Berlin; les étrangers instruits & non interressés à tromper; la voix publique & jusqu'aux gazettiers de tous les pays, qu'alors le Roi mis sur les voyes jugera peut-être l'homme comme elle le juge elle même & l'eloignera non par complaisance mais d'après sa conviction, & non pour l'amour d'elle mais[2)] de lui même & de son peuple; qu'alors[3)] aussi elle ne sera plus en butte à des soupçons outrageans ni à de facheuses tracasseries. Si l'on pouvoit attendre l'evenement sans du tout ecrire ni se remuer en aucune façon ce seroit encore plus heroïque. Une pareille place est toujours meilleure & plus honorable à quiter qu'a remplir.... Je reçois à l'instant votre billet. J'entens bien tout cela, mais ils sont en force & en presence; il l'emporteront & puis vrayment on ne renvoye pas comme cela un serviteur favori sur la simple requisition de femme ou maitresse

a Mademoiselle/Mademoiselle L'Hardy/a *Auvernier*

829. *De Jean-Frédéric de Chaillet, juillet 1792 (?)*

Monsieur de Chasan[1] Capitaine D'artillerie, actuellement à Liege, & que j'ai connu l'année derniere à Bitche, voudroit passer en Hollande, il m'a fait demander si je ne pourrais pas lui donner quelques Lettres de Recommandation pour ce Pays là, je n'y connois que vous, & j'espere que par la connoissance que vous avez de la Hollande, si vous croyez pouvoir lui être de quelque utilité, vous ne lui refuserez pas une Lettre de Recommandation, Il est d'une Phisionomie douce & interessante, il passoit dans son Corps, & ce n'est pas peu dire, pour un officier habile & Instruit, il dessine Joliment. Quand je donnai ma demission[2] l'année derniere, il vouloit Emigrer, poussé à cela par l'insubordination de sa Compagnie, qui étoit à son comble, à force de raisons, je parvins à l'en Empecher; ce Printems presque tous les Officiers de son Corps ont Emigré à la fois & il a été du nombre; j'avoue que pendant les trois mois, que je l'ai connu, il m'a vivement Interessé, & que je voudrois de tout mon Cœur lui rendre service, & je ne crois pas que vous ayez jamais quelque reproche à essuyer pour vos Lettres de Recommandation Si vous avez la bonté de lui en donner, son Intention si cela étoit possible seroit d'entrer dans un Corps semblable à celui qu'il vient de Quitter, & même de prendre une place dans un Comptoir, s'il ne pouvoit pas faire autrement, Si vous pouviez lui faire avoir une Lettre du Pere du petit Indien,[3] pour le placer dans les Indes, c'est à ce que je crois, ce qui lui conviendroit le mieux;[1]

Excusez, Madame, la liberté que j'ai prise, mais connoissant votre propension à obliger, & voulant de tout mon Cœur rendre service à l'homme en Question, je n'ai pas hesité.   Chaillet.

Le nom precis de mon Officier est Louis DuBard de Chasans Capitaine d'Artillerie.

a Madame/Madame de Charriere/*a Collombier*

830. *A Henriette L'Hardy, 1 juillet 1792 (?)*

Dimanche à midi

Il me semble qu'il seroit mieux d'ecrire à M[c] de Solms,[1] ou par elle à M. du Paquier qu'il faut craindre de compromettre. Je mettrai bien s'il le faut absolument un billet dans une lettre à M[c] du Paquier mais je ne dirai pas qu'il vient de telle ou telle personne dont il ne vient pas. J'ai vieilli dans l'habitude de ne pas faire de mensonges officieux. Hier je ne voyois pas la moindre difficulté à s'adresser aux DuP. mais ce qui s'est passé à Berlin[1] me fait changer d'avis jusqu'à un certain point.

La Ctesse se compromettroit-elle en ecrivant je ne demande plus que vous renvoyez mais que vous examiniez s'il faut renvoyer ou garder celui qui me hait & me nuit? Si elle peut prendre son parti sur une rupture entiere tant mieux allors il ne faut pas remuer.

a Mademoiselle/Mademoiselle L'hardy/*a Auvernier*

831. *A Henriette L'Hardy, autour du 3 juillet 1792 (?)*

L'incluse ne disant effectivement rien, on ne peut rien repondre. & puisque la Comtesse a ecrit de Leipsic ce que je proposois d'ecrire d'auvernier cette idée tombe aussi. J'ecrirai à Me DuP.[1] et en lui donnant des nouvelles de deux personnes qui l'interressent[2] je dirai le desir que l'une d'elle temoigne pour que l'enfant[3] soit remis à ceux qu'on avoit dessein d'en charger. J'ajouterai que c'est par extreme prudence & delicatesse qu'on n'ecrit ni à elle ni[1)] à son mari. Si cela est bien il n'y a pas besoin de me rien dire ; s'il faut ajouter ou retrancher que je le sache demain dans la matinée. Adieu Mademoiselle · J'apprens avec grand plaisir par Rosette que la Comtesse est assez bien cette après di[né   ][2)] que cela continue et qu'elle ait [   ][3)] celle du corps & celle l'ame.[4)]

a Mademoiselle/Mademoiselle l'hardy/a *Auvernier*

832. *De Benjamin Constant, 6 juillet 1792*

Vendredi ce 6 Juillet 1791.

Je ne vous envoie pas les Lettres de change sur Francfort dont je vous avois parlé, mais bien une paiable le 1er septembre par mon Banquier a Lausanne. j'aurais voulu pouvoir payer les 27 Louis & j'avois déjà dressé la Lettre de change pour cette somme. Mais il m'écrit qu'on lui demande des interets arriérés, qu'il est absolument nécessaire de paier a l'instant même. avant la fin de l'année j'espère acquitter cette dette & commencer celle de M. de Charrière. j'ai paié 36 Louis de dettes a Paris, & 25 en Ecosse, & je m'arrange peu a peu pour ne rien laisser en arrière dans aucun pays.

Ma vie est plus triste que jamais sans que j'ai aucun sujet de mécontement particulier. mais je suis détaché de tout, sans interets, sans liens moraux, sans désirs, & a force de satiété & de dégout je suis souvent prêt a faire des sottises. plus d'une fois j'ai été sur le point de changer de nom, de rassembler quelqu'argent & de m'éloigner a jamais de tout ce que j'ai connu. l'idée de mon Pere qui quoique pour toujours séparé de moi, s'intéresse a mon Etat, a ce qu'il regarde comme mon bien-être, & que je laisse dans l'idée fausse & consolante que je suis heureux, est la seule qui m'ait retenu. La sottise auroit été d'autant plus énorme que partout j'aurais retrouvé des hommes, que les désagremens de ma situation actuelle auroient pu s'effacer de ma mémoire, & que ceux de ce qui l'auroit remplacée m'auroient paru cent fois plus insupportables. Il faut donc rester ici, voir lever & coucher le soleil ; ouvrir & fermer des Livres qui ne m'amusent ni ne me touchent, entouré d'Etres qui ne m'aiment pas ou ne m'aiment plus, indifférent a tous, méconnu peutêtre de quelques uns, n'aiant plus ni l'Espoir de la gloire, ni le désir du plaisir, ni la ressource de l'Etude que la langueur de mon esprit me rend impossible. cette situation ne seroit peutêtre pas incurable si j'étais près de quelqu'un qui avec de l'esprit, des gouts semblables a ceux que j'avais & qu'il serait aisé de faire renaître, se fit un but de me ranimer, mais telles ne sont pas les personnes qui m'entourent. Elles m'ont trouvé aimable parcequ'elles m'aimaient d'amour : l'amour a passé, & c'est a moi qu'elles s'en prennent de la différence de leurs yeux. elles ne cherchent pas a me rendre aimable mais elles me savent mauvais gré de ne plus leur sembler tel ; & le silence, & la froideur, & la cessation de toute intimité en sont les suites. Je ne vois littéralement plus personne quoique dinant toujours a la Cour, je ne parle plus a personne : J'aime ma femme pour mille bonnes qualités qu'elle a, mais la grande langueur ou je suis plongé l'a aliénée ; quand j'ai un moment de confiance ou de chaleur, Elle est ou froide, ou insouciante, & pour éviter une Explication au dessus de mes forces, je me tais & je m'en vais. Tout ce que vous pourrez me dire la dessus est inutile. je ne puis rien sur moi même, & vos sermons sont une potion que vous offririez a un malade dont le tetanos a fermé la bouche. Je ne suis du reste ni crédule ni incrédule, ni moral ni immoral. Je ne vois aucune preuve aucune probabilité qu'il y ait un Dieu, quoique je vous jure que je désirerais bien qu'il y en eut un. cela changeroit toute mon existence & me donnerait des vues & un but. je vois que la morale est vague, que l'homme est méchant, faible, sot & vil, & je crois qu'il n'est destiné qu'a être tel.

La Politique qui est la seule chose qui pique encore un peu ma faible curiosité me persuade plus tous les jours ces vérités affligeantes. croiriez vous que les Gens les plus violens dans l'assemblée nationale, ceux qui affichent le Republicanisme le plus outré sont de fait vendus a l'autriche. Merlin, Bazyre, Guadet, Chabot,[1] Vergniaux, le philosophe Condorcet[2] sont soudoiés pour avilir l'assemblée, & les démarches incroiables dans lesquelles ils l'entrainent sont autant de pièges qu'ils lui tendent ; ils se déshonorent pour la déshonorer. ce Dumourier[3] que je croiois fol mais de bonne foi, est du Parti des Emigrés. c'est pour quelqu'argent qu'il a fait déclarer la guerre, qu'il sacrifie des millions d'hommes. Ces gueux là ne sont pas même des scélérats par ambition, ou des Enthousiastes de Liberté. ils sont demagogues pour trahir le Peuple. cet excès d'infamie dont j'ai eu les preuves, m'a inspiré un tel dégout que je n'entens plus les mots d'humanité de liberté, de Patrie sans avoir envie de vomir.

Adieu. amusez vous, occupez vous, aimez quelque chose & tirez parti de la vie. je ne m'amuse ni ne m'occupe, je n'aime rien, & je vois passer un jour après l'autre sans autre sentiment qu'un regret sourd de perdre a 25 ans une vie qui promettait quelque chose. je vous aime autant que je puis aimer, & si nous vivions ensemble vous me rendriez peutetre un peu d'existence.

a Madame/Madame de Charrière/née de Tuyll/a Colombier/près de Neufchatel/en *Suisse.*

833. *A Caroline de Sandoz-Rollin, 7 juillet 1792*

J'ai bien souffert depuis vous chere Caroline & presque sans relache. C'etoient les sujets d'Eole faisant rage chacun dans son outre d'où ils ne pouvoient sortir, c'etoit le ver plat presqu'aussi inhumain que le serpent qui s'attacha aux Laocoons pere & fils, enfin mes reins mes intestins etoient cruellement traités. Hier je pris de tout, petit lait, nitre,[1] quina fraises, vin de tinto[1] & je me mis dans mon lit si excedée de douleur & de lassitude que je m'endormis sur l'heure & profondement & ce matin voila que tout opere & qu'une deroute complette de tout ce qui m'incomodoit me laisse fort à mon aise.   Je n'ai plus qu'une grande soif que je ne sai avec quoi etacher,[2] car autant je suis hardie dans la souffrance dont je veux me debarrasser autant je suis prudente quand le mieux être est venu. Un peu de café & de cerises noires voila tout ce que je me suis permise depuis la debacle.

J'etois bien bête l'autre jour de ne pas vous dire chez qui se trouvoient les beaux legers chapeaux c'est chez Mlle Gigaud.[2] Ils coutent un ecu de 6 francs voila ce que je savois bien mais n'osai vous le dire de peur que vous ne criassiez au luxe desordonné et quant au nom de la marchande je m'aperceus que je l'avois oublié & qu'il faloit le demander à Henriette[3] mais j'eus la paresse de n'en vouloir rien faire & de laisser le succès de l'affaire au hazard. Bien souvent nos pretendues bêtises, oublis, distractions, ont au fond un motif d'interet de paresse ou de honte, & nous valons encore moins que nous ne disons quand nous nous accusons si amplement d'imbecilité. Priez donc[3] Mlle Gigaud de m'envoyer quelques uns de ses plus beaux chapaux à choisir ou achetez m'en un si elle l'aime mieux.

J'ai envoyé le gilet de Don Alphonse à broder à Mlle L'hardy. La negociation s'est faite par Rosette Roi. Lisette Ambos[4] va servir la comtesse, c'est[4] la meilleure fille la plus laborieuse la plus sage la plus discrete la plus sobre qui soit au monde mais aussi l'une de plus mal adroites excepté pour ses ourlets sa fronçure & ses arrieres points. Je m'attens que la petite Reine[5] la soufflettera.

Je m'apperçois en relisant la peinture de mes maux que j'ai peut-être calomnié le pauvre ver plat. Je n'ai je l'avouerai que des soupçons sur son compte. Il n'a pas paru & peut-être a til peu de part a ce que j'ai souffert. Quoiqu'il en soit mon intention est de le laisser tranquilement où il est.

Henriette & Richard sont allé leur train malgré le triste etat de l'auteur. J'ai un peu ecrit & M. de Ch. a beaucoup copié. Adieu.

J'espere que vous m'approuverez quant au gilet. Vous me paroissiez si peu en train de broder que j'ai[5] prevu[6] l'embaras où vous seriez pour que la chose vint à bien. Je n'ai pas douté du plaisir qu'auroit Mlle L'hardy a faire quelque chose pour vous & pour Alphonse. Adieu encore & recevez un baiser avec mon adieu.

on vous a trouvé en dernier lieu un peu mauvais visage & cela joint à ce que vous m'avez dit me fait desirer que vous sevriez la petite.

Ce Samedi 7 Juillet[7]

a Madame/Madame Alphonsine Sandoz/a *Neuchatel*

834. *A Henriette L'Hardy, entre le 8 et le 12 juillet 1792*

Oui, voila il le faut avouer une jolie lettre; simple de stile nette & propre d'ecriture.   Je ne sai si: *la langue m'a fourché* est du beau françois mais je sai que je l'ai dit mille fois & compte bien le dire encore.   Lawater[1] est un fou de parler de nos idées comme d'une troupe de danseurs qui auroient besoin d'un certain espace pour etendre les bras faire des entrechats & des pirouettes. Je ne puis entendre parler de ce Charlatan sans que ma bile ne s'echauffe. En tout cas mademoiselle qui sait si votre cerveau n'est pas un vaste théatre oú des milliers d'idées pouroient se joindre se diviser, faire des pas de rigodons de menuet de bourée avec plus d'aisance que nulle part ailleurs. Si Me votre mere lorsqu'elle vous portoit dans son sein eut fait un faux pas qui vous eut contusionné ou comprimé le crane nous pourions craindre que vous n'y pussiez jamais faire entrer ni arranger les idées[1] que les livres, les evenemens, moi & d'autres vous presenterions mais votre tête m'a paru en fort bon etat en dedans & en dehors · Procedez doucement à l'introduction de ce monde d'idée qui en demande l'entrée; regardez chacune d'elle en face & de tous les cotés sans precipitation ni preoccupation puis les associés & les assortissez comme il leur convient Vous verez alors qu'il y a chez vous bien de la place bien de la capacité.   Je conviens que vos recits, le peu de recits que j'ai été dans le cas d'entendre de votre bouche ou de lire dans vos lettres m'ont paru simples et clairs, mais je ne conviens pas pour cela que ce soit faute de savoir vous former une idée *claire* & trouver une expression *simple* que vous tombez quelquefois dans le recherché & dans le precieux. L'autre jour vous m'avez remerciée de... voici la phrase que je copie ...Il est venu (un rhume de cerveau) à la suite de mes maux de tête. Je vous rens grace d'avoir bien voulu vous informer *de ce qu'ils faisoient de moi.*   Je vous demande 1ment si cela est simple secondement si la recherche vient là des causes auxquelles il vous plait d'attribuer le manque de simplicité. Consentez Lucinde à avoir un petit

defaut & donnez vous le plaisir de vous en corriger vous me donnerez
en même tems à moi celui de vous y aider.   L'abus de l'esprit est une
chose si naturelle si commune! Songez que vous vous etes elevée presque
seule. Comment auriez vous pu vous garantir à la fois de l'ignorance, du
bavardage, de l'insipidité d'une societé comme celle de tous les petits
endroits & ne pas heurter plus ou moins contre un autre ecueil celui de
l'esprit qui se plait un peu trop en lui même & va pour son propre plaisir
se rafinant, se faisant beau & joli & gentil? Soyons juste Il n'etoit pas possible de sortir d'Auvernier perfectionnée à ce point que d'avoir beaucoup
d'esprit & de n'en montrer jamais qu'à propos; d'avoir une grande connoissance de l'art & de negliger l'art tout exprès ou de le faire ressembler
si bien à la nature qu'on le prit pour elle. Pareille chose n'est jamais arrivée.
Vos facultés prenant leur essor se sont fait admirer, à present c'est à les[2]
diriger & à les retenir qu'il faut mettre votre soin. Je ne vous laisserai
aucun repos sur cela: ma rustrauderie[2] attaquera sans cesse ce que je verai
en vous de trop subtil & de trop recherché.   *De trop*... dis-je. Le saurai-
je toujours distinguer ce *trop* du *pas trop*? Non sans doute & cette juste distinction est très dificile et passe ma portée.   Il y a trois ou quatre ans[3]
que M. Constant etant ici Me Guyenet[3] l'amie de Rousseau vint voir Mlle
Louise de Penthaz. Comment est-elle dis[4]-je à ma belle sœur après que
sa visite, receue au jardin, fut finie? Je ne saurois trop vous le dire me
repondit-elle. Elle a certainement bien de l'esprit mais... – achevez donc
– Elle dit de ces choses... – quelles choses? – Comme vous n'en dites
jamais... – Cela ne prouve assurement rien contre ces choses là – Vous
avez raison, cependant... – Enfin quoi? qu'atelle dit? De grace rapellez
vous – Eh bien par exemple voulant me questionner sur quelques graines, sur la culture de certaines laitues, de certaines racines, elle m'a dit en
s'eloignant de sa fille & de ses nieces: *pendant que ces jeunes personnes s'entre-*
tiendront[5] *de fleurs nous parlerons legumes.*[6]   J'entens, dis-je à Mlle
Louïse, mais ce sont de pareils raprochemens d'idées qui font le charme
des ecrits de Voltaire & d'autres beaux esprits. Je ne suis pas surprise
qu'avec Rousseau Me Guyenet ait pris ce gout & son esprit cette tournure.   Quelques mois après les lettres de Voltaire parurent & Constant m'ecrivit de Brunswic: Ce que vous dites un jour à l'occasion de M^e
Guyenest & si vrai qu'en lisant les lettres de Voltaire j'ai pensé mille[7] aux
fleurs & aux legumes. Que conclure de là? Dirons nous qu'il n'y avoit
point trop de recherche dans le propos de Me Guyenet ou bien que ce
qui plait dans un bel esprit de profession dans un homme qui s'est fait
admirer plus en grand deplait dans une femme qui borne à la conversation la scene ou son esprit se montre? En verité je ne le sai pas trop mais
ce petit fait avec toutes les reflexions auxquelle il a donné occasion de naitre m'a paru singulier & precieux ou curieux pour mieux dire car pour
être precieux il faudroit qu'il me donnat de quoi fixer mes[8] idées sur cette

matiere & ce n'est pas cela du tout.　　　Je bavarde Mademoiselle avec un grand mal de tête & pour m'amuser au risque de vous ennuyer un peu.

Je vous enverai les soyes pour le Gilet Sandoz au premier jour mais non pas encore aujourdhui. Je voudrois vous les envoyer dedoublées. Je conçois bien que la soye à coudre ne peut pas du tout s'aproprier à cela.

Il faut aller son train relativement à la Ctesse Si un jour elle s'avisoit de parler au lieu de bouder Vous lui diriez «Je suis discrette & sure, je n'ai pour amis que d'honnêtes gens. Vous auriez grand tort si vous en doutiez de m'avoir auprès de vous. Quant à n'écrire à personne comme je ne vois personne cela ne se peut ni ne se doit; je deviendrois folle d'ennui ou je m'hebêterois entierement.» C'est justement quand ma plume s'est fourvoyée que je m'amuse à la suivre dans le labyrynthe au lieu de l'en retirer, & après avoir parcouru d'etranges sentiers il se trouve pourtant que nous sortons de là passablement à notre honneur. C'est ce jeu fou ou sage que je vous proposois. Bon soir Mademoiselle.

P.S. Je m'aperçois que m'etant amusée avec les esprits, le votre, celui de Voltaire celui de Mc Guyenet je n'avois rien dit de M. & de Mc Du Paquier. Ce n'est pas assurement qu'ils ne m'interressent pas, mais ils m'interressent d'une maniere inquietante & point du tout agreable. Je vois bien qu'ils sont mal à Berlin mais je ne suis pas persuadée qu'ils soyent mieux ici. Le mari sera desœuvré la femme ne sera[9] ni complaisante avec ses parens ni heureuse seule. Je suis frappée en pensant à elle de l'imobilité où son jugement est resté lorsqu'il n'avoit fait que la moitié du chemin qu'un jugement doit faire pour se former passablement. C'est encore une fille de 16 ans douée d'une candeur charmante & d'une probité parfaite; incapable de manege de malice de coquetterie. Elle n'est pas allée plus loin que cela. Nulle connoissance des hommes ni des choses; point de souplesse & peu de fermeté. Son avenir m'effraye. Quant au mari je le trouvois tout propre à trainasser elegamment de douces & vieilles pensées auprès d'un Roi d'une favorite &c &c &c Que fera t-il à present. Je voudrois pour eux que Demi Reine[4] fut trois quarts Reine. M^c du Paquier par ses defauts lui ressemble.[10] même misteroisité, même entêtement, même enfantillage, même defiante sauvagerie, même pente à mepriser tout ce qui n'est pas conforme à leurs[11] habitudes. Je souhaite que la Ctesse les attire auprès d'elle. Il lira & flagornera un tant soit peu. Elle se moquera avec la Ctesse tantot de ceci tantot de cela.★ Je voudrois qu'elle se trouvat excellente nourice & son enfant pret à sevrer & la Ctesse dans un besoin de nourice lorsque le petit equivoque futur viendra au monde. Ces deux femmes ainsi necessaires l'une à l'autre & liées par leurs besoins pouroient se convenir beaucoup & s'aimer assez. Bon soir encore une fois Mademoiselle.

★ Et lui tiendra tête quand elle aura d'injustes bisarreries soit avec elle ou avec d'autres.[12]

Pourquoi M. votre oncle[5] trouveroit-il mauvais que vous lui dissiez:
ma position n'est pas tellement delicieuse que si vous pouviez m'etablir
auprès de vous je n'en fusse très aise. Je ne serais pas une jalouse ni acca-
riatre femme &c &c.

835. *A Henriette L'Hardy, 17 juillet 1792*

Ce mardi matin

Non, non, vous n'avez rien dans votre air de pincé ni d'affecté ni de
guindé; rien du tout; & Vous en etes d'autant plus obligée à une simplicité
generale, constante, entiere. Si avec un air de distraction & d'abandon
vous disiez des choses recherchées & precieuses on croiroit que votre
naturel n'est que de l'art & que vous jouez la naïveté. Nous avons tout
dit sur ce chapitre. Je suis extremement aise de vous avoir persuadée. Vous
en aurez dans le monde quelques succés de moins car beaucoup de gens
ne reconnoissent l'esprit que lorsqu'il est annoncé, affiché, & qu'un
espece d'ecriteau leur dit *voici de l'esprit*. mais il ne faut point avoir d'esprit
pour ces sottes gens là. Ne desirez pas qu'on se recrie qu'on applaudisse
en vous entendant parler, mais qu'on sorte d'auprès de vous rempli de ce
que vous avez dit, qu'on y repense loin de vous, & qu'on revienne à vous
pour vous entendre, pour jouir & profiter de votre entretien Si par ci par
là la gayté ou le depit font eclore de jolies pensées des saillies brillantes
tant mieux mais que ce ne soit pas[1] là ce qu'on estime le plus en vous.
A force de decence, d'honnêteté de procedés elegans comme sa taille &
ses habits Mlle Marianne du Paquier rachette à mes yeux une partie de ses
pretentions & de sa solemnité. Sa sœur Susette[1] qui a plus d'esprit qu'elle
dit des choses charmantes ou qu'on trouve telles & qui en effet on de la
grace & du sel; eh bien[2] je suis embarrassée de ma contenance quand on
me les rapporte. C'est un genre de merite si froid! Je ne sai comment
applaudir. Voltaire disoit de Marivaux que personne ne brodoit mieux
des toiles d'araignées.[2] Ma compatriote Mlle Tulleken a aussi de cet esprit,
& il y a chez elle quelque chose de doux & d'obligeant aussi bien que
d'ingenieux; cela fait un aimable assortiment, cependant cela m'impatiente encore plus souvent que cela me plait. Je suis comme un enfant
brusque & rude a qui l'on donneroit pour s'amuser de petites petites quil-
les d'ivoire, un chariot trainé par des puces, un jeu de carte renfermé dans
une noix. L'enfant admire un moment puis s'impatiente & finit par tout
briser.

Parlons un peu à fond de votre compagne & de vous relativement à
sa position & à la votre. Ne pouriez vous pas l'engager à penser & à vous
dire quelles sont ses reflexions & ses pensées pour l'avenir? Si le Roi ne
la rapelle pas decidement franchement, avec tendresse je vois deux partis

à prendre. Acheter ou louer pour quelques années une maison dans le canton de la suisse qui lui plairoit davantage. Pour cela il faudroit aller voir au printems, non pas en courant mais tranquilement, les environs de Berne, ceux de Zurich, ceux de Lausanne & de Geneve ceux encore de Bale qui sont très beaux; alors elle choisiroit & si elle ne trouvoit rien qui lui plut peut-être reviendroit-elle dans la comté de Neuchatel où elle pouroit acheter Gothendar[3] ou quelque maison du Faubourg de Neuchatel car avec un petit enfant il ne lui conviendroit peut-être pas d'être en hiver[3] dans des bois eloignée de tout secours. Si[4] elle prenoit une pareil parti il faudroit s'humaniser un peu. Recevoir quelques personnes chez elle & aller chez ceux qu'elle recevroit car excepté des hommes personne ici ne va sans inviter & sans qu'on vienne à son tour.   L'autre parti à prendre seroit de retourner à Berlin dont elle n'est pas bannie, au bout du compte, par cela seul que le Roi ne la redemande pas. Il faudroit y habiter tout simplement avec vous, qui n'en etes pas bannie non plus, & le petit enfant une maison qui fut à elle ou un appartement qu'elle auroit fait louer sans qu'on sut que ce fut pour elle. Là elle verroit ses parens & ses amis, s'il reste des amis[5] dans la disgrace, & attendroit sans se lamenter & sans montrer aucune surprise ni colere que le Roi lui donnat quelque marque de souvenir; des-quelles marques de souvenir il faudroit être resolue à se passer de bonne grace si elles ne venoient pas, Vivant dans ce cas là comme une autre; allant au spectacle se promenant, lisant, travaillant & prenant de son enfant un soin exemplaire.   Voila ce qu'il faudroit oser lui presenter de maniere à forcer ses reflexions à se fixer sur ces differentes positions & images sans plus se repaitre de vaines & chimeriques pretentions. Si vous voyez que tout cela la revolte à l'excès & que reellement il n'y ait de supportable pour elle que l'espoir de reprendre sa place avec plus de credit & moins de contradicteurs qu'auparavant il faudroit l'engager à ecrire tout bonnement au Roi sa pensée, son chagrin, son desir. Peut-être a t-il precisement le même projet qu'elle; celui de la piquer par une feinte indifference; mais ce qu'on joue quelque tems devient à la fin réel surtout chez l'homme & chez le Roi. Une femme en particulier n'a pas tant de ressources ne peut pas se donner autant de dedommagemens. Quand les regrets de l'amour sont passés chez elle, l'ennui de l'isolement se fait encore sentir à moins qu'elle n'ait une force & une egalité d'ame aussi rares qu'admirables. Je vous deconseillai l'autre jour bien positivement d'ecrire pour elle & pour son avantage tel que vous le concevez, mais peut-être n'y auroit-il pas de mal à ecrire pour vous ou comme pour vous. .... Le soupçon du Roi vous pèse...... vous lui avez ecrit dans le trouble une lettre qui ne disoit pas la moitié de ce que vous auriez eu à dire & que la Ctesse vous a forcée néantmoins à envoyer telle qu'elle etoit... Vous fites dans ce tems là tout ce qui dependoit de vous pour lui faire prendre un parti opposé à celui qu'elle prit & à present lorsque vous la voyez plus triste & plus inquiete que par delicatesse & grandeur d'ame elle n'en veut convenir vous regrettez vivement qu'elle ne soit pas retournée à Berlin. Determinée à prendre d'elle tous les soins possibles pendant ses couches vous esperez que quelque lettre obligeante de sa Majesté vienne seconder vos soins. Voila[6] à peu près ce que vous pouriez ecrire à ce qu'il me semble. J'ai demandé à M. de Ch. s'il y voyoit de l'inconvenient, il m'a dit que non. Cependant il faudroit prevoir quel effet feroit cette lettre sur la Ctesse si elle lui etoit envoyée car c'est ce qui arriveroit vraisemblablement. Que j'aimerois bien mieux qu'elle n'ait pas besoin d'une tentative pareille & que son parti fut pris sur la place equivoque melée de grandeur & d'avilissement qu'elle occupoit! Un pareil mariage doit être[7] aussi fragile qu'il est bisarre. Il seroit facile de le rompre il seroit facile d'en contracter un qui vaudroit mieux ou si une santé delicatte & deux enfans faisoient preferer à la Ctesse ce veuvage où elle n'auroit point eu de vrai mari à pleurer qu'est-ce qui l'empecheroit de donner au reste de sa vie un caractere de dignité qu'elle est loin d'avoir eu jusqu'à present? Voila ce qu'il faudroit qu'elle vous donnat la liberté de lui[8] dire. N'usez pas votre credit ni sa bonne[9] humeur par de vaines contradictions. Si elle trouve de la roideur aux gens de ce paÿs que vous importe? Il y a des verites indiferentes qu'il ne faut pas trop soutenir & des erreurs indiferentes qu'il est impolitique de combattre. Je sai qu'on m'a empechée d'aimer ce paÿs en soutenant en louant tout ce que j'y trouvois ridicule ou mauvais. On s'obstine à son tour à soutenir son opinion; elle se grave dans[10] l'esprit avec tout ce qui la peut justifier[11] & de maniere à devenir[12] inefaçable. Les choses sur lesquelles on differe de sentimens ont tant de cotés differens que si on le vouloit bien on trouveroit celui par lequel on donneroit gain de cause à la personne avec qui on se dispute.[13] Replacez vous quelque fois à Francfort ou à Berlin & demandez vous ce qu'on gagneroit à vous soutenir que tout ce qui vous deplait est le mieux du monde. Rien en fait d'usages[14] n'est absolument parlant bien ni mal & nos habitudes d'enfance determinent pour chacun de nous la convenance de ce qui se fait autour de nous. Machinalement j'ai toujours[15] trouvé superflues ou d'un luxe qui me plait mais que j'apelle luxe, toutes ces choses[16] qui sont plus belles plus cheres plus commodes que ce qu'on avoit en Hollande chez mon pere, & en revanche j'ai eu de la peine à me priver des choses belles, cheres, ou comodes qu'on y avoit · accordez donc beaucoup à la Ctesse sur ces objets sur ce pays[17] elle s'en obstinera & s'en aigrira moins. adieu Lucinde

En relisant cette page je l'ai barbouillée de maniere que mon exemple va detruire toutes mes leçons. Je me suis rapellée avec detail toutes le sottises que je disois & toutes les choses mal adroites qu'on me repondoit quand je suis arrivée dans ce paÿs & Cela m'a fait ecrire avec distraction & negligence.[18]

836. D'Henriette L'Hardy, autour du 20 juillet 1792

N'avez vous aucune nouvelle de Berlin Madame? ce long silence est il bien naturel? ma sœur en rapporta hier de neuchatel une fort singuliere Motta le Banquier[1] lui dit quil avait ordre d'un négociant de Berlin de livrer à Bischofsverder[2] qui vient dans ce pays tout l'argent dont il y aura besesoin[1)] je ne sais qu'en croire – Jécrivis hier au Roi & chargeai mon cousin qui doit remettre la lettre au laquais de m'écrire aussi tot quil saura que le laquais la remise – ma sœur arrivé dans ce moment · on lui a afirmé les lettres sont si positives ont ne peut douter de cette arrivée – ma lettre a sa majesté est pressante pour de l'argent des ordres des directions · Dieu sait ce que cela opérera · avec un etre aussi faible changeant come le vent on ne peut faire aucun raisonnement ou plutot assoir des conjectures sur des raisonnemens – on ma parlé l'autre jour des obligations qu'on a a ma famille · je ne puis rien dans ce moment mais un jour jespere en temoigner ma reconnaissance · ne somes nous pas come des écuyers de chevaliers errans a recompenser il y a du Don quichottisme dans la conduite & la maniere de voir de ma princesse · on se croit venue au monde pour reparrer les grands torts defaires les grandes injustices – la comparaison de sacho a moi nest pas aussi frappente je nai pas toujours eu son bon sens si l'Isle qu'on me promet ne vaut pas mieux que barataria[3] a la bone heure je serai contente d'avoir fait mon devoir · il ne faut pas retarder Rosette recevez madame mes assurances de respect

h: L:

837. A Jean-Baptiste-Antoine Suard, 22 juillet 1792

Pendant quelque tems je n'ai su Monsieur s'il m'etoit permis de vous entretenir de mes très peu importantes affaires. Vous etiez entouré de realités si allarmantes que mes fictions n'osoient se montrer ni se flatter que vous pussiez un moment detourner les yeux sur elles. Mais le fameux 14 est passé[1] & vos Federés font des folies & des impertinences sans paroitre[1)] disposés à commettre des crimes. Petion est reintegré[2] mais on n'a rendu encore à Manuel[3] ni sa place ni son honneur si pathetiquement redemandé. On n'aura su sans doute ou le retrouver pour le rendre; certainement personne ne l'a pris pour soi. Esperant qu'il n'arrivera rien de bien facheux à paris du moins de quelque tems je m'enhardis à vous entretenir de vos protegés Henriette & Richard. La seconde partie de leur histoire est finie, la troisieme est faite aussi entierement. Vos sages critiques jointes à vos obligeans eloges m'ont fait soigner mon stile & je me flatte que vous ne trouverez plus gueres de ces frases trop longues ni de ces frases trop negligées que j'ose esperer que vous voudrez bien corriger dans la pre-

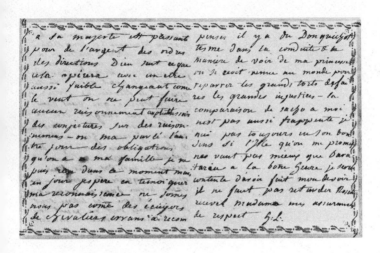

Page de la lettre d'Henriette L'Hardy du c. 20 juillet 1792 (Bibliothèque publique de la Ville de Neuchâtel).

miere partie. Comme j'ai une copie de la seconde & que j'en garderai une de la troisieme il sufira que vous ayez la bonté de m'indiquer ce que vous y trouverez de[2] defectueux, je le[3] corigerai le mieux qu'il me sera possible. Quant à ce que M. de Charriere a eu l'honneur de vous remettre en arrivant à paris je n'en ai ni copie ni brouillon.

Voici Monsieur quelques questions que je prens la liberté de vous adresser. 1o Seroit-il à propos de commencer à imprimer la premiere partie à present qu'il y en a trois de faites & que je me sens très decidée à continuer? On m'enveroit feuille après feuille la derniere epreuve & si quelque chose me deplaisoit ou ne cadroit pas bien avec la suite je pourois le changer.   2o Comment faut-il que j'envoye mes cahiers? La poste seroit sure peut-être pourvu qu'on chargeat[4] les paquets, mais c'est bien cher; la voye de la diligence seroit je pense moins couteuse. Il ne faut pas compter sur les voyageurs; peu vont à paris tandis que beaucoup en viennent.   3o Ne vous exposez vous Monsieur à aucun reproche à aucun desagrement en voulant bien m'aider à publier un petit ouvrage où je dis & *veux dire* tout ce que je pense? Je n'adore ni Voltaire, ni M. Necker*, ni le peuple ni ses representans, & je suis beaucoup plus anti aristocrate que je ne suis Democrate. Je voudrois que mon livre interressat bon gré mal gré tout le monde mais je sens que presque tout le monde y trouvera à redire Ne vous en voudra-t-on[6] pas Monsieur de l'avoir aidé à paroitre de lui avoir fait du bien, de m'avoir obligée? et Me Suard qui m'aura aussi montré de l'interet et de la bonne volonté n'essuyera t-elle pas quelque reproche? J'en serois au desespoir. S'il faut de ma part pour les prevenir beaucoup de discretion & de silence, rien ne sera prevenu car je ne sai pas trop me taire, je ne saurai taire vos bontés. Pensez à ceci Monsieur je vous en prie & qu'aucun remords ne vienne gater dans mon cœur le doux sentiment de la reconnoissance. Je l'ai deja ce sentiment. Votre intention bienveuillante a sufi pour me le donner, il[7] faut s'en tenir là si vous risquez la moindre chose à ajouter l'effet à l'intention; j'y perdrai beaucoup mais qu'importe? Trop de malveillance entoure deja les honnêtes gens dans le païs où vous etes pour[8] qu'il faille l'augmenter.[9] Ma troisieme partie commence à la revolution & ne va que du 20e Juin au 25 Juillet. Je pense avoir encore trois parties dans la tête. Le nom[10] d'anecdote ne va pas[11] dit-on a quelque chose d'aussi long cependant je l'aime, & mon exactitude sur les dattes, les distances, les localités, donnera j'espere à cet ouvrage l'air plus *anecdote* que Roman. Vous en deciderez Monsieur si vous ne retirez pas votre protection & vos secours. M. de Charriere vous fait ses très humbles complimens; il parle souvent de l'aimable accueil

---

* quoique j'admire l'un et que j'estime l'autre, & assurement je ne m'aviserai pas de dire du mal de lui mais je n'aime pas son stile & ne goute pas[4] ses *opinions religieuses*.[5]

qu'il a receu de vous & de Madame Suard. Je la remercie pour lui & pour moi et j'ai l'honneur d'être Monsieur votre très humble & très obeissante servante

T. de Ch.

Ce 22ᵉ Juillet 1792.

Si Mᵉ Saurin est à paris lorsque ma lettre y arrivera permettez qu'elle trouve ici l'assurance de mon tendre souvenir.　　M. Constant est à Brunswic, plus sage mais non moins ennuyé que vous ne l'avez vu. Il a bien de l'esprit car dans toutes ses lettres il me peint son ennui d'une maniere toujours nouvelle & toujours interressante. Cet arride sujet devient fertile entre ses mains. J'ai la Cᵗᵉˢˢᵉ Dönhoff à un quart de lieue de chez moi avec sa compagne⁵ que je lui ai envoyée il y a 10 mois. J'ai est un peu fat car elle n'est venue chez moi qu'une fois & depuis je ne l'ai pas revue.

Elle a de la vivacité
Et la grace plus belle encor que la beauté.⁶

Elle a de belles & grandes intentions pour de l'esprit, du sens, de la suite, je n'en sai rien.　　On s'attend à voir bientot à Neuchatel M. Bishop-werder,⁷ personne ne sait ce qu'il y vient faire.

838. *A Caroline de Sandoz-Rollin, fin juillet 1792*

J'ai entendu Madame de Madveiss.¹ C'est la plus brillante & la plus expressive execution que j'aye entendue.¹⁾ J'ai eu un double plaisir quand elle a chanté. Il est impossible de chanter mieux & l'accompagnement de ses deux mains tient lieu de tout un orchestre. Les larmes me sont venues aux yeux bien des fois. La musique me fait souvent frissoner & pleurer sans que ce soit par attendrissement. c'est un effet physique Tout de même certains tableaux qui ne sont pas plaisans mais excessivement vrais me font rire. Mᵉ de Madveiss montre²⁾ une extreme vivacité dans sa phisionomie & dans ses mouvemens, qui ne sont pas vifs à la francoise & avec une³⁾ petulance moitié d'habitude. Elle est⁴⁾ vivement & puissamment poussée à dire, à faire, à aller, à revenir par un sentiment qui est bien vif & bien vrai au fond de son cœur. Je ne lui trouve rien d'une femme ordinaire, façonnée par la societé, & pour être aussi polie qu'elle l'est il faut qu'elle se commande de l'être mais il me semble qu'elle est bonne très naturellement. Je serois tentée de croire qu'elle a des singularités & que beaucoup de gens la voyant agir & l'entendant parler ne la⁵⁾ comprennent pas trop.

　　Me voici aussi definisseuse que votre Illustre…² mais l'*être* en vaut la la peine & comme je vous en dois la connoissance j'ai cru vous devoir le detail de mes impressions. Je l'ai receue avec joye & reconnoissance dès quelle a paru,[6] ensuite je l'ai admirée avec un sentiment profond qui est devenu respect, interet, sollicitude. Je l'ai enfin caressée, embrassée, & j'ai desiré qu'elle revint. Voila ma belle mon histoire[7] pendant la soirée d'hier. Tout le monde etoit attentif et empressé. Charles Chaillet dans la chambre voisine etoit m'a t-il avoué la bouche ouverte pour mieux entendre & tremblant toujours qu'elle ne cessat de jouer. son chant l'a moins charmé. Julie Du Paquier[3] etoit petrifiée. J'en ai, moi, revé a demi tant que la nuit a été longue.

Voyons[8] comment les vers de hier matin peuvent devenir une chanson que nous oserons chanter, & une jolie chanson.

> Sans le savoir sans y pretendre
> Dorine a captivé le cœur
> de Clitandre.[9]

> De deux grands yeux qu'on roule d'un air tendre
> Avec douceur, langueur, ardeur
> Il est aisé de se defendre
> Dans un filet qu'il veroit tendre
> Quel sot oiseau pouroit se prendre.

> Dorine a captivé le cœur
> de Clitandre
> Sans le savoir sans y pretendre

ou bien

[   ]

839. *A Jean-François de Chambrier, 3 août 1792*

Depuis que vous avez ecouté ma musique avec quelque bonté je n'ai cessé, Monsieur, de penser à votre suffrage comme au prix le plus flatteur que je pusse obtenir. Vous avez parlé de recitatifs obligés, & ces mots ce sont gravés dans ma tête. J'ai trouvé miserable de n'avoir point encore fait de *recitatif obligé* & je me suis promise d'en faire un & de vous l'envoyer aussitot. J'y ai travaillé presque jour & nuit, mais[1] l'autre jour entendant un recitatif obligé de Jomelli[1] que chantoit & jouoit Me Madveiss[2] je faillis être tout-a fait decouragée. Cela n'a pas duré. J'ai copié & recopié faisant toujours quelque nouvelle bevue en même tems que je corrigeois des defauts & des fautes. Voila enfin mon ouvrage. ayez la bonté de me dire si cela ressemble à quelque chose ou à rien. Critiquez corrigez; Je

pourai ensuite l'envoyer à Zingarelli comme j'ai fait mes airs. Je puis
même l'envoyer à double; joindre à ce que vous aurez eu la bonté de rendre tel qu'il doit être ce que j'aurai primitivement griffoné. Le jugement
de Zingarelli sur tout cela sera pour moi une excellente leçon.

Voici les vers plus lisiblement ecrits, du moins j'espere qu'ils le seront
lisiblement. La scene precedente[3] finit par:

Quels soupçons peut causer une femme etrangère

Sans appui, sans amis,[2] à qui rien n'est resté

De sa fortune passagère?

Scene seconde.[3]

Astarté seule.

Et la mienne qu'est-elle? Inquiétant mistere!

Tour à tour sans sujet je m'alarme & j'espere

Quelquefois[3] je crois voir l'objet de tant de pleurs

Réunir, captiver, tous les vœux, tous les cœurs.

Je vois... Oui hâtez vous, peuple de Babylone

Sur sa tête cherie, oui, posez la couronne.

Où suis-je? En d'autres lieux j'ai vu... j'ai cru le voir

Air.   Destin, obscur tyran, invisible pouvoir

Oh! pren pitié d'un esprit qui s'egare.

Couronne ou detruis mon espoir;

Et que je puisse enfin savoir

Quel est le sort qui pour moi se prepare.

&c &c

L'air a été envoyé à Zingarelli qui l'a trouvé bon. il est en *mi bemol majeur*.

En voila assez Monsieur & peut-être trop: j'ai peur de vous paroitre
importune. Le talent & le gout ne sont pas obligés de supporter la manie,
cependant c'est de la musique que nous sommes tous deux passionnés;
Cette simpathie me fait esperer quelque indulgence. J'ai l'honneur d'être
Monsieur votre très humble & très obeïssante servante

Tuyll de Charriere

& avec cela je suis surement la personne du monde qui ambitionne
le plus de vous voir quelque fois & de vous interresser à son travail.

à Colombier Ce 3 aout 1792

840. *De Marie-Ane-Jeanne Saurin, autour du 5 août 1792*

[   ]
favorable, pour la vente et le succès de toute espece de nouveautées. je

n'oublierai pas de parler a monsieur suard de votre opéra comique,[1] destiné aux ytaliens, j'en causois hier avec mde suard, elle s'intéresse aussi
beaucoup à vos succès, et il est sur que son mary mettra du zele à tout
ce qui peut vous regarder, mais vous concevez que dans les circonstances
où nous sommes, l'intéret de nos affaires, les conversations sur ces objets,
et les démarches quelles occasionnent, absorbent le tems de presque tous
les hommes. une réunion de calamitées pésent dans ce moment sur la
france, et d'une telle maniere, qu'elles ne laissent appercevoir aucune
issues; c'est a des hazar, à des evénements impossibles à prévoir que, peut-
être, nous devrons un état de chose moins affligeant. je suis consternée
du presen, et je n'ose intérroger le futur, cependant ma résignation ne
m'abandonne point. c'est le seul port, le seul abrit, où je puisse me reposer
un peu des orrages qui se renouvellent, et dont nous ne cessons d'être
environnez

qu'avez vous dit, madame, en voyant dans les journeaux la nommination[2] de mr de ste croix au ministere des affaires etrangeres? c'est celui
que vous avez vue chés moi, celui de qui la phisionomie vous faisoit dire,
qu'il avoit L'air d'un homme qui avoit été exclave à alger. depuis un ans,
il a cessé de venir me voir, pour des causes qui m'etoient etrangeres, cet
abbandon ne m'a fait aucune peine, et aujourd'huy, tout ministre qu'il
soit, je ne le regrette point du tout. dans le voyage que mr de charriere
a fait dernierement à paris, il a dû voir mr de ste croix chés m^de^ suard. elle
a de son mérite une oppinion plus avantageuse que celle que j'ai, et peut-
être a t-elle raison. quoi qu'il en soit, je crois tout ministere, et singulierement celui des affaires Etrangeres, d'une dificulté bien grande dans la
position où nous sommes. il faut que L'ambition agisse bien fortement
sur nous, pour oser vouloir être quelque chose dans des circonstances
aussi dificiles. votre lettre[3] du 13 juin, que je relisois il y a un moment,
m'annonçoit que vous attendiés, la favorite du roy de prusse, et la compagne que vous lui aviez procurez. toutes les deux devant habiter dans
votre voisinage, sans-doute elles vous auront visitées, et j'espere que lors
que vous m'ecrirez vous aurez bien quelque chose à m'en dire? le rôle
de la compagne intéresse à plus d'un egard. vous me manderez aussi si
votre femme de chambre[4] a perdu son enfant, et où vous en êtes sur le
tourment que tout ce qui la regarde vous a causé. j'en reviens a votre
romans.[5] il est plein de chose charmante, originales, sensibles. je demande
à votre féconde imagination de ne pas rester en chemin, de ne pas abban-
donner cet ouvrage avant qu'il soit terminé. s'il en arrivoit autrement,
vous, et votre imagination me feroient un mal extrême. je me tais sur nos
affaires politiques, je laisse aux journaux le soin de vous en instruire. je
ne pourois d'ailleur que vous affliger, car mon âme, et mon esprit sont
bien tristes. je finis donc, madame, en vous assurant de mille tendres sentimens. mr suard a receu une lettre[6] de vous, dans laquelle vous lui parlez

de moi. elle étoit je crois accompagnée de plusieurs chapîtres du roman. soyez donc sûre qu'il a reçu le tout, c'estadire ce que vous lui avez envoyé. malgré ma paresse, ne doutté pas que je n'aie pensé souvent a vous. je ne pourois jamais vous oblier, je dis mille mille choses a mr de charriere. le mot qu'il m'a ecrit avant de quitter paris m'a été envoyé a la rocheguion[7].

depuis cette lettre ecrite j'ai vue mr suard, il m'a prié de vous présenter homage, et respects, et de vous dire qu'il vous ecriroit.

a Madame/Madame de charriere/à colombier, *prés de neufchatel/en Suisse*

841. *A Frédéric-Guillaume II, roi de Prusse, 6 août 1792*

Sire.

Madame la Comtesse Dönhoff desiroit d'avoir près d'elle une personne honnête, sure, capable d'attachement & de zele, dont l'esprit eut des ressources & dont le discernement la mit à l'abri de toute demarche indiscrette.

J'ai su ce desir de Me la Comtesse & je lui ai envoyé Mlle L'hardy. Mlle L'hardy m'a ecrit quelquefois de Berlin & de Potsdam & ses lettres respiroient l'attachement pour Me la Comtesse & le respect & la reconnoissance pour votre majesté. Des malentendus sont survenus & il en est resulté un triste voyage. Je me suis trouvée près du terme de ce voyage & j'ai eu occasion de juger que Mlle L'hardy deploroit pour Me la Comtesse le malheur d'être eloignée de votre majesté & que tous ses vœux tendoient à une prompte reunion. On a parlé à votre majesté d'elle & de ses intentions d'une maniere bien differente & j'ose le dire bien eloignée de la verité. J'en suis affligée pour Mlle L'hardy qui s'honoroit de l'estime que votre majesté lui a temoignée lorsqu'elle la voyoit journellement & pendant huit à dix mois; j'en suis mortifiée pour moi même qui n'aurois pas du envoyer à Me la Comtesse Dönhoff une personne telle que l'on peint aujourdhui Mlle L'hardy. Peut-être qu'un jour votre majesté lui rendra plus de justice; aujourdhui il est du devoir de Mlle L'hardy d'engager Madame la Comtesse à sacrifier ses amitiés comme auparavant elle desiroit qu'elle put sacrifier ses ressentimens. Remplir ce devoir est le seul parti que je puisse lui conseiller de prendre, c'est le seul aussi qui soit conforme à son caractere, à son intacte & delicatte loyauté.   Si votre majesté s'en etoit fiée à à[1] son seul droit jugement elle auroit desiré que Mlle L'hardy ne cessat pas d'être la compagne de Me la Comtesse Dönhoff, & si j'avois l'honneur d'être connue de votre majesté j'ose dire que ma recommandation etoit un prejugé en faveur de Mlle L'hardy qui pouvoit balancer beaucoup d'insinuations faites contre sa droiture & sa probité.

Votre majesté daignera dire si elle veut que Mlle L'hardy n'accompagne point du tout la Comtesse lorsqu'elle retournera à Berlin ou jusqu'à quel endroit elle veut que Mlle L'hardy pousse son voyage. Elle obeïra ponctuellement.

J'ai l'honneur d'être avec un profond respect

Sire

De votre majesté la très humble & très obeïssante servante

Tuyll de Charriere

a Colombier près de Neuchatel
ce 6 aout 1792

---

842. *A Henriette L'Hardy, 9 août 1792*

Ce Jeudi 8e aout

Tenez voila Casotte[1] c'est[1)] tout ce que je trouve ou imagine. Le premier Volume manque je ne sai où il est. J'aime fort ce qui est contenu dans le second. Je n'ai jamais lu les pieces dont je vois les titres dans le 3e C'est Olivier que je n'aime pas qui remplit le 1^r volume je ne laisserai pas de vous l'envoyer quand on l'aura retrouvé.

M. de Charriere comptoit vous aller souhaiter un bon voyage mais une lettre de M. de Serent que lui apporta hier[2)] après diner le courier d'Iverdun ne l'a plus laissé penser qu'à son propre[3)] depart. Il est parti aujourdhui de grand matin pour Berne où M. de Serent doit arriver demain[4)] avec les fils du Comte d'Artois.[2] M. de Ch. a voulu y être avant eux & voir en les attendant les amis & parens qu'il a a Berne. Mrs de Serent va à Coblence avec les princes joindre la grande & noble troupe. Que cela me paroit mal entendu de les associer soit à une pareille victoire soit à une pareille defaite! mais il est un peu temeraire à moi de juger de ce que je connois si peu Peut-être ne pardonneroit on pas à de jeunes princes de rester tiedes spectateurs de ce qu'on fait pour eux & des risques aux quels on s'expose.

Je suis fachée de vous voir vous eloigner. Je souhaite que la Ctesse s'amuse un peu dans ce triste sejour.[3] Je vous envoye[5)] encore avec Casotte d'autres jolies bouffonneries. Si elles amusent j'enverrai les volumes suivants. Prenez garde que votre Courant[4] n'approche de trop près les deux petites filles. Il est entreprenant est vigoureux je craindrois sa force plus que ses seductions. Emportez Du Clos[5] & le Dictionnaire & ecrivez moi. je barbouille dans mon lit sur ma main; barbouillez hardiment sur votre planche. Si quelque chose[6)] que j'aye ou me puisse procurer est agreable à vous ou à la Comtesse parlez sans hesiter. Adieu Mademoiselle.

T. de Ch.

La comtesse devroit se mettre de la societé de lecture[6] il n'y a qu'à s'adresser à M. le Colonel Chambrier.[7]

Il faut aussi à la Comtesse pour Neuchatel un forte piano. M. Gaillard en a un a vendre qui est très joli.[7)]

a Mademoiselle/Mademoiselle L'hardy

843. *A Henriette L'Hardy, 13 août 1792*

Ce que nous traitons aujourdhui me paroit bien serieux car j'ose aller plus loin que votre question. *faut-il que j'ecrive aux DuPaquiers ce qui se passe?* Je mets en question si la bonté & le zele de la Comtesse pour eux doit lui faire insister actuellement auprès du Roi pour *le congé & la pension.* Si on accordoit le premier sans la derniere non seulement ils seroient embarrassés pour vivre ici mais ils passeroient pour avoir été *disgraciés;* bientôt on diroit *renvoyés,* puis *chassés;* et l'on finiroit par leur supposer des imprudences, puis des torts, puis des projets criminels, qui eloigneroient d'eux beaucoup de gens & les feroient peut-être repousser de ceux auprès de qui ils chercheroient des ressources. Les Jacobins sont redoutés en Angleterre en Hollande en Suisse. M. Meuron[1] oncle de M. du paquier n'est pas même democrate loin d'être Jacobin.... Je ne cite ce dernier que quant à l'interet & aux ressources pecuniaires mais je parle de l'impression generale de la reputation qu'on pouroit avoir d'avoir été chassé ainsi que[1)] M. Leuchsering[2] j'en parle dis-je comme d'une chose extremement facheuse. Et je sai bien que j'aimerois mieux manger du pain noir pendant une année à Berlin que de paroitre en avoir été renvoyé pour des choses qui tiendroient à l'improbité à la complotterie.[3] Conclusion: je voudrois que la Comtesse voulut bien attendre pour insister auprès du Roi & lui reïterer sa premiere demande que M. Du P. mis au fait de tout par vous, mademoiselle, eut dit nettement qu'il le souhaitoit. ou bien au cas qu'elle veuille faire de nouveau & incessamment mention de M. du P. en ecrivant au Roi je voudrois qu'elle ne demandat le congé que[2)] conditionnellement en supposant la pension & qu'elle eut la bonté d'ajouter que sans la pension elle ne voudroit pas le congé parce que M. DuP. qui a quité ici le ministere lorsqu'il est allé à Berlin n'y auroit pas, du moins dans les commencemens dequoi y faire subsister sa femme & ses deux enfans,[4] & aussi parce que ce retour sans pension[3)] auroit l'air d'une disgrace & attireroit sur M. DuP. un blame ou des soupçons très facheux & qui bien qu'absolument injustes seroient de nature à n'être jamais eclaircis.

Ecrivez aux Du P. plutôt[4)] que plus tard. Ecrivez demain si vous le pouvez sinon vous pouvez attendre à Samedi. Il me paroit très essentiel de ne pas decider du sort de M. DuP. sans qu'il ait bien pu juger de a que ce sort pouroit être. Un peu d'impatience de lui & de sa femme a pu dicter la priere de demander ce congé il ignoroit peut-être le soupcon du Roi contre lui & l'aparence qu'il y avoit que si le congé etoit donné ce seroit sans la pension. Vous pouvez Mademoiselle si vous le jugez à propos envoyer ceci à M. DuP. pour vous epargner de l'ecriture & gagner du tems.   J'ai egalement de peine[5] à comprendre qu'on ne puisse pas se resoudre à vivre de très peu ou même à travailler pour vivre, & à comprendre comment on pouroit prendre son parti sur un blame pour ainsi dire inefaçable. Ceci devroit bien se supporter aussi s'il ne pouvoit s'eviter. La religion la raison[6] feroit une loi de la resignation & de la fermeté dans ce cas comme dans l'autre mais combien leur tache seroit plus dificile combien leurs efforts courroient plus de risques de se trouver impuissans.

Il y a eu à mon avis[7] dans la demande de M. Du P. ceci à redire c'est que l'absence de sa Majesté[5] sera courte selon toute apparence[8] & qu'ainsi ce ne seroit pas la peine de venir ici pour retourner à Berlin dès que le Roi y seroit revenu; que si M. Du P. restoit ici le Roi etant à Berlin on ne veroit pas pourquoi il auroit des appointemens que l'eloignement empecheroit qu'il ne put meriter mais tout s'accorde à un homme qu'on[9] aime en faveur surtout d'une femme qu'on cherit. Ce n'est plus, quant à M. du P., dans cette heureuse position qu'on se trouve, au contraire il est soupconné d'avoir voulu aliener du Roi[10] celle que le Roi aimoit · lui accordera t-on aujourdhui ce qui auparavant eut pu paroitre deja une faveur insigne? Je ne puis le croire. Un refus dicté par la defiance & l'humeur, ou bien un demi assentiment dicté par plus d'humeur encore, le congé sans la pension, voila à quoi il me semble qu'on doit s'attendre. Au reste si vous & mᵉ la Cᵗᵉˢˢᵉ en jugez differemment à la bonne heure j'aurai fait mon devoir de dire ce que je pensois & ne laisserai pas de souhaiter que je me sois trompée.

Je suis très aise que vous vous trouviez bien où vous etes. Adieu.

Ce Lundi 13ᵉ aout 1792

844. *A Henriette L'Hardy, 14 août 1792*

Ce 14ᵉ aout 1792

Je fis hier une chose dont j'espere que vous ne me blamerez pas Mademoiselle; je vai plus loin j'espere que vous m'aprouverez & l'evenement repondant à mon intention me facilitera l'avantage que je desire, celui d'être aprouvée de vou. Car il est[1] résulté un petit bien & point du tout de mal de ma demarche. J'avois appris qu'on faisoit ou se proposoit de faire une robe de satin bleu pour Mᵉ du Paquier & qu'on devoit la lui envoyer par les negocians allant à la foire de Francfort. Hier après vous avoir écrit, frappée du ridicule qu'on donnoit à M^e duPaquier la mere[1] en lui laissant arranger avec peine & soin une chose qui pouroit ne servir à rien du tout, blessée aussi en quelque sorte pour elle[2] du mistere que lui faisoient[3] son gendre & sa fille de leurs projets, de leurs desirs, de leurs sollicitations je priai Mlle Louise de Penthaz d'aller chez elle[4] & de lui dire de ma part que je lui conseillois de ne point faire la robe ou si elle etoit faite de ne la pas envoyer parce que j'avois appris qu'il etoit plus ou moins question du retour de son gendre & de sa fille & qu'il se pouroit que la robe envoyée à Berlin ne les y trouvat plus. Mlle de Penthaz me fit quelques objections mais elle finit par convenir qu'il etoit bon que cette mere ne fut pas frappée comme de la foudre si on venoit à lui dire dans peu de jours: votre fille va revenir; qu'il etoit bon aussi qu'elle n'eut pas à nous reprocher qu'en ayant su quelque chose nous nous fussions tues si exactement vis à vis d'elle,[5] de la personne la plus interressée à ce qui touche cet homme & cette femme. Ma belle sœur est donc allée, et elle a fait ma commission. on devoit couper la robe aujourdhui. on attendra des nouvelles ulterieures. Me du Paquier a dit que ceci ne lui etoit pas tout à fait nouveau; que son gendre avoit ecrit à ses parens de Fleurier[2] qu'il avoit eu le projet de revenir cette automne mais que des circomstances imprevues lui feroient diferer selon toute aparence jusqu'au printems. M^e duPaquier a ajouté qu'elle ne seroit point fachée qu'ils revinsent puisqu'ils depensoient à Berlin au delà des appointemens de M. duPaquier. Tant mieux, qu'elle prenne la chose comme cela; le retour, même sans pension, en seroit moins desagreable puisqu'il seroit approuvé & que la reception seroit amicale. Mais M^e duPaquier ne sait pas que son gendre soit suspect, soit desagreable au Roi, que ce retour sans pension seroit un texte eternel de blame; je persiste dans tout ce que j'en ai dit hier à cela près qu'assurée des dispositions de Me du Paquier le retour sans pension a un inconvenient de moins. Il faut qu'elle espere une place pour son gendre ou qu'elle veuille bien courir le risque de voir cette famille vivre quelque tems à ses depens. Ce n'est pas pourtant qu'elle soit parfaitement contente de sa fille qui ne lui ecrit dit-elle que des billets, & laisse de longues lettres sans reponse & lui fait mistere de ce qu'elle confie à d'autres.

En supposant Mademoiselle que vous ayez ecrit hier à votre amie vous pouriez lui ecrire encore une petite lettre samedi ou mardi prochain & lui dire ce que j'ai l'honneur de vous mander.... Tout ceci m'interloque[3] etrangement. M. le Colonel meuron me disoit l'autre jour «je serois bien «faché qu'ils fissent des dettes & je ne les crois pas très embarassés car «pourquoi n'auroient-ils pas recours à un oncle plein de bonne volonté». Est-ce donc à M^e duPaquier de Colombier, à elle seule, qu'on s'addresse pour l'excedant de la depense après que les appointemens sont mangés? Comment peut-on s'y resoudre, elle a deux autres filles & un fils![4] Si notre madame du paquier etoit gaye & mondaine si avec de l'argent elle achettoit quelque plaisir à la bonne heure mais sauvage comme elle l'est je voudrois qu'elle eut su vivre en rigide & antique matrone, n'ayant de domestiques que ce qu'il en faloit absolument, habillant proprement mais grossierement son enfant, & quoiqu'il[6] en put couter à l'orgueil ou à la delicatesse se[7] bornant strictement dans sa depense à son revenu. Etre trop fiere pour solliciter assiduement des graces trop indolente pour augmenter sa fortune par son travail & trop attachée à ses habitudes pour se passer de rien de ce qu'on a eu toujours c'est réunir trop de choses qui ensemble produisent le chagrin, le desordre, & peuvent mener à un abime de maux.

Il ne m'est plus possible d'ecrire à me duPaquier; plus elle m'interresse moins je puis lui ecrire. Elle ne m'a jamais repondu un mot de bon sens sur les reflexions serieuses que je lui ai presentées. Elle n'a pas pris la peine de se justifier quand je l'ai blamée; elle ne m'a pas paru avoir le moindre dessein d'être autrement qu'elle n'est; Elle me donne[8] lieu de croire que l'opiniatreté & la foiblesse font son essence. En dernier lieu[9] elle me fait des questions sur la Ctesse avec une badauderie d'enfant et me dit avec une malhonneté[10] choquante qu'elle soupçonne *mon ami* M. du Peyrou d'informer des gens de la Ctesse. Quoi M. du Peyrou qu'elle nomme *mon ami* en commerce d'espionnage avec des domestiques!* Conservez cette lettre, Mademoiselle, je vous prie. Un jour M^e duP. y poura voir de quoi je me plains, ce qui me refroidit pour elle. a present il ne faut pas le lui dire. Elle est peut-être en couche & ne sera[12] pas encore retablie entierement lorsqu'elle recevra vos lettres. Je me contenterai de garder le silence jusqu'à ce qu'elle soit revenue à elle de maniere a en agir mieux avec moi. Pensez qu l'on peut attaquer sans menagement tantot une fille que j'aime, tantot un ami que j'honore; soi[13] même deja grosse *me prier*[14] de chasser une fille qui est grosse, soi même victime plus ou moins de conjectures temeraires & odieuses en faire en exprimer de pareilles sur autrui c'est manquer à moi, c'est manquer aussi à la bonté à la justice à l'honnêteté. Quant à s'imaginer que je serai eternellement une ecriveuse⁵ de nouvelles de petits details & qu'enchantée[15] de la Comtesse je saurai & raconterai tout ce qu'elle dit & fait, tandis que de votre coté vous en ferez autant, ce n'est que manquer de tact & ne me plus connoitre; Je le pardonne aisement mais quant à la priere touchant Henriette⁶ & au soupçon exprimé sur M. duPeyrou il me faudroit un regret bien vivement senti bien nettement exprimé pour me les faire pardonner. Il me seroit impossible de dire à present à Me du Paquier que je souhaite de la revoir, & voila encore une raison pour ne lui pas ecrire, mais ce que je vous

* Je demandai l'autre jour à M. du Peyrou s'il avoit des correspondances à Berlin. *aucune qu'avec M. de Beville.*[11]

ecrivis hier, ce que je fis hier relativement à sa mere, la priere que j'ai faite à Mlle de Penthaz de dire à sa mere[16)] dans l'occasion que c'est faute de savoir que dire de sa situation qu'elle n'ecrit pas, tout cela vous prouve à quel point elle m'interresse. Je suis mecontente d'elle, je la blame, je la plains, je ferois beaucoup pour qu'elle fut heureuse voila precisement où j'en suis sur son compte. Quelque fois je me flatte que sa grossesse l'a mise, comme il arrive quelque fois, dans une sorte de delire c'est-à dire dans un etat de tête tout a fait etranger à sa[17)] maniere d'être naturelle & habituelle. Si cela est elle en reviendra & de mon coté je regarderai tout ceci[18)] comme non avenu.

Je ne connoissois point de fille au seigneur Sganarelle★ je le croyois vieux garçon ou bien mort cocu & sans enfant de son *mariage forcé*[8] Mais il y avoit une Lucinde dont il etoit si je ne me trompe le *medecin malgré lui*[9] est-ce celle là qui m'a ecrit Mademoiselle? Elle vouloit se marier Eh bien, peut-être se presentera-t il un parti sortable cet hiver. Elle aura dans son voisinage un jeune Roulet,[10] un jeune[20)] de Lor,[11] & plus loin il en est d'autres; mais hors un second alphonse Sandoz rien ne me plairoit pour elle et j'aimerois mieux la voir encore quelque tems la femme d'une autre femme à qui elle a aidé à se reconnoitre à developper en elle même[21)] l'esprit & la constance de courage qui sans Lucinde ne se fussent pas montrés. Lucinde doit être bien bien precieuse à l'autre femme. J'aime assez la galanterie du Touchon.[12] Voila comme le bien & le mal se touchent & sortent l'un par l'autre du cœur humain. Le fade galantin s'avise d'une galanterie bien placée. L'amant de M[e] xx veut rendre service à la Cousine & à l'amie de cette cousine. adieu continuez à vous amuser

je ne vous parle si franchement de Me du P. que parceque je suis très sure que vous ne direz ce que je dis à qui que ce soit qu'à ellemême. Je souhaite qu'un jour elle sache ce que j'ai pensé et comme elle semble ne plus m'entendre quand je lui ecris je mets ma pensée en depot chez vous pour que vous la fassiez connoitre quand vous le jugerez convenable[22)]

845. *A Jean-Pierre de Chambrier d'Oleyres, 17 août 1792*

Ce 17e aout 1792

On est ici dans la douleur & la consternation. Le courier de jeudi dernier avoit causé la plus vive inquietude celui de hier n'a apporté que des

★ L'autre jour je vous nommai *George Dandin* pour *Perrin Dandin*[7] le juge eternel des plaideurs.[19)]

lettres de negocians où l'on voit que ceux qui les ecrivoient n'osoient rien dire, & quelques lettres particulieres où l'on insinue plutot qu'on ne dit. Ce dont on ne doute pas ce qu'on croit voir distinctement[1)] c'est que le Roi est suspendu[1] de ses fonctions pour un mois; les ministres Jacobins retablis, je ne sai trop en quelle qualité car un roi sans fonction ne doit pas avoir de ministres; des commissaires envoyés aux armées pour faire telles dispositions & depositions[2)] qu'il leur plaira; un de M[rs] d'affry[2] ou peut-être deux decapités; beaucoup de gardes suisses tués parmi lesquels George de Montmollin[3] qui n'etoit aux gardes & à paris que depuis très peu de jours; C'est d'une lettre de son oncle frederic de Luse[4] que l'on conclut qu'il est tué. Après avoir fait entendre qu'il est lui même[3)] legerement blessé il dit dans une de ses lettres *pour mon neveu*..... dans une autre il dit qu'il ne sait ce que son neveu est devenu. Voyez sous quel joug ils sont! Ils n'osent pas dire qu'on les blesse qu'on les tue! Du moins les tigres de Jacobins sont-ils consequens dans leur sceleratesse & leur cruauté mais les autres, les honnêtes gens... quelle foiblesse! que de discours & d'inaction. Comment n'ont-ils pas mis le feu à la Jacobiniere?[5] Aureste leur forces etoient plus petites sans doute que dans leurs ecrits ils ne vouloient le faire croire; elle etoit si petite peut-être que c'eut été une folie de rien tenter. Les gardes nationaux ont presque tous deserté la cause du Roi & abandonné les Suisses. Le Roi & la Reine doivent avoir été à l'assemblée nationale le jour du massacre. On a tenté d'incendier le Chateau je ne sai s'ils etoient alors dedans ou dehors, & M. Palloi[6] avec une troupe de grenadiers si je me trompe, a arreté le feu qui prenoit deja. Le Domestique de M. de Charriere etant hier au soir à Neuchatel entendit un homme qu'il ne connoissoit pas[4)] lire haut dans la rue une lettre de son fils. A la fin de la lettre il disoit *le tocsin sonne de nouveau; le tumulte recommence Dieu sait a quelles horreurs nous allons être livrés! Notre maison est marquée pour le pillage.* Il paroit que c'est une maison de commerce & que cette lettre a été ainsi finie lundi[7] matin. Si ce pouvoit être des gardes nationaux de Picardie & de Normandie[5)] qu'on eut vu arriver ou l'armée de Luckner ou de la Fayette![8] Ils se sont tous offert à combattre les brigands.[6)] Comme l'atrocité des Jacobins ne change en rien mon idée sur les aristocrates, sur les princes, sur les emigrés je souhaite qu'il y ait une guerre civile qui nettoye la terre de beaucoup de ces gens de l'un & de l'autre parti.   Pardon Monsieur de cet horrible griffonnage je suis émue de pitié et encore plus d'indignation. M. de Ch. va tout à l'heure à Troisraux[9] où l'on a receu des moniteurs, les seules gazettes apportées hier par le courier de france. on y verra non des details sur paris, je sai qu'il n'y en a point, mais quelque nouvelle des armées. Le jeune Neuhauss[10] arriva hier de Strasbourg avec le courier de Berne on aura[7)] appris aussi quelque chose par cette voye. Demain au soir nous aurons les lettres & papiers, s'il y en a, & je vous manderai ce que je saurai quoi que je vous suppose de beaucoup meilleurs informateurs que moi; mais on aime assez avoir diverses versions, & dans l'incapacité où l'on est de s'occuper d'autre chose que d'un grand evenement on recueille toutes les bêtises de ceux qui en parlent.

La Ctesse Dönhoff vit très seule; & chassée[8] de Gottandar par d'etranges procedés de le Bel[11] elle est chetivement logée à Fontaine andré en attendant qu'elle puisse entrer dans une maison louée à Neuchatel; avec tout cela elle ne s'ennuye point & montre tous les jours moins d'impatience des desagremens & privations qu'elle eprouve Sa demarche commence à me paroitre sage par la maniere dont elle la soutient. Le Roi lui a ecrit plusieurs lettres..... M. de Hertsberg[12] n'est pas admirateur dit-on de la guerre[9] & pretend qu'elle ruinera la Prusse & que si elle agrandit quelqu'un ce sera l'Autriche. Savez-vous que Leuchering dont nous parlames un jour et qui a joué un role dans les demelés de Berlin est actuellement prechant ou insinuant[10] le Jacobinisme à Berne.[13] A propos sur une invitation de M. de Serent M. de Ch. y est allé l'attendre à son passage; ils se sont peu vu. Les conseillers, avoyés, emigrés, entouroient les princes[14] & M. de Ch. s'eloignoit par discretion & par ennui. Il a trouvé son ancien ami fort bien le Duc d'angolème grandi & d'une agreable figure l'autre assez gros & dandidant[11] comme un vrai bourbon qu'il est. Ils ont dit des lieux communs en vrais princes. Je crains entre nous[12] que malgré une education assez distinguée ce ne soyent des princes du commun. M. de Ch. a eu le plaisir de voir l'abbé Marie[15] qui n'auroit pas été faché de venir à Colombier.

J'ai reçeu Monsieur avec une extreme reconnoissance *bella fiamma* &c *smarrita tremante*[16] &c La musique est charmante surtout celle du Rondo. Mais sur quelle insuportable poesie.... non il faut dire sur quels prosaïques & detestables vers on a fait travailler le pauvre Zin! C'est à Genes qu'il fera le 1[r] opera du Carnaval[17] · a present il prepare pour milan un opera comique[18] qui doit être je pense incessamment joué. Votre lettre ne parle point de la mienne derniere · Si elle vous est parvenue c'est tout ce qu'il faut · Adieu pour aujourdhui.

Samedi au soir.

Me de Montmollin[19] a ecrit de la Bocarderie à sa mere[20] au Bied[13] que son fils avoit été tué. Il n'en faut donc plus douter. La petite de Tremauville[21] est au desespoir. Ce n'est pas trop dire au desespoir. Elle fait peur & pitié à ses alentours. Son amant n'etoit dit-on aux gardes que de la veille. on dit que Frederick de Luse sera ici bientot & qu'il s'est sauvé de Paris. La nouvelle du feu mis au chateau des Tuileries paroit avoir été fausse. on n'a pas lieu de croire non plus qu'il y ait eu un tumulte nouveau depuis le 10. Le Moniteur seul papier nouvelle[22] arrivé ce soir n'en dit rien, non plus que quelques lettres arrivées à des negocians. Je ne sai quel papier public ou privé dit que tous les officiers[14] seront destitués & que les soldats en choisiront à leur gré. C'est un decret de l'assemblée. La Reine et le Roi entendent faire du matin au soir des decrets s'ils n'ont encore bougé comme on le dit d'une loge de l'assemblée depuis le 10 au matin.[23] Après qu'ils furent sortis des tuileries on auroit bien du abandonner des murs & des meubles · point du tout il est resté du monde dedans & cent hommes dont la moitié de gardes suisses se sont mis à se defendre · on dit que leurs[15)] canoniers n'y alloient pas de bonne foi. Le canon des Marseillais a fait un feu terrible les suisses & ceux qui etoient avec eu ont fait un feu fort vif de mousqueterie. 7/8ièmes des Marseillais sont dit-on restés sur le carreau. Les Suisses n'ayant plus de poudre se sont retirés dans le chateau c'est là qu'on les a massacrés[24] & on a jetté Dames, laquais, marmitons, tout ce qu'il y avoit, par les fenêtres. Les horreurs commises sont dit-on inouies. Des Suisses de porte ont été massacrés, le nom de suisse est proscrit abominé. Plusieurs executions ont eté faites par le peuple on en craint d'autres. 2 cent suisses sont dans les prisons c'est pour les soustraire au furieux qu'on les y a mis, mais on craint un jugement soi disant legal pour les officiers On dit que le Roi & la Reine seront conduits & gardés au temple.[25] Voila Monsieur tout ce que je sai vous en savez peut-être bien davantage.

846. *A Henriette L'Hardy, vers le 20 août 1792*

Oh ne vous pendez pas si l'homme n'est pas un honnête homme. vous n'en etes pas à la vingtieme[1)] partie de votre carriere de duperie & de desapointement

Le soin qu'on a pris de m'ecrire ce qui faisoit l'objet de mon second avertissement me force à y donner plus de croyance qu'à l'honnête exterieur. Quant au premier point concernant les deux jeunes filles je savois *de science certaine* ce que je disois. Après tout vous n'avez pas encore été souvent trompée. Votre amie duPaquier[1] fille & chez sa mere ne pouvoit montrer encore que la moitié de ce qu'elle etoit & n'etoit pas, dailleurs je la crois changée. Mc Caroline Sandoz est telle que vous l'avez jugée. Quant à une autre femme[2] vous l'avez trouvée aimable sans être bien persuadée je pense qu'elle seroit constamment & du matin au soir une heroïne. La voyant rassasiée d'opulence & de prevenances vous n'avez pas jugé ce qu'elle pouvoit être dans la disette de toutes ces choses là. Et quand vous auriez été plus tronpée songez que vous etes bien jeune & qu'à votre age à moins d'avoir l'instinct du Renard il faut être malgré son esprit une vraye Autruche. Hatez vous de murir votre esprit & que j'aye le plaisir de voir en vous une femme superieure. Veillez contre les engouemens & contre les dedains injustes & excessifs. Sous une encorce peu seduisante il y a souvent plus de veritable esprit qu'il n'y en a sous d'aimables dehors.

Je n'entens pas dehors[2] fades, flatteurs, fleuris, j'entens ce que je dis *aimables dehors*. La probité[3] aussi ne se trouve pas toujours où elle paroit être; j'ai vu de brusques & peu polis coquins, & de docereux[4] honnêtes gens.

Il y a par le monde un amant-mari,[3] dont la grande pretention etoit la probité cependant il oublie ses promesses il neglige ses engagemens &c &c J'ai ecrit à Me du P. La veille sa mere avoit receu une lettre par laquelle les occasions d'envoyer[5] à Ber[lin] les choses qu'on attend sont indiquées. Je veux mourir si j'y comprens rien. Entretenez la bonne volonté de la Ctesse pour cette femme & son mari, il ne faut pas se lasser de leur vouloir être utile. Que lisez vous? voulez vous olivier?[4] Je ne crois pas malgré les horreurs de paris[5] qu'il y ait le moindre danger à traverser la france. Adieu Mademoiselle. Lucinde Pekua[6] Adieu.

A Mademoiselle/Mademoiselle L'hardy/a Fontaine André/Recommandée à M. Chatenay/-Roi[7] a *Neuchatel*

847. *A Jean-Pierre de Chambrier d'Oleyres, 23 août 1792*

Je crois vous avoir dit, Monsieur, que 50 suisses defendoient les Tuileries c'en[1] etoient 5 cent. Dans la relation que j'avois lue il y avoit XXXXX cela m'a paru 50. Montmollin a peri. Frederick de Luse s'est sauvé on ne sait encore comment. Un jeune Constant[1] plein d'esprit & de courage que le grand chaillet affectionnoit beaucoup lorsqu'il l'avoit dans son corps s'est fourré au fond d'une[2] cave; là il s'est deshabillé & en chemise il s'est sali de terre assez pour se rendre meconnoissable & paroitre un des brigands de cette sorte il s'est sauvé mais on ne sait encore où il est car ce n'est pas tout de vivre il faut s'eloigner de paris & sortir de france. On devoit juger hier ou avant hier les detenus dont etoient Me de Lamballe[2] M. le Pr. de Poix[3] & d'autres seigneurs & Dames de la cour. Dieu veuille que Me de Serent n'en soit pas au reste je suis persuadée que non. Son gout & sa devotion l'eloignoient de toute intrigue avec la Reine. Il y avoit au depart du dernier courier au moins 5 cent personnes dont les papiers avoient eté mis sous scellé. Je crois ne vous avoir rien dit de faux[3] il y a huit jours sauf ma 1re erreur. A Sedan[4] on a arreté les comissaires de leurs Majestés Nationales. Deux nouveaux comissaires ont eté envoyé pour citer la Municipalité à la barre. Le Duc de Br. s'en tient à sa grande[4] declaration[5] qui a fait le plus petit effet possible. on pense qu'il craint soit la desertion de ses troupes[5] soit le courage des forcenés. L'inaction de cet Agamemnon est singuliere. Si votre Roi avoit[6] quelque Briseis pour s'amuser à la bonne heure. On dit que ses illuminés en font[7] revenir une d'angleterre qui l'avoit un peu charmé entre Mlle de Vos[6] & la Ctesse. O

Salomon du Nord! pouroit-on lui dire dans un autre sens que Voltaire ne le disoit à son oncle. au reste ce seroit une flatterie car il est loin des 5 cent femmes &[8] Concubines[7] dont le sage Roi faisoit la rodomontade.   Les emigrés ont moins d'espoir que jamais à ce qu'on dit. Leurs defenseurs n'ont pas les sentimens & peut-être n'ont-ils pas non plus la force que ces messieurs voudroient. Qu'estce qui faisoit appeller les Rois des puissances? c'est qu'ils avoient des sujets de soldats obeissants. Chacun d'eux pouroit n'être bientot plus qu'un homme assez foible.

Depuis près de 15 jours qu'on ne songe qu'a ce qui s'est passé à paris la conduite des feroces Jacobins s'est presentée à moi sous bien[9] des aspects differens.[10] Mon degout mon horreur sont[11] bien toujours les mêmes mais je me dis ils avoient à faire à des grand tripottiers, dont les intrigues n'auroient pas eu de fin & qui pour but avoient une contrerevolution sanglante aussi, horrible aussi; les Jacobins on été les plus promts les plus hardis ils ont prevenu ce qu'on leur destinoit faut-il si fort les en blamer. Je sai bien que la maniere est si affreuse qu'un Jacobin me paroit un être à fuir comme un loup comme la peste; la[12] ruse la perfidie se sont joints chez eux à une rage cruelle à une soif de sang qui n'est pas eteinte encore. Mais les autres.... Et ces autres je vois combien ils ont été sots & laches de fuir au lieu[13] de se defendre. 5 cent suisses avec quelques gardes nationales ont mis sur le carreau quantité de Marseillois, de gardes nationales, de gens de toute espece & cela malgré des traitres qui les quitoient pour se joindre aux ennemis, malgré la defection de leurs canoniers[14] malgré la retraite du Roi qui me paroit bien lache aussi & bien inconcevable. Eh bien que n'auroient pas pu faire tous les gentilshommes & beaucoup de proprietaires qui adheroient a leur cause s'ils fussent restés & se fussent reunis!

Adieu Monsieur. Si je vous ennuye ayez la bonté de me le dire.

Ce Jeudi 24 aout 1792

a Monsieur/Monsieur le Baron de/Chambrier/Ministre de sa majesté Prussienne/ a *Turin*

848. *A Henriette L'Hardy, 23 août 1792*

O Lucinde! vous vous en faites accroire relativement aux dedains. Je vous en ai vu un très bien conditionné pour Me Lis D.P.;[1] un petit pour sa mere; un grand pour Frankfort & ses marchands, un passablement grand pour Berne & ses Bernois, & j'ai vu très clairement que lorsqu'un *dedain* pouvoit être exprimé par une *epigramme* vous vous en passiez la fantaisie. En tout ceci je n'accuse pas votre cœur & je ne blame pas votre gout. Je sai que vous revenez quand vous croyez être allée trop loin et cela franchement, en courant, en criant je reviens je reviens. Je sais aussi que ce que vous dedaignez n'est pas d'ordinaire à estimer beaucoup. Mais enfin vous avez été dedaigneuse pour d'autres que pour M. Tuillier de Geneve[2] & *c'est ce qu'il faloit prouver*. Quant aux engouemens je ne puis pas en demontrer l'existence mais j'ai cru qu'un peu de precipitation à juger devoit naturellement les produire & sur ce j'ai pris la liberté de dire à Lucinde hâtez vous de murir votre esprit; faites servir à cela une experience precoce & l'habitude de lire en apliquant ce que vous lisez à vous même & à ce que vous voyez. Que vous avez vu de gens & de choses en un an moins quelques jours, à compter de votre depart d'auvernier jusqu'a cette minute! Vous avez beaucoup lu aussi & quoique vous ayez lu sans but particulier et n'ayez fait aucune etude bien serieuse cependant ce que vous avez lu s'est mieux amalgamé avec votre pensée que chez la plupart des femmes. Je voudrois que vous fissiez n'importe quelle etude serieuse – soit celle des Mathematiques de la musique ou des langues. L'italien est trop facile & trop ressemblant au françois pour se pouvoir compter. Si tout ce que je viens de dire est trop long commencez par la logique, lisez ensuite Locke de l'entendement humain. Il y a un esprit d'analyse, un art de remonter des connoissances particulieres aux principes, de[1] descendre des principes aux consequences de detail sans s'embrouiller, sans rien confondre, en ecartant de la question qu'on veut eclaircir tout ce qui lui est etranger & cet[2] art peu de femmes l'ont, parce qu'il ne s'acquiert que par une etude reguliere de cet art lui[3] même ou par une multitude d'autres etudes auxquelles il est necessaire de sorte qu'on[4] l'acquiert sans y penser comme on apprend à connoitre une pele à feu en faisant du feu & sans songer à la pele. Là ou il manque on s'aperçoit toujours que quelque chose manque. En lisant M. Necker on voit qu'il n'a fait que les etudes de l'enfance & non celles de la jeunesse d'un homme qui se voue à l'étude; en ecoutant M. Chaillet[3] on s'aperçoit qu'il n'est pas géomêtre du tout, qu'il est mediocre logicien & que les mots sentiment, instinct, chaleur, entousiasme l'ont trop seduit & captivé.

Parmi ces noms fameux je n'ose me placer,[4] ...
mes partielles ignorances cependant en valent bien d'autres. & j'ai surpris mon monde bien des fois par les[5] balourdises qui se fourroient parmi ce que je faisois de plus passable.

Je ne comprens rien aux D. P.[5] & pas grand chose à sa Majesté Prussienne. J'ai ecrit à votre amie des balivernes & que je ne la comprenois pas; que les demarches pour revenir, la robe de satin, la pensée où elle paroissoit être (fondée sur rien du tout, sur ce que de la part du Roi[6] on ne lui parloit plus de l'enfant) que tout cela m'etonnoit fort quand je le mettois ensemble.   J'ai eu Madame Madveiss[6] toute une journée il n'y a pas longtems, elle est prevenue pour la Comtesse & c'est à quoi je n'ai pas nui en rectifiant de fausses impressions qu'on lui avoit données. on parle souvent d'un parti à la tête du quel etoit la Comtesse. Je repons qu'il y a eu d'autre parti que peut-être entre ses pensées ses discours & ses demarches, & qu'elle n'etoit pas à la tête d'autre chose. Que je ne lui connois ni cliens ni correspondances à Berlin ni intrigues nulle part. J'en suis crue. Mc Madveiss a tout l'esprit possible. C'est un squelette victime des maladies les plus cruelles mais ce squelette a plus de vie & de grace & d'aisance qu'il n'y en a dans beaucoup de fraiches & grasses beautés. Elle chante avec une voix detruite de maniere à faire trouver toutes les chanteuses froides & insipides. Je souhaite qu'un jour ou l'autre vous la voyez.

Adieu Mademoiselle. Me pardonnerez vous la longue exhortation qui fait la moitié de ma lettre? J'ai envie & c'est au fond tout le crime que vous avez à me pardonner, j'ai envie de vous voir parfaite; rien que cela, entendez vous? parfaite. Je suis si lasse de ce qui peche qui par ceci, qui par cela; de ce[7] qui boite soit à droite soit[8] à gauche. Marchez droit & ferme, vous, ne fut-ce que pour varier.

Ce Jeudi 24 aout 1792

Mc Caroline Sandoz, mes amours & aussi les votres ne boite assurement pas mais sa marche est si privée si modeste qu'a peine on la voit aller. Les circomstances jointes à un naturel plus vif & un peu plus osant[7] vous mettent plus en vue à cet egard. Elle se promene vous dansez plus ou moins sur un theatre. Allons courage que je[9] vous le voye arpenter superieurement comme Vestris[8] Je crierai bravo. quel àplond,[9] quelle mesure, quels jarrets!

Vous direz à coup sur que je suis un peu folle. Quel theatre direz vous est celui sur lequel je danse? L'abaÿe de Fontaine andré? où voyez vous l'orchestre, les loges, le parterre? Eh bien oui je suis un peu folle j'etois dans mon imagination parterre loge orchestre & le moucheur de chandelles & le soufleur, & il y avoit avec cela grand spectacle.[10]

a Mademoiselle/Mademoiselle L'hardy/a Fontaine andré/Recommandée à M. Chatenay Roi/a *Neuchatel*

849. *De Jean-François de Chambrier, 1 septembre 1792*

J'étais bien loin de penser, Madame que vous eussiés doné quelque prix à mes aplaudissemens, & que mon Jugement pût être compté. Je suis sourd & aveugle en Musique depuis longtems: je n'ay que le Clavessin de ma fille dont je ne touche point; je n'écris plus & le sol que j'habite ne me tirera pas de cette apathie. – Je vous écoutais come un enfant frapé d'une chose nouvelle qui l'etoñe & le réjouit. Ces êtres là ne valent que pour ce premier moment.

mais enfin, Madame, vous voulés bien que je profite de vos leçons; vos efforts vos progrès, vos dispositions naturelles toûjours les plus Sûres, votre infatigable aplication, vous ont fait tout surmonter. Vous vous créés dans un village de la Suisse avec tout ce courage là & ces grands moyens, pendant que vous auriés parcouru votre Carrière à Naples avec des ailes rapides. – Il vous était donc réservé de doner un pareil exemple de travail & de constance.

J'ai reçu la Lettre[1] dont vous m'avés honoré chés mon Pere[2] où j'etais privé de tous les moyens d'y répondre. De retour à Cornaux[3] je me suis trouvé sans papier. On m'en aporta hier; je hazarday de tracer le chiffon que je joins icy.

C'est avec une très grande Surprise que je vois le peu d'usage que vous avés fait du Récitatif obligé, que je crois le chef d'œuvre de l'art. Et vous faites des operas madame sour la direction d'un maitre habile qui a de grands Succès à Turin & à Milan! – Les français ont pû l'ignorer; ils avait de boñes raisons pour cela. Coment rendre les grandes situations si ce n'est par cette espèce de Récitatif? Je parle de ces agitations de l'ame successivement violentes, douloureuses, tendres de ces lueurs d'espérances qui percent au milieu des peines & qui toutes passent rapidement dans un Cœur agité; qui exigent ainsi des modulations, des mouvemens & des tems variés qu'on ne peut admettre dans *l'aria* puisqu'elle a une marche uniforme & ses règles fixées & presqu'invariables.

Rousseau a peu fait de boñs choses & point de grandes en musique. Cependant il en raisoñe en maitre. Ses articles[4] de Récitatif *obligé*, *parlé & accompagné* surtout le 1r sont excellens. C'est qu'il avait un goût sûr & une élocution faite pour le rendre sensible. Relisés, Madame, ces articles dans son Dictionaire; celui de *Duo* &c vous êtes faite pour en tirer bon parti. Il vous dira ce que vous sentiriés si vous étiés à Naples. – Je vous félicite d'ailleurs d'entendre quelquefois Mde de Madeweis;[5] elle joint à beaucoup de goût & d'expression une exécution rare pour des amateurs. Persone ne peut mieux qu'elle vous faire apercevoir tout le charme & la force du *Récitatif obligé*.

Mais qu'elle[1)] en est donc l'indispensable nécessité? Celle de peindre come je l'ay dit les Combats des passions & par conséquent les plus intéressans morceaux de l'opéra. La Ritournelle prépare le Sentiment qu'on va peindre, en choisissant le mode, le tems & le chant qui lui sont analogues. Il change: une nouvelle modulation tranchante va vous y préparer. Toutes les Sensations se peignent ainsi successivement & rapidement. L'art des grands maitres *Jomelli*, *Sacchini*, *Anfossi*, *Anfossi*, *Paisiello*[6] &c sans remonter plus haut ont[2)] doné une grande perfection à cette partie sublime de la composition.

J'ay entendu autrefois à Naples un opéra de Jomelli qu'il dirigeait lui même; *Armide*[7] que je crois son Chef d'œuvre. C'est la seule fois en ma vie que j'ay éprouvé bien véritablement tous les transports que la musique peut faire naitre. Ses récitatifs obligés surtout me firent sentir toutes les émotions; mes larmes coulèrent & sa musique me fit tressaillir & frissoner. Longtems après, en exécutant faiblement & seul ces morceaux à mon Clavessin, mes larmes coulait & je frissonais encore. J'étais tout entier à la salle de Naples quoi que dans les rochers de la Suisse. Peu à peu mes Sens se sont engourdis dans une terre aride. Je végétay, je m'endormis. Je vieillis, l'imagination m'abandoñe – vous m'avés rendu, Madame, un moment à d'ancieñes impressions; mais vous verrés combien elles sont impuissantes.

Ce morceau de Poësie & d'opéra je pense me parait propre à être mis en Récitatif obligé: vous en avés fait un Essay; Madame: vous avés voulu que j'y plaçasse à mon tour quelques réminiscences. Je vous ay obéi: vous verrés que je me garde bien de désirer M. Zangarelli pour Juge: on perd successivement ses Sens & le peu qu'on pouvoit savoir dans les arts qui tienent à l'Imagination: mais l'amour propre survit à tout. – Envoyés lui votre Essay, Madame, il vous observera en maitre ce que j'aperçois confusément. – Ce morceau comporte des modulations & des mouvemens variés parcequ'il renferme des situations variées & des Sentimens qui se contrastent: objets essentiels au Récitatif obligé.

Dans l'empressement de faire ce que vous desirés & ne pouvant tirer une notte de mon propre fond, je me rapellay un morceau de cet opéra de *Jomelli* dont l'impression se retrace encor à moi. Je l'adaptay à vos paroles: mis en mouvement par ce travail, je hazarday d'y joindre quelques idées: vous en sentirés d'autant mieux madame, l'ouvrage d'un grand maitre: mais il faudrait le placer où il doit être. –

– J'ay dit que je sentais & que je ne pouvais exprimer: ainsi il me serait plus facile de vous observer les défauts de L'Essay que je me permets de vous envoyer que de mieux faire. – Je le ferais dès que je pourrais avoir l'hoñeur de vous voir. La distance où je suis de Colombier ne me permettant pas de vous le remettre moi même, & ce très faible Essay ne méritant pas l'instant que vous mettriés à le déchiffrer, il se retrouvera peut être une fois sous vôtre main lorsque j'iray moi même vous en rendre la faible expression. – Je le répète, j'ay voulu vous obéir, Madame & vous doñer ainsi une preuve de ma consideration respectueuse

Chambrier

Cornaux le 1.7^{bre} 1792.

850. *De Jean-Pierre de Chambrier d'Oleyres, 1 septembre 1792*

Madame

Je suis très reconoissant des notions que vous avés bien voulu me co-

413

muniquer sur les tristes evénemens qui ont eu lieu a Paris, les relations qui devoient en venir directement Icy ont eté Interceptées en france, c'est donc par la Suisse qu'on en a su tous les details qui font fremir, & l'Impression doit en avoir eté d'autant plus douloureuse en Suisse et a Neuchatel en particulier, que l'afliction des parens & des amis des victimes du 10 aout s'est reunie a l'Indignation generale qu'Inspire cette Scène affreuse. Si les Jacobins veulent l'excuser, & meme la Justifier en alleguant les complots de leurs adversaires qu'ils vouloient prevenir, ils seront Jugés par la posterité Impartiale comme les apologistes du massacre de la St Barthelemy l'ont eté, deux siecles après cette catastrophe l'abbé de Caveirac[1] a tenté de la Justifier en alleguant les desseins des Protestans d'aneantir leurs antagonistes & l'obligation ou ceux cy etoient de les prevenir par les moyens les plus prompts & les plus surs, les philosophes soi disant qui ont preparé la revolution francoise ont condamné Mr de Caveirac a leur tribunal & le Clergé meme n'a osé le soutenir. Aujourdhuy on renouvelle les proscriptions de la Ligue, & on veut les Justifier par les mêmes raisonemens. On attribue de grandes noirceurs aux Emigrés & a leurs adherens a Paris mais on convient cependant que les Jacobins seuls ont eu un plan suivi de Sceleratesse & de perfidie, les uns seront Jugés sur des soubcons les autres sur des preuves, les premiers sont tels peut etre qu'ils etoient sous l'ancien regime mais on seroit bien tenté de le regretter ce regime tout corrompu qu'il etoit quand on le compare a celuy d'aujourdhuy. Il faut esperer que le terme de tant de forfaits n'est pas si eloigné qu'on paroit le croire a Neuchatel & le Duc de Brunsvick est aussi actif qu'il doit l'etre pour executer les sages decrets qui retabliront enfin l'ordre & le repos public menacés de touttes parts si le Jacobinisme avoit eté abandonné a luy même. ses progrès etoient effrayans, & un folliculaire allemand nomé Hoffman[2] vient de publier une nouvelle gazette destinée a en combattre les principes assés repandus en Allemagne, où il prouve que *les Illuminés* ne font qu'un corps Invisible avec les propagandistes francois, & que leurs liaisons secretes meritent toutte l'attention du Souverain, aussi les deux monarques[3] ligués pour le bien public sont ils a la tete des Souscripteurs de cette feuille, & ils ont même donné a l'auteur les temoignages les moins equivoques de l'aprobation qu'ils donent a sa doctrine. Voilà ce qu'on Ignore peut etre dans les pays où les feuilles francoises seules sont connues car celle cy est en allemand – Employer ses forces pour retablir le bon ordre & la tranquilité generale par des motifs très desinteressés, c'est ce que peu de Souverains ont fait encor, & c'est aussi ce qui meritera un jour au roy, le nom *de Salomon du Nord* que vous luy donnés

J'ai lhoneur d'etre avec respect Madame votre tres humble & tres obeissant servr

Chambrier

Turin le 1 7bre 1792

414

851. *Charles-Emmanuel et Isabelle de Charrière à Henriette L'Hardy, 13 sep-*
tembre 1792

Je vais ecrire Mademoiselle sous la dictée de ma femme.

a Colombier le 13 7ᵇʳ à 6 h du soir

J'ai apri, avec reconnoissance que vous vous faites informer de ma
santé chés Mʳ Liechtan;[1] vous aurés appris que je suis hors d'affaire, mais
le jeune, les boissons trois fortes saignées me mettent pour longtems
Mademoiselle hors d'etat de me donner le plaisir de m'entretenir avec
vous.

Voici ce que je me crois obligé de vous dire sans délai aucun. Mʳ Liechtan après vous avoir nommée rélativement aux informations que vous
prenés de ma santé, a parlé de la Comtesse et a parlé avec surprise même
avec pitié de ce qu'elle aura à soufrir dans le logement[2] loué pour elle. Les
murs en sont très minces, l'eau du lac poussée par le vent vient jusqu'aux
fenetres. Tout près[1)] on travaille à remplir des encaissemens[3] établis dans
le lac, le marché est fait avec un Charpentier pour en faire et en refaire
d'autres. Le chantier fixé sous les fenetres de la Comtesse les chariots
ammenant des pierres, ne cessant d'aller et de venir, feront, dit Mʳ
Liechtan, de cette maison un enfer pour une femme en couche; Les circonstances precedentes, murs minces, eau, vent &c en feront[2)] dans la
mauvaise saison une glaciere humide pour tout le monde. Je suis d'avis
que fut ce à l'insu de la Comtesse vous louiés au cœur de la ville un appartement dans lequel elle puisse se réfugier quand elle ne pourra plus tenir
dans celui là. Je ne sais si l'on pourroit avoir la maison Rougemont;[4] si
non il y a un logement chés mʳ le Chev. Marval;[5] peutetre Mᵉ de Savines[6]
quitte-t-elle le sien, peutetre Mʳ Heinzely[7] en loueroit il un. Quant à ce
que pourroit offrir Mᵉ d'yvernois[8] c'est plain de punaises. Coute qu'il
coute, Mademoiselle, il faut un autre logement si l'on ne veut pas que
cette femme qui a perdu le repos et le bonheur n'acheve de perdre sa
santé; Ce qu'a dit là dessus un medecin, un Acoucheur me paroit[3)] devoir
etre écouté comme un oracle et négliger son avis seroit veritablement un
tort qu'on auroit à se reprocher à jamais. Il est inutile que vous vous don-
niés la peine de me répondre. Ceci m'a fatigué à dicter et toute discussion
sur ce point est superflue. J'ai fait mon devoir en disant ce que j'ai dit. Ne
me consultés plus sur les Dupaquier;[9] Je ne comprens ni eux ni leur position et je prens la fievre d'y penser.

Quant à vous, Mademoiselle, vous me récréeriés et m'amuseriés et me
feriés du bien si je pouvois vous voir mais il faut se passer de ce plaisir.
Je vous souhaite continuation de courage, de gaieté et de santé.

Brunswick, ce 17 septembre 1792.

Vous ne connaissez ni ma situation ni mes projets, ainsi vous ne pouvez me juger. Je ne puis entrer ici dans de longs détails. A mon arrivée à Colombier je vous expliquerai tout. Je compte y être d'ici à un mois ou six semaines. Si vous me répondez tout de suite je puis encore recevoir votre lettre.

Ce que M. de Charrière m'écrit est parfaitement juste; il réunit dans cette affaire, comme dans tous ses procédés, la délicatesse à la raison. Avant le 1er mars prochain, je prends l'engagement solennel que cette dette sera acquittée. Les dédommagements que vous souhaitez à ma femme ont précédé de six mois l'injure et l'ont amenée. Je ne l'en blâme certes pas et ce n'est que pour ma justification que je vous le dis. Cela ne m'empêchera pas de prendre soin de ses intérêts, et quoi que je fasse, elle ne se trouvera jamais mal de m'avoir épousé.

Quant à vos conseils, ils peuvent être très bons, mais si je pouvais les suivre, je serais autre que je ne suis, et si j'étais autre, je n'aurais pas cent ennemis acharnés, ainsi par là même que j'en suis où j'en suis, je ne peux retourner sur mes pas. Le malheur ou le bonheur (pour qui lit dans l'avenir) est que les torts sont au moins réciproques, de sorte que je ne puis avoir de regrets et que les tentatives de rapprochement seraient inutiles. Je l'ai senti à 18 ans, à 20, à 22, à 24 ans, je le sens à près de 25, je dois, pour le bonheur des autres et pour le mien, vivre seul. Je puis faire de bonnes et fortes actions, je ne puis pas avoir de bons petits procédés; les lettres et la solitude, voilà mon élément. Reste à savoir si j'irai chercher ces biens dans la tourmente française ou dans quelque retraite bien ignorée.

Mes arrangements pécuniaires seront bientôt faits: ma femme sera plus riche que moi et je laisserai à Marianne[1] qui a déjà beaucoup de mon bien, encore quelque partie de ce qui me reste. Je ne demande que d'avoir de quoi vivre, et de ne dépendre de rien, de ne tenir à rien. Mon père vient de me proposer d'abandonner à Marianne plus du tiers de ma fortune. J'ai refusé, s'il insiste, j'obéirai en me félicitant parce que cette conduite justifiera mon isolement. Quant à ma vie ici elle est insupportable et le devient tous les jours plus. Je perds dix heures de la journée à la cour où l'on me déteste, parce qu'on me sait démocrate, parce que[1] j'ai relevé le ridicule de tout le monde, ce qui les a convaincus que j'étais *un homme sans principes*. Sans doute tout cela est de ma faute[2]: blasé sur tout, ennuyé de tout, amer, égoïste, avec une sorte de sensibilité qui ne sert qu'à me tourmenter, mobile au point d'en passer pour sot,[3] sujet à des accès de mélancolie qui interrompent tous mes plans et me font agir, pendant qu'ils durent, comme si j'avais renoncé à tout, persécuté en outre par les circonstances extérieures: par mon père à la fois tendre et inquiet – livré à Marianne et m'écrivant de superbes lettres; par une femme amoureuse d'un jeune étourdi,[2] – platoniquement, dit-elle, et prétendant avoir de l'amitié pour moi; persécuté par toutes les entraves que tous[4)] les malheurs et les arrangements de mon père ont mis dans mes affaires, comment voulez-vous que je réussisse, que je plaise, que je vive?

Adieu. Vous recevrez pour moi peut-être une lettre de Paris que je vous prie de garder jusqu'à mon arrivée. Je n'ai pas encore reçu les papiers.[3] S'ils n'étaient pas partis ce serait trop tard, j'aimerais mieux les prendre en passant. Plaignez-moi, aimez-moi et pensez à ce qu'il y a de mieux à faire pour moi. Mon séjour à Colombier me remettra peut-être, et vous pourrez m'y donner en tous cas des conseils qui ne seront pas suivis.

853. De Marie-Anne-Jeanne Saurin, 21 septembre 1792

a la rocheguion par bonnieres, le 21 septembre

je ne vous ai pas accusé, madame, la réception de votre derniere lettre. je l'ai reçue étant à paris, et vous ayant ecris quelques jours auparavent, en sorte que nos lettres[1] se sont croisées. ma lettre vous aura appris que j'etois à paris le -10 aoust, et j'y étois encore le 2 et le 3 septembre: mais enfin je suis de retour ici depuis douse a quatorse jours. vous aurez sû qu'il n'etoit rien arrivé de facheux aux personnes dont vous me demandiez des nouvelles. j'ai parlé de votre souvenir à mr et m[de] S....[2] je les ai laissez à paris, et en bonne santé, malgré les agittations qui sy succedent. pour moi je desirois fort de me retrouver à la campagne où malgré l'inquiétude, et la préocupation des Evénements, on jouit cependant d'un peu de calme. il m'étoit devenu bien nécéssaire. les derniers tems de mon séjour à paris, j'y avois perdu presque entierement le someil, que j'ai retrouvé depuis que je suis ici, et que ma santé n'est point mauvoise. vous aurez appris les malheurs arrivés a la famille la rochefoucault.[3] la grand mere,[4] et la belle fille[5] sont ici, aussi douloureusement affligées qu'il est possible de l'être. mondieu qu'elles sont malheureuse! je les visite de tems en tems, et vous concevez qu'il est impossible de voir ce tableau de douleur sans eprouver un serrement d'âme qui fait cruelement souffrir. quoi que dans l'attente des evénements et continuelement occupée de la situation de la france, ces idées ne m'empechent pas madame, de penser souvent à vous. je me demande quelques fois: n'auraije donc plus le plaisir de revoir m[de] de charriere, de retrouver ces aimables conversations que sa confiance me rendoit si chere, et que je n'ai point oubliée? si ce souvenir me cause de la mélancolie puis qu'il est accompagné de regrets, aumoins cette mélancolie est douce, et d'autres idées n'ont pas cette compensation. le zele des citoyens pour aller déffendre nos frontieres ne saurait se concevoir. ce dévouement est aussi admirable, par son universalité, qu'il est attendrissant. m^de de frénilly est à la campagne, et ne doit habiter sa nouvelle maison de la rüe st honnoré, qu'a son retour.

adieu, madame, quand vous me donnerés des nouvelles de votre santé, vous adresserés toujours vos lettres a paris, je vous dis mille choses tendres, et vous aimerai toute ma vie

a Madame/Madame de charriere/à colombier, *près de neuchatel/en Suisse*

---

854. *A Jean-François de Chambrier, 29 septembre 1792*

A Colombier le 29 7bre

Ne voulant pas tarder davantage, Monsieur à repondre à vos obligeantes bontés & n'ayant pas encore la force d'ecrire de suite je vai dicter ma reponse. Je suis bien sure que vous ne le trouverez pas mauvais.

J'etois au commencement d'une maladie assés serieuse quand je reçus votre lettre;[1] il s'est passé quelques jours avant que je pusse la lire et beaucoup d'autres jours avant que j'aie pu éssaier au Claveçin la musique que vous avés eu la bonté de m'envoier; je ne l'ai même encore éssaiée que bien imparfaitement mais j'en ai assés vu pour admirer votre complaisance et la patience que vous avés eue d'adapter une musique étrangère aux paroles que j'offrois. J'ai trouvé dans cette musique de beaux endroits, de beaux accords, elle me servira de guide quand aiant recouvré mes forces je m'éssaierai dans ce genre mais plutot sur des paroles de Metastase que sur les mieñes. Zadig[2] n'est pas une tragedie et il n'y a pas matiere à des recitatifs obligés d'un très grand effet. Je m'éssaierai, Monsieur, mais je crains bien que mes éssais ne me conduisent qu'à bien connoitre mon incapacité. J'ai pourtant fait le chant et l'harmonie de quelques morceaux de musique instrumentale de caractère tels qu'une marche funéraire et très lugubre dans Polyphème,[3] Une marche pompeuse et brillante dans Zadig et quelques airs naifs et champêtres aussi dans Polyphème (qu'il me tarde bien de vous montrer) mais d'associer les instrumens a la voix, de faire alterner des morçeaux de musique instrumentale avec des paroles moins chantées que parlées et de façon qu'il regne[1)] entre les uns et les autres de l'accord et de l'unité et que les instrumens soient, pour ainsi dire, l'accent des paroles, je ne vois rien dans ce que j'ai fait qui m'autorise à m'en croire capable. Vous etes surpris, Monsieur, que Zingarelli ne m'ait point occupée du reçitatif obligé; c'est parceque vous croiés que mes etudes et ses leçons ont été suivies et methodiques mais point du tout. Zingarelli me trouvoit trop hardie de prétendre a faire jamais autre chose que des romançes et quand malgré lui[2] je me suis élevée un peu plus haut, surpris, tantot de mon ignorance, tantot de ce que malgré mon ignorance je faisois parci par là des choses qu'il etoit forçé de trouver belles et jaloux pour ainsi dire pour son art qu'il trouvoit devoir etre étudié de longue main, il se mettoit de très mauvaise humeur contre moi. J'ai escamotté ses avis parmi ses invectives. Jamais je n'ai osé ecrire deux nottes en sa présence. L'un portant l'autre cela est allé assés bien; je n'ai du moins pas été gatée par des applaudissemens de pure complaisance mais si vous aviés été avec nous vous seriés plus étonné de ce que j'ai appris que de ce que je n'ai pas appris. Je ne sais ce qui dans ce moment l'empêche de m'ecrire, je lui ai envoié le morceau de reçitatif obligé que j'ai osé vous envoier aussi et un Rondeau que j'avois envie que Mad de Madweis put jouer; je lui demandois de le corriger et d'y mettre des parties; Je vous ferai part aussi tot de ce qu'il m'enverra; vous vous dites, Monsieur, devenu sourd et aveugle pour la musique mais permettés moi de ne pas vous en croire; Rien n'est si vrai que l'extrème plaisir que m'a fait un peu d'approbation de votre part; il me tarde, comme je l'ai deja glissé dans une parenthese de vous montrer Polyphème; *la musique en est bonne, chaque notte en est raisonnée*, disoit Zingarelli; il auroit pu dire, chaque notte en a été contestée et pesée a toutes sortes de balances; c'est en pleurant et en grondant que nous avons achevé ce morçeau

Je me flatte que vous voudrés bien me venir voir quand vous serés revenu de la campagne; De qui pourroit on se flatter de reçevoir des avis et des encouragemens si ce n'etoit d'un homme plein de connoissances, de talens et de gout. J'ai lhonneur d'etre, Monsieur, votre très humble et très obeissante servante

Tuyll de Charriere.

---

855. *A Jean-François de Chambrier, 2 octobre 1792*

Pour m'assurer que je fusse *tornata in vita*[1] j'ai cherché il y a trois jours dans Metastase des paroles propres à un petit air; je les ai trouvées dans une scene de Demetrio[2] & voici mon air. Je prens la liberté de l'envoyer à Monsieur le baron de Chambrier avec l'orgueilleux espoir qu'il s'en amusera un instant. Si je savois faire de jolies basses de Clavessin j'en ferois une à ma cansonnette mais l'ennui d'ecrire ces batteries[3] m'a empeché[1] de m'y appliquer; mon second violon est aussi trop nu. C'est un malheur de n'être pas plus habile. Monsieur de Chambrier en aura bientot assez de mon petit air & alors il[2] voudra bien me le renvoyer; Copier est une grande fatigue pour une convalescente. J'ai l'honneur Monsieur de vous saluer très humblement. Ma foiblesse vous sauve une plus longue lettre & une plus grande ceremonie.

Tuyll de Charriere

Ce 2ᵉ oct. 1792.

a Monsieur/Monsieur le Baron de Chambrier/a *Corneau*

856. *D'Henriette L'Hardy, 4 octobre 1792*

Jeudi matin

Jai eu bien de la joye d'apprendre que vous reprenez des forces madame – nous somes assez bien ici[1] · si je n'eusse craint dagir contre votre volonté vous eussiez appris madame qu'a la suite de la lettre[2] que vous eutes la bonté de me faire ecrire jai insisté pour qu'on vint voir cette maison juger par soi meme si on pourrait sen contenter quil etait tems encor de sen procurer une autre · on la vu on a été content on a dit je pourrais avoir un palais dans votre maudite ville que je ne voudrais pas y mettre le pied je nai plus rien dit – mes bones intentions mon Zele retombe toujours sur moi en mauvaises façons bouderies &c jen ai depuis 2 jours essuyé un bon nombre vos bons avis sont venus trop tard madame mais jespere cependant en etre quitte pour ce que jai eu – Quoi que je n'eusse pas peur de l'home[3] je me suis crue obligée après avoir entendu ce que vous men disiez – ce qu'en savait madame Sandoz – d'avertir je lai fait dès le comencement on ne men a point temoigné d'aigreur mais on a cru qu'on voyait mieux que le reste des humains & on a continué de le voir – après les trois premiers jours de notre etablissement ici quand jai vu que ce serait pis que la haut la frayeur de ce qu'on pourrait en dire ma fait hazarder un avis je lai adouci de mon mieux jai dit a la suite de plaintes qu'on faisait sur ce qu'on etait exposée plus que persone aux regards des curieux – cela est facheux & je crains qu'avec de mauvaises intentions on ne done aux bontés que vous avez pour cette famille une mauvaise interprétation on ma boudé on a laché des choses piquantes contre les doneurs d'avis – hier soir ma sœur parlait je ne sais plus a quel propos d'un cousin mort en prusse qui a eté fort libertin elle fit une histoire polissone de lui dun autre & de l'home noir[4] cela fut dit en riant sans quil y eut le moindre air de vouloir le mettre la pour raison – on rêva un moment & puis on ne boude plus – l'home ne saura rien on le verra toujours pour ne pas avoir l'air de se rendre a mes raisons je serai come jai toujours été assez parlante assez gaye cest la tournure que jai pris dabord pour laisser le moins de place possible aux choses de conséquence – a deux heures · Il est ici je nai vu nulle différence dans sa maniere de le recevoir jespere en etre quitte & je garderai la leçon pour des cas qui auront raport a celui ci – mais je voudrai cependant qu'on sut que je ne puis rien ne fait rien de ce que je voudrai faire que jai passé deux fois devant votre porte sans quil m'ait eté permis de monter – mais non il vaut mieux encor qu'on l'ignore – que vouliez vous en faire madame sil neut pas eté marié? je suis impatiente d'apprendre que vous etes tout a fait bien madame jai lhoneur detre votre tres humble servante

h L

857. D'Henriette L'Hardy, 14(?) octobre 1792

Dimanche a 4 heures

Bon Dieu que ne les croit on toujours vos avis madame – si on n'avait pas rejetté si loin si dedaigneusement ceux que vous avez bien voulu nous doñer au sujet de cette maison[1] nous ne serions pas apresent dans le cruel embarras de n'avoir plus de quoi reposer nos tristes tête · l'humidité la fumée les vents coulis nous chassent d'ici tout cela ne serait pas tenable cet hiver – ces inconveniens ne se sont pas manifestés les premiers jours aujourdhui l'humidité perse de toute part · nous moisissons – je ne sais ce que nous deviendrons je veux encor offrir la maison De Belly[2] · il ne faut plus penser a la ville ma pauvre compagne a juré de ne pas y mettre le pied – je la plains tous les jours davantage ses ecarts ne me donent plus dhumeur je les suporterai aussi longtems que son sort sera miserable – Je viens de recevoir la visite de mr Bosset[3] la comtesse a refusé de le voir je ne sais a quel propos · il a dit que le pr de monB:[4] quittait la rochette jai dit a mon tour que nous quittions ceci il offre sa maison. je vais en parler jai lhoneur detre madame votre tres humble servante

h L

a Madame/Madame de Chariere/a Collombier

858. De Georges de Chaillet-de Mézerac, mi-octobre 1792

J'ai appris Madame, avec l'inquietude la plus vive la Maladie sérieuse que Vous avés faite, on nous assure que vous êtes maintenant tout afait retablie, quoique je n'en doute point, ce seroit cependant un grand plaisir pour moi de le savoir de Vous même, il me semble que cela est nécessaire à ma tranquilité & que dans une chose qui m'a tant occupé & affecté, les certitudes que je ne tiens pas directement de Vous me laissent beaucoup à desirer. Depuis mon retour Icy[1] mon Ame a été déchirée & inquietée de bien des manieres, un jeune homme qui travaille depuis plusieurs années chès moi a essuyé une Maladie Cruelle, j'ignorois ce que c'etoit qu'une fievre Maligne, mais j'en suis encore épouvanté voilà 50 Jours qu'il garde le lit & quoiqu'on le Croye hors de danger il est encore bien mal. Nous avons fait une perte sensible à nous tous, c'est Celle de notre bonne & aimable Vieille Demoiselle huber,[2] dont ma femme vous aura sans doute parlé avec quelque detail, sa fin a été paisible comme sa Vie; elle nous avoit accueilli dès notre arrivée dans ce Pays, comme si nous eussions été ses enfans & c'est pour ma femme surtout une perte irréparable, car elle n'a pas comme moi des occupations qui lui donnent forcément des distractions. Cette année 1792 & surtout les événemens du moment me rapellent fréquemment le moment où nous vimes ensemble arriver à Neufchatel les fuyards Genevois · qui nous ont dit alors que le principal d'entreux[3] joueroit un rôle Pareil. que de reflexions tous ces bouleversements font naitre; je me trouve seulement trop près de la scène pour en jouir & j'aimerois bien mieux être aux troisièmes loges que dans le Partere, où l'on ne peut ni causer, ni même respirer a son aise. Dans quelques années d'Icy il faudra avoir été temoin occulaire pour croire tout ce qui s'est passé & en Verité on apprends dans des momens pareils à compter pour peu de chose la Vie des hommes & la sienne propre.

Avés-vous repris Votre Musique & Vos Opéras? faites vous des Romans? Si par hazard vous aviés quelque ouvrage sous presse, je Vous conjure Madame, de m'en faire part, j'ai une indigestion de Politique, d'affaires de Commerce & malheureusement je ne puis ni entendre parler ni lire autre chose, ainsi ce sera une grande charité de Votre part, de me transporter pour quelques instans ailleurs Je vais encore quelques fois entendre de la Musique à l'Opéra, mais il est rare que l'on y soit tranquile le trouble des esprits se Communique partout où il y a des rassemblemens, & comme je n'y vais que pour y passer quelques momens paisiblement, je suis forcé bien souvent d'y renoncer. Adieu Madame, je desire bien que la paix de Vos Montagnes ne soit pas troublée, comme on paroit le craindre

Madame/Madame Charriere/née Tuyll/*Par Yverdon/A Colombier en Suisse.*

859. *A Henriette L'Hardy, 15 ou 16 octobre 1792*

Comme vous n'etes pas censée m'avoir instruite je ne m'embarrasse pas de cela. C'est à vous à ne plus m'ecrire si vous voulez mais moi je ne romprai pas la correspondance la premiere; je ne me donnerai pas l'air de vous laisser là sans motifs ni raison.

N'outrez rien Lucinde. L'excès de complaisance quand elle n'est pas extremement payée par le cœur de la personne pour qui on l'a dispose à l'humeur. on la met trop dans son tort. outre cela j'ose dire que dans votre position vous avez besoin de quelque communication avec d'autres humains que la Ctesse & M., M^e, & les petits Courant.[1] Reduite à cette seule societé & n'ecrivant point, ne recevant point de lettres vous deviendriez une maniere de sauvage avec cette difference & singularité que votre esprit se nourriroit de romanesques fariboles.

Je suis fachée que M. Liegtang[2] & moi ayons eu si raison. La Rochette est une belle habitation on y a un bon air & une superbe vue mais aver-tissez cependant la Ctesse, oui ne manquez pas de l'avertir pour qu'elle ne s'en prenne pas à vous en tems & lieu, que lorsque la neige & la glace de Nov. Decembre & Janvier rendront les chemins dificiles, elle s'y trouvera bien eloignée de la sage femme ou de l'accoucheur, du medecin de l'apo-ticaire; que l'aller & revenir seront des voyages pour ses domestiques & que leur retour quand elle les enverra se fera impatiemment attendre.

Son degout pour neuchatel m'etonne d'autant plus qu'elle le connoit moins. Je ne trouve pas que ce soit une charmante ville, mais en hiver & pour être en couche il me semble qu'un logement chaud sourd & comode au milieu des secours est tout ce qu'il faut & vaut mieux qu'un palais dans les champs fut-il même entouré du Jardin des Hesperides.★ Et que dire de son eloignement pour les Neuchatelois, Les connoit-elle? Si elle les connoissoit elle verroit qu'ils ne valent à tout prendre ni plus ni moins que les Berlinois les Hambourgeois les Amsterdammois les Pari-siens Romains, habitans de la Chine. Partout ce sont des hommes, c'est à dire peu de chose pour qui conque leur demande beaucoup. Sommes nous en droit de nous en plaindre? à peu de chose près nous sommes ce qu'est tout le monde.

J'ai causé un jour avec Me Sandoz de Lucinde & des Clitandre. Me San-doz dit que Lucinde seroit dificile & qu'elle n'auroit pas tort. Nous trou-vames des Clitandre dont les uns n'avoit point d'esprit d'autres point de vertu d'autres point d'argent. Il faudroit qu'un bon & convenable Cli-tandre s'amourrachat de Lucinde ce qui est une affaire de hazard plus que de merite ou de charmes, ou bien qu'on calculat l'esprit & le plaisir qu'il y auroit à[2)] vivre avec certaine personne plutot qu'avec toute autre & l'on ne calcule que l'argent. Un mariage d'argent est ce qui s'apelle un mariage de raison quoi que ce soit bien souvent un fou & sot mariage. Nous ne sumes donc pas marier Lucinde.

J'ai receu un billet de mad. du P.[3] Après avoir été en peine de mon silence elle l'etoit de ma maladie. Je l'ai rassurée sur la maladie & lui ai

★ Son serment j'espere ne l'arreteroit pas. a qui l'at-elle fait? à Dieu? Dieu je pense n'y aura pas pris garde.[1)]

expliqué en partie le silence. J'aurois besoin qu'elle me dit *ma grossesse m'otoit la raison.*

Avez vous des nouvelles de M. votre frere[4] & de M. votre oncle? on pretend que Geneve s'est arrangé. Comme ce ne peut être qu'honorablement après tout ce que les Genevois ont fait ces jours passés[5] j'en serois fort aise. Voila[3)] cet insolent torrent arreté dans son cours par une petite digue qu'il comptoit pour rien. Adieu. Je voudrois avoir des draps de coton à vous envoyer l'humidité ne le refroidit pas comme le lin. Si le lit des petites filles est humide aussi faites leur la galanterie d'une aune de flanelle & qu'elles en mettent la nuit un[4)] corset avec des manches[5)] sur la peau. En 3 semaines on peut prendre du rhumatisme pour la vie. Je vous recommande aussi[6)] la laine & le coton. Je vous recommande affectueusement à vous même. Que devient le gilet sandoz?

a Mademoiselle/Mademoiselle Henriette L'Hardy/au Fauxbourg, près du jardin/du Cercle/a *Neuchatel*

860. *A Henriette L'Hardy, 19 octobre 1792*

Ce vendredi 18 oct. 1792

Je vous aurois envoyé l'entendement humain[1] si essuyant des railleries de ce que le recommandant aux autres je ne l'avois jamais lu en entier moimême je ne m'etois mise à me le faire lire par Henriette Monachon. Je trouvois à cela une double utilité je fixois l'attention d'une personne très intelligente sur des idées qui ne sont debrouillées qu'à demi dans sa tête & sur des expressions dont elle n'a pu encore saisir qu'imparfaitement le sens & la valeur en même tems que je voyois de quelle maniere Locke a traité la[1)] metaphysique & comment il a fait decouler l'une de l'autre des idées qui me sont connues par oui dire ou sans que je sache trop comment. Je le trouve parci parlà très long & très diffus mais il n'est pas juste de lui en faire un reproche; il est le premier ecrivain en[2)] cette branche des connoissances humaines, il a du manquer d'ordre, & perdre du tems à combattre de vieux prejugés qui ne sont plus dans l'esprit de personne. J'ai trouvé à mesure que j'ecoutois lire que dans votre position actuelle il vous seroit impossible de faire une pareille lecture. La Ctesse ne souffriroit pas ce pedant inquarto dans son apartement & vous ne pouriez sans vous fatiguer ou vous endormir fixer votre pensée sur des matieres si abstraites le soir ou la nuit. Attendez pour lire Locke un autre moment · Comme il est bien plus question à mon gré de l'habitude qu'on donne à son esprit en l'obligeant à reflechir à suivre un principe[3)] dans toutes ses consequences, & à remonter de l'experience au principe, qu'il n'est n'est question de savoir ceci ou cela je vous indiquerois tout autre exercice de l'esprit pareil à celui que vous trouveriez dans cette lecture, si j'en imaginois un[4] qui n'eut pas le même[5] inconvenient.

La grammaire universelle de Gibelin[2] que M. Vaucher de la Ligniere[3] vous pouroit preter est aussi inquarto. La Ctesse trouveroit-elle mauvais que vous prissiez des leçons d'allemand lequel allemand vous conduiroit à apprendre très facilement l'anglois lorsque vous en auriez l'occasion? Si Locke est un bon maitre de metaphysique abstraite & elementaire, l'etude des langues est selon moi la meilleure maitresse de metaphysique experimentale pour ainsi dire · L'etude des[6] mots de[7] leurs racines, de[7] leurs derivés, de[7] la maniere dont ils se composent, se nuancent, se lient, donne la clef de la formation & de la marche de nos idées. on ne peut reflechir un moment à ce que nous disons sans en voir plus clair dans ce[8] nous pensons. J'ai toute ma vie bravé le ridicule que m'a attiré mon purisme, & ma passion pour la recherche des étymologies & je dirai jusqu'à la fin de mes jours que l'etude des langues l'attention qu'on donne à ce qui se dit, les comparaisons que l'on fait entre les langues du nord comme l'allemand & celles du midi comme le latin & tous ses enfans (le françois, l'italien,) est de tous les exercices de l'esprit celui qui le forme & l'etend & l'éguise le plus. Si vous pouvez aussi peu vous occuper des langues que de toute autre étude suivie, je vous conseille de lire ce qu'il y a de mieux en d'autres genres · Voulez vous quelques volumes de Buffon · Voulez vous vous rafraichir la memoire en fait d'histoire ancienne ou moderne · Je crois que nous avons Hume[4] en francois · Rapin Thoiras[5] que nous n'avons pas vaut mieux encore. Nous n'avons Robertson[6] qu'en anglois, & le bon Rollin[7] que vous n'aurez lu que dans votre enfance nous l'avons surement.   Au reste soyez fort tranquile sur votre tête que vous croyez si mauvaise. Une genereuse exaltation qui vous disposoit à faire plus qu'il ne faut en fait de sacrifices & de complaisance, ne prouve assurement pas une mauvaise tête mais un jeune & bon cœur. Avec le tems vous tarderez un peu à agir d'après cette premiere vive impulsion..... encore ne sai-je. Mon experience me force à en douter. Je n'ai regret qu'à un de ces beaux mouvemens, encore ce n'est pas vous qui l'eutes la premiere, c'est celui qui fit partir de Potsdam une personne qui ne saura jamais être passablement bien ailleurs. Elle ne se connoissoit pas elle même elle connoissoit encore moins les hommes si promts à changer & à oublier. Elle ne savoit pas qu'un homme qui donne beaucoup d'empire sur lui à une femme est un homme foible, & que par cela même il ne saura se defendre contre aucune suggestion ni retenir longtems une impression forte & profonde de quoi que ce soit. Une fois cire molle on ne devient jamais acier ni diamant. Au reste moi grande fataliste je regarde cette fausse demarche de la C.[8] comme tellement inevitable que je n'y ai pas non plus un veritable regret. Ce qui est devoit être. Qu'est-ce

que le destin reserve à Lucinde? Son oncle de Nantes[9] la mariera t-il?
Tout cet article m'a fait plaisir. N'abusez pas de votre santé. La plus part
de ceux qui se portent mal se sont auparavant très bien portés. La santé
comme[9] la Vertu resiste & puis cede quelque fois, & même on pouroit
dire de l'une comme de l'autre

     ..... aux grands perils telle a pu se soustraire
     Qui perit pour la moindre affaire.[10]

M. de Ch. n'a pas de traduction de Hume mais il a en francois un des
ouvrages de Robertson.[10]

Je[11] vous demande pardon de cet horrible papier. Avez vous jamais lu
l'abbé Batteux? *Elemens de littérature.*[11] C'est un livre qu'il me semble
qu'on doit avoir lu Il n'est pas très amusant; la partie du raisonnement n'est peut-être pas très bonne cependant il faut le lire si on ne l'a
pas lu.

Une charmante lecture que je puis vous procurer ce sont les lettres de
Ciceron à atticus.[12] Demandez moi quelque chose je vous en prie.[12]

Avez vous lu les lettres de Pline le jeune?[13]

A Mademoiselle/Mademoiselle Henriette/L'Hardy/a *Neuchatel*/
Fauxbourg

861. *A Henriette L'Hardy, 22 octobre 1792*

Ce qui *est* n'*est* pas pour notre satisfaction. Que l'idée que nous nous
en formons soit plus ou moins satisfaisante elle n'en est ni plus ni moins
conforme à la verité. Vous, moi, mille autres pourions preferer chacun
une diferente[1] hypothese sur la fatalité ou la liberté,[2] & il n'y en auroit
pourtant qu'une de juste ou bien elles seroient toutes fausses. Si donc nous
cherchons la verité notre desir qu'elle soit ceci ou cela ne doit entrer pour
rien dans notre raisonnement. Je[3] serois surprise que le plaisir de se faire
une[4] merite de quelques unes de nos actions put nous faire preferer
l'hypothese de la liberté, car pour peu que nous examinions ce que nous
avons fait de mieux nous y trouvons bien de l'imperfection: souvent un
motif que nous ne pouvons louer, souvent aussi quelqu'erreur distraction, meprise y sont entrées pour quelque chose. Je trouverois plus de
seduction dans l'autre hypothése comme pouvant à un certain point nous
consoler de nos fautes & des maux qui en sont la consequence mais ce
ne sera jamais que jusqu'à un certain point que ces differentes hipohèses[5]
influeront sur le jugement qu'il est de[6] notre nature de porter de nos
actions & aussi des actions des autres. Nous nous applaudirons toutes les
fois que nous nous rapellerons qu'il est entré dans nos motifs d'action des

conjectures qui se sont trouvé justes, une prevoyance à laquelle les éve-
nemens se sont trouvés conformes, surtout lors[7] qu'un heureux succès
viendra[8] deposer en faveur de notre discernement à nos propres yeux &
à ceux d'autrui. Nous nous blamerons au contraire quand eclairés par de
mauvais succès nous verrons que nous avions mal prevu & mal conjecturé
& le chagrin nous rendant injustes nous oublierons que nous n'avions pas
& ne pouvions avoir les lumieres necessaires pour juger mieux. Notre
blame & nos eloges pour les autres seront de même sorte à peu près mais
moins justes & plus determinés par[9] l'evenement parce que la pensée &
la capacité & les bornes de la capacité d'autrui, nous sont[10] moins bien
connues & que les circomstances qui ont accompagné les fautes & les
bonnes actions d'autrui ne nous parviennent presque jamais dans leur
integrité.   J'ignore assurement ce que c'est que ce destin dont je
m'avise de parler mais je vois & je sens que je ne me determine & que
les autres ne se determinent point sans motifs; or ces motifs agissant sur
l'esprit exclusivement ou avec plus de force que tout autre motif contraire[11] contraignent ma volonté comme le poids fait pencher la balance.
Une heure plus tard j'agirois autrement; une autre disposition de mon
corps, une experience acquise, un mot que j'aurois entendu me feroit
prendre un parti opposé à celui que j'ai pris, alors je ne pourois plus agir
comme j'ai agi, mais une heure plutôt je ne pouvois faire que ce que j'ai
fait. Voila mon idée bien exprimée sur cette question à la fois interressante & oiseuse. Ne point raisonner la dessus[12] est permis & même sage,
tandis qu'il n'est plus permis d'ajouter au galimathias dont[13] les theolo-
giens & les philosophes de tous les siecles ont chargé & enveloppé cette
matiere. N'y pas penser dans notre jeunesse & quand elle nous est nouvelle me paroit impossible · après cela il n'y a qu'à la mettre de coté car
nos idées là dessus ne sont pas des instrumens qui nous servent à agir; nous
agissons toujours comme il convient à la force qui nous meut sans avoir
besoin de la connoitre, tout comme l'eguille du cadran montre l'heure
sans connoitre le ressort qui la conduit.   Il y a pourtant cette difference que si nous ne connoissons rien à fond ni parfaitement nous sentons
au moins un peu ce qui nous meut. L'experience qui nous éclaire est quelque fois aperçue de nous · l'erreur reconnue nous garantit d'un autre
erreur; celui qui est le mieux orgonisé[14] pour recevoir des lumieres de
l'experience qu'il acquiert, du livre qu'il lit, du discours qu'il entend est
le *Sage* · celui qui passé les[15] premieres leçons de l'experience, necessaires
à sa conservation & que ses premiers besoins le forcent d'aquerir ne voit
& n'entend plus rien que confusement & sans fruit est le *sot*. L'un n'a pas
plus à s'applaudir que l'autre puisqu'il ne s'est pas organisé lui même &
qu'il n'a pas non plus choisi sa place dans le monde. La pendule la mieux
faite de Jaquet Droz,[1] placée loin des enfans qui l'auroient derangée &
dans un lieu sec a l'abri du froid extreme & de l'extreme chaleur s'applau-

427

dira telle de la regularité de ses mouvemens? Ah! ne soyons pas nos propres detracteurs avec trop peu de pitié mais soyons pourtant bien modestes. Qui de nous est la bonne pendule de Jaquet Droz & quand nous la serions!....

La pendule *vous*[2] a passé un peu bien vite d'une maniere de se juger à une autre trop differente. La tête a dabord été trop accusée ensuite le cœur & l'imagination ont été trop caressés. Dans le fond *tête, cœur, imagination,* ne sont qu'un. C'est un melange de je ne sai quoi qui sent en nous & de nos organes. Une conduite sage est celle qui donne à soi & aux autres le plus de bons momens & le moins de mauvais momens qu'il est possible. Les gens trop vifs, ou trop lents, ceux que rien n'emeut ceux que les moindres choses mettent hors des gonds; ceux qui ne pensent qu'à ce qu'ils voyent, ceux qui se forgent des chimeres, sont tous hors du vrai du juste, & laissent à desirer ou donnent lieu de se plaindre. Nous ne dirons rien aux lents aux stupides ils nous sont etrangers dailleurs il sont sourds[16] mais disons toujours aux trop mobiles de se retenir de se moderer & s'ils érigeoient leurs defauts en qualités donnons leur sur les doigts & cela vigoureusement; c'est à quoi je n'ai jamais manqué avec la pendule *moi* & si elle n'en est pas mieux allée du moins a t elle su quelle[17] alloit mal. Elle est, malgré des dehors qui paroissent decisifs & imperieux, un[18] fort modeste pendule, bien humiliée entr'autres de cette sonnerie bruyante qui deplait à tant de gens.

Vous avez deja à l'heure qu'il est les lettres de Ciceron à son ami. Il faudra un jour ou l'autre pour me faire plaisir lire Batteux. Quant aux langues ce n'en est pas du tout le moment mais à moins que l'oncle & le frere ne mettent Lucinde en menage & quelle n'acheve de developper son propre entendement en developpant celui de ses enfans il faut qu'elle aprenne quelque jour une langue plus diferente du françois que l'Italien. Quand nous nous comparons à d'autres femmes nous sommes bien vite des aigles, mais combien un homme instruit en sait plus que nous & Quoique je maintienne que les facultés sont originairement[19] les mêmes je ne puis disconvenir que la faculté raisonnante ne soit bien plus perfectionnée chez les hommes & cela par l'etude & rien que par l'étude. Les petits garçons aprennent des choses dont ils ne peuvent ni se parer ni entretenir personne; c'est un grand bien. Je suis bien aise que vous aimiez l'histoire mais Rollin me paroit lu;[20] pour d'autres livres d'histoire les tems n'y sont pas propres comme vous l'observez très bien; après Ciceron nous trouverons autre chose.   Ce qui me fait regretter Potzdam pour la C.[3] c'est que sa situation me paroit forcée; c'est que sa defiance, sa mauvaise humeur, le refus de voir personne annoncent une ame en convulsion. Si c'etoit deja comme cela à Potzdam à la bonne heure & en ce cas là elle a peu perdu Quant à la mesintelligence entre les epoux elle n'a pas du être longue car la tendresse & les soins pendant les couches ont été extremes a ce que vous m'avez ecrit. adieu Mademoiselle. Ne vous ai-je point ennuyée?

Ce lundi .. oct.[21]

862. *D'Henriette L'Hardy, 24 octobre 1792*

Mercredi matin

Oh non pas ennuyée madame. mais humiliée annéantie. J'ai vu tout en lisant que sans même me douter de mes écarts je pouvais eriger mes deffauts en qualités. me faire un merite d'actions qui en les scrutant se sont trouvées trop mellées d'interret personël pour m'en applaudir beaucoup – que mon sistème de liberté etait un peu fait pour me flatter – que l'autre etait plus propre a nous rendre modestes & indulgens ce qui fait[1] en faveur de ceux qui l'adoptent – mais cependant je ne me sens pas plus frappée de la verité de l'un que de lautre je ne sens pas cette force irrésistible qui détermine · il me semble que les raisons que j'apperçois pour ou contre telle ou telle demarche me la font ou laisser ou entreprendre je puis en trouver qui me determinent j'agis en consequence je m'apperçois que je mégare & je me redresse de maniere a rendre mon action nulle · il me parait quil devrait être de l'essence de la force irrésistible de ne pas se dementir & dans ce cas elle se serait dementie elle m'aurait entrainée dans un sens & puis dans un autre opposé – au reste je ne sais trop coment cette matiere est arrivée au bout de ma plume elle m'occupe peu – j'ai cru cõme tous les bons enfans que le Diable etait l'auteur du mensonge & des mauvaises actions que le bon Dieu n'en etait pas assez le maître pour empêcher son influence & peu a peu d'autres craintes d'autres esperances que celles que m'avait donné mon cathéchisme se sont placées dans ma tête sans que j'en sois pour ainsi dire apperçue · je ne les ai cherchées ny dans les livres ny dans la conversation des persones que jai rencontrées je naime ny en parler ny a en entendre parler il est rare que deux persoñes ayent sur ces matieres les memes oppinions chacun croit avoir bien vu on cherche a faire adopter aux autres ses idées qu'on croit les justes & qui possède de quoi les prouver

Mercredi soir

Je vous rends mille graces Madame & du sentiment qui dicte vos avertissemens & de l'avertissement d'hier en particulier · m[r] Bosset[2] avait eté plus que conditionnel il avait doñé beaucoup desperances · ne vous inquiettez pas avait il dit vous aurez lundi une reponce positive il sera encor tems au cas que le prince[3] reste davoir autre chose · le lundi le mardi

jusqu'a trois heures se passent sans nouvelle je prie qu'on envoye chez lui
il fait dire quil descendra aujourdhui – il est venu & nous voila arrangées · que le prince reste ou non il quitte la rochette le dix du mois prochain · on demande quelques jours pour ranger frotter la maison nous
pourrons entrer le 15 – mais voici une autre inquiettude la comtesse ne
veut pas entendre parler de recomencer le mois ici elle veut retourner a
l'abbaye[4] · outre l'embarras que cette transplantation donnera elle
simente encore la liaison que je voudrais voir finir – l'ho͠me[5] etait ici hier
il y etait encor aujourdhui – quand on a añoncé m^r Bosset il a voulu partir
on[6] lui a dit en me regardant croyez vous que je ne veuille pas qu'on sache
que vous venez chez moi restez – jai fait boñe contenance – la confiance
ne fait que croitre & .embellir quand je ne puis pas finement en couper
les elans je la laisse aller · au fond je ne crains pas quil en fasse un mauvais
usage je ne crains que le blame quelle encourt pour s'être choisie cette
compagnie – Jaurais voulu madame pouvoir faire partir ceci aujourdhuy
l'article Bosset au moins mais la petite lettre que vous avez eu la bonté
de mecrire a doñé tant de detours on la portée a la rochette reportée en
ville avant quelle me soit parvenue la fe͠me[7] trottait deja contre boudri
– veuillez agreer mon respect & mes remerciemens pour les lettres de
ciceron j'aime a y voir quil reconait un bon naturel aux marques dont
je suis marquées & qu'on prendrait presque en ne les voyant que super-
ficiellement pour des taches – combien de tems y a-t'il qu'on loue la franchise & la droiture de ses pères · je crois qu'en sen rapprochant on les
trouverait tels que nous so͠mes · les passions qui font agir n'ont elles pas
eté de tous les tems.

863. *A Henriette L'Hardy, 26-27 octobre 1792*

Je crois *presque*[1)] que vous avez été *presque un tant soit* peu blessée de ma
sincerité à reprouver le cœur & l'imagination quand malgré leur foncier
merite ils font faire des etourderies & de petites sottises.

Oh ne vous fachez pas quand même il m'arriveroit en voulant vous
dire la verité de ne pas vous la dire, d'être injuste & injudicieuse.[1] Après
moi personne n'aura la volonté ni le courage de vous dire ce qu'il croira
vrai. On medira tant & plus sur votre compte en votre absence [ce qu'on
fait deja un peu par ci par là] mais de vous avertir[2)] franchement & en face
personne ne s'en avisera. on craindra de vous voir froncer le sourcil
comme si un peu d'humeur de votre part pouvoit vous conduire à de
serieuses vengeances & les autres à de grands malheurs.

Que vous croyez au libre arbitre ou bien à la predestination cela m'est
bien egal mais pourtant je n'aime pas qu'aucun objet de reflexion soit parfaitement etranger à une personne comme vous. Reduisez la question à

ceci: un ane entre deux bottes de foin ne restera-til pas indecis s'il voit une parfaite egalité entr'elles, & quand il voit ce qui le decide est-il le maitre de ne se decider pas ou de se decider autrement qu'il ne fait? Je dis avec beaucoup de gens: *Non* à cette 2e question★[3] Si vous dites *oui* à la bonne heure & vous etes même très dispensée de me dire *oui*[5] ou *non*

Nous pouvons n'en reparler jamais. Quant à s'applaudir serieusement & plus que quelque momens[6] de quoi que ce soit qu'on ait fait j'avoue que je ne l'ai jamais compris

La satisfaction interieure *du juste* m'est inconnue, & je ne crois pas avoir rencontré jusqu'ici le *juste* ni que cet homme puisse exister. Rousseau a l'air de se croire à peuprès le juste; assez du moins pour être fort content de lui. Si cela est & qu'il ait des semblables je les felicite.

Je suis très aise que vous soyez arrangées avec la Rochette Ce petit pelerinage à l'abaïe vaut peut-être mieux qu'un plus long sejour dans votre humidité. Je n'entens point parler du noir[2] quoi que dailleurs on ne dedaigne pas de parler d'après un laquais blond[3] qu'on dit être l'étranger. Par son moyen, (on dit que c'est par son moyen) on sait àpeuprès à quoi en est la correspondance avec une tête couronnée.★★ J'ai été surprise de cette curiosité & de ce bavardage. Il est facheux de voir que la defiance n'est presque jamais deplacée & que ceux qui jugent le plus defavorablement leurs semblables ayent presque toujours raison. Nous verrons si j'ai raison aussi de croire la personne[4] *éprise*. Me Bosset[5] m'a fait demander comment je lui conseillois de se conduire vis à vis de la Ctesse & de vous. J'ai repondu (à peuprès) «Faites offrir & rendez en effet toutes sortes de «services, mais point de visite. La Ctesse se plait à renvoyer & ne veut voir «personne & ne se soucieroit peut-être pas qu'on vint chez elle voir «d'autres qu'elle. Moins on s'introduira dans un menage de cette espece «mieux ce sera.» Me Bosset, d'une delicatesse plutot trop[10] exaltée que mediocre n'est pas faite pour qu'on la soupçonne *de mettre le nez* où elle n'a que faire & ne doit ni se rencontrer souvent avec des gens qui ne sont pas de son etoffe, ni essuyer des caprices & des hauteurs. Si[11] avec le tems vous desirez Mademoiselle que je lui dise autre chose vous n'avez qu'à me le dire.

Ce Vendi[12] 26e oct. 1792.

★ La necessité ou est l'ane de se determiner de telle façon & non de telle autre me paroissant en doute je joins à cette persuasion là celleci que l'ane et la botte de foin sont ce qu'il a plu a leur auteur de les faire; alors j'ai tout pensé & j'ai tout dit. je vous promets de n'ajouter rien.[4]

★★ Non pas pourtant, à ce[7] que je crois,[8] le contenu des lettres mais le tems qu'on a été sans en recevoir & l'inquietude vraye ou fausse que cela donne. J'avois tort de dire *mon ami l'univers ne songe pas à toi.*[9]

Me Madveiss me disoit avant hier: 'Jai dit à Me de Tremauville qui va à Studgard que je ne pouvois lui garentir les bonnes dispositions du Duc de Wirtemberg[6] pour les emigfes mais qu'elle n'avoit qu'a voir mon mari[7] & *que si elle le*[13] *lui permettoit* il lui diroit la verité.' J'arêtai Me Madweiss à cette frase qui me parut très plaisante. Mais, dit-elle, c'est qu'en effet il n'est permis de dire la verité que rarement & à bien peu de gens. Elle a raison ma foi. on dit presqu'exclusivement des Rois des princes qu'ils n'aiment pas la verité & qu'elle ne peut aller jusqu'à eux. Sur ce point presque[14] tout le monde est Prince.

N'allez pas croire que j'aye fait pour vous l'histoire de Me Madveiss. Je la fais à tout le monde parcequ'elle est bonne. L'autre jour je m'avisai de dire: nos defauts trouvent ceux des autres en leur chemin & l'on se heurte & l'on se blesse de maniere à se mal juger reciproquement & avec trop d'amertume · ne voila t-il pas qu'on me repond avec un ton changé[15] ....*J'ai sans doute des defauts*... Quoi pensai-je des verités generales ne peuvent pas se suporter non plus! Il ne reste qu'à flatter & mentir. se taire vaudroit mieux si on le pouvoit aisement.[16]

Samedi.
J'ai vu hier Me Sandoz qui est bien fachée de ne pouvoir pas vous voir. Je le crois bien; je suis comme elle, & prens un interet plus vif à vous que vous ne le pensez.[17]

A Mademoiselle/Mademoiselle   Henriette/L'hardy/Fauxbourg./a *Neuchatel*

864. *De Marie-Anne-Jeanne Saurin, 30 octobre 1792*

a la rocheguion par bonniere, ce 30 octobre, l'an pr de la république

votre lettre[1] du –11 de ce mois, madame, m'apprend que vous avez été sérieusement malade, et que les evénements du –10 aoust, et les suivants ont, à ce qu'il paroit, provoqué votre maladie. heureusement vous en étiés quitte, et rendue à la santé, au moment où vous m'avez ecrit. quoi que tout ce que vous ayez senti, et pensé rélativement à la france, soit assez naturel, il y auroit pourtant bien des choses à vous répondre, et d'innombrables objections à vous faire qui, sans qu'elle changeassent peutêtre votre maniere de sentir, changeroient, je crois, beaucoup de choses à vos jugements. mais cette matiere à traîter exigeroit un long entretien, que je ne cesserai de desirer, et d'esperer, quoi que votre derniere lettre ne soutienne que foiblement L'espoir de nous retrouver un jour.   m^de d'enville, et la jeune veuve[2] sont ici, avec trois hommes de leurs amis, qui étoient avec elles au moment de leur malheurs, et qui ne les ont point abbandonnées. depuis 15 jours, plusieurs de leur parentes, qui sont aussi leurs amies, les sont venues voir, et cette communication de douleurs, d'intéret, et d'amitié, semble avoir adoucit un peu la situation de ces deux femmes si malheureuse! un décret de la convention a aussi donné une sorte de consolation à m[de] d'enville, c'est le décret qui casse les substitutions.[3] toutes les terres de m[de] d'enville étoient substituées d'une maniere indéfinie, a un homme de son nom. son fils n'étant plus, le jeune veuve, quoi qu'étant sa petite fille, n'y avoit aucun droit, mais au moyen du nouveau décret, elle héritera de la terre de la rocheguion. or, la jeune veuve y est née, elle aime beaucoup le pays, et elle y est adorée. deplus, sans ce décret sa fortune auroit été fort médiocre. tout cela doit vous faire comprendre l'espece de consolation que ce nouveau décret donne à m[de] d'enville. les habittans du pays ont, à cette occasion, montré un intéret, et des sentimens à m[de] de la rochefo.... dont elle a été pénétrée. sa grand mere l'adore et elle a raison. il n'est personne au monde de plus méritant que cette jeune femme. Son pere n'est point ici. des affaires occasionnées par une grande succession, le retiennent à paris. il a depuis huit mois hérité du cidevant duché de rhoan,[4] qui lui étoit substitué. un année plus tard, cet avantage n'auroit plus existé pour lui, au moyen du dernier décret, mais il est en possession *très* heureusement pour sa fortune, qui n'étoit pas en bon etat. tous ces biens ne consolent point cette famille des malheurs qu'elle a eprouvée, mais un jour ils deviendront un petit adoucissement.

je n'appercois pas encore le moment où je retournerai à paris. depuis six semaines, toutes mes liaisons, et amis, en sont absents. s'ils sont de retour au mois de décembre, peutêtre alors irai-je me réunir à eux. mais je ne présume pas que je fasse l'hiver prochain un long séjour à paris. je me trouve passablement à la campagne où je suis, on y a de la tranquilité, et il me semble que plus j'acquiert des années, plus je prens du gout pour une vie calme. j'aime assez cette disposition. elle me sauvera du ridicule que j'ai vu à beaucp de vieilles femme c'est celui de rechercher trop la société, et de vouloir toujours s'amuser. je n'ai heureusement pas cette idée. je crains l'ennuy des personnes, c'est a dire les personnes ennuyeuses. mais l'absence d'amusements que produit la solitude, je sais très bien la suporter. je songe alors aux contrarietées que l'on trouve, même dans la meilleure société, et qui souvent en détruisent tout l'agrément. la derniere révolution a achevé de détruire presqu'entierement la fortune de mr et m[de] suard.[5] je suis d'autant plus fâchée de leur malheur, qu'a cet egard ils sont l'un et l'autre d'un courage, et d'un elévation d'âme audessus de tout. cependant, si les affaires de la france prennent la solidité que tout le monde espere, je ne doutte pas que mr suard n'imagine un moyen de travail utile à sa fortune, et qui lui devient bien nécéssaire.

depuis long tems vous ne m'avez rien dit de m^r constant. est-il venu
avec le roy de prusse à verdun?[6] ce n'est pas de cette maniere qu'il est
agréable de venir en france. il a eu a s'y louer de tous ceux qui l'ont connu.
pour moi je conserve un grand desir de l'y revoir. vous ai-je dit que le
bon chabanon[7] est mort? une maladie de poitrine l'a enlevé à ses amis.
il mérite des regrets. c'etoit un homme excellent. la famille pourat dans
ce moment est de coté et d'autre. m^de le couteux et sa mere[8] sont à tours.
la jeune hocquart est à rouen, et prêtes d'y accoucher.[9] elle m'aime, et je
l'aime beaucoup. elle m'ecrit souvent. elle est bonne, et a de l'esprit, quoi
que cela ne paroisse guere en société. elle vous aime, et conserve de vous
un intéressant souvenir. adieu, madame, je vous embrasse, et desire que
votre santé ne se dérange plus. j'espere quun jour paris vous dédomagera
du mal qu'il vous a fait · mr de comeyras[10] est dans son pays (en rouergue)
depuis deux mois. il est plein d'espérance sur les affaires, et le bonheur de
la france.

865. *D'Henriette L'Hardy, début novembre 1792*

[   ]sain

Nous avons passé 8 jours au desert[1] nous y avons tous eté malade de
froid & d'enuy nous somes venues pour un jour en ville recevoir une
dame de berlin[2] qui est venue pour prier la comtesse de lui louer ou vendre sa maison de berlin qui tombe en ruine · la comtesse veut la laisser
tomber · la dame repart ce matin · hier jai trouvé tout a point de tems
pour ecrire une petite lettre a ma sœur · jai cèdé ma chambre a la Dame
etrangere je me suis reveillée avec le jour dans celle ou on ma relègué jai
trouvé ce chiffon de papier & bien vite je me suis mise a vous ecrire · dans
quelques heures nous retournons au desert · la comtesse veut le faire voir
a la dame qui ne s'en soucie non plus que de l'autre monde · mais nous
n'en irons pas moins nous pour y rester encor je ne sais combien de tems
mais je sais que je ne pourrais y ecrire & 15 jours sans vous dire un mot
ce serait trop · je rends graces a mon chiffon de papier & au gardeur de
cochon qui ma reveillé en claquant du fouet avant que toute la maison
fut sans dessus dessous · adieu madame je vous embrasse toujours plus
impatiente de vous voir

a Madame/Madame de chariere/a Colombier

le 5 Novembre 92.

Je suis resté longtems sans vous écrire. Ma situation plus encore que ma paresse en est cause. des lettres qui doivent traverser trois ou quatre armées ennemies sont difficiles a composer & ennuyeuses a lire. cependant je ne veux pas que vous attribuiez mon silence a mon oubli & j'aime mieux vous adresser quelqu'insipide Epitre que de rester plus de tems sans vous répondre. Mais de quoi vous parler? de moi? a quoi bon? de petits chagrins, des ennuis de tous les jours, l'indifférence fille du mariage, la dépendance fille de la Pauvreté, voilà mon sort. Vaut il la peine d'être décrit? Je pourrais bien vous révêler ma grande Consolation,[1] une consolation qui fait le bonheur de ma vie, qui m'a procuré tout ce que j'aurois espéré ailleurs & tout ce qui me manquoit. Mais je ne veux ni encourir un blame inutile ni vous forcer au silence & a la connivence sur quelque chose que vous pourriez trouver immoral. Qu'il vous suffise que je sois heureux autant que je puis l'être dans mes Circonstances, & heureux par le hasard le plus singulier, par la trouvaille, la plus inattendue & la plus étrange, par la réunion la plus hétérogène de malheurs de vertus de fautes de charmes & de faiblesse. Cela durera-t-il? j'en doute. Je dis avec Caliste, cela ne finira pas bien, mais en attendant je jouis, & cette incertitude même, & la melancolie qu'elle cause m'attachent davantage aux heures qui s'écoulent & qui ne reviendront plus. peut être suis je trompé. Je ne le crois pas, mais cela se peut & que je sois la dupe la plus méprisable & la plus stupide. Ah, si cela est, benie sois tu, Erreur douce & consolante, qui m'a tiré de mon affreuse apathie, qui a ranimé ma léthargique existence, qui a rouvert un cœur égoiste & sec a un sentiment bienveuillant. Ne m'abandonnes pas, Erreur chère, ne me laisse pas retomber dans le supplice de ne tenir a rien au monde, de n'être occupé que de moi, charmes moi, trompes moi jusqu'a mon dernier soupir. Je viens a toi les yeux fermés & je ne les rouvrirai que si tu m'y forces. bonheur de la confiance & de l'abandon, délices d'un interet mutuel, vous m'avez rendu forces santé Esprit, jouissances de tout genre. Si vous êtes des illusions, benies soiez vous, bénies soient les larmes que vous me faites répandre, beni le sentiment de sympathie que vous me rendez & que je n'osais plus me flatter de retrouver.

Vous me croiez fol, & c'est bien une sorte de folie & je remercie Dieu s'il existe de m'avoir doué de cette folie encore une fois avant ma mort. parlons aprésent d'autre chose. Etes vous rétablie? si je vais en Suisse bientot comme je le crois, me recevrez vous avec plaisir? ce ne sera au reste vraisemblablement qu'au printems prochain. La saison, les chemins, infestés des malheureux Emigrés qu'actuellement tous les Pays repoussent, & qui n'ont pas la permission dans la plupart de nos Principautés de séjourner plus de 24 heures dans le même endroit, me font remettre mon Voiage a une Epoque plus calme. Si avant cette epoque Henriette & Richard était imprimé, j'espère que je le tiendrai de vous. je me suis procuré avec beaucoup de peine les Lettres neufchateloises[2] que j'ai relu avec encore plus de plaisir.

Voila nos armées qui s'en reviennent,[3] non pas comme elles sont allées, car elles ont diminué d'un bon quart, par les maladies. Voilà Longwy, & Verdun ces deux premières & seules Conquêtes rendues aux Francois, & 20000 hommes & 28 millions jettés par la fenêtre sans aucun fruit. quand je dis sans aucun fruit je me trompe car la paix va se faire, au moins entre la Prusse & la France, & c'est un grand bien. Nous tremblons en attendant au bruit des exploits de Custines.[4] Il fortifie Maience & parait vouloir y tenir. Princes, Prêtres & Nobles lont fuis, & le Peuple ne sait s'il doit s'en réjouir ou s'en affliger. comme ce n'est pas pour longtems je crois ce dernier parti le plus naturel. Que dîtes vous du Convent?[5] il paroit avoir plus de vigueur que lassemblée, & j'espère que le parti de Roland[6] qui est mon Idole ecrasera les Marats, Robespierre, & autres Vipères Parisiennes. Je regarde la reconnoissance de la République dans le courant de cet hyver comme immanquable, du moins de la part de quelques Puissances. ainsi, si les Francois ne se déchirent pas eux mêmes les voila sauvés. l'Espagne qui avait tout calculé pour avoir l'hoñeur de déclarer la guerre[7] quand Paris auroit été pris, rengaînera sa déclaration. qui l'auroit dit que 150 mille des meilleurs Troupes de l'Europe échoueraient[8] devant 20 a 30 mille hommes sans discipline, sans armes & sans souliers!

Je me suis remis a travailler, mais ce n'est qu'a batons rompus. J'ai encore cet hyver des affaires a terminer qui me distraisent & m'occupent, & ce ne sera qu'a mon retour de Suisse que je serai libre & que je pourrai me lier de nouveau avec les muses. enfin la vie se passe, on jouit, on s'ennuie, on s'inquiète on s'etourdit tout va bien pourvu qu'on s'intéresse a quelque chose & qu'on ait le bonheur d'aimer. Adieu. aimez moi. répondez moi, & pardonnez moi le style désultoire[9] de ma lettre. Mille choses a M. de Charrière. est ce lui qui etoit votre secretaire?

867. Jean-Frédéric de Montmollin-de Luze, 7 novembre 1792

Il ne m'est pas possible madame de prévoir le parti qu'aura pris ou que pourra prendre encore mad: de T..[1] je luy ay envoyé successivement copie des lettres de m^r T qui me sont parvenues depuis son départ, je vous les envoye madame avec prière de me les retourner; les deux premières insistent si positivem^t sur un prompt retour en france que je ne me serois permis de les apuyer d'aucune reflexion qui auroit pu la déterminer; d'un autre coté je n'avois point de raison de combattre ou de contrarier le vœu de son mary, il est sur les lieux & doit juger mieux que nous ne le pouvons faire icy la convenance de telle résolution; en general on n'a pas ouï dire qu'aucune personne ait été inquiettée en rentrant dans le Royaume ou dans la république. quant aux enfans mineurs m^r de T.. semble penser luy même que leur retour n'est pas aussi pressant & qu'il sera même à propos de l'assurer par certaines précautions qu'il indique, il tentera surement de les procurer.

jusques à avant hier je croyois que m^r Emanuel devoit passer en ang^{re}[2] c'est le dezir de son Père & il me sembloit que m^{me} T pensoit de même; d'après cela j'avois indiqué quelques précautions propres à accélerer & à faciliter ce voyage, mais mad: de Weinheim[3] a reçu dimanche une lettre dans laquelle m^{me} T.. en faisant quelques détails de ses arrangemens à Constance, pour deux mois, parle d'une chambre pour Eman^l, ce qui donne lieu de suposer ou qu'il a écrit à sa mère qu'il iroit la joindre, mais plus probablement qu'elle luy en a doné l'ordre. ce changement me feroit peine si je ne devois pas croire qu'on a eu de bonnes raisons pour l'adopter.

maintenant madame vous en savez autant que moy sur la chose en elle même, je suprime les détails; mad de T tout en me témoignant confiance & amitié ne m'a jamais fait connaitre positivement ses vües pour l'avenir, peutêtre n'en avoit elle pas elle même de fixes sur certains points mais ce n'étoit pas à moy de chercher à les pénétrer bien moins encore à la décider, vu l'incertitude des Evénemens. mes premières lettres qui en renfermoient de son mary & de son fils ont été addressées à Stougard d'où elles seront revenues à Constance & je ne pourray avoir réponse que dans quelques jours à celles que je luy ay écrittes dans ce dernier endroit. Dès que j'auray quelque chose d'interressant j'auray l'honneur de vous le communiquer. voyez maintenant madame ce que vous voulez faire si vous vous déterminés à écrire, je joindray ce soir ou samedy vôtre lettre à la mienne; mais quant à moy je ne me permettray aucun conseil tout tourne depuis quelque tems au rebours de ce qui paraissoit le plus vraisemblable, j'ay dit & répeté tout ce que je pensois à l'égard des enfans: mais par raport à la rentrée de mad. T.. s'il peut y avoir quelqu'espèce de danger à l'effectuer, il y en a probablement de plus conséquents encore à differer; c'est au moins l'opinion de m^r T. qui a consulté & je suis bien convaincu qu'il n'auroit pas donné ce conseil à la legère.   je vous prie Madame d'agréer mes hommages & mes respects · qu'il est cruel d'être toujours dans l'inquiétude sur le sort de ses amÿs.

mercredy soir 7. 9bre 1792

Ce samedi matin

Si je ne fais pas ce que j'ai dit, mademoiselle, si je ne dedouble pas la soye verte ce n'est pas par paresse mais par la crainte d'en dedoubler[1] trop peu ou trop. L'un causeroit de nouveaux retards l'autre me prendroit inutilement du tems. Cependant si ce dedoublement vous impatiente renvoyez moi la soye non dedoublée. Quand j'avois Mlle Moula je faisois lentement ce petit ouvrage. Nous avions apris à peu dechirer ces fils si frêles. Nous coupions des éguillées de la soye telle qu'elle est & tenant fortement l'une un bout de l'eguillée l'autre l'autre bout nous separions cette grosse soye en cinq ou six portions. Voila ce que vous ferez avec Rosette, ou si Me Bosset gagnée par les prevenances qu'on me dit que lui fait la Comtesse vous va voir dites lui de ma part de vous aider. Quant à la soye couleur de bois je vole pour vous l'envoyer ou même je fais pis je viole un depot. Mlle Moula a laissé ici un carton rempli[2] de soyes; tout uniment j'y ai cherché la bobine dont elle m'avoit donné une partie. Vous aurez[3] la bonté de me rendre ce qui restera. Ayez sur cela plus de scrupule que je n'en ai montré. J'ai pourtant gardé un echantillon de cette soye que j'enverrai à la proprietaire pour que nous en fassions revenir.

Je receus hier une lettre[1] à la fois triste, vive, tendre & dictée pourtant aussi par la colere de m^e du Paquier. Je n'y reconnois pas son stile & sans quelques ratures & corrections je croirois qu'un autre la lui a suggerée. Elle n'a pu supporter, celle là, que je lui disse ce que je croyois vrai. Cette lettre m'a fait de la peine au point de me de me[4] faire mal, mais je ne suis pourtant point fachée d'avoir provoqué cette explosion ni en colere de l'explosion même. Nous nous entendons à la fin & notre liaison ou cessera ou vaudra quelque chose. Cette lanternerie,[2] ce tissu de petites nouvelles, de petits misteres, cette correspondance de petites filles, sans verité, sans solidité, sans utilité, etoit insuportable surtout à cette distance. J'avois honte des ports que nous payons toutes deux. J'ai pourtant eté je l'avoue très touchée de son chagrin & de ses reproches. J'ai repondu aussi tot mais pour plus d'amenité j'ai employé[5] deux pages & demi à repondre à une precedente lettre à laquelle je n'avois pas repondu encore, comme si je n'avois pas encore receu la petite lettre de hier & sans autre fraude que de changer de plume j'ai dit j'ai receu ce soir votre lettre du 22e Octobre &c &c &c

Repondez moi un peu à ma lettre[3] de l'autre jour & que je voye distinctement que ma franchise lors même qu'elle s'exprime pesamment qu'elle entre dans des details, qu'elle a l'audace de vous mettre pour ainsi dire au pied du mur ne vous blesse pas. a là longue je ne sai point être polie ni legere & je suis sujette à devenir très desagreable.[6]

Pour Mademoiselle/L'hardy/a la *Rochette*

869. *A Henriette L'Hardy, 13 novembre 1792*

Je suis très aise Mademoiselle de m'être trompée relativement *au presque tant soit peu*...[1] Cet atôme de chagrin que vous auriez eu contre moi m'auroit tout de bon fachée contre ma maladresse; quant à mon intention j'en suis trop sure, je[1] suis trop sure de sa pureté pour lui en vouloir jamais lors-[2] se sera agi de vous. Je suis quelque fois très maladroite & souvent cela ne me fait pas grand chose; le succès de mes discours & de mes demarches m'etant souvent assez indiferent mais vis à vis de vous ce n'est pas cela. Vous me disiez[2] *je suis humiliée de voir que* &c il y avoit si peu de quoi être humiliée dans l'erreur où il me paroissoit que vous tombiez que j'ai traduit mal à propos cette frase par: *je suis un peu blessée*....Je me tiendrai pour dit qu'il m'est permis de[3] vous dire toujours[4] ce que je croirai être la verité.   Si j'ai été sur un point plus heureuse que je ne croyois j'ai été bien visiblement mal adroite sur un autre & parconsequent pas trop heureuse car m'etant mal exprimée je vous aurai paru une faiseuse de galimathias ce qui est une bien facheuse aparence.

Je ne voulois pas que vous vous determinassiez entre la liberté & la predestination comme l'ane entre deux bottes de foin; je vous citois l'exemple mille fois cité de l'ane *obligé* à se determiner d'après un motif sans lequel motif il ne se determineroit jamais & mourroit de faim entre les deux bottes du foin le plus exquis; je vous citois cet exemple pour vous faire entendre le fondement de mon opinion et persuasion de *non liberté*. Je ne sai pourquoi l'on a choisi l'ane pour representer toutes les especes d'êtres qui choisissent & agissent d'après un choix. On conclut de l'eternelle inaction où nous serions si nous n'avions point de motif determinant que toutes les fois que nous agissons nous avons un motif d'agir auquel il nous est impossible de resister, et voila comment l'homme quoique doué d'une[5] intelligence que l'experience perfectionne paroit à la plus part des raisonneurs n'être pas libre. Il fait ce qu'il veut mais il ne peut[6] vouloir & ne point vouloir que comme il veut & ne veut pas. Je suppose que l'ane dise mangeons la botte qui est à ma droite j'y vois un superbe chardon.... mais non je veux prouver que je suis libre d'agir même contre mon desir & mon interet... dans les deux cas & soit qu'il finisse par manger la botte à droite ou la botte à gauche il est determiné par un motif preponderant c'est où sa gourmandise qui l'emporte ou son desir de se montrer libre. Supposé que ces deux motifs se balançassent

439

precisement il ne se determineroit point il ne mangeroit jamais. Il en est tout de même de nous à ce qu'il me semble; lorsque[7] deux choses se presentent à nous avec un merite precisement egal & qu'il faut absolument agir, choisir[8] nous avons recours à toutes sortes de bisarres moyens pour nous determiner. Le croix ou pile, le pair ou non decide quelquefois entre en[9] la robe bleue & la verte, entre le cœur & le trefle, & temoin la Ctesse Dönhoff on se resout de guerre lasse[10] à se marier avec l'un ou l'autre de ses amans selon que le hazard en decidera.   Voila comment nous executons les decrets du destin ou remplissons les vues de la providence.   Arrivés au monde avec telle ou telle organisation à laquelle nous n'avons contribué en rien, nous recevons telle ou telle education que nous ne dirigeons pas; après l'education proprement dite & que nos parens nous donnent vient celle des evenemens, des circomstances; tout cela nous modifie nous instruit nous gate, nous perfectionne[11] puis nos determinations qui sont l'effet tant de[12] notre caractere que de[13] objets exterieurs sur lesquels il s'agit de se determiner nous menent à droite nous menent à gauche, & dans chacun des mouvemens que nous faisons nous entrainons celui ci, celui là sans même le vouloir où y penser comme une roue de la montre en fait tourner une autre, & de cette sorte tous les evenemens de l'univers se trouvent enchaínés les uns aux autres. Voltaire a dit là dessus des choses aussi plaisantes que vrayes, dans je ne sai lequel³ de ses petits ouvrages. Quant à son[14] Zadig il ne signifie rien à cet egard. *Si* dit à tout moment le genie si telle chose[15] n'etoit pas arrivée telle chose seroit arrivée. or le *si* est une fausse suposition. *Puisque* telle chose est arrivée telle chose ne pouvoit arriver. Par exemple Me Dönhoff devoit desirer une compagne; on devoit s'adresser à moi pour lui en trouver une; pendant que je m'occupois de cette recherche Me Sandoz devoit venir à Auvernier puis[16] à Colombier. Elle[17] devoit penser à vous, parler de vous, faire votre eloge dire que vous aviez de l'ennui &c &c. Le sort du Roi de Prusse s'est trouvé lié au votre. Sans vous il auroit peut-être fait des sottises qu'il n'a pas faites il feroit des enfans qu'il ne fera pas.... mais ici je tombe dans l'erreur que je reproche au genie. Vous *deviez* aller à Berlin; les sottises, les enfans que je suppose étoient *impossibles*. Ce qui arrive & arivera *devoit* arriver. &[18] rien d'incompatible avec cela ne *pouvoit* arriver. J'ai tout dit à present. Si vous avez la patience de relire ma precedente lettre vous l'entendrez vous saurez tout ce que je pense sur ce chapitre. Quant à vous ne pensez que ce qu'il vous plaira; penchez un jour pour l'une des deux opinions le lendemain pour l'autre cela sera très naturel & arrive à presque tout le monde. On est effrayé de l'idée de cette vaste machine se mouvant par des ressorts cachés mais necessaires & invariables; le coup que cette idée porte à la moralité de nos actions nous étonne nous embarasse. Prenons tel parti que nous voudrons ce sera celui que nous devons prendre & l'ordre de l'univers ne sera pas derangé. Ne sommes nous pas bien importans? Sans nous rien ne pouroit être.

Donnez moi je vous prie des nouvelles de votre mal de tête. Peut-être est-il une suite de l'humidité où vous avez vecu trop longtems. En ce cas là transpirez au moyen de la fleur ou conserve de sureau, ou bien employez des vessicatoires. Je m'en suis appliquée une hier au soir. Ma tête ma langue mes gensives me faisoient souffrir cruellement. Je suis très aise de vous voir etablie au sec & en bon air. Adieu Mademoiselle.

Ce mardi.

A Mademoiselle/Mademoiselle Henriette /L'Hardy/a la *Rochette*

870. *A Henriette L'Hardy, 14 novembre 1792*

Vous m'entendiez donc fort bien & moi je ne vous entendois pas, mais j'en suis aussi peu fachée que j'en suis peu honteuse cela vous apprendra à être plus simple à ne pas mettre de l'esprit ni de la gentillesse aux choses qui n'en admettent pas, dont le nombre est plus grand qu'on ne pense. Voila que je renouvelle la querelle que je vous fis lorsque vous etiez encore à Berlin. Si j'osois je la detaillerois davantage, je citerois des exemples de recherche, mais cela seroit par trop impertinent & de plus très superflu car si vous voulez m'entendre c'est deja fait & vous savez très bien ce que j'apelle recherche & ce que je reprouve comme tel.

Je vous envoye Voltaire, deux volumes de Voltaire, pour que dans l'un[1] vous lisiez le dialogue du Jesuite avec l'Indien, je crois que c'est un Indien, le livre n'est qu'à trois pas de moi mais je suis trop paresseuse pour y chercher le nom de mon homme du Dialogue. J'ai mis une marque au livre en cet endroit. Vous lirez si vous voulez dans ce même volume Callicrate & Evhemere Je n'ai fait que jetter les yeux sur leur entretien mais il me semble que cela concerne la même question ou à peupres. Dans l'autre volume[2] qui fait partie du Dictionnaire[1)] je vous suplie de lire *Esprit, Bel esprit, François*. Je joins à tout cela un autre livre[3] dont l'envoi n'est pas une epigramme; j'en aime l'auteur & j'admire son esprit quoiqu'il le prodigue. Pour le prodiguer il faut l'avoir & c'est toujours une belle richesse. Celui qui l'a peut apprendre à s'en bien servir, mais à celui à qui il manque jamais il ne lui en viendra. J'ai envie de vous condamner à une penitence. Quand vous aurez ecrit une frase que vous serez tentée d'effacer laissez là. Si elle est commune cela ne fait rien · si vous y repettez des mots que vous venez d'employer deja cela ne fait rien non plus · si elle est obscure commentez la donnez en tout bonnement l'explication dans la phrase suivante. Le bien dire auquel vous renoncerez par là n'est pas si precieux que la simplicité, & moins de ratures deparantes se veront dans vos lettres; vous prendrez même l'habitude de n'en plus faire du tout. Je voudrois avoir pris cette bonne habitude dans ma jeunesse. Je barbouille mes lettres de deux manieres l'une quand j'ecris sur une chose dificile & que mes idées n'etant qu'à demi developpées mes expressions ne sont pas du tout ce qu'elles devroient être. alors à moins de recopier il faut bien raturer car une idée incomplette ou une expression louche sont pis que des ratures; l'autre cause du barbouillage est une distraction si grande que j'ecris *moins* pour *moi* & *moi* pour *moins vertu* pour *vers charmes* pour *chardons* & ainsi de suite. Le mot commencé avec intention se finit au hazard & sans que j'y pense. Quand je trouve ces bevues en relisant ma lettre je ris & je corrige; mais quelquefois je m'aperçois en commençant un mot que j'ai mis une lettre qu'il ne falloit pas ou en commençant une phrase que j'ai ecrit un tout autre mot que celui qu'il faloit; pendant quelque tems je me suis amusée, (& encore souvent je m'amuse) à ne pas changer dans ces cas là soit le mot soi la lettre & à inventer une autre phrase que celle que je je[2] me proposois d'ecrire. Cela n'a pas laissé de produire quelque fois des choses plaisantes des tournures fort eloignées de mon stile ordinaire. Essayez d'en faire autant ce seront autant de ratures de moins. Ces deux *autant* ne font pas un bel effet cependant je les laisse, tant pour ne pas rafiner mon stile que pour ne pas barbouiller. Lucinde, spirituelle Lucinde, en attendant les Clitandre vous n'avez rien de mieux à faire qu'à devenir parfaite. *Ayez des idées nettes et des expressions simples.* Voila un grand point bien essentiel & que je vous recommande extremement. Bien loin après cette forte & essentielle recommandation je vous fais cette autre petite: *que vos lettres soient nettes comme vos idées; que l'ordre y brille comme il doit se faire remarquer dans votre esprit.* Comme ce soir je suis un peu bête & que j'ai l'esprit un peu lourd je m'apensentirai encore un peu sur ma premiere exhortation & vous ferai remarquer que lorsqu'on parle de choses très relevées la simplicité est sublime & que lorsqu'il est question de choses communes la recherche est ridicule. Il n'y a donc que les choses mitoyennes auxquelles une tournure agreable donne veritablement du prix. Voltaire est le Dieu de ce genre d'agrément personne comme lui ne[3] donne à un eloge, à une invitation, à une solicitation, à un refus, de si convenables & gentils ornemens. C'est vrayment en cela qu'il excelle.

Parlons un peu de la lettre venue & de la lettre partie. Deja je savois la premiere; le Domestique avoit dit, à ce qu'il m'est revenu qu'on avoit receu une lettre du Roi *Jeudi*; on pretendoit même savoir par cette lettre que sa majesté ne retourneroit pas à Berlin cet hiver.[4] Quant à la reponse je suis assez de votre avis qu'elle augmentera la tranquilité plutot qu'elle ne fera naitre l'inquietude. Au reste qu'en savons nous? L'homme en general est si bisarre & l'homme Roi est plus bisarre qu'on autre homme? Je ne suis pas d'avis que vous preniez sur vous de rompre son plan d'attaque tel qu'elle l'a conceu. Tantôt j'hesitois. J'ai demandé à M. de Ch. ce qu'il pensoit, il m'a repondu qu'il ne pensoit pas qu'il [fallut] ecrire. Dieu sait quel micmac cela feroit? Peut-être [croiroit-]on votre lettre concertée avec la Ctesse. Peut-être [renver]roit-il votre lettre. Si vous avez, Lucinde, de plus [   ]^4) motifs que ceux que j'aperçois, donnez vous la peine de [   ]^5) très humble geheime Raadt ou Radtin^5.

(Ce vendredi au soir.)^6)

A Mademoiselle/Mademoiselle Henriette/L'Hardy/a La *Rouchette*/près *de Neuchatel*

871. *De Marie-Anne-Jeanne Saurin, 15 novembre 1792*

a la rocheguion ce 15 novembre 1792 L'an pr de la république.

vous desiré la chronique du 4 octobre, madame, et vous l'aurez. j'aime toujours mes illuminez, et je suis charmée d'avoir gardé ce papier^1 pour vous L'envoyer. je vous prie seulement de ne le pas perdre. Si je ne puis me le procurer à paris lors que j'y retournerai, peutêtre vous le redemanderai-je?

L'idée du journal a faire, dont vous me parlés est très heureuse, mais pour L'exécuter il faudroit être dans une situation absoluement indépendante des circonstances, et des hommes. où sont ceux qui ont une telle position, elle est assurément très rare? or, celui dont vous me parlez^2 est précisement dans un cas contraire. je le crois, par la suppériorité de son esprit, très cappable de se mettre audessus de toute prèvention, haînes.. &c. mais quoi qu'il fit, il pourroit s'exposer à perdre beaucoup de liaisons dont il fait cas. aureste, lorsque je le verrai, et qu'en sera-ce, je n'en sais rien? je lui ferai part de l'idée qui vous est venue. malgré toutes les objections que vous me faites, j'oppine toujours pour que vous finissiez votre roman,^3 si la chose vous est possible. vous avez raison de dire que nous ne pouvons nous tirer de notre politique, mais les momens qu'elle nous laisse de libre, il seroit doux de les employer à lire un aussi joli roman que celui d'henriette, et richard. si mr s...^4 L'imprimeroit étant librement ecrit, c'est sur quoi je ne puis vous répondre? il faudroit sur cela le prévenir, et si vous trouviez L'occasion de quelqu'ami pour lui porter votre lettre, alors vous lui expliqueriez au vrai vos intentions.

je vous dirai que je me prépare a faire un petit voyage à rouen, que j'appelle une equipée. m^de hocquart y est accouchée heureusement d'un garcon,^5 elle est au quinsieme jour de ses couches, et il m'a prit envie d'aller lui faire une visite. m^de broutain^6 est aussi à rouen, mr de la cretele,^7 et cinq a six autres personnes de ma connoissances. je ne leur ecrit point que je vais les voir. je arriverai sans être attendue, je lôgerai à L'oberge, s'il y a une table d'hôte j'y mangerai quelques fois, enfin L'idée de ce voyage m'étant venue, L'exécution m'en amuse beaucoup, et je dois partir demain. il est doux d'aller voir une ville où il ne s'est commis aucune violence depuis la révolution. ils ont déporté[8] leur prêtres, qui étoient au nombre de huit mille, avec l'humanité, et les egards dus au malheur. la police s'y fait dans une grande exactitude, le commerce y est florissant, ainsi que les manufactures. rien assurement n'est plus remarquables que cette conduitte, dans des momens aussi dificiles, que ceux que nous avons eu. aussi, est il reconnu depuis long tems, que les bons normans ont les meilleurs têtes qu'il soit possible d'avoir. la distance d'ici à rouen est de douses lieux, ce qui ne fait pas un voyage bien fatiguant. je vous ecrirai à mon retour, mais ayant recu votre lettre[9] du 6, ce matin, j'ai voulu y répondre sur le champ. vous avez bien deviné, une lettre de moi à croisé la vôtre, et comme vous le dites, il n'y a point de mal à cela. cette chronique rendra votre port de lettre cher, et peutêtre mes illuminez ne vallent t-ils pas ces frais? mais je dirai aussi qu'il n'y aura pas grand mal à cela, et aumoins vous verrez mon empressement à chercher à vous faire plaissir. je finis au plus vîte, ayant quelques préparations à fair[e] pour mon petit voyage. adieu, madame. [je suis] toute à vous, et pour toujours.

a Madame/Madame de Charriere/à colombier près *de neufchatel/en Suisse*

872. *D'Henriette L'Hardy, 16 novembre 1792*

Je suis toute a la compassion depuis 6 jours que sont arrivés les habits d'hiver & les langes d'enfant la comtesse change a vue d'œuil elle setait flattée qu'on lui enverrait aussi ses femes tout ce qui serait nécessaire pour etre bien soignée soit pendant le voyage qu'on esperait toujours qui se déciderait en meme tems que le retour du roi a Berlin soit pendant ses couches si ce départ navait pas lieu · cet air d'abandon la mine la consume elle etait si fort persuadée que son epoux ne pourrait vivre hors de ce tracas de guerre sans elle · ce bouleversement dans ses idées doit etre cruel mais de long tems encor il ne sen établira pas de saines dans son cerveau elle croit par exemple qu'en faisant ses arrangemens de couches bien miserables elle l'inquiettera le forcera a quelque démarche · elle croit aussi qu'on tentera de lui enlever son enfant & pour grande sureté la dessus on veut ne le pas perdre de vue un instant · je frissoñe lors qu'on me fait part de ces projets · etre confinée loin de tout être raisonable avec un marmot une nourrice – dans ma detresse je fais des vœux ardens pour que le seigneur nous en délivre de cet equivoque[1] je vois tant de bonnes raisons pour le souhaiter que j'espere parfois qu'il verra come moi – pendant que toutes ces choses m'occupent je brode · cela va d'une vitesse de fievre il me manque quelques eguillées de soie verd clair voulez vous madame avoir la bonté de m'en envoyer – je lis aussi voltaire voiture[2] qui n'est pas trop de ses amis je trouve aussi que malgrés son esprit & ses jolies tournures m^d de sévigné vaut mille voiture je n'avais pas besoin de lui pour etre persuadée que les pensées doivent etre exprimées simplement qu'ou il faut de la raison des raisonnemens l'esprit ne va pas & il suffisait de ce que vous m'en avez dit madame. mais vous en parlez fort a votre aise aussi bien que ce monsieur · il faut les avoir ses pensées il faut pouvoir faire ses raisonnemens · quand on ne le peut pas il faut se taire me dirait voltaire[3] – vous avez la bonté de supporter les ecarts ou je doñe & les barbouillages que je fais jen suis bien reconnaissante madame aujourdhui je ne puis pas vous sauver ce dernier je suis pressée depuis longtems jentend du bruit dans la chambre de la comtesse je vais savoir comment elle a passé la nuit – jai lhonneur detre madame votre tres humble servante

vendredi matin   h L

873. *A Henriette L'Hardy, 17 novembre 1792*

Samedi

J'ai fait ensorte d'être eveillée assez tot pour vous pouvoir repondre ce matin. Je la plains je vous plains de tout mon cœur. N'oseriez vous lui lire ma precedente, derniere, lettre? N'oseriez vous au moins lui dire: *peut-être jouez-vous tous deux au plus fin au plus fier, au plus detaché tandis que vous ne pouvez au fond ni l'un ni l'autre être heureux l'un sans l'autre. Avouez le la premiere. Vous etes femmes vous etiez sujette il est homme & Roi. La nature & la fortune lui*[1] *ont donné toutes deux cette superiorité qu'il sent & d'apprès laquelle il s'attend à vos avances à votre soumission. Ecrivez lui que vous me sacrifierez que vous sacrifierez tout pour vièvre près de lui & lui être agreable. Peut-être renoncera-t-il à vouloir que vous me sacrifiez. Si nous avons eu tort de penser qu'il put sacrifier un favori present à la Ctesse absente nous n'avons pas trop de presomption en nous flattant qu'il poura cesser d'être très exigeant vis à vis de vous quand il vous verra soumise.* Forcez la à devenir raisonnable à n'être plus si malheureuse. Parlez lui du printems; parlez lui voyages, plaisirs, amusemens. Dites lui que si elle fait les arrangemens de ses couches assez[2] *mesquinement* pour inquieter le Roi sur sa santé elle se fera croire[3] deraisonnable & avare, que si ce n'est que *simplement* il n'y aura là rien d'inquietant. Dites lui quant à l'enfant que le Roi n'est ni assez cruel pour lui faire le chagrin de le lui enlever par pure, malice, ni si amoureux de ses enfans pour ne pouvoir se passer de la vue d'un enfant au maillot; que dailleurs les Neuchatelois n'ont pas l'habitude d'un despote pour qui l'on fasse des choses extraordinaires ni se prete à executer une fantaisie barbare. Enfin consolez, rassurez la & quelle se porte mieux & qu'elle vive. Si elle vous mouroit entre les mains comme un oiseau tombé du nid & qu'on a voulu essayer d'elever à la brochette[1] cela seroit trop lugubre. Mais que pensoit-elle donc à Gothendar[2] quand elle refusa de vous abandonner? comptoit-elle l'emporter & soumettre le Roi, ou bien avoit-elle un courage qui se soit evanoui depuis? adieu voila la messagere

Peut-etre ne vous indiquai-je rien mademoiselle que vous n'ayez pensé rien même que vous n'ayez dit · en ce cas pardonnez ma sottise en faveur de mon zele. Vous en etes sur la simplicité où je je vous voulois. Je pensois bien que vous ne resisteriez pas aux troupes auxiliaires dont j'avois renforcé l'armée de mes argumens. L'excès d'esprit dans Voiture, les arrets de Voltaire contre cet excès,[3] cet abus, Voilà qui devoit achever votre conversion. J'en suis fort aise que votre esprit soit rendu au bon gout[4]

874. A Henriette L'Hardy, 20 novembre 1792

Oui il faut esperer & j'espere en M. votre oncle.[1] La disposition du moment peut tant influer sur une lettre! Je vous conseille de ne consulter pour fixer votre opinion que la conduite generale & habituelle de cet oncle. J'ai appris que M. de Bely[2] n'avoit pas desherité votre famille & cela par distraction & faute d'un nom qu'il oublia d'ecrire Eh bien, vos grands parens[3] ne sont pas imortels & voila qui va retomber chez M[e] votre mere. Alors le sejour[1] d'Auvernier poura être rendu plus agreable & un mariage aussi pouroit être facilité. Quelqu'un disoit l'autre jour que vous &[2] Mlle votre Sœur[3] n'etiez pas bien placées pour vous etablir; que l'on ne vous connoissoit point assez. a moins d'un projet d'epouser tout formé, & ce n'est guere que l'argent qui fait former de pareils projets, on n'ose aller chez des Demoiselles quand on n'est pas leur parent ni le camarade ni le pupille d'un pere..... Esperons. Le bonheur quand il en veut a quelqu'un franchit bien d'autres obstacles.

Je suis persuadée comme vous, Mademoiselle, que si les inventeurs de la misticité ont été des songe creux, ses Sectateurs les plus marquans ne sont rien moins que cela. La credulité fille de l'ignorance & de la bêtise, la peur fille des excès auxquels on s'est livré voila je pense les agens qui preparent la tête des grands à recevoir la superstition & le fanatisme lesquels sont ensuite presentés & introduits[4] par la fourberie & le desir imoderé d'aquerir argent & pouvoir.

Les lettres de Hambourg dont parle M. votre frere sont vraiment effrayantes pour le Roi & ses courtisans, car le fils[4] auroit d'autres passions d'autres favoris & d'autres allures. Je suis étonné que Me D.[5] se refuse à croire les desastres de cette armée & les honteux succès de cette expedition.[6] Il sembloit qu'elle les eut prevu & qu'a cause de cela elle se fut opposée à la guerre. Elle en parla ici sur ce ton. Cette femme n'a pas un des sentimens aux quels on eut pu s'etendre.[5)] Un melange de triomphe sur ce qu'elle avoit deconseillé une imprudente guerre, & de pitié pour l'amant ou l'epoux repoussé & pour une armée souffrante pour des soldats[6)] mourans d'une affreuse dissenterie voila ce qui eut été naturel; point du tout elle refuse de croire ce qui est evident, elle n'a point de pitié elle[7)] s'applaudit point.... Savez vous bien que je la crois un peu folle. Il m'est revenu des choses qui jointes à cette frayeur de se voir enlever son enfant me font croire que sa tête n'est pas dans son assiette accoutumée. N'auroit-elle pas besoin comme tant de femmes dans son etat d'être saignée? Dort-elle? Sa défiance extreme de Me Sandoz, de tout le monde; la vision de cet Eté, quand elle imagina que le Roi pouvoit arriver d'un moment à l'autre & qu'on lui donneroit un bal qu'elle arrangeoit deja, ne seroient-elles pas les effets d'un vrai derangement d'esprit? Peut-être vous a telle parlé de sa famille. N'y a t'il point eu des fous? De quoi sont morts son pere & son frere? Si vous aviez des raisons de craindre ce que je dis ce seroit bien le cas d'ecrire soit au Roi soit à quelqu'un d'autre de cette cour. Au reste que leur dire? Les uns sont des sots, les autres des fourbes egoïstes. *Dieu preserve* comme dit la Ctesse d'une vraye folie. L'extravagance courante n'est rien en comparaison. Peut-être que quelques evacuans seroient très necessaires. Le chagrin fait faire de mauvaises digestions & l'effet s'en retrouve après des couches & cause quelque fois de très dangereuses fievres. Si c'etoit une autre personne je lui enverois mon jeune medecin[7] à qui j'ai tant entendu parler de ces choses là & qui a vu sa femme près de mourir en couche..... M. Courant le connoit n'a t'il jamais parlé de lui? Est-ce lui ou un autre qu'on prendra pour accoucheur ou veut-on une femme soit par pruderie ou pour le bon marché & pour faire pleurer le Roi. Voilà qui seroit touchant en effet de se faire mal soigner en couche tandis qu'on a de l'argent pour des montres, dentelles, bagues, mousselines &c &c. Quelle est heureuse de ne pas m'avoir auprès d'elle! Je crois que je la battrois. Adieu ne perdez pas courage. Voulez vous d'autres volumes des lettres[8)] de Ciceron? N'ai-je point quelque chose ne puis-je rien faire qui vous puisse amuser?

Ce mardi 20e Nov. 1792

Je vois que vous avez tenté tout ce que vous me sembliez devoir tenter; & que tout est inutile.

A Mademoiselle/Mademoiselle L'Hardy/a *la Rochette*

Non madame il ny a pas de follie · de pres on decouvre que toutes ces petites extravagances ont leur source dans un egoisme come on en a encor pas eu dans une longue habitude de faire sensation & detre toujours applaudie quoi qu'on dise ou qu'on fasse – l'egoisme lui persuade quelle ne peut mieux employer son argent qu'a satisfaire les fantaisies qui lui passent par la tete · de la[1] les dentelles mousselines &c &c depuis lage de 22 ans on n'a parlé que d'elle a Königsberg[1] & dans les cantons voisins · elle a eu mille amans quelle se plaisait a tourmenter qui nadoraient nencensaient pas moins erigeaient ses caprices en enjouement sa deraison en esprit ses hauteurs en noble fierté ainsi de suite · depuis quelle est demi reine ça eté pis encore a force de sentendre applaudir de néprouver jamais aucune contradiction on se persuade etre infaillible · de la[1] les fausses démarches & le guignon contre tout ce qui n'admire pas · ny vous madame ny madame sandoz n'avez cette tournure on vous a trouvées brusques – il ny a que le noir[2] qui malgré la sienne a pris & tient cest l'ennui qui lui aide a se soutenir – Quand a laffaire des français[3] on l'a toujours mal vue & moi j'ai menti · je voulais qu'on eu boñe opinion d'elle il me semblait quelle pouvait fort bien la soutenir · je ne lai connue qu'ici · afond sentend · la bas je voyais qu'on raisonnait mal sur cette affaire mais tant d'autres persoñes en faisaient autant que cela ne derangeait point ma facon de penser a son egard – On voulait donc on approuvait que le roi se mellat de cette affaire pour remettre l'ordre dans cet etat mais de son cabinet seulement il pouvait dans ce moment dicter des loix a l'europe il etait craint respecté &c il netait point de sa dignité d'aller faire cause commune avec ces petits princes · Bischufsverder[4] avait l'affaire a cœur il nen fallait pas davantage pour qu'elle agit contre ses vues – elle croit les prussiens invulnérables & les français des petits etres tous bâtis come son coiffeur · elle a toujours cru · le comte Schulembourg[5] aussi · le duc de Bronsvick encore · qu'on les battrait a plate couture mais que pour tout cela on ne les persuaderait pas de reprendre l'ancienne constitution · cet echec quil donent a la royauté jointe a ce dementi la blesse cruellement elle peste contre la nation contre toutes ces republiques & soutient quil est impossible que le roi ait eté chassé par ces gredins · il a eu des raisons qu'on ne penètre pas encore pour abandoner ainsi cette affaire   parmis toutes les nouvelles qu'on a débitées on a dit celle ci que les français avaient choisi un des fils du roi pour les gouverner *Dieu preserve* · les Brandebourg sont accoutumés a etre obeis jamais il ne voudraient d'un gouvernement pareil je ne l'accepterai pas pour mon petit guillaume voila les raisonnemens – voila aussi le gilet madame & les reste de soye   je vous rend mille grace de[2] offres que vous voulez bien me faire jen profiterai quand jaurai fini les livres que jai deja de vous madame cela ne va pas fort vite – jecris en l'air il faut entrer on mattend pour le dejeuné

mardi matin.

ma sœur vient setablir ici pour quelques jours · depuis 5 mois jai vu deux fois ma mere

---

876. *A Henriette L'Hardy, 22 novembre 1792*

Ce Jeudi 22e nov. 1792

Dans une demie heure le charmant gilet arrivera à sa destination. Je ne saurois trop vous remercier Mademoiselle de votre complaisance ni aussi trop admirer votre adresse. Vous brodez comme si vous ne saviez faire autre chose. Si vous aviez envie de broder quelque chose pour vous ou pour quelqu'autre j'ai beaucoup de [1)] soye rose & verte & bleue, j'ai aussi de ce même basin[1] il faudroit à la verité tracer le dessin &[2)] dedoubler toujours cette grosse soye, mais avec Rosette & de la patience vous viendriez à bout de tout. Vous faites Mademoiselle le cours[2] le plus complet de cette vertu, oui, le plus complet qui se puisse faire; et chemin faisant que de tristes lumieres sur l'esprit humain n'acquerez vous pas!   Je ne comprens que de hier Votre demi Reine. Si l'absence des adorateurs Comtes, Barons, Princes, Rois, si l'infortune, si la connoissance qu'elle acquiert bon gré mal gré sur le monde sur des pays & des nations qui ne sont pas la Prusse ni les Prussiens, si rien de tout cela ne lui fait faire un seul pas vers le bon sens, il faut croire que lorsqu'on a été gaté à un certain point on est incorrigible, & que le voile que la flatterie met sur les yeux de certaines gens ne peut ni s'eclaircir ni tomber. Nous ne devons plus nous étonner de voir la Reine de france[3] si longtems aveugleé, & les illusions extremes & opiniatres des Princes francois des aristocrates emigrés deviennent aussi toutes naturelles. Ces derniers commencent pourtant à se douter qu'ils sont bien miserables & qu'il leur reste peu d'espoir. Je voudrois que quelques deserteurs prussiens, ou quelques prisonniers de guerre echappés de france vinsent dire à la Ctesse que leur Roi, ni eux ne sont invincibles. J'ai bien ri de ce qu'elle croyoit tous les françois bâtis comme son coifeur. Votre lettre est bien plaisante quoiqu'on y trouve de quoi s'attrister beaucoup. conservez precieusement ce recoin si riant de votre imagination d'où j'ai[3)] deja vu sortir tant de bonnes & droles de choses. Vous y devez trouver vous même de grandes ressources contre l'ennui & le chagrin. Je suis très aise que vous ayez Mlle votre Sœur. Peutêtre tirerez vous quelque parti de Me Bosset. Je vous la donne pour loyale, sincere, discrete autant qu'on peut l'être.

aimable Lucinde adieu.

449

Voici un portrait de la Duchesse du Maine par M^c de Staal[4] que je fis venir de paris exprès pour vous lorsque vous etiez encore à Berlin. Je voulois vous faire connoitre les Princes & les cours[4]: aujourdui vous les connoissez tout cela,[5] mais le portrait peut encore vous amuser il n'a jamais été imprimé. J'ai dit temerairement *voici*... M. de Ch. ne trouve pas le portrait si je ne puis l'avoir ce matin ce sera pour une autre fois.[5]

A Mademoiselle/Mademoiselle L'Hardy/a *la Rochette*

877. *A Caroline de Sandoz-Rollin, 23 novembre 1792*

Votre conseil de ville ma belle vient d'être lache et cruel[1] d'une maniere distinguée. Je ne crois pas que nulle part on se soit avisé de chasser un *emigré* seul & personnellement. On[1]chassa aussi Covin[2] maitre d'armes, mais celui là jouoit & faisoit jouer de jeunes gens, cependant il me sembla qu'on avoit tort & que tout acte arbitraire de la part d'une autorité quelle quelle soit, est revoltante; Covin pouvoit partout pousser des bottes & M. de Montbarrey ne peut pas vivre partout · enfin ceci soit que l'on considere l'acte ou le motif me paroit beaucoup plus odieux. De plus c'est impertinent. On avoit resolu de faire comme les cantons; quand on a su ce que faisoient les cantons on a desiré de connoitre le desir du Roi & sans attendre qu'on en soit instruit on procède!... Ma foi ils meriteroient qu'un Roi victorieux leur donnat sur le né. M. Marval[3] le voudroit comme moi je pense mais j'avoue que ce n'est pas pour lui que je le voudrois. Quoi desavouer sa lettre, la sienne bien veritablement & visiblement sienne! La lettre en elle même ne me paroit pas un crime, mais le desaveu est un mensonge bien bas & la place dont une des fonctions est d'ecrire de pareilles lettres est un grand tort dans un conseiller d'Etat de Neuchatel. Servir deux maitres, être payé pour des choses qui peuvent compromettre le païs ou l'on est payé pour le servir c'est bien mal & quand on en pâtit cela amuse les spectateurs. Avez vous lu la lettre? Il y a un *sous main*[4] qui fait crier des gens incapables d'agir[2] *sur main* en quoi que ce soit. on ne sait contre qui il faut se mettre en colere contre le[3] blamé ou contre les blameurs. adieu. Ecrivez moi. Je ne sai ce que vous voulez dire avec l'inspidité[4] de votre billet. Ecrivez toujours. L'insipide est mon affaire.

Ce vendredi

a Madame/Madame Alphonsine/Sandoz/a *Neuchatel*

450

Oh non n'ecrivez pas! Ne prenez pas sur vous de faire une chose qu'elle rejette qu'elle ne veut pas faire après y avoir pensé après en[1] avoir deliberé. Je crois que quand tout iroit bien et que les femmes arriveroient à point nommé & seroient très utiles encore elle ne vous le pardonneroit pas. Et si cela tournoit mal que le Roi refusat ou que sans refuser, très occupé ailleurs il negligeat cette affaire, ou que les femmes vinssent trop tard ou qu'elles apportassent des nouvelles facheuses, comme par exemple une amourette ou[2] passion du monarque, alors vous auriez beaucoup à souffrir & tous les regrets du monde. Demain au soir ou mardi dans la journée vous pouriez lui parler encore une fois sur cet objet & lui dire ecrivez au moins à quelqu'un, à M{c} de Solms[1] ou à quelqu'autre que je vous ai priée, pressée, afin que s'il arrive que vous ne soyez pas soignée comme vous voudriez l'être & qu'on l'aprenne on sache aussi que ce n'est pas ma faute que je n'ai point été insouciante pour vous ni trop prevenue en faveur des gens de mon païs. Peut-être qu'ainsi pressée elle ecrira mardi pour faire venir ses femmes, si non il faut s'en laver les mains. Au fond Mlle Savoy,[2] & une certaine Suson qui a relevé de couche M{c} Sandoz la soigneront fort bien & une fois dans son lit & foible elle aura peut-être[3] un peu moins de Royauté dans l'humeur.

Je ne sai pourquoi ma lettre envoyée hier matin n'est arrivée que le soir. Avant hier la femme porteuse de pain n'alla pas à Neuchatel & voila ce qui fit qu'elle ne partit que hier. Quoi vous n'avez pas Mlle votre sœur? Je trouve votre position epineuse & triste tout à la fois je pourois ajouter ennuyeuse & penible. Vous n'avez ni loisir ni liberté ni amusement & les incidens qui viennent varier la scene sont tous facheux: Par exemple l'espece de confidence de C{t}[3] n'est point gaye. Je n'ai point entendu parler de ce qu'il dit mais quelques papiers publics disent que Roi[4] n'ose pas retourner à Berlin. Savez vous tout le bruit qu'il y a contre M. Marval[4] au sujet d'une lettre interceptée? On dit C{t} un dit Jacobin enragé. M. Marval me paroit avoir été un ambitieux passablement fourbe, *double* du moins. Oh que l'humanité considerée avec attention est vilaine! Il n'y a pas de mal que le laquais blond s'en aille. Si c'est auprès du Roi qu'il va peut-être qu'en disant ce qu'il a vu & le chagrin de la Ctesse en certains momens il engagera le sire à quelque demarche obligeante.... Parlons d'autre chose; Ce chapitre fait mal.

Le gilet est trouvé charmant par M{c} Sandoz & son mari. Il fera l'ornement des societés de Neuchatel. Quand vous travaillez comme cela joliment à un joli ouvrage la Ctesse ne regarde t-elle pas? ne s'en amuse t-elle pas? Que lit-elle à present ou pour mieux dire que lui lisez vous? Il y a un joli roman qu'il vous faudroit demander à M{c} Bosset c'est *Lidorie*.[5] C'est romanesque & la scene est en allemagne la Ctesse s'en amusera.

Miss Biron[6] m'a aussi par fois ennuyée & c'est ce qui me fait decider qu'il n'y a nul rapport entr'elle & vous entre votre lettre & les siennes.   Voila La Duchesse du Maine[7] que M. de Ch. a retrouvée elle a des raports avec Demi Reine & je trouve plaisant que je voulusse si decidement vous l'envoyer à Berlin que je la fis venir pour cela de paris.   Il y a un mot qui ne me plait pas. Les princes sont peut-être des monstres dans la societé c'est a dire des gens qui sont hors du cours ordinaire & des formes ordinaires par cela même qu'ils ne se genent & ne se masquent point; mais ce n'est pas cela qui caracterise[5)] les monstres proprement dits les creatures phisiquement difformes on ne voit point en elles ce qui se masque chez les autres creatures de même espece. L'expression de madame de Staal est louche & embarrassée dans ce seul endroit le reste du portrait me paroit charmant. Ayez la bonté de me le renvoyer mais à votre loisir. Vous pouvez le copier si cela vous fait plaisir. Je relis votre lettre mademoiselle & vois que le *blond* ne part que samedi & que c'est lui qui devoit porter la lettre; d'ici à samedi il vous reviendra, j'espere un moment d'eloquence entrainante & la Ctesse ecrira. Quoiqu'il en soit je persiste à dire *n'ecrivez pas*. Qui sait après tout si ces allemandes en païs etranger ne seroient presque pas aussi inmaniables que leur maitresse. Les desagremens peut-être se multiplieroient.

a Mademoiselle/Mademoiselle Henriette/L'Hardy/a *la Rochette*

879. *D'Henriette L'Hardy, 26 novembre 1792*

Lundi matin

Je nai pas eu un moment la semeine derniere pour vous remercier Madame de la lettre que vous avez eu la bonté de mécrire jai deménagé d'une petite chambre dans celles qu'occupait le prince[1] jai eu ma sœur qui va partir avec Rosette[2] je lui donerai tout ce que je pourrai ecrire pendant le tems qu'elle met a s'habiller

Les nouvelles qui annoncent le peu d'apparence d'un prochain depart du roi pour berlin ont remis la comtesse dans une meilleure assiete · tant quil restera la[3] lair d'une rupture entreux nest pas aussi frappant que sil fut retourné sans elle · elle prend son parti sur ses couches & espère que les choses pourront s'accomoder après · elle garde le laquais blond & se repend de navoir pas ecrit pour demander ses femes aujourdhui il est trop tard il faut prendre son parti sur les peines que je prevois & se taire quand meme on voit une maniere de s'arranger qui pourrait en eviter – l'autre jour elle parlait du peu de tems qui reste encor jusqua cette fameuse expédition & décidait quelle ne prendrait point une nourrice de ce pays – vous

avez tort madame de ne pas en faire chercher une ou bernoise ou fribourgeoise · 3 semeines pour la trouver l'instruire de ce que vous exigerez
delle ne sont pas trop longues – jai tort peut etre – voila quelle fut sa
réponse je ne dirai plus rien je veux me laisser voguer dans cette maudite
galère sans faire le moindre mouvement pour la redresser quand je la sentirai de travers – jai trouvé une ressemblance bien frappante entre la D^e
du maine & la comtesse je profite de la permission que vous voulez bien
me doner madame de copier ce portrait · jai fini ces livres je vous suis très
obligée de me les avoir prêté & laissé si longtems · voudriez vous bien
encor avoir la bonté de remettre a rosette soit l'abbé Batteux[4] soit les lettres de pline – je lis Lidorie a la comtesse mais je ne lai pas de m^d Bosset · elle est chez madame sa mere[5] · depuis que nous somes a la rochette
nous ne lavons vue qu'une fois mais hier quelle nombreuse compagnie
m^r marval m^r Bosset m^r courant ma sœur · depuis long tems je n'en avais
pas vu de pareille elle ma fait plaisir · a ne considerer que lensemble je
suis un etre assez sociable cest a dire aimant la societé – jai entendu parler
de cette lettre ecrite par m^r marval[6] mais je ne sais point afond ce qu'on
lui reproche n'y m^r Bosset ny C^t[7] ne parlent ouvertement de cette affaire
à la Comtesse · ce dernier n'est pas jacobin enragé chez nous il nest pas
non plus admirateur des prussiens il disait lautre jour dune maniere assez
crue sa facon de penser sur le monarque je croyais qu'on se facherait on
ne s'est pas fachée – pendant que jai brodé on na pas daigné jetter les yeux
sur mon ouvrage – aprésent je fais des grands pour le petit etre qui n'a
encor ny lit ni nourrice – voila ma sœur prette a partir – jai l'honneur
detre madame votre très humble servante

h L'hardy

880. *A Henriette L'Hardy, 26 novembre 1792*

Je vois Mademoiselle que la petite galere dans laquelle vous etes
embarquée va toujours son même petit[1] train. Ni port ni naufrage. Je
vois une autre chose c'est que la Ctesse n'aime pas... n'aime personne. C'est
l'air de la rupture, c'est la perte du credit, c'est l'echec porté à la prodigieuse opinion qu'elle avoit de ses charmes qui la chagrine & l'inquiette.
L'eloignement ne lui fait rien, la perte du cœur lui fait peu de chose. Soit
que je fusse monarque ou charbonnier je ne voudrois pas d'une pareille
maitresse.

Je suis bien aise qu'elle ait vu quelques personnes. Si le petit equivoque[1]
meurt de faim ou autrement on ne dira pas que la mere[2] etoit renfermée
avec vous seule; on ne vous regardera pas comme responsable de tout ce
qui peut[3] arriver.

Voici l'affaire Marval.[2] Je vous la griffonnerai fort mal car je suis très pressée mais n'importe. Il etoit accredité auprès des Cantons ou ministre plenipotentiaire du Roi & fort bien payé. Cela etoit assez recent du mois du Juin ou de Juillet,[3] & excitoit passablement de jalousie · aussi se donnoit-il passablement d'airs, & se montroit très aristocrate. on a craint de tout tems à Neuchatel[4] la guerre de la france avec la Suisse & s'il y a eu lors de l'entrée à Longwy & Verdun un moment d'exaltation & d'un semblant de fermeté & de courage ce n'a été que pour rendre la poltronerie fonciere plus evidente lorsque la retraite des Prussiens & des Autrichiens a remis les esprits dans leur naturel. on ne peut au reste trouver fort à redire a la peur du foible menacé par le fort & la peur d'un gouvernement pour le peuple me[5] sembleroit vertu si je ne voyois plus de l'homme que du conseiller d'etat dans les poltrons qui se sont presentés à mon attention. Eh bien M. Marval ambitieux serviteur du Roi oubliant sa qualité de Neuchatelois & de membre du gouvernement de Neuchatel a fait tout ce qu'il a pu pour engager les Suisses à faire la guerre. C'est du moins ce dont il se vante dans une lettre adressée au Roi & trouvée ou livrée je ne sai comment puis imprimée & publiée avec profusion par les journalistes francois & même par le resident de france à[6] Geneve.[4] Avant cette derniere publication de la lettre accompagnée de pieces qui ne laissent de doute à personne sur l'autenticité de la lettre ni sur son auteur M. Marval avoit desavoué la lettre, bien foiblement à la verité & comme par complaisance pour d'autres mais enfin ce desaveu joint à tout le reste fait que M. Marval ne joue dans ce moment un bon personnage aux yeux de qui que ce soit. Le peuple crie a la trahison. Les honêtes gens au mensonge. Ses collegues du conseil d'etat[7] commencent à moderer leurs cris[5] parce qu'on leur a fait entendre qu'il y avoit beaucoup de leur faute & qu'ils auroient du prendre garde qu'un des leurs n'acceptat pas une place qui pouvoit exiger une conduite[8] incompatible avec les fonctions d'une autre charge d'une charge dont les devoirs etoient sacrés puisqu'ils interressoient la patrie confiée au conseil d'etat.

En effet que ne surveilloient ils M. Marval & ses negociations? au reste il y a dans le conseil des parens ou amis[9] qui se taisent par egards, comme il y avoit des jaloux qui crioient par haine.

Si cela vous amuse vous pouvez demander à Courant si je vous ai bien rendu compte de l'affaire. N'etant ni l'amie ni la jalouse de M. Marval, je dis ce que je pense sans mistere & sans humeur.

Ce Lundi.

M. de Ch. n'a pas pline en francois. Voila encore du Ciceron. C'est un caractere curieux que le sien et un esprit très extraordinaire très admirable.[10]

a Mademoiselle/Mademoiselle l'Hardy/a la *Rochette*

[   ]

ma raison se sent effrayée de les approfondir, incapable de les resoudre.
Je ne sai pas bien si cela vient uniquement[1] de mon incapacité naturelle
ou si en m'occupant à l'excès & avec inquietude & tourment de questions
religieuses, dans ma jeunesse, j'ai fatigué mon cerveau de maniere à ne
pouvoir plus y penser avec clarté: je me contente de vous dire ce qui est
ne pouvant vous dire pourquoi cela est. & j'ajouterai que je respecte la
persuasion de quiconque en a une qui peut le rendre plus heureux &
meilleur, & que si je suis tentée de rire d'une bigotterie qui me paroitroit
tout à fait absurde d'un autre coté je m'indigne & me revolte très ouvertement & très haut contre les orgueilleuses decisions & les insolentes plaisanteries des impies de profession.   Ce n'est pas *entre nous* que je vous
dis que je ne pense distinctement ni une chose ni une autre sur ces matieres
si interressantes mais si fort au dessus de ma portée. Je le dis quelque fois
à Dieu & c'est sans terreur; aux hommes & c'est sans honte. Si j'avois un
jour le bonheur d'être plus éclairée & moins vacillante je m'empresserois
de vous le dire surtout si ma persuasion etoit telle que je la crusse conforme à la votre & propre à vous y affermir. Croyez & aimez Charles
tout ce qui vous conduira à la vertu & au bonheur.

   Je pense que si l'on ne se soucie pas que vous me voyez l'on ne se soucie
pas non plus que vous m'ecriviez ni que je vous ecrive, Je n'exige donc
point de reponse à cette lettre, mais si vous m'ecrivez je vous repondrai
je n'ai point, moi, envers vos parens de devoirs qui me le defendent. Si
vous ne m'ecrivez plus de Neuchatel vous m'ecrirez de Geneve.[1] Quelque part que vous soyez comptez sur moi comme sur la plus invariable
amie que vous puissiez avoir jamais.

   Ce 29 nov. 1792   T. de Ch.

882. *D'Henriette L'Hardy, 29 novembre 1792*

Jeudi matin

   Oh que je suis un etrange persoñage · le meme soir j'etais déja tranquile
sur mon sort & contente de celui qui se prépare pour ma sœur & quand
il me serait resté quelques traces de regret votre lettre[1] madame les eut
éffacé · je suis encor plus touchée que flattée de ce que vous avez la bonté
de me dire sur ce sujet je me garde toute fois de doner dans de plus hautes
espérances quand a l'état la fortune le merite meme du persoñage[2] · je nai
pas de quoi etre si difficile jai 24 ans je deviens laide tous les jours · ce que
j'acquiers du côté de la raison ne couvre pas ce deffaut a tous les yeux –

Madame Bosset passa hier quelques heures avec nous la comtesse aime beaucoup sa conversation et C^{t3} tombe dans son esprit elle a vu son humeur elle en penètre la cause qui est pure jalousie · elle nous disait hier au soir cet home s'oublie a un point étonnant croit il donc que je me laisserai prescrire des loix par lui · ma sœur & moi loin d'agraver ses torts avons cherché a leur doner un tour excusable je lui supposais plus de finesse quil n'en montre ici · croit il s'etre rendu nécessaire au point de pouvoir se montrer a découvert · il a mal calculé mal deviné la comtesse · avec elle plus qu'avec ame qui vive il faut savoir ne rien vouloir ne rien savoir n'etre rien enfin · avec cette apparence on peut de tems en tems hazarder de petits coups de vigueur · quelques uns m'ont réussi mais encor faut il ménager cette brèche on la ferait decouvrir en y revenant trop souvent

Jai copié le portrait de m^d la duchesse[4] je vous suis fort obligée madame de m'avoir procuré ce plaisir · m^d Bosset offrit hier les memoires de m de Staal[5] · a Gottendar[6] la comtesse netait pas disposée a quitter la Riccoboni[7] pour eux je ne les lui avais pas offert

883. *De Marie-Anne-Jeanne Saurin, 29 novembre 1792*

a la rocheguion par bonniere, ce 29 novembre,
l'an pr de la république

j'ai passé huit jour, à rouen, madame, ainsi que je l'avois projetté, et ma jeune hocquart[1] en me voyant entrer dans sa chambre, pouvoit à peine en croire ses yeux, tant mon arrivée l'a etonnée! je l'ai trouvée bien portante, assez forte même, quoi qu'elle ne fut pas encore à une epoque eloignée de ses couches. deplus elle est jolie comme un ange, elle a un nouveau né[2] très gentil, qui promet de se faire vivre, ainsi à cet egard tout est donc le mieux du monde. les huit jours que j'ai passé à rouen m'ont parut employez aussi bien qu'il est possible. j'y ai été reçue avec la plus aimable amitié, et j'ai trouvé reunies dans cette ville, sept à huit personnes avec les quelles je vis à paris. la famille trudaine,[3] et m^{de} broutain[4] y sont établis depuis plus de deux mois, ainsi quun petit nombre d'hommes de ma connoissance, et plusieurs de mes soirées m'ont représenté, absolument mon petit salon de paris, que j'ai retrouvé là avec grand plaisir. j'avois été dans ma jeunesse à rouen, mais cette ville m'a semblé plus laide qu'elle ne l'etoit dans mon souvenir. elle présente une masse informe de maisons batties en bois, entassée les unes sur les autres. presque toutes les rues y sont etroites au point de ne pas y voir clair en plein midy, au moins dans cette saison. mais ce qui vaut mieux que de belles maisons, et de belles rues, c'est l'excellent esprit qui y régne. on y trouve aucune traces de la révolution, et depuis qu'elle existe, la tranquilité, et la sécurité des citoyens n'y a été alterée en rien. les manufactures qui fonts travailler, et vivre journelement des ouvriers y vont a merveilles. le bon sens, la bonne conduitte, et l'industrie se laissent appercevoir partout. la population y est très grande et le peuple y paroit heureux. vous concevez qu'un tel spectacle est plus doux à voir qu'il n'est possible de l'exprimer, aussi, suis-je très contente d'avoir fait ce petit voyage. les bords de la seine, où se trouve placé le port de rouen, garni de beaucoup de vaisseaux marchands, est agréable, et même beau. les campagnes et les environs offrent des situations et des points-de vue variés, qui sont reconnus pour être charmans, mais la saison étoit trop mauvaise, pour que j'aie pû en juger par moi même. voila enfin, madame le petit historique de mon voyage de rouen. on m'y a fait passer une petite lettre de vous dattée du huit novembre,[5] et la veille de mon départ je vous ai écrit, pour vous accuser la réception d'une de vos lettres, qui traite d'un journal dont il vous est venu l'idée, et sur lequel je vous ai déja répondu. le coopérateur[6] seroit parfaitement choisi, mais je répéte que mille considérations que j'appercois d'ici l'empecheroient surement de pouvoir y travailler. j'ajouterai deplus, que pour bien s'entendre, il ne faudroit pas que les auteurs de ce journal demeurassent, l'un en suisse, et l'autre à paris. lorsque j'y retournerai, j'en dirai un mot à mr suard si toutefois, vous ne lui avez pas ecrit à ce sujet. vous m'avez donné un avant gout de ce journal qui me le fera regretter, mais je crois son exécution dificile. je n'appercois pas encore le moment où j'irai à paris. la discution du procès de louis-seize[7] étant très importante, je crains qu'elle ne soit orageuse, et je la laisserai passer, avant de quitter ma retraîte, où je vivrois assez tranquille, si je pouvois y oublier les affaires, et la situation où se trouve la france, mais la chose est impossible. je suis fâchée que vous n'ayez point de nouvelles de m[r] constant. je m'y intéresse toujours, quelque singulier et etrange qu'il soit. son mérite et sa tête, ne se laissent point oublier.

pour cette fois surement nos lettres ne se croiseront pas. je suis convenue de vous ecrire à mon retour de rouen, et je remplis ma promesse. c'est toujours avec le même plaissir, madame, que je vous renouvelle ma tendre amitié. mes voisins du chateau ne sont point trop mal, et leur santé n'est pas mauvaise.

a Madame/Madame de charriere à *colombier/près de neufchatel/en Suisse*

884. *A Henriette L'Hardy, 6 décembre 1792*

Votre Reine est aux Reines des beaux Romans ce qu'est un Gnome aux Sylphes. Quelque pouvoir mais vilement employé. Ecrire sans vous dire ce qu'on ecrit après vous avoir vu en vive solicitude est très vilain.

Elle ne vous aime pas, elle n'aime personne. Elle de la gloire! de la reputation! elle ne sera connue que dans la petite sphere d'un tripot de cour & son imperieuse bisarrerie sera la seule chose que l'on remarquera en elle. Il y a dans ce moment à Neuchatel un anglois[1] qui en parloit il y a 8 mois à paris, precisement[1)] comme je vois aujourdhui qu'elle le merite. Souffrez & dedaignez la en même tems. Le dedain vous sauvera une partie de l'indignation & de l'impatience que ses procedés pouroient exciter.

Peut-être veut-elle essayer de nourir elle même. Cela vous acheveroit de peindre.[2] Des souffrances de mauvaises nuits mettroient tout le monde sur pied & aux champs. Pauvre Henriette, Lisette, Rosette![3] Je vous plaindrois toutes de tout mon cœur. Et vous, vaine petite femme qui à mes yeux n'etes qu'un quart d'un tout[2)] dont le moindre des autres quarts vaut mieux que vous je vous plaindrois pourtant aussi car vous me paroissez frêle & delicatte. Dailleurs où prendriez vous dequoi souffrir patiemment? L'histoire marval est exactement telle que je vous l'ai barbouillée. Nottez que le desaveu est public, imprimé dans les gazettes de Berne & de Leyden.[4] on m'a dit hier qu'il n'en est plus gueres question à Neuchatel mais je ne sai si le bruit que cela faisoit aux montagnes est aussi calmé. L'homme quoiqu'il en soit est deshonoré aux yeux de qui conque connoit des devoirs. Nous avions quelques liaisons ensemble autrefois, elles sont tombées. Dans mon esprit il ne tombe pas,[3)] lui, de bien haut.

J'ai comparé en commençant ma lettre votre Reine aux Reines de romans & non aux vrayes Reines parce que celles ci prises au hazard ne doivent pas valoir mieux & ne valent pas mieux en effet que le commun des femmes. On s'attend à quelque chose d'un peu plus grand comme de plus aimable de la part de ces Reines qui le sont par le choix du cœur d'un Roi mais on a tort. Tel qu'est le choisisseur telle est la choisie. C'est peu de chose que tout cela.

Veuillez m'ecrire si vous avez des lettres de Nantes; Si vous etes moins triste & moins ennuyée aujourdhui, demain, que l'autre jour; Si vos livres vous conviennent. Le Consul Romain[5] est à mon gré très interressant. Foible & vain comme une femmelette il ne cesse pourtant de montrer un esprit aussi vaste & juste que delicat. Lisez ses lettres jusqu'au bout, Vous aurez connoissance d'un homme bien remarquable. Ayez aussi la patience de lire Batteux[6] qu'il vous amuse ou non. On parle tous les jours de toutes les choses dont il apprend & l'histoire & l'essence, de sorte qu'on parle mieux & en meilleurs termes après l'avoir lu. Je voudrois qu'ensuite vous eussiez le Plutarque soit de Dacier ou d'amyot.[7] Chaque vie est courte & cette lecture quadreroit avec votre genre de vie. Adieu Mademoiselle. Vous etes à une école où l'on apprend de tout. Les passions[4)] des grands, les interets des peuples, le manege de ceux qui gouvernent & les divers aveuglemens de ceux qui sont gouvernés passent en revue devant vous & vous avez dequoi comparer sans cesse les hommes de la realité avec les hommes des livres; Le monde present avec le monde passé. Que cela vous console un peu de vos ennuis deplaisirs & inquietudes. Vous vous faites un grand fond de reflexions qui vous amuseront un jour.

Ce 6 Dec. 1792.

885. *A Henriette L'Hardy, 9 décembre 1792*

Le 9 Dec. 1792

Oui c'est bien comme cela qu'est le grand Ciceron foible, vain, irresolu; j'ai jetté bien des fois ses lettres au milieu de la chambre, de mon lit où je les lisois en Hollande etant malade Voila une frase qui ressemble a: *il en avoit de beaux mon pere de couteaux* &c. Je souhaite que vous la puissiez entendre. Ce n'est pas comme cela qu'il faudroit ecrire à Mlle L'hardy en aucun tems mais surtout lorsqu'elle lit les lettres de Ciceron. Pour en revenir à lui il est impatientant en mille endroits mais toujours il interresse. Les grands hommes de l'antiquité vus dans leur commerce intime avec leurs amis sont comme ceux[1] qui brillent parmi nos contemporains. Pour admirer il est bon de voir de loin ou de ne voir qu'à demi. Toute magnificence est mesquine, toute decoration est de la grosse toile, du carton & des cordes, tout grand homme a des petitesses dès[2] qu'on y regarde de près. Nous pourions bien de tout cela conclure qu'il nous faut être indulgens envers ceux qui même n'ont rien[3] de grand mais cette reflexion ne nous ote pas le sentiment penible que leur sottise & foiblesse nous fait sans cesse eprouver. Les sachets & le thermometre ne vous en ennuyeront pas moins. Que Dieu vous donne des distractions & de la patience!

Je suis fort aise que Batteux ne vous ennuye pas. Je suis bien de votre avis sur le talent. Mais n'est-ce pas une dispute de mots que tout cela? Si j'ai du gout pour un art cela suppose des organes bien disposés pour cet art; qu'une volonté très determinée les mette en action & tourne toute mon[4] activité vers cet objet le talent sera je crois trouvé. Organes propres à une chose, volonté portée sur cette même chose que faut-il de plus pour constituer le talent. J'avois de l'oreille & de la sensibilité j'ai voulu & bien tard être musicienne, je suis musicienne. Genie, talent, mots necessaires & qui expriment sufisamment ce qu'ils veulent exprimer dans les occasions où on les employe mais qui n'expriment pas des[5] choses tellement connues & reconnoissables & exclusivement elles mêmes qu'on puisse dire une fois pour toutes[6] c'est cela ce n'est pas cela. M. de Buffon[1] croyoit que le genie n'etoit que l'effet de la patience & de l'application. Si l'on demandoit à[7] Corneille comment lui sont venus les traits de genie qu'on admire chez lui il diroit je crois[8] Tel vers heureux est le fruit de la peine

459

que je me suis donnée pour trouver un rime aux vers precedens; La pensée est venue amenée par les mots. Tel autre vers ou mot heureux est l'enfant de l'entousiasme que m'inspiroit mon sujet & le caractere supposé de mon heros. Tel autre vers ou mot heureux[9] m'est venu de lui même, tout à coup, comme par hazard au point que j'ai été longtems sans l'apprecier ce qu'il valoit tant il m'avoit peu couté & j'ai failli lui en substituer un autre. L'Histoire du *moi* de medée[2] pouroit être ainsi toute differente de celle du *qu'il mourut* d'Horace[3] En general je crois qu'on appelle trop souvent *talent* ce qui n'est qu'une aptitude plus ou moins grande pour un art plus que pour un autre chez une jeune personne. De là tant de pretendus talens qui flattent un pere & une mere & ne donnent au public ni peintres ni poetes ni musiciens[10] ni architectes; & je crois[11] aussi qu'on meconnoit trop souvent le talent quand il n'est pas precoce quand il n'est pas presomptueux & qu'il demande modestement du tems & des secours pour se former. Vouloir; fortement, decidement, & obstinement vouloir, fait[12] venir à bout de tout, mais vouloir ainsi est deja un don du ciel, est deja un *talent* très rare.   Le grand tueur[13] du talent est la legereté. Son pere nouricier c'est la perseverance. Pour se persuader que le talent est reellement la rencontre & reunion d'organes subtils & d'un gout vif & perseverant c'est qu'on voit certaines gens avoir du talent pour presque tout. Les muses sont sœurs & quiconque est bien vu d'une personne de cette famille est rarement brouillé avec les autres. Si l'on n'[14] étoit peintre ou poete qu'[15] intuitivement ce ne seroit pas cela.... En voila assez; dans le fond je ne sai peut-être pas trop ce que je dis, mais je sai bien que si je voyois une annonce de talent chez une jeune personne je dirois appliquez vous matin & soir, nuit & jour; rêvez à votre travail quand vous ne travaillez pas que tout vous soit ou clavessin ou toile & pinceaux les tables le plafond le plancher les allumettes. Si on trouve cela penible impossible si l'on m'objecte la toilette les bienseances que sai-je? Je penserai vous pourez etre une excellente femme une charmante femme un très joli garçon mais votre talent ou rien est à peuprès la même chose.   Une jeune fille de Lyon[4] est allée malgré ses parens dessiner à paris. Elle a fait de M. Al. de Luse[5] un portrait admirable. Peu après, j'apris qu'un negociant riche l'epousoit; j'en fus fachée · peu après qu'il s'etoit ruiné j'en fus bien aise Elle a fait un portrait du jeune Marval[6] qu'on dit[16] pour le moins aussi bon que celui que j'ai vu d'Al. de Luse. Tachez de le voir, & dites moi comment vous le trouvez. A propos que dit-on autour de vous du depart de M. Marval?[7] Adieu fille à plusieurs talens[17] mais que le sort restreint à celui d'observer & de connoitre. Votre esprit y gagne. Adieu.

Je viens de mettre en deliberation si je ne brulerois pas le billet ecrit hier & voici pourquoi: Hier au soir etant avec Mlle Rougemont l'ainée,[1] M. Berthoud[2] & M. de Charriere je dis ce que vous m'ecriviez au sujet du talent et ce que je vous repondois. Je fus condamnée tout d'une voix & terrassée par une quantité d'exemples tellement frapans qu'il n'y eut pas moyen de me relever ni de faire la moindre resistance. Je conclus donc que je brulerois mon billet ou bien vous avouerois qu'il n'a pas le sens commun & que vous aviez prononcé dans la cause du talent comme le doit faire toute personne raisonnable. Je n'ai pas seulement tort pour le fond mais encore pour les accessoires de mon plaidoyer en faveur de l'application. 1° C'est Bonnet & non Buffon qui dit que l'application fait le genie,[3] & ces deux autorités sont bien diferentes en fait de genie. 2° j'ai pris le mot de *gout* dans l'acception de *passion* ou *preference, inclination* tandis que Batteux l'a employé dans celle de *discernement exquis*. Si je ne brule pas l'incluse[4] c'est à cause de Ciceron & parceque je vous suppose passablement de loisir. Ce sera vous qui vengerez le bon sens en jettant au feu tant de bêtises qui le blessent. M. Berthoud etoit plaisant dans sa vive contradiction; il entassoit les preuves; C'etoit lui même c'etoient plusieurs jeunes gens de sa connoissance qui lui fournissoient ses exemples; ils avoient voulu se donner du genie & devenir eloquens à force de travail & de peine..... Je me rendis comme je viens de vous le dire à discretion & promis d'abjurer mon erreur.

Si vous avez envie de voir le portrait peint par M^c de Serigny[5] je crois qu'il n'y auroit qu'a envoyer une boite dans laquelle vous mettriez du coton & demander par une carte au jeune Marval de vouloir mettre son portrait dans la boite promettant de le renvoyer au bout d'une heure ou deux. A propos de boites Mc Sandoz en a une à vous dans la quelle est venu le gilet. Voudriez vous la faire demander? avez vous enfin une nourice? Comment est-on et que faites & pensez vous?

Le chagrin vous a rendu un tant soit peu injuste pour les negocians. Il faut être tout bon ce qu'on est, & c'est un malheur necessaire de leur etat que de faire marcher leurs affaires avant tout autre interet; sans cela point de succès mais au contraire ruine & honte & desespoir.[1)]

A Mademoiselle/Mademoiselle L'Hardy/a *la Rochette*

Ce 11ᵉ Dec. 1792

Rosette[1] sort d'avec moi; elle a bien pleuré. *Je m'etois si bien attachée à Mᶫᶫᵉ L'hardy... disoit-elle. Je suis bien sure à present[1) de ne retrouver jamais une pareille maitresse.* Nous ecrirons, c'est à dire que Henriette Monachon ecrira demain à Zurich où l'on demande dans une bonne maison une fille qui surtout sache coudre & qui soit d'une figure presentable. Comme Henriette[2)] n'a pas l'adresse de cette maison[3)] cette lettre devra passer par Granson ce qui allonge le chemin. Si dans l'intervalle[4)] la Cᵗᵉˢˢᵉ voyant avec quelle promtitude on lui cède pouvoit se radoucir pour Rosette & vous dire de la garder je vous avoue que j'en serois fort aise; Car je pense comme elle qu'elle ne retrouvera pas de maitresse comme vous. Rosette assure que le Domestique qui l'accuse n'a pas la tête bien saine; que souvent il parloit de s'aller noyer. Elle dit aussi qu'excepté un fourneau à chaufer elle ne lui a jamais rien demandé qu'il se fit de la peine de faire; & ce fourneau c'etoit vous Mademoiselle qui vouliez qu'on le chaufat. Mais il se trouve que Rosette a des ennemis comme si elle etoit vous pour le merite ou une heureuse personne pour la fortune. on a tenu mille propos facheux[5)] sur son compte à Henriette Monachon. Les Roberts[2] en ont fait plusieurs histoires. Elle refusoit de porter le moindre paquet de chez Mᵉ votre mere à Vous. & la servante de Mᵉ votre mere devoit s'en être extremement plainte; elle se donnoit avec ses camarades des airs insuportables jusqu'à exiger de Sandoz[3] qu'il fit son lit. J'ai demandé à Rosette si elle avoit refusé de prendre un paquet à Auvernier elle a été quelque tems sans comprendre ce que je voulois dire et enfin elle m'a repondu jamais, non jamais.

Je lui ai tu tout le reste. Elle ne se soucie point du tout *de coudre à Colombier* et M. Lamblet[4] tailleur de pierres me paroit être un menteur. Je n'oserois me meler de chercher quelqu'un qui remplace Rosette. La Cᵗᵉˢˢᵉ haïra tout ce que je pourois offrir, mais ne vous laissez pas donner une femme de chambre par Courant[5] elle pouroit se trouver être un espion payé des Jacobins. Courant à ce que m'a dit Rosette avoit deja repandu hier en ville qu'elle vous quitoit.   Tournez s.v.p.[6)]

J'ai dit à Rosette & Henriette le lui a dit comme moi qu'il ne faloit pas abuser de la permission donnée de rester jusqu'à ce qu'elle eut trouvé une place parce que le chagrin de la Cᵗᵉˢˢᵉ contre elle pouvoit vous donner de grands désagremens & que si nous ne trouvions point de place pour elle actuellement je l'arrangerois à Colombier & la prendrois en journée tant qu'elle voudroit fut-ce tous les jours.

Sachez si Lamblet porte un bonnet rouge Il seroit plaisant que ceci fut une intrigue politique. Courant a dit qu'il etoit très[7)] Democrate et que cela etoit bien naturel puis-qu'il[8] n'y avoit de bouleversement auquel il ne put gagner plus qu'il n'y pouvoit perdre. Je n'ai rien a perdre disoit-il naïvement. et cela me paroit très vrai il n'a a perdre ni honneur ni fortune.

a Mademoiselle/Mademoiselle L'Hardy/a *la Rochette*

888. *A Henriette L'Hardy, 11 décembre 1792*

a 1 heure ce 11ᵉ Dec.

J'ai demandé à mon Henriette si elle connoissoit un Lambelet tailleur de pierre à la coudre.[1] Elle dit en connoitre deux.[1] L'un a deux belles filles qui faisoient des commissions à Fontaine André chez les Courant et fort liées avec ce menage. L'autre a des sœurs dont l'une est servante chez M. Courant une autre en service à Geneve & une troisieme chez Mᵉ Dulon[2] à Neuchatel Tout cela tient fort aux Courant. Il y a dans l'offre de ce Lambelet & le faux avis qu'il donne sur Rosette un mistere qu'il faut approfondir ou plutot qui avertit de renvoyer tous ces gens là bien loin. Prenez garde à vos lettres brulez ce que vous ne vous souciez pas qu'on lise ou envoyez-le chez Mᵉ votre mere. Je serois presque d'avis que[2] vous ne prissiez pas de femme de chambre mais quelqu'ouvriere en journée. Il m'est avis quaprès que la Cᵗᵉˢˢᵉ sera relevée de couche vous pouriez bien ne rester pas longtems avec elle. C'est de la drogue que ses alentours.

A Mademoiselle/Mademoiselle L'Hardy/a *la Rochette*

889. *A Henriette L'Hardy, 12 décembre 1792*

ce 12 Dec. 1792

Henriette[1] fut mandée hier par la mere ambos, mais ce n'etoit que pour la voir & lui donner des nouvelles de Lisette.[2] Sandoz[3] fut ici. Rosette ne le vit pas, fort heureusement. Elle avoit peur de le rencontrer sur le chemin c'est-à dire de le voir car il alloit le même chemin qu'elle mais elle n'aura pas eu ce desagrement car Henriette beaucoup plus tard le vit passer à auvernier. Une petite fille que nous avons dit hier au soir qu'elle ne doutoit pas que Sandoz ne fut amoureux de Rosette & que la trouvant insensible ce ne fut cela qui l'eut mis de mauvaise humeur. Si cela etoit & qu'on le put dire à la Cᵗᵉˢˢᵉ reviendroit-elle de la persuasion où ce fou l'a mise que Rosette[1] a le cœur mauvais & l'humeur intraitable? Peutêtre qu'oui pour un moment, mais si foncierement elle hait cette fille elle ne tarderoit pas à reprendre la conduite que produit la haine & les contrecoups seroient facheux à suporter pour vous. Que Sandoz fut amoureux ou non je persiste que le voyant de mauvaise humeur des gens qui veulent vous donner une autre femme de chambre ont profité de cette humeur & l'ont aigri tant qu'ils ont pu. Je me fonde dans cette opinion sur la promtitude de Courant à repandre que Rosette vous quite, et sur la lettre de Lembelet. C'est a a dire que je vois dans ces deux circonstances un dessein de nuire à Rosette & comme il est dificile de croire qu'on la haïsse personnellement je pense qu'on n'a voulu lui nuire que pour la remplacer, & Sandoz ayant si peu de sens & si peu de raisons de se plaindre de Rosette je vois dans ce qu'il a fait & dit l'instigation d'autrui. Mais je vai plus loin & je soupçonne qu'on veut mettre un espion dans votre menage, comme les Jacobins en[2] avoient mis un ici chez M. Deguerty.[4] c'etoit une fille de nancy dans le coffre de laquelle se trouva une correspondance avec plusieurs membres de l'assemblée constituante. Je demandai hier à Henriette si les Robert etoient liées avec les Girardet.[5] – oui très liées. – or les Girardet travaillant chez moi, (pas pour moi au moins car je ne les puis souffrir) la fille dit je voudrois qu'on decapitat le Roi de france & qu'on brulat la Reine. Je mettrois de mes mains le feu au bucher. – Vous me faites horreur dit henriette. – Eh pourquoi dit la mere Girardet? N'a ton pas en angleterre coupé la tête à un Roi & brulé une Reine & tout n'est il pas bien[3] allé depuis?

Rosette etoit pale comme la mort & plus morte que vive hier quand elle quita Henriette. Je l'avois aussi trouvé fort changée je vous plains mademoiselle aussi bien qu'elle & cette histoire m'a laissé une impression lugubre & sinistre. adieu.[4]

A Mademoiselle/Mademoiselle L'Hardy/a *la Rochette*

890. *A Henriette L'Hardy, 13 décembre 1792*

Si la presence de Rosette vous donne des desagremens envoyez la moi. Je la ferai demeurer &[1] travailler chez moi jusqu'à ce que j'aye trouvé une place ou un arrangement qui lui convienne. Je vous assure Mademoiselle que vous m'occupez beaucoup & qu'une bonne partie de mes pensées roule sur vous. Je persiste à desirer que le 2e mars ne vous trouve pas chez la Comtesse. Il y aura alors 18 mois que vous avez quité Auvernier; il y en aura au moins deux qu'elle sera accouchée. Me Sandoz m'a ecrit et m'a transcrit vos deux derniers billets ou du moins ce qu'il y avoit de plus frapant dans les deux. Il m'est demontré que la Ctesse ne vous aime point du tout. Mettez ensemble son inquisition & persecution relativement à Me Sandoz, son procedé relativement à Rosette, le mistère qu'elle vous a fait du contenu de sa dernière lettre au Roi, l'inquietude où elle vous laisse touchant ses couches & la nouriture de son enfant sans comp-ter[2] beaucoup d'autres marques de defiance, d'indifference, de mauvaise humeur & il vous sera demontré comme à moi *que la Ctesse ne vous aime point du tout.* or une femme comme elle lorsqu'elle n'aime pas est tout près de haïr & quand elle hait elle est tout près de nuire. N'attendez pas qu'elle en vienne là, attendez d'autant moins qu'elle pouroit être secondée dans ses malveuillans projets. Je suis decidement d'avis qu'un mois après ses couches vous lui rendiez les cadeaux qu'elle aura pu vous faire au nouvel an & lui disiez que vous[3] les avez acceptés[4] à cause de son état mais avec la[5] resolution de les lui rendre après sa convalescence etant decidée depuis longtems à la quiter dès qu'elle pouroit se passer de vous. Et puis quoi qu'elle dise tenez ferme & quitez la à la fin de Fevrier. Quand elle ne vou-droit être que strictement juste elle sentira qu'elle vous doit un an & demi d'apointemens si elle s'avisoit de n'en vouloir payer qu'un il faudroit ni plus ni moins se taire & se retirer. J'ai dit *je persiste* comme si je vous avois deja exprimé mon desir aussi nettement que cela, ce que je n'ai pas fait mais depuis trois jours que je rumine cette affaire je me confirme dans la pensée que c'est là ce qu'il faut que je vous conseille et que vous fassiez. Je redoute à present tout ce qui vous entoure. La mere de Rosette sollicite depuis longtems Mlle Louise de Penthaz de chercher une autre place à sa fille disant que la Ctesse a de l'humeur contr'elle. Elle revint à la charge il n'y a pas longtems. Mlle Louise pria[6] Me Pury[1] qui etoit chargée de cette commission de dire à cette mere peu sensée qu'elle avoit le plus grand tort du monde. Il faudroit savoir qui lui inspiroit cette sollicitude & ces sol-licitations. Demandez à Rosette si elle peut l'imaginer ou s'en instruire. Peut-être les mêmes gens qui accusoient Rosette d'impertinence, accu-soient la Ctesse d'humeur & dans le même but pour l'eloigner de vous & mettre à sa place quelqu'un qui fut à leur devotion. N'acceptez personne. Vous ne savez pas ce qu'on pouroit inventer de pieges ou de calomnies contre vous. Je me suis demandée ce que vous pouriez faire au cas que la Comtesse fut dans un etat inquietant lors de ses couches ou après. Il me semble que vous devriez envoyer chercher Me de Piere,[2] femme estimée, mere de plusieurs enfans, mere du maire de la ville, Democrate enfin, et Me Marval[3] femme de l'homme du Roi. Personne n'auroit rien à dire ni la Cour ni courant ni le public sensé. au defaut de Me de Pierre & de Me Marval vous pouriez demander Me de Luse ostervald, & sa belle sœur[7] M^e de montmollin de Luse[4] l'une plutot democrate & l'autre plutot aris-tocrate par leurs maris à toutes deux. Ne songez ni à Me Chambrier ni à sa fille.[5] Courant a peut-être une nourice dans sa poche. Si non & qu'on soit pressé enfin d'en avoir une addressez vous a ces mêmes femmes. Pre-nez peu sur vous. Adieu je vous vois comme en purgatoire.

Ce Jeudi 13 Dec. 1792.

A Mademoiselle/Mademoiselle Henriette/L'Hardy/*a la Rochette*

Ce 14ᵉ Dec. 1792

Je n'en demors pas encore. Si ce n'est la clique c'est Courant tout seul. Le *je suis sur que c'est de la drogue* n'est pas de bonne foi. Un autre auroit dit *j'ai chez moi la sœur: voulez vous que je lui demande ce que sait celle là & ce qu'elle est?* on peut être curieux des lettres que vous recevez. on peut vouloir vous susciter quelque tracasserie & mettre quelqu'un à votre place & par ce moyen insinuer telle & telle chose à la Cᵗᵉˢˢᵉ obtenir d'elle telle et telle chose. Enfin je persiste à croire qu'il y a là un dessous de cartes. Je soupçonnois la mission de Cᵗ aussi vous disois-je hier que peut-être il avoit une nourice dans sa poche. Il l'en a tirée hier. Que vous devez de mepris à toute cette manigance! Quoi vous imposer tant de gène & de privations & ne temoigner de vraye confiance qu'à cet homme! Se faire un jeu de votre souci! Si elle vouloit tout simplement une nourice de sa main que ne vous disoit elle il connoit plus de gens & va & vient plus que vous je l'ai chargé..... mais par une malice de servante paroitre negliger cela Il y auroit dequoi s'emporter sans le secours du mepris qu'elle merite. Je souhaite bien que la lettre de M. votre oncle[1] vous determine au parti qui seul me paroit bon à prendre. Je ne connois à fond ni vos desirs ni votre position mais il me semble qu'au pis aller un Eté passé à auvernier ne sauroit être desagreable & qu'avant l'hiver nous trouverions un moyen de le passer ailleurs. L'angleterre seroit mon paÿs favori pour vous. A[1)] cette heure c'est du courage & de la patience qu'il vous faut; j'allois dire de la distraction et j'eusse mieux dit en disant des distractions mais où les prendre? Vous en auriez à la verité besoin mais cela ne les procure pas. Dites moi si vous voulez le volume[2] des lettres de Voltaire qui sont ecrites de Berlin? vous y verrez un peu de la cour comme elle etoit & la comparerez à ce qu'elle est. Il y a aussi des memoires[3] où il en dit beaucoup plus que dans ses lettres. Les voulez vous? cela n'a que la longueur d'une petite brochure. Comment est Rosette? Pleure t-elle? est-elle bien pâle? *Je suis etonnée* me dit-elle, *qu'elle ait voulu que j'aidasse à faire des robes pour l'enfant qui est à Berlin.* Adieu. Mᶜ de Pierre est rentrée en ville pour tout l'hiver, & Mᶜ Marval n'en bougera. Son mari est revenu[2)]

A Mademoiselle/Mademoiselle l'Hardy/a *la Rochette*

Je ne prens la plume que pour dire & repeter *vous avez raison.* Dabord *vous avez raison* de penser qu'ayant Messieurs Dublé[1] & Leschaux[2] & la

Ctesse s'etant[1] donnée pour secours & gardes M. & Me Courant il ne faudroit penser à d'autres que dans des cas dont[2] *Dieu preserve.* Par exemple je regarde entre nous soit dit Leschaux comme un grand ignorant en fait d'accouchemens & si j'avois été auprès de Me Sandoz quand elle fut si mal j'aurois envoyé chercher[3] M. Perlet[3] ou M. Liegtan.[4] Ceci au reste n'est pas exact car alors je ne savois pas ce que je sais aujourdhui & c'est precisement à l'occasion de Me Sandoz que j'ai vu l'ignorance de M. Leschaux clairement prouvée, & son charlatanisme aussi. Je ne l'ai jamais dit à Me Sandoz & si elle accouchoit encore une fois je ne lui dirois point mais je communiquerois mon opinion à quelqu'un de ses parens pour qu'on se la[4] rappelat en cas de detresse. Je repete que *vous avez raison* mais moi avois-je tant de tort? Je ne savois ni le Dublé ni le Leschaux ni la layette montrée à M. & à Me Courant. Alors[5] je vous voyois seule avec l'accouchée & la mere ambos qui accouche bien, avec patience, douceur & adresse mais qui ne sait que cela & n'a que mediocrement de sens, & c'est alors que je voulois vous entourer de femmes qui vous sauveroient de toute facheuse *responsabilité.* Ignorant ou non je suis très aise qu'on ait Leschaux car il a de la reputation & c'est à vous que je pense dans tout ceci presqu'exclusivement de sorte que j'aime encore mieux reputation qu'habileté.[6]

Vous avez raison aussi de vouloir prendre patience pour que la separation n'ait rien de brusque ni de facheux. Ici je crois vous avoir rendu le service que toute personne très vive rend à une autre personne très vive mais raisonnable. En entrant de cœur et d'ame dans les[7] peines de la position de son ami[8] on le ramene sans y penser à une façon de voir plus douce & plus calme. L'impression un peu outrée qu'on a[9] faite chez autrui relativement à soi adoucit celle qu'on a soi même. Voila du moins ce que j'eprouve & le sang froid, au contraire, l'apreciation froide de mes griefs ou de mes chagrins redouble ma sensibilité. Eh bien oui prenez patience. Soyez douce & raisonnable jusqu'au bout. S'il arrivoit beaucoup de choses comme l'histoire de la nourice je croirois qu'on a le projet de me degouter mais peut-être jugerois-je qu'il n'y faut pas prendre garde & d'autant moins que certaines gens après avoir fait tout exprès ce qu'il faloit pour qu'on les quitat se plaignent neantmoins si on les les quite & cela pour se dispenser de la reconnoissance & de tout bon procédé subsequent.

Je saurai par Me Pury qui c'est qui a parlé à Louise Roi[5] de l'humeur de la Ctesse contre sa fille. Quant à la part que Courant a ou n'a pas à cette petite affaire nous verrons par la suite ce qui en est & s'il vous vient des *Lembelet* ou des *Grou*[6] de la coudre qui demandent à remplacer Rosette. Aujourdhui l'on plante à Colombier l'arbre de la Liberté.[7] Si cela n'etoit bien sot & bien plat ce seroit odieux & triste. Que veut-on? Dans quel pays[10] paye-t-on moins d'impots? Dans quel paÿs est-on plus libre. S'il y avoit un arbre de l'*ordre* à planter ou si l'on pouvoit greffer l'ordre sur la liberté c'est cela qu'il faudroit faire. Il s'est fait je ne sai combien d'assassinats ces derniers tems & je crains que les disputes politiques n'en produisent beaucoup d'autres. Il y a à la Sagne[8] un parti Prussien qui met le bonnet rouge sur la tête des cochons & à la queue des vaches. Que d'extravagances de toutes les couleurs! Adieu mademoiselle. Je suis tranquile apresent sur votre compte parce que vous etes tranquile & par ce que vous avez lieu de l'être. Nourice, accoucheur, medecin, matrone, vous avez tout ce qu'il faut. On dit Mc Courant une fort bonne femme.

Ce 15^c Dec. 1792

A Mademoiselle/Mademoiselle Henriette L'Hardy/a *la Rochette*

893. *D'Henriette L'Hardy, 17 décembre 1792*

Lundi matin

Hier au soir nous avons reçu de bones nouvelles madame je m'empresse de vous en faire part · la comtesse a une longue lettre toute gracieuse & moi une gracieuse aussi · on me charge dassurer les persones qui l'entourrerons pendant ses couches de linterret quil prend a elle & de la reconnaissance quil aura des soins qu'on rendra a l'accouchée · je dis lui vous devinez bien que c'est le roi · je mattendais si peu a cette joye que j'en ai perdu la tête · il a ecrit a Berlin pour faire partir les femes de la comtesse · tout ira bien jespère ou du moins beaucoup mieux que je ne lespérai – je repondrai demain seulement par des remerciemens de ce retour de confiance · nest ce pas tout ce quil me suffit de dire madame

a Madame/Madame de Charriere/a *Collombier*

894. *A Henriette L'Hardy, 18 décembre 1792*

Je suis comme vous Mademoiselle très aise des lettres & surtout de celle qui vous a été ecrite. Je pense aussi comme vous qu'il ne faut aujourdhui que temoigner votre joye du retour d'une confiance que vous n'aviez jamais merité de perdre. Une autre fois je pense que vous pourez dire que vous souhaitez à M. du Paquier[1] le même bonheur que vous avez[1)] celui de voir se dissiper un nuage sombre & affligeant, d'autant plus affligeant que vous ne pensez pas que le Roi ait de serviteur[2)] mieux intentionné que lui. Une autre fois encore vous pourez dire quelque chose des gens de ce pays, ne fut-ce que relativement à la bonne volonté que vous avez trouvé pour la Ctesse chez le petit nombre de ceux dont elle a agreé la société & les services. Tout cela poura assaisonner en son tems les lettres par lesquelles vous rendrez compte de la santé de l'accouchée. Celle ci ne contiendra que le remerciement que vous avez à faire. Et puis après les lettres sur cette santé & quand cette santé sera tout-à fait bonne je pense qu'il ne faudra³⁾ songer qu'à quiter de bonne grace & avec honneur, car reellement ce menage n'est qu'un tripot & la maitresse du tripot ne vous aime guere. Pour vous laisser engager à rester il faudroit des changemens prodigieux & l'espoir d'un etablissement solide & independant. Je ne voudrois pas que vous vous laissassiez amuser & entrainer comme Me de Staal² & tant d'autres.

Parlons de Rosette. Henriette Monachon qui est mon oracle sur ces sortes de choses pretend que personne n'a inspiré à la mere ses sottes pensées, mais que très fachée de la maniere dont sa fille etoit arrivée dans ce pays, plusieurs impressions confuses avoient pris successivement la place & la teinte de cette premiere impression. Au reste elle auroit bien laissé retourner sa fille à Berlin pourvu que ce n'eut pas été sur le siege,³ & la fille comptoit bien qu'on la laisseroit aller & m'a parlé plusieurs fois sur ce ton. *Nous n'habiterons* disoit-elle *la belle maison neuve de la Ctesse qu'à notre retour à Berlin,* & d'autres phrases semblables. Les impressions de sa mere etoient donc regardées comme foibles & vagues & ne faisant pas loi. La derniere fois, je veux dire l'avant derniere, que Rosette vint ici, elle dit à Mlle Louise qu'elle ne comprenoit pas sa mere, que pour elle elle etoit fort contente & s'etoit fort attachée à vous. Malgré ce qu'a prononcé mon oracle j'en aurai le cœur net. Me Pury fut ici hier je ne le sus pas; si elle ne revient pas bientot je lui ecrirai. Il est très sur que Rosette perd beaucoup à vous quiter & qu'elle le sent. Je n'ai⁴⁾ aucune reponse de Zurich ni n'ai pu en avoir encore⁵⁾ quoique Zurich soit près d'ici en comparaison de Berlin. Ce n'est pas la preference de⁶⁾ la mere de Rosette auroit pour Zurich par dessus Berlin qui me feroit croire qu'on l'ait *travaillée*⁴ comme disent les françois. Zurich est Suisse & voisin & allié, & beaucoup de Neuchateloises y vont & en reviennent.

Je ne suis pas persuadée que C^{t5} ne se defie pas de vous. Il vouloit sur le chapitre de Leschaux vous persuader, persuader tout le monde. Si c'est la Schob⁶ qu'il vouloit donner je la croirois pour le moins aussi habile que Leschaux ainsi quelles⁷⁾ que fussent ses intentions le conseil pouvoit n'être pas mauvais mais je suis bien aise qu'il ne gouverne pas en maitre, qu'il ne s'impatronise⁷ pas dans votre maison de maniere à vous la rendre absolument insupportable. L'air d'humeur qu'il a pris en voyant Me Bosset a du lui nuire un peu dans l'esprit de la Ctesse ou du moins a du l'étonner. Si une fois elle s'aperçoit qu'on veuille la subjuguer & la gouverner il se peut qu'elle se cabre. Vous me direz la mine qu'il fait actuellement. Je suis curieuse de savoir ce qu'il pretend avec ses histoires de folies Democrates.

Ne pouriez vous le faire expliquer un jour en lui disant vous m'etonnez, on vous croit très[8] Democrate je vois qu'on a tort & que vous blamez fort ces extravagances. Peut-être auroit-il envie que le Roi fit quelqu'acte de rigueur qui fachat les Neuchatelois & les fit se soulever. Un homme comme lui ne peut pecher qu'en eau trouble de sorte que c'est son jeu que de troubler l'eau. Une chose encore me fait me rejouir de ce qu'il a échoué dans son projet de sage femme c'est que c'eut été un affront & un grand crèvecœur pour l'ambos qui est sage femme tout comme les autres & à qui il n'est jamais arrivé de faire des bevues facheuses dans son metier.[9] Toutes les femmes qu'elle a accouché s'en louent. Elle est forte douce & patiente. Quand l'enfant est placé ou se presente[10] de maniere à rendre l'art des femmes insufisant on appelle un accoucheur. L'arrangement de C[t] eut fait repentir amerement cette femme de sa complaisance &, à nommer les choses par leur nom, de la sottise qu'elle a faite de quiter menage & enfans pour cette gredine de petite Reine; on auroit même cru qu'on ne lui preferoit une autre femme que parcequ'on l'auroit reconnue ignorante &[11] incapable, de sorte que cela eut pu lui faire beaucoup de tort

Adieu Mademoiselle j'ai ecrit depuis l'aube du jour jusqu'au depart d'Iris la messagere non des Dieux mais de Colombier

Nous avons bien parlé de vous hier Me Caroline & moi.

Ce 18e Dec. 1792.

a Mademoiselle/Mademoiselle Henriette/L'Hardy/a *la Rochette*

895. *A Caroline de Sandoz-Rollin, 18–20 décembre 1792*

J'ai egaré un commun petit etui noir à eguilles qui appartenoit à Henriette Monachon. Voudriez vous quand vous sortirez pour quelque visite ou emplette m'en achetter un[1] & une cinquantaine d'eguilles; alors la perte sera reparée. J'oubliai hier de vous payer l'affranchissement de la lettre[1] pour Brunswick. Nous n'eumes gueres de loisir, mais n'importe je fus fort aise de vous voir & suis fort aise de vous avoir vue.   On doit avoir gardé cette nuit l'arbre de la liberté; quatre hommes etoient resolus hier à veiller dans une maison voisne parcequ'on avoit parlé disoient-ils de le scier pendant la nuit. on a pretendu même avoir trouvé une scie au pied de l'arbre hier matin. Si cela est je parie qu'un bonnet rouge l'y avoit mise. Ce n'est pas comme cela qu'on s'y prend quand on veut veritablement scier. J'ai appris hier que dans une harangue faite ou lue lors de la fête on avoit loué le gouvernement mais avec des *mais* & qu'il avoit été questions des sels & de l'hommage. Tout cela pouroit mal finir.[2] Je vous ai trouvée serieuse hier dans plusieurs momens. Chacun a admiré votre belle & bonne mine & moi je l'ai admirée plus que personne, vous etiez vrayment fort belle mais serieuse. Etoit-ce Me Berthoud[3] qui etoit le texte de vos reflections ou bien les extravagances democrates? ou n'etoit-ce rien & me suis-je entierement trompée? Ce ne seroit pas la premiere fois & je n'en aurois pas la[2] moindre honte. J'ai ecrit ce matin à Mlle L'Hardy. Elle doit se rejouir du retour de la confiance du monarque & temoigner sa joye mais à moins que cela n'apporte de grands changemens dans sa situation & ne donne la perspective d'un sort independant[3] je suis toujours d'avis qu'elle quite cette petite femme[4] dès qu'elle ne lui sera plus très necessaire. Je la trouve comme un Sultan pour le despotisme & comme une servante[4] pour les procedés. Adieu belle & chere Caroline.

Ce mardi.

Nous ne comprenons Henriette ni moi comment il arrive que cette lettre n'est pas partie avant hier à midi. Quoique vieille je l'envoye aujourdhui Jeudi 19 Dec. & bientot je reparerai ce petit malheur pour[5] une plus fraiche lettre.[6]

a Madame/Madame Alphonzine Sandoz/a *Neuchatel*

896. *A Henriette L'Hardy, 19 décembre 1792*

Ce 19e au matin san y voir bien clair.

J'ai ri & j'ai été touchée de votre petit chagrin & du noble & franc aveu que vous en faites. Je vous avouerai à mon tour un sentiment que je pourois me reprocher si j'etois aussi delicate que vous: Quoique cette affaire eut pu vous convenir je n'en aurois pas été contente parce qu'elle nous eut trop separées. Pour qu'un mari laisse les liaisons de sa femme aller leur train il faut ou qu'il les partage ou qu'il ait affaire ailleurs & ne se mette pas fort en peine d'elle. or ni l'un ni l'autre n'auroit eu lieu ici. Je ne me serois jamais liée avec M. Du P.[1] jamais je ne me serois souciée qu'il vit nos lettres & lui il n'auroit pas souffert volontiers une liaison dans laquelle il ne seroit entré pour rien. Je vous avouerai encore que j'ai de plus grandes pretentions pour vous & que soit pour le merite soit pour la situation l'un ou l'autre[1] je voudrois quelque chose de mieux. Savez vous bien que vous pouriez vous ennuyer assez avec ce mari & ne vous amuser gueres avec sa famille? Rejouissez vous croyez moi en bonne sœur & gardez vous en fille dificile d'envier ce qui n'est pas digne de votre[2] envie. Mais savez vous que ce petit sentiment passager[3] que vous trouvez si laid je le trouve fort beau; il prouve votre modestie votre moderation & le gout de votre cœur pour un etat simple & selon la nature. Ah! tout cela seroit

très juste, votre desir vous guideroit fort bien si vous pouviez n'être
mariée que huit ou quinze jours, mais le mariage & le mari bien connus
vous paroitroient un peu trop eternels à ce que j'imagine, du moins ceux
ci feroient ils bientot cette impression sur votre vivacité. Adieu voila la
messagere. Ecrivez moi de grace comment vous êtes & la Comtesse &
le Courant.

A Mademoiselle/Mademoiselle l'Hardy/a la *Rochette*

897. *A Henriette L'Hardy, 22 décembre 1792*

Ce Samedi matin 22ᵉ Dec. 1792

Vous voyez bien qu'il n'y avoit pas dequoi se gendarmer contre un
petit sentiment éphemere & fugitif qui n'a laissé dans votre cœur aucune
trace. Quand vous aurez une jalousie bien conditionnée & sans amour
ayez la bonté de m'avertir pour que je m'en étonne extremement.[1] Tout
de bon vous etes trop modeste. Si J.P. du P.[1] vous avoit demandée à moi
je vous aurois refusée. Il faut être poussée au mariage par beaucoup
d'estime ou d'amour ou d'ambition sans cela c'est un marché par trop plat
& dont les mauvais cotés inevitables n'ont point de compensation. Si un
mariage s'etoit conclu entre vous & cet homme vous auriez bien pu faire
comme une jeune personne qui devoit epouser mon neveu a fait tout
dernierement; elle est allé dire à ma sœur la veille du contrat: votre fils
ne m'aime pas assez pour que je pusse être heureuse avec lui; je romps.
Vous auriez peut-être dit *je n'aime pas assez*... De maniere ou d'autre la
conclusion vous eut fait peur. J'ignore si vous enlaidissez tous les jours
depuis 5 mois, mais je sai que l'année derniere lorsque je vous parlai pour
la premiere fois de Berlin je vous trouvai très embellie, & que cet Eté
quoiqu'un peu maigrie vous etiez fort bien. Vous penserez peut-être:
vous en parlez à votre aise; maux d'autrui ne sont que songes; Celibat
d'autrui, ennui d'autrui, ne sont aussi que songes. Non, pour moi vos
ennuis sont des ennuis, mais je pense à la terrible stabilité du Dieu hymenée qui ressemble au Dieu Termes. Votre vivacité vous donneroit de
l'impatience contre lui; vous lui donneriez quelques coups de pieds sans
qu'il remuat, vous voudriez vous eloigner & vous trouveriez de moitié
dans son imuabilité. cela ne seroit pas divertissant du tout. Vous vous
marierez comme Mᶜ Cooper[2] quand vous serez bien connue. vous vous
marierez bien à ce que j'espere & si quelque chose n'est pas bien dans votre
mariage, devenue un peu moins vive vous le supporterez mieux que
vous ne feriez aujourdhui.   Hier je fis un roman. M. Sandoz[3] frere de
Mᶜ Bosset arrivoit à la Rochette, vous lui plaisiez & le roman finissoit

bien. A propos de Roman demandez à M. votre frere s'il ne connoitroit point Mrs Martin Achard[4] de Geneve, & supposé qu'il les connoisse demandez ce qu'ils sont et ce qu'ils font. Ce sont deux jumeaux dont l'enfance a été fort interressante & qui m'ont fait naitre[2] l'idée de donner à l'amant de Caliste le frere & le commencement d'histoire qu'il a. Il seroit drole que vous epousassiez l'original de l'amant de Caliste. Dites moi je vous prie si le J.P. a dit quelquechose de positif. C'est un homme à engouemens & à[3] desengouemens, & dont l'imagination un peu sombre par fois est vive et effarouchable. Il faudroit le bien captiver, & que la cage bien fournie de chanvre sucre biscuit muron[5] ne manquat pas[4] aussi de bon fil d'archal bien tressé.   J'ai receu de Me du Paquier[6] une très bonne lettre. a la fin elle raisonne avec moi. Ce n'est plus un enfant c'est une personne qui se montre capable de raisonner. J'en suis fort aise & je lui repondrai au premier jour.   Que dit la Ctesse de Me du Maine & de sa compagne?[7] ouvre t'elle un peu les yeux? L'impetuosité de C^t[8] l'a emporté[5] fort à propos sur sa finesse. Vous dites fort plaisamment qu'avec elle il ne faut rien savoir ni rien vouloir... Les grands, & à cet egard elle est grandissime, voudroient qu'on n'eut d'intelligence que pour les servir. aussitot qu'on s'est montré un aigle pour leur être utile il faudroit redevenir une buse pour ne rien voir & ne juger de rien de ce qui les concerne. a propos il faut que je vous envoye un conte[9] que je fis il y a 18 mois, un mois avant la fuite du Roi & de la Reine de france. Lisez le à Demi Reine si l'occasion s'en presente. Adieu Mademoiselle soutenez toujours dignement & joliment votre personnage. a propos, mes *à propos* ne finissent pas! Savez vous bien que la place où vous etes pouroit bien un peu vous nuire pour un mediocre etablissement · C'est à quoi nous n'avons pensé ni l'une ni l'autre lors de la proposition & de l'acceptation. Elle s'est accoutumée à du luxe dira l'un, au ton de la cour dira l'autre. Elle est trop fille d'esprit & ne sera pas assez femme de menage dira quelque troisieme. adieu.

A Mademoiselle/Mademoiselle Henriette/L'Hardy/a *la Rochette*

898. *A Henriette L'Hardy, 24 décembre 1792*

Je plains vos maux; j'admire votre courage & les ressources de votre esprit. Je vous trouve aimable & raisonnable. Les petits ecarts de votre imagination rendent le retour à une raison juste, droite, forte même plus sensibles & plus aimables. Mais *ecarts* n'est pas le mot. Le cheval qui piaffe, mord son frein, ecume & sue d'impatience ne fait pas pour cela d'ecarts. Menagez vous tenez votre pauvre joue bien au chaud. Quand à Rosette vous pouvez d'un moment à l'autre me l'envoyer. Il n'y a pas même

besoin de me l'annoncer. Si M^e votre mere en a à faire & veut bien la
prendre c'est bon aussi. Je n'ai pas encore de reponse de Zurich. Voila Aiglonette. Je n'ai pas le tems d'en dire davantage. Si le Roman[1] de votre jolie
sœur etoit plus avancé Rosette se pourroit mettre à coudre le trousseau.
Je voudrois que cela fut ainsi car les mariages qui trainent perdent leur
fraicheur avant que d'être celebrés.

Ce Lundi

899. D'Henriette L'Hardy, 25 décembre 1792

mardi a 2 heures apres midi

Ma grosse joue ne ma pas permis de vous faire part plus tot madame
des nouvelles que nous avons reçues dimanche – la mere de la comtesse[1]
est partie de berlin le 12 pour venir joindre sa fille & la soigner pendant
ses couches elle lui annonce elle meme cette belle résolution · cest la seule
lettre quelle en ait recu depuis que nous somes ici · le roi a qui on apprend
ce départ qui conait l'individu & les peines que cette visite va causer a sa
fille qui ignore qu'elle lui ait ecrit me charge d'annoncer cette nouvelle
a la comtesse avec précaution · les 2 lettres sont arrivées a la fois & nous
ont entierement consternées rien de plus facheux ne pouvait surve-
nir · cette mere est de toutes les femes la plus sotte la plus orgueilleuse la
plus ridicule · on ne peut se faire de loin & d'après ce que peuvent en dire
les persoñes qui l'ont vue qu'une idée imparfaite d'un composé pareil · la
comtesse dit tout haut quelle va la faire mourrir de chagrin · hier
aujourdhui encor ce na eté que plaintes sur son sort · jai pris occasion de
ce que me dit le roi a ce sujet (il me charge de faire tout ce qui dependra
de moi pour rompre les mesures de cette zelée mère) pour engager la
comtesse a envoyer quelqu'un a sa rencontre qui lui fit peur des francais
des montagnes &c. elle vient avec ses propres chevaux · on laurait encor
trouvée peutetre aux portes de Potsdam mais elle est persuadée que le roi
seul peut quelque chose sur son esprit que les plus vives instances de sa
part n'opérerons rien qu'enfin il faut que le roi s'en mêle · ce point résolu
je lai priée décrire · elle le fait & moi, je vais repondre a sa majesté de
maniere a l'engager d'eloigner ce sujet de peines de la comtesse Sans doute
sa présence me rendrait moins responsable des accidens qui peuvent arriver dans les circonstances présentes mais d'un autre côté elle peut en causer · en fachant sa fille elle nous tourmentera tous – enfin mille désagrémens l'accompagneront · il vaut mieux faire quelque effort pour les eviter que de sy exposer de gayté de cœur · voila donc qui est resolu voici
encor une autre nouvelle · depuis 3 jours C^{t2} est tombé dans un discrédit
tres marquant je ne sais point ce qui a doñé lieu a ce refroidissement · quel

quen soit le fond je suis fachée de ses suites j'aurai voulu que la comtesse
se fut soutenue eut fait du bien a cette famille · je crains apresent le depit
de ces gens ils parleront avec aigreur ils se feront écouter on blamera la
comtesse. tout cela me fait de la peine · jai lu hier le conte d'aigloñette[3]
on recoñait la necessité de la souplesse mais de maniere a faire entendre
qu'on sen croit pourvue – la pauvre comtesse n'a jamais fait la meme
reflexion que la petite fée · elle a toujours cru au chêne le pouvoir de con-
jurer déloigner l'orage · de là laccablement les découragemens les inéga-
lités qui ont suivi lepreuve quelle fait[1] du contraire · pardon madame de
ce vilain papier

900. De Luise von Madeweiss, autour du 25 décembre 1792

Vous etes trop aimable Madame, de vouloir de moi pour une couple
de jours; si j'étois seule, et que je n'eûsse pas tout un train a mes trousses,
j'accepterois sans balancer Votre charmante invitation – toute fois voulant absolument coūmencer l'anée sous d'heureux auspices je Viendrai
diner avec Vous le jour de l'an, et j'eūenerai avec Votre perūission Emilie, et Julie[1]; sauf à nous en rétourner le soir. c'est tout ce que la messagère
me permet de Vous dire, je n'étois pas chez moi, ce matin lorsqu'Elle y
vint.
toute a Vous. L. Madeveiss.

a Madame/Madame de charriere/à/Colombier.

901. A Henriette L'Hardy, 27 décembre 1792

Votre lettre m'a bien fait rire. Je pretens que la lettre au Roi se perde,
ou que celle du Roi à la baronne ou Ctesse mere ne la rencontre pas. Je
veux qu'elle vienne & que sa presence aprenne à vivre à la Ctesse fille qui
alors sentira qu'elle ne meprise pas tant les gens de ce pays, car elle rou-
gira en les voyant rire ou se donner bien du mal pour s'empecher de rire.
Oh la bonne aventure que ce voyage! 3 cent lieues avec ses propres chevaux à 5 lieues par jour (& c'est assez au traverse des neiges & de chemins
rompus), à 5 lieues par jour il y en a pour 3 mois. Vous vous moquez de
craindre les accidens que l'impatience peut causer. Quand on arrivera
l'enfant commencera deja à parler & à marcher, & si le gros monarque[1]
etoit à la Rochette l'accouchée *re* seroit[2] deja grosse.
C'est drole que la Ctesse se croye flexible. A telle remarqué la periode:
Jusqu'à quand les princes croiront-ils avoir des amis!...[3] Je suis très fachée pour
vous & aussi pour Mc Bosset de la[1] conduite qu'on a avec C^t Dans sa

colere il peut ne menager ni la compagne de la capricieuse Dame ni la personne qui le supplante dans son esprit. Quant à elle s'il en dit ce qu'il y a à en dire, soit. Vous seroit-il impossible de l'avertir sans la blesser?

Henriette[4] receut hier une reponse à sa lettre concernant Rosette.[5] La place de Zurich[2)] est remplie. On se tournera de quelque autre coté. Si M[e] votre mere vouloit prendre pendant un peu de tems Rosette j'y verois cet avantage qu'elle ne paroitroit pas être mal avec vous ni avec votre famille & ce depart un peu subit puisqu'elle n'a été avertie que 3 semaines avant Noël pouroit[3)] dans ce cas là ne[4)] pas lui faire autant de tort que l'on peut apresent le craindre; mais cette consideration n'est pas tellement importante à mon gré que je voulusse gener M[e] votre mere. Si elle n'a pas besoin de Rosette dans ce moment vous pouvez tout de suite me l'envoyer. adieu. Ne parlez plus de[5)] vilain papier. Quand on ecrit avec autant de sens & d'esprit que vous on peut ecrire hardiment sur tel papier qu'on voudra fut ce vieilles papillotes

Ce Jeudi matin.

A Mademoiselle/Mademoiselle l'Hardy/a la Rochette

902. A Caroline de Sandoz-Rollin, 27 décembre 1792

Ce 27 au soir 1792

Je voulois deja vous repondre hier au soir ma belle. a mesure que je lisois votre lettre je vous repondois de la pensée. L'etui est très joli combien coute t-il lui & ses éguilles, & que vous dois-je y compris l'affranchissement? Vous avez très bien fait de menager vos beaux yeux, bien fait aussi d'aider à vos couturieres. Il sied à une[1)] bonne & noble femme comme vous d'etre à propos une brave femme. Mais quel etrange mot me frappe dans votre lettre! Vous de l'inferioté.[2)] Une personne belle & aimable, genereuse, raisonnable, qui satisfait en tout points le gout et le cœur d'un excellent & aimable homme ne sauroit etre inferieure à qui que ce soit. Penser autrement[3)] seroit en toute autre que la personne même, sottise & absurdité, chez elle aussi c'est un[4)] erreur & qui est triste. Mettez là[5)] de coté ma belle & jouissez de votre merite. Nous nous voyons trop peu; Cela nous ote la[6)] douceur d'une certaine[7)] securité. on sent qu'on va s'echaper l'une à l'autre & cela pour longtems. Il en faut prendre son parti, mais c'est à regret que je m'y vois obligée.   J'ai vu que vos reflexions concernant Me Berthoud n'etoient pas gayes. Son mari[1] à ce qu'il m'a paru etoit encore plus amoureux de son sexe que d'elle lorsqu'il l'a epousée. Il disoit l'autre jour ne l'avoir jamais trouvé bien jolie jamais plus jolie qu'il ne la trouve à present. Il l'aprecioit & la louoit fort bien

quoique sans entousiasme & disoit: «je n'ai point vu d'autre femme avec
«qui j'aye desiré un moment d'être marié, mais j'en ai vu plusieurs que
«j'aurois été bien aise d'avoir pour maitresses» & nous voyant rire «Y
auroit-il du mal à dire cela?» Il est bon & sensible mais mobile. Sa maniere
d'aimer est conforme à son humeur. Vous et votre mari avez un avantage
presqu'unique c'est que pour l'un il n'y avoit que l'autre à bien des lieues
à la ronde. C'est presque comme Eve & Adam, & le Diable ne viendra
pas se fourrer entre vous comme il fit entr'eux.

> Soyez vous[8] l'un à l'autre un monde toujours beau
> Toujours[9] divers, toujours nouveau.[2]

Je n'ai pas envie d'ajouter: Tenez vous lieu de tout; comptez pour[10] le reste.
mais ce reste que je veux rester[11] est si peu de chose! c'est comme rien.

J'ai receu hier une lettre de Mᵉ Achard.[3] Rien de plus triste que tout
ce qu'elle dit & l'on voit qu'il n'y a ni foiblesse ni exageration de sa part.
La situation de sa patrie est très malheureuse. la sienne propre & particuliere l'est beaucoup aussi. Pour comble de maux sa fille ainée[4] si longtems son idole a une toux opiniatre qui vu la figure efilée & la constitution frele de la jeune personne doit beaucoup inquieter. Elle ne le dit
pas qu'elle soit inquiete peut-être n'ose t'elle pas l'être mais je sai ce qu'il
en faut croire & de la toux & du lait d'anesse qu'on donne au milieu de
l'hiver.

Aujourdhui nous avons receu une brochure[5] ecrite par un bourgeois
de Valengin qui l'envoye à M. de Charriere. Il a[12] lu haut; nous avons
bien ecouté; Chacun a été charmé de la justesse de la clarté de la moderation de la douceur qui regnent dans cet ecrit d'un bout à l'autre. Je
devine de[13] qui c'est: a dit M. de Ch. je le dirai quand j'aurai fini. – Et qui?
qui donc? – Monsieur Guyot.[6] Nous avons tous été de son avis. Mˡˡᵉ
Louise a colporté par le village un exemplaire qu'elle a demandé à M. de
Gelieu. M. de Ch. en fait venir demain une demi douzaine pour en donner
autour de nous. Puisse le zele & le bon esprit produire une fois quelque
bon effet! Je vous prie de me dire quelle sensation cet ecrit fait à Neuchatel. Une ligne ou deux ne vous prendront guere de tems.

Quant à ce qui se passe à la Rochette c'est tout du plus etrange. Cᵗ[7]
tombe en defaveur & Mˡˡᵉ l'Hardy craint les effets de cette defaveur
autant qu'elle craignoit ceux de la trop grande faveur. Elle voit en lui un
ennemi passablement redoutable. Mᵉ Bosset accablée de prevenances ne
s'en tient pas moins sur la reserve. Mais voici le plus drole. La mere de la
Cᵗᵉˢˢᵉ est en route depuis le 12 & vient du fond de la Prusse Royale avec
ses propres chevaux trouver sa fille à la Rochette. Celleci en meurt
d'effroi & de depit & ecrit au Roi pour le supplier d'envoyer audevant
de sa mere pour l'arreter & lui faire tourner bride. Je me flatte bien que
cela ne reussira pas. adieu

a Madame/Madame Alphonzine/Sandoz/a Neuchatel

477

Ce 29ᵉ Dec.

On ecrit aujourdhui à Zurich[1] pour Rosette. C'est à la Chandeleur que les domestiques y entrent dans leurs places. Il se pouroit qu'on en trouvat une pour Rosette. Ecoutez. N'allons pas nous qui sommes si nettes & si franches dans nos expressions & nos procedés et qui nous entendons toujours si bien, n'allons pas, dis-je, nous embrouiller dans cette occasion à force d'honneteté. Si après une quinzaine de jours mᵉ votre mere n'a plus à faire de Rosette dites moi prenez Rosette & je la prendrai. Il aura été prouvé par ces 15 jours de demeure chez Mᵉ votre mere qu'elle ne sort pas d'auprès de vous pour aucune faute grave & je trouverai sans peine de l'ouvrage à lui donner. Je voudrois qu'elle allat trouver Mˡˡᵉ Rougemont, Lisette,[2] qui est je crois à Neuchatel[1)] chez Mᵉ sa sœur Petit pierre[3] & lui demander si elle ne pouroit point avoir la bonté de la placer. Nous nous en sommes entretenues et Mˡˡᵉ R. m'a promis de s'en occuper si les 2 places de Zurich se trouvoient être remplies.

Je ne ferai pas arriver la Cᵗᵉˢˢᵉ mere; je ne le puis pas, peut-être ne le voudrois-je pas si je le pouvois mais ne pas rire de son arrivée c'est plus fort que moi. Le petit baton[4] me plait extremement. Pauvre jeune Brunswick![5] Je plains un peu toute la famille mais le pere en particulier n'est pas tendre pour ses enfans.

a Mademoiselle/Mademoiselle L'Hardy/a la *Rochette*

904. *A Henriette L'Hardy, 29 décembre 1792*

Voila une lettre de Mˡˡᵉ Rougemont à Mˡˡᵉ Louise de Penthaz touchant Rosette que je vous prie de vouloir bien lui lire. Henriette Monachon dit qu'à la place de Rosette elle accepteroit Mᵉ Pelichody[1] etant une aimable & bonne jeune Dame qu'il ne sera point du tout desagreable de servir. Cela vaut au moins la peine que Rosette vienne ici nous en parler, & si la neige reste comme elle est nous pourons l'envoyer en traineau[1)] à Sᵗ Aubin ou bien elle trouvera ou et nous lui chercherons un autre vehicule.[2)] Je vous prie Mademoiselle de vouloir bien l'envoyer à cet effet chez Mˡˡᵉ Moula qui vient ici le jour du nouvel an avec je ne sai quelles gens qui vont plus loin. On prendroit peut-être Rosette au moins jusqu'à Bevaix et elle pouroit faire le reste de la route à pied. Mᵉ Petit pierre née Rougemont pouroit aussi lui indiquer quelque moyen d'aller. En un mot qu'elle se mette en mouvement car Lyon vaut Zurich &

L'un est sur mais l'autre ne l'est pas.[2]

Si les assignats l'effrayent elle peut demander qu'on lui fasse toucher de l'argent, ou bien demander 5 Louis ou 5½ en assignats enfin s'offrir, demander, et faire les meilleures conditions qu'elle poura. Je lui avanceai l'année derniere 4 Louis. Elle m'en a rendu un je lui fais present d'un autre. Elle est habillée quant au linge pour quelque tems & doit avoir dans ce moment dequoi se faire une robe ou un deshabiller mais c'est à St Aubin qu'on lui dira ce qu'il faut prendre pour cela & quel sont à cet egard les usages de Lyon. Je vous la recommande Mademoiselle. Aidez la à raison-ner & à prendre un parti. Puisqu'elle a une repugnance decidée pour tra-vailler comme lingere à la journée il me semble qu'elle fera bien d'accep-ter ceci. Il faudroit que ses hardes fussent pretes à la suivre à St Aubin au cas qu'elle y veuille rester.

Ce Samedi au soir fort à la hâte.[3]

Rosette doit être avertie que 4½ Louis en assignats ne vaudroient gue-res plus ici que 2 Louis & demi. A Lyon ce seroit un peu diferent les choses à acheter n'etant pas rencheries dans la même proportion que les assignats perdent. Je serois pourtant[4] bien aise que Rosette put s'arreter ici & parler à Mlle Louise sa protectrice.

Si Rosette trouve un moyen d'aller à St Aubin qui ne lui permette pas de s'arrêter ici il faut qu'elle en profite car nous n'avons rien de plus à lui dire que ce qui est contenu dans la lettre de Mlle Rougemont & dans la mienne, & dans cette saison il n'est pas toujours facile de se transporter. Elle peut demander soit la maison de Mlle Rougemont soit celle de M. le Colonel Sandoz[3] & elle trouvera dans l'une ou l'autre d'honnêtes gens à qui parler.

A Mademoiselle/Mademoiselle l'Hardy/a *la Rochette*

905. *De Benjamin Constant, 1 janvier 1793*

Brunswick, ce 1er janvier 1793.

Puissent cette année les arts embellir votre solitude et puissiez-vous m'y recevoir avec plaisir, voilà mes vœux. Je ne vous verrai pas aussi tôt que je l'espérais. Des affaires, qu'il serait ennuyeux de détailler, me forcent à remettre mon voyage jusqu'en avril et peut-être en mai. L'espoir d'exé-cuter mon plan, de rompre tous mes liens, sans qu'âme qui vive ait à se plaindre, et de pouvoir, après avoir remis ma santé auprès de vous, me vouer aux lettres loin des hommes, à Paris si Paris cesse d'être un théâtre d'assassinats, à Colombier, si Paris n'est pas habitable. Cet espoir me rendra les six mois que j'ai à batailler encore moins longs et plus supportables.

Si vous connaissiez ma situation, vous conviendriez que j'ai grand'raison de ne plus chercher de vains palliatifs. Ma femme a mille bonnes qualités, mais elle ne m'aime plus, elle en aime un autre.[1] Elevée à la campagne jusqu'à quatorze ans, à la cour de quatorze à vingt-deux, elle n'a ni le don ni l'envie de s'occuper. Une foule de chats, de chiens, d'oiseaux,[2] d'amis, et un amant, voilà sa société. Qu'ai-je à y faire? Je lui ai ôté une situation aisée et honorable, je dois la lui rendre ou lui rendre l'équivalent, et le ferai: mais la traîner avec moi, loin de ses habitudes, de ses amies, de tout ce qu'elle a de cher, à quoi bon? ce serait assurer son malheur encore plus que le mien et elle ne le voudrait pas. Quant à mon père j'ai tout fait pour lui. J'ai défendu sa cause, non sans danger, j'ai bravé, irrité, défié ses ennemis, j'ai cherché et réussi à attirer sur moi leur inimitié. Quelle est ma récompense? de belles phrases, d'absurdes demandes, des assurances de confiance, et des témoignages de la défiance la plus excessive. J'ai représenté, j'ai fait des offres plus que raisonnables. J'attends une réponse décisive. Si cette réponse est comme je la suppose, si c'est un ordre, mêlé d'amers reproches, de faire en faveur d'une harpie inconnue[3] de nouveaux sacrifices, je les ferai; mais alors, ayant dépassé de beaucoup les bornes de mes devoirs, je laisserai à cette harpie à me remplacer auprès de mon père. Je lui laisserai le soin de son bonheur qu'il ne veut pas tenir de moi, et je ne penserai qu'au mien. Voilà mes résolutions. Je ne dis pas encore fi de la vie, mais je dis, et de bonne foi, fi des hommes, fi des relations, qu'on ne m'en parle plus.

La conduite imbécile et lâche des législateurs français dissipe aussi mes illusions politiques. Je ne crois pas plus à la liberté qu'au bonheur, et je ne demande que des livres et la plus absolue indépendance, et je l'aurai ou je ne pourrai vivre. Comme il est possible et probable que je ferai un long séjour, peut-être pour tout l'été, à Colombier, pourriez-vous me procurer un petit appartement dans le village? J'aurai un domestique et un ou deux chevaux, ainsi vous voyez que je ne puis pas loger chez vous: mais ce sera la même chose. Avant de conclure un marché, répondez-moi sur la possibilité de l'arrangement. Il peut arriver tant de choses que je ne puis rien fixer de sûr dix mois à l'avance.

Si, comme je l'espère et le suppose, il vient dans peu à Colombier une lettre adressée à M. B. Constant, faites-moi le plaisir de me la faire tenir. J'ai reçu le paquet il y a dix jours, mille grâces. Le port a été de 5 francs de France, ainsi bien modique. Adieu. Le retard qu'éprouve mon voyage ne changera rien à ma promesse d'acquitter ma dette si honteusement négligée. Répondez-moi et intéressez-vous à moi, si vous pouvez.

Jeudi matin

Je suis inquiete sur votre santé Rosette m'avait annoncé une lettre serait elle retardée par quelque accident facheux pour vous madame?

Jétais si pressée l'autre jour que je ne pus ecrire aucun détail sur le voyage & le passage des fẽmes[1] a francfort · des lors jai un un rhume de cerveau si terrible qu'encore apresent jen suis presque aveugle & sourde jen barbouillerai un peu plus que de coutume pardonnez le moi madame en faveur des boñes nouvelles · ces femes se sont donc arretees a francfort sont descendues tout droit chez le roi[2] qui a voulu les voir qui a eté attendri a leur apparition · il a parlé longtems avec elles leur a recommandé la comtesse avec promesse de se rappeller des soins quelles prendraient d'elle · il leur a paru quil la croyait dans un etat tres misérable manquant de toutes les comodités auquelle elle est accoutumée il leur a ordoñé de lui ecrire très en détail coment elles la trouveraient leur a assuré quil ferait son possible pour traverser le voyage de la comtesse mere · mais cest tout au plus si on pourra la trouver elle est partie de berlin avant les fẽmes elle a pris la meme route · elles se sont informées dans les maisons de poste si on n'avait point vu passer telle figure tel equipage elle n'en on[1)] pu avoir aucune nouvelle · la comtesse fille dit – cela ne me surprend point ma mere ne suit jamais les grands chemins elle s'en va trottant dans tous les sentiers quelle rencontre en demandant a tous les passans si elle n'arrivera pas par ce chemin a telle ou telle ville · voila coment elle voyage ensorte quau cas qu'on ne puisse l'arreter elle arrivera tout a point pour voir repartir sa fille – il est etonnant quel changement sest opéré en elle depuis que ses affaires on pris une boñe tournure il nest plus douteux que le roi ne laime encor tendrement mais coment consilier cela avec sa conduite de cet été ces gens sont bien surprenants je disais donc que la comtesse est changée mais a un point.. elle est gaye gracieuse avec tout le monde · pendant mon vilain rhume elle ma fait rester au lit a eu soin de moi · je me veux du mal quand je la vois si aimable de l'avoir fait connaitre sous un jour defavorable je me dis que cette situation etait forcée que ce n'est point la sa maniere dêtre naturelle &c Ct[3] est reçu avec bonté mais on le connait aprésent · elle nous disait hier a propos de ses airs de jalousie il est come les petits chiens qui aboyent quand leurs maitres font des caresses aux autres · il sent lui quil a mal joué son personnage il est mal a son aise & vient plus rarement – J'eus mardi une lettre de DP[4] assez insignifiante ils se portent fort bien tous cest ce que jy ai vu de mieux ce sont des craintes que les français nepargnent pas son pays des conjectures sur les affaires &c je serai bien rejouie dapprendre que vous vous portés bien madame

Je n'aurai pu encourrager Rosette a accepter la place de lion[5] · outre le petit gage ce lavage etait un peu rude dici a la fin du mois il faut esperer qu'on pourra trouver mieux que cela – je voudrais pouvoir faire quelque chose de mon coté mais que puis je? jai lhoneur detre madame votre tres humble servante   hL'.

907. A Henriette L'Hardy, 3 janvier 1793

J'ai été quelques jours sans vous ecrire Mademoiselle parce qu'au moyen de Me Madveiss[1] qui fut ici le jour de l'an, & de Mlle Moula[2] qui y est à demeure depuis la veille du jour de l'an j'ai vecu dans une sorte de dissipation.

Je vous felicite de l'arrivée des allemandes. C'est à tout prendre une fort bonne chose comme vous savez très bien le voir. Leur presence rendra peut-être à la Ctesse le gout des Tudesques adulations au point de la faire retourner à la source de celles qu'on lui prodiguoit. Je souhaite je l'avoue que vous ne soyez pas du voyage, à moins que le Roi *lui même* ne vous y oblige par des assurances & des marques d'une estime particuliere. J'entens par *marque* une pension à vie bien assurée autant *assurée* du moins qu'un Roi peut *assurer* aujourdhui. Toutes les couronnes sont branlantes sur ces têtes à perruques. Il faudroit que vous pussiez quiter la Ctesse quand vous voudriez[1)] et vivre independante. Si la clause de la pension etoit de rester à Berlin encore passe. Vous iriez voir souvent[2)] Me Dönhoff & peut-être jouiriez vous d'une faveur agreable. Quand cela vous lasseroit vous reviendriez dans votre païs vivre de votre patrimoine & de vos epargnes. Un conseil que je vous donne bien serieusement c'est de ne pas retourner sur un pied[3)] de dependance absolue d'une femme aussi capri-cieuse que la fortune à laquelle les sages ne se fient jamais entierement. D'un moment à l'autre il lui pouroit venir les plus etranges defiances, que sais-je? de la jalousie peut-être relativement au roi; & les Demi reines ne se genant pas plus que les Dieux elle ne prendroit pas la peine de rien approfondir ni de rien dissimuler. Les scenes les plus desagreables pou-roient être la consequence du plus leger & du plus absurde soupçon & votre reputation pouroit souffrir autant que votre repos. Si je puis, une fois, vous entretenir ce qui pourtant doit bien pouvoir se faire, je vous en dirai davantage sur ce chapitre. En attendant faites moi la grace de ne rien promettre relativement au voyage ni au sejour de Berlin sans m'en avoir parlé.

Rosette ne voulant pas soigner un enfant il faut attendre pour la placer que nous ayons trouvé une place de femme de chambre. Elle sera puisque vous le voulez bien une quinzaine de jours chez M^e votre mere, ensuite je la prendrai.

Il y a quelques jours qu'on m'assura que Mlle votre sœur épousoit un M. Pettavel[3] assez riche & passablement homme de sens et d'esprit. Je pariai que cela[4] n'etoit pas sans en dire davantage sinon que je trouvois beaucoup d'inconvenient pour une jeune personne à ces faux bruits de mariage. Ce qui m'a etonnée c'est qu'on pretend que M. Pettavel en laissant croire celui-ci, le fait croire. S'il n'en est rien je voudrois que cela se sut. Si de J.P. du Biez[4] & de son amour il en est quelque chose je voudrois qu'il s'expliquat. Je compte[5] voir aujourdhui ses cousines. Assurement je ne parlerai pas de lui mais je parlerai de l'autre bruit en disant comme l'autre jour que je n'y crois pas du tout que vous m'en auriez bien dit quelque chose &c. cela reviendra peut-être au J.P. qui ne sera pas decouragé par ce bruit & Mlle votre sœur choisira entre ses deux pretendans ou se determinera sans autre pour le plus empressé à se declarer. Il me semble que voir votre sœur etablie vous mettroit l'esprit en repos. L'incertitude de votre sort seroit de moitié diminuée. Adieu très aimable Lucinde Si les hommes avoit mes yeux ils seroient à vos pieds, & chacun vous diroit animez embellissez mon existence. Que votre sensibilité votre vivacité votre esprit vos talens[6] sement pour moi[7] des fleurs sur l'epineuse carriere de la vie.

Ce Jeudi 3e de l'an 1792.

P.S. Si contre tout ce qu'on peut esperer raisonnablement l'accouchement ou les suites de couche[8] n'alloient pas bien & que vous eussiez lieu d'en être inquiète[9] envoyez chercher M. Liegtan le fils.[5] Leschaux[6] a de l'experience & à ce que je crois de l'adresse mais il est foncierement ignorant · Liegtan au contraire est savant et vient tout fraichement de l'hotel Dieu & de ses etudes faîtes sous le meilleur chirurgien & medecin[7] à la fois de Paris peut-être de l'Europe. Il entend particulierement la partie de l'accouchement. Je crois que vous pourez justifier parfaitement cette mesure en disant que la Ctesse s'etoit mise sous *votre* garde en venant dans ce païs avec vous, & que vous qui aviez été placée par *moi* auprès d'elle & en qui vous aviez[10] confiance puisque vous aviez souvent suivi mes[11] conseils pour votre propre compte[12] vous deviez naturellement m'en croire aussi sur d'autres points comme celui-ci où mon avis avoit été formel & je le signe

Tuyll de Charriere.

Si[13] l'on crie trop haut autour de vous *Liegtan est trop jeune* envoyez chercher M. Perrelet.[8]

908. *A Henriette L'Hardy, 7 janvier 1793*

Je me rejouis & vous felicite Mademoiselle de l'heureux evenement[1] que vous m'avez anoncé.

Si vous avez un moment de loisir aujourdhui ou demain veuillez m'apprendre comment se trouve l'acouchée.

Ce lundi ce 7ᵉ Janv. 1792

Tuyll de Charriere

Si du vin de Rota[2] pouvoit convenir à Mᵉ la Comtesse j'en ai du fort bon que je vous prie de lui offrir.[1] Aime t-elle les artichaux? C'est une nouriture legere. Je pourois lui en[2] envoyer quelques uns.

909. *A Henriette L'Hardy, 8 janvier 1793*

Par un mal entendu on vous a envoyé hier les artichaux que je vous offrois pour être presentés dans quelque jours à la Cᵗᵉˢˢᵉ supposé qu'elle aime les artichaux. apresent il faut les manger ou bien les tous[1] bouillir pour les rechauffer ensuite un à un car tirés de leurs quartiers d'hiver ils seront à moins de rien fletris[2] et entierement gatés. Il y a bien ici une excellente nourice mais que feroit elle de son enfant. Ce n'est pas dailleurs une bien excellente & chaste fille, mais la santé est à souhait & son enfant est un prodige de force & d'en bon point. Il y a à neufchatel une femme appellée Lis, née Detro,[1] très bonne & brave femme très saine aussi & dont l'enfant se porte à merveille.

Adieu menagez vous les rhumes se prennent encore plus volontiers qu'ils ne s'en vont en veillant. Je ne doute ni du zele ni du sens de Mᵉ Bosset c'est une femme[3] precieuse. Et la Cᵗᵉˢˢᵉ mere arrivera t-elle bientot?

Ce mardi

a Mademoiselle/Mademoiselle l'hardy/a la *Rochette*

910. *A Henriette L'Hardy, 14 janvier 1793*

Je me porte passablement bien mademoiselle. Je voudrois que votre rhume vous quitat & que vous vous portassiez très bien.   Je n'aurois pas pensé je l'avoue qu'une mere,[1] tant ridicule fut-elle, put être tenue loin de sa fille en couche plus tard que tout au plus le 9 ou 11ⁱᵉᵐᵉ jour; mais ici mere & fille & gendre & couches sont d'une espece si particuliere qu'il ne faut rien juger par les regles communes. Cette mere au reste n'a selon toute apparence[1] que ce qu'elle a merité. Elle aura bien gaté sa fille & sa fille lui paye le mauvais service qu'elle en a receu. Le petit comte de Brandebourg[2] & l'enfant aujourdhui au maillot seront tout aussi mal elevés à ce que je presume & se[2)] facheront à leur tour quand la Comtesse, jeune & en regne aujourdhui vieille & facheuse alors, aura fait trois cent lieues pour les venir voir. A la bonne heure; ainsi va le monde; ainsi doit-il aller.

Vous me ferez plaisir en me detaillant un peu ce que vous savez & pensez des D.P.[3] J'ai ecrit une petite lettre toute caressante, l'autre jour, à Sussette. Le sac d'absinthe etoit vuidé; les bonbons & sucreries ont recommencé à sortir[3)] de leur sac. Je crois n'avoir pas mal fait de dire une bonne fois tout ce que je trouve de facheux de dangereux dans sa maniere de se conduire. Si elle ne m'a pas entendue ou si elle veut n'en faire ni plus ni moins à la bonne heure aussi. Je n'y reviendrai plus. Quand vous en aurez le loisir dites moi un mot relativement aux amoureux de m[lle] votre Sœur afin que je parle ou me taise comme il convient.

Adieu. Menagez vous. Il y a un degré de zele dont celle qui l'a souffre plus que les autres n'y gagnent & ne savent l'aprecier. Mon zele à moi a pour objet les paroles & la musique d'un petit opera.[4] J'en ai parci parlà la tête rompue le sang en tourmente mes nuits passées sans du tout dormir.

Ce Lundi

a Mademoiselle/Mademoiselle l'hardy/a *Neuchatel*

911. *A Henriette L'Hardy, 18 janvier 1793*

Henriette Monachon a eu un plaisir que je lui envie; elle vous a vue mademoiselle. Vous etiez m'a t elle dit encore enrhumée. Elle vous a trouvée un peu pâle. Pour Dieu! ne vous tuez pas auprès de cette exigeante femme.

Je voudrois vous avoir un peu après de moi & vous bien dorlotter. Lisette Ambos ne s'est point plainte mais Henriette m'a dit que son visage extremement maigri & changé se plaignoit pour elle, & qu'elle etoit mal vetue & presque mal propre. Lisette a dit qu'elle n'etoit plus femme de chambre de la Ctesse mais de ses femmes. Cela seroit bien egal si les femmes n'etoient à l'imitation de leur maitresse[1)] très exigeantes & difficiles à servir. L'une des allemandes vint dire hier à Lisette de secouer son peignoir. C'est Lisette aussi qui lave les langes de l'enfant; voila bien des manieres de dechoir! Dans le premier moment (après avoir appris tout cela) j'aurois voulu la redemander tout de suite. Elle etoit en journée chez moi, & même y demeuroit comme ouvriere, quand la Ctesse a souhaité de l'avoir; je l'ai aussi tôt cedée ce qui a dire vrai n'etoit pas un sacrifice car je n'avois plus d'ouvrage à lui donner qui fut pressé & il nous venoit une servante qui sait très bien coudre, mais enfin je l'ai cedée & la Ctesse ne l'a prise que comme je l'avois & sans prendre avec elle d'engagement ni lui en faire contracter. Je puis donc la redemander à ce qu'il me semble & c'est ce que je ne manquerois pas de faire[2] si j'etois sure que cela fit plaisir & fut bon[3] à Lisette mais je ne pourois pas la garder toujours & je ne suis pas certaine de la pouvoir bien placer. Cependant je serois bien tentée de la reprendre. J'ai beau me dire que tant de gens plus accoutumés à un certain sort que Lisette ne l'etoit au sien tombent tous les jours dans un etat plus deplorable, j'ai beau considerer Louis XVI dans sa prison, M. de la Fayette dans la sienne[1] & tant de riches à l'aumone tant de grands seigneurs à la merci de ce qu'ils appellent la canaille, tout de même[4] cette bonne & douce petite fille maigre & changée & servante des servantes me fait mal à imaginer. Peut-être la mere[2] se flatte-t-elle de quelque bonne & genereuse recompense pour sa fille. En cela aussi elle sera trompée mais il suffit qu'elle l'eut esperé pour que je ne voulusse pas l'avoir retirée de là avant le moment de recompenses. Faudra t-il que Lisette[5] pour completter ses experiences, reçoive la bastonade de M^c de[6] Eulembourg?[3] alors ce seroit pourtant assez de degradation & je vous suplierois de dire de ma part à la Ctesse que je la redemande pour travailler chez moi & que c'est sans scrupule aujourdhui qu'elle a[7] ses femmes de chambre ancienne & que[8] Lisette ne peut plus lui être utile que pour des choses que tout le monde fera[9] aussi bien qu'elle. Vous pouvez ajouter que je me serois bien gardée de reprendre Lisette lorsque la Ctesse n'avoit qu'elle pour la servir ou même après l'arrivée des autres mais avant ses couches & lorsqu'un visage nouveau auroit pu lui être desagreable.   Quant à la mere elle a dit à Henriette qu'elle etoit extremement fatiguée de ses veilles mais c'est son affaire. Elle n'avoit qu'a dire qu'elle vouloit decidement[10] s'en retourner chez elle. Je suis obligée pour l'acquis de ma conscience & l'amour de la verité de dire[11] qu'aucune amertume ne se faisoit sentir dans ce qu'elle disoit d'elle ni de sa fille; au contraire, trouvant que Rosette Roi avoit eu tort de dedaigner le service de Mc Pelichody, elle[12] a dit qu'elle voudroit qu'on l'eut proposé à sa seconde fille, Madeleine;[4] ajoutant que ceux qui avoient besoin de gagner pour vivre ne devoient pas y regarder de si près.... *Ne voila t'il pas Lisette qui a bien de la peine & qui sert des femmes de chambre!*   Il me tarde que vous soyez hors de ce palais du despotisme qui ressemble à celui de[13] l'empereur de Constantinople! Les femmes de chambre allemande me paroissent des visirs, des Pachas esclaves & commandant à d'autres esclaves. Vous y êtes seule de votre espece; seul être independant & consentant à l'independance d'autrui; seul être pensant & raisonnable & équitable. Ne vous y tuez pas. Desenrhumez vous. Ne veillez plus. Pensez à M^c de Staal, à son incorrigible Duchesse[5] &c &c &c. Je pense que Mc Bosset redoute moins les hauteurs de la mere que les caprices de la fille. On peut rire des folles hauteurs, mais les caresses

engagent & obligent à un certain point & l'on se trouve enlacé comme
dc pauvre dupes. Oui sauvez vous quelque fois chez Mc Bosset. C'est à
vous même mademoiselle que vous devez ses prevenances & sa bonne
volonté. Vous en trouverez autant chez quiconque vous connoitra &
saura vous aprecier selon votre rare & precieuse valeur.

Ce Vendredi 18 Janv. 1793

C'est bien à moi aujourdhui à vous demander pardon des distractions
etranges qui m'ont forcée à de si immenses ratures, mais ne parlons plus
de ratures ni de barbouillage & allons notre train l'une avec l'autre sans
nous gener; je suis moi un vieux[14] pecheur endurci sur ce point, vous
etes une jeune conscience assez avertie & timorée pour se tenir un peu
sur ses gardes dans les occasions importantes c'est tout ce qu'il faut.[15]

A Mademoiselle/Mademoiselle L'hardy/a la *Rochette*

912. *A Henriette L'Hardy, 23 janvier 1793*

Le procès de la mere ambos est fait & parfait, & je suis comme vous
peu touchée de ses veilles. Elle a très peu de sens à ce que m'a toujours
dit Henriette Monachon qui dailleurs l'aimoit assez la trouvant bonne
femme, point avide, officieuse &c &c. Quand on la fit demander pour
la Ctesse elle envoya sa fille madeleine consulter Henriette. Henriette con-
seilla de n'aller point trouvant qu'elle exposoit par son absence son
menage, sa fille, le petit Henri[1] très malade de la petite verole. Le lendemain la mere Ambos alla à la Rochette. Son plus petit enfant a pris la
petite verole. la mere Ambos est restée à la Rochette. La comunauté
d'auvernir[1] la menace de lui oter son emploi de sage femme[2] et jusqu'ici
elle ne revient point. Pour Lisette c'est autre chose et à cela près qu'elle
va et vient, (ou alloit et venoit) comme un cheval aveugle, heurtant &
renversant ce qu'elle tient ce qu'elle recontre nous en avons été extremement contentes pendant plusieurs mois que je l'ai eue. Sa discretion, son
intelligence, sa sobrieté, son egalité d'humeur, ont été exemplaires &
nous l'avons trouvée bonne, sensible, reconnoissante, zelée, à un point
peu commun. Si elle a pu devenir plus adroite au service de la Ctesse ce[2]
doit être une charmante fille. J'ai appris ces derniers derniers jours qu'elle
avoit dit qu'aussitot que la Ctesse seroit parfaitement retablie elle lui
demanderoit si c'etoit son intention qu'elle fut toujours comme aujourdhui chargée des mêmes soins & aux ordres de ses femmes & que si la Ctesse
repondoit qu'oui elle quiteroit aussitôt. Elle le fera comme l'a dit & un
peu d'argent ou de bonne chere ne la fera pas rester. Rosette Roi a trouvé
la maison ambos ou elle est[3] allé voir les jeunes filles, dans le plus affreux

desordre. Le tableau en etoit plaisant à force d'être hideux. Le pere a pourtant eu le bon sens de renvoyer[4] de vilains Genevois qui exposoient la
reputation tout au moins de Madeleine. Cette pauvre Madeleine fait ce
qu'elle peut mais il y a trop à faire à gerer un pareil menage & a gouverner
cette troupe d'enfans & la petite verole. De plus elle etoit Cathecumene[3]
quand sa sotte mere quita sa maison. Nous n'y pouvons rien et cette bour-
difaille[4] s'arrangera comme elle poura,[5] mais Lisette merite votre interet
& vos bontés. Rosette a dit à Henriette qu'elle vous regrettoit extremement. Elle s'est un peu amusée aux depens de celle qui l'a remplacée &
qui après lui avoir dit toute la nuit qu'elle entendoit parfaitement le service jetta le matin une pele dans les comodités & renversa une tasse de
caffé sur son mouchoir. Je n'ai pas vu Rosette. Elle s'est imaginée que
j'etois fachée contr'elle de ce qu'elle avoit refusé M*e* Pelichody. Elle a
grand tort & cela ne me fait rien du tout. Que diroient de nous les C*tesses*
si elles savoient que nous nous occupons si serieusement de ce qui ce se
passe dans ces *anime vile*?[5] (faut-il dire *vile* ou *vili*?) Elles diroient ce qu'elles
voudroient. Ceux qui veulent faire le bien *des peuples* & ne pensent pas
à faire le bien de quelques individus *du peuple* me paroissent des hipocrites
ou des sots. Il negligent une realité à la quelle ils peuvent atteindre &
s'exaltent pour une chimere pour un[6] fantôme qu'ils ne conçoivent pas
même nettement. Que les Rois que les ministres realisent s'ils peuvent
cette chimeres; leurs efforts quelqu'en soit le succès[7] ne me paroitront
du moins pas ridicules;[8] Ils font leur metier lorsqu'ils essayent de rendre
le peuple en masse aussi heureux qu'il peut l'être, mais quant à des femmes
& même des Demi-Reines qu'elles s'attachent à leur petit Royaume
domestique avant de porter leur vues plus loin. Est-ce hazard, amende-
ment du cœur, ou prudence ou surprise de se trouver dans un pays fort
different du sien qui rend la C*tesse* mere honnête & douce? Ce pheno-
mene merite d'être etudié.

Je vous remercie, Mademoiselle, de vos reponses au sujet de M*lle* votre
sœur. Elles m'ont fait plaisir. M. Pettavel[6] seroit à ce qu'il m'a paru d'après
sa reputation un affligeant mari pour une femme sensée & delicate. Je
voudrois que l'on put donner sans se compromettre quelqu'encouragement à J.P. Du P.[7] Le fils de l'intendant n'est dit-on pas epousable.

Je suis bien fachée qu'il vous faille tant courir & entretenir ce vilain
rhume. J'ai besoin de dire avec vous *cela finira.* mais quant au rhume il faudroit faire ensorte qu'il finit bien. Un rhume malheureusement ignoré
dabord puis trop peu soigné a degeneré chez notre cocher en fluxion de
poitrine. Il en a été fort mal & n'est pas encore bien retabli quoi que depuis
quinze jours M. Liegtan & toute notre maison ayons fait l'impossible. Si
vous aviez besoin d'un medecin je vous conjure d'envoyer chercher
Liegtan fils. Ce n'est pas une maniere de Charlatan comme Leschaux &
Petit pierre[8] qui de chirurgien se sont proclamés euxmêmes Docteurs en

medecine, ce n'est pas un vieux & froid routinier sans zele sans industrie comme Neuhauss & comme le bon Dublé.... enfin prenez Liegtan si malheureusement votre rhume trainoit assez en longueur pour devenir inquietant & menacer de miner votre bonne constitution.[9]

Vous etes bien aimable à la fin de votre lettre: c'est quand vous dites que vous avez passé une bonne heure. et puis ces quelques bonnes minutes que vous alliez passer auprès de Mc Bosset! C'est aimable mais un peu triste. J'en ai été emue. Pouvois-je penser quand je vous proposai Berlin qu'une pareille *bonne heure* se trouveroit de cette rareté & de cette consequence quelle meritât d'être remarquée? & les quelques bonnes minutes aussi? *Cela finira* Il ne faut cesser de se le dire.   Adieu je vais ecrire à Mc Du Paquier & vous envoyer ma lettre ouverte. Vous y ajouterez peut-être quelque chose & aurez la bonté de l'envoyer à la poste après l'avoir cachettée. Notre messagere après quelle sera partie payera à Mlle Heisesely[9] l'affranchissement

Ce mercredi 23 Janv. 1793

913. *A Henriette L'Hardy, 24 janvier 1793(?)*

Par plusieurs raisons, toutes très bonnes, je vous supplie de joindre quelque chose de vous à l'incluse & d'envoyer le paquet à la poste soit ce soir soit samedi. Ma lettre est grave elle a besoin d'un escorte plus gaye. Il est desagreable de payer cher le port d'une homelie. Adieu. Je vous ruine, vous, en petits ports mais c'est sans scrupule.

Ce Jeudi à 1e heure.

A Mademoiselle/Mademoiselle l'Hardy/a la *Rochette*

914. *A Caroline de Sandoz-Rollin, 31 janvier 1793*

Nous sommes ici noirs comme une charbonniere. Nos imaginations ne voyent que Louis XVI à la guillotine;[1] le feroce Santerre[2] l'empechant de parler; la Convention décretant une inquisition nouvelle; Marat & Robertspierre[3] meditant des supplices & des pillages. Cela empeche de dormir, de manger, de prendre plaisir à rien. Pour moi les laches spectateurs me mettent plus en fureur encore que les infâmes sclererats. Ceux ci font ouvertement leur metier; les autres qui se disent d'honnêtes gens ne font pas le leur & consentent au crime & se resignent à l'oprobre. Je me flatte du moins qu'ils s'y resignent; car il leur est si parfaitement du qu'ils ne s'y soustrairont pas. Je le leur jette à pleines mains & s'ils n'en sont pas tout couverts ce n'est pas ma faute. Peu s'en faut que je ne fasse un

Dieu de ce Paris qui a assassiné St Fargeau.[4] Que n'y a til eu 366 assassins pour ces 366 boureaux de juges, puis encore un pour le boureau du boureau. alors l'horrible catastrophe de cette horrible tragedie n'auroit pu avoir lieu & lundi 21 Janvier à 10 heure du matin[1)] le bon gros Louis[2)]auroit pu dejeuner avec le digne & excellent Malesherbes.[5] Combien alors j'aurois felicité ce respectable vieillard & combien aujourdhui je le plains! Je voudrois oser lui ecrire; je voudrois qu'il put sortir de france; je voudrois vouer ma vie à le distraire & à le consoler. Pour la Reine je ne me fais aucune sorte d'idée de la situation de son esprit. Les enfans s'ils sont françois et Bourbons ne pensent deja plus à leur pere. Me Elisabeth[6] est devote je souhaite qu'elle le puisse être assez pour mepriser la vie de ce monde & ne regarder ses malheurs que comme des acheminemens aux béatitudes celestes. Je souffre beaucoup, moi qui ne pouvois supporter la lecture de l'histoire, d'être la contemporaine de tant d'horreurs. Puisse le theatre de ces sanglantes tragedies ne se pas approcher de maniere que nous y devenions nous mêmes des personnages. J'y pourois bien être un personnage imolé mais ce ne sera pas après y avoir été un personnage tremblant, sans force, & muet, du moins je me l'imagine. Si Louis n'eut pas quité le 10 aout ses gardes fidelles,[7] que nos regrets seroient differens de ce qu'ils sont! mais alors le 21 Janv. ne seroit pas venu avec sa guillotine. Louis seroit mort le 10 aout ou bien il regneroit aujourdhui. on devroit être brave ne fut-ce que par prudence.

Parlons d'autre chose si nous le pouvons. L'Ambos est revenue mais c'est pour retourner. La Ctesse ne veut pas se passer d'elle. Si elle lui donnoit l'equivalent de sa pension d'Auvernier le mal seroit petit. L'Ambos n'a point de sens, ne sait ce que c'est que des obligations precises, se laisse attirer par l'appas vague d'une recompense qui n'est point exprimée, et retenir par des caresses & de bons repas. Il est vrai que Mlle Marianne L'hardy la demanda de la part de la Ctesse mais si peu[3)] vrai que Henriette L'hardy la retiene qu'au contraire elle fit ce qu'elle put il y a une dixaine de jours pour qu'elle partit. Lorsque l'ambos quita Auvernier il n'y avoit point de femme grosse qui fut près de son terme; ce n'est que de la[4)] prolongation ridicule de son sejour à la Rochette que l'on se plaint.

Vous faites très bien de defendre vivement votre amie.[8] Elle merite votre zele de toute façon. Je n'admets pas l'alternative dont vous vous contentez *qu'elle retourne*, ou *si les C^{tesses} restent qu'elle les quite*. Non, il les faut quiter quoiqu'il arrive, à moins toute fois que le Roi ne la retienne & ne lui assure une pension pour la vie, encore faudroit-il qu'elle fut la maitresse de n'en quiter pas moins l'esclavage de cour quand elle le voudroit.

Le Dialogue de M. Durand[9] & du grand Chaillet m'a fait rire. Qu'importe que Durand puisse ou non donner de mes nouvelles? J'aime qu'on me raconte ce qu'il a dit mais c'est tout ce que j'en veux. Constant ne viendra qu'en avril ou may mais peut-être restera-t-il tout l'Eté à Colombier il m'a prié de lui chercher un logement

Adieu toute belle & toute chere Caroline. Mlle Marval[10] auroit envie de nous venir voir · pouriez vous l'associer à quelque noble projet de course?[5)]

Ce 31 Janv. 1793.

A Madame/Madame Alphonsine/Sandoz/a *Neuchatel*

915. *A Henriette L'Hardy, 1 février 1793*

J'ai eu tous les jours mal à la tête depuis la nouvelle de l'execution de Louis XVI & dailleurs je suis si attristée que je n'ai rien de bon à dire voila pourquoi mademoiselle je me suis tue si longtems. Si j'eusse été autrement disposée croyez que je n'aurois pas eu de plus grand plaisir que d'interrompre ce prodigieux ennui que vous exprimiez si plaisamment dans votre derniere lettre. Savez vous ce qui me consterne surtout dans le jugement rendu & executé ce n'est pas la sceleratesse ni la dureté de ceux[1)] qui ont provoqué le decret mais la lacheté de ceux qui l'ont voté contre leur voeu intime, & l'apathie de ceux qui ont assisté en silence a un supplice qu'ils ne desiroient pas ou se sont cachés dans leurs maisons. Il est affreux de voir que les gens soi-disans honnêtes ne soyent que des machines sans ame ou de vils trembleurs.

Rosette[1] est ici depuis quelques momens. Elle travaille.

Je pense que M. Touchon aura oublié tout exprès de donner[2)] des titres à l'enfant qu'il a batisé,[2] ce qui eut été contraire aux usages de ce paÿs & de tous les pays de ma connoissance. Au reste je puis me tromper & croire sa memoire meilleure & sa complaisance moins grande quelles ne le sont. J'ai appris avec un grand plaisir que vous n'etes plus enrhumée. Menagez vous. Les gens auprès de qui vous etes ne meritent pas qu'on se fasse du mal pour eux. On dit que la premiere nourice a été peu genereusement & peu humainement traitée: Qu'on ne lui pas evité le chagrin d'une mortifiante surprise & qu'on n'a rien fait pour la consoler. C'est à Neuchatel qu'on a dit cela. J'en suis fachée pour la nourice mais non pour la Ctesse je n'aime guere mieux qu'on se demente en bien qu'en mal & je desire qu'en la quitant vous ne puissiez rien regretter en elle.

Adieu j'en dirai un peu davantage & ne serai pas si amere une autre fois, je l'espere du moins. Si vous pouvez me divertir un peu ayez en la charité. Que fait C[t3]? On dit que sa femme s'est bien conduite dans votre maison lors des couches. Mc Bosset se tient-elle toujours à l'ecart?

Ce Vendredi matin.

A Mademoiselle/Mademoiselle l'hardy/a la *Rochette*

Votre procedé est digne de vous, mademoiselle, et c'est tout dire. Je souhaite pour l'honneur du Roi & pour l'avantage de M. & de Me du Paquier[1] que cette noble demarche réussisse; quant à vous, personnellement vous, je souhaiterois presque qu'elle ne reussit pas. Ce qui romproit vos chaines me paroit desirable ce qui[1)] pouroit les river me paroitroit facheux. Mais que veut dire le Roi avec sa reticence? Desire t-il vous garder & croit-il qu'en cherchant à vous obliger il vous fasse perdre le souvenir de vos résolutions? Peut-être ne garde t-il le silence que pour menager la Ctesse à qui vous n'aviez pas encore parlé lorsque vous lui ecrivites. Je suis impatiente de savoir si dans son cœur il rejette ou accepte votre demission. On parle de troupes qu'il se propose d'envoyer dans ce pays. A moins que vous ne pussiez, si cela arrivoit, servir essentiellement votre patrie en detruisant de funestes impressions, votre position seroit très desagreable & ceux qui paroitroient jouir d'une faveur particuliere auprès du souverain courroucé joueroient un mauvais role & donneroient à leur parens un facheux aspect du moins il me le semble. Mais comme je l'ai deja dit si vous pouviez adoucir les esprits, afoiblir le couroux, cela deviendroit fort diferent & quand même le public n'en sauroit rien & prendroit le change il n'en faudroit pas moins aller son train sans se mettre en peine des fausses apparences. Ceci aureste[2)] ne seroit-il pas un espoir tout-à fait chimerique? Bishopswerder[2] & d'autres assidus intrigans gouverneront toujours cet esprit là; vous ne le gouvernerez point & si vous pouviez un moment faire prendre ou revoquer une resolution le moment suivant vous reverriez les choses aller tout autrement que vous ne l'aviez esperé, & qu'on ne vous l'avoit promis. La Ctesse aussi ne s'est-elle pas flattée de contrebalancer le credit du favori, de faire changer le plan de la guerre? Dailleurs pour obtenir quelque chose en faveur des Neuchatelois il faudroit que la Ctesse ne vous contrecarrat point. Si elle aigrissoit tandis que vous adouciriez votre chagrin votre indignation seroient au comble & votre situation seroit l'enfer.

M^e Du P. dans une lettre que je receus hier me charge de vous apprendre ce que vous savez depuis longtems la lettre de son mari au roi & la reponse du roi à son mari. Elle parle de sa santé, mais fort en passant, et il semble que sa santé ne soit pas bonne.

Rosette travaille pour moi comme couturiere. Je ne lui parlerai pas de l'idée qu'elle a eue touchant Verdant[3] & la coifure mais j'ai dit à Henriette que si elle lui en parloit elle pouvoit lui dire que j'en etois instruite & que je n'y entrois point du tout. Ma belle sœur[3)] a fait apprendre une[4)] profession à Rosette;[5)] elle & vous & moi avons eu toute sorte de bontés pour Rosette, cela sufit. Si elle sait s'industrier[4] s'evertuer, s'imposer des privations pour avoir dequoi se faire[6)] montrer à coifer à la bonne heure.

Si nous lui trouvons une bonne place de femme de chambre & que la Dame qui la prendra lui fasse montrer à coifer à la bonne heure encore mais moi je ne veux ni l'avoir chez moi sans qu'elle y travaille ni occuper Verdant à lui montrer un art qu'aujourdhui il ne sait même plus qu'a demi n'ayant depuis 6 à 7 ans coifé que quelque têtes de village pour des bals de vendange & de nouvel an. Si Rosette s'addresse à ma belle sœur & que ma belle sœur desire que Verdant montre tant bien que mal à coifer à Rosette je ne m'y opposerai pas & dirai que cela ne me regarde point. Ce qui me plait en elle c'est qu'elle vous regrette sincerement & vous loue avec vivacité; Dailleurs elle me paroit enfant gaté & patte mouillée.[5] Hier dans la chambre de notre cocher convalescent on lut de[7] M^e de la motte[6] & on se disputa sur le compte de cette femme vivement & longtems. Eh bien qu'en pensez vous? dit Henriette Monachon[8] à Rosette qui n'avoit rien dit. Je n'ai pas entendu, dit celle ci, un seul mot de la lecture ni de la conversation. Dans quelle espece de meditation etoit-elle plongée? Boucloit-elle des cheveux en imagination? Plioit-elle des robes? Hors auprès de vous mademoiselle rien ne me paroit si triste si plat que l'etat de femme de chambre surtout pour une fille qui n'a les defauts ni les qualités qui vont à cet état; qui n'est ni curieuse, ni interressée, ni intrigante, qui n'est pas non plus active ni industrieuse qui ne sauroit aller aujourdhui que le train qu'elle alloit hier & pour qui les fatigues de la toilette, les veilles, les voyages seroient des corvées terribles. Elle m'a dit etre[9] convenue avec Jeannette Pettavel[7] qu'elle iroit travailler chez elle quand elle n'auroit point de journées en attendant qu'elle eut trouvé à se placer convenablement. N'en soyez point en peine & recevez mes remerciemens pour toute l'indulgence & les bontés que vous lui avez montrées.

Recevez aussi l'hommage de mon admiration pour toute votre excellente & aimable conduite. Je vous admire & vous aime dans toutes vos relations comme sœur comme amie & relativement à tous vos entours. Votre demarche pour le Du P. couronne tout le reste. Mettra-t-elle obstacle oui ou non à celle qui ne me plaisoit pas moins dans un autre genre? Cette pension si elle est accordée vous fera-t-elle rester à la cour? Nous n'en savons rien encore mais quoiqu'il en soit il sera sage, noble, heureux, de s'en retirer, & il sera beau d'y rester non point pour soi ni sa propre ambition mais pour donner dequoi vivre à une amie & à sa famille.

Ce Samedi 2e Fevrier 1793

a Mademoiselle/Mademoiselle Henriette L'hardy/a *la Rochette*

917. *A Henriette L'Hardy, 6 février 1793*

Laissez moi la liberté de vous admirer comme vous m'avez toujours

laissé celle de vous blamer. Votre conduite vis-à vis des Du P.[1] est pleine
de generosité & non point de cette generosité romanesque que je
n'admire pas mais de la bonne & vraye generosité que vous aviez une
vocation de montrer mais qui va[1] assurement beaucoup plus loin que le
devoir[2] d'obligation stricte. Si vous avez attiré quelque defaveur sur M
Du P. il n'etoit pas en faveur auparavant & vous aviez[3] fait ce que vous
aviez pu pour l'y mettre; & c'etoit par une erreur dont vous avez eté vous
même la victime que vous avez pu lui nuire un tant soit peu. D'ailleurs
l'obligiez vous à faire ce qu'il a fait? Vous avez pu tout-au plus l'y inviter
& s'il avoit vu plus clair que vous dans cette affaire il pouvoit vous dire
dissuadez la Ctesse de partir & ne m'obligez pas à solliciter un passe port;
Elle s'expose a des regrets je m'expose a être disgracié au lieu de negligé
que je suis. Je vous admire donc mademoiselle; il faut que vous suppor-
tiez[4] mon admiration. Votre avenir s'offre à moi sous un aspect assez
riant. Si vous retournez ce sera toute environnée de consideration & de
confiance, si vous restez vous serez libre ce qui vaut beaucoup à mes yeux
& surement aussi aux votres. Les courant[2] en se deservant vous ont très
bien servie. Ils ont apris à la Ctesse à discerner les bonnes complaisances qui
ont des bornes & point d'empressemens marqués, d'avec le devouement
faux & les complaisances interressées. J'avois cru d'autant plus facilement
ce qu'on m'avoit dit de la femme que mon Henriette[3] me l'avoit toujours
donnée pour une excellente personne à qui elle devoit mille marques de
bonté. La promenade du mari avec la Ctesse mere est delicieuse à se representer. Dans sa Prusse elle n'avoit rien vu ni entendu de pareil. Je ne comprens pas bien ce qui vous etonne dans le silence de M. Du P. Il vous avoit
mandé sa lettre au Roi & sa femme m'a chargé de vous dire la reponse
qu'il en avoit receue. Voila la porteuse de pain, je ne puis en dire davantage mais ecrivez moi s'il vous plait.

Mercredi

A Mademoiselle/Mademoiselle Henriette/L'hardy/a la *Rochette*

918. *A Henriette L'Hardy, 7 février 1793*

Que vos lettres interrompent l'occupation la plus agreable, mademoiselle, elles ne laisseront pas de me faire grand plaisir. Celle que je receus
hier ne contient rien que je n'admire. Vous avez autant de raison & de
courage que d'esprit. L'occasion d'ecrire au Roi a été admirablement saisie. Persistez, & qu'ils ayent le malheur de vous perdre ces gens trop peu
dignes de vous conserver. Si malgré les sots & vils soupçons si malgré le
plat clabaudage un retour au bon sens faisoit faire au maitre des instances
vives & de bonne foi il faudroit dire peut-être: à la bonne heure mais à

condition[1)] que je puisse quiter d'un moment à l'autre, à l'instant qu'il me plaira & avoir du Roi même, une pension bien assurée pour la vie. Cependant avant que vous dissiez cela je voudrois que j'eusse pu vous parler & peut-être que dans une occasion pareille vous pouriez demander, de maniere à n'être pas refusée, à me pouvoir parler, ou partir un matin longtems avant le reveil de la Ctesse; mais tout ceci suppose un vif & sincere desir de vous conserver & une maniere de l'exprimer qui sont peut-être, l'un & l'autre, fort au dessus de la capacité de cœur & d'esprit du grand personnage. Sans ces vives instances point d'affaire. Vous etes digne de faire ce que si peu de gens ont su faire quoique tant de gens voulussent l'avoir fait je veux dire de quiter des grands, une cour, & de renoncer à une faveur trop achettée.

Je pense tout comme vous sur M. du P.[1] Tout cela ne seroit encore rien si la Ctesse pouvoit lui conserver sa pension mais j'y vois peu d'aparence, & à dire vrai peu de raison. Qu'a t-il fait[2)] pour qu'on le paye encore lorsqu'il sera loin de Berlin & de ses fonctions quelqu'onques? Ne pouriez vous pas lui ecrire? Il n'y a pas d'aparence qu'on se mette en route au cœur de l'hiver avec deux petits enfans[2] de sorte que votre lettre le trouveroit je pense, encore à Berlin. Ce congé demandé & obtenu on peut bien n'en faire aucun usage; Il[3)] peut ecrire au Roi: sire on m'a fait faire des reflexions. Je suis soupconné à ce qu'on dit des plus bisarres projets; puisque ma position me met à même de pouvoir rester sous les yeux en quelque sorte de mon souverain j'y resterai jusqu'à ce que ma conduite lui ait prouvé à quel point j'ai été méconnu.

Ecrivez · si cela ne sert pas cela ne poura nuire. Adieu je vous embrasse de bien bon cœur.

Ce Jeudi.

a Mademoiselle/Mademoiselle Henriette/L'hardy/a la *Rochette*

919. *A Henriette L'Hardy, 8 février 1793*

La collerette est chez vous depuis plus d'un mois mademoiselle. J'ai un peu grondé Rosette qui avoit oublié de vous le dire. – Je n'ai pas pensé... Il faut penser. a son tour elle est très fachée d'avoir donné lieu à ma mauvaise humeur. Quelle[1)] opinion n'avez vous pas du prendre d'Henriette[1] & de moi, de notre indiscretion & de notre indolence! Rosette envoya blanchir dit-elle la collerette un peu froissée & la remit ensuite dans votre comode où vous la trouverez.

Je suis très fachée que vous ayez été malade. Je ne vois pas distinctement dans la lettre de M. D. P.[2] ni dans la conduite de Roi[2)] dequoi se persuader qu'il soit mal disposé pour lui ni pour vous. Le depart de la Rits[3] pour

Francfort est vrayment facheux relativement à la Comtesse, & ce qui est encore plus facheux c'est qu'elle ne sache ni se soumettre aux desagremens de sa situation ni l'abandonner. Foiblesse & fierté, association trop commune & cependant, absurde, malheureuse, & avec laquelle on perd & la pitié qu'inspire la foiblesse & le respect auquel la fierté pretend. Vous la connoissez trop bien cette Demi Reine (ou quart de Reine aujourdhui) & elle n'apprend point à vous connoitre, de l'un et de l'autre il doit resulter dans votre cœur un grand affaiblissement d'interet pour elle. Gouvernez votre cœur de maniere que les Rits les Comtesses, & leur³⁾ supreme subjugué ne vous tourmentent plus. Si la pension est assurée à M. Du P. & qu'on desire vous conserver je ne vois pas que vous puissiez quiter encore. Si la pension est refusée quitez quoiqu'il arrive & quelle que soit la position de la Cᵗᵉˢˢᵉ mais la pension accordée même, ne vous liera pas au cas que le Roi ne desire pas vous revoir & que la comtesse rentre en faveur. Dans ce cas-là vous lui dirai⁴⁾ je puis vous servir beaucoup moins⁵⁾ que vous nuire & vous allez être assez heureuse sans moi. Il n'y a que le cas où l'on vous accorderoit la pension de Du P. & ne rapelleroit pas la Cᵗᵉˢˢᵉ qui peut vous embarasser. Vous etes satisfaite diroit-on, je suis malheureuse & vous me quitez · allors il faudroit s'expliquer nettement; peut-être faudroit-il dire payez moi moins & traitez moi mieux

Dans peu de semaines elle sera sussi bien portante que si elle n'eut pas accouché alors pourquoi ne lui diriez vous⁶⁾ pas le voyage de la Rits? Elle sera la maitresse d'aller aussi à Francfort & d'opposer ses charmes au manege de ses ennemis.

Ce Vendredi matin⁷⁾

A Mademoiselle/Mademoiselle Henriette/L'hardy/a la *Rochette*

920. *A Henriette L'Hardy, 9 février 1793*

Je suis très fachée d'apprendre que vous ayez été assez serieusement malade pour en avoir pris mauvais visage. Vous¹⁾ etes bien promte à prendre un vomitif. Ayez de grace un peu de bonté pour vous même & que Leschaux¹ moitié chirurgien moitié charlatan ne soit pas votre medecin. Nous ne l'apellions Constant & moi que le petit boureau. Sa phisionomie dès qu'il ne prend pas soin de la faire sourire est bien la plus dure que je connoisse, & le sourire y renait par reflexion tout à coup &²⁾ comme si des cordes semblables à celles qui font mouvoir les marionettes agissoient sur ses muscles. Laissez moi être votre medecin moi qui ne serai pas un petit boureau pour vous. Voici mon ordonnance.

Demandez une bouteille de pur lait de chaumont² à Mᵉ Bosset ou bien je vous en enverrai de Colombier, & que M. Mathieu³ vous en fasse du petit lait. Il y en aura 4 petits verres que vous prendrez chaque matin de 6 a 8 ou de 7 à neuf[3] pendant huit ou 10 jours, après cela je vous ordonnerai une douce medecine puis vous prendrez pendant quelques jours encore un peu de rhubarbe rapée dans votre 1e cuillerée de soupe en vous mettant à table. Alors les C[tesses] se trouveront être parfaitement digerées & vous ne les sentirez plus à l'estomac ni peut-être au cœur.

Le depart de la Ctesse mere est aussi plaisant que son arrivée. Venir de la prusse & y retourner sans avoir vu que Bienne & la Rochette est une chose unique dans son genre.   Vous ne m'avez pas dit si la Ctesse fille[4] avoit fait des presens de nouvel an à vous à Mlle votre sœur. Je ne sai si je desire oui ou non mais j'en suis curieuse. Vous avez cachetté votre derniere lettre avec un joli cachet. Est-ce une pierre antique ou moderne? seroit-ce un cadeau? Dites moi où en sont vos livres. Vous devriez faire demander par Me Bosset ou quelqu'autre à Me Vaucher[4] la suite de *Simple histoire*.[5] Elle vous distraira quelques momens en vous attendrissant. Je vous enverai que vous le veuillez ou non certains memoires[6] où vous verez ce qu'etoit la cour du grand pere de votre Roi & celle de son oncle. Adieu. Tous les jours je vous marie plus decidement avec le frere[7] d'une personne à laquelle vous vous attachez & qui vous goute beaucoup.

Ce Samedi 9e Fevr. 1793

A Mademoiselle/Mademoiselle Henriette L'hardy/a la *Rochette*

921. *De Charles-Godefroy de Tribolet, 10 février 1793*

Madame.

Revenu depuis quelques jours de nos montagnes, il me semble que j'ai été dans un pays de fous, prêts à s'entre-égorger pour des bonnets rouges, des rubans jaunes & des sapins.[1] A mon retour ici je me proposois dabord de faire imprimer quelques idées à ce sujet, en supposant l'etonnement d'un étranger qui attiré dans ces quartiers là par la réputation dont jouïssent leurs habitans à raison de leur industrie, de leurs lumières &[a] &[a] &[a] y arriveroit dans ce moment ci, et aprendroit les causes de leur discorde et de leur agitation: mais quelques occupations et un travail naturellement penible m'empechent de suivre à mon projet. Je me feliciterois de l'un & l'autre de ces obstacles, si je pouvois vous faire agréer, Madame, l'idée qu'ils m'ont fait naitre de recourir à votre plume,[2] et vous prier, je puis dire au nom de Dieu, car ces fous sont bien à plaindre, de vous interesser à eux, soit en adoptant mon plan, soit en en choisissant tel autre que vous trouveriez préférable. Je me permettrai seulement d'observer que c'est en flattant leur amour propre, et en les amusant, que je crois que l'on réussira le mieux à les ramener.

Il s'agit, Madame, de reconcilier des pères, des enfants, des frères, des sœurs des maris, des femmes, des amis. Permettez moi d'esperer que ce motif me justifiera à vos yeux, si je viens ainsi a brûle pourpoint me rapeller à votre souvenir, après un bien long silence, pendant le quel toutesfois je n'ai point oublié vos bontés à mon egard.

J'ai l'honneur de vous présenter, Madame, l'assurance de mon respectueux dévouement

Ch^s Godef^y Tribolet.

Neufchatel 10e fevrier 1793.

a Madame/Madame de Charriere/à/*Colombier*

922. *A Henriette L'Hardy, 11 février 1793*

Ce 11e Fevr. 1793

Je crois n'avoir que le tems necessaire pour repondre à l'apostille de votre lettre. La Ctesse a ecrit dites vous et elle se flatte que la reponse qu'elle recevra fixera le tems de son depart & joignant à cette connoissance qu'elle vous a donnée de ses esperances les discours qu'elle a auparavant tenu & les procedés qu'elle a, vous voudriez ecrire incessamment au Roi que vous quiterez la Ctesse & ne retournerez pas à Berlin. Je crois qu'en general vos vues sont justes & que votre projet est sage, il ne s'agit que de savoir s'il faut ecrire tout de suite ou s'il faut attendre encore un peu. Dabord calculez s'il etoit possible ou vraisemblable[1] que vous reçussiez avant jeudi ou samedi ou Dimanche prochains la reponse du Roi touchant la pension. si vous n'avez pas du[2] encore la recevoir il me semble que vous devez l'attendre; alors si l'on refuse tout est dit & vous declarez votre intention; si l'on accorde vous la declarez aussi mais d'un autre stile, & vous la fondez sur la persuasion où vous etes que vous n'etes plus agreable au Roi[3] & ne pouvez plus être utile à la Comtesse En second lieu & quand même il seroit prouvé que vous devriez naturellement avoir receu deja cette reponse je mets en question si vous ne devez pas avant tout vous expliquer avec la Comtesse & lui dire ce que vous vous proposez d'ecrire. outre que cela me paroit plus franc, plus honnête, plus digne de vous, je trouve que c'est aussi beaucoup plus sage. Si elle reçoit une lettre du Roi qui ne lui plaise pas elle seroit femme à l'attribuer à une lettre que vous auriez ecrite. Les dattes des 2 lettres auroient beau prouver l'impossiblité de telle[4] cause à tel effet elle n'ecouteroit rien & conserveroit les idées les plus facheuses. Voila 6 semaines bientot qu'elle est accouchée · dès que vous la verrez très bien portante parlez lui sans deguisemens quoiqu'avec douceur & montrez la lettre que vous aurez ecrite au Roi toute pliée & prete à cachetter. Elle verra à la fois que ce n'est point un jeu & que vous n'avez voulu agir jusqu'au bout qu'avec une parfaite franchise.

Je vous prie instamment de me donner des nouvelles de votre santé
& cela aujourdhui encore s'il est possible mais au plus tard demain.[5]

923. *A Henriette L'Hardy, 14 février 1793*

Tenez moi parole mademoiselle en prenant bien soin de vous. Si la
rhubarbe employée comme je l'ai dit ne suffit pas pour entrainer tout ce
que les C[tesses] laissent d'indigeste dans l'estomac faites en infuser & prenez
en tous les matins deux tasses chargées comme du thé passablement fort.

Fi des[1] Caraco ainsi donnés lorsqu'on en prend pour soi d'autres. O
fraction de Reine que vous savez mal vous y prendre si vous voulez être
respectée! Elle devoit[2] ne[3] rien donner à Me Bosset mais faire de jolis
cadeaux au fils[1] & à Julie;[2] Elle devoit faire un beau & noble present à
Mlle votre sœur. Et vous.... c'est le moindre de ses torts que de ne pas se
souvenir de sa promesse. Si elle savoit vous aimer, si elle avoit su aprecier
vos soins, vos fatigues, s'affliger de votre indisposition qu'importeroient
les presens, elle vous feroit sans cesse partager son bien être & vous seriez
riche de sa fortune.   Je me flatte que vous ne m'avez pas su mauvais
gré de ma curiosité,[3] j'ai desiré de savoir si ses procedés par leur generosité
vous lioient vous obligeoient en quelque sorte à ne pas vous separer de
son sort · je vois que non. J'ai pensé que je verois par sa conduite à cet
egard si elle vouloit vous conserver, si vous lui etiez très precieuse, & je
crois voir qu'il ne lui importe au moins pas beaucoup de vous conserver.
Vous serez donc bien libre de lui dire vos intentions dès qu'elle ne sera
plus du tout une *interressante accouchée* mais une femme très bien portante; Vous pourez aussi après les avoir dites les suivre sans avoir de
remords ni de grands regrets à vaincre et vraisemblablement sans avoir
a resister à de grandes instances. Vos chaines se detacheront il n'y aura pas
besoin de les rompre avec effort. Adieu. Donnez moi de vos nouvelles.
                                            Ce Jeudi 14e Fevrier 1793

A Mademoiselle/Mademoiselle Henriette/L'hardy/a la *Rochette*

924. *De Marie-Claude Estièvre de Trémauville, 15 février 1793*

                                            ce 15: f[r] 1793:

    je serois bien fâchée de vous avoir occationné des inquiétudes! peuêtre
que vous avés murmuré de ma vivacité; helas! pardon, madame, le ciel
ma donné une tête un peu vive: je n'ai vû que le danger de ce pauvre G...[1]
j'ai imaginé qu'on pouvoit peuêtre lui être utile! souvent un jour, une

heure! dècident du sort. cette idée m'a fait frémir. j'avoue que si la tête
de mon fils n'etoit pas proscritte je l'aurois fait partir aussi tôt que j'aurois
eû des données un peu certaines. je n'ai pas douté en m'adressant a m^r
chaillet[2] que je ne le dèterminasse a aller a p.[3] mon dieu quel risque peut
courir un suisse, un négociant; d'ailleurs pour ses amis, on peut s'exposer
= la grande prudence est une superbe vertu. ce n'est pas la mienne = mais
je vous rénouvelle mes excuses d'avoir ecrit a m^r chail – vous me recom-
mandiés de ne pas vous nomer, mais en me laissant libre de parler je n'ai
pas crû mal faire d'instruire un ami intime. de plus je recomendais le secret
le plus profond = si vous aviés pu lui donner les noms, il etoit instruit
qu'ils lui seroient donnés par une personne inconnue mais sure-on pourroit sans inquietter la femme qui a gardé G. l'engager a parler: l'or est un
puissant motif = j'ai un ami intime qui me serviroit bien sur cela: si on
pouvoit savoir ou demeure la femme en question : je réponds que l'argent
ne seroit pas epargné, avec cela on sait tout! on est maitre de presque
tout. –

je serois fâchée que ma vivacité vous fit présumer que je suis inpru-
dente sur les secrets qu'on me confie. Enverité je ne mèritte pas ce reproche vous savez que rien ne peut m'engager a parler quand il s'agit d'un
autre · dans le cas ou je me trouvois je ne croyois pas commettre d'inpru-
dence – j'ai réflechi avant que d'ecrire :

Vous croyés bien que je n'ai rien dit a L'ab...[4] ce seroit l'afficher sur les
toits – de grace, madame, aidés de vos conseils. je tremble qu'on ne perde
la trace de ceci, et vous jugés combien je serois desolée –

on m'a raconté hier qu'un m^r de reding[5] qui etoit aux gardes avoit ecrit
a son pere qu'il etoit sauvé. Sa lettre a eté ouverte c'en a eté le malheur
et cette histoire m'a fait rougir! pâlir! j'ai pensé n'etre pas maitresse du
mouvement que j'ai eprouvé. mais cependant je l'ai surmonté – mon dieu
ne seroitce pas une meprise de nom il y a t'il un Reding dans le regiment?
cette histoire ma tourmentée = la comparaison d'un enfant fort! vigoureux! dèterminé! avec la personne en question ne peut se faire · l'un sauroit vaincre sa mauvaise fortune et l'autre y succomberoit

Si nous restons dans le doute ma conduite sera bien embarassante avec
j....[6] ou plutot elle sera fâcheuse car je ne voudrois pour rien l'engager
dans une dèmarche dont elle pourroit me rèprocher les suittes.

dittes moi que vous me pardonnez. songez que si je n'avois pas des raisons tres impérieuses jirois moi même faire des enquêtes = Les retards! les
reflections me tuent. jai vu ici une dame l'autre jour qui etoit tres inquiette sur le sort de son fils : elle a 100 mille livres de rente = elle n'a pas imaginé
d'envoyé a 30 lieues d'elle savoir lissüe de la bataille, et se tranquiliser sur
un objet aussi interessant. j'avoue que ces têtes froides! au cœur sans mouvement me font mourir d'impatience. j'irais a pied pour rendre service
dans ce cas la, a mon gardeur de moutons qui seroit inquiet de son fils :
heureusement tous les humains ne sentent pas de même –

je ne puis pas encore aujourdhuy vous parler de mon fils[7] (car c'est de lui dont il est question) j'ai a répondre a un volume de m[r] de Tré – il est bien mécontent, il ne peut attraper un sol[8] il est vexé de toutes manieres! il ne peut pas empêcher la vente de ses meubles a paris, on menace de s'emparer de tous les revenûs des gens même qui ne sont pas Emigrés, on leur donnera au plus riche 10,000 Livres de rentes pour vivre et le reste sera pour soutenir la guerre. ce petit projet est gai =

pensez quelques fois à moi, madame, mais pas trop car cette idée vous porte au triste, un être malheureux inspire de la pitié: faittes de la musique! mon dieu faittes chanter a marianne

un seul objet me charme et m'attendrit
mon amour seul me touche et m'interesse.[9]

nous sommes loin de pouvoir songer a un *seul objet*, une multitude nous empêche de jouïr de la plus petite distraction. sans le vouloir on revient aux idées fâcheuses qui font gemir l'humanité =

compliments a ses dames[1)] a m[r] de charriere: j'embrasse m[lle] moula et vous si vous le permettés! ou est l'heureux temps ou j'aurois fait ma conseillière moi même = je suis seulle! isolée! ma société interesse mon esprit, mais pas le moins du monde mon cœur: mes heures sont aimables cela amuse mais ne fait pas la consolation des peines. ./.

925. A Henriette L'Hardy, 16 février 1793

Je n'ai point ecrit à M[e] Du Paq.[1] que vous eussiez le moindre mecontentement mais comme je lui ai parlé de la Ctesse disant que je croyois[1)] un petit Tyran comme en reponse à ce que disoit Me du Paq. j'ai dit ne faire aucun cas de cette franchise tant[2)] admirée chez la Ctesse parce quelle[3)] ne me paroissoit que d'humeur de temperamment, d'imprudence; que pour que l'amour de la verité fut vrai & tel qu'on lui doive des eloges il faloit qu'on aimat à *l'entendre* comme à *la dire*, il se peut qu'on ait cru que je parlois d'après vous & que vous aviez parlé par mecontentement. M[e] Du Paquier croit que des domestiques parce qu'ils ne sont pas interrogés & admis à discourir dans un cercle ne voyent & n'entendent pas & ne parlent pas & ne jugent qu'en gros & comme des bêtes.... J'ai plus insisté sur cette brusque sincerité de la Comtesse & sur l'absence de l'amour de la sincerité quand elle seroit dans la bouche d'autrui & s'adresseroit à elle, j'ai plus insisté pour que M[e] Du P. se reconnut dans ce que j'en disois. Je lui en avois bien insinué directement quelque chose mais parlant d'un tiers je pouvois mieux m'etendre. Que de gens n'ont pensé sur rien qu'à demi, n'ont donné à toutes leurs expressions qu'un sens louche & vague, que de gens aussi qui bien qu'ils soyent le centre auxquels ils pensent que tout se doive[4)] raporter sont pourtant pour eux[5)] comme hors du monde ne se comparant à rien ne concluant jamais rien pour eux de ce qu'ils pensent & disent des autres. Leurs yeux ne se tournent jamais sur eux mêmes. Ils jugent mais ne se jugent point & ne se croyent point jugés. Vous qui n'avez rien de cette espece d'Autruches que je vois partout repandez autour de vous vos lumieres. Eclairez votre amie quand elle sera près de vous, eclairez non la Ctesse qui n'est pas éclairable, mais vos parens, votre frere, votre sœur... Au moment ou celle ci etoit si mecontente à la Rochette Rosette Roi[6)] retournée à Auvernier fut surprise de voir qu'on avoit envoyé à la[7)] Rochette tout l'ouvrage qu'elle pouvoit faire. Cela ne fait rien du tout puisqu'elle en a trouvé ici & je vous conjure de n'en rien dire à Mlle votre sœur mais je n'ai pu ni voulu[8)] m'empecher de vous citer[9)] cet exemple de raprochemens qu'on pouvoit faire & qu'on ne fait point, de cette cascade de jugemens & d'impressions tous plus ou moins justes, tous plus ou moins outrés tous prouvant l'excellence de la fable de la fontaine ou d'Esope.

Lynx envers nos pareils & taupes envers nous
Nous nous pardonnons tout & rien aux autres hommes.[2]

Cela etoit vrai de tout tems cela le sera toujours, mais il y aura aussi j'espere toujours quelques exceptions à ces tristes verités generales. Je vous trouve, pour le dire en passant, on ne peut pas plus judicieuse. Dire ce qui fait plaisir est un plaisir, mais dire ce qui tourmente est un besoin de sorte que je trouve très naturel que vous soyez entrainée à l'un encore plus[10)] que vous n'etes engagée à l'autre. J'avois mis dans ma tête que vous parleriez à la Ctesse avant le mois de mars parce qu'à compter du 1^r sept. 1791 il y auroit au 1^r mars 18 mois que vous seriez à elle & que les comptes à regler ne soufriroient point de dificultés & n'inviteroient à aucune faveur. Je craindrois l'un autant que l'autre car il faut recevoir d'une personne qui vous aime mediocrement ce qu'elle doit & rien de plus. Le mot qui vous fit de la peine de sa part pouvoit n'être qu'une exageration de sa grandeur d'ame ou de sa tendresse pour son enfant mais ces mots là peuvent conduire à dire *il me semble que je vous deviens inutile & que vous le sentez*. Quelle violence cela pouroit-il exciter? Au reste tout ceci ne sont que des reflexions & des indications, je n'en conclus moi même rien de positif & serois parconsequent bien fachée que vous leur donnassiez du poids & de l'autorité.

J'ai deja compulsé presque tous les tomes de Voltaire & n'ai point trouvé encore ce que je cherche.[3] Je vai me lever & me remettre à chercher.

Ce samedi 16e Fevr 1793

A Mademoiselle/Mademoiselle Henriette L'hardy/a *la Rochette*/ Recommandée à Monsieur/Louis L'hardy.

Eh bien chere Caroline je veux vous tenir parole quoique ma tête ne soit pas en trop bon etat mais peut-être s'y remettra-t-elle en s'occupant de vous plus particulierement que lorsque je ne vous ecris pas. Je n'ai malheureusement pas grand chose à dire. Vous ne venez point me voir vous ne m'ecrivez point. Entre deux personnes qui s'aiment la conversation entretient la conversation & le Silence l'epuise. La pensée[1] est une herbe qui devient touffue plus on la fauche & qui se seche & s'eclaircit si on la laisse là, negligeant de la recolter. Le plus souvent je ne pense[2] pas, disoit l'autre jour quelqu'un[1] et ce quelqu'un parle très peu. J'entretien bien ma conversation avec la musique & je viens de faire un grand air bien complet & un grand Duo,[2] que je serois bien aise que M. Sandoz put entendre. Son aprobation est une de celles qui me font le plus de plaisir. Zingarelli m'ecrit du dernier air que je lui ai envoyé qu'il est[3] très bien composé. (Lisez ceci toute seule.)[4] J'hesite depuis un moment si je vous donnerai le plaisir de deviner ou celui de savoir avant les autres[5].... Tout bien compté je crois qu'on aime mieux savoir, quand nos amis peuvent nous dire, & que leur silence auroit plus ou moins l'air du mistere. On a beau nous dire après coup que c'etoit pour nous[6] menager un amusement qu'on se taisoit les après coup ne persuadent pas toujours ou du moins n'effacent pas toujours entierement l'impression du *coup* Je m'amuse moi à faire un long preambule à une très petite bagatelle. M. Tribolet le Chancelier[7] m'ecrivit le 10 de ce mois[3] qu'il me faloit ecrire pour les montagnards & que je devois les flatter & les amuser. Je receus sa lettre le 11 & je repondis[8] que je le voulois bien mais qu'il devoit me venir raconter leurs folies & me dire par où on les flatte & comment on les amuse. Le 12e il m'ecrivit qu'il lui etoit impossible de venir & en même tems il me donna quelques details sur ce qui se passe aux montagnes. J'avois deja commencé d'écrire & grace à M. de Ch. qui voulut bien copier, tout fut fait & mon paquet cachetté le 13e au soir à neuf heure. Le 14e au matin le petit ecrit[9] etoit chez l'imprimeur, hier il a dû etre achevé d'imprimer & je pense qu'il paroitra aujourdhui sous le titre de *lettre d'un françois & reponse d'un Suisse.*[4] Apresent voyez si[10] vous voulez laisser quelques momens votre mari dans l'ignorance sur l'auteur des deux lettres ou si vous voulez lui tout dire dabord. Vous en[11] etes assurement la maitresse. Je desirerois savoir s'il y a quelqu'aparence que la petite fable de l'avant propos, qui dit que ces lettres ont été trouvées tel jour[12] dans la neige près du Locle, soit crue; je le voudrois de tout mon cœur. Les lettres en inspireroient plus d'interet & plus de confiance. Je voudrois qu'on crut à un françois ecrivant reellement & à un Loclien[5] ayant tout de bon repondu. Ecrivez moi ce que vous verez, entendrez, soupçonnerez, ou si vous etes trop paresseuse pour cela supliez de ma part don Alphonse de me l'ecrire. Je sai très bon gré dans cette affaire à M. Tribolet qui non seulement a pensé à moi ce qui est flatteur mais qui m'a franchement sollicitée comptant sur ma bonne volonté, je sai très bon gré à M. de Ch. qui a critiqué fort à propos certaines choses dans ma r^e lettre (l'autre est allée toute seule au courant de la plume) & qui a copié le tout en diligence[13]) jusqu'à se donner la crampe aux doigts. Quant à moi la promtitude de cette petite expedition ne laisse pas de me plaire. M. Tribolet en a eté surpris à ce que me dit hier M. Rougemont.[6] En effet les Rois des bons tems de la Royauté n'etoient pas obeïs plus vite.   Fauche[7] sait bien l'auteur cependant si Monsieur Sandoz alloient demander les lettres qu'il ne fasse semblant de rien & demande seulement s'il ne paroit rien de nouveau.

adieu chere indolente.

Ce samedi matin

a Madame/Madame Alphonzine Sandoz/a *Neuchatel*

927. *D'Henriette L'Hardy, 17 février 1793 le matin*

Dimanche matin

Je vois par votre lettre madame que je ne me suis pas exprimée clairement cest moi qui ai ecrit a m^r DP[1]. que la comtesse ne tenait nul compte des sacrifices qu'on faisait pour elle & qu'elle ne faisait usage que dans la conversation de ses phrases morales sur le néant des grandeurs & les égards qu'on se devait les uns aux autres · qui ne la suit point dans le détail de sa vie peut fort bien se laisser prendre a ses discours cest le cas de m^r & m^d DP il n'ont pas été a portée de la juger par ses actions & je ne leur ai jamais parlé que dernierement de l'etude que j'en ai faite · mon amie[2] a particulierement appuyé sur sa franchise parce que cets[1]) une qualité dont elle fait cas quelle possède dans le sens & letendue que vous lui doñez madame & elle na pas imaginé quil en fut d'une autre espèce ou plutot que ce dont elle a fait un mérite a la Com^{tesse} ne fut chez elle qu'habitude de décider de juger & les homes & les choses sans se doñer la peine de rien approfondir avec prévention & legereté – Si Susette a doñé lieu quelques fois dêtre accusée de ce deffaut si comun qui nous fait prononcer sur les actions des autres sans examen : Sa droiture vos conseils madame & un peu de reflexion l'en auront bientot corrigée · ma sœur serait plutot que moi une exception elle est si boñe elle pense si juste elle a tant de rigueur pour elle même · l'affaire de rosette ne doit point lui etre imputée a manquement je lui ecrivais la veille de son départ pour la rochette de maporter de l'ouvrage pour la fille que j'ai actuellement · elle navait que de la toile encore en piece dont elle n'eut pas le tems de couper des chemises avant de partir · elle prit donc tout le morceau & renvoya le reste a la maison dès quelle eut arrangé ce que je lui demandai – pour la comtesse vous dites fort bien madame que tous les discours tant directs qu'indirect qu'on pourrait faire a dessein de lengager a réxaminer & à réflechir ne serviraient de rien elle croit d'elle tout ce que ses adorateurs lui en ont dit · on a aplaudi a ses décisions toutes malignes qu'elles etaient on a courbé le dos sous sa tiranie domestique · persoñe ne s'est jamais avisé de lui dire en amitié si vous etes bien exempte du defaut que vous censurés · bon Dieu que dis je on n'osait pas même temoigner qu'on ne la croyait pas infaillible elle a la foi en elle come dit m^d de Staal[3] · plutot que déxaminer si elle done lieu a l'humeur quelle voit par fois aux persones qui l'entourrent elle aime mieux les accuser de caprice & sils savisent de parler – d'injustice – depuis longtems jai dit qu'aussi tot que jappercevrai que je suis inutile je me retirerai jen ai averti sans quil y eut de sujets de mecontentement au moment ou je parlais – on na compté & payé ma pension que du moment ou je suis entrée cetait le premier octobre je reçois toujours un quartier d'avance ainsi je suis arretée jusqua la fin de mars · je vous assure madame qu'après une explication je ne pourrai plus tenir · ce sont de ces violences de ces hauteurs dont on ne se fait pas d'idée · vous rappellez vous madame d'une scène qui a eu lieu encore a auvernier ou on me disait vous pouvez vous en aller chez vos parens cela m'est egal · elle etait aussi injuste quil est possible & cependant il fallut avoir l'air de recevoir grace de tout que je navais pas pour eviter un eclat · quand elle partira d'ici il ny en aura aucun – je lui ai parlé de la lettre que jai ecrit au roi · encore je crois que jai oublié de vous le dire madame je l'ai prié de ne faire aucune mention de moi lors quil sagirait de retour parce que je voyais bien au silence du roi qu'il tenait toujours aux conditions quil avait mises l'eté passé · n'est elle pas assez avertie · je crois quil faut apresent prendre patience jusquau moment ou son sort se décidera · aujourdhui nous ne parlons plus que lavement médecine drogue de toute espèce je saurai par le menu accouchement traitement propre aux enfans aux nourrices &c

928. *A Henriette L'Hardy, 17 février 1793*

Vous avez raison mademoiselle comme cela vous arrive presque toujours. Puis qu'il n'y aura 18 mois qu'à la fin de mars, il faut rester jusques là; puisque vous recevez votre pension d'avance vous y etes plus particulierement engagée encore; Puisqu'on est changé à cet extreme degré il ne faut point s'expliquer.

Il me sembloit que vous m'aviez dit que vous ne saviez pas quelle marque de mecontentement vous aviez donné en ecrivant à M. DuP.[1] Là dessus je me suis rapellée du mieux que j'ai pu mes lettres à sa femme & j'ai cru que cela pouvoit venir de moi j'en ai[1)] même été fachée. Vous me faites plaisir de me mieux informer. Me du Paquier a souvent avoué n'aimer pas trop qu'on la jugeat trop franchement mais cela ne fait rien ici à l'affaire. Quant à m[lle] votre sœur elle n'a pas même l'ombre du plus petit tort dans dans[2)] la minime affaire en question. Je ne sai pourquoi il me semble qu'on est disposée à la croire un peu haute & un peu exigeante. Si elle vaut encore mieux que vous elle vaut tout au monde. Je voudrois qu'elle se mariat. C'est quand une femme est dans son menage qu'elle deploye tout[3)] son merite & paroit sous son vrai point de vue. Je reviens à la separation & à ses préliminaires; il est clair qu'après[4)] que vous avez dit à la Ctesse de ne pas de vous[5)] parler au Roi, il n'en faut plus aucun & qu'elle est avertie.

Soutenez la gageure jusqu'au bout soyez toujours encore plus raisonnable que l'on n'est le contraire & encore plus douce qu'on n'est tirannique. Vous devez bien vous amuser de tout ce detail de couches & de ce qui s'en suit! n'est-il pas miserable que je n'aye pu vous trouver encore la cour de Frederic 2[e6)] peinte par Voltaire?[2]

M[e] Sandoz fut hier ici & parle de vous avec tout l'interet possible & un extreme regret que tout le monde ne vous connut & ne vous appreciat pas come nous & ne vous rendit pas aussi heureuse que nous voudrions que vous le fussiez. Son mari avoit eu le beau gilet avant hier au bal & l'un et l'autre mari & gilet avoient été fort aplaudis. Adieu Mademoiselle.

Ce 17e Fevr. 1793

Rosette nous paroit un[7)] eau extremement dormante, s'il y a là dessous quelque petit courant qu'elle nous cache[3] c'est ce je ne sai pas. Elle est actuellement en journée chez m[e] du Paquier & couche ici. Parfois je la croirois dissimulée. Nous nous parlons très peu il semble qu'elle me fuye, & quelle redoute toute inspection, tout conseil · cependant Mlle Louise & moi l'avons forcée à en recevoir.

929. *D'Henriette L'Hardy, 17 février 1793 l'après-midi*

Dimanche a 3 heures

Je viens d'avoir la tres désagréable visite de la mere de Rosette qui est arrivée come une furie pour me faire rendre compte de ma conduite envers sa fille · jai eté si etourdie que je lai laissé racconter les loix du pays & exhaler ses reproches de ce que je n'avais pas averti la comtesse que je netais pas maitresse de renvoyer Rosette · a la fin j'ai pu trouver ces mots je nai pas reçu rosette de vos mains je ne dois rendre compte de ma conduite a son egard qu'a madame de chariere je suis fachée que vous soyez mécontente – je suis bien plus fachée encor d'avoir découvert que Rosette na pas agi avec toute la boñe foi possible · elle a dit a sa mere qu'on lavait renvoyée d'auvernier en lui disant quil ny avait plus rien a faire elle vous en a dit autant madame · javais prié ma mere de garder rosette aussi longtems que je ne dirai rien cets a dire quelle fut placée je suis assurée come de mon existence qu'on ne la pas renvoyée – a moi elle vint dire lors quelle fut ici pour parler a mesdemoiselles de montmollin[1] que cette place ne lui convenait pas mais quelle en pouvait avoir une autre si elle savait un peu coiffer & qu'elle irait chez vous madame vous prier de permettre que verdan lui apprit · je vois clairement que Rosette s'ennuiait a auvernier je ne lui en veut pas de mal seulement j'aurai voulu quelle l'eut dit tout rondement · que dois je faire avec cette mere veuillez me le dire madame & ne faire aucun reproche a Rosette · je ne sais pas du tout si on doit avertir plus de deux mois d'avance · suis je dans le tort a cet égard je lignore j'ai cru que non · pardonez moi le détail de cette tracasserie madame je voudrais que persoñe ne la sut & que je pusse reparer tout doucement mes torts si j'en ai dans cette affaire

a Madame/Madame de Chariere/*a Colombier*

930. *A Henriette L'Hardy, 17 février 1793 le soir*

Je ne crois pas[1)] que vous ayez[2)] aucun tort mademoiselle & si je l'avois cru je vous l'aurois dit tout de suite. Il est vrai qu'on est obligé[3)] d'avertir au plus tard 6 semaines avant le tems où l'on veut renvoyer un domestique[4)] à savoir 6 semaines avant Noel & six semaines avant la St Jean,[1] mais on est supposé avoir pris ce même domestique à la St Jean ou à Noel & Rosette a été prise hors de ce tems ordinaire & payée tous les mois ou trois mois sans qu'il y ait eu aucun engagement à cet egard, qui lui ait rendus des droits precis sur le[5)] tems où elle devoit être avertie. outre cela la Ctesse a fait à Rosette un present de nouvel an (6 gros ecus) equivalent à la moitié du gage de quantité de filles de l'age & de la capacité de Rosette. Vous avez de plus envoyé Rosette à auvernier chez me votre mere comme je l'avois desiré. Quant à cet ouvrage qu'elle trouva parti elle a cru[6)] la chose faite exprès et elle pouvoit le croire quoique cela ne fut pas. Je ne me souviens pas si elle m'a dit qu'elle eut été renvoyée mais je sai qu'elle a trouvé un peu dur que me votre mere ne lui eut point payé ses journées &[7)] l'eut fait travailler precisement le tems qui manquoit aux 3 mois pour lesquels elle avoit été payee par vous ou la Ctesse.[8)] Cet excès d'exactitude d'un coté sembleroit excuser les reclamations rigoureuses de l'autre mais je ne les crois pas justes ces reclamations.[9] Je parlerai à Rosette j'ecrirai à sa mere. Je demanderai ce qu'elles pretendent & declarerai que si elles veulent se conduire comme elles ont commencé je n'empecherai pas que vous fassiez ce qui sera[10] de droit rigoureux mais que jamais au grand jamais je ne me melerai de leurs affaires.

S'il n'est[11] question que de payer les journées d'auvernier pour faire cesser tout ce bruit je les payerai & dirai à Rosette que je suis bien sure d'en être avouée par vous. Je vous demande pardon pour ma protegée. Elle ne me traite pas mieux que vous. Il faut savoir que je lui ai fait present d'un Louis sur 3 quelle me devoit encore; Il faut savoir qu'elle se cache d'Henriette[2] comme de moi comme de sa bienfaitrice Mlle Louise. Que c'est desagreable! Je vous ecrirai s'il se peut demain. On vient de trouver le Voltaire que je cherchois. J'ai prié[12] qu'on apportat en bas les 72 volumes[3] & M. de Ch. avec Mlle Moula ont cherché à qui mieux mieux. La messagere vous portera le fruit de nos recherches.

a 7e heure Dimanche 17e.

931. *D'Henriette L'Hardy, 18 février 1793 le matin*

Lundi matin

C'est encor moi qui suis cause qu'on na pas payé de journées a Rosette quand elle fut ici · pour les places qu'on lui proposait je lui payais son mois come a l'ordininaire[1] · javais souhaité qu'elle fut sensée[2] ne pas etre sortie de chez moi pour ainsi dire & j'arrangeai laffaire de cette maniere · lors que ma sœur vint ici elle & quelle[3] sut que Rosette voulait vous prier de lui laisser prendre des leçons de verdan elle me demanda si elle ne devait point ecrire a ma mere de lui envoyer ses journées je l'en empechai en lui disant que Rosette etait payée – mais puisque elle a trouvé cette facon d'agir dure & peu genereuse je veux la reparer en lui envoyant ces dites journées mais elle aura la bonté de se rappeller que ce n'est pas le deffaut de ma sœur que le manque de genérosité · elle en a recu deux deshabillés & un ecu neuf lors quelle partit pour berlin on lui avait promis 5 louis elle en a recu 6 – en un mot je suis fachée contre elle · ses plaintes (il nest pas douteux qu'elle n'en ai fait a sa mere) & ses cacheries son peu de confiance en vous madame m'aigrissent – je vous suis tres obligée madame des livres que je n'ai pas encore & de ceux que vous avez eu la bonté de me laisser si longtems je les ai envoyés a ma sœur qui aura plus facilement que moi une occasion un exprés pour collombier la messagere n'aimant pas se charger de paquets aussi lourds · nous n'avons toujours pas de nouvelles de francfort jen augure mal tant pour les affaires de la

Henriette L'Hardy, Autoportrait (collection Henri L'Hardy, Colombier).

comtesse que pour celle de la pension · cest a moi madame a vous prier
de me pardoner les désagremens de cette explication avec Rosette & sa
mere · elle a un air insensé cette feme

a Madame/Madame de Chariere/*a Collombier*

932. *D'Henriette L'Hardy, 18 février 1793*

Lundi a 11 heures

Rosette sort d'ici elle na point fait de plaintes a sa mere elle a voulu
l'empêcher de venir ici je suis fachée de l'avoir accusée injustement elle
craint detre importune chez vous madame & de manquer d'ouvrage · j'usqu'a la St Jean je lui ai promis quelle en trouverait chez ma
mere lors qu'elle en manquera a Collombier · je ferai acheter de la toile
sil ny a rien a faire · ma sœur na rien a lui doñer – jai cru voir quelle avait
quelle chose sur le cœur en me quittant · serayce les journées · j'arrangerai
tout cela avec celles quelle fera dans la suite je ne puis pas croire ny au
petit courant[1] ny a quel petit que se soit – jai voulu faire reprendre ma
lettre de ce matin[2] · le petit garçon n'est pas ici · je crains quil ne revienne
pas avant le depart de la messagere · il faut donc la laisser mais j'ai voulu
effacer par ceci l'impression qu'elle aurait pu faire & qui aurait pu nuire
a Rosette – jai le livre[3] depuis un moment je vous suis tres obligée
madame – a propos la Comtesse me fera ecrire demain au Collonel meuron[4] pour savoir en detail ce que m^r DP[5] ne me dit qu'en gros dans sa
derniere lettre – savoir qu'un certain baron de roll[6] a avoué a son oncle[7]
que cetait lui qui avait doñé au roi des soupcons de Jacobinage contre DP
quil reconnaissait son injustice &c · la comtesse veut lui ecrire que puisque il la reconnait quelle le prie de detruire l'impression que ses discours
ont fait · elle a gaté cet acte de justice en le rapportant tout a elle · c'est
qu'elle a besoin de DP pour son fils · elle veut le menager & faire ensorte
quelle puisse s'en servir dans la suite · si DP ne se soucie plus de cet emploi
& qu'elle soit parvenu a faire revenir le Roi de ses idées cela ne l'astrint
a rien – je trouve · elle lui devait cette reparation parce quelle est cause
de la persécution quil a endurée & quelle est interressée a effacer ces bruits
parce quelle etait accusée demploier DP a lavancement des projets qu'on
la disait avoir formé en faveur des démocrates

a Madame/Madame de Chariere/a *Collombier*

Je vous ecris, quoiqu'il ne vous plaise pas de me repondre, je vous ecris pour vous avertir qu'il ne m'est rien venu[1] pour vous de paris ni d'ailleurs. Vous pouriez croire que je negligeois de vous envoyer ce que j'aurois receu mais ce n'est pas cela. Peut-être vos correspondans n'osent-ils écrire ou sont-ils en prison ou dans la tombe.

Il y a 8 ou dix jours deja que je pense à vous dire ceci afin que vous pussiez re-ecrire à ceux dont vous attendiez une reponse. Je renvoyois, pensant toujours qu'il me viendroit une lettre de vous mais cette lettre aussi n'arrive pas. Peut-être avez vous resolu de ne point ecrire que vous ne puissiez envoyer une lettre de change. à la bonne heure; quelques lignes en attendant m'auroient fait cependant assez de plaisir. [   ][1)] doit être chez lui à l'heure qu'il est à moins que sa fievre billieuse n'ait été trop serieuse pour lui permettre de voyager. Ce retour ne change-t-il rien à votre position ni a vos projets?

Voila une petite chose[2] qui parut avant hier. on l'avoit demandée le 11e cela fut ecrit & copié le 12 & 13, Imprimé le 14 & 15. Il y a deux ou trois negligences de l'auteur, *Ces courtisans veulent* au lieu de *ont voulu*[3] · *un Suisse ne*[2)] *pas si gay qu'un françois.* au lieu de *aussi gay*[4] Les alienea[3)] sont baroquement placés. Une meprise a fait mettre une frase entre *Ecoutez mon ami* & *ne venez pas aux Ponts,*[5] mais[4)] l'écrit ne laisse pas de plaire à ceux qui desiroient qu'on parlât aux *montagnons*[6] de maniere à les amuser & à les flatter tout en leur faisant ouvrir les yeux sur eux mêmes; il sort au moins du vieux ton des exhortations rebattues & banales. Les mots *licence anarchie* &c &c sont restés cette fois à l'écart. Ils avoient besoin de se reposer car on les voit partout on n'employe qu'eux avec les mots *loi, respect des loix & des autorités constituées* Les plus imenses moniteurs sont lus en deux minutes car les premieres paroles d'un discours disent tout ce qui va suivre. on parle dans des lettres particulieres de quelque chose d'un peu plus satisfaisant on annonce des dispositions generales à la paix.[7] Si au moyen de la paix on pouvoit se soustraire à un bouleversement general, à des chaines bien rivées d'un coté, à des massacres & pillages sans fin de l'autre, à la bonne heure, mais à dire vrai je n'y pense que lorsqu'on m'en parle · ma musique, vous, le desir de vous revoir, un Roman même mediocre me donnent des distractions sur tout cela qui durent des jours entiers. adieu je ne vous ecrirai plus si vous ne m'ecrivez pas, mais je vous enverai au plus vite ce que je pourai recevoir pour vous.

Ce 18e Fevr. 1793

Mardi au soir

Cette tracasserie me fait infiniment de peine & je crains bien quelle ne me chagrine encor longtems · j'ai ecrit a auvernier · il est de toute certitude que ma sœur destinait encor le reste de la couture dont elle avait arrangé une partie pour la fille que j'ai a Rosette qu'elle a cru ensuite après ses courses a neuchatel qu'elle avait pris des arrangemens un coiffage[1] ou autres qui l'obligeaient a quitter a la fin du mois – de quoi ma mere mavoue tout franchement quelle etait bien aise · Rosette ne sets[1)] point faite aimer chez ma mere son indolence son peu de boñe volonté sa paresse ne sont pas pour reuissir dans une maison ou on est accoutumé a voir une grande activité voila un point éclairci · les reproches de ma mere sont fondés jen suis assurée Rosette vraiment dit elle jamais elle sest genée une minute pour me faire plaisir je le lui ai dit souvent son indolence ets excessive. On ne m'accorderait pas volontier la permission de la faire travailler a la maison mais je ne me retracte pas de ce que jai dit je lui donerai largent d'un mois 2 eçus neufs je lui payerai ses journées passées c'est en conscience madame tout ce que je puis faire · puisque vous avez la bonté de me rassurer sur l'ennui que jai craint de vous doner madame par tous les details ou je suis entrée je vous prie den juger je veux vous faire conaitre le fond de ma bourse coñe le fond de mon cœur · apres la mort de mon pere nous somes restées avec passablement de dettes & un revenu médiocre devenu un an après très miserable par la perte de la recette[2] les années mediocre nous retirons apeine de nos terres 100 louis · il faut bien de l'ordre & de l'economie pour vivre d'aussi peu · nous avons été elevées a cela notre garde robe se ressentais de l'epargne quelques habits blanc pour l'eté un habit d'ecorce pour l'hiver voila ce qui la composait · en etant bien soigneuses nous avions l'air propre & deguisions sous un certain arrangement un fond très miserable

Lors que je suis partie je ne pouvais me servir d'aucun de mes anciens habbits il a fallu me monter a neuf cela a couté presque le revenu d'une mauvaise année jai été mal a mon aise jusqu'a ce que jai pu renbourser cet argent a ma mere · avec quelques petites depenses que jai faites la bas les apointemens de ma premiere année ont été absorbés · ce que jai recu jusquau nouvel an je lai doñé a ma mere pour l'aider a payer une dette – mon grand pere[3] manquait dargent il y a quelque tems pour faire un payement a ma vieille tante deBelly[4] qui n'entend pas raillerie sur les retards · je lui ai doñé 13 louis de 17 que j'en ai reçu au mois de janvier il m'en restait 4 que jai partagés avec ma sœur il me reste finalement après les petites depenses que jai faites depuis 3 ecus & demi · voila les 3 ecus jai assez du reste jusqu'ace que je retourne chez ma mere ou tout redeviendra en comun · des habits qu'on ma fait pour partir il n'y en a pas un que je pusse doñer ils sont presque encor neufs c'eut été trop pour moi que de men deffaire · Dieu sait enfin combien jaimerai doñer si javais de quoi · voila l'affaire de l'argent arrangée en voici une autre qui me doñe infiniment plus de souci – vous mecriviez dimanche madame *Rosette me parait extrêmement eau dormante sil y a quelque petit courant la dessous quelle nous cache cest ce que je ne sais pas* – jai eu l'honeur de vous repondre que je ne pouvais croire a quel petit[5] que ce fut – hier après que rosette fut sortie de chez moi j'ecrivis la petite lettre rose que je doñais a jeannette en la chargeant de la faire tenir a Rosette qui devait etre chez sa mere a mon compte · elle etait sortie de ma chambre depuis plus d'une demi heure · elle sort avec la lettre rentre & me dit l'avoir donée a Rosette elle même – qui attendait le retour du laquais blond. a-t elle quelque chose a lui demander vous l'a-t elle dit. oh non mais tout le monde dit quelle est grosse · je fus attérée les questions finirent la il faut cependant eclaircir cette malheureuse affaire qu'elle soit vraie ou non elle l'est toujours puisque ce bruit ets si general – jai repris très souvent Rosette des libertés quelle permettait a ces estafier de Potzdam il m'est arrivé souvent de la surprendre un peu trop gaye avec eux. jetais bien eloignée de penser que cela put devenir criminel encore aprésent jespère que ce sont des faussetés mais je n'ai cependant pas voulu négliger de vous en parler madame peut etre l'home partira-t-il bientôt que ferait-on alors sil y avait quelque chose de réel. bon Dieu que cela me chagrine veuillez de grace madame me rassurer la dessus sil ny a rien de vrai & prendre toutes les mesures que vous jugerez convenables en cas de malheur – la comtesse va sen prendre a moi j'ai un seule souci ny elle ny ses femes n'ont jamais aimé Rosette

935. A Henriette L'Hardy, 19 février 1793

Vous ne me donnez aucun ennui, Mademoiselle; vous n'avez aucune excuse à me faire c'est moi qui vous en dois pour vous avoir donné une jeune fille[1] fidelle & honnête à la verité mais sans experience & sans beaucoup d'activité; je vous en dois pour n'avoir pas prevu tout ce qui pouvoit arriver & n'avoir pas dit la prenez vous à l'année? vous obligez vous si vous la renvoyez à l'avertir 3 mois ou six semaines d'avance ou tout au moins à lui payer ses gages jusqu'à l'époque avant laquelle trop tard avertie elle ne poura trouver[1)] une autre bonne condition? Je ne pensai à rien de tout cela. Je crus que Rosette fort exempte de vices aqueroit auprès de vous ce qui lui manquoit d'habileté, continueroit à très bien coudre aprendroit à vous bien servir & ne se rendroit en rien désagreable à personne; je ne doutai pas surtout qu'elle ne vous aimat beaucoup ce qui donne des talens & du savoir faire à la plus stupide & inspire de l'indulgence à la plus dificile. Vous n'êtes pas dificile, Mademoiselle, je n'ai jamais cru que Vous fussiez dificile & ne le crois point encore à present; au contraire je vous ai cru très bonne; votre air & votre langage sont trop nobles pour que vous n'ayez pas l'ame honête & belle; J'ai cru que votre jeune & novice compatriote vous interresseroit & que jusqu'a sa rusticité vous plairoit comparée aux rafinemens & flatteries de cour en attendant qu'elle vous satisfit dans tous les points par son zele & son adresse. Il faloit moins *croire*, & mieux calculer; il faloit prevoir toutes les possibilités & mettre les points sur tous les *i*. C'est là un des grands travers de mon esprit. Je traite la vie réelle des hommes comme la vie fictive des personnages de romans. Je neglige, & souvent, (ce qui est encore plus fou) je dédaigne[2] les details, comme si je pouvois aussi en n'y pensant pas oter les menues circomstances à la vie, qui n'est qu'un tissu de menues circomstances. C'est comme si en ne voyant pas les pierres qui rendent un chemin rabotteux & surtout en n'en parlant pas, je pretendois aplainir[3] le chemin. Je ne me reproche pourtant pas de n'avoir point prevu qu'une maitresse ou demi femme de Roi meconnut à tel point ses forces & son credit que de penser changer[4] les pensées de ce roi & le systeme de ses rusés courtisans en clabaudant, querellant, menaçant de partir & partant en effet comme une écervelée. Je serois fachée d'avoir regardé comme possible une folie pareille, d'avoir cru qu'une femme-maitresse, qu'une mere eut pu quiter son enfant & le pere de cet enfant & le seul endroit du monde où elle put avoir quelque relief pour produire un grand effet, par où? par son absence. Ce Don Quixottisme fuyard, ce zele politique qui consiste a s'eloigner de 2 cent cinquante lieues de l'endroit de la scene & de celui qu'on pretend gouverner est trop unique en son espece pour qu'on eut pu le prevoir.★ N'importe j'aurois du imaginer des sujets de mecontentemens communs entre une maitresse & sa femme de chambre & arranger les choses de maniere que Rosette et ses parens ne pussent[6] ni raisonnablement ni deraisonnablement se plaindre. C'est moi mademoiselle qui n'avant point prevenu de pareils desagremens me regarde comme vous les ayant attiré & je vous en demande sincerement pardon. Si je suis aveugle sur ce qui doit arriver je ne le suis pas de même sur ce qui arrive, & mon romanesque dedain cede à la peu romanesque realité. alors l'exalté romancier devient chez moi historien fidele & comme des bagatelles pretendues ont dans le fond une influence aussi grande sur le sort[7] de chacun de nous & sur la grande[8] machine que ce que nous apellons de grands evenemens, je recueille et pese tout & j'ai la pontualité & la franchise de tout dire.

★ & sans cette folie vous & Rosette restiez à Berlin au moins quelques années deux ou trois ans aulieu de 6 ou 7 mois.[5]

Avant hier au soir après avoir receu votre lettre je montai auprès de Rosette & lui dis d'aller demander à Mlles duPaquier,[2] chez qui elle devoit travailler hier, la permission d'aller à Neuchatel. Elle y fut & revint avec Mlle Louise. Je la fis entrer dans la chambre ou j'étois seule avec M. de Charriere & où[9)] je priai Mlle Louise de rester. Alors je lui dis l'incartade de sa mere & je vis sur sa phisionomie l'expression du plus vif chagrin. Je lui lus ensuite le commencement de votre lettre & après ces mots: elle me dit qu'elle alloit chez vous vous prier de permettre que Verdan put lui montrer à coifer.... Je dis: vous ne m'avez rien demandé de pareil vous ne m'en avez jamais parlé – J'en ai parlé à Henriette.[3] – Et quand? & comment cela se peut-il? quand je sus quelques jours après votre venue, par Mlle L'hardy, que c'etoit votre dessein j'en parlai à Henriette qui n'en savoit pas un mot. – Je ne sai pas bien quand je lui en ai parlé & si ç'a été le premier jour ou plus tard. – Eh bien laissons cela. Je ne l'aurois pas permis. Je voulois que vous gagnassiez l'argent que je comptois vous donner & travaillassiez comme une ouvriere en journée. Ce qu'il y a de plus pressé à faire à present c'est d'aller parler à votre mere. Dites lui de demander soit à M. Pury[4] soit à qui elle voudra[10)] si etant entrée au service de Mlle L'hardy hors du tems ordinaire & n'ayant rien stipulé sur le tems & la maniere dont elle pouroit vous renvoyer, vous avez rien à pretendre d'elle. Ce que M. Pury ou des gens de loix trouveront juste de demander je me fais fort de vous le faire obtenir & quant aux journées chez M^e L'hardy dites à votre mere que je vous les payerai demain au soir s'il ne faut que cela pour la calmer. M. de Ch. & Mlle Louise ajouterent peu de chose, mais Mlle Louise qui dans le commencement avoit été blessée pour Rosette de ce qu'on la renvoyoit hors du tems accoutumé *dans ce pays* & sans les dedommagemens que la loi *de ce pays* exige, insista avec Rosette sur la promesse que je lui avois faite de l'occuper jusqu'à la St Jean disant que cela reparoit tout & devoit empecher sa mere de se plaindre. J'oublie l'Episode du *renvoi* pretendu de chez[11)] m^e votre mere: Je n'ai point dit, a dit Rosette, qu'on m'eut positivement renvoyée mais j'ai pu dire & je dirai toujours que de fait on ma renvoyee en me disant & me repetant qu'on n'avoit plus aucun ouvrage à me donner. Cela est si vrai que j'ai travaillé pour moi le reste de la soirée. & M^e L'hardy ne me dit point qu'elle auroit de l'ouvrage le lendemain ni après ni rien de pareil.

Quand Rosette fut sortie de la chambre je dis à Mlle Louise que je me flattois que de son propre mouvement elle iroit vous voir & vous temoigner son regret. – Elle le doit dit Mlle Louise. Je saurai tout-à l'heure si elle y pense. Un peu après je sus que c'etoit bien son intention.

Hier donc elle alla & moi je receus ici votre lettre par la messagere. Vos impressions sur son compte me parurent très naturelles. Je ne fus pas precisement de votre avis sur le payement des journées. Le motif etoit bon mais l'effet etoit une trentaine de batz de moins pour une fille qui ne travaille que pour gagner de l'argent. J'ai vu presque toujours ces sortes de delicatesses manquer leur but. Elles sont profitables à celui qui les a & defavorables à celui avec qui il[12] les a. Ce resultat est clair & c'est la seule chose[13] que l'on comprenne. Je ne trouvai pas non plus que 6 Louis sur lesquels elle devoit payer son blanchissage valussent mieux que les 5 Louis promis. Quant aux presens de Mlle votre sœur, Rosette m'en a parlé dans le tems & je ne sache pas qu'elle ait dit que Mlle votre sœur eut du lui donner davantage, elle aura plutot été etonnée que vous Mademoiselle ne lui ayez pas plus donné. On s'imagine toujours follement qu'une jeune maitresse doit être très donnante; on ne considere ni les besoins ni les circomstances, ni à quoi oblige la position où l'on est ni ce qu'on peut être obligé de faire pour des parens. Ce que reçoivent les autres nous paroit les tresors du Peyrou,[5] ce que nous recevons nous même est toujours au dessous de nos pretentions. Rien n'est si fou ni si mal calculant que la cupidité humaine.

Un peu après que j'eus receu la lettre bleue,[6] Rosette revient & m'aporte la lettre rose[7] & je revois toute votre indulgente bonté & votre rigueur retournée contre vous même. Quest-ce donc que ce petit courant auquel vous ne voulez pas croire. Je lus votre lettre. J'ecoutai Rosette. M. Pury avoit dit qu'on n'avoit rien a pretendre de vous et Louise (la mere) etoit desolée du bruit qu'elle avoit fait.

après un moment de conversation sur tout cela. Je dis: Rosette qu'il ne soit plus question de cela à present mais ecoutez moi, je vous dirai tout ce que je pense de vous & de votre conduite. Elle etoit à l'une des extremités de ma chambre & moi à l'autre extremité toutes deux nous etions debout & je me gardai bien de me raprocher d'elle car j'etois resolue à dire tout ce que j'avois à dire & ne voulois pas voir une[14] émotion ou des larmes qui m'auroient peut-être fermé la bouche. Je lui reprochai donc mais tranquilement & sans aigreur son indolence son insensibilité.[15] Je lui dis que je n'avois pas vu chez elle la moindre prevenance pour m^lle Louise à qui elle devoit tout depuis le berceau, ni la moindre complaisance pour personne ni la moindre activité pour se procurer ce qui fait l'objet de ses pretentions..... La suite à demain. Je ne vous epargnerai pas une silabe ni une pensée & ne pouvant en dire davantage aujourdhui je ne veux pas garder ce long commencement pour demain. après tout ce que vous m'avez ecrit hier il me semble qu'il seroit desagreable de rien recevoir de moi aujourdhui.

Ce 19e Fevr. 1793

Ce 20ᵉ Fevr. 1793

J'ai oublié de dire que Dimanche au soir je demandai à Henriette si Rosette lui avoit parlé de Verdan & de son apprentissage de coifure. Elle ne lui en avoit pas dit un seul mot. Voila une étrange inexactitude de sa memoire mais ce n'est pas de cela qu'il s'agissoit lundi je ne lui en parlai pas. Si vous faites si peu pour les autres, continuai-je à lui dire, de quel droit pretendez vous qu'ils soient pour vous zelés & genereux? Si vous n'etes point aimable comment seriez vous aimée? Quand Henriette alla passer un jour à la foire de Neuchatel je me serois attendue que vous m'auriez demandé si je voulois que vous me servissiez afin que je ne fusse pas obligée de me lever de beaucoup meilleure heure qu'à l'ordinaire, point du tout vous allez avec elle à la foire. – Je lui demandai, interrompt Rosette, si je devois rester, Vous ne le *deviez* pas lui dis-je & c'est *à moi* qu'il faloit l'offrir. J'etois persuadée que c'etoit là une seconde inexactitude de memoire mais je ne m'y arretai pas. Il faut opter lui dis-je. Si vous voulez vous contenter du simple necessaire, d'un vetement commun d'une condition en tout commune vous pouvez ne pas plus vous industrier[1] ni vous remuer que vous ne faites, mais si vous pretendez, comme j'ai cru le voir, à quelque chose de plus relevé ou de plus flatteur il faut soit interresser le cœur des autres et faire ensorte qu'on vous donne, soit gagner ce que vous desirez avoir à force d'industrie & d'activité; il faut vous coucher tard vous lever de bonne heure & travailler sans perdre un moment tant avant que d'aller à votre journée qu'après en être revenue. Je ne comprens pas comment vous avez cru que vous pouriez manquer d'ouvrage après que je vous ai si solemnellement promis de ne vous en pas laisser manquer: je renouvelle cette promesse, je renouvelle aussi celle que je vous ai faite de chercher pour vous une bonne place de femme de chambre mais j'avoue que je vous eusse recommandée avec plus de plaisir & de confiance si je vous eusse trouvé plus d'activité & plus de cœur. Voila presque mot pour mot ce que je dis à Rosette. Je l'avois vue s'essuyer les yeux, je vis[1)] quand elle passa auprès de moi pour se[2)] retirer[3)] qu'elle etoit très pâle, & une grande tache au plancher me fit craindre qu'elle n'eut été très bouleversée mais j'appris que deja la veille à la nouvelle de l'incartade de sa mere elle avoit pris tout a coup ses regles qu'elle avoit eues il n'y avoit que quinze jours. En sortant d'auprès de moi elle alla auprès de Mˡˡᵉ Louise lui demander si elle n'avoit rien à faire pour elle; Mˡˡᵉ Louise lui dit que non mais quand je sus ce bon & prompt mouvement je priai & pressai Mˡˡᵉ Louise de lui trouver quelque chose à faire & à force d'instances je l'obtins. Quant à l'inexactitude de memoire elle avoit été telle que je le croyois. Henriette m'assura qu'il[4)] n'avoit point été question de prendre sa place auprès de moi le jour qu'on etoit allé à la foire et elle se promit d'en faire convenir Rosette quelque jour lors que l'orage actuel seroit passé. Hier matin je demandai à Henriette comment Rosette avoit été la veille au soir. Très triste, très pâle, sans cesse en pleurs, me dit Henriette. Mlle L'hardy qui pense qu'elle accuse sa sœur d'avarice lui a rapellé ses cadeaux. Rosette dit qu'elle ne les avoit pas oubliés mais qu'elle les a regardé comme tenant à peine lieu de ce qu'elle croyoit devoir attendre de Mlle L'hardy elle même. Vous savez madame qu'une robe dont vous avez demandé des nouvelles a été entierement gatée sur ce siege de carosse. Un chapeau neuf qu'avoit achetté Rosette fut complettement gaté par la premiere ondée qu'elle essuya & quand elle en gemit auprès de Mlle L'hardy celleci lui repondit que ce n'etoit rien que cela & qu'on lui en donneroit un autre quand on seroit arrivé à[5] l'endroit où l'on alloit. Il en fut demême d'un manteau de taftas qu'elle s'etoit vue obligée d'acheter. Rosette a compté sur ces promesses, & quand elles n'auroient pas été expresses & positives un pareil voyage etoit trop loin de ce a quoi elle s'etoit engagée & de ce à quoi elle devoit s'attendre pour[6] qu'elle dut[7] mettre en doute qu'on ne la dedommageat. Pourquoi Mlle L'hardy n'a t'elle pas dit à la Comtesse... – Henriette La Ctesse n'est pas une femme à qui l'on dise tout ce que l'on pense, – En ce cas là Mlle L'hardy n'auroit-elle pas du faire[8] elle même ce que la Ctesse ne faisoit pas!

Je fis prier Mlle Moula de monter auprès de moi & l'envoyai achetter chez une marchande du village un deshabillé de cotonne^2 bleu & blanc des indes, il n'est pas de vetement à meilleur marché, & le soir rencontrant Rosette dans le corridor je lui dis de prendre cette cotonne dans ma chambre. Je n'aurois pas osé l'y faire revenir auprès de moi, pas[9] même pour lui faire un cadeau tant j'avois été frappée de ce que m'avoit dit Henriette dans l'intervalle c'est à dire l'après diné & pendant que Mlle Moula qui dabord ne m'avoit apporté que des echantillons etoit allé achetter la Cotonne. Rosette, me dit Henriette, eprouve[10] une chose qui ne me surprend pas parce que d'autres m'ont dit l'eprouver aussi; dès que m^e la regarde & lui parle elle est si troublée qu'aucune idée ne lui vient. Elle ne peut ni se justifier d'un tort ni en convenir; elle est si bien hors d'elle même qu'elle pense tantot avoir deja entendu chaque mot qu'elle entend tantot entendre plusieurs personnes lui parler à la fois c'est un desordre complet dans tous ses sens, c'est une absence d'esprit totale. Je fus confondue. Quoi lorsque je n'ai point d'humeur point de couroux je produis cet effet là? Mlle Moula me trouva frapée du plus desagreable etonnement. Elle ne l'a pas partagé;[11] Elle dit qu'après tant d'années & tant d'habitude elle eprouve encore souvent auprès de moi ce qu'eprouvoit Rosette, elle dit que j'ai[12] dans les yeux et dans la voix quelque chose....mais pourquoi m'appesantir là dessus. Je ne puis changer ni ma voix ni mes yeux mais je puis ne parler à Rosette qu'en passant dans un corridor... Voila pourtant qui est bien etrange! on peut apprendre sur soi-même & bien tard de facheuses particularités! Heureusement du moins je ne fais pas ainsi trembler la personne qui m'approche le plus continuellement & de plus près; femme de chambre & ne pretendant point du tout à l'*egalité* elle a toute *liberté* avec moi & elle le prouve. Je lui en rends grace & m'en trouve moins haïssable. Vous jugez bien que je ne reprocherai pas à Rosette ce que j'ai appellé des inexactitudes. Le trouble & le desir de se justifier ont pu les suggerer. Henriette lui en parlera si elle veut & c'est toujours son intention. Il est bien vrai qu'il est desagreable de ne pouvoir pas compter sur ce que disent les gens, & que l'estime qu'on avoit[13] pour eux s'en trouve fort alterée. J'appris hier au soir de Mlle Louise que Rosette lui avoit remis un Louis pour moi. Il n'en reste plus qu'un à me rendre. J'appris aussi qu'elle avoit ecrit à sa mere qui avoit été Lundi dans un etat violent. Rosette lui avoit reproché sa conduite avec vous en termes assez durs à ce qu'elle avoua elle même, & en même tems elle dit que sa mere avoit une excuse dans le bavardage de tout Neuchatel. – Partout disoit-elle[14] on lui a dit qu'il faloit qu'il y eut contre moi des plaintes bien graves à moins que l'on n'eut été avec moi de la plus grande injustice. Mon beau pere est fier & delicat ma mere l'aime passionement. Sa sensibilité a echauffé la tête de ma mere & tout ce que j'ai pu lui dire ne l'a pas empeché d'aller exhaler son chagrin; à present elle est desolée de m'en avoir causé d'avoir faché M^e de Ch…. En disant cela Rosette se desoloit aussi & se promettoit d'accepter la plus mauvaise place la premiere[15] qui se presenteroit. Henriette lui dit d'ecrire à sa mere & quant a ces folles resolutions je les arreterai. Je remarque dans tout ceci une chose à l'avantage de Rosette c'est que croyant avoir quelque chose de plus[16] à attendre de vous que ce que vous avez fait elle n'a cessé un instant de se louer de vous & de vous louer & n'a parlé de ceci que lorsqu'elle s'est vu taxée d'injustice & d'ingratitude envers Mlle votre sœur. Encore Dimanche au soir elle me disoit, j'aime extremement Mlle Henriette L'hardy & je suis sure qu'elle me veut du bien mais je ne suis pas si sure de la bien veillance de M^e L'hardy & de Mlle Marianne. Courir à Mlle Louise en sortant d'auprès de moi pour lui demander de l'ouvrage a été joli aussi. Quelque chose donc qui n'est pas son profit peut l'attacher & un juste reproche peut l'emouvoir. Je souhaite que ce[17] ne soit pas pour un instant seulement je souhaite que les reflexions que je l'ai forcé de faire restent dans son esprit & y fructifient.

Ainsi soit-il.

Je pense comme vous Mademoiselle que la justice que Me Dönhoff veut faire rendre à M. Dupaquier[3] n'engage celui ci à rien du tout. Il seroit plaisant que nous voulussions nous faire des cliens de tous ceux que nous lavons d'une imputation calomnieuse. Mais je n'ai aucune foi à cet aveu du Chev. de Rolles[4] ni à celui de M. Meuron.[5] Dans la visite qu'il me fit l'Eté dernier il me dit que M. de Rolles lui avoit dit «*Ton* neveu[6] m'a «arreté un jour que je lui disois mes principes & mes esperances[18] poli-«tiques en me disant Monsieur je me crois obligé de vous avertir que je «ne partage point du tout vos sentimens. Cela est fort bon avec moi «(devoit avoir ajouté M. de Rolles) mais ton neveu pouroit faire une «pareille confidence à des gens qui en abuseroient & feroient mal sa cour.» «Voila, dis-je, une etrange reflexion! tout homme d'honneur doit estimer «la franchise d'un pareil propos & il seroit bien odieux d'en faire un crime «a l'honnête homme qui l'a tenu.»   Cela ressemble t'il à ce qu'on a dit soit à Vous ou à la Comtesse? Vous en serez pour votre lettre à ce collonel qui ne conviendra point du tout d'avoir attribué une trahison à son *intime* ami. M. de Rolles est d'une famille distinguée de Soleure, & de plus un *roué* aimable & bien faufilé.

Si vous n'avez point receu de lettre de Francfort hier si vous n'en rece-vez point demain ni samedi ni Dimanche ne faudroit-il point avertir la Ctesse que son ennemie[7] est auprès du Roi ou que du moins on vous a ecrit de Berlin qu'elle partoit pour Francfort. Il se peut qu'elle ecrive il se peut qu'elle aille. Peut-être vous reprocheroit-elle votre silence malgré vos excellens motifs. J'en serois fachée Vous etes digne d'être le pendant de Bayard d'être la Dame sans tort & sans reproche.[8]

937. *A Henriette L'Hardy, 20 février 1793 le soir*

Je n'ai pu encore, Mademoiselle, me resoudre à lire la seconde ni la troi-sieme page de votre petite lettre.[1] Il suffit de lire dans votre cœur on voit bien que c'est votre cœur qui conduit & conduit[1] fort bien tout le reste. Je ne veux[2] non plus prendre que 30 batz de l'argent que vous m'envoyez Le reste n'est[3] du d'aucune maniere ni merité non plus d'aucune maniere. Cette fille a pu être aussi inexacte sur le chapeau que sur ses dire pretendus à Henriette. Si elle ne l'a pas été vous lui donnerez un chapeau[4] · Si vous lui avez promis distinctement de remplacer le manteau ce que je ne crois pas même qu'elle ait dit vous lui enverez quelque jour un vieux manteau enfin je ne veux decidement donner que 30 batz. Elle est vetue àpresent, elle a un manteau un grand Chales. elle s'est achetée des chemises je lui ai[5] donné un deshabillé commun mais honnête. Cela suffit; n'y pensez plus pour le moment relativement à l'argent & quant au reste pensez y avec plus de sang froid. Dabord à moins que je ne lui aye donné une fausse couche elle n'a[6] surement pas été[7] grosse; Il y a du moins très peu d'appa-rence qu'elle le fut ou[8] le soit, & il faudroit un[9] etrange santé une etrange constitution pour qu'elle le put être.   Je dinois seule avec Henriette Monachon quand votre lettre est venue (tout mon monde dine chez Mlle

Tulleken) Je lui ai lu le dernier article de votre lettre. Elle a été consternée dabord. La pauvre fille sait ce que vaut l'aune & de la realité & des suppositions de cette espece. Ensuite elle s'est rapellée non seulement l'accident de Dimanche & lundi, mais d'avoir vu la même chose quand elle vous eut quitée, & auparavant aussi; c'etoit[10] le jour ou après avoir receu son arret de depart elle vint ici le lendemain. Il falut changer de bas à Auvernier où Henriette la conduisit. Elle ne peut donc se persuader qu'elle soit grosse & comment peut-on croire à la Rochette qu'elle le soit puisqu'elle a été si decidement dans un etat contraire à cette conjecture! Quant à de l'amour & de l'intrigue Henriette se rapellant beaucoup de petites choses & encore les circomstances de la visite que le *blond* fit ici Dimanche & de la promenade de Rosette dans les allées, elle n'y croit que trop & nous sommes atterrées l'une & l'autre tant de ce qui surement est que de ce qui peut ou poura être. Je parlerai à Mlle Louise dès qu'elle rentrera & la prierai de parler à Rosette · alors on verra ce qu'il faut faire pour que decidement elle ne revoye pas le *blond*. Qu'il parte à la bonne heure & si elle est assez folle pour courir après lui il faudra la laisser aller · Si comme elle le disoit avant hier elle se disposoit à entrer dans la plus chetive condition il faudroit la presser de suivre son dessein surtout si cette condition etoit loin de Neuchatel. Demain ou le jour suivant je vous rendrai compte de ce qu'on saura ou pensera. Mais au nom du ciel ne vous en affectez pas trop. Sa mere ses Tantes sont toutes de même facile pâte. On ne sera pas surpris on ne se recriera pas. Que peut dire la Ctesse ? à Berlin comme ici ces foiblesses sont je crois très communes. Si l'on veut s'en prendre à quelqu'un c'est à moi qu'il faudra s'en prendre. J'ai cru vous donner une vierge non seulement mais presqu'une vestale. je me suis extremement trompée. Vous avez eu une très mediocre servante & c'est tout. Je crois bien aussi à present qu'elle vous aimoit peu & que c'est ce blond qu'elle etoit desolée de quiter. J'avois oublié le *petit courant* que je supposois caché sous les roseaux d'une eau qui paroissoit dormante[2] & je me suis imaginée qu'un fils de M. Courant avoit dit quelque chose de Rosette que vous ne vouliez pas croire. Je vous demande pardon de ce galimathias. Ce matin j'ai été prodigieusement claire, & jamais la mort de Louis XVI ne sera traitée avec plus de detail que ces trois jours de la vie de Rosette roi, je[11] ne vous fais pas d'excuse là dessus je vous ai traitée comme je veux qu'on me traite. Mais que je me veux de mal de vous avoir donné un si mince sujet! Tous les jours Mademoiselle je vous aime & vous estime davantage, que[12] n'est-ce une plus ample compensation a tant de desagremens que vous souffrez et dont je suis en partie cause.

Ce mercredi 20e après diner.

Jeudi a 3 heures

Votre lettre dhier madame m'avait deja rassurée sur une partie de mes craintes Rosette n'est pas grosse mais sa réputation est ternie voila toujours un mal bien réel. ces bruits ne se repandent jamais qu'on ny ait doñé lieu en quelque maniere Rosette sest laissée turlupiner par le laquais blond on la vu voila le fond de l'histoire · la petite lisette pourrait etre entourrée de 20 laquais plus blond & plus galants que celui ci quelle en sortirait blanche & pure coñe la neige · sa modestie sa retenue lui sont garants qu'on ne lattaquera jamais – Rosette a donc encor ce côté faible j'en suis bien fachée · je le suis aussi de ces manque de mémoire ils reviennent trop souvent pour que vos yeux les occasionnent · je lui demandais lautre jour pourquoi elle m'avait parlé de verdan & de son intention sur le coiffage puisque elle ne vous en avait pas dit un mot madame. elle me repondit quelle en avait parlé a henriette & quil lui avait paru quelle n'aprouvait pas son dessein – peut etre vos remontrances madame sur tous ces ecarts lui feront faire de serieuses reflexions qui la meneront a un autre train de vie je voudrais bien que tandis que ces idees de corrections que jespere seront toutes fraiches dans sa tête elle put trouver une place · elle comencerait bien ferait strictement son devoir & se trouverait en quelque sorte obligée a continuer sur le même pied · si ses boñes intentions venaient a se refroidir l'habitude lui tiendrait lieu de merite – mais madame avez vous oublié que je lui ai promis de l'ouvrage & que je ne suis pas maitresse de lui en faire doner je lui dois ce que je lui ai fait esperer les 2 ecus etaient pour macquiter je les laisserai la pour elle au cas quelle n'eut point de place avant la St Jean · je vous suis très obligée madame d'avoir arrangé laffaire des journées – toutes ces petites tracasseries m'ont fait oublier de vous dire madame que la semeine derniere j'ai averti la comtesse elle voulait ecrire & moi coñe elle assaisoñe ordinairement ses lettres de mots piquants contre cette clique[1] & que la lettre pourrait bien passer par les mains de la Dame[2] j'ai pensé quelle pourrait en tirer de quoi lui faire tort auprès du Roi & je lui ai tout dit – que DP[3] me mandait le depart que mr Marval[4] avait la nouvelle de son arrivée avec sa fille[5] · après un moment de reflexion – eh bien je vais tirer parti de cette nouvelle je ne dirai rien dans ma lettre qui puisse facher persoñe & j'enverrai pour la petite une piece d'indienne & une piece de dentelles de ce pays · le dernier de ce mois ets son jour de naissance je lui ai doñé quelque chose l'année derniere le Roi verra que je suis toujours la même pour son enfant & que l'arrivée de la mere aupres de lui ne me fache pas

– a 10 heures du soir
nous n'avons point de lettres je ne sais point expliquer consilier ces

assurances d'interret tant par lettres que par les femes & le domestique
avec l'abandon d'aujourdhui – la comtesse vient de me dire avec cet
enfant je suis bien forte l'idée de separation me fait moins de peur je ne
serai pas come seule sur la terre · je comprends bien ce sentiment & dans
ses bons momens ma sensibilité pour elle est bien vite reveillée – a propos
je ne vous ai pas dit madame quelle a fait inoculer la petite verole a sa fille
nous avons leschaux deux trois fois par jour cest le premier ou dernier
charlatan de l'Europe il m'ennuie ou me fait rire & je jure Dieu qu'il ne
me fera jamais autre chose – la fin de votre petite lettre me touche infiniment madame combien l'amitié dont vous avez la bonté de m'assurer
pourrait encor compenser tant de ces petits desagrémens passagers que
dautres plus graves

939. A Henriette L'Hardy, 23 février 1793 le matin

Je ne sai ce qu'il faut croire de Rosette & du blond. Rosette a nié for-
mellement & froidement & sans s'emouvoir – a-t-il été vous joindre
Dimanche à Boudry? – Non Mademoiselle et puis toute l'histoire de ce
Dimanche & comment elle avoit trouvé les deux domestiques chez la
servante de Mlle Tulleken & s'etoit allé promener avec eux tous aux
allées[1] pour voir les feux des brandons.[2] Mlle Louise a demandé à Henriette si Rosette avoit receu les lettres. – Deux et cela en presence de tout
le monde de sorte qu'on peut lui en parler. Elle les[1)] disoit de la cuisiniere
de la Comtesse. Mlle Louise se fera rendre compte de ces lettres. J'ai
connu[2)] bien peu de filles & de femmes parfaitement sages & je prens la
chose plus lestement que vous · il y a plus je doute encore. Comment
l'amour l'auroit-il laissé si indolente si imprevenante? comment n'auroit-
elle pas fait tout au monde pour rester auprès de vous mademoiselle,
comment Neuchatel & la maison de Mlle de Montmollin[3] ne lui auroient
pas semblé le paradis...... Il y a pourtant bien des choses à repondre à cela;
nous verons. Je me suis deja imaginée que son peu de confiance en moi
pour l'ouvrage que je promettois de lui donner pouvoit être feint. Elle
me dit peu de jours après être venue d'auvernier, que Jeannette Pettavel[4]
lui avoit proposé de la prendre chez elle lorsqu'elle n'auroit pas de journées. a la bonne heure dis-je & je pourois vous donner là de l'ouvrage
comme ici où nous avons deja beaucoup de monde. Elle a allegué ce propos de ma part comme un motif d'inquietude mais ce n'etoit qu'une
reponse; elle s'etoit arrangée d'elle même avec la Pettavel. N'etoit-ce pas
pour être plus libre & moins sous nos yeux? Ma promesse est anterieure
à la votre mademoiselle; laissez la moi tenir il est très vrai que j'ai des chemises à faire. Je n'ai toujours pas pu prendre sur moi de lire toute votre
avant dernière lettre.[5] Les gens qui vous blamoient il y a 18 mois d'aller

à Berlin disoient que vous n'aviez nul besoin de sortir de chez vous ni de chercher des ressources au dehors quant à la fortune; comme je le souhaitois je l'ai cru à un certain[3] sans le croire entierement. Si la Comtesse etoit toujours la même personne qui envoye des cadeaux à la fille du Roi & de la Ritz, la même qui trouve de[4] si grandes ressources & tant de motifs de courage dans son enfant je dirois faites en sorte de ne la pas quiter. Voudriez vous bien puisque vous avez poussé la franchise & la rectitude à un point extreme & rare, voudriez vous bien faire encore un acte de ces belles vertus en tachant de vous rapeller si en effet vous promites un chapeau, s'il s'en etoit detruit un, si vous fites encore quelqu'autre promesse pendant ce desastreux voyage. Si oui donnez un chapeau en nature & quelque chose avec en argent[5] & que Rosette sache que vous ne manquez jamais à votre parole, si non, si vous n'avez rien promis, Rosette saura d'Henriette & de moi que nous n'ignorons pas qu'elle en a imposé & elle apprendra qu'on ne peut pas sans inconvenient manifester une memoire si trompeuse. Dans ce dernier cas je suis d'avis que vous ne lui donniez rien du tout. Elle n'a vraiment pas besoin qu'on lui donne. La voila au niveau de ses affaires car elle vient à l'instant de donner le dernier Louis dont j'exigeois la restitution. Mlle Louise en même tems qu'elle me l'a fait dire a dit à Henriette que Rosette interrogée de nouveau avoit repondu avec toute la simplicité possible[6] & avec[7] l'air de la plus parfaite innocence. Ce que vous avez vu de trop grande familiarité est indubitable mais ce que d'autres disent avoir vu peut bien être inventé. Il y a tant de ces sortes de calomnies. Rosette est donc fort bien dans ses affaires actuellement. Elle ne doit rien & elle est habillée. Vous serez juste avec elle, & fut-elle plus riche qu'elle n'est il faudroit l'être, mais il n'est pas besoin d'être genereuse, car elle n'est[8] dans aucun embaras & elle n'a pas merité de vous au delà de la stricte justice: Voila la moitié de la lettre que je receus hier[9] de M[e] duPaq.[6] Je n'ai pas le tems d'en dire davantage.

Ce samedi matin.

a Mademoiselle/Mademoiselle Henriette/L'hardy/a la *Rochette*

940. *A Henriette L'Hardy, 23 février 1793*

Ce Samedi matin ou midi

Rosette a ce matin vuidé & tourné ses poches en presence de Mlle Louise. Il y avoit une lettre de sa mere, une chanson, une adresse fort mal ecrite qui pouvoit bien être d'une cuisiniere, & voila tout. Même sang froid même tranquile simplicité dans son air & dans ses reponses. Sandoz[1] jaloux ou fou n'auroit-il point inventé tout ceci? Voila ma reponse à Me du Paquier je n'avois pas encore repondu à une precedente lettre je me suis donc hatée cette fois malgé une assez forte migraine au travers de laquelle je vous avois deja ecrit. Si vous ecrivez aux Du Paquier aujourdhui ou mardi gardez[1] ma lettre pour la joindre à la votre. Je veux epargner le port de ma lettre si je le puis. Sinon ayez la bonté de l'envoyer dès ce soir à la poste la messagere l'affranchira Lundi. Je dis à Me du Paquier que je vous ai envoyé la moitié de sa lettre de sorte qu'il ne tienne qu'à vous mademoiselle d'en faire mention. Je lui ai repondu comme à vous sur M. de Rolles[2] mais plus brievement. Adieu je suis quelque fois si longue que vous aurez peine a croire que je puisse être jamais breve. Cette fois je le suis plus que je ne voudrois L'heure & la migraine m'en font la loi.

a Mademoiselle/Mademoiselle Henriette/L'hardy/a la *Rochette*/Recommandée à M. Louis L'hardy[3]/pour la faire remettre le plutot/possible.

941. *D'Henriette L'Hardy, 23 février 1793 l'après-midi*

Samedi a 3 heures

Il m'est absolument impossible de me rapeller si jai promis un chapeau – mais puisque Rosette le dit je l'ai surement fait ce nest pas cependant que je la croie incapable d'en imposer quand elle sait pouvoir le faire impunement mais ici ce nest pas le cas – jenverrai le chapeau – ce que je me rapelles fort bien cest de lui avoir dit (un jour qu'elle se plaignait de ce que son manteau se gatait contre le dossier du siege) que je lui donnerais le mien pour le recouvrir · ce mien etait neuf lors que je partis je l'avais porté tout l'hiver mais il etait encor fort bon · elle pouvait le regarder deja come sien lors qu'un matin après une forte ondée de pluie qui avait persé le sien je le lui donai pour se mettre un peu au sec · a la dinée elle sèche le sien le remets lors que nous partons & au leiu d'en faire autant a l'autre ou de l'etendre sur le cuir qui les couvrait elle le chiffone le met parmi la paille sur laquelle ils etaient assis & l'en retire le soir presque moulu · ce n'etait plus ma faute si le dit manteau n'a pas eté un cadeau marquant – je crois pourtant quelle a pu en tirer de quoi raccomoder le sien – quand aux familiarités prises & laissées prendre elle n'en imposera a persoñe si on veut m'en croire je lui ai vu de mes propres yeux & a potzdam & ici peut etre d'autres qui come moi en ont eté témoin emplifieront & ils ont deja emplifié mais enfin toujours ets il vrai que Rosette a avec les blonds des manieres très libres quelle en a eté reprise plus vigoureusement que sur ses autres manquement parce que je trouvais que cet article la etait plus consequent que tous les autres ensemble. ne serait il pas apropos madame quelle ne revint plus ici ne donerait-elle pas lieu en y revenant a la continuation des bruits répandus sur son compte? je ne crois pas que l'home sache assez de français pour pouvoir ecrire ou lire des lettres mais il est très certain que la cuisiniere ne sait ny lire n'y écrire · toute fois elle peut avoir dicté une lettre & passant par tant de mains elle ne peut qu'etre très innocente – Il est très vrai & je crois que jai eu l'honeur de vous lecrire madame que j'ai conseillé a m^r DP[1] de demander ce congé au Roi mais cetait quand nous esperions quil retournerait a berlin – cela ne fait plus rien je suis aujourdhui charmée quils reviennent je voudrais quils pussent arriver ici avant que la comtesse partit pour quils pussent demeler entreux & la promesse que la comtesse leur avait faite d'ameillorer leur sort dans la suite & celle que DP avait aussi faite de son coté d'elever son fils · je dirai a DP par le menu les désagremens auxquels ils s'exposera en se chargeant de cet enfant le fond que l'on peut faire sur les promesses des grands en general & de ceux ci en particulier · il pourrait après avoir consulté avec ses parens se decider & déclarer a la comtesse quil renonce – on fait toujours fond sur les esperances qu'elle leur a doñées – je crois que le cher oncle[2] leur en a imposé jaurai pu avoir une reponse jeudi & il ne m'en a point doñé nous verrons ce quil me dira ce soir car encore faut il quil dise quelque chose · ils seront parfaitement contents dit susette si on leur laisse leur pension · je le serai mille fois plus qu'eux mais sa majesté qui ne repond pas sur ce que je lui demande d'après les offres quil me fait faire oh cela nest pas beau!

pourquoi ne voulez vous pas lire toute ma petite lettre madame? n'est ce pas parce que vous avez la bonté de craindre d'y voir certifier que je ne suis riche · le tableau de nos affaires présentes n'est pas brillant mais nous avons bien des espérances de les voir meilleures · ma mere na point eu de dot & mon grand pere avec tous les heritages de belly est riche aujourdhui · nous avons une tante L'hardy[3] de laquelle nous heriterons tout directement & un oncle Rossel[4] qui a 50 ans une fortune très honnete & de fort boñes intentions pour ses nieces auxquelles il a déclaré qu'il ne se marierait point · depuis quelques années on a des recoltes abondantes & on paye ses dettes cette année ci nous esperons les acquiter – cette peinture ci denoircit un peu l'autre il faudra attendre ce bien etre encor quelque tems – l'envie d'en avancer le terme a eu quelque part a mes résolutions de voyage mais j'avoue que cetait la moindre de mes raisons & que je ne suis point rebutée de l'idée de retourner chez ma mere avant cette augmentation de fortune · l'habitude d'une plus grande aisance nest pas assez enracinée pour quil m'en coute de reprendre mon ancien genre de vie · il ne m'amusait pas je le trouverai toujours ennuyant mais si vous daignez me continuer vos bontés madame jaurai de quoi m'en dédomager. & ici l'expérience ne m'a que trop appris quil y a peu a attendre &

assez a endurer – j'ai l'honeur de vous souhaiter le bon jour madame.
leschaux nous fait esperer que la petite inoculée s'en tirera a merveille

942. D'Henriette L'Hardy, 24 février 1793

Dimanche a 2 heures

Je fus hier dans la chambre de la comtesse depuis 6 heures jusqu'a neuf
sa fille y dors depuis qu'elle est innoculée & jai dit qu'on ne vint plus me
demander dans la ditte chambre que pour des affaires très pressées de peur
d'interrompre le someil de la petite · on n'a pas cru que la lettre fut affaire
pressée & on la laissée je ne pourrai l'envoyer que mardi j'y joindrai quelques mots que jecrirai dans une envelope · ce que jai a leur marquer ne
valait pas la peine de leur etre ecrit autrement que par occasion je me fais
aussi scrupule de faire payer tant de ports... vous aviez encor bien raison
avec le cher oncle il leur a surement fait un conte avec ce prétendu repentir de m^r de Rholl – je le priai de bien vouloir me repêter en quel termes
m^r de Rholl lui avait exprimé ses regrets afin que la comtesse règlat le
ton de sa lettre la dessus – il me repond dans 3 grandes pages quil prie la
comtesse d'attendre encor quelque tems avant décrire a m^r de Rholl
parce quil espere beaucoup d'une lettre qu'il lui a ecrite il y a quelque tems
a ce sujet · je ne puis pas comprendre a quoi bon ce mensonge – je souhaite beaucoup madame que ma petite lettre vous trouve guerrie de
votre migraine d'hier

a Madame/Madame de Chariere/*a Collombier*

943. D'Henriette L'Hardy, 25 février 1793

Lundi matin

J'ai eu l'honneur de vous dire il y a quelque tems madame que la comtesse attendait du Roi une lettre qui déciderait définitivement de son sort
– Eh bien cette lettre est arrivée hier au soir – il ne consent point aux conditions que la comtesse avait mises a son retour · nétant plus des anciennes
dont il etait question cette fois jignore qu'elles etaient les autres – je crois
quelles devaient etre raisonables · a entendre la comtesse qui ne souvre
pas entierement la dessus elle se bornait a demander une certaine reparation au tort quil lui avait fait en la jugeant capable d'intriguer de traverser ses entreprises sans un dessein bien formé de faire le bien – il me
semble que cela etait juste. sa majesté n'en veut pas convenir & demande
ce qu'elle compte faire lesquels de ses gens elle gardera quil les payera tou-

jours & que ceux qui ne voudront pas se resoudre a ne plus retourner a berlin en restant auprès d'elle peuvent y retourner mais se resoudre a ne rien recevoir de lui · je crois quil est aussi question de moi la comtesse ne me veut rien dire jusqu'a ce qu'elle ait déclaré par une lettre quelle annoncera etre la derniere ce quelle compte faire. ses dernieres resolutions tant par raport a elle que pour son enfant & ses gens & moi · elle veut dis je attendre la reponse a tout cela pour me déclarer ce que le roi décide a mon egard · il ny a pas a esperer de lui la moindre reponse pour DP[1] je crois presque quil est inutile de lui en parler davantage · si vous le jugez autrement madame ayez la bonté de me le dire jecrirai encor par les gens que la comtesse renverra & quelle fera passer par francfort – elle a reçu cette nouvelle avec un courage etonnant elle parle de cette séparation avec sangfroid n'espere plus rien ny du tems ny des evénemens qui pourraient faire decouvrir ses fourbes ennemis · elle veut rompre sans retour – veut séloigner de lui autant que possible & pour cela aller en Italie aussitot que la saison permettra d'entreprendre ce voyage · nous avons raisoñé ce matin de tout cela j'ai été attendrie je veux faire ce voyage avec elle · ne seraije pas une vilaine de la laisser aprésent je ne serai pas contente de moi n'y vous non plus madame si je l'abandonnais au moment ou elle est come seule sur la terre · toute fois je ne dirai rien de mes résolutions a mes parens ou plutot je n'en prendrai pas de definitives que la comtesse n'ait la derniere lettre du Roi & que je ne vous ai prié madame de bien vouloir me conseiller ce que je dois faire je crois que vous ne serez pas contre le voyage d'Italie – & je fais deja des plans la dessus · je veux me remettre a cette langue avec grande aplication · oseraije vous prier madame de me reprêter vos dictionnaires & si vous aviez un bouquin italien pour le traduire je vous serai fort obligée madame de me lenvoyer aussi – pourrez vous lire & comprendre cette lettre · elle est aussi en desordre que mes idées · la prémiere que je recevrai de vous madame m'aidera a les debrouiller

944. *De Pierre-Alexandre Du Peyrou, 25 février 1793*

Lundi 25 fevrier

Votre missive à Garat[1] lui a été envoyée hier avec l'œil et l'orcille après en avoir pris lecture permise. Elle m'a paru comme à m[r] de Charriere bonne par elle même; et de plus encore bonne par son intention et son but: et je vous en remercie pour mon propre compte et pour celui de la Citoyenne[2] Mais n'estil pas plaisant de donner cette qualification au moment qu'on en conteste les droits. Je ne donne pas dans cette contradiction; et j'addresse tout bonnement à Madame Antoinette &c &c, jusqu'à ce qu'il soit decidé ce qu'elle est en effet.

J'ay écrit hier un mot à marval³ pour avoir lés renseignemens exacts sur Bicetre⁴ – J'attends sa reponse. Si d'ici à mercredi je ne recois aucun avis de votre part, je parlerai à mʳ vaucher⁵ je pense l'associé de Pourtalez. Bonjour madame.

A Madame/Madame de Charriere/à *Colombier*

945. *D'Henriette L'Hardy, 27 février 1793*

Mercredi matin

Dans le moment de ses esperances limagination de la comtesse la transportait deja a Potzdam. entourrée de sa cour de son mari de ses enfans j'étais un objet bien minime & elle voulait me faire sentir d'avance ce a quoi je devais m'attendre au cas que je mobstinasse a la suivre pour jouir par reverberation du triomphe quelle se promettait · il etait donc bien décidé que je ne la suivrais pas jenvisageais le moment de son départ come celui qui devait me remettre en liberté. le sort en ordoñe autrement j'aurai encor longtems & beaucoup a souffrir · elle ne s'est pas plutot vue isolée que son ton a changé elle m'a parlé avec confiance de ses projets de ses douleurs elle a voulu savoir le meme jour que j'eus l'honeur de vous ecrire (fort a la hate apres la prémière conversation que javais eu avec elle) les gens sur qui elle pouvait compter · une de ses femes quelle croyait lui etre plus attachée que les autres n'a pu se résoudre a renoncer a Berlin un de ses domestiques de meme · celui ci est pardonable il est marié – l'autre des femes restera elle lui a assuré les larmes aux yeux que lors meme quelle n'en recevrait plus de gages elle ne pouvait se resoudre a la laisser · pouvaije etre moins genereuse · je lui ai repété encore ce que javais ecrit au Roi ce que j'etais bien résolue de faire au cas qu'elle fut retournée a Potzdam mais que ma resolution d'aujourdhui etait de ne la pas quitter si je pouvais etre un adoucissement a son sort · elle ne ma pas déclaré positivement qu'elle accepta mon offre ce que j'ai dit dès lors a du confirmer cette premiere déclaration elle se tait encore je crois quelle accepte · les explications sont si difficiles avec cette feme qu'on ne sait coment sy¹⁾ prendre · a la prémière occasion je veux dire qu'au cas quelle compte se fixer en Italie elle me le dise bien positivement · mes parens ne consentiraient point a une séparation qui naurait point de terme je depend d'eux je pourrais obtenir de l'accompagner mais en pouvant fixer un terme a mon retour · sy²⁾ contre mon attente ce silence que je prends pour acceptation couvrait quelque autre résolution oh j'en serai bien aise – je ne me dissimule aucune des peines que jaurais a suporter je ny vois pas le plus petit adoucissement · nous traverserons l'Italie come nous avons fait nos montagnes pestant contre les chemins les auberges les habitans du pays ne regardant ny a droite ny a gauche je suis bien assurée de ne rien voir pas le plus petit tableau pas un buste · deux femes seules peuvent elles se produire avec quelque sureté on ne peut que rester enfermées dans la voiture ou dans l'auberge · faire adopter un autre plan celui que vous proposez madame & auquel j'avais déja pensé cela nest absolument pas possible – rapellez vous la maison motta[1] madame. la comtesse croit tout bien voir sirrite contre ceux qui ne voyent pas come elle elle ne revient de ses idées qu'au moment ou elle en sent l'exécution impossible & loin qu'elle prenne de la confiance en ceux qui ont pensé juste elle ne leur témoigne que de l'humeur · je suis bien noire bien triste je vais etre aussi malheureuse que possible mais enfin je suis décidée a suporter les désagrémens que je prevois si elle me déclare clairement qu'elle aurait du regret de me quitter – quelle a besoin de moi

946. A Henriette L'Hardy, 27 février 1793

Je n'ai pas retrouvé tout ce que je croyois avoir en fait d'Italien. Voila seulement une bonne grammaire & de la facile poesie. Lisez beaucoup, mettez sur un chiffon de papier les mots s'il en est que vous n'entendiez pas je vous les traduirai, & si vous voulez vous donner la patience d'ecrire que ce soit de l'italien; vers ou prose ou regle de grammaire n'importe.

J'ai vu en relisant votre lettre qu'il y avoit un article auquel je n'avois pas repondu. C'est à l'egard de M. DuP.[1] savoir s'il est inutile ou non que vous en ecriviez encore au monarque. Très inutile à ce que je crois, mais il faudroit dire à la Ctesse ce que vous avez demandé au Roi pour *Du P.* comme la seule recompense que vous desirassiez *pour vous*. Il se pouroit qu'elle demandat une chose tandis que vous en demandez une autre & le Roi pouroit croire que vous vous entendez pour obtenir à la fois ces diferentes choses. Supposé que cela fut ainsi arrivé il seroit bon d'écrire au Roi que c'est faute au contraire de vous être entendues de vous être expliquées, & que n'ayant pas parlé à la Ctesse du dessein ou vous etiez de la quiter, alors que vous avez cru qu'elle retourneroit auprès de lui, vous ne lui aviez pas dit non plus à quoi se bornoient vos desirs & votre ambition.

J'ai vu aussi en mieux lisant votre lettre que ce n'etoit pas de sitot que vous partiriez pour l'Italie. Mais quoi? seroit-ce donc dans la canicule que vous y arriveriez? Les neiges se fondent en avril & may si je ne me trompe; en Juin il fait deja très chaud. Adieu, la bonne & belle Dame aux grandes aventures. Puissent-elles au moins[1)] un peu divertissantes

mercredi matin 27.[2)]

a Mademoiselle/Mademoiselle Henriette/L'hardy/a la *Rochette*

Tout ce que vous avez pensé, & resolu, & dit, & fait, me paroit très bien Mademoiselle, & si bien qu'il n'y a rien à reprendre ni à ajouter. Peut-être pouriez vous dire à la Comtesse: si vous m'emmenez comme vous en etes la maitresse me promettez vous de me renvoyer à l'instant où vous vous deplairez avec moi, où vous vous degouterez de moi? Je la trouve bien étrange cette femme. Comment lorsqu'elle esperoit tout ne se faisoit-elle pas une fête de partager avec vous avec *Elise* la faveur d'*Esther* auprès d'*Assuerus*.[1] Et lorsque ses esperances se fletrissent & que son ses pensées sont changées[1)] comment[2)] n'accepte t-elle pas avec joye avec un un[3)] vif empressement l'offre que vous lui faites de vous, de vos soins, de votre societé. Je la trouve inconcevable. & je la plains. Une circomstance bien bisarre de sa maniere d'être c'est qu'aucune idée nouvelle de celles qui ont quelqu'utilité ne lui peut entrer dans l'esprit si non par hazard ou par force. on n'ose rien lui presenter à cet egard, ni les livres qui lui pouroient apprendre quelque chose, ni ses propres reflexions ni celles de ses amis. Toute proposition est rebutée tout[4)] discussion est impossible. Vous ne pouvez raisonner avec elle ni du tems ni de la maniere la plus convenable pour le voyage qu'elle projette. Vous sera t-il permis au moins de prendre une carte pour voir où & par où il faut aller, & de vous informer quels sont les passages que les troupes françoises n'occupent pas. Le domestique blond va t-il avec vous? Est-il un peu courageux & robuste. Emene t-on Lisette Ambos? Vous devriez avoir une excellente chambriere. Si la votre n'est pas cela laissez moi vous aider à chercher mieux. Mais vous direz d'après votre experience que je n'y entens rien. Adieu

Ce Jeudi

a Mademoiselle/Mademoiselle L'hardy/a *La Rochette*

948. *De Jean-Frédéric de Chaillet, mars 1793 (?)*

Votre Gilet, Madame, est chez le Tailleur, je ne lui trouve qu'un Defaut, c'est d'être trop beau, je crains d'en laisser quelques parties dans les bois par où je passe ordinairement en allant à Collombier; On vous a reconnue dans ces Lettres, où le libraire à babillé ce que je crois le plus vraisemblable, car nous ne sommes pas trop bons connoisseurs de Style, j'ai été fort questionné, je m'en suis tiré par un demi mensonge, en disant que je n'en scavois & n'en croyois rien. Mais personne ne m'en croit, vous avez mis trop fortement votre cachet sur cette production, pour qu'ayant été nommée, vous n'y soyez pas reconnue. J'etois plus content des Lettres de Gui Patin[1] par reputation que par la Lecture, je ne voudrois être ni son Malade ni son Ennemi, car je crois qu'il les traitoit tous deux assez mal, la saignée & le sirop de Roses Pales me deplaisent souverainement, & j'aurois été obligé Dimanche de les Essuyer, la Course de Collombier aprez n'avoir pas bougé pendant trois Mois, avoit Remué toutes mes humeurs, Deux Jours de Diette & la Limonade cuitte m'ont gueri complettement, & mon Remede est infiniment plus doux & aussi sur.

Chaillet

a Madame/Madame de Charrieres/*a Collombier.*

949. *D'Henriette L'Hardy, 2 mars 1793*

Samedi matin

J'ai été hier & avant hier malade & malheureuse des peines de la comtesse elle a senti toute seule l'impossibilité d'un voyage en Italie dans cette saison avec un petit enfant sans home & elle veut pourtant partir d'ici & ne sait a quel projet se fixer · pour un peu assoir ses Idées je lui ai parlé d'une retraite (elle en veut une bien isolée) dans un des petits cantons une maison ou dans un village près dune petite ville ou l'on peut avoir des ressources en cas de maladie ou bien aller chez sa mere qui lui a proposé cet arrangement lors quelle a été ici · ce dernier projet souffre plus de difficultés que l'autre · le long voyage les ridicules de la mere dautres choses encor y mettent dassez grands obstacles · vous m'avez parlé l'autre jour madame lors quil sagissait du voyage de maniere a me faire croire que le premier serait assez sage – je voudrais pouvoir lui indiquer un lieu · ce vague dans les idées est pénible j'ai entendu parler a un jeune home qui y a demeuré d'un bourg d'Erisau[1] dans la canton d'apenzell situé dans une vallée riante ou l'on est d'une simplicité rare quoique laplupart des habitans soient très riches · je voudrai bien voir quelqu'un qui eut fait un voyage dans ces contrées – vous avez toujours de si bones idées madame voudriez vous avoir la bonté de m'en comuniquer je voudrais aider cette pauvre feme qui sent pour la prémiere fois tous les inconvéniens d'un demi mariage avec un Roi · je la plains je veux sil est possible adoucir son sort ma tête n'est pas fort propre a seconder mon cœur jattends de vos bontés madame les secours qui me manquent – jai fait chercher chez tous les marchands & marchandes de la ville le chapeau promis tous repondent quils en attendent au premier jour & quil n'en ont pas un dans ce moment je ne negligerai pas cette affaire

a Madame/Madame de Chariere/a Collombier

[Di]manche à la hâte

Lucerne est tout catholique. La ville est laide. Les mœurs sont antiques et simples. Je pense qu'il y auroit peu de ressources pour se procurer les aisances de la vie, des livres, un medecin de reputation &c.

Glaris est moitié Catholique moitié protestant. Le gouvernement est très populaire de sorte que les gens considerables obligés de faire leur cour sont d'une politesse fatigante · dailleurs assez bonnes gens.

Je ne sai rien du tout d'Appenzel ni d'Uri ni de Zwyts.[1] (pas seulement écrire le nom de ce dernier canton comme il faut.)

Les bords du lac de Zurich sont charmans à ce que tout le monde dit & il y a à Raperswil (ou quelque chose comme cela) un excellent medecin[2] aimable & bon homme. J'ai des relations avec un de ses meilleurs amis Zurichois[1)] et pourois aprendre sur les environs de Zurich (sur Raperswil en particulier)[2)] & les habitations qu'on y pouroit trouver tout ce que M^e la Comtesse desireroit[3)] savoir.

Me Caroline Sandoz de son coté peut en ecrivant au jeune Wetter[3] avoir tous les renseignemens possibles sur la petite, curieuse interressante ville d'Erisau.

Un des plus jolis endroits que je connoisse c'est Bex, à l'entrée du Valais. On n'est pas très loin de Vevey, encore moins loin de Villeneuve. Les vergers y sont superbes. Les chemins sont de charmantes promenades d'un gazon fin & frais. Au pied des Alpes on y est comme dans un jardin des païs medidionaux · La solitude y seroit entiere quoi qu'on s'y vit entouré de tout ce qui est necessaire pour bien boire bien manger Il y a au dessus de Vevey differens chateaux que peut-être on pouroit louer à bon marché. a chexbre il n'y a point de chateau mais on seroit heureux d'y avoir une petite maison. C'est le plus beau lieu de la terre · des gens qui avoient été presque partout en sont convenus avec moi.

Je serois pour Bex & je serois d'avis que vous ecrivissiez à M. Mol[4] suffragant à Couvet ou Motiers pour savoir si l'on pouroit y avoir au mois, une maison assez close & chaude pour pouvoir l'habiter dès le mois[4)] d'avril en supposant la Ctesse decidée a quiter la Rochette à la fin de mars. Le pere de M. Mol est ou etoit aubergiste à Bex.[5)]

M. de Ch.[5] dit que Swyts & ses environs sont très jolis.[6)]

A Mademoiselle/Mademoiselle L'hardy/a la *Rochette*/Recommandée à M. Louis L'hardy/à *Neuchatel*

Dimanche 3 mars

Voici les nouvelles de ma cousine.[1] Une formalité par elle ignorée et par ses conseils retarde de 15 jours son jugement. Il s'agit à ce que je comprends (car elle ne s'explique pas,) d'un certificat de sa residence à Besançon qui pour valoir, doit avoir été affiché 15 jours, et qui ne l'a été que le samedi 23, et doit l'etre jusques à samedi prochain 9 du mois. Elle a écrit au President pour obtenir un jugement provisoire qui la sorte de sa longue incertitude; mais je pense que cela ne se fera pas. Au reste les chemins ne sont pas encore ouverts pour les voitures et c'est un accroc qui également accrocheroit tout. On lui mande que le prejugé paroit être pour elle. Tant pis, suivant moi.

C'est par un principe de rectitude que je ne lui donne pas un nom auquel j'attache un sens qui ne lui est pas applicable: cela ne fait de mal à personne il est vrai, mais cela heurte mon opinion.

J'ay écrit ce matin à m^{de} de Montbarey pour demander par son organe à l'hote du Breton[2] le montant de son logement et pension resté en arriere avec l'annonce que ce montant seroit acquitté, ainsi que les memes articles pour ce mois et celui d'avril.

J'ay parlé hier à l'oncle paternel à qui Vaucher n'avoit pas encore communiqué l'article qu'il venoit de m'envoyer, et sur lequel le dit oncle s'est chargé de parler dès aujourd'hui à l'oncle maternel.[3]

Meuron[4] n'ira pas à Paris. Il faudra donc employer le jeune *R.*:[5] pour porteur de renseignemens au chef de sa maison, supposé qu'il ne s'agisse pas de f: de *L.*:[6] pour ce logement du 10 aout. Il va sans dire que l'argent sera employé comme agent s'il est necessaire.

C'est le *Sassier* par une *S* et non le *Lassier*, par un *L* que s'appelle le personnage de la Chambre Portmahon.[7]

Il faut suspendre la lettre au ministre jusqu'à plus ample information.

Voila Mastricht bloqué.[8] La flotte Truguet abandonnant la Sardaigne[9] ou deux attaques ont été repoussées avec perte d'hommes et de quelques batimens coulés à fonds. Voila la ville de Lyon en pleine contre-revolution à ce que dit Tallien[10] dans un raport au nom du Comité de surveillance, raport qui porte le caractere obscur du mensonge et inexplicatif des faits: mais qui fait decreter envoy de Commissaires marche de troupes &c &c. Les insurgens ont detruit et dispersé le Club et les Clubistes, brulé l'arbre sacré & se sont emparés de l'arsenal &c. Enfin voila un decret qui autorise chaque municipalité à faire des visites domiciliaires à force armée.

Bonjour madame et à monsieur

A Madame/Madame de Charriere/à *Colombier*

Ce Lundi matin.

J'ai tracé fort mal votre route quand pour aller à Bex je vous ai fait passer par Berne. J'avois oublié le beau chemin neuf qui mène aujourdhui d'Iverdun à Moudon. Cela abrege si fort que vous arriveriez fort bien par Iverdun[1)] à Moudon le premier jour (si l'enfant le permet) le second à Villeneuve, & le troisieme à Bex pour diner. On dit que dans les environs de Morat il y a beaucoup de jolies demeures & de charmants sites, mais il me semble que la Ctesse ne s'y trouveroit pas assez loin de Neuchatel ni assez hors du monde. Je vous ai dit que Bex etoit à l'entrée du Valais cela n'est pas exact. Le valais commence au milieu du[2)] pont qui est à St Maurice sur le Rhone, & Bex qui depend de Berne est à une lieue ou deux en de ça[3)] de ce pont. Vous ne seriez pas loin de *Pisse vache* & pouriez sans peine vous arranger [4)] avec le soleil pour y arriver en même tems que lui & voir cette fameuse cascade changée en superbe arc en ciel. Quand je songe à Bex je vois toujours de mon[5)] auberge^1 la plus belle fontaine du monde & les plus belles chêvres que j'aye jamais vues, s'y abreuver, ayant les plus elegantes attitudes possibles. (vous les dessineriez.)[6)]

Pourvu que le chapeau vienne une fois ce sera à merveille; cela n'est[7)] assurement pas pressé. Rosette me paroit contente & tranquile. Hier elle mit pour la premiere fois le deshabillé que je lui ai donné & que Mlle Moula a fait, desorte que hors un ruban de fil pour border le jupon & la doublure de la taille il ne lui en a rien couté du tout.

Comment ai-je fait pour tarder si longtems à vous chicaner sur un mot d'une de vos charmantes lettres? *un defaut plus consequent*[8)] *que tous les autres*! Quoi c'est Mlle Henriette L'hardy qui employe une expression qui lorsque la mode la voulut faire reussir en france ne fut jamais adoptée par des gens qui se piquoient de savoir ecrire & parler. Un homme est *consequent* ou *inconsequent* sa conduite est *consequente* ou *inconsequente*^{2} mais nos defauts sont de grande consequence ou bien de peu de consequence Pour un cadeau *marquant*^{3} passe encore quoique je ne l'aime pas du tout. L'un me[9)] paroit un peu empoulé c'est le *marquant*, l'autre me paroit vulgaire & equivoque c'est le *consequent*. Mirabeau a dit avec assez de succès un homme *marquant* un procedé *marquant*. C'est le bout du monde si le mot est agreable & n'est pas deplacé dans ces occasions marquantes. Parlez simplement & noblement Henriette L'hardy. c'est la ce qui vous convient & vous ressemble.

A Mademoiselle/Mademoiselle Henriette/L'hardy/a la *Rochette*/Recomandée à M. Louis/L'hardy/a *Neuchatel*

Lundi au soir

Votre lettre d'aujourdhui madame augmente mes regrets Bex doit
etre exactement ce qu'il nous faudrait un peu enfoncé dans les alpes assez
hors du monde pour etre seules & pas trop pour y manquer de
secours · les savoyards (qui a mon avis n'en sont pas près a faire peur) &
les habitans des chateaux qu'on trouve dans cette contrée me font grand
tort ou plutot cest moi qui en ai des torts de leur en vouloir il serait plus
juste de m'en prendre aux fausses idées de la comtesse · jamais il ny aura
accord entre ses discours & ses actions elle dit quelle sera contente de la
maison la plus simple pourvu qu'on l'y laisse tranquile & des mets les plus
grossiers pourvu qu'ils soyent servis proprement · elle trouvera cela & au
dela même qu'elle dédaignera critiquera comparera & moi je me fache-
rai · si je suis sage je m'en tiendrai là si jai mon humeur raisonnante je voudrai discuter raisonner & je ny gagnerai que des horions come dit Sancho[1] j'en ai aujourdhui une preuve toute fraiche – il est décidé que nous
somes tous des coquins dans ce pays parce que trois petits domestiques
qu'on a ramassé dans la rue se sont trouvés l'un fou l'autre étourdi & un
peu ivrogne & le troisieme voleur · jamais on a vu affaire pareille depuis
que le monde est monde · m^d Bosset a une cuisiniere qui la vole aussi · ce
nest donc pas mon etoile qui me fait rencontrer les vauriens chacun en
a ainsi il ny a pas autre chose voila notre procès fait – jai voulu raisonner
mais bon mes raisons n'ont fait que blanchir[2] contre ses décisions – celles
que j'ai avancées contre Zug & Lucerne ont eu le meme sort · jen avais
pourtant de boñes entrautre celle de la langue · nous ne nous ferons
jamais comprendre disaije votre allemand sera du grec pour ces bons suisses – cela est égal – Eh bien soit allons y j'aime mieux Zug que l'Italie · j'en
reviens toujours la pour me reconforter contre les désagrémens que je
prévois

Je vous suis très obligée madame de votre correction je sens tous les
jours un peu mieux mon ignorance · je ne sais pas le francais je conais
pas a fond la valeur des mots que j'emploie & je dis des bêtises veuillez
de grace continuer a me les pardoñer & me les faire remarquer · depuis
longtems vous n'avez pas relevé de tournures précieuses. cela me fait
croire quil m'en echappe plus rarement qu'autre fois · aije tort? est ce que
je me flatte?

J'oserois promettre à la Comtesse un repos entier à Bex[1)] de la part des gens de Vevey qui ne sont pas des voisins bien proches (il y a 4 ou 5 lieues[1] entre la[2)] ville et le Bourg) & de la part des gens de Villeneuve. ce dernier endroit est laid mal sain marecageux & tout l'aspect[3)] qu'offre la ville annonce peu de population, de celle qui produit les oisifs & les curieux. Quant au voisinage de la Savoye il est rès indiferent aussi longtems qu'il n'y a pas de guerre declarée entre les françois & les Suisses. Il vient à Bex quelques Valaisans peut-être, & ceux là sont Suisses, mais de Savoyards il n'en vient pas. Ils n'y ont rien à faire. L'endroit est trop petit & n'est point un passage. Ce qui vient de Savoye au paÿs de vaud traverse[4)] le Lac. On auroit à Bex en cas de besoin un medecin de Vevey ou de Villeneuve, voilà un avantage. On y est protestant Voila un autre avantage. Je me flatte que M. votre cousin fera quelqu'attention à la tournure des gens de Zug quant au bigottisme[2] dont vous pouriez avoir quelque desagremens à souffrir.

Vous parlez à merveille sur l'inconvenient[5)] de se cacher qui[6)] est de se faire regarder beaucoup plus & plus defavorablement. Je songerai aux livres. Plutarque doit être des votres sans contredit. Voyez si vous voulez l'histoire d'angleterre de Hume[3], allez chez Fauché[4] & voyez ce qu'il a. Rapin Toiras[5] est peut-être meilleur encore que Hume. adieu. la messagere s'impatiente.

Ce mardi

a Mademoiselle/Mademoiselle Henriette/L'hardy/a *la Rochette*

955. *De Pierre-Alexandre Du Peyrou, 5 mars 1793*

mardi matin 5 mars

Je consens volontiers que vous approuviés ma cousine dans ce qu'elle a fait pour sauver sa proprieté. moi en n'exigeant pas d'elle de renoncer à son projet, j'ay aussi fait preuve que je n'etois pas hors des vrais principes; mais laissés moi le droit de desirer qu'elle perde sa cause et me revienne.

Le pays qu'elle habite est trop sulphureux pour elle et pour mon mon repos.

Je crains fort les nouvelles de Lyon. Elles ne peuvent etre que mauvaises et devenir encore plus mauvaises. Voila Mastricht bombardé, où aussi j'ay des gens auxquels je tiens. J'ay l'ame tiraillée.

Il est maintenant éclairci cet imbroglio. J'ay vû hier l'oncle paternel, et l'apres midi le maternel.[1] C'est lui qui a logé dans cette maison à deux reprises depuis le 14 aoust une quinzaine, et depuis le 6 7bre jusques à son depart. Un petit perruquier[2] qui avoit été à neufchatel, sans doute le meme qui a affirmé la mort du neveu, à notre milanois, l'ayant apperçu dans une maison où il s'etoit retiré avant le 14, fut cause que lui et le maitre de la maison jugerent necessaire de chercher un asile ailleurs. Il alla donc le 14 aoust chés cette voisine de R,[3] mais à l'inscu de l'hotesse, et fut logé chés un ancien domestique ayant sa femme et lui un petit logement dans cette maison. Voila je pense l'explication naturelle du fait qui passant de bouche en bouche a acquis tant de circonstances capables d'induire en erreur.

J'attends donc aujourd'hui les deux nouvelles lettres.[4]

Mr de Charriere a eu tort de parier au moins sur mon compte. Je ne sais quel est le jeune homme en question: mais la plaisanterie si c'en est une qu'on ait pretendu vous faire, quoique pouvant etre tres bonne, n'est pas dans mon genre.

Bonjour madame. Je suis affairé.

A Madame/Madame de Charriere/à *Colombier*

956. *D'Armand-Louis marquis de Serent, 5 mars 1793*

Hamm ce 5. mars 1793

je ne reçois que dans ce moment, Madame, votre lettre du 26. janvier, dans laquelle etoit incluse celle de mad^e Etienne pour le s^r Petit.[1] je soupçonne cette lettre d'avoir séjourné quelque tems à francfort: La dernière de votre époux m'est parvenue plus promptement.

Quoiqu'il en soit, je ne vous en dois pas moins les plus tendres remerciemens. Si la reconnoissance peut payer les soins que Vous voulés bien prendre, pour adoucir les peines de deux vieux époux qui, après trente neuf ans de mariage, ont la ridiculité[2] de s'aimer encore, soyés sure que nos cœurs sont prêts à l'aquitter. C'est la seule monnoie que la révolution nous a laissée; mais, cette richesse, aucun bouleversement de la terre ne sauroit nous L'ôter

Votre ame vive et sensible ne peut supporter le poids de tant d'atrocités accumulées; c'est véritablement un fardeau insoutenable pour quiconque n'est pas inoculé de cette peste effroyable, qui couvrira à jamais de honte ce siecle prétendu de lumières et de Philosophie. Il sera dans notre histoire l'epoque la plus abominable de L'excès de la corruption humaine. je ne sais quel nouveau déluge viendra purger la terre des monstres qui en couvrent la surface. Car il ne faut pas se le dissimuler, madame; L'ange des ténèbres a soufflé partout le venin Corrupteur: Et s'il a choisi la france pour être le premier Théatre des meurtres, des incendies, du carnage, soyés sure que dans toute L'Europe les acteurs sont prêts, les roles disposés, Et qu'ils n'attendent qu'un moyen propice pour imiter, peut être pour surpasser, s'il est possible, les forfaits commis jusqu'à ce jour. Il n'y a plus moyen de se laisser aller au sentiment si doux de l'indulgence; je ne connois plus que la colère, ou la misantropie, qui puissent d'adapter[1] à l'existence actuelle d'un honnête homme. Il faut ou gémir sombrement de l'avilissement de L'espèce humaine, ou se livrer à la cruelle passion de la vengeance; Le choix est pénible à faire. De grandes masses s'élèvent de tous les cotés; de grands efforts paroissent se préparer pour étouffer cette hidre dont on a laissé si mal à propos multiplier les têtes. S'il faut vous parler avec franchise, je vous avouerai, madame, que je mets peu de confiance dans cette parade politique dont le derrière de la toile couvre bien des inconséquences.

Veuillés bien permettre, Madame, que je joigne ici une petite lettre pour votre amie,[3] dont le sort me fait frissonner à chaque instant. Le courage de la vertu la soutient au milieu de tous les dangers auxquels elle est continuellement exposée; mais le mien ne sauroit résister je le confesse à la voir, ainsi que le reste de sa famille dans cette effroyable position; je voudrois qu'il y eut un moyen possible de L'en tirer. mais trop de confiance dans L'espoir de voir rétablir un meilleur ordre de choses, l'ont empêchée, ainsi que je l'ai conseillé dès le commencement, de mettre dehors un fond suffisant pour pouvoir leur assurer une modique subsistance. Votre amie n'a pris aucune précaution à cet égard; de manière que son existence phisique est maintenant liée à cette terre maudite, dont elle ne peut s'éloigner sans se trouver exposée ailleurs aux plus absolus besoins.

Quelle consolation ce seroit, Madame, si la Providence nous ramenoit un jour à portée de vous et de m^r De Charriere! Vous connoissés la constante amitié qui m'attache à lui depuis si longtems; Veuillés bien en être l'interprête dans ce moment, et recevoir l'hommage du même sentiment, ainsi que du plus tendre respect

957. *A Henriette L'Hardy, 6 mars 1793*

Ce 6e mars 1793

Comment se peut-il que les Chateaux qui ornent et couronnent la coline au pied de la quelle Vevey est bati ayent quelque influence sur la maniere de juger du sejour de Bex? Ils en sont[1] à 7 ou 8 lieues. *Chatellar*[1] est inhabité si je ne me trompe; je crois que Blonay[2] tombe en ruine. M. Mercier passera peut-être l'Eté à *Chardonnes* avec sa nouvelle femme[3] mais il ne songera pas non plus que les habitans d'*Hauterive*[4] Mrs Canac[2] à aller troubler le repos de la comtesse; Et voila tout les chateaux & tous les gens à chateaux. Encore ne sai-je si les Canac ne sont pas tous à leurs affaires à Lyon ou à paris. Ce sont originairement des directeurs de la messagerie de Lyon qui après une banqueroute ou deux sont devenus des seigneurs. Prenez encore une fois avec la carte un compas & mesurez d'après l'Echelle les distances vous montrerez a la Comtesse que les chateaux & Vevey & Villeneuve même sont fort loin de Bex. pour des gens qui la plupart n'ont de voitures que leurs jambes.[3]

Non, rien de precieux ni de recherché ne sort de votre plume.[4]

A Mademoiselle/Mademoiselle Henriette/L'hardy/a *la Rochette*

958. *D'Henriette L'Hardy, 7 mars 1793*

Jeudi au soir

Si mon cousin ne trouve rien je parlerai encor de Bex · en attendant je crois qu'il est prudent de me taire sur l'envie que j'aurai d'y demeurer · offert come ressource si le reste manque on réussira mieux a déterminer la comtesse en sa faveur qu'en le designant come le lieu fait pour etre préféré a tout autre — voila une bisarerie que je ne tenterai point d'aprofondir · ma tête seule me fournirait assez de ces espèces de problèmes si je voulais m'exercer la dessus — aprésent ce sont des plans qui m'occupent · je crains un peu la profonde sollitude ou nous allons etre ensevelies · j'aime mieux les vivans que les morts · une conversation d'un quart d'heure avec m[d] Bosset me fait plus de plaisir que le meilleur livre · j'aime aussi mieux ecrire que lire cela a plus de vie · Dieu sait si la poste passera près de notre hermitage — quand je me le représente avec les etres qui nous entourrerons auquels je ne pourrai me faire comprendre j'ai un peu peur · la chose est arretée je sais de reste quil faudra que mon activité ma sensibilite je ne sais trop quel nom doner a cette chose qui me tourmente suse[1] en se combattant se tourmentant me tourmentant & point en s'éxerçant · si je ne me tais la dessus je vais redevenir plus lucinde que jamais — nous prendrons Plutarque nous avons le voyage d'Anacharsis[1] j'ai entendu dire du bien de cet ouvrage · nous prendrons aussi ou Rapin Toiras ou du Robertson son histoire de marie stuart[2] par exemple elle est Romanesque & se fera ecouter plus que le reste · je ne lui ai pas encore fait une lecture solide a la comtesse · j'ai regret au tems que jai perdu dernierement a lui lire un longuissime roman ecrit de tems de Louis 13 cest Tarsis & Zelie[3] · il y a des choses si fausses par exemple la scène est a Tempé dans le tems des guerres qui suivirent la mort d'alexandre & il fait paraitre un chevalier Romain exactement calqué sur ceux des tournois fait écrire des lettres come auraient faits les preux du tems de Louis 12 · il y mille choses encor dans ce gout · avec cela il ets si chargé depisodes qu'on perd absolument le fil de l'histoire des heros · il ma bien ennuiée en un mot · je ne lui rend en le critiquant qu'une faible partie du mal quil ma fait

J'ai l'honneur de vous souhaiter une boñe nuit madame

a Madame/Madame de Chariere/*a Collombier*

959. *A Henriette L'Hardy, 8 mars 1793*

Vous avez fort mal parlé de vous l'autre jour quand vous avez dit que vous ne saviez pas le françois que vous ne connoissiez pas la vraye & juste valeur des termes. Peu de gens la connoissent aussi bien que vous & appliquent[1] aussi bien le mot à la chose. Quant à l'emploi de maux[2] nouveaux ou nouvellement appliqués à un usage nouveau, c'est une beauté aux yeux des uns un defaut aux yeux des autres. aux miens ce n'est en soi ni[3] defaut ni beauté. J'aime qu'on les employe quand on n'a qu'eux pour bien exprimer sa pensée, je n'aime pas qu'on les employe de preference parce que cela donne un air un peu badeau. Il y en a tel qu'on ne doit pas employer du tout parce qu'il exprime d'une maniere equivoque ce qu'on veut dire ou qu'on l'ote a un usage ou il etoit necessaire tel est le *consequent* auquel j'ai fait son procès. Les marchans de paris disent cet[4] un objet très *consequent*; c'est un homme très *fortuné*.[1] je ne suis pas assez *fortuné* pour entreprendre tel commerce. Il faut leur laisser ce langage. Quant au *marquant* il y a telle occasion où je l'aime assez. Mirabeau etoit passionné de néologisme, deja son pere s'etoit fait une langue à lui seul.[2] Soyons hardis dans notre stile, mettons a contribution toutes les langues tous les patois mais seulement quand nous ne trouverons pas dans les expressions & les tournures usitées de quoi nous faire bien entendre.

Savez vous que Touchon a fait de *son fameux* de *son persecuté*.[3] Il a fort etonné la classe ou compagnie le Roi aussi a etonné par sa lettre & fait[5] plaisir par son postscriptum Faites vous rendre compte de cette affaire. Elle est etrange On avoit fermé les yeux sur ce que le Batême de la petite Comtesse avoit d'irregulier, on n'avoit pas fait le moindre reproche à Touchon & voila qu'il est parlé de difficultés de desagremens. La Ctesse a ecrit en[6] envoyant une boite d'or comme si le Touchon etoit ou alloit être le matir[7] de sa complaisance. Voila en fait de Charlatanerie le pendant de Leschaux. Je ne puis pas souffrir ce vil petit Touchon. Les trois petits laquais, Courant, Touchon, Leschaux, il faut avouer que la Ctesse n'est pas trop bien tombée en fait d'honneteté neuchateloise mais avec cela elle devroit benir la Comté de Neuchatel pour cela seul qu'elle vous a produite. Adieu Mademoiselle. J'ai voulu vous donner aujourdhui cette petite[8] marque de souvenir qui ne signifie rien autre chose sinon que je pense beaucoup à vous. Avez vous eu la permission de remesurer les distances de Bex a Villeneuve à Vevay au Chatelar &c? avec Plutarque[9] & l'histoire d'angleterre[4] il faudroit avoir dans votre exil[10] le Spectateur anglois,[5] & Buffon; & comme vous aimez l'etude de l'histoire peut-être auriez vous la patience ainsi que le tems de lire de Thou. Nous reparlerons du chapitre *livres* une autre fois.

Ce Vendredi 8 mars 1793

a Mademoiselle/Mademoiselle Henriette/L'hardy/a *la Rochette*

960. *De Pierre-Alexandre Du Peyrou, 8 mars 1793*

Vendredi 8 Mars 93

J'ay enfin reçu hier les deux nouvelles lettres[1] dont la premiere m'etoit déja connue, mais que j'ay relu imprimée avec encore plus de plaisir que manuscrite. Je crois que cela arrive ainsi parce qu'on lit facilement un caractere imprimé, sans anoner comme cela arrive avec l'écriture manuscrite. Le ton de ces lettres est sérieux, mais bien nourri d'idées vraies et justes qui amenent les lecteurs à des reflexions utiles. Dans un debut, ce ton eut produit moins d'effet, mais il va tres bien à la suite du premier ton fait pour attirer et disposer l'attention.

Il y a de l'addresse dans la reponse du suisse à flatter l'amour propre de ses compatriotes en citant ceux d'entr'eux qui se sont distingués; Il y a des traits de sensibilité sans appret, si naturels, si à propos que leur effet sur moi etranger ne peut etre sterile sur ceux qui doivent s'en faire l'application: mais où avés pris tout ce que vous cités de traits ignorés, et cette Rosine[2]? Celle ci à la rigueur peut être sortie, comme Minerve, du cerveau de Jupiter; mais les traits caracteristiques des artistes! vous vous en etes bien assurée sans doute?

Voila M.r Rougemont[3] arrivé, et le voyage du neveu derangé. mais je vous l'ay mandé. L'indice donné par Vaucher regarde l'oncle maternel et non le neveu. Nous n'avons pas ici de temoins oculaires, mais il en est plusieurs à Paris, qui sur le dire des oriculaires, citent dés circonstances à ne laisser aucun doute. Remarqués qu'on na eu recours à l'extravagante lettre de *B*, et à croire y reconnoitre au seul mot neuchatel de la suscription quelque ressemblance de main qu'ensuite de l'indice connû par la Dame à qui vous l'aviés mandé. à quoi bon une lettre insignifiante, sans aucun mot de guet, si elle etoit destinée à se faire connoitre? Je quitte la plume, plein d'emotion de ce que Chopin[4] me montre du moniteur ou l'annonce de la prise de Breda est certifiée par le ministre de la guerre.[5] Malheureux Bataves! quel sort vous est reservé! Bonjour madame.

A Madame/Madame de Charriere/à *Colombier*

Samedi 9ᵉ mars 1793

J'ecris de provision ayant un petit quart d'heure qui n'est destiné à rien & bien aise dailleurs de vous dire très souvent un petit mot.

Laissez revenir M. Sandoz[1] frere de Mᵉ Bosset; la liaison avec la sœur acheminera à une liaison avec le frere. Il aime les talens. Il s'engoue des vertus. Il est un peu bisarre, & son amour propre est pointilleux à l'excès mais sa probité est extreme, il a de l'esprit & de l'instruction. *Je veux* qu'il epouse Lucinde s'il a le bonheur d'apprendre à la connoitre... mais Lucinde ne se degoute t-elle pas un peu du mariage en voyant les maris? M. Bosset[2] honnête homme & point sot n'a peut-être pas été un seul jour sans tourmenter plus ou moins sa femme. Vous voyez comme le monarque a traité les siennes. C'est egal, la nature et l'imagination ont leurs droits, Et nous aurons un mari s'il est possible d'en avoir un qui au moins mele quelques roses aux epines dont l'hymenée a les mains si pleines que quoiqu'il en repande il lui en reste toujours.

Quoi lire haut tout Tarzis & Zelie.[3] C'est un martire! A t-on lu Clarisse? Je puis en remettre une belle edition ornée de planches de Char...iki.[4] je ne sai pas bien son nom. aureste esperez en l'ennui de la comtesse. Vous ne resterez pas très longtems à Zug supposé que vous y alliez. A t-on receu la response du Roi au[1] dernier mot de Demi Reine[2]? Je doute fort que les lettres aillent et viennent aisement dans la sauvage retraite ou elle veut s'enterrer. Mais encore une fois cela ne durera pas longtems. Peut-être qu'en automne vous irez à Turin ou a Milan & y vivrez comme le vulgaire allant au spectacle & recevant des visites. Cela dependra en partie de la tournure que prendront les affaires politiques. Je suis toujours fachée que ce ne soit pas en angleterre que vous ailliez. Bon gré mal gré, la Cᵗᵉˢˢᵉ confondue dans la foule s'y amuseroit de tout ce que les arts, le luxe, l'esprit libre & ingenieux de la nation lui offriroient chaque jour de nouveau & de precieux. Dailleurs[3] la retraite par laquelle elle y debuteroit seroit si peu remarquée que cela seul l'en feroit sortir. à Londres surtout on ne s'informe pas si son plus proche voisin vit seul ou avec le monde; de lait ou d'ortolans, dans l'indigence ou dans la profusion. Ce n'est qu'à la Cour de Sᵗ James que vivant comme dans un cloitre on est curieux comme des nones. Il seroit plaisant que la Cᵗᵉˢˢᵉ s'embarquat en Italie pour l'angleterre; qu'elle fut prise par des pirates & menée dans quelque serail. Elle joueroit assez bien le role de Roxelane chez le grand Seigneur.[5] Vous aimez mieux dites vous les vivans que les morts, Je comprens cela très bien; ecrire que lire, je le comprens encore. Eh bien faites comme Mᵉ de Staal[6] ecrivez des memoires. 1ᵒ[4] Auvernier Neuchatel vos aventures d'ecoles & de pension; 2ᵒ Mᵉ Sandoz son pere sa mere & Les Dupaquier;

3° Francfort, Berlin Potsdam le Roi sa Demi Reine les courtisans de Demi Reine; 4° l'aventure des lettres de la brouillerie du depart le voyage l'arrivée; 5 Auvernier Gothendar[7] l'abaÿe[8] Courant & sa femme; 6 Neuchatel la Rochette Mc Bosset la vieille comtesse la petite Bandebourg. Voila 1, 2, 3, 4, 5, 6[5)] chapitres qui tous seroient interressans. Vous me les enverrez à mesure que vous en aurez ecrit un Si je trouve quelque chose à dire à la diction je ferai des nottes. A propos Voltaire[9] ne vous a-il pas amusé? avez vous reconnu quelque chose de votre Berlin de votre Potsdam dans ceux de il y a 50 ans? adieu je finirai demain ou Lundi...[6)] J'ai eu Samedi au soir un attroce mal de tête qui a duré hier en diminuant presque tout le jour. adieu donc je n'ajouterai rien a mon bavardage de samedi matin.

Ce Lundi 11e mars

a Mademoiselle/Mademoiselle Henriette/L'hardy/a la *Rochette*

962. *A Henriette L'Hardy, 11 mars 1793*

Si vous vous fussiez un peu moins hatée, un peu plus informée vous n'eussiez pas ecrit au Roi, car Touchon vous faisoit un conte; l'enregistrement n'a souffert aucune difficulté. Voici ce que je sai de cette affaire. Touchon demanda à je ne sai quelle commission, à quel comité eclesiastique une authorisation pour ce batème en chambre, & ce comité lui repondit n'être pas competent pour donner l'autorisation qu'il demandoit. *Si vous etes resolu*[1)] lui dit un des membres du comité *à passer outre sans consulter nos superieurs vous eussiez mieux fait de ne nous pas consulter non plus.* Il batise. On s'adresse pour l'enregistrement à un M. Fabry[1] controleur de ces sortes d'actes. Celui là fut un peu embarassé parceque cet enregistrement se fait d'ordinaire avant le batème & non après. Il s'adresse aux ministres qui lui disent aussi tôt qu'il n'y a qu'à enregistrer & tout se fait sans reclamation ni reflexions aucunes.

Assez longtems après voila une lettre de M. Marval pas trop douce ni seante à ce que l'on dit accompagnant une lettre du Roi *Touchon n'a rien fait que par mon ordre* &c Puis après la lettre un postcriptum de la main Royale elle même, disant a peuprès: «Si j'avois su que cette maniere de «batiser ne fut pas selon vos usages j'aurois fait ensorte que la chose se pas-«sat autrement car je sai ce qu'on doit de respect aux loix et usages du paÿs «où l'on se trouve.»

La classe ou compagnie a été un peu surprise de la lettre & très contente du postscriptum dont[2)] M. le Doyen Bonhote[2] a été chargé de remercier le Roi en même tems qu'il lui diroit sans attaquer du tout le Touchon que nulle opposition n'avoit été faite au batème, que nul chagrin n'etoit arrivé au ministre &c. Je ne pense pas que vous soyez encore en correspondance avec sa Majesté mais vous pouriez prier M. Marval d'ecrire au Roi que vous aviez été mal informée quand vous lui avez demandé un ordre pour faire faire ce qui etoit deja fait. La personne qui m'a raconté ceci croit que le delai de l'enregistrement n'a été que de quelques heures. Vous pouvez exiger de Touchon qu'il vous raconte cela lui même. Nommez moi si cela vous convient quand vous voudrez le questionner. M. le Ministre[3] dinant ici peu après ce batême je le lui appris.[3)] Il l'ignoroit absolument. Tout cela n'avoit pas fait un pli parmi ces Messieurs.[4)] Je pense que les choses de ce genre n'auroit pas lieu à Zug ni à Bex mais en tout cas laissez la Comtesse ecrire elle même à M. Marval & ne vous chargez pas de l'odieux que son despotisme & son mauvais cœur[5)] à elle & son arrogance & *outre cuidance* à lui pouront avoir. N'y soyez, croyez moi, pour rien du tout. Là voila hors de couches. Elle poura agir, ecrire; que sa precipitation ne soit plus secondée par celle que votre bonne volonté pouroit vous donner. Si par hasard vous aviez ecrit à quelqu'un à neuchatel dans la même affaire d'une maniere dont on put tant soit peu se plaindre tachez de racomoder cela. on m'a insinué quelque chose que je n'ai pas bien compris. Je vous le dirois clairement si je le savois clairement car je vous honore trop pour vous rien taire de ce que j'apprendrois à votre desavantage. Le Touchon est un vil animal. on croyoit qu'il n'avoit fait tout cela que pour avoir quelque present. C'est bon qu'il ait le present mais n'ait pas le titre. Vous avez fort bien fait en cela que vous avez dejoué sa finesse. Je pense que j'eusse fait tout comme vous & que je n'aurois pas su mettre mettre[6)] en doute la verité de ces dificultés. Pusique je suis encore dupe tous les jours je serois bien mortifiée si vous qui etes jeune ne l'etiez pas quelque fois. Vous avez du vous croire, entre le Touchon la cousine & la Comtesse à une veritable cour. Le Marval est aussi un personnage de cour. Il fait de son fameux à sa maniere. L'autre jour il parla comme si de rien n'etoit à M. de Charriere des lettres interceptées des Emigrés.[4] Il est aimable il a de l'esprit & encore plus d'audace; ayant vecu avec des gens moins spirituels que lui il se croit au dessus de la penetration & de l'adresse de chacun. Nous avons été assez liés. Nous ne le sommes plus du tout. Il s'est pourtant empressé tout dernierement à me rendre un petit service. Il aime que sa[7)] fille[5] vienne chez moi. L'un portant l'autre une mediocre liaison vaut mieux avec lui qu'une plus grande Il manque d'un certain *tout de bon* qu'il m'est necessaire de trouver dans les gens. C'est toujours de l'esprit qu'il a.[8)] Il parle de la tête. Ce n'est pas comme le loyal secretaire d'Etat[6] qui fremit de tout ce qui est injuste pour le fond ou irregulier pour la forme, qui n'iroit pas même par des voyes obliques à un bon but; qui sent vivement ce qui est bien et ce qui est mal & ne dit jamais que ce qu'il pense. Avec les Marval je me crois sans cesse à la comedie & n'etant pas comedienne moi même la scene me reste etrangere & me devient fatigante par le role forcé que je suis obligée d'y jouer. Le commencement de notre rupture vint de là. Il est etonnant, dis-je à M. Marval, qu'après plusieurs années de connoissance je ne me sente pas plus votre amie qu'au[9)] le premier jour que je ne vous croye pas plus[10)] mon ami qu'à la premiere heure, que même je ne sois pas du tout au fait de vos pensées, ni de votre cœur. Il se recria. Cela est très vrai lui dis-je & j'avoue que cela me lasse. Des gens perpetuellement etrangers me deviennent desagreables je sai trop qu'il n'y a nulle intimité ni confiance à esperer avec eux. Après quelques lettres, beaucoup de lettres, & quelques torts que j'eus seule je l'avoue nous en sommes venus à ne nous plus voir du tout. Je reconnois tout son esprit je sai que c'est l'homme le plus aimable du païs, le seul homme peut-être qu'on puisse appeler aimable · avec cela je ne le regrette pas du tout. Un masque qui ne tombe jamais a beau être agreable il m'ennuye à voir.

Je tacherai d'avoir la lettre du Doyen[7] & de vous la faire lire. Ne donnez à M. Marval la commission que je vous conseillois que lorsque vous serez parfaitement instruite par le moyen de Touchon lui même ou de Me Bosset ou de M. Sandoz (Alphonse) de ce qui s'est passé. M. Sandoz s'en informera si vous l'en priez. Je ne desirerois ce mot au Roi que dans la supposition qu'il put vous savoir quelque mauvais gré de la lettre que vous lui avez fait écrire. Peut-être qu'au reste je lui fais trop d'honneur & que tout cela est deja oublié. Une fausse demarche de plus ou de moins n'est pas en effet une affaire pour Frederic Guillaume Avez vous de ses nouvelles? at il repondu à sa demi moitié? Pour celle ci elle m'impatiente de plus en plus · je vois qu'on ne peut rien lui dire; qu'il faut lui taire a peuprès tout[11)] ce qui la concerne pour qu'elle ne se demonte pas comme un enfant colerique pour qui l'on craint d'effrayantes convulsions.

Les chateaux dont je parlois sont beaucoup[12)] plus loin de Bex que Villeneuve. Il sont sur la hauteur qui domine Vevey en deça de Motereux[8] & de Clarens. Au dessus de Chateau Chirol.[9] Je vous les indiquois pour demeure & j'etois loin de penser qu'ils fussent des epouvantails.

Ce qui me faisoit vous dire si vous avez dit ou ecrit quelque chose d'un peu brusque raccomodez cela, c'est qu'une Lucinde ne peut trop eviter les ennemis. Il ne faut pas rechercher bassement des amis mais bien se garantir de toutes les petites vengeances de tous les mots piquans que des gens qui nous semblent exister à peine savent jetter à propos contre ceux qui les ont blessés. J'apprens que vous n'etes pas aimée des Courans;[10] à la bonne heure cela ne pouvoit pas aller autrement. Adieu. Lucinde Pardonnez moi mes sermons ils partent d'un fond que vous devez aimer.

Ce Lundi au soir.

Mardi a midi

Je ne m'abuse pas sur les epines madame je les vois mais je sens aussi que les roses en emousseront les pointes plus encor pour moi que pour le grand nombre des femes qui lors quelles se marient jeunes surtout ne voyent que plaisir dans letat ou elles entrent – J'ai vu madame Bosset souffrir souvent de certaines tournures de m^r qui me mettraient aussi fort mal a mon aise – mais la satisfaction quelle eprouve au milieu de son fils & de sa fille[1] les lui fait oublier bien vite & je crois que je la sentirai encor plus vivement qu'elle – avec tout cela madame je resterai Lucinde a toute eternité · les vertus & les talens auront plus déclat chez mesdemoiselles de Pierre[2] de merveilleux[3] & tant dautres dont l'alliance flattera plus que ne pourrait faire celle que vous avez la bonté d'imaginer mais pour ne point faire de ma raisonnable[4] plus qu'au fond je ne le suis j'avouerai que ce n'est pas sans chagrin que je renonce a l'espoir dont vous voulez bien me flatter madame – Mon cousin n'est point encor de retour il ne reviendra surement pas sans avoir trouvé quelque chose soit a Zug soit ailleurs que la maison puisse se chauffer ou non quil fasse beau ou mauvais tems nous partirons aussi tot que nous saurons ou aller · la Comtesse na point recu le dernier mot & n'espere plus recevoir grand chose elle vise a la tranquilité & croit que celle de sa retraite passera jusqu'a son ame[5] – si le roi retourne a Berlin l'hiver prochain que l'ennui ait eté excessif pendant lété & quil presse un peu pour qu'on retourne avec lui on ira surement · je vois qu'on a toujours le cœur a Potzdam qu'au travers des resolutions qu'on prend de l'oublier on fait des plans qui ne peuvent s'exécuter que la – nest ce pas de l'inconséquence? Mais si sa majesté retourne sans rien dire nous aurons beau nous ennuier a Zug nous y resterons la comtesse renoncera au comerce des humains de toutes les nations & si contre mon attente elle se decidait a voyager ce ne serait jamais en angleterre ou son ennemie la Duchesse d Yorck[6] tient un rang dont elle ne pourait suporter de la voir jouir – son sort sera toujours bien triste · le seul adoucissement que j'y voye c'est quelle ets mere de la fille d'un Roi · heureusement la tournure de son esprit le lui fait gouter plus que je ne ferais

Mardi au soir

J'ai ecrit ces deux pages pendant que la comtesse shabillait · après le diné on ma remis votre lettre madame elle ma fait faire des reflexions très attristantes – il nest donc pas un sentiment pas une resolution toute aprouvée qu'elle soit par le cœur & la conscience dont il ne faille se defier — après m'etre chagrinée pendant toute la soirée jai cherché a me rappeller toutes les circonstances qui ont précédé & suivi ce Batême – les

voici en abrégé – Lors que le Roi eut nommé Touchon je demandai a
la comtesse si elle ne lui ferait pas dire quelques jours d'avance *l'honeur
qui lui etait réservé* (je faisais cette question parce[1]) ma tante villeumier[7]
m'avait fait dire qu'il netait pas permis a nos eclésiastiques d'administrer
les sacremens en chambre) la comtesse me dit qu'elle ne se létait pas proposée de crainte que cela ne se repandit (elle veut du mistère en tout) je
lui apris alors que je craignais des difficultés quil serait prudent de prendre
des précautions contre cela puisquelle voulait absolument que la ceremonie se fit le jour meme · que le roi serait nomé · la dessus elle s'emporte
sappaise se lamente crie a l'insubordination la vieille mere charge encor
la scène au milieu de tout cela elle me charge d'ecrire a Touchon · je le
prie de faire tout son possible pour arranger cette affaire je dis que dans
ce moment ci un refus tirerait peut etre a conséquence · il consulte on ne
veut pas l'autoriser il l'ecrit & añonce en meme tems quil prendra tout
sur lui sil peut se flatter d avance de la protection du Roi en cas de persécution on me la fait promettre il batise le jeudi – le dimanche après c^t[8]
vient me dire que T. est dénoncé au magistrat pour avoir contrevenu aux
reglemens aux loix · le lundi T: m'ecrit ses frayeurs detre tourmenté a lassemblée prochaine dit · me fait dire · que le titre le tirera de peine · la
comtesse ecrit le mardi pour le demander · le soir je vis m^d Bosset a qui
je fis part des evenemens de la journée · le mercredi au soir elle me dit
avoir apris en ville qu'on laisserait m^r T. en paix – & vite je crois quil a
joué le malheureux pour avoir le titre · aprésent je crois qu'au fond il
avait un peu peur il n'est donc pas si coupable – je ne me rapelle plus ici
si ce fut le jeudi ou deja le mercredi quil voulu venir remercier la comtesse de ce quelle faisait pour lui (elle mavait chargée de le lui ecrire pour
le tranquiliser) elle était malade lors quil vint me chargea de le recevoir
& de lui demander si l'enregistrement des noms & des parens de l'enfant
etait fait · le roi avait insisté la dessus dans ses lettres · il en fallait une copie
pour la lui envoyer je ne me rapelle pas non plus sil me dit avoir consulté
la dessus ou demandé a le faire mais il m'assura quil fallait un ordre direct
du Roi qu'aucun deux ne saviserait de doñer un enfant a sa majesté sans
son aveu que m^d la comtesse ne setait point faite conaitre ici que le Roi
n'avait jamais parlé d'elle que cela ne pouvait pas se finir ainsi quil sentait
que ces doutes ne pouvaient pas etre proposés a la comtesse et que son
intention etait de mécrire a ce sujet s il navait pu me voir en particulier · je
trouvais la chose très juste · la comtesse croyait avoir tout arrangé en
demandant le titre · parler encor de nouvelles difficultés cétait renouveller les scènes passées · je vais chez m^d Bosset lui faire part de mon inquietude elle entre dans les raisons que touchon ma doñées du retard & nous
concluons quil faut avoir cet ordre que le seul moyen de se le procurer
cest que j'ecrive & j'ecris – le Roi au lieu dun ordre en envoye deux un
a marval l'autre a Touchon tout s'arrange sur la seule lettre de Tou-

chon · mʳ marval etait a Berne il ecrit de la a la comtesse fait de grands offres de services cela arrive après que tout ets fini & fache la comtesse qui me charge de le remercier & de lui faire des excuses · je le fais & je crois etre exempte de tout reproche je nai ecrit a persoñe qua lui & ma lettre est la plus insignifiante du monde · que peut on vous avoir insinué madame · votre bonté pour moi vous aura peut etre exageré le tort qu'on me fait · pouvais je aigir autrement pouvais je me defier de ce que tᵍ me disait relativement a l'enrégistrement · il a ecrit au roi lors que tout a été fini il nous a lu sa lettre il dit: il ne fallait rien moins qu'un ordre de vm pour terminer cette affaire après que mʳ marval a eu produit arrogamment la sienne (mʳ Bosset etant en correspondance avec lui la Comtesse lavait fait prier par moi de faire savoir a mʳ marval que tout etait terminé & quil navait pas besoin de faire aucune demarche je ne sais pas si l'avis de mʳ Bosset est arrivé après que mʳ Marval eut expédié ici la lettre du Roi & la sienne a lui · en ce cas il serait excusable mais sil la fait après cetait uniquement pour se doner des airs je crois presque a cette premiere supposition parce que v[ous] me dites madame que l'enrégistrement na souffert de delai que de quelques heures mais a compter surement du moment ou T lavait demandé sa lettre a la main · celle de marval sera arrivée la dessus ainsi il na pas pu avoir celle de mr Bosset · ma lettre de remerciemens etait du courrier après) – a la suite de cette lettre mʳ Bonhote a ecrit que toute cette affaire n'aurait souffert aucune difficulté &c · me voila dementie & Touchon aussi · que faire · le Roi aura passé sur tout cela l'aura oublié · lui faire ecrire encore a se sujet serait doner lieu a de nouvelles tracasseries de nouveaux mésentendus · ne serait il pas plus sage de laisser toute cette affaire · quest ce qu'on me reproche · d'avoir agi daprès ma prémière impulsion trop a la légere · on a raison · mes intentions etaient droites · on ne le croit pas aprésent · pensez vous madame que des explications puissent en convaincre ceux qui m'accusent · je ne sais qui ils sont je suis fachée quils me méconnaissent mais je crains de ranimer cette affaire quand je me rapelle bien tous les discours de T. je me persuade quil a eu un peur un peu²⁾ & beaucoup d'envie du tire · il y a moins de fraude dans son fait que sil avait eu uniquement le titre en vue il merite plus dindulgence – je crois que tout ceci est bien mal dit pourrez vous me comprendre madame – Bon Dieu je vous occupe bien souvent désagreablement je vous en demande mille pardon

a Madame/Madame de Chariere/*a Collombier*

964. *A Henriette L'Hardy, 13 mars 1793*

Le Guillaume Sandoz[1] en question professe ne se pas vouloir marier; il n'a gueres pu y songer jusqu'à cette heure car son pere & sa mere avoient quelques dettes & ils vivoient, mais a present il a son bien & je suppose les dettes payées ou bien près de l'être, & si M. Bosset d'Hollande[2] frere du votre venoit à mourir, ou si lui Sandoz etoit placé par les evenemens de la guerre dans un poste avantageux dans l'armée ou à la cour, le premier engouement qu'il prendroit, et il en est susceptible pour une personne telle que Lucinde, pouroit bien triompher de son herissement contre l'hymenée. Faites un peu parler Me Bosset de son frere. Je souhaite pour que vous puissiez la bien comprendre qu'elle ne fasse pas des frases d'un quart d'heure de long comme je viens d'en faire une.

Repetons ma liste de livres;

Plutarque, le Spectateur, des historiens, Mlle de Montpensier,[3] La Bruyere, Montagne.[4] Quant a moi je ne voyage pas sans Racine & Moliere dans mon coffre & la Fontaine dans mon souvenir.

Tout de bon commencez vos memoires.

Je suis née à Auvernier village sur le bord du lac de Neuchatel le....... Cela sera amusant. Vous vous rapellerez des originaux qui vous divertiront;[1] voulant peindre & vous & d'autres, vous en[2] apprendrez à mieux connoitre & les autres & vous.

Je vous sais à fois[3] bon & mauvais gré de ne pas me dire un mot de certaines petites lettres[5] qu'on m'a engagée à ecrire. Si vous ne les avez pas lues ce n'est ni bien ni mal à vous de n'en rien dire, si les ayant lues[4] vous les avez trouvé plattes c'est bien; Si les ayant lues vous ne les ayant[5] pas trouvé plattes c'est un peu mal car votre aprobation ne peut que me faire plaisir.

Ce 13 mars 1793

A Mademoiselle/Mademoiselle Henriette L'hardy/a la *Rochette*

965. *A Henriette L'Hardy, 13 mars 1793*

C'est *moi seule* qui vous ai accusée de precipitation & cela d'après votre recit à *vous seule*. Touchon n'avoit pas été *denoncé*, n'avoit eprouvé aucune *difficulté*, au contraire chacun etoit charmé qu'il eut pris la chose sur lui. Il n'a point eu *peur*, j'en suis très sure, & suposé que l'enregistrement ne fut pas deja *fait* quand il vous a dit qu'il etoit impossible sans des ordres du Roi je suis persuadée qu'il[1] a eu lieu sur sa seule demande & sans même avoir la lettre du Roi *à la main*. S'il l'avoit eue on s'en seroit souvenu dans l'assemblée de la classe & comparant la datte de l'ordre donné à Touchon avec celle de la lettre envoyée à M. Marval la surprise de la classe ne fut tombée sur autre chose que sur le ton couroucé de cette lettre partant de francfort[2] en même tems que son premier ordre donné. Touchon, permettez moi de le croire, est un meprisable mortel. Il fait dire par C[t1] ce qui est faux, qu'il est denoncé, cela me paroit demontré, & je parie dix contre un que l'enregistrement s'est fait avant l'arrivée de l'ordre du Roi ou sans qu'il ait falu l'exhiber. Je saurai cela au juste. Ce qu'il y a de très sur c'est que la classe n'a eu connoissance de la lettre ecrite à M. Marval que le premier mercredi de ce mois; le 6.   Je ferai ensorte de savoir aussi quel jour fut enregistré le batême. Mais pour en revenir à la precipitation dont je vous accusois, je l'ai trouvée dans cette lettre ecrite au Roi sans savoir si en effet l'enregistrement avoit eprouvé, eprouveroit, pouvoit eprouver des difficultés. Je ne le pense pas. Un batême etant fait il n'est question que d'ecrire sur les registres de l'eglise qu'il est fait. C'est un sacrement qu'on ne peut annuller ni invalider ni nier si celui qui l'a administré avoit le caractere necessaire, s'il etoit qualifié pour cela. En[3] même tems que j'ai nommé[4] cette lettre un acte precipité, je l'ai trouvée une demarche très naturelle produite par un credulité toute aussi naturelle. Quant à la demarche de M. Marval je la trouverai[5] inexcusable tant que je serai persuadée comme je le suis qu'il savoit bien que tout etoit fait quand il s'est donné le plaisir de tonner sur la classe. *La lettre du valet ne valoit pas celle du maitre* m'a dit quelqu'un qui les connoissoit toutes deux. Celle de M. Bonhôte ecrite au nom de la classe[2] confondroit ces vils valets et éclaireroit le maitre s'il avoit des yeux pour voir. Fait comme il est, je pense que vous avez raison de vous embarasser peu de cette affaire, mais si je pouvois apprendre que l'enregistrement[6] à été fait sans exhibition aucune d'ordre quelconque je vous le dirois pourtant & alors vous feriez très bien d'ecrire en deux mots: Je suis fachée d'avoir été assez credule pour avoir cru devoir[7] mander à votre majesté des difficultés qui n'existoient pas relativement à l'enfant de M[e] la Ctesse & provoqué de votre part un ordre à nos ministres auquel[8] ils avoient obei d'avance.

Apresent, ce qu'on m'a insinué n'avoit été aussi qu'insinué à la personne qui me l'a dit. Cette personne avoit été chez un mari & une femme chez qui l'on avoit parlé de vous. La Dame avoit haussé les epaules & balbutié quelques mots qui finissoient par *une lettre à coups de poings! Pas du tout* avoit repondu ou interrompu le mari, *pas du tout à coups de poings; mais vous avez une maniere d'envisager les choses....* la dessus il auroit haussé[9] à son tour les epaules. Mon historien & moi avons cru que vous aviez ecrit quelque lettre un peu brusque nous ne savions à qui mais puisque vous n'avez ecrit à personne il faut que l'on ait eu la lettre de M. Marval dans l'esprit, & qu'on l'ait envisagée comme ay[ant] été provoquée par vous. Tout cela est miserab[le. C]'est un echantillon de ce qui se passe tous les jours pour des objets plus importans, aux cours & de la part des valets de cour vis à vis de ceux qui approchent les maitres Cela doit vous faire très peu de peine mais vous donner beaucoup à penser. Beaucoup se defier, se presser lentement comme dit le proverbe Italien[3] Voila ce que ne peut trop se dire une personne franche & vive & à l'esprit de la quelle je ne soupçonne aucun defaut que d'aller trop vite en besogne pour que ses desseins acquierent toute la maturité & soyent accompagnés dans leur execution de toute la circomspection necessaire.

Ce Zug me fait peur. Prenez outre Mlle de Montpensier que je vous ai recommandée dans ma derniere enveloppe la Bruyere & Montagne. Savez vous quelle resolution me paroitroit la plus noble la plus sage la plus propre à ramener le Roi ce seroit celle de partir en May ou Juin pour Berlin avec vous, l'enfant, les gens, & d'y prendre un logement à l'autre extremité de la ville que celle ou je suppose le chateau. Elle verroit son fils supposé qu'elle ne put l'avoir; elle y soigneroit sa fille au vu & au su de tout le monde; elle se montreroit peu sans se cacher entierement. A coup sur elle interresseroit le public & selon toute apparence le Roi lui même & sa famille.

Ce mercredi après diner.

a Mademoiselle/Mademoiselle L'hardy/a *la Rochette*

---

966. *De Pierre-Alexandre Du Peyrou, 13 mars 1793*

Mercredi 13 Mars 1793

Eh non; votre memoire est tenace et point perfide et cependant je ne crois pas avoir été un etourdi. Vous aviés écrit la phrase et plus qu'elle; car vous ajoutiés, *soit à M[r] du P: lui meme*; mais plus bas vous disiés, après avoir parlé de l'article de l'argent, «Envoyés donc seulement le nom et «la demeure de la femme. Mr du Paquier n'est pas parti encore; il lira le «billet avant *d'aller à Neufchatel.*» C'est cette phrase qui ma decidé à vous écrire mon chiffon. J'etois pressé par l'heure. Vous ne m'aviés rien dit sur les relations de m[r] du P: avec m[r] Vaucher, ni que ce premier dût passer le jour chez le second. Il s'etoit elevé un brouillard dans ma tête. J'ay saisi le premier éclairci[1] qui s'est offert; *Il lira le billet avant d'aller à Neufchatel.*

Il y a bien d'autres brouillards dans toute cette affaire. C'est la Tour de Babel. Tâchons d'expliquer les dits et de concilier les contredits. Il paroit que *Du P.* connoit la maison de refuge de *fred*[ch2] mais non la proprietaire qui est la veuve Bayle[3] qui *fred.* lui meme ne connoit quoique logé deux fois dans sa maison. Mais ne vous ay je pas dit que *fred.* etoit logé chez un locataire de cette maison ancien domestique d'Ostervald[4] de Paris, marié, et sa femme ayant une sœur, mais absente dans ce moment, et dont le logement consistant en un petit *cabinet* servit à *fred*: qui au reste mangeoit avec le mari et la femme, le tout à l'insçu supposé de la maitresse du logis. Celle ci ne tenoit pas hotel garni, mais soulouoit des logemens chez elle. *Du P.* n'auroit pas pris la femme du domestique chez qui logeoit *fred*: pour la maitresse de la maison, et de plus pour une fille qui n'avoit que ce *Cabinet* à donner? Cette Boulangere employée quelque tems à nourrir *fred*ᵏ n'a surement pas servi à cet usage, lorsque celuici etoit chez la veuve Bayle et mangeoit avec ses hotes; mais dans les diverses retraites du fugitif, il a dû avoir besoin sans doute des services de cette boulangere et de plusieurs autres personnes. Remarqués encore que *fred*: ne s'est retiré chez la vᵛᵉ Bayle qu'il ne connoissoit pas, qu'il n'a pas meme connüe, logé dans sa maison, que lorsqu'apperçu par un petit Perruquier qui venoit peigner *Pury*⁵ chez lequel *fred* s'etoit retiré de prime abord, il crut necessaire de deloger, et que c'est alors 14 aoust qu'il fut chez la *v : B.* C'est ce meme petit Perruquier qui a dit à mon milanois avoir vû *M:*⁶ tué. Je dis donc que les dire de *du P.* sont vrais pour lui, sans l'etre pour nous, parce qu'il ne connoit qu'une partie des circonstances du logemᵗ de *fred.* Je dis encore que ce pauvre *M* qui ne faisoit que d'arriver, manquoit necessairement d'une foule de renseignemens que devoient avoir ceux qui habitoient Paris depuis longtems, et que sauvé du premier choc, il auroit eû peine à échaper aux poursuites subsequentes ne s'etant ouvert à personne de sa connoissance, ce qui paroit incroyable. Le supposant échapé au massacre du 10, il paroit impossible que personne, parmi tant de camarades, de parens meme qu'il avoit à Paris, n'en ait eu aucun renseignement, tandis que des etrangers affirment sa mort, et meme des circonstances. Pour moi, sans rejetter une chance possible à la rigueur, je la reduis non pas comme d'une à cent, à mille, mais à un millard et plus.

Nous ne nous entendons pas non plus sur l'histoire de la lettre. Quand je la dis extravagante, ce n'est pas par elle, mais pour le but auquel on l'attribue; celui de se faire connoitre connoitre¹⁾ pour un tel. Dans cet objet, vous conviendrés que 1º l'histoire de la Cassette seroit sottement mise en avant puisqu'elle devoit donner l'eveil, si la lettre etoit interceptée, à des recherches dangereuses. 2º que pas un mot de cette lettre ne mene à l'objet qu'on suppose en vue à son écrivain, tandis qu'il etoit si facile, si naturel, d'indiquer quelques mots du guet: Enfin que la ressemblance de caractere dans²⁾ suscription, ne se rencontre que dans le mot *Neufchatel*, et meme qu'elle n'a été remarquée qu'après coup. Aujourd'hui que vous m'apprenés que plusieurs mois auparavant de pareilles lettres ont été envoyées à la maison *P* et *C.*⁷ je dis plus que jamais qu'elles n'ont aucun raport avec *M*; et que plus que jamais aussi il est extravagant de donner à celle à Chaillet une importance relative à *M.* Elle prouve seulement que l'écrivain n'etoit pas mort alors; qu'il avoit réellement des effets interessans cachés quelque part; et que rebuté du silence d'une maison, il faisoit une tentative auprès d'une autre maison de commerce. Qu'estil devenû depuis? Ce n'est là qu'un objet de simple curiosité qui ne nous engagera, j'en suis sur, à aucune demarche. Je suis entré dans ce Labyrinthe pour vous en tirer vous même car à vous entendre, il est clair que vous ne m'aviez pas entendu – J'attends m^r de Montbarey d'un jour à l'autre pour l'affaire de Legaules,[8] dont il s'est occupé, et dont il doit m'entretenir –. Je suis plus rassuré sur la hollande depuis les dernieres nouvelles, mais je crois que les places de la flandre hollandoise sauteront toutes, et meme que Gertruydenberg est pris.[9] Sans doute que c'est l'objet de substanter,[3] d'occuper une multitude sans ressource et d'entretenir la fievre francoise, qui force lés gouvernans à ces extravasions[10] au dehors; et de plus peut être à en faire de vrais brigands en les laissant manquer de tout. Ils connoissent les hommes avec lesquels ils ont à faire, et savent que les françois ne valent que sous une main de fer bien dorée. Mais gare des revers successifs. Pour moi, c'est de l'interieur même que j'attends avec beaucoup d'atrocités encore, le remede efficace à tant d'horreurs.

Insensiblement me voila parvenû à la fin de mon papier. Quand je pourrai vous aller voir, nous traiterons la matiere à fond. Bonjour Madame.

967. *D'Henriette L'Hardy, 14 mars, 1793 le matin*

Jeudi matin

Oh je méprise & t & m[11] tout autant que vous madame · le premier a été ici avant hier le second hier ils sont du dernier vil – marval a dit qu'il avait envoyé la lettre du Roi a la classe quoi quil sut déja que tout s'arrangerait sans cela afin qu'on vit avec qu'elle bonté il traitait ces messieurs – Sa visite a eté assez longue je nai pas tenu tout le tems quil est resté · mon cousin est arrivé je suis venue ecouter la relation de son voyage il a traversé le canton de Lucerne avait envie de nous trouver une demeure dans celui de Zurich a cause de la réligion · tout y est plein d'emigrés · a Lucerne il aurait fallu subir trop de formalités il aurait fallu des papiers d'origine &c · il est allé a Zug · le hazard lui fait rencontrer le Landhaman du canton[2] il souvre a lui il a une jolie maison quarée dans le village de Bahr[3] pres du lac entourrée de vergers quil louera quil meublera pour la fin du mois nous serons sous sa protection · pourvu que l'on doñe de tems en tems quelque aumone aux capucins on sera bien vu des paysans · enfin il sen est tenu la · cest je crois ce qui entre le mieux dans les vues de la comtesse – le pays n'est pas sauvage mais si peu fréquenté que les grands chemins ne sont gueres plus larges & plus battus que des sentiers. cest a 35 lieues d'ici – Un porteur de lettres payé par la petite ville

de Zug va a Zurich tous les jours de courrier & en aporte tres promptement les lettres[4] · la distance n'est que de 5 lieues[5] · avec les livres que
vous avez la bonté de m'indiquer & la permission de vous ecrire madame
cela sera encor supportable

968. *D'Henriette L'Hardy, 14 mars 1793 l'après-midi*

Jeudi a 3 heures
la comtesse a reçu ce matin par une voie très oblique une lettre de ce
vieux philinte dont parle mirabeau[1] il est le cousin de la vieille comtesse
sa lettre ne contient que des félicitations sur son heureux accouchement
& quelques flagorneries – elle lui repond dans ce moment & je viens passer un agréable quart d'heure en repondant aussi a la petite lettre[2] que j'ai
recu ce matin

Je ferai demander a Fauche les livres que vous avez la bonté de m'indiquer madame jaurai soin de cet article sans quoi on menfermera encor
tout cela avec les livres dorés qui ne doivent voir le jour qu'a Potsdam · racine moliere & la fontaine sont deja au fond de la caisse je sais
moliere presque par cœur je conais un peu moins racine mais assez pourtant pour que je lui doñe la preference sur corneille que je lis aprésent jai
lu la plus grande partie de ces[11] tragedies Horace ets celle que je préfere
je laime infiniment mieux que le cid que j'avais ouï tant vanter · la fontaine je veux l'acheter ses fables s'entend – je ne lai eu que quelques
momens a ma disposition je ne lai pas tout lu ce que jen coñais je l'ai aussi
dans mon souvenir – la fable du vieillard & des 3 jeunes gens[3] par exemple
je lai lu deux fois & je la sais par cœur · celle du Paÿsan de larbre du Boeuf
& du serpent[4] nest ce pas cela[2] dont la moralité ets quil ne faut pas toujours avoir raison ma frappée aussi – enfin je veux avoir la fontaine a
moi –

J'ai lu vos deux prémieres lettres[5] madame sans savoir que vous les
aviez écrites avec un tres grand plaisir · madame Bosset ma doné avant
hier les deux dernieres[6] en me disant que vous en etiez l'auteur ainsi que
des deux autres je les ai lues hier matin · outre lagrement que leur done
l'idée de cette collonie il y a de ces choses si frappamment justes par exemple la raison que vous donez madame de ce qu'entre tous ceux qui se
melent aujourdhui de faire des loix & de comander des armées il ne se
trouve pas un etre qui ressemble ny aux d'Aguesseau &c – mais ne suis
je pas une impertinente – vous etes trop indulgente madame je n'en abu-
serai cependant pas au point de vous faire lire presque une vie · l'interret
qu'on prend aux circonstances du moment peut rendre une lettre suportable mais des mémoires –

nous prendrons ce soir du thé chez madame Bosset ce nest pas le

moment oh je ne le trouverai pas non plus – je lui ai entendu dire un jour
quelle s'inquiettais du peril ou il[7] est exposé je lai empeché de quitter le
service il y a 3 ans je men repends cruellement aujourdhui – voila qui est
plaisamment s'exprimer on pourrait la dessus faire cette reflexion tant
rebattue dans les romans & que font toutes les confidentes d'héroïnes:
que cette idée[8] occupe qu'elle est habituelle au point de faire imaginer
que d'autres l'ont aussi presente a leur esprit &c · l'aplication ne serait pas
juste · je n'y pense pas je n'espere pas je ne m'inquiette pas non plus autant
que je le faisais a gottendar[9] & avant quil fut décidé que j'irai a Zug · je
vais tacher de vieillir tout tranquilement j'aimerais mieux avec la perspective que j'ai avoir 40 ans que 24 –

Jeudi au soir m^d Perregaux [10] est venue chez sa tante & nous a empê-
chées de descendre – la comtesse a fait des arrangemens pour renvoyer
demain un de ses laquais & la feme de chambre qui ne veut pas rester elle
écrit par eux son tout dernier mot elle demande touts ses habits tous les
meubles qui seront tranportables ses livres sa musique &c elle doñe
l'adresse de m^r le Landhaman a qui on doit adresser désormais tout ce
qu'on lui destine · l'impatience quelle a de partir d'ici ne lui a pas permis
dattendre que la reponse a une lettre que mon cousin a ecrite aujourdhui
arriva par la poste elle envoye un domestique qui pressera les arrangemens les plus nécessaires pour nous recevoir · avec tout cela il faudra bien
quelle attende jusq'à la fin du mois – on vient me dire quil n'y a pas de
lettre · sa majesté agit bien vilainement · jen eus une de mon frere[11] lundi
il me marque que jusqu'aprésent ils ont eu beaucoup d'inquietude quils
craignaient ce qui est arrivé la guerre avec les anglais & hollandais – mais
qu'aujourdhui ils sont tranquiles que quel changement qui arrive leur
sera[3)] avantageux tout est au pis le philosophe martin[12] aurait beau jeu

969. A Henriette L'Hardy, 15 mars 1793

Eh bien il faut vous imiter, il faut être raisonnable comme vous et
prendre son parti sur Zug, sur votre eloignement, sur le baragouin des
gens qui vous etoureront. Quand vous serez arrivée vous m'ecrirez quels
sont les jours qu'on envoye de Zug à Zurich & si je vis & ne me porte
pas mal vous aurez de mes nouvelles au moins une fois chaque semaine.
Le voisinage de Zurich vaut bien celui de Vevey, il le vaut en mal pour
la comtesse ou plutot pour ses folles imaginations, il le vaut en bien pour
vos besoins à tous. Vous trouverez en un besoin à Zurich des livres, des
medecins & si l'ennui devenoit trop grand dans votre hermitage vous y
pouriez trouver quelque societé, des artistes, des savans, le celebre
LaWater.[1] J'ai vu cet hiver la Ctesse d'Halweyll[2] heroïne d'un Roman plus
beau que celui de la Ctesse. Elle va quelque fois à Zurich dont le vieux cha-

teau d'Halweyll plus antique que celui d'Habsbourg est assez proche.[3]

Je ne sai point encore quel jour s'est fait l'enregistrement je sai seulement que lorsqu'il fut demandé[1)] M. d'ardel[4] consulté a eté d'avis qu'on enregistrat tout dabord & sans faire la moindre dificulté. Je saurai si Touchon a montré l'ordre. Quant à M. Marval je trouve qu'entr'autres torts il a eu[2)] celui de faire *malgré* la Ctesse ce qu'il ne devoit faire que *pour* elle. Le Postscriptum que je vous ai dit[3)] etoit aimable en effet de la part du Roi. M. Marval se seroit-il imaginé[4)] qu'il feroit plus de plaisir que la lettre ne causeroit de desagreable surprise. Non, non, je suis sotte d'y penser; faire de son important[5] c'est ce qu'il a voulu[5)] Il paroit que le Roi ne vous a pas bien entendues[6)] car il parle des *inconcevables diffultés*[7)] que l'on faites,[8)] & vous n'aurez que demandé simplement un ordre. Tout cela est passé àprésent et il n'y faut plus songer que pour y reconnoitre de plus en plus les hommes, les courtisans, & comment se gouverne[9)] le tripot du monde. J'ai peur que Touchon ne vous aille voir à Zug ce qui feroit un mauvais effet, car ses mœurs sont meprisées.

Ne ferez vous pas dire un mot à Me Madveiss[6] avant de partir? Si vous voyez ce matin Me Bosset remerciez la pour moi[10)] de sa lettre.[7] Je repondrai aujourdhui ou demain.

Ce 15e mars

a Mademoiselle/Mademoiselle Henriette/L'hardy/a la *Rochette*

970. *De Pierre-Alexandre Du Peyrou, 16 mars 1793*

Samedi 16 Mars *1793*

Ne vous ay je pas toujours dit que toute bonne que pouvoit etre vôtre tête, le cœur valoit encore mieux? Eh! bien oui, vous etes *foible*. Eh! tant mieux! A quoi, à qui seriés vous utile et bonne dans un ordre de choses dont vous faites partie, et où l'indulgence et la pitié sont si necessaires et si peu pratiquées?

Vous voyés que j'ay reçû votre envoi de hier et je vois que le mien aussi d'hier ne vous etoit pas encore parvenû.

Peu après son expedition, je me souvins de ne pas vous avoir encore parlé *Légualés*.[1] Je vis l'autre jour Mr de Montbarey, un moment, qui me dit qu'on avoit pourvu à l'article du logement et de la nourriture, et me fit entendre que si l'on vouloit pourvoir à quelque chose, ce devroit être aux moyens necessaires de se deplacer. Il faudroit donc une somme en argent. Voyés ce que vous voulés y mettre et nous ferons ensemble le magot. Ce Linge vieux et fin ne me semble pas un objet utile dans la position.

J'ay envie de vous envoyer une proclamation de la municipalité de

Paris,[2] si singuliere qu'on l'a fait reimprimer ici. Je laisse ma lettre à finir apres l'arrivée d'Iris[3] qui peut etre a quelque chose pour moi.

Il est 11½ h: et rien n'est venû par *Iris* Je viens donc finir mon billet. Je ne sais rien de la Chaux de fonds, mais il y a une addresse des Chefs dés quatre Bourgeoisies[4] à leurs associées les communautés &c qui tend à mettre fin à ces sottes et dangereuses dissentions excitées par des Etrangers tolerés. Il y a aparance que si cette addresse qui est imprimée, ne produit pas son effet, on envoyera des forces, et que l'on finira par expulser ces Etrangers tolerés. La reunion des quatre Bourgeoisies me paroit une mesure efficace pour en imposer aux perturbateurs.

Dites à votre Henriette[5] que toutes les fois qu'on a l'energie de deployer ses vrais sentimens sur les autres il faut avoir celle de mepriser lés represailles, non pas telles qu'elles devroient être, mais telles qu'elles peuvent être d'usage pour ceux qui les employent. Plus elle s'en montrera affectée, plus aussi elle en eprouvera de nouveaux traits. C'est aussi faire trop le jeu de ses malveillans que s'en affecter si hautement. Il faut le mepris ou la fuite. Bonjour, Madame.

Lisés cette proclamation et comparés là avec les nouvelles debittées à la convention, surtout par Bournonville.[6] Vous pouvés garder cet imprimé.

A Madame/Madame de Charriere/ à *Collombier*

971. *D'Henriette L'Hardy, 16 mars 1793*

Samedi matin

Je fus hier chez madame Bosset apres avoir reçu votre lettre madame je lui fis la comission dont m'aviez chargée · après je lui ai parlé de nos projets de départ & d'établissement a Zug je trouve quil ets vilain a la comtesse de ne leur en rien dire elle le devrait pour plusieurs raisons – dabord on ne quitte pas une maison qu'on a louée sans avertir le proprietaire elle sait cela depuis que nous en louons & puis m[r] Bosset m[d] leur fils[1] & jusqu'a leurs domestiques ont fait l'impossible pour lui procurer tout ce quils imaginaient pouvoir lui faire plaisir – ce n'est qu'avec des egards & de la confiance qu'on peut s'acquiter envers ceux qui ont eu des procèdés pareils · m[d] de madweiss l'en a accablée elle[2] me dit l'autre jour quelle l'inviterait ou lui ecrirait avant son départ a la boñe heure mais toujours elle n'agit pas bien avec m[r] Bosset · ce n'est cependant pas sur ce ton que j'ai parlé a madame · la confidence & les reflexions ont eté courtes le jeune Bosset est arrivé avec une petite brochure couverte de papier d'oré bien arrangée – & deux estampes representant la mort de Louis 16[3]

jai été si frappée de cette guillotine cette mauvaise affaire toute barbouillée qu'elle est ma rendu l'execution coṁe si je leusses eu sous les yeux je
nai vu que cela tout le jour & cette nuit encore j'en ai rêvé. j'ai la tete bien
faible! avec tout ce lugubre dans l'esprit j'ai lu la petite brochure[4] dorée.
elle est ecrite dans le même but que vos lettres madame (jai relu l'autre
soir les deux prémieres je les aime encor mieux que les dernieres) m^r
Samuel Chambrier en ets l'auteur · il me semble quil s'est peint · tout ce
quil dit est aussi entortillé que sa figure · il y a de ces phrases qu'on a pas
assez de respiration pour lire jusqu'au bout – je haïs tous les jours davantage ce qui n'est pas simple & uni je vous dois ce gout madame Batteux[5]
dit que c'est le bon.... Je suis bien reconnaissante de ce que vous voulez
bien faire pour m'aider a suporter patiemment le séjour de Zug le moyen
sera tres efficace –

a Madame/Madame de Chariere/*a Collombier*

972. *A Henriette L'Hardy, 18 mars 1793*

on m'a dit hier que les lettres des Subalternes habitans de la Rochette
s'ouvroient chez M. Courant. Les votres, les miennes, celles de Mlle votre
sœur y passent-elles? avez vous pris garde au cachet de toutes celles qu'on
vous apporte je ne suppose pas qu'on possède chez C[1] l'art des postes de
Berlin ou de paris ou de petersbourg celui de lever les[2] empreintes avec[3]
une composition qui durcie sert à recacheter, & je pense qu'il n'y a que
de la mauvaise cire ou des oublis[1] auxquels on ose toucher.

Etes vous sure de votre femme de chambre & n'at-elle aucune accoin-
tance avec les Courant? on m'a dit hier beaucoup[4] de choses trop longues
ou trop peu interressantes pour les ecrire mais que je vous dirois si nous
pouvions causer ensemble. Cela ne se peut pas, il n'y faut donc pas songer.
Ce que j'ai apris est à l'avantage de la femme Ambos[2] qui a parfaitement
ignoré la petite verole de sa fille. Son mari lui ecrivit au moment qu'elle
etoit le plus mal & fit courir après la lettre pour la ravoir dès qu'il la vit
tant soit peu mieux. Cette femme etoit grosse[3] en arrivant chez la Ctesse.
Elle est revenue assez à tems à Auvernier pour amener au monde un
monstre, un enfant à qui l'on a fait sans aucun succès la plus terrible ope-
ration & dont on ne peut souhaiter que la mort, mais la mort ne vient
pas quand on l'apelle; l'enfant vit, souffre, crie, & fait horreur à voir. Ce
que j'ai appris[5] est aussi[6] à la justification de Rosette[4] quant aux mœurs.
on m'a fait l'histoire de la haine conçue contr'elle & des propos qui en
ont été la suite. Du reste je ne connois pas du tout cette Rosette quoi que
je l'aye vu des jours presqu'entiers. Je l'ai vu rire de bon cœur & à propos,
& pleurer de même & du chagrin d'autrui, hors ce rire & ce pleurer je

n'ai rien vu que je puisse comprendre ni definir. Les parens de Lisette Ambos ne veulent pas qu'elle reste chez la Ctesse sur le pied où elle est. Votre cuisiniere & vos allemandes doivent être toutes de bien mauvais sujets reunissant une foule de vices. Je vous plains de toute maniere car votre Ctesse n'a ni tête ni cœur. Qui a jamais vu faire un mistere de son depart à des hotes tels que les siens, en même tems qu'elle demande un passeport à la Chancellerie? Ceci est bien precipité et comme d'une[7] personne qui partiroit dans deux jours. Quant à ses esperances je n'en suis pas surprise. L'esperance tient à la boite de Pandore avec de la colle forte. Je ne trouve pas la conduite du Roi bien belle mais à sa place je ne la reprendrois pas non plus cette femme qui menace qui fuit qui fait des conditions, qui ecrit des lettres piquantes. Vous verrez qu'il ne repondra pas plus au tout dernier qu'au dernier mot. Ce tout dernier s'il n'est pas d'un devouement entier & sans reserve n'est qu'une ridicule bêtise & une lacheté sans motif raisonnable sans apparence d'utilité.

Me Sandoz fut ici avant hier. Nous parlâmes beaucoup de vous. Elle regrette bien le miserable emploi que fait le sort de vos excellentes & rares qualités. Son avis sur les memoires que je vous prie de faire n'est pas dutout conforme au votre. Elle pense que cela seroit très bon & très joli, amusant a ecrire & à lire. Je lui dis que je vous donnerois son exemple pour encouragement. Elle a longtems ecrit un journal[5] de ses actions & de ses pensées. cela etoit-elle fort plat; je ne le crois pas & je pense que dans l'indolente jeunesse qu'on l'a laissé avoir ce journal a été presque le seul exercice qu'ait eu son esprit la seule education que son esprit ait receue. on me parloit de l'amphigourique adresse des bourgeoisies[6] lorsque votre votre lettre[8] m'est venu dire ce que vous en pensiez. Tout cela etoit très conforme l'un à l'autre, & mon avis aussi sera le votre & celui du grand Chaillet & d'Alphonze Sandoz.

Quant au gros des Neuchatelois ils ne penseront peut-être pas de même. Mes lettres[7] etoient trop simples pour leur gout. Ils sont toujours portés à croire que ce qui est simple ne renferme rien d'interressant qu'un objet precieux ne peut être presenté que[9] dans une boite chargée d'ornemens & qui s'ouvre avec peine. Mon Dieu à la bonne heure! Avec le gout qu'ils montrent leur approbation n'est pas quelque chose qu'on puisse beaucoup priser. Aux montagnes mes lettres ont plu beaucoup même a de zelés bonnets rouges. on a cru voir quelque realité à l'histoire de Rozine[8] & cela dans ce paÿs là même. De Berne aussi on ecrit qu'on en est fort content. Au reste ceci est plutot l'avis d'un particulier que du public. Je continuerois si j'y voyois quelqu'utilité mais me faire applaudir un peu & un peu remercier ne vaut pas la peine d'ecrire.

Adieu Mademoiselle. N'oubliez pas au milieu des embaras que vous allez avoir le chapeau promis,[9] à *moi* promis.

Ce Lundi 18 mars 1793

Voudriez vous bien me renvoyer directement Voltaire.[10] Oui ayez la
Fontaine et aprenez le par cœur. J'ai été mille fois reconnoissante envers
ceux qui me l'avoient fait apprendre dans mon enfance. C'est presque
mon seul code de prudence.... Mon Dieu que dis-je je ne le recommande
pas ce code, je le decrie assurement Cependant: *Ne forçons point notre
talent;*[11] & *Il faut autant qu'on peut obliger tout le monde;*[12] &.... *tout flatteur
vit aux depens de celui qui l'ecoute.*[13] Voila toutes maximes qui ont diminué
le nombre de mes sottises.

S'il pleut ayez la bonté de bien faire envelopper le Voltaire ou bien laissez le chez Me Bosset. Je la plains de vous perdre; & voudrois qu'elle put
tout de bon vous acquerir[10)]

a Mademoiselle/Mademoiselle Henriette/L'hardy/a la *Rochette*

973. *De Pierre-Alexandre Du Peyrou, 18 mars 1793*

Lundi 18

Bonne Creature, agissés pour vous et pour moi. Vous avés dans la tete
et dans le cœur dés moyens que je ne me connois pas, et que je courrois
risque de décolorer en y melant de mes couleurs. Oui faites à votre gré
et ce sera au mien. Comme femme vous choisirés mieux toile et drap
nécessaires que ne le feroit sybillat,[1] on un autre. Oui, il faut commencer
par équipper le corps pour remonter l'ame. C'est donc entendû que vous
agirés pour nous deux.

Le Courier de samedi m'annonçoit que rien encore n'etoit venû de
Vesoul. Peut etre celui d'aujourd'hui me portera la décision.[2] Si ma cousine doit revenir, elle aura une bonne occasion par le retour d'un Carosse
parti d'ici samedi, et qui ramene un Mr Petitpierre gendre d'une M^{de}
Vezian[3] partie avec ce Carosse. J'en ay prevenû jeudi, ma cousine pour
qui j'ay donné à M^{de} Vezian une petite commission afin que l'occasion
ne soit pas manquée.

Vous savés comment Breda a été vendû par le Cte de Byland[4] qui y
commandoit; qu'on vouloit remplacer par un autre qui n'a pû arriver à
tems pour entrer dans la place deja investie. La Garnison n'a pu être amenée à partir que sur un faux ordre du Prince; elle est sortie avec tous les
honneurs de la guerre, chaque bataillon avec deux Canons pour passer
à Boisleduc. Bylandt a été mandé à la haye, où le peuple est furieux contre
lui. Je doute qu'il y aille. Heusden cette bicoque attaquée,[5] a repoussé
l'attaque. DuMourier a de grandes intelligences dans le pays; les sots
bourgeois des villes meritent d'etre traittés à la françoise; et ce seroit une

chose à desirer, si le mal se bornoit à eux. Il faut croire et esperer que l'invasion de la Belgique par les armées combinées aura rappellé duMourier sur ses pas, ou qu'il sera renfermé entre deux feux.[6] Les nouvelles prochaines sont de la plus grande importance. On peut dire que le sort de l'Europe y est interressé. Quand je vous verrai, car je veux vous voir, nous traiterons à fond la discussion sur M.[7] Bonjour Madame.

A Madame/Madame de Charriere/à *Colombier*

974. *De Joseph-Siffrède Duplessis, 18 mars 1793*

a Carpentras ce 18 mars 1793
Madame

vous souvenés vous encore de Duplessis et vous interesseriés vous assés a luy pour luy donner quelques conseils

j'ay quitté paris depuis le 19 septembre, lennemi a ses portes les scenes sanglantes qui s'etoient passées sous mes yeux, celles aux quelles on pouvoit s'attendre si lennemi eut fait des progrès, m'ont fait prendre le parti de passer dans ma patrie[1] esperant quen attendant mieux jy vivrois quelque tems en paix, je me suis trompé. mon intention netoit pas cependant de me fixer a Carpentras, ce n'etoit que le commencement dun projet formé depuis plus dun an. je comptois de passer a Genes[2] ou le celebre vandic[3] a laissé ses plus beaux ouvrages que j'aurois eu l'avantage de voir et d'etudier. j'aurois exercé avec fruit mon talent qui se rouille ici fautte d'exercice; car vous pensés bien que les arts sont perdus en france pour longtems. il y a près de 3 ans que je n'ay eu occasion de donner un coup de peinceau.

deux decrets rigoureux pour arreter lemigration avaient exepté les scavans et les artistes, je me preparois a profiter du benefice de la loy, lorsque la patrie en danger a provoqué un auttre decret qui fermoit les barrieres du Royaume (c'en etoit encore un alors) et dans les exceptions les scavans et les artistes n'ont pas eté compris, peut etre par oubli; un autre decret assés recent permet de sortir de la republique a ceux qui donneront des raisons plausibles pour obtenir des passeports. je suis dans le cas, a ce que je crois, den obtenir un; d'abord en qualité d'artiste qui desireroit de perfectionner son talent; si ce nest par la vue des belles choses, car on n'en trouve pas partout, du moins en lexerçant: en second lieu mon age et les infirmités qui l'accompagnent me rendent un sujet inutile pour la defense de la republique. ces considerations me font esperer qu'un passe port ne me sera pas refusé. dès que j'ay entrevu cette possibilité j'aurois voulu suivre mon projet de passer a Genes, je ne suis plus qu'a 18 lieues de marseille ou je comptois membarquer mais lorsque le decret qui me donnoit cet espoir a paru, il y avoit peu de jours que nous avions vu dans les papiers publics que la republique de Genes expulsoit tous les etrangers de son territoire, ainsi que celle de venise. jaurois eu la toscane ou le grand duc se montre favorable aux francois; mais la mediterranée est couverte aujourdhuy de vaisseaux anglois nos ennemis, et la route de terre nest pas praticable. j'ay jetté les yeux sur la suisse, pays neutre, ou je serois recu. je ny trouverois pas les chefs d'œuves de vandik comme a Genes, ny une superbe collection de tableaux et d'antiques comme a florence; mais du moins si je trouvois a my occuper jexercerois mon talant avec quelque profit et il ne se rouilleroit pas comme ici fautte d'exercice.

si vous etes touchée de mes embarras jespere Madame que vous voudrés bien me repondre et me donner quelques conseils. si vous ne trouviés pas dinconveniens a mon projet, vous pourriés mindiquer le choix de la ville qui pourroit le mieux me convenir. un auttre objet dune majeure importance seroit de scavoir comment je pourrois transporter en suisse mes petits fonds, ils sont en assignats qui n'ont pas cours hors de la france: on ne peut pas en sortir avec du numeraire, il ny auroit qun moyen; ce seroit dacheter en france des marchandises dont la sortie ne fut pas deffendue pour les vendre ensuitte en suisse, si non avec profit, du moins avec le moins de perte possible. si je ne trouvois pas quelque expedient pour realiser mes assignats je ne trouverois pas en suisse du pain chés le boulanger avec un papier qui n'auroit pas cours.

il peut vous paroitre etrange que je m'adresse a une femme pour avoir de pareils renseignemens mais Madame d'abord je ne puis pas ecrire a des personnes dont je ne suis pas connu et puis vous mexcuserés quand vous m'aurés entendu jusqu'au bout · j'avois ecrit a Mr Necker[4] sur le meme objet il me fit l'honneur de me repondre mais il me repondit de façon a me faire croire quil ne m'avoit pas entendu quoyque je me fusse rendu très clair et puis sa lettre etoit dune secheresse alaquelle je ne metois pas attendu, ce qui me fit regretter de n'avoir pas ecrit a sa femme plutot qu'a luy. je ne connois plus dans vottre pays que vous et Monsieur Charriere: je suis loin de luy attribuer la secheresse de cœur que j'ay trouvée dans Mr Necker aussi c'est a luy que je m'adresse pour le prier de prendre, des gens entendus dans le commerce, les renseignemens dont j'aurois besoin pour remplir mon objet, et c'est a vous que je prends la liberté d'ecrire pour vous prier d'etre mon avocat auprès de luy et jay une grande confiance que lun et l'auttre vous ne me refuserés pas des conseils qui peuvent operer mon salut. oui mon salut au pied de la lettre. jay fui les dangers de paris et je suis tombé dans une ville où les dangers sont encore plus grands. 5 a 6 soidisants patriottes font trembler toutte la ville aristocrates et democrates, la municipalité meme qui n'ose les reprimer; nous y avons vu en grand nombre des executions arbitraires, j'ay voulu me retirer dans une petite ville[5] a quatre lieues dici (car il est des endroits tranquiles) jen ay eté repoussé parceque je netois pas citoyen de cette ville, ils appelent etrangers les francois meme qui ne sont pas nés dans le lieu, malgré la loy qui dit le contraire, si je veux me retirer dans une municipalité ou la loy soit mieux suivie, j'y seray inconnu et deslors je seray regardé comme un homme suspect; je seray sans doute un aristocrate qui fuit. ce nest rien encore que de vivre dans des alarmes continuelles ce seroit peu de perdre la vie car j'ay assés et trop vecu. mon talant m'est inutile aujourdhuy en france; mais sans ambition je me contentois dun morceau de pain que jesperois conserver toutte ma vie; je suis menacé de me le voir enlevér par un decret que les sections de paris ont mis sur le tapis. si ce decret passe comme il y a lieu de le craindre, je seray condamné a reprendre le harnois et de mourir en travaillant quoyque j'aye bien merité de me reposer apprès plus dun demi siecle du travail le plus assidu alors, pour gagner ma vie, je seray bien forcé de passer en terre etrangere et ou aller? je ne vois dans toutte leurope que la suisse · ici mon talent m'est absolument inutile. jespere Madame que ces considerations iront jusqu'a vottre cœur et que vous ne me refuserés pas des conseils sur les deux objets que je vous ay presentés scavoir quelle est la ville ou je pourrois me retirer en suisse et quel seroit le moyen dy faire passer de la facon la moins onereuse la valeur de mes assignats, jespere encore que vous voudrés bien y joindre tous les conseils que je ne puis m'aviser de vous demander, je lespere de vottre bonté, jespere encore que Monsieur Charriere ne verra pas avec indif-ference ma penible situation. il ne me reste qune inquietude je ne sçais pas exactement vottre adresse je sçais seulement que les lettres vous par-viennent par neuchatel; je n'ay donc pas la certitude que ma lettre vous parviendra voila pour moy un nouveau sujet dinquietude · helas le sort m'accableroit il au point de menlever les esperances que j'ay concues sur les conseils et les instructions que j'attends de vous – si vous recevés ma lettre daignés m'honorer dune reponse[6] le plutot que vous pourrés.

je suis avec un profond respect Madame vottre tres humble et tres obeissant serviteur

Duplessis

mon adresse est a Carpentras distric de l'ouvese chez Mr Dandrée[7]

975. *D'Henriette L'Hardy, 18 mars 1793*

Lundi au soir

Lors que le domestique va en ville avant que les messageres d'auvernier ou de collombier soient arrivées les lettres passent chez courant jai cru voir il y a environ quinze jours que les cachets de deux de vos lettres madame avaient eté enlevés & puis raccomodés après · come je suis toujours loin de soubsoñer le mal que je n'y crois que quand je le touche au doigt & a l'œuil j'ai imaginé qu'après avoir fermé la lettre vous vous etiez rappellée quelque chose que vous vouliez encor me mander madame & que vous l'aviez rouverte · ces deux lettres avaient justement des proscriptum · l'avis que vous avez la bonté de me doner me fait rappeller que cet été courant disait a la comtesse qui se plaignait que ses lettres & celles de ses gens étaient toujours retardées – Savez vous madame *si on ne les ouvre point on a des moyens de le faire qu'il est presque impossible qu'on aperçoive après quelles l'ont été* – je me recriai la dessus je dis que je n'en croiai rien – Eh bien dit l'home pour mon compte je conais deux de ces moyens · je l'ai vu faire l'expérience de l'un · il enleva le bord du cachet avec un canif tira un coin de l'envelope d'une lettre tres bien arrangée remis ensuite ce coin recole le bord enlevé & on n'y voyait aucune trace de fraude · pour les lettres dont l'envelope ets trop bien faite dont les coins tiennent trop l'un a l'autre on prend a ce qu'il dit l'empreinte du cachet avec une composition de pain de craie &c & cela s'arrange aussi – aurait il fait usage de ces beaux secrets ce coquin · que voulait il savoir – Supposé meme qu'il sut tout ce que vous avez bien voulu m'écrire madame quel profit peut il en tirer · il a appris que je l'ai trompé en lui montrant peu de defiance que je le coñaissais · osera-t-il s'en plaindre qu'elle vengeance pourait il en tirer? S'il s'en presentait une occasion sans doute il la saisirait mais je ne vois pas qu'il puisse avoir cette satisfaction · au reste je ne fais que me tromper j'en fais tous les jours l'expérience · peut être touchai je au moment de sentir les effets de la haine de ces gens auxquels j'ai taché de faire tout le bien qui dépendait de moi – on m'a dit beaucoup de bien de ma vieille feme de chambre je la crois incapable de menées malhonêtes – je voudrais que Lisette restat avec nous – nous emménerons la cuisiniere que je croyais etre une boñe & brave femme je n'ai jamais rien remarqué de louche dans sa conduite – il y a environ 3 semeines lors des grandes scènes avec rosette quelle revint un jour de neuchatel avec une petite lettre a son adresse quelle me pria de lui lire · je n'ai point de secret me dit elle je ne sai ni lire ny ecrire la lettre etait de Rosette elle lui disait – ne m'écrivez plus je suis rarement a la maison vos lettres pourraient arriver que je n'y serai pas elles pourraient me faire du tort vous savez que les dames sont scrupuleuses sur de certaines choses &c après la lecture je dis – mais vous ne savez pas écrire coment avez vous fait pour doner de vos nouvelles a Rosette · je lui ai fait ecrire par – je ne sai qui elle noma & je donais les lettres a la feme du pain · & que lui disiez vous qu'elle craigne qu'on sache a collombier: elle rit & je ne la questionnai plus – cetaient surement quelques douceurs de la part du blond – & tout cela se faisait en tout bien tout honeur – Savez vous madame quelque mauvais tours d'elle · nous n'avons plus qu'une allemande ne vous parlais je pas l'autre jour du depart de l'autre & de l'envoy du domestique a Zug · c'est pour

lui qu'on a pris un passeport nous partirons surement a la fin du moi il
est chargé de presser les arrangemens nécessaires pour nous recevoir – je
ne demanderai pas la permission d'avoir l'honeur de vous voir avant mon
depart madame ny celle d'aller a auvernier · je veux essayer si on ne pensera point a me procurer cette douceur je ne my attend pas trop mais je
veux voir – je nai pas oublié le chapeau madame il ny en avait point
encore il y a quelques jours je ferai demander aujourdhui – Je vous
demande pardon d'avoir gardé aussi long tems voltaire & voiture j'ai lu
le volume de metastase jai eté bien contente de trouver que je comprend
encore l'italien probablement je n'aurai pas plus de tems qu'ici la grammaire me sera inutile – m^r & m^d Bosset ont eté hier ici on ne leur dit toujours rien j'avais de l'humeur m^d Bosset s'en est apperçue je ne sais coment
elle l'aura expliqué

976. De Pierre-Alexandre Du Peyrou, 18–19 mars 1793

Lundi soir pour demain 19

Voila que depuis l'arrivée de Cerès[1] avec votre second envoi du jour,
on me remet un billet de m^r de Montbarey. Il s'agit du jeune Breton[2] qui
va incessam^t rejoindre son corps, celui du Prince de Condé qui se trouve
conservé, au lieu d'etre licencié, on dit par l'intervention de Catherine,
et meme sés secours. Voici donc ce que me dit m^r De M^{rey} «que sous peu
«de jours, le jeune breton doit rejoindre que si les personnes qu'il a eû le
«bonheur d'interresser, pensent toujours de même elles doivent se pres-
«ser, si elles veulent qu'il puisse en profiter.» Voila donc d'autres mesures
à prendre que celles arretées ce matin. Il faut tout convertir en numeraire;
le tems s'oppose à d'autres mesures. Voyés donc ce que vous voulés que
nous fassions, et determinés du moins la somme que vous voulés que
j'envoye soit à compte à demi, soit pour vôtre quote part dans ce que
j'envoyerai. Je pense qu'il lui faut plus que pour faire le voyage, et que
nous pouvons estimer à 10 ou douze Louis, la depense que nous voulions
faire pour l'habiller. S'il est possible envoyés moi votre reponse demain
dans la journée, afin que mercredi je fasse passer le resultat à Cressier;[3]
sans cela, ce sera jeudi.

Je suis fort aise que mon mot à Henriette vous ait agréé, et à elle. C'est
à vous à le faire fructifier.

Je saurai de Bechet[4] ou de fauche, si la vente va bien. quant à moi, je
dis comme vous, ce n'est pas assés d'amuser les gens dits de bien; il faut
que le bien se fasse, mais à la bonne heure en amusant. C'est alors double
bien. Je crois pourtant que c'est le cas. Je le crois, disje d'après mon jugement, mais non de mon sçû; et je dis que si vous avés de nouveaux fonds

sur ce sujet, il faut les mettre en valeur. En general, les hommes ont l'oreille dure et moutoniere. Il faut fraper souvent sur ce timpan pour que cela passe plus loin. C'est le secret de la revolution françoise, ou de ses premiers auteurs.

Vous serés degoutée des la premiere page de cette addresse. Vous demandés où l'esprit humain prend des tournures si differentes. Moi je vous demande comm^t le meme sol produit des orties, des salades et cette foule de plantes bonnes ou mauvaises; pourquoi il y a des myopes et des longues vues &c. Tout se reduit à l'organisation de l'individu.

C'est la decouverte du nouveau monde qu'entreprennent vos heros dans leurs recherches au bois de Rochefort;[5] mais du moins qu'ils ne se tiennent pas tout à fait sur la lisiere. Il faut chercher un lieu qui ne soit pas à la vue des passans. Il faut de plus eviter l'appareil; et enfin attendre ce que dira du *p*: ou la reponse à la lettre projettée s'il est possible d'attendre cette reponse. Pourquoi indiquer des addresses qui n'ont servi à rien par l'indifference, la sottise ou la pusillanimité des *addressés*? Pourquoi courir le risque de les voir ces gens si mal choisis, repeter leur sot role? fournissés une addresse en l'air poste restante, et chargés un de vos associés de prendre langue à la poste de ce nom, quand on pourra supposer une reponse arrivée; mais il faut calculer au moins sur 15 à 20 jours de celui du depart de la lettre. Ce n'est pas un objet que d'écrire cette lettre. Voila pourquoi je n'objecte rien; car il y a des millions à parier qu'il ne viendra pas de réponse: C'est le Citoyen Le Sassier, chambre Portmahon[6] &c. Pourquoi cette corbeille à m^d Sandoz. Estce pour emporter la Cassette, ou dés champignons? Pour sa personne à la bonne heure. Elle fera le guet; elle encouragera les travailleurs, ou se servira de la baguette, si elle lui tourne dans les mains.[7] Vive la jeunesse pour savoir esperer!

Mardi matin.

Rien n'est encore venû de vesoul et ma cousine auroit eû une occasion unique pour revenir en cas de condamnation, par le retour du Carosse qui a mené d'ici samedi une Dame Vezian et une D^{le} angloise Barruel[8] et qui ramene le gendre de la premiere, un m^r Petitpierre. Elle etoit prevenûe de tout cela, dans l'attente que le jugement seroit prononcé la semaine passée. On est trop occupé des enrollemens[9] pour vaquer à un autre objet, surtout particulier. Il y a un malheureux domestique à moi depuis un an elevé dans la maison de ma cousine, que je lui avois donné pour l'accompagner, et s'en revenir quand ses services auprès d'elle seroient devenues inutiles par la decision de son affaire. Il etoit mentionné sous cette qualité dans le passeport de ma cousine, et porteur d'un sien passeport personnel pour lui server à son retour. Il a égaré ou perdu ce passeport, et malgré celui de ma cousine, on veut le faire tirer pour les frontieres de quoi il a une peur horrible. J'ay envoyé Dimanche un certificat municipal pour le tirer de peine, si cela est possible. Mais sur quoi compter avec gens qui ne comptent que sur leur convenance? Les papiers de Chopin ne disent pas un mot sur les armées dans la Belgique dont cependant on a dû recevoir des nouvelles depuis le precedent ordinaire. J'aime à croire que c'est bon signe. D'un autre coté, il paroit que le projet du samedi 9 a été eventé, puisque les membres designés pour servir d'exemple aux autres ne se sont pas trouvés à cette seance dont les femmes aux tribunes avoient été écartées.[10] Je compte que ce ne sera que partie remise. La Gironde en est aujourd'hui au même point où se trouvoient en Juillet et Aoust les feuillans constitutionnels.[11] Chacun son tour; car il est tout simple que ceux qui sont parvenûs à leur but, veuillent l'ordre public et qu'ils soyent contrariés par ceux qui ont encore besoin de l'anarchie pour faire leur chemin. Ce sera donc toujours à recommencer, on ne manque pas de sujets avides dans un pays ou tout est livré à la cupidité du premier venû. Je suis fort impatient d'avoir des lettres de Mastricht, et j'espere que le courier de ce soir m'en apportera. Si ce Du Mourier pouvoit avoir été obligé de retrograder![12] Il reste encore cette epine à oter, afin de gagner le mois d'avril prochain.

Il n'y a pas apparence qu'à ces heures Iris m'apporte rien de votre part. Je vais donc finir et cacheter après vous avoir repeté que le plutot que vous me ferés connoitre la somme à envoyer à Cressier sera le mieux. Mais surtout specifiés si vous entendés parler de votre quote[1)] particuliere ou de la notre en commun. Bonjour Madame.

A Madame/Madame de Charriere/à *Colombier*

977. *De Pierre-Alexandre Du Peyrou, 20 mars 1793*

Mercredi 21 Mars

Mr Chaillet m'apporte hier au soir vôtre quote part et votre billet.[1] J'ay fait comme vous me le conseillés; j'ay doublé l'envoi et je viens de faire monter quelqu'un à cheval pour porter ma reponse et le paquet à mr de Montbarey. Quant au billet, et aux observations de mr de Roussillon[2] dont la verité et la justesse sont à la portée commune, je n'y vois de replique que l'impossibilité où se trouve ce jeune Breton de faire autrement. Aucun secours à attendre ni de sa famille ni de son savoir faire, il faudroit donc mandier son pain. Ah! s'il etoit maçon, cordonnier ou tailleur, qui doute qu'il ne valut mieux pour lui exercer ces metiers que celui qu'il va faire. Au moins celuici marchera t il avec des françois, sous un Prince françois,[3] tandis que tant d'autres de ses compatriotes invités, encouragés par les Princes quelle horreur! se sont engagés sous les drapeaux etrangers ennemis de leur patrie plus amis de leur Roi. Tout en convenant donc que m^r de Leguales prend un mauvais parti, je ne puis convenir avec m^r de Roussillon que ce soit le *plus mauvais*, jusqu'à ce qu'il en ait indiqué un meilleur à la portée de cet infortuné breton. Apres cela, il faut encore mettre en ligne de compte l'opinion particuliere de chaque individu, etre dans son ame, ou dans sa tete, pour prononcer pour ou contre lui. Car c'est encore ici l'histoire de l'addresse des Chefs de la Bourgeoisie[4] comparée aux lettres trouvées dans la neige. à propos de ces lettres, je pris hier les informations demandées, et le fauche[5] me dit que les dernieres n'alloient pas aussi bon train que les premieres; que de 500, il n'en etoit écoulé que la moitié. Cependant on pretend que les tetes se sont calmées la haut, et qu'insensiblement on se rapproche, mais avec cette pudeur qui craint des avances trop marquées. L'auteur de l'addresse est bien connû, et sés amis en paroissent un peu honteux.

Votre premier billet d'hier m'a fait papiter le cœur de plaisir en le lisant, et l'a resserré apres l'avoir lu, en pensant que tant d'activité, de soins, de sensibilité seroient derangés par le nouvel ordre de choses, qu'amenoit ce depart imprevu. Au bout du compte tout est devenû plaisir par le developement de nos sentimens mutuels.

on m'aporte en ce moment votre mot de ce matin [je me] trouve y avoir repondu cydessus par l'envoi fait des 8 Louis. Bonjour Madame.

A Madame/Madame de Charriere/à *Colombier*

978. D'Henriette L'Hardy, 20 mars 1793

mercredi a 9 heures du soir

Jenvoyai hier matin a la messagere de Collombier les livres que vous avez eu la bonté de me preter madame je doñais en meme tems une lettre pour auvernier en faisant prier la messagere de la laisser a son passage parce celle[1] d'auvernier ne vient pas en ville le mardi elle a mal compris & elle a laissé le paquet avec la lettre · ma sœur me le marque aujourd-hui · sans cette explication j'aurais eu un petit air de rebellion dont dieu me garde – Je suis agitée depuis deux heures de mille sentimens divers larrivée du domestique envoyé a Bar[1] ma mis dans cet etat · tout sera pret pour le premier davril nous partirons d'ici avant samedi 30 de ce mois, rien n'arretera la comtesse je lui ai dit aujourdhui que je navais pas un habit pour bar & que ma tailleure aurait peine a m'en faire pour ce tems cela ne fera rien – jai dit en parlant d'arrangemens il y a 5 femes il nen peut entrer que 4 dans une voiture coment ferez vous arriver lautre oh elle ira sur le char de bagage cela m'ets bien egal · quelle feme bon Dieu! aujourdhui elle a acheté une montre de 7 louis & demi a son allemande

elle lui a deja doñé & dentelles & chale & habit · a Lisette la bone Lisette[2]
pas un denier · jai essayé de lui faire sentir qu'elle meritait quelque
chose · Dieu sait si je naurai rien gaté avec ma bone intention cela marrive
souvent · elle dit quelle partira avec nous lisette · jen suis bien aise pour
moi je l'aime · quand je quitterai la comtesse je la lui prendrai · en attendant je crois quelle fera bien de venir · que ferait elle chez son pere? je
vais voir un moment m^d Bosset je ne saurai me coucher dans cet etat dagi-
tation jai l'honneur de vous souhaiter une boñe nuit madame pardonez
moi cette mechante petite lettre

a Madame/Madame de Chariere/*a Collombier*

979. *De Marianne Moula, 20 ou 21 mars 1793*

mercredy 21 mars

Cette premiere Lettre[1] m'est enfin parvenue hier par un battelier à qui
surement la messagere l'avoit remise, j'etois si pressée dimanche en vous
ecrivant que j'oublioit de vous parler de ma surprise de ne l'avoir pas
reçue la veille car d'après la phrase de votre lettre je jugeai bien que vous
m'aviés ecrit.

Le regret de ne pas me trouver auprès de vous et celui de m'avoir
offensé sont trop aimables de la part de mr Berthoud[2] pour que je ne soye
pas tres touchée de l'un et très reconnoissante de l'autre, je vous remercie
d'avoir executé si bien d'avance ma comission auprès de lui. je trouve
chez madame Forester[3] plus d'amabilité et d'agremens à mesure que je
la vois d'avantage. monsieur de Charriere n'atil plus cette curiosité de la
voir qui lui ont fait dire plus de dix fois peut être qu'il vouloit venir un
jour à St Aubin, mais il est vrai que son desir de voir les gens est si foible
si petit qu'on seroit mille fois trompé si l'on comptoit trop sur des paroles
dites par politesse ou par distraction.

j'espere qu'il aura dans peu de jours l'agreable coup d'œil de sa platte
bande de jacinthe en fleur c'est tout ce que je peux souhaiter et prevoir
pour lui de plus agreable.

Je jouis toujours de mon bien être cest à dire de l'absence de mes maux,
je prendrai encore demain du quina et je croirai en avoir assés. Je voudrois
que vous pussiés me dire que votre pauvre Henriette[4] ne souffre plus, de
ses maux de tête, de dents, de diharée &c je desire bien plus vivement
encore du bien être à ceux qui m'interressent lorsque j'en jouïs moi même
que lorsque je souffre, c'est peut être bizarre.

vous ai je deja parlé de Babet?[5] non, je crois j'ai un estime un respect
pour cette femme extrême il faut la voir avec quelle activité quel courage

elle fait apresent l'ouvrage de deux servante c'est àdire le sien qui etoit de femme de charge, femme de chambre; et tout celui d'une seconde au dessous d'elle, balayer les chambres faire les lits, servir à table; son devouement entier est bien senti et aprecié de ses bonnes maitresse Deodate[6] entr'autre · quand elle m'en parle c'est avec une efusion de cœur que je partage bien.

adieu mon cher diablotin, muson pourroit causer encore une heure si la pendule qui tourne ne l'avertissoit qu'elle n'a que le tems de faire un bout de toillette avant le diner.

a Madame/Madame de Charriere/*à Colombier*.

980. *A Henriette L'Hardy, 21 mars 1793*

Votre *mechante petite lettre*[1] étoit ne vous en deplaise une charmante petite lettre. Elle est remplie de mots aimables & heureux. Je suis touchée & très aise de vous voir parler comme vous faites[1)] de cette petite bonne fille[2] que j'estime de tout mon cœur. *Quand je quiterai la C*[tesse] *je la lui prendrai* m'a fait un plaisir infini. Quelle sera heureuse! Deja mille fois j'ai souhaité que[2)] devint à vous & qu'une petite creature commune & assez bonne pour l'ouvrage qu'elle fait actuellement prit sa place. Votre bonne volonté vaut mieux que mille cadeaux, mais[3)] malgré cela & quoique je ne puisse pas lui en faire de semblables à ceux de la comtesse faites moi la grace de me dire de quoi Lisette à le plus de besoin. Si c'est d'un deshabillé commun je lui en enverai un comme celui que j'ai donné à Rosette. si de bas ou mouchoirs ou bonnets j'enverai quelque chose de cela ou j'enverai ne fut-ce[4)] qu'un simple ruban. La Ctesse ne s'appercevra pas du cadeau & n'en prendra pas d'ombrage mais Lisette aura le cœur consolé. Je sai qu'elle a été sensible à cette distinction facheuse qu'on faisoit pour elle donnant à chacun en sa presence sans se souvenir qu'elle etoit là & qu'elle avoit servi avec zele & activité.

Votre agitation passa hier de votre cœur dans le mien donnez moi de grace de vos[5)] nouvelles. Votre vetement est-il fait? Garantissez vous bien du froid. habillez vous en voyage comme vous l'avez été au milieu de l'hiver. Il fera assez froid dans la contrée ou vous allez. La station que font les livres à Auvernier n'est pas du tout un mal. Ce n'etoit que ce Voltaire dont je m'occupois un peu depuis que j'avois vu l'enorme famille[3] a laquelle il apartient & qu'il depareilleroit s'il venoit a s'egarer. Vous ne m'avez jamais dit si ces memoires si cette cour de Berlin vous avoit amusée.

Ce 21 mars 1793

a Mademoiselle/Mademoiselle Henriette/L'hardy/a la *Rochette*

Jeudi matin 21 mars

J'ay eû hier avis de la reception des huit Louis, et je saurai aujourd'hui la tournure qu'on aura prise pour faire passer ce secours sans mortification, comme sans indiscretion. Mais il faut s'en tenir là, parce que cela est fait ainsi, et qu'il ne faut pas faire à deux fois ce qui est fait; surtout quand ce qui est fait, peut suffire.

Votre intention est belle et bonne d'avoir écrit à m^r de Serent au sujet d'un autre breton.[1] Mais les Princes de Ham ou plutot à Ham[2] n'auront aucun moyen d'avoir un Corps à eux, et s'ils avoient ce moyen, il seroit mal appliqué; et c'est surtout de ces Princes que Mr de Roussilion a grande raison de medire. Celui de Condé s'est tout autrement conduit; et puis c'est son corps qui est conservé, graces à Catherine, c'est à lui et à ce corps que les offres dans l'ancien royaume de Mitridate,[3] ont été faites; et cela peut devenir ressource. Ce corps devoit être licencié l'automne passé, lorsque tous lés autres l'ont été; mais le Brisgau n'etoit pas à couvert suffisamment. Ce licenciement a donc été renvoyé et devoit avoir lieu ce mois ci, lorsque Catherine est intervenûe. Ce triste Regent,[4] si odieux dans l'affaire Favras,[5] auroit bien dû garder son poste au Luxembourg mais personne en france n'a su tenir le sien, et voilà comme va le monde.

On mande de Berne, de bien etonnantes nouvelles; que Du mourier a evacué la Hollande;[6] que Willemstad s'est bien defendû, que Gertruy-denberg n'est pas pris; qu'il n'y a que Breda dans ce cas dont le commandant rentré à la Haye de nuit, pour le sauver de la fureur populaire, a été mis en prison. Cette derniere nouvelle[7] est venue ici de la haye sous date du 5 mars, et paroit fondée. Puissent les autres l'etre autant! Malgré le vœu *libre et unanime* pour la réunion, les bourgeois de Bruxelles ont été desarmés et menacés *d'exécution militaire*,[8] comme à Mayence, où il n'y a point eu de *vœu émis*. Je sais par l'arrivée de *Vincent*[9] ancienne femme de chambre de ma cousine qu'elle est bien tourmentée de se voir dans la vaste prison de la republique gouvernée par le trio Marat Robespierre et Danton.

Si je vous vois demain, comme ce soleil semble me le promettre, je vous dirai quelques details. Bonjour

A Madame/Madame de Charriere/à *Colombier*

vendredi a midi

La journee dhier fut encor tres orageuse nos préparatifs ou plutot nos projets de voyage sont absurdes & il faudra en passer par ou la comtesse a decidé qu'on passerait · a moins d'un espèce de miracle on n'en reviendra pas · elle veut envoyer un char de bagage un jour d'avance & veut qu'une des femes aille seule avec · elle decide encore que ce doit etre ou Lisette ou ma jeannette – dans le premier moment je ne me suis pas trouvée la force de combattre cette idée je suis allee chez m^d Bosset qui veut bien toujours écouter mes doléances qui a trouvé la chose impraticable & ma exhortée a m'y opposer · je nai pas trouvé l'occasion den parler jusqua laprès diné · la comtesse avait fait monter m^r & m^d Bosset pour leur annoncer enfin quelle quitterait dans peu de jours · parmis les discours qui ont suivi cette tardive confidence jai hazardé mes representations sur l'a projet[1] denvoyer une de ces filles toute seule trotter avec un gros voiturier qu'on ne conait ni d'adam ni d'eve · elle m'a repondu avec un peu d'humeur qu'il fallait que cela se fit ainsi quil ny avait pas d'autre moyen de sarranger – ce sont de ces argumens auxquels il ny a rien a repliquer il faut je veux – au travers de notre conversation est arrivée toute la famille d'une pauvre feme qui a aidé a la cuisiniere pendant nos plus grands embarras · elle avait arrangé cette scène je pense pour toucher la comtesse elles a 6 filles & deux garcons les filles se suivent lainée a dix ans la cadette un & demi il ny a entre elles quenviron un an de distance leur taille est a proportion cetait une echelle · cela etait interressant la bone feme a réussi & cependant nest pas absolument contente de leffet qui en a resulté · la comtesse lui a demandé une de ses filles elle n'a pas refusé et la seconde qui a neuf ans dont la phisionomie est plus gracieuse que celle de ses sœurs a eté choisie & nous l'avons deja sur le champ · la comtesse a fait acheter dequoi l'habiller & tout le monde a eté a l'ouvrage · la comtesse croit faire une bonne action il faut lui en savoir grés je vois cela d'un autre oeiul quelle – il faut taire ce qu'il y aurait a dire la dessus · le reste de la soirée a eté assez tranquile · a dix heures j'etais au lit & jai entendu madame Bosset demander après moi dans la chambre voisine de la mienne elle entre une lettre a la main me dit en sassayant auprès de mon lit que cette lettre est dun sergent qui mene en hollande les homes que m^r Bosset a engagé qui sest arreté al francfort ou il a vu le roi entourré des princes & des generaux qu'un deux a fait aprocher tous ces homes que le roi lui a parlé que lui a dit qu'il menait ces gens en hollande & etait envoyé par m^r Bosset que le roi lui avait dit que bientot il aurait le plaisir de le voir a neuchâtel (m^r Bosset) · pendant que nous nous entonnons arrive m^r Boset avec une autre lettre du meme home a sa feme · même nouvelle avec plus de details encore · on a lu ses lettres a la comtesse · l'home na pas menti nous ne savons tous que penser de cette affaire · pourquoi le roi dirait il une chose pareille par devant princes & generaux sil ne la pas résolue · dun autre coté ses lettres & ses actions dementent cette resolution · enfin cela est bien singulier vous y verrez surement plus clair que nous madame

Je reclame votre indulgence pour cette lettre plus encor que pour toutes les autres je nai eu que quelques minutes · la comtesse me fait dire dans ce moment quelle va descendre · ce soir j'aurai l'honeur de vous repondre madame sur les articles de votre lettre dont je ne fais pas mention dans celle ci · je ne puis pas la relire

983. *D'un correspondant non identifié, 22 mars 1793*

Madame!

Je suis extremement inquiet de ne pas avoir reçu une reponse a ma derniere lettre;[1] J'ai deux motifs de l'etre: le premier est, que quelques postes ont manqué, Si c'est par des accidens qu'elles ont pu avoir en route, on peut s'en consoler. D'autres raisons dans ce temsci très possibles, mais toujours odieuses me donneroient du mauvais Sang. – Un autre motif de mon inquietude est, que je crains que vous ne Soyez fachée (ou plutot que vous avez voulu quitter un travail trop genereusement entrepris; car pour vous facher, vous en êtes pas capable vis a vis un homme, qui vous honore trop pour avoir pu effectivement commettre quelque chose contre vous.) – Non: vous avez vu dans ma precedente lettre, que je n'ai pas repondu comme je le devois, a tous vos soins et bontés, et cela doit vous lasser; Si cela est ainsi, j'en suis mortifié, mais toujours assez raisonnable pour ne pas m'en plaindre; accordez moi seulement une lettre, et la liberté de vous ecrire de tems en tems, quand je jugerai de pouvoir vous communiquer quelque chose d'interressant; Peutetre que voÿant ma maniere paresseuse d'acheminer en tout ce que je fais, vous vous consolez une fois de ce que vos leçons n'ont pas été infructueuses.

Pour vous donner une idée de notre position actuelle, il faut vous ressouvenir, qu'a la fin de l'année precedente nous ne nous attendions pas encore a une guerre avec la France, quand on commençoit a s'appercevoir du danger, on etoit si foible que l'on osoit pas se preparer a une defense pour ne pas indisposer un ennemi si irascible et dangereux; Cette mauvaise Politique à manqué de nous perdre, tant il est vrai que toute crainte en Politique est pernicieuse; Un peu plus de vigueur dans l'attaque de Dumourier nous auroit fait succomber. – Jugez donc de la consternation generale que produisit la declaration de guerre; Tout le monde paroissoit d'accord sur les suites d'une lutte si inegale, avec la difference que les laches se preparoient a la fuite, les traitres pour le triomphe de

Dumourier, et que le peu de braves gens pensoient a sauver du moins l'honneur de leur Caractere par une contenance courageuse. Ce qui ajoutoit a la frayeur, furent les ecrits repandus partout pour debaucher les Militaires – et pour exciter le peuple a la revolte, et les paysans a s'opposer contre les inondations. Pour ÿ mieux reussir, on declarat la guerre au Stadh: seul,[2] et le Comité revolutionair envoyat des manifestes remplis des promesses et des menaces, qui quoique absurdes ne laissoient pas de hausser le ton des Patriottes, qui fut scandaleux, autant que leur conduite etoit ombrageuse. J'etois assez calme dans tout ce tems, et fortement resolu de ne pas fuir, hormis un soir, que je cedois a la tristesse generale; qui me fit bruler toutes mes lettres, exceptées les votres, mais personne ne sait et ne jouira de ce moment de foiblesse. mais continuons.

La premiere etincelle d'esperance fut le recrutement, qui reussissoit nonobstant les entraves, que les Patriottes voudroient ÿ mettre. Aux prieres publiques il y avoit une confluence du monde excessive; Les Pretres jusqu'alors Patriottes,[3] faisoient cause commune; Les negocians a Amsterd., dont on doit estimer la profession mais mepriser les vues interressées; firent eclater leur crainte pour le commerce; Enfin on peut dire qu'il y avoit plus de public spirit,[4] qu'on avoit lieu d'attendre; – Dans cette situation on fut bientôt attaqué. Breda aÿant êté investi, fut rendu après qu'on ÿ avoit jetté quelques bombes. Le Comte de Byland,[5] Commandant de la place quoique muni d'une resolution de son conseil de guerre, est aux arrets, jusqu'a ce que sa cause sera jugée. Le klundert[6] ayant repoussé 2 fois l'ennemi, a été pris d'assaut, après que son brave Commandant Crofs[7] eut reçu une blessure mortelle. Maintenant on avoit investi aussi Maestricht et le Willemstad[6]; Ces deux villes ont ête furieusement bombardées; mais le Prince de HessenCassel,[8] et le Comte de Boetselaer[9] ÿ ont tenu une conduite amirable, surtout le dernier, qui par sa bravoure est devenu l'idole de tous les honnetes gens. Le Willemstad etoit d'autant plus d'importance, que les traitres avoient deja fourni près de 40 vaisseaux aux Francois pour faire le passage au Moerdyk[10] et dans l'isle de Dort.[11] Heusden[6] et Steenberg[12] ont êté sommé de se rendre mais ayant fait voir une contenance ferme l'ennemi n'a pas osé les attaquer. Enfin grace a un concours des evenemens heureux, dont les hommes ne disposent pas, nous sommes sauvés pour le moment. Les succès des Autrichiens a Aix la Ch.,[13] Liege & Roerm.[14] ont obligé les Francois a lever le siege de Maestr. – Dumourier etant allé a Louvain pour rallier l'armée debandée on a été obligé aussi d'abandonner Will.,[15] Moerdyk et le Klundert; Le bombardement qui a été affreux a Maestr. & au Will., n'a pas causé une seule incendie considerable; Pas un seul soldat à deserté; très peu ont peri; beaucoup ont montré de la bravoure; Tous paroissent avoir de la bonne volonté. L'eau et le vent ont meme combattu pour nous; quoique cela n'ajoute rien a l'honneur de la defense; il a vivifié le desir d'etaler toute activité possible.

Dans le moment nous recevons la nouvelle, que Dumour. a livré bataille pres de Louvain;[16] que l'on s'est battu depuis 7 a 7 heures; qu'alors les Francois se retirant dans l'obscurité, la Cavallerie des Autrichiens a tombé dessus et fait un massacre horrible; Si cela est ainsi, il y a apparence, que Geertruid.[17] & Breda avec tout le Comité Revolutionair qui y reside, tomberont dans nos mains.

Vous devez connoitre mes sentimens aux expressions dont je me sers; je suis persuadé, qu'ils ne vous causent aucun entonnement; – Il fut un tems que ma Philantropie se plaisoit à voir un peuple faisant des efforts pour secouer le joug du despotisme, parceque je pensois que la magnanimité et la grandeur d'ame dussent etre les moÿens pour combattre avec succès ses esclaves, mais voyant que leur position critique, dans laquelle leur Superbie les a entrainés, leur fait agréer les memes principes politiques, que leurs adversaires n'ont que trop employés, je ne veux plus être Philosophe, mais bon Hollandois.

J'ai reçu une lettre venant de Suisse pour Mr Bard de Chasan[18] dont je ne sais que faire, ne pouvant rien apprendre de lui. Monsr: de Tuyll votre Cousin[19] qui vient de me faire une visite, m'a prié de le recommander a votre Amitié.

En vous priant de faire agreer mes complimens a Mons. de Chariere j'ai l'honneur de me nommer avec un profond respect de
Madame
Votre très obeiss servit.

Utr. 22:3:93.

984. *D'Henriette L'Hardy, 22–23 mars 1793*
Vendredi au soir

Je viens de retrouver au fond de ma poche cette malheureuse[1] que javais tant a cœur de faire partir aujourdhui · la messagere etait partie quand je lai envoyée – eh bien je donnerai a la feme du pain ayje dit en le prenant des mains du domestique · jai diné la dessus · après jai travaillé au trousseau de la petite fille & la lettre est restée je serai punie de mon etourderie · si vous avez la bonté de me repondre madame ce sera plus tard – Mon Dieu que vous êtes boñe madame de prendre autant a cœur mes interrets · une autre que moi vous ménagerait par reconnaissance je ne sais que vous accabler vous inquietter me reprocher ensuite mon mauvais procédé & puis continuer mon mauvais train – vous faites trop d'honeur a ma boñe volonté madame je ne crois pas quelle ait encor rien opéré en faveur de ceux pour qui je m'en suis sentie · Lisette serait bien mal partagée si elle n'avait despoir qu'en ses effets ceux de la votre sont plus surs – je crois que pour le moment un deshabiller de cotone serait

ce qui lui conviendrait le mieux je ne lui coñais que trois habits dont l'un
est bien court un autre a demi usé · avec ces miseres elle a toujours l'air
propre & bien arrangée – je voudrais que la comtesse sinforma lors quelle
lui vera son habit neuf ou elle l'a acheté je voudrais qu'elle sentit qu'elle
aprit son devoir je ne dis pas trop – ma sœur a la tailleuse elle a eté occupée
ces jours ci a la mettre en train elle a tout l'embarras de mes arrangemens
de voyage cest ce qui la fait négliger d'envoyer a colombier le paquet de
livres · je ne sais coment jai oublié si long tems de vous remercier
madame du plaisir que m'ont fait ces memoires[2] sur Berlin & Potzdam · oh non sans souci d'aujourdhui ne ressemble plus a celui d'alors rien
nets plus triste que cet endroit – que cette chambre surtout ou sets passée
la scène du ministre ennemi d'Herode[3] jai eté assise devant la table sur
laquelle frédéric a signé cette burlesque quoi – accusation ou absolution
je ne sais lequel – je la vois quand je veux · elle est couverte de velours
verd taché horriblement d'encre de cire rouge de cire de bougie &c elle
est devant un petit sopha de satin verd usé le crin sort par mille endroit.
guillaume premier rossant tout ce quil rencontrait[4] ma presque fait peur
il etait terrible cet hoñe jai vu ses chambres ses belles tables d'argent son
fauteuil de velour cramoisi sous un dais cramoisi & or bien massif · mais
il est bien tard peut etre auraije encor un moment demain matin jai lhoneur de vous souhaiter une boñe nuit – – – Samedi matin – Je ne reve plus
que voyage embarras de toute espèce je vois cette fille trotter sur le char
de bagage – non cela nest pas faisable je ferai encor des efforts pour m'y
opposer dussaije en patir je prierai m^d Bosset de maider elle est si boñe
elle a la bonté de se charger de l'arrangement de nos livres aujourdhui elle
fera venir fauche chez elle pour cela · je la tourmente aussi · l'autre soir
je lui disais dans mon agitation j'aurais bien fait de me debarrasser de tout
ceci on ne me sait nul gré de demeurer ou du moi[1)] si on en est aise dans le
fond on n'a garde de me le temoigner cela décourage – mais represen-
tez vous combien la comtesse est malheureuse il y aurait de l'inhumanité
de l'abandoñer sans autre raison que son malheur · oui je sens que je ne
pouvais le faire decemment pour retourner chez ma mere mais il y aurait
eu d'autres moyens – un etablissement par exemple a dit m^d Bosset & sans
attendre ma réponse ah pensez y bien si vous etiez mariée avec la comtesse? vous n'auriez pas lespoir qui vous soutient aujourdhui celui de voir
changer votre sort – cela est bien sensé j'en ai été frappée & au moment
de me decider pour un etablissement médiocre ou plutot pour un mari
médiocre si je me rapelle m^d Bosset & l'exemple qu'elle ma cité ce sera
tant pis pour lui – – dites moi de graces madame si sa majesté arrivera · je
ne vois presque que cela qui puisse amener un autre ordre de choses ou
bien un tems desastreux – encore cets tout au plus ci on changerait la place
de la fille contre une ou elle fut a couvert – Jaurai un habit de cheval de
drap pour le voyage & pour le sejour aussi sil fait froid a Bahr · on dit

que les hautes montagnes en sont assez loin & que par consequent le cli-
mat en est doux – plus que huit jours jusqu'a ce départ cela m'attriste je
retomberai sur le ton de jeremie il faut me taire jai l'honeur detre
madame votre tres humble servante

h L'hardy

[a M]adame/[Madame] de Chariere/[a] *Colombier*

985. *De Pierre-Alexandre Du Peyrou, 23 mars 1793*

Samedi 23 mars

Hier le tems ne m'encouragea pas pour ma course, et une courbature
maintenant dissipée me fit garder le lit assés tard; et puis il survint des
affaires, des gens de la campagne &c &c.

Oh! vilaine pensée en effet que la vôtre. Ecoutés.. quand je passai en
Europe en 1739,[1] je me souviens qu'un Requin au quel on jetta l'hameçon
avec une amorce grosse comme le poingt, n'en voulut pas; mais quand
on eut quadruplé cette amorce, il donna dessus. C'etoit un Requin à qui
pourtant vous savés que tout est bon et paroit de bonne prise.

Ici il faut ajouter une observation, c'est que celui que[1)] croyés pire
qu'un Requin[2] avoit fait ce que nous voulions faire pour le logement,
l'entretien et même l'équipement. Il est venû diner avant hier en ville, a
amené le jeune homme[3] que j'ay vû un moment au depart. Il a l'air d'un
enfant, un peu marqué de petite verole, tout au plus de 15 ans à la mine
et de 5 pieds de taille. Il part incessamment et avec d'atures emigrés.

J'ay eû des nouvelles de Mastricht du 8 mars; le mal ne paroit pas si
grand quc lcs papiers françois l'ont fait. Dumourier etoit le 11 à Bruxelles.
Voila tout ce que je sais; car les nouvelles qui courent on les entend sans
les savoir.

Bonjour.

A Madame/Madame de Charriere/à *Colombier*

986. *A Henriette L'Hardy, 25 mars 1793*

Ce 25 mars. hier il me fut impossible d'ecrire

J'ai receu trois de vos lettres[1] à la fois Mademoiselle. M. de Ch. n'ouvrit
le paquet de livres que le lendemain de sa reception, moi même je le
voyois sans y toucher sur une table ne soupçonnant pas qu'il contint une

lettre. J'ai donc lu de suite beaucoup de choses qui m'ont fort interressée. Si c'est tout de bon que vous croyez quelque fois m'ennuyer ou m'impatienter voila une grande erreur.

Votre cuisiniere est très mechante c'est ce que je sai très bien & la lecture qu'elle vous pria de faire est un trait de caractere parfaitement conforme à d'autres qu'on m'a raconté. Je pense que la lettre à son adresse etoit en effet ecrite au blond, & que le blond ecrivoit lui même tant bien que mal ou faisoit ecrire sans l'intervention d'une femme qui ne sait ou ne dit davoir ni lire ni ecrire. Elle aura voulu profiter de l'occasion que lui offroit la lettre pour bien noircir la jeune fille; peut-être esperoit-elle que vous y trouveriez encore pis que ce que vous avez trouvé. Et que dirai-je de Rosette?[2] ce n'est pas d'aimer le blond ni de lui écrire que je lui fait un crime mais de faire la sainte Nitouche & de beaucoup d'autres choses trop longues & trop inutiles à dire. Je crois qu'elle s'est engagée hier chez Mlle Chambrier[3] & elle a bien fait car passé la St Jean époque ou finissent les effets de mes promesses je compte bien ne me plus meler d'elle du tout. Je la crois foncierement ingratte & insensible,[1]) n'aimant qu'elle au monde si ce n'est peut-être aussi le blond mais Dieu sait comme peu & de quel égoiste amour!

La messagere etant deja là bas je n'ai le tems ni de m'amuser de la famille defilante, ni de m'affliger du charriot de bagage, ni de vous dire combien je souhaiterois qu'on vous laissat venir à Auvernier & jusque chez moi, je vous dirai seulement qu'ayant apris le propos du Roi par une lettre à M. de Ch. la veille du jour ou je l'ai scu de vous je ne l'ai regardé que comme un propos moitié bienveuillant moitié politique & ne signifiant pas du tout[2]) qu'il songe à venir ici.[3]) C'est comme s'il avoit dit soyez bien sages à Neuchatel, aimez moi à Neuchatel, je vous aime je suis affable & bon. Un jeune homme que j'ai vu ces jours passés me dit avoir *vu* à l'armée avec le Roi une femme qui couchoit militairement dans sa tente. C'est la Ritz[4] ai-je dit. Je ne sai pas son nom m'a t-il repondu mais je proteste l'avoir vue.

a Mademoiselle/Mademoiselle Henriette/L'hardy /a la Rochette/ Recommandée à M. Louis/L'hardy à Neuchatel

987. *A Henriette L'Hardy, 25 mars 1793*

Lisette ambos vint ici hier. Nous pleurames toutes deux d'attendrissement. Elle vouloit decidement être de la caravane de Zug ou de Bahr mais ses parens ne vouloient[1]) pas qu'elle en fut à moins d'une augmentation de gages. J'ai trouvé cela assez ridicule & j'ai envoyé Henriette[1] avec Lisette dire aux parens ce que j'en pensois. Je crois qu'on a fini par la laisser sa propre[2)] maitresse. Il est bien vrai que sa position est moins agreable plus fatigante & plus *usante* qu'elle n'etoit mais cela n'empeche pas qu'elle ne se puisse trouver assez heureuse & sufisamment payée. S'il lui venoit quelques compensation à l'augmentation de peine & d'usure j'aimerois mieux qu'elle la tint de la bonne volonté de la comtesse que d'un pacte nouveau. Elle est sur cela complettement de mon avis. Je lui ai dit toute votre bienveillance & elle m'a dit en être persuadée & vous aimer aussi beaucoup. Je lui ai[3)] dit de laisser sa mesure[2] à Auvernier & comme je lui ai vu hier un deshabillé très solide il se pouroit que je lui en donnasse un un peu plus gay & plus joli. La petite fille que l'on emmene est dit-elle un joli enfant. La jalousie, l'aigreur, le sordide interet sont etrangers au cœur de cette Lisette. Je lui ai donné de bon cœur un baiser quand elle m'a dit adieu.

Je[4)] n'en dirai pas davantage aujourdhui Mademoiselle & j'ai seulement voulu que vous sussiez au juste ce qui s'est fait & dit hier au sujet de cette petite jeune bonne fille. Ses parens ont peine à se persuader que vous soyez autant que vous l'etes favorable à eux & à leur enfant. Mon Dieu que les sots & les têtus de toutes les classes sont insupportables!

Ce Lundi 25 mars

Voici dequoi faire une collerette toute semblable à celle que je porte & qui fut faite d'après celle dont vous avez été privée si longtems. Portez celle ci à Bahr, je vous en prie[5)]

a Mademoiselle/Mademoiselle Henriette/L'hardy/a la *Rochette*/ Recommandée à M. Louis/L'hardy à *Neuchatel*

988. *De Benjamin Constant, 25 mars 1793*

J'ai tant de chagrins & d'affaires que je ne vous écris que pour vous envoier la lettre de change ci-jointe de 300 fr. de Suisse a compte des 1000 que je dois a M. de Ch. & a vous. 800 a M. de Ch. 12$\frac{2}{7}$ Louis ou 200 a vous. Je tacherai d'achever ce paiement le plutot passible. Je suis honteux de tant tarder, mais je vous jure que je fais ce que je peux. Cet été peut être, *libre*, je me consolerai avec vous, & vous conterai mes peines. votre amitié fait ma plus douce espérance. répondez si vous voulez; je serai vraisemblablement encor ici. mais mes peines seront finies,[1] j'espère de maniere ou d'autre. Hymen! Hymen! Hymen! Quel monstre!

C.

ce 25 Mars. 93.

a Madame/Madame de Charriere née de/Tuyll/a Colombier/près de Neufchatel/Suisse.

Lundi au soir.

Combien elle me fait de plaisir cette jolie collerette mon Dieu que je voudrais vous voir madame j'en cherche depuis hier le moyen on me permet d'aller mercredi a auvernier j'y aurai mille miseres a ranger · ma mere que je n'ai vu que deux fois depuis 7 mois mes tantes mon grand pere[1] coment m'arracher d'aupres d'eux quand je nai deja que si peu de momens a leur doñer – coment d'un autre côté jouir de leur presense de la satisfaction quils auront de me voir avec l'ennui que j'aurai dans le cœur de me sentir en liberté & près de vous madame sans en profiter – je voulais pour tout arranger partir dici a pied de grand matin aller dabord a collombier & puis passer le reste de mon tems chez ma mère · la comtesse ne veut pas que je trotte tout ce chemin a pied elle veut faire venir une voiture cest elle qui ordoñe elle la demandera tard tout cela me tourmente – j'espére pourtant encore un peu le chemin est si court d'auvernier a collombier je promettrai au voiturier de lui faire doner du bon vin a la maison · jespere aussi voir madame sandoz[2] jeudi je veux le demander tout uniment · depuis quelques jours la comtesse me parait mieux disposée que de coutume il faut profiter de ces momens ils sont précieux – Je suis bien aise que nous ayons Lisette je suis bien aise aussi que Rosette ait une place jai un chapeau[3] depuis 3 jours · sil ne pleut pas demain je le donerai a la messagere avec un demi ecu pour le ruban cest bien peu je compterai demain ce que je dois ce qui me restera après que jaurai arrangé mes petites affaires & je mettrai quelque chose de plus selon ce qui me restera – Sans doute madame qu'il me reste toujours des scrupules des craintes plutot de vous impatienter une fois · on rencontre si rarement tant d'indulgence & de bonté

Mardi matin – tous mes beaux projets sont détruits · la comtesse vient de demander une voiture je vais a auvernier il faut que je lui ramene son linge que ma sœur a toujours fait blanchir je nai rien a dire au voiturier il ne sera pas a mes ordres – cela ets bien triste javais tant de choses sur lesquelles je voulais vous prier Madame de bien vouloir m'aider de vos conseils combien j'aurai voulu les entendre il faudra me contenter de vous écrire madame jamais je ne puis le faire a mon aise seulement

a Madame/Madame de Chariere/a Colombier

Il ne me paroit pas douteux que mes lettres ayent été ouvertes. Tout le mal qu'il peut y avoir à cela c'est qu'on a pu[1] voir que nous parlions l'une & l'autre assez lestement des autorités & de leurs attenants, aboutissans, valets, sous valets, favoris & favorites & si l'homme est l'espion de la cour, de Bischops.[1] & compagnie on a pu vous faire quelque tort dans l'esprit de Frederik le gros.[2] *a la garde!* dit-on dans ce pays[3] & il nous faut dire aussi *à la garde!* une autre fois quand les gens auront la bonté de vous apprendre eux mêmes qu'ils ont de si beaux secrets ne leur confiés pas plus vos lettres que vous ne joueriez au piquet avec un joueur de gabelets.[2] Je suis encore persuadée qu'il vouloit vous donner la fille de le[   ]ndu.[3] Je suis bien sure aussi qu'il ne vous aime pas.

J'envoye aujourdhui chez les parens de lisette de quoi faire son deshabillé c'est une cotonne des Indes[4] rouge et blanc fort peu jolie mais très bonne & dont la couleur s'eclaircit & devient plus belle en lavant pourvu qu'on la *savonne* & ne la *lessive* pas. Voudriez vous bien le lui dire.

Lisette à dit à mon Henriette qu'elle croyoit que le *Blond* aimoit beaucoup la *brune* mais qu'elle ne croyoit pas[5] que la *brune* se souciat beaucoup du *blond* & & qu'elle n'avoit vu entr'eux aucune familiarité malhonnête ce temoignage me paroit avoir de l'autorité, car ces deux jeunes filles avoient peu de liaison & mediocrement d'amitié l'une pour l'autre. La mere ambos a parlé sur le même ton. Quant à la cuisiniere il n'y[6] aussi qu'une voix. mais Lisette ne detaille rien & ne se plaint de rien.

On m'a assuré que l'enregistrement avoit été fait sans exhibition d'ordre, & on le croyoit du même jour ou du lendemain du batême. Les Viles gens! Que vous etiez loin de vous douter il y a 18 mois de tout ce que vous avez vu depuis! un T. un M. un C.[4] &c &c ne vous entroient pas dans l'esprit.* L'histoire à l'egard de ces sortes de gens vous paroissoit presque comme la Fable. Les voila pourtant en chair et en os.

Dites moi ce que c'est que la Ctesse Pinto.[5] Je saurai j'espere aujourdhui le sort de Lisette & si quelqu'un voyagera avec les malles

Ce 26e mars 1793[8]

A Mademoiselle/Mademoiselle Henriette L'hardy/a la *Rochette*/ Recomandée à M. Louis L'hardy/a *Neuchatel*

---

* alors vous ne connoissiez que les sots les bavards les ennuyeux.[7]

991. *A Jean-Pierre de Chambrier d'Oleyres, 27 mars 1793*

Il n'y a que peu de jours Monsieur que j'ai receu la musique vous[1] vou-lutes bien m'envoyer & votre lettre[1] dattée de 18ᵉ Decembre. Je ne puis encore bien juger de l'air n'ayant rien de ce qu'il faut pour le bien chanter & le bien accompagner · en attendant je jouis de votre souvenir & de vos bontés qui ne se sont jamais dementies.

J'ai été bien longtems sans vous rien dire & sans vous demander rien parce qu'une correspondance genée & pleine de circonspection n'est pas trop agreable, surtout pour moi, & qu'il n'en faloit point avoir d'autre avec un ministre de Prusse à la Cour Sarde[2] quand les lettres passent par des mains tricolores, blanches,[2] &c,[3] & peuvent tomber dans les plus mal-faisantes mains. La correspondance interceptée des Emigrés fait peur & tel honnête homme[4] voudroit peut-être que jamais[5] femme ne lui eut ecrit. Nous avons été très affectés ici de divers grands evenemens. Ceux du 10 aout & du 2 sept.[3] changerent, par l'horreur que j'en eus, un rhume ordinaire en une[6] inflammation de poitrine dont j'ai été très mal, mais l'ardeur de la fievre ne dura pas & je me suis retablie avant l'hiver de maniere à le passer assez bien. Et vous Monsieur comment vous etes vous porté, comment vous etes vous passé, & de tranquilité car il n'y en a plus pour un homme qui s'occupe d'interets publics, & de distractions car votre carnaval a du n'être qu'un avant carême? Donnez moi je vous prie de vos nouvelles & dites moi si je dois vous envoyer des lettres d'un fran-çois & d'un Suisse[4] ou si vous les avez deja. Je ne doute pas que vous n'ayez l'addresse des 4 vertueuses bourgeoisies.[5] Il vient de paroitre un petit ecrit de Monvert [6] qui me paroit à tout prendre aller droit au but mieux[7] que tout le reste de ce qui s'est ecrit. Celà n'est pas partout[8] bien noble, bien correct, bien impartial mais cela est ecrit avec esprit courage & chaleur. J'ai l'honneur Monsieur de vous saluer très humblement.

Ce 27ᵉ mars 1793   T. de Ch.

a Monsieur/Monsieur le Baron de/Chambrier Ministre de/sa majesté Prussienne/a *Turin*

992. *A Henriette L'Hardy, 27 mars 1793*

Ne pouvez vous venir chez moi en bonne fortune ? Si c'est à pied votre cocher n'en saura rien. Si c'est en carosse vous n'aurez qu'à lui donner un petit *Trink geld*[1] pour qu'il se taise.

Si cela ne se peut absolument pas ecrivez moi & recevez d'ici mes adieux bien tendres, mes sinceres vœux pour que votre sort soit au moins paisible & doux.

Quand vous me trouvez si bonne vous ne savez pas combien vous etes aimable ni combien il est naturel de s'interresser à un personne dont l'ame est vraye et noble, l'esprit vif & droit. Je vous embrasse de bon cœur.

T. de Charriere.

Ce 27 mars

a Mademoiselle/Mademoiselle Henriette l'hardy/a *Auvernier*

993. *D'Henriette L'Hardy 27 mars 1793*

mercredi matin

Je suis encor fatiguée de la journée d'hier – j'ai pleuré en voyant colombier j'ai trouvé mon grand pére[1] extrèmement changé surement je ne le reverrai pas ma mere etait bien triste – en passant j'ai voulu voir madame Sandoz je n'ai pu rester qu'un moment – La mere de Lisette[2] sortait d'ici quand je suis arrivée elle venait essayer de reprendre sa fille ou de faire entendre ce quil fallait faire pour la garder elle n'a pas réussi Lisette veut absolument venir avec nous la comtesse na pas compris la mere sur la condition qu'elle voudrait je l'ai dit – parce qu'enfin cets toujours rendre un bon service a qui na pas d'argent que de lui en faire avoir & puis parce que cela les arrangeait tous · elle ne veut rien changer la comtesse – je lui done ce quelle recevrait dans une autre maison s'ils ne sont pas contents ils peuvent la reprendre · m^d Bosset etait la jai dit dans ce pays on blanchit le linge de ses domestiques cest un usage reçu vous avez bien voulu vous conformer aux autres?... non je ne change rien cela est décidé – malgré cela Lisette viendra · aujourdhui jen suis fachée je sais seulement depuis hier que ce coquin de blond la tourmente tourmente aussi la nourrice · nous navons point de boñe c'est justement d'elle que lisette a voulu parler – si elle vous avait dit madame que lors qu'elle (Lisette voulait empêcher ledit blond de lembrasser en lui donant un soufflet celui ci lui répondait par un coup de pied l'auriez vous laissé venir · j'ai peur pour elle · sans doute elle est sage mais lui est fort. quel horreur que tout ce menage – hier la comtesse ma fait des plaintes sur ma vieille jeannette sa feme de chambre lui a raconté quelle leur avait dit des injures a elle & a l'hom̃e · elle na pas dit la coquine quelle avait comencé par dire toutes les villenies imaginables contre neuchatel & nous tous je nai pas été epargnée non plus · jeannette a pris feu elle a repondu qui ne laurait pas fait je lai priée de ne leur jamais répondre – mépriser les jeannette ils le méritent ce serait leur faire trop d'honeur que de se facher de leurs propos – elle

voyagera aussi avec les malles · la comtesse la décidé hier elle partiara vendredi avec lisette quel absurde arrangement – a propos tout auvernier ets
plein de gens qui me maudissent m^d ambos qui surement na pas doné a
son mari tout l'argent quelle a reçu a fait entendre que j'avais distrait de
l'argent que lui destinait la comtesse quelle l'avait entendu dire a la comtesse quelle lui donnerait quinze louis quelle les avait ensuite entendu
compter & que je ne lui en avais remis que dix. le fait est que sans moi
m^d ambos n'en aurait eu que douze · cela est encourrageant quelle pitié
que de vivre je voudrais etre au bout de ma carriere je meloigne de tout
ce qui pourrait me faire aimer la vie

    nous aurons cet après diner m^d de madveis m^r de Pierre m^r & m^d Bos-
set d'hollande[3] j'ai souci de ce train cet arrangement me parait ridicule

994. *A Henriette L'Hardy, 28 mars 1793 le matin*

Ce Jeudi 28 mars 1793

    Je suis toute sorte de bêtes. J'ecris si mal[1] que vous lisez *bonne* ou *boñe*
dans *brune* nom que je donnois à Rosette Roi disant que Lisette ambos
croyoit bien que le *blond* aimoit beaucoup la *brune* mais non que la *brune*
aimat beaucoup le *blond*.

    Je lis si mal que je ne vois pas dans votre lettre[2] que le jour fixé pour
votre venue à Auvernier eut cessé d'être hier, mercredi, & que: *la Ctesse
vient de demander un carosse & je vai à auvernier* signifiat *j'y vai tout de suite*.
& hier à l'heure que je vous crois arrivée c'est a dire entre 10 & 11 je vous
ecris le billet[3] que vous avez receu ou recevrez & qui se trouve avoir été
bien absurde. Cette meprise ci est heureuse peut-être car je vous aurois
envoyé cherché ou serois allé vous voir ce que la Ctesse n'eut pardonné
peut-être ni à vous ni à moi. La premiere meprise est assez indifferente
de sorte que je me pardonne un peu aujourdhui d'être toutes sortes de
bêtes mais hier je me serois battue je fus confondue. Vous avoir eue si près
de moi & ne m'en[1)] être pas doutée! n'avoir rien dit rien fait pour vous
voir quand à la rigueur je le pouvois!

    Henriette[4] est fort affectée de ce qui concerne Lisette. Elle ira la voir
aujourdhui s'il est possible. Ce blond pour un blond est un terrible
homme mais Lisette n'a qu'à avoir une resolution ferme & tout ira bien.
Le souflet repeté une ou deux fois encore & on n'en meritera plus.

    Ce qui frappoit surtout Henriette c'est le danger, qu'elle connoit par
experience, d'être haïe & calomniée par l'homme dont[2)] on a rebutté les
empressemens. Parlez à Lisette mademoiselle si Henriette[3)] ne peut pas lui
aller parler & dites lui de se tenir sur ses gardes, de n'être jamais seule s'il
se peut, enfin de se defendre à tout prix[4)] d'être rendue à jamais malheu-

reuse et cela non seulement pour l'amour d'elle mais de vous, de moi, d'Henriette qui ne nous pardonnerions jamais d'avoir contribué à la faire rester auprès de la comtesse s'il en resultoit quelque chose de si facheux. Henriette si elle la peut voir lui dira: il n'est pas encore trop tard & si vous craignez retournez demain à Auvernier au lieu d'aller à Zug ou à Baar. Je ne sai si vous pouriez prendre sur vous de tenir ce langage mais au cas qu'Henriette ne puisse pas absolument aller à la Rochette parlez neantmoins ce soir à la petite fille. Elle même si elle vous voit en peine s'effrayera, & prendra le parti que vous n'oseriez lui conseiller, ou bien son assurance vous rassurera & vous & moi & Henriette nous serons toutes plus tranquiles.

L'Ambos a très fort dit les 15 Louis à son mari & à ses enfans. Peut-être auroit-elle voulu que ses creanciers n'en eussent rien su c'est la pensée d'Henriette. Si elle peut vous voir mon Henriette elle vous dira tout ce que vous lui demanderez sur ce qui s'est dit & ne s'est pas dit. Si non je vous l'écrirez[5] Je[6] ne crois pas que la sottise de l'ambos soit allée au point où on le pretend. Elle n'a[7] pas pas parlé d'argent distrait. Qui est-ce qui écouteroit un pareil discours sans rire au nez de celle qui le tiendroit.

Il est bien etrange à la Comtesse d'avoir invité du monde sans inviter Mc Sandoz ni Mc Chambrier.[5]

adieu pour ce matin. J'ai ecrit les yeux encore à demi fermés.

a Mademoiselle/Mademoiselle Henriette L'hardy/a *la Rochette*

995. A Henriette L'Hardy, 28 mars 1793

Le froid, le vilain tems qu'il fait, retient Henriette. Si notre cocher etoit plus robuste, s'il n'avoit pas eu il y a assez peu de tems une fluxion de poitrine accompagnée de certains simptomes d'un temperamment tendant à la pulmonie je l'aurois envoyée en carosse mais cela ne se pouvoit pas. Sans compter l'inconvenient réel qu'il pouroit y avoir j'aurois fait dire mille choses & Henriette eut souffert. Croyez que dans cette maison-ci qui n'est pas un rechappé d'une cour[1] & où je suis soi disant la maitresse je ne laisse pas d'eprouver quant aux Subalternes les mêmes gênes & desagremens que vous; & ces subalternes mis de mauvaise humeur faisant de travers ce que les superieurs exigent ceux-ci en pâtissent & moi aussi j'en patis par contrecoup. Partout où vous verez des hommes & des femmes rassemblés soyez sure qu'il y aura du[1] bavardage, de faux raports, des tracasseries.

Encore une fois l'ambos n'aura point dit que vous l'eussiez privée d'une partie des 15 Louis qui lui etoient destinés. Elle a donné à son mari les 15 Louis & celui ci a même eu la sottise de lui acheter une montre. Voici ce qu'elle dit à Henriette il y a eu Dimanche huit jours. La nourice lui demanda, dit-elle, combien on lui avoit donné & elle ne voulut pas le dire. Alors la nourice doit lui avoir dit: La Comtesse a demandé à Mlle L'hardy combien il convenoit de vous donner et Mlle L'hardy a repondu *10 Louis*. Ce n'est pas assez a dit la Ctesse. Dans ce païs on ne donneroit pas plus a dit Mlle L'hardy, & la Ctesse a fini par dire qu'il vous en faloit donner quinze. Henriette a dit à l'ambos qu'elle doutoit fort de la verité de cette histoire mais qu'en tout il se pouvoit que le vrai^2) d'obtenir plus fut de demander moins, & que si cela etoit ainsi dans l'humeur de la Ctesse vous le saviez surement..... Quelle neige épaisse tombe dans ce moment! Sera-ce ni plus ni moins sur un chariot decouvert que l'on fera voyager Lisette & Jeannette? En ce cas là je me flatte qu'elles auront au moins des capottes ou redingottes de camelot ou de drap.

Ceci me ramene à Rosette & à son voyage. Henriette lui annonçoit avant hier au soir le Chapeau qu'elle à en effet receu hier & dont je vous remercie extremement & là dessus Rosette raconta de nouveau l'histoire du manteau assez diferemment de ce que vous aviez eu la condescendance de me la detailler et pretendit que le votre avoit été jetté dans la boue par un coup de vent puis nettoyé tout de suite^3) tant bien que mal & seché par elle, puis porté d'après vos ordres chez M^e votre mere où il est encore. Elle dit que c'etoit un vieux manteau usé quand vous le lui pretâtes, mais quant à cela on en juge comme on veut, & ce qui a été mis par nous en mauvais etat nous paroit toujours n'avoir rien valu auparavant, mais vous pensiez le lui avoir laissé & elle dit positivement que vous le lui avez fait porter chez M^e votre mere. Votre memoire vous aura trompée sur un objet de si peu d'importance & cela n'a rien d'étonnant. Quant à Rosette je lui vois un fond de mecontentement très desagreable. Tout ce qu'on fera pour elle lui paroitra lui être du ou n'être que peu de chose, tout ce qu'on negligera de faire lui reviendra une fois ou l'autre dans l'esprit avec amertume. Sans industrie & sans activité pour acquerir elle sera desolée de ne pas posseder & s'en prendra à tout le monde. Si elle n'etoit de cette sotte & odieuse humeur que lorsque son amant va a trente lieues d'elle & cela avec des femmes dont elle sait peut-être qu'il ne tiendroit qu'elles^4) de la supplanter je le lui pardonnerois de grand cœur, mais ce n'est pas cela du tout. Savez vous bien que Rosette & la Ctesse ne se ressemblent pas mal! Cette derniere ne vous aura paru un peu mieux disposée que parce qu'elle a compté sur cette visite annoncée par le sergent ou caporal. Si l'on trouve chez Fauche de petits livres qu'on peut fort bien mettre dans sa poche des *anecdotes sur la Russie*^2 achettez les bien vite ils vous amuseront. Il n'y a qu'à les faire mettre sur mon compte & quelque jour vous m'en rendrez le prix. Ayez la bonté de remettre ce billet à Me Bosset après l'avoir lu;^5) si vous ne pouvez le donner vous même vous le cachetterez.

J'aurai encore aujourdhui de vos nouvelles, & vous en aurez encore des miennes demain. Partez le plus gayment que vous pourez & dites vous bien que si tout ceci ne devient ni plus gay ni plus doux il faut que cela finisse le dernier Septembre. Alors vous aurez pleinement satisfait au devoir & aux procedés; l'enfant ne sera plus tout à fait au maillot, la mere aura eu le tems de se faire à son sort & poura à son gré choisir une habitation dans le monde netier & vivre comme elle l'entendra. Vous vouer pour jamais à un dur esclavage seroit une duperie extreme. L'ennui l'humeur vous changeroient & ce seroit assurement un grand dommage. Adieu.

Ce 28 mars 1793

a Mademoiselle/Mademoiselle Henriette/L'hardy/a la *Rochette*

996. *D'Henriette L'Hardy, 28 mars 1793*

Jeudi au soir

Je veux prendre sur mon someil dequoi parler encor un moment avec vous madame oh j'en ai grand besoin je suis harassée de corps & d'ame mécontente de tout ce que je vois & entend de moi aussi la toute premiere · avec mes angoisses sur ce que je savais qu'endurerait Lisette pendant le voyage je navais pas pensé a la capotte je demandais qu'on fit un arrangement sur le char pour les mettre a couvert · les difficultés qu'ont faites les voituriers m'ont etourdie je nai plus vu de quelle maniere on pourrait remedier a cela votre lettre madame a fait plus que ma mauvaise tête nos plus mauvais cœur ma boñe volonté mal secondée · jai eté chez madame bosset qui a bien voulu preter une bone capote a Lisette j'ai envoyé a Peseux chez mon cousin[1] lui demander un grand manteau de drap je lai aprésent jeannette s'envelopera dedans · de grands mouchoirs sur la tete les colets de la capotte & du manteau les garantiront de la neige contre le visage & les oreilles –

mais cette Rosette elle m'afflige ma mémoire nest point en défaut au sujet du manteau je me vois & elle aussi au moment ou je lui ai dit den tirer le parti quelle pourrait cetait chez mon oncle de Belly[2] jetais sur la gallerie elle repassait dans une petite chambre dont la fenetre doñe sur la dite gallerie · jamais elle ne recut lordre de porter le manteau chez ma mere Si elle ne l'a pas je ne sais ce quil est devenu jai fureté lautre jour dans mes hardes laissées a auvernier je nai rien vu qui ressemblat a cela Oh cela est bien vilain Rosette ma soutenu souvent des choses que je savais etre autrement quelle ne les disait · jai cru qu'un peu detourderie

589

de negligence d'insouciance pour tout faisait qua la fin elle ne savait plus au juste ce quelle avait fait ou defait – dit &c · je ne lui suposais pas alors la volonté de mentir · aprésent cela est clair je haï Rosette jai vu madame ses grandes famillarités du blond & des autres souffertes – voila un ecu que je vous prie madame d'avoir la bonté de lui doñer cest j'espere pour la derniere fois madame que cette matiere desagréable ets mise sous vos yeux – mais combien j'en prevois encor de ce genre · aujourdhui quand jeannette a vu cet affreux tems elle a eté sur le point de me laisser partir seule je l'en ai priée plutot que davoir sur la conscience les souffrances & les maux qui pourraient etre la suite de ce voyage je laurais fait ne faites rien pour moi lui aije dit je vous payerai jusqua la St Jean je ne vous ferai aucun reproche pensés a vos affaires seules & decidés vous – les malles etaient deja faites elle a craint le train quelle aurait occasionné dans toute la colonie ambulante elle partira donc – je serai bien mal servie je ne suis pas sensible a cela je sais fort bien me passer de toutes ces comodités jecrirai de Bahr a m^d Bosset cets par elle que la mere de la petite fille saura de ses nouvelles · je ne vous demanderai plus pardon madame du ton lamentable de mes lettres ny de leur mine de désordre cela reviendrait a tout moment je ne prevois que peine & gène mais veuillés croire madame que ma reconnaissance pour vos bontés est au dessus de tout ce que jai jamais senti

997. *A Henriette L'Hardy, 29 mars 1793*

Ce 29 mars

Votre lettre[1] mademoiselle m'a singulierement attristée. Je me suis reprochée de vous avoir entretenue deux fois dans la journée[1)] avec détail, de vrayes niaiseries comme si vous aviez eu votre loisir accoutumé. J'avois eu tout le jour fort mal à la tête · je me couchai lasse, triste, abattue.

Dieu veuille que je reçoive bientot de satisfaisantes nouvelles de votre voyage de votre arrivée en un mot de vous, de tout vous, de la tête aux pieds de la surface[2)] jusqu'au plus interieur de l'ame.

Agréez ces lettres imprimées[2] avec de lourdes fautes & que je viens de corriger de ma main.

Je vous ecrirai dès que j'aurai receu de vos nouvelles.

Je plains M^e votre mere; je vous plains davantage. Soutenez cet[3)] exil cette epreuve jusqu'à la fin de septembre & pas plus longtems. Il faudroit double grand changement pour que[4)] vous donnasse un autre conseil. Changement dans l'humeur changement dans la situation. Ecrivez moi bien librement il n'y a plus de C.[3] entre vous & moi adieu.

998. *De Pierre-Alexandre Du Peyrou, 29 mars 1793*

Vendredi 29 mars *1793*

Je me hate de vous annoncer une nouvelle qui dans tout autre moment m'eut affligé bien plus qu'aujourd'hui, mais qui doit vous interresser. Ma Cousine me mande qu'elle est reintegrée,[1] à ce que lui a mandé le President du Departem[t]. Il s'agit maintenant des formalités à remplir pour la levée des scellés &c &c. D'après l'atrocité des Loix nouvelles, j'avoue qu'il est heureux peut être que cette affaire soit enfin décidée, et decidée comme elle l'est. Il reste celle du Domestique qui l'avoit accompagnée par més ordres pour me rejoindre, et qui muni à cet effet d'un passeport personnel, l'a egaré ou perdû, et qui après avoir été obligé de tirer à la milice s'est trouvé melé dans une rixe et coffré avec le reste de la bande quoique ayant quitté la partie dès le commencem[t] du desordre. Cette rixe provoquée par la *Vedette*[2] dont l'auteur est le Marat de Besançon est donnée comme un complot contrerevolutiaire[1)] &c. Ce garçon est borné, et a besoin d'etre aidé. Cependant il paroit que la verité est trop publique pour que la nouvelle Loi trouve ici son application.

Je viens de lire le raport de Garat du n° 80 du moniteur.[3] Je l'ay trouvé bien plat; mais la lettre de Le Brun qui suit m'a paru admirable quand il dit que de toutes les nations la francoise est la seule qui ait conservé son caractere antique *de Loyauté et d'humanité*; et ensuite que les Etrangers viennent en france chercher les biens inestimables de l'égalité, et d'*un systeme social Epuré.*

Je viens de lire la suite de la correspondance.[4] L'omelette m'a paru très bonne,[5] et m'a fait bien rire. J'aime beaucoup l'arche de noé prise ici[6] en bonne signification; en general la lettre du françois[7] m'a paru pleine d'unc raison gaye qui fait souvent sourire l'esprit.

La defaite[8] de du mourier le 18 jette Paris dans la consternation ainsi que le soulevement dans les departemens. Cette defaite par les nouvelles de francfort a couté 6/m hommes aux Autrichiens mais les françois sont dispersés, ont perdû canons, bagages, caisse militaire &c et vraisemblablement la Belgique. Les papiers Chopin[9] ont manqué.

Bonjour madame.

A Madame/Madame de Charriere/à *Colombier*

999. *De Charles-Godefroy de Tribolet, 29 mars 1793*

Madame.

Vous devez avoir reçu par Mr Rougemont[1] les prèmiers exemplaires de vos dernieres lettres. Il y a dans le manuscrit un *ne* qui nous a fort embarassés Spineux[2] et moi. Combattus entre la crainte de porter une main temeraire sur votre ouvrage, et la crainte d'y laisser une faute d'inadvertance, nous nous sommes consultés à diverses reprises, enfin le *ne* a sauté, et Spineux y a apliqué la marque de proscription avec cet air resolu qui accompagne les actions hardies. Je vous laisse à penser d'après cela, Madame, si nous etions gens à raser Crevelt,[3] malgré vos pleinpouvoirs. Cependant il me paroit encore que vos deux bonnes comparaisons sont celles de l'habit[4] et de Versoix,[5] par ce qu'elles sont justes dans leur essence, sans aucune exception, et aplicables à tous les habits, et à toutes les villes dont le plan de construction aura précédé le besoin de batir: tandis que parmi les manufactures que des circonstances locales n'auront pas naturellem^t presentées aux habitans, mais qui, comme celles de Crevelt ou nos fabriques d'indiennes, auront été entreprises par des Princes ou des particuliers, on en comptera autant de celles qui ont reussi que de celles qui sont tombées.

Si vous trouvez, Madame, que je ne m'entends pas en comparaisons, je puis vous dire que je m'entends en omelettes.[6] Dès que j'eus lû votre manuscrit, je me dis voilà qui est bien bon, très bon, mais je parie que l'ommelette sera l'idée par excellence, et en effet l'omelette fait fortune.

Le courier de hier nous a apporté l'allegresse. Au moyen de la defaite de Dumourier[7] & des soulevements interieurs,[8] nous pouvons nous abandonner à une parfaite securité. Reste à voir maintenant si nous ne passerons pas de l'agitation de l'anarchie à la tranquilité du despotisme. Voici le momment, Madame, où lon va connoitre les gens de bien, où l'on va distinguer les aristocrattes qui le sont dans l'ame de ceux qui ne le sont que par aversion pour les injustices et le brigandage, où lon verra ceux ci devenir les veritables democrattes si les choses tendoient à l'opression.

Il me faut finir pour me rendre en consistoire.[9] Quelque malheureuse qui aura fait un enfant. Voilà des cas pour les quels, je me sens disposé à être bonnet rouge.

Votre très humble et tres obeissant serviteur

Ch^s Godef^y Tribolet.

Ce 29e Mars 1793

a Madame/Madame de Charriere/à/*Colombier*.

ce 31 mars 1793

Ils sont rompus, tous mes liens, ceux qui fesaient mon malheur comme ceux qui fesaient ma consolation,[1] tous! tous! Quelle étrange faiblesse! depuis plus d'un an, je désirais ce moment, je soupirais après l'indépendance complette; elle est venue & je frissonne! Je suis comme attéré de la solitude qui m'entoure, je suis effrayé de ne tenir a rien moi qui ai tant gémi de tenir a quelque chose. Je ne vous ferai pas mon histoire; elle est longue & d'ailleurs je ne suis pas assés calme pour vous la raconter. Calme, pourtant, je le suis, mais je suis abattu & une profonde mélancolie me saisit, peut être passera-t-elle, j'ai eu aujourdhui plus d'une emotion vive, & une surtout bien inattendue. Je ne vous dirai donc rien, sinon que je n'ai rien du tout a me reprocher, & que ceux même avec lesquels j'ai lutté ont été forcés de témoigner que ma conduite était en tout point digne d'approbation: que mon mariage, sans être rompu légalement est a jamais dissous, que Madame de Constant a renoncé a toutes prétentions sur ma fortune, moyennant une pension que la Duchesse lui donne, qu'actuellement après être resté a la Cour encor deux ou trois mois, pour prouver que je n'en ai pas été chassé, je partirai & prendrai mon congé; que je vous prie de me louer un assez grand appartment a Colombier, ou je puisse avoir une chambre a coucher, une a écrire, & une pour ma Bibliothèque que je fais venir & qui, lorsque j'en aurai retranché les ouvrages inutiles pourra être de 1500 vol^s, & que je suppose que je serai a Colombier vers la St Jean,[2] Epoque a laquelle le Loyer qui peut être de six mois avec possibilité de relouer, doit commencer; que je dois avoir une ou deux chambres de Domestique, & une Ecurie pour deux chevaux, Le tout au prix que vous croirez convenable. Mes arrangemens & la raison susditte me retiendront ici au moins six semaines encore. il me faudra un mois pour le voiage. c'est demain le premier avril, je ne puis être a Colombier qu'a la mi-Juin au plutot. Si avec mes livres, & près de vous j'y puis retrouver le repos, ce repos qui m'a fui, si les douloureuses impressions qu'a produit une réunion de maux parvenus tous ensemble a leur Comble la même semaine peuvent s'effacer, si mon ame se calme & mon cœur se guérit, J'y resterai toute ma vie. répondez moi je vous prie a lettre vue, car ce n'est qu'après que je saurai que je saurai que vous voulez & pouvez exécuter tout ce dont je vous prie que je ferai partir mes livres pour Colombier. Si cet azyle me manquait, Je ne sai guères ou j'irais. Je vous demande le secret sur ceci, non sur mon séjour près de vous, mais sur mon abandon de la Cour de Bronsvic. Mes affaires de Suisse ne sont pas terminées, & ce changement ferait penser a moi, ce qu'il ne faut pas. dites que je viens vous voir pour quelques mois, mais rien de mon établissement a personne, Je vous préviens que vous trouverez en moi, si je ne change pas beaucoup d'ici là, un homme bien peu amusant, moins amer peut être que la dernière fois, mais beaucoup plus triste, & quand vous connaîtrez les souvenirs qui m'assiègent vous ne vous en etonnerez pas. Adieu. Je ne vous dis pas que je vous aime mais mon Plan vous le prouve assez. il faut toujours en revenir a vous.

a Madame/Madame de Charrière/née de Tuyll/a Colombier/Neufchatel/Suisse./franco francfort

OUVRAGES ET INSTITUTIONS CITES PAR ABREVIATION

ACV

Archives cantonales vaudoises, Lausanne.

ADB

Allgemeine Deutsche Biographie, herausgegeben durch die historische Commission bei der Königl. Akademie der Wissenschaften, Leipzig [t. 56:] München und Leipzig, Duncker & Humblot, 1875–1912, 56 vol. Reprint: Berlin, Duncker & Humblot, 1971, 56 vol.

AEN

Archives de l'Etat, Neuchâtel.

ARA

Algemeen Rijksarchief.

BCU

Bibliothèque cantonale et universitaire, Lausanne.

Bibliographie romanesque

Angus MARTIN, Vivienne G. MYLNE, Richard FRAUTSCHI, *Bibliographie du genre romanesque français, 1751–1800*, London, Mansell; Paris, France Expansion, 1977.

Biographie neuchâteloise

F.-A.-M. JEANNERET et J.-H. BONHOTE, *Biographie neuchâteloise*, Locle, Eugène Courvoisier, 1863, 2 vol.

BPU

Bibliothèque publique et universitaire, Genève.

BRENNER

Clarence D. BRENNER, *A Bibliographical List of Plays in the French Language, 1700–1789*, Berkeley (California), 1947.

BV

Bibliothèque publique de la Ville de Neuchâtel.

Cat. Exp. Paris-Amsterdam

Exposition Belle de Zuylen et son époque [rédigé par M. R. van LUTTERVELT], *Institut Néerlandais, Paris, 3 mars-10 avril 1961; Rijksmuseum, Amsterdam, 21 avril-4 juin 1961*, [Paris, 1961].

Cat. Exp. Zuylen

Catalogus van de tentoonstelling Belle van Zuylen – Isabelle de Charrière, 1740–1805 [door Simone DUBOIS], *Slot Zuylen te Maarssen (Utrecht), 15 september–20 oktober 1974/Catalogue de l'exposition [etc.]* [Den Haag, 1874].

CONSTANT, *Œuvres*

Benjamin CONSTANT, *Œuvres*, texte présenté et annoté par Alfred Roulin, [Paris], Gallimard, 1957 ('Bibliothèque de la Pléiade', 123).

COURVOISIER

Jean COURVOISIER, *Les Monuments d'art et d'histoire du canton de Neuchâtel*, I. *La ville de Neuchâtel*, II. *Les districts de Neuchâtel et de Boudry*, III. *Les districts du Val-de-Travers, du Val-de-Ruz, du Locle et de la Chaux-de-Fonds*, Bâle, Birkhäuser, 1955, 1963 et 1968, 3 vol.

Critique

Jean-Daniel CANDAUX, 'Madame de Charrière devant la critique de son temps', *Documentatieblad*, 27–29, juni 1975, 193–276. [Les chiffres romains I–XXX renvoient aux textes reproduits en annexe.]

DBF

Dictionnaire de biographie française, sous la direction de J. Balteau, M. Barroux, M. Prevost [dès le t. IV:] M. Prevost et Roman d'Amat [dès le t. IX:] Roman d'Amat [et d'autres], Paris, Letouzey et Ané, 1933–   (en cours).

DHBS

Dictionnaire historique et biographique de la Suisse, Neuchâtel, Imprimerie Paul Attinger, 1921–1933, 7 vol.; *Supplément*, Neuchâtel, Victor Attinger, 1934.

Dictionnaire de l'Académie françoise, 1740, 1762, 1798

Dictionnaire de l'Académie françoise, troisième édition, Paris, Jean-Baptiste Coignard, 1740, 2 vol.; quatrième édition, Paris, Veuve Bernard Brunet, 1762, 2 vol.; cinquième édition, Paris, J. J. Smits & Cie, 1798, 2 vol.

Dictionnaire de la noblesse

[François-Alexandre AUBERT] DE LA CHESNAYE DES BOIS et [] BADIER, *Dictionnaire de la noblesse*, 3ème édition, Paris, Schlesinger, 1863–1876, 19 vol.

Dictionnaire de Trévoux

Dictionnaire universel françois et latin, contenant la signification et la définition tant des mots de l'une et de l'autre langue, avec leurs différens usages, que des termes propres de chaque estat et de chaque profession, Trevoux, E. Ganeau, 1721, 5 vol.; Paris, Compagnie des libraires associés, 1752, 7 vol.

DNB

Dictionary of National Biography, edited by Leslie Stephen [t. 22–26:] by Leslie Stephen and Sidney Lee [dès le t. 27:] by Sidney Lee, London, Smith, Elder & Co., 1885–1900, 63 vol.; *Supplement*, 1901, 3 vol; *Index and Epitome*, 1903; *Errata*, 1904; *Second supplement*, 1912, 3 vol.

Documentatieblad

Documentatieblad Werkgroep 18ᵉ Eeuw, Nijmegen (1968–   ), 1–   ; (en cours).

ELIAS

Johan E. ELIAS, *De Vroedschap van Amsterdam, 1578–1795*, Haarlem, Vincent Loosjes, 1903–1905, 2 vol. Reprint: Amstderdam, N. Israel, 1963, 2 vol.

Familles bourgeoises

Ed. QUARTIER-LA-TENTE, *Les Familles bourgeoises de Neuchâtel, essais généalogiques*, Neuchâtel, Attinger frères, 1903. [Doit être consulté à la lumière de la recension d'Arthur PIAGET, *MN*, 1904, XLI, 104–153.]

France protestante[1]

Eug. et Em. HAAG, *La France protestante ou vie des protestants français qui se sont fait un nom dans l'histoire*, Paris-Genève, Joël Cherbuliez, 1846–1858, 10 vol.

France protestante[2]

Eugène et Emile HAAG, *La France protestante*, 2ᵉ édition publ. sous la direction de Henri Bordier, Paris, Sandoz et Fischbacher [dès le t. 4:] Fischbacher, 1877–1888, 6 vol. Interrompu à l'article 'Gasparin'.

GA

Gemeente Archief.

GALIFFE

Notices généalogiques sur les familles genevoises, [t. I], par J.-A. GALIFFE, Genève, J. Barbezat & Cie, 1829;

t. II, 2ème édition, par J.-A. GALIFFE [et Aymon GALIFFE], Genève, J. Jullien, 1892;

t. III, par J.-A. GALIFFE, Genève, Ch. Gruaz, 1836;

t. IV, 2ème édition, par Aymon GALIFFE, Genève, J. Jullien, 1908;

t. V, par J.-B.-G. GALIFFE et quelques collaborateurs, Genève, J. Jullien, 1884;

t. VI, par J.-B.-G. GALIFFE et quelques collaborateurs, Genève, J. Jullien, 1892;

t. VII, par Louis DUFOUR-VERNES, Eugène RITTER et quelques collaborateurs, Genève, J. Jullien, 1895.

GAULLIEUR (1847)

Eusèbe-H. GAULLIEUR, 'La jeunesse de Banjamin Contant, d'après de nouvelles lettres inédites', *Bibliothèque universelle de Genève*, 1847, VI, 236–267 et 344–375.

GAULLIEUR (1848)

Eusèbe-H. GAULLIEUR, 'Benjamin Constant pendant le Révolution, d'après de nouvelles lettres inédites, 1791–1796', *Bibliothèque universelle de Genève*, 1848, VIII, 50–84 et 271–293.

GAULLIEUR (1857)

Madame de CHARRIERE, 'Lettres mémoires', publ. par E.-H. GAULLIEUR, *Revue suisse*, 1857, XX, 161–179, 277–297, 489–511, 580–600, 689–711 et 767–801.

Gedenkschriften

Gijsbert Jan van HARDENBROEK, *Gedenkschriften, 1747–1787*, uitgegeven en toegelicht door F. J. I. Krämer, Amsterdam, Johannes Müller, 1901–1918, 6 vol.

Généalogies vaudoises

Recueil de généalogies vaudoises, publié par la Société vaudoise de généalogie, Lausanne, Georges Bridel [dès le t. II:] Payot, 1923–1950, 3 vol.

GIRARD

François GIRARD, *Histoire abrégée des officiers suisses qui se sont distingués aux services étrangers dans des grades supérieurs*, Fribourg en Suisse, Louis Piller, 1781–1782, 3 vol.

GODET

Philippe GODET, *Madame de Charrière et ses amis, d'après de nombreux documents inédits (1740–1805)*, Genève, A. Jullien, 1906, 2 vol. Reprint: Genève, Slatkine Reprints, 1973.

GUYOT, *Chaillet*

Charly GUYOT, *La Vie intellectuelle et religieuse en Suisse française à la fin du XVIIIᵉ siècle: Henri-David de Chaillet, 1751–1823*, Neuchâtel, La Baconnière, 1946.

GUYOT, *Du Peyrou*

Charly GUYOT, *Un ami et défenseur de Rousseau, Pierre-Alexandre Du Peyrou*, Neuchâtel, Ides et Calendes, 1958.

Jaarboek NA

A. A. VORSTERMAN VAN OYEN, Joh. D. G. VAN EPEN en J. C. VAN DER MUELEN, *Jaarboek van den Nederlandschen Adel*, Oisterwijk, Genealogisch en Heraldisch Archief, 1888–1894, 6 vol.

LUTHY

Herbert LUTHY, *La Banque protestante en France de la Révocation de l'Edit de Nantes à la Révolution*, Paris, SEVPEN, 1959–1961, 2 vol. ('Affaires et gens d'affaires', XIX).

Madame de Charrière à Colombier

Constance THOMPSON PASQUALI, *Madame de Charrière à Colombier, iconographie*, Neuchâtel, Bibliothèque de la Ville, 1979.

MELEGARI (1894)

Benjamin CONSTANT, 'Lettres à Madame de Charrière, 1792–1795', publ. par D[ora] Melegari, *La Revue de Paris*, 15 octobre 1894, Ière année, V, 673–718.

MELEGARI (1895)

Benjamin CONSTANT, *Journal intime et lettres à sa famille et à ses amis*, précédés d'une introduction par D[ora] Melegari, Paris, Paul Ollendorff, 1895.

MGG

Die Musik in Geschichte und Gegenwart, allgemeine Enzyklopädie der Musik, herausgegeben von Friedrich Blume, Kassel [etc.], Bärenreiter, 1949–1979, 16 vol.

MN

Musée neuchâtelois, [Ière série], I–L (1864–1913); nouvelle série, I–L (1914–1963); troisième série, I–   (1964–   ; en cours). *Table générale des années 1864–1963*, par Eliette BUSER, Neuchâtel, 1965; *Table générale des années 1964–1973*, par Eliette VAN OSSELT-BUSER, Neuchâtel, 1975.

MONGLOND

André MONGLOND, *La France révolutionnaire et impériale, annales de bibliographie méthodique*, Grenoble, B. Arthaud [t. 7–9:]Paris, Imprimerie nationale, 1930–1963, 9 vol.; *Index général*, Genève, Slatkine Reprints, 1968.

MONTET

Albert de MONTET, *Dictionnaire biographique des Genevois et des Vaudois*, Lausanne, Georges Bridel, 1877–1878, 2 vol.

MOTTAZ

Eugène MOTTAZ, *Dictionnaire historique, géographique et statistique du canton de Vaud*, Lausanne, F. Rouge & Cie, 1914, 2 vol.

NA

Nederland's Adelsboek, 's-Gravenhage, W. P. van Stockum & Zoon, 1903–   (en cours).

NDB

Neue Deutsche Biographie, herausgegeben von der historischen Komission bei der Bayerischen Akademie der Wissenschaften, Berlin, Duncker & Humblot, 1953–   (en cours).

Nederlandsche Kasteelen

E. W. MOES en K. SLUYTERMAN [puis:] W. A. BEELAERTS VAN BLOKLAND, H. E. VAN GELDER, W. WYNAENDTS VAN RESANDT, *Nederlandsche Kastelen en hun historie*, Amsterdam, 'Elsevier', 1912–1915, 3 vol.

NNBW

P. C. MOLHUYSEN [et jusqu'au t. 8] P. J. BLOK [et dès le t. 8] Fr. K. H. KOSSMANN, *Nieuw Nederlandsch Biografisch Woordenboek*, Leiden, A. W. Sijthoff, 1911–1937, 10 vol.

O.C.

La présente édition des *Œuvres complètes* d'Isabelle de CHARRIERE.

OLIVIER

Eugène OLIVIER, *Médecine et santé dans le Pays de Vaud au XVIIIe siècle, 1675–1798*, Lausanne, La Concorde, 1939, 2 vol. (à pagination continue).

Papiers de Barthélemy

Papiers de *[François]* Barthélemy, ambassadeur de France en Suisse, 1792–1797, publ. sous les auspices de la Commission des archives diplomatiques par Jean Kaulek [et pour le t. VI] par Alexandre Tausserat-Radel, Paris, Félix Alcan, 1886–1910, 6 vol. ('Inventaire analytique des Archives du Ministère des Affaires étrangères').

PETITPIERRE

Jacques PETITPIERRE, *Patrie neuchâteloise, recueil de chroniques d'histoire régionale* [t. II–III:] *recueil illustré de chroniques d'histoire régionale* [t. IV–V:] *volume de chroniques indépendantes d'histoire régionale*, Neuchâtel, Imprimerie centrale SA [t. II–III:] La Baconnière [t. IV–V:] H. Messeiller, 1934–1972, 5 vol. Table générale par Alfred SCHNEGG, *MN*, 1974, 3ème sér., XI, 79–91.

PIERREHUMBERT

W. PIERREHUMBERT, *Dictionnaire historique du parler neuchâtelois et suisse romand*, Neuchâtel, Victor Attinger, 1926 (Publications de la Société d'histoire et d'archéologie du Canton de Neuchâtel, nlle sér., t. II).

Portraits neuchâtelois

Portraits neuchâtelois, choisis par Maurice BOY DE LA TOUR et Paul DE PURY, notices de Philippe GODET, Bâle, Frobenius SA, 1920.

Preliminary bibliography

C. P. COURTNEY, *A Preliminary Bibliography of Isabelle de Charrière (Belle de Zuylen)*, Oxford, The Voltaire Foundation, 1980 ('Studies on Voltaire and the eighteenth century', 186).

RA

Rijksarchief.

REVEREND

Vicomte A[lbert] REVEREND, *Les Familles titrées et anoblies au XIXe siècle. Titres, anoblissements et pairies de la Restauration, 1814–1830*, Paris, l'auteur et Honoré Champion, 1901–1906, 6 vol.

Ridderhofsteden

E. B. F. F. WITTERT VAN HOOGLAND, *Bijdragen tot de geschiedenis der Utrechtsche Ridderhofsteden en Heerlijkheden*, La Haye, 1909, 2 vol.

RUDLER, *Bibliographie*

Gustave RUDLER, *Bibliographie critique des œuvres de Benjamin Constant, [1774–1794], avec documents inédits et fac-simile*, Paris, Armand Colin, 1909.

RUDLER, *Jeunesse*

Gustave RUDLER, *La Jeunesse de Benjamin Constant, 1767–1794 : le disciple du XVIIIe siècle, utilitarisme et pessimisme, Mme de Charrière, d'après de nombreux documents inédits*, Paris, Armand Colin, 1909.

SAINTE-BEUVE (1839)

SAINTE-BEUVE, 'Poètes et romanciers modernes de la France. XXXII. Madame de Charrière', *Revue des deux mondes*, 1839, 4ème série, XVII, 738–768.

SAINTE-BEUVE (1844)

Benjamin CONSTANT et Madame de CHARRIERE, 'Lettres inédites', communiquées et annotées par E.-H. Gaullieur [et publ. par Sainte-Beuve], *Revue des deux mondes*, 15 avril 1844, nlle sér., VI, 193–264 et 1116 (errata). Etude incorporée ensuite par Sainte-Beuve dès 1864 dans le t. III de ses *Portraits littéraires* sous le titre de 'Benjamin Constant et Madame de Charrière'.

SCHUTTE

O. SCHUTTE, *Repertorium der Nederlandse vertegenwoordigers residerende in het buitenland, 1584–1810*, 's-Gravenhage, Martinus Nijhoff, 1976.

Société du Jardin

James de DARDEL et Armand DU PASQUIER, *La Société du Jardin de Neuchâtel, 1759–1909*, Neuchâtel, Attinger frères, 1913.

STAËL, CG

[Germaine] de STAËL, *Correspondance générale*, texte établi et présenté par Béatrice W. JASINSKI, Paris, Jean-Jacques Pauvert, 1960–   (en cours).

Vie de société

William [et Clara de CHARRIERE] DE SEVERY, *La vie de société dans le Pays de Vaud à la fin du dix-huitième siècle, Salomon et Catherine de Charrière de Sévery et leurs amis*, Lausanne, Georges Bridel & Cie; Paris, Fischbacher, 1911–1912, 2 vol.

Vie lausannoise

Pierre MORREN, *La Vie lausannoise au XVIIIe siècle, d'après Jean Henri Polier de Vernand, lieutenant baillival*, Genève, Labor et fides, 1970.

VINGTRINIER

Emmanuel VINGTRINIER, *La Contre-Révolution. Première période: 1789–1791. Le comte d'Artois à Turin. Les premières tentatives dans le Languedoc. La 'Conspiration de Lyon'. Le camp de Jalès, Aix et Marseille, L'Alsace et la Franche-Comté. Le Poitou*, Paris, Emile-Paul frères, 1924, 2 vol.

NOTES

Lettre 587

ETABLISSEMENT DU TEXTE Neuchâtel, BV, ms. 1312, ff. 1–2, orig. aut. Publ. SAINTE-BEUVE (1844), 198–202; RUDLER, *Jeunesse*, 239–241. Cf. RUDLER, *Bibliographie*, n° 32.

COMMENTAIRE Après ses années d'études en Allemagne et en Ecosse, Benjamin Constant★, qui n'avait point encore 20 ans, venait de passer l'hiver à Paris, où il avait fait la connaissance d'Isabelle de Charrière. Au printemps, il s'était pris pour la jeune Jenny Pourrat (voir la note 5) d'une passion qui le mena jusqu'à la tentative de suicide. Dans la nuit du 23 au 24 juin, 'la tête tournée', il avait faussé compagnie à l'officier que son père lui avait envoyé pour le ramener auprès de lui et s'était enfui vers l'Angleterre. – Un quart de siècle plus tard, dans son *Cahier rouge*, il devait faire une longue et plaisante relation de cette 'escapade' de trois mois. Ce récit tardif offre avec celui des présentes lettres d'assez nombreuses divergences de détail que RUDLER (*Jeunesse, loc.cit.*) a soigneusement relevées dans ses notes.

1. GOETHE *Goetz von Berlichingen*, acte III, dans la bouche de Lerse.

2. Où son père, Juste de Constant, était en garnison.

3. Le 23 juin.

4. C'est-à-dire chez les Suard (voir la lettre 592, note 31), où il logeait.

5. Jeanne-Jacqueline-Henriette dite Jenny Pourrat (1770–1835), qui devait épouser en 1789 Gilles-Toussaint Hocquart (1765–1835), futur baron puis comte Hocquart (REVEREND, IV, 3).

6. Sa tante de Nassau (voir *O.C.*, II, lettre 427, note 5) ou sa cousine Rosalie de Constant (voir *O.C.*, II, lettre 338, note 3), dont aucune lettre n'a été conservée pour cette époque malheureusement.

7. Benjamin, né le 25 octobre 1767, se vieillit ici de quatre mois.

8. Renfermée (MG).

9. *Monter la tête*, tour 'familier' pour 'inspirer fortement une résolution à quelqu'un', apparaît dans le *Dictionnaire de l'Académie* en 1798 (MG).

10. Cette lettre ne s'est pas retrouvée (RUDLER, *Bibliographie*, n° 33).

11. Constance-Louise de Constant, une cousine germaine de Benjamin, avait épousé en 1785 Marc-Antoine de Cazenove d'Arlens (voir *O.C.*, II, lettre 435, note 1), qui était le huitième d'une famille de dix enfants (Raoul de CAZENOVE, *Rapin-Thoyras*, Paris, Auguste Aubry, 1866, ccxxi–ccxxxviii).

12. Henriette-Pauline de Chandieu, morte quinze jours après la naissance de son fils Benjamin (voir *O.C.*, I, lettre 129, note 4). A la date du 15 novembre 1786, Juste de Constant avait déjà touché près de 44.000 francs pour le compte de Benjamin (RUDLER, *Jeunesse*, 141–142).

13. Le *Cahier rouge* le nomme Edmund Lascelles, mais on a des raisons de penser qu'il s'agirait plutôt d'Henry Lascelles, deuxième comte de Harewood (1767–1841) (CONSTANT, *Œuvres*, 148, note 1).

14. Le banc à l'extrémité duquel Caliste était venue s'asseoir lors de sa première rencontre avec William (*Lettres écrites de Lausanne*, XXI; *O.C.*, VIII, 191).

15. 'Allusion obscure à un dicton de Mme de Charrière', selon RUDLER, *Jeunesse*, 241, note 6.
16. *Trois sous pièce.*
17. *Avoir de quoi payer.*
18. *A laisser à la poste jusqu'à ce qu'on vienne la demander.* On dirait aujourd'hui 'poste restante' (MG).

Lettre 588

ETABLISSEMENT DU TEXTE   Neuchâtel, BV, ms. 1334, ff. 10–11, orig. aut.

COMMENTAIRE   Cette lettre doit être du 5 juillet 1787, car le départ dont il est question est certainement celui d'Isabelle de Paris pour Colombier.
1. La Hollande vivait dans une atmosphère de guerre civile. Devant la menace d'une victoire des patriotes, les orangistes avaient fait appel à l'Angleterre et à la Prusse qui finiront par intervenir. Certains régents-aristocrates, d'abord favorables au parti patriote, par crainte des idées trop démocratiques, se rallièrent au parti orangiste. Parmi eux se trouvait le frère d'Isabelle, Willem René, le mari de Johanna Catharina. Voir O.C., II, commentaire de la lettre 476 et O.C., X, 11–19.
2. *Patriote.*
3. Isabelle était encore à Paris, mais allait rentrer bientôt à Colombier.
4. Il s'agit d'une copie du buste d'Isabelle fait par Houdon lors de son séjour à Paris en 1771 (voir O.C., II, lettre 403, note 3). Cette copie se trouve effectivement au château de Zuylen (*Cat. Exp. Zuylen*, n° 106).
5. Allusion à l'ouvrage de Ferdinand-Olivier PETITPIERRE, *Le Plan de Dieu envers les hommes* (1786). Dans les pages qu'il consacre à cet auteur dans son *Histoire littéraire de la Suisse romande des origines à nos jours*, 1903, 360–362, Virgile Rossel signale que la belle-sœur de Mme de Charrière affirmait 'qu'on est bien aise d'avoir vécu jusqu'à présent pour avoir pu le lire'. Nous n'avons pas retrouvé cette phrase dans les lettres des deux belles-sœurs d'Isabelle, Johanna Catharina van Tuyll-Fagel et Dorothea Henriette van Tuyll-de Pagniet. Dans sa lettre du 24 juillet 1787, Johanna Catharina exprime toutefois sa grande admiration pour Petitpierre.
6. Hannah Sowden, née en 1751 à Rotterdam, fille de Benjamin Choyce Sowden († 1778) et d'Anna Loftus. Son père avait été le pasteur de l'église presbytérienne anglaise de Rotterdam.

Lettre 589

ETABLISSEMENT DU TEXTE   Neuchâtel, BV, ms. 1312, ff. 3–4, orig. aut. Publ. SAINTE-BEUVE (1844), 202–204; RUDLER, *Jeunesse*, 243–245. Cf. RUDLER, *Bibliographie*, n° 36.

COMMENTAIRE   Arrivé à Londres, Benjamin Constant en était reparti bientôt pour aller rendre visite à un certain Bridges, qu'il avait connu à Oxford et qui était 'curé' du village de Wadenho, dans le Northamptonshire. Au lieu de prendre sa route directement par Bedford, il fit un circuit à l'est de Cambridge, dans la partie orientale de l'Angleterre, parcourant le bassin de l'Ouse jusqu'à la mer pour remonter ensuite la vallée de la Nene.
1. Bourg de l'Essex situé aux confins du Cambridgeshire et du Suffolk, à quelque 70 km. au nord de Londres à vol d'oiseau.

2. Non pas la lettre 587, mais une autre lettre, de la première quinzaine de juillet, qui n'a pas été retrouvée (cf. RUDLER, *Bibliographie*, n° 34). Cette lettre était datée de Patterdale, village du Westmoreland où Benjamin ne séjournera qu'un mois plus tard (voir la lettre 592).

3. Benjamin Constant allait en porter toute sa vie, comme le montre par exemple son portrait de 1821 en député de la Sarthe (Paul L. LEON, *Benjamin Constant,* Paris, Rieder, 1930, pl. XLVIII).

4. Si l'on admet que le mille vaut environ 1.500 m., Benjamin Constant avait fait 45 km. par jour.

5. Cette lettre n'a pas été retrouvée (cf. RUDLER, *Bibliographie*, n° 35).

6. Il s'agissait d'un roman épistolaire, dont l'ébauche, abandonnée avant la fin du mois suivant, ne s'est pas retrouvée non plus (cf. RUDLER, *Bibliographie*, n° 37).

7. Sir John Pringle (voir O.C., II, lettre 266, note 3).

8. *Mon habit, qui ressemble beaucoup trop à celui d'un gentilhomme, me donne l'air d'un gentilhomme ruiné.*

9. *Homme de peine.*

10. Soit à une vitesse de 6 km. à l'heure environ.

11. Très approximativement 3.000 francs français de 1981 (MG).

12. Dans le Norfolk.

13. Ou King's Lynn, ville du Norfolk, à l'embouchure de l'Ouse.

14. Située aux limites du Cambridgeshire et du Suffolk, cette ville se trouve à quelque 20–25 km. au nord de Chesterford. C'est là que Benjamin Constant expédia sa lettre, dont la page d'adresse porte la marque postale *62 NEW/MARKET.*

15. Voir O.C., II, lettre 493, note 12.

Lettre 590

ETABLISSEMENT DU TEXTE   Neuchâtel, BV, ms. 1334, ff. 12–13, orig. aut.

COMMENTAIRE

1. Deux personnages des *Lettres écrites de Lausanne* qu'on retrouve dans *Caliste*, qui venait d'être imprimée à Paris. Voir O.C., VIII, 123–234.

2. Le *Journal de Paris* du 31 décembre 1786 avait publié une recension des *Lettres écrites de Lausanne*, pp. 1531–1532 (*Critique*, VII).

3. Nous ignorons de quel texte il s'agit.

4. De la Banque Girardot et Haller. Voir O.C., II, lettre 493, note 12.

5. Isabelle avait publié *Six Menuets pour deux violons, alto et basse, dédiés à Monsieur le baron de Tuyll de Serooskerken, seigneur de Zuylen/Par sa sœur Madame de Charrière. A La Haye et à Amsterdam chez B. Hummel et fils.* Un exemplaire de ces menuets est conservé au château de Zuylen. Voir O.C., X, 472–480.

6. Sans doute une des filles de Mme Bentinck de Varel qui avait été à Neuchâtel. Voir O.C., II, lettre 505, note 1.

7. Anna Maria (Agnes Margaretha) Boreel, veuve de François Fagel, était morte en 1781 à Pyrmont (station thermale de la province de Hanovre). Voir O.C., I, lettre 214, note 6.

8. Sa belle-sœur (voir la note précédente).

9. Sa fille aînée, Jacoba Maria (voir la Généalogie, O.C., I, 633, 5, *1*) avait épousé en 1786 Franz Wilhelm Jung, conseiller à Mayence (1757–1833). Leur premier enfant,

Johan Karel, naquit le 15 août 1787 (J. van der BAAN, *Wolfaarstdÿk*, Goes, F. Kleeuwens en Zn., 1866, 575).

10. Probablement le médecin et poète wurtembergeois Johann Friedrich Clossius (1735–juin 1787), qui avait résidé quelque temps à La Haye (*ADB*, IV, 343).

11. Nous ignorons de quelle P[rincesse?] et de quelles lettres il est question ici.

Lettre 591

ETABLISSEMENT DU TEXTE   Neuchâtel, BV, ms. 1387ter, pièce 37, 1 f., orig. aut.
Au-dessous du post-scriptum, Isabelle a écrit en biais:

        ou   sa mere
          Quand
        ou   comme au chem
ah si   Quand des au
        pour sa mere
       ou du peu
        cro   v
      au   ou pour sa mere

COMMENTAIRE   'Curieuse lettre de quelque blanchisseuse' a noté Philippe Godet en tête de cet autographe. Le texte, pourtant, est écrit au masculin ('je serais perdu..., je veux être damné...'), les mouchoirs dont parle le *post-scriptum* peuvent fort bien avoir été des mouchoirs prêtés et Benjamin Constant, à la fin de sa lettre des 9–14 mars 1788 (ci-dessous n° 611), déclare à Isabelle de Charrière: 'la seule différence qu'il y ait entre vous et le sieur Cornacker, c'est qu'il est démasqué'. Que *L. Kornaker* et *le sieur Cornacker* soient ou non une seule et même personne, il reste que l'auteur de cette lettre n'a pas pu être identifié.
1 et 2. Personnages non identifiés.

Lettre 592

ETABLISSEMENT DU TEXTE   Neuchâtel, BV, ms. 1312, ff. 5–10, orig. aut., incomplet d'un feuillet supportant les neuvième, dixième, onzième et douzième pages de la lettre. Publ. GAULLIEUR, *Revue suisse*, mars 1844, VII, 182–184 (la première moitié du texte); SAINTE-BEUVE, *Revue des deux mondes*, 15 avril 1844, nlle sér., VI, 204–208 (texte des 29 août–1 septembre); GAULLIEUR (1847), 239–245 (texte des 2–11 septembre, avec remaniements); RUDLER, *Jeunesse*, 248–255. Cf. RUDLER, *Bibliographie*, n° 38.
1) Tache d'encre; 2) déchirure; 3) il manque ici quatre pages (voir ci-dessous note 46).

COMMENTAIRE   Ayant trouvé son ami Bridges absent de Wadenho pour trois semaines, Benjamin Constant reprit et réalisa son premier projet de course à Edimbourg, la ville de ses années d'études, où il arriva le 12 août 1787. Au retour, il passa par le district des lacs, récemment mis à la mode par l'ouvrage de Thomas WEST, *A Guide to the Lakes in Cumberland, Westmorland and Lancashire* (1778; nlle éd. par William Cockin, 1780) notamment.
1. Village des bords du lac Ullswater, dans la partie occidentale du Westmoreland.

2. Le Clackmannan, au nord de l'estuaire de la rivière Forth, est le plus petit des comtés d'Ecosse. – Pour le Norfolk, voir la lettre 589, notamment notes 12 et 13.

3. Dans le Cumberland, à l'extrémité septentrionale du lac Derwentwater.

4. Plutôt qu'au peintre William Gilpin (1724–1804), dont rien n'atteste la présence à Keswick en 1787, Benjamin Constant songeait probablement à Peter Crosthwaite (1735–1808), ancien employé de l'East India Company, établi dès 1780 à Keswick, dont sa femme Hannah Fisher était originaire, et où il fonda un musée de curiosités locales, organisa des courses aquatiques de chevaux, tailla un sentier jusqu'au sommet du Latrigg, dessina et publia enfin de 1783 à 1794 toute une série de cartes du district des Lacs qui contenaient 'everything which could be thought necessary or useful to the Tourist' (voir l'introduction de William ROLLINSON au 'reprint' de Peter CROSTHWAITE, *A Series of accurate Maps of the principal Lakes of Cumberland, Westmorland and Lancashire*, Newcastle-upon-Tyne, Frank Graham, 1968).

5. Non retrouvée.

6. *Mme de Charrière de Zuylen.* Ces lettres ne se sont pas retrouvées non plus (RUDLER, *Bibliographie*, n° 37).

7. Les précédents éditeurs avaient lu ici *travail*, mais le mot *réveil*, à cette époque déjà, pouvait désigner une 'horloge' ou une 'montre' munie 'd'une sonnerie qui bat à l'heure précise sur laquelle on a mis l'aiguille quand on l'a montée' (*Dictionnaire de Trévoux*) (MG).

8. Selon Pierre Cordey (Benjamin CONSTANT, *Cent lettres*, Lausanne, Bibliothèque romande, 1974, 21), ceci est une 'allusion à la mère de Jenny Pourrat qui passait pour galante' (voir aussi les notes 26 en 28 ci-dessous).

9. Où Benjamin Constant arrive le 1er septembre. Cette phrase et la précédente ont été en effet récrites entre les lignes.

10. Dans le Westmoreland, à l'extrémité septentrionale du lac Windemere.

11. *Je m'en remettrai simplement au destin.*

12. Est-ce ainsi qu'Oliver Goldsmith (1728–1774) avait accompli son Grand Tour à l'âge de 27 ans? C'est du moins en des termes analogues que l'auteur d'*An Enquiry into the Present State of Polite Learning* (1759) avait décrit la manière de voyager du jeune baron Ludwig Holberg: 'Without money, recommandations or friends, he undertook to set out upon his travels, and make the tour of Europe on foot. A good voice, and a trifling skil in musick, were the only finances he had to support an undertaking so extensive [etc.]' (Oliver GOLDSMITH, *Collected Works*, Oxford, Clarendon Press, 1966, I, 284).

13. Dans le *Candide* de Voltaire, lors de l'autodafé qui suit le désastre de Lisbonne, Pangloss est 'pendu, quoique ce ne soit pas la coutume', mais c'est Candide qui est 'prêché, fessé, absous et béni' (chap. X). C'est lui encore qui, beaucoup plus tard, dira 'Tout est bien' (chap. XXVII) (MG).

14. La principale localité de la partie méridionale du Westmoreland, sur la route de Lancaster.

15. 'Sorte de valise qui est ordinairement d'étoffe' (*Dictionnaire de l'Académie*).

16. Deux des propriétés de Juste de Constant, situées à l'ouest de Lausanne.

17. Benjamin Constant se trompe d'un mois (voir la lettre 587, note 7).

18. De 1785 à 1788, John Adams (1735–1826) fut à Londres le premier ambassadeur des Etats-Unis.

19. Cette périphrase semble désigner Marianne Marin (voir la lettre 648).

20. Sa tante de Nassau sans doute (voir O.C., II, lettre 427, note 5).

21. Benjamin Constant estropie en effet *Le Pauvre Diable* de Voltaire (vers 113–117):

> Dans mon grenier, entre deux sales draps,
> Je célébrais les faveurs de Glycère,
> De qui jamais n'approcha ma misère;
> Ma triste voix chantait d'un gosier sec
> Le vin mousseux, le frontignan, le grec,
> Buvant de l'eau dans un vieux pot à bière...

22. 'Tirée sans doute de *Caliste*', disait RUDLER (*Jeunesse*, 251, note 2), mais la phrase a été si bien déformée que nous l'avons cherchée en vain dans les *Lettres écrites de Lausanne* comme dans les *Lettres neuchâteloises* et dans les *Lettres de Mistriss Henley*.

23. D'accord avec RUDLER (*Jeunesse*, 251, note 4), nous pensons que c'est à tort que Sainte-Beuve et Ph. GODET (I, 356) ont appliqué cette 'épigramme' à Isabelle de Charrière. Benjamin Constant ne voulait-il pas désigner plutôt Amélie Suard, son hôtesse parisienne (voir ci-dessous note 31)?

24. C'est-à-dire de son amant, puisque Sainte-Croix I était celui de sa mère (voir la note 26).

25. Première localité de quelque importance sur la route sortant de Lancaster en direction du sud.

26. Louis-Claude Bigot de Sainte-Croix (1744–1803) avait été nommé chargé d'affaires à Saint-Pétersbourg pour y remplacer l'ambassadeur de France comte Louis-Philippe de Ségur pendant le voyage de l'impératrice Catherine II en Crimée. Il était alors l'amant de Mme Pourrat (voir la note 28) et allait devenir plus tard ministre des Affaires étrangères (Frédéric MASSON, *Le Département des Affaires étrangères pendant la Révolution, 1787–1804*, Paris, E. Plon, 1877, 200–201).

27. Le marquis Philippe-Henri de Ségur (1724–1801), maréchal de France, avait quitté le 29 août 1787 le ministère de la Guerre qu'il occupait depuis 1780. L'ambassadeur était son fils aîné (REVEREND, VI, 237–238).

28. Augustine-Magdeleine Boisset (*c*. 1740–1818), épouse du banquier parisien Louis Pourrat (1734–1794). Elle avait deux filles: l'aînée, Françoise-Charlotte dite Fanny (1766–1796), chantée par André Chénier, était devenue en 1785 la femme de Laurent-Vincent Le Couteulx de la Noraye (1754–1794), banquier lui aussi; on a déjà rencontré la cadette, Jenny (lettre 587, note 5). Voir Cl. PERROUD, 'André Chénier après le 10 août 1792', *Revue du dix-huitième siècle*, 1913, I, 233–251; du même, 'André Chénier à Versailles en 1793', *La Révolution française*, juillet-décembre 1913, LXV, 326–350; J.-P. PALEWSKI, 'Madame Pourrat, ses filles et ses amis', *Revue de l'histoire de Versailles*, 1934, XXXIII, 20–46.

29. Ville du Lancashire, à 45 km. au sud de Lancaster.

30. Nous n'avons pas réussi à découvrir la source de cette anecdote.

31. Marie-Amélie Panckoucke (1743–1830), l'épouse du publiciste Jean-Baptiste Suard (voir la lettre 604) et la sœur du grand éditeur Charles-Joseph Panckoucke. Son salon de la rue Louis-le-Grand était très couru à cette époque.

32. Au n° 2 de la rue de Valois, le Lycée, société de conférences, venait de remplacer le Musée et connaissait une grande vogue. Il prit en 1803 le nom d'Athénée.

33. Les sorcières du Lancashire devaient leur réputation au retentissant procès qui valut à une dizaine d'entre elles d'être condamnées à mort en août 1612 (*Man, Myth and Magic*, London, Purnell, [1970–1972], 1591–1594).

34. Ville du Lancashire, à mi-distance entre Chorley et Manchester.

35. Ayant traversé la vallée de la Mersey, Benjamin Constant poursuit donc sa route en direction du sud-est, vers Derby, Leicester et le Northamptonshire.

36. Claude-Prosper Jolyot de Crébillon narre l'histoire de Moclès, 'chef d'un collège des Bramines', et d'Almaïde aux chapitres VIII et IX de son *conte moral, Le Sopha*. Après avoir longuement disserté sur la volupté et la vertu, les deux héros finissent par se trouver dans les bras l'un de l'autre. 'Dès le lendemain', Moclès 'prit le parti de la retraite la plus austère' et Almaïde, 'toujours inconsolable, quelques jours après, suivit son exemple' (MG).

37. *Les collines se dressent au-dessus des collines et les rocs au-dessus des rocs.* Benjamin Constant paraphrase ici un vers de Pope (*Essay on criticism*, II, 32).

38. Pas plus que RUDLER (*Jeunesse*, 253, note 1), nous n'avons trouvé ce vers dans les deux comédies de Pierre-Jean-Baptiste Choudard dit Desforges *Tom Jones à Londres* (1782) et *Tom Jones et Fellamar* (créée à Paris le 17 avril 1787).

39. A mi-distance entre Leicester et Northampton, aux limites des deux comtés.

40. Son ami Bridges, que Benjamin Constant espérait bien retrouver à Wadenho.

41. 'Tant va la cruche à l'eau qu'à la fin... – Elle s'emplit'. Cette répartie de Basile conclut, dans le *Mariage de Figaro* de Beaumarchais, la scène XIme et dernière du premier acte (MG).

42. Il y aura lieu de graver l'épitaphe (MG).

43. Nous dirions aujourd'hui: *de dépression.*

44. Celle du 22 juillet 1787 (voir la note 14 de la lettre 589). – Brandon est sur la petite Ouse, aux confins du Suffolk et du Norfolk.

45. Tobias SMOLLET, *The Adventures of Ferdinand count Fathom*, chap. XX.

46. Ce passage prouve qu'il manque bien quatre pages de la lettre, puisqu'il est écrit en tête de la onzième page du manuscrit subsistant. La perte se produisit au moment de l'envoi ou en cours de route, car la missive arriva incomplète à destination (voir le début de la lettre 608).

47. Joseph ADDISON, *Cato, a Tragedy*, act I, sc. I. Voici comment Abel Boyer avait traduit le début de cette tragédie de *Caton* en 1713: 'L'aurore s'obscurcit et se couvrant d'affreux nuages n'amène qu'avec peine le jour fatal, qui doit décider du sort de Caton et de Rome'.

48. Sur la rivière Nene, à 40 km. au nord-est de Northampton.

49. 'M. Bridges était absent, mais revint le lendemain, rapporte *Le Cahier rouge*. C'était un excellent homme, d'une dévotion presque fanatique... Il rassemblait tous les soirs quelques jeunes gens dont il soignait l'éducation... leur lisait quelques morceaux de la Bible, puis nous faisait tous mettre à genoux et prononçait de ferventes et longues prières. Souvent il se roulait littéralement par terre, frappait le plancher de son front, [etc.]' (CONSTANT, *Œuvres*, 158).

50. Petite ville du comté de Huntingdon, au sud-est d'Oundle et dans la direction de Londres.

51. Constant utilise volontiers *rêtre* pour *être de nouveau* (MG).

Lettre 593

ETABLISSEMENT DU TEXTE   Neuchâtel, BV, ms. 1312, ff. 11–12, orig. aut. Publ. SAINTE-BEUVE (1844), 210 (premier alinéa); RUDLER, *Bibliographie*, p. 47 (second alinéa). Cf. RUDLER, *Bibliographie*, n° 40.

1) Lire *tout ce que je souhaite.*

COMMENTAIRE   A son retour d'Angleterre en Suisse, Benjamin Constant avait fait étape à Colombier. 'J'y passai deux jours, écrira-t-il plus tard dans *Le Cahier rouge*, et j'eus la fantaisie de retourner à pied à Lausanne. Mme de Charrière trouva l'idée charmante...' (CONSTANT, *Œuvres*, 165). Dans sa lettre à Isabelle du 8 septembre 1788 (ci-après n° 627), Benjamin évoque aussi l'anniversaire de son premier passage au Pontet et en rappelle la date avec précision: 'Il y aura bientôt un an que j'arrivai à pied à huit heures du soir à Colombier le 3 octobre 1787'. Comme l'a bien vu RUDLER (*Jeunesse*, 258, note 3), ces deux textes sont inconciliables avec la date de la présente lettre, car si Benjamin est arrivé le 3 au soir à Colombier et qu'il y est resté deux jours entiers, il n'a guère pu parvenir à Lausanne, allant à pied, que le 7 ou le 8 octobre. Néanmoins, il est difficile de dire à coup sûr où se trouve l'erreur et une certaine incertitude subsiste.

1. L'une des propriétés de Juste de Constant à l'ouest de Lausanne, formant un seul mas avec la Chablière et le Désert (MOTTAZ, I, 180–181; *Benjamin Constant 1767–1830 et Lausanne* [catalogue d'exposition], Lausanne, Musée historique de l'Ancien-Evêché, 1980, n°s 352–357).

2. Dans la suite de la correspondance, lorsque Benjamin Constant parle de 'mon oncle', il s'agit toujours de Samuel de Constant (1729–1800), le frère cadet de son père (*Généalogies vaudoises*, III, 222–223; MONTET, I, 190–191).

3. Il faut comprendre apparemment que Claude de Salgas, en séjour alors au Pontet, avait l'intention de se rendre bientôt à Genève, où il passait généralement l'hiver, et avait convenu de prendre à son passage à Lausanne Louise-Catherine de Constant-Gallatin (voir la lettre 637, note 7), qui était Genevoise de naissance et avait sans doute des visites à faire à Genève. Benjamin avait donc imaginé qu'Isabelle de Charrière pourrait profiter de la compagnie de Salgas pour venir à Lausanne et espérait même qu'elle y logerait chez lui.

4. Probablement *Pénélope* (*O.C.*, VII, 99–109).

Lettre 594

ETABLISSEMENT DU TEXTE   La Haye, coll. Van Tuyll van Coelhorst, 2 ff., orig. aut., déchirures.

1) *Veille*, lire *vieille*; 2) *nous*, *n* en surcharge sur *d*; 3) précédé de quelques lettres biffées illisibles; 4) *a arrêté ma lettre* ajouté au-dessus de *la arrêtée* biffé; 5) *du moins* ajouté au-dessus de la ligne; 6) ajouté au-dessus de la ligne; 7) *le Roi* ajouté au-dessus de *la france* biffé; 8) *l'exercice* ajouté au-dessus de *le culte* biffé; 9) *& de l'espece humaine* ajouté au-dessus de la ligne; 10) à partir de *De grace* le texte continue dans la marge.

COMMENTAIRE
1. Le régiment Van Tuyll qui portait le nom de leur oncle.
2. La situation politique se compliquait de plus en plus aux Pays-Bas. Entre le 9 et le 12 mai le corps du Rhingrave de Salm (*O.C.*, I, lettre 252, note 1) fut envoyé de la province de Hollande à Utrecht, Salm en prit lui-même le commandement le 12 mai. Les Etats-Généraux protestèrent contre ces manœuvres, mais sans résultat. Quelques escadrons du régiment Van Tuyll, appartenant à l'armée officielle, étaient en garnison à Utrecht. Vers le 10 septembre des désordres eurent lieu dans une auberge, où des cavaliers assommèrent un hussard de Salm. Lors de l'enter-

rement, des échauffourées éclatèrent entre les hussards et les cavaliers et ces derniers tirèrent sur la foule. A la suite de cet incident, les Etats d'Utrecht décidèrent, avec l'accord du major et du lieutenant-colonel Van Tuyll (le frère d'Isabelle), que les cavaliers quitteraient la ville, ce qui fut fait le 13 septembre. Deux mois plus tard, de sérieux désordres et des actes de violence eurent lieu à Bois-le-Duc (8–10 novembre 1787); la garnison, qui y fut presque entièrement impliquée, se composait notamment de deux escadrons de cavaliers du régiment Van Tuyll sous le commandement de Vincent (les mêmes sans doute qu'à Utrecht). Lorsque d'autres troupes furent entrées dans la ville, l'ancienne garnison fut désarmée et emprisonnée durant la nuit (25–26 novembre). Après le désarmement des cavaliers, auquel Vincent avait, à sa demande, assisté personnellement, on constata que le nombre des indisciplinés s'élevait seulement à 45 sur un total de 969 militaires. Néanmoins le 24 décembre 1787, trois soldats furent condamnés à mort (ARA, La Haye).

3. Leur tante de Lockhorst-van Tuyll van Serooskerken était morte le 4 mai 1787.

4. Non identifiée.

5. Cette lettre n'a pas été retrouvée.

6. Lors d'une assemblée des Etats-Généraux à La Haye le 16 juin 1787, un différend avait surgi entre les anciens et les nouveaux délégués des Etats d'Utrecht. La dispute avait été si violente que, sur le Binnenhof, Willem René tira son épée contre un de ses adversaires, J. A. d'Averhoult (O.C., II, lettre 387, note 8). Le duel qui aurait dû régler l'affaire n'eut pas lieu, mais la presse patriote profita de cet incident pour accuser Van Tuyll de lâcheté, ce qui obligea d'Averhoult à réagir par un communiqué déclarant 'que la façon dont les disputes entre lui et M. van Zuylen avaient été réglées, prouvait que ce dernier était un homme brave et honnête' (Nieuwe Nederlandse Jaarboeken, 1787, 1259–1265).

7. La lettre de Vincent ni celle d'Isabelle n'a été retrouvée.

8. Willem-René, alors âgé de six ans.

9. Jean-Jacques de Coehorn, né à Maastricht en 1734, prit du service en France dans le régiment de Condé, passa ensuite dans le régiment d'infanterie allemande (Royal-Alsace), en garnison à Strasbourg, où il monta de grade en grade à celui de maître de camp et mourut en 1785. Il fut le père du général, baron de l'Empire français (De Nederlandsche Leeuw, 1912, 455–456).

10. Marie-François-Henri de Franquetot, marquis puis duc de Coigny (1737–1821), colonel général des dragons après son père (REVEREND, III, 90–91).

11. L'Edit de tolérance du 17 novembre 1787 accordait en effet un état civil aux protestants français.

12. Voir la note 2 ci-dessus.

Lettre 595

ETABLISSEMENT DU TEXTE   Neuchâtel, BV, ms. 1387ter, pièce 39, orig. aut. Publ. GODET, I, 358, note 2.

COMMENTAIRE   Daniel-François-*Joseph* Deleschaut (1741–1819), originaire de Besançon, avait été autorisé à pratiquer dans la Principauté de Neuchâtel dès 1768. Son acte de naturalisation le qualifie en 1775 de 'membre du corps de chirurgie de Besançon' et de 'chirurgien de S.M. dans l'Etat'. Mort à l'âge de 78 ans, il fut enterré dans la commune du Landeron, dont il avait acquis la bourgeoisie en 1815 (renseignements AEN).

1. Dans sa lettre à Isabelle de Charrière du 24 décembre 1790 (ci-après n° 747), Benjamin Constant déclare avoir été guéri à Neuchâtel 'de la v[érole]'. Souffrait-il plutôt d'une 'syphilis tertiaire' comme l'assure le Dr Michel FOLMAN, *Le secret de Benjamin Constant, sa maladie, sa vie intime* (Genève, 1959)? – Sur son séjour à Colombier de décembre 1787 à février 1788, voir le commentaire général de la lettre 597.

Lettre 596

ETABLISSEMENT DU TEXTE   Neuchâtel, BV, ms. 3053, f. 41, orig. aut.

1) Suivi de *d* biffé;   2) ajouté au-dessus de la ligne;   3) *Libraire, L* en surcharge sur *a*.

COMMENTAIRE   Fils d'un régent au Collège de Genève, mais d'origine neuchâteloise, Jérémie Vuitel dit Witel (1754–1794) exerça la profession de libraire-imprimeur aux Verrières, dans la principauté de Neuchâtel, de 1780 à 1792 environ. Il revint ensuite s'établir à Genève et participa activement au mouvement révolutionnaire jusqu'à son arrestation le 26 juillet 1794: accusé de haute trahison, acquitté, arrêté de nouveau et condamné à mort, il fut exécuté le 26 août (*Biographie neuchâteloise*, II, 451–454; Edouard-L. BURNET, *Le premier Tribunal révolutionnaire genevois, juillet-août 1794*, Genève, A. Jullien/Georg & C°, 1925, 310–318).

1. Les numéros 1 et 2 des *Observations et conjectures politiques* (*Preliminary bibliography*, n° 5a).

2. Dans l'intitulé du n° 1 où Witel avait imprimé en effet *Considération sur l'affaire des canoniers français*. La faute sera corrigée dans la réédition de 1788.

3. Dans la réédition de 1788, cette faute est également corrigée et l'on peut lire (p. 7, lignes 23–25): 'L'on parle de rétablir le conseil de guerre & de rappeler le duc de Brunswick. Si ces deux projets se réalisent, il y aura des émigrans [etc.]'.

4. D'honoraires apparemment. Mais Isabelle de Charrière allait avoir des déceptions à cet égard (voir les lettres 616 et 655).

5. On donnait alors ce nom à la localité neuchâteloise des Verrières, pour la distinguer du village des Verrières-de-Joux, situé de l'autre côté de la frontière française.

Lettre 597

ETABLISSEMENT DU TEXTE   Neuchâtel, BV, ms. 1312, f. 14, orig. aut. Publ. GAULLIEUR (1847), 245–246. Cf. RUDLER, *Bibliographie*, n° 42.

1) Nous imprimons ces vers sans les aligner, comme Benjamin Constant les a écrits dans l'original;   2) lire *prétentions*, le mot est à la fin d'une ligne.

COMMENTAIRE   La chronologie des séjours et déplacements de Benjamin Constant durant l'hiver 1787–1788 n'est pas facile à établir. A plusieurs reprises dans ses lettres de 1788 (les textes sont cités par RUDLER, *Jeunesse*, 513, app. 17), Benjamin Constant affirme avoir passé deux mois – deux mois 'bien heureux' – à Colombier, chez les Charrière, et quinze jours à Neuchâtel, chez le Dr Deleschaut. Or, il n'est parti de Lausanne, après son affaire avec Du Plessis-Gouret (voir la note 3 ci-dessous), qu'aux environs du 9 décembre 1787 (*Vie de société*, I, 153, où la lettre datée du mercredi 5 septembre est manifestement du 5 décembre 1787) et il quittera Neuchâtel pour l'Allemagne, le 18 ou le 19 février 1788, non sans être revenu entre temps faire d'ultimes adieux à Lausanne. Il faut donc bien admettre ou bien que les quinze jours passés chez le Dr Deleschaut étaient compris dans les deux mois de bonheur, ou plutôt qu'il ne pouvait s'agir 'en tout cela de mois pleins et francs' (comme l'écrit RUDLER, *Jeunesse*, 512, app. 14). – Quoi qu'il en soit, la quinzaine passée à Neuchâtel ne peut guère se placer qu'entre le 19 décembre 1787 et le 2 janvier 1788, puisque cette hospitalisation ne saurait être antérieure à la lettre du Dr Deleschaut du 18 décembre 1787 (ci-dessus n° 595) et que le 2 janvier 1788 est indiqué par Benjamin Constant lui-même pour date de son retour à Colombier (voir la fin de la lettre 602). Dans cet intervalle, les six lettres non datées de Benjamin Constant à Isabelle de Charrière se suivent dans un ordre de succession qui nous paraît avoir été établi d'une manière définitive par RUDLER (*Bibliographie*, pp. 47–48), que nous suivons ici sans réserve. Nous avons cru cependant pouvoir préciser les dates respectives de chacune de ces six lettres en tenant compte des éléments suivants: a) la sixième et dernière lettre, dans laquelle Benjamin Constant exprime son ardent désir de se 'retrouver à Colombier le 2 de Janvier' ne peut avoir été écrite le Ier janvier (Benjamin aurait dit 'demain' en parlant du 2) ni même le 31 décembre (Benjamin renvoie des livres et en demande d'autres à lire); b) la cinquième lettre, écrite un 'lundi' et qui paraît précéder de plusieurs jours la sixième, ne peut donc dater du lundi 31 décembre 1787 et doit avoir été écrite le lundi 24 décembre; c) les quatre premières lettres semblent dès lors s'échelonner de jour en jour du 20 au 23 décembre. Toute cette chronologie est néanmoins fragile et reste sujette à caution.

1. Sur les instances de son père, Benjamin Constant allait être nommé le 8 mars 1788 gentilhomme ordinaire du duc Charles-Guillaume-Ferdinand de Brunswick-Wolfenbüttel (voir O.C., I, lettre 233, note 3). Son séjour à Colombier était donc une dernière halte au seuil de sa vie de courtisan.

2. Flore était la chienne de Benjamin Constant et Jamant (ou Jament) le chien des Charrière (voir O.C., II, lettre 524, note 4).

3. S'étant mis en route pour Colombier le 18 novembre 1787, Benjamin Constant s'était querellé près d'Yverdon, à propos d'une histoire de chiens, avec le fils du seigneur d'Ependes, François du Plessis-Gouret (1755–1833), capitaine au service de France (*Généalogies vaudoises*, III, 313–314). Un duel, fixé d'abord au lendemain, puis renvoyé au 24 novembre, aurait dû avoir lieu à Vaumarcus, sur les bords du lac de Neuchâtel. Mais Benjamin Constant, assisté de son cousin Charles de Constant (1762–1835), n'y trouva que le second de son adversaire. Du Plessis-Gouret en effet avait quitté brusquement le toit paternel pour une destination inconnue et ses parents vinrent l'excuser. Benjamin Constant passa ensuite quinze jours à colporter dans le Pays de Vaud cette affaire qu'il devait raconter plus tard fort plaisamment dans *Le Cahier rouge* (CONSTANT, *Œuvres*, 165–167). Il en fit même le sujet d'une composition en vers: 'Le défi du fils, la colère du second, le désespoir du père, trois thèmes de l'épopée greffés sur une galanterie de chiens courants, c'était l'argument rêvé d'un poème burlesque... Benjamin ne manqua pas de l'écrire' (Paul-Louis PELET, 'Le premier duel de Benjamin Constant', *Etudes de lettres*, 1947, XXI, 25–26). Ce texte ne s'est malheureusement pas retrouvé (RUDLER, *Bibliographie*, n° 41).

Lettre 598

ETABLISSEMENT DU TEXTE Neuchâtel, BV, ms. 1312, f. 18, orig. aut. Publ. SAINTE-BEUVE (1844), 216–217 (avec coupures et formant une seule lettre avec celle du 22 décembre); RUDLER, *Jeunesse*, 264. Cf. RUDLER, *Bibliographie*, n° 43.

COMMENTAIRE

1. La lettre du 23 décembre révèle que Benjamin Constant lisait *Les Contemporaines*. Ce vaste recueil de nouvelles, qui brossait un tableau systématique des femmes et des mœurs de l'époque, avait paru de 1780 à 1785 en 42 volumes divisés en trois séries: *Les Contemporaines ou avantures des plus jolies femmes de l'âge présent*, 17 vol.; *Les Contemporaines du-commun*, 13 vol.; *Les Contemporaines par-gradation*, 12 vol. (*Bibliographie romanesque*, 80.26).

2. Passage non identifié.

Lettre 599

ETABLISSEMENT DU TEXTE Neuchâtel, BV, ms. 1312, f. 16, orig. aut. Publ. SAINTE-BEUVE (1844), 217 (avec coupures et remaniements, et formant une seule lettre avec celle du 21 décembre); RUDLER, *Jeunesse*, 264–265. Cf. RUDLER, *Bibliographie*, n° 45.

COMMENTAIRE

1. C'est-à-dire par une lectrice de condition modeste.

2. Ezéchiel, IV, 12–15: 'Tu mangeras aussi des gâteaux d'orge et tu les cuiras avec de la fiente sortie de l'homme [etc.]'. Ce passage avait excité à plus d'une reprise la verve de Voltaire (voir l'article 'Ezechiel' du *Dictionnaire philosophique*, les *Questions de Zapata*, etc.).

3. Les *Observations et conjectures politiques*. Pour celles de Benjamin Constant, voir RUDLER, *Bibliographie*, n° 44.

4. *C'en sera assez.*

5. Paraphrase des vers 37–38 de la fable 'L'Ours et les deux compagnons' (LA FONTAINE, *Fables*, V, 20).

Lettre 600

ETABLISSEMENT DU TEXTE Neuchâtel, BV, ms. 1312, f. 13, orig. aut., un second f. (d'adresse?) ayant été arraché. Publ. GAULLIEUR (1847), 247 et 249 (fragments); RUDLER, *Jeunesse*, 265–266. Cf. RUDLER, *Bibliographie*, n° 46.

COMMENTAIRE

1. Mme la maréchale de Noailles (*O.C.*, X, 78, notes 1 et 5).

2. Voir lettre 598, note 1. Le compte de Benjamin Constant est à peine exagéré puisqu'aux 42 volumes des *Contemporaines* avaient succédé *Les Françaises* (1786, 4 vol.) et *Les Parisiennes* (1787, 4 vol.) (MG).

3. Le domestique (non identifié) de Benjamin Constant. Son nom est écrit parfois *Crousat*.

4. La messagère qui assurait le transport du courrier entre Colombier et Neuchâ-

tel (voir la 'Note sur l'organisation des postes à Neuchâtel au XVIIIᵉ siècle', *O.C.*, II, 673).

5. Ce passage se trouve dans la *Lettre d'un Anglais à M. Ch. B. noble Hollandais*, qui forme le nᵒ 5 des *Observations et conjectures politiques*. Dans l'édition originale (p. 21, lignes 28–29), il est rédigé ainsi: '...ce fut la nécessité, la cabale, une populace ameutée qui l'établit...'. Puisque Isabelle de Charrière a pu tenir compte de la critique de Benjamin Constant, ce n'était donc pas le tirage imprimé de cette cinquième feuille qu'elle lui avait envoyé, mais le manuscrit ou les premières épreuves.

6. Le cordonnier qui s'était mêlé de critiquer les tableaux d'Apelle et auquel le célèbre peintre d'Alexandre le Grand avait rétorqué: 'Cordonnier, tiens t'en à la chaussure' (*Ne sutor ultra crepidam*).

Lettre 601

ETABLISSEMENT DU TEXTE   Neuchâtel, BV, ms. 1312, f. 17, orig. aut. Publ. RUDLER, *Jeunesse*, 266, Cf. RUDLER, *Bibliographie*, nᵒ 47.

COMMENTAIRE
1. Il s'agit ici de la *Lettre d'un Milanais à un Parisien*, datée du 15 décembre 1787, qui constitue le nᵒ 4 des *Observations et conjectures politiques*.
2. Dans l'édition originale (dernières lignes de la p. 16 et première ligne de la p. 17), on lit au sujet des Etats-Généraux de la France: 'A la bonne heure, on peut les demander sans cesse: mais pour les obtenir, faut-il demander avec cette morgue [etc.]'. Ce passage est demeuré tel quel dans l'édition de 1788.
3. Ce passage n'a pas été modifié non plus d'une édition à l'autre et se lit dans celle de 1788 (p. 22) comme dans l'édition originale (p. 19, dernier alinéa): 'Il fallait promettre au moins que si les administrations provinciales s'établissent, les propriétaires de terres y auront part sans distinction de Religion [etc.]'.
4. Allusion sans doute à un qualificatif que lui avait appliqué Isabelle de Charrière.
5. En fait, pris d'un accès de 'fièvres ardentes', François du Plessis-Gouret était allé à bride abattue jusqu'en Avignon. Revenu à la raison et de retour en Suisse, il allait se battre en duel avec Benjamin Constant, à Colombier même, le 8 janvier 1788 (Paul-Louis PELET, 'Le premier duel de Benjamin Constant', *loc. cit.*, 30–32).

Lettre 602

ETABLISSEMENT DU TEXTE   Neuchâtel, BV, ms. 1312, f. 15, orig. aut., un second f. (d'adresse?) ayant été arraché. Publ. SAINTE-BEUVE (1844), 216 (seconde moitié); GAULLIEUR (1847), 250 (avec coupures); RUDLER, *Jeunesse*, 266–267. Cf. RUDLER, *Bibliographie*, nᵒ 48.

COMMENTAIRE   Si nous avons raisonné juste dans le commentaire de la lettre 597, cette lettre-ci a dû être écrite entre le 24 et le 30 décembre 1787. Or le jeudi était à cette époque le seul jour de la semaine où la poste de France arrivait à Neuchâtel et en repartait le même soir (*O.C.*, II, 673). La date du jeudi 27 décembre 1787 paraît donc la seule possible.
1. L'allusion du second alinéa à la correction d'*auront* en *auroient* démontre qu'il

s'agit encore du n° 4 des *Observations et conjectures politiques* (voir la lettre précédente, notes 1 et 3).

2. Pierre-Louis Moreau de Maupertuis (1698–1759), astronome et mathématicien, natif de Saint-Malo. La suite de l'alinéa fait allusion aux hypothèses les plus controversées de ses ouvrages, notamment de sa *Dissertation physique à l'occasion du nègre blanc* (1744), de sa *Vénus physique* (1745) et de son *Essai de cosmologie* (1750). Voltaire les avait prises pour cible de ses sarcasmes, lors de sa querelle avec Maupertuis, dans sa fameuse *Diatribe du Docteur Akakia* (1753).

3. *Les Contemporaines* (voir la lettre 598, note 1).

Lettre 603

ETABLISSEMENT DU TEXTE   La Haye, coll. Van Tuyll van Coelhorst, 2 ff., orig. aut.
1) *d'honneur &* ajouté au-dessus de la ligne; 2) *l'on que j'entens c'est vous* dans la marge avec le signe + après *si*; 3) *à Paris* ajouté au-dessus de la ligne; 4) suivi d'un mot biffé illisible; 5) *aussi miserable que lui* ajouté au-dessus de la ligne; 6) tache sur £; 7) ajouté au-dessus de la ligne.

COMMENTAIRE
1. Cette lettre n'a pas été retrouvée.
2. Le général Van Tuyll.
3. Il s'agit des premiers pamphlets publiés par Isabelle: *Lettre d'un négociant d'Amsterdam d'origine française à son ami à Paris; Considérations sur l'affaire des canonniers français attirés en Hollande par quelques Hollandais, & sur le rappel du duc Louis de Brunswick* et *Réflexions sur la générosité & sur les princes*, réunis ensuite dans les *Observations et conjectures politiques*. Voir O.C., X, 65–73.
4. Fleuris Paulet (1731–1809), dit le chevalier Pawlet, fonda en 1772 un établissement d'éducation pour les fils de militaires morts ou blessés. Il y employa une méthode d'enseignement mutuel. Louis XVI prit l'école sous sa protection (Fleming Voltelin VAN DER BYL, *Le Chevalier Pawlet, éducateur oublié*, Paris, Librairie du Recueil Sirey, 1935, thèse Lettres Paris).
5. La 'désertion' du cousin Frederik van Tuyll, commandant du régiment dont Vincent était colonel et dont le général Van Tuyll était responsable, compliqua pendant un certain temps les relations familiales. Aucun document sur cet épisode n'a été retrouvé à l'ARA, La Haye.
6. Dans la guerre russo-turque (voir la lettre 634, note 5).
7. Nous ignorons à qui Isabelle fait allusion ici.

Lettre 604

ETABLISSEMENT DU TEXTE   Lausanne, BCU, ms. IS 4188, n° 141, 1 f., orig. aut.
1) *au gré de la*, récrit au-dessus de *pour la*, biffé; 2) 3) ajouté au-dessus de la ligne; 4) *ou intermede*, ajouté au-dessus de la ligne; 5) *presque de*, ajouté au-dessus de la ligne; 6) *en même tems les vers, les airs*, ajouté au-dessus de la ligne; 7) *a vent*, ajouté au-dessus de la ligne.

COMMENTAIRE   Sur le publiciste Jean-Baptiste-Antoine Suard (1734–1817), voir en dernier lieu la notice de Rémy Landy dans le *Dictionnaire des journalistes*

(1600–1789), publ. sous la direction de Jean Sgard, Grenoble, Presses universitaires de Grenoble, 1976, 344–347.

1. De sa tragédie lyrique *Les Phéniciennes* (O.C., VII, 65–98), qui allait paraître en 1788 et qui met en scène notamment les personnages de Jocaste, Antigone, Polinice et Phenix.

2. Johann Christoph Vogel (1758–1788), que son opéra *La Toison d'Or*, dédié à Gluck, venait de rendre célèbre, mais qui mourut prématurément le 27 juin 1788 (MGG, XIII, 1883–1884).

3. Il ne peut guère s'agir ici que de *Pénélope* (O.C., VII, 99–109).

4. Marie-Anne-Jeanne Sandras, veuve du poète et dramaturge Bernard-Joseph Saurin*.

Lettre 605

ETABLISSEMENT DU TEXTE   Neuchâtel, BV, ms. 1335, ff. 3–4, orig. aut., incomplet du début.

COMMENTAIRE
1. Voir la lettre 594, note 2.
2. Alexander Philip van der Capellen, ci-devant chambellan et protégé du prince d'Orange, reçut le 12 septembre 1787 le commandemant de Gorinchem, mais fut obligé bientôt d'abandonner la ville aux Prussiens. Il fut retenu par eux en otage parce que les occupants et les corps-francs étaient parvenus à s'échapper. Emprisonné à Wesel, sa santé devint si mauvaise qu'on le relâcha, mais il mourut deux jours plus tard en arrivant à Utrecht, le 10 décembre 1787 (ARA, La Haye). Il était un neveu de Jan Derk van der Capellen tot den Pol (O.C., II, lettre 479, note 9). Né en 1745, il avait épousé en 1773 Maria Taets van Amerongen (1755–1809), dont il avait eu non pas 7, mais 4 enfants. Comme on le lira dans la lettre de Vincent du 9 juin 1788 (ci-après nº 619), Mme van der Capellen s'installa chez son père à Utrecht.
3. Frederik van Tuyll. Voir la lettre 603, note 5.
4. *Une aide intérimaire.*
5. Les patriotes avaient compté sur une aide plus efficace de la France.
6. Leur sœur.
7. Jean-Baptiste de Salis, des Gardes Suisses, au service des Provinces-Unies à partir de 1765, nommé adjudant du prince le 28 décembre 1787. Le comte Adolf Hendrik van Rechteren (voir la lettre 739, note 2) fut nommé le 31 décembre 1787 et Dirk Wouter van Lynden van Hoevelaken le 3 janvier 1788. Aucune trace n'a été retrouvée d'un Famars nommé à cette époque. Les documents signalent seulement le lieutenant-Général Jan Willem de Famars, décédé en 1785 (ARA, La Haye).

Lettre 606

ETABLISSEMENT DU TEXTE   Neuchâtel, BV, ms. 1312, f. 22, orig. aut. Publ. SAINTE-BEUVE (1844), 218. Cf. RUDLER, *Bibliographie*, nº 49.

COMMENTAIRE   Au début de sa lettre des 9–14 mars (ci-après nºº 611), Benjamin Constant rappelle à Isabelle de Charrière qu'il l'a quittée le 18 février. GODET (I,

363), qui 'par inadvertance' date cette lettre du Ier janvier, la croit écrite à Colombier même; mais elle pourrait l'avoir été tout aussi bien de Neuchâtel, comme l'indique Rudler.

1. Son duel avec Du Plessis-Gouret?
2. De Neuchâtel à Brunswick, Benjamin Constant allait parcourir approximativement 800 km.

Lettre 607

ETABLISSEMENT DU TEXTE   Neuchâtel, BV, ms. 1312, ff. 19–20, orig. aut. Publ. SAINTE-BEUVE (1844), 218–220 (sans le postscriptum); RUDLER, *Jeunesse*, 269–270. Cf. RUDLER, *Bibliographie*, n° 50.

1) Tache d'encre.

COMMENTAIRE   Si Benjamin Constant, comme il l'écrit le 18 février, a fait étape à Berne le lendemain, il n'a pas atteint Bâle avant le 21, car la traversée du Jura en plein hiver ne pouvait guère se faire en un jour à l'époque.

1. La génération suivante dira simplement *piano*, alors que la précédente hésitait entre *piano-forte* et *forte-piano* (Alexis FRANÇOIS, *La langue postclassique*, dans Ferdinand BRUNOT, *Histoire de la langue française des origines à 1900*, Paris, Armand Colin, 1932, VI/2, 1237).
2. Le pasteur Henri-David de Chaillet* sans aucun doute.
3. Allusion à Marianne Marin (voir la lettre 648) et à son entourage.
4. Susette Cooper-Moula*.
5. *Impertinente*.
6. *Alors elle peut faire ses malles pour rentrer en Angleterre*. Nous ne savons d'où provient cette citation.
7. *Wilhelmine Arend oder die Gefahren der Empfindsamkeit* (1782, 2 vol.) avait pour auteur Johann Karl Wezel, qui avait publié auparavant *Hermann und Ulrike, ein komischer Roman* (1780, 4 vol.).
8. Comme le suggère GODET (I, 367, note 1), 'il s'agit probablement ici, non point de Mme de Montrond, de Besançon, qui séjournera à Neuchâtel pendant l'Emigration et à qui s'intéressera Mme de Charrière (voir la lettre 705, note 13), mais plutôt d'une dame de la famille vaudoise de Montrond, originaire du Languedoc, apparentée aux Sévery et aux Chandieu et qui s'est éteinte à Lausanne vers 1860'.
9. Sainte-Beuve et Rudler ont lu *Durbach* et il est vrai que le *l*, légèrement rebouclé, peut être pris facilement pour un *b*. – Si la présente lettre est bien écrite le jeudi 21 février 1788, Benjamin Constant comptait mettre trois jours jusqu'à Mannheim: dans ce cas, il était tout naturel qu'il fasse étape le samedi 23 février ('après demain') à Durlach, ville voisine de Carlsruhe, aux deux-tiers du trajet de Bâle à Mannheim, plutôt que dans le village de Durbach, situé à quelque 10 km. au nord-est d'Offenburg, en dehors des grandes routes et plus près de Bâle que de Mannheim.
10. Néologisme bienvenu pour définir la 'manière' de Charles-Emmanuel de Charrière (MG).

Lettre 608

ETABLISSEMENT DU TEXTE   Neuchâtel, BV, ms. 1312, f. 21, orig. aut., bords endommagés. Publ. SAINTE-BEUVE (1844), 220–221 (sans le post-scriptum); RUDLER, *Jeunesse*, 270–271. Cf. RUDLER, *Bibliographie*, n° 52.

COMMENTAIRE

1 Rastatt est à quelque 25 km. au sud-ouest de Carlsruhe.

2. Celle des 29 août–11 septembre 1787 (ci-dessus n° 592).

3. *Le Ciel sait que je n'envie pas leurs plaisirs, mais je voudrais qu'ils laissent mon ennui tranquille! le diable les emporte!* (MG).

4. *Hermann und Ulrike* (voir la lettre précédente, note 7).

5. 'Le surnom de Barbet, c'est probablement Mme de Charrière elle-même qui se l'était donné, en badinant sur son dévouement humble et fidèle à Benjamin' (GODET, I, 367).

Lettre 609

ETABLISSEMENT DU TEXTE Neuchâtel, BV, ms. 1312, ff. 23–24, orig. aut. Publ. SAINTE-BEUVE (1844), 222–223; RUDLER, *Jeunesse*, 271–272. Cf. RUDLER, *Bibliographie*, n° 54.

1) Lire *que je pusse*; 2) lire *pourrait*; 3) suppléer *bien pire*.

COMMENTAIRE

1. Première étape après Mannheim.

2. La correspondance échangée entre Juste de Constant et son fils ne s'est pas retrouvée pour ces années-là.

3. *La nausée.*

4. Le chien à trois têtes gardien de la porte des Enfers. Selon la mythologie antique, les Furies étaient aussi des divinités infernales.

5. Les *Observations et conjectures politiques*. Benjamin Constant renoncera à ce projet de chiffre (voir la dernière partie de la lettre 612).

Lettre 610

ETABLISSEMENT DU TEXTE Neuchâtel, BV, ms. 1312, ff. 33–36, orig. aut., incomplet d'un premier feuillet de quatre pages, les deux feuillets conservés portant les numéros 2 et 3, de la main de Constant, en haut de leur première page. Publ. SAINTE-BEUVE (1844), 225–231 (sans les deux premiers post-scriptums); RUDLER *Bibliographie*, pp. 49–50 (les deux premiers post-scriptums). Cf. RUDLER, *Bibliographie*, n° 56.

1) *Bureau*, *ureau* en surcharge sur *aron*; 2) phrase ajoutée entre les lignes; 3) lire évidemment *fantaisies*, le mot a été laissé inachevé au milieu de la ligne; 4) les *post-scriptum* qui suivent sont écrits à rebours dans les blancs supérieurs des deux dernières pages du feuillet 3 et des deux pages internes du feuillet 2.

COMMENTAIRE

1. *Nous demeurerons dans le silence du bonheur et de l'amour et, sans soucis, nous attendrons jusqu'à ce que l'âge, le dégoût ou la mort...*' Citation non identifiée.

2. Constant attribue probablement à ce néologisme la valeur que nous accordons à *paradisiaque* (MG).

3. Isabelle de Charrière a consacré à cet épisode les nos 14, 16 et 17 de ses *Observations et conjectures politiques* (O.C., X, 101–103, 106–110), aux notes desquelles nous renvoyons.

4. Soit au no 3 des *Observations et conjectures politiques*.

5. Le Psaume 136. Benjamin Constant parodie notamment les versets 10 et 15.

6. Nous n'avons pas réussi à identifier cette citation.

7. *Assidûment*.

8. Le duc Charles-Guillaume-Ferdinand de Brunswick (voir la lettre 597, note 1).

9. 'C'étaient des romances de Mme de Charrière', écrit SAINTE-BEUVE (1844), 227, note 3. Mais était-ce bien le cas?

10. John Wilde (RUDLER, *Jeunesse*, 121–122 et 508).

11. Marie-Charlotte Aguiton, seconde épouse (en 1776) du Genevois Jean Johannot (1748–1829) (CONSTANT, *Œuvres*, 577, note 2).

12. Le 7 mars.

13. Rendu responsable d'une mutinerie qui avait éclaté dans son régiment le 29 octobre 1787, Juste de Constant avait été traduit en Conseil de guerre. Sur cette longue affaire qui allait ruiner la carrière du père et assombrir durablement l'existence du fils, vour RUDLER, *Jeunesse*, 330–354.

14. Les Bernois, dont les armoiries portaient un ours.

15. Le Régiment de May, que commandait Juste de Constant au service de Hollande, avait pour colonel propriétaire Friedrich May (1708–1799), qui était parvenu au grade de lieutenant-général ([Beat Emanuel] MAY DE ROMAINMOTIER, *Histoire militaire de la Suisse et celle des Suisses dans les différens services de l'Europe*, Lausanne, J. P. Heubach, 1788, VIII, 296). Son fils Gabriel Emanuel May (1741–1837) suivit ses traces.

16. Un bal, c'est le sens que prenait souvent le mot allemand (MG).

17. *Monsieur le Chambellan ne me danse pas? – Non, Votre Excellence.*

18. Augusta Sophie (1768–1840), la seconde fille du roi George III d'Angleterre.

19. Voir O.C., II, lettre 510, note 15.

20. Son opéra (O.C., VII, 99–109).

21. C'était l'image qui figurait sur le cachet d'Isabelle de Charrière (GODET, I, 369).

22. L'Académie française avait admis en 1762 le mot *jérémiade*, formé sur Jérémie par allusion aux lamentations de ce prophète: *jérémiadant* eût dès lors été plus régulier que *jérémisant*.

23. Non retrouvées (cf. RUDLER, *Bibliographie*, nos 51 et 55).

24. Cette missive à Samuel de Constant ne s'est pas retrouvée non plus (cf. RUDLER, *Bibliographie*, no 53.)

25. Son *Essai sur les mœurs des temps héroïques de la Grèce*, tiré de l'*Histoire grecque de M. [John] Gillies*, Londres / Paris, Lejay, 1787 (RUDLER, *Bibliographie*, no 28). Benjamin Constant allait reprendre le sujet et ébaucher un projet d'histoire comparative de la civilisation grecque (cf. RUDLER, *Bibliographie*, no 61ter).

26. Aucune des lettres d'Isabelle de Charrière adressées à Neuchâtel chez le Dr Deleschaut en réponse à celles de Benjamin Constant ne s'est retrouvée.

27. On pourrait transposer: *en très grande forme* (MG).

28. Les *Observations et conjectures politiques* ne devaient pas dépasser le no 17 et l'on ne connaît aucun exemplaire de la première édition des dix derniers numéros.

Lettre 611

ETABLISSEMENT DU TEXTE   Neuchâtel, BV, ms. 1312, ff. 25–29, orig. aut., incomplet de la fin. Publ. SAINTE-BEUVE (1844), 232–237 (avec coupures); GAULLIEUR (1847), 255–258, 264–265 (fragments inédits); RUDLER, *Jeunesse*, 304–311. Cf. RUDLER, *Bibliographie*, n° 57.

1) Phrase ajoutée en lignes serrées dans le blanc de l'alinéa.

COMMENTAIRE

1. 47 jours séparent effectivement le 2 janvier du 18 février. *Poudre* se disant 'de ce qu'on met d'ordinaire sur l'écriture pour la sécher et pour empêcher qu'elle ne s'efface' (*Dictionnaire de l'Académie*), on peut supposer que Benjamin se sert de ce mot pour désigner le nombre de pages qu'il a envoyées à Isabelle de Charrière pendant cette période (MG).

2. Le mot est couramment employé en Suisse romande à l'époque pour *malentendu* (PIERREHUMBERT, 361).

3. Françoise Warney, veuve de Jean-Jacques de Luze (voir *O.C.*, II, lettre 445, note 2).

4. Constant apprécie particulièrement ces néologismes péjoratifs, tels *végétailler* dans la lettre des 14–17 mars, et *absurdiser* un peu plus bas dans ce même alinéa (MG).

5. *Satisfaite*.

6. Le terme usuel, *antipathie*, aurait sans doute paru ici trop fade (MG).

7. *De l'importance des opinions religieuses*, dont on connaît au moins quatre éditions datées de 1788.

8. Celle de la duchesse-mère Philippine-Charlotte de Prusse (1716–1801), veuve du duc Charles I de Brunswick; et celle de la duchesse régnante Augusta (1737–1813), qui était partiellement indépendante de celle du duc (RUDLER, *Jeunesse*, 295–296).

9. *Ils sont toujours haletants quand ils rient*.

10. François-Louis-Charles Boutmy (1739–1817), professeur de langue française au *Collegium Carolinum* de Brunswick depuis 1782.

11. Voir le portrait de David-Louis de Constant d'Hermenches reproduit dans *O.C.*, I, 274.

12. L'interlocuteur de Benjamin accumule les confusions: Palpigny n'existe pas, mais bien Pampigny (MOTTAZ, II, 401–403), qui est aussi éloigné du village d'Hermenches, situé près de Moudon, que de la ville de Vevey.

13. La nouvelle salle du Théâtre-Italien, qui devint celle de l'Opéra-Comique, avait été inaugurée en 1783. Le théâtre des Grands Danseurs du Roi, dirigé par Jean-Baptiste Nicolet, était installé au boulevard du Temple, où se trouvait aussi l'Ambigu-Comique, dirigé par Audinot et reconstruit en 1787 (Albert BABEAU, *Paris en 1789*, Paris, Firmin-Didot, 1893, 112 et 133). Quant au théâtre des Variétés Amusantes, il avait en effet quitté les Boulevards à fin 1784 pour s'installer dans sa nouvelle salle du Palais-Royal (L.-Henry LECOMTE, *Histoire des théâtres de Paris: Les Variétés Amusantes*, Paris, H. Daragon, 1908, 112).

14. Larousse signale que ce mot a été parfois employé (notamment par Stendhal) dans le sens de 'rendre anglais'. On peut penser que Benjamin s'applique à donner à son nouveau cheval une allure et une élégance anglaises (MG).

15. *Combiné*.

16. Comment définir avec plus d'humour un journal tenu *heure par heure* (MG)?

17. Cette lettre à Samuel de Constant n'a pas été retrouvée (RUDLER, *Bibliographie*, n° 58).

18. Susette Cooper-Moula*.

19. Un jeu de cartes.

20. Célèbre réplique de Sganarelle dans *L'Amour médecin* (I,1) de Molière, qui vise les donneurs de conseils intéressés (MG).

21. Albrecht Edmund Georg von Münchausen (1729–1796) était grand maréchal de la cour de Brunswick depuis 1762 (renseignement du Niedersächsisches Staatsarchiv, Wolfenbüttel).

22. Dans l'édition originale, le n° 3 des *Observations et conjectures politiques* ne comporte qu'un feuillet de 4 pages et le texte est le même dans l'édition en recueil de 1788.

23. Jérémie Witel, l'imprimeur des Verrières (voir le commentaire de la lettre 596).

24. Transformer en chien barbet (MG).

25. De signer de votre nom (MG).

26. On possède plusieurs lettres d'Isabelle de Charrière signées de son nom précédé des initiales de ses prénoms (*IAE*).

27. Angélique de Saussure-Bavois (1735–1817), épouse du major-général Henri de Charrière (1715–1792), appelée souvent Mme de Charrière de Bavois ou la générale de Charrière.

28. L'*après-dinée* est la 'seconde partie du jour que l'on compte depuis midi' (*Dictionnaire de Trévoux*, 1771) (MG).

29. *En position*.

30. Georges-Guillaume-Christian (1769–1811) ou Auguste (1770–1820) (RUDLER, *Jeunesse*, 297).

31. *Auprès de qui je devais me confier et m'épancher*. Au lieu d'*unburthen*, lire *unburden* (MG).

32. *Ramasser*.

33. Dans la lettre suivante, Benjamin Constant précise que celle-ci comprenait 'deux feuilles, une demi-feuille et un chiffon de papier'. Le chiffon de papier manque.

Lettre 612

ETABLISSEMENT DU TEXTE   Neuchâtel, BV, ms. 1312, ff. 30–32, orig. aut., incomplet apparemment d'un premier feuillet de quatre pages. Publ. SAINTE-BEUVE (1844), 238–239 (avec coupures); RUDLER, *Jeunesse*, 311–314. Cf. RUDLER, *Bibliographie*, n° 60.

COMMENTAIRE

1. Allusion aux quinze premiers numéros des *Observations et conjectures politiques*, dont la publication avait commencé vers le 20 décembre 1787.

2. Voir *O.C.*, II, lettre 424, note 2. La seule lettre de Benjamin Constant à sa grand'tante de Chandieu-Vulliens qu'on connaisse pour cette époque est datée du 11 avril 1788 (RUDLER, *Bibliographie*, n° 64).

3. Le sens figuré du mot n'apparaît dans le *Dictionnaire de l'Académie* qu'en 1823. Il a ici un sens dynamique, voisin de 'rayonnement', que peut expliquer son acception en 'physique': 'le tourbillon d'atomes, ou de corpuscules qui s'exhalent, et qui voltigent autour de chaque corps' (*Dictionnaire de Trévoux*) (MG).

4. La duchesse Augusta.

5. C'est le nom de famille que Cervantès donne à la bien-aimée Dulcinée de son Don Quichotte. Il s'applique ici par dérision à Marianne Marin.

6. Le substantif, *pédagogue*, ne se disait lui-même 'guère qu'en dérision' (*Dictionnaire de l'Académie*, 1740–1798).

7. *En l'état.*

8. Une façon de 'lanterner', de traîner sans fin. Benjamin Constant renonce ici au projet de langage chiffré qu'il avait ébauché dans sa lettre du 25 février (MG).

9. On connaît des silhouettes de Charles-Emmanuel de Charrière, de sa sœur Louise, de Benjamin Constant, d'autres encore, faites par Marianne Moula, mais la seule qu'on ait d'Isabelle de Charrière est d'attribution incertaine (*Cat. Exp. Zuylen*, n° 253).

10. *Dieu sait quand.*

11. *Ce n'est pas trop.*

12. Voir la lettre 610, note 25.

13. *Se débrouiller tout seuls.*

14. Le 14 mars, dans la partie perdue de la présente lettre apparemment.

15. Surnom de Benjamin Constant lui-même (RUDLER, *Jeunesse*, 274).

Lettre 613

ETABLISSEMENT DU TEXTE   Neuchâtel, BV, ms. 1312, ff. 37–38, orig. aut., incomplet de la fin. Publ. SAINTE-BEUVE (1844), 239–243 (avec coupures); RUDLER, *Jeunesse*, 315–317. Cf. RUDLER, *Bibliographie*, n° 61.

COMMENTAIRE

1. Voir le commentaire de la lettre 597.

2. Le 19 mars 1788 est un mercredi.

3. Voir la lettre 610, note 21.

4. *Dame d'honneur.*

5. Comme on disait 'faire quelque chose par manière d'acquit, pour dire négligemment, et seulement parce que l'on ne peut pas s'en dispenser' (*Dictionnaire de l'Académie*) (MG).

6. Voir la lettre 611, note 7.

7. C'est de ce nom qu'est signée la lettre d'*Un savetier du faubourg St. Marceau au Roi*, qui constitue le n° 13 des *Observations et conjectures politiques*.

8. Dans la 'nouvelle édition, revue, corrigée & augmentée' du *Nouvel abrégé chronologique de l'histoire de France* de [Charles-Jean-François] Hénault (Paris, Prault père, Prault fils aîné, Desaint, Saillant, Durand, 1784–1785, 3 vol. in-8), le passage exactement transcrit par Benjamin Constant se trouve à la page 547 (dans le t. II).

9. Isabelle de Charrière ne semble pas avoir modifié son texte. Le passage visé par Benjamin Constant est imprimé au bas de la page 59 de l'édition de 1788 des *Observations et conjectures politiques*.

10. Ou *trisept* (voir *O.C.*, II, lettre 573, note 7).

11. La troupe de Patrassi et Simoni, au théâtre *am Hagenmarkt*, que concurrençait depuis 1785, avec un succès croissant, la troupe allemande de Grossmann (Adolf GLASER, *Geschichte des Theaters zu Braunschweig*, Braunschweig, H. Neuhoff & Comp., 1861, 71–75).

12. Le texte de cet engagement a été publié en dernier lieu par René LE GRAND

ROY, 'La passion du jeu chez Benjamin Constant', *Benjamin Constant, actes du Colloque Benjamin Constant (Lausanne, octobre 1967)*, Genève, Droz, 1968, 204.

Lettre 614

ETABLISSEMENT DU TEXTE Neuchâtel, BV, ms. 1335, ff. 5–7, orig. aut.
1) *dans des momens fort critiques* ajouté dans la marge après le signe + ; 2) lettres oubliées; 3) *et jetter les Torts sur moi, et mes officiers &c* ajouté dans la marge.

COMMENTAIRE

1. Leur cousin Frederik Christiaan van Tuyll★.
2. Leur oncle le général Hendrik Willem van Tuyll★.
3. Un acte par lequel on déclarait juridiquement quelque chose.
4. Ce document n'a pas été retrouvé. Le gouverneur était alors le lieutenant-général Van der Dussen (O.C., I, lettre 137, note 3).
5. Le général Van Tuyll.
6. La veuve d'Antoine Bentinck van Rhoon de Varel, une sœur du colonel commandant Frederik Christiaan van Tuyll. Voir la Généalogie, O.C., I, 634, B, 2.
7. Le fils aîné de Mme Bentinck, Willem Gustaaf Frederik Bentinck van Rhoon. Voir la Généalogie, O.C., I, 634, B, 2.2.
8. *Alors les affaires s'embrouillèrent de plus en plus.*
9. Voir O.C., II, lettre 570, note 5.
10. Sans doute mylord d'Athlone.

Lettre 615

ETABLISSEMENT DU TEXTE Neuchâtel, BV, ms. 1312, ff. 39–40, orig. aut., incomplet du début et de la fin, seul subsistant un feuillet de quatre pages portant le numéro *(2)*, de la main de Benjamin Constant, en tête de sa première page. Publ. GAULLIEUR (1847), VI, 251–255; RUDLER, *Bibliographie*, n° 62.
1) A la hauteur de la fin de cet alinéa et du début du suivant, les mots *Le Landgrave de Hesse* sont écrits en long dans la marge, d'une main qui pourrait être celle de Benjamin Constant; 2) lire *mois*.

COMMENTAIRE

1. Voir RUDLER, *Bibliographie*, n° 63.
2. Voir O.C., II, lettre 433, note 9.
3. Le duc Frédéric-Charles-Ferdinand (1729–1809) était né le 5 avril.
4. 'Terme très usité dans les gazettes et qui signifie dans plusieurs Cours fête, réjouissance' (*Dictionnaire de l'Académie*, 1762–1798) (MG).
5. *Impoli, désobligeant.*
6. Faut-il voir là un calembour sur le nom du Dr Deleschaut et sur le sens du verbe *échauder*, chauffer avec excès, brûler?
7. *Relations continuelles.*

Lettre 616

ETABLISSEMENT DU TEXTE Neuchâtel, BV, ms. 1312, ff. 41–42, orig. aut., incomplet d'un ou de plusieurs premiers feuillets. Publ. SAINTE-BEUVE (1844), 244 et 245 (fragments); GAULLIEUR (1847), 258–262 (à partir du deuxième alinéa, avec remaniements) et 263–264 (le premier alinéa, raccordé sous la date du 13 mars à des fragments du 27 avril et du 14 mars 1788); RUDLER, *Jeunesse*, 321–324. Cf. RUDLER, *Bibliographie*, nº 65.

1) A partir de *vous m'avez dit*, écrit en lignes serrées dans le blanc de l'alinéa.

COMMENTAIRE

1. Comme on le verra plus loin (lettre 635, note 14), il s'agit ici du capitaine Girardet.

2. *Se sera écoulé.*

3. Si on lit *It must* au lieu de *I must*, on peut comprendre: *Et flétri comme moi à la fleur de l'âge, tout doit comme moi languir, et passer, et mourir* (MG). Citation non identifiée.

4. *Déprimé.*

5. *Sur plus d'entrain.*

6. Ces mots confirment qu'il est question ici de Charles-Emmanuel de Charrière.

7. Charles de Constant (voir au Répertoire sous Achard*) avec lequel Benjamin avait fait en 1786 le voyage de Paris.

8. *De la divagation mélancolique.*

9. Plus tard, Isabelle de Charrière accusera même l'imprimeur Witel de l'avoir 'trompée en tout' (lettre 655), mais sans préciser ses griefs.

10. Comme plus haut, ces points de suspension remplacent sans doute le nom de M. de Charrière.

11. Ceux de son opéra *Pénélope*, probablement.

12. Ecrit ici au masculin, le mot prend à peu près le sens de 'milieu favorable', se substituant à *sphère* qui commençait à se démoder (MG). Voir aussi la lettre 612, note 3.

Lettre 617

ETABLISSEMENT DU TEXTE   Neuchâtel, BV, ms. 1312, ff. 43–45, orig. aut. Publ. GAULLIEUR (1847), 263 (le texte du 28 avril, avec coupures et mélangé à des fragments d'autres lettres) et 266–267 (le texte du 27 avril, daté simplement *Le 29*); GODET, I, 378–379 (le premier alinéa en traduction française); RUDLER, *Bibliographie*, pp. 52–53. Cf. RUDLER, *Bibliographie*, nº 66.

COMMENTAIRE

1. Le 29 avril.

2. *Une bourde si énorme* (MG).

3. Non identifiée.

4. La sœur aînée du duc de Brunswick, Sophie-Caroline (1737–1817), veuve du margrave Frédéric de Brandebourg-Bayreuth, dont la cour était à Erlangen.

5. La plus jeune sœur du duc de Brunswick, Augusta-Dorothée (1749–1810), abbesse de Gandersheim.

6. August Wilhelm von Rhetz (1722–1796).

7. Voir la lettre 610, note 21.

Lettre 618

ETABLISSEMENT DU TEXTE   Neuchâtel, BV, ms. 1312, ff. 46–47, orig. aut., l'adresse non aut. Publ. SAINTE–BEUVE (1844), 245 (fragment); GAULLIEUR (1847), 258 (fragment) et 265–266 (le reste du texte, avec remaniements, et daté du 19 juin 1788); RUDLER, *Jeunesse*, 328–329. Cf. RUDLER, *Bibliographie*, n° 67.
1) Ce mot et la phrase précédente sont ajoutés en deux lignes serrées au bas de la page.

COMMENTAIRE

1. Le roi de Prusse Frédéric-Guillaume II (1744–1797), qui avait succédé à son oncle Frédéric le Grand en 1786, faisait une tournée d'inspection ('eine grosse Inspektionsreise') dans les Etats de l'Allemagne du Nord et s'était arrêté à Brunswick avant de poursuivre sa route jusqu'à Wesel. Parti de Berlin le 25 mai, il y fut de retour le 16 juin (F. R. PAULIG, *Friedrich Wilhelm II, König von Preussen*, Frankfurt a. Oder, Friedrich Paulig, 1895, 137).

2. Deux Altesses Sérénissimes.

3. *Je chante pour les jeunes filles et pour les enfants.*

4. Brunswick.

5. *L'Esprit des journaux françois et étrangers* d'avril 1788 avait repris (*Critique*, XI) le compte rendu des *Lettres écrites de Lausanne* qui avait paru d'abord dans le *Mercure de France* du 23 février 1788 (*Critique*, IX) et qui portait la signature (abrégée) de Comeyras (voir la lettre 711, note 7).

Lettre 619

ETABLISSEMENT DU TEXTE   Neuchâtel, BV, ms. 1335, ff. 9–10 et 8, orig. aut.
1) Lire *assister*; 2) précédé de *mais* d'une autre écriture et ajouté au-dessus de la ligne.

COMMENTAIRE

1. Cette lettre, et plusieurs autres de cette période, n'ont pas été retrouvées.

2. Wilhelmina Anna Cornelia de Pagniet épousa le 30 juillet 1787 Alexander Diederik van Omphal, veuf de Willemina Andrisia Antonia Ophemert. Un fils, Antoni Frederik Jan Floris, naquit le 2 mai 1788 (*Jaarboek Centraal Bureau voor Genealogie*, VI, 1958, 110).

3. Neuwied, en Rhénanie-Palatinat, ville allemande réputée pour ses écoles.

4. *Mon neveu, il se peut que le neveu Fritz ait tort sur plusieurs points, mais je préfère ne pas le savoir.*

5. *Alors les Romains n'auraient pas dû se donner tant de peine.*

6. *Laisse ses amis s'inquiéter pour lui.*

7. Le château de Zuylen conserve le titre de noblesse octroyé par Jacques I d'Angleterre à Philibert van Tuyll van Serooskerken en 1623, mais la pièce de 1329 dont il est question dans la lettre n'a pas été retrouvée. Au sujet du titre de noblesse des Van Tuyll, voir Diederik Jacob van Tuyll von Serooskerken* et la Généalogie (O.C., I, 631).

8. Gerard Terborgh (1617–1681), réputé pour ses portraits et ses intérieurs (Fr. HANNEMA, *Gerard Terborgh*, Amsterdam, De Gulden ster, [1943]).

9. Pieter Potter (c. 1597–1665), spécialiste de natures mortes; ou son fils Paulus Potter (1625–1654), peintre d'animaux, auteur du célèbre 'Taureau' qui se trouve au Mauritshuis à La Haye.

10. Cornelis van Poelenburgh (c. 1586–1667), d'Utrecht, peintre de paysages arcadiens.

11. Probablement les enfants de Matthias Johan Singendonck, colonel de cavalerie (1729–1784), et d'Isabella Reynen (1739-1806): Christiaan, qui avait 14 ans en 1788, Johanna et Diederick Jan.

12. Agneta Geertruid de Witt-van Lockhorst mourut à Bruxelles le 12 janvier 1788. François de Witt (1706–1775), son mari, était veuf quand il l'épousa en 1774. Il avait eu quatre enfants de son premier mariage, dont un seul, Jan de Witt (1755–1809), était encore en vie. Ce sont probablement les enfants de ce Jan de Witt qui héritèrent 20.000 florins.

13. Le fils cadet du seigneur de Heeze (décédé en 1784) était Diederik, né en 1782. Voir la Généalogie (O.C., I, 635, 5, 6).

14. Otto Frederik van Lynden et van Voorst, né en 1716, était mort le 21 mai 1788. Il était le parrain d'Otteline Frédérique van Reede. Voir O.C., II, lettre 439, note 1 et 441, note 1.

15. Une des demoiselles d'Averhoult. Voir la lettre 621, note 25. Son neveu était le patriote Jean d'Averhoult. Voir la lettre 594, note 6.

16. Anna Susanna Hasselaer, épouse de Gerard Godard Taets van Amerongen, mourut le 30 mars 1788 à Utrecht. Son mari était 'maarschalk', c'est-à-dire bailli.

17. Maria Taets van Amerongen-van der Capellen. Voir la lettre 605, note 2.

18. Il n'y avait pas de princesse Sophie à cette époque dans la famille d'Orange. Mme de Perponcher était dame d'honneur de la princesse Frédérique-*Louise*-Wilhelmine (1770–1819) (O.C., II, lettre 370, note 14). Après le mariage de la princesse le 14 octobre 1790, avec le prince héritier Charles-Georges-Auguste de Brunswick-Wolfenbüttel (1766-1806), Mme de Perponcher devint grande-maîtresse de la maison de la princesse Louise à Brunswick (Koninklijk Huisarchief, La Haye).

Lettre 620

ETABLISSEMENT DU TEXTE   Neuchâtel, BV, ms. 1325, f. 99, orig. aut., feuillet à moitié déchiré dont la partie inférieure seule subsiste.

COMMENTAIRE   C'est en été 1788 que la famille royale d'Angleterre alla prendre les eaux de Cheltenham, mais il est difficile de fixer plus précisément la date de cette lettre mutilée.

1. Les Princesses. Les filles aînées de George III étaient les princesses Charlotte (1766–1828), Augusta Sophia (1768–1840) et Elizabeth (1770–1840).

2. Le Roi et la Reine.

3. Station thermale des environs de Gloucester, dont les eaux minérales n'avaient été découvertes qu'en 1761.

4. Joseph Planta (1744–1827), le futur bibliothécaire en chef du British Museum, en était depuis 1776 le conservateur des manuscrits et obtint en effet à cette époque une lucrative sinécure ('from 1788 to 1811, he also held the post of paymaster of exchequer bills', DNB, XLV, 397–398).

5. Il s'agit probablement d'Abram-François-Ferdinand de Montmollin (1752–1817), car les autres frères de Salomé-Charlotte de Montmollin (voir O.C., II, lettre 561, note 1) étaient tous morts, à l'exception de Georges-Auguste qui n'avait que 17 ans (Guillaume de MONTMOLLIN, *Généalogie de la famille Montmollin*, [Neuchâtel, 1968], 35–36).

6. Une parente apparemment de Lady Charlotte Finch (O.C., II, lettre 510, note 8).

7. Le seul membre de la famille genevoise de ce nom qui fût établi à cette époque en Angleterre était François-Pierre Pictet (1728-1798), dit Pictet le Géant. Il était en relations avec le lecteur de la reine Charlotte Jean-André DeLuc (Jean-Daniel CANDAUX, *Histoire de la famille Pictet, 1474–1974*, Genève, Etienne Braillard, 1974, 229).

8. Le père de Susette et de Marianne Moula★, Frédéric Moula, n'avait eu qu'une sœur, Alix, décédée en 1765 déjà. Leur mère en revanche, Suzanne-Madeleine Evard, sortait d'une famille de neuf enfants, mais à cette date leur seule tante survivante était Marie-Madeleine Droz, épouse de leur oncle Jean-Jacques Evard (1725–1792). Originaire du Locle, Mme Evard-Droz devait décéder à Neuchâtel le 11 mai 1798 (renseignements des AEN, Neuchâtel).

9. Le médecin de la famille royale John Turton (1735–1806).

Lettre 621

ETABLISSEMENT DU TEXTE La Haye, coll. Van Tuyll van Coelhorst, 2 ff., orig. aut.
1) *tout, c'est-à-dire* ajouté au-dessus de la ligne; 2) *vous veriez le Chev. Paulet & son etabl^{ment}* ajouté dans la marge après le signe +; 3) suivi de *bien* biffé; 4) suivi de *qu'un vo* biffé; 5) suivi de *à Napl* effacé; 6) le signe *)* se trouve dans le texte; 7) *'t is* précédé de *'Tis* biffé; 8) *homme d'une autre famille* ajouté au-dessus de la ligne et au-dessus de *autre* biffé; 9) ajouté au-dessus de *autre* biffé; 10) ajouté au-dessus de la ligne; 11) *L'argent* précédé de *&* biffé; 12) tache sur *ou*; 13) tache sur *Je*; 14) tache sur *faites*.

COMMENTAIRE

1. *Je préfère ne pas le savoir.*

2. *Si ceux qui s'inquiètent pour le cousin Frits.*

3. La France révolutionnaire déclarera la guerre à la Hollande le 1 février 1793.

4. *Une place dans la première division.*

5. A cause de sa sympathie pour les patriotes.

6. Susette Cooper-Moula★.

7. David Chauvet (voir O.C., II, lettre 520, note 13).

8. Allusion à la lettre précédente où Vincent dit avoir vu des papiers prouvant que la noblesse des Tuyll datait de 1329.

9. Le régiment valaisan de Courten fut levé par Jean-Etienne de Courten en 1688 avec l'agrément du roi de France (GIRARD, I, 140–148); le régiment de Quartery n'est pas signalé dans le chapitre de [Beat Emanuel] MAY DE ROMAINMOTIER, *Histoire militaire de la Suisse et celle des Suisses dans les différens services de l'Europe*, Lausanne, J. P. Heubach & Comp., 1788, VII, 355–440, qui traite des Suisses au service de la Maison de Savoie; le régiment de Reding fut levé en 1763 par le baron Carlos de Reding de Biberegg, du Canton de Schwyz (MAY, *op. cit.*, VII, 263–264).

10. *Je veux bien savoir ses défauts, et je les connais, et ses faiblesses et ses vices, je les connais aussi.*

11. La France et la Hollande.

12. Le comte Guignard de Saint-Priest (O.C., II, lettre 269, note 4), ambassadeur de France à La Haye, où il était venu à contre-cœur. Ses laquais furent houspillés dans la rue, Saint-Priest en exigea réparation, les Etats-Généraux firent la sourde oreille et quelques semaines après son arrivée, l'ambassadeur quitta la Hollande.

13. Voir O.C., II, lettre 265, note 1.

14. Depuis la défaite des patriotes, on risquait de se faire malmener quand on ne portait pas de cocarde orange.

15. *C'est trop fort, c'est trop brusque.*

16. Ces deux familles suédoises n'ont pu être identifiées.

17. C'est-à-dire la fortune de Jeanne Elisabeth de Geer, dame de Heeze, la seconde femme de Jan Maximiliaan van Tuyll van Serooskerken. Voir la Généalogie, O.C., I, 634, B.

18. Voir la lettre 619, note 18.

19. Isabella Agneta, la fille cadette de Mitie de Perponcher devint à son tour dame d'honneur de la princesse Louise. Elle épousera en 1794 le comte Frederik Adriaan van der Goltz.

20. Nous ne connaissons ni la lettre d'Isabelle dans laquelle elle parle des 'carosses du roi', ni la réponse de Vincent à ce sujet.

21. *Faisons 'une fois' telle ou telle chose.*

22. *Maar eens*, littéralement 'une fois', adverbe de modalité employé pour donner une forme moins impérative, moins dure à une phrase, mais qui ne se traduit pas en français.

23. *Je veux 'une fois' enrichir ma demoiselle de compagnie.*

24. *Nous avons reçu la communication, mais n'avons pas envoyé de remerciements.*

25. Une des sœurs d'Averhoult qui était sans doute dans une situation difficile à cause de l'attitude anti-orangiste de sa famille. Voir O.C., II, lettre 387, note 11.

26. Vincent avait alors deux fils et une fille. Voir la Généalogie (O.C., I, 633, 6).

27. Probablement Jan Both (*c.* 1618–1652), paysagiste d'Utrecht.

Lettre 622

<small>ETABLISSEMENT DU TEXTE</small>   La Haye, coll. Van Tuyll van Coelhorst, 2 ff., orig. aut., trou.

1) *ne les* ajouté au-dessus de la ligne; 2) *car il n'y a rien du tout de fait* ajouté au-dessus de la ligne; 3) lire *afnemende*; 4) lire *voulez-vous*; 5) suivi de *une* biffé; 6) lire *un peu*; 7) ajouté au-dessus de la ligne; 8) trou dans le papier; 9) ajouté au-dessus de la ligne; 10) lire *à qui j'ai lu*; 11) *ma* ajouté au-dessus de *la* biffé.

<small>COMMENTAIRE</small>

1. *Ennuyeux, superflu, excessif.*

2. *Tout indiquées.*

3. Verdan (voir O.C., II, lettre 459, note 1).

4. *Desservant* (la table).

5. Village situé sur la hauteur, entre Neuchâtel et Auvernier.

6. Voici cette lettre qui est conservée dans le fonds Van Tuyll van Coelhorst:

Neuchatel ce 9e juillet 1788

Ma chère Grand Mére:

Je vous prie d'avoir la bonté Sivous pouvez ou quelqu'un d'autre, de vous transporter jusqu'à Colombier pour dire à Madame de Chariére que je suis décidé de partir Si elle m'en trouve Capable. Mais je voudrois aussi que cy cela réussit que quelqu'un vint à Neuchatel pour le dire dans la Maison. Parlés en encore entre vous pour voir Si cela me convient. Quand à moi je ferai comme il vous Semblera le plus convenable, ou de rester ou de partir je vous prie S:V:P: de faire votre possible pour que chaqu'un Soit contens. En attendant leplaisir devous voir. Je suis avec la plus parfaite Estime Ma chére grand Mére Votre petit fils

A. Wattel

P.S. Si Madame veut voir de mon Ecriture vous pouvéz lui envoyer ou lui porter vous même cette Lettre.

7. *D'excellent.*

8. Famille de Peseux, trop nombreuse pour que l'on puisse dire avec certitude de quel Vattel il s'agit.

9. Charles-Adolphe-Maurice de Vattel (1765–1827), fils d'Emer de Vattel (voir O.C., I, lettre 57, note 2), officier dans le régiment des Gardes suisses au service de Hollande jusqu'au licenciement de cette troupe en 1796, conseiller d'Etat dès 1816, poète à ses heures et traducteur de Schiller (*Biographie neuchâteloise*, II, 415–416).

10. Probablement Claude-François Sandoz (voir O.C., I, lettre 32, note 4).

11. *Le nôtre, le Sandoz hollandais.*

12. *Le Wattel hollandais est le Neuchâtelois le plus spirituel que je connaisse.*

13. *Mon neveu*, dirait mon oncle, *il est ... il est ... gentil, ce que j'appellerais ... gentil.*

Lettre 623

ETABLISSEMENT DU TEXTE Neuchâtel, BV, ms. 1312, f. 48, orig. aut., l'adresse non aut. Publ. GAULLIEUR (1847), 266 (daté du '27, après souper'); RUDLER, *Bibliographie*, pp. 53–54. Cf. RUDLER, *Bibliographie*, n° 68.

COMMENTAIRE

1. Aucune de ces lettres ne s'est retrouvée (cf. RUDLER, *Bibliographie*, n°s 69–72). Mme de Nassau est la tante de Benjamin (voir O.C., II, lettre 427, note 5). Mme de Chandieu sa grand' tante (voir O.C., II, lettre 424, note 2).

Lettre 624

ETABLISSEMENT DU TEXTE La Haye, coll. Van Tuyll van Coelhorst, 2 ff., orig. aut.

1) Suivi de *lorsque* biffé; 2) d'abord *déduisoit*, premier *d* changé en *r*, *oi* en surcharge sur *oit*; 3) ajouté au-dessus de la ligne; 4) *je* ajouté au-dessus de la ligne après *pas*, ensuite biffé; 5) suivi d'un mot biffé illisible; 6) *le superieur*, d'abord *l'in*, *e* ajouté après le *l*, *in* changé en *su*, l'apostrophe n'a pas été biffée; 7) ajouté au-dessus de la ligne; 8) suivi d'un mot biffé illisible; 9) accent biffé sur *de*; 10) ajouté dans la marge; 11) ajouté au-dessus de deux mots biffés illisibles; 12) ajouté au-dessus de la ligne; 13) suivi de *oposé* biffé; 14) *cela le rend-il un meilleur*

chef? ajouté au-dessus de la ligne; 15) *considéré, s* en surcharge sur *d*; 16) suivi d'un mot biffé illisible; 17) lire *vous le voyez bien.*

COMMENTAIRE

1. Probablement les deux fils du général Willem Gerrit van der Hoop (1729–1791) et de la baronne Anna Theodora Louise van Randwijck (1739–1785): Frans Steven Carel, enseigne aux gardes de Hollande, et Adriaan, major, qui quitta sa patrie en 1795 pour s'établir en Allemagne (*Nieuwe Uitgaaf Biografisch Woordenboek der Nederlanden*, Haarlem, J.J. van Brederode, [s.d.], VIII, 1199–1200). A l'ARA, La Haye, rien n'a été retrouvé à leur sujet.

2. Pour l'affaire de Juste de Constant, voir la lettre 610, note 13.

Lettre 625

ETABLISSEMENT DU TEXTE   Lausanne, BCU, ms. IS 4188, n° III, 2 f., orig. aut.

COMMENTAIRE   Dudley Ryder (voir la note 1) fit un second séjour en Suisse au cours de l'été 1788. Son journal (Harrowby Mss Trust, Sandon Hall, Stafford, Ryder Papers 303) montre qu'il arriva à Lausanne, venant de Genève, le 13 juillet et qu'il en repartit le 23 août en direction de Fribourg. Durant ces six semaines passées à Lausanne, Dudley Ryder rencontra cinq fois M. de Charrière, les 10, 14, 15, 17 et 18 août, mais il ne dîna avec lui qu'une seule fois, le 18 août. Comme ce 18 août 1788 était précisément un lundi, la date de la présente lettre s'en trouve fixée avec une entière certitude. Le journal de Catherine de Charrière de Sévery (Lausanne, ACV, Fonds Charrière de Sévery) corrobore d'ailleurs celui de Dudley Ryder.

1. Dudley Ryder (1762–1847), qui deviendra le premier comte de Harrowby (voir O.C., II, lettre 345, note 2). Le journal de son voyage de 1788 s'arrête malheureusement le 25 août, au seuil de l'Oberland bernois.

2. Daniel DelaRoche (1743–1813). Né à Genève, docteur en médecine de Leyde (1766), il devint en 1782 le médecin des Gardes Suisses à Paris. Après le massacre des Tuileries, il rentra en Suisse et pratiqua à Lausanne d'octobre 1793 à janvier 1797. Il termina sa carrière à Paris, médecin de l'Hôpital Necker (OLIVIER, II, 906). Isabelle de Charrière, qui avait pu faire sa connaissance à Paris en 1786–1787, à Genève au cours des hivers 1777–1781, ou même aux Pays-Bas, resta en correspondance avec lui.

3. Le 21 août.

4. Sur Montriond, voir O.C., II, lettre 481, note 2, et sur le docteur Tissot, *ibid.*, lettre 342, note 8.

5. Une boîte de montre apparemment.

6. De MM. Mercier et Bessières, joaillers (*Vie lausannoise*, 500).

7. Lecture douteuse et personnage non identifié.

8. Situées sur la route de Lausanne à Cossonay, les deux localités ne sont distantes que d'environ 3 km.

9. Ne s'agirait-il pas simplement de son retour au ministère, dont tout le monde parlait alors et qui devint effectif le 25 août par sa nomination à la Direction générale des Finances (Jean EGRET, *Necker, ministre de Louis XVI, 1776–1790*, Paris, Honoré Champion, 1975, 214)?

Lettre 626

ETABLISSEMENT DU TEXTE   Neuchâtel, BV, ms. 1315, ff. 4–5, orig. aut.

COMMENTAIRE   Sur l'auteur de cette lettre, voir la note 2 de la lettre précédente.

1. Voir O.C., VII, 65–98.

2. Voir au Répertoire.

3. Sur les presses de la Société typographique de Neuchâtel (GODET, II, 407, n° V; *Preliminary bibliography*, n° 6). L'ouvrage parut au début d'octobtre 1788.

4. Les *connaisseurs*.

5. Le paquet adressé par Isabelle de Charrière à Daniel DelaRoche contenait donc une copie de la comédie en prose *Attendez revenez ou les délais cruels* (voir O.C., VII, III–122, et notamment 113, où la présente lettre est datée par inadvertance de 1789).

6. Les directeurs du théâtre des Variétés-Amusantes (voir la lettre 611, note 13).

7. Madeleine Delessert (1767–1830), fille aînée du banquier Etienne Delessert (voir O.C., II lettre 441, note 6) et de Madeleine Boy de la Tour ([Gaston DE LESSERT], *Famille de Lessert, souvenirs et portraits*, [Genève, 1902], 29 et 36). Elle allait épouser le banquier genevois Jean-Antoine Gautier (1756–1800) en 1789 (Albert CHOISY, *Généalogies genevoises*, Genève, Albert Kundig, 1947, 190). C'est à son intention que Jean-Jacques Rousseau avait écrit ses lettres sur la botanique.

8. Marie-Elisabeth Joly (1761–1798) (Paul TISSEAU, *Une comédienne sous la Révolution, Marie-Elisabeth Joly, sociétaire de la Comédie-Française, 1761–1798*, Paris, Editions de 'La Bonne Idée', 1928).

9. A l'occasion du rappel de Jacques Necker au ministère et de la perspective d'une prochaine réunion des Etats-Généraux.

Lettre 627

ETABLISSEMENT DU TEXTE   Neuchâtel, BV, ms. 1312, ff. 49–52, orig. aut. folioté 1–4. Publ. SAINTE-BEUVE (1844), 246 (court fragment); GAULLIEUR (1847), 344–347 et 349–350 (avec remaniements); RUDLER, *Jeunesse*, 337–339. Cf. RUDLER, *Bibliographie*, n° 73.

1) Comprendre *Vous, répondez-moi*; 2) lire *m'attendoient*.

COMMENTAIRE   La date de cette lettre est établie irréfutablement dans RUDLER, *Bibliographie*, n° 73.

1. Village au sud de Wolfenbüttel, devenu aujourd'hui un faubourg.

2. Wilhelmine Luise Johanne von Cramm (1758–1823), que Benjamin Constant allait épouser le 8 mai 1789 (RUDLER, *Jeunesse*, 354).

3. Cet ouvrage d'Arthur Young datait de 1772.

4. Entendre probablement: dignes de ceux que me donnait le Dr Deleschaut.

5. Pris de panique à l'annonce des sentences du Conseil de guerre qui le condamnaient, Juste de Constant avait quitté sa garnison le 17 août, sans prévenir personne, et s'était réfugié à Bruges. Il ne devait réapparaître qu'au milieu de septembre (RUDLER, *Jeunesse*, 336 et 340).

6. Sur la maison Bontems, 'la banque des rentiers de Genève par excellence', voir LUTHY, II, 580–589.

7. Marianne Marin (voir la lettre 648).

Lettre 628

ETABLISSEMENT DU TEXTE   La Haye, coll. Van Tuyll van Coelhorst, 1 f., orig. aut.
1) En surcharge sur *sincérité* biffé; 2) *& tout le monde croira* ajouté au-dessus de la ligne; 3) suivi de *de* biffé; 4) *m'avoit* ajouté au-dessus de *me* biffé; 5) *auroit été* ajouté au-dessus de *était* biffé; 6) suivi de *qu'on* biffé.

COMMENTAIRE   Cette lettre non datée a été écrite après le départ de Benjamin Constant de Brunswick pour la Hollande, et la réception par Isabelle de sa lettre du 8 septembre. Elle date donc probablement du début d'octobre.
1. Voir la lettre 610, note 13.
2. *Même au fond.*
3. Les factums de l'affaire Juste de Constant (voir RUDLER, *Jeunesse*, 346).
4. Dans sa lettre du 8 septembre 1788, Benjamin Constant avait écrit en effet qu'il ignorait où se trouvait son père.
5. Samuel de Constant, arrivé pour l'affaire de son frère à Amsterdam le dimanche 14 septembre 1788, apprit que Benjamin y était arrivé la veille après avoir fait le voyage de Brunswick en trois jours. Il est donc parti en effet peu après sa lettre du 8 septembre (RUDLER, *Jeunesse*, 340).

Lettre 629

ETABLISSEMENT DU TEXTE   Neuchâtel, BV, ms. 1328, ff. 1-2, orig. aut. Publ. E.-H. GAULLIEUR, *Etudes sur l'histoire littéraire de la Suisse française*, Genève, Ch. Gruaz, J. Cherbuliez/Paris, Joël Cherbuliez, 1856, 173-174 (avec coupures); GODET, I, 407-408 (avec coupures).

COMMENTAIRE   D'après le registre que Pierre Prevost* tenait de sa correspondance (Genève, BPU, ms. Suppl. 1053, ff. 13-14), on voit que cette lettre est la cinquième qu'il écrivait à Isabelle de Charrière; les précédentes (non retrouvées) dataient des 21 novembre, 24 novembre et 3 décembre 1787 et du 21 juillet 1788.
1. Jean-Pierre de Chambrier d'Oleyres*.
2. L'"Epître dédicatoire à M. Prevost, de l'Académie de Berlin', datée du 28 juin 1788, imprimée en tête des *Phéniciennes* (O.C., VII, 73).
3. P. PREVOST, *De l'origine des forces magnétiques*, Genève, Barde, Manget & Cie/Paris, Buisson, 1788, in-8, XXIV-231 p., 2 pl. dépl. Un *Supplément à l'Errata & aux additions à faire au traité de l'Origine des forces magnétiques*, daté du 2 septembre 1788, avait paru sous la forme d'un feuillet paginé [XXV]-XXVIII (Genève, BPU, La 281).
4. Pierre Prevost avait épousé le 10 février 1788 Louise-Marguerite Marcet (1764-1788) qui allait mourir à l'âge de 24 ans le 29 décembre 1788, après avoir mis au monde un petit Alexandre, connu plus tard sous le nom de Prevost-Martin (GALIFFE, II, 376).
5. Rééditées déjà cinq fois, les *Lettres écrites de Lausanne* ne devaient être traduites en allemand et en anglais qu'en 1792 et 1799 (GODET, II, 404-407; *Preliminary bibliography*, nos 4g-h).
6. Sur cette fameuse querelle, voir Gustave DESNOIRESTERRES, *La musique française au XVIIIe siècle, Gluck et Piccinni, 1774-1800*, Paris, Didier & Cie, 1872.
7. Dans la dédicace des *Phéniciennes*, Isabelle de Charrière avait appelé Euripide 'votre auteur favori'.

8. Ces vers sont prononcés par Polinice (*o.c.*, VII, 80).

9. Racine avait mis en scène Oreste dans son *Andromaque*, mais sans s'inspirer d'Euripide.

10. Rue Saint-Thomas-du-Louvre, à Paris (Marquis de ROUCHEGUDE et Maurice DUMOLIN, *Guide pratique à travers le vieux Paris*, nlle éd., Paris, Edouard Champion, 1923, 193). Isabelle de Charrière et Pierre Prevost s'y étaient donc rencontrés en 1786.

11. Cette pièce n'a pas été retrouvée.

12. Pierre Prevost y séjournait chez son ami le pasteur et professeur Pierre Picot (Paul NAVILLE, *Cologny*, Genève, 1958, 234).

Lettre 630

ETABLISSEMENT DU TEXTE   Caracas, Academia Nacional de la Historia, Archivio del General Miranda, t. XV, ff. 288–290, orig. doublement aut. Publ. Vicente DAVILA, *Archivio del General Miranda*, Caracas, Parra Leon Hermanos, 1930, VII, 256–258.

1) Lire *Constantinople*;   2) en surcharge sur *de* et précédé de *Le frere* biffé;   3) *frere de l'envoyé de Russie en Suede*, ajouté dans la marge et entre les lignes;   4) corrigé de *la* et suivi de *plus* biffé.

COMMENTAIRE   Francisco Antonio Gabriel de Miranda (1752–1816), ancien officier au service de l'Espagne et pionnier de l'émancipation du Vénézuéla, se trouvait en Europe depuis 1784 et visita la Suisse en 1788. Voir en général C. PARRA-PEREZ, *Miranda et la Révolution française*, Paris, Librairie Pierre Roger, J. Dumoulin, 1925; Josefina RODRIGUEZ DE ALONSO, *Le Siècle des Lumières conté par Francisco de Miranda*, Paris, Editions France-Empire, 1974; et plus spécialement Charly GUYOT, 'Le voyage du général Miranda dans la Principauté de Neuchâtel en 1788', *MN*, 1934, nlle sér., XXI, 22–35.

1. Situés à l'extrémité orientale de la Principauté, entre les lacs de Neuchâtel et de Bienne, les villages de Cressier et du Landeron étaient demeurés en effet catholiques, du fait notamment de leur ancienne combourgeoisie avec Soleure.

2. Jacques-Louis de Pourtalès (voir *o.c.*, II, lettre 523, note 16).

3. Sans doute l'une des filles non mariées de Marc-Etienne de Ribeaupierre et d'Elisabeth Ducoster, Suzanne-Elisabeth (née en 1759), Marie-Louise (née en 1760) ou Marie-Elisabeth (née en 1765) (P.-L. BADER, *Un Vaudois à la Cour de Catherine II, François de Ribeaupierre (Ivan Stepanovitch), 1754–1790*, Lausanne [etc.], Payot & Cie, 1932, 112–113).

4. Voir *o.c.*, II, lettre 522, note 13.

5. Johannes von Müller (1752–1809), qu'Isabelle de Charrière avait connu à Genève (voir *o.c.*, II, lettre 490). Pour l'étymologie du nom de *Chexbres*, voir MOTTAZ, I, 434, qui suggère *Carbarissa*.

6. Grégoire Kirillovitch Razoumovsky (1759–1837), auteur de plusieurs ouvrages d'histoire naturelle, et notamment d'un recueil de *Voyages minéralogiques dans le gouvernement d'Aigle et une partie du Vallais* (1784).

7. De 1786 à 1788, la Russie fut représentée à Stockholm par le comte Andréj Kirillovitch Razoumovsky (1752–1836).

8. La tour de Marsens, dominant le vignoble du Dézaley, non loin du Signal de Chexbres (MOTTAZ, II, 189–190).

9. Voir O.C., II, lettre 527, note 7.

10. Qualifié par un adjectif au féminin, ce terme prend beaucoup de force. Il n'apparaîtra d'ailleurs dans le *Dictionnaire de l'Académie* qu'en 1798 (MG).

11. Sur le milliaire romain de Saint-Saphorin, voir MOTTAZ, II, 618.

12. Le donjon médiéval du château de Glérolles, au bord du lac, n'avait pas encore perdu sa partie supérieure, qui ne fut démolie qu'en 1805 (MOTTAZ, I, 773).

13. L'actuel n° 20 de la rue de l'Hôpital (COURVOISIER, I, 329–331).

Lettre 631

ETABLISSEMENT DU TEXTE   Neuchâtel, BV, ms. 1332. f. 27, orig. aut., un second f. (d'adresse?) ayant été arraché.

COMMENTAIRE   Jacques-Barthélemy Spineux, né à Liège en 1738, était le prote de l'imprimerie de la Société Typographique de Neuchâtel. Il allait s'établir bientôt à son compte, puisqu'en date du 15 juin 1789, il racheta à l'hoirie de F.-B. de Félice les presses de l'imprimerie d'Yverdon (Jean-Pierre PERRET, *Les imprimeries d'Yverdon au XVIIe et au XVIIIe siècle*, thèse Lettres Neuchâtel, Lausanne, F. Roth & Cie, 1945, 105). Il s'installera plus tard à La Neuveville, où l'évêque de Bâle lui accordera ainsi qu'à Daniel Bachofen, en date du 5 juillet 1793, une 'concession d'imprimerie' (renseignements des Archives bourgeoises de La Neuveville). La date de son décès n'est pas connue.

1. Il s'agit indubitablement des *Phéniciennes*, seul ouvrage d'Isabelle de Charrière publié par la Société Typographique de Neuchâtel, mais le carton mentionné ici n'a pas été repéré par les bibliographes.

Lettre 632

ETABLISSEMENT DU TEXTE   La Haye, coll. Van Tuyll van Coelhorst, 2 ff., orig. aut., avec annexe.

1) En surcharge sur *soit, t* changé en *ent*; 2) *je* en surcharge sur *&*; 3) *la reputation est quelquefois onder hand tasting. Je dis ceci pour me divertir d'un mot hollandois* ajouté au-dessus de la ligne, 4) en surcharge sur *dans*; 5) à partir de *Que dit-on* la lettre continue dans la marge gauche et à côté de la date; 6) *indiquez par* ajouté au-dessus de mots biffés illisibles; 7) lire *Qu'est-ce que*; 8) cette phrase a été ajoutée à côté de la date après le signe +; 9) *feindre la misère &* ajouté au-dessus de la ligne; 10) ajouté au-dessus d'un mot biffé illisible; 11) *sur, s* en surcharge sur *d*; 12) suivi de *de* biffé; 13) suivi d'un mot biffé illisible; 14) suivi d'un ou de mots illisibles.

COMMENTAIRE   L'annexe de cette lettre – le projet de lettre de M. de Tuyll au chevalier Paulet – est également de la main d'Isabelle.

1. La réponse de Vincent n'a pas été retrouvée.

2. Mot suggestif inventé par Isabelle.

3. Expression ancienne qui veut dire littéralement: promesse faite en touchant la main de quelqu'un. Isabelle veut dire sans doute que la réputation des *accusés* reste compromise.

4. Le comte Arend Willem van Reede. Voir O.C., I, lettre 248, note 3.

5. Il s'agit du 25e denier (P. GEYL, *Geschiedenis van de Nederlandse stam*, Amsterdam, Anvers, Wereldbibliotheek, 1962, V, 1363).

6. Voir la lettre 630.

7. Voir la lettre 621, note 12.

8. Le baron d'Agrim, le fils aîné de la comtesse d'Athlone, Frederik Willem, se mariera le 20 décembre 1788 à Utrecht avec Cornelia Adriana Munter (1770–1828) d'Amsterdam.

9. Non identifié.

Lettre 633

ETABLISSEMENT DU TEXTE   La Haye, coll. Van Tuyll van Coelhorst, 2 ff., orig. aut., taches d'encre.

1) Suivi d'un mot biffé illisible; 2) *vos superieurs avoient* ajouté au-dessus de deux mots biffés illisibles, *fait* biffé par erreur; 3) lire *personne ne s'en*; 4) lire *vous vous debarrassiez*; 5) lire *une*; 6) deux fois dans le texte; 7) lire *une*; 8) en surcharge sur *instruction*; 9) *colleges, tant l'aplication y est severement exigée* ajouté au-dessus de la ligne et en partie au-dessus d'un mot biffé illisible; 10) tache sur *voulois*; 11) suivi de *de* biffé; 12) *Mille amitié à ma belle sœur* écrit au-dessus de l'adresse.

COMMENTAIRE   Cette lettre, écrite assez rapidement après celle du 27 octobre, puisque Isabelle n'a pas eu le temps d'en recevoir la réponse de Vincent, est probablement du mercredi 5 novembre 1788, éventuellement du 12.

1. Dillenburg, Herborn et Idstein, trois villes de la Hesse réputées pour leurs écoles.

2. Johann Ferdinand Friedrich Emperius (1759–1822), dès le début de 1788 professeur de littérature classique au *Collegium Carolinum* de Brunswick, sa ville natale; plus tard conservateur du Museum de Brunswick (*ADB*, VI, 93–94).

3. Charles de Chaillet*.

Lettre 634

ETABLISSEMENT DU TEXTE   Neuchâtel, Archives de Chambrier, 1 f., orig. aut.

1) 2) Ajouté au-dessus de la ligne; 3) lire *une*; 4) *il me* en surcharge sur *je tach*; 5) lire *garde*.

COMMENTAIRE   Cette lettre interrompue fut envoyée avec celle du 7 novembre.

1. La lettre d'Isabelle de Charrière à Mozart ne s'est pas retrouvée (cf. Wolfgang Amadeus MOZART, *Briefe und Aufzeichnungen*, Gesamtausgabe, Kassel [etc.], Bärenreiter, 1962–1975) et avait fort bien pu se perdre en route, car Mozart venait d'entrer au service de l'Empereur et n'habitait plus Salzbourg.

2. Hieronymus Franz von Colloredo-Mansfeld (1732–1812), archevêque de Salzbourg de 1772 à sa mort.

3. Ou plutôt vénézuélien.

4. Victime des intrigues de la cantatrice Luiza-Rosa Todi, Giuseppe Sarti (1729–1802) avait dû quitter à fin 1786 ses fonctions de maître de chapelle à la Cour de Russie. Il avait été engagé alors par le prince Grégoire Alexandrovitch Potemkine (1739–1791) et le suivait dans ses déplacements. A la direction des théâtres impériaux, il fut remplacé par Domenico Cimarosa (R.-Aloys MOOSER, *Annales de la musique et des musiciens en Russie au XVIIIme siècle*, Genève, Editions du Mont-

Blanc, 1951, II, 415–479).

5. De 1767 à 1774, Catherine II avait soutenu contre les Turcs une première guerre qui avait eu pour effet de détacher la Crimée de l'Empire ottoman. La nouvelle guerre engagée en 1786 allait se prolonger jusqu'en 1792 et se terminer sans modification importante des frontières.

6. Philipp Stahl (voir la lettre 653).

7. Voir o.c., II, lettre 544, note 1. Contrairement à ce que laisse entendre la contruction de la phrase suivante, c'est lui qui avait écrit des pièces comiques et Cimarosa qui ne comprenait pas le français.

Lettre 635

ETABLISSEMENT DU TEXTE Neuchâtel, Archives de Chambrier, 2 ff., orig. aut. Publ. GODET, I, 408 (fragment).

1) Ajouté dans la marge; 2) en surcharge sur *avec*; 3) récrit au-dessus de & biffé; 4) en surcharge sur *de*; 5) en surcharge sur *sera*; 6) *bien être*, ajouté au-dessus de la ligne; 7) récrit au-dessus de *ensemble* biffé; 8) & *le chant*, ajouté dans la marge; 9) toute cette parenthèse ajoutée entre les lignes; 10) *n'oubliez pas*, ajouté dans la marge; 11) lire *triomphante* ou *triomphale*; 12) lire *remerciemens*.

COMMENTAIRE

1. La lettre précédente.
2. *Cette bourde.*
3. Pierre Prevost*.
4. Dans la 'nouvelle édition' du *Théâtre des Grecs*, traduit par le P. Brumoy, Paris, Cussac, 1787, IX, 330–503. A la suite du jugement de Voltaire, on y trouve en effet celui d'une 'femme d'esprit' (pp. 478–483), qu'on peut donc attribuer désormais, sur la base de la présente lettre, à Isabelle de Charrière.
5. Le prince Nicolaï Borissovitch Youssoupoff (1750–1831), ambassadeur de Russie à Turin de 1783 à juin 1788.
6. Karl Heinrich Graun (1704–1759), le maître de chapelle de Frédéric II. *Der Tod Jesu* avait été créé en 1755 (NDB, VII, 10–11).
7. Plusieurs peintres ont porté ce nom au XVIIe siècle. Isabelle de Charrière pensait probablement à Adriaen van de Velde (1636–1672), réputé pour ses paysages.
8. *Laissons-les aller.* Le &c est barbouillé.
9. Voir la lettre 630, note 7.
10. Cette longue phrase désigne assez clairement le chevalier (futur marquis) Anne-César de la Luzerne, ambassadeur de France aux Etats-Unis de septembre 1779 à juin 1784, puis en Grande-Bretagne de janvier 1788 à septembre 1791.
11. Miranda avait en effet rencontré Washington en 1783, visité la Grèce et Constantinople en 1786, parcouru la Russie en 1787 (voir le commentaire général de la lettre 630).
12. Pablo Antonio José de Olavide (1725–1802), intendant général de l'Andalousie, avait été arrêté en novembre 1776 par ordre de l'Inquisition pour avoir lu Bayle, Montesquieu, Rousseau et l'*Encyclopédie*. Le 24 novembre 1778, il dut comparaître en habit de pénitent et subir pendant quatre heures la lecture des pièces de son procès. Convaincu d'hérésie, il fut condamné à passer huit ans dans un couvent, mais réussit à s'évader en 1780 (MG).

13. Puisqu'il a été question plus haut de Saint-Pétersbourg, il doit s'agir ici du mathématicien et physicien Jacob II Bernoulli (1759–1789), professeur à l'Académie de cette ville, plutôt que de l'astronome et polygraphe Johann III Bernoulli (1744–1807), qui résidait à Berlin.

14. Dans la lettre 647, Isabelle de Charrière annonce que ce Girardet envisage de reprendre à Neuchâtel son 'ancien métier de notaire', ce qui permet de l'identifier à Pierre-Louis Girardet (1764–1829), de Bôle, qui prêta le serment de notaire devant les autorités neuchâteloises le 30 janvier 1786 et dont les volumes d'enregistrement, tels qu'ils sont conservés aux AEN, vont de février 1792 à août 1829 (renseignements des AEN, Neuchâtel).

15. Au début d'avril 1788, puisque Benjamin Constant avait fait écho à cette demande dans sa lettre à Isabelle de Charrière des 13–14 avril (ci-dessus nº 616).

Lettre 636

ETABLISSEMENT DU TEXTE Neuchâtel, Archives de Chambrier, 2 ff., orig. aut. Publ. GODET, I, 192 (court fragment). 1) *tous ceux qu'on admire*, ajouté au-dessus de la ligne; 2) entre les deux *de* Isabelle a tourné la page; 3) la répétition, cette fois-ci, n'a point d'excuse; 4) *M. de Miranda*, récrit au-dessus d'un mot biffé et illisible; 5) ajouté dans la marge; 6) en surcharge sur *J'en*; 7) ajouté au-dessus de la ligne; 8) *de la gentillesse d'esprit*, d'abord *de l'esprit, la gentillesse*, ajouté au-dessus de la ligne, *d'* en surcharge sur *l'*; 9) abréviation raturée; 10) corrigé de *N.*; 11) *de m^rs leurs peres*, récrit au-dessus de *d'eux* biffé; 12) ajouté au-dessus de la ligne; 13) récrit au-dessus de *c'est* biffé; 14) suivi de *Chevalier de la* biffé; 15) en surcharge sur *est*; 16) en surcharge sur *pr*; 17) *de Girardet*, récrit au-dessus de *où il est* biffé; 18) ajouté au-dessus de la ligne; 19) écrit au-dessous de la ligne; 20) tout ce post-scriptum est écrit en long, dans la marge de la dernière page.

COMMENTAIRE

1. Youssoupoff (voir la lettre précédente, note 5).

2. Miranda avait en effet quitté le service d'Espagne assez brusquement en 1783 (C. PARRA-PEREZ, *op cit.*, XV–XVI).

3. Faut-il voir là une allusion à Benjamin Constant?

4. La correspondance de Voltaire avec Frédéric II avait paru aux tomes LXIV–LXVI, datés de 1785, de la grande édition posthume des *Œuvres complètes* de Voltaire dite édition de Kehl. Isabelle en avait probablement pris connaissance dans la réimpression de Bâle (voir la lettre 649), où cette correspondance, légèrement augmentée, formait les tomes LII–LIV, datés de 1788 (*L'Œuvre imprimé de Voltaire à la Bibliothèque Nationale*, Paris, Bibliothèque Nationale, 1978, I, 260–262).

5. Dix-sept lettres de Wilhelmine de Prusse, margrave de Bayreuth (la fameuse sœur de Frédéric II), figuraient parmi les 'Lettres des princes de Prusse' au tome LXVI de l'édition de Kehl des *Œuvres complètes* de Voltaire.

6. Ces trois généraux de Louis XV étaient ridiculisés par Frédéric II dans sa lettre à Voltaire du 24 août 1743 notamment. – Plus haut, lire 'les Hesse, les Brunswick, les Wirtemberg'.

7. C'est Voltaire qui avait utilisé cette expression dans sa lettre à Frédéric II du 21 août 1771 à propos du banneret Frédéric-Samuel Ostervald (1713–1795), destitué pour avoir imprimé le *Système de la nature* du baron d'Holbach.

8. Dans sa réponse à Voltaire du 16 septembre 1771.

9. '*Défaite*. Excuse artificielle. *Il a toujours des défaites prêtes. Voilà une mauvaise défaite' (Dictionnaire de l'Académie)* (MG).

10. La correspondance échangée entre Frédéric II et Voltaire dans les années 1773–1775 est en effet pleine d'allusions à Jacques-Marie-Bertrand Gaillard d'Etallonde dit Morival.

11. David-Louis Béguelin de Reuchenette (1738–1798), capitaine au service de Prusse et maire de Courtelary dans le val de Saint-Imier.

12. Il pourrait s'agir de Marguerite Girardet, veuve de David Rossel, morte à Auvernier en novembre 1799 (renseignements des AEN, Neuchâtel).

13. Inconnu de [Beat Emanuel] MAY DE ROMAINMOTIER, *Histoire militaire de la Suisse, et celle des Suisses dans les différens services de l'Europe*, Lausanne, J. P. Heubach, 1788, VII, 456–483: 'Service dans la maison de Brandebourg'.

14. Dans sa lettre à Voltaire du 21 juin 1760.

15. Allusion à un passage de la lettre de Frédéric II à Voltaire du 10 juin 1759, relatif à son frère le prince Ferdinand de Prusse et au docteur Théodore Tronchin.

Lettre 637

ETABLISSEMENT DU TEXTE   Neuchâtel, BV, ms. 1313, ff. 7–8, orig. aut., incomplet du début et de la fin, seul subsistant un feuillet de quatre pages portant, de la main de Constant, le n° 2 en tête de sa première page. Publ. GAULLIEUR (1847), 370–372 (avec coupures et remaniements); RUDLER, *Jeunesse*, 347–349. Cf. RUDLER, *Bibliographie*, n° 86.

COMMENTAIRE   Pour la datation de ce fragment de lettre, nous suivons entièrement Rudler dans son raisonnement (*Bibliographie*, n° 86).

1. Goût du mystère (MG).

2. L'épouse de Jean-François de Chambrier (voir la lettre 557, note 10) ou plutôt celle de Jean-Pierre de Chambrier d'Auvernier (voir la lettre 522, note 10)?

3. Voir la lettre 611, note 19.

4. D'après RUDLER, *Bibliographie*, n° 87, il pourrait s'agir du texte intitulé 'Monument de la Sagesse des Tribunaux Suisses' (Lausanne, BCU, fonds Constant 4881/62).

5. Samuel de Constant (voir la lettre 593, note 2).

6. Entre ses deux romans épistolaires *Camille ou lettres de deux filles du siècle* (1785; *Bibliographie romanesque*, 85.25) et *Laure ou lettres de quelques femmes de Suisse* (1786; *Bibliographie romanesque*, 86.27), Samuel de Constant avait publié des *Instructions de morale, à l'usage des enfants qui commencent à parler* (Londres, 1785).

7. Louise-Catherine Gallatin (1736–1814), que Samuel de Constant avait épousée en 1772.

Lettre 638

ETABLISSEMENT DU TEXTE   Neuchâtel, BV, ms. 1308, ff. 43–44, orig. aut.

COMMENTAIRE

1. Les *Œuvres posthumes de Frédéric II, roi de Prusse*, venaient d'être publiées à Berlin, en 15 volumes, par Jean-Charles Thibault de Laveaux (MG). Isabelle de Charrière

ne semble pas en avoir pris connaissance avant la seconde semaine de janvier 1789 et c'est dans les œuvres de Voltaire sans doute qu'elle avait lu d'abord les lettres du roi de Prusse (voir la lettre 636, note 4).

2. Tel n'était pas le cas (voir la même lettre, note 5).

3. Isabelle avait participé, sans succès, au concours ouvert en 1788 par l'Académie de Besançon sur ce sujet: 'Le génie est-il au-dessus des règles?' (GODET, I, 405; O.C., X, 111–122).

Lettre 639

ETABLISSEMENT DU TEXTE   Neuchâtel, BV, ms. 1308, ff. 7–8, orig. aut., sur papier bleuté.

COMMENTAIRE   Isabelle de Charrière commença de s'intéresser au jeune Charles de Chaillet* en automne 1788 (voir la lettre 633) et l'écriture encore très enfantine de cette lettre ne permet guère de lui attribuer une date plus tardive.

1. Non identifiée.

2. Faut-il comprendre *putasserie*?

Lettre 640

ETABLISSEMENT DU TEXTE   La Haye, coll. Van Tuyll van Coelhorst, 2 ff., orig. aut., taches.

1) Ajouté au-dessus de *les* biffé;   2) tache sur les trois dernières lettres;   3) écrit sur *le*;   4) dans le texte;   5) précédé d'un ou de deux mots biffés illisibles;   6) ajouté au-dessus de *pour* biffé;   7) tache sur les lettres entre crochets;   8) ajouté au-dessus de la ligne;   9) dans la marge;   10) cette partie, 1, de la lettre se trouve au-dessus de l'adresse;   11) à partir du chiffre 2 la lettre continue au-dessous de l'adresse;   12) lire *n'ont*;   13) lire *je vai*.

COMMENTAIRE

1. Proverbe hollandais qui signifie littéralement *voir descendre d'abord le chat de l'arbre*, ce qui veut dire ici attendre prudemment en observant l'évolution des événements.

2. Le Jonkheer Leonard Pauw, né Hoeufft, seigneur de Heemstede (1757–1824), bourgmestre de Haarlem, fils de Jean-Thierry Pauw, né Hoeufft, seigneur de Buttingen et après la mort de son cousin Benjamin Hoeufft, seigneur de Heemstede. Ce cousin Benjamin était le fils de Gerard Pauw Hoeufft, qui avait hérité de son oncle Adriaan Pauw, seigneur de Heemstede, etc., toutes ses seigneuries sous la condition que lui et tous ses descendants légitimes adopteraient le nom et les armoiries de *Pauw* (*Annuaire généalogique des Pays-Bas*, Maastricht, 1876, 55–58).

3. *Il est jeune de cœur*.

4. Les sœurs, neveux et nièces de leur cousin Frederik van Tuyll. Voir la Généalogie (O.C., I, 634, B, 1).

5. Jean Charles Bentinck qui avait épousé en 1785 Jacoba Helena van Reede van Amerongen.

6. Le fils aîné de la comtesse d'Athlone, Frederik Willem. Voir la lettre 632, note 8.

7. Voir la lettre 638, note 1.

8. Ce billet n'a pas été retrouvé.

9. *Les servantes.*

10. Catharina Johanna Mossel (Negapatnam 1741-Anvers 1795), veuve de Gerard Maximiliaan Taets van Amerongen, seigneur de Renswoude. Voir O.C., II, lettre 502, note 2.

11. Non identifiés.

12. Willem Gustaaf Frederik Bentinck van Rhoon et son frère Henri. Voir la Généalogie (O.C., I, 634, B, 22 et 5).

13. *Parce que vous en aviez besoin.*

14. *Les Phéniciennes.* Voir O.C., VII, 67–98.

15. Voir O.C., VII, III–122.

16. Cet incendie éclata le 5 janvier 1789. La température atteignant 10° au-dessous de zéro, l'eau gelait dans les seaux et les pompes à feu. En la chauffant, on réussit à éteindre l'incendie en quelques heures, grâce surtout au secours en masse des domestiques ([D. DUNANT], *Incendies de Genève*, Genève, 1834, 44–45). Les dômes des Rues-Basses qui furent menacés et qui formaient un aspect caractéristique de l'architecture de la ville, n'existent plus aujourd'hui (Louis BLONDEL, *Genava*, 1965, nlle sér., XIII, 49–57).

17. Le prince Edouard (1767–1820), quatrième fils du roi George III d'Angleterre, futur duc de Kent, était arrivé à Genève en décembre 1787, sous le nom de comte de Hoya. Il allait y séjourner deux ans. Son arrivée fut notifiée au Petit Conseil par Claude de Salgas le 17 décembre 1787 (Genève, Archives d'Etat, RC 291, 993). Voir sur ce séjour David DUFF, *Edward of Kent, the Life Story of Queen Victoria's Father*, London, Stanley Paul & Cᵒ, 1938, 71–75.

18. Voir Mme Torck*.

19. Peut-être une demoiselle Staudinger ou Studiger (DHBS, VI, 326 et 396).

20. Mme de Spaen de Nassau La Lecq. Voir O.C., I, lettre 118, note 2.

21. Expression néerlandaise qui veut dire *tiennent ensemble comme du sable sec.*

22. *Ce serait quand même agréable et glorieux. Mais ils ne sont pas nés pour cela.*

Lettre 641

ETABLISSEMENT DU TEXTE   Harrowby Mss Trust, Sandon Hall, Stafford, Harrowby Mss, vol. VIII, ff. 37–38, orig. aut.

1) En surcharge sur *me ser*; 2) lire *se*; 3) 4) ajouté au-dessus de la ligne; 5) en surcharge sur un mot illisible; 6) *dans cette maison,* dans corrigé de *la, cette maison* ajouté au-dessus de la ligne; 7) lire *j'y ai vu*; 8) *ou plutot quand elles me frappent d'une certaine maniere,* ajouté au-dessus de la ligne; 9) ajouté au-dessus de la ligne; 10) en surcharge sur *c'*, l'apostrophe biffée; 11) à partir de *& je vous admire,* toute la fin de la phrase est ajoutée au-dessus de la ligne; 12) suivi de *que j* biffé; 13) précédé de *et* biffé; 14) *ou modifier* ajouté au-dessus de la ligne; 15) suivi de *à faire* biffé; 16) en surcharge sur *Cooper*; 17) ajouté au-dessus de la ligne; 18) précédé d'un mot biffé et illisible; 19) récrit au-dessus de *croyez* biffé; 20) adjonction écrite en long dans la marge de la troisième page; 21) en surcharge sur *à*; 22) en surcharge sur un mot illisible; 23) récrit au-dessus de *cité* biffé; 24) précédé de *que* biffé; 25) ajouté au-dessus de la ligne; 26) en surcharge sur un mot illisible; 27) suivi de *cela* biffé; 28) *-elle* ajouté au-dessus de la ligne; 29) suivi de *& d'autres fois d'attendrissement*; 30) lire *extreme misère* apparemment; 31) suivi d'un mot biffé et illi-

sible; 32) à partir de ce mot, toute la fin de la lettre est écrite en long dans la marge de la dernière page.

COMMENTAIRE   Poursuivant ses voyages sur le Continent, Dudley Ryder (voir la lettre 625, note 1) séjournait alors à Paris.

1. Jean-Pierre-Louis Pache de Montguyon et son frère François Benjamin, tous deux banquiers à Paris (LUTHY, II, 446–448; voir aussi O.C., II, lettre 504, note 2).

2. De janvier 1784 à août 1789, la Grande-Bretagne fut représentée à Paris par John Frederick Sackville, duc de Dorset.

3. Jean-Frédéric Perregaux (voir O.C., II, lettre 497, note 4; LUTHY, II, 718–721; Jean LHOMER, *Le Banquier Perregaux et sa fille la duchesse de Raguse,* Paris, P. Cornuau, 1926).

4. Pierre Emé marquis de Marcieu (1728–1804), lieutenant-général du Dauphiné et gouverneur de Grenoble (comme son père et son grand-père). La famille de Marcieu comptait parmi ses ancêtres le chevalier de Boutières, parent et ami du fameux Bayard.

5. Antoine Bourboulon, trésorier général du comte d'Artois, fit faillite en juin 1787, à l'époque de la chute de Calonne (LUTHY, II, 554).

6. Les Montalembert sont nombreux (*Dictionnaire de la noblesse,* XIV, 23–48). Il pourrait s'agir ici de Charlotte Chassin de Thierry, veuve de Pierre de Montalembert, et de sa belle-fille Marthe-Joséphine Commarieu, épouse de Jean-Charles de Montalembert (1757–1810) (REVEREND, V, 157).

7. Non identifiée.

8. Suzanne Necker apparemment.

9. Voir la lettre 636, note 5.

10. Les *Œuvres posthumes de Frédéric II, roi de Prusse,* qui venaient de paraître (voir la lettre 638, note 1), comprenaient deux volumes de *Mélanges en vers et en prose* (t. XI–XII de l'édition de [Bâle, J. J. Thurneysen], 1789). Nous citerons de préférence cette édition, plus complète et mieux ordonnée que celles de 1788, parce que c'est celle qu'Isabelle de Charrière semble avoir eue en mains (voir à son sujet Martin GERMANN, *Johann Jakob Thurneysen der Jüngere, 1754–1803, Verleger, Buchdrucker und Buchhändler in Basel,* Basel/Stuttgart, Helbing & Lichtenhahn, 1973, 48–60).

11. *Le Palladion, poëme grave* en six chants (*Œuvres posthumes,* XII, 1–184).

12. *Tantale en procès,* la seule comédie en vers que contiennent les *Œuvres posthumes* (VI, 381–424).

13. Nous n'avons pas pu vérifier s'il s'agissait des *Elemens de poësie françoise* de [Jean-Baptiste-Claude JOANNET], Paris, Compagnie des libraires, 1752, ou d'un autre ouvrage.

14. O.C., X, 365–366.

15. Susette Cooper-Moula*. La *Lamb's Conduit Street,* au nord d'Holborn, conduisait au Foundling Hospital.

16. *Ainsi se nommait-elle.*

17. *En bonne forme.*

18. Thomas Gainsborough (1727–1788), Nicolas Poussin (1594–1665), deux peintres d'époque et d'école très différentes!

19. *Cette lettre que vous n'attendriez pas et que vous n'aviez pas provoquée.*

20. *Mémoires sur le règne de Frédéric II, roi de Prusse, écrits par lui-même* (*Œuvres posthumes*, t. I–III). – Les attaques contre Butc se lisent au t. III, notamment à partir de la p. 60.

Lettre 642

ETABLISSEMENT DU TEXTE   Neuchâtel, Archives de Chambrier, 2 ff., orig. aut.

1) Ajouté au-dessus de la ligne; 2) suivi de *sens* biffé; 3) suivi de *ne* biffé; Isabelle avait écrit d'abord *& d'une autre qui ne l'est pas*, puis elle a ajouté *rimée* sans faire la correction qu'il fallait; 4) lire *ils*; 5) les deux lettres *ce* ajoutées au-dessus de la ligne; 6) *j'en* corrigé de *je* et suivi de *ne* biffé; 7) lire *Circassiennes*; 8) *cela ne*, ajouté au-dessus de la ligne; 9) suivi de *les* biffé.

COMMENTAIRE

1. Charles VI, dont la mort avait déclanché la Guerre de Succession d'Autriche.
2. Il s'agissait d'un tirage séparé des tomes LXIV–LXVI de l'édition de Kehl (voir la lettre 636, note 4), intitulé *Recueil des lettres de M. de Voltaire et du Roi de Prusse*, [Kehl], Société littéraire typographique, 1785, 3 vol.
3. Voir les notes 10 et 11 de la lettre précédente.
4. La comédie en vers est *Tantale en procès* (voir la lettre 641, note 12), la comédie en prose est *L'Ecole du monde*, en trois actes (*Œuvres posthumes*, 1789, XII, 349–427).
5. Allusion à l'*Histoire de la Guerre de Sept Ans* (*Œuvres posthumes*, 1789, t. II–III).
6. Il s'agit indubitablement ici de Jacob II Bernoulli (voir la lettre 635, note 13).
7. Vicente Martin i Soler (1754–1806), après avoir séjourné à Vienne, venait de s'établir effectivement à Saint-Pétersbourg (R.- Aloys MOOSER, *Annales de la musique et des musiciens en Russie au XVIIIme siècle*, Genève, Editions du Mont-Blanc, 1951, II, 455–461).
8. Antonio Salieri (1750–1825) (MGG, XI, 1295–1302).
9. Ecrit sur un livret de Beaumarchais et joué pour la première fois le 8 juin 1787, cet opéra de Salieri avait connu 33 représentations dans la première série (MG).
10. Voir la lettre 634, note 4.
11. 'Plaisanterie bonne ou mauvaise, habitude de toujours plaisanter' (PIERREHUMBERT, 403).
12. *Attendez revenez ou les délais cruels* (voir la lettre 640, note 15). Il ne subsiste aucune trace de cette représentation.

Lettre 643

ETABLISSEMENT DU TEXTE   Neuchâtel, BV, ms. 1332, ff. 1 et 3, orig. aut., incomplet de la fin.

COMMENTAIRE   Cette lettre est classée à la Bibliothèque de Neuchâtel avec celles de Marie-Anne-Jeanne Saurin, mais elle est d'une écriture toute différente. Du texte même, il ressort que son auteur est 'une jeune personne' qui vit à Paris avec ses parents et qui connaît fort bien Daniel DelaRoche. Or dans sa lettre à Isabelle de Charrière du 4 septembre 1788 (ci-dessus n° 626), Daniel DelaRoche nomme quatre femmes qui sont de leurs connaissances à tous deux: dans l'ordre Mme Saurin, Mlle Delessert, Mlle Joly et Mme Delessert. Vu leur âge, la première et la dernière sont ici hors de cause et Mlle Joly doit être exclue aussi, car rien dans cette lettre ne rappelle le ton d'une actrice. Reste Madeleine Delessert, alors âgée de 22 ans (voir la lettre 626, note 7). Nous la proposons d'autant plus volontiers que nous avons découvert dans les archives du château de Vincy (par Gilly, Vaud) une lettre de Madeleine Delessert à Samuel Romilly du 23 mars 1789, dont l'écriture ressemble entièrement à celle de la présente lettre.

1. Voir *O.C.*, X 365–366.

2. Nicola Piccinni (1728–1800), établi à Paris depuis 1774 (*MGG*, X, 1238–1245).

3. Pellegrino Tomeoni dit 'il Lucchesino' (1729–1816) (*MGG*, XIII, 478–480) ou son fils Florido (voir *O.C.*, II, lettre 585, note 3).

4. Nicola Antonio Zingarelli★. Seul compositeur connu avec qui Isabelle de Charrière ait collaboré, nous allons le retrouver souvent dans le cours de cette correspondance.

5. Nous l'avons cherchée en vain dans le *Journal de Paris* d'octobre 1788 à juin 1789.

6. Il s'agit certainement ici du recueil d'*Airs et Romances avec accompagnement de clavecin, paroles et musique de Mme de Charrière*, Paris, M. Bonjour, [s.d.] (GODET, II, 415).

7. Le titre gravé des *Airs et Romances* est signé *Coulubrier Scripsit*.

8. Elles allaient être publiées anonymement dans le *Journal de Paris* du mercredi 11 février 1789 (n° 42 et p. 187 de l'année; *O.C.*, X, 410).

9. L'opéra est *Pénélope* (*O.C.*, VII, 99–109), les deux comédies, nommées plus bas, sont *Attendez revenez ou les délais cruels* (*O.C.*, VII, 111–122) et *Comment la nommera-t-on?* (*O.C.*, VII, 123–175).

10. Voir la lettre précédente, note 12.

11. Le Théâtre de Monsieur, ouvert en janvier 1789 (Albert BABEAU, *Paris en 1789*, Paris, Firmin-Didot, 1893, 132).

12. Des moulages, des reliefs.

Lettre 644

ETABLISSEMENT DU TEXTE   Besançon, Bibliothèque Municipale, ms. Académie 47, n° 7, 2 ff., orig. aut. Publ. GODET, I, 405 (court fragment).

1) *comme sien* ajouté au-dessus de la ligne.

COMMENTAIRE   François-Nicolas-Eugène Droz de Villars (1735–1805) était le secrétaire de l'Académie de Besançon (*DBF*, XI, 838). L'histoire du concours de 1788 reste à faire, car on ne trouve rien à ce sujet dans l'ouvrage pourtant fouillé de Jean COUSIN, *L'Académie des sciences, belles-lettres et arts de Besançon, deux cents ans de vie comtoise (1752–1952), essai de synthèse*, Besançon, Jean Ledoux, 1954.

1. Sur le sujet: 'Le génie est-il au-dessus de toutes les règles?' (*O.C.*, X, 111–122). Le manuscrit d'Isabelle de Charrière ne lui fut pas renvoyé, puisqu'il se trouve toujours dans les archives de l'Académie.

2. Jacques-Louis Du Pasquier★, durant sa suffragance à Colombier (1788–1789), était donc devenu l'un des habitués du Pontet.

3. *Discours qui a remporté le premier prix d'éloquence à l'Académie des sciences, belles-lettres et arts de Besançon, en l'année 1789 [sic pour 1788] sur cette question: Le génie est-il au-dessus de toutes les règles?* par M. l'abbé MACHEREY, de Bouclans, [Besançon], impr. J. F. Daclin, 1789, 37 p. in-8.

Lettre 645

ETABLISSEMENT DU TEXTE Neuchâtel, Archives de Chambrier, 2 ff., orig. aut. Publ. GODET, I, 399 et 401–402 (fragments).

1) à mettre, en surcharge sur en mettant ; 2) suivi de voud biffé ; 4) phrase ajoutée dans l'interligne ; 5) Isabelle avait d'abord inséré ici la phrase Il garde exactement copie [etc.], puis, s'apercevant de la bévue, elle l'a biffée pour la récrire plus haut ; 6) lire aimoit ; 7) lire antithétiques ; 8) suivi de devroient biffé ; 9) ajouté au-dessus de la ligne ; 10) suivi de chant biffé ; 11) à partir de ce mot, la fin de la lettre est écrite en long dans la marge de la dernière page.

COMMENTAIRE

1. Gaspard Ghiotti († 1814), qui était alors l'organiste très apprécié d'Yverdon (Jacques BURDET, La Musique dans le Pays de Vaud sous le régime bernois (1536–1798), Lausanne, Payot, 1963, 386–389).

2. Pressenti dès novembre 1788, Jean-Michel Kilgenstein, de Hanau, ne commença son service à Neuchâtel qu'au début de mai 1789. Il devait demeurer en fonction jusqu'à sa mort survenue 44 ans plus tard, en avril 1833 (Edouard-M. FALLET, La Vie musicale au pays de Neuchâtel du XIIIᵉ à la fin du XVIIIᵉ siècle, Strasbourg [etc.], Heitz & Cie, 1936, 211–212).

3. Voir O.C., II, lettre 555, note 6.

4. Deux frères et deux sœurs de ce nom, jouant de la clarinette et du cor de chasse, venaient chaque automne à Neuchâtel, où ils étaient 'très recherchés, tant pour l'orchestre de la Maison du Concert que pour les bals et les redoutes qui s'y donnèrent' (FALLET, op. cit., 278).

5. Les Etats-Généraux allaient s'ouvrir le 5 mai 1789 par un discours de Jacques Necker consacré notamment aux mesures à prendre pour rétablir en France l'équilibre des finances (Jean EGRET, Necker, ministre de Louis XVI, 1776–1790, Paris, H. Champion, 1975, 278–283).

6. Voir la lettre 641, note 20.

7. Voir O.C., I, 625, la notice sur Henri-Alexandre de Catt*. Nous n'avons pas retrouvé le passage où Frédéric II appelle Catt 'Tirésias'.

8. Jean-Baptiste de Boyer, marquis d'Argens (1704–1771). La correspondance qu'il avait échangée de 1747 à 1761 avec le roi de Prusse avait paru dans les Œuvres posthumes de Frédéric II, 1789, t. IX.

9. La correspondance de Frédéric II avec Jean Le Rond d'Alembert remplissait deux volumes des Œuvres posthumes de Frédéric II (édition de 1789, t. VII–VIII).

10. Tel ne fut pas le cas.

11. Claude-Carloman de Rulhière (1735–1791), historien et poète.

12. Jean-Pierre Claris de Florian (1755–1794), connu à cette époque pour son œuvre théâtrale et romanesque. Ses Fables datent de 1792.

13. Par son Histoire secrete de la cour de Berlin, ou Correspondance d'un Voyageur François depuis le 5 juillet 1786 jusqu'au 19 janvier 1787, Londres, Patersonne, 1789. On va voir qu'Isabelle de Charrière ne se privera pas longtemps d'en parler.

14. La Lettre d'un voyageur françois ecrite de Zurich à M. B... à Paris, au mois de septembre 1788 (Cologne, 1788 ; les réimpressions de 1789 résolvent B... en Bergasse), dont la dernière partie s'en prenait aux Observations et conjectures politiques d'Isabelle de Charrière, avait été attribuée à Jean-François-Joseph Geffrard de la Motte, comte de Sanois, qui se défendit d'en être l'auteur (GODET, I, 399).

15. Neuchâtel.

16. Le *Voyage du jeune Anacharsis en Grèce* de l'abbé Jean-Jacques Barthélemy, Paris, De Bure aîné, 1788, 4 vol. (*Bibliographie romanesque*, 88.27)

17. La traduction de l'*Iliade* d'Homère par Paul-Jérémie Bitaubé avait paru en 1764, celle de l'*Odyssée* en 1785 seulement.

18. [Charles-Marguerite-Jean-Baptiste Mercier] DUPATY, *Lettres sur l'Italie en 1785*, Paris, Desenne, 1788, 2 vol.

19. *Nouveaux memoires, ou observations sur l'Italie et sur les Italiens*, Londres, Jean Nourse, 1764, 3. vol. L'ouvrage avait connu deux autres éditions en 1770 et 1774.

20. Le *Voyage en Hollande* de Pierre-Jean Grosley fut publié pour la première fois en 1813 dans ses *Œuvres inédites*, mais le manuscrit en était achevé depuis 1777 (J. WILLE, *De literator R. M. van Goens en zijn kring*, Zutphen, G. J. A. Ruys, 1937, I, 444–446). On ignore cependant dans quelles circonstances Isabelle de Charrière avait pu en prendre connaissance.

21. [Filippo MAZZEI], *Recherches historiques et politiques sur les Etats-Unis de l'Amérique septentrionale*, par un citoyen de Virginie, Colle/Paris, Froullé, 1788, 4 vol.

22. Guillaume-Thomas-François Raynal dans son *Histoire philosophique et politique des etablissemens et du commerce des Européens dans les deux Indes* (1770); Gabriel Bonnot de Mably dans ses *Observations sur le gouvernement et les lois des Etats-Unis d'Amérique* (1784).

23. Une émeute populaire avait secoué Genève en janvier 1789, mais l'Edit du 10 février 1789, qui rendait caduc l'Edit réactionnaire de 1782, fut 'une fête de la réconciliation' (*Histoire de Genève des origines à 1789*, Genève, Alexandre Jullien, 1951, 480).

24. Si les odes à la louange de l'Edit du 10 février furent imprimées (Emile RIVOIRE, *Bibliographie historique de Genève au XVIIIme siècle*, Genève, J. Jullien [etc.], 1897, nos 2988–2993), les 'chansons négatives' c'est-à-dire celles qui, en sens contraire, faisaient écho aux critiques et aux nostalgies des patriciens attachés à l'oligarchie (dits Négatifs), sont demeurées inédites.

Lettre 646

ETABLISSEMENT DU TEXTE   La Haye, coll. Van Tuyll van Coelhorst, 2 ff., orig. aut.
1) *ma*, d'abord *m'a*, *'a* biffé, *a* ajouté au *m*;   2) et   3) ajoutés au-dessus de la ligne;   4) d'abord au féminin, *le* biffé suivi d'un mot biffé illisible;   5) ajouté au-dessus de *plus* biffé;   6) *quand aux*, *quand* ajouté dans la marge, *aux* écrit sur *les*;   7) *surtout le joli potter* ajouté au-dessus de la ligne;   8) deux fois dans le texte, biffé avant *gouts*;   9) *d'une certaine*, deux fois dans le texte;   10) *ma musique* ajouté au-dessus de la ligne;   11) *tous les jours* ajouté au-dessus de la ligne;   12) ajouté au-dessus de la ligne.

COMMENTAIRE

1. Dans une lettre qui n'a pas été retrouvée.

2. A l'ARA, La Haye, on n'a pu retrouver qui avait remplacé le colonel-commandant Van Tuyll, ni quelle fonction celui-ci avait occupée par la suite.

3. Ville de garnison près de Bois-le-Duc.

4. Dorothea avait perdu son père, Carel Lodewijk de Pagniet, le 26 mars 1789, à l'âge de 74 ans.

5. Voir la lettre 619, note 9.

6. Sans doute une des filles de leur cousin Frederik van Tuyll. Voir la Généalogie (*O.C.*, I, 634, B, 1).

7. Probablement un des fils de Jan Festus van Breugel (1707–1763) et d'Eva Maria Burman (1723–1812): Jhr. Jan de Rovere van Breugel (1757–1829), qui se maria en 1790, ou Jacques Fabrice van Breugel (1759–1799), qui se maria en septembre 1789 (*NA*, 1940, 531 et 534).

8. Isabelle veut dire qu'elle n'était pas la première à apprécier l'école Paulet.

Lettre 647

ETABLISSEMENT DU TEXTE   Neuchâtel, Archives de Chambrier, 3 ff., orig. aut. Publ. GODET, I, 402.

1) Précédé de *ce*, biffé; 2) ajouté au-dessus de la ligne; 3) *quatre Louis*, suivi de *Il est [ ] je*; 4) lire *qu'il*; 5) suivi d'un mot biffé et illisible; 6) lire *pour*; 7) suivi de *par* biffé; 8) ici Isabelle a tourné la page; 9) ajouté au-dessus de la ligne; 10) récrit au-dessus de *doit* biffé; 11) lire *incertitudes*; 12) en surcharge sur *les loue*; 13) précédé d'un mot biffé et illisible; 14) corrigé de *faire*; 15) *en cajolant ceux dont il craint la morsure*, récrit au-dessus de quelques mots biffés et illisibles, *morsure* dans la marge; 16) *le Roi de Prusse*, ajouté au-dessus de la ligne; 17) récrit au-dessus de *pour* biffé; 18) ajouté au-dessus de la ligne; 19) *celui de*, ajouté au-dessus de la ligne; 20) en surcharge sur un mot illisible; 21) ajouté dans la marge, lire *musicien*; 22) en surcharge sur *contenterez*; 23) ajouté au-dessus de la ligne; 24) *à peu près*, ajouté au-dessus de la ligne; 25) suivi de *à treize* biffé; 26) *ce même petit salaire*, d'abord *cette même somme*, *ce* récrit au-dessus de *cette* biffé, *petit* ajouté au-dessus de la ligne, *salaire* en surcharge sur *somme*; 27) suivi du même mot biffé; 28) *& dont l'usage est un exercice de plus pour l'esprit*, ajouté dans l'interligne, *pour* suivi d'un mot biffé et illisible; 29) à partir de *c'est l'apanage* et jusqu'ici, écrit en long dans la marge de la quatrième page; 30) à partir de ce mot, la fin de la lettre est écrite sur une feuille séparée portant l'adresse au verso.

COMMENTAIRE

1. L'un des ouvrages sans doute du baron Frédéric de Trenck, qui publia notamment une *Correspondance entre le diable et M. le comte de Mirabeau* (MONGLOND, I, 22 et 499).

2. L'allusion nous échappe.

3. Voir la lettre 645, note 13.

4. 'Sa figure annonce profondeur & finesse, envie de plaire tempérée de fermeté & même de sévérité [etc.]' ([Honoré-Gabriel de Riqueti comte de MIRABEAU], *Histoire secrete de la Cour de Berlin*, Londres, Patersonne, 1789, 11–13).

5. Ne pourrait-on pas lire 'la lettre du Cte de Caraman à M[irabeau]'? et ne s'agirait-il pas de la *Lettre de M. le C. de Caraman, commandant en Provence, à M. le C. de Mirabeau, et la réponse*, 1789, 21 p. (MONGLOND, I, 17)?

6. Parue dans le n° 106, du jeudi 16 avril 1789 (à la p. 480). 'Delimon, Contrôleur-Général des Finances de Mgr le Duc d'Orléans' explique longuement dans cette lettre pourquoi il a cru devoir refuser son élection de député aux Etats-Généraux.

7. Notamment dans ses lettres à Nicolas-Claude Thieriot de 1735–1736, publiées au t. III de l'édition de Kehl de ses *Œuvres complètes*. Voir à ce sujet Jean SGARD, 'Prévost et Voltaire', *Revue d'histoire littéraire de la France*, 1964, LXIV, 548–564.

8. Voir la lettre 602, note 2.

9. Kilgenstein (voir la lettre 645, note 2).

10. 'On dit proverbialement et figurativement *mettre tout par écuelles* pour dire Ne rien épargner pour faire grand' chère à quelqu'un' (*Dictionnaire de l'Académie*, 1740–1798) (MG).

11. 'On dit *l'un portant l'autre* et *le fort portant le faible*, pour dire Compensant l'un avec l'autre' (*Dictionnaire de l'Académie*) (MG).

12. *Des gens comme il faut*: la valeur sociale que l'on attachait à cette expression dans les années 1780 apparaît ici avec une particulière netteté (MG).

Lettre 648

ETABLISSEMENT DU TEXTE Neuchâtel, BV, ms. 1324, f. 24, orig. aut.

COMMENTAIRE Jeanne-Suzanne Magnin dite Marianne Marin (1752–1820), originaire de Bettens, était la belle-mère de Benjamin Constant. Une promesse de mariage du 22 juillet 1772 l'avait liée à Juste de Constant, qu'elle épousa à une date restée inconnue et auquel elle donna deux enfants: Charles, né le 30 septembre 1784, et Louise, née le 3 juin 1792, future épouse du commandant Balluet d'Estournelles (RUDLER, *Jeunesse*, 50–56; *Généalogies vaudoises*, III, 221–222).

1. Il s'agit probablement du *Précis de ce qui s'est passé au Régiment suisse de [May] à Amsterdam, dès le commencement d'octobre 1787 jusqu'à la fin d'août 1788*, [s.l.n.d.], 28 p. in–4. Ayant été débouté en appel, Juste de Constant avait décidé de porter son affaire devant le public en exposant dans un mémoire imprimé les irrégularités des jugements qui l'avaient condamné (RUDLER, *Jeunesse*, 352). Les noms propres, laissés en blanc par l'imprimeur, sont restitués à la main sur l'exemplaire des ACV de Lausanne (Fonds Charrière de Sévery, Adb 1319).

Lettre 649

ETABLISSEMENT DU TEXTE Neuchâtel, Archives de Chambrier, 2 ff., orig. aut.
1) En surcharge sur *& il pro*; 2) en surcharge sur *elle*; 3) récrit au-dessus de *a fait* biffé.

COMMENTAIRE

1. Le comte Ewald Friedrich von Hertzberg (1725–1795) était alors le ministre le plus influent de la Cour de Berlin (*ADB*, XII, 241–249; *NDB*, VIII, 715–717; Max DUNCKER, 'Friedrich Wilhelm II. und Graf Hertzberg', *Historische Zeitschrift*, 1877, XXXVII, 1–43).

2. Voir la lettre 636, note 4.

3. Charles-Louis de Pierre (1763–1824), fils aîné du conseiller d'Etat Jean-Frédéric de Pierre (*Famille bourgeoises*, 98; *Société du Jardin*, n° 152; Hugues JEQUIER, 'Un magistrat de l'ancien régime, Charles-Louis de Pierre', *MN*, 1942, nlle sér., XXIX).

4. Il s'agit de la *Collection des œuvres de J. J. Rousseau* des libraires-imprimeurs genevois Barde & Manget, dont les tomes XXXI et XXXII, datés de 1789, contiennent en effet la seconde partie des *Confessions* (voir la notice bibliographique de Bernard GAGNEBIN dans Jean-Jacques ROUSSEAU, *Œuvres complètes*, Paris, Gallimard, 1959, 'Bibliothèque de la Pléiade', I, 1896–1897).

5. Louis-Sébastien Mercier (1740–1814) avait en effet séjourné à Neuchâtel en 1781–1782 (voir Charly GUYOT, *De Rousseau à Mirabeau, pèlerins de Môtiers et prophètes de 89*, Neuchâtel/Paris, Victor Attinger, 1936, 81–126), mais il n'était nullement responsable de l'abus de confiance dont il est accusé ici. Du Peyrou n'allait pas tarder d'ailleurs à découvrir le vrai coupable.

6. Michel-François Choppin, originaire de Bar-le-Duc, 'écuyer' et secrétaire de Du Peyrou, qui le nommera dans son testament (M[aurice] BOY DE LA TOUR, 'Pierre-Alexandre du Peyrou, quelques remarques sur son hôtel et son testament', MN, 1927, nlle sér., XIV, 148–149).

7. Député de Lyon aux Etats-Généraux, Nicolas Bergasse (1750–1832) déployait en cette année 1789 une intense activité de publiciste. Il avait fait paraître un *Cahier du Tiers-Etat à l'assemblée des Etats-Généraux*, daté du 1er janvier 1789, qui eut deux éditions, une *Lettre sur les Etats-Généraux* du 12 février 1789, qui connut deux éditions également, un factum d'avocat intitulé *Kornmann jugé par lui-même*, daté du 2 avril 1789. C'est en 1789 aussi que parurent ses *Recherches sur le commerce, les banques et les finances*. Du début d'août au 19 octobre 1789, Nicolas Bergasse devait séjourner dans la principauté de Neuchâtel, avant de gagner le Dauphiné (PETITPIERRE, I, 125–126).

8. Les *Mémoires justificatifs* de Jeanne de Saint-Rémy de Valois comtesse de la Motte (l'entremetteuse de l'Affaire du collier) avaient paru sous l'adresse de Londres en 1788 et connu plusieurs rééditions.

9. Nombreuses étaient les brochures qui attaquaient Mirabeau en cette année 1789 (MONGLOND, I, 15–25).

10. Nous savons seulement qu'elle s'appelait Agathe du Closlange (de son nom de jeune fille) et qu'elle devait mourir au Pontet le 13 août 1789.

11. Adèle-Henriette, seconde fille et sixième enfant de Jacques-Louis de Pourtalès et de Rose-Augustine de Luze, devait décéder le 21 juin 1789, à l'âge de deux ans.

12. Robert James (1705–1776), dont la poudre fébrifuge, patentée en date du 13 novembre 1746, était dans toute sa vogue (DNB, XXIX, 220–221).

13. Louis-Joseph-Xavier-François, dauphin de France, né en 1781, allait mourir le 4 juin 1789. Le titre de dauphin passa alors à son frère cadet Charles-Louis, né en 1785, le futur et malheureux Louis XVII.

Lettre 650

ETABLISSEMENT DU TEXTE   Lausanne, BCU, ms. IS 4188, n° 151, 1 f., orig. de la main du secrétaire Choppin, fragment.

1) Toute cette phrase a été biffée par une main postérieure, sans doute celle d'Isabelle de Charrière, de même que la dernière ligne de l'alinéa précédent, qui est illisible.

COMMENTAIRE   Cette coupure a été envoyée par Isabelle de Charrière à Benjamin Constant dans sa lettre du 6 août 1789: d'où la datation approximative proposée ici.

1. La *Courte réplique à l'auteur d'une longue réponse* (voir la lettre 652, note 2).

2. Du Peyrou répercute ici les nouvelles des gazettes de France.

Lettre 651

ETABLISSEMENT DU TEXTE   Neuchâtel, BV, ms. 1312, f. 53, orig. aut. Publ. GAULLIEUR (1847), 360–361 (avec remaniements et interpolation); RUDLER, *Jeunesse*, 360. Cf. RUDLER, *Bibliographie*, n° 101.

1) Une déchirure du papier a emporté quelques lettres de cette phrase écrite tout en haut de la page; 2) lire *vous souvenez-vous*.

COMMENTAIRE   Rudler croit cette lettre écrite de Brunswick, mais il ressort des textes qu'il publie lui-même par ailleurs (*Jeunesse*, 359 et 362) qu'en 1789, Benjamin Constant passa les mois de juillet et d'août dans le Pays de Vaud, d'où il fit, à une date non précisée mais probablement à fin juillet, une courte visite à Colombier.

1. La condamnation de Juste de Constant (voir la lettre 610, note 13).
2. Dans le sens d'ostentation (MG).
3. Johann Rudolf Knecht (1762–1820), fils d'Adrian Knecht, ancien bailli d'Aubonne, et d'Elisabeth Jenner, fut en effet condamné au printemps de 1789 dans une affaire de pédérastie (Staatsarchiv des Kantons Bern, Ratsmanual 401–402, 18 et 28 avril, 2 et 18 mai, 3, 4, 8 et 13 juin 1789; CONSTANT, *Œuvres*, 677, note 7).

Lettre 652

ETABLISSEMENT DU TEXTE   Lausanne, BCU, ms. IS 4188, n° 150, 2 ff., écrits tête-bêche, orig. aut.

1) *faire imprimer &*, ajouté au-dessus de la ligne; 2) suivi de *une* biffé; 3) récrit au-dessus de *fille* biffé; 4) lire *rien*; 5) à partir de ce mot, le texte est écrit en sens inverse sur la moitié de la quatrième page du feuillet; 6) *à Paris*, ajouté au-dessus de la ligne; 7) *Me de Staal*, écrit en long dans la marge.

COMMENTAIRE

1. Celle du 4 août apparemment.
2. L'allusion finale à 'Me de Staël' permet de supposer qu'il est question ici de la *Courte réplique à l'auteur d'une longue réponse*, ce pamphlet définitivement restitué à Isabelle de Charrière (*O.C.*, X, 163–169), où quelques-unes des critiques adressées par Champcenetz aux *Lettres sur le caractère et les ouvrages de J.-J. Rousseau* de Germaine de Staël sont réfutées avec humour. Isabelle espérait donc faire imprimer cet opuscule à Lausanne après le refus des imprimeurs neuchâtelois.
3. A Neuchâtel.
4. Cette lettre d'Isabelle à Benjamin Constant du 5 août 1789 ne s'est pas retrouvée.
5. Le billet d'Isabelle à Du Peyrou a disparu également.
6. Le n° 650 ci-dessus.
7. François Buisson, libraire à la rue des Poitevins n° 13, à Paris, qui avait déjà réédité les *Lettres de Mistriss Henley* en 1785 et les *Lettres écrites de Lausanne* en 1786 (*Preliminary bibliography*, 3b et 4b).
8. Au figuré, *ventre à terre* signifiait 'avec soumission' (abbé FÉRAUD, *Dictionnaire critique de la langue française*, Marseille, Jean Mossy, 1788, III, 790).

Lettre 653

ETABLISSEMENT DU TEXTE   Neuchâtel, BV, ms. 1387ter, pièce 47, 2 ff., orig. aut.
1) Lire *dont on a*; 2) lire *conte*.

COMMENTAIRE   L'auteur de cette lettre n'avait pas été identifié jusqu'à présent. Michel Gilot a conjecturé avec raison que ce 'chanoine' écrivant de Saint-Pétersbourg ne pouvait être différent du 'M. Stahl, chanoine de Spire, secrétaire d'ambassade de l'empereur à Pétersbourg' dont Isabelle de Charrière parle dans ses lettres à Chambrier d'Oleyres des *c.* 5 et 7 novembre 1788 (ci-dessus nos 634 et 635). Philipp Stahl (1762–1831), chanoine de Saint-Guido de Spire par lettre épiscopale du 14 juin 1784, fut en effet de 1788 à 1792 le secrétaire privé de l'ambassadeur d'Autriche en Russie comte Johann Ludwig Cobenzl, avant de remplir au service de la Chancellerie impériale diverses fonctions tant à Vienne qu'en Bohême et même en France où il fut en 1815 à Valence le gouverneur général des départements de la Drôme, du Vaucluse, de l'Ardèche et des Hautes et Basses-Alpes (Constant von WURZBACH, *Biographischen Lexikon des Kaiserthums Oesterreich*, Wien, Hof- und Staatsdruckerei, 1878, XXXVII, 90; *Gesamtinventar des Wiener Haus-, Hof- und Staatsarchivs*, Wien, Adolf Holzhausens Nachfolger, 1938, IV, 401–402).
1. Un *Hagestolz*, un vieux garçon (MG).
2. Jacob II Bernoulli venait de mourir à Saint-Pétersbourg, le 3 juillet 1789, âgé de 31 ans.
3. La famille Balletti a fourni plusieurs acteurs à la scène française au XVIIIᵉ siècle, entre autres Etienne Balletti (1724–1789), dont Rosette était peut-être la fille (*DBF*, IV, 1479).
4. C'est-à-dire du compositeur Giuseppe Sarti, auquel il avait écrit de la part d'Isabelle pour lui demander de faire la musique des *Phéniciennes*. Sarti, comme on l'a vu (lettre 634, note 4), se trouvait alors au service du prince Grégoire Potemkine, gouverneur général des provinces méridionales de la Russie, qui avait fixé sa résidence à Krémentchoug où il avait réuni une troupe de près de 200 chanteurs et musiciens (R.-Aloys MOOSER, *Annales de la musique et des musiciens en Russie au XVIIIᵐᵉ siècle*, Genève, Editions du Mont-Blanc, 1951, II, 469).
5. Le lac de Neuchâtel.

Lettre 654

ETABLISSEMENT DU TEXTE   Neuchâtel, BV, ms. 1300, ff. 7–8 (le pli principal n'étant pas au milieu, le second f., plus large que le premier, se replie sur lui par un rabat), orig. aut. Publ. GAULLIEUR (1847), 350–353 (avec coupures); GODET, I, 381 (fragments, avec la traduction du passage en anglais).
1) Suivi de *d'e* biffé; 2) *qu'il seroit*, ajouté au-dessus de la ligne; 3) *tandis qu'on veut*, récrit au-dessus de *de vouloir* biffé; 4) suivi de *&* biffé; 5) corrigé de *à* et suivi de *la* biffé; 6) ajouté au-dessus de la ligne; 7) ces deux derniers mots écrits en long au bas du rabat; 8) récrit au-dessus de *attend* biffé; 9) ajouté au-dessus de la ligne; 10) *va arriver*, ajouté au-dessus de la ligne; 11) à partir de *mercredi*, tout ce passage est écrit en lignes serrées sur le bord supérieur de la page d'adresse; 12) cet alinéa est écrit en long sur onze lignes serrées à l'extérieur du rabat; 13) ajouté au-dessus de la ligne; 14) jusqu'à ce mot, cet alinéa est écrit en long sur le côté gauche

de la page d'adresse, de manière à être caché par le rabat; les mots qui suivent, adjonction peut-être postérieure, sont écrits en long à l'intérieur du rabat; 15) ajouté au-dessus de la ligne; 16) l'adresse est à cheval sur l'extérieur du rabat et sur le verso du premier feuillet.

COMMENTAIRE   La lettre écrite par M. de Serent à M. de Charrière le 6 août 1789 (voir la note 4) n'a pu parvenir à destination, puisqu'elle est arrivée un dimanche, que le 16 août. D'où la datation proposée pour la présente lettre, qui ne porte aucune marque postale et ne semble avoir été expédiée que plus tard (voir la lettre 662, note 5).

1. Le procès de Juste de Constant.

2. Arrêté alors qu'il gagnait la frontière, le lieutenant-général Pierre-Joseph-Victor de Besenval (1721–1794), très lié à la famille royale, avait failli être lynché. Il fallut la double intervention de Necker et du comte de Lally-Tollendal pour obtenir, par décret de l'Assemblée nationale du 31 juillet, que Besenval soit simplement déféré à un tribunal régulier, qui allait d'ailleurs l'acquitter en date du 1er mars 1790 (voir Oswald SCHMID, *Der Baron de Besenval (1721–1791)*, Zürich, Gebr. Leemann & Cᵒ, 1913, Diss. Phil. Basel, 113–198; et en dernier lieu Pierre MICHELI, 'Le baron de Besenval, officier et homme de cour', *Revue des deux mondes*, juillet-août 1960, 213–226). La *Gazette de Leyde* du mardi 11 août avait donné une ample information à ce sujet.

3. *Qui n'est ni Bernois ni officier subalterne.* Cette allusion est expliquée dans la lettre du 23 septembre (ci-dessous nᵒ 662).

4. Armand-Louis de Serent (voir O.C., II, lettre 340, note 4) était le gouverneur des ducs d'Angoulême et de Berry, les jeunes fils du comte d'Artois. Celui-ci avait quitté Versailles dans la nuit du 16 au 17 juillet pour se réfugier d'abord en Belgique, puis à Turin (VINGTRINIER, I, 61sqq). – Dans sa lettre à Dudley Ryder du 10 septembre 1789 (Harrowby Mss Trust, Sandon Hall, Stafford, Harrowby Mss, VIII, 42–43), Charles-Emmanuel de Charrière donne quelques précisions sur la correspondance qu'il échangea avec son ami Serent à cette occasion: 'J'attens ici le Marquis de Serent; il m'a ecrit de Spa en datte du 6 aout, qu'il devoit en partir à la fin du mois avec ses jeunes Princes et traverser la Suisse pour se rendre à Turin. Il m'a ecrit encore en datte du 31 qu'il partiroit le lendemain, que des Lettres qu'il trouveroit à Francfort pourroient le decider à prendre sa route par le Tirol, mais qu'il esperoit d'etre à Bale du 12 au 15 septembre'. En fait, Serent renonça à passer par Genève et le Mont-Cenis et fit le détour par Schaffhouse et l'Autriche (*Correspondance intime du comte de Vaudreuil et du comte d'Artois pendant l'émigration (1789–1815)*, publ. Léonce PINGAUD, Paris, Plon, 1889, I, 10).

5. Isabelle de Charrière avait-elle donc demandé à Benjamin Constant de lui procurer les 36 volumes des *Mémoires secrets pour servir à l'histoire de la République des Lettres*, dont la publication commencée en 1777 venait de s'achever?

6. Zingarelli* allait cependant annoncer son arrivée pour le mois suivant (voir la lettre 655).

7. Les six *Lettres d'un évêque françois à la nation*, datées des 11 et 30 avril, 8, 12, 18 et 22 mai 1789 et imprimées par Louis Fauche-Borel, à Neuchâtel (GODET, II, 408, nᵒ VII; *Preliminary bibliography*, nᵒ 7; O.C., X, 127–160).

8. Surnom d'un musicien non identifié, inconnu de Roslyn RENSCH, *The Harp, its History, Technique and Repertoire*, London, Gerald Duckworth, 1969.

9. Adelaïde de Praël (1757–1794), l'épouse du banquier Jean-Frédéric Perregaux (1744–1808) (*Familles bourgeoises*, 171).

10. Jean-Sylvain Bailly (1736–1793) avait été nommé par acclamations maire de Paris le 16 juillet précédent.

11. Deux ou trois mille livres de rente.

12. Mme de Leveville. Le début de cet alinéa fait allusion à des lettres qui ne se sont pas retrouvées.

Lettre 655

ETABLISSEMENT DU TEXTE   Neuchâtel, Archives de Chambrier, 1 f., orig. aut.

COMMENTAIRE   L'allusion à Ghiotti (voir la note 5) conduit à placer cette lettre en 1789. Cette année-là, Chambrier d'Oleyres séjourna à Cormondrèche du 3 juillet au 30 septembre. D'après son journal (Archives de Chambrier; copie partielle de la main d'Henri de Chambrier, Neuchâtel, BV, ms. 3024/8), il rendit visite à Isabelle de Charrière le 22 août et s'entretint avec elle de ses 'ouvrages polémiques', notamment de *Bien-né* et des *Lettres d'un évêque françois à la nation*. Le 25 août, il transcrivit dans son journal un long extrait des *Observations et conjectures politiques* et le commenta à sa façon: 'Voilà le contrat social anéanti [etc.]'. On peut donc supposer qu'il venait de lire cet ouvrage et puisque la présente lettre en accompagnait l'envoi (voir la note 1) et que le 25 août 1789 est précisément un mardi, cette date paraît bien devoir être retenue.

1. La seule 'brochure' d'Isabelle de Charrière que Witel ait imprimée est le recueil des *Observations et conjectures politiques* de 1788.

2. Voir la lettre 596.

3. Cette lettre de Zingarelli* ne s'est pas retrouvée.

4. On remarquera le culte qu'Isabelle de Charrière voue à ce mot, alors qu'il n'avait pas encore acquis toutes ses lettres de noblesse (MG).

5. Voir la lettre 645, note 1.

Lettre 656

ETABLISSEMENT DU TEXTE   Neuchâtel, BV, ms. 1312, ff. 54–55, orig. aut. Publ. GAULLIEUR (1847), 357; RUDLER, *Jeunesse*, 362. Cf. RUDLER, *Bibliographie*, n° 102.

1) Le *6* de *26* en surcharge sur 7.

COMMENTAIRE

1. A la suite d'un échange de mémoires entre Berne et La Haye, Juste de Constant, 'voyant reparaître l'espoir d'un nouveau jugement, se rapprocha de la Hollande. Il quitta la Suisse avec Benjamin dans les derniers jours d'août 1789. Benjamin fut à La Haye avant le 7 septembre; son père attendit les événements à Bruxelles' (RUDLER, *Jeunesse*, 364).

2. Celui de la *Courte réplique* apparemment (voir la lettre 652, note 2).

3. François Lacombe (1745–1795), originaire de Begnins, libraire à Lausanne.

4. Non identifiée.

5. Guillaume-Anne de Constant de Villars (voir *O.C.*, I, lettre 62, note 3).

Lettre 657

ETABLISSEMENT DU TEXTE   Neuchâtel, BV, ms. 1387ter, pièce 38, 2 ff., orig. aut.

COMMENTAIRE
La signature de cette lettre est parfaitement lisible, mais son auteur a néanmoins échappé à toutes nos tentatives d'identification.
1. Voir la lettre 649, note 10.

Lettre 658

ETABLISSEMENT DU TEXTE   Neuchâtel, Archives de Chambrier, 2 ff., orig. aut. Publ. GODET, I, 439–440 (fragment daté de fin 1789).
1) En surcharge sur *de*; 2) *ou un peintre*, ajouté au-dessus de la ligne; 3) en surcharge sur *de*.

COMMENTAIRE
Après avoir promis de venir à Colombier dans le courant du mois de septembre 1789 (voir la lettre 655), Zingarelli* ne se présenta finalement qu'une année plus tard. L'allusion à Mme de Staël cependant serait incompréhensible en 1790 et puisqu'il est question ici d'une arrivée de Zingarelli 'à la fin du mois', la présente lettre doit dater de la première partie de septembre 1789, soit des mercredis 9 ou 16 septembre probablement.
1. Friedrich von der Trenck (1726–1794) vivait encore, mais il s'agit manifestement ici des *Mémoires de Frédéric baron de Trenck, traduits par lui-même sur l'original allemand*, Strasbourg, Treuttel, 1789, 3 vol. in-8 (MONGLOND, I, 499).
2. En août et septembre 1789, Mme de Staël suivit en effet avec assiduité les travaux de l'Assemblée nationale et multiplia ses interventions auprès des députés qu'elle connaissait, en faveur de Besenval notamment (STAËL CG, I, 330–337).
3. Jacques Necker, qui avait repris pour la troisième fois le ministère des Finances.
4. Le roi de Prusse Frédéric-Guillaume II.
5. Les principaux revenus de la Principauté de Neuchâtel provenaient en effet de dîmes et redevances, de péages, de lods (impôts sur les transactions immobilières et sur les successions), ainsi que du produit des domaines et des régales (sels, postes, etc.) (*Exposé de la constitution de la Principauté de Neuchâtel & Valangin dressé en 1806*, publ. Maurice TRIPET, Colombier, William Henry, 1893; Arnold BOREL, *Le conflit entre les Neuchâtelois et Frédéric-le-Grand sur la question de la ferme des impôts du pays de Neuchâtel*, Neuchâtel, Attinger frères, 1898).
6. C'est-à-dire: selon mes désirs (voir la lettre 611, note 20).
7. En principe on distinguait *l'après-dîné*, 'temps qui suit immédiatement le dîner', de *l'après-dînée*, 'seconde partie du jour que l'on compte depuis midi' (*Dictionnaire de Trévoux*, 1771) (MG).

Lettre 659

ETABLISSEMENT DU TEXTE   Harrowby Mss Trust, Sandon Hall, Stafford, Harrowby Mss, vol. VIII, f. 44, orig. aut.
1) Ajouté au-dessus de la ligne; 2) corrigé de *bruleroit*; 3) ajouté au-dessus de la

ligne; 4) corrigé de *Le* et suivi de *vulgarisme* biffé; 5) *à une femme*, ajouté au-dessus de la ligne; 6) précédé d'un mot biffé et illisible; 7) tout ce dernier alinéa est écrit en long dans la marge.

COMMENTAIRE

Cette lettre date manifestement du même jour que celle que Charles-Emmanuel de Charrière écrivit de son côté le 10 septembre 1789 à Dudley Ryder pour le féliciter de sa nomination (Harrowby Mss, vol. VIII, ff. 42–43).

1. Dudley Ryder avait été nommé en août 1789 sous-secrétaire d'Etat aux Affaires étrangères.
2. Joseph II, le frère de Marie-Antoinette. Il allait mourir le 20 février suivant.
3. Depuis le 16 juillet 1789, Gilbert du Motier de La Fayette (1757–1834) était le commandant général de la Garde nationale de Paris.
4. Voir O.C., I, lettre 233, note 3.
5. Station thermale du Derbyshire, située à quelque 50 km. au nord de Derby.
6. 'Façon de parler basse, comme *barbarisme*, etc. Ce mot emprunté de l'anglais figurerait souvent dans le compte rendu que nos journaux rendent des mille et un romans du jour' (L. S. MERCIER, *Néologie, ou vocabulaire de mots nouveaux*, Paris, Moussard/Maradan, an IX–1801, II, 326).
7. Mme de Leveville (voir la lettre 649, note 10).
8. Susette Cooper-Moula★.
9. Allen Cooper.

Lettre 660

ETABLISSEMENT DU TEXTE   Neuchâtel, BV, ms. 1312, f. 56, orig. aut., dont les blancs ont été utilisés par Isabelle de Charrière pour sa réponse (ci-dessous n° 661). Publ. SAINTE-BEUVE (1844), 247 (avec coupure); GAULLIEUR (1847), 353–354. Cf. RUDLER, *Bibliographie*, n° 103.

COMMENTAIRE

1. Voir la lettre 610, note 15.
2. A La Haye, d'où cette lettre est manifestement écrite.
3. Seul échappa à cette déplorable destruction le petit billet du 6 août 1789.

Lettre 661

ETABLISSEMENT DU TEXTE   Neuchâtel, BV, ms. 1312, f. 56, orig. aut., lettre écrite sur la même feuille que celle à laquelle elle répond (ci-dessus n° 660). Publ. GAULLIEUR (1847), 354–355 (jointe à la suivante); GODET, I, 382–383.

1) Corrigé de *conterois*; 2) *au co* en surcharge sur *à l'a*; 3) en surcharge sur *lambeau*, à moins que ce ne soit le contraire; 4) jusqu'à ce mot, le texte est écrit à rebours dans le blanc laissé par Benjamin Constant en tête de sa lettre, la suite figure au verso dans le bon sens; 5) suivi de *toutes*, souligné et biffé; 6) suivi du même mot biffé; 7) suivi d'un ou deux mots biffés et illisibles.

COMMENTAIRE

Cette réponse, conservée aujourd'hui parmi les papiers d'Isabelle de Charrière, n'est pas parvenue à son destinataire : dans sa lettre à Rosalie de Constant du 24 septembre 1789 (ci-après n° 664), Isabelle explique comment, après l'avoir expédiée, elle l'a fait reprendre à la poste.

1. Samuel de Constant (voir la lettre 593, note 2).
2. Ce fragment ne s'est pas retrouvé.
3. Cette lettre est également perdue.
4. Le *Précis de ce qui s'est passé au Régiment suisse de [May]* (voir lettre 648, note 1).

Lettre 662

ETABLISSEMENT DU TEXTE   Neuchâtel, BV, ms. 1300, f. 9, orig. aut. Publ. GAULLIEUR (1847), 355–356 (fragments joints à la lettre précédente); GODET, I, 383–384 (avec coupures).

1) Ajouté au-dessus de la ligne; 2) suivi de *le* biffé; 3) suivi du même mot biffé; 4) 5) ajouté au-dessus de la ligne; 6) toute cette phrase à partir de *Je ne sai* a été ajoutée entre les lignes dans le blanc de l'alinéa; 7) à partir de ce mot, la fin de l'alinéa est écrite en long dans la marge, les deux derniers alinéas sont écrits au verso également en long, sur la partie de la page laissée libre par l'adresse; 8) *plusieurs lettres*, ajouté dans la marge; 9) lire apparemment *je pensois*.

COMMENTAIRE

Cette lettre, manifestement écrite le 23 septembre, a été envoyée le lendemain à son destinataire par le truchement de Rosalie de Constant (voir la lettre 664).
1. *Le passage en question* (MG).
2. Voir *O.C.*, II, lettre 509, note 2.
3. 'On dit proverbialement et par raillerie d'un homme qui croit avoir fair quelque découverte considérable *Qu'il croit avoir trouvé la pie au nid*' (*Dictionnaire de l'Académie*) (MG). Il faut comprendre la phrase ainsi : 'Je croyois donc avoir trouvé la pie au nid : écouter [etc.]'.
4. Voir la lettre précédente, note 5).
5. Il pourrait bien s'agir de la lettre des 17–20 août (ci-dessus n° 654) dont tout un alinéa est consacré à l'itinéraire du marquis de Serent.

Lettre 663

ETABLISSEMENT DU TEXTE   Neuchâtel, Archives de Chambrier, 2 ff., orig. aut.
1) Corrigé de *n'en*; 2) *quelques changemens*, ajouté au-dessus de la ligne.

COMMENTAIRE

L'allusion à Ghiotti (voir la note 5), dont il n'est plus question par la suite, oblige à placer cette lettre en 1789. Cette année-là, d'après son journal, Chambrier d'Oleyres quitta Cormondrèche le mercredi 30 septembre au matin pour rentrer à Turin. La présente lettre, bien qu'elle paraisse écrite à la veille du départ, doit dater du jeudi précédent.
1. Voir *O.C.*, II, lettre 499, note 6.
2. D'après son journal (Neuchâtel, Archives de Chambrier), Chambrier d'Oleyres n'est venu qu'une fois au Pontet cet été-là, le 22 août (voir ci-dessus le commentaire général de la lettre 655).

3. Pasquale Anfossi (1727–1797). Après avoir fait le tour des capitales européennes (Venise, Paris, Londres, Berlin, Prague), il s'était fixé à Rome dès 1787 (*MGG*, I, 474–478).
4. Voir la lettre 643, note 4.
5. Voir la lettre 645, note 1.

Lettre 664

ETABLISSEMENT DU TEXTE   Lausanne, BCU, fonds Constant II, carton 37/1, 1 f., orig. aut. Publ. GODET, I, 384–385 (avec coupures).

1) *n'a aucun*, récrit au-dessus de deux ou trois mots biffés et illisibles; 2) corrigé de *les*; 3) *hier tout de suite*, ajouté au-dessus de la ligne; 4) *à ce que je crois*, ajouté au-dessus de la ligne; 5) lire *quelle*; 6) tout ce post-scriptum est écrit en long dans la marge.

COMMENTAIRE
1. Benjamin Constant.
2. Lettre 661.
3. Cette lettre antérieure ne s'est pas retrouvée.
4. Ce billet a disparu également.
5. La lettre 662.

Lettre 665

ETABLISSEMENT DU TEXTE   Neuchâtel, BV, ms. 1337, ff. 30–31, orig. aut., incomplet de la fin.
1) Deux fois dans le texte.

COMMENTAIRE
Cette lettre doit être d'Arend Jacob Diederik de Perponcher (voir la Généalogie, *O.C.*, I, 633, A 52) qui avait alors 24 ans. Il doit avoir connu Le Pontet, car dans une lettre du 15 juillet 1794, Mme de Perponcher écrit à sa sœur qu'elle a fait arranger un petit appartement semblable à celui d'Isabelle à Colombier, mais ajoute-t-elle 'Arend qui pourrait en juger ne le trouve pas aussi frappant que je le voudrais'.
1. Ces lettres n'ont pas été retrouvées.
2. Voir la lettre 643, commentaire général.
3. L'église Sainte-Geneviève commencée par Soufflot en 1774, achevée après sa mort en 1789, devint en 1791 le Temple de la Renommée, on lui donna ensuite le nom de Panthéon qu'elle a conservé jusqu'à nos jours.
4. L'histoire de Didon a été souvent reproduite au théâtre. Piccinni lui consacra un opéra en 1783 sur un livret de Marmontel.
5. *Démophon*, opéra de Luigi Cherubini (1760–1842), également sur un livret de Marmontel, donné pour la première fois à l'Opéra de Paris le 5 décembre 1788.
6. Voir la lettre 643, note 11.
7. Nous n'avons pu identifier cet acteur.
8. Voir la lettre 611, note 13.
9. Il y avait deux sœurs Renaud, toutes deux actrices. L'aînée avait débuté à la Comédie Italienne le 30 avril 1785, la cadette le 19 octobre de la même année (Max FUCHS, *Lexique des troupes de comédiens au XVIIIe siècle*, Paris, Droz, 1944, 175).

10. Comédie en deux actes en prose mêlée d'ariettes, paroles de Radet et Barré, musique de Dalayrac, jouée pour la première fois le 19 juillet 1787 (BRENNER, n° 3268).

11. Voir la lettre 611, note 13.

Lettre 666

ETABLISSEMENT DU TEXTE Neuchâtel, BV, ms. 1317, ff. 47–48, orig. de la main de Choppin, feuillet déchiré dans le sens de la largeur et dont seule subsiste la moitié inférieure.

1) Lire *catholique*.

COMMENTAIRE

La date approximative proposée pour cette lettre mutilée se fonde sur celles du périodique cité dans la note 6.

1. Isabelle de Charrière cherchait-elle à répandre à Paris ses *Lettres d'un évêque françois à la nation* imprimées par Fauche-Borel à Neuchâtel?

2. S'agirait-il des *Pensées sur la philosophie de la foi, ou le système du christianisme entrevu dans son analogie avec les idées naturelles de l'entendement humain*, de l'abbé Antoine-Adam LAMOURETTE, Paris, Mérigot Jeune, 1789 (MONGLOND, I, 298–299)?

3. L'Assemblée nationale avait nommé un comité de 30 membres pour élaborer un projet de constitution.

4. Sans doute Antoinette-Henriette Du Peyrou, née en 1760, ancienne chanoinesse de l'abbaye de Montigny-lès-Vesoul, à laquelle Pierre-Alexandre Du Peyrou constitua par testament une rente viagère de 50 louis d'or neufs (M[aurice] BOY DE LA TOUR, 'Pierre-Alexandre Du Peyrou, quelques remarques sur son hôtel et son testament', MN, 1927, nlle sér., XIV, 149).

5. Henriette Sandoz-de Bada (voir O.C., I, lettre 32, note 4).

6. *Le Point du jour, ou résultat de ce qui s'est passé la veille à l'Assemblée Nationale* paraissait presque quotidiennement depuis le vendredi 19 juin 1789 sur 8 pp. in-8°. Les numéros LXXXVI–XC sont datés du mardi 22 au samedi 26 septembre 1789.

7. La famille de Saussure était nombreuse à cette époque, mais l'ami commun de Du Peyrou et des Charrière était Vincent-*Louis*-Rodolphe de Saussure (1747–1826), fils unique de Georges-Louis de Saussure (1708–1771), pasteur à Morges, et de Rose Malherbe (1712–1789). Il avait épousé Lucie-Alexandrine dite Alix Mercier (1765–1828), dont il n'eut point d'enfant (*Généalogies vaudoises*, III, 154).

Lettre 667

ETABLISSEMENT DU TEXTE Bellevue sur Cressier (NE), collection de Mme Eric de Coulon, née Jeanneret, 1 f., orig. aut., endossé. – Neuchâtel, BV, ms. 3019/1, pièce 1, copie de la main de Philippe Godet.

1) Ajouté au-dessus de la ligne.

COMMENTAIRE

Le Neuchâtelois Abraham (ou Abram) Roulet (1734–1790), membre du Grand Conseil de ville, était l'un des associés de la société Erhard Borel et frères Roulet, qui dura de 1757 à 1797 (rènseignements AEN). – La date complète figure dans l'endossement.

1. Entendre évidemment: *des bords de la Seine* (MG).
2. Les *Epigrammes de la mouche du coche* sans aucun doute (*O.C.*, X, 371–380).

Lettre 668

ETABLISSEMENT DU TEXTE   Neuchâtel, Archives de Chambrier, 2 ff., orig. aut.
1) *à ce que je presume*, ajouté au-dessus de la ligne; 2) ajouté dans la marge; 3) lire *ne doit*; 4) suivi de *le* biffé; 5) en surcharge sur *le d*; 6) *je suis*, corrigé de *j'ai*; 7) tout ce postscriptum du 7 novembre est écrit en long dans la marge de la dernière page.

COMMENTAIRE
1. Le marquis de Serent* et les jeunes princes dont il était le gouverneur (voir la lettre 654, note 4) avaient rejoint le comte d'Artois à Turin vers le 25 septembre.
2. Isabelle de Charrière aime ce néologisme qu'on retrouve plus d'une fois dans ses lettres et qu'elle emploie aussi dans la Suite des Finch (MG).
3. Il ressort de la présente lettre que cet essai était un écrit en prose, comportant une annexe ou une suite appelée 'Clio'. On ne connaît aucun ouvrage d'Isabelle de Charrière qui corresponde à ces données.
4. C'est-à-dire le comte d'Artois. Breteuil (voir *O.C.*, II, lettre 585, note 9) incarne ici l'Ancien Régime. – Pour ce qui est de l'opposition de Lyon à la Révolution 'parisienne' voir en dernier lieu *Histoire de Lyon et du Lyonnais*, publ. sous la direction de André Latreille, Toulouse, Privat, 1975, 285–303.
5. Voir la lettre 636, note 4.
6. Voir la lettre 649, note 4.
7. Dans la lettre à laquelle celle-ci répond, Chambrier d'Oleyres avait dû décrire à Isabelle l'installation à Turin du comte d'Artois, accompagné notamment de sa maîtresse Mme de Polastron, de son conseiller le comte de Vaudreuil, de ses amis le duc et la duchesse de Polignac, et rejoint quelques jours après par le prince de Condé (VINGTRINIER, I, 61–70). 'La peintre' désigne Elisabeth Vigée-Lebrun, qui cependant ne tarda pas à poursuivre sa route vers Rome.
8. L'abbé Jacques-Mathieu de Vermond (*c.* 1716–1806) avait été le précepteur français, puis 'l'éminence grise' de Marie-Antoinette (*Souvenirs et mémoires, recueil mensuel*, publ. Paul BONNEFON, Paris, Lucien Gougy, 1898, I, 413–429).
9. Isabelle de Charrière venait de composer ses *Epigrammes de la mouche du coche* et celle qu'elle cite plus bas (sans son titre: *Le nouveau règne*) est précisément la première du petit recueil imprimé qui nous les a conservées (*O.C.*, X, 371–380; facsimilé dans *MN*, 1978, 53–56).

Lettre 669

ETABLISSEMENT DU TEXTE   Neuchâtel, BV, ms. 1317, ff. 12–13, orig. de la main de Choppin.
1) Lire *est*.

COMMENTAIRE
Le 7 novembre 1789 est bien un samedi.
1. La lettre 667.
2. La suite montre que ce paquet contenait un autre manuscrit des *Epigrammes de la mouche du coche*. – Sur l'imprimeur Spineux, voir la lettre 631.

3. Jean-Frédéric de Chaillet*.

4. Le mot se trouve à la fin du neuvième vers du *Nouveau ministère*, la dernière des *Epigrammes* imprimées (*O.C.*, X, 379).

5. Ce sont les sixième et septième vers de la même pièce.

6. La cinquième des *Epigrammes* imprimées.

7. Sur cette épître en vers au publiciste Jacques-Pierre Brissot de Warville (1754–1793), voir *O.C.*, X, 385.

8. Pris pour le gouverneur de la Bastille, Clouet, qui n'était que le régisseur de l'Arsenal, avait failli être 'immolé' le jour du 14 juillet (*Moniteur* du 23 juillet 1789).

9. D'après Robert, le premier emploi signalé de ce mot remonte à 1790 ; il n'apparaîtra ni dans l'édition de 1798, ni dans celle de 1823 du *Dictionnaire de l'Académie* (MG).

10. On dirait plutôt aujourd'hui *par-dessus la tête*.

11. Antoine-Joseph Gorsas (1751–1793) faisait paraître depuis le 5 juillet 1789 *Le Courrier de Versailles à Paris et de Paris à Versailles*. Cette feuille, 'une des plus importantes de la Révolution', devait changer plusieurs fois de nom et formait une collection de 48 volumes au moment où la chute des Girondins, dont elle était devenue l'un des principaux organes, en suspendit la publication le 31 mai 1793 (Eugène HATIN, *Histoire politique et littéraire de la presse en France*, Paris, Poulet-Malassis et de Broise, 1860, VI, 296–316 ; du même, *Bibliographie historique et critique de la presse périodique française*, Paris, Firmin Didot, 1866, 116–117).

12. Louis Fauche-Borel (1762–1829), l'un des fils de l'imprimeur neuchâtelois Samuel Fauche (voir *O.C.*, II, lettre 534, note 6), imprimeur à son compte dès 1788, agent secret au service de Louis XVIII et de la cause royaliste dès 1793 (*Biographie neuchâteloise*, I, 336–345 ; G. LENOTRE, *L'Affaire Perlet, drames policiers*, Paris, Perrin, 1923 ; *DBF*, XIII, 651–655).

13. Les six *Lettres d'un évêque françois à la nation*.

Lettre 670

ETABLISSEMENT DU TEXTE   Neuchâtel, BV, ms. 1317, ff. 10–11, orig. de la main de Choppin.

COMMENTAIRE

Cette lettre suit d'assez près celle du 7 novembre, mais elle annonce pour 'samedi prochain' une publication qui, de fait, aura lieu le samedi 21 novembre (voir la note 6). Il est donc difficile de se décider à coup sûr entre le mardi 10 et le mardi 17 novembre 1789.

1. Son secrétaire (voir la lettre 649, note 6).

2. La suite de la lettre montre qu'il est question ici de l'édition Barde & Manget de la seconde partie des *Confessions* de Jean-Jacques Rousseau (voir la lettre 649, note 4).

3. Marie-Madeleine de Brémond d'Ars (1728–1810), seconde épouse du marquis Bernard de Verdelin, qui apparaît au livre X des *Confessions*.

4. Julie-Sophie de Rochechouart de Jars, épouse du vicomte Bertrand de Rochechouart, dont la fille unique Louise-Alexandrine-Julie épousa en 1749 Armand Dupin de Chenonceaux. Mère et fille apparaissent au livre VIII des *Confessions*.

5. L'épître à Brissot (voir la lettre 669, note 7).

6. Cette 'Déclaration relative aux Confessions de Jean-Jacques Rousseau, accompagnée de quelques notes' fut publiée dans le *Mercure de France* du samedi 21 novembre 1789, aux pages 63–68.

7. Dans l'édition Barde & Manget, les deux tomes de la seconde partie des *Confessions* sont accompagnés en effet d'un tome III contenant un recueil de *Nouvelles lettres de J. J. Rousseau*. – La 'Suite de la Déclaration relative aux Confessions de Jean-Jacques Rousseau' de Du Peyrou, datée du 19 novembre 1789, fut publiée dans le *Mercure de France* du samedi 5 décembre 1789 aux pages 16 et 17.

Lettre 671

ETABLISSEMENT DU TEXTE Tulle, Archives départementales de la Corrèze, 4F4, 2 ff., orig. aut. Publ. E.-H. GAULLIEUR, *Etudes sur l'histoire littéraire de la Suisse française*, Genève, Ch. Gruaz, J. Cherbuliez/Paris, Joël Cherbuliez, 1856, 156 (avec coupures); John RENWICK, dans Jean-François MARMONTEL, *Correspondance*, Clermont-Ferrand, Institut d'études du Massif Central, 1974, II, 100.

COMMENTAIRE

Jean-François Marmontel (1723–1799) était depuis 1783 le secrétaire perpétuel de l'Académie Française.

1. L'adresse montre que Marmontel, répondant à une lettre signée *Tuyll de Charrière*, s'est simplement mépris sur l'identité de son auteur.

2. C'est-à-dire des *Confessions* de Jean-Jacques Rousseau. Dans son assemblée publique du 25 août 1789, l'Académie Française avait proposé un prix de 600 livres pour l'*Eloge de Jean-Jacques Rousseau, citoyen de Genève*. Par la suite, un anonyme doubla la somme, mais le 25 août, l'Académie annonça que le prix était 'remis' et la Révolution, bouleversant dès l'année suivante les traditions académiques, en empêcha définitivement l'attribution (*Institut de France, Les Registres de l'Académie Françoise, 1672–1793*, Paris, Firmin-Didot et Cie, 1895, III, 621, 634 et 636).

3. *Ses péchés qui sont grands lui sont pardonnés, car elle a beaucoup aimé* (Luc, VII, 47).

Lettre 672

ETABLISSEMENT DU TEXTE Neuchâtel, BV, ms. 1334, ff. 18–20, orig. aut., incomplet du début.

COMMENTAIRE Les mots 'l'hiver ne se passera pas' et les allusions aux épigrammes permettent de supposer que cette lettre date de fin novembre 1789, d'autant que la fille de Johanna Catharina, née en 1781, 'n'a que huit ans'.

1. Jacoba Elisabeth. Voir la Généalogie (*O.C.*, I, 633, A, 3.5).

2. Ne connaissant pas la lettre d'Isabelle, le sens de cette phrase nous échappe. *Bollen* veut dire des boules, et peut signifier par exemple des boules de Berlin.

3. Il s'agit peut-être du château de Nijenrode, situé près du village de Breukelen sur la route d'Utrecht à Amsterdam, le long du Vecht.

4. Il n'a pas été possible de retrouver cette campagne ni d'en identifier la propriétaire. Voir *O.C.*, II, lettre 512, note 4.

5. Il s'agit très probablement des épigrammes *Flatteur aveugle né* et *Comme toi France* ajoutés de la main d'Isabelle de Charrière aux sept épigrammes politiques qu'elle avait fait imprimer début novembre 1789 (*O.C.*, X, 371–372 et 383).

6. Il est question de Necker et de Bailly dans l'épigramme politique *Nouveau Ministère* (*O.C.*, X, 379-380).

7. Ces vers nous sont inconnus.

8. Les trois lettres [5], 7 et 9 d'un Anglais à M. B. Ch, noble Hollandais, parues dans les *Observations et conjectures politiques* (*O.C.*, X, 75–87).

9. Voir la lettre 590, note 5.

10. L'éditeur des *Six Menuets* d'Isabelle de Charrière. Voir la lettre 590, note 5.

Lettre 673

ETABLISSEMENT DU TEXTE   Neuchâtel, BV, ms. 1317, ff. 14–15, orig. de la main de Choppin. Publ. GODET, I, 421 (le premier alinéa).

COMMENTAIRE

1. La suite de la lettre montre que ce paquet contenait le manuscrit de la *Plainte et défense de Thérèse Le Vasseur* (*O.C.*, X, 171–176).

2. L'une des deux était certainement Antoinette-Henriette Du Peyrou (voir la lettre 666, note 4), mais nous ne savons qui était l'autre.

3. Le mot se trouve dans l'imprimé à la quatrième ligne de la page 8.

4. A la vingtième ligne de la page 9.

5. A la quatrième ligne de la page 6.

6. On ne connaît qu'une seule édition de la *Plainte et défense de Thérèse Le Vasseur* (GODET, II, 408, n° IX; *Preliminary Bibliography*, n° 9a).

7. De l'édition Barde & Manget de la seconde partie des *Confessions* de Jean-Jacques Rousseau.

8. C'est-à-dire l'édition préparée par Du Peyrou lui-même (voir Théophile DUFOUR, *Recherches bibliographiques sur les œuvres imprimées de J.-J. Rousseau*, Paris, L. Giraud-Badin, 1925, I, 264–265; Jean-Jacques ROUSSEAU, *Œuvres complètes*, Paris, Gallimard, 1959, 'Bibliothèque de la Pléiade', I, 1898–1899).

9. C'est le surnom que Rousseau avait donné au Dr Théodore Tronchin et dont il parle dans une note du livre IX des *Confessions* (*Œuvres complètes*, Paris, Gallimard, 1959, 'Bibliothèque de la Pléiade', I, 472).

10. La lettre du 10 juillet 1766.

11. MM. Barde, Manget & Cie répétèrent cette affirmation dans une 'Déclaration du Libraire de Genève, éditeur des *Confessions de Jean-Jacques Rousseau*', datée du 5 décembre 1789 et publiée dans le *Journal de Lausanne* du 12 décembre 1789, aux pages 204 et 205 ainsi que dans le *Mercure de France* du samedi 26 décembre 1789, aux pages 152 et 153.

12. Voir la lettre 669, note 11.

Lettre 674

ETABLISSEMENT DU TEXTE   Neuchâtel, Archives de Chambrier, 1 f., orig. aut. Publ. GODET, I, 421–422 (fragments).

1) Ajouté au-dessus de la ligne.

COMMENTAIRE

1. Entre *Bien-né* (1788) et *Aiglonette et Insinuante* (1791), Isabelle de Charrière n'a

publié aucun conte, à moins qu'on ne lui attribue décidément *Les Deux familles* (*O.C.*, IX, 611–620).

2. *Plainte et défense de Thérèse le Vasseur.*

3. A leur prix (MG).

4. 'Qu'importeroit dans le fond, à M. Rousseau, que ses Confessions fussent imprimées plus tôt ou plus tard? Cela ne lui fait vraisemblablement plus rien. Qu'importe à Messieurs G & C que ce soit M, N, O ou P. qui les ait fait imprimer? Cela leur est tout aussi égal' (*Plainte et défense de Thérèse Le Vasseur*, 11).

5. Puisque Du Peyrou était pris à partie dans l'ouvrage.

6. Voir la lettre 687, note 3.

7. Cette commande à Jean-Michel Moreau le jeune (1741–1814) resta sans effet, car l'édition Fauche des *Confessions* parut sans portraits. Voir la lettre 673, note 8.

8. Le marquis Ottavio Francesco Solaro, comte de Gouvon (1648–1737) et son plus jeune fils Carlo Vittorio di Govone, abbé de Gouvon († 1750) (Emile GAILLARD, 'Jean-Jacques Rousseau à Turin', *Annales de la Société Jean-Jacques Rousseau*, 1950–1952, XXXII, 108–110).

9. Il s'agit peut-être de Joseph d'Albaret († 1792) (*DBF*, I, 1153–1154).

10. Le célèbre astronome Joseph-Louis Lagrange (1736–1813), directeur de l'Observatoire de Paris, était originaire de Turin.

11. Voir la lettre 669, note 11.

12. Au quatorzième vers du *Nouveau ministère* (dans les *Epigrammes de la mouche du coche*):

> D'abord il est bien clair que le grand Mirabeau
> Et Claviere héritier des talens de Panchau,
> Sur- & sous-intendans de l'heureuse finance,
> Disposeront entr'eux de l'argent de la France.

Lettre 675

ETABLISSEMENT DU TEXTE   Neuchâtel, BV, ms. 1334, ff. 16–17, orig. aut.

1) Lire sans doute *de position.*

COMMENTAIRE   Dans sa précédente lettre de fin novembre 1789, Johanna Catharina disait que l'hiver ne se passerait pas sans que sa fille prenne des leçons de musique. Dans celle-ci elle annonce que Jacoba Elisabeth a déjà pris trois leçons. Elle dit en outre qu'elle dîne tous les ans avec le comte de Welderen le 7 décembre et ce dîner venait vraisemblablement d'avoir lieu. Cette lettre doit donc dater probablement de mi-décembre 1789.

1. Le pasteur Archibald Maclaine (*O.C.*, I, lettre 163, note 5).

2. Les trois lettres parues dans les *Observations et conjectures politiques*. Voir la lettre 672, note 8.

3. Le conte *Bien-né* paru dans les *Observations et conjectures politiques* (*O.C.*, X, 82–89).

4. *Ces comtes de Hollande avec leurs demandes continuelles d'impôts étaient de vrais tyrans.*

5. L'album et les vers sont inconnus.

6. Les *Observations et conjectures politiques* contiennent 17 pamphlets, Johanna Catharina en connaissait trois.

7. Le comte Jan Walraad van Welderen. Voir *O.C.*, II, le commentaire général de la lettre 301.

8. Jacoba Elisabeth (1781–1868).

9. George Augustus Eliott, lord Heathfield. Voir O.C., I, lettre 219, note 1.

10. Des publications fragmentaires des *Mémoires* de Saint-Simon se succédèrent entre 1781 et 1818 dont aucune ne fut préparée sur le manuscrit original. En 1789 parurent deux éditions, l'une à Paris, chez Buisson, et l'autre sous l'adresse de Londres, imprimée à Liège.

11. Charles-Albert DEMOUSTIER, *Lettres à Emilie sur la mythologie* (1786).

Lettre 676

ETABLISSEMENT DU TEXTE Neuchâtel, BV, ms. 1317, f. 26, orig. de la main de Choppin.

COMMENTAIRE Le 16 décembre 1789 est bien un mercredi.

1. Une 'Lettre aux Editeurs du second Supplément à la Collection des Œuvres de J. J. Rousseau', signée de [Pierre] Moultou l'aîné et datée du 12 novembre 1789, avait été publiée dans le *Journal de Genève* du samedi 5 décembre 1789, à la page 198. En critiquant l'édition Barde & Manget, Pierre Moultou faisait croire au public qu'il n'était pour rien dans cette édition, alors que les libraires genevois tenaient précisément de lui le manuscrit de la seconde partie des *Confessions* qu'ils venaient de publier.

2. Voir la lettre 670, note 7.

3. Voir la lettre 673, note 11. La réponse de Louis Fauche-Borel à Barde & Manget, datée précisément du 16 décembre 1789, parut dans le *Journal de Lausanne* du 26 décembre 1789, à la page 212.

Lettre 677

ETABLISSEMENT DU TEXTE Neuchâtel, BV, ms. 1317, ff. 16–17, orig. de la main de Choppin.

COMMENTAIRE
1. Voir la lettre 676, note 3.

2. Le tome III de l'édition des *Confessions* procurée par Du Peyrou (Neuchâtel, L. Fauche-Borel, 1790, 7 vol. in-8), où commence la seconde partie de l'ouvrage, contient en effet un 'Discours préliminaire' de vingt pages, signé de Du Peyrou. – Sur toute cette affaire, voir GUYOT, *Du Peyrou*, 190–199.

3. Voir la lettre 676, note 1.

Lettre 678

ETABLISSEMENT DU TEXTE Neuchâtel, BV, ms. 1331, f. 26, orig. aut., incomplet du f. d'adresse. Publ. GODET, I, 424–425 (fragment).

COMMENTAIRE
1. Horace, *Odes*, IV, 1, vers 1–2:

> 'O Vénus! dans mon sein tu rallumes la guerre.
> Grace, grace, ô Déesse, épargne un malheureux [etc.]'

selon l'élégante et exacte traduction de Pierre Daru (1804).

2. Le Conseil Général des citoyens et bourgeois de Genève avait été convoqué le vendredi 11 décembre 1789 pour entendre lecture de la 'garantie' accordée par la France et les Cantons suisses de Berne et Zurich à l'Edit pacificateur du 10 février précédent (voir la lettre 645, note 23).

3. Le mardi 15 décembre en effet, le Conseil des Deux-Cents (ou Grand Conseil de Genève) avait approuvé la proposition de fixer à 140 (et non 150) le nombre des nouveaux bourgeois à recevoir 'par une élection extraordinaire' (Genève, Archives d'Etat, RC 294, p. 679).

4. Cette lettre d'Etienne Dumont (1759–1829) datait du 7 décembre 1789 et la réponse prudente de Jacques Necker, du 28 décembre (voir Jean MARTIN, 'La polémique Necker-Dumont en 1789', *Etrennes genevoises*, 1927, 86–104).

5. Armand-Marc de Montmorin (1746–1792) tint le ministère des Affaires étrangères de 1787 à novembre 1791.

6. Voir la lettre 640, note 17.

7. Catherine-Adélaïde Dubus, morte à Genève le 16 décembre 1789 à l'âge de 27 ans, fut enterrée en effet le 17 au cimetière catholique du Grand-Saconnex près de Genève (Genève, Archives d'Etat, Etat civil, Grand-Saconnex, I, 197). Elle avait donné naissance à une petite Adélaïde-Victoire à laquelle le prince Edouard, en date du 2 janvier 1790, accorda une pension viagère de cent louis avant de quitter précipitamment la ville (*ibid.*, Minutes du notaire J. J. Choisy 2ème du nom, XXV, 1–4).

Lettre 679

ETABLISSEMENT DU TEXTE   Neuchâtel, BV, ms. 1337, ff. 24–25, orig. aut.
1) Lire *je fais des vœux*.

COMMENTAIRE   A la Bibliothèque de Neuchâtel, cette lettre est classée avec deux autres de la même écriture (ci-après n°s 721 et 735) parmi les correspondances non identifiées. En rapprochant les diverses données qu'elles contiennent, on peut cependant les attribuer avec une quasi-certitude à la marquise de Serent*, qui était demeurée à Paris tandis que son mari suivait le comte d'Artois dans son émigration. – Quant à la date de la présente lettre, elle est fixée sans difficulté par l'allusion au décret du 19 décembre 1789 (voir la note 4), le 20 décembre étant bien un dimanche.

1. Le culte catholique romain ne fut introduit à Neuchâtel que sous l'Empire en 1808 (Jean COURVOISIER, *Le Maréchal Berthier et sa principauté de Neuchâtel (1806–1814)*, Neuchâtel, Société d'histoire et d'archéologie, 1959, 382–388).

2. Claude Gérard (voir *O.C.*, II, lettre 560, note 3).

3. Jacques et Anne-Renée Achard-Bontems*.

4. Le 19 décembre 1789, l'Assemblée nationale décréta à la fois la vente des biens du Clergé, qui avaient été mis à la disposition de la Nation par un décret du 2 novembre précédent, et l'émission de 400 millions d'assignats dont la couverture devait être assurée par le produit de cette vente.

Lettre 680

ETABLISSEMENT DU TEXTE   Neuchâtel, BV, ms. 1310, ff. 13–14, orig. aut. Publ. GODET, I, 434–435 (fragment).

COMMENTAIRE   Cette lettre répond à celle du 12 décembre 1789 (n° 674), aux notes de laquelle nous renvoyons.

1. Chambrier d'Oleyres se trompe: Pauline-Gabrielle de Breil, dont Rousseau parle au début du livre III des *Confessions*, avait épousé en 1730 Cesare Giustiniano Alfieri di Sostegno et non pas le comte de Verrue (Emile GAILLARD, 'Jean-Jacques Rousseau à Turin', *Annales de la Société Jean-Jacques Rousseau*, 1950–1952, XXXII, 109).

2. A laquelle appartenaient le comte et l'abbé de Gouvon (voir la lettre 674, note 8).

3. Aucun ouvrage de ce titre n'est apparemment connu. Il existe en revanche un *Essai sur la vie privée de Marie-Antoinette d'Autriche* (Basle, 1789), qui pouvait bien être qualifié de 'petit libelle', contrairement aux deux volumes des *Essais historiques sur la vie de Marie-Antoinette d'Autriche* (Londres, 1789–1790), que l'on a attribués à Brissot de Warville (MONGLOND, I, 181 et 182).

4. Ou plutôt: 'Je tondis de ce pré la largeur de ma langue' (LA FONTAINE, *Fables*, VII, 1: 'Les animaux malades de la peste', vers 53).

5. Giambattista Casti (1724–1803), voyageur et poète. Ses *Novelle galanti* allaient paraître à Rome en 1790 (*Dizionario biografico degli Italiani*, Roma, Istituto della Enciclopedia italiana, 1979, XXII, 26–36).

6. Maximilien-Claude-Joseph de Choiseul-Meuse (1736–1815). Sa traduction du Tasse datait de 1784 (*DBF*, VIII, 1210–1211).

7. Ce texte semble être resté inconnu, même de Louis GOTTSCHALK, Phyllis S. PESTIEAU, Linda J. PIKE, *Lafayette, a Guide to the Letters, Documents, and Manuscripts in the United States*, Ithaca/London, Cornell University Press, 1975.

8. La Fayette avait épousé le 11 avril 1774 Adrienne de Noailles (1759–1807), fille de Jean-Louis-Paul-François duc de Noailles et d'Henriette-Anne-Louise d'Aguesseau (Arnaud CHAFFANJON, *La Fayette et sa descendance*, [Paris], Berger-Levrault, 1976, 99–100).

9. Isabelle de Charrière elle-même (voir la lettre 668, note 3).

Lettre 681

ETABLISSEMENT DU TEXTE   Neuchâtel, BV, ms. 1315, ff. 14–15, orig. non aut., la signature aut.

COMMENTAIRE   Jean-Nicolas Démeunier (1751–1814), député du Tiers aux Etats-Généraux, fut successivement secrétaire, puis président de l'Assemblée nationale. Il quitta Paris en 1791 pour aller passer cinq ans aux Etats-Unis. De retour en France, il entra au Tribunat qu'il présida en 1800, devint ensuite membre du Sénat conservateur et fut créé comte de l'Empire en 1808 (*DBF*, X, 987–988).

1. L'un était probablement la *Plainte et défense de Thérèse Le Vasseur*, mais l'autre?

2. Il avait été élu l'avant-veille, 22 décembre.

3. Mme de Leveville (voir la lettre 649, note 10).

Lettre 682

ETABLISSEMENT DU TEXTE   Neuchâtel, BV, ms. 1317, ff. 18–19, orig. de la main de
Choppin. Publ. GODET, I, 429 (courts fragments).

COMMENTAIRE   Le 26 décembre 1789 était bien un samedi.
1. Isabelle de Charrière avait donc pris la résolution d'écrire ses *Eclaircissemens rela-tifs à la publication des* Confessions *de Rousseau* (GODET, II, 408, n° X; *Preliminary bibliography*, n° 10; O.C., X, 183–194).
2. Voir la lettre 677, note 2.
3. La *Lettre du Dépositaire des* Mémoires de Rousseau *à M. D.P. pour servir de réponse aux déclarations qu'il a fait insérer dans le* Mercure de France (GUYOT, *Du Peyrou*, 195).

Lettre 683

ETABLISSEMENT DU TEXTE   Neuchâtel, BV, ms. 1387ter, pièce 32, 2 ff., orig. aut.

COMMENTAIRE   Cette lettre est écrite à l'occasion d'un 'renouvellement d'année' tombant un vendredi. Entre 1785, où le violoniste André Gaillard (voir O.C., II, let-tre 555, note 6) apparaît pour la première fois dans cette correspondance, et 1805, année de la mort d'Isabelle de Charrière, le 1er janvier n'est un vendredi qu'en 1790, 1796 et 1802. La première de ces trois années, qui est la seule à se situer dans la période de création musicale de la vie d'Isabelle, paraît de loin la plus probable. La présente lettre serait donc du mercredi 30 décembre 1789.
1. Village situé à l'est de Neuchâtel (voir la lettre 630, note 1).

Lettre 684

ETABLISSEMENT DU TEXTE   Neuchâtel, BV, ms. 1308, ff. 34–35, orig. aut.

COMMENTAIRE   Philippe Godet, ainsi qu'en témoigne une annotation aut. du ms., pensait que cette lettre pouvait se rapporter aux *Lettres trouvées dans la neige*. D'accord avec Patrice Thompson et Jeroom Vercruysse, nous estimons que les allusions à Du Peyrou et à Fauche s'expliquent beaucoup mieux si l'on admet qu'il est question ici des *Eclaircissemens relatifs à la publication des* Confessions *de Rousseau* (voir les notes 1 et 3). Dans ce cas, la présente lettre ne peut guère dater que des alentours du 30 décembre 1789, puisque les *Eclaircissemens* étaient encore à l'état de projet le 26 décembre 1789, mais qu'ils sortaient déjà des presses de Fauche-Borel le 5 janvier 1790.
1. Dans l'impression des *Eclaircissemens*, puisque Isabelle de Charrière y prenait sa défense.
2. Voir la lettre 631.
3. Puisque Louis Fauche-Borel (voir la lettre 669, note 12) était l'imprimeur de l'édition Du Peyrou des *Confessions* de Jean-Jacques Rousseau (voir la lettre 673, note 8).

Lettre 685

ETABLISSEMENT DU TEXTE   Neuchâtel, BV, ms. 1308, ff. 5–6, orig. aut.

COMMENTAIRE   Cette lettre d'une écriture encore juvénile doit dater des premières années de la correspondance entre Charles de Chaillet et Isabelle de Charrière.
1. Village du Val-de-Ruz (voir O.C., II, lettre 530, note 4).

Lettre 686

ETABLISSEMENT DU TEXTE   Neuchâtel, Archives de Chambrier, 2 ff., orig. aut. Publ. GODET, I, 432–433 et 435 (fragments).

1) Corrigé de *madame*; 2) en surcharge sur *dont*; 3) corrigé de *peut-être*; 4) *cocher de*, ajouté au-dessus de la ligne.

COMMENTAIRE
1. *Les Deux familles* peut-être (voir la lettre 674, note 1).
2. Les *Eclaircissemens relatifs à la publication des* Confessions *de Rousseau*, sortis des presses de Fauche-Borel le jour même ou la veille.
3. Isabelle de Charrière avait déjà employé cette expression dans la cinquième des *Lettres neuchâteloises* (voir O.C., II, lettre 553, note 1). Ici elle correspond à peu près à notre *A Dieu vat!* (MG).
4. 'Dame Mouche s'en va chanter à leurs oreilles/Et fait cent sottises pareilles./Voyez, dans la Fontaine, la Mouche du Coche.'
5. Image très forte pour désigner des gens dont les réactions et la conduite sont complètement déterminées par d'autres. *Touer*, 'terme de marine' qui apparaît dans le *Dictionnaire de l'Académie* en 1798, signifiait 'faire avancer un navire en tirant un câble à force de bras, ou au moyen d'un cabestan' (MG).
6. La fameuse Marion, dont l'histoire est racontée par Jean-Jacques Rousseau à la fin du livre II des *Confessions* (*Œuvres complètes*, Paris, Gallimard, 1959, 'Bibliothèque de la Pléiade', I, 84–87, à quoi nous renvoyons pour l'identification des autres personnages). Mais cette Marion était originaire de Maurienne, non de Tarentaise.
7. Choiseul-Meuse (voir la lettre 680, note 6).
8. Avec sa lettre du 24 septembre 1789 (ci-dessus n° 663)
9. Paul-Michel Gallatin (1744–1822), époux d'Elisabeth-Marie-Louise de Jaussaud (1750–1825).
10. Le baron Jean-Baptiste Despine (1724–1794) (André PALLUEL–GUILLARD, *Grands notables du Premier Empire, notices de biographie sociale*, 2: *Mont-Blanc, Léman*, Paris, Editions du Centre national de la recherche scientifique, 1978, 20).
11. Anecdote non vérifiée.
12. Jacques-Louis Du Pasquier* avait été nommé chapelain du roi de Prusse Frédéric-Guillaume II six mois après avoir démissionné pour raison de santé de sa suffragance de Colombier (Neuchâtel, AEN, Manuel des assemblées générales de la Vénérable Classe des pasteurs, XIV, 154 et 174, aux dates du 10 juin 1789 et 9 février 1790).

Lettre 687

ETABLISSEMENT DU TEXTE   Neuchâtel, BV, ms. 1317, ff. 27–28, orig. de la main de Choppin.

COMMENTAIRE   Le 5 janvier 1790 est bien un mardi.

1. La 'Déclaration finale des libraires de Genève', datée du 5 décembre 1789, avait paru en effet aux pages 152 et 153 du *Mercure de France* du 26 décembre 1789.

2. Ce projet n'aboutit pas. Du moins n'avons-nous trouvé aucune réplique de Fauche dans le *Mercure de France* de janvier-février 1790.

3. Ce texte du 22 novembre 1789 ne fut imprimé que dans le prospectus de l'édition Fauche-Borel intitulé *Seconde et derniere partie des Confessions formant la suite de la collection complete des œuvres de J. J. Rousseau. Edition collationnée sur une copie fidelle du manuscrit de l'Auteur, & augmentée de différens morceaux dont il fait mention, comme déposés par lui dans les mains de M. Du Peyrou*, aux pages 8–10.

4. Pour s'acquérir les bonnes grâces de la France, les patriciens de Genève avaient offert une somme de 900.000 livres à l'Assemblée nationale, mais ce don fut refusé, le 29 décembre 1789, à la suite d'un débat véhément où Mirabeau se fit le porte-parole des contestataires et des exilés genevois (Edmond BARDE, 'Un don genevois à l'Assemblée nationale en 1789', *Revue historique vaudoise*, 1904, XII, 209–218; Otto KARMIN, 'Une offrande genevoise à l'Assemblée nationale', *Annales révolutionnaires*, 1909, 481–512).

5. Probablement *La Bastille dévoilée, ou recueil de pièces authentiques pour servir à son histoire*, Paris, Desenne, 1789–1790, 3 vol. in-8 (MONGLOND, I, 48).

Lettre 688

ETABLISSEMENT DU TEXTE   Neuchâtel, BV, ms. 1317, ff. 20–21, orig. de la main de Choppin.

COMMENTAIRE   Le 16 janvier 1790 est bien un samedi.

1. Connue en France sous le nom fautif d'eau de Seltz, la *Selterser Wasser* provient de la source minérale saline et alcaline de Selters (Prusse occidentale).

2. Non identifiées.

3. Henriette Sandoz-de Bada apparemment (voir *O.C.*, I, lettre 32, note 4).

Lettre 689

ETABLISSEMENT DU TEXTE   Neuchâtel, Archives de Chambrier, 2 ff., orig. aut. Publ. GODET, I, 433 et 436–437 (fragments).

1) Suivi de *de* biffé; 2) récrit au-dessus de *avois* biffé; 3) *qu'il donne*, corrigé de *qu'elle donnat*; 4) *une égale*, récrit au-dessus de *la même* biffé; 5) corrigé de *devoient*; 6) suivi d'un mot biffé et illisible; 7) ajouté au-dessus de la ligne; 8) récrit au-dessus de *cet* biffé; 9) *dans mon imagination*, ajouté au-dessus de la ligne; 10) en surcharge sur un mot illisible; 11) ajouté au-dessus de la ligne; 12) à partir de ce mot, toute la fin de la lettre est écrite en long sur la page d'adresse.

COMMENTAIRE   Le 29 janvier 1790 est un vendredi. Le mercredi étant jour de courrier pour le Piémont (voir *O.C.*, II, 673), il est très probable que la présente lettre date du mercredi 27 janvier 1790.

1. Sophie-Victoire-Alexandrine de Girardin, épouse du comte Alexandre de Vassy et l'une des deux filles (et non la sœur) du marquis René de Girardin, le dernier protecteur de Jean-Jacques Rousseau.

2. La *Lettre de Mme la comtesse Alexandre de Vassy à Mme la baronne de Staël sur le livre intitulé 'Lettres sur les ouvrages et le caractère de J.-J. Rousseau'* avait paru en 1789 dans plusieurs rééditions du livre de Germaine de Staël (voir F.-C. LONCHAMP, *L'Œuvre imprimé de Madame Germaine de Staël*, Genève, Pierre Cailler, 1949, nos 7 et 8).

3. Armand-Louis de Serent avait été fait grand d'Espagne de première classe, par cédule du 12 novembre 1789 (REVEREND, VI, 245). – Son billet aut. du 12 janvier 1790 sur les *Eclaircissemens* est également conservé dans les Archives de Chambrier. En voici le texte:

> je viens de lire, Monsieur, le petit Ecrit de notre amie, il me faudroit, pour en bien juger, etre plus au fait que je ne le suis, de L'origine de la petite guerre dans la quelle notre amie a pris parti. Son imagination est vive, ardente et a une originalité qui n'appartient qu'a elle, je ne sais si elle a un interêt plus particulier dans la cause qu'elle soutient, qu'elle n'en auroit eu a Ecrire sur toute autre matiere, je ne le croirois pas. je ne sais si je me trompe mais il me semble que c'est son Esprit beaucoup plus qu'une affection profonde qui a dirigé sa plume. Au surplus comme jai eu l'honneur de vous le dire je n'ai aucun des Ellements necessaires pour pouvoir asseoir un jugement a cet Egard.
>
> jai l'honneur dêtre avec un tres parfait attachement Monsieur votre tres humble et tres obeissant serviteur   Le Mis de Serent
>
> ce mardi matin 12.jer

4. Les portraits destinés à illustrer l'édition Fauche-Borel des *Confessions* de Jean-Jacques Rousseau (voir la lettre 673, note 8). Aucun d'eux ne parut, pas même ceux de Charles Pinot Duclos ni de George Keith dixième comte Marischal.

5. De fait, Edward Gibbon n'en était que le dépositaire (voir la lettre suivante).

6. Dont on verra la réponse (ci-après lettre 697).

7. Hippolyte BUFFENOIR, *La Maréchale de Luxembourg (1707–1787)*, Paris, Emile-Paul frères, 1924, 231–239 (chap. IX: 'Les portraits de la maréchale') ne connaît qu'un portrait de jeunesse par Nicolas Lancret et un grand portrait anonyme (reproduit en frontispice de son livre) mais ignore l'existence des deux médaillons dont parle Isabelle de Charrière.

8. Carlo Giuseppe Solaro, comte de Favria (voir Emile GAILLARD, 'Jean-Jacques Rousseau à Turin', *Annales de la Société Jean-Jacques Rousseau*, 1950–1952, XXXII, 109). Il est question de ce 'jeune étourdi' au début du livre III des *Confessions*.

9. Les amours de Jean-Jacques avec cette 'piquante' Piémontaise (restée non identifiée jusqu'à présent) sont rapportées au livre II des *Confessions*.

10. Le passage ici visé se trouve au début du livre XII des *Confessions*: 'J'allai donc m'etablir à Motiers [...] et je me dis: quand Jean-Jacques s'élève à côté de Coriolan, Frédéric sera-t-il au-dessous du Général des Volsques' (*Œuvres complètes*, Paris, Gallimard, 1959, 'Bibliothèque de la Pléiade', I, 593).

11. Jean-Frédéric Perregaux probablement (voir *O.C.*, II, lettre 497, note 4). Au reste, le sens de cette phrase nous échappe.

12. Dénoncé par sa femme pour ses activités maçonniques, Cagliostro avait été

arrêté le 27 décembre 1789 sur ordre du pape Pie VI et incarcéré au château Saint-Ange (Constantin PHOTADIES, *Les Vies du comte de Cagliostro*, Paris, Bernard Grasset, 1932, 391).

13. Où Cagliostro avait été enfermé avec sa femme, à la suite des accusations de la comtesse de la Motte dans l'affaire du Collier.

14. Molière, *Tartuffe*, acte I, scène I.

15. Dans sa *Néologie ou vocabulaire de mots nouveaux* (Paris, Moussard/Maradan, an IX–1801, II, 5–71), Louis-Sébastien Mercier cite de nombreux néologismes analogues (*imblamable, imperdable, impressurable*, etc.), mais non pas celui-là.

16. Le roi de Prusse?

17. Jean-François de Narbonne-Pelet (1725–1804), auquel son héroïque défense du poste de Fritzlar pendant la Guerre de Sept Ans avait valu le nom de Narbonne-Fritzlar. Il avait épousé sa cousine Louise-Charlotte-Philippine de Narbonne-Pelet de Salgas (†1762) et était donc doublement apparenté à Claude de Salgas.

18. 'Mon cul est bien dans la nature, et cependant je porte des culottes', fait dire à Voltaire John MOORE, *A View of Society and Manners in France, Switzerland and Germany*, London, W. Strahan and T. Cadell, 1779, I, 275.

19. Ou plutôt Trémauville (voir plus loin la lettre 704, note 7).

20. Il s'agit apparemment de la maison de Marianne-Henriette (1759–1817), Charlotte-Louise (1760–1838), Nanette-Salômé (1761–1828) et Suzanne (1763–1832) Du Pasquier, toutes quatre filles de Jonas Du Pasquier (1718–1787) et d'Anne-Marie Mouchet (1724–1780) (J. Thierry DU PASQUIER, *La Famille Du Pasquier*, Neuchâtel, La Baconnière, 1974, 72–73). Leur maison se trouvait à la Rue Basse, n° 1 actuel.

Lettre 690

ETABLISSEMENT DU TEXTE   Publ. J. E. NORTON, *The Letters of Edward Gibbon*, London, Cassell, 1956, III, 188–189, n° 754. Le ms. orig. appartenait au deuxième vicomte Mersey, décédé en novembre 1956 sans qu'on sache à qui ses collections sont allées (renseignement de la Royal Commission on Historical Manuscripts, Londres).

COMMENTAIRE
1. Ce portrait, d'artiste inconnu, se trouve aujourd'hui au Musée des Beaux-Arts de Lausanne. Sur son odyssée, voir [John] MEREDITH READ, *Historic Studies in Vaud, Berne, and Savoy*, London, Chatto & Windus, 1897, II, 85.

2. Jean-Antoine-Noé Polier de Bottens (1713–1783), dont les trois enfants survivants étaient en effet Jeanne-Isabelle-Pauline (1751–1832), épouse du baron Louis de Montolieu, Henri-Etienne-Georges-Fritz-Roger (1754–1821) et Jeanne-Françoise (1759–1839) dite Mlle de Bottens (*Généalogies vaudoises*, I, 167, 171–172).

Lettre 691

ETABLISSEMENT DU TEXTE   Lausanne, BCU, fonds Constant II, 34/1, 1 f., orig. aut. 1) *sans les biens situés dans le Canton*, récrit au-dessus de *si.......* biffé; 2) corrigé de *désert*, soigneusement biffé; 3) à partir de *Samedi*, écrit en long dans la marge.

COMMENTAIRE   Comme Philippe Godet l'a indiqué au crayon en tête du ms., cette lettre doit dater de février 1790 (voir la note 1 ci-dessous), mais à première vue il paraît difficile de préciser à laquelle des quatre semaines de février elle appartient. Cependant quatre mois plus tard (voir la lettre 716), Isabelle parle de la présente lettre comme étant de janvier. Il semble dès lors qu'en la datant du mardi 2 février 1790, on ne puisse guère se tromper de plus d'une semaine.

1. En route pour la Hollande et la Suisse, le nouveau chapelain du roi de Prusse, Jacques-Louis Du Pasquier★, avait dû faire étape à Brunswick.

2. Cette lettre de Rosalie de Constant ne s'est pas retrouvée.

3. L'affaire de Juste de Constant donnait lieu, depuis novembre 1789, à une épineuse discussion de procédure et de compétence entre Berne et La Haye (voir RUDLER, *Jeunesse*, 367-368).

4. Joachim Rendorp★.

5. Le Désert, la Chablière. Sans attendre les conseils d'Isabelle de Charrière, Juste de Constant avait cédé la Chablière à son fils Benjamin par un acte du 17 mai 1789 qui fut confirmé le 8 février 1790 (RUDLER, *Jeunesse*, 369). Quant à la campagne du Désert, elle ne fut vendue qu'en 1791 à Victoire Hollard (voir la lettre 787, note 6).

6. Allusion probable au voyage de la princesse Wilhelmine à Berlin (juin-août 1789) au cours duquel deux mariages furent réglés: celui de la princesse Louise avec le prince héritier de Brunswick-Wolfenbüttel (voir la lettre 619, note 18) et celui du prince héritier Guillaume-Frédéric d'Orange avec la princesse Wilhelmine de Prusse (voir la lettre 703, note 12). Voir aussi N. JAPIKSE, *De Geschiedenis van het Huis van Oranje*, Den Haag, Zuid-Hollandsche Uitg. mij., 1938, II, 153–154.

7. Le mardi et le samedi étaient deux des jours de courrier pour l'Allemagne (voir O.C., II, 673).

Lettre 692

ETABLISSEMENT DU TEXTE Neuchâtel, BV, ms. 1387/4, ff. 1–2, orig. aut.
1) Lire *si j'avois*; 2) *trouver &*, récrit au-dessus de *retrouv* biffé.

COMMENTAIRE L'amitié d'Isabelle de Charrière pour Caroline de Chambrier★ remonte à février 1790. Cette lettre, la seule de toute leur correspondance qu'Isabelle ait signée de ses initiales, paraît contemporaine des débuts de cette amitié. D'où les dates proposées ici à titre d'hypothèse.

1. Paraphrase d'un vers de la fable 'Les Deux Pigeons' (LA FONTAINE, *Fables*, IX, 2).

Lettre 693

ETABLISSEMENT DU TEXTE Neuchâtel, BV, ms. 1387/4, ff. 3–4, orig. aut. Publ. GODET, I, 450 (fragment).

1) *sous une forme*, ajouté au-dessus de la ligne; 2) suivi de *valent beaucoup*, biffé; 3) tout ce post-scriptum est écrit en long dans la marge.

COMMENTAIRE Le 16 février 1790 était bien un mardi.
1. Voir la lettre 649, note 10.
2. La première de ces dames Ostervald nous reste énigmatique, la seconde pourrait être Elisabeth de Pury (1727–1800), veuve de Ferdinand Ostervald, la troisième Charlotte-Louise-Albertine Ostervald sa fille (voir la lettre 766, note 11).
3. Non identifié.

4. Les demoiselles Du Pasquier étaient trop nombreuses à Colombier (voir au Répertoire l'article Du Pasquier*, Susette, et la lettre 689, note 20) pour qu'on puisse identifier celle-ci sans autre donnée.

5. Non identifié.

6. Le musicien André Gaillard sans doute.

7. Voir les lettres 612 et 617.

Lettre 694

ETABLISSEMENT DU TEXTE   A) Texte du 19 février 1790: 1. Neuchâtel, Archives de Chambrier, 2 ff., copie contemporaine d'une main non identifiée. 2. Neuchâtel, BV, ms. 1387ter, pièce 18, 3 ff., copie d'une écriture du XIXème siècle communiquée à Philippe Godet par Mlle P[   ] Houriet. Publ. GODET, I, 435–436, 30–31, 451 et 242 (fragments diversement datés). B) Texte du 20 février 1790: Neuchâtel, Archives de Chambrier, 1 f., orig. aut.

1) Les quatorze derniers mots ne se lisent que dans le ms. 1, la fin de l'alinéa ne figure que dans le ms. 2; 2) suivi de *ecrit pu* biffé; 3) le post-scriptum est écrit à rebours sur la page d'adresse.

COMMENTAIRE   Le 21 février tombait un dimanche. Comme le samedi était jour de courrier pour le Piémont (voir O.C., II, 673), il est extrêmement probable que la dernière partie de la présente lettre date du samedi 20 février et le reste, écrit la veille, du 19.

1. Jean-Claude Gaime (1692–1761), le modèle du 'Vicaire savoyard', dont Jean-Jacques Rousseau parle au début du livre III des *Confessions* (*Œuvres complètes*, Paris, Gallimard, 1959, 'Bibliothèque de la Pléiade', I, 90–91).

2. La mort en 1734 de ce jeune amant de Mme de Warens est racontée au livre V des *Confessions* (*Œuvres complètes*, éd. cit., I, 205–206).

3. Larousse qui fait de ce terme un synonyme de 'stimulation' cite des exemples tirés de Lamennais et de Darwin. Mais même dans ces cas, le sens paraît bien, comme ici, celui du mot anglais, infiniment plus courant: 1) emploi, usage de la force, dépense de ses forces; 2) efforts, et fatigue qui en découle (MG).

4. Isabelle avait lu sans doute la *Vaderlandsche historie* de Jan Wagenaar, dont le premier tome avait paru en 1749 et le 21ème et dernier en 1759 (voir O.C., II, lettre 476, note 7), Elle relira plus tard cet ouvrage.

5. Jacques (*Jacobus*) Arminius (1560–1609), professeur de théologie à Leyde, s'éleva contre le dogme calviniste de la double prédestination en soutenant que les bienfaits de la grâce étaient offerts à tous. Le théologien François Gomar (1563–1641), originaire de Bruges, le combattit violemment. Les adeptes du premier furent appelés 'Arminiens', ceux du second 'Gomaristes'. Après la mort d'Arminius, un mémoire intitulé *Remontrance* fut présenté par ses adhérents aux Etats de Hollande (1610) et les Arminiens furent baptisés depuis lors Remontrants *(Remonstranten)*. La politique ayant exploité ces controverses, le Synode de Dordrecht (1618) condamna les Arminiens à l'instigation du prince Maurice d'Orange et les contraignit à l'exil. Après la mort du prince, ils furent autorisés à professer leur doctrine, qui se répandit aussi en Angleterre, en Prusse et en France. Leurs églises existent toujours aux Pays-Bas et comptent prés de 25.000 fidèles (voir Carl BANGS, *Arminius, a Study in the Dutch Reformation*, Nashville, Tennessee, Abington Press, 1971; G. P. ITTERZON, *Franciscus Gomarus*, La Haye, M. Nijhoff, 1930).

6. Probablement Maria-Anna van Tuyll-Singendonck, avec laquelle Isabelle était très liée en Hollande.

7. La nouvelle était fausse.

8. Lorenza Feliciani, que Giuseppe Balsamo avait épousée à Rome en avril 1768 et qui se fit appeler Serafina quand son mari eût pris le titre de comte de Cagliostro.

9. *Mémoires de M. le Duc de Choiseul, ancien Ministre de la Marine, de la Guerre, & des Affaires étrangères, écrits par lui-même, et imprimés sous ses yeux, dans son Cabinet, à Chanteloup, en 1778,* Chanteloup-Paris, Buisson, 1790, 2 vol.

10. Louise-Honorine Crozat du Chatel (1736–1801), qui avait épousé en 1750 Etienne-François duc de Choiseul (1719–1775).

11. Voir la lettre 663, note 3.

12. *Je reviens vers vous, rives bien aimées.* Nous n'avons pas réussi à découvrir de quel opéra d'Anfossi cet air est tiré.

Lettre 695

ETABLISSEMENT DU TEXTE   Neuchâtel, BV, ms. 1334, ff. 21–22, orig. aut.

COMMENTAIRE   Cette lettre est postérieure au décès de Quirijn van Strijen, survenu le 27 janvier 1790 et doit donc dater de fin février-début mars.

1. Voir la lettre 687, note 3.
2. Jacques-Louis Du Pasquier★.
3. Il est question de Du Peyrou dans les deux écrits sur Rousseau envoyés par Isabelle.
4. *Plainte et défense de Thérèse Le Vasseur* (1789). Voir O.C., X, 171–176.
5. Voir la lettre 649, note 4.
6. Ce vœu avait été exaucé par avance (voir la lettre 671).
7. *Pour le moins très vulgaire.*
8. Voir la lettre 675, note 3.
9. *De l'importance des opinions religieuses* (voir la lettre 611, note 7).
10. Les *Menuets* d'Isabelle avaient été imprimés entretemps à Amsterdam. Voir la lettre 590, note 5.
11. Voir le commentaire général ci-dessus.

Lettre 696

ETABLISSEMENT DU TEXTE   Neuchâtel, BV, ms. 1387/4, f 5, orig. aut.

1) *après une tempête generale dans la tête,* ajouté entre les lignes; 2) *de tilleuil pour toute nourriture,* de même.

COMMENTAIRE   Il paraît difficile de situer avec quelque précision cette courte lettre dans l'année qui s'est écoulée enre l'éclosion de l'amitié des deux correspondantes et le mariage de Caroline de Chambrier (21 mars 1791).

Lettre 697

ETABLISSEMENT DU TEXTE   Neuchâtel, BV, ms. 1387ter, pièce 44, 2 ff., orig. aut., incomplet d'un premier feuillet de quatre pages, le feuillet conservé portant le chiffre aut. *2* en haut à gauche de sa première page.

COMMENTAIRE L'écriture de cette lettre est semblable à celle de la lettre 679, au commentaire de laquelle nous renvoyons pour l'identification de l'auteur. La dernière phrase permet de supposer en outre que nous avons là la réponse à la lettre dont Isabelle de Charrière parle à Chambrier d'Oleyres le 27 janvier 1790. Mais il paraît hasardeux de vouloir préciser davantage la date de ce fragment mutilé.

1. Jacques Necker, comme le montre la suite de la lettre.

2. Allusion non éclaircie.

3. Louise-Pauline-Françoise de Montmorency-Luxembourg (1734–1818), épouse en secondes noces du prince Louis-François-Joseph de Montmorency-Logny et veuve en premières noces d'Anne-François de Montmorency-Luxembourg (†1761), lui-même fils unique de Charles-François-Frédéric de Montmorency-Luxembourg, maréchal duc de Luxembourg, le protecteur de J.-J. Rousseau.

Lettre 698

ETABLISSEMENT DU TEXTE   Neuchâtel, Archives de Chambrier, 2 ff., orig. aut. Publ. GODET, I, 241–242 (fragment).

1) La seconde partie du mot *Remonstrante* a été corrigée, puis biffée, puis récrite au-dessus de la ligne, puis corrigée encore; la note est écrite dans l'angle supérieur droit de la page; 2) 3) ajouté au-dessus de la ligne; 4) *le moins mauvais*, ajouté au-dessus de la ligne; 5) corrigé de *quelque*; 6) *ces memoires*, ajouté au-dessus de la ligne; 7) *un certain*, ajouté au-dessus de la ligne; 8) *J'entends les anecdotes*, ajouté au-dessus de la ligne; 9) en tournant ici la page, Isabelle a omis *de lire*; 10) ajouté entre les mots; 11) *la dechira & la brula*, récrit au-dessus de *dit* biffé; 12) récrit au-dessus de *de* biffé; 13) ajouté au-dessus de la ligne; 14) *je crois*, ajouté au-dessus de la ligne; 15) lire *radouci*; 16) corrigé de *dit*; 17) suivi de *semblo* biffé.

COMMENTAIRE   Le 12 mars 1790 tombait un vendredi. Comme le samedi est jour de courrier pour le Piémont, l'erreur porte certainement sur le quantième et la présente lettre doit dater du samedi 13 mars 1790.

1. Sir William Temple, dont les *Observations upon the United Provinces of the Netherlands* de 1673 avaient été traduites la même année en français.

2. Voir la lettre 694, note 5.

3. Le Synode de Dordrecht condamna Grotius à la détention perpétuelle et à la confiscation de ses biens (1619). Après s'être évadé en 1621, Grotius gagna la France. Revenu dix ans plus tard à Rotterdam, il y subit de nouvelles persécutions qui le contraignirent à se réfugier à Hambourg (avril 1632).

4. Alexandre Mikhaïlovitch Bieloselsky-Bielozersky (1757–1809), ambassadeur de Russie à Turin de 1792 à 1795, poète, librettiste et compositeur.

5. Philippe Quinault, l'un des contemporains de Racine.

6. [André-Ernest-Modeste] GRETRY, *Mémoires ou essai sur la musique*, Paris, Prault/Liège, F. J. Desœr, 1789. La protestation dont parle Isabelle de Charrière ne s'y trouve pas, mais à propos de son opéra *Andromaque* (1780), Grétry déclare (422–423 en note) que son librettiste 'ne touchoit aux vers du divin *Racine*, qu'avec respect & parce que la musique exigeoit des coupures'.

7. Les *Mémoires* de Louis-François-Armand du Plessis maréchal duc de Richelieu, compilés par Jean-Louis Soulavie, venaient de paraître en 4 vol. in-8 (Londres, Joseph de Boffe/Marseille, Mossy/Paris, Buisson, 1790). L'ouvrage connut une

'Suite' en 1791 et une 'Seconde édition, avec des augmentations' (9 vol.) en 1792–1793.

8. Non identifiée.

9. Il pourrait s'agir ici de Karl Samuel von Luterneau (1740–1786), officier au service des Provinces-Unies, décédé à Neuchâtel en octobre 1786.

10. Thomas de Mahy marquis de Favras (1744–1790) avait été pendu comme conspirateur le 19 février 1790 sans que sa culpabilité soit vraiment établie. Morel avait été son principal dénonciateur. Voir Edmond CLERAY, *L'Affaire Favras, 1789–90, d'après des documents inédits*, Paris, Editions des Portiques, 1932. Quant à Cagliostro, il avait été effectivement dénoncé au Saint-Office par sa femme (voir la lettre 689, note 12).

11. Après son acquittement dans l'Affaire du Collier, Cagliostro avait passé une dizaine de jours à Passy, dans la première quinzaine de juin 1786, avant de gagner l'Angleterre (Constantin PHOTADIES, *Les Vies du comte de Cagliostro*, Paris, Bernard Grasset, 1932, 321–324).

12. Elisabeth-Olympe-Félicité-Louise-Armande du Vigier, épouse d'Agésilas-Joseph de Grossoles marquis de Flamarens (*Dictionnaire de la noblesse*, IX, 931).

13. Il pourrait bien s'agir de *Marie*-Françoise-Victoire Salmon, 'fille domestique', née en 1760, condamnée le 18 avril 1782 à être brûlée vive pour crimes de vol et de poison, puis, après une longue procédure, libérée de toute accusation par arrêt du Parlement de Paris du 23 mai 1786 (Pierre LAROUSSE, *Grand dictionnaire universel du XIXe siècle*, Paris, 1875, XIV, 129–130; *Bibliothèque Nationale, Département des imprimés, Catalogue des factums*, publ. A. CORDA, Paris, Plon, 1900, V, 498–499).

14. Isabelle de Charrière se fait ici l'écho des bruits qui avaient couru en 1785, peu avant son dernier séjour à Paris, sur le cercle (d'aucuns disaient 'la loge') qui se réunissait autour du marquis et de la marquise de Girardin à Ermenonville (André MARTIN-DECAEN, *Le dernier ami de J.-J. Rousseau, le marquis René de Girardin (1735–1808) d'après des documents inédis*, Paris, Perrin, 1912, 177–190). Le 'mari mort un peu subitement' devait être le marquis Louis-Marie-Joseph de Lescure, dont le décès à Ermenonville aurait été l'effet du poison (*ibid.*, 181).

Lettre 699

ETABLISSEMENT DU TEXTE   Neuchâtel, BV, ms. 1387/4, f. 8, orig. aut.
1) *ont été &*, ajouté au-dessus de la ligne; 2) lire *je savois* (à moins qu'il ne s'agisse d'un petit effet de 'style marotique') (MG); 3) suivi de *n'est* biffé; 4) à partir de ce mot, la fin de l'alinéa est écrite en long dans la marge de la seconde page; 5) ajouté au-dessus de la ligne; 6) cette phrase est écrite en long dans la marge de la première page.

COMMENTAIRE   Le samedi 13 mars 1790, Isabelle écrit à Chambrier d'Oleyres qu'elle a 'feuilleté le maréchal de Richelieu'. Puisqu'elle emploie ici la même expression pour le quatrième volume de cet ouvrage, la datation la plus probable paraît bien celle des dimanche 14 et lundi 15 mars 1790.

1. Cette œuvre n'a pas été retrouvée.

2. Il pourrait s'agir de Marguerite Jacobel (†1832), fille de Samuel Jacobel (1734–1829) et de Suzanne Passavant (*Biographie neuchâteloise*, II, 508). Mais le sens précis de tout ce passage nous échappe.

3. Comme la suite de la correspondance le montrera, il s'agit ici de Susette Du Pas-

quier*, future épouse de son cousin germain Jacques-Louis Du Pasquier*.

4. Frédéric-Samuel Neuhaus (voir O.C., II, lettre 532, note 8).

5. Jean-Antoine Butini (voir O.C., II, lettre 497, note 1) et son fils Pierre Butini (1759–1838).

6. Une amie commune évidemment, peut-être Charlotte de Rougemont (voir O.C., II, lettre 520, note 4).

7. Vaste domaine du Val-de-Travers, dont la maison de maître date de 1716 et que la famille Sandol-Roy possède depuis 1758 (PETITPIERRE, III, 145–172 ; COURVOISIER, III, 47–48).

8. Lecture douteuse et personnage non identifié.

9. Cette énigme historique, grâce à Voltaire notamment et à son *Siècle de Louis XIV*, passionnait l'opinion depuis le milieu du XVIIIème siècle et Jean-Louis Soulavie venait de verser au dossier des pièces nouvelles dans un long chapitre de sa compilation des *Mémoires du maréchal duc de Richelieu* (III, 71–113).

Lettre 700

ETABLISSEMENT DU TEXTE   Neuchâtel, BV, ms. 1387/4, ff. 6–7, orig. aut.

1) Lire *ont*; 2) *tous les jours*, ajouté au-dessus de la ligne; 3) lire *m'a fait*; 4) tout ce post-scriptum est écrit à rebours sur la page d'adresse.

COMMENTAIRE   A partir de mai 1790, Isabelle de Charrière désignera Alphonse de Sandoz-Rollin soit par son prénom, soit par les initiales D. A. (Don Alphonse). C'est pourquoi nous proposons à titre d'hypothèse de placer cette lettre en avril.

1. Henri-Alphonse de Sandoz-Rollin* (1769–1862), que Caroline de Chambrier épousera le 21 mars 1791.

2. Nom populaire encore répandu de l'*Impatience* (MG).

3. Le bois de *sassafras* venait 'de Virginie, du Brésil et d'autres provinces d'Amérique'. On en extrayait 'une huile essentielle, limpide', à odeur de fenouil. L'*Encyclopédie* exalte les vertus médicinales à peu près universelles du sassafras (MG).

Lettre 701

ETABLISSEMENT DU TEXTE   Neuchâtel, BV, ms. 1310, ff. 15–16, orig. aut. Publ. GODET, II, 43–44 (court fragment).

COMMENTAIRE

1. Voir la lettre 667.

2. C'est seulement en 1798 que ce terme est entré dans le *Dictionnaire de l'Académie*, avec un sens voisin de celui qu'a aujourd'hui le mot *diplomatie*: 'On appelle aussi *Diplomatique* la partie de la politique qui traite du droit des gens. *Il se destine à la diplomatique*' (MG).

3. Le texte de ce discours du pasteur Henri-David de Chaillet* au gouverneur de la Principauté de Neuchâtel ne semble pas avoir été conservé.

4. C'est-à-dire de la Prusse.

5. *Mémoires historiques, politiques et géographiques des voyages* du comte [Louis-François] DE FERRIERES-SAUVEBOEUF, *faits en Turquie, en Perse et en Arabie depuis 1782 jusqu'en 1789*, Paris, Buisson, 1790, 2 vol. in-8. Le passage visé par Chambrier d'Oleyres se trouve aux pages 38–40 du tome I.

6. Le comte Marie-Gabriel-Florent-Auguste de Choiseul-Gouffier (1752–1817) représenta la France à Constantinople de 1784 à 1792. Dans le 'Discours préliminaire' de son *Voyage pittoresque de la Grèce* (Paris, [sans nom d'éditeur], 1782, I, ix–x), il avait fait sentir les avantages que l'Europe retirerait 'si les Grecs se trouvoient affranchis de l'empire des Turcs', mais il n'avait point souhaité la destruction de l'Empire ottoman.

7. Gabrielle-Yolande-Claude-Martine de Polastron (1750–1793), épouse du comte puis duc Armand-*Jules*-François de Polignac (1745–1817). Elle avait été à Versailles l'amie intime de Marie-Antoinette. – Sur ses pérégrinations en Italie, voir Diane de POLIGNAC, *Mémoires sur la vie et le caractère de Madame la duchesse de Polignac*, Hambourg, Pierre-François Fauche, 1796, 38–47; M.-H. SCHLESINGER, *La Duchesse de Polignac et son temps*, Paris, Auguste Ghio, 1889, 153–176.

8. *Diane*-Louise-Augustine de Polignac (née en 1742). C'est elle en effet qui avait présenté la future duchesse de Polignac à Marie-Antoinette.

9. Louis-Melchior-Armand de Polignac (né en 1717, mort après 1792), père de Jules et de la comtesse Diane, veuf pour la seconde fois en 1788 (REVEREND, V, 391).

10. 'On dit *Produire un homme dans le monde, à la Cour*, pour dire l'introduire dans le monde, à la Cour, l'y faire connaître' (*Dictionnaire de l'Académie*) (MG).

11. *La Galerie des Etats-Généraux*, [s.l.], 1789, 2 vol. in-8; *La Galerie des dames françoises pour servir de suite à la Galerie des Etats généraux*, Londres, 1790 (MONGLOND, I, 86). Dans ce dernier ouvrage, le portrait de la comtesse Diane de Polignac (*Ténésis*) se trouve aux pages 72–76, celui de Suzanne Necker-Curchod (*Statira*) aux pages 13–18, celui de Germaine de Staël (*Marthésie*) aux pages 19–25 et celui de Marie-Charlotte de Rohan-Chabot, seconde épouse du prince Charles-Juste de Beauvau-Craon (*Desdemona*) aux pages 25–31.

12. Charles-Alexandre-Marc-Marcellin d'Alsace-Hénin-Liétard (1744–1794), dont la mère était une Beauvau-Craon. Il était alors capitaine des gardes du comte d'Artois (VINGTRINIER, I, 375, note 2).

13. *La Galerie des Etats-Généraux*, II, 15–18.

14. Les *Lettres neuchâteloises*.

15. Les *Lettres sur les ouvrages et le caractère de J. J. Rousseau* que Germaine de Staël avait publiées à la fin de 1788. Mme de Vassy ne semble pas avoir poursuivi son projet de réfutation, qui eût fait d'ailleurs double emploi avec sa *Lettre* précédemment citée (voir la lettre 689, note 2).

Lettre 702

ETABLISSEMENT DU TEXTE   Neuchâtel, BV, ms. 1319, ff. 34–35, orig. aut.

COMMENTAIRE

1. Susette Du Pasquier*.

2. Moudon, Estavayer, Avenches, trois localités du Pays de Vaud situées dans un rayon de 20 km. environ autour de Payerne où résidait le docteur Gérard.

3. Selon Martha Fletcher (Théophile de BORDEU, *Correspondance*, Montpellier, Université Paul Valéry, 1979, IV, 42), 'l'anatomie distinguait alors: 1) les solides (tissus, organes); 2) les liquides ou humeurs (sang, lymphe, sécrétions glandulaires, etc.)'.

4. *Si les maladies changent, nous changerons le traitement.*

5. Abréviation usuelle pour 'docteur en médecine'.

Lettre 703

ETABLISSEMENT DU TEXTE   Neuchâtel, Archives de Chambrier, 2 ff., orig. aut.
Publ. GODET, II, 44 (fragment).

1) En surcharge sur *plus*;   2) lire *l'a*;   3) récrit au-dessus d'un mot biffé et illisible;   4) ajouté au-dessus de la ligne;   5) *par M. de Choiseuil*, ajouté au-dessus de la ligne;   6) à partir de ce mot, la fin de l'alinéa est écrite en long dans la partie inférieure de la marge;   7) tout ce dernier alinéa est écrit en long sur la page d'adresse.

COMMENTAIRE

1. Le prince Bieloselsky (voir la lettre 698, note 4).
2. Rien n'est resté de cet opéra intitulé *Polyphème* ou *Le Cyclope* (O.C., VII, 187–190).
3. Contrairement au dicton qui veut que la montagne en travail accouche d'une souris.
4. *La Galerie des Etats-Généraux* (voir la lettre 701, note 11).
5. La *Lanterne magique nationale*, attribuée au frère de Mirabeau (MONGLOND, I, 1282).
6. Polygraphe fécond, l'abbé Antoine Sabatier, dit Sabatier de Castres a publié plusieurs ouvrages à cette époque. Plutôt que de sa *Lettre sur les causes de la corruption du goût et des mœurs, et sur le charlatanisme des philosophes du XVIIIᵉ siècle* (MONGLOND, I, 1040), il pourrait s'agir du *Journal politique national des Etats-Généraux et de la Révolution de 1789*, qui connut plusieurs séries et plusieurs réimpressions (MONGLOND, I, 726–727).
7. Voir O.C., II, lettre 532, note 6.
8. Il faut comprendre que Jacques-Louis Du Pasquier*, contrairement à l'auteur de l'*Essai sur la secte des illuminés* (Paris, 1789), n'avait remarqué aucune influence de ce nouveau mysticisme à Berlin. Il allait s'apercevoir bientôt à ses dépens combien il s'était trompé.
9. Et de son *Histoire secrète de la Cour de Berlin* (voir la lettre 645, note 13).
10. Henri de Prusse, le frère cadet de Frédéric II (voir O.C., II, lettre 317, note 2). L'*Histoire secrete de la Cour de Berlin* (I, 63) parlait de 'son petit caractère', de son 'avidité prodigieuse de régner', de sa 'morgue repoussante', de son 'pédantisme insupportable', etc.
11. Frédéric II.
12. La princesse Wilhelmine de Prusse (1774–1837), fille du roi Frédéric-Guillaume II, devait épouser le 1ᵉʳ octobre 1791 le prince héréditaire Guillaume-Frédéric d'Orange (1772–1843), qui deviendra roi de Hollande en 1813 sous le nom de Guillaume I.
13. Voir la lettre 689, note 2.
14. *Beaucoup, vivement, de mon mieux.*

Lettre 704

ETABLISSEMENT DU TEXTE   La Haye, coll. Van Tuyll van Coelhorst, 2 ff., orig. aut., déchirure.

1) D'abord *soufrance* changé en *soufrir*;   2) -*être* ajouté au-dessus de la ligne;   3) *l* biffé avant *laisseroit*;   4) précédé de *figure* biffé;   5) dans le texte;   6) *à la*, *à* ajouté au-dessus de la ligne, *la* en surcharge sur *d*;   7) ajouté au-dessus de la ligne;   8) en sur-

charge sur *le*; 9) *m* en surcharge sur *un*; 10) précédé de *de co*; 11) en surcharge sur *il*; 12) en surcharge sur *la*; 13) *p* en surcharge sur *l*.

COMMENTAIRE

1. *Bonhomme*, autre nom du bouillon blanc (MG).
2. Voir la lettre 703, note 2.
3. Sans doute un personnage du *Cyclope* (O.C., VII, 187–190).
4. Zingarelli*.
5. *Passe-temps, violon d'Ingres*.
6. Le corps de 12.000 Suisses et 12.000 Allemands réunis par Favras à la fin de 1789 et qui, d'après ses accusateurs, devait marcher sur Paris (MG).
7. Pierre-Bruno-Emmanuel Estièvre de Trémauville (1729–1822), accompagné de sa femme Marie-Claude de Grieu et de leurs enfants Emmanuel et Julie avait émigré dès l'été de 1789. Il avait loué la Grande Rochette à Neuchâtel même (Manuel du Conseil de Ville, 28 septembre 1789) avant de s'installer à Colombier (Philippe GODET, 'Georges de Montmollin, enseigne aux Gardes Suisses, et la famille de Trémauville, documents inédits', MN, 1904, XLI, 8–26; [Henry] de WOELMONT DE BRUMAGNE, *Notices généalogiques*, Paris, Edouard Champion, 1923, I, 195).
8. Pierre Thiroux de Montregard (ou Monregard) et sa seconde épouse Marie-Henriette Hue, qui appartenait à une grande famille de parlementaires.
9. Non identifié, probablement le précepteur de son fils Willem-René.
10. Jean-François BOURGOING, *Nouveau voyage en Espagne ou tableau de l'état actuel de cette monarchie*, 1788, 3 vol.

Lettre 705

ÉTABLISSEMENT DU TEXTE   Neuchâtel, BV, ms. 1332, ff. 4–5, orig. aut., incomplet de la fin.

1) Lire *différence*; 2) il manque ici un ou plusieurs ff. de la lettre; les deux post-scriptums qui suivent sont écrits l'un tête-bêche dans le blanc supérieur de la deuxième page, l'autre en long dans le pli séparant la deuxième de la troisième page.

COMMENTAIRE

1. Le village de La Roche-Guyon est situé sur la rive droite de la Seine, dans l'actuel département de Seine-et-Oise, entre Mantes et Vernon. Bonnières, sur l'autre rive, en est la ville la plus proche. Le château de la Roche-Guyon, dont les parties les plus anciennes remontent au XIIᵉ siècle, appartenait alors aux La Rochefoucauld-Liancourt. Voir Emile ROUSSE, *La Roche-Guyon, châtelains, château et bourg*, Paris, Hachette, 1892.
2. Jacques-Louis Du Pasquier*.
3. Charlotte-Pauline-Victoire Chastelain († 1798), épouse de Frédéric-Auguste Fauveau de Frénilly (REVEREND, III, 37). Leur fils Auguste-François (1768–1848), futur baron de Frénilly a laissé des *Souvenirs (1768–1828)* (publ. Arthur Chuquet, Paris, Plon, 1908), qui montrent que Mme Saurin était une vieille amie de la famille.
4. Jean-Sylvain Bailly était toujours maire de Paris.
5. Jacques Godard (1762–1791). Il devait être élu député de Paris à l'Assemblée législative le 20 septembre 1791 et mourir à 29 ans le 4 novembre suivant.

6. Godard s'était fait l'avocat de l'émancipation politique des Juifs. Sa *Pétition des Juifs établis en France adressée à l'Assemblée Nationale le 28 janvier 1790*, forte de 107 pages, demandait que l'on étende aux Juifs 'allemands' d'Alsace et de Lorraine les droits accordés aux Juifs 'portugais, espagnols et avignonnais'. Le *Moniteur* du 22 mars 1790 avait publié encore une longue lettre de lui sur ce sujet. Voir en général Simon SCHWARZFUSS, *Les Juifs de France*, Paris, Albin Michel, 1975, chap. XIII.

7. Puisqu'il s'agit manifestement ici d'une œuvre encore non publiée, ce 'roman' de Germaine de Staël pourrait être l'une des trois nouvelles que la jeune femme avait écrites avant 1789 et qui parurent pour la première fois dans son *Recueil de morceaux détachés* de 1795: *Mirza, Adélaïde et Théodore* ou l'*Histoire de Pauline*.

8. D'Auguste de Staël, son deuxième enfant, qui naîtra le 31 août 1790.

9. Un important décret sur le cours des assignats et la vente des biens nationaux avait été voté par l'Assemblée nationale le 17 avril.

10. Alexandre Lauzières de Thémines, évêque de Blois de 1776 à 1801, fit paraître d'abord une *Lettre de M. l'évêque de Blois à MM. les administrateurs du Département de Loir-et-Cher*, puis un recueil de *Lettres* (Blois, Masson, 1790), qui eut deux éditions (MONGLOND, I, 976–977).

11. Philippe-Athanase Täscher (1731–1790), d'origine grisonne, président à mortier au parlement de Metz, intendant général de la Martinique et de la Guadeloupe de 1771 à 1777, se tua d'un coup de feu le 12 mars 1790 à Saint-Blaise près de Neuchâtel, dans la maison du Tilleul qu'il avait acquise en automne 1789 (Eugène TERRISSE, 'Quatre siècles à l'ombre du tilleul de Saint-Blaise', MN, 1947, nlle sér., XXXIV, 88–96).

12. Aux pages 113–135.

13. Angélique-Marie Darlus Dutaillis (1745–1827), veuve du comte Claude-Philibert Mouret de Montrond. Elle allait émigrer en automne 1790 et passer deux ans et demi à Neuchâtel avant de gagner l'Angleterre. C'est à son profit qu'Isabelle de Charrière publiera ses *Trois femmes* (GODET, II, 214–215). Son nom se lit tout au long dans les procurations qu'elle passa par devant son notaire neuchâtelois (Neuchâtel, AEN, Minutaire du not. G. Jeannin, II, 217–218, 220–221, 232–233).

14. Le comte César-Henri de la Luzerne (1737–1799), ministre de la Marine, avait été dénoncé dès 1789 par les colons de Saint-Domingue 'comme auteur de la ruine des Colonies'. Un nouveau débat avait eu lieu à ce sujet à l'Assemblée nationale le samedi 24 avril 1790.

15. Marie-Françoise Darlus, épouse de Pierre Poulletier de Perigny, ou Marie-Geneviève-Charlotte Darlus, épouse de Louis-Lazare Thiroux d'Arconville, romancière et traductrice.

Lettre 706

ETABLISSEMENT DU TEXTE   Neuchâtel, BV, ms. 1387/4, ff. 9–10, orig. aut.
1) A partir de ce mot, la fin de la lettre est écrite en long dans la marge.

COMMENTAIRE   Antérieure au mariage de Caroline de Chambrier (21 mars 1791), cette lettre est écrite en été puisque Isabelle de Charrière y déclare son 'lit d'hiver' vacant. Et comme l'amitié des deux correspondantes s'est nouée en février 1790, l'été de 1790 est le seul possible.

1. Il s'agit sans doute de Julie-Régine de Pury (voir la note 2) et de ses belles-sœurs,

Sara-Marguerite de Pury (1761–1845), épouse de Charles-Albert de Pury (1752–1833), et Agathe-Marianne-Louise Jacobel (1766–1846), épouse d'Alexandre de Pury (1760–1799).

2. Julie-Régine de Chambrier-Travanet (1729–1791), épouse d'Abram de Pury (1724–1807) (voir O.C., II, lettre 522, note 9; *Portraits neuchâtelois*, 22). Sa fille Henriette-Dorothée était la femme de Pierre-Alexandre Du Peyrou★.

3. Lire *Don Alphonse*: c'est ainsi qu'Isabelle va prendre l'habitude de désigner Alphonse de Sandoz-Rollin★ que Caroline de Chambrier devait épouser le 21 mars 1791.

Lettre 707

ETABLISSEMENT DU TEXTE   Neuchâtel, BV, ms. 1333, f. 12, orig. aut., incomplet de la fin.

COMMENTAIRE   Cette lettre date manifestement des premiers temps du séjour des Trémauville à Colombier. Puisque Isabelle de Charrière signale leur arrivée imminente à son frère Vincent le 20 avril 1790, le mois de mai 1790 ne doit pas s'être écoulé sans que la présente lettre ait été écrite.

Lettre 708

ETABLISSEMENT DU TEXTE   Neuchâtel, BV, ms. 1312, ff. 57–58, orig. aut.   Publ. SAINTE-BEUVE (1844), 247–248 (fragment); GAULLIEUR (1847), 358–359 (avec remaniements); RUDLER, *Jeunesse*, 374–376.   Cf. RUDLER, *Bibliographie*, n° 115.

COMMENTAIRE   Cette lettre n'est pas une réponse à celle qu'Isabelle de Charrière avait écrite en février (lettre 691). Il faut donc supposer dans l'intervalle un échange de correspondance dont rien ne s'est retrouvé. D'ailleurs, le relevé dressé par Isabelle dans sa lettre du 31 août (lettre 726) montre que, durant la première partie de l'année 1790, sa correspondance avec Benjamin Constant avait été assez soutenue.

1. Celle du 19 octobre 1789 apparemment (RUDLER, *Bibliographie*, n° 107).

2. A la Haye.

3. Voir O.C., II, lettre 555, notes 2–4.

4. Leurs Hautes Puissances.

5. Note de RUDLER, *Jeunesse*, 375: 'Voilà sa femme bien encadrée! N'est-ce qu'une plaisanterie ou une inadvertance?'.

Lettre 709

ETABLISSEMENT DU TEXTE   Neuchâtel, BV, ms. 1306, f. 3, orig. aut.

COMMENTAIRE   Après une carrière militaire, le baron Gabriel-François de Brueys d'Aigaliers★ avait été élu député aux Etats-Généraux par la noblesse de Nîmes. Aucune de ses lettres à Isabelle de Charrière n'est signée, mais l'identité de leur auteur, fixée déjà par Ph. Godet (I, 437) et corroborée par de multiples allusions, ne laisse aucun doute.

1. Ou plus exactement de son demi-frère, François de Brueys (1751–1804), dit le baron de Brueys-Saint-André, fils aîné de Gabriel de Brueys d'Aigaliers et de sa seconde épouse Marie de Vivet de Servezan, page du Roi de la Grande Ecurie, officier aux régiments de Forez puis d'Angoumois, lieutenant-colonel du régiment de La Marck (E. de BALINCOURT, 'Le vice-amiral comte de Brueys', *Mémoires de l'Académie de Nîmes*, 1893, 7ᵉ sér., XVI, 102). Le baron d'Aigaliers avait un autre demi-frère, François-Paul de Brueys d'Aigaliers (1753–1798), officier de marine celui-là et qui devait se rendre célèbre à la bataille d'Aboukir.

2. Non identifiées.

Lettre 710

ETABLISSEMENT DU TEXTE   Neuchâtel, BV, ms. 1387/4, f. 13, orig. aut.
1) *là dessus*, ajouté au-dessus de la ligne.

COMMENTAIRE   Le 21 mai 1790, Isabelle de Charrière annonce à Benjamin Constant qu'elle vient d'écrire 'd'un trait' l'*Eloge de Jean-Jacques Rousseau* en trois parties. Puisqu'elle déclare ici la seconde partie achevée, la présente lettre doit précéder de peu celle des 21–22 mai et la date du lundi 17 mai 1790 semble la plus probable.

1. La suite de la correspondance montre qu'il s'agit ici de l'*Eloge de Jean-Jacques Rousseau* qu'Isabelle de Charrière avait décidé d'écrire pour répondre au concours ouvert par l'Académie Française (voir la lettre 671, note 2).
2. L'un des plus fidèles domestiques des Charrière (voir O.C., II, lettre 459, note 1).
3. *La Princesse de Clèves*, de Mme de La Fayette, parue pour la première fois en 1678 et souvent réimprimée au XVIIIᵉ siècle (*Bibliographie romanesque*, 52.R29).
4. A l'époque, le *Dictionnaire de l'Académie* et le *Dictionnaire de Trévoux* (1771) orthographiaient *sang-froid*. 'Doit-on dire *de sens froid*, ou *de sang froid*? se demande l'abbé FERAUD (*Dictionnaire critique de la langue française*, Marseille, Jean Mossy, 1788, III, 549). L'un et l'autre se troûvent dans de bons Auteurs, et il semble qu'on peut les employer indiféremment. Ménage condamne le premier; et l'Académie ne met que le second, qui paraît en éfet plus naturel'.
5. *Zayde, histoire espagnole*, autre roman de Mme de La Fayette, datant de 1670 et plusieurs fois réédité lui aussi (*Bibliographie romanesque*, 64.R41).
6. *Don Alphonse*, soit Alphonse de Sandoz-Rollin*.
7. Sans doute s'agit-il du musicien André Gaillard (voir O.C., II, lettre 555, note 6), bien connu de chacune des deux correspondantes et qui devait être le truchement le plus naturel d'Isabelle de Charrière auprès de l'organiste de Neuchâtel, Jean-Michel Kilgenstein (voir lettre 645, note 2).

Lettre 711

ETABLISSEMENT DU TEXTE   Lausanne, BCU, fonds Constant II, 34/1, 2 ff., orig. aut.
1) Ajouté au-dessus de la ligne; 2) suivi de plusieurs mots rendus illisibles par une épaisse rature; 3) *cela a eté fait dabord d'un trait*, ajouté au-dessus de la ligne; 4) suivi de *a* biffé; 5) *tout de suite*, ajouté au-dessus de la ligne; 6) *fusse*, corrigé de *suis*; 7) lire *antithèses*; 8) *ou un*, ajouté au-dessus de la ligne; 9) récrit au-dessus de *Mais* biffé; 10) *Samedi 22*, écrit dans la marge; 11) lire apparemment *a deux ou trois heures*; 12) *ce que vous faites*, récrit au-dessus de *cela* biffé; 13) tout ce dernier alinéa est écrit en long dans la partie inérieure de la marge de la dernière page.

COMMENTAIRE   Cette lettre répond à celle de Benjamin Constant du 11 mai (lettre 708). Le 22 mai 1790 est bien un samedi.

1. L'ordre des mots contribue à mettre en valeur la saveur du substantif (MG).

2. Voir la lettre précédente, note 1.

3. Isabelle de Charrière comparait pourtant Jean-Jacques Rousseau à 'un astre qui vient de prendre sa place dans le firmament' (*Eloge*, 8–9).

4. Claude-Ignace Arnoulx (1712–1798), prieur de Motey-Besuche en Franche-Comté (*DBF*, III, 1011).

5. Isabelle s'y décidera en effet. La première partie de son épigraphe est une réminiscence du vers 114 de *The Comedy of Errors* de Shakespeare (acte II, scène II: 'That never words were music to thine ear').

6. Voir au Répertoire.

7. Il pourrait s'agir de Pierre-Jacques Bonhomme de Comeyras (*c*.1740–1798), originaire de Haute-Garonne, avocat et publiciste à Paris, membre éphémère du Club des Jacobins à fin 1790 (*DBF*, IX, 383–384; Pierre PEGARD, 'La mission du citoyen Comeyras dans les Ligues Grises (1796–1797)', *Annales des sciences politiques*, 1905, XX, 610–611).

8. Des *concessions*.

9. Jean-Antoine Durocher (Neuchâtel, AEN, Minutaire du not. P.-A. Borel, I, 29 août 1791). Il était précepteur des jeunes Estièvre de Trémauville (GODET, II, 19).

10. L'*Antigone* de Zingarelli sur un livret de Marmontel avait été créé à Paris le 30 avril 1790 (*MGG* XIV, 1303), sans grand succès en effet.

Lettre 712

ETABLISSEMENT DU TEXTE   Neuchâtel, BV, ms. 1387/4, ff. 11–12, orig. aut. Fac-similé de la première et de la quatrième page dans le rapport *Ville de Neuchâtel, Bibliothèques et Musées*, 1976, 13.

1) *pour changer de ton*, ajouté au-dessus de la ligne; 2) suivi de *lassé* biffé 3) *invité avant hier*, ajouté entre les lignes; 4) *qui sonne*, ajouté au-dessus de la ligne; 5) ajouté dans la marge; 6) lire *auprès*; 7) précédé de *que* biffé; 8) suivi de *pour* biffé; 9) à partir du mot suivant, la fin de la lettre est écrite dans l'angle inférieur droit, puis dans la marge extérieure de la troisième page.

COMMENTAIRE   Les allusions à la composition de l'*Eloge de Jean-Jacques Rousseau*, à la rencontre du père Claude-Ignace Arnoulx avec le grand Chaillet★ ainsi qu'à la maladie et au voyage de Susette Du Pasquier★ resserrent la fourchette au point que le lundi 24 mai 1790 paraît la seule date possible.

1. L'audace du terme est pour beaucoup dans la fraîcheur de cette attaque (MG).

2. La Fontaine (*Fables*, V, 17) dans sa fable 'Le Lièvre et la Perdrix', avait dépeint non l'aigle, mais 'l'autour aux serres cruelles'.

3. Le père Claude-Ignace Arnoulx (voir la lettre 711, note 4).

4. M. Estièvre de Trémauville (voir la lettre 704, note 7) était appelé en effet le marquis de Trémauville.

5. Six heures du matin évidemment.

6. Isabelle n'avait donc point encore mis le point final à son *Eloge de Jean-Jacques Rousseau*.

7. Susette Du Pasquier★.

8. Eau spiritueuse appelée aussi 'eau de mélisse', composée avec des feuilles de mélisse, des aromates et de l'eau de vie. L'*Encyclopédie*, à son article *Mélisse*, signale la réputation de cette eau dans le traitement des palpitations, des maux de cœur et des maladies hystériques (MG).

9. Ses proches (MG).

10. Ou plutôt du fiancé, Jacques-Louis Du Pasquier★.

11. Alphonse de Sandoz-Rollin, désigné aussi plus bas par les lettres D.A. (voir la lettre 710, note 6).

12. Georges de Montmollin (voir la lettre 714, note 5).

Lettre 713

ETABLISSEMENT DU TEXTE   Neuchâtel, BV, ms. 1317, ff. 22–23, orig. aut.

COMMENTAIRE   Le manuscrit de l'*Eloge de Jean-Jacques Rousseau*, achevé le 21 mai, est ici déjà transcrit au net. D'autre part, dans sa lettre du 26 mai 1790 à Caroline de Chambrier (lettre 714), Isabelle de Charrière cite une phrase du présent billet, qui ne peut donc dater que des 23, 24 ou 25 mai 1790.

1. De l'*Eloge de Jean-Jacques Rousseau* (voir la lettre 711, note 5).

2. Le secrétaire apparemment de Du Peyrou, qui pourtant ne nomme dans son testament que son notaire Guillaume Jeannin (MN, 1927, nlle sér., XIV, 148).

3. Dans le texte imprimé de l'*Eloge de Jean-Jacques Rousseau* (Paris, Grégoire, 1790), ce mot n'apparaît qu'au bas de la page 49 : 'O vous que je vois parmi mes juges [...] voici une autre cause non moins touchante que vous devrez plaider et gagner un jour'.

Lettre 714

ETABLISSEMENT DU TEXTE   Neuchâtel, BV, ms. 1387/4, ff. 14–15, orig. aut. sur papier bleuté.   Publ. GODET, I, 440; II, 20–21; I, 452 (fragments).

1) Lire *syllabes*; 2) *doit avoir*, récrit au-dessus de *a* biffé.

COMMENTAIRE

1. Caroline elle-même.

2. Voir la lettre 716, note 8.

3. Caroline de Luze (voir *O.C.*, II, lettre 500, note 5)?

4. Jean-Frédéric de Chaillet★.

5. *Georges*-François de Montmollin (1769–1792), fils aîné du conseiller d'Etat Jean-Frédéric de Montmollin (1740–1812) et de Marianne de Luze (1749–1820), officier au service de France dans le régiment de Salis-Samaden, puis aux Gardes suisses, tué le 10 août 1792 lors de la prise des Tuileries à Paris (*Biographie neuchâteloise*, II, 104–105; GODET, II, 20; *Portraits neuchâtelois*, 33). C'est lui qu'on avait surnommé 'Bel archet' en raison de ses talents de violoniste.

6. Le *Moniteur* du 17 mai 1790 avait publié un extrait de la note par laquelle l'ambassadeur d'Espagne à Paris demandait, à l'égard des Espagnols arrivant en France sans ressources, que la police lui fasse connaître les pauvres pour qu'il pût les secourir et les suspects pour qu'il les fît punir!

7. Marie-Barbe Robert (1742–1796), veuve d'Abraham Du Pasquier.

Lettre 715

ETABLISSEMENT DU TEXTE   Genève, collection Jean-Daniel Candaux, 2 ff., orig. de la main de Choppin, signé *Le Chev^r de Boufflers* par un faussaire malhabile.

COMMENTAIRE   Le 28 mai 1790 est bien un vendredi.
1. Contenant la copie de l'*Eloge de Jean-Jacques Rousseau*.
2. Postière non identifiée.
3. Le secrétaire perpétuel de l'Academie Française (voir la lettre 671).
4. Voir la lettre 669, note 11.
5. De la nouvelle édition des *Confessions* de Jean-Jacques Rousseau sans doute (voir la lettre 673, note 8).

Lettre 716

ETABLISSEMENT DU TEXTE   Lausane, BCU, fonds Constant II, 34/I, 2 ff., orig. aut. Publ. GODET, II, 21–22; I, 424, 428, 436, 214; II, 13; I, 410–411 (fragments).

1) En surcharge sur *Vendredi*; 2) en surcharge sur *le* et suivi de *grand* biffé; 3) note écrite en long dans la marge de la première page; 4) récrit au-dessus d'un mot biffé et difficile à lire; 5) *quoique la musique soit son fort*, ajouté au-dessus de la ligne; 6) *il peint, il* précédé de *quoique* biffé, *peint* récrit au-dessus de *peigne* biffé; 7) ajouté au-dessus de la ligne; 8) *à Neuchatel*, ajouté au-dessus de la ligne; 9) ajouté au-dessus de la ligne; 10) note écrite en long dans la marge de la première page; 11) *à Paris*, ajouté au-dessus de la ligne; 12) en surcharge sur *12*; 13) note écrite sur neuf lignes serrées dans la marge de la deuxième page; 14) ajouté au-dessus de la ligne; 15) *à m. Gibbon*, ajouté au-dessus de la ligne; 16) *on ne voit que vilainies!*, ajouté au-dessus de la ligne; 17) *que je lui ai aprise*, ajouté au-dessus de la ligne; 18) note écrite en long dans la marge de la troisième page; 19) note écrite sur sept lignes serrées au bas de la marge de la troisième page; 20) *enragés de sa réputation*, ajouté au-dessus de la ligne; 21) *au mois de Janvier*, ajouté au-dessus de la ligne; 22) *je ne neglige pas, je* suivi de *n'ai pas* biffé, *ne* et *pas* ajoutés au-dessus de la ligne; 23) récrit au-dessus de *pardonne* biffé; 24) note écrite en long dans la marge de la quatrième et dernière page.

COMMENTAIRE
1. 'On dit faire *quelque chose par provision*, pour dire faire quelque chose en attendant et préalablement' (*Dictionnaire de l'Académie*) (MG).
2. Julie Estièvre de Trémauville (voir la lettre 704, note 7). Son amoureux était Georges de Montmollin (voir la lettre 714, note 5).
3. Il reste de Georges de Montmollin quelques eaux-fortes, répertoriées par M[aurice] BOY DE LA TOUR, *La Gravure neuchâteloise*, Neuchâtel, Delachaux & Niestlé, 1928, 65–66. Ph. Godet (II, 22, note 1) signale d'autre part un recueil imprimé de *Cinq romances d'Estelle et un air détaché, avec accompagnement de piano-forté ou de harpe* (Paris, M. Nadermann, [s.d.]), dédié par Montmollin à la marquise de Trémauville.
4. Jean-Antoine Durocher (voir la lettre 711, note 9).
5. Charles-Louis-Hector d'Harcourt, comte d'Harcourt et d'Olonde (1743–1820), qui avait épousé sa cousine Anne-Marie-Louise-Catherine d'Harcourt de Beuvron (*Dictionnaire de la noblesse*, X, 306; REVEREND, III, 290).

6. Son *Eloge de Jean-Jacques Rousseau*.

7. Germaine de Staël, à cause de ses *Lettres sur les ouvrages et le caractère de J. J. Rous-seau*, avait été prise à partie assez vivement aux pages 6–8 de la *Plainte et défense de Thérese Le Vasseur* (O.C., X, 174).

8. John DRYDEN, *Alexander's Feast, or the Power of Music, an Ode in honor of St. Cae-cilia's Day*, vers 36.

9. Ces deux textes figurent au début du tome III de l'édition Fauche-Borel des *Confessions* de Jean-Jacques Rousseau (voir la lettre 673, note 8), l'*Avis du libraire* aux pages [v]-vj, l'épître dédicatoire de Louis Fauche-Borel *A M. Du Peyrou* aux pages [vij]-viij.

10. Suzanne-Louise de Loys (1747–1795), épouse de Juste-Louis Duval de la Pottrie (1742–1818) (C. DE STEIGER, *Les Duval de la Pottrie*, Berne, 1879, 37–39). Elle était la nièce de Mme de Warens, son père Paul de Loys de Villardin (1705–1784) et l'époux de Mme de Warens, Sébastien-Isaac de Loys de Vuarrens (1688–1754), étant deux frères, ou plus exactement deux demi-frères.

11. Jeanne-Françoise Polier de Bottens (voir la lettre 690, note 2).

12. Lettre 690.

13. Lecture douteuse et personnage non identifié.

14. Charles-Louis Masset, seigneur d'Orges et co-seigneur de la Mothe (1734–1802) avait épousé en avril 1790 Alexandrine-Louise-Charlotte de Senar-clens de Grancy (1768–1851) (*Généalogies vaudoises*, III, 282).

15. L'ancien et le nouveau jeu de la comète sont décrits notamment dans l'*Académie universelle des jeux*, nlle éd., Amsterdam, D. J. Changuion, T. van Har-revelt, 1786, II, 112–132. On y voit entre autres exemples comment se jouait 'un *opéra*, finissant par la Comete employée pour neuf'.

16. Voir la lettre 699, note 5.

17. Elisabeth-Marguerite (et non pas Jeanne-Elisabeth), dite Lisette, née en 1769, qui allait épouser son cousin germain Charles-Henry Du Pasquier (1757–1835) (J. Thierry DU PASQUIER, *La Famille Du Pasquier*, Neuchâtel, La Baconnière, 1974, 81 et III–112). Leur mariage fut célébré finalement le 19 juillet 1790, en même temps que celui de Susette et Jacques-Louis Du Pasquier*.

18. L'*Olympiade* de Métastase (BRENNER, n° 10560), dont Pergolèse (1710–1736) avait fait le livret de son dernier opéra, représenté en janvier 1735 (MGG, X, 1055).

19. *Antigone* (voir la lettre 711, note 10).

20. Celui de vendre fictivement la Chablière et le Désert à Rendorp (lettre 691).

21. De Berlin.

22. La propre femme de Benjamin, Wilhelmine von Cramm (voir la lettre 627, note 2).

23. Appelé Jamant lui aussi.

24. L'ancien domestique (non identifié) de Benjamin Constant.

25. Rose-Augustine de Luze, l'épouse du richissime Jacques-Louis de Pourtalès (voir O.C., II, lettre 523, note 16), devait mourir le 5 février 1791, au terme d'une longue agonie. Pour son 'amant', voir la lettre 759, note 8.

Lettre 717

ETABLISSEMENT DU TEXTE   Neuchâtel, BV, ms. 1333, f. 13, orig. aut.

COMMENTAIRE   Ce billet, nécessairement antérieur au 18 août 1791 (voir la note

2 ci-dessous), suppose des relations bien établies entre les deux correspondantes. On ne peut donc guère le placer avant juin ou juillet 1790 (voir la lettre 707). Mais entre l'été de 1790 et celui de 1791, la fourchette est difficile à resserrer.

1. Il pourrait s'agir de l'épouse d'un émigré français de ce nom ('Dugas') dont la présence est attestée à Neuchâtel dès 1791 (AEN, Manuel du Conseil d'Etat de Neuchâtel, CXXXVI, 950).

2. Joseph-Laurent de Grieu mourut dans son château de Breuil près de Caen, le 18 août 1791, si l'on en croit le texte de la procuration que sa fille et son gendre donnèrent à Charles-Louis Havas, ancien inspecteur de librairie à Rouen, pour régler sa succession (AEN, Minutaire du notaire P. A. Borel, I, à la date du 8 octobre 1791).

Lettre 718

ETABLISSEMENT DU TEXTE   Neuchâtel, BV, ms. 1312, ff. 59–60, orig. aut. Publ. SAINTE-BEUVE (1844), 213–215. Cf. RUDLER, *Bibliographie*, n° 116.

COMMENTAIRE
1. A Brunswick.
2. Ignazio Thaon di Revel (1760–1835), ministre du roi de Sardaigne à La Haye de février 1790 à mai 1792, devint ensuite gouverneur de Gênes et vice-roi de Sardaigne, gouverneur de Turin, ministre d'Etat, maréchal de Savoie, etc. (Vittorio SPRETI, *Enciclopedia storico-nobiliare italiana*, Milano, 1932, VI, 589).

Lettre 719

ETABLISSEMENT DU TEXTE   Neuchâtel, BV, ms. 1306, ff. 4–5, orig. aut.

COMMENTAIRE
1. L'*Eloge de Jean-Jacques Rousseau*.
2. François de Brueys, baron de Saint-André (voir la lettre 709, note 1).
3. Il fallait lire probablement *Chaillet*, car il ne peut guère s'agir que de Julie de Chaillet-de Mézerac★.
4. Jean-Frédéric de Montmollin-de Luze (1740–1812), maire de Valangin et conseiller d'Etat (*Société du Jardin*, n° 30).
5. A la rue Saint-Thomas-du-Louvre (Marquis de ROCHEGUDE et Maurice DUMOLIN, *Guide pratique à travers le Vieux Paris*, nlle éd., Paris, Edouard Champion, 1923, 193).

Lettre 720

ETABLISSEMENT DU TEXTE   Neuchâtel, BV, ms. 1334, ff. 26–27, orig. aut.

COMMENTAIRE   Cette lettre répond à une lettre d'Isabelle de Charrière, écrite après le 20 mai, puisqu'il y est question non seulement de son *Eloge*, composé en mai 1790, mais de l'épigraphe qui est choisie autour du 20 de ce mois-là. Si l'on tient compte des délais postaux, le 15 juin est sans doute la première date possible. En outre, Johanna Catharina a fort bien pu répondre avec un certain délai. Mijuin-mi-juillet 1790 paraît dès lors la datation la plus probable.

1. L'*Eloge de Jean-Jacques Rousseau*, composé en mai 1790. Voir O.C., X, 195–211.
2. Voir la lettre 711, note 5.
3. Rousseau.
4. Sans doute un cadeau de Johanna Catharina.
5. Dans sa dernière lettre Johanna Catharina ne parlait que de Rousseau, alors qu'Isabelle attendait probablement des nouvelles de son pays.
6. Le prince Dmitri Alexéiévitch Gallitzine (1738–1803), ambassadeur extraordinaire de Russie à La Haye.
7. Caroline de Chambrier★.

Lettre 721

ETABLISSEMENT DU TEXTE   Neuchâtel, BV, ms. 1337, ff. 28–29, orig. aut., taché.
1) Lire *que si on l'eut.*

COMMENTAIRE   La date de la présente lettre est fixée par la mention de la fête de la Fédération (voir la note 3 ci-dessous). – Sur l'identité de son auteur, voir le commentaire général de la lettre 679.
1. Son frère cadet, Anne-Paul-Emmanuel-Sigismond (1742–1790), chevalier de Montmorency-Luxembourg, puis prince de Luxembourg, était mort à Aarau le 3 juin 1790 (Paul FILLEUL, *Le Duc de Montmorency Luxembourg*, Paris, Labergerie, 1939, 157).
2. Sans doute le château de Beauregard à La Celle Saint-Cloud, que le comte d'Artois avait loué pour ses enfants (M. FRAVATON, 'Le Château de Beauregard', *Revue de l'histoire de Versailles et de Seine-et-Oise*, 1910, 16–45).
3. Sur la proposition de la commune de Paris, l'Assemblée nationale avait fixé au mercredi 14 juillet 1790, premier anniversaire de la prise de la Bastille, la prestation solennelle du 'serment fédératif' par les délégués de tous les Départements de la France. Cette Fête de la Fédération eut lieu au Champ-de-Mars, en présence de Louis XVI et de toute la famille royale.
4. On ne connaissait alors que des aérostats (L. T. C. ROLT, *The Aeronauts. A History of Ballooning, 1783–1903*, London, Longmans, 1966).
5. Jean-François de La Harpe (1739–1803), l'un des principaux littérateurs de l'époque, que l'on verra souvent cité dans la suite de cette correspondance.

Lettre 722

ETABLISSEMENT DU TEXTE   Neuchâtel, BV, ms. 1317, ff. 6–7, orig. de la main de Choppin. Publ. GODET, I, 418 (fragment).

COMMENTAIRE   Le 26 juillet 1790 tombe bien un lundi.
1. Non identifiée.
2. Antoinette-Henriette Du Peyrou (voir la lettre 666, note 4).
3. Voir la lettre 669, note 11.

Lettre 723

ETABLISSEMENT DU TEXTE   Neuchâtel, BV, ms. 1387ter, pièce 31, 2 ff., orig. aut.

COMMENTAIRE   Jean-Marc-Louis Favre (1733–1793), dit Favre de Rolle, 'se fit la réputation d'un jurisconsulte sage et éclairé' et correspondit notamment avec les Necker, avec Johannes von Müller et avec son compatriote Frédéric-César de la Harpe (MONTET, I, 310).

1. Pour écrire apparemment un ouvrage propre à apaiser les esprits et à calmer ceux qui, dans le Pays de Vaud, aspiraient à s'affranchir de la tutelle bernoise.

2. La société de tir de Rolle, en cette année 1790, avait fixé intentionnellement sa fête au 14 juillet, attirant ainsi une grande affluence de tireurs d'autres sociétés et donnant cours à 'des propos exaltés, des toasts patriotiques, des processions, l'élévation du chapeau de Guillaume Tell sur une pique', etc. (A. VERDEIL, *Histoire du canton de Vaud*, Lausanne, D. Martignier, 1852, III, 359–360; Ch. BURNIER, *La Vie vaudoise et la Révolution*, Lausanne, Georges Bridel, 1902, 215–216).

3. Née Elisabeth-*Sophie*-Salomé Reverdil (1736–1806). Isabelle de Charrière la connaissait de longue date (voir O.C., I, lettre 16, note 9).

Lettre 724

ETABLISSEMENT DU TEXTE   Neuchâtel, Archives de Chambrier, 1 f., orig. aut.

1) *à quelqu'ami*, ajouté au-dessus de la ligne.

COMMENTAIRE   Les références données dans les notes 7 et 9 ci-dessous suffisent à établir sans conteste la date de cette lettre.

1. Une lettre, non retrouvée, à Benjamin Constant.

2. *La Princesse de Clèves* (voir la lettre 710, note 3)?

3. Le marquis Trophime-Gérard de Lally-Tollendal (1751–1830) (REVEREND, IV, 152). Député de la noblesse du bailliage de Paris aux Etats-Généraux, il s'était retiré en Suisse après les échauffourées des 5 et 6 octobre 1789.

4. Harriot Burton (1751–1829), épouse de John Trevor (1749–1824), qui sera le troisième vicomte Hampden. John Trevor représenta la Grande-Bretagne à Turin de 1783 a 1798 (DNB, LVII, 223–224). Chambrier d'Oleyres le connaissait donc bien. Quant à sa femme, qui était d'humeur assez indépendante, elle fit à cette époque des séjours prolongés à Lausanne, où Benjamin Constant la courtisa.

5. Le comte d'Harcourt apparemment (voir la lettre 716, note 5).

6. Caroline de Luze (voir la lettre 714, note 3)?

7. Voir la lettre 671, note 2.

8. Ville piémontaise, située au départ de la route du Mont-Cenis.

9. Voir sur cet épisode la lettre de Pierre Prevost du 31 août 1790.

Lettre 725

ETABLISSEMENT DU TEXTE   Neuchâtel, BV, ms. 1306, ff. 6–7, orig. aut.

COMMENTAIRE

1. 'M. le Baron d'Aigalliers eut la bonté de faire tenir à M. Marmontel des corrections dont on ne sait pas s'il a été fait usage' (*Eloge de Jean-Jacques Rousseau*, Paris, Grégoire, 1790, [iii]–iv).

2. Sous sa forme imprimée, l'*Eloge de Jean-Jacques Rousseau* comporte en fait sept notes, aux pages 57–60.

3. 'L'image d'un Rousseau père spirituel de l'ère révolutionnaire' apparaît très fortement dès 1790; mais Raymond TROUSSON (*Rousseau et sa fortune littéraire*, Bordeaux, Ducros, 1971, 69–72) montre qu'il y eut aussi un Rousseau conservateur et antirévolutionnaire, volontiers utilisé par les courants de droite (MG).

4. L'*Eloge de Jean-Jacques Rousseau, qui a concouru pour le prix de l'Académie Française* parut en effet à Paris, chez Grégoire, à la fin de 1790, tant dans le format in-8 que dans le format in-12 (GODET, II, 409, n° XI; *Preliminary bibliography*, n° 11).

Lettre 726

ETABLISSEMENT DU TEXTE   'Lettres de Mme de Charrière à Benjamin Constant', publ. [Eusèbe-Henri] GAULLIEUR, *Revue suisse*, avril 1844, VII, 246–248. Le ms. original de cette lettre ne s'est pas retrouvé et nous en donnons le texte sous toutes réserves puisque nous sommes contraints de l'emprunter à Gaullieur qui n'a jamais rien publié sans coupures, remaniements, interpolations et caviardages.

COMMENTAIRE   Le 30 août 1790 est un lundi. Comme le mardi est jour de courrier pour l'Allemagne, il est très probable que cette lettre date du mardi 31 août 1790.

1. L'historien Jacques-Auguste de Thou (voir la lettre 789, note 10).
2. Chambrier d'Oleyres★ (voir la lettre 724). D'ailleurs aucune des lettres décrites ici par Isabelle ne paraît s'être retrouvée.
3. Jacques-Louis Du Pasquier★, en route pour Berlin, avait donc fait étape à Brunswick.
4. Ce néologisme régulièrement formé sur *mentor* n'a pourtant pas fait fortune.
5. Le 4 septembre.
6. Personnages des *Lettres écrites de Lausanne*.
7. Le tritrille, d'après Littré, est un jeu de cartes auquel prennent part trois personnes. Le jeu de l'impériale est un autre jeu de cartes dont on trouve les règles dans l'*Académie universelle des jeux* (nlle éd., Amsterdam, D. J. Changuion, T. van Harrevelt, 1786, II, 92–101).
8. Caroline de Chambrier★.
9. Les trois premiers vers sont prononcés par Etéocle à la scène VII du premier acte des *Phéniciennes* (O.C., VII, 82), mais les quatre autres ne s'y trouvent pas.
10. Rosalie de Constant.
11. Son opéra (O.C., VII, 187–190).
12. Louise de Penthaz★, sa belle-sœur.

Lettre 727

ETABLISSEMENT DU TEXTE   Neuchâtel, BV, ms. 1328, ff. 3–4, orig. aut.

COMMENTAIRE   Le registre que Pierre Prevost★ tenait de sa correspondance (Genève, BPU, ms. Suppl. 1053, ff. 16–20) montre qu'en 1789, il écrivit six fois à Isabelle de Charrière (les 3 et 17 février, 5, 17 et 25 août, 9 octobre) et quatorze fois au moins en 1790 (les 17 et 26 février, 3, 13 et 27 avril, 22 et 24 juin, 2, 24 et 25 août, 25 et 28 septembre, 23 octobre et 9 novembre). La présente lettre n'y est pas mentionnée.

1. Non identifié.
2. Voiturier non identifié.
3. Première localité sur la route de Genève à Bonneville et Chamonix.
4. Malgré cet ultime et mystérieux avatar, Zingarelli* allait arriver enfin au Pontet (voir le commentaire général de la lettre 658).
5. C'est devant l'Assemblée nationale, le mardi 24 août 1790, que Jean-François de La Harpe (voir la lettre 721, note 5) avait prononcé un discours dont l'objet était 'de réclamer contre les usages qui portent atteinte à la propriété des Auteurs' (Christopher TODD, 'Bibliographie des Œuvres de Jean-François de la Harpe', *Studies on Voltaire and the Eighteenth Century*, 1979, t. 181, nº 133).

Lettre 728

ETABLISSEMENT DU TEXTE   Neuchâtel, BV, ms. 1317, ff. 8–9, orig. de la main de Choppin.
1) Lire *en*.

COMMENTAIRE   De toutes les années où le 13 septembre tombe un lundi, 1790 est la seule qui soit comprise dans la décennie (1785–1794) qu'a duré la correspondance entre Isabelle et Du Peyrou.
1. 'On dit figur. *Prendre une chose à gauche*, pour dire la prendre de travers, la prendre autrement qu'il ne faut' *(Dictionnaire de l'Académie)* (MG).
2. De l'*Eloge de Jean-Jacques Rousseau*, apparemment.

Lettre 729

ETABLISSEMENT DU TEXTE   Neuchâtel, BV, ms. 1306, f. 8–9, orig. aut.

COMMENTAIRE   1. Le texte définitif de l'*Eloge de Jean-Jacques Rousseau*.

Lettre 730

ETABLISSEMENT DU TEXTE   Neuchâtel, BV, ms. 1312, f. 61, orig. aut., un second f. (d'adresse?) ayant été arraché. Publ. SAINTE-BEUVE (1844), 250 et 252 en note (fragments); GAULLIEUR (1847), 363–364 (avec coupures); RUDLER, *Jeunesse*, 378–379. Cf. RUDLER, *Bibliographie*, nº 117.

COMMENTAIRE
1. Celle du 26 août, confiée à Chambrier d'Oleyres (non retrouvée), et celle du 31 août.
2. Voir la lettre 651, note 3.
3. Il faut comprendre: quand je n'écris pas une lettre d'un jet en la cachetant aussitôt.
4. 'Qu'on ne peut lire. On troûve ce mot dans l'*Histoire de Russie* par Voltaire [...]. Il est contre l'analogie de la Langue. Devant les mots qui commencent par une *l*, l'*n* de la particule *in* se change en *l*: *illégal*, *illégitime*, etc. Il faut donc dire *illisible*; mais celui-ci aura de la peine à être admis' (abbé FERAUD, *Dictionnaire critique de la langue française*, Marseille, Jean Mossy, 1787, II, 471).

5. Sur la Révolution du Brabant (RUDLER, *Bibliographie*, n°117bis). Un fragment de cet ouvrage, qui ne fut ni achevé ni publié, se trouve parmi les 'manuscrits de 1810' (Paris, BN, Nouv. acq. franç. 14362, ff. 128–139).
6. C'est-à-dire pour l'envoi de la *Plainte et défense de Thérese Le Vasseur*.

Lettre 731

ETABLISSEMENT DU TEXTE   Neuchâtel, BV, ms. 1387/4, f. 16, orig. aut.

1) En surcharge sur *auront* (?); 2) ajouté au-dessus de la ligne; 3) *me paroit, me* en surcharge sur *est, paroit* ajouté au-dessus de la ligne; 4) à partir de ce mot, la fin de l'alinéa est écrite en long dans la marge; 5) post-scriptum écrit au revers de l'adresse.

COMMENTAIRE   Antérieure au mariage de Caroline de Chambrier★ (21 mars 1791), cette lettre date sans doute de la période de grande activité musicale qu'Isabelle de Charrière a connue durant le séjour de Zingarelli★ au Pontet (septembre-novembre 1790).
1. On a déjà rencontré François-Louis de Morel-d'Ostervald parmi les relations d'Isabelle de Charrière (voir O.C., II, lettre 522, note 12), mais les Morel étaient nombreux.
2. Nous ignorons à qui s'appliquaient ces sobriquets.
3. *Parle lui d'un danger...* On se serait attendu à trouver ce vers dans *L'Olympiade* de Métastase qu'Isabelle de Charrière mit en musique avec le concours de Zingarelli. Mais tel n'est pas le cas.

Lettre 732

ETABLISSEMENT DU TEXTE   Neuchâtel, BV, ms. 1313, ff. 90–91, orig. aut.

COMMENTAIRE
1. On ne possède aucune précision sur ce séjour de Zingarelli★ à Lausanne.
2. Qui ne devait paraître en librairie qu'à la fin de l'année (voir lettre 725, note 4).
3. Voir la lettre 691, note 5.

Lettre 733

ETABLISSEMENT DU TEXTE   Neuchâtel, BV, ms. 1328, ff. 5–6, orig. aut.

COMMENTAIRE   Voir le commentaire général de la lettre 727.
1. La saisie par les Espagnols en 1789 de quatre navires marchands britanniques dans la baie de Nootka, sur la côte canadienne du Pacifique, faillit entraîner une guerre ouverte entre l'Espagne et l'Angleterre. Une convention cependant finit par être signée le 28 octobre 1790, par laquelle l'Espagne renonçait en fait à la souveraineté exclusive que la bulle papale de 1493 lui avait accordée sur toutes les terres nouvelles de l'Amérique du Nord (*Encyclopedia Canadiana*, Toronto [etc.], Grolier of Canada, 1975, VII, 345–347).
2. Jacques Necker avait démissionné de son poste de ministre des Finances le 3 septembre 1790. Il avait quitté Paris le 8 et était arrivé à Bâle le 17 après un voyage

fertile en incidents. Il gagna ensuite Coppet, dont le château cependant n'était habitable que durant la belle saison.

3. On ne trouve aucune allusion à ce discours dans le registre des Conseils de Genève (Genève, Archives d'Etat, RC 296).

4. Jacques Necker ne possédait point d'immeuble à Genève, mais loua un étage de la maison qui porte actuellement le n° 4 de la rue des Granges.

5. Le projet de révision de l'Edit du 10 février 1789 occasionnait une nouvelle fermentation et allait déclencher des revendications égalitaires jusque dans les campagnes.

6. Voir la lettre 705, note 13.

7. Jean-Joseph Mounier (1758–1806), député du Dauphiné aux Etats-Généraux, président de l'Assemblée constituante, avait démissionné en 1789 au lendemain des Journées d'octobre et s'était retiré à Grenoble, puis à Genève (L. de LANZAC DE LABORIE, *Un Royaliste libéral en 1789, Jean-Joseph Mounier, sa vie politique et ses écrits*, Paris, Plon, 1887, chap. XI–XII).

8. Le Châtelet de Paris ayant conclu son instruction sur les Journées d'octobre par la mise en accusation du duc d'Orléans et de Mirabeau, l'Assemblée nationale avait été saisie d'une demande de poursuites. Cette demande fut soumise à une commission, qui la refusa, et dont Jean-Baptiste-Charles Chabroud (1750–1816) fut le rapporteur devant l'Assemblée nationale – qui se prononça dans le même sens par son vote du 2 octobre 1790. Le rapport très développé de Chabroud avait été publié dans le *Moniteur* des 1–3 octobre.

9. *Appel au tribunal de l'opinion publique du rapport de M. Chabroud et du décret rendu par l'Assemblée Nationale le 2 octobre 1790*, Genève, 1790, in-8, 352 p.

10. Pierre Prevost désignait-il ainsi les notes restées manuscrites qu'il avait rédigées sur les écrits musicaux de Jean-Jacques Rousseau (Genève, BPU, ms. Fr. 4752 et ms. Suppl. 1065) ou le récit, publié en 1804, qu'il avait fait de ses visites à son illustre compatriote (Paul-Emile SCHAZMANN, 'Le Genevois Pierre Prevost chez Jean-Jacques Rousseau à Paris en 1777', *Annales de la Société Jean-Jacques Rousseau*, 1935, XXIV, 175–178)?

Lettre 734

ETABLISSEMENT DU TEXTE   Neuchâtel, BV, ms. 1306, ff. 10–11, orig. aut.
1) Lire *retinsse*.

COMMENTAIRE

1. Jean Grégoire, libraire à Paris, rue du Coq-Saint-Honoré n° 135, au coin de la place du Louvre (Paul DELALAIN, *L'Imprimerie et la librairie à Paris de 1789 à 1813*, Paris, Delalain, [1899], 92).

2. De l'*Eloge de Jean-Jacques Rousseau*.

3. Claude-François-Marie Rigoley d'Ogny (1759–1790). Fils aîné de Claude Rigoley, baron d'Ogny (1725–1793), intendant général des postes de France, il avait obtenu dès 1785 la survivance de cet office, mais mourut avant son père le 3 octobre 1790 ([Henry] de WOELMONT DE BRUMAGNE, *Notices généalogiques*, Paris, Edouard Champion, 1927, IV, 697).

Lettre 735

ETABLISSEMENT DU TEXTE   Neuchâtel, BV, ms. 1337, ff. 26–27, orig. aut.
La date est répétée (par inadvertance?) en tête de la quatrième page.

COMMENTAIRE   Pour l'identification de l'auteur, voir le commentaire général de
la lettre 679.
1. Coppet.
2. Jacques Necker (voir la lettre 733, note 2).
3. Tout au contraire, les autorités genevoises multiplièrent les politesses (Edouard
CHAPUISAT, *Necker (1732–1804)*, Paris, Librairie du Recueil Sirey, 1938, 223–224).
4. Charlotte-Ferdinande-Marie de Choiseul († 1845), épouse du fils aîné des
Serent*, Armand-Sigismond-Félicité-Marie (1762–1796), avait mis au monde le
2 août 1790 Armandine-Marie-Georgette (1790–1815), future épouse de Louis-
François-Auguste de Rohan-Chabot (REVEREND, VI, 245).

Lettre 736

ETABLISSEMENT DU TEXTE   Neuchâtel, BV, ms. 1317, ff. 24–25, orig. de la main de
Choppin. Publ. GUYOT, *Du Peyrou*, 203 et 203–204 (fragments).
1) Déchirure du papier; on peut restituer *injuste*.

COMMENTAIRE   Le 23 octobre 1790 est bien un samedi.
1. Il faut comprendre: de trouver à part moi à redire au motif.
2. Voir la lettre 733, note 8.
3. La Fayette.
4. L'*Extrait d'une lettre écrite de Rouen, adressée à M. Bailly, maire de Paris*, 8 p. in-8,
qui prétendait dévoiler une conspiration fomentée pour emmener le roi à Rouen
(André MARTIN et Gérard WALTER, *Catalogue de l'histoire de la Révolution Française*,
Paris, Bibliothèque Nationale, 1955, IV/2, 325, n° 6587). La *Gazette de Leyde* en avait
parlé dans ses numéros des 8 et 15 octobre 1790, notamment.
5. L'*Olympiade* dont il a déjà été question ou *Les Femmes* dont on va voir qu'elles
ont été composées à cette époque?
6. L'*Eloge de Jean-Jacques Rousseau*.
7. Tel n'était pas le cas, puisque au contraire l'affaire de Nootka allait se terminer
le 28 octobre par la signature d'un accord (voir la lettre 733, note 1).

Lettre 737

ETABLISSEMENT DU TEXTE   Neuchâtel, BV, ms. 1317, ff. 39–40, orig. de la main de
Choppin. Publ. GUYOT, *Du Peyrou*, 203 et 206 (fragments).
1) Lire: *n'avoir présenté que le tableau*; 2) lire *aiguisent*.

COMMENTAIRE   Le 27 octobre 1790 est bien un mercredi.
1. L'opéra comique *Les Femmes* apparemment (O.C., VII, 197–222).
2. La Fayette et Bailly.

Lettre 738

ETABLISSEMENT DU TEXTE Neuchâtel, BV, ms. 1308, ff. 1–2, orig. aut.

COMMENTAIRE Le 31 octobre 1790 était bien un dimanche.
1. Pierre-Frédéric Touchon (1751–1814), consacré au saint ministère en 1772, inspecteur des établissements d'éducation de la ville de Neuchâtel (*Biographie neuchâteloise*, II, 399–400).
2. Puisque ce camarade est nécessairement son contemporain, il doit s'agir de Frédéric-Auguste de Montmollin (1776–1836) (*Société du Jardin*, n° 240).
3. Jean-Frédéric Perret (1760–1823), instituteur à la salle de mathématiques (renseignement des AEN, Neuchâtel). – Les Charrière lui avaient spécialement recommandé Charles de Chaillet ainsi qu'en témoigne une réponse de Perret écrite une semaine plus tôt, le 23 octobre 1790, à M. de Charrière (Neuchâtel, BV, ms. 1387ter, pièce 15).
4. 'Regarder de coin pour tricher' (PIERREHUMBERT, 299).
5. Jacob-Pierre-Frédéric Touchon, né en 1775; fils cadet de l'inspecteur Touchon, il alla faire dès 1792 ses études de théologie à Genève, mais on ignore ce qu'il devint ensuite (Suzanne STELLING-MICHAUD, *Le Livre du Recteur de l'Académie de Genève (1559–1878), notices biographiques des étudiants*, Genève, Droz, 1981, VI, 48).
6. Jean-David Baillet (1751–1819), régent de première classe de 1781 à 1800 (renseignements des AEN, Neuchâtel).
7. Mauvaises notes. L'adverbe latin *(male)* devient ici un substantif français.
8. Probablement Daniel-Henry de Meuron (1774–1837) et les deux frères Félix-Henry (1774–1795) et Charles-Auguste de Meuron (1776–1820) (renseignements de M. Guy de Meuron, Bâle).
9. Jean-Frédéric Bertrand, né en 1777, fils de Jean-Elie Bertrand-Ostervald (renseignements des AEN, Neuchâtel).
10. Le voyant (soit surveillant), malgré qu'il fit son brave pour nous accuser, du moment qu'il en était ainsi, saurait etc.
11. Il s'agit ici probablement de sa grand'tante Suzanne-Catherine Tribolet (1716–1794) (*Familles bourgeoises*, 236; GUYOT, *Chaillet*, 18).
12. Soit le jour de la fête annuelle des Armourins, qui se célébrait à la veille de la foire de novembre et qui voyait les 24 armourins 'revêtus de cuirasses, avec l'épée au côté, la hallebarde au poing, le casque ombragé d'un plumet de fleurs de roseau' défiler à travers la ville derrière fifres et tambours (Alph. WAVRE, 'La Fête des Armourins', *MN*, 1866, III, 253–260).

Lettre 739

ETABLISSEMENT DU TEXTE Neuchâtel, BV, ms. 1334, f. 24, orig. aut., incomplet de la fin.

COMMENTAIRE Il a été souvent question dans les lettres d'Isabelle à Constant d'Hermenches de cette correspondante, sous le nom de Mme Torck ou de Mme de Rosendaal.
1. Cette lettre n'a pas été retrouvée.

2. Mme Torck avait eu huit enfants et Isabelle lui avait sans doute écrit après la mort de son fils Willem Arend à l'âge de 25 ans le 8 septembre 1788. En 1792 elle perdra encore trois filles, et notamment l'aînée dont il est question ici, Henriette Christine Alexandrine, qui avait épousé en 1788 le comte Adolf Hendrik van Rechteren, seigneur de Collendoorn (1738–1805). Leur fille était Maria (1789–1808) (*Jaarboek NA*, 1891, 278–279).

3. Benjamin Constant*.

Lettre 740

ETABLISSEMENT DU TEXTE Neuchâtel, BV, ms. 1334, ff. 23 et 25, orig. aut.

COMMENTAIRE Cette lettre est sans doute de la même date que l'incluse, qui précède.

Lettre 741

ETABLISSEMENT DU TEXTE Lausanne, BCU, ms. IS 4188, n° 113, 2 ff., orig. aut.

COMMENTAIRE La date de cette lettre est fixée avec quasi-certitude par celle du mariage Trembley-de Ribeaupierre (voir la note 7 ci-après).

1. Ami de Rochemont sans doute (voir O.C., II, lettre 479, note 13).

2. Le seul membre de la famille Pictet qui eût été en relations avec Jean-Jacques Rousseau était le colonel Charles Pictet (1713–1792) (voir O.C., I, lettre 57, note 1). Mais pour identifier ce M. Pictet avec certitude, il faudrait savoir exactement ce que signifiait cette 'robe Rousseau-Pictet'.

3. Marie-Aimée Rilliet (1727–1808), veuve du pasteur Antoine-Josué Diodati, ou l'une de ses belles-filles, car trois de ses fils étaient mariés (GALIFFE, II, 734–735).

4. Les Thiroux de Montregard (voir la lettre 704, note 8).

5. Voir la lettre 716, note 25.

6. C'est-à-dire la place réservée au magistrat chargé de la surveillance des lieux publics.

7. Jean Trembley (1749–1811) épousa Marie-Elisabeth de Ribeaupierre le 24 novembre 1790 au temple de Vich, dans le Pays de Vaud (Paul-F. GEISENDORF, *Les Trembley de Genève de 1552 à 1846*, Genève, Alex. Jullien, 1970, 286).

Lettre 742

ETABLISSEMENT DU TEXTE Neuchâtel, Archives de Chambrier, 2 ff., orig. aut. Publ. GODET, II, 18–19; I, 412 (fragments).

1) *ce que*, récrit au-dessus de *ceque* biffé; 2) en surcharge sur *est*; 3) *ci devant*, ajouté au-dessus de la ligne; 4) *& complaisant comme vous*, ajouté entre les lignes; 5) suivi de *mais*, biffé; 6) ajouté au-dessus de la ligne; 7) précédé de *&* biffé; 8) ajouté au-dessus de la ligne; 9) parenthèse ajoutée après coup dans le blanc de l'alinéa; 10) ce second post-scriptum est écrit en long sur la page de l'adresse.

COMMENTAIRE
1. Voir la lettre 689, note 1.

2. Cette périphrase pourrait bien désigner Germaine de Staël.

3. Ces derniers mots ne peuvent guère s'appliquer qu'aux Thiroux de Montregard (voir la lettre 704, note 8).

4. Le Chanet est un domaine situé entre Neuchâtel et Peseux. Claude-Antoine-Cléradius marquis de Choiseul La Beaume (1733–1794) y demeura quelque temps en 1790 avant de s'installer à la Rochette (Neuchâtel, AEN, Manuel du Conseil de Ville, XXVIII, 477, à la date du 21 février 1791; Minutaire du not. G. Jeannin, II, 198–199).

5. Jean-Antoine Durocher (voir la lettre 711, note 9).

6. Masculin expressif! Le sens de cet adjectif est celui qu'il avait chez Richelet: 'Tranquille, qui est en repos, qui ne fait point de bruit' et le tour suggère une réminiscence des Fables de La Fontaine (III, 4; VIII, 3; VIII, 12) (MG).

7. Voir la lettre 699, note 7.

8. Les Femmes, comme la suite de la correspondance le montrera.

9. Le fameux chanteur François Lay dit Laÿs (1758–1831), qui débuta à Paris en 1779 et fit carrière pendant 43 ans à l'Opéra.

10. Ferdinand d'Autriche (1754–1806), troisième fils de l'impératrice Marie-Thérèse.

11. Polyphème ou Le Cyclope.

12. L'abbé Jean-Siffrein Maury (1746–1817), l'un des grands orateurs de l'Assemblée nationale.

13. Son identité n'est pas connue (renseignement de l'Archivio di Stato de Naples).

14. Voir la lettre 716, note 18.

15. Henriette de Chambrier (née en 1747), sœur de Jean-François et de Samuel de Chambrier, venait apparemment d'être nommée chanoinesse d'un chapitre laïc prussien, comme il en existait notamment à Magdebourg, mais nous ignorons duquel.

Lettre 743

ETABLISSEMENT DU TEXTE Lausanne, BCU, ms. IS 4188, n° 112, 1 f., orig. aut.

COMMENTAIRE La date de cette lettre se tire de la lettre 741.

1. Le village de Vernier domine le Rhône à la sortie nord-ouest de Genève.

2. Camille Pictet (1718–1792), veuve de Pierre de Gallatin (1712–1763). Sur sa maison de Vernier, voir Edmond BARDE, Anciennes maisons de campagne genevoises, Genève, Editions du 'Journal de Genève', 1937, 177–178.

3. Anne-Jeanne-Catherine dite Ninon Bontems (voir O.C., I, lettre 25, note 6).

4. Christoph Friedrich Freudenreich (1748–1821), qui sera avoyer de 1806 à 1813, était l'un des trois commissaires envoyés par les autorités bernoises dans le Pays de Vaud à la suite des désordres de juillet 1790 (Vie lausannoise, 306; A. VERDEIL, Histoire du canton de Vaud, Lausanne, D. Martignier, 1852, III, 362).

5. Louis et Alix de Saussure-Mercier (voir la lettre 666, note 7).

6. Les Femmes, très certainement.

7. Pierre Prevost★.

Lettre 744

ETABLISSEMENT DU TEXTE Lausanne, BCU, fonds Constant II, 34/1, 1 f., orig. aut. 1) *contre vos ennemis & contre le sort*, ajouté entre les lignes; 2) en surcharge sur *que*; 3) deux fois dans le ms.; 4) le post-scriptum est écrit en long dans la moitié inférieure de la marge.

COMMENTAIRE
1. Non retrouvée.
2. A Neuchâtel.
3. De Brunswick.
4. *Les Femmes* (O.C., VII, 197–222).
5. Comme le montre la suite de la correspondance, il s'agit ici de *Zadig* (O.C., VII, 223–244).

Lettre 745

ETABLISSEMENT DU TEXTE Neuchâtel, BV, ms. 1312, ff. 64–65, orig. aut., amputé de la moitié inférieure du second f. Publ. [Eusèbe-Henri] GAULLIEUR, *Revue suisse*, mars 1844, VII, 185–186 (avec coupures); SAINTE-BEUVE (1844), 250–252 (avec coupures moindres); GAULLIEUR (1847), 367–370. Cf. RUDLER, *Bibliographie*, n° 118.
1) Il manque peut-être ici le millésime, une signature et un post-scriptum (d'une demi-page au plus), emportés par la mutilation du ms.

COMMENTAIRE La date ne souffre aucun doute, puisque Isabelle de Charrière mentionne la présente lettre dans sa réponse du 8 janvier 1791 (lettre 754).
1. A. Brunswick.
2. Où l'affaire de Juste de Constant prenait 'décidément mauvaise tournure' (RUDLER, *Jeunesse*, 380–381).
3. Edmund BURKE, *Reflections on the Revolution in France*, London, J. Dodsley, 1790. L'ouvrage connut une douzaine d'éditions en 1790–1791 et fut traduit en français sur la troisième édition anglaise *(Réflexions sur la Révolution de France)*.
4. *Les Egalitaires*. La réfutation de Burke par Benjamin Constant ne vit jamais le jour.
5. Son histoire de la Révolution du Brabant (voir la lettre 730, note 5).
6. Antoine-Pierre-Joseph-Marie Barnave (1761–1793), élu maire de Grenoble le 1er août 1790 et président de l'Assemblée nationale le 25 octobre, était alors à l'apogée de sa popularité.
7. Antoine-Raymond-Jean-Gabriel de Sartine (1729–1801) avait été lieutenant de police, puis ministre de la marine de 1774 à 1780. Louis-Charles-Auguste Le Tonnelier de Breteuil (voir O.C., II, lettre 585, note 9) avait été de 1783 à 1788 ministre de la Maison du Roi.
8. Marie-Anne-Jeanne Saurin⋆. Selon RUDLER (*Jeunesse*, 152, note 3), *Schah-Baham* est le 'nom d'un personnage dans *Ah! quel conte!* de Crébillon'.
9. *Et choses pareilles*. Formule à peine moins désinvolte qu'un *etc.* (MG).
10. Son premier séjour à Paris, de novembre 1786 à juin 1787 (RUDLER, *Jeunesse*, 144–155).
11. Pourrat (voir la lettre 587, note 5).

12. Benjamin Constant a raconté dans son *Cahier rouge* (*Œuvres*, 132–143) comment il passait ses nuits, à Paris, en 1787, à jouer dans une maison tenue par une veuve de 45 ans, 'qui se faisait appeler la comtesse de Linières' et qui était la fille d'un boucher de Lausanne. Mais jusqu'à présent l'identité de cette aventurière n'a pas été élucidée.

13. Il se trouvait à la rue Thérèse n° 5, donnant sur la rue de Richelieu (GODET, I, 340, note 1).

14. Voir la lettre 711, note 7.

15. Le ministre plénipotentiaire de France à Liège fut, de 1782 à 1791, le marquis Henri d'Escorches de Sainte-Croix (1749–1830), qui devait poursuivre sa carrière diplomatique à Varsovie, puis à Constantinople (*DBF*, XII, 1446–1447). Il n'avait aucune connexion avec ce Bigot de Sainte-Croix que connaissaient Isabelle et Benjamin (voir la lettre 592, note 26).

Lettre 746

ETABLISSEMENT DU TEXTE   Neuchâtel, BV, ms. 1310, ff. 17–18, orig. aut.

COMMENTAIRE

1. Non identifié. S'agirait-il déjà du *Werther* de Gaetano Pugnani dont Chambrier d'Oleyres parlera l'année suivante (voir la lettre 795, note 10)?

2. L'*Accademia dei Filarmonici*, devenue plus tard *Accademia Filarmonica*, avait publié ses statuts en 1721. Nous ignorons à quelle date Chambrier d'Oleyres y fut admis.

3. Le terme connaissait une grande vogue depuis que Laurent Garcin avait publié son *Traité du mélo-drame, ou réflexions sur la musique dramatique* (Paris, 1772). Voir Gunnar von PROSCHWITZ, *Introduction à l'étude du vocabulaire de Beaumarchais*, Stockholm, Almqvist & Wiksell, 1956, 144 (MG).

4. Voir la lettre 629, note 6.

5. C'est Marie-Antoinette en effet qui avait fait venir Gluck à Paris.

6. Le marquis Domenico Caracciolo di Villa Marina, ambassadeur de Naples en France de 1771 à 1781. C'est lui qui avait appelé Piccinni à Paris. Isabelle l'avait rencontré à Londres (*O.C.*, II, lettre 265, note 5).

7. André-Boniface-Louis de Riqueti, vicomte de Mirabeau, dit Mirabeau-Tonneau (1754–1792). Il avait passé par Turin à fin novembre 1790 (VINGTRINIER, II, 144–146).

8. 'On appelle *avis mitoyen* un avis qui s'éloigne des extrémités de deux avis opposés, et qui tient un peu de l'un et de l'autre' (*Dictionnaire de l'Académie*) (MG).

9. Venant de Londres, Charles-Alexandre de Calonne était arrivé à Turin le 10 novembre 1790 (VINGTRINIER, II, 97–140). Il avait publié en octobre son livre *De l'Etat de la France présent et à venir*, qui connut six éditions en sept mois.

10. Le comte d'Artois.

11. Etienne-Charles de Loménie de Brienne (1727–1794), le successeur de Calonne en mai 1787 au Contrôle général des finances, nommé cardinal le 15 décembre 1788.

12. Le fils de Louis-Joseph de Bourbon prince de Condé (1736–1813) était le duc de Bourbon, Louis-Henri-Joseph de Bourbon (1756–1830), et son petit-fils était le duc d'Enghien, Louis-Antoine de Bourbon (1772–1804).

ETABLISSEMENT DU TEXTE Neuchâtel, BV, ms. 1312, ff. 62–63, orig. aut. Publ. SAINTE-BEUVE (1844), 253 (fragment); GAULLIEUR (1847), 364–366 (avec coupures); RUDLER, *Jeunesse*, 382–383. Cf. RUDLER, *Bibliographie*, n° 121.

COMMENTAIRE

1. La lettre 744.
2. La lettre 745.
3. Non retrouvée (RUDLER, *Bibliographie*, n° 119). La lettre à Juste de Constant dont il est question ensuite ne s'est pas retrouvée non plus (*ibid.*, n° 120).
4. Leurs Hautes Puissances.
5. Plus on est *en peine* de deviner *la finalité* de cette sottise.
6. [Claude-François-Xavier] MILLOT, *Mémoires politiques et militaires pour servir à l'histoire de Louis XIV et de Louis XV, composés sur les pièces originales recueillies par Adrien-Maurice duc de Noailles, maréchal de France et ministre d'Etat*, Paris, Moutard, 1776–1777, 6 vol. in-12.
7. Les Français au temps de Louis XIV.
8. Dans son 'Discours préliminaire', l'abbé Millot décrivait le roi Philippe V d'Espagne comme 'un jeune prince sans expérience [...] timide dans ses discours, scrupuleux dans sa piété, indécis dans sa conduite', mais au début du livre VII des *Mémoires*, il le disait 'rongé par la mélancolie' (MG).
9. James Thomson, dont le célèbre poème *The Seasons* datait de 1730.
10. *Je ne vois pas de raison de me lever, Monsieur.*
11. De la vérole, apparemment (voir la lettre 595, note 1).
12. Johanna Marie (Mitie) de Perponcher était grande-maîtresse de la maison de la princesse Louise d'Orange, qui venait d'épouser le 14 octobre 1790 le prince héritier Charles de Brunswick-Wolfenbüttel (voir la lettre 619, note 18).

Lettre 748

ETABLISSEMENT DU TEXTE Neuchâtel, Archives de Chambrier, 2 ff., orig. aut. 1) *Tout en, Tout* en surcharge sur *Cela, en* ajouté au-dessus de la ligne; 2) *si les oppositions ne reussissent pas*, ajouté au-dessus de la ligne; 3) *application ni*, récrit au-dessus de *bonne* biffé; 4) lire *Qu'est-ce que*; 5) *ramena-t-il*, corrigé de *ramenoit-il*; 6) *conserva-t-il*, corrigé de *conservoit-il* et suivi de deux ou trois mots biffés; 7) en surcharge sur *Quelques*; 8)9) ajouté au-dessus de la ligne.

COMMENTAIRE

1. Marie-Antoinette.
2. Hyperbole équivalant presque à: *depuis toujours* (MG).
3. C'est Calonne qui avait eu l'idée en 1786 de convoquer une assemblée générale des notables pour faire entériner ses projets de réforme fiscale. Ses espérances à cet égard furent entièrement déçues, de même qu'avait échoué vingt ans plus tôt sa mission de négociateur auprès du Parlement de Bretagne en conflit avec le pouvoir royal.
4. Voir la lettre 742, note 9.
5. Benjamin Constant. Voir la lettre 730, note 5.

6. Jacques Louis et Susette Du Pasquier*.

7. François-Frédéric de Perregaux (1716–1790), allié de Brun, officier au service de France, puis lieutenant-colonel du Val-de-Ruz, fondateur et premier président de la Société du Jardin, était mort le 26 décembre (*Familles bourgeoises*, 171; *Société du Jardin*, nᵒ 1).

8. Voir la lettre 716, note 25.

Lettre 749

ETABLISSEMENT DU TEXTE   Neuchâtel, BV, ms. 1333, ff. 10–11, orig. aut.

COMMENTAIRE   Sauf à découvrir l'événement qui a provoqué la 'réponse a henri', on ne voit pas comment préciser la date de ce billet au cours des années 1791–1792 où Mme de Trémauville compta parmi les habitués du Pontet.

1. Un nom convenu peut-être.

Lettre 750

ETABLISSEMENT DU TEXTE   Neuchâtel, BV, ms. 1326, ff. 1–2, orig. aut., brunissures.

COMMENTAIRE

1. Maria Wilhelmina, née le 2 janvier 1769.

2. Christina Reynira et Christina Henriette Maria Isabella. Voir la Généalogie (*O.C.*, I, 635, B 4.*8* et 4).

3. Non identifiée.

4. Ville du couronnement des empereurs germaniques jusqu'en 1806.

5. Mme d'Athlone avait assisté au couronnement de Léopold II, frère et successeur de Joseph II.

6. Marie-Louise, fille de Charles III d'Espagne, qui avait épousé Léopold II en 1764.

7. Marie-Caroline (1752–1814), une des filles de Marie-Thérèse, épouse de Ferdinand IV, roi des Deux-Siciles.

8. Le chapelain Jacques-Louis Du Pasquier*, probablement.

9. Jan Rijnhard. Voir la Généalogie (*O.C.*, I, 635, B 4.7).

10. Sans doute les fatigues des festivités accompagnant le mariage de la princesse Louise avec le prince héritier de Brunswick. Voir la lettre 619, note 18.

11. Chanson d'Isabelle de Charrière parue dans *Airs et Romances*. Voir *O.C.*, X, 453.

Lettre 751

ETABLISSEMENT DU TEXTE   Neuchâtel, BV, ms. 1387/4, ff. 17–18, orig. aut. Publ. Charly GUYOT, 'Lettres inédites de Madame de Charrière', *MN*, 1963, nlle sér., L, 4–5.

1) En surcharge sur *commencent*.

COMMENTAIRE   Cette lettre figure également dans la section 'Vers' de la présente édition (*O.C.*, X, 387), au commentaire de laquelle nous renvoyons.

Lettre 752

ETABLISSEMENT DU TEXTE   Neuchâtel, BV, ms. 1387/4, ff. 19–20, orig. aut. Publ. Charly GUYOT, 'Lettres inédites de Madame de Charrière', MN, 1963, nlle sér., L, 5 (fragment).

1) Les trois derniers vers sont écrits sur une languette de papier collée à l'aide de deux gouttes de cire par-dessus les trois mêmes vers raturés; 2) Suivi de *cet* biffé; 3) *c'est, c'* en surcharge sur *&*; 4) ajouté au-dessus de la ligne.

COMMENTAIRE   La date de cette lettre est commandée par celle de la lettre précédente, le 4 janvier 1791 au surplus étant bien un mardi.
1. Le 30 décembre 1790.
2. *La Morte di Cesare*, créé à la Scala de Milan le 26 décembre 1790 (MGG, XIV, 1303).
3. Il s'agit de la publication de ses bans de mariage (voir O.C., II, lettre 578, note 3).
4. Susette Du Pasquier★.
5. *Zadig*, comme on le verra par la suite.

Lettre 753

ETABLISSEMENT DU TEXTE   Neuchâtel, BV, ms. 1313, ff. 92–93, orig. aut. Publ. Lucie ACHARD, *1758–1834, Rosalie de Constant, sa famille et ses amis*, Genève, Ch. Eggimann & Cie, [1902], II, 181–183 (avec coupures).

1) Lire *ils*; 2) lire *si je pouvais*.

COMMENTAIRE   Lucie Achard avait daté cette lettre sans explication de 1795, mais le millésime correct a été restitué quatre ans plus tard par Ph. GODET (II, 145). Comme nous l'avons dit, le 4 janvier 1791 est bien un mardi.
1. *Sophie, ou les sentimens secrets, pièce en trois actes et en vers, composée en 1786* [Paris, 1790], acte I, scène I. Dans le recueil des *Œuvres inédites* de Germaine de STAEL, publiées par son fils (Londres, Treuttel et Würtz, Treuttel fils et Richter, 1821), où cette pièce est reprise, le vers cité par Rosalie se trouve à la page 364 du tome II.
2. *Jane Gray, tragédie en cinq actes et en vers, composée en 1787*, Paris, Desenne, 1790.
3. Elle est demeurée inédite (STAEL, CG, I, 390, note 4).
4. Le terme n'a rien ici de péjoratif, il est à peu près synonyme de 'naïveté' (MG).
5. Marie-Louise-Philippine de Bonnières de Guines (†1796), première épouse d'Armand-Charles-Augustin de la Croix, marquis puis en 1784 duc de Castries (REVEREND, IV, 127).
6. Voir la lettre 711, note 10.
7. A la scène II de l'acte II (*Œuvres inédites, op. cit.*, II, 378–379), dont le premier couplet débute ainsi:

> De ses jeunes destinées
> Le cours est interrompu;
> Mais dans ce nombre d'années,
> Son cœur a longtemps vécu.

Lettre 754

ETABLISSEMENT DU TEXTE   Lausanne, BCU, fonds Constant II, 34/1, 2 ff., orig. aut., incomplet de la fin.

1) Précédé de *vous* biffé; 2) parenthèse ajoutée entre les lignes; 3) suivi de plusieurs mots biffés et illisibles; 4) lire *qu'il*; 5) en surcharge sur *d'une*; 6) *en Angleterre*, ajouté au-dessus de la ligne; 7) récrit au-dessus de *dont* biffé; 8) suivi de *en* biffé; 9) *& montrer de l'esprit*, récrit au-dessus de *& cela* biffé; 10) ajouté au-dessus de la ligne; 11) *venir de*, venir en surcharge sur un mot illisible, *de* ajouté au-dessus de la ligne; 12) *faire valoir les loix les formes les usages*, ajouté au-dessus de la ligne; 13) suivi de deux au trois mots biffés et illisibles; 14) en surcharge sur *pas*; 15) en surcharge sur *crois*, lire *leur veux*; 16) lire *l'aristocratie*; 17) tache; 18) ajouté au-dessus de la ligne.

COMMENTAIRE

1. Celle du 10 décembre 1790 (lettre 745).
2. Pierre-Robert Le Cornier de Cideville est l'un des plus anciens correspondants de Voltaire. Albergotti est à notre avis le résultat d'un télescopage entre les noms de Francesco Algarotti et de Francesco Albergati Capacelli, deux autres correspondants de Voltaire.
3. La marquise du Châtelet, qui fut la maîtresse de Voltaire pendant plus de quinze ans.
4. Sobriquet que Benjamin Constant s'était manifestement donné à lui-même dans sa lettre, non retrouvée, du milieu de décembre (RUDLER, *Bibliographie*, n° 119).
5. Celle du 24 décembre 1790 (lettre 747).
6. *Le Courrier de l'Europe, gazette anglo-françoise* a paru à Londres et Boulogne en format in-4 de 1776 à 1792 (Eugène HATIN, *Bibliographie historique et critique de la presse périodique française*, Paris, Firmin Didot, 1866, 74).
7. L'actuelle Australie. – Isabelle de Charrière résume ici le n° 52, du mardi 28 décembre 1790, où l'on trouve à la fois les nouvelles de l'ouragan du jeudi 23 décembre, un extrait d'une 'lettre écrite de Port Jackson, dans la Nouvelle-Hollande, en date du 12 avril 1790' et l'histoire de l'Espagnole retirée deux fois de la Tamise (aux pages 412–413 de ce vol. XXVIII du *Courrier de l'Europe*).
8. Juste de Constant ou Marianne Marin?
9. 'On dit figur. *à vue de pays* pour dire Juger des choses en gros et sans entrer dans le détail, juger sur les premières connaissances et avant que d'avoir approfondi' (*Dictionnaire de l'Académie*) (MG).
10. Le poète lyrique grec du VIᵉᵐᵉ siècle avant J.-C.
11. Guillaume Amfrye de Chaulieu (1936–1720), Claude-Emmanuel Lhuillier dit Chapelle (1626–1686) et François Le Coigneux dit Bachaumont (1624–1702), trois poètes galants du siècle de Louis XIV.
12. Dans *Le Siècle de Louis XIV* de Voltaire, ce catalogue se trouve en tête de l'ouvrage, tandis que dans le *Nouvel abrégé chronologique de l'histoire de France* de Charles-Jean-François Hénault, il se trouve en regard des événements remarquables de chaque règne, distribué sur quatre colonnes.
13. Voir la lettre 747, note 6.
14. Georges Cabanis (1757–1808), qui venait de publier en 1790 ses *Observations sur les hôpitaux* (DBF, VII, 752–753).

15. Dans sa séance du mardi 21 décembre 1790, l'Assemblée nationale avait décidé par un même décret voté à l'unanimité d'élever une statue à Jean-Jacques Rousseau et de servir à sa veuve une pension annuelle de 1.200 livres (Charly GUYOT, *Plaidoyer pour Thérèse Levasseur*, Neuchâtel, Ides et Calendes, 1962, 176).

Lettre 755

ETABLISSEMENT DU TEXTE   Neuchâtel, BV, ms. 1333, f. 9, orig. aut., amputé apparemment de la moitié supérieure du feuillet.

COMMENTAIRE   Puisqu'il est question dans ce billet de la diffusion de l'*Eloge de Jean-Jacques Rousseau* (voir la note 3), publié à la fin de 1790, on peut le dater approximativement de mi-janvier à mi-février 1791.

1. Voir la lettre 704, note 8.
2. Marmontel.
3. L'imprimeur à Paris de l'*Eloge de Jean-Jacques Rousseau* (voir la lettre 734, note 1).

Lettre 756

ETABLISSEMENT DU TEXTE   Neuchâtel, Archives de Chambrier, 3 ff., orig. aut., incomplet du début. Publ. GODET, I, 338–339 (fragment).

1) Suivi de *est* biffé; 2) en surcharge sur *les*; 3) *qui l'accompagne très souvent mais,* ajouté au-dessus de la ligne; 4) *de grands frais,* ajouté au-dessus de la ligne; 5) *relativement aux,* récrit au-dessus de *pour les* biffé; 6) 7) ajouté au-dessus de la ligne; 8) *s'il les avoit lues,* ajouté au-dessus de la ligne; 9) *j'ai entendu, j'ai* récrit au-dessus de *j'* biffé, *entendu* corrigé de *entendis*; 10) suivi de *soit* biffé; 11) *à s'aiguiser à se tourmenter pour,* récrit au-dessus de *à* biffé; 12) suivi de *fait* biffé; 13) suivi de *Femme tendre et fidelle,* écrit au bas de la page en petits caractères et biffé; 14) *eux mêmes,* ajouté au-dessus de la ligne; 15) *pour Turin,* ajouté dans la marge; 16) lire *l'Eloge;* 17) 18) ajouté au-dessus de la ligne; 19) *parti pour,* récrit au-dessus de *aller à, aller* étant biffé, mais *à* ne l'étant pas par inadvertance; 20) la date est écrite au bas de la marge de la dernière page.

COMMENTAIRE
1. Calonne apparemment.
2. La machine hydraulique qui, depuis 1684, faisait monter l'eau de la Seine pour approvisionner Versailles et Saint-Germain-en-Laye.
3. Joseph-Hyacinthe-François de Paule de Rigaud comte de Vaudreuil (1740–1817), qui avait accompagné les Polignac dans leur émigration en Italie. Voir l'introduction de Léonce PINGAUD à son édition de la *Correspondance intime du comte de Vaudreuil et du comte d'Artois pendant l'émigration (1789–1815)*, Paris, Plon, 1889.
4. Sébastien-Roch Nicolas dit Chamfort (1741–1794).
5. Il doit s'agir ici de Claude-François-Augustin de Narbonne-Pelet de Salgas, né en 1740, dernier survivant en France de cette branche de la famille (Gaston TOURNIER, *Le Baron de Salgas*, En Cévennes, Musée du Désert, 1941, 155).
6. Marie-Jean-Antoine-Nicolas de Caritat, marquis de Condorcet (1743–1794). Il avait correspondu avec Frédéric II en sa qualité de secrétaire perpétuel de l'Académie des Sciences ([Jean-François-Eugène] ROBINET, *Condorcet, sa vie, son œuvre, 1743–1794*, Paris, Librairies-Imprimeries réunies, [1893], 27–28).

7. L'empereur Joseph II.

8. *Les Détours*. On connaît plusieurs opéras de ce nom, le plus récent étant alors celui de Giacomo Tritto, *Li Raggiri scoverti* (1786) (MGG, XIII, 714).

9. Non identifiée. Ces deux vers peuvent se traduire ainsi: *Après un regard de toi, ingrate,/Peut-être ne partirais-je pas...*

10. Les deux fragments cités ici se trouvent dans O.C., VII, 216 et 221.

11. Charles-Elie de Ferrières de Marsay (1741–1804), député de la noblesse de Saumur aux Etats-Généraux et membre de l'Assemblée nationale jusqu'à sa dissolution fin septembre 1791 (DBF, XIII, 137–138; Henri CARRE, introd. à la *Correspondance inédite (1789, 1790, 1791) du marquis de Ferrières*, Paris, Armand Colin, 1932, 1–17). Sa correspondance, déposée aux Archives départementales de la Vienne, à Poitiers, ne contient malheureusement aucune lettre d'Isabelle de Charrière (communication de M. F. Villard, directeur des Services d'Archives de la Vienne, 10 septembre 1980).

12. Refrain de la fameuse chanson révolutionnaire chantée le 14 juillet 1790, au Champ-de-Mars, pour le premier anniversaire de la prise de la Bastille (Pierre LAROUSSE, *Grand dictionnaire universel du XIXe siècle*, Paris, Larousse, 1867, III, 87; Pierre BARBIER et France VERNILLAT, *Histoire de France par les chansons*, Paris, Gallimard, 1957, IV, 78–82).

13. Sur ces mouvements de troupes, voir Charles-Godefroi de TRIBOLET, *Histoire de Neuchâtel et Valengin, depuis l'avènement de la maison de Prusse jusqu'en 1806*, Neuchâtel, Henri Wolfrath, 1846, 279–280.

14. Le chapelain du roi de Prusse Jacques-Louis Du Pasquier★. Les lettres de sa femme Susette Du Pasquier★ à Isabelle de Charrière ne se sont pas retrouvées pour cette époque.

15. Il s'agit sans doute de Daniel-Ferdinand Ostervald (1763–1843), qui deviendra éditeur d'estampes et de livres d'art à Paris (*Familles bourgeoises*, 168), et dont l'oncle célibataire, Jean-Frédéric Ostervald (1723–1790), négociant, venait de mourir à Paris le 31 décembre 1790 en laissant à ses neveux et nièces (enfants de son défunt frère Ferdinand) 'une succession immense' ('Extraits du Journal du pasteur Frêne de Tavannes', MN, 1877, XIV, 265).

16. Jean-Pierre Boy de la Tour (1742–1822), allié Du Pasquier (*Société du Jardin*, n° 330; *Portraits neuchâtelois*, 17). Il avait acquis la plus belle maison de Môtiers en 1782 (COURVOISIER, III, 82).

17. Julie-Régine de Chambrier, épouse d'Abraham de Pury (voir la lettre 706, note 2). On allait l'enterrer le 24 février 1791.

Lettre 757

ETABLISSEMENT DU TEXTE Neuchâtel, BV, ms. 1306, ff. 12–13, orig. aut. Publ. GODET, I, 412–413 en note (fragment).

1) Lire *qu'on eut*.

COMMENTAIRE

1. Laïs (voir la lettre 742, note 9).

2. Jacques Delille (1738–1813), que son poème *Les Jardins* (1780) avait rendu célèbre. Il mourut aveugle et paralysé.

3. *Alonzo et Cora*, opéra en quatre actes d'Etienne-Nicolas Méhul (1763–1817), sur

un livret de Valadier, créé à l'Opéra de Paris le 15 février 1791.

4. François-Amédée de Watteville (1753–1810) (*Genealogie der Familie von Wattenwyl*, Bern, Wyss, 1943, tabl. VII), ancien officier du régiment d'Erlach au service de France, futur commissaire général de l'Administration coloniale, décédé à la Guadeloupe en qualité de capitaine-général des Iles sous le Vent. A cette époque, il remplissait les fonctions de 'secrétaire de l'Opéra national' (Henri WELSCHINGER, *Le Théâtre de la Révolution, 1789–1799*, Paris, Charavay frères, 1880, 68).

5. L'opéra comique *Euphrosine et Corradin, ou le Tyran corrigé* (1790).

6. D'assez beaux décors (MG).

7. Il doit s'agir de la deuxième édition de l'ouvrage de Charles-Elie de FERRIERES DE MARSAY, *Le Théisme, ou introduction générale à l'étude de la religion*, Paris, P.-D. Pierres, 1790, 2 vol. in-12.

8. Non retrouvée.

9. S'il s'agit d'une citation, l'origine nous en est restée inconnue.

Lettre 758

ETABLISSEMENT DU TEXTE Neuchâtel, BV, ms. 1313, ff. 1–2, orig. aut. Publ. SAINTE-BEUVE (1844), 252 en note (fragment daté du 2 juin 1791); GAULLIEUR (1848), VIII, 55 (fragment); RUDLER, *Jeunesse*, 385–386. Cf RUDLER, *Bibliographie*, n° 123.

COMMENTAIRE Cette lettre est une réponse à celle d'Isabelle de Charrière du 8 janvier 1791 (lettre 754) et Isabelle y répondra à son tour le 8 février 1791 (lettre 759). La datation du 21 janvier 1791 ne saurait donc faire de doute. Celle du 21 mai 1791, que Rudler avait suggérée, se fonde sur un rapprochement erroné: les incidents qui auraient rendu la présence de Benjamin utile à La Haye ne sont pas ceux du 5 avril 1791, mais ceux de décembre 1790 (voir la lettre 745).

1. Brunswick.

2. Les deux dernières lettres d'Isabelle à Benjamin avaient été écrites en effet à près d'un mois d'intervalle, les 10 décembre 1790 (lettre 744) et 8 janvier 1791 (lettre 754).

3. '*Etre sur les dents* se dit des hommes et des animaux harassés et abattus de lassitude. Dans le même sens on dit *Mettre sur les dents*' (*Dictionnaire de l'Académie*) (MG).

4. Marianne Marin (voir la lettre 648). Pour le surnom de Dulcinée, voir la lettre 612, note 5.

5. *Le sauvetage.*

6. Citation non localisée.

7. *Mon quartier général.*

Lettre 759

ETABLISSEMENT DU TEXTE Lausanne, BCU, fonds Constant II, 34/1, 2 ff., orig. aut. Publ. GODET, I, 447–448 (avec coupures).

1) En surcharge sur *place*; 2) note écrite en long, dans la partie inférieure de la marge de la première page, *J'allois* précédé d'une ligne entièrement biffée et illisible; 3) suivi de *Portal* biffé; 4) parenthèse ajoutée au-dessus de la ligne; 5) *la croyant favorisée*, ajouté au-dessus de la ligne; 6) corrigé de *qui pleuroient, qui* biffé, *er* en surcharge sur *oient*; 7) *sic*; 8) *sic*; 9) en surcharge sur un mot illisible.

1. Celle du 21 janvier 1791 (lettre 758).
2. A fin juillet 1789.
3. Les *Lettres neuchâteloises*.
4. D'Allemagne.
5. Voir la lettre 716, note 25.
6. Daté du 14 décembre 1790, le testament de Rose-Augustine de Pourtalès (AEN, Archives de Pourtalès) dément tous les bruits qui couraient à son sujet: Caroline de Luze n'y est pas nommée; les domestiques de la défunte n'y reçoivent pas d'excuses, mais bien chacun son legs particulier; les pauvres de Boudry, de Cortaillod et de Bôle reçoivent respectivement 1.000 francs chacun, ceux de Colombier 2.000 fr.; les 'deux ou trois personnes qui ont tout souffert d'elle' sont sans doute celles qui figurent en tête de la liste des legs: Fanchette Bachelin pour une rente de 5.000 fr., Henriette de Pourtalès pour une rente de 14.000 fr. et Charlotte de Meuron pour une rente de 4.000 fr. En revanche, la testatrice était consciente du fait que ses legs allaient absorber à peu près toute sa succession et dans une lettre séparée, elle avoue des dettes 'considérables' contractées à l'insu de son mari.
7. A côté de sa sœur, la seule parente de Rose-Augustine de Pourtalès qui soit nommée dans son testament est sa 'cousine Henriette Pourtalès', qu'il faut identifier certainement avec Marie-Henriette de Pourtalès (1739–1814), fille d'Etienne de Pourtalès et de Marie-Philippine Martinesque, cousine germaine de Jacques-Louis de Pourtalès, le mari de la défunte (Louis MALZAC, *Les Pourtalès*, Paris, Hachette, 1914, 81).
8. Il doit s'agir ici du fils des Sandoz-de Bada, *Guillaume*-Anne Sandoz (1750–1811), colonel au service des Etats-Généraux, gouverneur des princes de Mecklembourg-Schwerin, mort sans alliance (*Société du Jardin,* n° 243).
9. Rose-Augustine de Pourtalès avait quatre frères, tous vivants à la date de son décès, à savoir: Jean-Jacques de Luze (1753–1838), allié Ostervald, Jules-*Alexandre* (1756–1827), allié Feer, *Frédéric*-Auguste (1758–1837), allié de Mézerac, et Charles-Henri (1760–1824), qui n'était pas encore marié.
10. L'épouse de Frédéric de Luze, Caroline Alquier de Mézerac (1765–1846).
11. Amalia von Schmettau (1748–1806), épouse du prince Dimitri Alexéiévitch Gallitzine (1738–1803), qui avait été l'ambassadeur de Russie à La Haye.
12. Voir la lettre 745, note 3.
13. Voir la lettre 746, note 9.
14. Voir la lettre 733, note 9.
15. Non identifié. – Sur les inquiétudes et les remous suscités en Franche-Comté, et notamment à Pontarlier, par les mouvements de troupe de janvier 1791, voir Charles-Godefroi de TRIBOLET, *Histoire de Neuchâtel et Valangin, depuis l'avènement de la maison de Prusse jusqu'en 1806,* Neuchâtel, Henri Wolfrath, 1846, 279–280.
16. Ce néologisme permet à la narratrice d'éviter le mot d'*espions*, trop fort pour le contexte.
17. Localité située sur le Doubs, à 6 km. de la frontière.

Lettre 760

ETABLISSEMENT DU TEXTE   Neuchâtel, BV, ms. 1387/4, f. 21, orig. aut.

1) Lire *pour tout*; 2) en surcharge sur *le*; 3) 4) ajouté au-dessus de la ligne.

1. Il pourrait s'agir de Jeanne-Aimée Pettavel, fille d'Abraham, qui vécut à Auvernier de 1746 à 1802 (renseignements des AEN, Neuchâtel).
2. M. de Charrière.
3. Henriette de Charrière de Penthaz★, sa belle-sœur.
4. A cette époque, ce titre désigne encore Henri-David de Chaillet★.

Lettre 761

ETABLISSEMENT DU TEXTE   Neuchâtel, BV, ms. 1317, ff. 31–32, orig. de la main de Choppin.

COMMENTAIRE   Le 18 février 1791 tombait bien un vendredi.
1. *Fait l'emplette, acheté.* Ce mot était couramment employé en Suisse romande aux XVIIIe et XIXe siècles (PIERREHUMBERT, 216).
2. Sans doute [Charles Pinot] DUCLOS, *Mémoires secrets sur les règnes de Louis XIV et de Louis XV*, Paris, Buisson, 1791, 2 vol. in-8.
3. *Le fromage du bourgmestre.* Il n'existait en Hollande aucun fromage de ce nom et l'allusion nous échappe.
4. Le fameux 'mets de fromage fondu avec du vin blanc, un peu de kirsch et quelques épices, que l'on mange chaud en trempant dans la terrine où il cuit des bouchées de pain' (PIERREHUMBERT, 255).
5. L'opéra d'Isabelle de Charrière (*O.C.*, VII, 197–222).
6. [Jean Siffrein] MAURY, *Opinion sur la Constitution civile du clergé, prononcée dans l'Assemblée Nationale le samedi 27 novembre 1790*, Paris, Impr. de l'Ami du Roi, 1790. L'ouvrage eut au moins cinq éditions coup sur coup.
7. Sans doute l'anonyme *Voyage d'une Française en Suisse et en Franche-Comté depuis la Révolution*, Londres, [sans nom d'éditeur], 1790, 2 vol. in-8.

Lettre 762

ETABLISSEMENT DU TEXTE   Neuchâtel, BV, ms. 1331, ff. 75–76, orig. aut., sur papier bleuté.

COMMENTAIRE   La date de cette lettre ne saurait être très éloignée de celle du mariage de Caroline de Chambrier★ (21 mars 1791) et plusieurs indices donnent à penser qu'au moment où elle fut écrite, le mariage était décidé, mais non point célébré. Or le 24 février 1791, on enterra à Neuchâtel Julie-Régine de Pury (Hugues JEQUIER, Jaques HENRIOD et Monique de PURY, *La famille Pury*, Neuchâtel, Caisse de famille Purs, 1972, D XIV), qui était précisément l'une des tantes de Caroline de Chambrier (voir la note 5 ci-après). Ce rapprochement permet de dater presque à coup sûr cette lettre des mercredi 23 et vendredi 25 février 1791.
1. Sa belle-mère, Judith-Marguerite de Perrot (1743–1808), veuve de Jean-Henri de Sandoz-Rollin (1741–1784) (*Société du Jardin*, n° 77).
2. Abraham de Perrot (1722–1782), secrétaire d'Etat (*Société du Jardin*, n° 75).
3. Alphonse de Sandoz-Rollin★, son futur mari.
4. Voir la lettre 699, note 7.
5. Julie-Régine de Chambrier, épouse d'Abram de Pury (voir la lettre 706, note

2). Caroline de Chambrier avait d'autres tantes, car son grand-père Josué de Chambrier-Travanet avait eu onze enfants, mais aucune ne décéda entre 1784 et 1798, sinon celle-là.

6. *Bien-né* (GODET, II, 408), qu'Isabelle de Charrière n'avait pas pu offrir à son amie lors de sa publication, puisqu'en 1788, elle ne connaissait pas encore Caroline.

7. Margarethe Wagner (1758–1816), fille de Michael Wagner (1714–1775), officier bernois au service des Provinces-Unies, et sœur d'un autre Michael Wagner qu'on verra figurer au nombre des amis et correspondants d'Isabelle de Charrière.

8. M. de Charrière.

9. Jean Dutschek, de Souabe, relieur à Saint-Blaise près de Neuchâtel de 1787 à 1791 (renseignement des AEN, Neuchâtel).

Lettre 763

ETABLISSEMENT DU TEXTE   Lausanne, BCU, ms. IS–4188, n° 136, 2 ff., orig. aut.

COMMENTAIRE   Le 26 février 1791 était bien un samedi.

1. Une jeune protégée, non identifiée, d'Isabelle de Charrière.

2. Henriette Tronchin (1712–1791), la sœur cadette du Dr Théodore Tronchin, était morte à Genève le 16 février 1791.

3. Le 15 février 1791, des paysans en armes avaient assailli la porte de Cornavin à Genève, mais la garnison avait soutenu victorieusement cette attaque (Henri FAZY, *Genève de 1788 à 1792, la fin d'un régime*, Genève, Kundig, 1917, chap. VIII).

4. Jean-Robert Tronchin-Boissier (1710–1793). En sa qualité de procureur général de la République, il avait requis en 1762 la condamnation de l'*Emile* et du *Contrat social*. Il avait ensuite défendu la sentence et la politique du Petit Conseil de Genève dans ses *Lettres écrites de la campagne* (1763), qui incitèrent Jean-Jacques Rousseau à publier en réponse les fameuses *Lettres écrites de la montagne* (1764).

5. Camille Gallatin-Pictet (voir la lettre 743, note 2) ou Elisabeth-Marie-Louise Gallatin-de Jaussaud (voir la lettre 686, note 9)?

Lettre 764

ETABLISSEMENT DU TEXTE   Neuchâtel, BV, ms. 1387/4, f. 22, orig. aut.

1) Récrit au-dessus de *ou* biffé;   2) ce post-scriptum est écrit en long dans la marge.

COMMENTAIRE   Dans sa lettre du 3 mars 1791 à Benjamin Constant, Isabelle de Charrière cite de nouveau son quatrain sur l'Echo et dit l'avoir composé la veille. Le 2 mars 1791 étant un mercredi, la date de la présente lettre se trouve ainsi établie avec une entière certitude.

1. C'est-à-dire de 'la messagère, non des Dieux, mais de Colombier' comme l'écrit ailleurs Isabelle (lettre 894).

2. *Zadig*, acte I, scène 1 (*O.C.*, VII, 232).

3. Zingarelli★.

4. Non identifiée.

5. Allusion non élucidée.

Lettre 765

ETABLISSEMENT DU TEXTE   Lausanne, BCU, fonds Constant II, 34/1, 2 ff., orig. aut., déchiré horizontalement en deux.

1) Récrit au-dessus de *Fevr.* biffé; 2) suivi de deux ou trois mots biffés et illisibles; 3) 4) ajouté au-dessus de la ligne; 5) *un petit nombre*, récrit au-dessus de *quelques* biffé; 6) *pour agir*, ajouté au-dessus de la ligne; 7) ajouté au-dessus de la ligne; 8) lire *les*; 9) *il faut*, ajouté au-dessus de la ligne; 10) *comme vos idées*, ajouté au-dessus de la ligne; 11) 12) ajouté au-dessus de la ligne.

COMMENTAIRE

1. Samedi 26 février, mardi 1er mars 1791.

2. Avignon, comme tout le Comtat Venaissin, était encore terre papale. Le 12 juin 1790 les 'citoyens actifs' d'Avignon avaient proclamé leur volonté de s'unir à la France, mais ce ne fut que le 14 septembre 1791, au terme d'une véritable guerre civile, que l'acte de réunion fut définitivement voté par l'Assemblée nationale. Voir Aira KEMILAINEN, *'L'Affaire d'Avignon' (1789–1791) from the viewpoint of Nationalism*, Helsinki, Suomalainen Tiedeakatemia, 1971. – Genève subira en effet le même sort, mais seulement en avril 1798.

3. Jean-Armand Tronchin-Labat (1732–1813) était le ministre de Genève à Paris. La lettre dont il est question ici est sans doute celle qu'il avait écrite aux Syndics et Conseil de Genève le 21 février à propos de l'émeute du 15 (voir la lettre 763, note 3) et à laquelle était joint 'un avis particulier [...] servant à fortifier les indices d'un complot [...] prêt à s'exécuter' (Genève, Archives d'Etat, RC 297, 268–269).

4. Non identifiée. Le 21 février 1791, des mesures générales avaient été prises par les autorités genevoises contre les Français qui avaient émigré à Genève (Archives d'Etat, Genève, RC 297, 229).

5. Sur les circonstances du départ, à fin février 1791, du polygraphe et futur préfet de l'Oise Jacques de Cambry (1749–1807), voir Edouard-L. BURNET, 'Notes sur les séjours à Genève d'Hérault de Séchelles et de M. de Cambry (1790 et 1791)', *Revue historique de la Révolution française*, 1917, XI, 50–54.

6. D'après le répertoire de sa correspondance (Genève, BPU, ms. Suppl. 1053, f. 21), Pierre Prevost avait écrit à Isabelle de Charrière les 8 et 16 février 1791. Aucune de ces deux lettres ne s'est retrouvée.

7. Rulhière (voir la lettre 645, note 11) était mort à Paris le 30 janvier 1791, à l'âge de 56 ans.

8. Plusieurs œuvres manuscrites de Rulhière, en prose ou en vers, commencées ou achevées, 'ne se sont retrouvées nulle part'. Tel fut le cas notamment de son récit des événements de 1789, spécialement des 5 et 6 octobre. 'On prétend que les dépositaires de ce dernier ouvrage n'ont pas osé le conserver au milieu des orages de 1792 et des deux années suivantes' (*Biographie universelle*, Paris, L. G. Michaud, 1825, XXXIX, 308) (MG).

9. LA FONTAINE, *Fables*, II, 11 ('Le Lion et le Rat').

10. *Les Incas* sont de Marmontel (1777). – Pour *Cora*, voir la lettre 757, note 3.

Lettre 766

ETABLISSEMENT DU TEXTE   Neuchâtel, BV, ms. 1325, ff. 49–50, orig. aut.

COMMENTAIRE   La date de cette lettre est fixée par celle du mariage de Spéran-
dieu-de Montmollin (voir la note 3 ci-dessous).

1. Non identifié.

2. Susette Cooper-Moula★.

3. Salomé-Charlotte de Montmollin et Jean-Louis de Spérandieu (voir O.C., II,
lettre 561, note 1). Malgré d'intenses recherches dans les archives britanniques, il
n'a pas été possible de découvrir la date exacte de leur mariage. Mais d'après les
comptes de la Reine Charlotte, Salomé de Montmollin toucha son salaire de maîtresse de français des princesses d'Angleterre jusqu'au 24 février 1791, tandis que
le 16 mars suivant, la princesse Mary, quatrième fille de George III, écrivait à son
frère Auguste: 'Miss Montmollin is married and has left us' (Royal Archives,
Windsor Castle). Puisque le mariage eut lieu un jeudi, il a donc dû se célébrer le
24 février, le 3 ou le 10 mars 1791, la date du jeudi 3 mars paraissant la plus probable.

4. La Princesse Royale Augusta Sophia, fille aînée du roi Georges III. Ses sœurs,
plus bas, sont appelées simplement les P[rincesses].

5. Martha Caroline Goldsworthy (voir O.C., II, lettre 510, note 15).

6. Julie de Montmollin (1765–1841), qui venait de succéder à Salomé-Charlotte en
qualité d'institutrice des princesses d'Angleterre et qui devait rester 23 ans à son
poste (Généalogie de la famille de Montmollin, Neuchâtel, Paul Attinger, 1968, 45).

7. De tapage.

8. La 'crème de tartre' était, comme 'l'huile de tartre', une préparation médicinale
qui avait plusieurs propriétés; elle semble utilisée ici comme calmant (MG).

9. David-Alphonse de Sandoz-Rollin (1740–1809), diplomate de carrière en
même temps qu'amateur d'art et dessinateur distingué (Société du Jardin, n° 76;
[Louis] GUILLAUME, 'Le baron de Sandoz-Rollin', MN, 1867, IV, 181–202, 229–239,
253–258 et 286–294; M[aurice] BOY DE LA TOUR, La Gravure neuchâteloise, Neuchâtel, Delachaux & Niestlé, 1928, 28–30).

10. Louise-Marguerite de Marval (1769–1829), fille du conseiller d'Etat Louis de
Marval (1745–1803).

11. Il s'agit apparemment de Charlotte-Louise-Albertine Ostervald (1769–1851),
future épouse (en 1797) de Georges de Rougemont (Familles bourgeoises, 168). Sur
l'héritage Ostervald, voir la lettre 756, note 15.

12. Caroline de Chambrier★ évidemment.

Lettre 767

ETABLISSEMENT DU TEXTE   La Haye, coll. Van Tuyll van Coelhorst, 2 ff., orig. aut.
1) et 2) Ajoutés au-dessus de la ligne; 3) écrit sur ce; 4) ajouté au-dessus de
hargneux biffé; 5) précédé de n'étoient biffé; 6) en surcharge sur des mots illisibles; 7) en surcharge sur Le; 8) ce mérite continu ajouté au-dessus de la ligne; 9)
dans la marge; 10) poesie et musique ajouté au-dessus de la ligne; 11) & la nature
ajouté au-dessus de la ligne; 12) ajouté au-dessus de la ligne; 13) la lettre continue
ici dans la marge gauche; 14) lire microscopiques.

1. Comme plusieurs lettres de Vincent n'ont pas été conservées, nous ignorons de quand date sa dernière lettre.
2. Peut-être s'agit-il d'une copie du portrait d'Isabelle par G. J. J. de Spinny (1759), dont le Musée d'Art et d'Histoire de Genève possède un exemplaire, ou d'une des répliques de son portrait par La Tour, dont l'une se trouve au château d'Amerongen et l'autre au château de Zuylen.
3. Zingarelli*.
4. *Les Femmes*. Voir O.C., VII, 197–222.
5. *A la foire*.
6. Des groupes de joueurs de vielles.
7. Aucun fragment de cet opéra n'a été conservé. Voir O.C., VII, 187–190.
8. *Zadig*, qui contient les vers cités plus bas. Voir O.C., VII, 223–244.
9. *Dont je n'ai pas le tour*.
10. Voir la lettre 704, notes 7 et 8.

Lettre 768

ETABLISSEMENT DU TEXTE   Neuchâtel, BV, ms. 1317, ff. 33–34, orig. de la main de Choppin.

COMMENTAIRE   Le 22 mars 1791 est bien un mardi.
1. 'Zadig que j'ai cherché jusqu'aux sources du Nil'. On ignore dans quel contexte ce vers se trouvait inséré car le deuxième acte de *Zadig* ne s'est pas retrouvé, mais on sait qu'Isabelle allait le modifier malgré l'avis de Du Peyrou (voir la lettre 772).

Lettre 769

ETABLISSEMENT DU TEXTE   Neuchâtel, BV, ms. 1328, ff. 29–30, orig. aut.

COMMENTAIRE
1. Voir la lettre 763, note 1.
2. Ville de la province d'Overijssel.
3. Voir la lettre 739, note 2.
4. Maria, la fille de M. et Mme de Rechteren. Voir la lettre 739, note 2.
5. Non identifiée.

Lettre 770

ETABLISSEMENT DU TEXTE   Neuchâtel, BV, ms. 1317, ff. 35–36, orig. de la main de Choppin.

COMMENTAIRE
1. Celui de *Zadig*.
2. Isabelle de Charrière a dû tenir compte des critiques de Du Peyrou, car le premier acte de *Zadig*, tel du moins qu'il nous est parvenu, ne comporte ni palissades sautées, ni rime de *loin* avec *point*. – Astarté lève son voile à la scène 2 de l'acte I (O.C., VII, 232).

3. Du Peyrou lui-même. Tout cet alinéa est ironique, car il est de l'écriture de Du Peyrou aussi bien que le corps de la lettre.

Lettre 771

ETABLISSEMENT DU TEXTE Publ. GAULLIEUR (1848), 52–55 (à la date du 6 juillet 1791), Cf. RUDLER, *Bibliographie*, n⁰ 124.

COMMENTAIRE Ce texte, dont le ms. original ne s'est pas retrouvé, est publié par Gaullieur au milieu d'une lettre factice, dont le début et la fin sont empruntés aux lettres du 6 juillet 1792 (n⁰ 832) et du 21 janvier 1791 (n⁰ 758). A l'instar de RUDLER, *Jeunesse*, 475–476, nous le reproduisons ici sous toutes réserves. – Quant à la date, elle reste également hypothétique. Il nous semble d'après le ton et le sujet que ce fragment est postérieur à l'échange de correspondance des mois de janvier – mars 1791, mais est-ce de quelques semaines ou de quelques mois? En l'absence d'autres lettres, il est difficile de le dire.

Lettre 772

ETABLISSEMENT DU TEXTE Neuchâtel, BV, ms. 1317, ff. 37–38, orig. de la main de Choppin.

COMMENTAIRE Le 1er avril 1791 tombait bien un vendredi.
1. C'est-à-dire la belle copie faite par son secrétaire Jeannin.
2. Celui de *Zadig*. Seul le texte du premier acte de cet opéra s'est retrouvé et du deuxième acte, on ne connaît que les trois vers cités ici.
3. Plus expressif que *bêtiserie*, ce terme caractérise assez bien le style à l'emporte-pièce de Du Peyrou (MG).
4. La tirade du Prince d'Hircanie, le 'barbare' qui veut faire entrer Astarté dans son sérail.
5. Non identifiée.

Lettre 773

ETABLISSEMENT DU TEXTE Neuchâtel, Archives de Chambrier, 1 f., orig. aut., incomplet du début.
1) Ajouté dans la marge; 2) récrit au-dessus de *mais* biffé; 3) en surcharge sur un mot difficile à lire; 4) en surcharge sur *soyent*; 5) précédé de *des* biffé.

COMMENTAIRE
1. Voir la lettre suivante, note 3.
2. Voir la lettre 689, note 1.
3. David-Alphonse de Sandoz-Rollin (voir la lettre 766, note 9) était à cette époque ministre de Prusse à Madrid (*Repertorium der diplomatischen Vertreter aller Länder*, Graz/Köln, Hermann Böhlaus Nachf., 1965, III, 340).
4. Caroline de Chambrier★, qui avait épousé le 21 mars Alphonse de Sandoz-Rollin★, neveu de David-Alphonse.
5. Chambrier d'Oleyres★ mourut célibataire.

6. Voir la lettre 759, note 6.

7. Voir la lettre 759, note 8.

Lettre 774

ETABLISSEMENT DU TEXTE   Neuchâtel, BV, ms. 1310, ff. 19–20, orig. aut.

COMMENTAIRE

1. Zadig lui-même, dans la scène du tournoi au troisième acte de la pièce (*O.C.*, VII, 242).

2. La tragédie de Prosper Jolyot de Crébillon, *Rhadamiste et Zénobie* (1711), avait été traduite par Carlo Innocenzio Frugoni en 1724 *(Radamisto e Zenobia)*.

3. Justine Wyne (1737–1791), seconde épouse du comte Philipp Joseph Orsini-Rosenberg (1691–1765). Auteur tardif, elle avait publié un recueil de *Pièces morales et sentimentales* (Londres, Robson, 1785), la description de la villa d'Angelo Querini *Alticchiero* (Padoue, 1787), superbe in-quarto illustré d'une trentaine de planches, et un unique roman, *Les Morlaques* (1788) (*Bibliographie romanesque*, 88.106), dont l'intrigue se déroule en Dalmatie. Elle devait mourir à Padoue, le 22 août 1791, quatre mois après la date de la présente lettre. Voir Bruno BRUNELLI, *Un'amica di Casanova*, [Palermo], Remo Sandron, [1923].

4. Voir la lettre 724, note 3.

5. Acte III, scène 7. *Le Comte de Strafford, tragédie en cinq actes et en vers*, ne fut publié qu'en 1795, à Londres; dans cette édition, le vers cité se trouve à la page 66.

6. Adélaïde-Félicité-Henriette Guinot de Monconseil (1741–1822), épouse sans enfants de Charles-Alexandre-Marc-Marcellin d'Alsace-Hénin-Liétard, prince d'Hénin (1744–1794) ([Henry] de WOELMONT DE BRUMAGNE, *Notices généalogiques*, Paris, Edouard Champion, 1930, VI, 630–631). Sur son 'ménage' avec le comte de Lally-Tollendal, voir Pierre BESSAND-MASSENET, *Femmes sous la Révolution, la fin d'une société*, Paris, Plon, 167.

7. Marie-Adélaïde (1732–1800), dite Madame Adélaïde, et Marie-Victoire (1733–1799), dite Madame Victoire, les tantes de Louis XVI. Parties de Turin le 26 mars, elles arrivèrent à Rome le 16 avril. Sur leur émigration, voir [Maxime] FLEURY, *Les Drames de l'histoire*, Paris, Hachette, 1905, 33–34.

Lettre 775

ETABLISSEMENT DU TEXTE   Neuchâtel, BV, ms. 1310, ff. 21–22, orig. aut.

COMMENTAIRE

1. *Un dernier rôle*.

2. Les Condé avaient quitté Turin le 6 janvier 1791 pour aller s'établir à Worms. Précédé de Calonne, le comte d'Artois était parti à fin mars pour Venise, puis Vienne; il devait gagner ensuite Coblence, puis s'installer à Hamm. Le marquis de Serent était resté à Turin, revêtu du titre et des pouvoirs de 'Commissaire des princes' (VINGTRINIER, II, 288).

3. Les ligueurs raillés dans la *Satyre Ménippée* (MG).

4. Cagliostro avait été condamné à mort par la congrégation du Saint-Office le 7 avril 1791, mais 'par mesure de clémence, la peine qui livrait le coupable au bras

séculier, c'est-à-dire au bourreau, était commuée en prison perpétuelle' (Constantin PHOTADIES, *Les Vies du comte de Cagliostro*, Paris, Bernard Grasset, 1932, 413).

5. Le préfet du 'Buon Governo', le cardinal Filippo Carandini (1729–1810), avait été victime en effet d'une tentative d'empoisonnement de la part du prince Sigismondo Chigi (A. ADEMOLLO, *Un processo celebre di veneficio a Roma nell'anno 1790*, Roma, Barbera, 1881).

Lettre 776

ETABLISSEMENT DU TEXTE   Neuchâtel, BV, ms. 1387/4, ff. 23–24, orig. aut. Publ. GODET, I, 455 (fragment).

1) Suivi de *cette* biffé; 2) suivi de *plus* biffé; 3) ajouté au-dessus de la ligne; 4) à partir de ce mot, toute la fin de l'alinéa est écrite en long dans la marge de la troisième page; 5) à partir de ce mot, toute la fin de la lettre est écrite d'abord en long dans la marge de la quatrième page, puis tête-bêche dans le blanc supérieur de cette même page; 6) récrit au-dessus de *dit* biffé; 7) *si on le, si* suivi de *l'* biffé, *le* ajouté au-dessus de la ligne.

COMMENTAIRE

1. Voir O.C., IV, lettre 1425, note 3.

2. Le verbe *capotiser* au sens de 'rendre capot, déconcerter; chagriner, attrister' était employé alors dans toute la Suisse romande (PIERREHUMBERT, 95).

3. *Aiglonette et Insinuante, ou la souplesse, conte*, [Neuchâtel, Fauche-Borel], 1791 (GODET, II, 409, n° XII; *Preliminary bibliography*, n° 12).

4. Wilhelm (1791–1871) (*Société du Jardin*, n° 392). Il était né à Berlin le 30 avril 1791 (J. Thierry DU PASQUIER, *La Famille Du Pasquier*, Neuchâtel, La Baconnière, 1974, 83).

5. Il faut comprendre: excepté quand je jouais a la comète. – Sur ce jeu de cartes, particulièrement apprécié d'Isabelle, voir la lettre 716, note 15.

6. Première mention de cette Henriette Monachon*, qui va tenir tant de place dans la vie du Pontet au cours des années suivantes.

7. Non identifiée.

8. Qu'elle joue ou non sur le mot de *capucins*, Isabelle désigne sans les nommer *les poux*, dont il sera question un peu plus bas sous deux autres formes (*les petites bêtes* et enfin les *p...*) (MG).

9. Caroline de Luze apparemment (voir la lettre 714, note 3).

10. Il pourrait bien s'agir ici de Louis et d'Alix de Saussure (voir la lettre 666, note 7), anciens amis des Charrière. Mais nous n'avons pas pu vérifier s'ils étaient allés à Loëche-les-Bains cette année-là.

11. Non identifiée.

12. Les fils du comte d'Artois. Isabelle venait manifestement de recevoir la lettre de Chambrier d'Oleyres du 18 mai 1791.

Lettre 777

ETABLISSEMENT DU TEXTE   Neuchâtel, Archives de Chambrier, 1 f., orig. aut., apparemment incomplet du début. Publ. GODET, I, 339 et 458 (courts fragments).

1) A partir de ce mot, toute la fin de l'alinéa est écrite en long dans la marge de

la dernière page; 2) *à ce qu'on dit*, ajouté au-dessus de la ligne; 3) ce dernier alinéa est écrit tête-bêche dans le blanc supérieur de la dernière page.

COMMENTAIRE   La date du *27 may 1791*, manifestement correcte, est écrite au crayon en tête du f., d'une main qui n'est ni celle d'Isabelle de Charrière ni celle de Chambrier d'Oleyres. Il se peut qu'en détachant le premier f. de la lettre, on ait pris soin de reporter la date en tête du second f. seul conservé aujourd'hui.

1. [Charles Pinot] DUCLOS, *Voyage en Italie, ou considérations sur l'Italie*, Paris, Buisson, 1791. – Sur ses *Mémoires*, voir la lettre 761, note 2.

2. Le cercueil de Voltaire avait été exhumé le 9 mai 1791 de l'abbaye de Scellières pour être transporté d'abord à Romilly. La *Chronique de Paris* du 14 mai rapporte en effet qu'à l'occasion de cette translation, 'les femmes tenoient leurs enfans et leur faisoient baiser le sarcophage' (Gustave DESNOIRESTERRES, *Voltaire et la société au XVIIIᵉ siècle*, VIII: *Retour et mort de Voltaire*, Paris, Didier et Cⁱᵉ, 1876, 483–484).

3. *Aiglonette et Insinuante.*

4. Susanne Tulleken*.

5. Voir O.C., II, lettre 477, note 7.

6. Anne-Catherine Cadeau de Cerny, épouse d'Antoine-Victor-Amédée de la Font de Savines (1739–1823) (Gap, Archives départementales des Hautes-Alpes, Notes généalogiques de l'abbé Guillaume et Dictionnaire biographique de l'abbé Allemand; Neuchâtel, AEN, Minutaire du not. P.-A. Borel, à la date du 29 août 1791).

7. Il ne peut guère s'agir que de Georges de Rougemont (voir O.C., II, lettre 510, note 18).

8. Voir la lettre 759, note 8. La 'femme qui l'aimoit sincerement' est Rose-Augustine de Pourtalès-de Luze, mais nous ignorons qui était 'sa rivale'.

9. David-Alphonse de Sandoz-Rollin (voir la lettre 773, note 3).

10. Le fils du chapelain du Roi de Prusse était Wilhelm Du Pasquier (voir la lettre 776, note 4).

Lettre 778

ETABLISSEMENT DU TEXTE   Neuchâtel, BV, ms. 1387/4, ff. 25–26, orig. aut. Publ. Philippe GODET, 'Madame de Charrière à Colombier d'après des lettres inédites', MN, 1886, XXIII, 237–238 (avec coupures).

1) *saint Maurice*, ajouté au-dessus de la ligne; 2) 3) ajouté au-dessus de la ligne; 4) *le soir*, ajouté au-dessus de la ligne; 5) *on s'est trouvé*, corrigé de *ils se sont trouvés*; 6) ajouté au-dessus de la ligne; 7) précédé de *dificile* biffé; 8) lire *Neufchatel*; 9) *j'ai habité* récrit au-dessus de *je* biffé; *Neufchalet; je*, ajouté dans la marge; 10) précédé d'un tiret biffé; 11) les douze derniers mots ajoutés en bout de ligne d'une écriture serrée; 12) la date est écrite au bas de la marge de la deuxième page.

COMMENTAIRE   Cette lettre, écrite manifestement en été, ne peut dater que de 1791, puisqu'en 1790 Caroline de Sandoz-Rollin n'était pas encore mariée et que l'allusion à *Zadig* ne s'explique déjà plus en 1792. Mais dans le cours de l'été 1791, il paraît difficile de justifier une datation plus précise.

1. Charles de Chaillet* et ses camarades.

2. Buttes se trouve au fond du Val-de-Travers, au pied septentrional du Chasse-

ron; Bullet, Saint-Maurice (situé au-dessus de Grandson) et Onnens sont trois localités des flancs méridionaux du Chasseron; Concise est au bord du lac de Neuchâtel.

3. Jusqu'au milieu du XIXe siècle, le mot était employé en Suisse romande pour désigner une auberge, un cabaret (*Glossaire des patois de la Suisse romande*, Neuchâtel & Paris, Victor Attinger, 1934–1954, II, 592–593).

4. Non identifié. Le patronyme de Leuba est extrêmement répandu dans le haut du Val-de-Travers et à l'époque, les maçons et charpentiers de ce nom ne s'y comptaient plus (COURVOISIER, III, à l'index).

5. A cette date, il ne peut guère s'agir que de Marie-Salomé Salquin, fille de David-Pierre, de Rouen, maître tailleur d'habits, et de Jeanne-Marie Henry, de Bevaix; née le 15 avril 1776 à Neuchâtel, elle épousa en 1798 Charles-Frédéric Guinand (renseignements des AEN, Neuchâtel).

6. Henriette L'Hardy*.

7. Au lieu d'appeler Caroline de Sandoz-Rollin par son prénom, Isabelle féminise celui de son mari.

Lettre 779

ETABLISSEMENT DU TEXTE   Neuchâtel, Archives de Chambrier, 2 ff., orig. aut. Publ. GODET, I, 411–412 et II, 46–47 (courts fragments).

1) Ajouté au-dessus de la ligne; 2) corrigé de *Sull*; 3) note écrite en long dans la partie inférieure de la marge de la troisième page; 4) 5) ajouté au-dessus de la ligne; 6) récrit au-dessus de *nomment* biffé; 7) suivi de plusieurs mots biffés et illisibles; 8) en surcharge sur *crois*; 9) *& choisis* ajouté au-dessus de la ligne; 10) ce dernier alinéa est écrit en long dans la partie inférieure de la marge de la dernière page.

COMMENTAIRE

1. Lire: *qui nottoient*, et comprendre: qui accompagnaient de musique (MG).

2. C'est-à-dire de son opéra *Les Femmes* (*O.C.*, VII, 197–222).

3. Lire: *ranz*. Ni le texte ni la musique de *Polyphème* ou *Le Cyclope* ne nous est malheureusement parvenu.

4. Non identifié.

5. Muni de variantes. Ce néologisme n'a pas fait fortune.

6. *Oh quel plaisir, oh quelle joie, de voir un si cher ami donner à ce grand et antique trône une gloire et une majesté nouvelles. // Tu serais enfin sa maîtresse et sa femme et (jusqu'au Ciel en irait la louange) sur le trône, à côté de la vertu, nous verrions les grâces et la beauté.* Ce passage ne se trouve pas dans l'acte I de *Zadig* dont le texte est seul conservé (*O.C.*, VII, 231–241).

7. 'Jusqu'à quand, princes, croirez-vous avoir des amis! S'il y a des gens de bien sur le globe, vous pourrez avoir des serviteurs fideles, des conseillers vertueux; mais des amis!' (*Aiglonette et Insinuante*, 1791, 6–7; *O.C.*, VIII, 256).

8. A Paris, où Louis XVI et Marie-Antoinette résidaient depuis que le peuple les avait contraints à quitter le palais de Versailles.

9. De ce qui n'est souplesse que de nom.

10. L'allusion est au cardinal Giulio Alberoni (1664–1752), qui devint premier ministre du roi d'Espagne Philippe V.

11. Plutôt que du pasteur Chaillet, il doit s'agir ici de Jean-Frédéric de Chaillet*.
12. David-Alphonse de Sandoz-Rollin (voir la lettre 773, note 3).

Lettre 780

ETABLISSEMENT DU TEXTE   La Haye, coll. Van Tuyll van Coelhorst, 3 ff., orig. aut., déchirures.

1) Précédé de *cette* biffé; 2) écrit sur des lettres illisibles; 3) *pas* biffé avant *fort*; 4) en surcharge sur *garçons*; 5) *dans ce moment* ajouté au-dessus de la ligne; 6) *en moins de rien* ajouté au-dessus de la ligne; 7) *tout* ajouté au-dessus de la ligne; 8) *distinct* écrit sur *differ* puis biffé avant *distinct*; 9) ajouté au-dessus de *m'en* biffé; 10) écrit sur *le*; 11) en surcharge sur des lettres illisibles; 12) ajouté au-dessus de la ligne; 13) précédé de *fait* biffé; 14) *ou son mari* ajouté au-dessus de la ligne; 15) *Etre maire* ajouté au-dessus de *qui* biffé; 16) *que le maire* ajouté au-dessus de *qu'on est*; 17) ajouté au-dessus de la ligne; 18) en surcharge sur *de mere*; 19) *[compren]dre* déchirure; 20) *[ ]l elle* déchirure, *elle* ajouté au-dessus de la ligne; 21) *[ ]* déchirure; 22) *[lettre]* déchirure; 23) *[à mo]n* déchirure; 24) *de Perponcher* ajouté au-dessus de la ligne; 25) *quelqu'un de* ajouté au-dessus de la ligne; 26) *peut-être aussi* ajouté au-dessus de la ligne; 27) précédé de quelques mots qui manquent par la déchirure; 28) ajouté au-dessus de *tiennent lieu de* biffé; 29) *a peu de frais* ajouté au-dessus de la ligne; 30) en surcharge sur *leur*.

COMMENTAIRE
1. *Zadig*.
2. Peut-être Marianne Moula*.
3. *Maarschalk, bailli.*
4. Chef de la police.
5. Le baron Hendrik Fagel (1765–1838), greffier des Etats-Généraux (O.C., II, lettre 412, note 8).
6. Probablement Françoise Warney, la veuve de Jean-Jacques de Luze (O.C., II, lettre 445, note 2).
7. Il y a plusieurs Ruysdael, tous paysagistes, dans la peinture hollandaise du XVIIe siècle. Les plus connus sont Jacob Isaacs (1628–1682) et son oncle Salomon (c. 1602–1670).
8. Nicolaes Berchem (1620–1683), peintre paysagiste de l'école de Haarlem.

Lettre 781

ETABLISSEMENT DU TEXTE   Neuchâtel, BV, ms. 1302, f. 11, orig. aut. Publ. GAULLIEUR (1857), 782 (fragment mêlé à des extraits d'autres lettres, sous la date du 7 avril); GODET, I, 474 (court fragment).

1) *que je viens d'ecrire*, récrit au-dessus de *ci-jointe* biffé; 2) précédé de *fait* biffé; 3) *ne nuira-t-elle pas non plus*, corrigé de *ne peut-elle nuire, nuira* en surcharge sur *peut, pas* ajouté au-dessus de la ligne, *non plus* en surcharge sur *nuire*; 4) ajouté au-dessus de la ligne; 5) suivi de *quelle qu'elle soit et*, biffé.

COMMENTAIRE   Cette lettre précède manifestement le départ d'Henriette L'Hardy pour Berlin (qui eut lieu le 30 août 1791), mais il paraît difficile de dire si c'est de quelques jours ou de quelques semaines.

1. Non retrouvée.
2. La comtesse Sophie-Julie de Dönhoff*, au service de laquelle Henriette L'Hardy allait entrer.
3. Susette Du Pasquier*.

Lettre 782

ETABLISSEMENT DU TEXTE Neuchâtel, BV, ms. 1302, ff. 9–10, orig. aut.

COMMENTAIRE Cette lettre et la suivante semblent précéder d'une semaine au moins le départ d'Henriette L'Hardy pour Berlin (30 août 1791). Les lundis 8, 15 et 22 août sont possibles, le lundi 15 paraît le plus probable.
1. Henriette Monachon*.
2. Jeune servante qui reste comme tant d'autres non identifiée.
3. Caroline de Sandoz-Rollin*.
4. Voir la lettre 699, note 7.
5. La *blonde* était une 'espèce de dentelle de soie' *(Dictionnaire de l'Académie)* (MG).

Lettre 783

ETABLISSEMENT DU TEXTE Neuchâtel, BV, ms. 1321, ff. 26–27, orig. aut.

COMMENTAIRE Cette lettre répond manifestement à la précédente, d'où les dates proposées ici.
1. Louise de Charrière de Penthaz*, dont Rosette Roi était la 'protégée' (voir le début de la lettre 791).
2. Henriette Monachon* avait deux sœurs: Louise-Marguerite, née en 1768, et Marguerite, née en 1774 (renseignements des ACV, Lausanne).
3. Lisette Du Pasquier (voir la lettre 716, note 17).
4. Jean-Jacques et Henriette de Luze-Ostervald (voir O.C., II, lettre 495, note 9).
5. Francfort-sur-le-Main, où Henriette devait faire étape en se rendant à Berlin.

Lettre 784

ETABLISSEMENT DU TEXTE Neuchâtel, BV, ms. 1302, ff. 12–13, orig. aut. Publ. GAULLIEUR (1857), 696 (le premier tiers du texte seulement, avec la mauvaise lecture *mars* pour *août* dans la date, placé sans séparation en tête de la lettre 834).

COMMENTAIRE Le 29 août 1791 est bien un lundi.
1. Wilhelmine Charlotte von Dönhoff (1726–1794), veuve du comte Victor Friedrich von Solms-Sonnewalde (1730–1783) (*ADB*, XXXIV, 586; Rudolph Graf zu SOLMS-LAUBACH, *Geschichte des Grafen- und Fürstenhauses Solms*, Frankfurt am Main, C. Adelmann, 1865, 304–305 et tabl. X).
2. Susette Du Pasquier*.

Lettre 785

ETABLISSEMENT DU TEXTE Neuchâtel, collection Théophile Bringolf, 2 ff., orig. aut. Publ. GAULLIEUR (1857), 700–701 (fragment ajouté à la lettre 789).

1) Lire *en tant que* (ou *autant que?*); 2) ajouté au-dessus de la ligne; 3) *vous ne les disiez qu'a moi*, récrit au-dessus de *elles ne fussent sues que de moi*, biffé; 4) lire *infidélité*; 5) récrit au-dessus de *leur etrange* biffé; 6) *reste gravée dans tous les cœurs*, récrit au-dessus d'un mot biffé et illisible; 7) ce mot est coupé en deux et à partir de *tible*, toute la fin de la lettre est écrite en long dans la marge de la quatrième page; 8) phrase ajoutée au-dessus de la ligne; 9) récrit au-dessus de *parle* biffé.

COMMENTAIRE

1. L'image est celle de la glaneuse qui vient bien loin derrière une moissonneuse (MG). Pour Morel, voir la lettre 731, note 1.

2. Ne s'agirait-il pas de Johann Michael von Loen (1760-1797), dernier du nom à Francfort (Eduard HEYDEN, 'Johann Michael von Loen, Goethe's Grossoheim', *Archiv für Frankfurts Geschichte und Kunst*, 1865, N. F. III, 562)?

3. Isabelle de Charrière désigne sans doute ici Sophie d'Andrié de Gorgier, qu'elle finira par nommer dans sa lettre à Henriette L'Hardy du 5 avril 1792 (ci-après n° 807).

4. Jacques-Louis et Susette Du Pasquier★.

5. La famille L'Hardy, l'une des plus anciennes d'Auvernier, possédait au haut du village une vaste maison à tourelle, divisée en plusieurs corps de bâtiment, dont la construction remontait à 1615 (PETITPIERRE, III, 196–204; COURVOISIER, II, 260–262).

6. Marianne L'Hardy (1770–1860). Elle épousera le 12 mars 1796 Charles Du Bois (1770–1817), fils de Claude-François Du Bois et d'Elisabeth Blaxland, négociant en dentelles, qui lui donnera cinq enfants (*Notice généalogique de la famille Du Boz dit Du Bois*, Neuchâtel, Attinger frères, 1910, n° 192).

7. Henriette Monachon★.

8. Probablement Abram-Henry (1755–1818) et Charles-Auguste (1756–1824) de Perrot (*Société du Jardin*, n°s 151 et 184), dont le frère aîné Jean-François de Perrot (1751–1799), surnommé 'Perrot de Berlin', était l'un des conseillers privés du Roi de Prusse (*Société du Jardin*, n° 209).

9. Le baron Arend Willem van Reede (voir O.C., I et II, lettres 248, note 3 et 273, note 2), ambassadeur des Provinces-Unies à Berlin dès 1782.

10. *Charles*-Frédéric Du Pasquier (1791–1869), le premier des dix enfants de Lisette et Charles-Henry Du Pasquier, était né le 31 août 1791 et sera baptisé à Colombier le 5 octobre (J. Thierry DU PASQUIER, *La Famille Du Pasquier*, Neuchâtel, La Baconnière, 1974, 112).

11. Jonas de Gélieu (1740–1827), allié Frêne, pasteur à Lignières, puis dès 1790 à Colombier, auteur de divers ouvrages d'apiculture (*Biographie neuchâteloise*, I, 401–406).

12. Voir la lettre 704, note 8.

13. Non identifiée.

14. La conférence de Pilnitz avait réuni l'empereur Léopold II, le roi de Prusse Frédéric-Guillaume II et l'électeur de Saxe Frédéric-Auguste III, qui affirmèrent par une déclaration du 27 août 1791 leur 'intérêt commun' pour le sort de Louis XVI, tout en subordonnant leur intervention armée à un accord préalable entre 'tous les souverains de l'Europe' (MG).

15. A la suite des banquets révolutionnaires du 14 juillet 1791, les Conseils de Berne avaient pris toute une série de mesures répressives: levée de troupes, commission

d'enquête, etc. (A. VERDEIL, *Histoire du canton de Vaud*, Lausanne, D. Martignier, 1852, III, 377–392).

16. Le 'Club des Cordeliers', fondé en avril 1790, avait mis à la mode le mot de *club*, qui vint concurrencer désormais celui de *société*, et dont la famille ne tarda pas à s'étendre: outre *clubiste*, on cite *clubisque, clubicule, clubocratie, clubomanie*, etc. (Ferdinand BRUNOT, *Histoire de la langue française des origines à 1900*, IX: *La Révolution et l'Empire*, Paris, Armand Colin, 1937, II, 810–820).

17. En fait l'Assemblée nationale constituante, qui allait tenir sa dernière séance le 30 septembre 1791, avait décidé qu'aucun de ses membres ne pourrait faire partie de la nouvelle Assemblée législative, dont l'ouverture se fit à la salle du Manège le 1er octobre 1791.

18. L'ancien *Botanische Garten* se trouvait au départ de la *Potsdamer Strasse*. Selon un guide de l'époque, il méritait d'être vu 'à cause du grand nombre de plantes tant indigènes qu'exotiques' qu'il contenait (*Description des villes de Berlin et de Potsdam*, traduite de l'allemand, Berlin, Fréderic Nicolai, 1769, 117).

Lettre 786

ETABLISSEMENT DU TEXTE   Neuchâtel, BV, ms. 1302, f. 14, orig. aut., déchirure due au décachetage. Publ. GAULLIEUR (1857), 701 (court fragment précédant de longs extraits d'autres lettres, sous la date du 2 décembre 1791).
1) *ennuyeux* corrigé d'*ennuyeuse, jour* récrit au-dessus de *journée* biffé; 2) récrit au-dessus de *Jonson* biffé; 3) à partir de ce mot, la fin de la lettre et la date sont écrites en long dans la marge.

COMMENTAIRE
1. Non identifiée. Il pourrait s'agir de Salomé Sergeans, fille de Frédéric-Guillaume Sergeans-Jacobel, née en 1742; de Marie-Marguerite-Henriette, fille d'Abraham-Henri Sergeans-Chaillet, née en 1751; ou encore de Jeanne-Marie-Charlotte, fille de Jean-Henri Sergeans-Maumary, née en 1769, soit une année après Henriette L'Hardy (renseignements des AEN, Neuchâtel).
2. *The Prince of Abissinia* (1759), traduit en français dès 1760 sous le titre d'*Histoire de Rasselas, prince d'Abissinie* (*Bibliographie romanesque*, 60.19).
3. Le village voisin de Colombier où demeurait la famille L'Hardy (voir la lettre 785, note 5). Le présent billet allait être joint probablement à une lettre que les parents d'Henriette L'Hardy comptaient poster dans la journée à Neuchâtel, le mardi étant jour de courrier pour l'Allemagne.

Lettre 787

ETABLISSEMENT DU TEXTE   Lausanne, BCU, fonds Constant 34/1, 1 f., orig. aut., apparemment incomplet d'un second f.
1) Récrit au-dessus de *& ne* biffé; 2) 3) ajouté au-dessus de la ligne; 4) *ou ecrivez lui*, ajouté au-dessus de la ligne.

COMMENTAIRE   Benjamin Constant était arrivé à Lausanne en septembre 1791, pour y surveiller 'la liquidation de la fortune de son père' (RUDLER, *Jeunesse*, 386–387) et le 6 octobre tombait bien un jeudi.

1. Les trois sœurs de sa défunte mère: Catherine de Chandieu (1741–1796), épouse de Salomon de Charrière de Sévery, Anne de Chandieu (1744–1814), épouse séparée de Louis-Théodore de Nassau-La Lecq, Pauline de Chandieu (1760–1840), épouse de Jean-Samuel de Loys. Du côté Constant, Benjamin n'avait plus qu'une seule tante.

2. Antoinette (1785–1861) et Adrienne (1789–1850) de Loys (Cécile-René DELHORBE, 'La famille maternelle de Benjamin Constant', Revue historique vaudoise, 1967, LXXV, 123). Du côté Constant, Benjamin n'avait que de 'grandes cousines' plus âgées que lui.

3. Rosalie de Constant. Il était en effet beaucoup question de Mme de Staël dans sa correspondance avec Isabelle de Charrière (lettre 753).

4. Aucune des lettres signalées dans cet alinéa ne s'est retrouvée.

5. Wilhelmine de Prusse, qui venait d'épouser Guillaume-Frédéric d'Orange (voir la lettre 703, note 12).

6. Victoire Hollard, qui allait acheter pour 45.000 francs la campagne du Désert (Theodore RIVIER-ROSE, La Famille Rivier (1595 à nos jours), Lausanne, Imprimeries réunies, 1916, 208). L'acte de 'décret' fut passé par le notaire Elie Mennet le 29 octobre 1791 (Lausanne, AVC, C 211, ff. 90–91).

7. Si la périphrase désigne Juste de Constant, la nouvelle était fausse, car le père de Benjamin s'était fixé non pas à Gray (Haute-Saône), mais à Brevans près de Dole, dans le département du Jura (RUDLER, Jeunesse, 356).

8. [Pierre-Louis] GINGUENE, Lettres sur les Confessions de J. J. Rousseau, Paris, Barois l'Aîné, 1791.

9. L'Eloge de Jean-Jacques Rousseau d'Isabelle elle-même (O.C., X, 195–211).

10. Voir O.C., II, lettre 474, note 4.

Lettre 788

ETABLISSEMENT DU TEXTE   Neuchâtel, BV, ms. 1321, ff. 1–2, orig. aut., déchirure due au décachetage.
1) On peut restituer monde ou tems; 2) lire je jouirai.

COMMENTAIRE

1. Sophie-Julie de Dönhoff*.

2. Susette Du Pasquier*, désignée plus bas par les lettres S^t.

3. Frédéric-Guillaume II de Prusse, dont Sophie-Julie de Dönhoff était devenue l'épouse morganatique le 11 avril 1790 (GODET, I, 470–471).

4. Anne-Charlotte-Dorothée de Medem (1761–1821), seconde épouse de Pierre Bühren (soit Biren ou Biron), duc de Courlande de 1772 à 1795.

5. Le château de Charlottenbourg était plus réputé pour ses porcelaines et ses statues antiques que pour ses tableaux (Description des villes de Berlin et de Potsdam, traduite de l'allemand, Berlin, Frédéric Nicolai, 1769, 473–483), tandis que celui de Sans-Souci près de Potsdam était flanqué de la Galerie royale des tableaux (Bilder-Galerie), qui abritait déjà de très riches collections (ibid., 513–518).

6. Henriette pense probablement au refrain du vaudeville du Devin du village:
> 'L'Amour ne sait guère
> Ce qu'il permet, ce qu'il défend:
> C'est un enfant, c'est un enfant'

(Jean-Jacques ROUSSEAU, *Œuvres complètes*, Paris, Gallimard, 1961, 'Bibliothèque de la Pléiade', II, 1111–1112).

7. Berlin.

8. Celle du gouverneur et poète Pierre-François de Boaton (1734–1794) (*FP²*, II, 642–643).

9. Sa servante Rosette Roi.

Lettre 789

ETABLISSEMENT DU TEXTE   Neuchâtel, BV, ms. 1302, ff. 15–16 et 21, orig. aut. Publ. GAULLIEUR (1857), 698–700 (les deux premiers tiers, avec coupures et remaniements, et avec adjonction d'un fragment de la lettre 785) et 707 (le fragment sur le grand Chaillet, ajouté à des extraits d'autres lettres pour en former une datée du 12 janvier 1792). 1) *respecté* ajouté au-dessus de la ligne, *même* suivi de *respecté de tous* biffé; 2) ajouté au-dessus de la ligne; 3) *en choisissant &*, ajouté au-dessus de la ligne; 4) phrase ajoutée entre les lignes; 5) récrit au-dessus de *résultat* biffé; 6) note écrite en long dans la moitié inférieure de la quatrième page; 7) *qui lui vient de moi*, ajouté au-dessus de la ligne; 8) biffé par une main postérieure non identifiée qui a récrit au-dessus: *Bovet*; 9) *Je le vois*, en surcharge sur *Il etoit*; 10) *sortir de mon lit*, récrit au-dessus de *me lever* (ou *me laver?*) biffé; 11) précédé de *lui* biffé, à *mᵉ Sandoz* ajouté au-dessus de la ligne; 12) tout ce dernier alinéa est écrit en long dans la marge de la sixième page.

COMMENTAIRE

1. Celle des 24–27 octobre 1791 (lettre 788).

2. Charles Pinot Duclos (voir lettre 761, note 2; et lettre 777, note 1).

3. L'édition dont parle ici Isabelle de Charrière est celle en 3 vol. qui s'intitule *Vie privée du maréchal de Richelieu, contenant ses amours et intrigues, et tout ce qui a rapport aux divers rôles qu'a joués cet homme célèbre pendant plus de quatre-vingts ans*, Paris, Buisson, 1791 (MONGLOND, II, 423–424). Les lettres de la marquise du Châtelet y figurent en effet à la fin du tome II (pages 445–482), de même que celles de Mme de Tencin (pages 403–444). Quant aux lettres de Mme de Châteauroux (et non pas Châteauneuf), on les trouve vers la fin du tome III (pages 283–315). – La correspondance de Mme du Châtelet avec le roi de Prusse (forte d'une trentaine de lettres) avait paru dans les *Œuvres posthumes* de Frédéric II (édition de [Bâle], 1789, X, 293–356).

4. Les *Mémoires* de Marguerite-Jeanne Cordier Delaunay baronne de Staal avaient paru en 1755. Deux de ses comédies, *La Mode* et *L'Engouement* (BRENNER, nᵒˢ 11138 et 11140), furent publiées en 1756 dans une réédition des *Mémoires* et furent réimprimées avec eux dans ses *Œuvres complètes* en 1783.

5. [Claude Carloman de RULHIERE], *Eclaircissemens historiques sur les causes de la révocation de l'Edit de Nantes, et sur l'état des Protestants en France, depuis le commencement du règne de Louis XIV jusqu'à nos jours*, [sans nom de lieu ni d'éditeur], 1788, 2 vol. in-8.

6. [Carlo] GOLDONI, *Mémoires pour servir à l'histoire de sa vie et à celle de son théâtre*, Paris, Veuve Duchesne, 1787, 3 vol. in-8.

7. Dans ses *Mémoires* qui comptent 565 pages (voir la lettre 698, note 6).

8. Thomas Hales (1740–1780) était l'auteur de trois livrets mis en musique par Gré-try : *Le Jugement de Midas* (créé le 27 juin 1778), *L'Amant jaloux* (créé le 20 novembre 1778) et *Les Evénements imprévus* (créé le 11 novembre 1779). Grétry les commente dans ses *Mémoires* (édition de 1789, 353–398), où il trace aussi un portrait frappant du librettiste. 'Il s'appelloit *Hales*, que les Anglois prononcent comme *helas*; nos journaux, ajoute-t-il, ont transformé ce nom en celui de *d'Hele*, sous lequel cet écrivain est connu'.

9. Le fameux périodique d'Addison et Steele, qui avait eu tant de traducteurs et d'imitateurs tout au long du XVIIIème siècle.

10. L'historien Jacques-Auguste de Thou (1553–1617), dont l'*Histoire universelle*, parue d'abord en latin en 1604, avait connu encore une réédition en 1742.

11. Ces cantiques composés pour le collégien Charles de Chaillet★ n'ont pas été retrouvés.

12. Cette pièce ne figure pas dans les fragments conservés de *Zadig* (O.C., VII, 223–244).

13. On peut présumer qu'il s'agit ici de Frédéric de Castillon (1747–1814), profes-seur de mathématiques et de philosophie à l'Ecole militaire de Berlin. Mais sa cor-respondance ne semble pas avoir été conservée.

14. Acte II, scène III (O.C., VII, 216–217).

15. *Aiglonette et Insinuante* (O.C., VIII, 255–260).

16. Il s'agit du domaine de Reuse ou Areuse, que Rose-Augustine de Pourtalès-de Luze avait hérité de son père (COURVOISIER, II, 379). C'est par contrat du 25 novem-bre 1793 seulement (Neuchâtel, AEN, Minutaire du not. David Paris, II, 438–440), que Jacques-Louis de Pourtalès céda cette campagne à Louis Bovet, de Fleurier, en échange d'un bien fonds situé 'sur les Roches' au Val-de-Travers.

17. Louise-Henriette Borel, fille de Henri-Louis Borel de Bitche (1744–1824) et de Marie-Esther Borel (1749–1793) (*Portraits neuchâtelois*, nos 25 et 26), née à Couvet le 6 février 1767, fut enterrée à Neuchâtel le 21 octobre 1791.

18. Jean-Frédéric de Chaillet★, le frère de Georges de Chaillet-de Mézerac★.

19. Charles-Albert-Henri de Perregaux (1757–1831), officier au service de France, puis conseiller d'Etat (*Société du Jardin*, n° 205).

20. L'épouse de Charles de Perregaux, Charlotte de Gaudot (1762–1842) (*Portraits neuchâtelois*, 45) avait mis au monde le 21 octobre 1791 son deuxième fils Alexan-dre-Charles, futur baron de Perregaux (1791–1837) (*Biographie neuchâteloise*, II, 186–193; *Familles bourgeoises*, 172; *Société du Jardin*, n° 391).

Lettre 790

ETABLISSEMENT DU TEXTE   Neuchâtel, BV, ms. 1332, ff. 6–7, orig. aut., incomplet de la fin.

COMMENTAIRE

1. Jacques Godard (voir la lettre 705, note 5).

2. Sous forme d'une 'Lettre de Mme★★★ à M.★★★' (aux pages 1268–1270), qui sera réimprimée dans les *Lettres de Madame Suard à son mari sur son voyage de Ferney, suivies de quelques autres insérées dans le Journal de Paris*, Dampierre, an X (1802), 106–112.

3. Il pourrait s'agir de l'*Avis aux Suisses sur leur position envers le Roi de France*, Paris, 1791.

4. Les libraires parisiens Martin Bossange, François Buisson et François-Charles Gattey, ce dernier tenant boutique en effet au Palais-Royal (Paul DELALAIN, *L'Imprimerie et la librairie à Paris de 1789 à 1813*, Paris, Delalain frères, [1899], 20–21, 26 et 84).

5. Jean-Nicolas Démeunier (voir la lettre 681). Il avait été élu le 7 novembre 1791 administrateur de la Ville de Paris.

6. Jérôme Pétion (1756–1794) avait été élu maire de Paris le 14 novembre 1791, en remplacement de Jean-Sylvain Bailly.

7. Voir à ce sujet Eugène LE SENNE, 'Jean-Silvain Bailly, premier maire de Paris, son ermitage à Chaillot', *Bulletin de la Société historique d'Auteuil et de Passy*, IV (1901–1903), 264–267.

8. S[ébastien]-R[och]-N[icolas] CHAMFORT, *Des Académies, ouvrage que M. Mirabeau devait lire à l'Assemblée nationale sous le nom de Rapport sur les Académies*, Paris, F. Buisson, 1791 (MONGLOND, II, 315). L'attaque de Chamfort contre l'Académie, institution monarchique, laissait présager une véritable 'révolution culturelle'; il n'est pas étonnant de voir Mme Saurin en contester 'l'utilité', étant donné les liens qu'elle avait avec Suard, l'un des plus tenaces défenseurs de la tradition académique (MG). – Les deux 'réponses aussi bonnes qu'accablantes' sont celles de l'abbé [André] MORELLET, *De l'Académie française, ou Réponse à l'écrit de M. de Chamfort [...] qui a pour titre 'Des Académies'*, Paris, H.-J. Jansen, 1791; et de [L.-T. HERISSANT], *Petite lettre à M. de Chamfort sur sa longue adresse contre les Académies, par un Académicien de province*, Paris, les marchands de nouveautés, 1791 (MONGLOND, II 316 et 318).

9. Sans doute sa lettre du 12 novembre 1791, parue dans le supplément (n⁰ 115) au *Journal de Paris* du mercredi 16 novembre 1791 (Christopher TODD, *Bibliographie des œuvres de Jean-François de la Harpe*, Oxford, Voltaire Foundation, 1974, A441), où il annonçait qu'il allait ouvrir son cours de littérature, chez lui, le 1ᵉʳ décembre suivant et que le prix de la souscription était de 100 livres pour les hommes et de 50 livres pour les Dames.

10. P[hilippe]-F[rançois]-N[azaire] FABRE D'EGLANTINE, *Le Philinte de Molière ou la Suite du Misanthrope, comédie en cinq actes et en vers*, Paris, Prault, 1791. La pièce avait été créée au Théâtre Français le 22 février 1790. – *L'Intrigue épistolaire, comédie en cinq actes et en vers* du même auteur, créée le 15 juin 1791, devait être publiée en 1792 (MONGLOND, II, 388).

Lettre 791

ETABLISSEMENT DU TEXTE   Neuchâtel, BV, ms. 1302, ff. 19–20, orig. aut. Publ. GODET, I, 493 et II, 19 (courts fragments datés l'un du 19, l'autre du 13 décembre 1791).

1) *1ʳ* en surcharge sur *29ᵉ*, *Dec.* en surcharge sur *nov.*; 2) suivi de *parle* biffé; 3) récrit au-dessus de *crains* biffé; 4) *y mettre un*, récrit au-dessus de *empecher* biffé; 5) *nous sommes*, récrit au-dessus de *avons* biffé; 6) parenthèse ajoutée au-dessus de la ligne; 7) *Mlle L'Hardy*, récrit au-dessus de *vous* biffé; 8) 9) ajouté au-dessus de la ligne; 10) *me resoudre à*, ajouté au-dessus de la ligne; 11) *les platitudes*, récrit au-dessus de *ce* biffé; 12) *J'ai si bien tiré*, ajouté au-dessus de la ligne; 13) *au clair*, ajouté au-dessus de la ligne; 14) *s'est nettement*, ajouté au-dessus de la ligne; 15) *d'autres*,

récrit au-dessus de *d'* biffé; 16) *Me Cordier, J* en surcharge sur des mots illisibles; 17) à partir des mots suivants, toute la fin de l'alinéa est écrite en long dans la marge de la quatrième page; 18) à partir de ces deux mots et jusqu'à la fin de l'alinéa, le texte est écrit en long dans la marge de la troisième page; 19) *c'est à dire*, précédé de *profit* biffé, *la grandeur* ajouté au-dessus de la ligne; 20) suivi de *Harpagon faisait taire la*, biffé; 21) à partir de ces deux mots et jusqu'à la fin de l'alinéa, le texte est écrit en long dans la marge de la deuxième page; 22) *son mari*, ajouté au-dessus de la ligne; 23) *M. Bosset*, récrit au-dessus de *il* biffé; 24) à partir de ces deux mots et jusqu'à la fin de l'alinéa, le texte est écrit en long dans la marge de la première page; 25) *il y a six semaines*, ajouté au-dessus de la ligne; 26) tout ce post-scriptum est écrit tête-bêche dans le blanc supérieur de la quatrième page.

COMMENTAIRE   Le 1er décembre 1791 est bien un jeudi.
1. Rosette Roi, la servante d'Henriette L'Hardy.
2. Non identifiée.
3. Marie-Henriette Rossel (1744–1821), seconde épouse et veuve de François-Nicolas L'Hardy (1715–1788). – Sur la sœur d'Henriette, Marianne L'Hardy, voir la lettre 785, note 6.
4. Doublet de *bûchettes*, 'menu bois que les pauvres gens vont ramasser dans les bois' *(Dictionnaire de l'Académie)*. Le mot était très répandu en Suisse romande (PIERREHUMBERT, 87).
5. Sophie d'Andrié de Gorgier (voir la lettre 807, note 5).
6. La mère de Susette Du Pasquier★ était Marie-Barbe Robert (1742–1796), veuve d'Abraham Du Pasquier (1727–1785).
7. Il pourrait s'agir peut-être de François Bedaulx (1757–1833), futur époux de Caroline de Luze, lieutenant-colonel au service des Provinces-Unies, dernier représentant mâle de sa famille *(Société du Jardin*, n° 259). Mais pourquoi venait-il de Berlin?
8. Non identifiée. Nous n'avons pu vérifier s'il s'agissait d'une fille du conseiller militaire Carl Philipp Cesar nommé dans l'*Adress-Kalender der Stadt Berlin* de 1787 à 1793.
9. On avait enterré à Neuchâtel, le 26 novembre 1791, Dorothée-Agathe Besancenet, décédée à l'âge de 37 ans; elle était l'épouse du 'justicier' et 'architecte' Jonas-Louis Reymond, qui bâtit, répara, modifia de nombreuses maisons dans la région de Neuchâtel à cette époque (COURVOISIER, I–II, *passim*).
10. LA FONTAINE, *Fables*, I, 7 ('Les Animaux malades de la peste').
11. Il pourrait s'agir ici de cette dame Cordier née Aubert, que l'on retrouvera en 1794.
12. Julie Chaillet-de Mézerac★.
13. Cécile Borel de Bitche (1778–1869), qui devait épouser en 1799 François de Sandoz-Travers.
14. L'un des fils sans doute du marchand drapier Félix-Henri de Meuron (1710–1778), allié Motta, probablement Jean-Antoine (1743–1812).
15. Jean-Antoine Durocher (voir la lettre 711, note 9).
16. Actuellement la Grande Rochette (COURVOISIER, I, 404–413). – Sur Reuse, voir la lettre 789, note 16. – Sur les *lods*, voir la lettre 658, note 5.
17. Jean-Henri de Chaillet d'Arnex (1735–1807), époux de Charlotte-Marguerite de Bosset (1735–1811) *(Familles bourgeoises*, 82; *Société du Jardin*, n° 6). 'A la mort de

Jean-Georges de Bosset, survenue en 1772, le domaine de la Rochette demeura la propriété de ses enfants jusqu'en 1791. A cette date, il fut vendu à Jacques-Louis de Pourtalès [...], mais avec la clause de retrait en faveur de Mme Charlotte-Marguerite de Bosset, épouse de Jean-Henry de Chaillet d'Arnex et fille du défunt, droit que celle-ci fit valoir contre l'acquéreur en 1794' (Armand DU PASQUIER, 'La Rochette à Neuchâtel', *MN*, 1918, nlle sér., V, 44). Les démêlés relatifs au projet de vente de la Grande Rochette allaient se poursuivre et ce n'est finalement qu'en 1801 que l'hoirie de Bosset vendit le domaine au général Charles-Daniel de Meuron, dont les descendants le possèdent encore.

18. Il s'agit ici d'Abram-Henry de Perrot (1755–1818), receveur des lods de 1782 à sa mort (*Société du Jardin*, n⁰ 151). Les émoluments que touchait le détenteur de cet office avaient été fixés au 3‰ de la recette par rescrit royal du 13 août 1782.

19. Françoise Warney, veuve de Jean-Jacques de Luze (*O.C.*, II, lettre 445, note 2). On se souvient que Jacques-Louis de Pourtalès avait hérité Reuse de sa femme Rose-Augustine de Luze.

20. Dans *L'Avare* de Molière, I, v.

21. Henry-Louis de Bosset (1739–1800), l'un des membres de l'hoirie de Bosset.

22. Maria Constantia van Berck (1740–1816), veuve de Reinhard Adriaan Carel Wilhelm van Heiden (1732–1781), qui avait en effet représenté les Provinces-Unies à Berlin de 1774 à 1781 (SCHUTTE, 217).

23. 'On dit proverbialement et figurément d'un gros enfant potelé que c'est un gros pâté' (*Dictionnaire de l'Académie*) (MG).

24. Les *Mémoires* de Mme de Staal née Delaunay (voir la lettre 789, note 4).

25. Anne-Louise-Bénédicte de Bourbon (1676–1753), épouse de Louis-Aguste de Bourbon, duc du Maine, l'un des fils légitimés de Louis XIV. Mme de Staal avait vécu longtemps dans l'entourage de la duchesse du Maine, notamment au château de Sceaux.

Lettre 792

ETABLISSEMENT DU TEXTE   Neuchâtel, BV, ms. 1387/4, ff. 27–28, orig. aut.   Publ. Philippe GODET, 'Madame de Charrière à Colombier d'après des lettres inédites', *MN*, 1886, XXIII, 214 (fragment); GODET, I, 449 (avec coupures).

1) Lire *vos*; 2) récrit au-dessus de *tard* biffé; 3) *& de belles phrases*, ajouté au-dessus de la ligne; 4) *tous les jours*, corrigé de *tout le jour* et suivi de *je tien* biffé.

COMMENTAIRE   Si, comme le suggère RUDLER (*Jeunesse*, 387, note 2), Benjamin Constant n'a fait cette année-là à Isabelle de Charrière qu'une 'visite d'adieu' en quittant Lausanne pour rentrer à Brunswick, on pourrait alors préciser la date de cette lettre. En effet, Benjamin Constant est encore à Lausanne le 25 novembre 1791 (RUDLER, *Jeunesse*, 387), il fait étape à Francfort le 15 décembre, d'où il écrit à ses cousines de Constant (RUDLER, *Bibliographie*, n⁰ 125). A l'intérieur de cette fourchette, le seul lundi possible semble bien être le lundi 5 décembre 1791. Mais tout ce raisonnement repose sur une hypothèse.

1. Alphonse de Sandoz-Rollin* exerça ses fonctions de secrétaire d'Etat dès le 1ᵉʳ janvier 1789.

2. Les Chambrier.

3. 'Le M[inistre du saint Evangile]' Henri-David de Chaillet*.

4. Le latinisme introduit une belle allitération (MG).
5. Suzanne Tulleken*, nommée au début de la lettre.

Lettre 793

ETABLISSEMENT DU TEXTE   Neuchâtel, BV, ms. 1333, f. 37, orig. aut.

COMMENTAIRE   D'après une lettre datée de Paris, le 14 novembre 1791, de l'apothicaire Baumé Fourcy (Neuchâtel, BV, ms. 1387 ter) et adressée à Mlle Tulleken chez Madame de Charrière à Colombier, Susanna Tulleken séjourna d'abord au Pontet avant de s'établir chez les demoiselles Du Pasquier, comme il ressort de la présente lettre qui a sans doute été écrite vers le 15 décembre 1791.
1. Servante non identifiée.
2. Il ne peut guère s'agir que des filles non mariées de Jonas Du Pasquier-Mouchet, qui demeuraient à Colombier (voir la lettre 689, note 20).
3. Autre servante non identifiée.
4. Henriette de Penthaz*.

Lettre 794

ETABLISSEMENT DU TEXTE   Neuchâtel, BV, ms. 1302, ff. 17–18, orig. aut. Publ. GAULLIEUR (1857), 704–705 (fragment ajouté à des extraits d'autres lettres pour en former une datée du 2 décembre 1791); GODET, I, 476–477 (fragment).
1) *à cette distance*, ajouté au-dessus de la ligne; 2) lire *n'était*; 3) récrit au-dessus de *tromper* biffé; 4) *sans repugnance, reproche ni scrupule*, ajouté au-dessus de la ligne, *reproche* rajouté au-dessus de l'adjonction; 5) suivi de *qui* biffé; 6) *ce seroit 72 Louis en un an*, ajouté au-dessus de la ligne; 7) *mon catalogue*, récrit au-dessus de *ma liste* biffé; 8) *sans doute*, ajouté au-dessus de la ligne; 9) *l'accompagnera*, récrit au-dessus de *jouera* biffé; 10) ce mot est souligné deux fois dans le texte, de même que *pouvoit mentir*; 11) corrigé de *ne s'est*; 12) en surcharge sur *&*; 13) *toutes mes plus*, *toutes* ajouté au-dessus de la ligne, *plus* suivi du même mot biffé; 14) ajouté au-dessus de la ligne; 15) *d'avoir envoyé*, récrit au-dessus de *d'envoyer* biffé; 16) *souvent la*, récrit au-dessus de *une* biffé; 17) tout ce dernier alinéa est écrit en long dans la marge de la quatrième page.

COMMENTAIRE   La présente lettre répond à une lettre non retrouvée d'Henriette L'Hardy qui, elle-même, répondait à celle d'Isabelle de Charrière du 15 novembre 1791. Comme une missive mettait alors deux à trois semaines pour aller de Neuchâtel à Berlin, les dimanches qui peuvent entrer en ligne de compte sont les 18 et 25 décembre 1791, mais si elle avait écrit le jour de Noël, Isabelle aurait su le quantième.
1. Sophie d'Andrié de Gorgier (voir les lettres 785, note 3, et 807, note 5).
2. Georges de Rougemont apparemment (voir O.C., II, lettre 510, note 18).
3. Henri-David de Chaillet*.
4. Jacques-Louis Du Pasquier*.
5. *Pour l'honneur.*
6. Vers non identifiés.

Lettre 795

ETABLISSEMENT DU TEXTE Neuchâtel, Archives de Chambrier, 2 ff., orig. aut. Publ. GODET, I, 441–442, 481 et II, 5 (fragments).

1) Inadvertance due au changement de ligne; 2) suivi de *surtout* biffé; 3) corrigé de *de* et suivi de *mes* biffé; 4) lire *une*; 5) en surcharge sur un mot illisible et suivi d'un autre mot illisible biffé; 6) en surcharge sur *bien*; 7) *dans l'affaire de son pere*, ajouté au-dessus de la ligne; 8) lire *le*; 9) ce vers est précédé de *Oh Reine de vous voir &c*, biffé; 10) en surcharge sur un mot illisible précédé de *bien* biffé; 11) à partir de ce mot, toute la fin de la lettre est écrite en long dans la marge de la quatrième page.

COMMENTAIRE

1. Frédéric-Guillaume II et la comtesse de Dönhoff.

2. En Prusse, après la mort de Frédéric II, selon Auguste VIATTE (*Les Sources occultes du romantisme*, Paris, Honoré Champion, 1928, I, 181–182), 'théocrates et mystiques prennent leur revanche [...] Frédéric-Guillaume II s'abandonne aux illuminés. Trois ministres, Haugwitz, Waechter, Woellner, le mènent à des séances de magie [...] Leur triple volonté rétablit la censure [...] ils sévissent contre les incrédules [etc.]'. Voir aussi Gilbert STANHOPE, *A Mystic on the Prussian Throne, Frederick-William II*, London, Mills & Boon, 1912.

3. Elle mit au monde le 24 janvier 1792 un garçon qui reçut le nom et titre de Friedrich Wilhelm Graf von Brandenburg et fit une carrière militaire jusqu'à son décès survenu brusquement le 6 novembre 1850 (*NDB*, II, 517).

4. On a vu (lettre 792) que c'était le pasteur Henri-David de Chaillet que Benjamin Constant avait fait rire.

5. *Pirro Re di Epiro*, qui fut créé à la Scala de Milan le 26 décembre 1791. Pour le Carnaval de 1792, Zingarelli* donna au Théâtre Royal de Turin *Annibale in Torino* et *Atalanta* (*MGG*, XIV, 130–133).

6. La Portugaise Luiza d'Aguiar, épouse de Francesco Saverio Todi (1753–1833), *prima donna* invincible de 1777 à 1803 (*MGG*, XIII, 447–448).

7. Seul le second de ces quatre airs figure dans le fragment de *Zadig* qui nous est parvenu (acte I, scène II, *O.C.*, VII, 232–233).

8. *Une bourde.*

9. Carlo Broschi dit Farinelli (1705–1782), considéré comme l'un des plus grands chanteurs de son temps, avait aussi composé des ariettes, sur des paroles de Métastase notamment (*MGG*, III, 1825–1829).

10. On savait que la suite pour orchestre *Werther* de Gaetano Pugnani (1731–1798) avait été jouée à Vienne le 22 mars 1796 (*MGG*, X, 1744–1748), mais on ignorait à quelle date cette œuvre avait été composée (Albert MURY, *Die Instrumentalwerke Gaetano Pugnanis*, Basel, G. Krebs, 1941, Diss. Phil.-hist. Basel, 75–76). Cette indication est donc précieuse, qui permet d'en faire remonter la conception à 1790 (Marius FLOTHUIS, 'An Unexpected Source of Musical Information: the Correspondence of Belle van Zuylen', *Fontes artis musicae*, 1980, XXVII, 35) – à moins qu'il ne s'agisse ici d'un projet d'opéra, abandonné par la suite?

Lettre 796

ETABLISSEMENT DU TEXTE   Neuchâtel, BV, ms. 1387/4, ff. 29–30, orig. aut. Publ.
GODET, I, 464–465 (fragments).

1) Récrit au-dessus de *de* biffé; 2) corrigé, de *pardonneroit*; 3) *La saignée*, récrit au-dessus de *elle* biffé; 4) *engorgement de petits vaisseaux*, récrit au-dessus de plusieurs mots biffés et illisibles; 5) suivi de *de sentir* biffé; 6) *j'espere*, précédé des mêmes mots tachés; 7) *& redressé*, ajouté au-dessus de la ligne; 8) ajouté au-dessus de la ligne; 9) *Cœur glacé*, ajouté dans la marge; 10) le post-scriptum est écrit en long sur la page d'adresse.

COMMENTAIRE   Le 7 janvier 1792 est bien un samedi.
1. Henriette Monachon★ mit au monde le 2 avril 1792 un garçon qui reçut le prénom de Prosper.
2. Caroline de Sandoz-Rollin donna naissance le 2 février 1792 au premier de ses sept enfants, une fille, qui fut baptisée Isabelle-Marguerite-Alphonsine.
3. Ses deux belles-sœurs, Henriette et Louise de Charrière de Penthaz★.
4. Doublet de *haut la main*, 'expression tirée du manège': 'Avec empire, avec autorité, avec hauteur' *(Dictionnaire de l'Académie)* (MG).

Lettre 797

ETABLISSEMENT DU TEXTE   La Haye, coll. Van Tuyll van Coelhorst, 4 ff., orig. aut.
1) Lire *une*; 2) lire *le*; 3) ajouté au-dessus de la ligne; 4) *(Il est vrai que je ne demande rien)* ajouté dans la marge gauche après le signe +; 5) ajouté au-dessus de *de* biffé; 6) *après*, *a* en surcharge sur *ne*; 7) *dela*, *de* en surcharge sur *une*; 8) *et de dire que j'aime sa société* ajouté au-dessus de la ligne; 9) *voilà ou le silence eut été bon & fort à sa place* ajouté dans la marge gauche après un astérisque; 10) ajouté au-dessus d'un mot biffé illisible; 11) ajouté au-dessus de la ligne; 12) *& trop gay* ajouté au-dessus de la ligne; 13) *une suite de* ajouté au-dessus de la ligne; 14) *sa taille dégagée* ajouté au-dessus de la ligne; 15) *& de cela & à propos de cela* ajouté au-dessus de la ligne; 16) *belles* en surcharge sur *ces*; 17) ajouté au-dessus de *jouis* biffé; 18) *pour l'humeur* ajouté au-dessus de la ligne; 19) *ne lui pas*, lire *ne lui est pas*; 20) ce nom a été en partie biffé; 21) lire *ze*; 22) *que Mylady* ajouté au-dessus de *quelle* biffé; 23) ajouté au-dessus de la ligne; 24) *& entende alors* ajouté au-dessus de la ligne; 25) ajouté au-dessus de *sentira* biffé; 26) ajouté au-dessus de la ligne; 27) précédé de *par le soin même que l'on prend de la rendre avec justesse, clarté, élégance* biffé; 28) ajouté au-dessus de *amusera* écrit en très petits caractères; 29) ajouté au-dessus de *peindre* biffé; 30) *& avec indignation* ajouté au-dessus de la ligne; 31) ajouté au-dessus de la ligne; 32) précédé de *que* biffé; 33) écrit en partie sur quelques lettres illisibles; 34) ajouté au-dessus de la ligne; 35) à partir d'ici la lettre continue dans la marge.

COMMENTAIRE
1. Voir la lettre 796, note 1.
2. M. de Charrière, son mari.
3. M. de Merveilleux et ses jeunes frères (orphelins) sont les enfants de Samuel (1725–1786) allié Poncier, officier au service de France *(Société du Jardin*, n° 15), soit

Jean (1763–1832), futur banneret (*Société du Jardin*, n° 154), Charles-Samuel (1796, probablement mort jeune), Frédéric-Guillaume (1773–1842) (*Société du Jardin*, n° 269), Samuel-Henri (1777–1854), futur conseiler d'Etat. (*Société du Jardin*, n° 270) et Charles-Auguste (1781–1867) (*Société du Jardin*, n° 279).

4. *Bet* et *Mie*, diminutifs populaires d'Elisabeth et de Marie.

5. David Teniers, peintre flamand (1610–1690).

6. Tournant ici la page, Isabelle a oublié le nom en commençant la page suivante.

7. Deux proverbes néerlandais dont le premier veut dire littéralement *je tombe comme un canard dans le trou de la glace*, et le second *van haver tot gort, de l'avoine au gruau*. Le sens général de la phrase est le suivant: *moi je me sens une étrangère lorsqu'elle me raconte tout cela dans le plus petit détail. Et je ne sais que répondre.*

8. Willem-René.

9. Voir *O.C.*, I, lettre 215, note 1.

10. Court de Gébelin (1728–1784), apologiste protestant et théoricien du langage. Sa *Grammaire universelle et comparative* (1774) constituait le tome II du *Monde primitif analysé et comparé avec le monde moderne* (Paris, l'Auteur [etc.], 1771–1782, 9 vol. in–4).

11. Voir la lettre 777, note 1.

12. L'erreur d'Isabelle vient sans doute de Rousseau (*Rêveries du promeneur solitaire*, Cinquième promenade), car d'après Louis Racine (*Mémoire sur la vie et les ouvrages de Jean Racine*, 1747), ce n'est pas Habacuc, mais Baruch que La Fontaine vantait à tous les échos.

13. La comtesse de Dönhoff*.

14. Henriette L'Hardy*.

15. Voir la lettre 795, note 2.

16. Jacques-Louis Du Pasquier*.

17. Jan Anthony d'Averhoult (voir la lettre 594, note 6), patriote néerlandais, d'origine française, devint colonel d'un régiment hollandais en France. Il commanda les canonniers français qui vinrent au secours des patriotes néerlandais en 1787. Après leur défaite il se retira en France où, fort estimé, il fut nommé en 1790 administrateur du département des Ardennes pour le représenter à l'Assemblée législative. Il fut un des fondateurs du club des Feuillants et ne cessa de figurer parmi les membres les plus modérés de l'Assemblée dont il était devenu président le 8 janvier 1792, mais se montra l'un des partisans les plus déterminés de la guerre.

18. C'est-à-dire *que vous mettriez au rebut*. Isabelle conjugue ici comme un conditionnel français le verbe *afdanken*.

Lettre 798

ETABLISSEMENT DU TEXTE   Neuchâtel, BV, ms. 1317, ff. 29–30, orig. de la main de Choppin.

COMMENTAIRE   Le 18 janvier 1792 est bien un mercredi et c'est à tort que la présente lettre est citée dans *O.C.*, VII, 225, sous la date du 19 janvier 1791.

1. On ne conserve de ce troisième acte de *Zadig* qu'un résumé (*O.C.*, VII, 241–243).

2. Certainement *Pirro Re di Epiro* (voir la lettre 795, note 5).

3. Rupture de construction entre *non…mais* et *moins…que* (MG).

Lettre 799

ETABLISSEMENT DU TEXTE Neuchâtel, BV, ms. 1302, ff. 22–25, orig. aut. Publ. GAULLIEUR (1857), 705 et 706–707 (plusieurs fragments mêlés à des extraits d'autres lettres sous la date du 12 janvier 1792), 710–711 (fragment joint à un extrait de la lettre 835 pour en former une datée du 10 juin 1792); GODET, I, 477–478 et II, 16 (fragments).

1) La répétition s'explique par le changement de ligne; 2) ajouté au-dessus de la ligne; 3) *sans qu'*, récrit au-dessus de *quand* biffé; 4) en surcharge sur *auroit*; 5) lire *conversation*; 6) note écrite en long dans la partie inférieure de la marge de la première page; 7) *chez vous*, ajouté au-dessus de la ligne; 8) précédé de *maturi* biffé; 9) *Voici ce que je veux dire*:, phrase ajoutée après coup dans le blanc de l'alinéa; 10) *pour le dire en passant*, ajouté au-dessus de la ligne; 11) ajouté au-dessus de la ligne; 12) *qu'à Paris*, *qu'à* corrigé de *que*, *Paris* ajouté au-dessus de la ligne; 13) en surcharge sur *peruquier*; 14) suivi de *d'en* biffé; 15) *peut-être dans le même instant*, ajouté entre les lignes; 16) lire *le roi*; 17) récrit au-dessus d'un mot biffé et illisible; lire *est de frapper*; 18) *& qui*, ajouté au-dessus de la ligne; 19) *& prendre ses renseignemens de vous*, ajouté au-dessus de la ligne; 20) ajouté au-dessus de la ligne; 21) corrigé de *etoient*; 22) *cette année*, ajouté au-dessus de la ligne; 23) *& rare*, ajouté au-dessus de la ligne; 24) date et note écrites en long dans la marge de la septième page; 25) ajouté au-dessus de la ligne; 26) *vous y etes parée de*, ajouté au-dessus de la ligne; 27) *qui puisse l'entamer*, ajouté au-dessus de la ligne; 28) précédé du même mot biffé; 29) en surcharge sur *soit-il*; 30) alinéa écrit en long dans la partie inférieure de la marge de la huitième et dernière page.

COMMENTAIRE

1. Jean-Louis Guez de Balzac (1595–1654) et Vincent Voiture (1597–1648).
2. Le poète Antoine Houdar de La Motte (1672–1731) apparemment.
3. Le chevalier Stanislas-Jean de Boufflers (1738–1815), Jean-Pierre-Louis de La Roche du Maine, marquis de Luchet (1739–1792), Louis-Pierre-Quentin de Richebourg, marquis de Champcenetz (1759–1794), Antoine de Rivarol (1754–1801), Germaine Necker de Staël et le comte Jacques-Antoine-Hippolyte de Guibert (1743–1790).
4. Le *Roman comique* de Paul Scarron (1651), souvent réimprimé (*Bibliographie romanesque*, 52.R46)
5. Le *Dictionnaire de Trévoux* déclarait en 1752: 'Ce mot est masculin ou féminin, mais plus souvent féminin. Messieurs de l'Académie le font masculin' (MG).
6. PLUTARQUE, *Œuvres*, Paris, J.-B. Cussac, 1783–1787, 22 vol. – Pour Rulhière, voir la lettre 645, note 11.
7. Nous dirions *solliciter*. Isabelle de Charrière transpose le sens d'un terme médical qui désignait la transformation subie par les aliments dans l'organisme (MG). Voir aussi F. GOHIN, *Les Transformations de la langue française pendant la deuxième moitié du XVIIIe siècle*, Paris, Belin frères, 1903, 364.
8. Voir la lettre 607, note 7.
9. Non identifié (voir O.C., X, 605, note 24).
10. Susette Pasquier*.
11. Non identifiées. Les Robert sont une vieille famille d'Auvernier (Ed. QUARTIER-LA-TENTE, *Le Canton de Neuchâtel*, II. *Le District de Boudry*, Neuchâtel, Attinger frères, 1912, 368).

12. Marianne L'Hardy (voir la lettre 785, note 6).

13. Judith-Esther Sandoz (1716–1792), veuve en secondes noces du chancelier David Huguenin (1696–1766), venait de mourir à l'âge de 76 ans et allait être enterrée le 3 février (renseignements des AEN, Neuchâtel).

14. Isabelle de Charrière semble désigner ici le *Dictionnaire historique et critique* (1697), lui-même.

15. Nous n'avons réussi à identifier ni l'auteur de ces vers ni le recueil où ils avaient paru et le *Deutsches Volkslied-archiv* de Fribourg-en-Brisgau ne les connaît pas non plus (lettre du Dr. Jürgen Dittmar, 8 juillet 1980). Au demeurant, il n'est pas certain qu'Isabelle de Charrière en ait bien saisi la portée, car il pourrait s'agir d'une de ces parodies littéraires de chansons populaires, comme en avait publié par exemple Christoph Friedrich Nicolaï dans son *Feyner kleyner Almanach* de 1777.

16. Voir la lettre 807, note 5.

Lettre 800

ETABLISSEMENT DU TEXTE Neuchâtel, Archives de Chambrier, 2 ff., orig. aut. Publ. GODET, I, 463, 482 et II, 16 (fragments).

1) Précédé de *m'* biffé; 2) *(en passant)*, ajouté au-dessus de la ligne; 3) *d'attention*, ajouté au-dessus de la ligne; 4) en surcharge sur un mot illisible; 5) *faire tenir*, récrit au-dessus d'un mot biffé et illisible; 6) corrigé de *ressusités* et précédé de *recussités* biffé; 7) corrigé de *évitent*; 8) *son entretient*, récrit au-dessus de *qu'il ne leur parle*, biffé; 9) précédé de *ne* biffé; 10) lire *il a*; 11) précédé de *Elle* biffé; 12) récrit au-dessus de *quite* biffé; 13) précédé de *pour* biffé; 14) *ou d'Aubeterre*, ajouté au-dessus de la ligne; 15) *son aide*, corrigé de *ses aides*; 16) ce dernier alinéa est écrit en long dans la partie inférieure de la marge de la quatrième page.

COMMENTAIRE

1. Voir la lettre 795, note 5.

2. Voir la lettre 795, note 9.

3. *Henriette et Richard* (O.C., VIII, 269–407).

4. Henriette Monachon*.

5. Voir la lettre 796, note 2.

6. Claude-François Sandoz-de Bada (1706–1790) (voir O.C., I, lettre 32, note 4).

7. Sise rue des Epancheurs nº 8 (COURVOISIER, I, 333) et démolie en 1975. Par son testament du 3 février 1792 enregistré le 16 mars, Judith-Esther Huguenin née Sandoz avait institué cinq héritiers, parmi lesquels sa nièce Philippine Sandoz, épouse de Charles-Abel de Bosset (voir la lettre 863, note 5), qui reprit en effet cet immeuble (renseignements des AEN, Neuchâtel).

8. Antoinette-Henriette Du Peyrou (voir la lettre 666, note 4) demeurait à Montigny dans une ancienne maison du Chapitre des chanoinesses de Montigny, devenue bien national par la loi du 2 novembre 1789, mais grevée alors à son profit d'un droit d'usufruit, qui lui fut définitivement confirmé, après divers avatars, par un arrêté de l'Administration du Département en date du 7 prairial an IV – 26 mai 1796 (renseignements des Archives départementales de la Haute-Saône, Vesoul).

9. Dans sa lettre du 15 novembre 1791 (ci-dessus nº 789), aux notes de laquelle nous renvoyons pour les noms d'auteurs qui suivent.

10. Ailleurs (lettre 801), Isabelle parle d'un 'jeune' comte de Dönhoff. Il pourrait

dès lors s'agir du comte August von Dönhoff (1763–1838), fils du comte Christian (1742–1803) (*NDB*, IV, 26).

11. Voir la lettre 785, note 8.

12. Le mot était masculin ou féminin, mais 'toujours féminin' lorsqu'il était 'joint à pairie' *(Dictionnaire de Trévoux)* (MG).

13. Jan Anthony d'Averhoult (voir la lettre 797, note 17). La grand mère paternelle d'Isabelle s'appelait Isabella Agneta Hœufft (*O.C.*, I, Gén., 631). La sœur de cette dernière, Anna Jacoba Hœufft (1688–1751), avait épousé en 1718 Jean-Antoine d'Averhoult, seigneur de Guincourt, bailli de Bréda, décédé en 1751. Les enfants des d'Averhoult-Hœufft étaient donc des cousins germains du père de Belle et Jan Anthony d'Averhoult était issu de l'un de ces cousins germains, Jan d'Averhoult (*Annuaire Généalogique des Pays-Bas*, 1875, 64; *O.C.*, I, lettre 26, note 3, *O.C.*, II, lettre 387, note 8 et lettre 619, note 15). – L'élection de d'Averhoult à la présidence de l'Assemblée nationale est rapportée dans le *Moniteur* du lundi 9 janvier 1792 et son nom figure en cette qualité dans tous les numéros suivants.

14. Cette intervention est rapportée dans le *Moniteur* du 24 janvier 1792.

15. Jean-Baptiste-Donatien de Vimeur comte de Rochambeau (1725–1807) commandait alors l'Armée du Nord. Le texte de sa lettre à l'Assemblée nationale, ainsi que le débat qui s'ensuivit, sont rapportés dans le *Moniteur* du samedi 28 janvier 1792. 'M. Du Mars' est Mathieu Dumas, futur comte Dumas (1753–1837) et 'M. D'Obterre ou d'Aubeterre' est Henri Crublier d'Opterre (1739–1799).

Lettre 801

ETABLISSEMENT DU TEXTE   Neuchâtel, BV, ms. 1387/4, ff. 31–32, orig. aut. Publ. GODET, I, 415 (court fragment).

1) *les applaudissemens*, récrit au-dessus de *tout cela* biffé; 2) suivi d'un petit mot biffé et illisible; 3) à partir de ce mot, la fin de la lettre est écrite en long dans la partie inférieure de la marge.

COMMENTAIRE   Ecrite après l'accouchement de Caroline de Sandoz-Rollin (2 février 1792), mais avant le mois de mars, cette lettre donne sur plusieurs objets les mêmes nouvelles, et dans les mêmes termes que la lettre à Chambrier d'Oleyres du 4 février 1792. La date du mardi 7 février 1792 paraît donc la plus probable.

1. Voir la lettre 795, note 5.

2. Voir la lettre 800, note 10.

3. Catherine Paillard (1727–1800), épouse de Jean-Jacques Monachon (1733–1809) (renseignements des ACV, Lausanne).

4. C'est le début d'un vers fameux de l'*Heautontimoroumenos* de Térence (I, 1, vers 25): 'Homo sum, humani nihil a me alienum puto' (je suis homme et rien de ce qui est humain ne m'est étranger) (MG).

Lettre 802

ETABLISSEMENT DU TEXTE   Neuchâtel, BV, ms. 1337, ff. 34–35 déchirés en deux, la moitié inférieure manquant.

1) 2) 3) et 4) la moitié inférieure de la page manque.

COMMENTAIRE Il n'a pas été possible d'identifier ce correspondant d'Utrecht qui semble être passé par Colombier et dont deux lettres seulement nous sont parvenues. Dans celle-ci, non datée, l'auteur se déclare encore favorable à la Révolution française bien que son cœur et son esprit ne soient 'pas bien d'accord'. Dans sa seconde lettre, qui est du 22 mars 1793, il se montre déçu de l'attitude des Français, qui ont déclaré la guerre aux Pays-Bas le Ier février 1793, et affirme qu'il ne veut plus être philosophe mais 'bon hollandais'. Puisque dans la présente lettre il forme des vœux pour la cause du peuple français et craint, si la France est vaincue, un despotisme universel, il est permis de supposer que cette lettre a été écrite après la signature de l'alliance austro-prussienne (7 février 1792) et avant Valmy, soit entre mars et septembre 1792.

1. Voir la lettre 789, note 4.
2. Du marquis d'ARGENS, *Mémoires pour servir à l'histoire du cœur humain* (*Bibliographie romanesque*, 55.R12).
3. Egalement du marquis d'ARGENS, *Folies nouvelles* (*ibid.*, 86.21).
4. Pierre de MARIVAUX, *Le Paysan parvenu* (1735–1736).
5. Voir le commentaire général.

Lettre 803

ETABLISSEMENT DU TEXTE Neuchâtel, Archives de Chambrier, 3 ff., orig. aut. Publ. GODET, I, 402 en note, 463 et 481 (courts fragments).

1) *l'aurois*, récrit au-dessus de *l'avois* biffé; 2) *homelies*, récrit au-dessus de *sermons* biffé; 3) *s'egayer*, ajouté au-dessus de la ligne; 4) *il y a deux jours*, ajouté au-dessus de la ligne; 5) *mes migraines &*, récrit au-dessus de *depuis quelque tems*, biffé; 6) *les Marval, les Montmollin*, ajouté au-dessus de la ligne; 7) précédé de deux mots biffés difficiles à lire; 8) *aux yeux de bien des gens*, ajouté au-dessus de la ligne; 9) corrigé de *avoisinoient*; 10) *soye* corrigé de *soyes, ou* récrit au-dessus de *&* biffé; 11) parenthèse ajoutée entre les lignes dans la marge; 12) ajouté au-dessus de la ligne; 13) précédé de *mais* biffé; 14) *garde national*, récrit au-dessus de *homme* biffé; 15) récrit à la suite du même mot biffé, dans l'angle inférieur droit de la page.

COMMENTAIRE

1. Claude-François Bovet (1719–1791), notaire et secrétaire de ville (*Familles bourgeoises*, 50). Tombé en effet de sa fenêtre, il fut enseveli le Ier octobre 1791.
2. Voir la lettre 742, note 12. Nous ignorons de quel mot il s'agit.
3. Armand-Jérôme Bignon (1711–1772), bibliothécaire du Roi de 1741 à 1770, le quatrième de sa famille à occuper cette charge (*DBF*, VI, 434).
4. Marc-Pierre de Voyer de Paulmy, comte d'Argenson (1696–1764), inspecteur de la librairie dès 1739.
5. Etienne-Charles de Loménie de Brienne (voir la lettre 746, note 11), archevêque de Sens après la mort du cardinal de Luynes, déchu par le pape le 26 septembre 1791 pour avoir accepté la Constitution civile du clergé.
6. Voir la lettre 800, note 10.
7. Le petit comte de Brandebourg, auquel Sophie-Julie de Dönhoff* venait de donner naissance (voir la lettre 795, note 3).
8. Non retrouvée.

9. François-Antoine (1751–1792), frère aîné de Jean-Henri et de Georges de Rougemont (voir O.C., II, lettre 510, note 16). Il était l'un des associés de la maison Agassiz, Rougemont & Cie (LUTHY, II, 725–726).

10. La banque Rougemont, Hottinguer & Cie allait être liquidée en 1793 (LUTHY, II, 718–727), mais son chef, Denis de Rougemont (1759–1839) (*Biographie neuchâteloise*, II, 366–373; *Société du Jardin*, n⁰ 241), avait fondé avec deux de ses neveux dès 1791 la maison Rougemont & Cⁱᵉ, qui traversa les orages de la Révolution et devait donner naissance au XIXᵉ siècle à la fameuse banque Rougemont de Löwenberg (Louis BERGERON, *Banquiers, négociants et manufacturiers parisiens du Directoire à l'Empire*, Paris [etc.], Mouton, 1978, 74–76).

11. Georges de Rougemont (voir O.C., II, lettre 510, note 18) occupa en effet cette charge avant de devenir procureur général.

12. Jean-Frédéric Petitpierre (1755–1830), époux de Charlotte de Rougemont (1762–1832). Leur fils Georges-Frédéric (1791–1883), conseiller d'Etat de 1832 à 1848, devait être l'un des principaux chefs du parti royaliste dans le canton de Neuchâtel.

13. Le baron Charles de Chambrier (1767–1835), fils de Charles de Chambrier (1728–1769) et d'Albertine de Pury, lieutenant dans le régiment des Gardes suisses au service de Hollande (*Familles bourgeoises*, 65).

14. Deux des principaux médecins de Neuchâtel (voir O.C., II, lettre 532, notes 7 et 8).

15. Charles-Louis (1763–1824) et Philippe-Auguste (1768–1849) de Pierre, fils de Jean-Frédéric de Pierre (1735–1800) et de Charlotte-Philippine de Chambrier (*Familles bourgeoises*, 98; *Société du Jardin*, n⁰ 152 et 188).

16. Son oncle, le baron Jean-Pierre de Chambrier d'Auvernier (1731–1808), colonel au service des Etats-Généraux, qui était d'autre part le père de Caroline de Sandoz-Rollin*.

17. L'identité de l'épouse de Charles de Chambrier n'a pas pu être établie.

18. Non identifiée.

19. Nous n'avons pas réussi à en retrouver la source.

20. Il existe en Silésie une ville et des comtes de Ratibor, mais nous ignorons quel rapport ils avaient avec la comtesse de Dönhoff.

21. *Lettres originales de Mirabeau, écrites du donjon de Vincennes, pendant les années 1777, 78, 79 et 80, contenant tous les détails sur sa vie privée, ses malheurs et ses amours avec Sophie Ruffei, marquise de Monnier*, recueillis par P. MANUEL, Paris, J. B. Garnery [etc.], 1792 – an III, 4 vol. in-8. Emprisonné au donjon de Vincennes (mai 1777 – décembre 1780) tandis que Sophie du Monnier était enfermée dans un couvent de Clarisses à Gien, Mirabeau sut inspirer à Lenoir, lieutenant de police à Paris, assez d'intérêt pour que celui-ci l'autorisât à écrire à sa bien-aimée, à condition que ces lettres retourneraient à son secrétariat. Manuel les découvrit dans les archives de la police alors qu'il était procureur-syndic de la commune de Paris et les publia (MG).

22. Victor de Riqueti, marquis de Mirabeau (1715–1789), connu surtout pour son livre *L'Ami des hommes, ou traité de la population* (1756–1758).

23. Variation sans doute voulue sur *Jacobins*.

24. Vincent-Marie Viennot de Vaublanc (1756–1845), qui devait devenir préfet et comte d'Empire, puis ministre de Louis XVIII et pair de France, avait été élu à l'Assemblée législative par le département de Seine-et-Marne et figurait parmi les députés 'les plus opposés au nouvel ordre de choses' (*Biographie nouvelle des contemporains*, Paris, Dufour/Ledentu, 1827, XX, 158–160) (MG).·

25. Il doit s'agir ici de Guillaume Mouysset (1755–1818), député du Lot-et-Garonne à l'Assemblée législative, connu pour avoir voté avec la droite.

26. La proposition d'une 'réunion fraternelle' des membres de l'Assemblée législative en dehors des jours de séance fut présentée le jeudi 23 février 1792 par Mouysset, soutenue notamment par Vaublanc, combattue par Merlin et Rouyer, et finalement écartée par l'Assemblée. Isabelle de Charrière avait pu lire le compte rendu de cette séance houleuse dans le *Moniteur* du 24 février.

27. Antoine-Christophe Merlin (1762–1833), dit Merlin de Thionville, qui siégeait à l'extrême-gauche de l'Assemblée et devait s'illustrer plus tard dans la défense de Mayence.

28. Claude Basire (1764–1794), député de la Côte-d'Or (*DBF*, V, 727–728).

29. Jean-Pascal Rouyer (1761–1819), député de l'Hérault.

30. Jean-Baptiste-Michel Saladin (1752–1812), député de la Somme.

31. François Chabot (1756–1794), député de l'Aveyron, l'un des membres les plus révolutionnaires de l'Assemblée (*DBF*, VIII, 128–129). C'est lui qui déclara plus tard que 'le citoyen Jésus-Christ était le premier sans-culotte du monde entier'.

32. Un 'tumulte très considérable' avait éclaté en effet le vendredi 24 février 1792 au Théâtre du Vaudeville.

33. 'Un Garde National du Bataillon des Petits-Augustins a été assassiné hier Dimanche à 8 heures du soir, sous un des guichets du Louvre [...] Ceux qui le connoissent ont dit que lors de la dernière scène qui a eu lieu au Théâtre du Vaudeville, il avoit, manifestant son aversion pour le trouble et les factions dont il est l'ouvrage, cherché à ramener le calme et servi l'autorité qui rappelloit au respect pour la Loi [...]' (*Journal de Paris*, mardi 28 février 1792, à la page 240 sous le titre 'Evénement du lundi 27 février').

34. Jean-Louis Carra (1742–1793), publiciste et émeutier, élu membre de la Convention en septembre 1792, 'Jacobin ardent' (*Dictionnaire des journalistes, 1600–1789*, sous la direction de Jean SGARD, Grenoble, Presses universitaires de Grenoble, 1976, 67–71, notice d'Alain NABARRA).

35. Henriette-Dorothée de Pury, l'épouse de Pierre-Alexandre Du Peyrou★.

Lettre 804

ÉTABLISSEMENT DU TEXTE Neuchâtel, BV, ms. 1387/4, ff. 33–34, orig. aut. Publ. GODET, I, 466 (fragment).

1) Corrigé de *l'a*; 2) précédé d'un mot biffé et illisible; 3) *don Alphonse &*, ajouté au-dessus de la ligne.

COMMENTAIRE Le 19 mars 1792 était bien un lundi.

1. La petite *Isabelle*-Marguerite-Alphonsine avait été baptisée le 10 mars, sa marraine étant le grand'mère maternelle de son père, soit son arrière-grand'mère Judith-Marguerite Tribolet, veuve d'Abraham de Perrot. Isabelle de Charrière dut attendre la quatrième naissance pour être enfin marraine d'une petite Agnès-Charlotte-Hélène.

2. L'épouse du maire de la Côte David de Pury probablement (voir O.C., II, lettre 527, note 6).

3. Henriette Monachon★.

4. Manifestement formé sur *mijauré*, ce néologisme n'a pas fait école.

Lettre 805

ETABLISSEMENT DU TEXTE   Neuchâtel, Archives de Chambrier, 2 ff., orig. aut.
Publ. GODET, I, 482 et II, 29–30 (courts fragments).

1) *a passé un assez long tems*, récrit au-dessus de *est* biffé; 2) précédé de *autre* biffé et suivi de *que* biffé; 3) ajouté au-dessus de la ligne; 4) précédé d'un mot biffé et difficile à lire (*babiole?*); 5) ajouté au-dessus de la ligne; 6) suivi de *a été*, biffé; 7) récrit au-dessus de *font pourtant* biffé; 8) ajouté dans la marge; 9) lire *partialité*.

COMMENTAIRE

1. Cette lettre au marquis de Serent n'a pas été retrouvée.
2. Alexandre-Marie-Léonor de Saint-Mauris, prince de Montbarey (1732–1796), ministre de la Guerre de septembre 1777 à décembre 1780 (*Dictionnaire de la noblesse*, XVIII, 126). Il avait émigré à Neuchâtel en juin 1791 déjà (GODET, II, 29).
3. Françoise-Parfaite-Thaïs de Mailly, née en 1737.
4. Les fils cadets apparemment de Jacques-Louis de Pourtalès-de Luze, soit James-Alexandre (1776–1855) et Jules-Henri-Charles-Frédéric (1779–1861).
5. L'opérette *Les Deux petits Savoyards*, musique de Dalayrac, paroles de Marsollier, créée à Paris le 14 janvier 1789 (MGG, II, 1862).
6. Auguste de Chambrier (1776–1811), fils unique des Chambrier d'Auvernier (*Familles bourgeoises*, 65; *Société du Jardin*, n° 245).
7. Il s'agit probablement de Daniel-Ferdinand (1763–1843) et de Jean-Frédéric (1773–1850) Ostervald (*Familles bourgeoises*, 168).
8. Elisabeth de Pury (1727–1800), veuve de Ferdinand Ostervald (1724–1781).
9. Voir la lettre 795, note 3.
10. Les deux patriotes vaudois Ferdinand-Antoine-Henri Rosset-Cazenove (1758–1795) et Albert-Georges Muller de la Mothe (1754–1824) avaient été condamnés en effet à 25 ans de détention pour avoir participé au banquet révolutionnaire du 14 juillet 1791 à Lausanne, dit 'banquet des Jordils'. (A. VERDEIL, *Histoire du canton de Vaud*, Lausanne, D. Martignier, 1852, III, 382–393).

Lettre 806

ETABLISSEMENT DU TEXTE   Neuchâtel, BV, ms. 1387/4, ff. 35–36, orig. aut. Publ. GODET, I, 452 et 466 (fragments).

1) Lire *vingt-quatre heures*; 2) récrit au-dessus de *elle* biffé; 3) *il est vrai*, en surcharge sur des mots illisibles; 4) en surcharge sur *une*; 5) précédé d'un début de mot taché; 6) récrit au-dessus de *sure* biffé; 7) ajouté au-dessus de la ligne.

COMMENTAIRE   Le 3 avril 1792 tombait en effet un mardi.

1. Henriette Monachon*. Son fils Prosper était né le 2.
2. L'une des deux est Sophie-Elisabeth Ambos, fille de Daniel Ambos et de Catherine Blaser (voir la note suivante), née vers 1773, admise à la sainte Cène à Noël 1789. L'autre Lisette n'a pas pu être identifiée.
3. La sage-femme d'Auvernier Catherine Blaser, épouse de Daniel Ambos, originaire des Deux-Ponts.
4. Il faut comprendre: de l'eau de veau (du bouillon de veau) et de la soupe au

gruau. Sur l'emploi fréquent en Suisse romande de *gru* pour *gruau*, voir PIERREHUMBERT, 297.

5. Le baptême de Prosper Monachon aura lieu le 14 mars 1792. Les circonstances en seront narrées par Isabelle de Charrière dans sa lettre à Chambrier d'Oleyres de ce jour-là (lettre 808).

6. Le maire de la Côte David de Pury (voir O.C., II, lettre 527, note 6).

7. Le sautier est l'huissier d'une municipalité ou d'une cour de justice (PIERREHUMBERT, 550–551). D'après l'*Almanach* neuchâtelois pour 1792, trois sautiers étaient en fonctions : Jean-Jacques Favarger, grand sautier ; Jean-Frédéric Steiner, messager et sautier substitué ; Jean-Frédéric Favarger, sautier du Petit Conseil et des Quatre ministraux.

Lettre 807

ETABLISSEMENT DU TEXTE   Neuchâtel, BV, ms. 1302, ff. 26–27, orig. aut. Publ. GAULLIEUR (1857), 785–786 (fragments ajoutés à des extraits d'autres lettres pour en former une datée du 12 juillet [1793]) ; GODET, I, 468 et 478–480 (fragments).
1) Suivi de *que* biffé ; 2) 3) ajouté au-dessus de la ligne ; 4) *ce bonheur*, ajouté au-dessus de la ligne ; 5) ajouté au-dessus de la ligne ; 6) *de parler, d'ecrire*, ajouté au-dessus de la ligne ; 7) précédé de *la passion* biffé ; 8) *nous y invitent & que les circonstances*, ajouté au-dessus de la ligne ; 9) récrit au-dessus de *n'entens* biffé ; 10) ajouté au-dessus de la ligne ; 11) *comme il me le semble*, ajouté au-dessus de la ligne ; 12) en surcharge sur *faire* et suivi de *plus* biffé ; 13) à partir de ce mot, la fin de la phrase a été ajoutée après coup dans le blanc de l'alinéa ; 14) récrit au-dessus de *soit* biffé ; 15) suivi de *soit en bien*, biffé ; 16) à partir de ce mot, toute la fin de la lettre est écrite en long dans la marge de la troisième page.

COMMENTAIRE   Le 5 avril 1792 était bien un jeudi.
1. David de Pury.
2. Le comte Bernhard Wilhelm von der Goltz (1736–1795), qui représentait le roi de Prusse à la cour de France depuis 1769 mais qui allait prendre congé et quitter Paris à fin mai 1792 (*Soldatisches Führertum*, publ. Kurt von PRIESDORFF, Hamburg, Hanseatische Verlagsanstalt, 1936, II, 345–346).
3. Charles-Henry Du Pasquier (1757–1835), époux de Lisette Du Pasquier et beau-frère de Susette Du Pasquier★.
4. Jacques-Louis Du Pasquier★.
5. Il s'agit probablement de Sophie d'Andrié de Gorgier (1771–1837), qui laissa par testament une partie de sa fortune à la Compagnie des pasteurs de Neuchâtel (*Biographie neuchâteloise*, I, 14 ; *Familles bourgeoises*, 31 ; la date de son décès, 4 juillet 1837, est à rectifier dans l'un et l'autre de ces ouvrages).
6. Voir la lettre 797, note 12.
7. Christian Wolff (1679–1754), philosophe et mathématicien fécond, dont la *Logique* avait été traduite en français dès 1736.
8. César Chesneau Du Marsais (1676–1756), auteur d'un traité *Des Tropes* (1730) et d'une *Logique* posthume (1769) souvent rééditée.
9. Antoine Arnauld et Pierre Nicole, auteurs de *La Logique ou l'Art de penser*, connue sous le nom de *Logique de Port-Royal* et constamment rééditée depuis 1662.
10. Non retrouvée.

Lettre 808

ETABLISSEMENT DU TEXTE   Neuchâtel, Archives de Chambrier, 2 ff., orig. aut. Publ. GODET, I, 467 et II, 2 (fragments).

1) *n'en* récrit au-dessus de *n'* biffé; 2) *qu'il a chez lui*, ajouté au-dessus de la ligne; 3) en surcharge sur *je*; 4) lire *elle en a*; 5) lire *ils*; 6) corrigé de *envoyerois*.

COMMENTAIRE

1. Ni la lettre du marquis de Serent ni la réponse d'Isabelle n'a été retrouvée.

2. *Emeutier* ne date que de l'époque de la Restauration et le seul néologisme formé sur *émeute* était le verbe *émeuter*, attesté en 1779 (F. GOHIN, *Les Transformations de la langue française pendant la seconde moitié du XVIIIe siècle*, Paris, Berlin frères, 1903, 249). – Sur les désordres de Turin, voir Francesco COGNASSO, *Storia di Torino*, Torino, S. Lattes, 1934, 210. La *Gazette de Berne* du 7 avril 1792 s'en était fait l'écho.

3. Charles-Louis Huguet marquis de Semonville (1759–1839) avait été envoyé à Gênes en août 1791, il était alors en mission à Turin, où il fut d'ailleurs déclaré *ingratus*, et sa carrière diplomatique allait se poursuivre à Constantinople, La Haye, etc. (*Nouvelle biographie générale*, Paris, Firmin Didot, 1864, XLIII, 736–739).

4. Gustave III était mort le 29 mars 1792, des suites d'un coup de feu reçu au cours d'un bal masqué le 16 mars précédent, victime d'un groupe de nobles mécontents de sa politique. L'assassin, Jean-Jacques Anckarström, fut exécuté, ses complices condamnés à l'exil perpétuel. Parmi eux se trouvait le comte Adolphe-Louis de Ribbing, qui se réfugia en Suisse, où il devint l'amant de Germaine de Staël (STAËL, CG, II, 483 *sqq*).

5. L'empereur Léopold II était mort à l'âge de 45 ans le 1er mars 1792. Sur les causes de ce brusque décès et les bruits qu'il fit courir, voir Adam WANDRUSZKA, 'Malattia e morte di Pietro Leopoldo', *Physis, rivista di storia della scienza*, 1962, IV, 117–124.

6. Sur les débuts de l'agitation jacobine dans les Etats de l'Eglise, voir Jules GENDRY, *Pie VI, sa vie, son pontificat (1717–1799)*, Paris, Alphonse Picard, [1906], II, 180–194.

7. C'était la résidence traditionnelle des ambassadeurs de France en Suisse. François Barthélemy, arrivant à son poste à Soleure à fin janvier 1792, s'aperçut que les émigrés avaient 'perverti les idées des chefs de cet Etat' au point qu'il décida d'abandonner la ville (*Papiers de Barthélemy*, I, 12). – Pâques tombait en 1792 le 8 avril et c'est à l'occasion des solennités pascales que les Français de Neuchâtel s'étaient rendus à Soleure.

8. Dans ce village neuchâtelois mais resté catholique (voir la lettre 630, note 1), Pierre-Alexandre Du Peyrou* possédait plusieurs maisons (COURVOISIER, II, 138, 141, 142) et c'est dans l'une d'elles que les Montbarey s'étaient installés.

9. François-Daniel Marcuard-de Mézerac (voir *O.C.*, II, lettre 478, note 4).

10. *L'Ami des patriotes* parut de novembre 1790 à août 1792 en 6 volumes, les trois premiers rédigés par Adrien Duquesnoy, les trois derniers par Michel-Louis-Etienne Regnault de Saint-Jean d'Angély (Eugène HATIN, *Bibliographie historique et critique de la presse périodique française*, Paris, Firmin Didot, 1866, 157). La livraison dont il s'agit ici constitue le n° XXVI du tome V (pp. 237–260) et porte la date du 8 avril 1792. Elle est composée en effet de trois articles, le premier signé des seules initiales du rédacteur en chef ('R. D. S. J. D.'), les deux autres signés de 'L[ouis] C[laude] Chéron, député du département de Seine & Oise' et de '[Eugène-Bal-

thazard-Crescent] Benard [de Moussinières], officier municipal de Fontaine-bleau'.

11. Il s'agit du texte daté du 8 avril 1792, commençant par 'Plusieurs de ces Auteurs, qui depuis quatre années salissent le titre de *Patriote* en l'associant à leur nom', paru sous le titre de 'Variété' dans le *Journal de Paris* du mardi 10 avril 1792, aux pages 409–410.

12. L'article de François de Pange sur les contradictions de Jacques-Pierre Brissot de Warville, paru dans le supplément du *Journal de Paris* du 13 mars 1792 sous les initiales F.D.P., a été republié par L. BECQ DE FOUQUIÈRES, dans *Œuvres de François de Pange (1789–1796)*, Paris, Charpentier, 1872, 165–175. Il suscita une polémique durant tout le mois.

13. Prosper Monachon. Les détails rapportés ici par Isabelle sont confirmés par l'inscription figurant sur le 'Registre pour la commune d'Auvernier des baptêmes, 1640–1823' (Neuchâtel, AEN, CCI, vol. 3, p. 385).

14. La bassinoire, soit l'espèce de poêle, avec 'un couvercle à jour' *(Dictionnaire de Trévoux)*, qui servait à chauffer les lits (MG).

15. Sur ce mot, voir la lettre 701, note 2.

Lettre 809

ETABLISSEMENT DU TEXTE   Neuchâtel, BV, ms. 1387/4, f. 37, orig. aut.
1) Précédé de *le* biffé; 2) lire *d'une*; 3) corrigé de *des gilets*; 4) ajouté au-dessus de la ligne.

COMMENTAIRE   Cette lettre, qui doit manifestement avoir été écrite huit ou dix jours après le départ de Charles-Emmanuel de Charrière pour Paris (5 avril 1792), est contemporaine d'une lettre à Zingarelli★ (voir la note 4). Or le 14 avril (lettre 808), Isabelle déclare à Chambrier d'Oleyres qu'elle écrit à Zingarelli et ce jour-là est précisément un samedi.
1. Henriette Monachon★.
2. *O.C.*, VIII, 269–407.
3. Marianne Moula★.
4. Zingarelli★.
5. André Gaillard sans doute (voir *O.C.*, II, lettre 555, note 6).

Lettre 810

ETABLISSEMENT DU TEXTE   Neuchâtel, BV, ms. 1387/4, f. 38, orig. aut.
1) En surcharge sur *N*; 2) suivi de *de vous*, biffé; 3) en surcharge sur un mot illisible.

COMMENTAIRE   Les allusions contenues dans le second alinéa de cette lettre ne se comprennent guère, semble-t-il, que dans la période qui a suivi les relevailles d'Henriette Monachon★ (14 avril 1792). Approximativement donc seconde moitié d'avril 1792.
1. Henriette Monachon★.
2. Prosper Monachon.
3. Voir la lettre 778, note 7.

Lettre 811

ETABLISSEMENT DU TEXTE   Neuchâtel, BV, ms. 1302, ff. 28–29, orig. aut., l'adresse non aut., déchirure due au décachetage. Publ. GAULLIEUR (1857), 707–708 (fragment suivi d'extraits d'autres lettres pour en former une datée du 20 mai 1792); GODET, I. 468–469 et 480–481 (fragments).

1) Lire *il y a*; 2) *de quelques uns de ses écrits*, ajouté au-dessus de la ligne et entre les mots; 3) entre les deux *passa*, Isabelle a tourné la page; 4) précédé d'un ou deux mots biffés et illisibles; 5) *à faire sortir son esprit, faire* ajouté au-dessus de la ligne, *son esprit* de même; 6) *preventions se gravent*, récrit au-dessus de plusieurs mots biffés et illisibles; 7) précédé de *parmi* biffé; 8) *connoissois qu'un*, récrit au-dessus de *connois d'autre* biffé; 9) huit fins de ligne ont été emportées par la déchirure due au décachetage, nous avons restitué les mots manquants avec le plus de vraisemblance possible; 10) lire apparemment *celles*; 11) *pour la servir*, ajouté au-dessus de la ligne; 12) suivi de *parce qu'elle* biffé; 13) *d'avoir*, corrigé de *avoit*; 14) *et de le soutenir*, corrigé de *et le soutenoit*; 15) *de voir & sentir*, récrit au-dessus d'un ou deux mots biffés et illisibles.

COMMENTAIRE
1. Voir la lettre 807, note 2.
2. On ne dit plus aujourd'hui que *rouiller, rouillé*, mais à l'époque, le mot n'était pas encore vieilli, si l'on en croit l'abbé FERAUD, *Dictionnaire critique de la langue française*, Marseille, Jean Mossy, 1787, II, 101.
3. Les *Entretiens sur la pluralité des mondes* (1686) et les *Nouveaux dialogues des morts* (1683).
4. *Dialogues des morts* (1712), *Fables et contes composés pour l'éducation de feu Mgr le duc de Bourgogne* (le plus souvent joints aux *Dialogues des morts*), *Démonstration de l'existence de Dieu* (1713).
5. Voir la lettre 747, note 6.
6. Non identifié. Dans une lettre à sa sœur du 18 janvier 1792, Henriette L'Hardy signale le prochain départ pour la Suisse de 'Villardeau, le laquais favori du roi' (Neuchâtel, BV, ms. 1323, f. 73 verso).
7. Voir la lettre 807, note 5.
8. Susette Du Pasquier★.
9. Henriette Monachon★.
10. S'il s'agit de la fille cadette d'Abraham et Marie-Barbe Du Pasquier-Robert, de Colombier, elle n'avait alors que 16 ans, étant née en 1776 (J. Thierry DU PASQUIER, *La Famille Du Pasquier*, Neuchâtel, La Baconnière, 1974, 81).

Lettre 812

ETABLISSEMENT DU TEXTE   Neuchâtel, BV, ms. 1387ter, pièce 28, orig. aut., déchirure due au décachetage.
1) Corrigé de *nos*; 2) cet alinéa est écrit en long dans la marge, le suivant figure au verso sur la page d'adresse.

COMMENTAIRE   Cette lettre n'est pas signée et c'est la seule qui nous soit parvenue de cette écriture. Mais l'identité de l'auteur ne fait guère de doute et c'est à bon

droit que Philippe Godet a noté en tête de la pièce le nom de 'Susette DuPasquier'.
1. Pierre-François de Boaton (voir la lettre 788, note 8).
2. Du sable blanc pour sécher ses lettres.

Lettre 813

ETABLISSEMENT DU TEXTE   Lausanne, BCU, fonds Constant II, 34/1, 2 ff., orig. aut.

1) Ajouté au-dessus de la ligne; 2) récrit au-dessus de *payée* biffé; 3) entre les deux *se* Isabelle a tourné la page; 4) ajouté au-dessus de la ligne; 5) note écrite en long dans la marge de la deuxième page; 6) 7) 8) 9) ajouté au-dessus de la ligne; 10) corrigé de *toujours* par l'adjonction d'une *s* entre *tou* et *jours* et de *les* au-dessus de la ligne.

COMMENTAIRE   Le 13 mai 1792 tombait bien un dimanche.
1. Voir *O.C.*, II, lettre 509, note 2.
2. Non retrouvée et non signalée dans RUDLER, *Bibliographie*.
3. Benjamin Constant changera d'avis, au point de professer à la fin de sa vie une sorte de vénération pour l'opinion publique.
4. Isabelle rappelle à Benjamin un jeu de mot qui avait marqué son précédent séjour au Pontet (voir la lettre 792, note 4).
5. C'est la conclusion du fameux conte de Voltaire.
6. Dans *Le Mariage forcé*, scène V.
7. On remarquera la valeur sociale de *comme il faut*, employé aussi dans la lettre 799, et l'usage du mot *classe* (MG).
8. Henriette Monachon★.
9. *Henriette et Richard* (*O.C.*, VIII, 269–407).

Lettre 814

ETABLISSEMENT DU TEXTE   Neuchâtel, BV, ms. 1332, ff. 10–11, orig. aut.

COMMENTAIRE
1. Non retrouvée.
2. Voir la lettre 705, note 1.
3. La mère et la fille, soit Jenny Pourrat, épouse de Gilles-Toussaint Hocquart (voir la lettre 587, note 5) et sa mère Augustine-Magdeleine Boisset, épouse de Louis Pourrat (voir la lettre 592, note 28).
4. Luciennes, ancienne appellation de Louveciennes (Seine-et-Oise). Le beau-frère de Jenny Hocquart-Pourrat y possédait une propriété (voir Cl. PERROUD, 'André Chénier après le 10 août 1792', *Revue du dix-huitième siècle*, 1913, I, 240–243).
5. Voir la lettre 711, note 7.
6. Voir la lettre 592, note 31.
7. *Henriette et Richard*.
8. Jean-Nicolas Démeunier (voir la lettre 681).
9. Jacques-Guillaume Thouret (1746–1794). Il avait présidé à plusieurs reprises l'Assemblée nationale constituante et devait être guillotiné le même jour que Malesherbes.
10. Non identifiée.

11. Marguerite-Louis-François Duport-Dutertre (1754–1793), ministre de la Justice de novembre 1790 à mars 1792 (*DBF*, XII, 487–488).

12. Le marquis de Choiseul La Beaume (voir la lettre 742, note 4).

Lettre 815

ETABLISSEMENT DU TEXTE   Neuchâtel, BV, ms. 1387/4, ff. 39–40, orig. aut. Publ. GODET, I, 483 (court fragment).

1) Précédé de *de* biffé; 2) suivi d'un mot taché et illisible; 3) tout ce dernier alinéa est écrit en long dans la marge de droite de la seconde page.

COMMENTAIRE

1. Important relais postal de la région de Mayence (Werner MUNZBERG, *Stationskatalog der Thurn und Taxis-Post*, Kallmünz, Michael Lassleben, 1967, 63).

2. Henriette L'Hardy*.

3. La comtesse Sophie-Julie de Dönhoff*.

4. Il s'agit sans doute de la maison sise au n° 4 de la rue dite 'la Pacote' (COURVOISIER, II, 258). Son propriétaire, Pierre Debély, un parent de la mère d'Henriette L'Hardy, était mort en février 1792.

5. Place forte à l'ouest de Berlin, où se trouvait la principale prison d'Etat de la Prusse.

Lettre 816

ETABLISSEMENT DU TEXTE   Neuchâtel, BV, ms. 1302, ff. 32–33, orig. aut. Publ. GODET, I, 483 (avec coupures).

1) *d'inquietantes*, récrit au-dessus de *de* biffé.

Lettre 817

ETABLISSEMENT DU TEXTE   Neuchâtel, BV, ms. 1302, ff. 36–37, orig. aut. Publ. GODET, I, 484–485 (avec coupures).

1) En surcharge sur *ou*; 2) suivi de *comte* biffé; 3) *instruisit la cour*, récrit au-dessus de plusieurs mots biffés et illisibles; 4) ajouté dans la marge; 5) 6) ajouté au-dessus de la ligne; 7) corrigé de *rendues*; 8) écrit dans la marge en tête de la troisième page, après avoir été écrit puis biffé à la fin de la ligne précédente, qui était la dernière de la deuxième page.

COMMENTAIRE   Si cette lettre a bien été écrite un vendredi, elle ne peut dater que du 15 juin 1792.

1. Henriette de Chambrier (voir la lettre 742, note 15).

2. Voir la lettre 766, note 10.

3. David de Pury, maire de la Côte (voir *O.C.*, II, lettre 527, note 6).

Lettre 818

ETABLISSEMENT DU TEXTE   Neuchâtel, BV, ms. 1317, ff. 43–44, orig. aut.

1) Lire *royale*.

1. La comtesse de Dönhoff* et Henriette L'Hardy*.

2. Du roman *Henriette et Richard*, dont Giroud et l'abbé des Rois, nommés plus bas, sont aussi des personnages.

3. La séance royale du 23 juin 1789, au cours de laquelle Louis XVI annonça qu'il avait décidé de maintenir la division des Etats-Généraux par ordre, tout en prévoyant un important programme de réformes (MG).

4. Victor-Amédée de La Fage, marquis de Saint-Huruge (voir Henri FURGEOT, *Le Marquis de Saint-Huruge, 'généralissime des Sans-Culotes' (1738–1801)*, Paris, Perrin, 1908).

5. Prosper Monachon.

Lettre 819

ETABLISSEMENT DU TEXTE Neuchâtel, Archives de Chambrier, 2 ff., orig. aut. Publ. GODET, I, 483–484 (fragment).

1) Précédé de *presque* biffé; 2) en surcharge sur *sont*; 3) 4) ajouté au-dessus de la ligne; 5) en surcharge sur *ne*; 6) *curiosités Neuchateloises*, ajouté au-dessus de la ligne, à moitié dans la marge; 7) récrit au-dessus de *stagnantes* biffé; 8) la parenthèse ajoutée au-dessus de la ligne; 9) *ne vera pas de sitôt*, récrit au-dessus de *non point*, biffé; 10) *autre chose à remarquer c'est que c'est*, récrit au-dessus de trois ou quatre mots biffés et illisibles; 11) *pour moi*, ajouté au-dessus de la ligne; 12) *tout interet propre à part*, ajouté au-dessus de la ligne.

COMMENTAIRE

1. Le 9 juin 1792.

2. Voir la lettre 815, note 4.

3. Lire évidemment *de Berlin*. D'après G. R. DE BEER, *Travellers in Switzerland*, London [etc.], Oxford University Press, 1949, 94, le seul voyageur qui ait laissé un récit de son séjour à Neuchâtel en 1792 est Valentine Lawless, Lord Cloncurry. Mais il arrivait de Dublin, non de Berlin.

4. L'alliance de la Prusse avec l'Autriche, conclue le 7 février 1792.

5. Hans Rudolf von Bischoffwerder (1741–1803) (NDB, II, 266; *Soldatisches Führertum*, publ. Kurt von PRIESDORFF, Hamburg, Hanseatische Verlagsanstalt, 1936, II, 346–348). Sur le mouvement de renouveau spirituel dont il était l'un des tenants, voir la lettre 795, note 2.

6. Le comte d'Artois était arrivé à Coblence le 17 juin 1791 déjà (Pierre de VAISSIERE, *A Coblence ou les émigrés français dans les pays rhénans de 1789 à 1792*, Paris, Les Belles-Lettres, 1924, 35). Son frère aîné, le comte de Provence (futur Louis XVIII), le rejoignit le mois suivant.

7. Les fils du comte d'Artois étaient restés en effet à Turin avec leur gouverneur, le marquis de Serent (voir la lettre 775, note 2).

Lettre 820

ETABLISSEMENT DU TEXTE Neuchâtel, BV, ms. 1302, f. 38, orig. aut. Publ. GODET, I, 485 (fragment).

1) Lire *craindre*; 2) récrit au-dessus de *qu* biffé; 3) à partir de ce mot, la fin de la lettre est écrite en long au bas de la marge.

COMMENTAIRE La lettre suivante prouve que la visite de la comtesse de Dönhoff★ au Pontet eut lieu un samedi et la suite des événements montre qu'il ne peut s'agir que du samedi 16 juin 1792.
1. Jean-Frédéric de Chaillet★.

Lettre 821

ETABLISSEMENT DU TEXTE Neuchâtel, BV, ms. 1387/4, ff. 41-42, orig. aut. Publ. GODET, I, 485 (fragment).
1) Récrit au-dessus d'un mot biffé et illisible; 2) *je crains qu'il n'y ait*, ajouté au-dessus de la ligne; 3) ajouté au-dessus de la ligne; 4) suivi de *en* biffé; 5) *je l'ai promis*, ajouté en caractères serrés à la fin de la ligne.

COMMENTAIRE Cette lettre est manifestement du même jour que la précédente et l'une permet de dater l'autre.
1. Le portrait de la comtesse de Dönhoff★ tel qu'il est reproduit dans Constance THOMPSON PASQUALI, *Madame de Charrière à Colombier, iconographie*, Neuchâtel, Bibliothèque de la Ville, 1979, n° 43, ne correspond en rien à la présente description. Renseignement pris auprès du conservateur des *Kunstsammlungen der Veste Coburg*, ce portrait, gravé à Berlin en 1796 par H. Sintzenich d'après une peinture de Louise Labroue, est celui de la comtesse Sophie von Dönhoff, née Schwerin-Wolfshagen.
2. La domestique d'Henriette L'Hardy★.
3. Charles-Louis de Pierre (voir la lettre 649, note 3) avait été nommé maire de Neuchâtel par brevet royal du 28 mai 1792, enregistré par le Conseil d'Etat neuchâtelois le 26 juin.

Lettre 822

ETABLISSEMENT DU TEXTE Neuchâtel, BV, ms. 1302, f. 39, orig. aut.
1) En surcharge sur *vot*.

COMMENTAIRE En écrivant en tête du manuscrit 'Eté 1792' et 'Juin', Philippe Godet a pointé juste, car ce billet où Isabelle de Charrière donne encore du *Mademoiselle* à sa correspondante date certainement de l'époque qui a suivi immédiatement le retour d'Henriette L'Hardy à Auvernier. Mais il paraît hasardeux de se décider entre les lundis de la seconde moitié de juin et ceux de la première partie de juillet 1792.
1. Une lettre de Susette Du Pasquier★?

Lettre 823

ETABLISSEMENT DU TEXTE Neuchâtel, BV, ms. 1302, f. 34, orig. aut. Publ. GAULLIEUR (1857), 781–782 (fragment mêlé à des extraits d'autres lettre sous la date du 7 avril).

1) *si la Ctesse le desire*, ajouté au-dessus de la ligne; 2) *l'evenement*, récrit au-dessus de *des jours plus heureux*, biffé; 3) suivi de *des* biffé; 4) récrit au-dessus de *inserer* biffé; 5) à partir de ce mot, la fin de la lettre est écrite sur le verso blanc du feuillet plié; 6) précédé de *credit* biffé; 7) ce dernier alinéa est écrit en long à la gauche des trois précédents.

COMMENTAIRE Les dates de la présente lettre et des deux suivantes sont établies avec une entière certitude par celle du numéro du *Journal de Paris* dont elles parlent (voir ci-dessous note 2).

1. *Recte* Bischoffwerder (voir la lettre 819, note 5).

2. Numéro 170, du lundi 18 juin 1792, en page 687: '*Extrait d'une Lettre écrite d'Aix-la-Chapelle, le 14 Juin*. Les Amis de la Révolution, qui sont en petit nombre dans ces pays-ci, ont eu quelques momens d'espérance d'un changement à la Cour de Berlin, favorable aux intérêts de nos Patriotes; cette espérance étoit fondée sur deux incidens: l'un est la marche des troupes Russes en Pologne, l'autre une tracasserie de Cour, qui a paru d'abord plus sérieuse qu'elle ne l'est réellement. Il y a eu en effet une intrigue pour faire éloigner des affaires M. Bishofwerder; la Favorite, Mlle d'Œnoff, est entrée dans cette intrigue, qui a occasionné une explication avec le Souverain, dont le résultat a été la retraite de la Favorite en Suisse, retraite moitié forcée, moitié volontaire. Mais vous pouvez être sûr que cette affaire n'aura aucune influence sur les dispositions politiques & militaires de Sa Majesté Prussienne à l'égard de la France [etc.]'.

3. Le comte Ewald Friedrich von Hertzberg (voir la lettre 649, note 1). La nouvelle de son 'retour en faveur' était fausse.

4. Les ministres des Affaires étrangères, des Finances, de la Guerre et de l'Intérieur venaient de démissionner, mais aucun d'eux n'eut pour successeur Pierre-Augustin Caron de Beaumarchais (1732–1799), que François Chabot avait dénoncé à la tribune de l'Assemblée législative, le 4 juin, comme accapareur d'armes. Cependant le bruit avait couru que le roi lui destinait le ministère de l'Intérieur et Gorsas s'en était fait l'écho dans son *Courrier* du 18 juin (Janette C. GATTY, *Beaumarchais sous la Révolution, l'affaire des fusils de Hollande*, Leiden, E. J. Brill, 1976, 98).

Lettre 824

ETABLISSEMENT DU TEXTE Neuchâtel, BV, ms. 1302, f. 76, orig. aut.

1) Récrit au-dessus de *elle* biffé; 2) lire *evenement*.

COMMENTAIRE Cette courte lettre n'en formait peut-être qu'une avec la précédente.

Lettre 825

ETABLISSEMENT DU TEXTE Neuchâtel, BV, ms. 1302, f. 35, orig. aut.

1) Suivi du même mot biffé; 2) *au mois de Juillet ou d'aout*, ajouté au-dessus de la ligne; 3) à partir de ce mot, la·fin de la lettre est écrite en long dans la marge.

COMMENTAIRE Pour la datation de cette lettre, voir le commentaire général de la lettre 823.

1. Voir la lettre 823, note 4. Au ministère de l'Intérieur, Antoine-Marie-René Terrier de Monciel succéda (pour un mois) à Jacques-Augustin Mourgue, qui n'avait été ministre que durant six jours (13–18 juin 1792).

2. Ici encore, il s'agit sans aucun doute non du pasteur Chaillet, mais de Jean-Frédéric de Chaillet*.

3. Rosette Roi, la servante d'Henriette L'Hardy*.

Lettre 826

ETABLISSEMENT DU TEXTE   Neuchâtel, BV, ms. 1302, f. 31, orig. aut.

1) 2) Ajouté au-dessus de la ligne.

COMMENTAIRE   La présente lettre suit manifestement d'assez près celle du 23 juin 1792. Elle peut dater du samedi 30 juin, mais elle pourrait être tout aussi bien de ce même samedi 23 juin, car il arrive – on le verra – qu'Isabelle de Charrière écrive deux lettres le même jour au même correspondant, l'une le matin et l'autre le soir au reçu de la réponse.

1. Bischoffwerder (voir la lettre 819, note 5).

Lettre 827

ETABLISSEMENT DU TEXTE   Neuchâtel, BV, ms. 1335, ff. 11–12, orig. aut.

1) Lire *inintelligible*; 2) lire *désapprouve*.

COMMENTAIRE

1. Hellevoetsluis, voir O.C., I, lettre 250, note 2.

2. Il s'agit du port de Londres, Gravesend, sur la Tamise.

3. Non identifié.

4. Voir O.C., I, lettre 214, note 5. Melchior Justus van Effen avait épousé à Londres en 1774 Sarah Cornelia Diemel, morte en 1786. Ils eurent six enfants entre 1776 et 1783, dont quatre moururent jeunes. Les deux filles encore en vie étaient Catharina, née en 1779 et Charlotta Johanna, née en 1781. Leur tante, Magdalena Christina des Cotes-Diemel, mourut en 1794 à l'âge de 50 ans (Guildhall Library, Londres).

5. Hackney, faubourg au nord-est de Londres.

6. *Soulevez-la donc, elle est bien en chair, n'est-ce pas une fraîche fille?*

7. Voir O.C., I, lettre 259, note 2.

8. Peut-être s'agit-il du même Johnson non identifié qui apparaît dans la lettre 470.

9. Zaltbommel, ville de la Gueldre.

10. La république se sentait déjà menacée à cause de l'occupation des Pays-Bas autrichiens par les Français.

11. D'un quatrième enfant, Vincent Johan Reinier (1792–1840).

12. *Que ce serait un Anglais.*

13. Geytenstein, voir O.C., II, lettre 267, note 7.

14. Jacoba Maria Jung-de Perponcher avait alors deux enfants: Johan Karel, né le 15 août 1787, et Agnes Wilhelmina, née le 2 janvier 1792.

Lettre 828

ETABLISSEMENT DU TEXTE Neuchâtel, BV, ms. 1302, ff. 41–42, orig. aut.
1) Suivi de *car* biffé; 2) précédé de *que* biffé; 3) *qu'alors, qu'* en surcharge sur *et*.

COMMENTAIRE Les trois lettres où il est question du projet de lettre de la comtesse de Dönhoff★ au roi de Prusse (lettres 828, 830 et 831) datent manifestement des débuts du séjour de la comtesse à Neuchâtel. Nous plaçons celle-ci au premier samedi possible, sans nous leurrer sur la fragilité de cette hypothèse.
1. Voir *O.C.*, II, 673.
2. Jacques-Louis Du Pasquier★.
3. Bischoffwerder.

Lettre 829

ETABLISSEMENT DU TEXTE Neuchâtel, BV, ms. 1308, ff. 26–27, orig. aut.
1) La fin de la ligne et les six lignes suivantes ont été si soigneusement biffées qu'elles en sont devenues illisibles. Tout au plus peut-on deviner les mots suivants: M. *Duperou a fait si peu de difficulté de se servir de votre recommandation aupres de* *que je le trouvai occupé à faire* *il me paroit*

COMMENTAIRE Cette lettre date assurément de 1792 (voir la note 2). Comme elle est postérieure au printemps, mais antérieure à la conquête des Pays-Bas autrichiens par les troupes du général Dumouriez et notamment à la prise de Liège (28 novembre 1792), on peut la dater approximativement de juillet 1792.
1. Louis-François-Henry Dubard de Chasan, né à Beaune en 1763, capitaine adjudant de place commandant la citadelle de Besançon lors de sa démission en août 1830 (renseignements du Service historique du Ministère de la Défense, Vincennes).
2. Jean-Frédéric de Chaillet★ quitta le service de Prusse le 31 juillet 1791.
3. Non identifié.

Lettre 830

ETABLISSEMENT DU TEXTE Neuchâtel, BV, ms. 1302, f. 30, orig. aut., écrit en diagonale sur une feuille de format carré, ayant apparemment servi d'enveloppe à une autre lettre (au n° 828 peut-être).
1) Ajouté au-dessus de la ligne.

COMMENTAIRE Pour la date de ce billet, voir le commentaire général de la lettre 828.
1. Voir la lettre 784, note 1.

Lettre 831

ETABLISSEMENT DU TEXTE Neuchâtel, BV, ms. 1302, f. 40. orig. aut., déchirure.
1) *n'ecrit* en surcharge sur *ne, ni à elle ni* récrit au-dessus de *lui ecrit pas,* biffé; 2) on peut restituer éventuellement *je souhaite*; 3) on peut restituer de même *qu'elle ait retrouvé la santé*; 4) lire *celle de l'ame*.

COMMENTAIRE   Cette lettre suit manifestement de près le billet daté du dimanche 1er juillet 1792.

1. Susette Du Pasquier*.
2. La comtesse de Dönhoff* et Henriette L'Hardy*.
3. Le comte de Brandebourg, premier enfant de la comtesse de Dönhoff (voir la lettre 795, note 3).

Lettre 832

ETABLISSEMENT DU TEXTE   Neuchâtel, BV, ms. 1313, ff. 3–4, orig. aut. Publ. SAINTE-BEUVE (1844), 254 (fragment); GAULLIEUR (1848), 51–52 (fragments); GODET, I, 448–449 (autres fragments); RUDLER, *Jeunesse*, 389–390. Cf. RUDLER, *Bibliographie*, n° 126.

COMMENTAIRE   Ainsi que RUDLER, *Bibliographie*, n° 126, l'a fort bien démontré, Benjamin Constant a manifestement écrit *1791* pour *1792*.

1. Marguerite-Elie Guadet (1758–1798), député de la Gironde. – Pour Merlin, Basire et Chabot, voir la lettre 803, notes 27, 28 et 31.
2. Pierre-Victurnien Vergniaud (1753–1793) et Marie-Jean-Antoine-Nicolas de Caritat, marquis de Condorcet (1743–1794). Benjamin Constant semble faire écho aux accusations des Montagnards contre le 'comité autrichien'. Sept ans plus tard, revenu de son erreur, il associera Vergniaud et Condorcet dans un commun hommage aux fondateurs de la République et déclarera 'mépris éternel à qui ne respecte pas ces noms chers aux lumières, illustres par le courage et sacrés par le malheur' (*Des suites de la contre-révolution de 1660 en Angleterre*, Paris, F. Buisson, an VII, à la page 45).
3. Charles-François Dumouriez (1739–1823). Il était ministre des Relations extérieures quand la guerre fut déclarée à l'Autriche (20 avril 1792). Nommé général en chef au mois d'août, il sauva la France de l'invasion par la bataille de Valmy (20 septembre 1792), puis mena dans les Pays-Bas autrichiens une rapide campagne qui fut couronnée par la victoire de Jemappes (6 novembre 1792). Les historiens ne lui prêtent des démarches douteuses qu'à partir de janvier 1793 et sa spectaculaire défection ou 'trahison' date des 3–4 avril 1793 (Arthur CHUQUET, *Dumouriez*, Paris, Hachette, 1914).

Lettre 833

ETABLISSEMENT DU TEXTE   Neuchâtel, BV, ms. 1387/4, ff. 43–44, orig. aut.
1) Ajouté au-dessus de la ligne; 2) lire *étancher*; 3) *Priez donc*, écrit d'abord à la ligne, puis biffé et récrit à la suite; 4) *c'est*, récrit au-dessus de *elle* biffé; 5) *j'ai*, récrit au-dessus d'un mot biffé et illisible; 6) précédé de *vous seriez* biffé; 7) le dernier alinéa et la date sont écrits en long dans la marge.

COMMENTAIRE   Le 7 juillet 1792 était bien un samedi.
1. Un vin d'Andalousie. Le Tinto est un fleuve qui prend naissance dans la Sierra Morena et se jette dans le golfe de Cadix à l'ouest de l'embouchure du Guadalquivir.
2. Non identifiée.

3. Henriette Monachon*.
4. Voir la lettre 806, note 2.
5. La comtesse de Dönhoff*.

Lettre 834

ETABLISSEMENT DU TEXTE   Neuchâtel, BV, ms. 1302, ff. 61–62, orig. aut. Publ.
GAULLIEUR (1857), 696–698 (avec coupures, remaniements et adjonction, en tête,
du début de la lettre 784 du 29 août 1791 avec sa date altérée en 29 mars 1791).
1) 2) 3) Ajouté au-dessus de la ligne; 4) récrit au-dessus d'un mot biffé et difficile
à lire; 5) *s'entretiendront,* récrit au-dessus de *parleront* biffé; 6) précédé de *de*
biffé; 7) lire *mille fois;* 8) récrit au-dessus du même mot biffé; 9) *ne sera,* ajouté
au-dessus de la ligne; 10) *lui ressemble,* écrit d'abord après *Mᵉ du Paquier,* puis biffé
et ajouté ici au-dessus de la ligne; 11) récrit au-dessus de *nos* biffé; 12) note écrite
en long dans la marge de la quatrième page.

COMMENTAIRE   Le 7 juillet 1792 (lettre 833), Isabelle de Charrière annonce qu'elle
a envoyé 'le gilet de Don Alphonse à broder à Mlle L'Hardy'. Elle promet ici de
fournir rapidement les soies nécessaires à cette broderie. Il paraît donc raisonnable
de supposer que cette lettre a été écrite dans les jours qui ont suivi le 7 juillet 1792.
1. Johann Caspar Lavater (1741–1801), le pasteur zuricois dont les *Essais sur la phy-*
siognomonie (1775) avaient connu un succès européen.
2. Le néologisme accroît la vigueur de la phrase (MG).
3. Isabelle d'Ivernois (1735–1797), veuve de Frédéric Guyenet (1737–1776). Jean-
Jacques Rousseau l'avait citée plusieurs fois au livre XII des *Confessions.*
4. La comtesse de Dönhoff*.
5. D'après le contexte, on peut conjecturer qu'il s'agit ici d'Henri Rossel, cet
'oncle de Nantes' dont il sera souvent question par la suite (lettre 860, note 9).

Lettre 835

ETABLISSEMENT DU TEXTE   Neuchâtel, BV, ms. 1302, ff. 54–55, orig. aut. Publ.
GAULLIEUR (1857), 709–710 (fragment joint à un extrait de la lettre du 2 février 1792
pour en former une datée du 10 juin 1792); GODET, I, 489–490 (fragment non daté).
1) Récrit au-dessus de *pas par là qu'on,* biffé; 2) suivi du même mot biffé; 3) *en*
hiver, ajouté au-dessus de la ligne; 4) précédé de *Alors il,* biffé; 5) *reste des amis, reste*
précédé de *en* biffé, *des amis* ajouté au-dessus de la ligne; 6) précédé d'une phrase
biffée et illisible; 7) ajouté au-dessus de *vous*
biffé; 8) ajouté au-dessus de *vous*
biffé; 9) suivi d'un mot biffé et illisible; 10) suivi de *notre* biffé; 11) *avec tout ce*
qui la peut justifier, ajouté au-dessus de la ligne; 12) précédé de *être* biffé; 13) *on se*
dispute, corrigé de *nous nous disputons, on se* récrit au-dessus de *nous nous* biffé; 14)
en fait d'usages, ajouté au-dessus de la ligne; 15) ajouté au-dessus de la ligne; 16) *ces*
choses ajouté au-dessus de la ligne; 17) *sur ce pays,* ajouté au-dessus de la ligne; 18)
tout ce dernier alinéa est écrit en long dans la marge de la quatrième page.

COMMENTAIRE   La présente lettre poursuit le débat engagé par celle des 8/12 juillet 1792 (lettre 834) sur la simplicité d'expression; elle est manifestement antérieure
d'autre part à la lettre où Henriette L'Hardy annonce à Isabelle qu'elle a écrit au

roi de Prusse (lettre 836). La fourchette ainsi resserrée ne laisse guère d'autre mardi possible que le 17 juillet 1792.

1. L'aînée et la cadette des quatre filles de Jonas et Anne-Marie Du Pasquier-Mouchet (voir la lettre 689, note 20).

2. Le mot est resté célèbre sous une forme un peu différente: Marivaux aurait 'passé sa vie à peser des œufs de mouche dans des balances en toile d'araignée'. On le trouve dans une lettre de Voltaire à Trublet du 27 avril 1761, où Marivaux cependant n'est pas explicitement nommé. C'est Grimm qui, l'attribuant à Voltaire, l'applique à Marivaux (*Correspondance littéraire*, éd. Maurice TOURNEUX, Paris, Garnier frères, 1878, V, 236, à la date de février 1763). Marmontel le cite à son tour, sans référence mais toujours à propos de Marivaux, dans ses *Eléments de littérature* (article 'Affectation'). Il avait été prononcé et connu beaucoup plus tôt, puisqu'en février 1734, le rédacteur des *Anecdotes ou lettres secrettes* écrivait: 'Marivaux auroit bien de l'esprit s'il vouloit moins en avoir [...] Il y a longtems que Voltaire a dit de lui qu'il pèse des idées dans des toiles d'araignée' (Henri COULET, *Marivaux romancier*, Paris, Armand Colin, 1975, 252 en note) (MG).

3. Cottendart, important domaine du pied du Jura, situé au-dessus de Colombier (A[lfred] SCHNEGG, *Histoire des domaines du Villaret et de Cottendart*, [Le Locle, Gasser impr., 1959]). On a vu qu'il avait appartenu à lord Wemyss (*O.C.*, II, lettre 366, note 1). D'après nos conjectures, la comtesse de Dönhoff* y demeurait depuis le 10 juillet environ.

Lettre 836

ETABLISSEMENT DU TEXTE   Neuchâtel, BV, ms. 1387ter, pièce 72, 2 ff., orig. aut., sur papier à bordure de couleur.
1) Lire *besoin*.

COMMENTAIRE   L'annonce (erronée) de l'arrivée à Neuchâtel de Bischoffwerder, répercutée par Isabelle de Charrière à Suard le 22 juillet 1792, est présentée ici comme une nouvelle toute fraîche. Cette lettre doit donc dater des environs du 20 juillet 1792.

1. François-Louis Motta (1746–1799), négociant, chef de la maison Motta & Cie (renseignements des AEN, Neuchâtel).

2. *Recte* Bischoffwerder voir la lettre 819, note 5).

3. CERVANTES, *Don Quichotte*, II, 45.

Lettre 837

ETABLISSEMENT DU TEXTE   La Haye, Koninklijke Bibliotheek, ms. 72 D 34/6, 2 ff., orig. aut. Publ. Charles NISARD, *Mémoires et correspondances historiques et littéraires inédits, 1726 à 1816*, Paris, Michel Lévy frères, 1858, 77–80.

1) Précédé et suivi d'un mot biffé et illisible; 2) *ce que vous y trouverez de*, récrit au-dessus de *les endroits* biffé; 3) en surcharge sur *les*; 4) *ne goute pas*, ajouté au-dessus de la ligne; 5) mots écrits en long dans la marge de la deuxième page; 6) *-t-on* ajouté au-dessus de la ligne; 7) précédé de *tenons* biffé; 8) ajouté au-dessus de la ligne; 9) *l'augmenter*, récrit au-dessus de plusieurs mots biffés et illisibles; 10) récrit au-dessus de *titre* biffé; 11) récrit au-dessus du même mot biffé.

1. Le 14 juillet 1792 où, comme les deux années précédentes, la Fête de la Fédération fut célébrée au Champ-de-Mars.

2. Jérôme Pétion, élu maire de Paris en succession de Jean-Sylvain Bailly (voir la lettre 790, note 6), avait été suspendu par le directoire du Département, le 6 juillet 1792, en raison de son attitude lors de l'insurrection du 20 juin. Il fut rétabli dans ses fonctions le 13 juillet.

3. Pierre-Louis Manuel (1751–1793), procureur de la commune, avait été suspendu en même temps et pour les mêmes raisons que Pétion. Mais l'Assemblée nationale ne leva cette suspension que dans sa séance du 23 juillet 1792.

4. C'est-à-dire *qu'on enregistrât*. 'Il faut qu'un marchand charge son registre des payements qu'on lui fait' dit le *Dictionnaire de Trévoux* (MG).

5. Henriette L'Hardy*.

6. LA FONTAINE, *Adonis*, vers 77–78.

7. La nouvelle devait être démentie.

Lettre 838

ETABLISSEMENT DU TEXTE   Neuchâtel, BV, ms. 1387/4, f. 45, orig. aut., incomplet de la fin. Publ. GODET, I, 456–457 (fragment).

1) *execution que j'aye*, en surcharge sur des mots illisibles, *entendue* ajouté au-dessus de la ligne; 2) *récrit* au-dessus de *a* biffé; 3) ajouté au-dessus de la ligne; 4) *Elle est*, en surcharge sur *mue par*; 5) ajouté au-dessus de la ligne; 6) *a paru*, en surcharge sur *est venue*; 7) *mon histoire*, suivi d'un mot biffé et difficile à lire; 8) en surcharge sur *Voici*; 9) suivi après un blanc de *De deux grand* aligné par inadvertance sur les deux premiers vers et biffé.

COMMENTAIRE   Luise von Madeweiss, dont Isabelle de Charrière avait manifestement fait connaissance peu avant d'écrire la présente lettre, n'apparaît pour la première fois dans la correspondance que le 3 août 1792 (lettre 839), à propos d'un récital qui était peut-être le même que celui dont il est question ici. En proposant une datation approximative de fin juillet 1792, la marge d'erreur ne doit pas être grande.

1. Christiane *Luise* Bilfinger, née à Stuttgart le 23 janvier 1752, fille du conseiller d'Etat Friedrich Ferdinand Bilfinger et de Juliana Charlotte Vollmann, épouse de Johann Georg von Madeweiss, ministre de Prusse à Stuttgart de 1780 à 1806. Elle résidait depuis plusieurs années déjà à Neuchâtel, puisque le 22 juin 1790, elle y avait mis au monde une petite fille que le pasteur Chaillet baptisa Amélie Marianne Louise le 10 juillet (Neuchâtel, AEN, Registre des baptêmes de Neuchâtel, 1767–1812, à la page 273).

2. Allusion non éclaircie.

3. Voir la lettre 811, note 10.

Lettre 839

ETABLISSEMENT DU TEXTE   Neuchâtel, Archives de Chambrier, 2 ff., orig. aut.
1) *presque jour & nuit mais, presque* en surcharge sur *bien des, jour & nuit* récrit au-dessus de *jours* biffé, *mais* en surcharge sur *&*; 2) récrit au-dessus de *apuis* biffé; 3)

ce vers est précédé d'une première version inachevée et biffée *Tour à tour je crois v.*

COMMENTAIRE Sur Jean-François de Chambrier, voir la lettre 557, note 10.

1. Niccolo Jommelli (1714–1774), fécondissime compositeur d'opéras (*MGG*, VII, 142–154).
2. Voir la lettre 838, note 1.
3. Il s'agit certainement des scènes I en II de l'acte III de *Zadig*, dont seul un résumé s'est retrouvé (*O.C.*, VII, 241–243).

Lettre 840

ETABLISSEMENT DU TEXTE Neuchâtel, BV, ms. 1332, ff. 8–9, orig. aut., incomplet du début.

COMMENTAIRE Les dates données dans les notes 2 et 6 ci-dessous établissent celle de la présente lettre à peu de jours près.

1. *Les Femmes* (*O.C.*, VII, 197–222).
2. Louis-Claude Bigot de Sainte-Croix (voir la lettre 592, note 26) fut nommé par Louis XVI ministre des Relations extérieures le 1er août 1792 en succession du marquis de Chambonas, mais les événements du 10 août le chassèrent déjà de son poste.
3. Non retrouvée.
4. Henriette Monachon*.
5. *Henriette et Richard* (*O.C.*, VIII, 269–407).
6. Celle du 22 juillet 1792 (n° 837).
7. Voir la lettre 705, note 1.

Lettre 841

ETABLISSEMENT DU TEXTE Neuchâtel, BV, ms. 1305, ff. 4–5, orig. aut. Publ. GODET, I, 486 (court fragment).

1) La répétition s'explique par le changement de ligne.

COMMENTAIRE Contrairement à ce qu'écrit Philippe Godet, le manuscrit de cette lettre n'est pas un brouillon, mais bien plutôt une mise au net sans rature et presque calligraphiée; il s'agit à n'en pas douter de l'original qu'Isabelle de Charrière destinait au roi. Mais comme la pièce s'est retrouvée dans les papiers d'Henriette L'Hardy et non pas dans les archives de la maison de Prusse, il faut bien admettre que cet original n'a pas été envoyé. La perte de la correspondance échangée à fin juillet et au début d'août entre Isabelle et Henriette ne permet à ce sujet que des conjectures.

Lettre 842

ETABLISSEMENT DU TEXTE Neuchâtel, BV, ms. 1302, f. 43, orig. aut. Publ. GAUL-LIEUR (1857), 776 (fragment mis à la suite d'extraits d'autres lettres pour en former une datée du 10 mai [1793]).

1). *Casotte c'est*, ajouté au-dessus de la ligne; 2) récrit au-dessus d'un mot biffé et illisible; 3) ajouté au-dessus de la ligne; 4) suivi de trois ou quatre mots biffés et illisibles; 5) *Je vous envoye, Je vous* en surcharge sur *En, envoye* récrit au-dessus de *voila* biffé; 6) ajouté au-dessus de la ligne; 7) cet alinéa est écrit en long dans la partie supérieure de la marge, le précédent de même dans la partie inférieure.

COMMENTAIRE   Le 8 août 1792 est un mercredi. Comme Isabelle de Charrière se trompe plus souvent de quantième que de jour, on peut penser que la présente lettre est du jeudi 9 août.

1. [Jacques CAZOTTE], *Œuvres badines et morales*, Amsterdam et Paris, Esprit, 1788, 3 vol. Le tome I contient en effet le poème en douze chants (et en prose) intitulé *Ollivier*.

2. 'Les enfants de M. d'Artois, arrivant de Turin, viennent de traverser la Suisse incognito pour se rendre à Coblentz', écrit l'ambassadeur de France en Suisse dans sa dépêche du 14 août 1792 (*Papiers de Barthélemy*, I, 246).

3. L'ancienne abbaye de Fontaine-André, au-dessus du village de la Coudre, sur les flancs de la montagne de Chaumont, au nord-est de Neuchâtel (PETITPIERRE, I, 291–308; COURVOISIER, II, 21–27). Le domaine, abandonné par les moines au moment de la Réforme, était devenu la propriété du prince, qui l'affermait. Dès 1784, il fut remis en bail emphytéotique à Antoine Courant (voir la note suivante). La comtesse de Dönhoff★ allait s'y installer pour un mois environ. Moins dédaigneux qu'Isabelle de Charrière, Louis-Sébastien Mercier (*Mon bonnet de nuit*, Lausanne, Jean-Pierre Heubach, 1785, III, 101–110) avait admiré le pittoresque du site: 'Parmi les paysages romantiques, qui sont empreints dans ma mémoire, je distingue éminemment l'abbaye Fontaine-André...'.

4. Antoine Courant (1747–1805), bourgeois de Neuchâtel, qui avait été l'agent de Frédéric II et qui allait devenir aux côtés de Fauche-Borel celui du prince de Condé (*Biographie neuchâteloise*, II, 493; Arthur PIAGET, 'Antoine Courant', MN, 1927, nlle sér., XIV, 49).

5. Charles Pinot Duclos (voir la lettre 761, note 2 et la lettre 777, note 1).

6. On ne possède aucun renseignement sur cette société, qui devait être apparemment une bibliothèque circulante.

7. Jean-Pierre de Chambrier Travanet (voir O.C., II, lettre 522, note 10), le père de Caroline de Sandoz-Rollin★.

Lettre 843

ETABLISSEMENT DU TEXTE   Neuchâtel, BV, ms. 1302, ff. 44–45, orig. aut.
1) *ainsi que*, récrit au-dessus de *comme* biffé; 2) récrit au-dessus de *seulement* biffé; 3) *sans pension*, ajouté au-dessus de la ligne; 4) comprendre *de préférence plus tôt*; 5) lire *de la peine*; 6) *la raison*, récrit au-dessus d'un ou deux mots biffés et illisibles; 7) *à mon avis*, ajouté au-dessus de la ligne; 8) *selon toute apparence*, ajouté au-dessus de la ligne; 9) précédé de *en fa* biffé; 10) *du Roi*, ajouté au-dessus de la ligne.

COMMENTAIRE   Le 13 août 1792 tombait bien un lundi.
1. Charles-Daniel de Meuron (1738–1806), futur comte et général de Meuron, officier au service de la Compagnie néerlandaise des Indes orientales, puis du roi d'Angleterre, à la tête d'un régiment portant son nom, acquéreur de la Grande

Rochette en 1801 (*Biographie neuchâteloise*, II, 84–88; *Société du Jardin*, n° 94). Sa sœur Marianne était la mère de J.-L. Du Pasquier*.

2. Le publiciste Franz Michael Leuchsenring (1746–1827) avait été en effet expulsé de Prusse le 25 mai 1792 en raison de ses sympathies pour la France révolutionnaire (*Dictionnaire des journalistes (1600–1789)*, publ. sous la direction de Jean SGARD, Grenoble, Presses universitaires de Grenoble, 1976, 240–241, notice d'Urs KAMBER). A son tour, le Conseil de Berne avait jugé sa présence indésirable ('nicht angenehm', Staatsarchiv des Kantons Bern, Manual des Geheimen Rates, X, 260, à la date du 26 juillet 1792).

3. Néologisme fort évocateur (MG).

4. Après Wilhelm (voir la lettre 776, note 4), Jacques-Louis et Susette Du Pasquier* allaient avoir un petit Alphonse (1792–1859). Mais Isabelle de Charrière anticipait quelque peu sur l'événement, car la naissance n'eut lieu que le 21 août (J. Thierry DU PASQUIER, *La Famille Du Pasquier*, Neuchâtel, La Baconnière, 1974, 84).

5. Désirant participer personellement aux opérations militaires contre la France jacobine, Frédéric-Guillaume II était parti pour l'armée le 24 juin 1792 (F. R. PAULIG, *Friedrich Wilhelm II, König von Preussen, 1744 bis 1797*, Frankfurt a. Oder, Friedrich Paulig, 1895, 170). Son absence de Berlin allait se prolonger bien au-delà des prévisions (voir la lettre 870, note 4).

Lettre 844

ETABLISSEMENT DU TEXTE   Neuchâtel, BV, ms. 1302, ff. 46–47, orig. aug.

1) Suivi du même mot biffé; 2) *pour elle*, ajouté au-dessus de la ligne; 3) *que lui faisoient* récrit au-dessus de *qu'on lui déc*; 4) récrit au-dessus de *me du Paquier*, biffé; 5) *d'elle*, ajouté au-dessus de la ligne; 6) *quoiqu'il* précédé de *se bornant* biffé; 7) en surcharge sur *de*; 8) précédé de *laisse* biffé; 9) ajouté dans la marge; 10) *une malhonneté, une* ajouté au-dessus de la ligne, *malhonneté* (lire *malhonnêteté*) suivi d'un ou deux mots biffés et illisibles; 11) note écrite en long dans la partie inférieure de la troisième page; 12) récrit au-dessus de *seroit* biffé; 13) précédé de *&* biffé; 14) en surcharge sur *dire*; 15) *qu'enchantée*, récrit au-dessus d'un ou deux mots biffés et illisibles; 16) *à sa mère*, ajouté au-dessus de la ligne; 17) précédé de deux lettres biffées; 18) *je regarderai tout ceci*, récrit au-dessus de *tout sera* biffé; 19) note écrite en long dans la partie inférieure de la quatrième page; 20) corrigé de *jeu*; 21) ajouté au-dessus de la ligne; 22) alinéa écrit en long dans la partie supérieure de la marge de la quatrième page.

COMMENTAIRE

1. Marie-Barbe Robert, veuve d'Abraham Du Pasquier (voir O.C., II, lettre 509, note 2).

2. Sa mère, ses deux sœurs et ses beaux-frères (J. Thierry DU PASQUIER, *La Famille Du Pasquier*, Neuchâtel, La Baconnière, 1974, 82).

3. Cet usage apparaîtra dans le *Dictionnaire de l'Académie* en 1798: 'On dit familièrement *Interloquer* pour dire Embarrasser, étourdir, interdire. *Cette plaisanterie l'a interloqué*' (MG).

4. Lisette, Julie et Pierre-Louis Du Pasquier (*La Famille Du Pasquier*, op. cit., 81).

5. Le néologisme renforce la saveur de la phrase (MG).

6. Henriette Monachon*.

7. Le 'mari confondu' de Molière pour le juge des *Plaideurs* de Racine (MG).

8. Voir la lettre 813, note 6.

9. Lucinde est en effet la jeune héroïne du *Médecin malgré lui* de Molière.

10. Probablement François-Louis de Roulet (1768–1845) (*Familles bourgeoises*, 220; *Société du Jardin*, nº 202).

11. Il ne peut guère s'agir ici que de Charles-Auguste Delor, né en 1769, fils de Charles Delor-Mangeot (1717–1800), officier au service de France.

12. Pierre-Frédéric Touchon (voir la lettre 738, note 1). Les allusions de la fin de l'alinéa nous échappent. *Galantin* se dit d'un 'homme ridiculement galant auprès des femmes' (*Dictionnaire de l'Académie*, 1798–1823).

Lettre 845

ETABLISSEMENT DU TEXTE   Neuchâtel, Archives de Chambrier, 2 ff., orig. aut. Publ. Philippe GODET, 'Echos du 10 août 1792, deux lettres de Madame de Charrière', MN, 1888, XXV, 15–16 (avec coupures).

1) *ce qu'on croit voir distinctement*, ajouté au-dessus de la ligne; 2) suivi d'un mot biffé et illisible; 3) *lui même*, ajouté au-dessus de la ligne; 4) ajouté au-dessus de la ligne; 5) suivi de *qui se sont offerts pour combattre les brigands*, biffé; 6) phrase ajoutée dans l'interligne, après l'avoir été par inadvertance dans l'interligne précédent où elle est biffée; 7) ajouté au-dessus de la ligne; 8) surmonté dans l'interligne d'un ou deux mots biffés et illisibles; 9) *de la guerre*, récrit au-dessus de deux mots biffés et difficiles à lire; 10) *ou insinuant*, ajouté au-dessus de la ligne; 11) lire *dandinant*; le & est ajouté au-dessus de la ligne; 12) *entre nous*, ajouté au-dessus de la ligne; 13) *à sa mere au Bied*, ajouté au-dessus de la ligne; 14) récrit au-dessus de *generaux* biffé; 15) récrit au-dessus de *les* biffé.

COMMENTAIRE

1. Aux termes de l'article 2 du décret voté par l'Assemblée législative au soir du 10 août, 'le chef du pouvoir exécutif' était 'provisoirement suspendu de ses fonctions jusqu'à ce que la Convention nationale eût prononcé sur les mesures' propres à assurer la souveraineté du peuple.

2. Au contraire, les trois d'Affry qui faisaient partie du régiment des Gardes suisses furent épargnés: Louis-Augustin d'Affry (1713–1793), qui en était le commandant, était alors malade et mourut de vieillesse l'année suivante; son fils le capitaine Louis-Auguste-Philippe d'Affry (1743–1810) se trouvait en congé à Fribourg; et son petit-fils le sous-lieutenant Charles d'Affry (1772–1818) faisait partie d'un détachement envoyé en Normandie (P. de VALLIERE, *Honneur et fidélité, histoire des Suisses au service étranger*, Lausanne, Editions d'art suisse ancien, 1940, 636–637).

3. Georges de Montmollin, que nous avions vu paraître dans cette correspondance sous le nom de 'Bel archet' (voir la lettre 714, note 5). Sur les circonstances de sa mort, voir Philippe GODET, 'Georges de Montmollin, enseigne aux Gardes suisses, et la famille de Trémauville, documents inédits', MN, 1904, XLI, 8–26.

4. Frédéric-Auguste de Luze (1758–1837) (voir O.C., II, lettre 545, note 2), dont la sœur Marianne (1749–1820) avait épousé Jean-Frédéric de Montmollin (1740–1812), et qui a laissé une relation du massacre des Gardes suisses aux Tuileries (*Biographie neuchâteloise*, I, 254; Wolfgang Friedrich von MÜLINEN, *Das französi-*

sche Schweizer-Garderegiment am 10. August 1792, Luzern, Gebrüder Räber, 1892, 172–176).

5. A côté de 'jacobinisme', 'jacobiniser', 'jacobinade' et 'jacobinerie', ce mot est l'un des dérivés les plus répandus de Jacobin (Ferdinand BRUNOT, *Histoire de la langue française des origines à 1900*, Paris, Armand Colin, 1937, IX, 814).

6. Pierre-François Palloy (1754–1835), architecte et patriote, qui s'était distingué dans la prise de la Bastille, fut chargé en effet d'arrêter l'incendie des Tuileries.

7. Le 13 août.

8. Nicolas Luckner (1722–1794) et La Fayette commandaient les deux armées qui couvraient alors le nord de la France.

9. Le domaine des Trois-Rods, au nord de Boudry, appartenait alors à Jean-Frédéric de Pierre (COURVOISIER, II, 376–378).

10. Frédéric-Rodolphe Neuhaus, né en 1766, fils du médecin Frédéric-Samuel Neuhaus.

11. Antoine Le Bel (1734–1809) avait été l'intendant de Cottendart avant d'épouser en 1766 Marguerite Wemyss, fille naturelle et héritière universelle de lord David Wemyss (voir *O.C.*, II, lettres 350, note 1, et 366, note 1), qui mourut à 65 ans en 1787. Le titre de baron de Cottendart avait été confirmé à Le Bel et à sa femme en 1790. Voir A[lfred] SCHNEGG, *Histoire des domaines du Villaret et de Cottendart*, [Le Locle, Gasser impr., 1959], 59–63.

12. Voir la lettre 649, note 1.

13. Voir la lettre 843, note 2.

14. Les ducs d'Angoulême et de Berry, fils du comte d'Artois, dont le marquis de Serent était le gouverneur (voir la lettre 654, note 4).

15. Joseph-François Marie (1738–1801), sous-précepteur des fils du comte d'Artois (Léonce PINGAUD, *Correspondance intime du comte de Vaudreuil et du comte d'Artois pendant l'émigration*, Paris, Plon, 1889, I, 28 en note).

16. Deux airs de l'*Annibale in Torino* de Zingarelli*, acte III, dernière scène (air d'Artace) et acte II, scène IX (air d'Adrane).

17. Il devait y créer *La Rossana* au théâtre Saint-Augustin (*MGG*, XIV, 1303).

18. *Il Mercato di Monfregoso*, sur un livret de Carlo Goldoni, qui sera créé à la Scala de Milan le 22 septembre 1792 (*ibid.*).

19. Marianne de Montmollin (voir la note 4 ci-dessus). – Pour la Borcarderie, voir la lettre 523, note 21.

20. Françoise Warney, veuve de Jean-Jacques de Luze (voir *O.C.*, II, lettre 445, note 2).

21. Julie de Trémauville (voir la lettre 704, note 7).

22. C'est seulement en 1823 que l'Académie admettra 'papiers publics', 'papiers-nouvelles' pour désigner 'les journaux, les gazettes' (*MG*).

23. Isabelle de Charrière résume ici les informations publiées par le *Moniteur* du dimanche 12 août 1792. Le *Journal de Paris* avait été interrompu dès le 10 août et ne devait reparaître qu'à partir du 1er octobre suivant.

24. Au nombre de 400 environ (W. Fr. von MÜLINEN, *op. cit.*, 98).

25. La famille royale fut transférée dans la tour du Temple le 13 août.

Lettre 846

ETABLISSEMENT DU TEXTE   Neuchâtel, BV, ms. 1302, ff. 52–53, orig. aut., déchirure
Publ. GODET, I, 488–489 (court fragment, daté de l'automne 1792).

1) Précédé de *zotieme* biffé; 2) ajouté au-dessus de la ligne; 3) *La probité*, précédé de deux ou trois mots biffés et illisibles; 4) lire *doucereux*; 5) *d'envoyer*, en surcharge sur un mot illisible et précédé de *de* biffé.

COMMENTAIRE Dans la courte période où Henriette L'Hardy a résidé avec la comtesse de Dönhoff★ à Fontaine-André (voir la lettre 842, note 3), l'allusion aux 'horreurs de Paris' fixe la date de la présente lettre à deux ou trois jours près.
1. Susette Du Pasquier★.
2. La comtesse de Dönhoff★.
3. Le roi Frédéric-Guillaume II.
4. *Ollivier*, le poème de Cazotte (voir la lettre 842, note 1).
5. Voir la lettre précédente.
6. Pekuah est la servante favorite de la princesse Nekayah dans le *Rasselas* de Samuel Johnson (*Bibliographie romanesque*, 60.19).
7. Samuel Châtenay et Jonas-Louis Roy avaient fondé en 1783 une société de commerce de toileries qui se transforma plusieurs fois (renseignement des AEN, Neuchâtel).

Lettre 847

ETABLISSEMENT DU TEXTE Neuchâtel, Archives de Chambrier, 2 ff., orig. aut. Publ. Philippe GODET, 'Echos du 10 août 1792, deux lettres de Madame de Charrière', *MN*, 1888, XXV, 17 (avec coupures).

1) *c'en*, ajouté au-dessus de la ligne; 2) *au fond d'une*, *au* ajouté au-dessus de la ligne, *fond* en surcharge sur *dans*, *d'une* récrit au-dessus de *une* biffé; 3) suivi de *dans* biffé; 4) en surcharge sur un mot illisible; 5) *de ses troupes*, ajouté au-dessus de la ligne; 6) récrit au-dessus de *a* biffé; 7) *que ses illuminés*, récrit au-dessus de *qu'il* biffé, *font* récrit a-dessus de *fait* biffé; 8) *femmes &*, ajouté dans la marge; 9) ajouté au-dessus de la ligne; 10) précédé de *bien* biffé; 11) en surcharge sur un mot illisible et suivi de *celle* biffé; 12) précédé de *mais* biffé; 13) suivi de *de se* biffé; 14) suivi de *qui ont* biffé.

COMMENTAIRE Le 24 août 1792 est un vendredi. Comme Isabelle de Charrière se trompe plutôt de quantième que de jour, on peut penser que cette lettre est du jeudi 23 août. Au demeurant ni le jeudi ni le vendredi ne sont jours de courrier pour le Piémont.
1. Victor de Constant (1773–1850), frère cadet de Rosalie de Constant et par conséquent cousin germain de Benjamin Constant, futur général au service de la maison d'Orange et souche de la troisième branche hollandaise des Constant (*Généalogies vaudoises*, III, 224); il a laissé lui aussi une relation des événements d'août-septembre 1792 (W. Fr. von MÜLINEN, *op. cit.*, 177–191).
2. Marie-Thérèse-Louise de Savoie-Carignan (1749–1792), veuve de Louis-Alexandre-Joseph-Stanislas de Bourbon, prince de Lamballe (1747–1768). Après un simulacre de jugement, elle devait être abattue d'un coup de sabre le 3 septembre 1792, son corps déchiqueté et sa tête présentée au bout d'une pique à la reine.
3. Philippe-Louis-Marc-Antoine de Noailles, prince de Poix (1752–1819).
4. Au lendemain du 10 août, à l'instigation de La Fayette, qui s'y trouvait en qualité de général en chef de l'armée du Nord, la municipalité de Sedan avait protesté

contre l'abolition de la royauté; puis le 14 août, elle avait mis en état d'arrestation les trois commissaires que lui avait députés l'Assemblée législative (Pierre CONGAR, Jean LECAILLON, Jacques ROUSSEAU, *Sedan et le pays sedanais, vingt siècles d'histoire*, Paris, Editions F.E.R.N., 1969, 427–432: 'L'Affaire des Commissaires').

5. Le célèbre Manifeste du duc Charles-Guillaume-Ferdinand de Brunswick datait du 25 juillet 1792.

6. Amalie Elisabeth dite Julie von Voss (1766–1789), nièce de l'*Oberhofmeisterin* Sophie Marie von Voss, avait été la maîtresse de Frédéric-Guillaume II dès 1783 (F. R. PAULIG, *Friedrich Wilhelm II, König von Preussen, 1744 bis 1797*, Frankfurt a. Oder, Friedrich Paulig, 1895, 76–83).

7. Isabelle de Charrière reste au-dessous de la réalité: d'après I Rois XI, 3, Salomon avait 700 femmes et 300 concubines.

Lettre 848

ETABLISSEMENT DU TEXTE   Neuchâtel, BV, ms. 1302, ff. 48–49, orig. aut. Publ. GAULLIEUR (1857), 776–778 (avec de légers remaniements et daté du 26 juin [1793]).

1) Précédé de *des* biffé; 2) récrit au-dessus de *c'est* biffé; 3) ajouté au-dessus de la ligne; 4) suivi de *le p* biffé; 5) en surcharge sur *le* et suivi de *melange de* biffé; 6) *de la part du Roi*, ajouté au-dessus de la ligne; 7) ajouté au-dessus de la ligne; 8) en surcharge sur *qui*; 9) ajouté au-dessus de la ligne; 10) ce dernier alinéa est écrit en long dans la marge de la troisième page.

COMMENTAIRE   Le 24 août 1792 est un vendredi. Comme Isabelle de Charrière se trompe plutôt de quantième que de jour de la semaine, on peut présumer que cette lettre est du jeudi 23 août.

1. Lisette Du Pasquier (voir la lettre 716, note 17).

2. L'un des deux fils, peut-être, de Jean-Antoine Thuillier, soit Jean-Pierre, né en 1760, ou Joseph-Antoine, né en 1762.

3. Le pasteur Henri-David de Chaillet★.

4. Citation non élucidée.

5. Jacques-Louis et Susette Du Pasquier★.

6. Voir la lettre 838, note 1.

7 Le participe présent adjectivé est plus expressif et plus nuancé que ne serait *hardi* (MG).

8. Gaetano Apollino Baldassare Vestri dit Vestris (1729–1808), le 'dieu de la danse'.

9. *Aplomb* était un mot nouveau. L'Académie remarquera en 1798 qu''on l'emploie dans le sens propre en parlant de l'escrime, de la danse', et qu''on dit figurément qu'un homme a de l'aplomb dans sa conduite, dans son caractère, pour dire qu'il a de la tenue, de la suite' (MG).

Lettre 849

ETABLISSEMENT DU TEXTE   Neuchâtel, BV, ms. 1310, ff. 3–4, orig. aut. Publ. GODET, I, 456 (court fragment).

1) Lire *quelle*; 2) lire *a*.

1. Celle du 3 août 1792 (lettre 839).

2. Le baron Daniel de Chambrier-de Luze (1708–1793) (*Familles bourgeoises*, 75; *Société du Jardin*, n° 144).

3. Village situé entre les lacs de Neuchâtel et de Bienne. La famille Chambrier y possédait un domaine 'au Marais de Suaillon' ou Souaillon (COURVOISIER, II, 103–104).

4. Parus dans son *Dictionnaire de musique* (1767).

5. Voir la lettre 838, note 1.

6. Antonio Sacchini (1730–1786) (*MGG*, XI, 1222–1227). – Sur Jommelli, voir la lettre 839, note 1; sur Anfossi, la lettre 663, note 3; et sur Paisiello O.C., II, lettre 544, note 1.

7. *Armida abbandonata*, opéra en trois actes, avait été créé à Naples le 30 mai 1770.

Lettre 850

ETABLISSEMENT DU TEXTE Neuchâtel, BV, ms. 1310, ff. 23–24, orig. aut. Publ. Philippe GODET, 'Echos du 10 août 1792, deux lettres de Madame de Charrière', *MN*, 1888, XXV, 18 (avec coupures).

COMMENTAIRE

1. [Jean] NOVI DE CAVEIRAC, *Apologie de Louis XIV et de son Conseil sur la révocation de l'Edit de Nantes [...] avec une dissertation sur la journée de la S. Barthélemi*, 1758.

2. Leopold Alois Hoffmann (1760–1806) venait de lancer sa *Wiener Zeitschrift* (*NDB*, IX, 433–434; R. LE FORESTIER, *Les Illuminés de Bavière et la Franc-Maçonnerie allemande*, Paris, 1914, thèse Lettres Paris, 646 *sqq*).

3. L'empereur François II et le roi de Prusse Frédéric-Guillaume II.

Lettre 851

ETABLISSEMENT DU TEXTE Neuchâtel, BV, ms. 1302, ff. 50–51, orig. entièrement de la main de Charles-Emmanuel de Charrière.
1)*Tout près*, précédé de *On y travaille* biffé; 2) récrit au-dessus de *font* biffé; 3) *me paroit*, précédé de *m'a paru* biffé.

COMMENTAIRE

1. Abraham Liechtenhahn (voir la lettre 874, note 7).

2. Comme on le verra dans la suite de la correspondance (lettre 945), il s'agissait d'une maison Motta située dans l'actuel Faubourg du Lac.

3. Comprendre *coffrages*. Le sens technique du mot apparaît dans le *Dictionnaire de l'Académie* en 1798 (MG).

4. Il s'agit probablement de l'immeuble sis au n° 6 des Escaliers du Château, reconstruit en 1738 par François-Antoine II de Rougemont (COURVOISIER, I, 243).

5. Ce titre semble désigner le conseiller d'Etat Samuel de Marval (1707–1797) (*Société du Jardin*, n° 36) ou son fils Louis de Marval (1745–1803), qui demeuraient dans la belle maison construite en 1609 par Jean Marval, actuellement Croix-du-Marché n° 1 (COURVOISIER, I, 264–266).

6. Voir la lettre 777, note 6. Nous n'avons pas réussi à localiser son habitation à Neuchâtel.

7. S'agit-il du diacre Samuel Heinzely (1743–1818), qui habitait une modeste maison sise rue des Epancheurs nº 5, ou de Jonas Heinzely, domicilié rue de l'Hôpital nº 19?

8. Il pourrait s'agir ici de Benoîte Baron (1743–1834), épouse d'Abraham d'Ivernois (1727–1800). Leur maison, qui se trouvait rue Fleury nº 15, fut reconstruite en 1798 (renseignements des AEN, Neuchâtel).

9. Susette et Jacques-Louis Du Pasquier*.

Lettre 852

ETABLISSEMENT DU TEXTE   Publ. SAINTE-BEUVE (1844), 257–258 (fragment); MELEGARI (1894), 678–679. Cf. RUDLER, *Bibliographie*, nº 129. Nous suivons le texte publié par Dora Melegari, puisqu'il est plus complet et paraît plus sûr. Voici les variantes que présente celui qu'avait donné Sainte-Beuve (outre les deux divergences que nous signalons ci-dessous dans le commentaire général): 1) *tant parce qu'on me sait démocrate que parce que*; 2) *tout cela est ma faute*; 3) *fol*; 4) ce mot manque.

COMMENTAIRE   Dans la date, Sainte-Beuve avait lu *décembre* et dans le troisième alinéa *je le sens à près de 26 [ans]* au lieu de *25 [ans]*. Rudler a montré que Dora Melegari avait doublement raison contre Sainte-Beuve, puisque Benjamin Constant était né le 25 octobre 1767.

1. Marianne Marin (voir la lettre 648).

2. Cet ami de Minna de Constant-von Cramm était un jeune prince Gallitzine (Kurt KLOOCKE, 'Benjamin Constant et Minna von Cramm, documents inédits', à paraître dans *Annales Benjamin Constant*, 1981, II). Pour un bon commentaire de ce passage, voir RUDLER, *Jeunesse*, 390–392.

3. Des actes de notaire apparemment, envoyés de Lausanne ou de Berne, à Colombier.

Lettre 853

ETABLISSEMENT DU TEXTE   Neuchâtel, BV, ms. 3025/I, calque de l'orig. aut. appartenant alors à Mme Théophile Schuler (1841–1916).

COMMENTAIRE   Si l'on en croit l'endossement de l'original, cette lettre serait de 'madᵉ de Stael Holstein'. Mais la véritable identité de l'auteur ne fait aucun doute.

1. Non retrouvées.

2. Suard probablement.

3. En sa qualité de président du Conseil du Département de la Seine, Louis-Alexandre de La Rochefoucauld (1743–1792) avait signé l'arrêté du 6 juillet 1792 suspendant de leurs fonctions le maire de Paris Pétion et le procureur de la commune Manuel à cause de leur conduite lors des émeutes du 20 juin. Il s'attira ainsi une telle impopularité qu'après sa démission et son arrestation, ramené de Forges-les Eaux à Paris par un commissaire de l'Assemblée nationale, il fut tué à coups de pierre et à coups de sabre en traversant Gisors, le 4 septembre 1792 (Emile ROUSSE, *La Roche-Guyon, châtelains, château et bourg*, Paris, Hachette, 1892, 370–378).

4. Marie-Louise-Elisabeth Nicole de La Rochefoucauld (1716–1797), veuve de

Louis-Frédéric-Jean-Baptiste de La Rochefoucauld de Roye, duc d'Enville (1709–1746), mère de Louis-Alexandre et trois fois grand'mère par sa fille Elisabeth-Louise, épouse de Louis-Antoine-Auguste de Rohan-Chabot, duc de Rohan (*ibid.*, 490).

5. La seconde épouse de Louis-Alexandre, qui était en même temps sa nièce, Alexandrine-Sophie-Charlotte de Rohan-Chabot (1763–1839), fille du duc de Rohan. Elle devait se marier en secondes noces (1818) avec Boniface-Louis-André de Castellane (1758–1837) (REVEREND, II, 44).

Lettre 854

ETABLISSEMENT DU TEXTE   Neuchâtel, Archives de Chambrier, 2 ff., orig., le premier alinéa et la signature aut., la date et le reste de la lettre de la main de Charles-Emmanuel de Charrière. Publ. GODET, I, 414–415 (fragment).

1) Suivi de *entr'elles* biffé; 2) suivi de *j'ai fait* biffé.

COMMENTAIRE

1. Celle du 1er septembre 1792 (lettre 849).
2. Son opéra (*O.C.*, VII, 223–244).
3. Autre opéra d'Isabelle de Charrière (*O.C.*, VII, 187–190).

Lettre 855

ETABLISSEMENT DU TEXTE   Neuchâtel, Archives de Chambrier, 1 f., orig. aut.

1) Suivi de *d'apprendre* biffé; 2) suivi de *aura* biffé.

COMMENTAIRE

1. *Revenue à la vie.*
2. *Demetrio, dramma per musica,* avait été déjà mis en musique par Antonio Caldara pour être représenté à Vienne le 4 novembre 1731.
3. Nous parlerions d'*accompagnements. Batteries* se disait 'de la manière de battre le tambour' et également 'd'une certaine manière de jouer sur la guitare' (*Dictionnaire de l'Académie*) (MG).

Lettre 856

ETABLISSEMENT DU TEXTE   Neuchâtel, BV, ms. 1321, ff. 74–75, orig. aut.

COMMENTAIRE   La santé d'Isabelle de Charrière s'est rétablie au début d'octobre et plus de trois jours, manifestement, ont dû s'écouler entre la présente lettre et celle que nous proposons de dater du dimanche 14 octobre (lettre 857). Autant de raisons de retenir le jeudi 4 plutôt que le jeudi 11 octobre pour première hypothèse.

1. Dans la maison d'Antoine Courant, au Faubourg du Lac (voir la lettre 851, note 2).
2. Celle du 13 septembre 1792 (lettre 851).
3. Antoine Courant (voir la lettre 842, note 4).
4. Ce sobriquet désigne également Antoine Courant.

Lettre 857

ETABLISSEMENT DU TEXTE   Neuchâtel, BV, ms. 1321, ff. 35–36, orig. aut.

COMMENTAIRE   Le contrat de location de la Grande Rochette est conclu entre la comtesse de Dönhoff* et l'hoirie de Bosset le mercredi 24 octobre 1792. La négociation ayant été assez laborieuse, la présente lettre, qui en marque l'amorce, date vraisemblablement du 14 plutôt que du 21 octobre.

1. La maison Motta procurée par Antoine Courant au Faubourg du Lac (voir la lettre 851, note 2).

2. A Auvernier (voir la lettre 815, note 4).

3. Charles-Abel de Bosset (1732–1811), allié Sandoz (*Société du Jardin*, n° 5). Il était l'un des quatre fils de Jean-Georges de Bosset (1688–1772), acquéreur en 1729 de la Grande Rochette (voir la lettre 791, note 17).

4. Le prince de Montbarey (voir la lettre 805, note 2).

Lettre 858

ETABLISSEMENT DU TEXTE   Neuchâtel, BV, ms. 1308, ff. 45–46, orig. aut. Publ. GODET, II, 1 (fragment).

COMMENTAIRE   La datation approximative proposée pour cette lettre tient compte du laps de temps qu'il a fallu pour que la nouvelle du rétablissement d'Isabelle de Charrière parvienne à Lyon.

1. A Lyon, où Georges de Chaillet* etait au service de la maison Pourtalès.

2. Marie-Anne Huber, née à Genève le 5 septembre 1705, décédée à Lyon, rue Bât-d'Argent, le 5 octobre 1792 et inhumée au cimetière protestant à l'Hôtel Dieu (Archives municipales de Lyon, Paroisse protestante, registre 721, actes 296 et 345).

3. Etienne Clavière (1735–1793), l'un des *leaders* de la bourgeoisie contestataire de Genève, réfugié à Neuchâtel à la suite de l'échec de la révolution genevoise de 1782, puis installé à Paris où il venait d'être élu pour la seconde fois (10 août 1792) ministre des Contributions publiques (Edouard CHAPUISAT, *Figures et choses d'autrefois*, Paris, G. Crès/Genève, Georg, 1920, 7–170).

Lettre 859

ETABLISSEMENT DU TEXTE   Neuchâtel, BV, ms. 1302, ff. 58–59, orig. aut. Publ. GODET, I, 491 (fragment).
1) Note écrite en long dans la marge de la deuxième page; 2) *auroit à* récrit au-dessus de *a* biffé; 3) suivi d'un mot biffé et illisible; 4) à partir de ce mot, la fin de la lettre est écrite en long dans la marge de la troisième page; 5) *avec des manches*, ajouté au-dessus de la ligne; 6) ajouté au-dessus de la ligne.

COMMENTAIRE   La présente lettre répond manifestement à celle d'Henriette L'Hardy du 14 octobre 1792 – et sans délai puisque Henriette avait répondu à son tour quand Isabelle de Charrière écrivit sa nouvelle lettre du 19 octobre.

1. Antoine Courant (voir la lettre 842, note 4), sa femme née Marie-Catherine Petitpierre et leurs quatre enfants Antoine (1784–1857), le futur colonel Courant,

Julie-Catherine-Isabelle, née en 1782, Frédérique-Marie, née en 1786, et Emile-Henri, né en 1790 (renseignements des AEN, Neuchâtel).

2. Abraham Liechtenhahn (voir la lettre 874, note 7).

3. Susette Du Pasquier★.

4. Henri-François L'Hardy (1772–1855). – Pour l'oncle, voir la lettre 860, note 9.

5. Ayant envahi la Savoie, les troupes françaises du général de Montesquiou s'apprêtaient à investir Genève. Mais la petite République tenait à conserver son indépendance: le 10 octobre, la Légion genevoise, passée en revue par les magistrats, témoigna sans équivoque de son loyalisme, le 11 un contingent zuricois vint rejoindre dans la place le contingent bernois qui s'y trouvait depuis le 29 septembre, le 13 le Conseil général, extraordinairement convoqué, donnait au Petit Conseil tout pouvoir pour la défense de la cité (*Histoire de Genève des origines à 1798*, publ. par la Société d'histoire et d'archéologie de Genève, Genève, Alexandre Jullien, 1951, 503–504).

Lettre 860

ETABLISSEMENT DU TEXTE   Neuchâtel, BV, ms. 1302, ff. 56–57, et [57bis], orig. aut. avec enveloppe. Publ. GAULLIEUR (1857), 778–781 (fragments encadrant le texte abrégé de la lettre 885 pour en former une datée du 1er juillet [1793]; GODET, I, 493 (fragment).

1) Récrit au-dessus de *cette* biffé; 2) récrit au dessus de *de* biffé; 3) récrit au-dessus de *idée* biffé; 4) ajouté au-dessus de la ligne; 5) précédé de *moindre* biffé; 6) *L'etude*, ajouté au-dessus de la ligne, *des* corrigé de *Les*; 7) ajouté entre les autres mots; 8) lire *ce que*; 9) à partir de ce mot, la fin de l'alinéa est écrite en long dans la marge de la dernière page; 10) alinéa écrit tête-bêche dans le blanc supérieur de la quatrième page; 11) à partir d'ici, la fin de la lettre est écrite sur le f. d'enveloppe, au verso de l'adresse; 12) tout cet alinéa est écrit en long à la gauche des deux précédents; 13) phrase écrite tête-bêche au-dessus des alinéas précédents.

COMMENTAIRE   Le 18 octobre 1792 est un jeudi. Comme Isabelle de Charrière se trompe plutôt de quantième que de jour de la semaine, on peut estimer que cette lettre est du vendredi 19 octobre 1792.

1. De John Locke, proposé le 23 août (lettre 848).

2. Ou plutôt Gébelin (voir la lettre 797, note 10).

3. Charles-Daniel Vaucher (1760–1855), pasteur à Lignières puis à Saint-Aubin (*Biographie neuchâteloise*, II, 416–417).

4. David Hume. Son *History of England* avait été traduite en français dès 1760, par l'abbé Prevost, puis par d'autres.

5. Paul RAPIN DE THOYRAS, *Histoire d'Angleterre*, 1724–1727, 10 vol. in-4. Un *Abrégé* en 10 vol. in-12 avait été publié en 1730.

6. William ROBERTSON, *The History of Scotland* (1759), *The History of the Reign of the Emperor Charles V* (1769), *The History of America* (1777). Tous ces ouvrages avaient été traduits en français: *Histoire d'Ecosse* (1764), *Histoire du règne de l'Empereur Charles-Quint* (1771), *Histoire de l'Amérique* (1778).

7. Voir O.C., I, lettre 29, note 1.

8. La comtesse de Dönhoff★.

9. Henri Rossel, né en 1760, frère de Marie-Henriette L'Hardy-Rossel. Il devait

épouser à Nantes en 1810 Anne-Catherine Mainguet, dont il avait eu en 1803 une fille, Eliza, qui se mariera en 1829 à Frédéric de Coninck, d'une famille néerlandaise de négociants associés aux Dobrée et à d'autres grandes familles du 'clan' des banquiers et armateurs protestants de Nantes. La date du décès d'Henri Rossel (apparemment postérieure à 1829) n'est pas connue (renseignements des AEN, Neuchâtel, et des Archives départementales de la Loire-Atlantique, Nantes).

10. LA FONTAINE, *Fables*, II, 9 ('Le Lion et le Moucheron'), vers 38–39.

11. [Charles BATTEUX], *Cours de belles-lettres, ou Principes de littérature*. Sous l'un ou l'autre de ces deux titres, l'ouvrage avait connu plusieurs éditions depuis 1747–1748, date de l'originale.

12. Une 'nouvelle édition, revue et corrigée' des *Lettres de Cicéron à Atticus*, procurée par l'abbé [Nicolas-Hubert] Mongault, avait paru à Paris en 1787, en 4 vol.

Lettre 861

ETABLISSEMENT DU TEXTE   Neuchâtel, BV, ms. 1302, ff. 63–64, orig. aut. Publ. GODET, I, 494–495 (fragments).

1) *chacun une diferente*, récrit au-dessus de *telle* biffé;   2) suivi de *à telle autre hyp* biffé;   3) précédé d'un mot biffé et difficile à lire;   4) lire *un*;   5) précédé d'un mot biffé et illisible; lire *hypothèses*;   6) *est de* ajouté au-dessus de la ligne;   7) *surtout lors* récrit au-dessus de *&* biffé;   8) en surcharge sur *aura*;   9) *determinés par* récrit au-dessus de *selon* biffé;   10) ajouté au-dessus de la ligne;   11) *motif contraire* ajouté au-dessus de la ligne;   12) *la dessus* ajouté dans la marge;   13) récrit au-dessus de *que* biffé;   14) lire *organisé*;   15) suivi de *experiences* biffé;   16) *dailleurs il* [lire *ils*] *sont sourds*, ajouté dans la marge et entre les lignes;   17) lire *qu'elle*;   18) lire *une*;   19) *sont* en surcharge sur un mot illisible, *originairement* ajouté au-dessus de la ligne;   20) suivi de *d'ailleurs je le* biffé;   21) la date est écrite dans la marge au bas de la quatrième page.

COMMENTAIRE   Puisque cette lettre est écrite un lundi, elle ne peut dater que du lundi 22 octobre 1792, car elle suit manifestement de peu celle du 19 octobre 1792.
1. Voir *O.C.*, II, lettre 523, note 15.
2. La pendule que vous êtes.
3. La comtesse de Dönhoff*.

Lettre 862

ETABLISSEMENT DU TEXTE   Neuchâtel, BV, ms. 1321, ff. 37–38, orig. aut.

COMMENTAIRE   Cette lettre qui répond indubitablement à celle du lundi 22 octobre 1792 ne peut être que du 24 octobre, puisqu'elle est datée d'un mercredi.
1. *Ce qui fait*: image empruntée originellement au jeu de cartes. Nous dirions *ce qui joue, ce qui compte* (MG).
2. L'un des propriétaires de la Grande Rochette (voir la lettre 857, note 3).
3. Le prince de Montbarey (voir la lettre 805, note 2). Dès le 16 octobre 1792, les autorités municipales de Neuchâtel l'avaient informé que des mesures se préparaient contre les émigrés (Neuchâtel, Archives de la Ville, Manuel des Quatre Ministraux, à la date). Mme de Montbarey prit, seule d'abord, le chemin de la

France. Mais 'elle fut précipitée, avec les injures les plus atroces, dans la prison de Pontarlier, destinée aux malfaiteurs et aux criminels; on l'y retint pendant vingt-quatre heures, au bout desquelles elle fut mise, dans la même ville, en état d'arrestation pendant sept jours, gardée constamment dans une chambre de cabaret par deux factionnaires, avec défense expresse de voir personne. Ce traitement horrible fut suivi d'un ordre du département de Besançon, qui, en la bannissant du royaume, prescrivait qu'elle fut reconduite jusqu'à la frontière du comte de Neuchâtel' (*Mémoires autographes de M. le prince de Montbarey*, Paris, Alexis Eymery / Rousseau, 1827, III, 240). Délibérant sur ces événements le vendredi 9 novembre 1792, le Conseil de Ville de Neuchâtel décida de faire savoir au prince de Montbarey 'qu'on verroit avec plaisir qu'il pourvût également et à sa tranquilité et à celle du magistrat en se choisissant un autre séjour' (Neuchâtel, Archives de la Ville, Manuel du Conseil de Ville, XXIX, 194–195). Les Montbarey s'installèrent alors à Cressier.

4. L'abbaye de Fontaine-André (voir la lettre 842, note 3).

5. Antoine Courant (voir la lettre 842, note 4).

6. La comtesse de Dönhoff*.

7. La messagère de Colombier, qui portait le courrier jusqu'à Boudry.

Lettre 863

ETABLISSEMENT DU TEXTE   Neuchâtel, BV, ms. 1302, ff. 66–67, orig. aut. Publ. GODET, I, 494 (fragment).

1) Ajouté au-dessus de la ligne; 2) en surcharge sur *dire*; 3) *à cette 2ᵉ question*, ajouté au-dessus de la ligne; 4) note écrite en long dans la marge de la deuxième page; 5) précédé d'un mot biffé et illisible; 6) *& plus que quelques momens*, ajouté au-dessus de la ligne; 7) *à ce*, ajouté au-dessus de la ligne; 8) récrit au-dessus d'un mot biffé et illisible; 9) note écrite en long dans la marge de la troisième page; 10) ajouté au-dessus de la ligne; 11) suivi de *Vous de* biffé; 12) lire *vendredi*; 13) suivi du même mot biffé; 14) ajouté au-dessus de la ligne; 15) *avec un ton changé*, ajouté au-dessus de la ligne; 16) cette phrase a été ajoutée après coup au-dessous de la ligne; les deux premiers alinéas après la date sont écrits tête-bêche l'un en haut, l'autre en bas de la page d'adresse; 17) cet alinéa est écrit en long sur la page d'adresse.

COMMENTAIRE

1. Forme d'adjectif dépréciatif assez fréquente chez Isabelle de Charrière (MG).

2. Antoine Courant.

3. Non identifié.

4. Rosette Roi, comme on le verra.

5. Philippine-Régine de Sandoz (1752–1833), épouse de Charles-Abel de Bosset (voir la lettre 857, note 3).

6. Charles-Eugène (1728–1793), duc depuis 1737.

7. Johann Georg von Madeweiss, qui était ministre de Prusse à Stuttgart (voir la lettre 838, note 1).

Lettre 864

ETABLISSEMENT DU TEXTE Neuchâtel, BV, ms. 1332, ff. 14–15, orig. aut. Publ. GAULLIEUR (1847), 369 en note (fragment).

COMMENTAIRE

1. Non retrouvée.

2. La 'jeune veuve', Mme de La Rochefoucauld, était à la fois la belle-fille et la petite-fille de la duchesse d'Enville (voir les notes 4 et 5 de la lettre 853).

3. La *substitution* consistait à laisser à quelqu'un un héritage 'pour en jouir après le premier héritier institué' (*Dictionnaire de l'Académie*). Dans sa séance du jeudi 25 octobre 1792, la Convention nationale (qui avait succédé à l'Assemblée législative) avait adopté à l'unanimité le premier article du projet qui décrétait que 'toutes substitutions sont prohibées et interdites pour l'avenir'. Le décret entier, qui abolissait également les substitutions antérieures pour autant qu'elles n'aient point pris d'effet, fut adopté le 14 novembre suivant (*Moniteur* des 27 octobre et 16 novembre 1792).

4. Louis-Antoine-Auguste de Rohan-Chabot (1733–1807) était devenu duc de Rohan par suite du décès sans postérité, le 28 novembre 1791, de son cousin Louis-Marie-Bretagne-Dominique de Rohan-Chabot, duc de Rohan (REVEREND, VI, 118–119).

5. A la suite du 10 août, les pensions royales avaient été supprimées. Suard et sa femme, qui disposaient à la veille de la Révolution de revenus très importants (censure des spectacles, pensions sur l'*Almanach royal*, la *Gazette de France* et le *Journal de Paris*, etc.), ne conservaient plus que leur maison de Fontenay, leur bibliothèque, 700 francs en assignats et 2.000 écus en argent. Mais leur situation allait s'améliorer dès novembre 1792 grâce à l'achat d'une part des *Nouvelles politiques, nationales et étrangères* (le futur *Publiciste*) valant 10.000 francs et payée moitié comptant, moitié sur les bénéfices à venir. Voir la notice de Rémy LANDY dans le *Dictionnaire des journalistes*, Grenoble, Presses universitaires de Grenoble, 1976, 344–347 (MG).

6. Verdun avait été repris le 15 octobre par les troupes françaises. Le roi de Prusse et le duc de Brunswick participaient en personne à la campagne, mais non pas Benjamin Constant qui ne semble pas avoir quitté Brunswick à cette époque.

7. Michel-Paul-Guy de Chabanon, poète, dramaturge et mémorialiste du second rayon, était décédé le 10 juillet 1792.

8. Mme Laurent-Vincent Le Couteulx de la Noraye, née Pourrat, et sa mère Mme Louis Pourrat, née Boisset (voir la lettre 592, note 28).

9. Jenny Pourrat, épouse de Gilles-Toussaint Hocquart (voir la lettre 587, note 5). – Sur la naissance de son fils, voir la lettre 871, note 5.

10. Voir la lettre 711, note 7.

Lettre 865

ETABLISSEMENT DU TEXTE Neuchâtel, BV, ms. 1321, f. 76, orig. aut., déchirure.

COMMENTAIRE La déchirure du papier rend la lecture de la date difficile. Au premier abord, on croit pouvoir lire *Juin*, mais la chronologie montre que le premier séjour à l'abbaye de Fontaine-André a eu lieu de mi-août à mi-septembre 1792 et le second de la fin d'octobre aux environs du 10 novembre. D'ailleurs la deuxième lettre de ce qui subsiste de la date est décidément un *a*, non pas un *u*. On pourrait aussi lire *Sam.* (en admettant que le point soit une tache plutôt qu'un point sur un i) et puisque l'allusion au froid invite à placer ce billet dans le second plutôt que dans le premier séjour à Fontaine-André, on pourrait le dater du *samedi* 3 novembre 1792. Si on lit [ ]*sain* on pourrait supposer qu'écrivant le 1er novembre, l'épistolière a eu la fantaisie de dater son mot de *[la Tous]sain*. Aucune de ces hypothèses ne s'imposant vraiment, nous préférons pour l'instant placer cette lettre au début de novembre approximativement.

1. L'abbaye de Fontaine-André (voir la lettre 842, note 3).
2. Non identifiée.

Lettre 866

ETABLISSEMENT DU TEXTE   Neuchâtel, BV, ms. 1313, ff. 5–6 orig. aut. Publ. SAINTE-BEUVE (1844), 255 (court fragment); RUDLER, *Jeunesse*, 400–401. Cf. RUDLER, *Bibliographie*, n° 131.

COMMENTAIRE
1. Benjamin Constant était tombé amoureux d'une 'petite comédienne' nommée Caroline, et restée jusqu'à présent non identifiée (RUDLER, *Jeunesse*, 401).
2. Il faut croire que l'exemplaire promis le 8 février 1791 par Isabelle de Charrière (lettre 759) n'avait point été envoyé ou que Benjamin l'avait prêté ou perdu.
3. L'armée prussienne, commandée par le duc de Brunswick, était en pleine déroute. Elle avait perdu Verdun le 15 octobre et dut rendre Longwy le 22. Ses effectifs fondaient: 42.000 hommes avaient envahi la France au mois d'août, 20.000 à peine repassèrent la frontière à la fin d'octobre. Voir Arthur CHUQUET, *Les Guerres de la Révolution*, III: *La retraite de Brunswick*, Paris, Léopold Cerf, 1887, chap. V: 'L'évacuation du territoire'.
4. Adam-Philippe de Custine (1740–1793), à la tête de l'armée du Rhin, s'était emparé successivement de Spire (30 septembre), de Worms, de Mayence et de Francfort (18, 21 et 28 octobre).
5. La Convention nationale, qui avait succédé à l'Assemblée législative le 20 septembre 1792.
6. Les Girondins.
7. La Convention le fera le 7 mars 1793.
8. A Valmy le 20 septembre et dans les Pays-Bas autrichiens où les troupes impériales reculaient aussi et allaient subir, le 6 novembre (le lendemain du jour où la présente lettre fut écrite), la défaite décisive de Jemappes (voir la lettre 832, note 3).
9. Comme on dirait 'de voltigeur' ou, pour reprendre une expression de Montaigne, 'à sauts et gambades'. Sous la Restauration, le *Dictionnaire universel* de P.-C.-V. Boiste définit la *désultation* comme un saut d'un cheval à l'autre (MG).

Lettre 867

ETABLISSEMENT DU TEXTE   Neuchâtel, BV, ms. 1324, ff. 31–32, orig. aut.

COMMENTAIRE   L'écriture caractéristique de cette lettre, qu'on retrouve dans de nombreux documents signés des Archives de Montmollin (déposées aux AEN, Neuchâtel), permet d'identifier son auteur avec une entière certitude. – Sur Jean-Frédéric de Montmollin-de Luze, voir la lettre 719, note 4.

1. Trémauville (voir la lettre 704, note 7).
2. En Angleterre.
3. Un baron de Weinheim, 'se proposant de demeurer quelque tems en cette Ville' avait été recommandé aux autorités neuchâteloises par le ministre prussien comte de Hertzberg (Neuchâtel, Archives de la Ville, Manuel du Conseil de Ville, XXVIII, 456, à la date du 27 décembre 1790).

Lettre 868

ETABLISSEMENT DU TEXTE   Neuchâtel, BV, ms. 1302, f. 65, orig. aut.
1) Récrit au-dessus de *envoyer* biffé; 2) ajouté au-dessus de la ligne; 3) précédé de *je* biffé; 4) la répétition est dans l'original; 5) récrit au-dessus de *rempli* biffé; 6) tout ce dernier alinéa est écrit en long dans la marge.

COMMENTAIRE   Il faut deux à trois semaines pour acheminer le courrier de Berlin à Neuchâtel ou vice versa, en hiver. La lettre écrite de Berlin le 22 octobre et reçue par Isabelle de Charrière 'hier' c'est-à-dire un vendredi ne peut guère être arrivée que le vendredi 9 novembre 1792. Il faut admettre par conséquent que l'entrée de la comtesse de Dönhoff* à la Grande Rochette, prévue d'abord pour le 15 novembre, avait pu être avancée d'une semaine.

1. Cette lettre de Susette Du Pasquier* ne s'est pas retrouvée, non plus que celle qui l'avait précédée.
2. '*Lanternes* ou *lanterneries*, fadaises, discours frivoles, contes impertinens' (abbé FERAUD, *Dictionnaire critique de la langue française*, Marseille, Jean Mossy, 1787, II, 535).
3. Celle des 26–27 octobre 1792 (lettre 863). La correspondance des deux amies avait été manifestement interrompue par le séjour de la comtesse de Dönhoff à Fontaine-André.

Lettre 869

ETABLISSEMENT DU TEXTE   Neuchâtel, BV, ms. 1302, ff. 68–69, orig. aut.
1) Précédé de quelques lettres biffées et illisibles; 2) lire *lorsqu'il*, l'inadvertance est due au changement de ligne; 3) *qu'il* corrigé de *que, m'est permis de* récrit au-dessus de *je puis toujours* biffé; 4) ajouté au-dessus de la ligne; 5) *d'une* récrit au-dessus de *d'* biffé; 6) suivi de *pas* biffé; 7) précédé de *&* biffé; 8) *& qu'il faut absolument agir, choisir*, ajouté entre les lignes; 9) ce mot inutile est dans l'original; 10) *de guerre lasse*, ajouté au-dessus de la ligne; 11) à partir de ce mot jusqu'à *se determiner*, ajouté dans la marge et entre les lignes; 12) *tant de*, récrit au-dessus de *de* biffé; 13) lire *des*; 14) 15) 16) ajouté au-dessus de la ligne; 17) en surcharge sur *puis*; 18) à partir d'ici, la fin de la phrase est ajoutée entre les lignes.

COMMENTAIRE   Cette lettre suit manifestement de peu celle du samedi 10 novembre 1792.
1. Voir le début de la lettre 863.

2. Dans sa lettre du 24 octobre 1792 (n° 862).
3. Isabelle de Charrière ne tardera pas à le retrouver (voir la lettre 870, note 1).

Lettre 870

ETABLISSEMENT DU TEXTE   Neuchâtel, BV, ms. 1303, ff. 34–35, orig. aut., déchirure
due au décachetage. Publ. GAULLIEUR (1857), 773–774 (avec coupures et remaniements, et sous la date du 8 mai [1793]).

1) *qui fait partie du Dictionnaire*, ajouté au-dessus de la ligne; 2) la répétition est dans
l'original; 3) *personne comme lui ne*, récrit au-dessus de *Lui seul* biffé; 4) on pourrait
restituer *puissants*; 5) on pourrait restituer *les apprendre à votre*; 6) date écrite au
bas de la marge de la troisième page.

COMMENTAIRE   Cette lettre est antérieure à celle du vendredi 16 novembre 1792
où Henriette L'Hardy annonce qu'elle s'est mise à lire Voltaire et Voiture. Mais
il est impossible de la dater du vendredi 9 novembre, car elle doit suivre et non
pas précéder les lettres des 10 et 13 novembre (cette dernière contenant notamment le mot *chardon* qui est repris ici). Il faut donc admettre qu'Isabelle de Charrière s'est trompée en datant sa lettre d'un vendredi – hypothèse que nous ne for-
mulons néanmoins qu'avec la plus extrême répugnance. Compte tenu de l'allusion à une lettre reçue par Mme de Dönhoff un jeudi, le mercredi 14 novembre
1792 nous paraît finalement la seule date possible.
1. S'il s'agit de l'édition dite de Kehl des *Œuvres complètes* de Voltaire, ce volume
était le tome XXXVI, qui contient à la fois le dialogue entre *Un Brachmane et un
Jésuite sur la nécessité et l'enchaînement des choses* (34–39) et les douze *Dialogues
d'Evhemere* (441–534) entre Evhemere et Callicrate.
2. Dans la même édition des *Œuvres complètes* de Voltaire, il s'agit du tome XL,
qui contient les lettres E–G du *Dictionnaire philosophique*, avec l'article *Esprit*
(101–132), dont une section est consacrée au *Bel esprit*, et l'article *François* (355–376).
3. La suite de la correspondance montrera qu'il s'agit ici d'un ouvrage du romancier, épistolier et poète Vincent Voiture (1597–1648).
4. Frédéric-Guillaume II ne quitta en effet ses troupes pour regagner Berlin que
le 29 septembre 1794 (F. R. PAULIG, *Friedrich Wilhelm II., König von Preussen*, Frankfurt a. Oder, Friedrich Paulig, 1895, 218).
5. *Conseiller privé ou conseillère*.

Lettre 871

ETABLISSEMENT DU TEXTE   Neuchâtel, BV, ms. 1332, ff. 12–13, orig. aut., déchirure
due au décachetage.

COMMENTAIRE
1. Nous n'avons réussi à identifier ni 'ce papier' ni 'la chronique du 4 octobre', ni
les 'illuminez' auxquels Mme Saurin s'intéressait.
2. Suard apparemment (voir la lettre 864, note 5).
3. *Henriette et Richard*, nommé quelques lignes plus bas.
4. Suard encore une fois. Il faut comprendre: *si M. Suard le feroit imprimer*.
5. Edouard-Hyacinthe-Armand Hocquart (1792–1852), futur comte Hocquart de

Turtot. Le lieu et la date de sa naissance étaient restés inconnus de REVEREND, IV, 3.

6. Ou Broutin; c'était une 'amie commune' de l'abbé Morellet et d'André Chénier (Cl. PERROUD, 'André Chénier après le 10 août 1792', *Revue du dix-huitième siècle*, 1913, I, 235).

7. Probablement le publiciste et jurisconsulte Pierre-Louis de Lacretelle
(1751–1824), qui dut s'enfuir de Paris après le 10 août 1792 pour avoir voté contre
la mise en accusation de La Fayette.

8. Sur cet épisode, voir *Le Diocèse de Rouen-Le Havre*, Paris, Beauchesne, 1976,
chap. V; 'La crise révolutionnaire', par Nadine-Josette CHALINE.

9. Non retrouvée.

Lettre 872

ETABLISSEMENT DU TEXTE   Neuchâtel, BV, ms. 1321, ff. 50–51, orig. aut., sur papier
mauve.

COMMENTAIRE   La présente missive et la réponse d'Isabelle de Charrière, écrites
un vendredi et un samedi, précèdent de peu les lettres du 20 novembre 1792. On
peut donc les dater avec une quasi-certitude du vendredi 16 et du samedi 17
novembre 1792.

1. De ce bâtard (MG).
2. Voir la lettre 870, notes 1–3.
3. Référence non élucidée.

Lettre 873

ETABLISSEMENT DU TEXTE   Neuchâtel, BV, ms. 1302, f. 60, orig. aut. Publ.
GAULLIEUR (1857), 782 (fragment mêlé à des extraits d'autres lettres sous la date du
7 avril); GODET, I, 490 (fragment, daté de fin 1792).
1) Ajouté au-dessus de la ligne; 2) *les arrangemens de ses couches assez*, ajouté au-dessus de la ligne; 3) suivi de deux mots biffés et illisibles; 4) tout de dernier alinéa
est écrit en long dans la marge.

COMMENTAIRE   La date de cette lettre est commandée par celle de la lettre précédente, à laquelle elle répond.
1. 'On dit *élever des oiseaux à la brochette*, pour dire Elever de petits oiseaux en leur
donnant à manger au bout d'un petit bâton' *(Dictionnaire de l'Académie)* (MG).
2. Cottendart (voir la lettre 835, note 3).
3. Notamment dans *Le Siècle de Louis XIV* (chap. XXXII) et dans le *Dictionnaire
philosophique* (article *Goût*).

Lettre 874

ETABLISSEMENT DU TEXTE   Neuchâtel, BV, ms. 1302, ff. 70–71, orig. aut.
1) *le sejour* ajouté au-dessus de la ligne; 2) *vous &* ajouté au-dessus de la ligne; 3)
suivi d'un mot biffé et illisible; 4) *& introduits* ajouté au-dessus de la ligne; 5) lire
s'attendre; 6) *pour des soldats*, ajouté au-dessus de la ligne; 7) lire *elle ne*; 8) *des lettres*
ajouté au-dessus de la ligne.

1. Voir la lettre 860, note 9.
2. Voir la lettre 815, note 4.
3. Jonas-Henri Rossel (1723–1795) et sa femme Suzanne-Ursule Debély (1722–1796), grands-parents maternels d'Henriette L'Hardy.
4. Le futur Frédéric-Guillaume III, qui avait alors 22 ans et qui commandait l'infanterie prussienne.
5. La comtesse de Dönhoff*.
6. Voir la lettre 866, note 3.
7. Abraham Liechtenhahn (1766–1813), fils de Jean-Rodolphe (voir O.C., II, lettre 532, note 7). Il eut huit enfants de sa première femme, Marianne Symond, qu'il avait épousée le 9 mai 1791. Le premier d'entre eux, Abraham-Rodolphe (1792–1821) était né le 6 mai 1792. Voir [Edouard] CORNAZ, *Les Familles médicales de la ville de Neuchâtel*, Neuchâtel, S. Delachaux, 1864, 12–15.

Lettre 875

ETABLISSEMENT DU TEXTE   Neuchâtel, BV, ms. 1321, ff. 22–23, orig. aut.
1) Lire *de là*; 2) lire *des*.

COMMENTAIRE   Cette lettre répond à celle d'Isabelle de Charrière du 20 novembre 1792 et doit avoir été écrite sur le champ le même jour.
1. Aujourd'hui Kaliningrad (URSS), à cette époque principale ville de la Prusse orientale, où les Dönhoff avaient leurs terres.
2. Antoine Courant (voir la lettre 842, note 4).
3. La guerre contre la France.
4. *Recte* Bischoffwerder (voir la lettre 819, note 5).
5. Le comte Friedrich Wilhelm von der Schulenburg (1742–1815), lieutenant-général de cavalerie, fit partie du cabinet prussien de mai 1791 à février 1793 et accompagna Frédéric-Guillaume II sur le Rhin (*ADB*, XXXIV, 742–743).

Lettre 876

ETABLISSEMENT DU TEXTE   Neuchâtel, BV, ms. 1302, ff. 72–73, orig. aut.
1) Précédé du même mot biffé; 2) ajouté au-dessus de la ligne; 3) *d'où j'ai* en surcharge sur deux mots illisibles; 4 *& les cours* ajouté au-dessus de la ligne; 5) tout ce dernier alinéa est écrit en long dans la marge.

COMMENTAIRE
1. 'Etoffe de fil semblable à de la futaine, mais plus fine et plus forte' *(Dictionnaire de l'Académie)*, dont on faisait des jupes et des chemisettes (MG).
2. Nous dirions *l'apprentissage* (MG).
3. Marie-Antoinette.
4. Ce texte ne fut publié qu'en 1801 dans la *Correspondance littéraire* de Jean-François de LAHARPE, Paris, Migneret, 1801, IV, 52–54, puis dans le *Recueil de lettres de Mlle Delaunai (Mme de Staal) au chevalier de Menil* [...] *auxquelles on a joint* [...] *le Portrait de Mme la duchesse du Maine*, Paris, Bernard, an IX, I, lxv–lxviii.
5. Télescopage de deux tours: 'vous les connoissez' et 'vous connoissez tout cela' (MG).

Lettre 877

ETABLISSEMENT DU TEXTE Neuchâtel, BV, ms. 1387/4, f. 46, orig. aut. Publ. Charly GUYOT, 'Lettres inédites de Madame de Charrière', MN, 1963, nlle sér., L, 36.
1) Précédé d'un ou deux mots biffés et illisibles; 2) *d'agir* récrit au-dessus de *de faire* biffé; 3) en surcharge sur *la* et suivi de *ch* biffé; 4) lire *insipidité*.

COMMENTAIRE Cette lettre paraît avoir été écrite aussitôt après la publication du 'désaveu' de Marval (voir la note 3 ci-dessous).
1. En contraignant le prince de Montbarey, émigré trop compromettant, à quitter la ville de Neuchâtel (voir la lettre 862, note 3).
2. Le Français Charles Cauvin. Il avait été l'objet d'une mesure d'expulsion en février 1789. Voir Charles-Godefroi de TRIBOLET, *Histoire de Neuchâtel et Valangin depuis l'avènement de la maison de Prusse jusqu'en 1806*, Neuchâtel, Henri Wolfrath, 1846, 264–268; Maurice JEANNERET, 'L'affaire Cauvin', MN, 1938, nlle sér., XXV, 81–90, 124–133.
3. Louis de Marval (voir O.C., II, lettre 459, note 3), ministre plénipotentiaire du roi de Prusse auprès de la Confédération suisse de 1792 à 1795, avait réussi à obtenir en mai 1792 l'inclusion de la principauté de Neuchâtel dans la neutralité helvétique, ce qui était une 'belle réussite diplomatique' (*Neuchâtel et la Suisse*, Neuchâtel, Chancellerie d'Etat, 1969, 129, article de Louis-Edouard ROULET). Une lettre de sa main, du 20 septembre 1792, très hostile à la France et déclarant notamment au roi de Prusse que 'plusieurs Bernois voudraient qu'on ne tergiversât plus et qu'au lieu de donner simplement passage aux troupes autrichiennes, on annonçat dès à présent que les Suisses sont prêts à se joindre à elles', avait été interceptée, paraît-il, et publiée au début de novembre (texte dans *Papiers de Barthélemy*, I, 302–303). Marval lui opposa un 'désaveu formel et public', daté du 15 novembre et publié notamment dans la *Gazette de Berne* du mercredi 21 novembre (*Nouvelles politiques*, supplément au n° 93). L'ambassadeur de France estima que l'authenticité de la lettre de Marval au roi de Prusse était 'encore mieux prouvée par le désaveu qu'il en a[vait] fait' (*Papiers de Barthélemy*, I, 422).
4. 'Je persiste à croire, Sire, disait la lettre attribuée à Marval (*ibid.*, I, 303), que je ne dois point me rendre à Arau [c'est-à-dire à la Diète fédérale], à moins de nouvelles circonstances, et que je travaille plus efficacement pour le service de Votre Majesté sous main et par des remontrances et des insinuations multipliées dans mes lettres que par des démarches plus connues [etc.]'.

Lettre 878

ETABLISSEMENT DU TEXTE Neuchâtel, BV, ms. 1303, ff. 16–17, orig. aut.
1) Ajouté au-dessus de la ligne; 2) *amourette ou* récrit au-dessus d'un mot biffé et illisible; 3) *peut-être* ajouté au-dessus de la ligne; 4) lire *le Roi*; 5) précédé de *mont* biffé.

COMMENTAIRE La date de cette lettre est commandée par celle de la réponse d'Henriette l'Hardy (lettre 879).
1. Voir la lettre 784, note 1.
2. Non identifiée, tout comme Suson.

3. Antoine Courant.
4. Voir la lettre 877, note 3.
5. Par Jean-Claude Gorjy, Paris, 1790, réimprimé en 1792 (*Bibliographie romanesque*, 90.40).
6. Voir *O.C.*, I, lettre 50, note 4.
7. C'est-à-dire la copie manuscrite de son portrait écrit par Mme de Staal-Delaunay (voir lettre 876, note 4).

Lettre 879

ETABLISSEMENT DU TEXTE   Neuchâtel, BV, ms. 1321, f. 41, orig. aut.

COMMENTAIRE   L'allusion à la 'lettre ecrite par m^r marval' (voir la note 6) ne permet guère d'autre datation que celle du lundi 26 novembre 1792.
1. Le prince de Montbarey.
2. Rosette Roi, sa servante.
3. A l'armée. Après avoir repoussé les Français de Custine sur la rive gauche du Rhin, Frédéric-Guillaume II allait prendre ses quartiers d'hiver à Francfort-sur-le-Main, dans les derniers jours de décembre 1792.
4. Voir la lettre 860, note 11.
5. Henriette Sandoz-de Bada (*O.C.*, I, lettre 32, note 4).
6. Voir la lettre 877, note 3.
7. Antoine Courant.

Lettre 880

ETABLISSEMENT DU TEXTE   Neuchâtel, BV, ms. 1302, ff. 76–77, orig. aut.
1) Suivi du même mot biffé; 2) *que* corrigé de *qu', la mere* récrit au-dessus de *elle* biffé; 3) ajouté au-dessus de la ligne; 4) *à Neuchatel*, ajouté au-dessus de la ligne; 5) ajouté au-dessus de la ligne; 6) *France à* ajouté au-dessus de la ligne; 7) *du Conseil d'Etat* ajouté au-dessus de la ligne; 8) *qui* en surcharge sur *dont, pouvoit exiger une conduite* récrit au-dessus de *les fonctions pouvoient etre* biffé; 9) *ou amis* récrit au-dessus de *& des aristocrates* biffé; 10) post-scriptum écrit en long dans la marge de la troisième page.

COMMENTAIRE   Cette lettre répond manifestement à celle d'Henriette L'Hardy du 26 novembre 1792, et le jour même.
1. Le bâtard dont la comtesse de Dönhoff allait accoucher (voir la lettre 872, note 1).
2. Voir la lettre 877, note 3.
3. Non, dès le 28 avril 1792 déjà (Otto Friedrich WINTER, *Repertorium der diplomatischen Vertreter aller Länder*, Graz/Köln, Hermann Böhlaus Nachf., 1965, III, 340).
4. Pierre-Basile-François de L'Espine de Châteauneuf, accrédité le 25 avril 1792 (L[ouis] SORDET, *Histoire des résidents de France à Genève*, Genève, Ch. Gruaz, 1854, 123–138). Nous ignorons sous quelle forme il publia la lettre de Marval.
5. Le Manuel du Conseil d'Etat neuchâtelois ne contient, à ce sujet, que l'annonce du désaveu de Marval, en date du 19 novembre 1792 (Neuchâtel, AEN, Manuel cité, CXXXVI, 860–861).

Lettre 881

ETABLISSEMENT DU TEXTE Neuchâtel, BV, ms. 1471, 1 f., orig. aut., incomplet du début. Publ. GUYOT, *Chaillet*, 261–262 (avec coupures).

1) Ajouté au-dessus de la ligne, après avoir été ajouté par inadvertance puis biffé au-dessus des mots suivants.

COMMENTAIRE

1. Contrairement à son père, qui avait accompli ses études de théologie à l'Académie de Genève, Charles de Chaillet* ne dut faire dans cette ville qu'un séjour d'agrément.

Lettre 882

ETABLISSEMENT DU TEXTE Neuchâtel, BV, ms. 1321, ff. 48–49, orig. aut.

COMMENTAIRE Le portrait de la duchesse du Maine (voir la note 4) a été envoyé par Isabelle de Charrière à Henriette L'Hardy le 24 ou le 25 novembre. Il semble dès lors plausible de dater la présente lettre du jeudi 29 novembre 1792.

1. Non retrouvée. Les deux amies s'écrivaient presque tous les jours et une ou plusieurs lettres des 27 et 28 novembre 1792 peuvent parfaitement manquer au recueil.

2. Le mari sans doute qu'Isabelle de Charrière souhaitait à Henriette.

3. Antoine Courant.

4. Voir la lettre 876, note 4.

5. Ou plutôt de Mme de Staal (voir la lettre 789, note 4).

6. Cottendart (voir la lettre 835, note 3).

7. Les romans de Mme Riccoboni. Cet auteur fécond en avait publié au moins une dizaine de 1757 à 1783 (*Bibliographie romanesque, passim*).

Lettre 883

ETABLISSEMENT DU TEXTE Neuchâtel, BV, ms. 1332, ff. 16–17, orig. aut.

COMMENTAIRE

1. Voir la lettre 587, note 5.

2. Voir la lettre 871, note 5.

3. Il s'agit sans doute des deux fils de Jean-Charles-Philibert Trudaine de Montigny (1733–1777): Charles-*Louis* Trudaine de Montigny (1764–1794), époux en 1789 de Marie-Josèphe-Louise Micault de Courbeton, et Charles-*Michel* Trudaine de la Sablière (1766–1794). Amis d'André Chénier, ils allaient être arrêtés, condamnés et guillotinés comme lui à la veille du 9 Thermidor et la famille Trudaine s'éteignit avec eux. Voir Ernest CHOULLIER, *Les Trudaine*, Arcis-sur-Aube, Léon Frémont, 1884 (extr. de la *Revue de Champagne et de Brie*, 1884).

4. Voir la lettre 871, note 6.

5. Non retrouvée.

6. On ne connaît pas le collaborateur suisse qu'Isabelle de Charrière avait destiné à Suard.

7. Ce procès, décidé le 4 octobre 1792 par la Convention, allait s'ouvrir devant elle le 26 décembre. La procédure à suivre fit l'objet durant l'intervalle de très vifs débats.

Lettre 884

ETABLISSEMENT DU TEXTE   Neuchâtel, BV, ms. 1302, ff. 74–75, orig. aut. Publ. GAULLIEUR (1857), 788–789 (fragment mêlé à des extraits d'autres lettres sous la date du 25 octobre 1793); GODET, I. 496 (fragment).

1) Précédé de & biffé; 2) récrit au-dessus de *quart* biffé ; 3) ajouté au-dessus de la ligne; 4) surmonté d'un mot biffé et illisible.

COMMENTAIRE

1. Non identifié.

2. Entendre probablement: *Cela achèverait de vous peindre* (cela mettrait un comble au désagrément de votre situation) (MG).

3. Henriette L'Hardy, Lisette Ambos, Rosette Roi.

4. Voir la lettre 877, note 3. – Nous n'avons pas trouvé le désaveu de Marval dans les *Nouvelles extraordinaires de divers endroits*.

5. Cicéron (voir la lettre 860, note 12).

6. Voir la lettre 860, note 11.

7. La traduction de Jacques Amyot de *La Vie des hommes illustres* datait de 1559, celle d'André Dacier de 1694.

Lettre 885

ETABLISSEMENT DU TEXTE   Neuchâtel, BV, ms. 1302, ff. 80–81, orig. aut. Publ. GAULLIEUR (1857), 779–780 (avec coupures, remaniements et adjonction en tête et en queue de fragments de la lettre du 19 octobre 1792, le tout daté du 1er juillet [1793]).

1) Récrit au-dessus de *ce* biffé; 2) suivi de *qu'on s'approche de lui*, biffé; 3) ajouté au-dessus de la ligne; 4) récrit au-dessus de *notre* biffé; 5) *des* récrit au-dessus de *une* biffé, *choses* corrigé de *chose*; 6) *une fois pour toutes*, ajouté au-dessus de la ligne; 7) ajouté au-dessus de la ligne; 8) *je crois*, ajouté après coup au bout de la ligne; 9) ajouté au-dessus de la ligne; 10) récrit au-dessus de *poetes* biffé; 11) suivi du même mot biffé; 12) récrit au-dessus de *faire* biffé; 13) *grand tueur* récrit au-dessus d'un mot biffé et illisible; 14) ajouté dans la marge; 15) ajouté au-dessus de la ligne; 16) à partir de ce mot, la fin de la lettre est écrite en long dans la marge de la quatrième page; 17) ajouté au-dessus de la ligne.

COMMENTAIRE

1. Voir la lettre 886, note 3.

2. Pierre CORNEILLE, *Médée*, acte I, scène 5:
   'Dans un si grand revers que vous reste-t-il? – Moi'.

3. Pierre CORNEILLE, *Horace*, acte III, scène 6:
   'Que vouliez-vous qu'il fit contre trois? – Qu'il mourût'.

4. Voir la lettre 886, note 5.

5. Alexandre de Luze (1756–1827) apparemment, qui était le second des quatre fils de Jean-Jacques et Françoise de Luze-Warney (*Société du Jardin*, no 189).

6. Samuel de Marval (1768–1839), le fils de Louis de Marval, officier dans le régiment des Gardes suisses au service de France (*Société du Jardin*, n° 222).

7. Louis de Marval (voir la lettre 877, note 3). Au dire de l'ambassadeur de France, 'les enfants lui couroient sus à Neuchâtel; des affiches l'ont menacé du pillage de sa maison, de la dévastation de ses biens et d'un grand danger pour sa personne. Il a été se cacher à Berne' (*Papiers de Barthélemy*, I, 452).

Lettre 886

ETABLISSEMENT DU TEXTE   Neuchâtel, BV, ms. 1302, f. 82, orig. aut.

1) Le dernier alinéa est écrit en long dans la marge.

COMMENTAIRE   Le 'billet écrit hier' dont il est question au début de la présente lettre est indiscutablement celui du 9 décembre 1792.

1. Elisabeth dite Lisette de Rougemont (1740–1820), sœur de François-Antoine V, Jean–Henry et Georges de Rougemont (voir O.C., II, lettre 510, notes 16 et 18), l'une des onze filles de François-Antoine III de Rougemont (1713–1788) et d'Henriette de Montmollin (*Familles bourgeoises*, 214–215).

2. Frédéric Berthoud★, qui était depuis le début de l'année le pasteur de Bôle et Rochefort.

3. Le mot était pourtant bien de Buffon, si l'on en croit le témoignage d'Hérault de Séchelles (*Voyage à Montbard*, publ. F.-A. AULARD, Paris, Librairie des bibliophiles, 1890, 11), qui le lui attribue sous cette forme: 'Le génie n'est qu'une plus grande aptitude à la patience'.

4. La lettre du 9 décembre 1792.

5. Il n'existe aucune artiste lyonnaise de ce nom. Ne s'agirait-il pas de Clémence-Sophie d'Audignac (1767–1850), épouse de Marc-Antoine Noyel de Sermézy, connue surtout plus tard pour ses bustes en terre cuite (Marius AUDIN et Eugène VIAL, *Dictionnaire des artistes et ouvriers d'art du Lyonnais*, Paris, Bibliothèque d'art et d'archéologie, 1918, I, 29; Anne TAPISSIER, *Madame de Sermézy, élève de Chinard*, Lyon, Audin, 1936)?

Lettre 887

ETABLISSEMENT DU TEXTE   Neuchâtel, BV, ms. 1302, ff. 83–84, orig. aut.

1) Suivi de *que* biffé; 2) récrit au-dessus de *elle* biffé; 3) *de cette maison* récrit au-dessus de *qu'il faut* biffé; 4) *dans l'intervalle* ajouté au-dessus de la ligne; 5) ajouté au-dessus de la ligne; 6) tout cet alinéa est écrit en long dans la marge de la première page; 7) ajouté au-dessus de la ligne; 8) suivi d'un ou deux mots biffés et illisibles.

COMMENTAIRE

1. Rosette Roi.

2. Voir la lettre 799, note 11. Les trois phrases qui suivent expriment la pensée des sœurs Robert (MG).

3. Domestique non identifié. C'est lui, on le verra, qui avait été l'accusateur de Rosette Roi.

4. Le sculpteur Henri Lambelet (1723–1796) sans doute, dont il reste de nombreux ouvrages dans la région de Neuchâtel (COURVOISIER, I et II, *passim*).

5. Antoine Courant (voir la lettre 842, note 4).

Lettre 888

ETABLISSEMENT DU TEXTE   Neuchâtel, BV, ms. 1302, ff. 85–86, orig. aut.
1) *à la coudre*, ajouté au-dessus de la ligne; 2) suivi du même mot biffé.

COMMENTAIRE

1. A part Henri Lambelet (voir la lettre 887, note 4), le seul sculpteur de ce nom connu pour avoir travaillé à Neuchâtel est Henri-François Lambelet, qui participa en 1776–1777 à la reconstruction du logis de la Couronne à la rue du Château (COURVOISIER, I, 239). – Pour la Coudre, voir la lettre 842, note 3.

2. Marie-Josèphe-Célestine Saladin (1737–1819), épouse d'Antoine Dulong (†1793).

Lettre 889

ETABLISSEMENT DU TEXTE   Neuchâtel, BV, ms. 1302, ff. 87–88, orig. aut. Publ. GODET, I, 496 (fragment).
1) Suivi de *fut* biffé; 2) 3) ajouté au-dessus de la ligne; 4) le dernier alinéa est écrit en long dans la marge.

COMMENTAIRE

1. Henriette Monachon* évidemment.

2. Lisette Ambos (voir la lettre 806, note 2).

3. Voir la lettre 887, note 3.

4. Pierre-Charles-Daniel O'Heguerty, ancien officier au régiment de Berwick, 'demeurant ordinairement à Nancy [...] présentement au château de Colombier' (aux termes d'une procuration passée le 16 août 1790 en faveur de son épouse née Barbe-Justine Anthoine, Neuchâtel, AEN, Minutaire du not. G. Jeannin, II, 199–200). Il était né le 2 mai 1742 à l'Ile-Bourbon, dont son père Pierre-André O'Heguerty, allié Verdier, était commandant (renseignement du Service historique du Ministère de la Défense, Vincennes).

5. Il pourrait s'agir des sœurs de Pierre-Louis Girardet, Marie-Marguerite (1753–1824) et Jeanne-Madeleine (1754–1837), qui vivaient apparemment avec leur mère Marie-Madeleine dite Mathie Convert (1729–1807), veuve d'Abram Girardet. Mais le nom de Girardet est assez répandu dans la région de Neuchâtel!

Lettre 890

ETABLISSEMENT DU TEXTE   Neuchâtel, BV, ms. 1302, ff. 91–92, orig. aut.
1) *demeurer* & ajouté au-dessus de la ligne; 2) *sans compter* ajouté au-dessus de & biffé; 3) suivi de *ne* biffé; 4) suivi de *qu'* biffé; 5) ajouté au-dessus de la ligne; 6) récrit au-dessus de *accepta* biffé; 7) *sa belle sœur* ajouté au-dessus de la ligne.

1. Voir la lettre 804, note 2.

2. Charlotte-Philippine de Chambrier Travanet (1739–1814), épouse du conseiller d'Etat Jean-Frédéric de Pierre (1735–1800) et mère de Charles-Louis de Pierre (1763–1824), maire de Neuchâtel (*Familles bourgeoises*, 98).

3. L'épouse de Louis de Marval était Marianne de Sandoz-Rosières (1744–1817).

4. Henriette d'Ostervald (1759–1814), épouse de Jean-Jacques de Luze (voir o.c., II, lettre 495, note 9), et sa belle-sœur Marianne de Luze (1749–1820), épouse de Jean-Frédéric de Montmollin (voir la lettre 719, note 4).

5. Salomé de Chambrier et Caroline de Sandoz-Rollin* apparemment.

Lettre 891

ETABLISSEMENT DU TEXTE Neuchâtel, BV, ms. 1302, f. 93, orig. aut.

1) En surcharge sur *Pour*; 2) cette dernière phrase est ajoutée en diagonale dans l'angle inférieur droit de la page.

COMMENTAIRE
1. Voir la lettre 860, note 9.

2. Le tome LIV des *Œuvres complètes* de Voltaire, dans l'édition de Kehl.

3. *Mémoires de M. de Voltaire écrits par lui-même* (1784). Les réimpressions contemporaines s'intitulent *Mémoires pour servir à la vie de M. de Voltaire* [etc.], *Mémoires pour servir à la vie de Voltaire* [etc.], *La Vie privée du roi de Prusse ou Mémoires pour servir* [etc.]. Ces diverses éditions comptent entre 80 et 174 pages.

Lettre 892

ETABLISSEMENT DU TEXTE Neuchâtel, BV, ms. 1302, ff. 94–95, orig. aut. Publ. GODET, I, 496–497 (fragment).

1) Précédé de *ayant* biffé; 2) récrit au-dessus de *que* biffé; 3) corrigé de *cherché*; 4) ajouté au-dessus de la ligne; 5) corrigé de *alors*, précédé de *C'est* biffé et suivi de *que* biffé; 6) *de sorte que j'aime encore mieux reputation qu'habileté*, ajouté d'une écriture serrée dans le blanc de l'alinéa; 7) en surcharge sur *la*; 8) 9) suivi d'un mot biffé et illisible; 10) suivi de *payant* biffé.

COMMENTAIRE
1. Charles-Louis La Gacherie dit DuBlé (1729–1807) ([Edouard] CORNAZ, 'Notices relatives à l'histoire médicale de Neuchâtel. X. Le fonds DuBlé', MN, 1871, VIII, 246–247).

2. Ou plutôt Deleschaut (voir la lettre 595).

3. David Perrelet (1715–1800) (voir o.c., II, lettre 534, note 9). Son fils David, docteur en médecine comme lui, était mort en 1790 à l'âge de 44 ans (renseignement des AEN, Neuchâtel).

4. Abraham Liechtenhahn (voir la lettre 874, note 7).

5. La mère de Rosette Roi.

6. Soit Groux. On connaît plusieurs familles de ce nom.

7. Dès le début de décembre 1792, des arbres de la liberté avaient été plantés au Locle et à La Chaux-de-Fonds, où l'effervescence augmentait chaque jour. Mais

en dehors des 'Montagnes', Colombier fut avec Peseux la seule localité à connaître une telle manifestation. Voir Charles-Godefroi DE TRIBOLET, *Histoire de Neuchâtel et Valangin depuis l'avènement de la maison de Prusse jusqu'en 1806*, Neuchâtel, Henri Wolfrath, 1846, 289 et 293.

8. La Sagne, village du Jura neuchâtelois, mérita le surnom de 'Vendée neuchâteloise' pour son opposition aux 'bonnets rouges' du Locle et de La Chaux-de-Fonds (Fritz CHABLOZ, *La Sagne, recherches historiques*, Locle, Courvoisier, 1864, 113–121).

Lettre 893

ETABLISSEMENT DU TEXTE Neuchâtel, BV, ms. 1321, ff. 31–32, orig. aut.

COMMENTAIRE La date de ce billet est fixée par celle de la réponse d'Isabelle de Charrière, qui est du mardi 18 décembre 1792.

Lettre 894

ETABLISSEMENT DU TEXTE Neuchâtel, BV, ms. 1302, ff. 96–97, orig. aut.

1) Ajouté au-dessus de la ligne; 2) suivi de quatre ou cinq mots biffés et illisibles; 3) *ne faudra* en surcharge sur *n'y aura*; 4) suivi de *encore*, biffé; 5) ajouté au-dessus de la ligne; 6) lire *que*; 7) récrit au-dessus de *quel* biffé; 8) récrit au-dessus de *fort* biffé; 9) *dans son metier* ajouté au-dessus de la ligne; 10) *ou se presente* ajouté au-dessus de la ligne; 11) *ignorante &* ajouté au-dessus de la ligne.

COMMENTAIRE
1. Jacques-Louis Du Pasquier*.
2. Dont Henriette L'Hardy venait de lire les *Mémoires* (voir la lettre 789, note 4).
3. On se souvient que Rosette Roi avait fait le voyage de retour, de Berlin à Neuchâtel, assise à côté du cocher sur le siège extérieur du carrosse de la comtesse de Dönhoff (voir la lettre 821).
4. Influencée, manipulée. Ce sens était extrêmement récent et n'a guère survécu (MG).
5. Antoine Courant (voir la lettre 842, note 4).
6. Sage-femme non identifiée.
7. *S'impatroniser*, mot du 'style familier', est pris ici dans son sens primitif: 'Acquérir tant de crédit, tant d'autorité dans une maison qu'on y gouverne tout' *(Dictionnaire de l'Académie)* (MG).

Lettre 895

ETABLISSEMENT DU TEXTE Neuchâtel, BV, ms. 1387/4, f. 47, orig. aut. Publ. Charly GUYOT, 'Lettres inédites de Madame de Charrière', MN, 1963, nlle sér., L, 36–37 (fragment).

1) Récrit au-dessus du même mot biffé; 2) en surcharge sur *d*; 3) *d'un sort independant, d'un* corrigé de *d'une, sort* récrit au-dessus de *situation* biffé, *independant* corrigé de *independante*; 4) précédé d'un mot biffé et illisible; 5) lire *par*; 6) post-scriptum écrit en long sur la page d'adresse.

COMMENTAIRE   Les allusions à l'arbre de la liberté de Colombier et à la rentrée en grâce d'Henriette L'Hardy ne laissent aucun doute sur la date de la première partie de cette lettre, date que le post-scriptum vient encore confirmer puisque le 19 décembre 1792 était bien un jeudi.

1. Une lettre (non retrouvée) pour Benjamin Constant évidemment.

2. Ce pronostic ne se vérifia pas : le 4 janvier 1793, la municipalité de Colombier fit abattre l'arbre de la liberté et déboucher 'quelques bouteilles de vin, qui ont été bues en signe de bonne union' (GODET, I, 496–497 en note).

3. Jeanne-Charlotte Maunoir (1769–1834), épouse du pasteur Frédéric Berthoud*. Fille de Charles Maunoir (1736–1804), régent au Collège de Genève, et de sa seconde femme Jeanne-Pernette Fabre, elle était la sœur des deux éminents chirurgiens Jean-Pierre Maunoir (1768–1861) et Charles-Théophile Maunoir (1770–1830) (*Recueil généalogique suisse, Première série: Genève*, Genève, A. Jullien, 1907, II, 329).

4. La comtesse de Dönhoff*.

Lettre 896

ETABLISSEMENT DU TEXTE   Neuchâtel, BV, ms. 1302, f. 98, orig. aut.

1) *l'un ou l'autre* ajouté au-dessus de la ligne; 2) *de votre* récrit au-dessus de *d'* biffé; 3) ajouté au-dessus de la ligne.

COMMENTAIRE   La date exacte de ce billet, que Philippe Godet avait déjà notée en tête de l'original, s'établit notamment par référence à celle de la lettre du 22 décembre 1792.

1. Dans la lettre 897, ce prétendant de Marianne L'Hardy est désigné par les initiales *J. P. du P.* et l'on peut conjecturer qu'il s'agit de Jean-Pierre Du Pasquier (1759–1829), fils cadet de l'indienneur Jean-Jacques Du Pasquier (1720–1801) et de Marie-Esther Mouchet, qui devait se marier trois fois, la première fois en 1795 (J. Thierry DU PASQUIER, *La Famille Du Pasquier*, Neuchâtel, La Baconnière, 1974, III et 115–116).

Lettre 897

ETABLISSEMENT DU TEXTE   Neuchâtel, BV, ms. 1302, ff. 100–101, orig. aut. Publ. GODET, I, 322 en note et 497 (courts fragments).

1) Suivi d'une mot biffé et illisible; 2) *fait naitre* récrit au-dessus de *fait na donné* biffé; 3) suivi de *a* biffé; 4) 5) ajouté au-dessus de la ligne.

COMMENTAIRE

1. Voir la lettre 896, note 1.

2. Susette Cooper-Moula*.

3. Guillaume Sandoz (voir la lettre 759, note 8).

4. Isaac et Abraham Martin, fils de Michel Martin et de Jacqueline Achard, nés le 26 janvier 1766 à Genève. Le parallélisme de leurs destinées sera remarquable puisque tous deux, après leurs études à l'Académie de Genève, deviendront négociants à Rouen, demeureront célibataires et mourront en janvier 1832, à trois jours d'intervalle (Suzanne STELLING-MICHAUD, *Le Livre du Recteur de l'Académie de*

Genève (1559–1878), Notices biographiques des étudiants, Genève, Droz, 1975, IV, 444 et 450).

5. Cage aussi solide (en 'bon fil' de laiton) qu'alléchante ('chanvre, sucre, biscuit' et mouron)! (MG).

6. Susette Du Pasquier*.

7. La duchesse du Maine et Mme de Staal-Delaunay (voir la lettre 789, note 4).

8. Antoine Courant.

9. *Aiglonette et Insinuante, ou la souplesse* (O.C., VIII, 249–260).

Lettre 898

ETABLISSEMENT DU TEXTE Neuchâtel, BV, ms. 1302, f. 104, orig. aut.

COMMENTAIRE Ce billet accompagne l'envoi d'*Aiglonette et Insinuante* annoncé dès le samedi 22 décembre 1792. La suite de la correspondance montre d'ailleurs que la datation du 24 décembre est la seule possible.

1. Le projet de mariage avec Jean-Pierre Du Pasquier, dont il a été question dans les lettres des 19 et 22 décembre.

Lettre 899

ETABLISSEMENT DU TEXTE Neuchâtel, BV, ms. 1321, ff. 33–34, orig. aut.

1) Lire *l'épreuve qu'elle fait.*

COMMENTAIRE Les deux lettres du 27 décembre 1792 permettent de dater celle-ci à coup sûr du mardi 25.

1. Anna Sophie Charlotte von Langermann (1740–1793), veuve du comte Friedrich Wilhelm von Dönhoff (1723–1774), remariée à un Eulenburg.

2. Antoine Courant.

3. *Aiglonette et Insinuante, ou la souplesse.*

Lettre 900

ETABLISSEMENT DU TEXTE Neuchâtel, BV, ms. 1324, ff. 12–13, orig. aut.

COMMENTAIRE En relations avec Isabelle de Charrière depuis l'été 1792, Luise von Madeweiss va quitter Neuchâtel en été 1793. Le présent billet promettant une visite pour 'le jour de l'an' ne peut donc dater que de fin décembre 1792, ce que confirme d'ailleurs la lettre 907.

1. Ses filles.

Lettre 901

ETABLISSEMENT DU TEXTE Neuchâtel, BV, ms. 1302, f. 99, orig. aut.

1) Précédé de *sa* biffé; 2) *de Zurich*, ajouté au-dessus de la ligne; 3) précède de *ne* biffé; 4) *dans ce cas là ne*, ajouté au-dessus de la ligne; 5) à partir de ce mot, la fin de la lettre est écrite en long dans la partie inférieure de la marge.

Ecrites à l'annonce du départ pour Neuchâtel de la mère de la comtesse de Dönhoff, cette lettre écrite un 'jeudi matin' et celle d'Isabelle de Charrière à Caroline de Sandoz-Rollin écrite un '27 au soir' datent manifestement du même jour et la suite de la correspondance montre que ce jour ne peut être que le jeudi 27 décembre 1792.

1. Les portraits de Frédéric-Guillaume II montrent en effet chez ce roi une tendance à l'obésité.

2. Il faut comprendre: *serait de nouveau.*

3. Ou plus exactement: 'Jusqu'à quand, princes, croirez-vous avoir des amis!' (au début d'*Aiglonette et Insinuante*, O.C., VIII, 256).

4. Henriette Monachon★.

5. Rosette Roi.

Lettre 902

ETABLISSEMENT DU TEXTE   Neuchâtel, BV, ms. 1387/4, ff. 48–49, orig. aut. Publ. GODET, I, 452 (court fragment); Charly GUYOT, 'Lettres inédites de Madame de Charrière', MN, 1963, nlle sér., L, 37 (fragment).

1) Ajouté au-dessus de la ligne; 2) lire *inferiorité*; 3) *Penser autrement* récrit au-dessus de *Le croire* biffé; 4) lire *une*; 5) lire *Mettez-la*; 6) *ote* suivi de *une certaine* biffé, *la* ajouté au-dessus de la ligne; 7) *d'une certaine* récrit au-dessus de *de* biffé; 8) *Soyez vous* en surcharge sur des mots illisibles; 9) précédé de *Toujours di* biffé, Isabelle ayant d'abord omis de décaler ce vers plus court par rapport au précédent; 10) lire *pour rien*; 11) ajouté au-dessus de la ligne; 12) précédé de *l'* biffé; 13) ajouté au-dessus de la ligne.

COMMENTAIRE   Pour la datation, voir le commentaire général de la lettre précédente.

1. Frédéric Berthoud★.

2. LA FONTAINE, *Fables*, IX, 2 ('Les Deux Pigeons') vers 67–68.

3. Sa fidèle amie de Genève (voir au Répertoire).

4. Anne-Louise-Renée dite Ninette Achard (1776–1830), future épouse de Charles de Constant dit le Chinois (1762–1835) (*Généalogies vaudoises*, III, 223).

5. *Exposé de quelques inconvéniens graves qui peuvent résulter de la plantation de l'Arbre dit de la Liberté, dans les Comtés de Neuchatel & de Vallengin, & du moyen d'y remédier,* par un Bourgeois de Vallengin, [s.l.], 1792. La brochure, datée à la fin du 18 décembre 1792, avait pour auteur le pasteur de Colombier Jonas de Gélieu (*Biographie neuchâteloise*, I, 405) et il est assez piquant de voir Louise de Charrière de Penthaz s'en procurer un exemplaire auprès de lui sans le soupçonner de l'avoir écrite.

6. Il pourrait s'agir ici du notaire David Guyot (1745–1801), le greffier de Boudevilliers, que les Charrière connaissaient bien, ainsi qu'en témoignent plusieurs lettres de l'année 1795.

7. Antoine Courant (voir la lettre 842, note 4).

Lettre 903

ETABLISSEMENT DU TEXTE   Neuchâtel, BV, ms. 1302, f. 102, orig. aut.

1) *à Neuchatel*, ajouté au-dessus de la ligne.

1. Isabelle de Charrière avait déjà cherché à Zurich un place pour Rosette Roi, mais la réponse avait été négative. Il s'agit donc ici d'une nouvelle démarche. D'où l'allusion, plus bas, aux '2 places de Zurich'.
2. Elisabeth de Rougemont (voir la lettre 886, note 1).
3. Charlotte Petitpierre-de Rougemont (voir la lettre 803, note 12).
4. L'allusion nous échappe.
5. Frédéric-Guillaume (1771–1815), quatrième fils et néanmoins futur successeur en 1806 du duc Charles-Guillaume-Ferdinand de Brunswick, était entré dans l'armée prussienne dès 1787 et avait participé à la malheureuse campagne de 1792 contre la France et à la bataille de Valmy.

Lettre 904

ETABLISSEMENT DU TEXTE   Neuchâtel, BV, ms. 1302, f. 105, orig. aut.

1) Suivi de *ou autrement* biffé; 2) *ou et nous lui chercherons un autre vehicule*, récrit au-dessus de plusieurs mots biffés et illisibles; 3) à partir *d'accepter* et jusqu'ici, le texte est écrit en long dans la partie inférieure de la marge; les deux alinéas qui suivent sont écrits au verso, en long, de part et d'autre de l'adresse; 4) ajouté au-dessus de la ligne.

COMMENTAIRE   Cette lettre date manifestement du même jour que la précédente et le 29 décembre 1792 était bien un samedi.

1. Marie-Marguerite-Louise de Sandoz-Rosières (1769–1825), épouse de Georges-Denis de Pillichody (1759–1841), commerçant à Lyon, puis à Lausanne.
2. Citation non identifiée.
3. Frédéric Sandoz de Rosières (voir O.C., II, lettre 554, note 4). On ignore quelle maison il habitait à Saint-Aubin.

Lettre 905

ETABLISSEMENT DU TEXTE   Publ. GAULLIEUR (1847), 373 (fragment); MELEGARI (1894), 679–681 (avec coupure); MELEGARI (1895), 394–396. Cf. RUDLER, *Bibliographie*, n° 132. Le ms. original de cette lettre ne s'est pas retrouvé. Nous suivons l'édition de 1895, qui est la plus complète.

COMMENTAIRE

1. Voir la lettre 852, note 2.
2. Minna de Constant 'nourrissait 120 oiseaux, 2 écureuils, 36 chats, 8 chiens et quelques autres animaux' (RUDLER, *Jeunesse*, 469).
3. Marianne Marin (voir la lettre 648) qui, six mois auparavant, avait donné à Juste de Constant un deuxième enfant, la future Louise d'Estournelles-de Constant (*Généalogies vaudoises*, III, 222). Le premier, Charles, était né en 1784. Benjamin Constant ne devait apprendre l'existence de cette progéniture que beaucoup plus tard (RUDLER, *Jeunesse*, 393, note 1).

Lettre 906

ETABLISSEMENT DU TEXTE Neuchâtel, BV, ms. 1321, ff. 70–71, orig. aut.
1) Lire *elles n'en ont.*

COMMENTAIRE La date de cette lettre est établie avec certitude par celle de la réponse d'Isabelle de Charrière (lettre 907).
1. Les femmes de chambre allemandes de la comtesse de Dönhoff*.
2. Frédéric-Guillaume II avait établi en effet ses quartiers d'hiver à Francfort (voir la lettre 879, note 3).
3. Antoine Courant.
4. Jacques-Louis Du Pasquier*.
5. Lire: *de Lyon* et voir la lettre 904.

Lettre 907

ETABLISSEMENT DU TEXTE Neuchâtel, BV, ms. 1303, ff. 1–2, orig. aut. Publ. GODET, I, 501 (quelques mots).
1) *quand vous voudriez,* ajouté au-dessus de la ligne; 2) ajouté au-dessus de la ligne; 3) *sur un pied, un* en surcharge sur *le, pied* suivi de *d'une* biffé; 4) récrit au-dessus de *ce* biffé; 5) ajouté au-dessus de la ligne; 6) *vos talens* ajouté au-dessus de la ligne; 7) *pour moi* ajouté au-dessus de la ligne; 8) *ou les suites de couche* ajouté au-dessus de la ligne; 9) *& que vous eussiez lieu d'en être inquiète,* ajouté au-dessus de la ligne; 10) précédé de *l'* biffé 11) *suivi mes* récrit au-dessus d'un ou deux mots biffés et illisibles; 12) ajouté au-dessus de la ligne; 13) le post-scriptum est écrit en long dans la marge de la quatrième page.

COMMENTAIRE L'erreur du millésime dans la date est aussi évidente qu'explicable, le 3 janvier 1793 tombant d'ailleurs bien un jeudi.
1. Voir la lettre 838, note 1; et la lettre 900.
2. Marianne Moula*.
3. La nouvelle était fausse en effet. Marianne L'Hardy ne se mariera qu'en 1796 (voir la lettre 785, note 6).
4. Jean Pierre Du Pasquier (voir la lettre 896, note 1).
5. Abraham Liechtenhahn (voir la lettre 874, note 7).
6. Ou plutôt Deleschaut (voir la lettre 595).
7. Ces expressions dithyrambiques ne peuvent guère s'appliquer qu'à Félix Vicq d'Azyr (1748–1794), dont les célèbres cours d'anatomie, cependant, se tenaient dans l'amphithéâtre de la Société royale de médecine plutôt qu'à l'Hôtel-Dieu (Paul DELAUNAY, *Le Monde médical parisien au dix-huitième siècle,* 2eéd., Paris, Jules Rousset, 1906, 19).
8. Voir la lettre 892, note 3.

Lettre 908

ETABLISSEMENT DU TEXTE Neuchâtel, BV, ms. 1303, f. 6, orig. aut.
1) Suivi de *de ma part* biffé; 2) ajouté au-dessus de la ligne.

COMMENTAIRE L'erreur du millésime dans la date est aussi évidente qu'explicable, le 7 janvier 1793 étant d'ailleurs bien un lundi.

1. Le 4 janvier 1793, la comtesse de Dönhoff* avait accouché d'une fille, qui sera baptisée Julie Wilhelmine (voir la lettre 915).

2. Une variété de vin de xérès, Rota étant situé entre Cadix et l'embouchure du Guadalquivir.

Lettre 909

ETABLISSEMENT DU TEXTE Neuchâtel, BV, ms. 1303, ff. 3–4, orig. aut.

1) Ajouté au-dessus de la ligne; il faut comprendre: *les faire tous bouillir*; 2) suivi de *ou bien à m [ ]* biffé; 3) suivi de *d'un grand* biffé.

COMMENTAIRE La date de cette lettre s'établit par référence au billet du 7 janvier 1793, qui contient l'offre des artichauts.

1. Lecture douteuse et personnage non identifié.

Lettre 910

ETABLISSEMENT DU TEXTE Genève, BPU, ms. Suppl. 153, ff. 41–42, orig. aut.

1) *selon toute apparence* ajouté au-dessus de la ligne; 2) précédé de *bouderont* biffé; 3) *ont recommencé à sortir*, récrit au-dessus de *sont venues* biffé.

COMMENTAIRE Puisque cette lettre est écrite 'tout au plus le 9 ou 11ème jour' après les couches de la comtesse de Dönhoff* (4 janvier 1793), elle ne peut guère dater que du lundi 14 janvier 1793.

1. La mère de la comtesse de Dönhoff (voir la lettre 899, note 1).

2. Le premier enfant de la comtesse de Dönhoff et du roi Frédéric-Guillaume II (voir la lettre 795, note 3).

3. Susette et Jacques-Louis Du Pasquier*.

4. *Zadig* est le 'dernier opéra' d'Isabelle de Charrière dont on connaisse le texte (O.C., VII, 226). L'œuvre dont il s'agit ici n'a pas été retrouvée, à moins qu'on puisse lui rattacher le dialogue entre Junon et Semelle qui termine le premier acte d'un opéra jusqu'à présent non identifié et hypothétiquement daté (O.C., VII, 191–196).

Lettre 911

ETABLISSEMENT DU TEXTE Neuchâtel, BV, ms. 1303, ff. 7–8, orig. aut.

1) *à l'imitation de leur maitresse*, ajouté au-dessus de la ligne; 2) *je ne manquerois pas de faire*, ajouté au-dessus d'une ligne entièrement biffée et d'une première adjonction interlinéaire également biffée, les derniers mots de la ligne raturée étant seuls lisibles: *je n'aurois pas manqué de faire*; 3) *& fut bon* ajouté au-dessus de la ligne; 4) *tout de meme* ajouté au-dessus de la ligne; 5) suivi de *reçoive aussi*; 6) corrigé de *d'* sans que l'apostrophe soit biffé; 7) *aujourdhui qu'elle a* récrit au-dessus de *puisque a present* biffé; 8) *& que* ajouté au-dessus de la ligne; 9) en surcharge sur *faire* et précédé de *peut* biffé; 10) ajouté au-dessus de la ligne; 11) *de dire* ajouté au-dessus de la ligne; 12) récrit au-dessus de *la mere ambos* biffé; 13) en surcharge sur *d'un*; 14) ajouté au-dessus de la ligne; 15) tout ce post-scriptum est écrit en long dans la marge de la première page, qui est nettement plus raturée que la seconde.

1. A la suite de l'affaire de Sedan (voir la lettre 847, note 4), La Fayette, destitué et décrété d'accusation, s'était enfui, mais il fut arrêté le 19 août 1792 par les Alliés, qui le gardèrent prisonnier. Incarcéré d'abord dans la forteresse de Wesel, il fut transféré le 31 décembre 1792 à Magdebourg, où il allait demeurer plus d'un an. En mai 1794, les Prussiens le livrèrent aux Autrichiens, qui l'enfermèrent dans la citadelle d'Olmutz, en Moravie, d'où il ne sortit que le 19 septembre 1797, grâce à une stipulation spéciale du traité de Campoformio. Voir Arnaud CHAFFANJON, *La Fayette et sa descendance*, [Paris], Berger-Levrault, 1976, 106–107.

2. La sage-femme Catherine Ambos née Blaser (voir la lettre 806, note 3).

3. Cette allusion est-elle à rapprocher du 'petit baton' mentionné dans la lettre 903?

4. Marie-Madeleine Ambos, née le 19 novembre 1776.

5. La duchesse du Maine (voir la lettre 789, note 4 et la lettre 791, note 25).

Lettre 912

ETABLISSEMENT DU TEXTE   Neuchâtel, BV, ms. 1303, ff. 12–13, orig. aut. Publ. GODET, II, 233 en note (fragment).

1) *d'auvernier* ajouté au-dessus de la ligne; 2) en surcharge sur *elle*; 3) ajouté au-dessus de la ligne; 4) le *n* ajouté au-dessus de la ligne; 5) ajouté dans la marge; 6) *pour un* en surcharge sur deux mots illisibles; 7) *quelqu'en soit le succès*, ajouté au-dessus de la ligne; 8) suivi de *quelqu'en soit le succès* biffé; 9) précédé de *poitrine* biffé.

COMMENTAIRE

1. Christophe-Henri Ambos, né à Auvernier le 27 mai 1786.

2. Le registre des délibérations de la Communauté d'Auvernier ne contient cependant rien à ce sujet (renseignement de l'administrateur communal d'Auvernier, M. F. Huguenin, du 4 juillet 1980).

3. Madeleine Ambos avait été admise à la sainte Cène à Auvernier, à Noël 1792.

4. Mot neuchâtelois signifiant 'fatras, rebut, vieilleries', et aussi 'désordre, pétaudière', et encore 'racaille, gens de rien' (PIERREHUMBERT, 72).

5. Il fallait bien écrire en effet *vili* ('ces âmes viles') (MG).

6. Voir la lettre 907, note 3.

7. Jean-Pierre Du Pasquier (voir la lettre 896, note 1).

8. S'agirait-il ici du chirurgien Henri Petitpierre (1772–1829), qui pourtant semble avoir résidé à Besançon de 1790 à 1797 (*Biographie neuchâteloise*, II, 215–219)? ou de ce Jean-François-Nicolas Petitpierre, allié Vésian, sur lequel on manque malheuseusement de précisions (voir la lettre 973, note 3)?

9. Soit Heinzely. Cette postière de Neuchâtel n'a malheureusement pas pu être identifiée.

Lettre 913

ETABLISSEMENT DU TEXTE   Neuchâtel, BV, ms. 1303, f. 36, orig. aut.

COMMENTAIRE   A l'époque du séjour d'Henriette L'Hardy à la Grande Rochette, la seule amie à laquelle il arrivait qu'Isabelle de Charrière et Henriette L'Hardy écrivent en même temps était Susette Du Pasquier* à Berlin. Il est souvent question d'elle dans leur correspondance, notamment en janvier 1793. Nous plaçons ce court billet du jeudi 24 janvier 1793, parce que la veille, Isabelle avait déclaré à Henriette : 'Je vais écrire à Mme Du Pasquier et vous envoyer ma lettre ouverte'. Mais on pourrait trouver sans doute une justification pour d'autres samedis de janvier 1793, voire de décembre 1792 ou de février 1793 et la présente datation est de pure hypothèse.

Lettre 914

ETABLISSEMENT DU TEXTE   Neuchâtel, BV, ms. 1387/4, ff. 50–51, orig. aut. Publ. Philippe GODET, 'Madame de Charrière à Colombier d'après des lettres inédites', *MN*, 1886, XXIII, 233–234 (fragment).

1) *du matin*, ajouté dans la marge; 2) en surcharge sur *Roi*; 3) en surcharge sur *fau*; 4) ajouté au-dessus de la ligne; 5) le dernier alinéa est écrit en long dans la partie inférieure de la marge de la seconde page.

COMMENTAIRE

1. Traduit devant la Convention nationale, Louis XVI avait été condamné à mort dans la séance des 16–17 janvier 1793 par 366 voix sur 721 votants. Il fut guillotiné le lundi 21 janvier.

2. Antoine-Joseph Santerre (1752–1809) dirigea l'exécution de Louis XVI en sa qualité de commandant général de la Garde nationale de Paris et s'acquit une réputation de barbarie en faisant rouler le tambour pour couvrir les dernières paroles du condamné.

3. Orthographe fréquente dans les premières années de la Révolution (MG).

4. Louis-Michel Le Pelletier de Saint-Fargeau (1760–1793), secrétaire de la Convention nationale, s'était prononcé pour la mort de Louis XVI dans un discours qui eut beaucoup d'influence. Il fut assassiné le 20 janvier, alors qu'il dînait dans un restaurant du Palais-Royal, par un certain Pâris, ancien garde du corps du roi.

5. Chrétien-Guillaume de Lamoignon de Malesherbes (1721–1794), le principal défenseur de Louis XVI devant la Convention.

6. Elisabeth-Philippine-Marie-Hélène de France (1764–1794), la sœur cadette, et célibataire, de Louis XVI.

7. Lors de l'assaut des Tuileries, le 10 août 1792, Louis XVI s'était réfugié avec sa famille au Manège, sous la sauvegarde de l'Assemblé législative, tandis que les Gardes suisses se faisaient massacrer (voir la lettre 845).

8. Henriette L'Hardy*.

9. S'agirait-il encore de David-Henri Durand (voir O.C., II, lettre 527, note 1)?

10. Voir la lettre 766, note 10.

Lettre 915

ETABLISSEMENT DU TEXTE   Neuchâtel, BV, ms. 1303, f. 21, orig. aut.

1) *de ceux, de* corrigé de *des* et suivi de *decrets* biffé, *ceux* récrit au-dessus de la ligne; 2) précédé de *bâtiser* biffé.

Manifestement écrite à la même époque la lettre précédente, cette lettre-ci ne peut guère dater que du vendredi 1 février 1793.

1. Rosette Roi, l'ancienne servante d'Henriette L'Hardy.

2. Tel n'était pas le cas, puisqu'à la date du 24 janvier 1793, le registre des baptêmes de Neuchâtel indique que 'Mons. Touchon ancien Pasteur de l'Eglise Françoise de Basle a baptisé en chambre Julie Wilhmine comtesse de Brandebourg, née le 4ᶜ dit, fille de Sa Majesté Frederich Guillaume second, Roy de Prusse, & de Madame la Comtesse Sophie Julie Frederique Wilhelmine de Dönhoff' (Neuchâtel, AEN, Baptêmes 1767–1812, p. 333).

3. Antoine Courant (voir la lettre 842, note 4).

Lettre 916

ETABLISSEMENT DU TEXTE   Neuchâtel, BV, ms. 1303, ff. 14–15, orig. aut.

1) Suivi de *les* biffé; 2) suivi de *n'est* biffé; 3) suivi de *lui* biffé; 4) récrit au-dessus du même mot biffé; 5) *à Rosette* ajouté au-dessus de la ligne; 6) suivi d'un mot biffé et difficile à lire; 7) 8) ajouté au-dessus de la ligne; 9) récrit au-dessus de *avoir* biffé.

COMMENTAIRE

1. Jacques-Louis et Susette Du Pasquier★.

2. *Recte* Bischoffwerder (voir la lettre 819, note 5).

3. L'un des domestiques des Charrière (voir *O.C.*, II, lettre 459, note 1).

4. Se démener, 'se remuer' (comme Isabelle de Charrière le dira dans la lettre 936). Le néologisme renforce le mordant de la phrase (MG).

5. 'Littéralement chiffon mouillé, c'est-à-dire individu sans volonté, mou et irrésolu, ou aussi: poltron, poule-mouillée, douillet' (PIERREHUMBERT, 416).

6. Les *Mémoires justificatifs* (1788) de Jeanne de Saint-Rémy de Valois, comtesse de La Motte, qui venaient d'être réédités sous le titre de *Vie et aventures de la cᵗᵉˢˢᵉ de Valois de La Motte, écrites par elle-même*, Londres, 1793.

7. Voir la lettre 760, note 1.

Lettre 917

ETABLISSEMENT DU TEXTE   Neuchâtel, BV, ms. 1303, f. 22, orig. aut.

1) Récrit au-dessus de *n'etoit pas* biffé; 2) *beaucoup plus loin que le devoir* ajouté au-dessus de la ligne; 3) précédé du même mot biffé; 4) précédé de *le* biffé.

COMMENTAIRE   Cette lettre suit manifestement de peu celle du 2 février 1793 et la suite de la correspondance montre qu'elle ne peut être que du mercredi 6 février.

1. Les Du Pasquier★.

2. Antoine Courant et sa femme (voir la lettre 859, note 1).

3. Henriette Monachon★.

Lettre 918

ETABLISSEMENT DU TEXTE   Neuchâtel, BV, ms. 1302, ff. 78–79, orig. aut.

1) *à condition,* *à* ajouté au bout de la ligne, *condition* récrit au-dessus de *il faut* biffé; 2) suivi de *&* biffé; 3) en surcharge sur *ne.*

COMMENTAIRE   La présente lettre, postérieure à celles des 2 et 6 février 1793, antérieure à celles des 8 et 9 février, ne peut dater que du jeudi 7 février.
1. Jacques-Louis Du Pasquier★.
2. Wilhelm et Alphonse (voir les lettres 776, note 4, et 843, note 4).

Lettre 919

ETABLISSEMENT DU TEXTE   Neuchâtel, BV, ms. 1303, f. 5, orig. aut.
1) Suivi d'un mot biffé et illisible; 2) lire *du Roi;* 3) suivi du même mot biffé; 4) lire *direz;* 5) récrit au-dessus de *plus* biffé; 6) ajouté au-dessus de la ligne; 7) le dernier alinéa et la date sont écrits en long dans la marge.

COMMENTAIRE   L'allusion à l'indisposition d'Henriette L'Hardy, dont il est également question dans la lettre du samedi 9 février 1793, permet de dater celle-ci du vendredi 8 février.
1. Henriette Monachon★.
2. Jacques-Louis Du Pasquier★.
3. Wilhelmine Enke (1752–1820), femme (en 1782) du chambellan Johann Friedrich Rietz, avait été de 1770 à 1781 la première maîtresse en titre de Frédéric-Guillaume de Prusse, dont elle avait eu cinq enfants; elle sut conserver la faveur du roi au travers de ses avatars matrimoniaux et fut titrée en avril 1794 comtesse Lichtenau (*ADB,* XVIII, 534–536).

Lettre 920

ETABLISSEMENT DU TEXTE   Neuchâtel, BV, ms. 1303, ff. 18–19, orig. aut. Publ. GODET, I, 500 (fragment).
1) Précédé d'un mot biffé et illisible; 2) *tout à coup &* ajouté dans la marge; 3) *de 6 à 8 ou de 7 à neuf* ajouté au-dessus de la ligne; 4) ajouté au-dessus de la ligne.

COMMENTAIRE
1. Ou plutôt Deleschaut (voir la lettre 595).
2. Chaumont est le nom donné au contrefort du Jura qui domine le lac de Neuchâtel en arrière de la ville même de Neuchâtel.
3. Les Matthieu, à Neuchâtel, sont une famille de pharmaciens.
4. S'agit-il de l'épouse du pasteur Charles-Daniel Vaucher (voir la lettre 860, note 3), Marianne-Charlotte Guyenet, née en 1765? ou d'une simple loueuse de livres?
5. [Elizabeth] INCHBALD, *Lady Mathilde, pour servir de suite à Simple histoire,* trad. de l'anglais, Paris, 1792, 2 vol. (*Bibliographie romanesque,* 92.18).
6. Ceux de Voltaire apparemment (voir la lettre 891, note 3).
7. Guillaume Sandoz, le frère de Mme de Bosset (voir la lettre 897, note 3).

Lettre 921

ETABLISSEMENT DU TEXTE   Neuchâtel, BV, ms. 1333, ff. 19–20, orig. aut. Publ. GODET, II, 47–48 (avec coupures).

COMMENTAIRE   Charles-Lancelot-*Godefroy* de Tribolet (1752–1843), fils de Jean-Frédéric de Tribolet et de Madeleine de Marconnay, était conseiller d'Etat depuis 1781 et chancelier depuis 1787. On lui doit plusieurs bons ouvrages d'histoire locale, notamment une *Description topographique de la juridiction de Neuchâtel* (1827) et une *Histoire de Neuchâtel et Valangin depuis l'avènement de la maison de Prusse jusqu'en 1806* (1846). Voir *Biographie neuchâteloise*, II, 406; *Familles bourgeoises*, 238; *Société du Jardin*, n° 119.

1. Tribolet avait fait partie de la délégation envoyée par le Conseil d'Etat au Locle et à La Chaux-de-Fonds, dès le vendredi 1 février 1793, 'pour aller rétablir la paix aux Montagnes' et il devait en raconter plus tard 'le mauvais succès' dans son *Histoire de Neuchâtel et Valangin depuis l'avènement de la maison de Prusse jusqu'en 1806*, Neuchâtel, Henri Wolfrath, 1846, 294–299.

2. Cet appel allait produire les *Lettres trouvées dans la neige* (GODET, II, 409, n° XIII; *Preliminary bibliography*, n° 13; O.C., X, 223–254).

Lettre 922

ETABLISSEMENT DU TEXTE   Neuchâtel, BV, ms. 1303, f. 23, orig. aut.
1) *ou vraisemblable*, ajouté deux fois dans l'interligne et biffé une fois; 2) *pas du* récrit au-dessus de *pu* biffé; 3) *au Roi* ajouté au-dessus de la ligne; 4) récrit au-dessus de *cette* biffé; 5) ce dernier alinéa est écrit en long dans la marge.

Lettre 923

ETABLISSEMENT DU TEXTE   Neuchâtel, BV, ms. 1303, f. 25, orig. aut.
1) Suivi de *des* biffé; 2) précédé de *ne* biffé; 3) ajouté au-dessus de la ligne.

COMMENTAIRE
1. Charles-Philippe de Bosset (1773–1845), officier dans le régiment de Meuron, plus tard gouverneur de Céphalonie, fondateur d'une fabrique de gants et auteur de diverses publications scientifiques (*Biographie neuchâteloise*, I, 57–59; *Société du Jardin*, n° 239).
2. Charlotte-Julie-Philippine de Bosset (1778–1866), qui épousera en 1799 le magistrat Philippe-Auguste de Pierre (1768–1846).
3. Au sujet des cadeaux du nouvel an.

Lettre 924

ETABLISSEMENT DU TEXTE   Neuchâtel, BV, ms. 1333, ff. 14–15, orig. aut.
1) Lire *ces dames*.

COMMENTAIRE
1. Georges de Montmollin (voir la lettre 714, note 5). On s'imaginait encore à Neuchâtel que le jeune officier aux Gardes suisses n'avait pas été tué le 10 août 1792, lors de l'attaque des Tuileries, mais qu'il se cachait dans Paris.
2. Georges de Chaillet* probablement.
3. A Paris.
4. L'abbé Jean-Antoine Durocher (voir la lettre 711, note 9).

5. Le capitaine Rodolphe de Reding (1761–1792), dit 'le beau Reding', avait réchappé malgré ses blessures à la tuerie du 10 août, mais il fut massacré le 2 septembre suivant dans la prison de l'Abbaye (Wolfgang Friedrich von MÜLINEN, *Das französische Schweizer-Garderegiment am 10. August 1792*, Luzern, Gebrüder Räber, 1892, 131; P. de VALLIERE, *Honneur et fidélité*, Lausanne, Editions d'art suisse ancien, 1940, 634).

6. Julie de Trémauville, sa fille.

7. Emmanuel de Trémauville.

8. Pierre-Bruno-Emmanuel Estièvre de Trémauville (voir la lettre 704, note 7) obtint pourtant d'être radié définitivement de la liste des émigrés le 24 pluviôse an III (12 février 1795) et ses biens ne semblent pas avoir été vendus (M. BOULOISEAU, *Le Séquestre et la vente des biens des émigrés dans le district de Rouen (1792–an X) et Liste des émigrés déportés et condamnés pour cause révolutionnaire dans le district de Rouen (1792–an X)*, Paris, Novathèse, 1937, thèse et thèse compl. Lettres Paris).

9. Air non identifié.

Lettre 925

ETABLISSEMENT DU TEXTE   Neuchâtel, BV, ms. 1303, ff. 26–27, orig. aut.

1) *disant que je croyois* récrit au-dessus de *comme la croyant* biffé; il faut lire *je la croyois*; 2) ajouté au-dessus de la ligne; 3) suivi de *est* biffé; 4) corrigé de *doivent*; 5) *pour eux* ajouté au-dessus de la ligne; 6) suivi d'un mot biffé et illisible 7) suivi de *la* biffé; 8) *ni voulu* ajouté au-dessus de la ligne; 9) récrit au-dessus de *donner* biffé; 10) suivi d'un mot biffé et illisible.

COMMENTAIRE
1. Susette Du Pasquier★.

2. LA FONTAINE, *Fables*, I, 7 ('La Besace'), vers 28–29. On admet généralement que cette fable s'inspire d'Avinius ('La Guenon et Jupiter') et de Phèdre ('Les Vices des hommes') et non pas d'Esope (MG).

3. Les *Mémoires de Voltaire écrits par lui-même* (voir la lettre 920, note 6), qui se trouvaient pourtant dans l'édition des *Œuvres complètes* de Voltaire dite de Kehl, au tome LXX.

Lettre 926

ETABLISSEMENT DU TEXTE   Neuchâtel, BV, ms. 1387/4, ff. 52–53, orig. aut. Publ. Philippe GODET, 'Madame de Charrière à Colombier d'après des lettres inédites', MN, 1886, XXIII, 233 (fragment); GODET, II, 49 (fragment).

1) Ajouté au-dessus de la ligne; 2) suivi du même mot biffé; 3) ajouté au-dessus de la ligne; 4) parenthèse ajoutée dans la marge; 5) suivi de *une petite chose que* biffé; 6) suivi de *amuser* biffé; 7) suivi de *m'envoya* biffé; 8) *je repondis* en surcharge sur *j'ecrivis*; 9) *au matin le petit ecrit* ajouté au-dessus de *il* biffé; 10) 11) ajouté au-dessus de la ligne; 12) *tel jour* ajouté au-dessus de la ligne; 13) *en diligence* ajouté au-dessus de la ligne.

COMMENTAIRE   La chronologie qu'Isabelle de Charrière établit ici à partir de l'appel de Charles-Godefroy de Tribolet (voir la note 3) ne laisse aucun doute sur la date exacte de cette lettre.

1. Son mari?

2. Pour un opéra qui reste malheureusement non identifié (voir la lettre 910, note 4).

3. Lettre 921. La réponse d'Isabelle de Charrière du 11 février ne s'est pas retrouvée, non plus que la seconde lettre de Charles-Godefroy de Tribolet du 12.

4. Il s'agit de la première série (ou livraison) des *Lettres trouvées dans la neige*. La publication allait compter au total dix lettres, réparties en quatre livraisons et dont les dates apparentes s'échelonnent entre le 31 janvier et le 17 avril 1793 (GODET, II, 409; *O.C.*, X, 223–254).

5. On disait au XVIIème siècle 'Loclard', on dit aujourd'hui 'Loclois' (PIERRE-HUMBERT, 331–332).

6. Georges de Rougemont apparemment.

7. Le libraire Louis Fauche-Borel (voir la lettre 669, note 12) qui diffusait les *Lettres trouvées dans la neige*.

Lettre 927

ETABLISSEMENT DU TEXTE   Neuchâtel, BV, ms. 1321, ff. 13–14, orig. aut.

1) Lire *c'est*. Henriette L'Hardy inverse à réitérées reprises les deux consonnes du mot *est*.

COMMENTAIRE   Cette lettre répond manifestement et immédiatement à celle d'Isabelle de Charrière du samedi 16 février 1793.

1. Jacques-Louis Du Pasquier*.

2. Susette Du Pasquier*.

3. A propos de la duchesse du Maine (voir la lettre 878, note 7).

Lettre 928

ETABLISSEMENT DU TEXTE   Neuchâtel, BV, ms. 1303, ff. 28–29, orig. aut.

1) Récrit au-dessus d'un mot taché; 2) la répétition s'explique par le changement de ligne; 3) ajouté au-dessus de la ligne; 4) suivi de *ce* biffé; 5) *de vous* ajouté au-dessus de la ligne, mais au mauvais endroit, car il faut lire *de ne pas parler de vous*; 6) récrit au-dessus de *deuxième* biffé; 7) lire *une*.

COMMENTAIRE
1. Jacques-Louis Du Pasquier*.

2. Dans ses *Mémoires* (voir la lettre 920, note 6).

3. Le jeu de mots prolonge la métaphore; le 20 février (lettre 937), il sera question expressément d'"un fils de M. Courant".

Lettre 929

ETABLISSEMENT DU TEXTE   Neuchâtel, BV, ms. 1321, ff. 46–47, orig. aut.

COMMENTAIRE   La réponse, mieux datée, d'Isabelle de Charrière (lettre 930) permet d'établir la date de la présente lettre avec certitude.

1. Sans doute les trois filles du conseiller d'Etat Georges de Montmollin

(1710–1786) et de Madeleine de Pury (1711–1791), soit Marie-Barbe dite Manette (1738–1812), Albertine (1750–1802) et Henriette (1755–1799) (*Généalogie de la famille Montmollin*, Neuchâtel, impr. Paul Attinger, 1968, 22–23).

Lettre 930

ETABLISSEMENT DU TEXTE   Neuchâtel, BV, ms. 1303, ff. 9–10, orig. aut.

1) *Je ne crois pas, ne* et *pas* ajoutés au-dessus de la ligne; 2) précédé de *n'* biffé; 3) *est obligé* ajouté au-dessus de la ligne; 4) suivi de *& nommement* biffé; 5) corrigé de *les*; 6) récrit au-dessus de *pu croire* biffé; 7) suivi de *ne* biffé; 8) *par vous ou la Ctesse* ajouté au-dessus de la ligne; 9) *ces reclamations* ajouté au-dessus de la ligne; 10) récrit au-dessus de *est* biffé; 11) récrit au-dessus de *etait* biffé; 12) *J'ai prié* en surcharge sur deux mots illisibles.

COMMENTAIRE   Le 17 février 1793 tombait bien un dimanche.

1. Nombreuses sont les dates de l'année où l'apôtre Jean était fêté, sans parler des autres saints de ce nom, ni de saint Jean-Baptiste (A. GIRY, *Manuel de diplomatique*, Paris, Hachette, 1894, 296). A Neuchâtel, la Saint-Jean tombait le 24 juin et correspondait donc à la nativité de Saint-Jean-Baptiste.

2. Henriette Monachon*.

3. Dans l'édition dite de Kehl, les *Œuvres complètes* de Voltaire comptaient 70 volumes (les deux volumes de tables ne seront publiés qu'en 1801) et dans l'édition de Bâle 71 volumes (voir la lettre 636, note 4).

Lettre 931

ETABLISSEMENT DU TEXTE   Neuchâtel, BV, ms. 1321, ff. 9–10, orig. aut., sur papier gris-bleu.

1) Lire *à l'ordinaire*; 2) lire *censée*; 3) lire *qu'elle sut*.

COMMENTAIRE   Cette lettre répond manifestement et immédiatement à celle d'Isabelle de Charrière du dimanche 17 février 1793 à 7 h. du soir.

Lettre 932

ETABLISSEMENT DU TEXTE   Neuchâtel, BV, ms. 1321, ff. 60–61, orig. aut., sur papier mauve.

COMMENTAIRE

1. Voir la lettre 928, note 3.

2. La lettre précédente.

3. Le tome des *Œuvres complètes* de Voltaire contenant ses *Mémoires* apparemment.

4. Voir la lettre 843, note 1.

5. Jacques-Louis Du Pasquier*.

6. Il doit s'agir de Franziskus Urs Joseph Viktor Wilhelm von Roll von Emmenholz (1743–1815), qui avait quitté le service de France en 1790 (Ludwig Rochus SCHMIDLIN, *Genealogie der Freiherren von Roll*, Solothurn, Buch- und Kunstdruckerei 'Union', 1914, 162–167).

7. Si l'hypothèse de la note précédente est exacte, cet oncle ne peut être que Franziskus Joseph Diethelm von Roll (1708–1793) (*ibid.*, 197–198).

Lettre 933

ETABLISSEMENT DU TEXTE Lausanne, BCU, fonds Constant II, 34/I, I f., orig. aut.
I) Deux mots ont été raturés ici par une main postérieure, on pourrait restituer peut-être *Votre duc*; 2) lire *n'est*; 3) lire *alineas*; 4) ajouté au-dessus de la ligne.

COMMENTAIRE
1. Cette phrase répond au dernier alinéa de la lettre de Benjamin Constant du Ier janvier 1793 (n° 905).
2. La première livraison des *Lettres trouvées dans la neige*.
3. *Op. cit.*, page II, ligne 10.
4. Page 12, lignes 13–14.
5. Page 14, lignes 16–18. La phrase de trop est la suivante: 'aujourd'hui qu'on est venu à mettre sa gloire dans des fureurs insensées'. Etait-ce un excès de zèle de Fauche-Borel?
6. Les habitants des 'Montagnes' neuchâteloises (PIERREHUMBERT, 376).
7. Le mois précédent, Dumouriez, qui commençait à pratiquer une politique personnelle, avait entamé des tractations avec les émigrés. Mais le Ier février, la Convention avait déclaré la guerre à la Grande-Bretagne et aux Pays-Bas. Le 22, elle devait décider la levée de 300.000 hommes et le Ier mars, les troupes impériales allaient prendre l'offensive en Belgique (MG).

Lettre 934

ETABLISSEMENT DU TEXTE Neuchâtel, BV, ms. 1321, ff. 62–63, orig. aut., sur papier bleuté.
I) Lire *s'est*.

COMMENTAIRE La réponse d'Isabelle de Charrière (lettre 935) fixe sans conteste la date de la présente lettre.
1. Un service de coiffeuse (MG).
2. Le père d'Henriette L'Hardy, François-Nicolas L'Hardy, décédé le 27 juillet 1788, avait été receveur de Neuchâtel et de la Côte (1749), puis de Colombier et d'Auvernier (1754), de Rochefort et de Boudevilliers (1767), de Valangin enfin (*La Famille Lardy*, [Neuchâtel], 1909, 182).
3. Jonas-Henri Rossel-Debély (voir la lettre 874, note 3).
4. Il doit s'agir ici de Suzanne Girard (†1800), la veuve de Pierre Debély (voir la lettre 815, note 4).
5. Voir la lettre 928, note 3.

Lettre 935

ETABLISSEMENT DU TEXTE Neuchâtel, BV, ms. 1302, ff. 89–90 et ms. 1303, f. 30, orig. aut.
I) *avant laquelle trop tard avertie elle ne pourra trouver*, récrit au-dessus de plusieurs

mots biffés et illisibles; 2) en surcharge sur un mot illisible, *les* ajouté au-dessus de la ligne; 3) *je pretendois aplanir* récrit au-dessus de *j'aplanissois* biffé; 4) récrit au-dessus de *que* biffé; 5) note écrite en long dans la marge de la deuxième page; 6) suivi de *avoir* biffé; 7) *le sort, le* ajouté au-dessus de la ligne, *sort* en surcharge sur un mot illisible; 8) 9) ajouté au-dessus de la ligne; 10) suivi de *si ayant été prise* biffé; 11) suivi d'un mot biffé et illisible; 12) récrit au-dessus de *on* biffé; 13) ajouté au-dessus de la ligne; 14) récrit au-dessus de *d'* biffé; 15) corrigé de *insensensibilité*.

COMMENTAIRE

1. Rosette Roi.
2. Voir la lettre 793, note 2.
3. Henriette Monachon★.
4. David de Pury, le maire de la Côte (voir O.C., II, lettre 527, note 6).
5. Cette graphie pour *Pérou* ne doit pas être considérée comme un jeu de mots.
6. Lettre 931.
7. Lettre 932.

Lettre 936

ETABLISSEMENT DU TEXTE Neuchâtel, BV, ms. 1303, ff. 31–33, orig. aut. Publ. GODET, I, 461 (fragment).

1) *je vis* récrit au-dessus de *&* biffé; 2) ajouté au-dessus de la ligne; 3) en surcharge sur un mot illisible; 4) corrigé de *ils*; 5) corrigé de *au*; 6) ajouté au-dessus de la ligne; 7) en surcharge sur *ne*, suivi de *devoit pas* biffé; 8) suivi de *dedomager* biffé; 9) ajouté au-dessus de la ligne; 10) récrit au-dessus de *m'assure* biffé; 11) *l'a pas partagé, l'a* en surcharge sur *le, pas* ajouté au-dessus de la ligne, *partagé* en surcharge sur *partagea* et suivi de *pas* biffé; 12) *elle dit que j'ai* récrit au-dessus de quelques mots biffés et illisibles; 13) récrit au-dessus de *a* biffé; 14 *disoit-elle* ajouté au-dessus de la ligne; 15) récrit au-dessus de *ıᵉ* biffé; 16) *de plus* ajouté au-dessus de la ligne; 17) récrit au-dessus de *cela* biffé; 18) *& mes esperances* ajouté au-dessus de la ligne.

COMMENTAIRE

1. Voir la lettre 916, note 4.
2. 'Cotonnade' n'apparaîtra qu'une trentaine d'années plus tard, dans le *Dictionnaire universel* de Boiste (MG).
3. Jacques-Louis Du Pasquier★.
4. Voir la lettre 932, note 6.
5. Voir la lettre 843, note 1.
6. Jacques-Louis Du Pasquier★ encore.
7. La Rietz (voir la lettre 919, note 3).
8. Variation sur le qualificatif du chevalier 'sans peur et sans reproche' (MG).

Lettre 937

ETABLISSEMENT DU TEXTE Neuchâtel, BV, ms. 1303, ff. 46–47, orig. aut.

1) Ajouté au-dessus de la ligne; 2) suivi de *pas* biffé; 3) suivi de *pas* biffé; 4) suivi

de plusieurs mots biffés et illisibles; 5) ajouté au-dessus de la ligne; 6) *n'a* ajouté au-dessus de la ligne; 7) ajouté au-dessus de la ligne; 8) *le fut ou* ajouté au-dessus de la ligne; 9) lire *une*; 10) *aussi; c'etoit* ajouté au-dessus de la ligne; 11) précédé de *mais* biffé; 12) à partir des mots suivants, la fin de la lettre est écrite en long dans la marge de la troisième page.

COMMENTAIRE   Le 20 février 1793 est bien un mercredi.
1. La lettre 934.
2. Voir la lettre 928, note 3.

Lettre 938

ETABLISSEMENT DU TEXTE   Neuchâtel, BV, ms. 1321, ff. 58–59, orig. aut., sur papier mauve.

COMMENTAIRE   Cette lettre répond manifestement à celle d'Isabelle de Charrière du mercredi 20 février 1793.
1. Les Illuminés (voir la lettre 795, note 2).
2. La Rietz.
3. Jacques-Louis Du Pasquier*.
4. Louis de Marval (voir *O.C.*, II, lettre 459, note 3).
5. La petite comtesse von der Mark, née le 29 février 1780.

Lettre 939

ETABLISSEMENT DU TEXTE   Neuchâtel, BV, ms. 1303, ff, 70–71, orig. aut.
1) 2) Ajouté au-dessus de la ligne; 3) lire *à un certain moment* ou *à un certain point*; 4) en surcharge sur *une*; 5) *avec en argent* récrit au-dessus de plusieurs mots biffés et illisibles; 6) ajouté à l'extrémité de la ligne; 7) ajouté au-dessus de la ligne; 8) suivi de *pas* biffé; 9) *que je receus hier* ajouté au-dessus de la ligne.

COMMENTAIRE   Cette lettre fait manifestement suite à celle d'Henriette L'Hardy du jeudi 21 février 1793.
1. Sur les allées de Colombier, dont la plantation remontait à 1657 et dont il a déjà été question dans la lettre 441, voir [Louis] GUILLAUME, 'Notice sur les promenades publiques [...] dans le canton de Neuchâtel', *MN*, 1869, VI, 79–84).
2. Fête ancestrale qui se célébrait le premier dimanche du Carême, surtout en terre fribourgeoise (PIERREHUMBERT, 77). On en trouve une description dans Joseph VOLMAR, 'Us et coutumes d'Estavayer', *Archives suisses des traditions populaires*, 1902, VI, 92–100.
3. Voir la lettre 929, note 1.
4. Voir la lettre 760, note 1.
5. Celle du 19 février sans doute (n° 934).
6. Susette Du Pasquier*.

Lettre 940

ETABLISSEMENT DU TEXTE   Neuchâtel, BV, ms. 1303, f. 20, orig. aut.
1) Suivi de *jusq* biffé.

COMMENTAIRE   Le développement de l'odyssée de Rosette Roi ne laisse aucun doute sur la date de cette lettre.

1. Un domestique de la comtesse de Dönhoff (voir la lettre 887, note 3).
2. Voir la lettre 932, note 6.
3. Le seul adulte de ce nom était alors Louis Lardy (1743–env. 1818), allié De la Coste, propriétaire de l'hôtel de l'Ours à Neuchâtel (*La Famille Lardy*, [Neuchâtel], 1909, 94).

Lettre 941

ETABLISSEMENT DU TEXTE   Neuchâtel, BV, ms. 1321, ff. 56–57, orig. aut., sur papier rose.

COMMENTAIRE   Cette lettre répond manifestement et immédiatement à celle d'Isabelle de Charrière du samedi 23 février 1793 au matin.

1. Jacques-Louis Du Pasquier*.
2. Meuron (voir la lettre 843, note 1).
3. Elisabeth L'Hardy (1721–1813).
4. Le plus âgé des oncles célibataires d'Henriette L'Hardy, Jonas-Pierre Rossel (1748–1809), n'avait que 45 ans.

Lettre 942

ETABLISSEMENT DU TEXTE   Neuchâtel, BV, ms. 1321, ff. 54–55, orig. aut., sur papier rose.

COMMENTAIRE   Cette petite lettre répond manifestement à celle d'Isabelle de Charrière du samedi 23 février 1793 'matin ou midi' (n° 940).

Lettre 943

ETABLISSEMENT DU TEXTE   Neuchâtel, BV, ms. 1321, ff. 11–12, orig. aut., sur papier bleuté.

COMMENTAIRE   La réponse d'Isabelle de Charrière, qui est du mercredi 27 février 1793, permet de dater la présente lettre avec certitude.

1. Jacques-Louis Du Pasquier*.

Lettre 944

ETABLISSEMENT DU TEXTE   Neuchâtel, BV, ms. 1317, ff. 49–50, orig. aut. Publ. GUYOT, *Du Peyrou*, 205 (fragment).

COMMENTAIRE   Dans les années où Du Peyrou fut en correspondance avec Isabelle de Charrière, le 25 février ne tomba un lundi qu'en 1788 et 1793. Mais en 1788, Garat était encore un inconnu.

1. Joseph-Dominique Garat (1749–1833) dirigea le ministère de la Justice du 9 octobre 1792 au 19 mars 1793. La supplique qu'Isabelle de Charrière lui adressa en faveur de Marie-Antoinette ne s'est malheureusement pas retrouvée.

2. Marie-Antoinette évidemment, qui est nommée plus bas 'Madame Antoinette'.

3. Louis de Marval sans doute (voir O.C., II, lettre 459, note 3).

4. La maison de Bicêtre, située hors des fortifications de Paris, sur la commune de Gentilly, abritait à la fois un hospice et une prison.

5. Jean-Jacques-François Vaucher (1748–1825), qui entra dans la société Pourtalès & Cie en 1776 et devint en 1796 le principal associé de la maison Vaucher Du Pasquier & Cie (renseignement des AEN, Neuchâtel).

Lettre 945

ETABLISSEMENT DU TEXTE   Neuchâtel, BV, ms. 1321, ff. 66–67, orig. aut., sur papier rose.

1) Lire *s'y*; 2) lire *si*.

COMMENTAIRE   Cette lettre fait manifestement suite à celle du 25 février 1793.

1. Il s'agit sans doute de la maison que la comtesse de Dönhoff, malgré la mise en garde d'Isabelle de Charrière, avait louée 'au Fauxbourg, près du jardin du Cercle' (voir les lettres 851, 857 et 859) et que le présent passage permet d'identifier avec la maison sise au Faubourg du Lac n° 4, qui avait appartenu au 'maître des Clés' Abraham Mota († 1777).

Lettre 946

ETABLISSEMENT DU TEXTE   Neuchâtel, BV, ms. 1303, ff. 54–55, orig. aut.

1) Lire *être au moins*; 2) date écrite en long dans la partie inférieure de la marge.

COMMENTAIRE   Durant le séjour de la comtesse de Dönhoff à la Grande Rochette, les seuls mercredis 27 furent ceux de février et de mars 1793, mais le 27 mars 1793 est impossible, car il n'est plus question alors du voyage d'Italie.

1. Jacques-Louis Du Pasquier★.

Lettre 947

ETABLISSEMENT DU TEXTE   Neuchâtel, BV, ms. 1303, f. 66, orig. aut.

1) *ses pensées sont changées* récrit au-dessus de *son cœur est abattu comment* biffé, sauf *son* qui par inadvertance n'a pas été raturé; 2) suivi de *ne pas* biffé; 3) la répétition est dans le ms; 4) lire *toute*.

COMMENTAIRE   Cette lettre répond manifestement à celle d'Henriette L'Hardy du mercredi 27 février 1793.

1. Comme dans l'*Esther* de Racine (I, I; III, III).

Lettre 948

ETABLISSEMENT DU TEXTE   Neuchâtel, BV, ms. 1308, ff. 24–25, orig. aut.

COMMENTAIRE   Nous datons ce texte de mars 1793 dans la présomption que les Lettres dont il est question ici sont les premières *Lettres trouvées dans la neige*.
1. Les *Lettres choisies* de Guy Patin ont eu plusieurs éditions de 1683 à 1725.

Lettre 949

ETABLISSEMENT DU TEXTE   Neuchâtel, BV, ms. 1321, ff. 42–43, orig. aut., sur papier bleuté.

COMMENTAIRE   Durant tout le mois de mars 1793, l'évolution et la discussion des projets de voyage de la comtesse de Dönhoff permettent de dater avec certitude les lettres échangées entre Isabelle de Charrière et Henriette L'Hardy.
1. Hérisau, dans le canton d'Appenzell.

Lettre 950

ETABLISSEMENT DU TEXTE   Neuchâtel, BV, ms. 1303, f. 62, orig. aut., déchirure en tête. Publ. GODET, I, 500 (fragment).
1) Ajouté au-dessus de la ligne; 2) parenthèse ajoutée au-dessus de la ligne; 3) en surcharge sur *desiroit*; 4) suivi du même mot biffé; 5) cet alinéa est écrit en long dans la marge; 6) phrase écrite tête-bêche dans le blanc supérieur de la page.

COMMENTAIRE   Cette lettre répond manifestement à celle d'Henriette L'Hardy du samedi 2 mars 1793.
1. Schwytz.
2. Ce médecin de Rapperswil était apparemment Johann Anton *Fidel* Fuchs (1734–1796) (*DHBS*, III, 285).
3. Probablement Johann Ulrich Wetter (1741–1806), fabricant de mousselines et vice-landammann de 1793 à 1796.
4. Frédéric Molles (1759–1839), diacre au Val-de-Travers, fondateur en 1793 d'une maison d'éducation à Couvet; il était originaire en effet de Bex, où son père Pierre-Gédéon Molles († 1782) avait été justicier et curial (Jean-Pierre CHUARD, 'Plan d'études d'un institut neuchâtelois à la fin du XVIIIᵉ siècle', *MN*, 1965, 3ᵉ sér., II, 34–37).
5. Charles-Emmanuel de Charrière avait visité sinon Schwytz, du moins Gersau, au cours de son excursion en Suisse centrale de 1785 (voir *O.C.*, II, lettre 568, commentaire général).

Lettre 951

ETABLISSEMENT DU TEXTE   Neuchâtel, BV, ms. 1317, ff. 51–52, orig. aut.

COMMENTAIRE   Le 3 mars 1793 était bien un dimanche.
1. Voir la lettre 666, note 4.

2. Le Breton doit être ce Joseph-François Le Gualès que nous allons bientôt revoir (voir la lettre 966, note 8) et son hôte n'est autre que le prince de Montbarey (voir la lettre 805, note 2).

3. Cet alinéa et le suivant semblent se rapporter à Georges de Montmollin, le jeune officier neuchâtelois tombé aux Tuileries le 10 août 1792 (voir la lettre 714, note 5). Dans ce cas, l'oncle paternel ne peut être que l'indienneur et négociant Jean-Henri de Montmollin (1743–1832), allié de Brun, ou le colonel Georges de Montmollin (1753–1818) (*Généalogie de la famille Montmollin*, Neuchâtel, impr. Paul Attinger, 1968, 23; *Société du Jardin*, nos 67 et 173). L'oncle maternel est Frédéric de Luze (1758–1837) (voir *O.C.*, II, lettre 545, note 2), désigné plus bas par ses initiales. Pour Vaucher, voir la lettre 944, note 5.

4. Non identifié.

5. Lire sans doute *Rougemont*. Il doit s'agir ici de l'un des neveux du banquier neuchâtelois de Paris Denis de Rougemont (voir la lettre 803, note 10).

6. Lire Frédéric de Luze. La lettre suivante révèle qu'il avait été en effet confondu avec son neveu.

7. Allusion non élucidée.

8. La France avait déclaré la guerre à l'Angleterre et aux Pays-Bas le 1er février 1793. Entrée en campagne au milieu de février, l'armée de Dumouriez avait occupé rapidement Geertruidenberg et Breda, mais la résistance de Maestricht permit aux troupes autrichiennes d'arriver à la rescousse et le général Miranda dut lever le siège dans la nuit du 2 au 3 mars (Arthur CHUQUET, *Les Guerres de la Révolution*, V : *La trahison de Dumouriez*, Paris, Léopold Cerf, 1891, ch. I : 'L'Expédition de Hollande').

9. Le contre-amiral Laurent-Jean-François Truguet (1752–1839) tenta sans succès, au cours de l'hiver 1792–1793, d'attaquer Cagliari et de débarquer en Sardaigne.

10. Jean-Lambert Tallien (1767–1820) avait présenté en effet le 25 février 1793 au Comité de sûreté générale un rapport décrivant Lyon comme un dangereux foyer d'intrigues contre-révolutionnaires, si bien que la Convention nationale décida 'd'y rétablir l'ordre' (Edouard HERRIOT, *Lyon n'est plus*, Paris, Hachette, 1937, I, 189–191).

Lettre 952

ETABLISSEMENT DU TEXTE   Neuchâtel, BV, ms. 1303, f. 69, orig. aut. Publ. GODET, I, 500 (court fragment).

1) *par Iverdun* ajouté au-dessus de la ligne; 2) *au milieu du* récrit au-dessus *sur le* biffé; 3) *en de ça* ajouté au-dessus de la ligne; 4) *vous arranger* ajouté au-dessus de la ligne; 5) en surcharge sur *l'*; 6) parenthèse ajoutée au-dessous de la ligne; 7) *n'est* ajouté au-dessus de la ligne; 8) souligné deux fois dans le ms.; 9) à partir de ce mot, la fin de la lettre est écrite en long dans la marge.

COMMENTAIRE   Cette lettre fait manifestement suite à celle du dimanche 3 mars 1793.

1. L'*Union*, 'une des meilleures auberges de tout le pays' (J. G. EBEL, *Manuel du voyageur en Suisse*, 2de éd., Zurich, Orell, Fussli et Compagnie, 1810, II, 278–279). Elle avait porté auparavant l'enseigne de l'Ours (Jean RUMILLY, *L'Enchantement de Bex-les-Bains*, Lausanne, Spes, 1942, 6–7 et pl. VI).

2. Ces indications correspondent rigoureusement à ce que le *Dictionnaire de l'Académie* mentionnera en 1798: '*Conséquent*. Qui raisonne, qui agit conséquemment. *Cet homme est conséquent dans ses discours, dans sa conduite*'. Dans le *Dictionnaire universel* de Boiste (1800), *conséquent*, au sens de 'considérable, important', figurera comme 'barbarisme' (MG).

3. Adjectif emprunté au vocabulaire du jeu ('cartes marquantes'). En 1798, l'Académie admettra qu'on le dit des personnes et des choses au sens de 'qui marque, qui se fait remarquer': '*une idée marquante, une couleur marquante*' (MG).

Lettre 953

ETABLISSEMENT DU TEXTE   Neuchâtel, BV, ms. 1321, ff. 18–19, orig. aut., sur papier bleuté.

COMMENTAIRE   Cette lettre répond manifestement à celle d'Isabelle de Charrière du lundi matin 4 mars 1793.

1. Dans le *Don Quichotte* de Cervantès. Le passage n'a pas été localisé.

2. 'On dit que tous les efforts qu'on a faits pour réussir quelque chose *n'ont fait que blanchir*, pour dire que tous les efforts qu'on a faits ont été inutiles' (*Dictionnaire de l'Académie*) (MG).

Lettre 954

ETABLISSEMENT DU TEXTE   Neuchâtel, BV, ms. 1303, f. 65, orig. aut.

1) *à Bex* ajouté au-dessus de la ligne; 2) en surcharge sur *les* et suivi de *deux* biffé; 3) *l'aspect* précédé de *l'aspede* biffé; 4) récrit au-dessus de *passe* biffé; 5) *l'inconvénient* récrit au-dessus de *le danger* biffé; 6) suivi de *fait qu'on* biffé.

COMMENTAIRE   Cette lettre fait manifestement suite à celles des 3 et 4 mars 1793.

1. On compte une trentaine de km. de route entre Vevey et Bex.

2. '*Bigoterie, bigotisme*. Le premier exprime l'éfet de l'hypocrisie, de la fausse dévotion; le second, le caractère du faux dévot' (abbé FERAUD, *Dictionnaire critique de la langue française*, Marseille, Jean Mossy, 1787, I, 275). – Le canton de Zoug était catholique.

3. Voir la lettre 860, note 4.

4. Le libraire Louis Fauche-Borel (voir la lettre 669, note 12).

5. Voir la lettre 860, note 5.

Lettre 955

ETABLISSEMENT DU TEXTE   Neuchâtel, BV, ms. 1317, ff. 53–54, orig. aut. Publ. GUYOT, *Du Peyrou*, 205 et 206 (fragments).

COMMENTAIRE   Le 5 mars 1793 tombait bien un mardi.

1. Voir la lettre 951, note 3.

2. Non identifié, de même que 'notre milanois' plus bas.

3. Rougemont (voir la lettre 951, note 5).

4. Voir la lettre 960, note 1.

Lettre 956

ETABLISSEMENT DU TEXTE   Neuchâtel, BV, ms. 1387ter, pièce 42, 2 ff., orig. aut.
1) Lire s'adapter.

COMMENTAIRE   En tête de la première page du ms., une annotation au crayon de Ph. Godet indique que cette lettre non signée pourrait être de Mme de Montrond, suggestion particulièrement malheureuse puisque l'écriture de Mme de Montrond est toute différente (voir Neuchâtel, BV, ms. 1337, f. 1), que Mme de Montrond n'est pas connue pour avoir séjourné à Hamm (voir la lettre 705, note 13) et que rien dans le texte ne postule que cette lettre soit écrite par une femme.
– Hamm, petite ville de Westphalie, était à cette époque l'asile du comte d'Artois, les Charrière comptaient dans l'entourage du comte d'Artois un cher et ancien ami en la personne du marquis de Serent* (voir O.C., II, lettre 340, note 4): on pouvait donc présumer que celui-ci était l'auteur de la présente lettre. Mais cette présomption se change en certitude quand on remarque que Serent avait épousé Bonne-Félicité-Marie de Montmorency-Luxembourg en janvier 1754 (REVEREND, VI, 245) et qu'il était donc marié depuis 39 ans, comme le précise justement le second alinéa de la lettre.
1. Il s'agit évidemment de deux noms convenus, qui pourraient bien être ceux du marquis et de la marquise de Serent eux-mêmes.
2. Le mot était à la mode. Il apparaîtra dans le Dictionnaire de l'Académie en 1798 et Louis-Sébastien Mercier le reprendra dans sa Néologie en 1801 (MG).
3. Sa propre épouse apparemment, dont on sait qu'elle était demeurée à Paris.

Lettre 957

ETABLISSEMENT DU TEXTE   Neuchâtel, BV, ms. 1303, f. 37, orig. aut.
1) Ajouté au-dessus de la ligne; 2) Mrs Canac ajouté dans la marge; 3) à partir de pour des gens ajouté entre la dernière ligne et le bas de la page en caractères serrés, leurs jambes écrit en long dans le bas de la marge; 4) alinéa écrit en long dans la partie supérieure de la marge.

COMMENTAIRE

1. Le Châtelard, au-dessus de Montreux, appartenait alors à la famille Bondeli (MOTTAZ, I, 390).
2. Le château de Blonay, au-dessus de Vevey, appartenait alors à Rodolphe de Graffenried (MOTTAZ, I, 242).
3. Guillaume-Louis Mercier (1763–1814), ancien officier aux Gardes suisses à Paris, venait d'épouser le 18 décembre 1792 Louise dite Lisette de Saussure-Bercher (1763–1845) (Généalogies vaudoises, III, 171). Le 'château' de Chardonne, au-dessus de Vevey, appartenait alors aux Watteville (MOTTAZ, I, 363), à qui les Mercier l'avaient peut-être loué.
4. Ou plutôt Hauteville, qui avait été bâti par Pierre-Philippe Cannac (1705–1785) allié Huber, dont les trois fils Jacques-Philippe Cannac de Saint-Légier allié Tassin (1731–1808), Isaac-André Cannac de Saint-André (1735–1795) et Jean-Louis Cannac d'Hauteville allié Grand (1740–1815) l'habitèrent mais dont l'aîné seul hérita (MOTTAZ, I, 833; [Frédéric GRAND D'HAUTEVILLE], Le Château d'Hauteville et la baronnie de St-Légier et La Chiésaz, Lausanne, Spes, 1932).

Lettre 958

ETABLISSEMENT DU TEXTE   Neuchâtel, BV, ms. 1321, ff. 52–53, orig. aut., sur papier mauve.
1) Lire *s'use*.

COMMENTAIRE   Cette lettre répond à celles d'Isabelle de Charrière des mardi 5 et mercredi 6 mars 1793.
1. De l'abbé Barthélemy (voir la lettre 645, note 16).
2. William ROBERTSON, *Histoire d'Ecosse sous les règnes de Marie Stuart et de Jacques VI*, 1764. Une nouvelle traduction avait paru en 1785. L'original anglais, *History of Scotland*, datait de 1759.
3. Ce roman de Roland Le Vayer de Boutigny (1659) fut réimprimé plusieurs fois à partir de 1770 (*Bibliographie romanesque*, 70.R43).

Lettre 959

ETABLISSEMENT DU TEXTE   Neuchâtel, BV, ms. 1303, f. 39, orig. aut.
1) Récrit au-dessus de *trouvent* biffé; 2) *de* en surcharge sur *des, maux* lire *mots*; 3) précédé de *ni beauté* biffé; 4) lire *c'est* 5) 6) ajouté au-dessus de la ligne; 7) lire *martyr*; 8) à partir de ce mot, la fin de la lettre est écrite en long dans la marge; 9) précédé de *Buff* biffé; 10) *dans votre exil* ajouté au-dessus de la ligne.

COMMENTAIRE
1. C'est seulement sous la Restauration que le *Dictionnaire* de Boiste mentionne ce sens, tout en indiquant qu'il correspond à un usage abusif (MG).
2. Voir à ce sujet F. GOHIN, *Les Transformations de la langue française pendant la deuxième moitié du XVIIIe siècle (1740–1789)*, Paris, Belin frères, 1903, 51–52.
3. Il faut comprendre: *a joué au fameux, au persécuté*. La Vénérable Classe des Pasteurs de Neuchâtel avait délibéré de cette affaire dans sa séance du 6 mars 1793 et voici comment son registre en parle (AEN, Manuel de la Vén. Classe, XIV, 368–369): 'On a fait lecture d'une lettre de Monsieur [Louis de] Marval Chatelain du Landeron et Ministre du Roy de Prusse auprès du Corps Helvetique, datée de Berne le 16e fevrier adressée à Monsieur [David] Dardel vice Doyen, contenant la Copie d'une lettre du Roi datée de Francfort sur le Mein le [en blanc] par laquelle le Roy demande l'enrégistrement du nom de la jeune Contesse de Brandebourg dans les livres de l'Eglise, dont le batème a été administré en chambre par Monsieur le Ministre Touchon, en témoignant sa surprise de ce qu'on fait des difficultés sur cet enrégistrement, et en ajoutant les lignes qui suivent, et qui sont de la main même de sa Majesté: «Si j'avois été informé plus tot des formes une «fois établies à Neuchatel à cet égard l'on se seroit reglé après, puisqu'il est juste «et raisonable de suivre la forme etablie dans le païs qu'on habite; c'est l'ignorence «entiere à ce sujet qui est l'unique cause de ce petit different.» La Compagnie informée seulement dans cet instant de tout ce qui a eut raport au batème de la jeune Contesse de Brandebourg, et après avoir entendu Messieurs du Ministère de la Ville, sur la direction par eux donnée à Monsieur le Ministre Touchon, a été extremement surprise que le Roi parut mécontent, & pû croire qu'on avoit fait quelque difficulté à cet égard; Elle a pris en conséquence la résolution de

s'adresser directement au Roi pour l'informer positivement de tout ce qui s'etoit passé, & lui aprendre que la Compagnie n'ayant été informée de cette affaire que par la lecture de la Copie de la lettre de Sa Majesté adressée à Monsieur Marval, communiquée, et lue, dans son assemblée de ce jour, elle n'a pu susciter aucune difficulté: La Compagnie a déplus chargé Monsieur le Doyen de remercier Sa Majesté de la déclaration qu'elle a bien voulut faire de son intention constente a proteger les formes établies dans notre païs, et a maintenir nos usages'.

4. De David Hume (voir la lettre 860, note 4).

5. L'une des traductions du *Spectator* de Joseph Addison et Richard Steele.

Lettre 960

ETABLISSEMENT DU TEXTE   Neuchâtel, BV, ms. 1317, ff. 55–56, orig. aut.

COMMENTAIRE

1. Les lettres III et IV des *Lettres trouvées dans la neige* formant la *Suite de la Correspondance d'un François et d'un Suisse* (GODET, II, 409).

2. Personnage mis en scène aux pages 12–15 de la *Suite*.

3. Denis de Rougemont apparemment (voir la lettre 951, note 5).

4. Son secrétaire (voir la note 6 de la lettre 649).

5. La déclaration du Ministre de la Guerre relative à la prise de Breda (voir la lettre 951, note 8) se trouve à la fin du *Moniteur* du vendredi 1er mars 1793 (p. 280, troisième col.).

Lettre 961

ETABLISSEMENT DU TEXTE   Neuchâtel, BV, ms. 1303, ff. 40–41, orig. aut. Publ. GODET, I, 501–502 (fragments).

1) Récrit au-dessus de deux ou trois mots biffés et difficiles à lire; 2) *Demi-Reine* en surcharge sur *Sa Majesté*; 3) suivi de *n'y* biffé; 4) les chiffres *1o*, *2o*, *3o*, *4o*, 5 et 6 sont ajoutés au-dessus de la ligne; 5) suivi de 7 biffé; 6) après ces points de suspension la fin de la lettre est écrite en caractères serrés au bas de la page, la date dans la marge.

COMMENTAIRE

1. Guillaume Sandoz (voir la lettre 759, note 8). Il demeura célibataire.

2. Charles-Abel de Bosset (voir la lettre 857, note 3).

3. Voir la lettre 958, note 3.

4. Samuel RICHARDSON, *Clarisse Harlowe*, trad. par [Pierre] Le Tourneur, Genève, Paul Barde [etc], 1785–1786, in–8, 10 vol. Les planches sont du fameux Chodowiecki. Cette édition illustrée fut réimprimée en 1788 dans le format in–12 (*Bibliographie romanesque*, 85.41).

5. L'esclave devenue la maîtresse, puis la favorite, puis l'épouse du sultan Soliman II.

6. La baronne de Staal-Delaunay (voir la lettre 789, note 4).

7. Cottendart (voir la lettre 835, note 3).

8. L'abbaye de Fontaine-André (voir la lettre 842, note 3).

9. Par ses *Mémoires* (voir la lettre 925, note 3).

ETABLISSEMENT DU TEXTE Neuchâtel, BV, ms. 1303, ff. 63–64, orig. aut. Publ. GODET, I, 498–499 (fragment).

1) Suivi de *à passer outre* biffé; 2) en surcharge sur *&*; 3) en surcharge sur *dis*; 4) *un pli parmi ces Messieurs, pli* corrigé de *plis, parmi ces Messieurs* ajouté au-dessus de la ligne; 5) *& son mauvais cœur* ajouté au-dessus de la ligne; 6) le changement de ligne explique la répétition; 7) suivi du même mot biffé; 8) *qu'il a* ajoute au-dessus de la ligne; 9) *qu'au* en surcharge sur *que, le* resté non biffé; 10) ajouté au-dessus de la ligne; 11) *a peu près tout* ajouté au-dessus de la ligne; 12) ajouté au-dessus de la ligne.

COMMENTAIRE Cette lettre fait manifestement suite à celle du samedi 9 mars terminée le lundi 11 au matin (lettre 961).

1. Samuel Fabry, membre du Petit Conseil depuis 1790, remplissait les fonctions d'"enregisteur des baptêmes, mariages et morts', dont il devait se démettre à fin 1793 (Archives anciennes de la Ville de Neuchâtel, Manuel du Conseil de Ville, XXIX, 384, à la date du 23 décembre 1793).

2. Samuel-David Bonhôte (1739–1823), pasteur à Boudry dès 1782, doyen de la Vénérable Classe en 1787–1789, 1792–1794 et 1807–1809 (Suzanne STELLING-MICHAUD, *Le Livre du Recteur de l'Académie de Genève (1559–1878), Notices biographiques des étudiants*, Genève, Droz, 1966, II, 256).

3. Le mot semble désigner ici Louis de Marval, 'ministre' du Roi de Prusse.

4. Isabelle de Charrière allait écrire et publier en août 1793 des *Lettres trouvées dans des porte-feuilles d'émigrés*, mais cet ouvrage n'était point encore commencé et il doit s'agir ici des *Lettres trouvées dans la neige*.

5. Louise de Marval (voir la lettre 766, note 10).

6. Alphonse de Sandoz-Rollin*.

7. C'est-à-dire la réponse de la Vénérable Classe des Pasteurs au Roi de Prusse (voir la lettre 959, note 3).

8. Montreux.

9. Ce nom est tout à fait inconnu dans la région. Y aurait-il là un *lapsus* pour Glérolles (voir la lettre 630, note 12)?

10. Antoine Courant et sa femme (voir la lettre 859, note 1).

Lettre 963

ETABLISSEMENT DU TEXTE Neuchâtel, BV, ms. 1321, ff. 77–80, orig. aut. 1) Lire *parce que*; 2) lire *un peu peur*.

COMMENTAIRE Cette lettre répond manifestement à celle d'Isabelle de Charrière du lundi 11 mars 1793.

1. Les deux enfants de Charles-Abel et Régine de Bosset-Sandoz étaient Charles-Philippe et Charlotte-Julie-Philippine (voir la lettre 923, notes 1 et 2).

2. Les filles de Jean-Frédéric de Pierre (1735–1800) allié de Chambrier: Charlotte-Henriette-Philippine (1766–1840) et Louise-Philippine (1770–1849).

3. Les filles de Samuel de Merveilleux (1725–1786) allié Poncier: Julie-Charlotte (1767–1836) et Marie-Esther (1769–1824).

4. *Jouer à la raisonnable, faire la raisonnable* (MG).

5. Expression romanesque typique, qu'on trouve par exemple dans les *Effets surprenants de la sympathie* de Marivaux (MG).

6. La fille de Frédéric-Guillaume II de Prusse, Frédérique-Charlotte-Ulrique-Catherine de Prusse (1767–1820), épouse de Frédéric-Auguste, duc d'York, second fils du roi George III d'Angleterre.

7. Anne-Madeleine L'Hardy (1719–1795), épouse du pasteur Guillaume Vuilleumier (1723–1791).

8. Antoine Courant.

9. Touchon toujours (voir la lettre 738, note 1).

Lettre 964

ETABLISSEMENT DU TEXTE   Neuchâtel, BV, ms. 1303, f. 42, orig. aut. Publ. GODET, I, 502–503 (courts fragments).
1) *qui vous divertiront* ajouté au-dessus de la ligne; 2) ajouté au-dessus de la ligne; 3) lire *à la fois*; 4) *les ayant lues* ajouté au-dessus de la ligne; 5) lire *avez*.

COMMENTAIRE
1. Le frère de Mme de Bosset-Sandoz (voir la lettre 759, note 8).

2. Henri-Louis de Bosset dit 'Bosset des Gardes' (voir *O.C.*, II, lettre 441, note 7).

3. Anne-Marie-Louise-Henriette d'Orléans, duchesse de Montpensier, dite 'la Grande Mademoiselle', dont les *Mémoires* (1728) furent souvent rééditées au XVIIIᵉ siècle (*Bibliographie romanesque*, 54.R36).

4. Graphie usuelle à l'époque pour celui que nous appelons aujourd'hui Montaigne.

5. Les *Lettres trouvées dans la neige*.

Lettre 965

ETABLISSEMENT DU TEXTE   Neuchâtel, BV, ms. 1303, ff. 67–68, orig. aut., déchirure due au décachetage.
1) Suivi de *au* biffé; 2) *de Francfort* ajouté au-dessus de la ligne; 3) précédé de *mais* biffé; 4) suivi de *tems que j'ai nommé* biffé; 5) corrigé de *trouve*; 6) précédé de l'*enrge* biffé; 7) ajouté au-dessus de la ligne; 8) *au* ajouté au-dessus de la ligne; 9) *auroit haussé, auroit* ajouté au-dessus de la ligne, *haussé* en surcharge sur *haussa*.

COMMENTAIRE   Cette lettre est manifestement écrite le même jour que celle du 13 mars 1793, qui est bien un mercredi.
1. Antoine Courant.

2. Voir la lettre 959, note 3.

3. *Chi va piano va sano* – mais Isabelle de Charrière traduit plutôt ici le proverbe équivalent latin *Festina lente*.

Lettre 966

ETABLISSEMENT DU TEXTE   Neuchâtel, BV, ms. 1317, ff. 57–58, orig. aut. Publ. GODET, II, 26 (court fragment); GUYOT, *Du Peyrou*, 206 (autre fragment).

1) La répétition est dans l'original; 2) lire *dans la*; 3) graphie ancienne pour *sustenter* (MG).

COMMENTAIRE
1. Au sens d'*éclaircissement* (MG).
2. Frédéric de Luze (voir la lettre 951, note 3).
3. Non identifiée.
4. Jean-Frédéric Ostervald (voir la lettre 756, note 15).
5. Il pourrait s'agir d'Henri-François Pury (1755–1829), teneur de livres chez les banquiers de Rougemont à Paris (Hugues JEQUIER, Jaques HENRIOD et Monique de PURY, *La Famille Pury, 21 tableaux généalogiques*, Neuchâtel, Caisse de famille Pury, 1972, tabl. D¹ XVI).
6. Georges de Montmollin (voir la lettre 924, note 1).
7. Pourtalès & Cie, apparemment.
8. Le jeune officier breton Joseph-François Le Gualès (Lamballe 12 août 1769 – Rotenburg 24 mars 1796) avait émigré dans la Principauté de Neuchâtel, où il séjourna jusqu'en avril 1794 (GODET, II, 33, note 1).
9. Voir la lettre 951, note 8.
10. L'Académie admettra en 1798 *extravasion*, du verbe *extravaser*, ou *s'extravaser* qui ne se disait proprement 'que du sang et des humeurs, ou du suc des plantes, qui sortent des veines et de leurs vaisseaux ordinaires [...] et qui se répandent où ils ne doivent pas être' (MG).

Lettre 967

ETABLISSEMENT DU TEXTE   Neuchâtel, BV, ms. 1321, f. 81, orig. aut.

COMMENTAIRE   Cette lettre répond manifestement à celles d'Isabelle de Charrière du mercredi 13 mars 1793.
1. Touchon et Marval (voir la lettre 959, note 3).
2. Franz Josef Andermatt (1739–1795), ancien major au service de Sardaigne, Landammann du canton de Zoug de 1792 à 1794 (Franz HOTZ, 'Andermatt von Baar, ein Beitrag zur Familiengeschichte', *Heimatbuch Baar*, 1954, 3–11, n° 7).
3. Ou plutôt Baar, 'grande commune du canton de Zoug, située dans la fertile plaine qu'on nomme *Baarer-Boden*, sur le grand chemin entre Zurich et Zoug' (J. G. EBEL, *Manuel du voyageur en Suisse*, 2de éd., Zurich, Orell, Fussli et Compagnie, 1810, II, 176). – La famille Andermatt y possédait la maison *im Sternen* (ou *Sternenhof*), construite par le père de Franz Josef Andermatt, le Landammann Johann Jakob Andermatt (1708–1791).
4. Sur l'histoire des postes zougoises, voir Leonz SCHMID, 'Zug, Postgeschichtlicher Rückblick [etc.]', PTT *Zeitschrift/Revue des PTT/Rivista PTT*, 1951, II, 162–164.
5. On compte une trentaine de km. par la route actuelle.

Lettre 968

ETABLISSEMENT DU TEXTE   Neuchâtel, BV, ms. 1321, ff. 64–65, orig. aut., sur papier mauve.
1) Lire *ses*; 2) lire *(n'est-ce pas cela?)*; 3) lire *que quelque soit le changement qui arrive, il leur sera.*

COMMENTAIRE   La réponse d'Isabelle de Charrière du 15 mars 1793 ne laisse aucun doute sur la date de cette lettre, qui répond elle-même à celle du 13 (voir la note 2).

1. *Histoire secrete de la Cour de Berlin*, Londres, Patersonne, 1789, II 87: 'Un vieux comte (Lendorf) doux comme Philinthe, serviable comme Bonneau, flatteur déhonté, rapporteur infidele & calomniateur au besoin'. Nous n'avons pas eu le loisir d'identifier ce comte de Lehndorff.

2. La lettre 964.

3. LA FONTAINE, *Fables*, IX, 8: 'Un octogénaire plantait...'.

4. *Ibid.*, X, 1 ('L'Homme et la Couleuvre'). En voici la moralité:
'Si quelqu'un desserre les dents,
C'est un sot. – J'en conviens: mais que faut-il faire?
Parler de loin, ou bien se taire'.

5. La première livraison des *Lettres trouvées dans la neige*.

6. La deuxième livraison des *Lettres trouvées dans la neige* (lettres III et IV).

7. Guillaume Sandoz (voir la lettre 759, note 8).

8. Rêver d'amour et de mariage (MG).

9. Cottendart.

10. Non identifiée. On ne trouve aucune dame Perregaux (*Familles bourgeoises*, 171) qui soit apparentée à Mme de Bosset-Sandoz.

11. Henri-François L'Hardy (voir la lettre 859, note 4).

12. Au chap. XIX de *Candide*, Martin est présenté par Voltaire comme un 'pauvre savant' (MG).

Lettre 969

ETABLISSEMENT DU TEXTE   Neuchâtel, BV, ms. 1303, f. 43, orig. aut. Publ. GODET, I, 501 (fragment).
1) *que lorsqu'il fut demandé* récrit au-dessus de *que* biffé; 2) ajouté au-dessus de la ligne; 3) *que je vous ai dit*, ajouté au-dessus de la ligne; 4) suivi de *en effet* biffé; 5) à partir de *Non, non* jusqu'ici, ajouté entre les lignes; 6) récrit au-dessus de *comprises* biffé; 7) lire *difficultés*; 8) lire *a faites*; 9) corrigé de *gouvernent*; 10) *pour moi* ajouté au-dessus de la ligne.

COMMENTAIRE
1. Johann Caspar Lavater (voir la lettre 834, note 1).
2. Franziska Romana von Hallwyl (1758–1836), dernière représentante de la branche autrichienne et comtale de la famille, épouse du capitaine Abraham Johann von Hallwyl (1746–1780), de la branche suisse. Le 'roman' de sa mise au couvent, de son enlèvement et de sa vie conjugale est raconté par A. E. FROHLICH, 'Franziska Romana von Hallwyl, eine Erzählung', *Schweizerisches Jahrbuch für 1857*, Zürich, Friedrich Schulthess, 1856, 7–74.
3. Les châteaux de Hallwil et de Habsbourg sont situés l'un au nord, l'autre au sud de Lenzbourg, dans l'actuel canton d'Argovie, à l'ouest de Zurich.
4. François-Louis Dardel (1731–1797), 'pasteur du vendredi' à Neuchâtel dès 1790.
5. *Faire son important, jouer à l'important* (MG).
6. Voir la lettre 838, note 1.
7. Rien ne paraît s'être conservé de la correspondance échangée entre Isabelle de Charrière et Philippine-Régine de Bosset-Sandoz.

Lettre 970

ETABLISSEMENT DU TEXTE   Neuchâtel, BV, ms. 1317, ff. 59–60, orig. aut. Publ. GUYOT, *Du Peyrou*, 209 (fragment).

COMMENTAIRE

1. Voir la lettre 966, note 8.

2. Les proclamations imprimées de la Municipalité de Paris étaient nombreuses à cette époque; à la fin de février 1793, il en avait paru plusieurs sur la cherté des vivres, une autre contenait un appel aux armes (Maurice TOURNEUX, *Bibliographie de l'histoire de Paris pendant la Révolution française*, Paris, Imprimerie nouvelle, 1894, II, 108–109).

3. La messagère de Colombier (voir la lettre 764, note 1).

4. *Les Chefs des quatre Bourgeoisies de Neuchâtel, Landeron, Boudry et Valangin, à leurs associées les communautés, et à leurs concitoyens de la Principauté de Neuchâtel et Valangin*, [s.l.], 1793, in–8, 23 p. Le texte est daté du 12 mars 1793.

5. Henriette Monachon*.

6. Pierre de Riel de Beurnonville (1752–1821) avait été nommé ministre de la Guerre le 8 février 1793. Le vendredi 8 mars 1793, il avait donné lecture à la Convention nationale de trois dépêches provenant des généraux engagés aux Pays-Bas, relatives notamment au siège de Maastricht (*Moniteur* du samedi 9 mars 1793).

Lettre 971

ETABLISSEMENT DU TEXTE   Neuchâtel, BV, ms. 1321, ff. 90–91, orig. aut.

COMMENTAIRE   Cette lettre répond manifestement à celle d'Isabelle de Charrière du 15 mars 1793.

1. Voir la lettre 923, note 1.

2. La comtesse de Dönhoff*.

3. On connaît au moins une vingtaine d'estampes différentes représentant le supplice de Louis XVI sur la Place de la Révolution, le 21 janvier 1793 (*Bibliothèque Nationale, Département des estampes, Un siècle d'histoire de France par l'estampe, 1770–1871, Collection de Vinck, inventaire analytique*, par Marcel AUBERT et Marcel ROUX, Paris, Imprimerie Nationale, 1921, t. III, nos 5153–5199bis).

4. Il ne peut guère s'agir ici que de l'opuscule intitulé *Nous sommes bien, tenons-nous y. C'est le sentiment d'un Montagnard*, [s.l.], 1793, in–8, 110 p. Son auteur cependant n'était pas Samuel de Chambrier (voir O.C., II, lettre 530), mais le capitaine et châtelain du Val-de-Travers Samuel Monvert (1745–1803) (*Biographie neuchâteloise*, II, 117–118).

5. Voir la lettre 860, note 11.

Lettre 972

ETABLISSEMENT DU TEXTE   Neuchâtel, BV, ms. 1303, ff. 44–45, orig. aut. Publ. E.-H. GAULLIEUR, *Etude sur l'histoire littéraire de la Suisse française, particulièrement dans la seconde moitié du XVIIIe siècle*, Genève, Ch. Gruaz, J. Cherbuliez/Paris, Joël Cherbuliez, 1856, 169 (fragment); GODET, I, 503 (autre court fragment).

1) *possède* précédé de *y* biffé, *chez C!* ajouté dans la marge; 2) en surcharge sur *des*; 3) récrit au-dessus de *sur* biffé; 4) suivi de *trop* biffé; 5) suivi de *aussi* biffé; 6) ajouté au-dessus de la ligne; 7) *et comme d'une* récrit au-dessus de trois mots biffés et illisibles; 8) *votre lettre* ajouté en tête de la troisième page, au-dessus de la ligne, le premier *votre* est écrit à la fin de la deuxième page; 9) récrit au-dessus de *quand* biffé; 10) ce dernier alinéa est écrit en long dans la partie inférieure de la marge de la troisième page.

COMMENTAIRE

1. Des oublies.
2. La sage-femme Catherine Ambos (voir la lettre 806, note 3).
3. Catherine Ambos allait donner naissance le 13 juin 1793 à une petite fille qui reçut les prénoms de Frederika Henriette et dont Henriette Monachon* fut la marraine (AEN, Registre des baptêmes d'Auvernier, 1640–1823, à la date du 22 juin 1793). Le 'monstre' dont il est question ensuite était donc un enfant qu'elle avait accouché en sa qualité de sage-femme (et non pas son propre enfant).
4. Rosette Roi, l'ancienne servante d'Henriette L'Hardy.
5. Ce journal de Caroline de Sandoz-Rollin* ne semble pas s'être conservé malheureusement.
6. Voir la lettre 970, note 4.
7. Les *Lettres trouvées dans la neige*.
8. Personnage des *Lettres trouvées dans la neige* (voir la lettre 960, note 2).
9. Sur ce chapeau destiné à Rosette Roi, voir les lettres 939 et 941.
10. Les *Mémoires* de Voltaire (voir la lettre 925, note 3).
11. LA FONTAINE, *Fables*, IV, 6 ('L'Ane et le petit Chien'), vers 1.
12. *Fables*, II, 11 ('Le Lion et le Rat'), vers 1.
13. *Fables*, I, 2 ('Le Corbeau et le Renard'), vers 14–15.

Lettre 973

ETABLISSEMENT DU TEXTE   Neuchâtel, BV, ms. 1317, ff. 61–62, orig. aut. Publ. GUYOT, *Du Peyrou*, 206–207 (fragment).

COMMENTAIRE

1. Non identifié.
2. Voir la lettre 951.
3. Jean-François-Nicolas Petitpierre (né à Couvet en 1754), médecin et chirurgien. Il avait épousé une Vésian, mais on ne connaît ni la date de son mariage (hors de Neuchâtel), ni le prénom de sa femme, ni l'identité de sa belle-mère.
4. Le comte Alexander van Bylandt (1743–1819) allait être interné puis jugé le 4 juin 1793 pour avoir capitulé trop précipitamment à Breda (H. HARDENBERG, *Oostduin en de graven van Bylandt*, Den Haag, Kruseman, 1976, 20–23).
5. Heusden est situé sur un des bras de la Meuse, à l'ouest de Bois-le-Duc.
6. Tandis que la popularité et les ambitions du général Dumouriez commençaient à porter ombrage à la Convention, la contre-attaque des armées coalisées de l'Autriche, de la Prusse et des Provinces-Unies allait aboutir le 18 mars 1793 (le jour même où la présente lettre fut écrite) à la bataille de Neerwinden, qui fit perdre à la France révolutionnaire tout ce que la bataille de Jemappes lui avait fait

gagner quatre mois plus tôt (Arthur CHUQUET, *Les Guerres de la Révolution*, V: *La Trahison de Dumouriez*, Paris, Léopold Cerf, 1891, chap. II–III; Arthur CHUQUET, *Dumouriez*. Paris, Hachette, 1914, chap. XVI–XVII).

7. Georges de Montmollin encore une fois?

Lettre 974

ETABLISSEMENT DU TEXTE   Neuchâtel, BV, ms. 1387ter, pièce 29, 2 ff., orig. aut.

COMMENTAIRE   Joseph-Siffrède Duplessis (1725–1802), établi à Paris dès 1752, avait été sous Louis XVI l'un des peintres les plus cotés. Il fit plusieurs portraits de Marie-Antoinette, il fit aussi ceux de Gluck, de Benjamin Franklin, de la princesse de Lamballe, etc. (Jules BELLEUDY, *J.-S. Duplessis, peintre du Roi, 1725–1802*, Chartres, Durand impr., 1913). Charles-Emmanuel de Charrière s'était fait peindre par lui en août 1771, lors de son voyage de noces à Paris (*O.C.*, II, lettre 401, note 2).

1. Duplessis était né à Carpentras, où une rue porte aujourd'hui son nom.

2. On possède en effet une lettre où Duplessis expose, en février 1792 déjà, son projet d'expatriation à Gênes (BELLEUDY, *op. cit.*, 189–191).

3. Antoine van Dyck. 'On appelle couramment Duplessis le Van Dyck de l'Ecole française' affirme Jules Belleudy (*op. cit.*, 1).

4. Duplessis avait fait en pendant les deux portraits de Jacques et de Suzanne Necker, qui avaient été exposés avec un vif succès au Salon de 1783 et qui sont conservés aujourd'hui au château de Coppet (BELLEUDY, *op. cit.*, 109–112).

5. En fait, Duplessis s'établit dès l'année suivante à Villeneuve-lès-Avignon (BELLEUDY, *op. cit.*, 192).

6. La lettre de Duplessis est parvenue à destination, puisqu'elle est conservée aujourd'hui dans un fonds qui provient d'Isabelle de Charrière, mais la réponse, s'il y en eut une, ne s'est pas retrouvée.

7. Sans doute Paul-Narcisse-Eugène d'Andrée (1758–1840) (*DBF*, II, 970–971).

Lettre 975

ETABLISSEMENT DU TEXTE   Neuchâtel, BV, ms. 1321, ff. 84–85, orig. aut.

COMMENTAIRE   Cette lettre répond manifestement à celle d'Isabelle de Charrière du lundi 18 mars 1793 et elle a certainement été écrite le même jour.

Lettre 976

ETABLISSEMENT DU TEXTE   Neuchâtel, BV, ms. 1317, ff. 63–66, orig. aut. Publ. GUYOT, *Du Peyrou*, 207 (court fragment).

1) Lire *quote-part*.

COMMENTAIRE

1. Probablement cette messagère de Colombier appelée ailleurs 'la femme du pain'.

2. Joseph-François Le Gualès (voir la lettre 966, note 8).

3. Village neuchâtelois où les Montbarey habitaient une maison appartenant à Du Peyrou (voir la lettre 808, note 8).

4. Le libraire Jean-Jacques-Samuel Bechet (1759–1798).

5. Grande commune située au-dessus de Colombier et de Bôle. Tout cet alinéa, volontairement sybillin, semble être relatif encore à Georges de Montmollin et aux démarches suscitées par le fallacieux espoir de le retrouver vivant.

6. Voir la lettre 951, note 7.

7. Nous ne voyons pas à quoi ces trois ou quatre dernières phrases font allusion.

8. Non identifiée.

9. Suite au décret du 22 février qui ordonnait la levée de 300.000 hommes, et qui allait être à l'origine du soulèvement de la Vendée (MG).

10. Le Conseil général de la Commune de Paris avait convoqué pour le samedi 9 mars les représentants des 48 sections de la capitale pour leur notifier l'effectif du contingent que chacune d'elles allait devoir fournir dans le cadre de la nouvelle levée de 300.000 hommes décrétée le 24 février précédent.

11. Vue parfaitement exacte : la lutte entre Girondins et Montagnards allait commencer dès le début du mois suivant (MG).

12. Voir la lettre 973, note 6.

lettre 977

ETABLISSEMENT DU TEXTE   Neuchâtel, BV, ms. 1317, ff. 67–68, orig. aut., déchirure.

COMMENTAIRE   Cette lettre fait manifestement suite à celles des 18 et 19 mars 1793 et il faut bien admettre que Du Peyrou, pour une fois, a commis une erreur de date, puisque le 21 mars 1793 est un jeudi. La suite de la correspondance montre indubitablement que la présente lettre est du mercredi 20 mars.

1. Ce billet transmis par Jean-Frédéric de Chaillet* ne s'est pas retrouvé.

2. Voici la première apparition de l'émigré français Camille de Malarmey de Roussillon (1769–1805 ?) qui, avec son frère Pierre de Roussillon, va prendre une grande place dans la correspondance subséquente d'Isabelle de Charrière, comme on le verra au tome suivant.

3. Le prince de Condé.

4. Voir la lettre 970, note 4.

5. Le libraire-imprimeur Louis Fauche-Borel, diffuseur des *Lettres trouvées dans la neige.*

Lettre 978

ETABLISSEMENT DU TEXTE   Neuchâtel, BV, ms. 1321, ff. 68–69, orig. aut., sur papier mauve.

1) Lire *parce que celle.*

COMMENTAIRE   La réponse d'Isabelle de Charrière, datée du 21 mars 1793, permet de placer sans risque d'erreur la présente lettre au mercredi 20 mars.

1. Ou plutôt Baar (voir la lettre 967, note 3).

2. Lisette Ambos (voir la lettre 806, note 2).

Lettre 979

ETABLISSEMENT DU TEXTE   Neuchâtel, BV, ms. 1325, ff. 53–54, orig. aut.

COMMENTAIRE   Le séjour de Thérèse Forster-Heyne à Saint-Aubin, d'où cette lettre est apparemment écrite, date du printemps 1793. Mais le 21 mars, cette année-là, tombait un jeudi.
1. Aucune des deux lettres d'Isabelle de Charrière mentionnées ici ne s'est retrouvée.
2. Frédéric Berthoud*.
3. Therese Heyne (1764–1829), épouse en premières noces de Georg Forster (1754–1794) et en secondes noces, comme on le verra amplement dans le tome suivant, de Ludwig Ferdinand Huber (1764–1804). Laissant son illustre époux faire la révolution à Mayence, Therese Forster s'était retirée à Strasbourg, puis en Suisse, au début de 1793 (Ludwig GEIGER, *Therese Huber, 1764 bis 1829, Leben und Briefe einer deutschen Frau*, Stuttgart, J. G. Cotta, 1901, 78–79).
4. Henriette Monachon*.
5. Servante non identifiée.
6. Ce prénom est si rare qu'il est possible d'identifier celle qui le portait: il ne peut guère s'agir que de Déodate-Françoise de Rougemont (1748–1814), l'une des onze filles de François-Antoine III de Rougemont, allié de Montmollin.

Lettre 980

ETABLISSEMENT DU TEXTE   Neuchâtel, BV, ms. 1303, f. 48, orig. aut.
1) *comme vous faites* récrit au-dessus de *ainsi* biffé; 2) lire *qu'elle*; 3) suivi de *quo* biffé; 4) *-ce* ajouté au-dessus de la ligne; 5) récrit au-dessus de *votre* biffé.

COMMENTAIRE
1. La lettre 978.
2. Lisette Ambos.
3. L'édition dite de Kehl des *Œuvres complètes* de Voltaire (voir la lettre 925, note 3).

Lettre 981

ETABLISSEMENT DU TEXTE   Neuchâtel, BV, ms. 1317, ff. 69–70, orig. aut. Publ. GUYOT, *Du Peyrou*, 205 et 207 (fragments).

COMMENTAIRE   Le 21 mars 1793 tombait bien un jeudi.
1. Non identifié.
2. Le comte de Provence et le comte d'Artois, les deux frères cadets de Louis XVI.
3. Le royaume du Pont, sur la côte méridionale du Pont-Euxin ou Mer Noire. En fait, c'était sur les bords de la mer d'Azov que Catherine II avait offert au prince de Condé des terres 'pour y établir une colonie aussi nombreuse que je le voudrais', selon les termes du *Journal d'émigration du Prince de Condé, 1789–1795*, publ. par le Comte de Paris, Paris, Georges Servant, 1924, 356 (à la date du 14 janvier 1793).
4. Au lendemain de l'exécution de Louis XVI, le comte de Provence avait pris le titre de Régent vu 'la minorité de Louis XVII'.

Lettre 986

ETABLISSEMENT DU TEXTE   Neuchâtel, BV, ms. 1303, ff. 49–50, orig. aut.
1) Suivi d'un mot biffé et illisible; 2) à partir de ce mot, la fin de la lettre est écrite
en long dans la marge; 3) ajouté au-dessus de la ligne.

COMMENTAIRE
1. Les lettres des 18, 22 et 22–23 mars 1793.
2. Rosette Roi.
3. Il pourrait bien s'agir ici, selon la suggestion d'Alfred Schnegg, de la tante de
Caroline de Sandoz-Rollin*, Louise de Chambrier (1742–1807), qui habitait à Bôle
une maison qu'elle avait fait bâtir en 1785 et qui existe encore rue du Temple n° 27
(COURVOISIER, II, 346).
4. Voir la lettre 919, note 3.

Lettre 987

ETABLISSEMENT DU TEXTE   Neuchâtel, BV, ms. 1303, ff. 51–52, orig. aut.
1) Précédé de le biffé; 2) 3) ajouté au-dessus de la ligne; 4) corrigé de J'ai; 5) ce
dernier alinéa est écrit au crayon sur la quatrième page, tête-bêche avec l'adresse.

COMMENTAIRE   Le 25 mars 1793 était bien un lundi.
1. Henriette Monachon*.
2. On dirait aujourd'hui ses mensurations (MG).

Lettre 988

ETABLISSEMENT DU TEXTE   Neuchâtel, BV, ms. 1313, ff. 9–10, orig. aut. Publ.
RUDLER, Jeunesse, 406. Cf. RUDLER, Bibliographie, n° 134.
Sur la page d'adresse, Isabelle de Charrière a tracé ces lignes: 'semble[1]   /dont
elles rendent la course/rapide./Et les heures ces/rapides [mesureuses/du tems][2]
vous feront/feront souvenir en/courant de notre amour/comme de notre indus-
trie/de la vie qui passe/& de l'usage[3] qu'en doit faire un/'. A la gauche de ce texte,
elle a écrit encore: 'Ra'.
1) Mot répété au-dessus de la ligne et suivi d'un ou deux mots difficiles à lire; 2)
ces trois mots ont été biffés ensuite; 3) Rudler a lu l'image.

COMMENTAIRE
1. Voir la lettre 1000, note 1.

Lettre 989

ETABLISSEMENT DU TEXTE   Neuchâtel, BV, ms. 1321, ff. 16–17, orig. aut.

COMMENTAIRE   Cette lettre répond manifestement à celle d'Isabelle de Charrière
du lundi 25 mars 1793 et ne peut dater que de ce même jour.
1. Voir la lettre 874, note 3.
2. Caroline de Sandoz-Rollin*.
3. Pour Rosette Roi (voir la lettre 972).

Lettre 990

ETABLISSEMENT DU TEXTE   Neuchâtel, BV, ms. 1393, f. 53, orig. aut.
1) En surcharge sur un mot illisible et suivi d'un mot biffé également illisible;
2) lire *gobelets*; 3) trou, lire peut-être *l'entendu*; 4) en surcharge sur *Indienne*;
5) *ne croyoit* en surcharge sur *n'avoit, pas* suivi de *vu* biffés; 6) lire *il n'y a*; 7) note
écrite en long dans l'angle inférieur gauche de la page; 8) le dernier alinéa et la
date sont écrits en long dans la marge.

COMMENTAIRE
1. Bischoffwerder (voir la lettre 819, note 5). «L'homme» est Antoine Courant
bien sûr.
2. Le roi de Prusse Frédéric-Guillaume II (voir la lettre 901, note 1).
3. On reconnaît là l'exclamation prêtée à Julianne dans les *Lettres neuchâteloises*
(voir O.C., II, lettre 553, note 1).
4. Touchon, Marval, Courant.
5. Non identifiée.

Lettre 991

ETABLISSEMENT DU TEXTE   Neuchâtel, Archives de Chambrier, 2 ff., orig. aut.
Publ. GODET, II, 55 (fragment).
1) Lire *que vous*; 2) *la Cour Sarde* en surcharge sur *Turin*; 3) 4) ajouté au-dessus
de la ligne; 5) suivi de deux lettres illisibles biffées; 6) ajouté au-dessus de la
ligne; 7) à partir de ce mot, la fin de la lettre est écrite en long dans la marge; 8)
ajouté au-dessus de la ligne.

COMMENTAIRE
1. Non retrouvée.
2. C'est-à-dire françaises ou autrichiennes.
3. La prise des Tuileries et les massacres dans les prisons de Paris.
4. Les *Lettres trouvées dans la neige*.
5. Voir la lettre 970, note 4.
6. Voir la lettre 971, note 4.

Lettre 992

ETABLISSEMENT DU TEXTE   Neuchâtel, collection Théophile Bringolf, 2 ff., orig.
aut. Fac-similé dans GODET, I, 479.

COMMENTAIRE
1. Pourboire. Le mot apparaît fréquemment en Suisse romande sous sa forme
francisée de *tringuelte, tringuelde* (PIERREHUMBERT, 621).

Lettre 993

ETABLISSEMENT DU TEXTE   Neuchâtel, BV, ms. 1321, ff. 82–83.

COMMENTAIRE   Cette lettre fait manifestement suite aux deux lettres d'Henriette L'Hardy des 25 et 26 mars 1793.
1. Jonas-Henri Rossel (voir la lettre 874, note 3).
2. Catherine Ambos (voir la lettre 806, note 3).
3. Henry-Louis et Marie-Constance de Bosset-van Berck (voir la lettre 791, note 21).

Lettre 994

ETABLISSEMENT DU TEXTE   Neuchâtel, BV, ms. 1303, ff. 56–57, orig. aut.
1) *m* en surcharge sur *vous*; 2) en surcharge sur un mot illisible; 3) en surcharge sur *Lisette*; 4) *se defendre a tout prix* récrit au-dessus de *crier* biffé; 5) lire *l'écrirai*; 6) en surcharge sur *ma*; 7) *Elle n'a* en surcharge sur des mots illisibles.

COMMENTAIRE
1. Dans sa lettre du 26 mars 1793 (n° 990).
2. Des 25 et 26 mars 1793 (n° 989).
3. Du 27 mars 1793 (n° 992).
4. Henriette Monachon★.
5. Caroline de Sandoz-Rollin★ et sa mère Salomé de Chambrier.

Lettre 995

ETABLISSEMENT DU TEXTE   Neuchâtel, BV, ms. 1303, ff. 58–59; orig. aut.
1) En surcharge sur *des*; 2) lire *le vrai moyen*; 3) *tout de suite* ajouté au-dessus de la ligne; 4) lire *qu'à elles*; 5) *après l'avoir lu*, ajouté au-dessus de la ligne.

COMMENTAIRE
1. Trait d'ironie à l'égard de la favorite déchue. On disait 'populairement': 'C'est un réchappé de la potence' (MG).
2. [Jean-Benoît SCHERER], *Anecdotes intéressantes et secrètes de la cour de Russie*, Londres et Paris, Buisson, 1792, in-12, 6 vol. (MONGLOND, II, 699–700).

Lettre 996

ETABLISSEMENT DU TEXTE   Neuchâtel, BV, ms. 1321, ff. 88–89, orig. aut.

COMMENTAIRE   Cette lettre répond manifestement et immédiatement à celles d'Isabelle de Charrière du jeudi 28 mars 1793.
1. Un fils de David-François Bonhôte allié L'Hardy.
2. Voir la lettre 815, note 4.

Lettre 997

ETABLISSEMENT DU TEXTE   Neuchâtel, BV, ms. 1303, ff. 60–61, orig. aut.
1) *dans la journée* ajouté au-dessus de la ligne; 2) précédé de *surfa* raturé et biffé; 3) corrigé de *cette*; 4) lire *que je*.

1. Celle du 28 mars 1793 au soir.

2. Sans doute la troisième série ou livraison des *Lettres trouvées dans la neige*, comprenant les lettres V–VII, datées des 19–24 mars 1793 (GODET, II, 408).

3. Courant (voir la lettre 842, note 4).

Lettre 998

ETABLISSEMENT DU TEXTE   Neuchâtel, BV, ms. 1317, ff. 73–74, orig. aut. Publ. GUYOT, *Du Peyrou*, 207 et 208 (fragments).

1) Lire *contrerevolutionnaire*.

COMMENTAIRE

1.

2. *La Vedette ou Journal du Département du Doubs*, qui parut à Besançon du 8 novembre 1791 au 12 janvier 1795, à raison de deux ou trois numéros par semaine (Besançon, Bibliothèque Municipale, Pér. Comtois 6093). Son rédacteur principal était Claude-Ignace Dormoy (1759–1845) (voir Marcel VOGNE, *La Presse périodique en Franche-Comté des origines à 1870*, Vanves, chez l'auteur, 1978, III, 64–96, notice n° 44).

3. Ce numéro du jeudi 21 mars 1793 contient en effet un long rapport du ministre de la Justice Joseph-Dominique Garat sur les mesures prises 'pour la découverte des conspirateurs' des 9 et 10 mars, ainsi que la lettre adressée au président de la Convention par le ministre des Affaires étrangères Pierre-Marie-Henry Tondu dit Lebrun-Tondu à propos des 'cruautés' éprouvées par les Français en Espagne.

4. La *Seconde suite de la Correspondance d'un Suisse et d'un François* contenant les V–VIIèmes *Lettres trouvées dans la neige*.

5. *Op. cit.*, p. 15: '...je suis assez gai aujourd'hui pour rire de bon cœur des quatre œufs apportés sur l'*autel de la patrie*, c'est-à-dire, sur le bureau de la Convention. Que n'a-t-elle aussi-tôt décrété une omelette!'.

6. *Op. cit.*, p. 6: '...vos montagnes me paroissent semblables à l'arche de Noë; l'humanité s'y sauve avec tout ce qu'elle a d'aimable & de precieux'.

7. La longue lettre V.

8. A Neerwinden (voir la lettre 973, note 6).

9. C'est-à-dire les gazettes que recevait (et que lui transmettait) son secrétaire Michel-François Choppin.

Lettre 999

ETABLISSEMENT DU TEXTE   Neuchâtel, BV, ms. 1333, ff. 21 et 23, orig. aut. Publ. GODET, II, 54 (court fragment).

COMMENTAIRE

1. Georges de Rougemont?

2. Sur l'imprimeur Barthélemy Spineux, voir la lettre 631.

3. L'allusion subsiste en effet dans la *Seconde suite de la correspondance d'un Suisse et d'un François*, à la page 7.

4. *Op. cit.*, p. 9: '...l'habit s'est fait sur l'homme, s'est plié à ses mouvemens habituels;

qu'on en fasse mieux un autre, il ne conviendra pas si bien; il gênera, on s'en dégoûtera, on regrettera ce que l'on dédaignoit'.

5. *Op. cit.*, pp. 7–8: 'Quand le plan de Versoix eut été décrété par des ministres François, quelques dupes se mettant à bâtir, crurent bâtir l'un dans une rue, l'autre sur un marché, etc.'.

6. Voir la lettre 998, note 5.

7. A Neerwinden (voir la lettre 973, note 6).

8. L'insurrection de Vendée avait fait tache d'huile. Tout le pays des Mauges était désormais aux mains des révoltés (MG).

9. Godefroy de Tribolet faisait partie de la Chambre matrimoniale de Neuchâtel depuis le 1er juillet 1790 (renseignement des AEN, Neuchâtel).

Lettre 1000

ETABLISSEMENT DU TEXTE Neuchâtel, BV, ms. 1313, ff. 11–12, orig. aut. Publ. GAULLIEUR (1847), 374 (court fragment); VIII, 271–273 (avec coupures); RUDLER, *Jeunesse*, 407–408. Cf. RUDLER, *Bibliographie*, n° 135.

COMMENTAIRE

1. Tombé amoureux de Charlotte de Hardenberg (1769–1845), épouse du baron Wilhelm Albert Christian von Marenholtz, Benjamin Constant en avait reçu le 25 mars 1793 une lettre de rupture (Rudler, *Jeunesse*, 402–406). Il avait obtenu d'autre part de son épouse Wilhelmine von Cramm une déclaration, du 30 mars, approuvant sa conduite 'dans tout le cours du différend qui a existé entre eux' et une seconde déclaration (qui fut passée par devant notaire le 1er avril) abdiquant toute prétention sur ses biens, promettant de lui en laisser sa vie durant la libre disposition et équivalant en somme à une séparation de fait (RUDLER, *Jeunesse*, 411–412).

2. Le 24 juin (voir la lettre 930, note 1).

REPERTOIRE

ACHARD Mme, née Anne-Renée Bontems (Genève 1 janvier 1753–29 mars 1831), fille de François-Louis Bontems (1721–1815) et de Jeanne-Renée Prevost, la sœur cadette de l'ancienne gouvernante de Belle (1729–1782), mariée le 15 novembre 1773 au banquier Jacques Achard (28 juin 1747–26 avril 1828), fils de Philippe Achard (1713–1771) et de Françoise-Jacqueline Rigaud (1716–1776), dont elle eut deux filles: Anne-Louise-Renée dite Ninette (1776–1830), qui devint en 1798 l'épouse de Charles de Constant dit le Chinois (1762–1835), second des trois fils de Samuel de Constant le romancier et de Charlotte Pictet; et Andrienne-Jeanne-Marie dite Mina (1778–1846). (GALIFFE, VII, 22; *Généalogies vaudoises*, III, 223–224; Louis DERMIGNY, *Les Mémoires de Charles de Constant sur le commerce à la Chine*, Paris, S.E.V.P.E.N., 1964, 104–105.)

ATHLONE, milady et milord, voir REEDE van.

BENTINCK VAN RHOON, Christiaan Frederik *Anthony* Karel, comte, seigneur de Varel, Doorwerth, etc. (Varel 15 août 1734–La Haye 1 avril 1768). Descendant de la branche Bentinck qui avait reçu de Guillaume III, roi d'Angleterre et stathouder, le titre de comte et ensuite celui de duc de Portland. Il fut intendant des digues du bassin rhénan, gouverneur de Woerden, etc. Le père d'Antoine, Willem (1704–1774) était le deuxième fils du premier duc de Portland, stathouder des biens féodaux de la Hollande et de la West-Frise, commissaire-conseil, membre du Conseil secret de la princesse Anne, ministre plénipotentiaire dans différents pays, etc. Sa mère, la comtesse Charlotte-Sophie von Aldenburg (1715–1800) descendait du comte Anton Gunther von Oldenburg. Ils vivaient séparés depuis 1740. Antoine Bentinck épousa en 1760 Maria Catharina van Tuyll van Serooskerken (5 avril 1743–23 octobre 1793), cousine germaine de Belle et sœur de sa meilleure amie Anna Elisabeth Christina. Une autre sœur, Reinira (Utrecht 29 mars 1744–Londres juillet 1792) épousa en 1763 le frère d'Antoine, le comte Johan Albert Bentinck (29 décembre 1737–Terrington 23 septembre 1775), (NA, 1940, 173–204, et 'Doorwerth', *Nederlandsche Kasteelen*, I, 215–244.)

BERTHOUD, Frédéric (Neuchâtel 24 février 1768–18 juillet 1831), fils de Guillaume-David Berthoud (1734–1803) et de Marie-Elisabeth Fornachon, consacré au saint ministère après des études de théologie à Genève 20 août 1788, diacre à Valangin 6 mai 1790, pasteur à Bôle et Rochefort (villages situés au-dessus de Colombier) 4 janvier 1792, aux Verrières 22 février 1804, à Neuchâtel 12 novembre 1806, doyen de la Classe des pasteurs de Neuchâtel en 1816–1817 et en 1823. Epouse à Genève le 20 mai 1789 Jeanne-Charlotte Maunoir (1769–1834), fille de Charles Maunoir, régent au Collège de Genève, et de sa seconde femme Jeanne-Pernette Fabre; d'où huit enfants, soit cinq filles et trois fils, le premier, David-Auguste, étant né le 5 mai 1791. (Suzanne STELLING-MICHAUD, *Le Livre du Recteur de l'Académie de Genève (1559–1878), Notices biographiques des étudiants*, Genève, Droz, 1966, II, 192–193; renseignements des AEN, Neuchâtel.)

BRUEYS, Gabriel-François, baron d'Aigaliers (Uzès 28 février 1743–Nîmes 2 avril 1806), seul fils de Gabriel Brueys d'Aigaliers (1715–c. 1780) et de sa première épouse Gabrielle de la Rouvière, officier au régiment de Forez dès 1756, en garnison à Saint-Domingue 1763–1767, à Monaco, en Corse 1774–1778, major dans le régiment d'Angoumois 7 août 1778, en retraite 29 décembre 1785, gouverneur de Monaco 1786–1789, député aux Etats-Généraux par la sénéchaussée de Nîmes 2 avril 1789, membre de l'Assemblée nationale jusqu'à sa dissolution le 30 septembre 1791, maire d'Uzès 1792. Epistolier, poète, membre des Académies de Caen, des Ricoverati de Padoue et des Arcades de Rome. Epouse sur le tard Mme Tempié-de Surville, dont il n'a point d'enfants. (E. de BALINCOURT, 'Un académicien militaire au siècle dernier, le major Brueys d'Aigalliers (1743–1806)', *Revue du Midi*, 1898, XII/1, 528–547.)

CHAILLET, Charles de (Auvernier 11 juin 1775–Neuchâtel 19 juillet 1845), fils aîné du pasteur Henri-David de Chaillet*, consacré au saint ministère le 3 août 1796, suffragant de son grand-père Samuel de Chaillet à Saint-Aubin de 1798 à 1800, pasteur à La Côte-aux-Fées de 1800 à 1818, à Lignières de 1818 à 1844. Epouse le 19 mars 1817 Julie-Elisabeth Gouhard († 1876), qui lui donne deux enfants: Eugénie (1824–1851), alliée Du Pasquier, et Charles (1831–1914), allié Jung. (*Familles bourgeoises*, 83–84; GUYOT, *Chaillet, passim*.)

CHAILLET, Georges de (Neuchâtel 23 mai 1757–27 août 1835), fils cadet du conseiller d'Etat Jean-Frédéric de Chaillet (1709–1778) et d'Elisabeth de Chambrier, époux le 3 octobre 1785 de Julie Alquier de Mézerac (1763–1824), dont il n'eut point d'enfant. Agent de la société Pourtalès & Cie, il fut d'abord négociant à Lyon, puis revint s'établir à Neuchâtel en novembre 1793. Il y sera en 1812 l'un des fondateurs de la Caisse d'épargne et mourra conseiller d'Etat (*Société du Jardin*, no 148; *Madame de Charrière à Colombier*, no 24). Il avait acquis par échange, en octobre 1799, le domaine de la Prise (ou Prise-Chaillet, aujourd'hui Prise-Roulet) à Colombier, où il se fit construire une jolie maison qui existe encore (COURVOISIER, II, 323–324).

CHAILLET, Henri-David de (La Brévine 12 juillet 1751–Peseux 30 octobre 1823), fils aîné du pasteur Samuel de Chaillet (1712–1803) et de Barbe de Tribolet. Epouse en premières noces, le 10 septembre 1774, Marie-Françoise-Charlotte Rognon, fille du pasteur David Rognon et de Marie-Isabeau-Alexandrine Bergeon, qui mourut le 19 octobre 1800 après lui avoir donné six enfants, soit 1) Charles*; 2) Charlotte, née en 1776, épouse en 1808 de Jean-François Argand; 3) Julie, née en 1778, épouse d'un nommé Roux; 4) Sophie-Elisabeth (1780–1795); 5) Auguste (1782–1805); 6) Marianne-Henriette (1784–1875), épouse en 1808 du notaire Louis L'Hardy. Au terme d'avatars sentimentaux tumultueux, épouse en secondes noces, le 10 juin 1801, Rosette Du Pasquier (1756–1827), fille de l'indienneur Jean-Jacques Du Pasquier allié Mouchet, dont il n'eut point d'enfant. Consacré au saint ministère le 5 août 1772, Henri-David de Chaillet fut successivement suffragant dans les paroisses de Bevaix (1772–1775), de Colombier-Auvernier (1775–1787), puis de Neuchâtel. Elu pasteur à Neuchâtel en mars 1789, il prit sa retraite en septembre 1806 et passa la fin de sa vie à Auvernier, dans la maison dite 'à la Pacote' qu'il avait acquise en 1801 (COURVOISIER, II, 258). Sermonnaire réputé, il fit imprimer plusieurs de ses sermons séparément, puis dès 1797 les publia en un recueil qui finit par compter cinq volumes. Ses incontestables talents littéraires s'exercèrent notamment dans le *Journal helvétique*, dont il fut le rédacteur principal, voire unique, de juillet 1779 jusqu'au dernier numéro du 31 décembre 1784. Il concourrut en 1788 pour le prix d'éloquence de l'Académie de Besançon sur ce sujet : 'Le génie est-il au-dessus de toutes les règles ?' et publia le *Discours* qui lui valut l'accessit. Il préfaça en 1795 la traduction par Louis-Frédéric Petitpierre du *Messie* de Klopstock. Dans la première partie de sa vie, il avait tenu un journal intime, dont il subsiste plusieurs cahiers pour les années 1768–1784. Charly Guyot a consacré un important ouvrage à la vie et à l'œuvre de ce pasteur lettré qui fut 'une des personnalités marquantes du pays neuchâtelois' (GUYOT, *Chaillet*).

CHAILLET, Jean-Frédéric de (9 août 1747–29 avril 1839), fils aîné du conseiller d'Etat Jean-Frédéric de Chaillet (1709–1778) et d'Elisabeth de Chambrier, dit 'le grand Chaillet' à cause de sa taille. Capitaine au service de France dans le régiment de Jenner, devenu ensuite régiment de Châteauvieux, il s'en retira le 31 juillet 1791, avec la croix du Mérite militaire. Il se voua dès lors tout entier à sa passion pour la botanique qui lui fit découvrir quelque 77 espèces inconnues et le mit en rapport avec Augustin-Pyramus de Candolle et d'autres grands botanistes du temps. Célibataire, il légua son herbier et ses manuscrits au Museum de Neuchâtel. (*Biographie neuchâteloise*, I, 140–146; *Société du Jardin*, n° 78; *Madame de Charrière à Colombier*, n° 22.)

CHAILLET-DE MEZERAC, Marianne-Louise-*Julie* de (8 mars 1763–29 avril 1824), deuxième des quatre filles de Jacques-Vincent-Marie Alquier de Mézerac (1722–1782) et d'Anne-Marie Dollaeus (1739–1810), mariée le 3 octobre 1785 à Georges de Chaillet*, dont elle n'eut point d'enfant (*Société du Jardin*, n° 45; *Madame de Charrière à Colombier*, n° 25).

CHAMBRIER, *Caroline*-Françoise (31 mars 1768–18 novembre 1859), seule fille du baron Jean-Pierre de Chambrier Travanet (1731–1808), colonel au service des Etats-Généraux (*Société du Jardin*, n° 21), et de Salomé de Chambrier (1737–1823). Epouse le 21 mars 1791 Alphonse de Sandoz-Rollin*. Avant son mariage, demeurait avec ses parents au château d'Auvernier. Isabelle de Charrière fit sa connaissance en février 1790 et devint son amie pour la vie. (GODET, I, 449–450 et *passim*; *Madame de Charrière à Colombier*, n°s 35–37.)

CHAMBRIER D'OLEYRES, Jean-Pierre de (4 octobre 1753–20 décembre 1822), fils resté unique de Charles-Louis de Chambrier (1690–1770) et de Madeleine Brun d'Oleyres (1711–1786), baron par lettres-patentes du roi de Prusse du 11 mars 1787. Célibataire et le dernier de sa branche, il adopta en 1797 son lointain cousin Frédéric de Chambrier (1785–1856), fils aîné du baron Frédéric de Chambrier et de Jeanne-Marie Mercier. Chambellan du roi de Prusse en 1780, son ministre à la Cour de Turin de mars 1780 à décembre 1798, chargé par le roi de Prusse en 1806 de remettre la Principauté de Neuchâtel et Valangin entre les mains du commissaire de Napoléon et en 1814 d'en reprendre possession, gouverneur et lieutenant-général de la Principauté de Neuchâtel de 1814 à sa mort. Membre de l'Académie de Berlin dès 1792, il publia dans les *Mémoires* de cette compagnie une dizaine d'études historiques (de 1788 à 1801). Il rédigea jusqu'à la veille de sa mort un journal qui fait toujours partie des Archives de la famille de Chambrier. Il demeurait à Cormondrèche, dans le 'château' que son père avait restauré et où se trouve encore sa riche bibliothèque. Après sa mort, la Ville de Neuchâtel lui éleva un monument dans la Collégiale. (*Biographie neuchâteloise*, I, 164–167; *Familles bourgeoises*, 62–63; *Société du Jardin*, n° 107; *Madame de Charrière à Colombier*, n°s 40–41.)

CHARRIERE DE PENTHAZ, Charles-Emmanuel de (29 avril 1735–22 avril 1808), fils de François-Marc-André de Charrière de Penthaz et de Marguerite de Muralt (fille et héritière de Béat-Louis de Muralt, allié Watteville, auteur des célèbres *Lettres sur les François et les Anglois*, 1728), tous deux piétistes. Charles-Emmanuel avait deux sœurs, Louise et Henriette, appelées 'Mesdemoiselles de Penthaz'*. Il avait cherché une situation hors de son pays, ce qui le conduisit en Hollande où il devint gouverneur dans la famille van Tuyll de 1763 à 1766. Il épousa à Zuilen le 17 février 1771 Isabella Agneta Elisabeth van Tuyll van Serooskerken (Belle de Zuylen). Il habita avec sa femme et ses sœurs la maison familiale du Pontet à Colombier, héritée de sa mère. (GODET, I, 166–171; *Généalogies vaudoises*, I, 419–487; *Société du Jardin*, n° 114; *Madame de Charrière à Colombier*, n° 5.)

CHARRIERE DE SEVERY, Salomon (4 juin 1724–29 janvier 1793), fils resté unique de Frédéric de Charrière de Sévery (1699–1730) et d'Elisabeth Du Clerc (1700–1754), époux le 17 mars 1766 de Catherine de Chandieu (3 février 1741–18 janvier 1796), l'aînée des quatre filles de Benjamin de Chandieu (1701–1784) et de sa première épouse Marie-Françoise-Charlotte de Montrond (1722–1777), qui lui donna deux enfants: Guillaume-Benjamin-Samuel dit *Wilhelm* (1767–1838), époux en 1806 de Louise-Alexandrine Perret; *Angletine*-Livie-Wilhelmine (1770–1848), épouse en 1804 de Sigismond-Bernard-Guillaume d'Effinger de Wildegg et Holderbank. Justicier et conseiller du CC et du LX à Lausanne, ancien gouverneur et conseiller privé du landgrave Guillaume IX de Hesse-Cassel. Propriétaire d'une maison à la rue de Bourg (n° 33 actuel) à Lausanne, ainsi que de la terre et seigneurie de Sévery. Héritier à la mort de son oncle Samuel de Charrière en 1780 du château 'd'en haut' et de la co-seigneurie de Mex. (*Généalogies vaudoises*, I, 455–456; *Vie de société, passim*.)

CONSTANT DE REBECQUE, Henri-*Benjamin* de, dit Benjamin Constant (Lausanne 25 octobre 1767-Paris 8 décembre 1830), seul fils de Juste de Constant de Rebecque (1726–1812), officier au service de Hollande, et d'Henriette-Pauline de Chandieu (1742–10 novembre 1767). Ecrivain, publiciste et homme politique célèbre. Epouse 1) le 8 mai 1789, Wilhelmine von Cramm (1758–1823), dont il divorce le 18 novembre 1795; 2) le 5 juin 1808, Charlotte de Hardenberg (1769–1845), divorcée en premières noces du baron Wilhem von Marenholtz et en secondes noces du vicomte Alexandre Du Tertre; sans postérité (*Généalogies vaudoises*, III, 220–222). Isabelle de Charrière avait fait sa connaissance à Paris dans les premiers mois de 1787 et resta en correspondance avec lui jusqu'à la fin de sa vie, non sans intermittences d'ailleurs. La première époque de leurs relations a été magistralement étudiée par Gustave Rudler (RUDLER, *Jeunesse, passim*).

COOPER Mrs, née Suzanne-Marie dite Susette Moula (Neuchâtel 6 janvier 1759–Londres 3 novembre 1798), fille aînée du mathématicien et interprète du roi

Frédéric Moula (1703–1782) et de Suzanne-Madeleine Evard (1723–1763). L'une des premières amies neuchâteloises d'Isabelle de Charrière. Maîtresse de français des jeunes princesses d'Angleterre à Londres et Windsor dès 1777. Quitte ce poste pour se marier le 29 juillet 1786 avec le capitaine Allen Cooper (1748–1819), officier de marine au service de l'*East India Company* 1778–1794, puis dès 1795 l'un des directeurs du *Royal Exchange Assurance Office*. D'où plusieurs enfants. (GODET, I, 235–236; II, 326–329; renseignements des Royal Archives, Windsor Castle; et de l'India Office Library and Records, Londres.)

DAPPLES, *Charles*-Jean-Samuel (11 avril 1758–19 octobre 1842), fils aîné du pasteur Jean-Samuel Dapples († 1804) et d'Henriette Guinand († 1762), petit-fils du professeur Jean-François Dapples († 1772) et d'Elisabeth-Jeanne de Charrière de Penthaz, la propre tante de Charles-Emmanuel de Charrière (1701–1784), neveu du docteur Tissot, allié Dapples, qui adopte son frère cadet Marc Dapples (1760–1840). Epouse le 31 janvier 1786 Anne-Barbara dite Nanette Scholl (1759–1817), fille d'Abraham Scholl, maire de Bienne, et d'Anne-Marguerite de Treytorrens, divorcée de Caspar Burmann de Mathod, dont il ne semble pas avoir eu d'enfant. Banquier à Lausanne, forme avec Jean-Abraham Blondel, sous la raison Blondel & Dapples, une société de commerce qui tombe en faillite en mai 1793, mais dont la liquidation n'est pas terminée en 1796. (Renseignements des ACV, Lausanne.)

DONHOFF, Sophie Julie (ou Juliane) Friederike von, dite la comtesse de Dönhoff (17 octobre 1767–28 janvier 1834), fille du comte Friedrich Wilhelm von Dönhoff (1723–1774) et d'Anna Sophie Charlotte von Langermann (1740–1793), épouse morganatique (11 avril 1790) du roi de Prusse Frédéric-Guillaume II (1744–1797), dont elle eut deux enfants: 1) Friedrich Wilhelm comte de Brandebourg, né à Berlin le 24 janvier 1792, mort en 1850 après une brillante carrière militaire, marié en 1818 à Mathilde Aurora von Massenbach, qui lui donna huit enfants; 2) Julie Wilhelmine comtesse de Brandebourg, née à Neuchâtel le 4 janvier 1793. La comtesse de Dönhoff, tombée en disgrâce au printemps de 1792, se retira dans la principauté de Neuchâtel (juin 1792–mars 1793), puis à Baar dans le canton de Zoug (avril–septembre 1793), en compagnie d'Henriette L'Hardy★ qu'elle avait engagée dès septembre 1791. (GODET, I, 470–471 et *passim*; W. M. Frhr. v. BISSING, *Friedrich Wilhelm II. König von Preussen, ein Lebensbild*, Berlin, Duncker & Humblot, 1967, 50–52.)

DU PASQUIER, Jacques-Louis (Fleurier 5 juin 1762–Neuchâtel 21 février 1830), seul fils de Jean-Pierre Du Pasquier (1713–1765), notaire, receveur du Val-de-Travers, associé de la maison Pourtalès & Cie dès 1758, et de Marianne de Meuron (1730–1808), sœur du général Charles-Daniel de Meuron. Etudes de théologie à l'Académie de Genève, ministre du saint Evangile (1783), suffragant à Colombier (juillet 1788–juin 1789), chapelain du roi de Prusse Frédéric-Guillaume II (1790–1793), aumônier du Régiment de Meuron (1798–1800), rédacteur pendant un quart de siècle du *Messager boiteux de Neuchâtel*. Epouse le 19 juillet 1790 sa cousine germaine Susette Du Pasquier★, dont il a six enfants. (Suzanne STELLING-MICHAUD, *Le Livre du Recteur de l'Académie de Genève (1559–1878), Notices biographiques des étudiants*, Genève, Droz, 1972, III, 188; J. Thierry DU PASQUIER, *La Famille Du Pasquier*, La Baconnière, 1974, 82–85.)

DU PASQUIER, Suzanne-Marie dite Susette (Colombier 7 mars 1768–Neuchâtel 25 décembre 1838), fille aînée d'Abraham Du Pasquier (1727–1785), indienneur au Bied dès 1749, et de sa seconde femme Marie-Barbe Robert (*c.*1742–1796). Epouse son cousin germain Jacques-Louis Du Pasquier* le 19 juillet 1790 tandis que sa sœur Jeanne-Elisabeth dite Lisette (1769–après 1808) épouse simultanément son cousin germain Charles-Henry Du Pasquier (1757–1835). (J. Thierry DU PASQUIER, *La Famille Du Pasquier*, Neuchâtel, La Baconnière, 1974, 80–81.)

DU PEYROU, Pierre-Alexandre (7 mai 1729–13 novembre 1794), né à Paramaribo (Guyane Hollandaise) d'une famille originaire de Bergerac, fils resté unique de Pierre Du Peyrou (1702–*c.*1740) et de Lucie Drouilhet, remariée en 1743 à Philippe de Chambrier (1701–1756), officier au service des Provinces-Unies, commandant en chef de la colonie de Surinam. Etabli à Neuchâtel avec sa mère et son beau-père dès 1747, reçu bourgeois de Neuchâtel le 9 décembre 1748, membre fondateur de la Société du Jardin en 1759 (*Société du Jardin*, n° 13). Epouse le 31 mai 1769 Henriette-Dorothée de Pury (1751–1818), fille d'Abram de Pury et de Julie-Régine de Chambrier, dont il n'eut point d'enfant. Héritier d'une immense fortune coloniale (ses plantations de Surinam lui rapportaient 75.000–100.000 livres par an), il se fit construire à Neuchâtel (1764–1772) un palais entouré de jardins à la française qui est resté le plus somptueux édifice de la ville (COURVOISIER, I, 355–371). Ami et défenseur de Jean-Jacques Rousseau à Neuchâtel, il fut le dépositaire en 1764 de ses papiers et son éditeur posthume en 1789. (Charly GUYOT, *Un ami et défenseur de Rousseau, Pierre-Alexandre Du Peyrou*, Neuchâtel, Ides et Calendes, 1958.)

FAGEL, Henric (La Haye 1706–1790), greffier des Etats-Généraux de 1744 à sa mort. En 1733 il épousa Catharina Sluyskens, qui mourut le 8 février 1783 âgée de 68 ans.

FAGEL, Johanna Catharina, voir TUYLL van SEROOSKERKEN, Willem René, baron van.

FRITS (le cousin), voir TUYLL van SEROOSKERKEN van, Frederik.

GEELVINCK Mme, née Catharina Elisabeth Hasselaer (18 janvier 1738–Utrecht 24 juillet 1792), appelée souvent 'la veuve', amie de Belle. Son premier mari, Lieve Geelvinck, né en 1730, mourut en 1757. Dix ans plus tard elle épousera à Amstelveen, près d'Amsterdam, le marquis François G. J. de Chasteler de Courcelles, né en 1744. Divorcée en 1777, elle se remaria en 1790 avec le comte Georg von Schlitz, dit von Görtz, chambellan impérial (1724–1794) (ELIAS, II, 809).

HASSELAER Mme, née Susanna Elisabeth Hasselaer (Delft 27 novembre 1734–30 août 1809), cousine germaine de Mme Geelvinck. Elle épousa en 1752 maître Gerard Nicolaasz Hasselaer, né en 1728, échevin puis bourgmestre d'Amsterdam. Ils possédaient à Wijk aan Zee la maison de campagne 'Westerhout', où Belle fit quelques séjours. Veuve en 1781, elle épousa un an plus tard maître Jan Bost (1732–après 1809).

L'HARDY, *Henriette*-Marie-Françoise (Auvernier 9 décembre 1768–27 janvier 1808), fille aînée de François-Nicolas L'Hardy (1715–1788), receveur, lieutenant de justice de la Côte, et de sa seconde femme Marie-Henriette Rossel (1744–1821). Se mariera à l'âge de 37 ans, le 16 septembre 1806, avec Louis-Eusèbe-Henri Gaullieur (1781–1857), négociant et historien, dont elle aura un fils unique, Eusèbe-Henri Gaullieur (1808–1859), époux en 1833 de Lina-Bernardine Humbert-Droz, journaliste, publiciste, professeur d'histoire à l'Académie de Genève dès 1848. Dame de compagnie de la comtesse de Dönhoff* à Berlin, Neuchâtel et Baar (septembre 1791–septembre 1793), puis à Angermünde en Prusse orientale (septembre 1794–août 1795), amie de Caroline de Sandoz-Rollin* et de Susette Du Pasquier*, et par elles amie et correspondante d'Isabelle de Charrière dès 1791, elle héritera en 1806 de la correspondance et des manuscrits littéraires d'Isabelle de Charrière que son fils Eusèbe-Henri Gaullieur, après les avoir communiqués à Sainte-Beuve, utilisera lui-même sans scrupule dans de nombreuses publications échelonnées de 1844 à 1857. (GODET, I, 455 et *passim; Biographie neuchâteloise*, I, 390–400; *Madame de Charrière à Colombier*, n⁰ 42.)

MONACHON, Catherine-*Henriette*, née à Grandson le 4 mars 1766, fille aînée de Jean-Jacques Monachon (1733–1809), régent à Grandson, et de Catherine Paillard (1727–1800). Femme de chambre d'Isabelle de Charrière de juillet 1788 à décembre 1800. Durant son séjour au Pontet, met au monde deux enfants hors mariage : 1) Prosper Monachon, né de père inconnu le 2 avril 1792; 2) Jean-Louis Racine, né le 19 septembre 1796, fils de Jean-Jacques Racine, de Lamboing. Epouse en 1801 le cordonnier Henri-Samuel Degex. (GODET, I, 461, II, 330, et *passim*; renseignements des ACV, Lausanne.)

MOULA, Marianne (16 juillet 1760–16 juin 1826), fille cadette du mathématicien et interprète du roi Frédéric Moula (1703–1782) et de Suzanne-Madeleine Evard (1723–1763), surnommée 'Muson' par les habitués du Pontet. Sœur de Mrs. Cooper*. Douée d'un certain talent pour les découpures et les silhouettes. (GODET, I, 235–236; *Madame de Charrière à Colombier*, n⁰ 39.)

PAGNIET, Dorothea Henriette Marie-Louise, de. Voir TUYLL van SEROOSKERKEN, Vincent Maximiliaan, baron van.

PENTHAZ, Henriette de Charrière de, sœur cadette de Charles-Emmanuel de Charrière de Penthaz, née vers 1740 'de père et mère piétistes, dont l'usage n'est pas de faire baptiser leurs enfants', morte célibataire le 21 juin 1814, à l'âge de 74 ans. A passé toute sa vie dans la maison familiale du Pontet, à Colombier.

PENTHAZ, Louise de Charrière de, sœur aînée de Charles-Emmanuel de Charrière de Penthaz, née vers 1731 'de père et mère piétistes, dont l'usage n'est pas de faire baptiser leurs enfans', morte célibataire le 30 octobre 1810, à l'âge de 79 ans. A passé toute sa vie dans la maison familiale du Pontet, à Colombier (*Madame de Charrière à Colombier*, n⁰ 10).

PERPONCHER, Arend Jacob Diederik de (La Haye 1765–1822), fils de Cornelis de Perponcher de Sedlnitzky*, célibataire. Membre des Etats provinciaux de la Zélande, chambellan honoraire du roi Guillaume I.

PERPONCHER DE SEDLNITZKY, Cornelis de (La Haye 3 mai 1733–Zuilen 27 octobre 1776, mort accidentellement). Conseiller à la cour de justice de Hollande, de Zélande et de la Frise occidentale. Le 27 avril 1763 il épousa la sœur de Belle, Johanna Maria (Mitie), baptisée à Zuilen le 28 juillet 1746, morte à La Haye le 9 mai 1803. Ils eurent sept enfants.

PREVOST, Pierre (Genève 3 mars 1751–8 avril 1839), second fils d'Abraham Prevost (1716–1784), régent au Collège de Genève, et de Jeanne-Marie Bellamy (1725–1785). Précepteur en Hollande, 1773–1774, puis à Paris dans la famille Delessert 1774–1780, professeur de philosophie à l'Académie des Nobles de Berlin 1780–1784, professeur de belles-lettres, puis de philosophie, puis de physique générale à l'Académie de Genève, 1784–1823. Membre du Conseil des Deux-Cents 1786, puis du Conseil Représentatif de Genève 1814–1829. Auteur de très nombreuses publications philosophiques et scientifiques, mais aussi traducteur d'Euripide. Membre de l'Académie des sciences de Berlin 1780, de l'Institut de France 1800, de la Royal Society 1806. Epouse 1) le 10 février 1788, Louise-Marguerite Marcet (1764–29 décembre 1788), fille de Marc Marcet et de Marguerite Nadal, d'où un fils, Alexandre (1788–1876); 2) le 3 juin 1795, Jeanne-Louise Marcet, sa belle-sœur, d'où trois fils. (Suzanne STELLING-MICHAUD, *Le Livre du Recteur de l'Académie de Genève (1559–1878), Notices biographiques des étudiants*, Genève, Droz, 1976, V, 241.)

REEDE, Frederik Christiaan Reinhard, comte van, cinquième comte d'Athlone, baron d'Agrim, seigneur de Ginckel, d'Amerongen, de Middachten, etc.(La Haye 31 janvier 1743–Terrington 13 décembre 1808), officier principal d'Utrecht, pair d'Irlande. Les titres de comte d'Athlone et de baron d'Agrim furent décernés au général Godard van Reede en 1692 par le roi d'Angleterre et stathouder Guillaume III, après les victoires remportées sur l'armée franco-irlandaise à Bally-more, Athlone et près du château d'Agrim en Irlande. Frederik Christiaan Reinhard épousa à La Haye le 29 décembre 1765 la cousine préférée de Belle, Anna Elisabeth Christina (Annebetje) van Tuyll van Serooskerken*, dont il eut neuf enfants.

RENDORP, Joachim (19 janvier 1728–21 septembre 1792), brasseur, échevin puis bourgmestre d'Amsterdam, propriétaire du château 't Huis Marquette à Heemskerk. Il épousa en 1756 Wilhelmina H. Schuyt (1728–1802). Sa maison fut saccagée en mai 1787 lors des émeutes entre patriotes et orangistes. Il publia ses mémoires l'année de sa mort, *Memorien van Mr. J. Rendorp* (ELIAS, II, 779).

ROSENDAAL, Mme de, voir TORCK.

SALGAS, Claude de Narbonne-Pelet de (16 avril 1728–20 janvier 1813), seul fils de Pierre de Salgas (1696–1769) et d'Elisabeth Fizeaux (1710–1778). Epouse en 1778 Catharina Boreel (1736–1780), fille de Jacob Boreel Jansz (1711–1778) et d'Agneta Margaretha Munter (1717–1761), veuve en premières noces de Jan Bernd Bicker (1733–1774) dont elle avait eu plusieurs enfants. Secrétaire de l'ambassadeur hollandais à Londres Jacob Boreel (son futur beau-père) en 1761–1762, précepteur à Londres du prince de Galles, futur George IV, de 1771 à 1778, chambellan de Sa Majesté Britannique. Possède à Bursins, village vaudois dont il avait été élu conseiller en 1769, la maison dite 'en Corneau' qu'il vend en 1788, s'établit à Genève dès 1780, puis se fixe définitivement à Rolle en 1791 avec ses trois sœurs célibataires, Marie (1730–1794), Louise dite Lisette (1732–1799) et Rose (1736–1807). Meurt sans postérité, en instituant pour principale héritière (par testament du 8 juin 1811) Marianne de Loriol, épouse de César-Auguste de Senarclens de Saint-Denis. (GODET, I, 161–162; Gaston TOURNIER, *Le Baron de Salgas, gentilhomme cévenol et forçat pour la foi*, En Cévennes, Musée du Désert, 1941, 157–168; *Madame de Charrière à Colombier*, n° 30.)

SANDOZ-ROLLIN, Henri-*Alphonse* (10 octobre 1769–23 avril 1862), seul fils de Jean-Henry de Sandoz-Rollin (1741–1784), secrétaire du Conseil d'Etat, puis conseiller d'Etat (*Société du Jardin*, n° 77), et de Judith-Marguerite de Perrot (1743–1808). Secrétaire du Conseil d'Etat dès le 1er janvier 1789 (par brevet du 22 juin 1784), conseiller d'Etat de 1799 à 1806 et de 1814 à 1831, député à la Diète fédérale en 1815, auteur d'un *Essai statistique sur le canton de Neuchâtel* (1818) et d'autres ouvrages. Epouse le 21 mars 1791 (contrat du 12, chez le notaire Cl.-Fr. Bovet) Caroline de Chambrier★, dont il a sept enfants nés de 1792 à 1809. (*Biographie neuchâteloise*, II, 388–393; *Société du Jardin*, n° 199.)

SAURIN, Mme, née Marie-Anne-Jeanne Sandras (31 mars 1734–fin 1795 ou 1796), mariée le 12 août 1761 à Bernard-Joseph Saurin (1706–1781), poète dramatique, correspondant de Voltaire et membre de l'Académie française. Tient à Paris un salon qu'Isabelle de Charrière fréquente en 1786–1787 et où se retrouvent chaque mercredi des esprits éclairés tels que Jean-Baptiste Suard et sa femme, Jean-Sylvain Bailly, Bigot de Sainte-Croix, Jean-Nicolas Démeunier, Madeleine Pourrat et ses filles, Benjamin Constant (au passage). Reste ensuite la fidèle correspondante d'Isabelle de Charrière jusqu'en 1792. (Martin MUHLE, *Bernard-Joseph Saurin, sein Leben und seine Werke*, Dresden, Gebr. Fahdt, 1913, Diss. Phil. Leipzig, 11–12.)

SERENT, Armand-Louis marquis de (Paris 30 décembre 1736–30 octobre 1822), fils unique de Louis de Serent (1709–1741) et de Madeleine Charette de Montebert, maréchal de camp, gouverneur des ducs d'Angoulême et de Berry dès 1788, créé duc de Serent par l'ordonnance du 31 août 1817. Epouse à Paris le 23 janvier 1754 Bonne-Félicité-Marie de Montmorency-Luxembourg d'Olonne (†14 février 1823), dame d'honneur de la duchesse d'Angoulême, fille de Charles-Anne-Sigismond de Montmorency-Luxembourg, duc d'Olonne et de Châtillon, et de Marie-Etiennette de Bullion de Fervaques, d'où deux fils et deux filles (REVEREND, VI, 245).

SINGENDONCK, Isabella Adelheid (Nimègue 24 juin 1726–Utrecht 9 octobre 1793), fille de Lambertus Singendonck, seigneur de Dieden, bourgmestre de Nimègue, et de sa seconde femme, Agnes Catharina Hoeufft. Isabella était veuve de Reinout Gerard Henrik van Tuyll van Serooskerken (1715–1750) (un oncle de Belle), qu'elle avait épousé en 1749. Elle se remaria en 1754 avec le jonkheer Leonard de Casembroot (1717–1781), lieutenant général de la cavalerie. (*Jaarboek N.A.*, 1894, 295–296.)

TORCK Mme, Eusebia Jacoba de Rode van Heeckeren (1739–1793), épousa en mai

1758 Assueer Jan Torck, baron de Rosendaal, seigneur de Voorschoten, bourgme-stre de Wageningen. (NA, 1952, 410–411; et 'Rosendaal', *Nederlandsche kasteelen*, II, 25–48.)

TRONCHIN, Mme, née Anne-Caroline Boissier (Genève 18 mars 1748–8 septembre 1824), troisième fille de Jean-Jacques-André Boissier (1717–1766) et de Marie-Charlotte Lullin (1725–1750), belle-sœur d'Horace-Bénédict de Saussure. Epouse le 27 décembre 1768 Jean-Louis Tronchin (1745–1773), fils unique du procureur général Jean-Robert Tronchin (1710–1793) et d'Elisabeth-Charlotte Boissier (1720–1803), dont elle a une fille unique, Jeanne-Albertine-Amélie (1772–1775), morte de petite vérole à l'âge de trois ans. Par une tragique coincidence, le père et le mari d'Anne-Caroline Tronchin se sont suicidés à moins de sept ans d'inter-valle, le premier le 17 octobre 1766, le second le 16 mai 1773 (GALIFFE, II, 867; ren-seignements des Archives d'Etat de Genève).

TULLEKEN, Susanna (Middelbourg 14 avril 1757–Colombier 9 janvier 1796), fille d'Ambrosius Tulleken, échevin de Middelbourg, qui épousa en 1750. Susanna Margaretha van Hoogenhouck; amie de la belle-sœur d'Isabelle, Dorothea Hen-riette. Elle passa quelques semaines chez les Charrière avant de s'installer défini-tivement à Colombier en 1791. Elle se lia avec M. de Charrière au point de l'appeler son 'parrain'. (J. B. RIETSTAP, *Heraldieke Bibliotheek, Tijdschrift voor geslacht- en wapen-kunde*, III, La Haye, Martinus Nijhoff, 1881.)

TUYLL van SEROOSKERKEN, Anna Elisabeth Christina, baronne van (Annebetje) (Zuilen 6 septembre 1745–La Haye 16 janvier 1819), fille du baron Jan Maximili-aan* (frère du père de Belle) et de la baronne Ursulina Christina Reiniera van Reede. Anna Elisabeth épousa le 29 décembre 1765 le comte Frederik Christiaan van Reede, 5ème comte d'Athlone. Voir REEDE.

TUYLL van SEROOSKERKEN, Frederik Christiaan Hendrik (Frits), baron van (Zuilen 28 février 1742–Sterrenberg 1805). Il faisait partie, tout comme Vincent, du régi-ment de son oncle, le général Hendrik Jacob van Tuyll van Serooskerken et devint plus tard colonel dans la cavalerie. En 1767 il épousa Elisabeth Jacqueline Proebentow von Wilmsdorf (1745–1811). S'étant exprimé un jour en termes peu élogieux sur sa belle-mère, Jeanne Elisabeth de Geer, il n'héritera pas le château de Heeze, qui sera légué à son frère cadet Reinout Diederik ('Heeze', *Nederlandsche kasteelen*, II, 205–230.)

TUYLL van SEROOSKERKEN, Hendrik Willem Jacob, baron van, seigneur de Vleu-ten (28 août 1713–Zuilen 15 mars 1800) (frère du père de Belle), lieutenant général dans la cavalerie, adjudant général de Guillaume V. Il épousa en 1759 Maria-Anna Singendonck (Nimègue 1729–Utrecht 1790), fille de maître Lambertus Singen-donck, seigneur de Dieden, bourgmestre de Nimègue, et de sa seconde femme, Agnes Catharina Hoeufft. (*Jaarboek NA*, 1894, VI, 295.)

TUYLL van SEROOSKERKEN, Johanna Maria, voir PERPONCHER de SEDLNITZKY.

TUYLL van SEROOSKERKEN, Vincent Maximiliaan, baron van. Le plus jeune frère de Belle, né à Utrecht le 14 août 1747. Lieutenant-colonel dans la cavalerie. Il fut blessé en août 1794 près de Charleroi et fait prisonnier par les Français. Il mourut de la dysenterie en captivité à Pont-Sainte-Maxence. En 1780 il avait épousé Dorothea Henriette Marie-Louise de Pagniet (1751–1836). Ils eurent quatre enfants dont l'aîné, Willem René, fit en 1799–1800 un séjour prolongé à Colombier.

TUYLL van SEROOSKERKEN, Willem René, baron van (Utrecht 2 février 1743–Utrecht 24 mars 1839), le frère aîné de Belle. Après la mort de son père en 1776, seigneur de Zuylen et de Westbroek. Président du Corps des Nobles d'Utrecht, membre de la première chambre des Etats-Généraux, commandeur dans l'ordre du Nederlandschen Leeuw. Il épousa en 1771 à La Haye Johanna Catharina Fagel (La Haye 27 novembre 1747–château de Zuylen 10 septembre 1833), fille de maître Henri Fagel* et de Catharina Anna Sluyskens. Ils eurent sept enfants dont le troisième, Carel Emanuel, fut l'héritier de Charles-Emmanuel et Isabelle de Charrière van Tuyll van Serooskerken.

VOORSCHOTEN, Mme de, voir TORCK.

ZINGARELLI, Nicola Antonio (Naples 4 avril 1752–Torre del Greco 5 mai 1837), compositeur, élève du Conservatoire Sta-Maria di Loreto de Naples, maître de chapelle à la Santa Casa de Lorette (1794), puis à Saint-Pierre de Rome (1804), l'un des directeurs du Conservatoire royal de Naples dès 1813 et maître de chapelle de la cathédrale de Naples dès 1816, auteur d'une quarantaine d'opéras et de très nombreux morceaux de musique sacrée (messes, requiems, glorias, etc.). (MGG, XIV, 1302–1305.)

ILLUSTRATIONS

TABLE DES MATIERES

COLOPHON

Ce troisième tome des Œuvres Complètes d'Isabelle de Charrière/Belle de Zuylen comprend la correspondance des années 1787–mars 1793. A l'initiative de l'éditeur G. A. van Oorschot d'Amsterdam, il a été composé en caractères Bembo et imprimé par la Koninklijke drukkerij G.J.Thieme bv de Nimègue. La reliure a été exécutée par la Uitgaafbinderij Van Rijmenam de La Haye d'après le projet de Gerrit Noordzij de Tuil, également auteur de la jaquette.

Cette édition a été honorée du généreux appui du Prins Bernhard Fonds, du Fonds National de la Recherche Scientifique Suisse et de la Nederlandse Organisatie voor Zuiver Wetenschappelijk Onderzoek.

Printed in the Netherlands